行書

書法大字典

『第三版』

上

主編・夏銘智

WPC

世界圖書出版公司

《于右任書法大字典》編輯委員會

藝術顧問　霍松林　鍾明善　杜中信　張應選　張　權　鄭幼生　包秉民　馬維勇

主　　編　夏銘智

編　　委　夏　力　夏　中　廖慧彬

策　　劃　薛春民

于右任书法大字典

霍松林题

于右任書法大字典

劉自櫝敬署

總理遺囑

余致力國民革命凡四十年其目的在求中國之自由平等積四十年之經驗深知欲達到此目的必須喚起民衆及聯合世界上以平等待我之民族共同奮鬥

現在革命尚未成功凡我同志務須依照余所著建國方略建國大剛三民主義及第一次全國代表大會宣言繼續努力以求貫澈最近主張開國民會議及廢除不平等條約尤須於最短期間促其實現是所至囑

綱誤剛

十六年十一月三原于右任敬錄

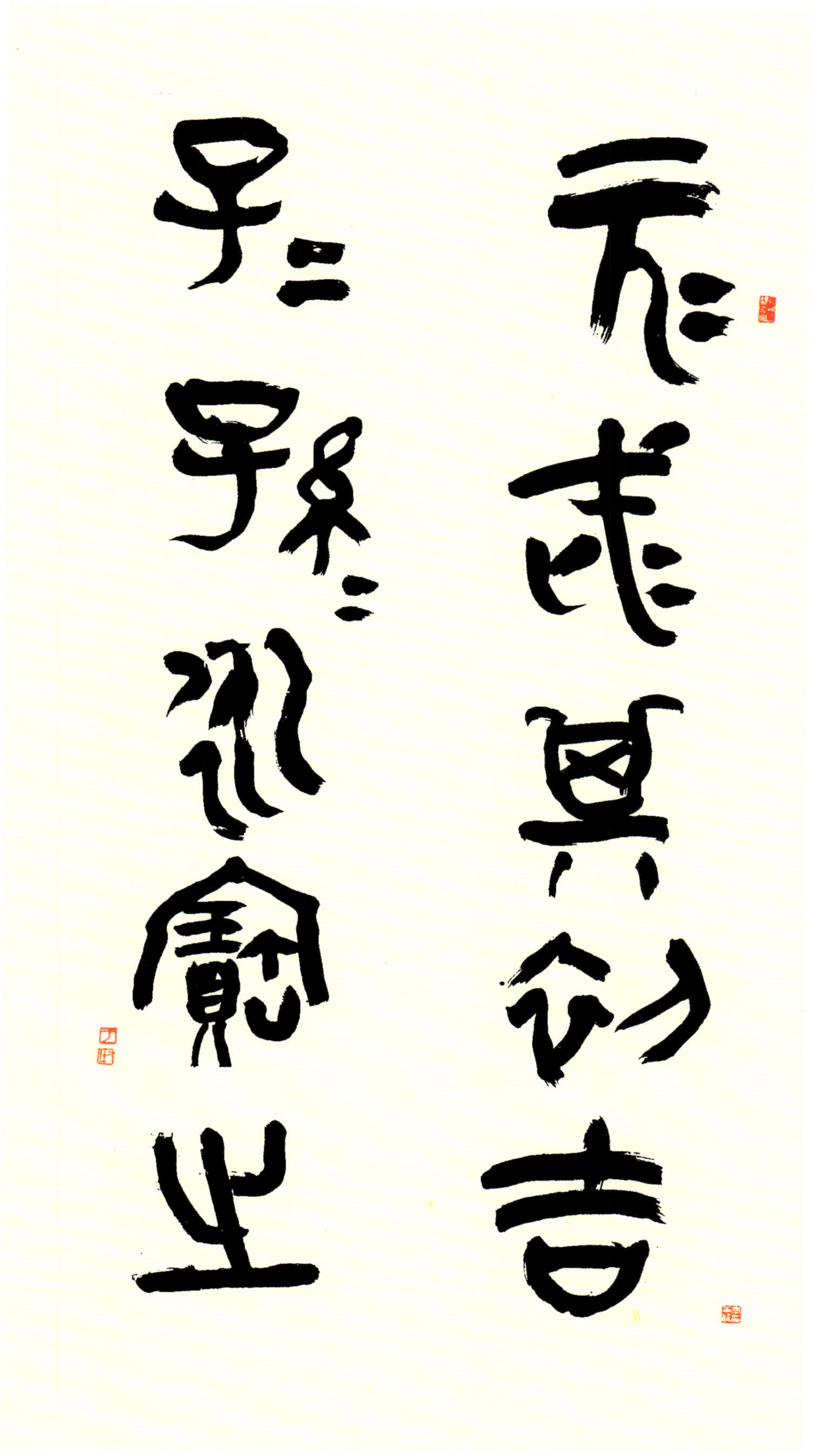

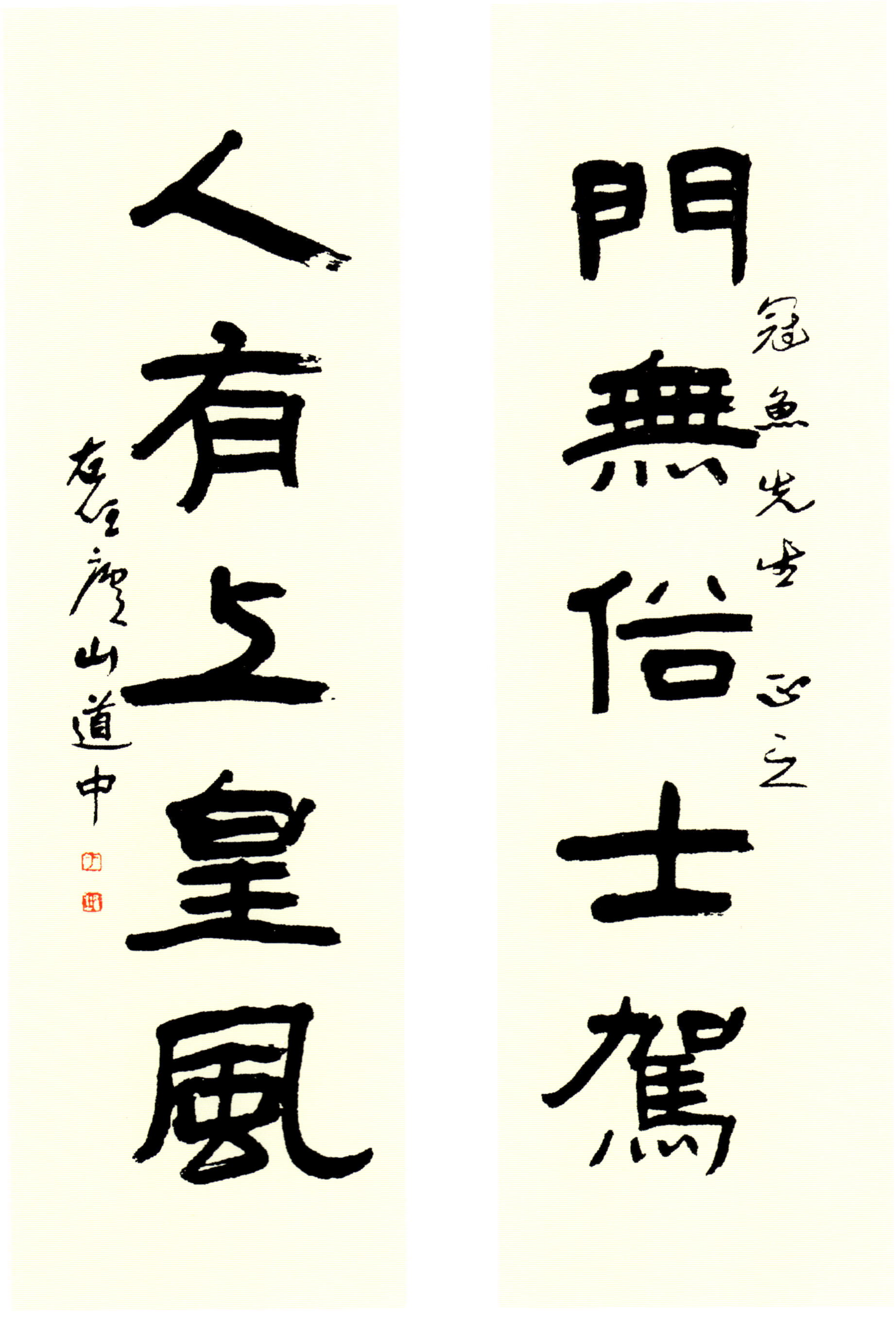
門無俗士駕
冠魚先生正之
人有上皇風

雲鶴有奇翼
飛鴻響遠音

于右任

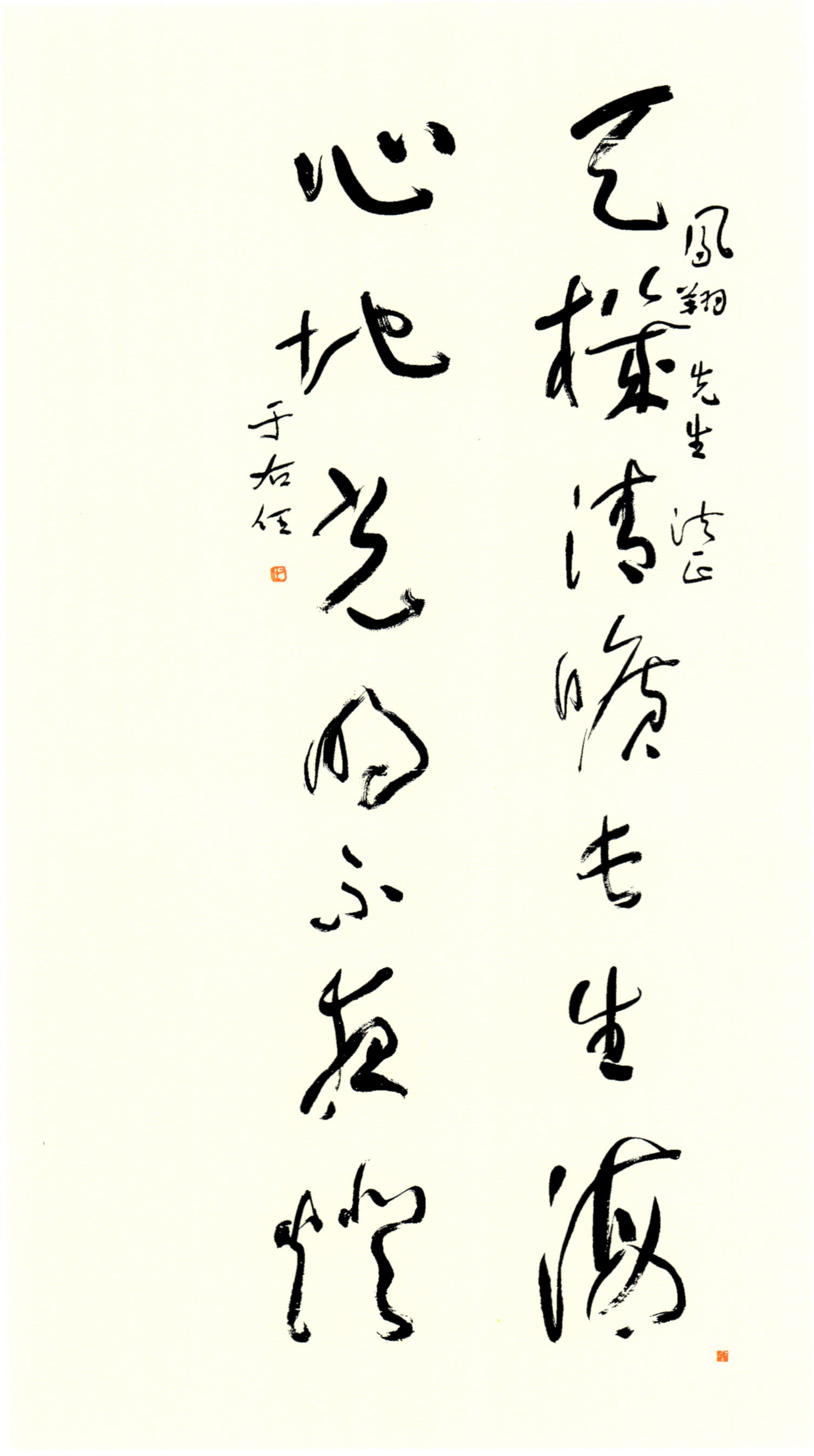
凤翔先生法正
于右任

莫笑農家臘渾豐年留客足雞豚山重水複疑無路柳暗花明又一村簫鼓追隨村社近衣冠簡朴古風存從今若許閒乘月拄杖無時夜叩門

放翁

于右任

廿一年

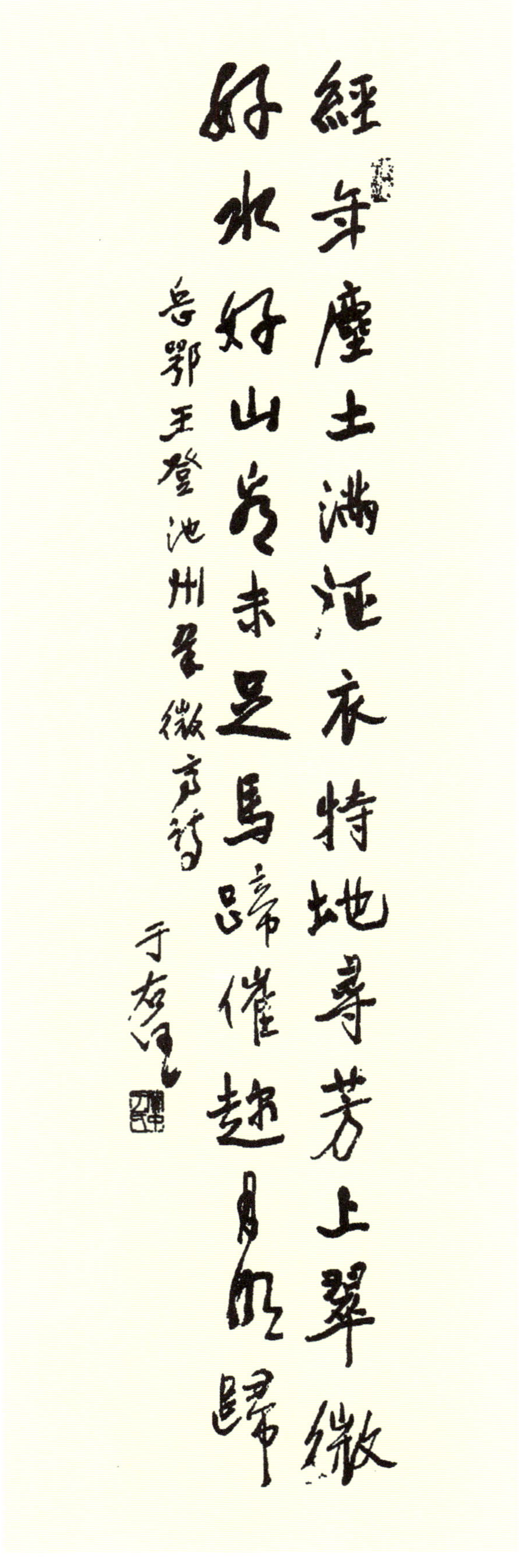
經年塵土滿征衣特地尋芳上翠微
好水好山看未足馬蹄催趁月明歸
岳鄂王登池州翠微亭詩
于右任

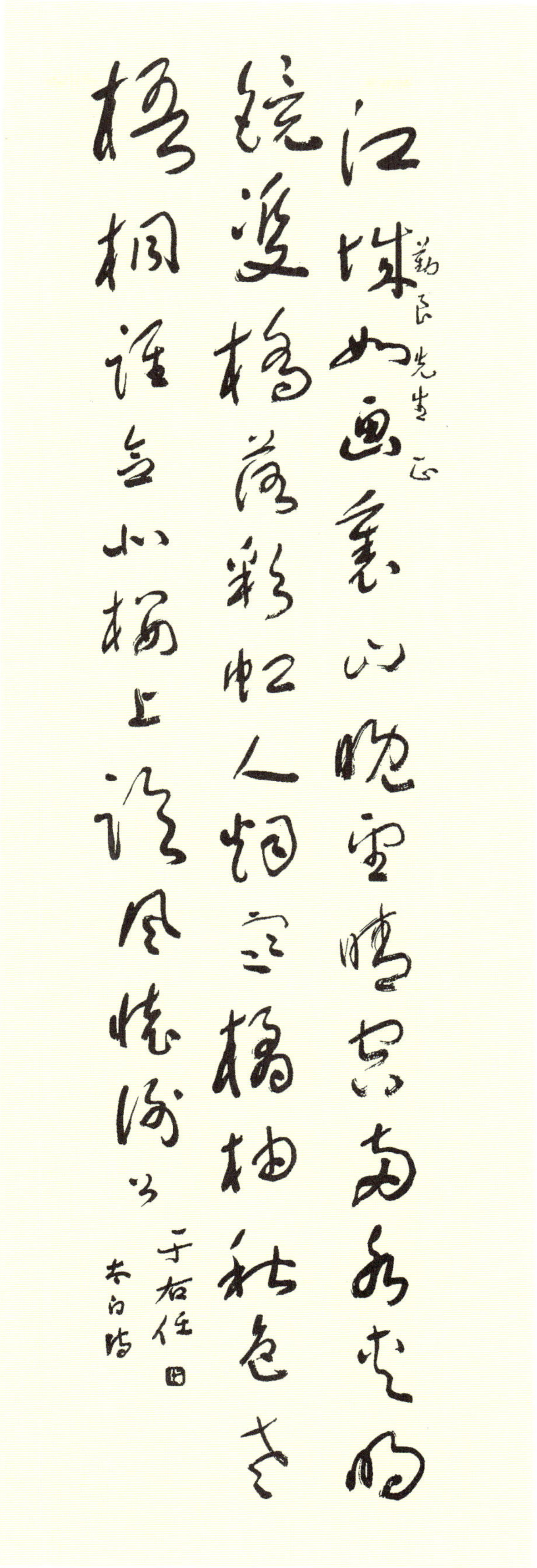
江城如画里山晚望晴空两水夹明
镜双桥落彩虹人烟寒橘柚秋色老
梧桐谁念北楼上临风怀谢公
勤良先生正
于右任
太白诗

金兀术南侵专有精骑
拐子马万马多匹全铠
兵横行中原为专豪
阵前吃亏岳将军大
破胡儿郎城下马锋已弱
朱仙镇痛饮黄龙酒可把

殲滅敵人在眼前國
家一統如何寧破賊
寧為除害群盡去樣
之遺恨如斯於能梁
以銘畫楊子為圖

中華民國四十五年三月

于右任

必使饥者得食寒者得衣劳者得

息乱者得治遠者得[illegible][illegible]問歸

之以録墨子

西園先生

于右任

五十年九月

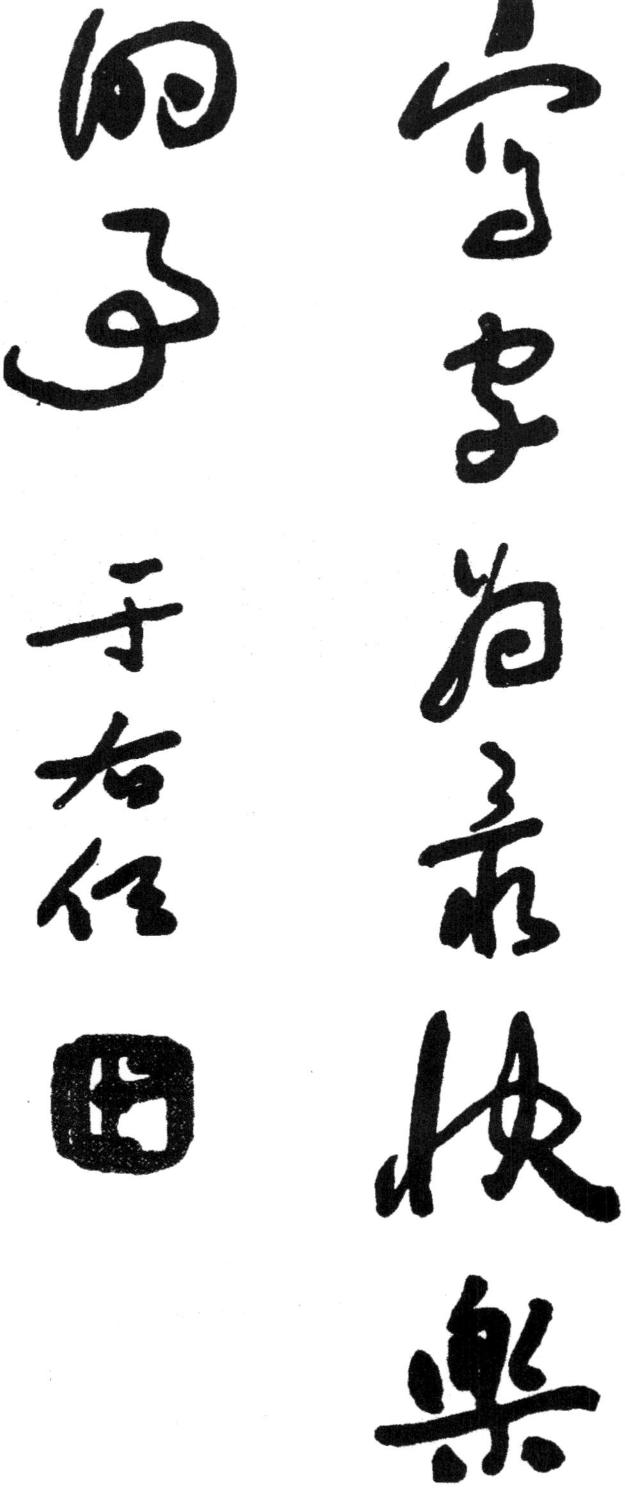
写字为最快乐的事
于右任

一月二十四日 星期三 氣候 溫度 地點

摘要

（天明作此歌）

葬我於高山之上兮

望我故鄉

故鄉不可見兮

永不能忘

一月二十五日 星期四 氣候 溫度 地點

摘要

葬我於高山之上兮

望我大陸

大陸不可見兮

只有痛哭

天蒼、野茫 山之上 國有殤

11

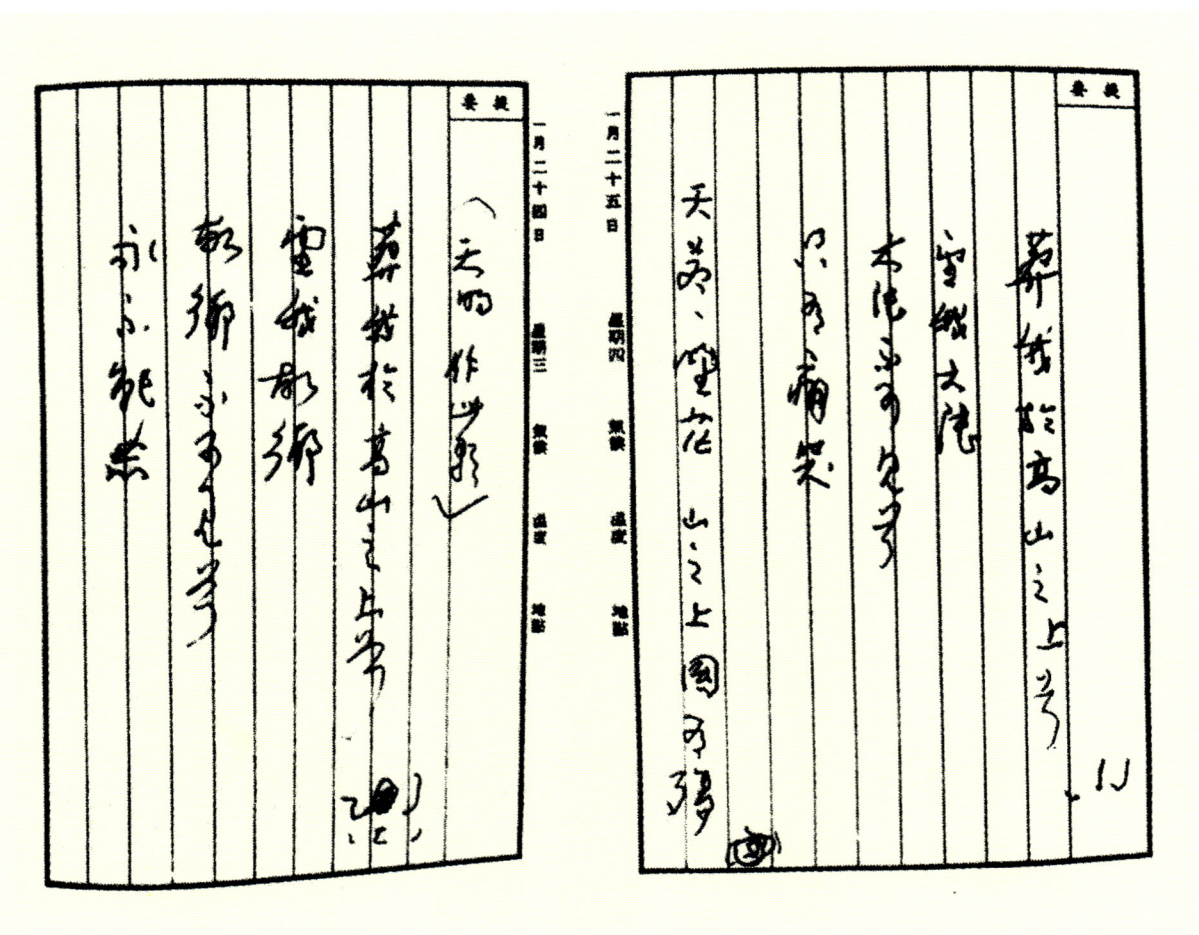

目録

上卷

一、于右任先生遺像
二、霍松林題書名
三、劉自櫝題書名
四、于右任先生書法作品選
五、第三版序……1—4
六、凡例……5
七、部首索引……7—8
八、部首查字表……9—48
九、正文……1—1100

下卷

十、正文 …… 一一〇一—二一五九

十一、附録一・于右任書法作品名款選編 …… 二一六一—二一七八

附録二・于右任書法作品用印匯編 …… 二一七九—二一八五

附録三・于右任書法作品上款選編 …… 二一八六—二二一七

附録四・本書引用資料目録 …… 二二一八—二二二三

附録五・筆畫查字表 …… 二二二三—二二六九

附録六・漢語拼音查字表 …… 二二七〇—二三〇〇

十二、*跋 …… 二三〇一—二三〇二

十三、第三版編後語 …… 二三〇三—二三〇四

第三版序

近代被日本友人譽爲『曠代草聖』的書法大師于右任先生，不僅由於開創了草書標準化的偉大事業，更由於其中國書法形式美的獨創性與大量佳作贏得了海内外文化人的敬仰。他在中國書法藝術上的成就主要有三：

一、民族精神與書法審美觀的契合。中國書法藝術有着清晰的民族精神内涵。雖然其意象特徵有着『道可道，非常道』的模糊性（惟恍惟惚），但深入體悟到中華文化思想統攝下的中華民族書法審美理念時就會如撥雲見日一樣從書法的三要素（用筆筆法、結字字勢、章法構成）和書法的抒情性靈魂中感知、體悟、分析、理解到民族精神内涵的外化。東晋王羲之書法的中和、静謐、蕭散之氣，唐代顔真卿書法雄强莊嚴、正大的廟堂之氣，不是都清晰地打上了他們所處時代思想文化與書家個人精神氣質的印記嗎？對此，古人論之多矣。毋庸置疑，『書爲心畫』，書法也是民族精神的載體。雖然我們不能簡單地用文化思想或精神理念的標籤硬貼在書家、書作之上，但不能不在模糊性中尋找相對清晰的民族審美取向之烙印。于右任先生正是通過對書法技法層面的解析找到了『道』的民族精神本體。對北魏碑版刻石書法的繼承與創造，清代阮元提出所謂『南帖北碑』，雖然是對南北朝時期中國書法狀况極不準確的論斷，這從雲南與樓蘭文書與同期南北方書法風格的對比中就可以清楚認識，但北魏碑版刻石書法風格之奇崛峭拔，精神之雄武豪宕，遺迹之豐富多彩，的確令人眼花繚亂。康有爲甚至認爲對魏碑『隨取一家，皆足成體』，崇拜得五體投地。他自己的行楷書法就是從北魏楷書脱胎出來的佳作。北魏《石門銘》飄飄欲仙的儀態神韵在康有爲的作品中幾乎隨處可見。他是清末在繼承北魏楷書，寫出自己獨特風格的少有的幾位書家之一。清末民初，在康南海之後，對北魏碑石書法繼承、弘揚、創造出自己的風格，雄視百代的書法大家就是于右任。于右任先生像民主革命的領袖孫中山一樣把書法意識準確地定位在中華民族文化精神的高度。他們都認爲在社會動亂的南北朝，北魏碑石書法有一種『尚武』精神，而此種精神到了宋代就衰微了。由於宋代以後中華民族缺了『尚武』精神，所以時時受侵受辱。特别是近代史上八國聯軍侵略中國，清政府割地賠款喪權辱國。基於此，孫中山、于右任都身體力行地提倡寫魏碑。孫先生所題寫的傳世之作『天下爲公』就是繼承魏碑楷書寫得極有個性的佳作。于右任先生對北魏碑石書法的研究精神與藝術成就都是近世書史上的翹楚。

他研究北碑首先體味到魏碑中强悍的『尚武』精神。『朝臨石門銘，暮寫二十品。辛苦集爲聯，夜夜泪濕枕。』就是此種心境的自述。如果單純研究書法的形式美，胸懷博大的于右任先生當不至於『夜夜泪濕枕』。把書法的研討與民族精神聯繫起來思索，這種氣度、襟懷、深意的確是第一等的。這種從魏碑中得到的强悍的尚武精神是他一生書法的意識感情基礎和審美追求。體現在他的楷書、行書、草書藝術之中，胸中丘壑，筆底烟霞。北魏碑刻是他潛心研究的傳統之一，但絶不是他取法的古代書法藝術傳統的全部。他初入私塾讀書時，關中前輩書家多研習顔真卿、柳公權、歐陽詢、趙孟頫，即在清末形成的所謂『楷書四大家』。更由於清乾隆以後圓腴豐潤的趙孟頫書法取代了董其昌在清初的地位，清末，受于右任敬仰的陝西大書家醴泉宋伯魯就對趙字十分推崇。于先生早年研習『二王』及其流派的書法，研習趙孟頫自是情理之中的事了。但對他書法藝術影響最大的還是北魏碑刻書法。

二、行書上個性風格的形成與創新。千年以來，行書的發展先後形成了兩條主綫：一是魏晋以後『二王』書法流派的形成與影響。這在于右任早期的行書中有極清晰的體現。二是以從唐代顔真卿楷書、行書爲楷模的雄强、勁健的顔書流派。這在與于右任先生的前輩賀瑞麟，同輩賀伯箴先生的行書中有更多的體現。于先生早期的行書中也有顔書的神韵、筆意。在這兩條主綫之外，清代由於包世臣、康有爲對魏碑的提倡，在研習北魏楷書的同時，一些書家也努力把魏碑的筆法、字勢用於行書。趙之謙、康有爲等就是此中優秀的探索者。他們的行書是迥异於王、顔的新流派。繼之而起的于右任很快就成了這一流派的中堅，他的行書從筆法和體勢上首先是對北魏碑石書法的繼承。且將篆書、隸書、草書筆法運用於楷書、行書都是他在書法藝術上獨特的創意。行楷書中大氣磅礴、豪壯雄强更是他的精神氣質的物化形態。清末至今，中國書壇上以行書風格特出、個性鮮明、獨樹一幟者無出于右任先生之右。

三、與創立『標準草書』同步，于右任先生的草書藝術亦不斷升華。一九二七年左右，對自己的國家和民族有着强烈使命感的于右任先生面對『世界人民，寸陰能惜』，在文字中有楷書、草書並用之實際，提出『同此時間，同此手，效率誰臻高度』的問題，找到一條進行文字改革開創草書標準化的偉大構想。他聯絡同好，以今草爲主體，以『易識、易寫、準確、美麗』爲標準整理歷代草書。一九三二年在南京成立『草書社』，創辦《草書月刊》，尋找神奇符號在草書構字中之規律，推廣標準草書與草書標準。從文字改革的角度去看，草書標準化的確是一件有利於民族經濟、文化發展的偉大事業。于先生在世時，始終没有强行推行草書標準化，而是用標準草書自己的魅力去説服國民。八十多年了，草書標準化仍然是許多學者關注的事情。海峽兩岸都有一些學者在努力完善標準草書。今天大陸推廣使用的簡化字是節約時間、利於應用的楷書標準化的成果。簡化字源中有一條就是『草書楷化』。現在的簡化字和歷代草書偏旁部件寫法中也有不少不協調之處。用標準草書之規律去規範草書的過程中也會發現一些新的矛盾和問題。『言』字旁、『足』字旁等在楷書、行書、草書中如何更合理的統一形態就是亟待研究的課題。標準草書要完善，要推廣，這是毫無疑義的。標準草書的創始人于右任先生用他自己的草書藝術給標準草書注入了極大的活力，增加了巨大的魅力。他的草書努力完善他所立的標準，努力做到『字字標準』。同時他又是最善於吸取歷代書家藝術思想、藝術技法的大家。他的草書中熔鑄了歷代書家的筆法，又創造性地運用於字勢形式美的創作之中。他的老友劉延濤、胡恒都稱贊他的用筆筆勢之『活』。的確是這樣。我們在他的晚年所書的草書中的確能感受到以情運筆，波變中運筆，筆筆皆活的當代草聖的風流氣骨。在《標準草書凡例》中他提出了草書形式美的『忌交』『忌觸』『忌眼多』『忌平行』等藝術規律，更是對書學理論的重大貢獻。

『活筆』是于右任書法的生命氣息之表現。早年楷書無論近於『二王』還是寄法『魏碑』都能以己意變法，寫得個性突出。如果説《楊松軒墓表》等是繼承傳統的佳作，那麽，《秋先烈紀念碑記》中對行書、隸書、篆書筆法地自然化入，就是他大膽創新的嘗試了。二十世紀三十年代他把篆、隸、草書筆法運用於行書，行書字勢從各種流派的魏碑中取法，時時化腐朽爲神奇，更是巧思不窮、佳構時出、字字珠璣。其氣勢之博大、雄渾更爲同時代諸位大家所共仰。二十世紀中國書法革新的大家非于右任莫屬。從二十年代末至八十年代初于先生的草書更被日本朋友譽爲『曠代草聖』，影響及於海內外。

《于右任書法大字典》的編輯出版是歷史的必然。海內外已編有多部。吾友夏銘智始則與包秉民、馬維勇等一起編出一部巨型于書字典，繼則增删修訂后又編出一部小型于書字典。更可貴者此字典中補録了前所未見之于書資料。于書篆書、隸書的收録更讓我們耳目一新。

自從一九九九年《于右任書法大字典》出版以來受到廣大書友們的一致好評。隨着近年來國内外學者與收藏家對于右任書法藝術的追捧，對於于書的研究也達到了新的高度，期間又有巨大數量的于右任書法作品以作品集的形式呈現於世人面前，如文物出版社出版的三十六卷《于右任書法全集》、人民美術出版社出版的《中國近現代書法名家作品集・于右任卷》等。《于右任書法大字典》又於二〇〇九年進行第二版修訂出版。時值二〇一八年歲杪，《于右任書法大字典》歷時三年後又在夏公銘智已愈鮐背之年又進行了增補與修訂，新增首字五百個，修訂個別錯誤。夏公積學深厚、不辭辛苦，壯哉斯業，賢哉斯人！他的大作即將再版，夏公殷殷，囑我作序，我自知淺陋，啰嗦數語，惶恐不已！我想了許久，草此小文不足以道于公於萬一，勉以補序，以紀念于老誕辰一百四十週年，並以此請教夏公及各位同道。

鍾明善

二〇一九年一月九日

凡例

一、本字典采用辭海部首分類法編排。

二、本字典全用繁體字。

三、正文中首字以宋體字加外圈表示，并在此字上方書眉處以小號宋體字標示，如有異體字則以更小號的字排在其左。

四、書法字按篆、隸、楷、行、草字體順序排列，每種字體依字的結構和書寫特點相對集中。異體字排在正體字之後。

五、書法字下方的阿拉伯數字表示其出處，據此可在『附録四·本書引用資料目録』中查到此書法字選自哪本書法作品集。同一件書法作品往往重復載在多本書法集中，此數字衹表示其中一個出處。

六、正體字、異體字均在各查字表中列出。如書法字中没有正體衹有異體，則將正體字列爲首字，正體字和異體字均列入查字表内。

七、不同的字而書法字相似或相同，本字典依原作字意列在相應的首字下，如己已巳、奈柰、沼沿等。而『苻符』、『葦筆』、『藉籍』等字則按部首編排，不考慮其在文中之字意。

八、書法作品中的錯字按字形編在相應的首字下。

部首索引

一画

一 一
丨 二十六
丿 二十七
丶 四十八
乛(亅) 五十四
乙(⺄乚𠃋) 六十一

二画

十 六十五
厂 八十
𠂇 八十七
匚 九十九
卜(⺊) 一〇二
刂 一〇七
冂(⺆) 一二〇
𠂉 一二六
亻 一三九
𠂆 二一五
八(丷) 二一六
人(入) 二五三
乂 二七九
勹 二八〇
匕 二八三
儿 二八六
几(⺇) 二八八
亠 二九四
冫 三二五
冖 三三七
凵 三四二
卩 三四二
阝(左) 三四七
阝(右) 三七七
刀(⺈) 三九一
力 三九八
マ 四〇九
厶 四一二
又 四一九
廴 四二四

三画

干 四二七
工 四二八
土(士) 四三四
艹 四八四
廾 五九五
大 五九五
兀 六一三
九 六一四
扌 六一五
寸 六六五
弋 六七〇
口 六七四
囗 七一七
巾 七三五
山 七四二
彳 七六七
彡 八〇六
犭 八一三
夕 八二四
夂 八三四
丸 八四〇
广 八四一
亡 八七二
丬 八七六
忄 九九六
宀 一〇二九
辶 一〇八〇
彐(彑) 一一三二
尸 一一三四
己(巳) 一一四四
弓 一一四七
屮(屮) 一一五六
女 一一五七
小(⺌) 一一七六
子(孑) 一一八〇
幺 一一八八
巛 一一九〇

四画

王 一一九一
主 一二一〇
天(夭) 一二一三
廿(卄) 一二一七
木 一二二一
支 一二八〇
不 一二八〇
犬 一二八四
歹 一二八六
戈 一二九四
比 一三〇二
旡 一三〇五
瓦 一三〇八
止 一三〇八
日(曰) 一三一五
曰 一三四九
中 一三四九
牛(牜) 一三五四
手(龵) 一三五九
毛 一三六五
气 一三六六
攵 一三六九
片 一三八〇
斤 一三八二
爪(爫) 一三八八
父 一三九五
月(⺝) 一三九六
氏 一四一三
欠 一四一五
殳 一四二〇
文 一四二五
方 一四二六
火 一四三四
斗 一四四五
灬 一四四七
户 一四五八
礻 一四六二
心 一四七五
尺 一四九一
爿(丬) 一四九二
水 一四九四

五画

𡗗 一四九七
玉 一五〇四
示 一五〇六
去 一五〇八
甘 一五一〇
石 一五一一
戊 一五二一
业 一五二五

⺫ 一五二七
目 一五三八
申 一五四八
田 一五四九
由 一五六五
罒 一五六六
皿 一五七二
生 一五七九
矢 一五八一
禾 一五八六
白 一六〇九
瓜 一六一八
疒 一六一八
立 一六二三
玄 一六三一
穴 一六三二
衤 一六四二
民 一六四七
𤴔(⺪) 一六五〇
皮 一六五三
癶 一六五四
矛 一六五八
母(毋) 一六六〇

六画

耒 一六六二
老(耂) 一六六四
𢦏 一六七〇
耳 一六七四
西(覀) 一六八五
朿 一六九〇
而 一六九〇
臣 一六九二
至 一六九五
虍(虍) 一六九九
光 一七〇六
虫 一七〇九
肉 一七一四
缶 一七一五
舌 一七一六
竹(⺮) 一七六六
臼 一七四一
自 一七四二
自 一七四五
血 一七五〇
舟 一七五二
色 一七五六
衣 一七五八
羊(⺶ ⺷) 一七六〇
龹 一七七四
米 一七七六
聿(⺺ 肀) 一七八一
艮 一七八七
羽 一七八九
糸(纟) 一七九四

七画

走(赱) 一八二八
赤 一八三四
車(车) 一八三五
束 一八四四
豆 一八四五
酉 一八四八
辰 一八五三
豕 一八五六
貝 一八五六
見 一八六九
里 一八七五
足(⻊) 一八七八
身 一八八八
谷 一八九二
采 一八九五
豸 一八九七
角 一八九八
卯 一九〇一
言(讠) 一九〇一
辛 一九五四
㐬 一九五八

八画

青 一九五八
亞(亚) 一九六三
𠦝 一九六六
雨 一九七一
長(镸) 一九八九
虎(虍 虒) 一九九二
非 一九九六
隹 二〇〇〇
金 二〇一〇
門(门) 二〇二九
隶 二〇四七

九画

革 二〇四八
頁 二〇五一
面 二〇六一
韭 二〇六二
是 二〇六二
骨 二〇六七
香 二〇六九
鬼 二〇七一
食(飠) 二〇七三
風 二〇八二
音 二〇八六
首 二〇九三
韋(韦) 二〇九四

十画

鬥 二〇九四
鬲 二〇九五
髟 二〇九六
馬 二〇九九
高 二一一二
𤇾(⺍ 𫇦) 二一一四

十一画

[illegible] 二一一九
黃 二一一九
麥 二一二一
鳥 二一二一
魚(𩵋 鱼) 二一三一
麻 二一三五
鹿 二一三九

十二画

鼎 二一四二
黑 二一四三
黍 二一四七

十三画

鼓 二一四七
黽 二一四九
鼠 二一四九

十四画

鼻 二一四九
齊 二一四九

十五画

齒 二一五二

十六画以上

龍(龙) 二一五三
龜(龟) 二一五五
䜌(亦) 二一五六

部首查字表

一部

一 一
二（贰弌） 二
丁 三
七 三
三 四
（云） 一三三二
于 四
丈 六
（与） 二四五
才 六
（丰） 一八四七
（无） 一三二
互 七
（开） 二〇三三
井 七
（专） 六六七
（韦） 二〇九四
五 七
（寸） 一七二三
卅（丗卌） 九
屯 九
世（丗丗卋） 九
可 十一
丙 十三
平 十三
亘 十五
再（冄冉冄） 十五
东 一二三二
吏 十五
麦 二一二一
甫 十六
（叀叀叀） 六〇三
更 十六
求 十七
些 十九
（丗丗丗井） 四二〇
（东东） 一三二三
事（亊） 二十
兩（两） 二十二
甚 二十三
哥 二十四
昪 二十四
皕 二十四
爾（尔） 二十四
尠 二十五
暨 二十五
囊 二十六
蠹 二十六

丨部

凸 二十六
且 二十六
（旧） 五八〇
凹 二十七
串 二十七
（児） 一七四一

丿部

九 二十七
乃 二十九
川 三十一
久 三十二
及 三十三
升（升） 三十五
乏 三十六
丹 三十六
（手） 一二八
失 三十八
丘 三十九
乎 三十九
（尔） 二十四
册（冊） 四十
（乐） 一二六七
朱 四十一
乒 四十一
乓 四十一
向 四十一
（彖） 一二九五
垂（埀𠂹） 四十二
乖 四十四
重 四十四
禹 四十六
胤 四十七
粤 四十七
舉（举） 四十七

丶部

之 四十八
（为） 一四四七
半 五十
必 五十一
永 五十二
州 五十三
（举） 四十七
叛 五十四
毲 五十四

乛部

刁 五十四
了 五十五
也（乜） 五十五
尹 五十七
丑 五十八
（刅） 一三二四
巴 五十八
（书） 一七八一
司 五十九
丞 五十九
（发） 一六五六
（氺氽） 一五二一
承 六十
亟 六十一
（詞） 一九一一

乙部

乙 六十一
（求） 四十七
（乜） 一〇九九
（以㠯） 八七二
丱 六十一
乳 六十一
飛（飛） 六十一
亂（亂乱） 六十四
嚮 六十五

十部

十 六十五
千 六十六
（卆） 三〇四
卉 六十八
古 六十八
朮 七十
克 七十
直 七十一
卑 七十二
協（協协） 七十三
（桒） 四二一

南(南南) 七十三
真 七十五
索 七十七
博(博) 七十七
喪(丧丧丧) 七十八
(畞) 三二二
辜 七十九
嗇 七十九
準(凖) 七十九
賁 七十九
嗇 八十
嘏 八十
兢 八十
矗 八十
韡 八十

厂部

(厂) 八五五
仄 八十
厄 八十
(压) 八十七
厓 八十
厚 八十
厝 八十一
原(原) 八十一
厠 八十三
厨(厨) 八十三
厦 八十三
雁(鴈) 八十三
厥(厥厥) 八十四
厮 八十五
厲 八十五
厰 八六四
厭 八十五
歷(歴) 八十六
(壓) 八六五
壓 八十七
龎 八十七
廬(廬) 八七〇
(廳) 八七二

ナ部

友 八十七
左 八十八
右 八十九
布 九十一
在(在) 九十二
有 九十五
灰 九十七
存(存) 九十八

匚部

匹 九十九
巨 一〇〇
匡 一〇〇
匠 一〇一
匣 一〇一
(医) 一八五二
匿 一〇一
匪 一〇一
區 一〇二
(匯) 九五八
匳 六一〇
匱 一〇二
匵 一〇二

卜部

卜 一〇二
上 一〇三
下(丌丅) 一〇三
卡 一〇五
占 一〇五
卓 一〇五
貞 一〇五
鹵 一〇六
睿 一〇六
(殮) 一二九三
[illegible] 一〇七

刂部

(刋) 四二七
刑 一〇七
刓 一〇七
刎 一〇七
別 一〇七
刪(刪) 一〇八
判 一〇九
制 一〇九
刻(刻) 一一〇
刷 一一一
荆 一一一
剋 一一二
刾(刺) 一一二
削 一一二
剔 一一二
剛 一一三
剖 一一三
剡 一一三
剜 一一三
副 一一四
剩 一一四
創 一一五
割 一一五
剿(勦勦) 一一五
劃(劃) 一一六
劇 一一六
劍 一一六
劉(劉) 一一九
劘 一二〇
劚 一二〇

冂部

内 一二〇
用 一二一
同 一二二
(冋) 七二一
冏 一二四
周 一二四
岡 一二五
罔 一二六

𠂉部

乞 一二六
午 一二七
乍(乍) 一二七
年(秊) 一二八
(亘) 七十一
每 一三一
怎 一三二
(复复) 二九九
(甙) 三一八
無(亡) 一三三
舞 一三八

亻部

仁 一三九
什 一四〇
仆 一四〇
化 一四〇
(仇) 二〇一〇
仍 一四一
仕 一四二
仗 一四二
付 一四三
代 一四三
仙 一四四
仟 一四五
伋 一四五
(们) 一九三
他(他) 一四五
仞 一四六
(传) 二〇二
休 一四六
伍 一四七
伏 一四七
伐 一四八
仲 一四八
仵 一四九
件 一四九
任 一四九
价 一五一

仰 一五一
仿 一五二
伊 一五三
似 一五三
佞 一五四
估 一五四
（体） 二〇六八
何 一五四
佐 一五六
佑 一五七
佈 一五七
佔 一五八
攸 一五八
但 一五八
伸 一五九
佚 一五九
作 一五九
伯 一六一
伶 一六二
低（㐲） 一六二
佟 一六三
你 一六三
住 一六三
位 一六四
佗 一六四
佇 一六四
伴 一六四
佛 一六五
伽 一六六
佳 一六六
侍 一六七
供 一六八
使 一六八
例 一七〇
侄 一七〇
侶 一七〇
侃 一七一
佪（偭） 一七一
佩 一七一
侈 一七二
依 一七二
佽 一七二
佯 一七二
併 一七三
便 一七三
俠 一七三
修（脩偹） 一七四
俚 一七六
保 一七六
促（伿） 一七七
俄 一七七
侮 一七七
俗 一七八
俛 一七九
係 一七九
信 一七九
侵 一八〇
俁 一八一
俟（竢） 一八二
俊（儁） 一八二
倩 一八三
俸 一八三
倖 一八三
借 一八三
值（値） 一八三
倚 一八四
倒 一八五
俶（俶） 一八五
倬 一八六
俳 一八六
條 一八六
倘 一八七
俱 一八七
倡 一八八
個（㐰） 一八八
倏 一八九
候 一八九
倭 一八九
俾（俾） 一八九
倪（倪） 一八九
倫 一九〇
倜 一九一
俯 一九一
倍 一九二
倦 一九二
倥 一九二
健 一九二
們 一九三
倨 一九三
做 一九三
偪 一九四
偃 一九四
偕 一九四
偵 一九四
側 一九四
偶 一九四
偈 一九五
偎 一九五
偷 一九五
偬 一九六
停（停） 一九六
僞 一九六
偏（偏） 一九七
假（叚） 一九七
偉 一九八
傲 一九八
備（俻偹偹） 一九八
傅 一九九
傜 二〇〇
傖 二〇〇
傑 二〇〇
（傚） 一三七二
傍 二〇一
（侻） 二一五
債 二〇一
僅 二〇一
傳（傳） 二〇二
傾 二〇四
僂 二〇五
催 二〇五
傷 二〇六
像 二〇八
傭 二〇八
僇 二〇八
僚 二〇八
僕（僕） 二〇九
僑 二〇九
僮 二〇九
僧（僧） 二〇九
價 二一〇
儂 二一〇
儉（俭） 二一〇
儋 二一一
億 二一一
儀（儀儀） 二一一
僻 二一二
儔 二一二
儒 二一二
儘（儘） 二一三
優（優優） 二一三
儲 二一四
償 二一五
儷 二一五
儻（儻傥） 二一五

厂部

反 二一五
后 二一六
盾 二一六
（底） 八四六

八（丷）部

八 二一六
兮（兮） 二一七
分 二一八
公 二二〇
（兰） 五九二

(㕣) 三八七
并(並竝) 二三二
(关) 二〇四五
(兴) 二五〇
兵 二二四
兑 二二六
弟 二二六
(㕡) 一三七八
其 二二八
具 二三二
(单) 七〇三
典(典) 二三三
(𠔏) 一一四
前 二三四
酋 二三六
兹 二三六
盆 二三七
益 二三七
兼(兼) 二三八
翁 二三九
剪 二四〇
貧 二四〇
普 二四一
奠 二四一
尊 二四二
孳 二四四
曾(曽曾) 二四四
巽 二四五
煎 二四五
與(與与) 二四五
慈 二四八
翦 二四九
䴥 二五〇
冀(兾) 二五〇
興(興興兴) 二五〇
輿(輿輿) 二五三
夔 二五三

人部

人 二五三
入 二五六
(个) 一八八
介 二五七
今 二五八
(认) 一八四六
以(㕥) 二五九
仝 二六二
令 二六二
全 二六三
合 二六四
企 二六五
余 二六五
含 二六七
舍 二六八
命 二六九
念(念念) 二七二
俞 二七三
俎 二七三
拿(舒) 二七四
倉 二七四
衾 二七四
貪 二七四
舒 二七五
翕 二七五
畲 二七五
禽(禽) 二七五
愈 二七六
僉 二七六
會(會會会) 二七七
鋪 二七八
(劍) 一一六
館(舘) 一八五七
盦 八五五
龕 二七八
糴 二七八

乂部

乂 二七九
(乂) 一七六八
刈 二七九
爻 二七九
希 二七九
肴 二八〇

勹部

勿 二八〇
勾 二八一
句 二八一
匆 二八二
匀 二八二
包 二八二
旬 二八二
匈 二八二
甸 二八二
匋 二八二
匍 二八三
芻 二八三
匐 二八三

匕部

北 二八三
(此𠤎匕) 一三一〇
旨 二八四
頃 二八四
疑(𥏻) 二八五

儿部

先 二八六
兆 二八八
兇 二八八
兕 二八八

几部

几 二八八
一一八九
凡(凢凡) 二八九
朵 二八九
夙 二九〇
咒(呪) 二九一
凫 二九一
(凭) 一四八九
凰 二九二
凱 二九二
鳳(鳳) 二九二

亠部

六 二九四
市 二九五
交 二九六
亥 二九七
充 二九八
亨(亨) 二九九
(弃) 三二一
京(京) 二九九
享(享) 三〇〇
夜(亱夜) 三〇一
卒 三〇四
兖 三〇五
育 三〇五
哀 三〇六
亭(亭) 三〇七
亮(亮) 三〇九
帝 三一〇
衰 三一二
畝(畂畒畞) 三一二
衷 三一三
旁 三一三
衮 三一四
毫(毫) 三一四
烹(烹) 三一五
商 三一六
商 三一六
率 三一六
牽 三一八

就（就） 三一八
啻 三一九
裏（裡） 三一九
稟（禀） 三二〇
亶 三二〇
（亭） 六一〇
棄 三二一
雍 三二二
（奮） 六一一
裏（褁） 三二二
豪（豪） 三二二
褒 三二四
襄（襄襄） 三二五
甕 三二五
亹 三二五
（嬴） 八七六
（贏） 八七六

冫部

冲 三二五
次 三二六
决 三二七
冰 三二七
况 三二八
冷 三二九
冶 三二九
净 三二九
清 三三〇
凌（淩） 三三一
凍（冻） 三三二
凄 三三二
准 三三三
凋 三三三
凉 三三三
凑 三三五
减 三三五
凔 三三五
馮 三三五
（減） 九五五
（减） 九五五
（滅） 一四九四
凜（凛） 三三六
凝（凝） 三三六

冖部

冗 三三七
罕 三三七
（宜） 一〇四一
冠（冠） 三三七
（冦） 一〇五四
（寇） 一〇五四
（冦） 一〇五四
軍 三三八
冢（冢） 三四〇
冥 三四〇
冤 一〇六二
富 一〇六二
（寫寫） 一〇七四

凵部

凶 三四二
（画） 一七八三
函 三四二

卩部

印 三四二
卯（夘） 三四三
即 三四四
卿（卿） 三四五

阝（左）部

阡 三四七
阮 三四七
阨 三四七
阪 三四七
防 三四七
阿 三四八
阻 三四九
附 三四九
陀 三四九
陁 三五〇
陂 三五〇
陋 三五〇
陌 三五〇
降（降） 三五一
陔 三五一
限 三五一
陡 三五二
陣（阵） 三五二
陝（陕） 三五二
陛 三五三
陘（陉） 三五四
陟 三五四
除 三五四
院 三五五
陸 三五六
陵（陵） 三五七
陬 三五九
陳（陈陳） 三五九
陼 三六〇
陲（陲） 三六〇
陰（陰） 三六一
陶 三六二
陷（陷陷） 三六四
陪 三六四
隋 三六五
階 三六五
隄 三六五
陽 三六五
隅 三六七
隈 三六八
隍 三六八
隆（隆） 三六八
隊 三六九
隔（隔） 三六九
隕 三七〇
隘 三七〇
䧢 三七〇
隙 三七〇
際 三七〇
障 三七二
隨（隨隨） 三七二
隧 三七四
隣 三九〇
險 三七四
隱（隱隐） 三七四
隳 三七六
隴（隴） 三七六

阝（右）部

邗 三七七
邦（邦邦） 三七七
邨 三七八
邠 三七八
那（那） 三七八
邱 三七八
邸 三七九
（邹） 三八九
邵 三七九
郃 三七九
邽 三七九
郁 三七九
郜 三七九
（郑） 三九〇
郊 三七九

郎 三八〇
郢 三八一
部 三八一
郡 三八一
都 三八二
鄙 三八四
郵(郵邮) 三八四
郸 三八四
郭(郭) 三八四
部 三八五
郯 三八六
郾 三八七
鄂 三八七
鄘 三八七
鄉(鄉鄉) 三八七
嚮 二〇九二
鄔 三八九
鄒 三八九
鄞 三八九
鄠 三八九
鄙 三八九
鄣 三八九
鄲(鄲) 三八九
鄰 三九〇
鄭 三九〇
鄧 三九一
鄰 三九一

刀部

刀 三九一
刃 三九二
切 三九二
召(台) 三九二
(色) 一七五六
危 三九三
(争) 一三九〇
奂 三九四
免 三九四
忍 三九四
兔 三九五
(矦) 一八一
負(貟) 三九五
急 三九五
象(象爲) 三九六
(剿) 一一五
釁 三九七

力部

力 三九八
(办) 一九五六
(劝) 四〇八
加 三九八
劭 三九九
助(助助) 四〇〇
劬 四〇一
努 四〇一
(势) 四〇六
劼 四〇一
効 四〇一
勃 四〇二
勁(劲) 四〇二
勉 四〇三
(勑) 一八四四
脅 四〇三
勘 四〇三
勖(勗勖) 四〇三
動 四〇四
勢(勢勢) 四〇六
勤 四〇六
(勦) 一一五
勩 四〇七
勱 四〇七
勰 四〇七
勣 四〇七
勵 四〇七
勳(勲勛勋) 四〇八
勸(勧劝) 四〇八
勷 四〇九

マ部

予 四〇九
勇(勇) 四一〇
豫(豫豫) 四一一

ム部

么 四一二
云 四一二
允 四一三
弁 四一三
(台) 四六九
(刍) 六九〇
矣(矣) 四一三
(虽) 二〇〇四
怠 四一五
(員) 六九八
能(能) 四一五
(畚) 七三三

又部

參(叅参叅叅) 四一八
絫 四一八
(叢) 七一四
又 四一九
(劝) 四〇八
(双) 四二三
叔 四二〇
叟 四二一
叙 四二一
桑 四二一
(畚) 七三三
疊(疊疊) 四二三
燮 四二三
雙(雙) 四二三
矍 四二四

廴部

廷 四二四
延 四二四
(迋) 一七二五
(廸) 一〇八三
(廹) 一〇八四
(廻迴) 一〇八五
建 四二四

干部

干 四二七
刊 四二七
幵 四二八

工部

工 四二八
巧 四二九
卭 四三〇
邛 四三〇
功(切) 四三〇
攻 四三二
巫 四三二
貢 四三三
項 四三三

土部

土(圡) 四三四
士 四三四
壬 四三五

圭 四三五
寺 四三五
吉 四三六
圪 四三七
圮 四三七
地(坔) 四三七
址 四三九
坚 四五六
坂 四四〇
坐(㘸坐) 四四〇
坎 四四二
均 四四二
坊 四四二
坑 四四二
志 四四二
卦 四四四
(场) 四六〇
坪 四四四
坦 四四四
坤(堃) 四四五
(坵) 三十九
(坿) 三四九

坼 四四六
坻 四四六
幸(㚔) 四四六
坡 四四七
坳(㘭) 四四八
型 四四八
垣 四四八
城 四四九
(垩) 五三二
埏 四五二
垍 四五二
垢 四五二
垝 四五三
垓 四五三
垠 四五三
埔 四五三
埧 四五三
埋 四五三
袁(衮) 四五四
埃 四五四
堵 四五四
基(基) 四五五
域 四五六

堅(堅坚) 四五六
埵(埵) 四五七
埠 四五七
堆 四五七
培 四五八
(埽) 四五八
埭 四五八
堪 四五八
堯 四五九
堞 四五九
塔(墖) 四五九
堤 四五九
場(場塲场) 四六〇
喜 四六一
(墅) 一八七六
堡 四六二
塊 四六二
報(報報) 四六二
壹 四六四
壺 四六五
壻 四六六
填 四六六

塢 四六六
塘 四六六
塑 四六七
塗 四六七
(塚) 三四〇
壼 四六八
塹 四六八
墟(墟) 四六八
墅 四六八
嘉(茄) 四六八
墊(垫) 四六九
臺(臺台) 四六九
塾(塾) 四七一
墉 四七一
境 四七一
(槖) 一二七一
壽 四七二
墮(堕墯) 四七五
墜 四七五
墋 四七五
墝 四七五
墳 四七五

賣 四七六
增(增增) 四七七
墀 四七八
墻(墻墙) 四七八
熹 四八〇
憙 四八〇
墩 四八〇
墾 四八〇
壇(壇) 四八〇
壁 四八一
壑 四八二
壕(壕) 四八三
壞 四八三
壠(壟) 四八三
壤(壌) 四八四
懿 四八四

艹部

(廿) 一二一七
艾 四八四
芀 四八四
芒 四八四
芝 四八五

芑 四八五
芙 四八五
芸 四八五
芾 四八六
芰 四八六
苣 四八六
芘 四八六
芽 四八六
芷 四八六
芮 四八六
花 四八九
芹 四八九
芥 四九〇
芬 四九〇
芡 四九〇
(苏) 五八九
芟 四九〇
芳 四九〇
(劳) 二一一四
芭 四九一
苦 四九一
若 四九三

茂 四九六
苹 四九七
苜 四九七
苴 四九七
茇 四九七
苗 四九七
（革） 二〇四八
英 四九八
茵 五〇〇
苟 五〇〇
茱 五〇〇
苻 五〇〇
苓 五〇一
茆（茆） 五〇一
苑 五〇一
苞 五〇二
范 五〇二
（茔） 二一一六
茀 五〇二
苕 五〇三
苔 五〇三
茅 五〇四

茸 五〇四
茦 五〇四
荐 五〇四
荑 五〇四
（执） 五八四
草（艸） 五〇四
莒 五〇七
茵 五〇八
茴（苗） 五〇八
荇 五〇八
荃 五〇八
（荅） 一七二五
荀 五〇八
茶 五〇八
茗 五〇八
（芧） 一七二三
荄 五〇八
荒（巟） 五〇八
茫（茳） 五一一
（荣） 二一一六
（芨） 八六五
葷 五一一

茹 五一二
荔 五一二
（茲） 二三一六
華 五一二
菂 五一六
莆 五一六
莽（莽） 五一六
莖（茎） 五一七
莫 五一七
莧 五二〇
莉 五二〇
莠 五二〇
莓 五二〇
荷 五二〇
莅（蒞） 五二一
荻 五二一
莘 五二三
莎 五二三
莞 五二三
莨 五二三
莊 五二三
（節） 一七二八
菁 五二三

著 五二三
菱（蔆） 五二四
菘 五二五
菴 五二五
萊（莱） 五二五
萋 五二五
萇 五二五
菽 五二五
菲 五二五
菖 五二六
萌 五二六
（菓） 一五五二
萵 五二六
萎 五二六
萑 五二六
萸 五二六
菜（菜） 五二六
菟 五二七
菊 五二七
萃（萃） 五二八
菸 五二九
萁 五二九
菆 五二九
（萛） 一七三〇

菩 五二九
萍 五三〇
菹 五三〇
（营） 二一一七
菰 五三〇
菜 五三〇
葚 五三〇
（範） 一七三二
葉（葉葉） 五三〇
葸 五三二
葳 五三二
葬（葬葬塟） 五三二
募 五三四
葺 五三四
萬 五三四
葛 五三九
萼（蕚） 五三九
董 五四〇
葆 五四一
蒐 五四一
葩 五四一
葰 五四一

葱 五四一
（蔍） 二一三九
蒂 五四一
葥 五四一
落 五四一
萱 五四四
萹 五四四
葭 五四五
葦 五四五
葵 五四五
（葯） 五八六
蒜 五四五
（蔦） 一七三四
蓋（盖） 五四五
蓮 五四七
蓐 五四八
蒔 五四八
墓（墓） 五四八
幕 五五〇
夢 五五一
蒨 五五四
蒼 五五四
蒗 五五七

蓬 五五七
（蒙蒙） 一七三三
蒿 五五七
蓑 五五八
蔀 五五八
蓄 五五八
蒲 五五八
蒙 五五九
蔻 五六〇
蓉 五六〇
蓂 五六一
蒻 五六一
蔭（蔭） 五六一
蓀 五六一
蒓 五六一
（慈） 二四八
蒸 五六一
暮 五六二
摹 五六四
慕（慕慕） 五六五
蔌 五六六
蔓（蔓） 五六六
蔑（蔑） 五六六
蔡 五六六
蔗 五六六
蕖 五六七
蔽 五六七
蔚（苭） 五六七
蔣 五六八
蓼 五六八
薌 五六八
（蔄） 一七三六
蕘 五六八
蕙（蕙） 五六八
蕨（蕨） 五六九
蕤 五六九
蕎 五六九
蕉 五六九
瞢 五六九
蕪（芸） 五六九
蕃 五七〇
蕩 五七〇
蕰 五七〇
蔬（蔬） 五七一
蕊 五七一
薔 五七一
薑 五七一
薙 五七二
薯 五七二
薨 五七二
薛 五七二
薇 五七二
薊 五七二
薦 五七二
薪 五七三
薄（薄） 五七三
蕭（蕭萧） 五七五
薜 五七六
薩（薩） 五七六
藉 五七七
藁 五七八
藏（蔵） 五七八
藍（蓝） 五八〇
薰（薫） 五八〇
舊（舊旧） 五八〇
藐 五八三
薺 五八三
藎 五八四
藕 五八四
藝（藝藝藝埶） 五八四
藪 五八五
薑 五八五
繭 五八五
藜（蔾藜） 五八五
藥（薬苶） 五八六
藤（藤） 五八六
藳 五八七
藩 五八七
蘊 五八七
藿 五八八
蘋 五八八
蘧 五六八
蘆（蘆） 五八八
蘄 五八九
孽 五八九
蘇（蘇蘓苏） 五八九
藹 五九一
蘢 五九一
藻 五九一
藺 五九一
巂 五九一
蘚 五九一
蘭（蘭蘭） 五九二
蘼 五九四
蘴 五九四
蘺 五九四
蘿 五九四
虋 五九五

廾部

（羿） 六〇八
弊 五九五

大部

大 五九五
（夳） 一六二三
夫 五九八
太 五九九
（夲） 一二二二
央 六〇二
夸 六〇三
夷 六〇三
夾（夹） 六〇四
奈 六〇五
奔 六〇五
奇 六〇六
奄 六〇八
契 六〇八
奎 六〇九
奓 六〇九
（牽） 三一八
套 六〇九
匏 六〇九
奘（奘） 六〇九
奢 六〇九
爽（爽） 六〇九
奧（奥） 六〇九
奩（匳） 六一〇
奪 六一〇

奬 六一〇
（獘） 五九五
奭 六一一
樊 六一一
奮（奮） 六一一

兀部

兀 六一三
元 六一三

尢部

尤 六一四

扌部

打 六一五
扛 六一五
扣 六一五
托 六一六
（执） 八四〇
扶 六一六
技 六一七
（报） 四六二一
扼 六一七
拒 六一八
批 六一八
抄 六一八
折 六一八
（拎） 一四一八

抑 六一九
抛 六一九
投 六一九
抗 六二〇
把 六二一
（拟） 六六三
抒 六二二
抹 六二二
拓 六二二
拔 六二二
拈 六二三
担 六六二
抽 六二三
拐 六二三
拙 六二三
拊 六二四
拍 六二四
抵 六二四
拘 六二四
抱（抱） 六二四
拄 六二五
拉 六二六
拂 六二六

招（招招） 六二六
披 六二八
拚 六二八
（抬） 六六二
拗（拗） 六二八
拭 六二八
挂（掛） 六二八
持 六二九
拱 六三〇
挺 六三一
括 六三一
拾 六三一
指（指） 六三二
挑 六三四
拼 六三四
挖 六三四
按 六三四
拯 六三四
捕（捕） 六三五
振（振振） 六三五
挾（挟） 六三六
捄 六三七
捎 六三七

捍 六三七
捉 六三七
捐（捐） 六三七
挹 六三七
挫（挫） 六三七
捋 六三七
換 六三七
挽 六三八
（抄） 一三六三
捖 六三八
捧 六三八
措 六三八
掩 六三八
捷（捷） 六三八
排 六三九
推 六三九
捭 六四〇
掀 六四〇
捨 六四〇
採（採） 六四〇
授 六四一
捻 六四二
掬 六四二
掠 六四二
掖 六四二

接 六四二
捲 六四三
控 六四四
探 六四四
捫 六四四
掃（埽） 六四四
据 六五九
掘 六四五
提 六四五
掇 六四五
揚 六四七
揖 六四八
揭 六四八
插（插） 六四九
搜 六四九
揄 六四九
援 六四九
撝 六五〇
（揔揔） 一八二〇
揮 六五〇
握 六五一
揆 六五一
搔 六五一
揉 六五一

搆 六五一
搢 六五一
摸 六五二
搏 六五二
損（損） 六五二
携（攜攜攜） 六五二
搗（擣） 六五三
搬 六五四
摇 六五四
搪 六五五
摶 六五五
摧 六五五
摭 六五五
摘（摘） 六五五
撓 六五五
撩 六五五
撲（撲） 六五五
撑 六五五
撫（抾） 六五六
播（播） 六五七
擒 六五七
撞 六五七
撤 六五七
撈 六五七

撰（撲） 六五七
撥（拨撥撥） 六五九
撼 六五九
據（揚） 六五九
擄 六六〇
操（掾） 六六〇
擇 六六一
擐 六六二
擅 六六二
擴 六六二
擔 六六二
擁 六六二
擡（擡抬） 六六二
擬（擬） 六六三
擩 六六三
擲 六六三
擯（擯擯） 六六三
擱 六六三
擢 六六四
擾（擾） 六六四
擷 六六四
攄（攄） 六六四
擺 六六四
攖 六六四
攙 六六四
攘（攘攘） 六六四
攝 六六四
攢 六六五
攫 六六五
攬（攬） 六六五

寸部

寸 六六五
（对） 六六八
刌 六六六
封 六六六
專（専） 六六七
尉 六六七
對（对） 六六八
導 六六九

弋部

弋 六七〇
（弍） 二
式 六七〇
武 六七一
（貳） 二
鳶 六七四

口部

口 六七四
号 一九九四
只 六七四
叭 六七五
史 六七五
兄 六七七
叫 六七八
叩 六七八
叨 六七八
另 六七八
吁 六七八
吐（吐） 六七九
吕 六七九
（吊） 一一四八
吃（喫） 六八〇
吒 六八〇
吸 六八〇
呈 六八一
吳（吴） 六八一
吾 六八二
吠 六八四
告 六八四
吟（唫） 六八五
吹 六八六
君（君） 六八七
邑 六九〇
吼 六九一
味 六九一
呵 六九二
呻 六九二
（呪） 二九一
呱 六九二
呼 六九二
咎 六九四
咆 六九四
咏 六九四
呢 六九五
（虽） 二〇〇四
品 六九五
咽 六九六
咻 六九六
咿 六九六
（响） 二〇九二
哆 六九六
哈 六九六
咨 六九六
（咲） 一七一八
咤 六九六
哮 六九六
哺 六九六
哽 六九七
哲 六九七
員 六九八
哦 六九九
唤（喚） 六九九
唠 七〇〇
唪 七〇〇
唶 七〇〇
啞 七〇〇
啄 七〇〇
咳 七〇〇
啡 七〇〇
唱 七〇〇
唾 七〇一
唯 七〇一
啖 七〇一
唫 七〇一
啓（啓啓） 七〇二
啜 七〇三
喋 七〇三
喇 七〇三
（喫） 六八〇
喈 七〇三
喟 七〇三
單 七〇三
斝 七〇四
喘 七〇四
啾 七〇四
喻 七〇四
啼（嗁） 七〇四
嗟 七〇六
喧 七〇七
嗂 七〇七
嗷 七〇七
嗜 七〇七
（壽壽） 四七二
嗔 七〇七
嗎 七〇七
嗣 七〇八

嗤 七〇八
嗚 七〇八
嗃 七〇九
嗛 七〇九
嘆(嘆) 七〇九
嘔 七〇九
嘘 七〇九
啍 七〇九
(呆) 四一八
鳴 七〇九
嘛 七一一
噉 七一一
嘖 七一一
嘻 七一一
嘶 七一一
嘲 七一一
嗒 七一一
噢 七一一
嚄 七一一
器(噐) 七一一
噪 七一三
噫 七一三
嘯 七一三
嚇 七一四
嚙 七一四
嚚 七一四
嚬 七一四
嚴(嚴嚴) 七一四
嚶 七一六
嚼 七一六
囀 七一六
囂 七一六
𡅅 七一六
囑(嘱) 七一六

囗部

囚 七一七
四 七一八
因(囙) 七一九
回(囬) 七二一
困 七二二
固 七二三
囿 七二四
圃 七二四
圊 七二四
圉 七二五
國(國國 囯国) 七二五
圍(圍) 七二八
園(園园) 七二九
圓(圓) 七三二
團(團团) 七三二
圖(圙图) 七三三
圜 七三五

巾部

巾 七三五
(师) 一七四六
帆(帆) 七三六
帖 七三六
帕 七三七
帑 七三七
帙 七三七
帶(帶帯带) 七三七
(帰) 一七四七
帳(帐) 七三九
帷 七四〇
幅 七四〇
幀 七四一
幄 七四一
幃 七四一
帽(帽) 七四一
幌 七四二
幘 七四二
幣 七四二
幡 七四二
幢 七四二
幗 七四二
幟 七四二
幬 七四二

山部

山 七四二
屹 七四五
岌 七四五
岐 七四五
岑 七四五
岸(岍) 七四六
岩 七四七
岫 七四七
岳 七四八
岱 七四九
(峃) 一〇五八
岷 七四九
岧 七五〇
峙 七五〇
峝 七五〇
炭 七五〇
峒 七五〇
峋 七五〇
峥 七五〇
幽 七五一
豈 七五二
峽(峡) 七五五
峭 七五五
峴 七五五
峨 七五五
島(嶋) 七五五
峪 七五六
峰(峯) 七五六
峕 七五八
峻 七五八
崧 七五九
崖 七五九
崎 七五九
崑(崐) 七六〇
崗 七六〇
崔 七六〇
崙 七六〇
崤 七六一
崩(崩崩) 七六一
崞 七六一
崒 七六一
崇(崈) 七六一
崛 七六二
嵎 七六二
嵬 七六二
嵐 七六二
嵯 七六二
嵋 七六二
(嵗嵗歳) 一三一三
嵊(嵊) 七六二
嵩(嵩) 七六三
嶇 七六三
嶂 七六三
嶐 七六三
嶢(嶤) 七六三
嶠 七六三
嶔 七六三

嶓 七六三
嶙 七六三
巘 七六四
嶼 七六四
嶁 七六四
[illegible] 七六四
嶺(嶺) 七六四
嶷(嶷) 七六四
嶽 七六五
嶸 七六六
巍 七六六
巉 七六六
巔 七六六
巖(巗巗) 七六六

彳部

行 七六七
彴 七七〇
役(役) 七七〇
彷 七七一
征 七七一
徂 七七二
往(往) 七七二
彼 七七三
待 七七四
使 一六八
徊(徊) 七七六
徇 七七六
衍 七七七
徉 七七七
律 七七七
後(後) 七七八
很 七八一
徒(徒) 七八二
徑(徑) 七八二
徐 七八三
術 七八三
徠 七八五
徙 七八五
徘 七八五
徜 七八六
得(得) 七八六
從(従) 七九〇
衙 七九二
街 七九二
(循) 一七四
御(御) 七九二
復 七九三
循 七九七
徧 七九八
徛 七九八
微(微) 七九八
(傷) 二〇六
銜 七九九
德(德德) 八〇〇
徵(徵) 八〇二
衝 八〇二
徹(徹) 八〇三
衛(衛) 八〇三
徼 八〇四
衡 八〇四
徽 八〇六
衢 八〇六

彡部

形 八〇六
形 八〇七
彩 八〇七
彫 八〇九
彭 八〇九
須 八〇九
影(影) 八一〇
彰 八一二

犭部

犯 八一三
狂 八一三
狄 八一四
狎 八一四
狐 八一四
狗 八一五
狨 八一五
狥 八一五
狡 八一五
狩 八一五
狹(狹) 八一五
狷 八一五
狸 八一五
狼 八一六
猜 八一六
猪 八一六
猗 八一六
猖 八一七
猧 八一七
猝 八一七
猛 八一七
猥 八一七
猾 八一七
猶 八一七
猿(猨) 八二〇
獅 八二〇
獄 八二〇
獠 八二〇
獲 八二〇
獨(獨犸独) 八二一
獪(狯) 八二三
獯(獯) 八二三
獵 八二三
獺 八二四

夕部

夕 八二四
外 八二五
夗 八二七
名 八二七
多 八三〇
夠 八三三
夤 八三三

夂部

冬 八三四
各 八三五
条 一八六
夏(夏) 八三六
憂(憂惪) 八三八

丸部

丸 八四〇
執(執) 八四〇
孰(孰) 八四一

广部

庀 八四一
(庄) 五二二
床 八四一
(应) 八六八
庇 八四二

皮 一九三
序 八四三
店 八四四
（庙） 八六二
府 八四四
底（厎） 八四六
庚 八四七
度 八四八
庭（庭） 八四九
庠 八五一
席 八五一
庫（库） 八五二
座（座） 八五二
唐 八五三
庶（庻） 八五四
庵（盦厂） 八五五
庾（庾） 八五六
廊 八五六
庸 八五七
康（康） 八五八
（廈） 八十三
廁 八五九
廓（廓） 八五九

廉（廉） 八五九
廣 八六〇
腐（腐） 八六二
厭 八十五
廟（庙） 八六二
廠 八六四
廛（廛） 八六五
廡（庑） 八六五
賡 八六五
慶（慶） 八六五
廢（癈廢废）
癈（瘵瘕） 八六七
廨 八六八
廩 八六八
膺 八六八
應（应） 八六八
廬（廬） 八七〇
譍 八七二
鷹 八七二
廳（廳） 八七二

亡部

亡 八七二
邙 八七三

安 八七四
忘 八七四
盲 八七六
嬴 八七六
羸 八七六

氵部

汀 八七六
汗 八七六
汙（污汚） 八七七
江（江） 八七七
汐 八七九
汍 八七九
汎 八七九
汲 八八〇
池（池） 八八〇
汝 八八一
汪 八八二
沅 八八二
沄 八八二
沐 八八二
沛（沛） 八八二
沙 八八三
沍 八八三

汩 八八五
汭 八八五
沃 八八五
沂 八八五
汾 八八五
泛 八八五
沒 八八六
汴 八八六
汶 八八六
沉 八八六
沈 八八七
沁 八八八
（決） 三二七
泐 八八八
法 八八八
沽 八九〇
河 八九〇
沾 八九三
（泪） 九三六
沮 八九三
油 八九四
泱 八九四
泗 八九四
沲 八九五

泊 八九五
泝 八九五
沴（沵） 八九五
泠 八九六
沿（沿） 八九六
泡 八九六
注 八九六
泣 八九七
泫 八九七
泮 八九八
沱 八九八
（沈） 九九一
泌 八九八
泳 八九八
泥 八九八
泯 八九八
沸 八九九
泓 八九九
沼（沼） 八九九
（泽） 九八三
波 八九九
治 九〇一
（泼） 九八二

洼 九〇二
洪 九〇二
洹 九〇三
（洒） 九九四
洊 九〇四
洌 九〇四
泚 九〇四
洩 九〇四
洞 九〇四
洄 九〇五
洗 九〇五
活 九〇五
洎 九〇六
洫 九〇六
涎 九〇六
派（派） 九〇六
洽 九〇六
洮 九〇七
洵 九〇七
洛 九〇七
（净） 三二九
洲 九〇八
洋 九〇九
（泛） 七九〇
津 九一〇

迦 九一〇
（浚） 七七八
浦 九一〇
酒 九一一
浙 九一四
涇（泾） 九一四
涉 九一四
消 九一五
涅（湼涅） 九一六
浥 九一六
浩 九一六
海 九一七
浴 九二一
浮 九二二
涣 九二三
流（流） 九二三
（润） 九八〇
（涧） 九八〇
浣 九二五
浤 九二五
涕 九二五
浪 九二六
浸 九二七
涌 九二七
浚 九二七
涘 九二七
清 九二七
添 九三〇
淇 九三〇
渚 九三〇
淋 九三一
淅 九三一
淞 九三一
涯 九三一
淹 九三一
涿 九三二
淺 九三二
淑（淋淜） 九三二
淒 三三二
淖 九三三
（淂淂） 七八六
混 九三三
渦 九三三
淮 九三三
淦 九三三
淪 九三三
淰 九三三
淆 九三三
淫（滛） 九三四
淘 九三四
淳（湻涫） 九三四
淬 九三四
液 九三五
（済） 九八八
涪 九三五
淡 九三五
淚 九三六
深（滚浨滚） 九三八
涵（涵） 九四〇
湛 九四〇
港 九四〇
渫（渫） 九四一
湖 九四一
渣 九四三
湘 九四三
湮 九四三
湎 九四三
（湏） 八〇九
（减） 三三五
渺（渺） 九四四
測 九四四
湯（汤） 九四四
温 九四五
渴 九四六
渭 九四六
湍（湍） 九四八
滑 九四八
湃（湃） 九四八
湫 九四八
（澓） 七九三
淵（渆渊渕） 九四八
湟 九四九
溆 九四九
渝 九四九
（凉） 三三三
（湾） 九九五
渡 九四九
游（游斿） 九五一
滋 九五二
渼 九五二
渾 九五二
溉 九五三
滁 九五三
湧 九五三
渥 九五三
湄 九五三
溝（溝） 九五四
漠 九五五
滇 九五五
漣 九五五
溥 九五五
滅 九五五
源（源） 九五七
滙 九五八
溷 九五八
溦 七九八
滌 九五八
滔 九五八
溪 九五九
滄 九六〇
溜 九六一
滾（滚） 九六二
漓 九六二
滂 九六二
溢 九六二
溯（泝溯遡） 九六二
溶 九六二
滓 九六二
溟 九六二
溺 九六二
漬 九六二
漢（漢滐） 九六三
潢 九六五
滿（滿満） 九六五
滯（滞） 九六七
漆（漆涞） 九六八
漸 九六八
漕 九六九
漱 九六九
漂 九六九
漚 九六九
滷 九七〇
滹 九七〇
漉 九七〇
潔 九七〇
漫（漫） 九七〇
漶 九七〇
漁（漁渔） 九七〇
漪 九七一
滸 九七一
漳 九七一
漩 九七二
漉（漉） 九七二
滴（滴） 九七二
漾 九七二

演 九七二
滬 九七二
漏 九七三
漲(涨) 九七四
滲(渗) 九七四
潔 九七四
澆 九七五
潁 九七五
瀆 九七五
澍 九七五
澎 九七五
澌 九七五
潮 九七五
潸(潸) 九七六
潭 九七六
潦 九七七
澐 九七七
潛(潜潜) 九七七
潰 九七九
漬 九七九
澳 九七九
潘(潘) 九七九
潼 九七九
澈 九七九
潤 九八〇
澗 九八〇
潯 九八一
潺 九八一
澄(澂) 九八一
潑(溌) 九八二
濛 九八二
澣 九八二
澠 九八二
潞 九八二
澧 九八二
濃 九八二
澤(澤澤泽) 九八三
濁 九八四
激 九八四
澮 九八五
澶 九八五
澦 九八五
鴻 九八五
濤 九八六
濫 九八七
濡 九八七
(濶澗) 二〇四三
濬 九八七
濕(溼) 九八七
濮(濮) 九八七
濠(濠) 九八八
濟 九八八
濱(濵濱) 九八九
瀡(瀡) 九九〇
濯 九九〇
瀆 九九〇
濾 九九〇
瀑(瀑) 九九〇
瀍(瀍瀍) 九九一
瀋 九九一
瀚 九九一
瀠 九九一
瀨 九九一
瀟(潇) 九九一
瀕 九九二
瀘(瀘) 九九二
瀛(瀛) 九九二
灌 九九二
瀲(瀲) 九九三
灂 九九三
瀺 九九三
瀾(瀾澜) 九九三
瀰(沵) 九九三
灕(漓) 九九三
(灋) 八八八
灘(灘灘) 九九三
灑 九九四
灞(灞) 九九四
灝 九九五
灣 九九五
灤 九九六
灩(灧) 九九六

忄部

忙(忙) 九九六
忨 九九六
忤 九九六
忻 九九六
忴 九九六
怍 九九六
忼 九九六
忸 九九六
忱 九九六
快 九九六
怯 九九七
怙 九九七
怵 九九七
怖 九九七
怛 九九七
怏 九九七
性 九九八
怍 九九九
怕 九九九
怪(恠) 九九九
怡 一〇〇〇
恃 一〇〇〇
恒(恆) 一〇〇〇
恢 一〇〇一
恍 一〇〇一
恫 一〇〇一
恬 一〇〇一
恤 一〇〇二
恰 一〇〇二
恂 一〇〇二
恉 一〇〇二
恪 一〇〇二
恨 一〇〇二
悖 一〇〇三
悚 一〇〇三
悟 一〇〇三
悄 一〇〇四
悍 一〇〇四
悞 一〇〇四
悃 一〇〇四
悔 一〇〇四
悗 一〇〇四
悅 一〇〇四
悌 一〇〇四
情 一〇〇五
惜(惜) 一〇〇八
悽 一〇一〇
悵(怅) 一〇一〇
悼 一〇一〇
惘(惘) 一〇一一
悸 一〇一一
惟 一〇一一
惆 一〇一三
惇 一〇一三
悴(忰) 一〇一三
悰 一〇一三
惋 一〇一三
惙 一〇一三
慌 一〇一三
惰 一〇一三
愜(愜) 一〇一四
惻 一〇一四
愓 一〇一四
惺 一〇一四
愒 一〇一四
愕 一〇一四

愀 一〇一五
惶 一〇一五
愧（媿） 一〇一五
愉 一〇一六
愔 一〇一六
慨 一〇一六
惱 一〇一六
慎 一〇一七
慠 一九八
（慱） 七十七
愷 一〇一八
愾 一〇一八
愴 一〇一八
慊 一〇一八
慚 一〇一八
慢（㦟） 一〇一八
慟 一〇一九
慵 一〇一九
慷 一〇一九
慘（憯慘） 一〇一九
慣 一〇二〇
憤 一〇二〇
懂 一〇二〇
憯 一〇二〇
憬 一〇二〇
憚（憚） 一〇二一
憔 一〇二一
懊 一〇二一
憧 一〇二一
憐 一〇二一
憫（悯） 一〇二二
憾 一〇二二
憹 一〇二三
憺 一〇二三
懈（㦣） 一〇二三
憶 一〇二三
懦 一〇二五
懶（嬾） 一〇二五
懷（懐） 一〇二五
懽（懽） 一〇二八
懺 一〇二八
懼 一〇二八

宀部

它 一〇二九
宂 一〇二九
宇 一〇二九
守 一〇三〇
宅 一〇三一
安 一〇三二
字 一〇三五
完 一〇三六
宋 一〇三七
宏 一〇三七
牢 一〇三七
灾（災） 一〇三八
（宝） 一〇七八
宗 一〇三八
定（乭） 一〇三九
宕 一〇四〇
宜 一〇四一
宙 一〇四二
官 一〇四三
宛 一〇四四
（实） 一〇七三
宣 一〇四四
宦 一〇四五
宥 一〇四五
室 一〇四五
宮 一〇四六
客 一〇四七
害（害）） 一〇四九
宸 一〇四九
家 一〇四九
宵 一〇五二
宴 一〇五二
宰 一〇五三
宭 一〇五四
案 一〇五四
寇（寇） 一〇五四
寅 一〇五四
寄 一〇五四
寂（宗寂寂家） 一〇五六
（冥） 三四〇
（寉） 二一二七
宿（宿） 一〇五七
密（密） 一〇五八
寒 一〇五九
（歊宬） 一三三八
富（富） 一〇六二
寔 一〇六三
寓（寓） 一〇六三
（寃） 三四一
寐（寐） 一〇六四
塞 一〇六四
寞 一〇六六
寖 一〇六六
寨 一〇六六
搴 一〇六六
寬（寛寬） 一〇六六
（窮） 一六三九
賓（賔賓） 一〇六七
寡（寘） 一〇六八
察 一〇六九
蜜（蜜） 一〇七〇
寧（寜寗甯） 一〇七〇
寤（寤） 一〇七一
寢 一〇七一
寥（寥） 一〇七三
實（实） 一〇七三
賨 一〇七四
寫（寫） 一〇七四
審（審） 一〇七五
憲（憲） 一〇七六
褰 一〇七七
寰（寰） 一〇七七
賽 一〇七七
蹇（蹇） 一〇七八
寶（宝） 一〇七八
寵 一〇七九
騫 一〇八〇

辶部

边 一一三一
迂 一〇八〇
迁 一一二二
迄 一〇八〇
迅 一〇八〇
巡 一〇八〇
迓 一〇八一
近 一〇八一
返 一〇八二
迎（迎） 一〇八二
述 一〇八三
迪 一〇八三
迥（逈） 一〇八四
迭 一〇八四
迮 一〇八四
迤 一〇八四
迫 一〇八四
（迹） 一一二九
迢 一〇八四
迨 一〇八四
迺 一〇八五
迴（廻） 一〇八五
选 一一二六
追 一〇八五
逅 一〇八六

迹 一〇八六
逃 一〇八七
迸 一〇八七
送 一〇八七
迷 一〇八八
逆(逆逆) 一〇八九
退 一〇八九
(建) 四二四
連(连) 一〇九〇
速 一〇九一
逗 一〇九二
逐 一〇九二
逝 一〇九三
逕 一〇九三
逍 一〇九三
逞 一〇九四
造 一〇九四
透 一〇九五
途 一〇九五
逛 一〇九六
逖 一〇九六
逢 一〇九六
這 一〇九七
通 一〇九七
逡 一〇九九

過 一〇九九
逶 一一〇〇
進 一一〇一
週 一一〇二
逸(逸) 一一〇二
逮 一一〇三
達(達) 一一〇三
逼 一一〇四
遇 一一〇五
遏 一一〇六
遌 一一〇六
遑 一一〇六
逾 一一〇六
遁 一一〇六
遊(遊遊) 一一〇七
遒 一一〇八
道 一一〇八
遂 一一一一
運 一一一二
遍(遍) 一一一三
遐 一一一三
違 一一一四
遨 一一一四
遘(遘) 一一一四

遠(遠) 一一一五
遣 一一一八
遝 一一一九
遞 一一一九
遥(遥) 一一一九
(遶) 一八二三
遭(遭) 一一二〇
遜 一一二〇
遯 一一二一
遮 一一二一
適(適) 一一二一
邁 一一二二
遷(遷遷迁) 一一二二
遼(遼) 一一二三
遺 一一二四
邂 一一二五
遵 一一二五
遴 一一二六
遲(遲) 一一二六
選(選) 一一二六
遽(遽) 一一二七
還(還) 一一二七
邀 一一二八

避 一一二九
邇 一一二九
邈 一一三〇
邃(邃) 一一三〇
邊(邊邊邊邊边) 一一三一
邏 一一三二
邐 一一三二

彐部

(灵) 一九八八
(录) 二〇二二
彖 一一三二
尋(尋寻) 一一三二
彙(彙) 一一三三
(鴺) 二〇〇六
彝(彜) 一一三四
蠡 一一三四

尸部

尸 一一三四
尼 一一三四
尾(尾) 一一三四
局 一一三五
居(居) 一一三五
屈 一一三七
屍 一一三七
屋 一一三七
屏 一一三九
展 一一三九
屑 一一四〇
屐 一一四〇
屠 一一四〇
屖 一一四一
孱 一一四一
屢(屢屢) 一一四一
屧 一一四一
履(履) 一一四一
層 一一四二
屨 一一四三
屩 一一四三
屬(属屬) 一一四三
屭 一一四四

己部

己 一一四四
已 一一四五
巳 一一四六
改 一一四六
忌 一一四七

弓部

弓 一一四七
引 一一四七
弔(吊弔) 一一四八
弗 一一四九
弘(弘) 一一五〇
弛 一一五〇
(弢) 一六六六
弧 一一五〇
弦 一一五〇
弩 一一五一
弭 一一五一
弱 一一五一
張(张) 一一五一
强(強) 一一五三
弼 一一五四
粥 一一五四
彈(弹彈) 一一五四
彌(彌弥) 一一五五
彊 一一五五

屮部

出 一一五六

女部

女 一一五七
奶 一一五八
奴 一一五八
奸 一一五八
如 一一五八
（妆） 八七四
妁 一一六〇
妃 一一六〇
好 一一六〇
妍 一一六二
妣 一一六三
妙 一一六三
妖 一一六四
姊 一一六四
妨 一一六四
妉 一一六五
妹 一一六五
姑 一一六五
妻（妻） 一一六五
姐 一一六六
姍（姗） 一一六六
姓 一一六六
始 一一六六
姥 一一六七
姮 一一六七
娃 一一六七
姨 一一六七
姪 一一六八
姻（[illegible]） 一一六八
姚 一一六八
姿 一一六八
娜 一一六八
姦 一一六九
姬 一一六九
娛 一一六九
娖 一一六九
娉 一一七〇
娟 一一七〇
娥（娥） 一一七〇
娑 一一七〇
娘 一一七〇
娓 一一七〇
婀 一一七〇
娶 一一七〇
婭 一一七一
婁 一一七一
婢 一一七一
婚 一一七一
婅 一一七一
婆 一一七一
婉 一一七二
婦 一一七二
媒 一一七三
嫂（[illegible]） 一一七三
媿 一一七三
媕 一一七三
媯 一一七三
媚 一一七三
婿 一一七三
婺 一一七三
嫊 一一七三
嫫 一一七三
嫄 一一七四
媽 一一七四
媳 一一七四
媲 一一七四
嫉 一一七四
嫌 一一七四
嫁 一一七四
嫋 一一七四
嫩 一一七五
嫖 一一七五
嫗 一一七五
嫕 一一七五
嫦 一一七五
嫚 一一七五
嫘 一一七五
嫡 一一七五
嬉 一一七五
嬋 一一七五
嬌 一一七五
嫻（娴） 一一七五
嬛 一一七五
嬗（嬗） 一一七五
嬰 一一七六

小部

小 一一七六
少 一一七六
（当） 五三一
劣 一一七七
肖 一一七七
尚 一一七八
省 一一七九
雀 一一八〇
（導） 六六九

子部

子 一一八〇
孑 一一八一
孔 一一八一
孕 一一八二
孜 一一八二
孟 一一八二
孤（孤孤） 一一八三
孢 一一八四
孥 一一八四
孩 一一八四
孫（孙） 一一八四
學（學学） 一一八六
孺 一一八八

幺部

幻 一一八八
幼（㓜） 一一八八
幾（㡬） 一一八九
畿 一一九〇

巛部

（災） 一〇三八
邕 一一九〇
巢 一一九〇

王部

王 一一九一
主 一一九二
玕 一一九三
弄 一一九三
玖 一一九四
玨 一一九四
玩 一一九四
玦 一一九四
珂 一一九四
玳（瑇） 一一九四
珀 一一九四
珍（珎） 一一九四
玲 一一九五
珊（珊） 一一九五
珉 一一九六
珈 一一九六
玻 一一九六
珪 一一九六
珠 一一九六
琊 一一九七
珮 一一九七
珞 一一九七
班 一一九七
球 一一九七
現 一一九七
理 一一九八
（琍） 一二〇七

望 一一九九
琉 一二〇〇
琅 一二〇〇
琴（琹） 一二〇一
琶 一二〇二
琪 一二〇二
瑛 一二〇二
琳 一二〇二
琦 一二〇二
琢 一二〇二
琥 一二〇二
琨 一二〇三
瑪 一二〇三
琱 一二〇三
斑 一二〇三
琰 一二〇三
琬 一二〇三
瑯 一二〇三
琛 一二〇三
琚 一二〇三
瑟 一二〇三
聖 一二〇四
瑚 一二〇五
瑁 一二〇五
瑞 一二〇五
瑰（瑰） 一二〇五
瑜 一二〇六
瑗 一二〇六
瑅 一二〇六
瑳 一二〇六
瑕 一二〇六
瑙 一二〇六
璉 一二〇六
璅 一二〇六
瑪 一二〇六
瑣 一二〇六
瑤 一二〇七
璃（琍） 一二〇七
瑾 一二〇七
璇 一二〇七
璋 一二〇七
璁（琮） 一二〇七
璆 一二〇七
璞（璞） 一二〇七
璠 一二〇八
噩 一二〇八
璣 一二〇八
璵（玙） 一二〇八
璐 一二〇八
環（環） 一二〇八
瓊 一二〇九
瓏 一二一〇
瓔 一二一〇
瓚 一二一〇

主部

表 一二一〇
毒 一二一二
素 一二一二
責 一二一三

天部

天 一二一三
夭 一二一六
吞 一二一六
忝 一二一七
蚕（蠶） 一二一七
喬（喬） 一二一七

廿部

廿 一二一七
共 一二一八
昔 一二一八
巷 一二一九
恭 一二一九
（黄） 一二一九
葢 一二二〇

木部

堇 一二二〇
燕（鷰） 一二二〇
木 一二二一
本 一二二二
未 一二二三
末 一二二四
札 一二二四
朽 一二二四
朴 一二二五
（机） 一二七四
（朵） 一二八九
杜 一二二五
杖 一二二六
材 一二二六
村 一二二六
杏 一二二七
杚 一二二七
杉 一二二七
杞 一二二七
李 一二二七
枉 一二二九
林 一二二九
枝 一二三〇
杯 一二三一
枇 一二三二
杳 一二三二
東（东） 一二三二
枚 一二三三
杵 一二三三
析 一二三三
板 一二三三
（杰） 一二〇〇
來（来） 一二三四
松 一二三五
杭 一二三六
枋 一二三六
枕 一二三六
杷 一二三七
杼 一二三七
柰 一二三七
柑 一二三八
枯 一二三八
柯 一二三八
枰 一二三八
柄 一二三八
柩 一二三八
查 一二三八
柘 一二三八
相 一二三九
柚 一二四〇
柟 一二五七
枳 一二四〇
柞 一二四〇
栀 一二四〇
柏 一二四〇
枸 一二四一
柵 一二四一
柳（栁） 一二四一
柱 一二四二
柿 一二四二
染（染） 一二四二
柁 一二四三
架 一二四三
桂 一二四三
桓 一二四三
栖 一二五四
桎 一二四四
柴 一二四四
桐 一二四四
株 一二四四
梃 一二四五
栴 一二四五
桁 一二四五
栓 一二四五
栒 一二四五

格 一二四五
桃 一二四五
桅 一二四六
桀 一二四六
校 一二四六
核 一二四六
栀 一二四八
根 一二四六
械 一二四七
彬 一二四八
梵 一二四八
（芝） 一六五二
梗 一二四八
梧 一二四八
梢 一二四九
桿 一二四九
梏 一二四九
梨 一二四九
梅 一二四九
梟 一二五〇
桴 一二五〇
桷 一二五〇
梓 一二五〇
梳 一二五〇
渠 一二五一
梁（梁） 一二五一

梯 一二五二
棱（棱） 一二五二
棋（棊） 一二五二
椰 一二五三
植 一二五三
森 一二五三
棼 一二五四
棟（栋） 一二五四
棧 一二五四
棲 一二五四
椒 一二五五
棹 一二五五
椎 一二五五
棉 一二五五
棚 一二五六
棓 一二五六
椀 一五一六
棨 一二五六
棙 一二五六
棣 一二五六
極（檿） 一二五六
椿 一二五七
楠（柟） 一二五七
楷 一二五七
楨 一二五七
楫 一二五七

楊 一二五八
楞 一二五九
楸 一二五九
楩 一二五九
槐（槐） 一二五九
榆 一二五九
楓 一二六〇
楹 一二六〇
槎 一二六〇
概（槩） 一二六一
楣 一二六一
楙 一二六一
榛 一二六一
椽 一二六一
構（棈） 一二六一
槓 一二六一
榼 一二六一
模 一二六一
榞 一二六二
榻 一二六二
榿 一二六二
槔 一二六二
榭 一二六二
槃 一二六二
槍 一二六三
榴 一二六三

榜 一二六三
槁 一二六三
槨（槨） 一二六三
槊（栔） 一二六三
榕 一二六三
榷 一二六三
橫 一二六三
槧 一二六五
標 一二六五
樗 一二六五
樞 一二六五
樝 一二六六
樓（樓楼） 一二六六
樂（楽楽楽） 一二六七
樣 一二六八
樑 一二六九
槳 一二六九
樟 一二六九
橈 一二六九
樹（樹） 一二六九
蕺 一二七一
橐（橐） 一二七一
橛（橛） 一二七一
橒 一二七一
樸（樸） 一二七一

橋（橋） 一二七一
樵 一二七二
樽 一二七三
（檤） 一六六九
橙 一二七三
橘 一二七三
機（機） 一二七四
樻 一二七五
檣（檣） 一二七六
櫛 一二七六
檄 一二七六
檢 一二七六
檜 一二七六
檐 一二七六
檀 一二七七
檻 一二七七
櫝 一二七七
（櫜櫜） 一二七七
櫟 一二七七
櫓 一二七七
櫪 一二七七
櫨 一二七七
櫬 一二七七
櫳 一二七八
檥 一二七八

權（権） 一二七八
櫺 一二七八
櫻 一二七八
欃 一二七八
欄（橌） 一二七九
欑 一二七九
鬱（欝欝） 一二七九

支部

支 一二八〇
翅 一二八〇

不部

不 一二八〇
丕 一二八三
否 一二八三
（覔） 一三九一

犬部

犬 一二八四
哭（关哭兴） 一二八四
猷 一二八五
猋 一二八五
獸 一二八五
獻（献献） 一二八五

歹部

列 一二八六
死(死) 一二八七
殀 一二八九
殁 一二八九
殃 一二八九
殄(殄) 一二八九
殆 一二八九
殂 一二八九
殊 一二九〇
殉 一二九一
殖 一二九一
殔 一二九一
殘(残) 一二九二
殞(殒) 一二九二
飧 一二九三
殢 一二九三
殤 一二九三
殪 一二九三
殫(殚) 一二九三
殮(殓) 一二九三
殯(殡) 一二九三
殲 一二九三

戈部

戈 一二九四
戎 一二九四
戒 一二九五
我 一二九五
或(或戓) 一二九七
(武) 六七一
戓 一二九九
戛(戛) 一二九九
戟(戟) 一二九九
戢 一二九九
盞 一二九九
戡 一二九九
戠 一三〇〇
戮(戮) 一三〇〇
戰(戰戦) 一三〇〇
戲(戲) 一三〇二

比部

比 一三〇二
皆 一三〇三
琵 一三〇四

无部

既 一三〇五

牙部

牙 一三〇六
邪 一三〇六
雅 一三〇六
鴉(鵶) 一三〇七

瓦部

瓦 一三〇七
瓮 一三〇八
瓴 一三〇八
甁 一三〇八
瓿 一三〇八
瓷 一三〇八
甃 一三〇八
甄 一三〇八
甎 一三〇八
甌 一三〇八
甐 一三〇八
甑 一三〇八

止部

止 一三〇八
正 一三〇九
此 一三一〇
步 一三一一
肯 一三一二
歲(歳歲东) 一三一三
雌 一三一四
(歸) 一七四七
整 一三一五

日部

日 一三一五
曰 一三一七
旦 一三一七
早 一三一八
曲 一三一九
曳(曵) 一三二〇
旭 一三二〇
旱 一三二〇
昊 一三二〇
昃(昃) 一三二〇
(晉晋) 一九六三
昆 一三二一
昌 一三二二
昇 一三二二
昕 一三二三
明(明) 一三二三
易 一三二四
昂 一三二五
昉 一三二六
(爭) 一三九〇
昧 一三二六
映(暎) 一三二六
星 一三二七
昨 一三二八
曷 一三二八
昝 一三二九
衵 一三二九
昭(昭昭) 一三二九
(替替) 一五四三
時(时) 一三二九
晃 一三三二
晐 一三三二
晏 一三三二
晡 一三三二
曹(曺) 一三三二
(晉) 一九六三
晤 一三三三
晨(晨) 一三三三
曼 一三三四
晦 一三三四
晚 一三三五
晴 一三三六
替 一三三七
暑 一三三七
最(冣冣) 一三三八
晳 一三三九
量 一三三九
晶 一三四〇
智 一三四一
(晉) 一九六三
(昝) 一二一八
景(景) 一三四二
暘 一三四三
暖 一三四三
暗 一三四三
暄 一三四四
暉 一三四四
暇 一三四五
暠 一三四五
暝 一三四五
暴(暴) 一三四六
曏 一三四六
暫 一三四六
曉 一三四六

曇 一三四七
曙 一三四七
曖 一三四七
曛 一三四八
曠 一三四八
曜 一三四八
（曡） 四二二
曝 一三四八
曩 一三四八
曬 一三四八

冃部

冒（冐） 一三四九
冕 一三四九
暈 一三四九

中部

中 一三四九
忠 一三五二
貴（贵） 一三五三

牛部

牛 一三五四
牡 一三五五
牧（牧） 一三五五
物 一三五六
牯 一三五七
牲 一三五七
特 一三五七
牺 一三五九
犁（犂） 一三五八
觕 一三五八
犇 一三五八
犢 一三五八
犧 一三五九

手部

手 一三五九
拜（拜） 一三六〇
看 一三六一
拏 一三六三
挈（抄） 一三六三
挐 一三六三
挲 一三六三
掣 一三六三
摯 一三六三
擎 一三六三
擊 一三六三
擘 一三六四
攀 一三六四

毛部

毛 一三六五
毯 一三六六
氈（氊） 一三六六

气部

氛 一三六六
氤 一三六六
氣（氣气） 一三六六
氳 一三六九

攵部

收（収） 一三六九
政 一三七〇
故 一三七〇
效（傚） 一三七二
教 一三七二
救 一三七三
敏 一三七四
（敘） 四二一
敝 一三七五
敢 一三七五
散 一三七六
敬 一三七七
敞 一三七七
敦 一三七八
敷 一三七八
數（數数敥） 一三七八
敵 一三七九
斂 一三八〇

片部

片 一三八〇
版 一三八一
牋 一七三〇
牌 一三八一
牒（牒） 一三八一
（牎牕） 一六三七
牏 一三八一
牖 一三八一
牘 一三八二

斤部

斤 一三八二
斥 一三八二
所（所） 一三八二
欣 一三八四
斯 一三八五
頎 一三八六
新 一三八六
斷（斷断断） 一三八七

爪部

爪 一三八八
妥 一三八八
孚 一三八八
采 一三八八
受 一三八九
爭 一三九〇
爰 一三九一
奚 一三九一
覓（覔） 一三九一
舜 一三九二
愛（爱） 一三九三
爵 一三九四
繇（繇） 一三九五

父部

父 一三九五
斧 一三九六
釜 一三九六

月部

月 一三九六
一七一四
肌 一三九八
肝 一三九八
肘 一三九八
肺（肺） 一三九八
肢 一三九八
肱 一三九六
肫 一三九八
肸 一三九八
朋（倗㮼） 一三九八
股 一三九九
肪 一三九九
肥 一三九九
服 一四〇〇
胡 一四〇一
胚 一四〇一
背 一四〇一
胆 一四一一
胙 一四〇二
胞 一四〇二

脉（脈） 一四〇二
胎 一四〇三
胭 一四〇三
脊 一四〇三
脂 一四〇三
胸（胷） 一四〇三
朓 一四〇四
朔（[illegible]） 一四〇四
朗 一四〇四
脚 一四〇五
脰 一四〇五
豚 一四〇五
脛 一四〇五
脞 一四〇五
脱 一四〇五
脧 一四〇六
（腊） 一四一二
期 一四〇六
腎 一四〇七
腓 一四〇七
腆 一四〇七
腋 一四〇七
脾 一四〇七
腑 一四〇七
勝（[illegible]） 一四〇八

腔 一四〇九
腕 一四〇九
腰 一四〇九
腸（膓腸肠） 一四〇九
腥 一四一〇
腹 一四一〇
[illegible] 一四一〇
腦 一四一〇
膂 一四一〇
膝 一四一〇
滕 一四一〇
膠 一四一〇
[illegible] 一四一〇
膴 一四一〇
膳 一四一〇
臊 一四一一
臉 一四一一
膽 一四一一
膻 一四一二
臆 一四一二
臏（[illegible]） 一四一二
[illegible] 一四一二
臂 一四一二
臘（腊） 一四一二

騰 一四一二
鵬 一四一三
臟（臓） 一四一三
臞 一四一三

氏部

氏 一四一三
氏 一四一四
（帋） 一七九八
昏（昬） 一四一四

欠部

款（欵） 一四一五
欷 一四一五
欺 一四一五
欹（[illegible]） 一四一六
欻 一四一六
歇 一四一六
歃 一四一六
歌 一四一六
歐 一四一八
歉 一四一八
歎 一四一八
歔 一四一八
歘 一四一九
歟（歟欤） 一四一九
歛 一四一九
歡（歓歡） 一四一九

殳部

殳 一四二〇
段 一四二〇
殷（[illegible]） 一四二〇
殺 一四二一
殽 一四二二
毀（毁） 一四二二
殿 一四二三
殼 一四二三
毆 一四二三
毅 一四二四
轂 一四二四
觳 一四二四

文部

文 一四二五
吝 一四二六
（彥） 一六二五
（斉斎） 二一五一
紊 一四二六
（產） 一六二六
斌 一四二六

方部

方 一四二六
放 一四二七
於 一四二八
施 一四二九
旆（斾） 一四三〇
旄 一四三〇
旅 一四三〇
旃 一四三一
旌 一四三一
族 一四三一
旋 一四三二
旒 一四三三
旗（旂） 一四三三
旟 一四三四

火部

火 一四三四
灯 一四四一
灶 一四三五
灸 一四三五
灼 一四三五
炬 一四三五
炘 一四三五
炊 一四三五
炙 一四三五
炎 一四三五
炳 一四三六
炸 一四三六
炮（砲礮） 一四三六
炷 一四三六
炤 一四三六
烜 一四三六
烟（焑煙） 一四三六
烱 一四三七
焕 一四三七
烺 一四三八
烽 一四三八
焚 一四三八
焯 一四三八
焜 一四三八
焊 一四三八
焰（燄） 一四三八
焞（[illegible]） 一四三八
焙 一四三八
煤 一四三八
煉 一四三八
煩 一四三九

煬 一四三九
煋 一四三九
煅 一四三九
煌 一四三九
煖 一四四〇
煊 一四四〇
煒 一四四〇
熬 一四四一
燒(烧) 一四四一
燎 一四四一
燔 一四四一
燀 一四四一
燠 一四四一
燃 一四四一
燉 一四四一
熾 一四四一
燈(灯) 一四四一
燦 一四四二
燥(㷋) 一四四二
燭 一四四二
燬(燬) 一四四三
燹 一四四三
燼 一四四三
燿 一四四三
爆 一四四三
(燹) 四二二
爐(爐鑪) 一四四三
爍 一四四四
爝 一四四四
爛(爤) 一四四四
爨 一四四四

斗部

斗 一四四五
斜 一四四五
斟 一四四六
斠 一四四七

灬部

(点) 二一四五
為 一四四七
烈(烮) 一四五〇
(热) 一四五七
烏 一四五一
焉(爲) 一四五二
(無) 一三二二
(焚) 一四三八
然 一四五三
照 一四五五
熙 一四五六
熬 一四五六
熊 一四五六
熱(熱热) 一四五七
熟(熟) 一四五七
(爨) 一四四四

户部

户 一四五八
戾 一四五九
肩 一四五九
房 一四六〇
扁 一四六〇
(屏) 一一三九
扃 一四六一
扇 一四六一
扈 一四六一
扉 一四六一
雇 一四六二
(嗣) 七〇八

礻部

(礼) 一四七四
祁 一四六二
社(社) 一四六二
祀 一四六二
祉 一四六三
祈 一四六三
祇 一四六三
祋 一四六三
祛 一四六三
祜 一四六三
祐 一四六四
祓 一四六四
祖 一四六四
神 一四六四
祝 一四六七
祚 一四六八
祗 一四六八
祕 一四六八
祠 一四六九
祧 一四六九
祥 一四六九
祤 一四七〇
視 一四七〇
祺 一四七一
禍 一四七一
禄 一四七一
禊 一四七二
禖 一四七二
福(褔) 一四七二
禎 一四七三
禔 一四七三
禕 一四七三
禧 一四七三
禪 一四七三
禮(礼) 一四七四
禱 一四七五

心部

心 一四七五
(总) 八七四
忽 一四七七
怱 一四七七
怨 一四七七
(恚) 一八九五
怒 一四七八
恐(恐) 一四七九
恩(恩) 一四八〇
恣 一四八〇
恕 一四八〇
患 一四八〇
悠 一四八一
惠(惠惠) 一四八二
惑(惑) 一四八三
想 一四八三
感 一四八四
愚 一四八六
愁 一四八六
愆 一四八七
慝 一四八七
態 一四八七
慧 一四八七
(慙) 一〇一八
慤 一四八八
憖 一四八八
憨 一四八八
慰 一四八八
憩(憇) 一四八九
憑 一四八九
懇 一四九〇
懋 一四九〇
懟 一四九〇
懲 一四九〇
懸 一四九〇

尺部

尺 一四九一
尽 一七八六
咫 一四九一

爿部

壯(壮) 一四九二
妝 一四九二
狀(状) 一四九二
戕 一四九三
(牀) 八四一
將(将将) 一四九三
(愵) 一八二〇
臧 一四九四
(牆) 四七八

水部

水 一四九四
(冰) 一二二七
沓 一四九七
淼 一四九七
漿 一四九七

夫部

奉 一四九七
奏 一四九八
春 一四九九
秦 一五〇二
泰(泰) 一五〇三
舂 一五〇四

玉部

玉 一五〇四
璧 一五〇五
璽(玺) 一五〇六

示部

示 一五〇六
祭 一五〇六
禁 一五〇七
禦(禦禦) 一五〇七

去部

去 一五〇八
却 一五〇九
劫(刼刧) 一五〇九
盍 一五〇九
朅 一五一〇

甘部

甘 一五一〇
邯 一五一一
某 一五一一

石部

石 一五一一
(砂) 八八三
斫 一五一二
研 一五一二
砌 一五一三
砧 一五一三
砥 一五一三
破 一五一三
(砲) 四三六
砦 一五一四
硯 一五一四
硫 一五一四
(硐) 九八〇
碓 一五一四
碑(碑) 一五一四
碎(碎) 一五一五
碚 一五一六
碗 一五一六
碌 一五一六
碧 一五一六
碩 一五一七
碭 一五一七
碣 一五一七
磁(磁) 一五一七
磋 一五一七
磊 一五一八
碼 一五一八
磐 一五一八
磔 一五一八
碻(碻) 一五一八
磅 一五一八
確(确) 一五一八
磧 一五一八
磬 一五一八
磽 一五一九
磺 一五一九
磻(磻) 一五一九
磷 一五一九
磴 一五一九
磯 一五一九
礎(礎) 一五一九
礪 一五二〇
礙(碍) 一五二〇
礦 一五二〇
(礉) 四三六
礫(礫砾) 一五二〇
礴 一五二一

戊部

戊 一五二一
戌 一五二一
戍 一五二一
成 一五二一
咸 一五二三
威 一五二四
威(威) 九五五
戚 一五二五

业部

業 一五二五
(䕺䕺) 一六五六
叢 一五二七
(舊) 五八一

⺌部

(党) 一五三六
堂 一五二七
常 一五二九
棠 一五三〇
掌 一五三一
當(當当) 一五三一
嘗(嘗嘗尝甞) 一五三四
裳 一五三五
賞 一五三六
黨(黨党) 一五三六

目部

目 一五三八
盱 一五三八
(着看) 一三六一
眄 一五三八
眇 一五三九
盼 一五三九
眕 一五三九
眉(眉) 一五三九
眠 一五三九
眦(眥) 一五四〇
眺 一五四〇
眼 一五四一
睇 一五四二
睹 一五四二
睦 一五四二

督（㫫）一五四三
睫 一五四四
睡（䁀）一五四四
睨 一五四四
睢 一五四四
睥（睤）一五四五
睽 一五四五
瞑 一五四五
縣 一五四五
瞰 一五四七
瞭（瞭）一五四七
瞬 一五四七
瞻 一五四七

申部

申 一五四八
暢（畅）一五四八

田部

田 一五四九
甲 一五五〇
男（男）一五五一
畀 一五五二
（畊）一六六二
果 一五五二
畏 一五五三
胃 一五五四
禺 一五五四
界（畍）一五五四
思 一五五六
畢（畢）一五五八
留（畱畄）一五五八
畔 一五六〇
畦 一五六〇
畤 一五六〇
異 一五六〇
舅（舅）一七四二
略（畧）一五六二
累 一五六三
（褁）一二三三
（巣）一一九〇
畸 一五六三
畹 一五六四
壘（壘）一五六四
疇 一五六四
疊 一五六五
（疊）四二二

由部

由 一五六五
冑 一五六六

罒部

（罕）三三七
（罜）一五六九
罣 一五六六
（衆）一七五一
買 一五六七
罥 一五六七
詈 一五六七
署 一五六七
置（置）一五六八
罨 一五六八
罪 一五六八
蜀 一五六九
罰（罸）一五六九
罷（罷）一五六九
罹 一五七〇
罽 一五七〇
羆（羆）一五七〇
羅 一五七〇
羈 一五七二

皿部

盂 一五七二
盈 一五七二
盍 一五七三
盇 一五七三
（盌）一五一六
盛（盛）一五七三
盜（盗）一五七四
盟（盟）一五七五
監 一五七六
盤（盘）一五七六
盥 一五七八
盩 一五七八
盪 一五七八
鹽（塩塩）一五七八

生部

生 一五七九
牲 一五八〇
甥 一五八〇

矢部

矢 一五八一
知 一五八一
矩 一五八四
矧 一五八五
短 一五八五
矮 一五八六
雉 一五八六
矯 一五八六

禾部

禾 一五八六
利 一五八七
秀 一五八八
私 一五八九
和 一五八九
秉 一五九一
委 一五九一
季 一五九二
秖 一五九三
秭 一五九三
秋 一五九三
科 一五九五
秣 一五九五
乘（乗）一五九五
租 一五九六
秩 一五九六
秪 一五九七
秘 一五九七
移 一五九七
稉 一五九八
稽 一五九八
稍 一五九九
程 一五九九
稀 一五九九
税 一六〇〇
稜 一六〇〇
稚 一六〇一
稗 一六〇一
稠 一六〇一
種 一六〇一
稱（穪稱）一六〇二
稹 一六〇三
稽（稽稭）一六〇三
稯 一六〇四
稻（稲）一六〇四
（䅶）一六六三
黎（黎梨）一六〇四
稿（稿稾）一六〇五
稼 一六〇六
積 一六〇六

穆（穆穋）一六〇七
穲 一六〇八
穫 一六〇八
穡（穑）一六〇八
穢（穢）一六〇八
穠 一六〇九
穩（稳）一六〇九
積 一六〇九
穰 一六〇九

白部

白 一六〇九
百 一六一一
皂 一六一二
帛 一六一二
的 一六一二
皇 一六一三
皈 一六一四
泉 一六一四
皋 一六一六
皎 一六一七
皓 一六一七
皖 一六一七
魄（魄）一六一七
皤 一六一七
皭 一六一七

瓜部

瓜 一六一八
瓢 一六一八

疒部

疔 一六一八
疚 一六一八
疫 一六一八
症 一六一八
疴 一六一八
病 一六一八
疾 一六一九
疲 一六一九
痔 一六二〇
痍 一六二〇
疵（疪）一六二〇
痊 一六二〇
痕 一六二〇
痙（痉）一六二一
痾 一六二一
痛 一六二一
痼 一六二二
瘁（瘁）一六二二
瘦（瘦）一六二二
瘢 一六二二
瘡 一六二二
瘠 一六二二
瘵 一六二二
癃 一六二三
癛 一六二三
瘴 一六二三
療 一六二三
癆 一六二三
（癈瘯痠）八六七
癒 一六二三
癖 一六二三
癡 一六二三
癢 一六二三
（癮）八六八
癯 一六二三

立部

立 一六二三
妾 一六二五
竒 六〇六
彥 一六二五
站 一六二六
竚 一六二六
産 一六二六
翊 一六二七
竦 一六二七
童 一六二七
（竢）一八二
竣 一六二七
靖 一六二七
竪 一六二八
竭 一六二九
端（端）一六二九
颯（颯）一六三〇
競 一六三〇

玄部

玄 一六三一
玅 一六三二
畜 一六三二

穴部

穴 一六三二
究 一六三二
空 一六三三
穸 一六三四
穹 一六三四
突 一六三四
窀 一六三五
穿 一六三五
窆（窆）一六三五
窄（窄）一六三五
（窅）一〇四五
容 一六三五
窈（窈）一六三七
窕 一六三七
窗（窓窻）一六三七
窠 一六三八
窩 一六三八
窣 一六三八
窨 一六三八
窟 一六三八
窪 一六三九
窮 一六三九
窳 一六四一
窰 一六四一
（寑）一〇七一
窺 一六四一
竄（窜）一六四一
窾 一六四一
窿 一六四一
竇 一六四二
竈 一六四二
竊（竊窃）一六四二

衤部

（补）一六四五
初 一六四二
衫 一六四四
袂 一六四四
袒 一六四四
袖 一六四四
袛 一六四四
袍 一六四四
被 一六四四
袴 一六四五
袵 一六四五
補 一六四五
裋 一六四六
裡 三一九
裕 一六四六
裙 一六四六
褚 一六四六
裱 一六四六
裰 一六四六
裨（裨）一六四六
裾 一六四六
褐 一六四七
複 一六四七
褊 一六四七
褥 一六四七
襁 一六四七

襟 一六四七
檢 一六四七
襘 一六四七
襪 一六四七
襤 一六四七
襯 一六四七

民部

民(民) 一六四七

疋部

胥 一六五〇
疏(疏踈 疎) 一六五一
楚 一六五二

皮部

皮 一六五三
頗 一六五三

癶部

癸 一六五四
登 一六五五
發(發發 撥发) 一六五六

矛部

矛 一六五八
柔 一六五八
矜 一六五八
務 一六五九
豫 一六六〇

母部

母 一六六〇
毋 一六六一
貫 一六六一

耒部

耒 一六六二
耕 一六六二
耘 一六六三
耗 一六六三
耜 一六六三
耦 一六六三
耨(槈) 一六六三

老部

老 一六六四
考(考) 一六六六
孝 一六六六
者 一六六八
耆(耆) 一六六九
耄 一六七〇
耋 一六七〇
煮(煑) 一六七〇
翥 一六七〇

戈部

哉(㦲) 一六七〇
栽 一六七一
裁 一六七二
載 一六七二
截 一六七三
戴 一六七三

耳部

耳 一六七四
耶 一六七五
取(耴) 一六七六
耻(恥) 一六七七
耿 一六七七
耽 一六七八
聃(聸) 一六七八
聆 一六七八
聊(聊) 一六七九
(联) 一六八三
聘 一六七九
聚 一六七九
聲 一六八〇
聰(聡) 一六八二
聳 一六八二
聯(聮聨 联聫) 一六八三
職 一六八三
聽(聴) 一六八四

西部

西 一六八五
要 一六八六
栗 一六八八
票 一六八八
覃 一六八八
粟 一六八八
賈 一六八八
覆(覄) 一六八九
覇 一九八五
羈 一六八九

朿部

刺 一六九〇
棗(枣) 一六九〇
棘 一六九〇

而部

而 一六九〇
耐 一六九二
耏 一六九二

臣部

臣 一六九二
卧(臥) 一六九三
臨(臨) 一六九四

至部

至 一六九五
到 一六九六
郅 一六九七
致 一六九八
臻 一六九九

虍部

虐(虐) 一六九九
虔 一六九九
虛(虚) 一六九九
虖 一七〇〇
處(處處 處) 一七〇〇
虑 一七〇二
虞(虞) 一七〇三
虜(虜) 一七〇三
膚(膚) 一七〇四
慮(慮) 一七〇四
盧(盧) 一七〇五
虧(虧) 一七〇五

光部

光 一七〇六
輝 一七〇八
耀 一七〇八

虫部

虫(蟲) 一七〇九
虬 一七〇九
虯 一七〇九
虹 一七〇九
蚌 一七一〇
蛀 一七一〇

蛇(虵) 一七一〇
蛩 一七一〇
蛛 一七一〇
蜓 一七一〇
蜒 一七一〇
蛟 一七一〇
[illegible] 一七一一
蝸 一七一一
蛾 一七一一
蜍 一七一一
蜉 一七一一
蜂 一七一一
蜕 一七一一
蜻 一七一一
蜺 一七一一
蜩 一七一一
蜷 一七一一
蜿 一七一一
蝶 一七一二
蝴 一七一二
蝘 一七一二
蝌 一七一二
蝣 一七一二
蝦(虾) 一七一二
蝥 一七一二
螌 一七一二
蟆(蟇) 一七一二
螭 一七一二
蟄 一七一二
螻 一七一三
螺 一七一三
螐 一七一三
蟋 一七一三
蟀 一七一三
蠁 一七一三
蟬(蝉蝉) 一七一三
蟠 一七一四
蟣 一七一四
蟹 一七一四
蟻 一七一四
蟾 一七一四
蠔 一七一四
蠭 一七一四
蠟 一七一四
蠑 一七一四
(蠶) 一二一七

肉部

肉(月) 一七一四

缶部

缶 一七一五
缺 一七一五
(缾) 一三〇八
罌 一七一五
罏(鑪) 一七一五

舌部

舌 一七一六
刮 一七一六
甜 一七一六

竹部

竹 一七一六
竺 一七一七
竿 一七一七
竽 一七一八
笑 一七一八
笏 一七一九
笄 一七二〇
笆 一七二〇
笋 一七二〇
笛 一七二〇
笙 一七二〇
符 一七二一
笠 一七二一
笥 一七二二
第 一七二二
笳 一七二二
笞 一七二二
等 一七二二
策 一七二四
筐 一七二五
筒 一七二五
筏 一七二五
筵 一七二五
答 一七二五
筋 一七二六
筍 一七二六
筆 一七二七
筠 一七二七
筯 一七二七
筱 一七二七
節 一七二八
箸 一七二九
箕 一七二九
箬(篛) 一七三〇
箎 一七三〇
箋 一七三〇
算(筭) 一七三〇
(箇箇) 一八八
箠(箠) 一七三一
箏(箏) 一七三一
管 一七三一
箱 一七三一
範 一七三二
箴 一七三二
箆 一七三三
篁 一七三三
箭 一七三三
篇 一七三三
篆(篆) 一七三三
篝 一七三四
篤 一七三四
築 一七三五
篠 一七三五
篷 一七三五
簑 五五八
篙 一七三五
篪 一七三五
簀 一七三五
簃 一七三五
篸 一七三五
簞 一七三五
簪(簮) 一七三六
簣 一七三六
簡(简) 一七三六
簦 一七三七
籀 一七三七
簽(签) 一七三七
簾 一七三七
(簷) 二七六
簿 一七三八
簫(箫) 一七三八
籍 一七三八
籌 一七三九
籃 一七三九
纂 一七四〇
(籐) 五八六
籟 一七四〇
籙 一七四〇
籠 一七四〇

籞 一七四〇
籤 一七四〇
籬（籬） 一七四〇
籠 一七四〇
籮 一七四〇
籲 一七四一

臼部

臼 一七四一
臾 一七四一
兒 一七四一
舅（舅䙴） 一七四二

自部

自 一七四二
臬 一七四四
臭 一七四四
息 一七四四

𠂤部

阜 一七四五
帥（帥） 一七四五
師（師師） 一七四六
歸（歸歸歸歸歸歸帰帰） 一七四七

血部

血 一七五〇
衃 一〇〇二
衄 一七五〇
衆（衆衆衆衆） 一七五一

舟部

舟 一七五二
舴 一七五四
般 一七五三
舫 一七五四
航 一七五四
舸 一七五四
舳 一七五四
舲 一七五四
船（舩） 一七五五
舷 一七五五
艇 一七五五
（艏） 一〇九四
艋 一七五五
（艣） 一二七七
艦 一七五五
艫（艫） 一七五六

色部

色 一七五六
艷 一七五七

衣部

衣 一七五八
袋 一七五九
裂 一七五九
裘 一七五九
裔 一七六〇
裊 一七六〇
裝 一七六〇
製 一七六〇

羊部

羊 一七六〇
羌 一七六一
差 一七六二
美（美美） 一七六二
（美） 一七三〇
姜 一七六四
羔 一七六四
恙 一七六四
羞 一七六四
着 一七六五
（盖） 五四五
羝 一七六五
善 一七六五
羨 一七六六
翔 一七六七
義（義豢义） 一七六八
群（羣） 一七七〇
養（养） 一七七一
羯 一七七三
羲 一七七四
羶 一七七四
羹（羮） 一七七四

龹部

券 一七七四
卷 一七七五
拳 一七七五
眷 一七七六
養 一七七一

米部

米 一七七六
籹 一七七六
粔 一七七六
敉 一七七七
粉 一七七七
料 一七七七
粗 一七七七
（畨） 一八九六
粕 一七七七
粒 一七七七
粧 一七七七
粲 一七七七
（粮） 一七八〇
精 一七七八
粻 一七七九
粹（粋） 一七七九
糖 一七七九
糟（粀） 一七七九
糞 一七八〇
糠 一七八〇
糝 一七八〇
糧（粮） 一七八〇
糬 一八九六

聿部

聿 一七八一
書 一七八一
晝 一七八三
畫 一七八三
肆 一七八五
肅（肃肃） 一七八五
肇 一七八五
盡（盡盡尽） 一七八六

艮部

良 一七八七
艱（艱） 一七八八

羽部

羽 一七八九
羿 一七八九

翃 一七八九
翌 一七九〇
習(習) 一七九〇
翎 一七九一
翟 一七九一
翠(翆) 一七九一
翫 一七九二
翩 一七九二
翼 一七九二
翳 一七九三
翹 一七九三
翺(翱) 一七九三
翻(翻飜) 一七九三
翽 一七九四

糸部

系 一七九四
糺 一七九四
糾 一七九四
紆 一七九五
紅(紅) 一七九五
紃 一七五五
約 一七九五
紈 一七九六
級 一七九六
紀 一七九六
紉 一七九七
紕 一七九七
紘 一七九七
純 一七九七
紗 一七九七
納 一七九七
紛 一七九八
紙(紙) 一七九八
紋 一七九九
紡 一七九九
紓 一七九九
紱 一七九九
組 一七九九
紳 一八〇〇
細 一八〇〇
紬 一八〇一
紾 一八〇一
終 一八〇一
絃 一八〇二
絆 一八〇二
紼 一八〇二
紹(紹) 一八〇二
紿 一八〇二
絜 一八〇二
結 一八〇三
絰 一八〇三
紫 一八〇三
絍 一八〇四
給 一八〇四
絢 一八〇五
絳 一八〇五
絡 一八〇五
絕(絶) 一八〇五
統 一八〇六
絮 一八〇七
絲(絲) 一八〇七
綆 一八〇八
經(経) 一八〇八
綃 一八〇九
綗 一八〇九
綑 一八〇九
絺 一八〇九
綏 一八〇九
綈 一八〇九
(継) 一八二五
緒 一八一〇
綦 一八一〇
綽 一八一〇
綺 一八一〇
緊 一八一〇
綫 一八一一
綱 一八一一
網(䋄網) 一八一一
維 一八一一
綿(緜) 一八一二
綸 一八一三
綵 八〇七
綬 一八一四
綢 一八一四
綣 一八一四
綜 一八一四
綻(綻) 一八一四
綰 一八一四
綮 一八一四
綠(緑) 一八一四
綴 一八一五
緇 一八一五
練(練) 一八一五
緘 一八一五
緗 一八一五
緹 一八一五
緲 一八一五
緝 一八一六
緱 一八一六
縋 一八一六
緩 一八一六
締 一八一六
編(編) 一八一六
緡 一八一七
緯 一八一七
縝 一八一七
緣(緣) 一八一七
縛(縛) 一八一八
縟 一八一八
縫 一八一八
縞 一八一八
縗 一八一八
縭 一八一八
縑 一八一八
績 一八一九
縹 一八一九
縶 一八一九
緊 一八一九
縷 一八一九
縵 一八一九
繁 一八一九
總(総捴緫愡揔) 一八二〇
縱(縦) 一八二一
縯 一八二二
縮(縮) 一八二一
繆(繆繆) 一八二一
繞 一八二三
繖 一八二三
繙(繙) 一八二三
織 一八二三
繕 一八二三
繒 一八二三
繫 一八二三
繩 一八二四
繾 一八二四
繰 一八二四
繹(繹) 一八二四
繳 一八二四
繪 一八二四
繡 一八二四

繽 一八二五
繼（𦃃絖）一八二五
續 一八二六
纏（纒緾）一八二七
纓 一八二七
纖 一八二七
纔 一八二八
纘 一八二八
纜 一八二八

走部

走（赱）一八二八
赴 一八二九
起（起）一八二九
越（越）一八三一
趁（趁）一八三二
超（超）一八三二
趙 一八三二
趕（赶）一八三三
趣（趣趣）一八三三
趨（趋）一八三四
趫 一八三四
趯 一八三四
趲 一八三四

赤部

赤 一八三四
郝 一八三五
赦 一八三五
赧 一八三五
赫 一八三五
赭 一八三五

車部

車（车）一八三五
軌 一八三七
軒 一八三七
軔 一八三七
斬 一八三七
軟 一八三八
軻 一八三八
軸 一八三八
軼 一八三八
軫（軫）一八三八
軺（軺）一八三八
軾 一八三八
輈 一八三八
較 一八三九
輧 一八三九
輔 一八三九
輕（輕）一八三九
輓 一八四〇
輦 一八四〇
輒（輙輒）一八四〇
輛 一八四一
輪 一八四一
輟 一八四一
輜 一八四一
輭 一八四一
輯 一八四一
輼 一八四一
輸 一八四二
轅 一八四二
轉（轉）一八四二
轍 一八四三
轔 一八四四
轟 一八四四
轢（轢）一八四四

束部

束 一八四四
敕（勅勑）一八四四
賴 一八四四

豆部

豆 一八四五
豉 一八四六
豈 一八四六
豎 一六二八
頭 一八四六
豐 一八四七
豑 一八四八
豓 一八四八

酉部

酉 一八四八
酌 一八四八
配 一八四九
酣 一八四九
酤 一八四九
酡 一八四九
（酹）二一五二
酬 一八四九
酲 一八五〇
酷 一八五〇
酸 一八五〇
酹 一八五〇
醇 一八五〇
醉（酔醉）一八五〇
醅 一八五一
醎 一八五一
醒 一八五二
醜（醜）一八五二
醫 一八五二
醬 一八五三
醳 一八五三
醘 一八五三
醪 一八五三
醴 一八五三
醺 一八五三
釀（釀）一八五三
釃 一八五三
釅 一八五三

辰部

辰（辰）一八五三
辱 一八五四
唇 一八五四
脣 一八五四
農 一八五五

豕部

豕 一八五六
豤 一八五六
豨 一八五六

貝部

貝 一八五六
則 一八五六
財 一八五八
敗 一八五八
貨 一八五八
販 一八五九
貶 一八五九
貫 一八五九
貸 一八五九
貯 一八五九
費 一八五九
賀 一八六〇
貽 一八六〇
賊 一八六一
貲 一八六二
賃 一八六二

賄 一八六二
資 一八六二
賑 一八六二
賒 一八六三
賦 一八六三
賫 一八六四
賢(賢) 一八六四
賤(賎) 一八六五
賬 一八六六
賜 一八六六
質(质) 一八六六
賙 一八六八
贅 一八六七
購(賄) 一八六七
賻 一八六七
賺 一八六七
贄 一八六七
贊(賛賛賛)
一八六七
贈(贈贈) 一八六八
贍 一八六八
賸 一四二二
贖 一八六八
(鷶) 二一一八

見部

見 一八六九
規 一八七〇
覘 一八七一
覩 一八七一
親 一八七一
覲 一八七二
覺(覺覚) 一八七二
覽(覧) 一八七三
觀(觀觀 観观) 一八七四

里部

里 一八七五
野 一八七六

足部

足(𧾷) 一八七八
距 一八八〇
趾 一八八〇
跅 一八八〇
跖 一八八〇
跋 一八八〇
跌 一八八〇
跑 一八八〇
跎 一八八〇
跛 一八八〇
跬 一八八一
跨 一八八一
跣 一八八一
跪 一八八一
路 一八八一
跳 一八八三
(跡) 一〇八六
跰 一八八三
跟 一八八三
(踈) 一六五一
(䟽) 一六五一
踉 一八八三
踆 一八八三
跽 一八八三
踦 一八八三
踋 一八八三
踐 一八八三
踔 一八八四
[illegible]([illegible]) 一八八四
踘 一八八四
踣 一八八四
踪 一八八四
踞 一八八四
踏 一八八四
蹀(蹀) 一八八五
踵 一八八五
踰 一八八五
蹄(蹏) 一八八五
蹉 一八八六
蹁 一八八六
([illegible]) 二一五三
蹋 一八八六
蹈 一八八六
蹊 一八八六
蹟 一〇八六
躇 一八八六
蹔 一八八六
蹙(蹙) 一八八六
蹤 一八八六
蹰 一八八六
蹶 一八八六
蹩 一八八六
蹴 一八八六
蹭 一八八六
蹬 一八八六
躁(躁) 一八八七
躊 一八八七
躋 一八八七
躍 一八八七
躚(跹) 一八八八
躋 一八八七
躉 一八八八
躞 一八八八
躡 一八八八

身部

身 一八八八
射 一八九〇
躬 一八九一
躭 一六七八
軀 一八九二
(軆) 二〇六八

谷部

谷 一八九二
郤 一八九三
欲 一八九三
谿 一八九五
豁(豁) 一八九五

采部

悉 一八九五
番 一八九六
釋(釋) 一八九六

豸部

豺 一八九七
豹 一八九七
貂 一八九七
貌(貇貎) 一八九七
貔 一八九八

角部

角(角) 一八九八
斛 一八九八
觚 一八九九
觜 一八九九
觥 一八九九
解(觧) 一八九九
觫 一九〇〇
觴 一九〇〇
觸 一九〇一
觿 一九〇一

卵部

卵 一九〇一

言部

言 一九〇一

計（计） 一九〇三
訂 一九〇四
訃（讣） 一九〇四
訐 一九〇四
訏 一九〇四
討（讨） 一九〇四
訖 一九〇五
託 一九〇五
訓 一九〇五
訉 一九〇五
訊 一九〇六
記 一九〇六
訑 一九〇七
訒 一九〇七
詎 一九〇七
訝 一九〇七
訥 一九〇七
許 一九〇七
訛 一九〇八
訟 一九〇八
設 一九〇八
訪 一九〇九
訣 一九一〇
（証） 一九四七

詁 一九一〇
訶 一九一〇
評 一九一〇
詘 一九一〇
詐 一九一一
訴 一九一一
詆 一九一一
註 一九一一
（詠） 六九四
詞 一九一一
詔（詔） 一九一二
詖 一九一二
詒 一九一二
誄 一九一二
試 一九一三
詩 一九一六
詰 一九一六
誇 一九一六
誠 一九一六
誅 一九一八
話 一九一九
誕 一九一九
詬 一九一九
詮 一九一九
詭 一九一九

詣 一九一九
詢 一九一九
該 一九二〇
詳 一九二〇
詫 一九二一
詡 一九二一
誡 一九二一
誌 一九二一
誣 一九二二
語 一九二二
誓 一九二三
誚 一九二四
誤 一九二四
誥 一九二五
誘 一九二五
誨 一九二五
説（說） 一九二五
認 一九二六
誦 一九二六
請 一九二六
諸 一九二七
諏（諏） 一九二九
諾 一九二九
諔 一九二九

課 一九二九
諛 一九二九
誰 一九二九
論 一九三一
調 一九三二
諒 一九三三
諄（諄） 一九三三
誶 一九三三
談 一九三三
誼（誼） 一九三四
諶 一九三四
謀 一九三四
諫 一九三五
諧 一九三六
謔 一九三六
謁 一九三六
謂 一九三六
諭 一九三八
諷 一九三八
諳 一九三八
諺 一九三八
諦 一九三八
諮 一九三九
諱（諱） 一九三九

講（講講講） 一九四〇
譁 一九四一
謨 一九四一
謌 一四一六
謝 一九四一
謗 一九四二
謠（謠） 一九四二
謚 一九四三
謙（謙） 一九四三
謐 一九四三
謹 一九四三
謳 一九四四
謾 一九四四
謫 一九四四
謬（謬） 一九四四
警 一九四四
譚 一九四五
譙 一九四五
識 一九四五
譜（譜） 一九四六
譔 一九四七
證（証） 一九四七
譎 一九四七
譏 一九四七

護（護） 一九四七
譴 一九四八
譽 一九四八
譯 一九四九
議（議議） 一九四九
譬 一九五〇
讀 一九五〇
讌 一九五二
讓（讓） 一九五二
讕 一九五三
讚（讚） 一九五三
讜 一九五四

辛部

辛 一九五四
辝 一九五六
辟 一九五四
辨 一九五五
辦 一九五六
辭（辭辤） 一九五六
瓣 一九五八
辮 一九五八
辯 一九五八

㐬部

毓 一九五八

青部

青 一九五八
晴 一九六一
静 一九六一
靚 一九六三

亞部

亞（亚） 一九六三
晋（晉晋晋晋） 一九六三
惡 一九六四

𠦝部

乾（乹） 一九六六
朝 一九六七
幹（榦榦） 一九六八
斡 一九六九
翰（翰） 一九六九
韓（韓） 一九七〇

雨部

雨（雨） 一九七一
雩 一九七三
雪 一九七三
雲 一九七五
電 一九七八
雷 一九七八
零 一九七九
需 一九七九
霆 一九八〇
震 一九八〇
霄 一九八〇
霖 一九八一
霏 一九八二
霓 一九八二
霍 一九八二
霑 一九八二
霈 一九八三
霜 一九八三
霞 一九八四
霧 一九八四
霦 一九八五
霪 一九八五
霸 一九八五
露 一九八五
霹 一九八七
霾 一九八七
霽 一九八七
靂 一九八八
靈（霊） 一九八八
靄 一九八九

長部

長（长） 一九八九
肆 一九九二

虎部

虎（虎乕） 一九九二
彪（彪） 一九九四
號（號虢） 一九九四
虢（虢虢） 一九九六

非部

非 一九九六
斐 一九九七
悲 一九九七
蜚 一九九九
裴 一九九九
裵 一九九九
翡 一九九九
輩 一九九九
靠 二〇〇〇

隹部

隼 二〇〇〇
隽 二〇〇〇
隻 二〇〇〇
售 二〇〇一
（蜼） 一三一四
集 二〇〇一
雄（雄） 二〇〇三
焦 二〇〇三
雃 二〇〇四
雒 二〇〇四
雕 二〇〇四
雖（雖） 二〇〇四
顀 二〇〇四
瞿 二〇〇五
雛（鶵） 二〇〇六
（雞） 二一二六
雜（雜雜） 二〇〇六
離（離離） 二〇〇七
難（難難） 二〇〇八
讎（讐） 二〇一〇

金部

金 二〇一〇
針 二〇一一
釗 二〇一二
釣 二〇一二
鈍 二〇一二
鉅 二〇一三
鈔 二〇一三
（鈡） 二〇二五
欽 二〇一三
鈞 二〇一三
鈎（鉤） 二〇一四
鈁 二〇一四
鈕 二〇一四
鉢 二〇一四
鈺 二〇一四
鉞 二〇一四
鉏 二〇一四
鈿 二〇一四
鉛 二〇一四
鋩（鋩） 二〇一五
銚 二〇一五
銅 二〇一五
銑 二〇一五
銛 二〇一五
鋌 二〇一五
銓 二〇一五
銘 二〇一五
錚 二〇一六
銀 二〇一六
鋕 二〇一七
銹 二〇一七
鋪 二〇一七
銷 二〇一七
鋤 二〇一七
鋒 二〇一七
鋭 二〇一八
（鑫） 一一九四
鍈 二〇一八
錯 二〇一八
錡 二〇一八
錢（銭） 二〇一八
鋹 二〇一九
錕 二〇一九
錫 二〇一九
錘 二〇二〇
錐 二〇二〇
錦 二〇二〇
錚 二〇二一
録（錄） 二〇二一
（鍊） 一四三八
鍥 二〇二一
鍼 二〇二一
鍾 二〇二一

鍛 二〇二一
鍪 二〇二一
鏵 二〇二二
鎮 二〇二二
鎛 二〇二三
鎖(鎖) 二〇二三
鎧 二〇二三
鎸(鐫) 二〇二三
鎬 二〇二三
鎰 二〇二三
鎌 二〇二三
鎔 二〇二三
鎲 二〇二三
鏗 二〇二三
鏤(鏤) 二〇二三
鏮 二〇二四
鏞 二〇二四
鏡 二〇二四
鏇 二〇二四
鏘 二〇二四
鏃 二〇二四
鏑 二〇二四
鏁 二〇二五
鐃 二〇二五
鏸(鏸) 二〇二五
鐘 二〇二五

鐙 二〇二五
鐵(銕銭
銭) 二〇二五
鑊 二〇二六
鐸 二〇二七
鏽 二〇二七
鑄 二〇二七
鑒(鑒鑑) 二〇二七
(鑛) 一五二〇
鑅 二〇二八
鑠 二〇二八
(鑪) 一四四三
鑱 二〇二八
鑫 二〇二八
鑿(鑿) 二〇二八

門(门) 部

門(门) 二〇二九
閂(闩) 二〇三〇
閉(闭) 二〇三〇
問(问) 二〇三一
閏(闰) 二〇三二
開(閞) 二〇三二
閑(闲) 二〇三五
閟 二〇三六
間(间) 二〇三六
閒(𫔮) 二〇三七

閔 二〇三七
閟(闷) 二〇三八
閘(闸) 二〇三八
閙 二〇三八
閟(闷) 二〇三八
閞 二〇三八
閨 二〇三八
聞(闻) 二〇三八
閩 二〇四〇
閭(闾) 二〇四〇
閥 二〇四〇
閣(阁) 二〇四〇
閫(阃) 二〇四一
閱(阅) 二〇四一
閬(阆) 二〇四二
闍 二〇四二
閹 二〇四二
閶(阊) 二〇四二
閻(阎
閻閆) 二〇四二
閹(阉) 二〇四二
闉 二〇四二
闌(阑) 二〇四二
闃(阒闃) 二〇四二
闇(闇) 二〇四三

闊(阔濶
澗) 二〇四三
闈(闱) 二〇四三
闋 二〇四四
闔(阖) 二〇四四
闐 二〇四四
闕(阙闕闞
闕阙) 二〇四四
關(闗闗
闗关) 二〇四五
闥 二〇四七
闡(阐) 二〇四七
闢(闢) 二〇四七

隶部

隶 二〇四七
隸(隷) 二〇四七

革部

革(革) 二〇四九
勒 二〇四九
靳 二〇五〇
鞋 二〇五〇
鞍 二〇五〇
鞘 二〇五〇
韔 二〇五〇

鞠 二〇五〇
鞬 二〇五〇
鞡 二〇五一
鞭 二〇五〇
韣 二〇五一
韈 二〇五一

頁部

頁 二〇五一
頂 二〇五一
順 二〇五二
頑 二〇五二
頓 二〇五二
頒 二〇五三
頌 二〇五三
預 二〇五四
領 二〇五四
頡 二〇五四
頫 二〇五五
潁 二〇五五
頤(頥) 二〇五五
頰(頬) 二〇五五
頸 二〇五五
頻 二〇五五
頹 二〇五五

頳 二〇五六
穎 二〇五六
顆 二〇五六
頷 二〇五六
題 二〇五六
顏 二〇五六
額 二〇五七
顛 二〇五七
願 二〇五八
類 二〇五九
顡 二〇六〇
顥 二〇六〇
顧(頋) 二〇六〇
顯 二〇六一
顱 二〇六一
(𩕳) 一〇二一

面部

面 二〇六一

非部

非 二〇六二

是部

是 二〇六二

題(题) 二〇六六
韙 二〇六七

骨部

骨 二〇六七
骭 二〇六七
骸 二〇六七
髐 二〇六八
髀 二〇六八
鶻 二〇六八
髓(髓) 二〇六八
體(體体 體) 二〇六八

香部

香 二〇六九
馥 二〇七〇
馨 二〇七〇

鬼部

鬼 二〇七一
魂(䰟) 二〇七一
魁 二〇七二
魏 二〇七二
魋 二〇七三

食部

食 二〇七三
(飢) 二〇八一
飣 二〇七四
飪 二〇七四
飫 二〇七四
飭 二〇七四
飯 二〇七四
飲 二〇七五
飾 二〇七六
飽 二〇七六
飼 二〇七六
飴 二〇七六
餌 二〇七七
蝕 二〇七七
餉 二〇七七
餅 二〇七七
餈 二〇七七
餖 二〇七七
餐 二〇七七
餓 二〇七八
餘 二〇七八
館 二〇八〇
餞 二〇八一
餒 二〇八一
饉 二〇八一
饗 二〇八一
饒 二〇八一
饋 二〇八一
饌 二〇八一
饑(飢) 二〇八一
饘 二〇八三

風部

風 二〇八二
颶 二〇八四
颺 二〇八四
颻 二〇八四
飄 二〇八五
飈 二〇八六

音部

音 二〇八六
章(章) 二〇八六
竟 二〇八八
歆 二〇八九
意 二〇八九
韶 二〇九一
韻(韻韵) 二〇九一
響(响) 二〇九二
贛(贛) 二〇九三

首部

首 二〇九三
馘 二〇九四

韋部

韋(韦) 二〇九四
韞 二〇九四
韜 二〇九四

鬥部

鬥(鬭鬬) 二〇九四
鬨 二〇九五
鬩 二〇九五

鬲部

鬲 二〇九五
融 二〇九五
翮 二〇九六
鬻 二〇九六
鬻 二〇九六

髟部

髦 二〇九六
髣 二〇九六
髮(髪) 二〇九六
髯(髥) 二〇九七
髴 二〇九八
髫 二〇九八
髻 二〇九八
髭 二〇九八
鬆 二〇九八
鬚 二〇九八
鬟 二〇九八
鬢(鬓髩鬂) 二〇九八

馬部

馬 二〇九九
馭 二一〇一
馴 二一〇一
馳(驰) 二一〇一
駁 二一〇一
駛 二一〇一
駟 二一〇一
駞 二一〇一
駙 二一〇二
駒 二一〇二
駝 二一〇二
駑 二一〇二
駐 二一〇三
駕 二一〇三
駘 二一〇四
駱 二一〇四
罵(罵) 二一〇四
駭 二一〇四
駢 二一〇四
騁 二一〇四
駸 二一〇四
駿 二一〇五
騏 二一〇五
騎 二一〇五
騅 二一〇六
騷 二一〇六

驊 二一〇六
騮 二一〇六
驅 二一〇六
驃 二一〇七
騾 二一〇七
驄(騘) 二一〇七
驂(駼) 二一〇七
驍 二一〇七
驚 二一〇七
驕 二一〇九
驛 二一一〇
驗(騐) 二一一〇
驟 二一一〇
驥(驥) 二一一〇
驢(驢) 二一一一
驦 二一一一
驤(驤) 二一一一
驪 二一一二

高部

高(髙) 二一一二
敲 二一一四
膏 二一一四

炏部

勞(劳労) 二一一四
塋 二一一六
煢(茕惸) 二一一六
榮(荣栄) 二一一六
犖 二一一七
螢 二一一七
營 二一一七
縈 二一一八
鶯(莺鸎) 二一一八

𠩺部

嫠 二一一九
釐 二一一九

黄部

黄 二一一九
黌 二一二一

麥部

麥 二一二一
麩 二一二一
麴 二一二一
麵 二一二一

鳥部

鳥 二一二一
鳩 二一二三
鴆 二一二三
蔦 二一一八
鴣 二一二三
鴨 二一二三
鴦 二一二四
鴒 二一二四
鴟 二一二四
鴛 二一二四
鵑 二一二四
鵠 二一二四
鵝(鵞) 二一二五
鵓 二一二五
鵡 二一二五
鵲 二一二五
鵾 二一二五
鵰 二一二五
鶉 二一二六
鵷 二一二六
鶡 二一二六
鶚 二一二六
鶖 二一二六
鶩 二一二六
鵒 二一二六
鷄 二一二六
鶬 二一二七
鶇 二一二七
鶲 二一二七
鶴(靍隺) 二一二七
鷙 二一二九
鷗 二一二九
鷖 二一二九
鷓 二一三〇
鷤 二一三〇
鷲 二一三〇
鷺 二一三〇
鸊 二一三〇
鸛 二一三〇
(鸎) 二一一八
鸚 二一三〇
鸝 二一三一

魚部

魚(奂鱼) 二一三一
魯 二一三二
魴 二一三三
鲃 二一三三
鮑 二一三三
鮐 二一三三
鮭 二一三三
鮫 二一三三
鮪 二一三三
鮮 二一三三
鯉 二一三三
鯤 二一三四
鯢 二一三四
鯨 二一三四
鰈 二一三四
鯷 二一三四
鯿 二一三四
鰕 二一三四
鰲 二一三四
鰥 二一三四
鱖(鳜) 二一三四
鱗 二一三五
鱠 二一三五
鱸(鱸) 二一三五

麻部

麻 二一三五
麽 二一三六
摩 二一三六
麾 二一三七
磨 二一三七
糜 二一三七
縻 二一三七
靡 二一三八
魔 二一三八
魔 二一三九

鹿部

鹿(䕣) 二一三九
麂 二一三九
鄜 二一三九
麈 二一三九
麋 二一四〇
麒 二一四〇
麓 二一四〇
麗 二一四〇
麞 二一四一
麛 二一四一
麝 二一四一

麟(麐) 二一四一

鼎部

鼎(鼎) 二一四二
鼐 二一四三
鼒 二一四三

黑部

黑(黒) 二一四三
墨(墨) 二一四三
默 二一四五
黔 二一四五
點(點) 二一四五
黜 二一四六
黛 二一四六
黠 二一四七
黯 二一四七
黷 二一四七

黍部

黍 二一四七
黏 二一四七

鼓部

鼓(鼔皷) 二一四七
鼙 二一四九

黽部

黽 二一四九
鼉 二一四九

鼠部

鼠 二一四九
鼨 二一四九

鼻部

鼻 二一四九

齊部

齊 二一四九
劑 二一五一
齋(斋斎) 二一五一
齎 二一五二

齒部

齒(歯) 二一五二
齡 二一五二
齠 二一五三
齧 二一五三
齪 二一五三
齷 二一五三

龍部

龍(龍龍) 二一五三
龙 二一五五
聾 二一五五
龔 二一五五
襲 二一五五
讋 二一五五

龜部

龜 二一五五

䜌部

亦 二一五六
奕 二一五七
蛮 二一五八
變 二一五七
巒 二一五八
彎 二一五八
孌 二一五八
欒 二一五八
孿 二一五八
戀(恋) 二一五八
蠻 二一五八
鑾 二一五九
鸞 二一五九

一部

一画

一部

（一）

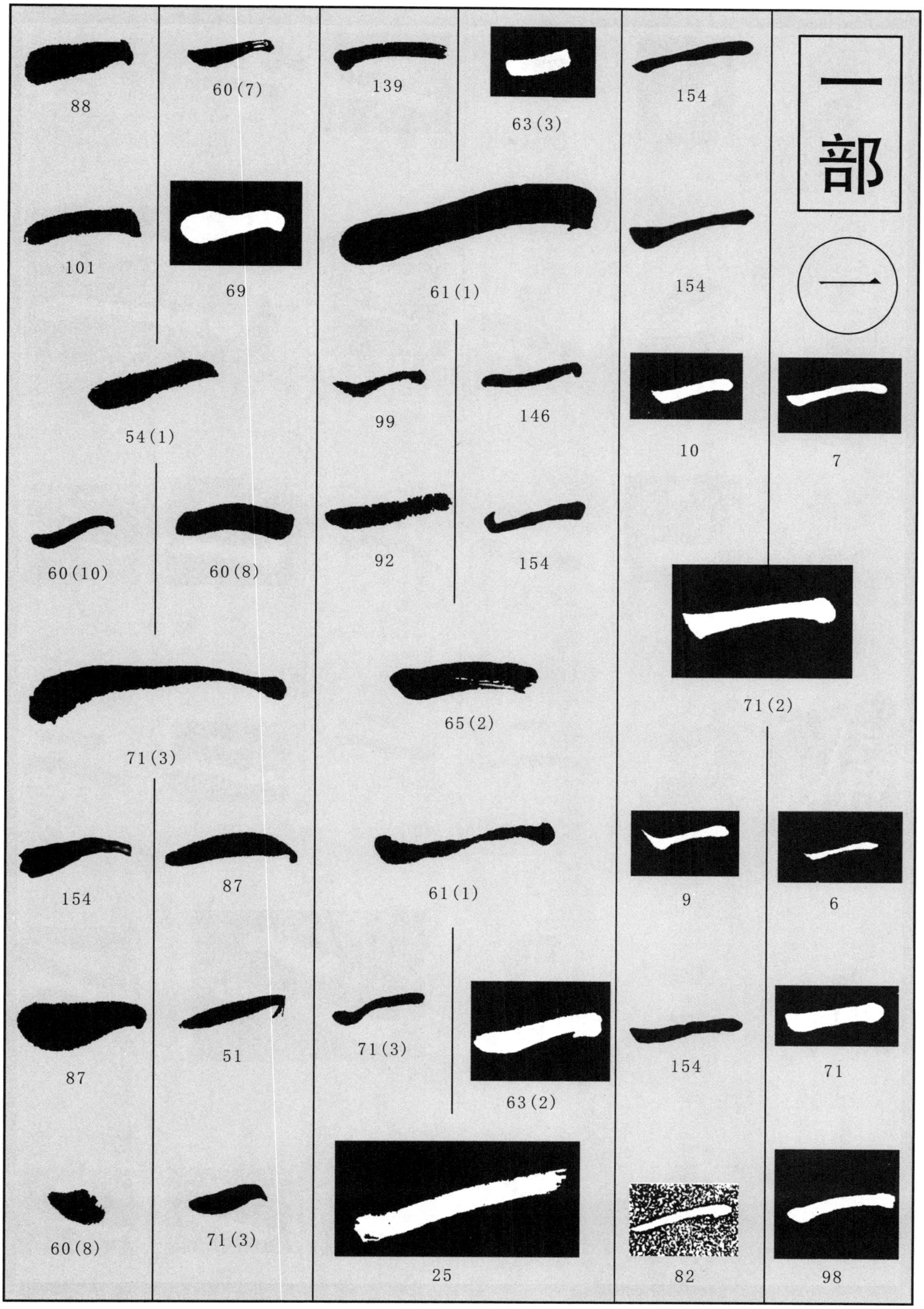

7　71(2)　6　71　98

154　154　10　9　154　82

63(3)　139　61(1)　146　99　154　92　65(2)　61(1)　63(2)　71(3)　25

60(7)　88　69　101　54(1)　60(8)　60(10)　71(3)　87　154　51　87　71(3)　60(8)

一部

一画

二

二

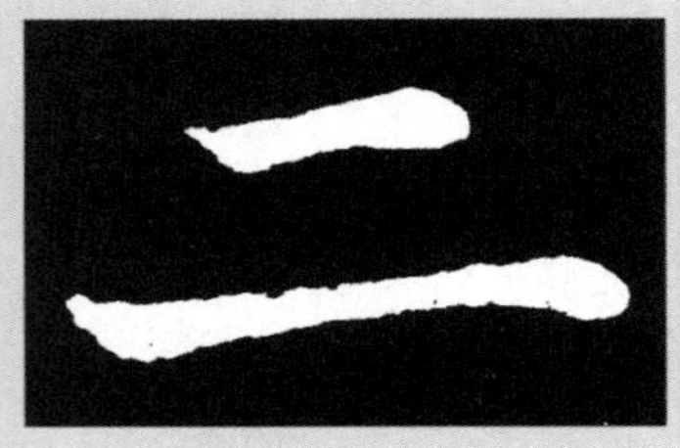
10

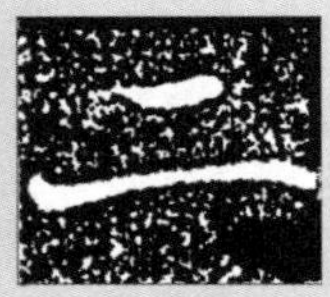
82

88

98

23

60(10)

23

13

5

5

98

15

154

60(10)

23

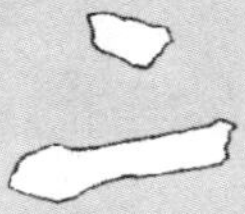
54(2)

131

51

71(33)

71(3)

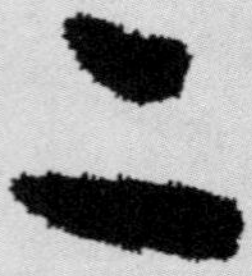
*
60(8)

63(2)

74(1)

22

88

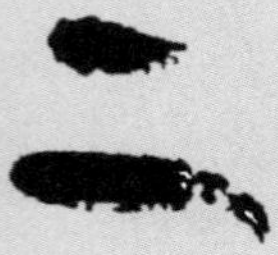
93

158

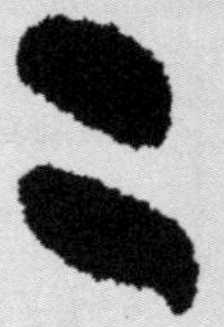
88

484

32(8)

82

*
1

1

七　　　　　　丁

一部

一画

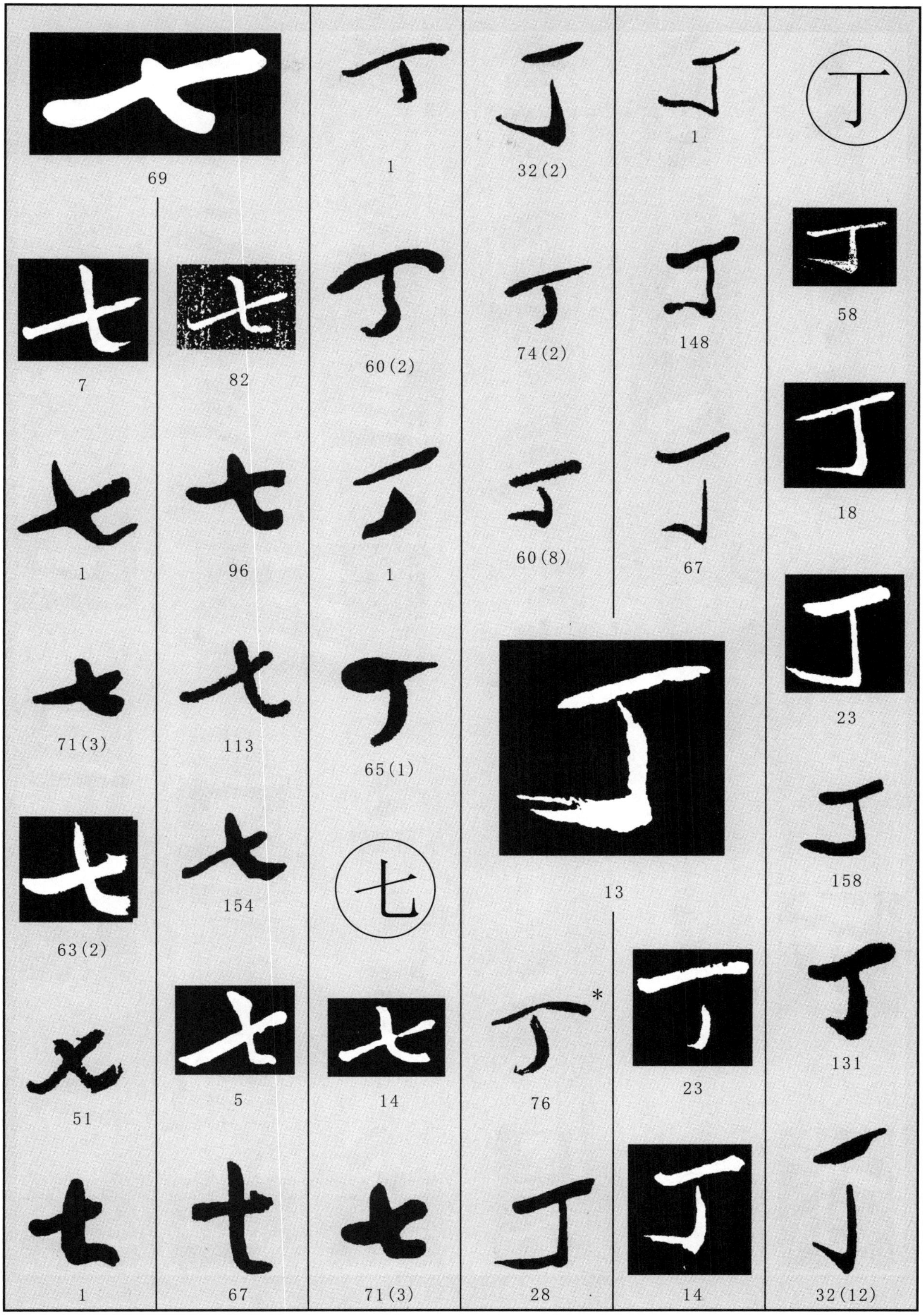

丁
58
18
23
158
131
32(12)
1
148
67
13
23
14
32(2)
74(2)
60(8)
76 *
28
1
60(2)
1
65(1)
七
14
71(3)
69
82
96
113
154
5
67
7
1
71(3)
63(2)
51
1

三

三　　于

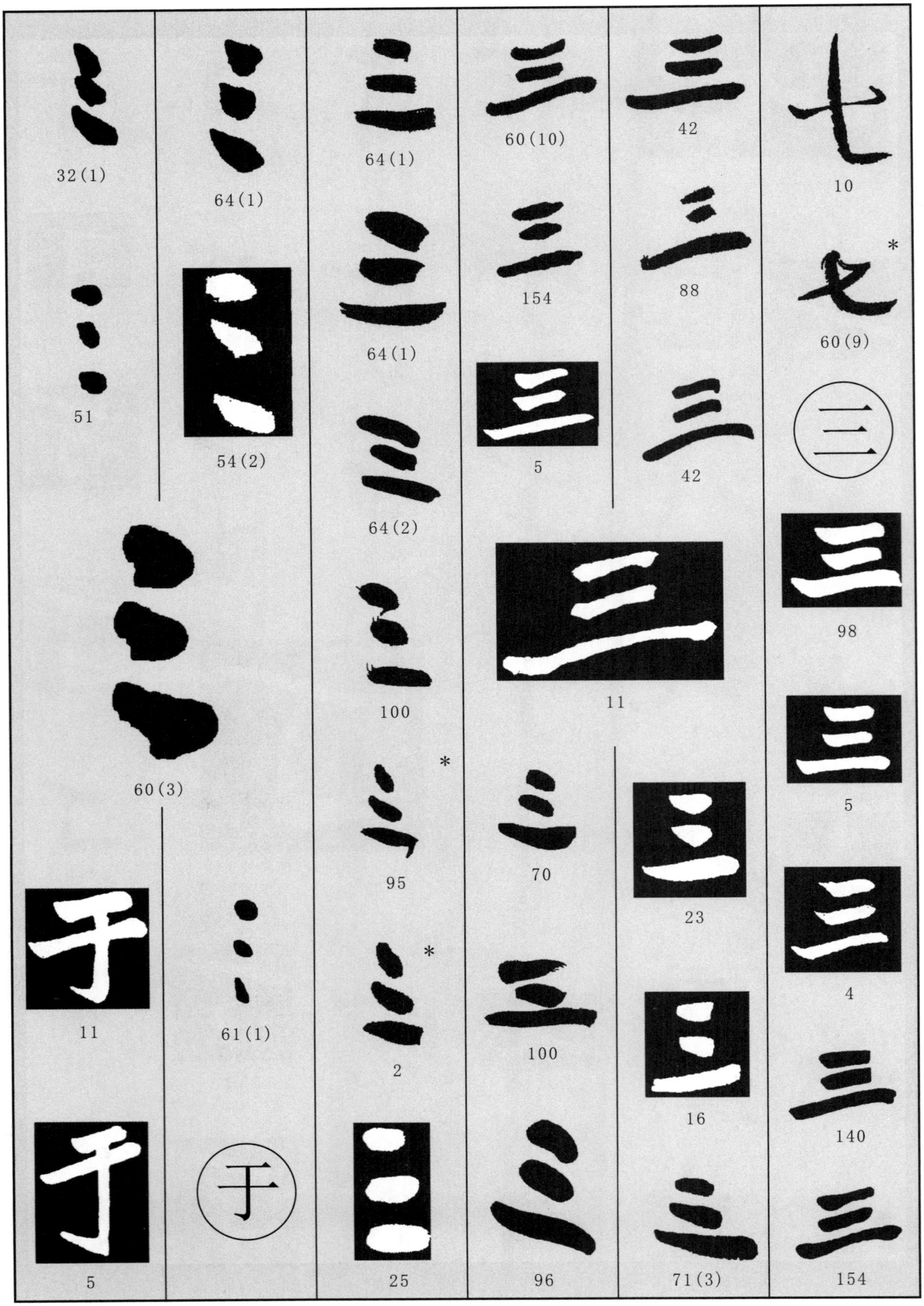

10
*
60(9)
三
98
5
4
140
154
42
88
42
11
23
16
71(3)
60(10)
154
5
70
100
96
64(1)
64(1)
64(2)
100
*
95
*
2
25
64(1)
54(2)
61(1)
于
32(1)
51
60(3)
11
5

一部

二画

154
98
13
60(8)
70
154
131
21
140
140
21
67
154
15
71(2)
140
131
140
*
2
87
71(3)
100
82
55
88
131
140
140
140
*
95
140
54(2)
87
64(1)
69
60(6)
140

才　　丈

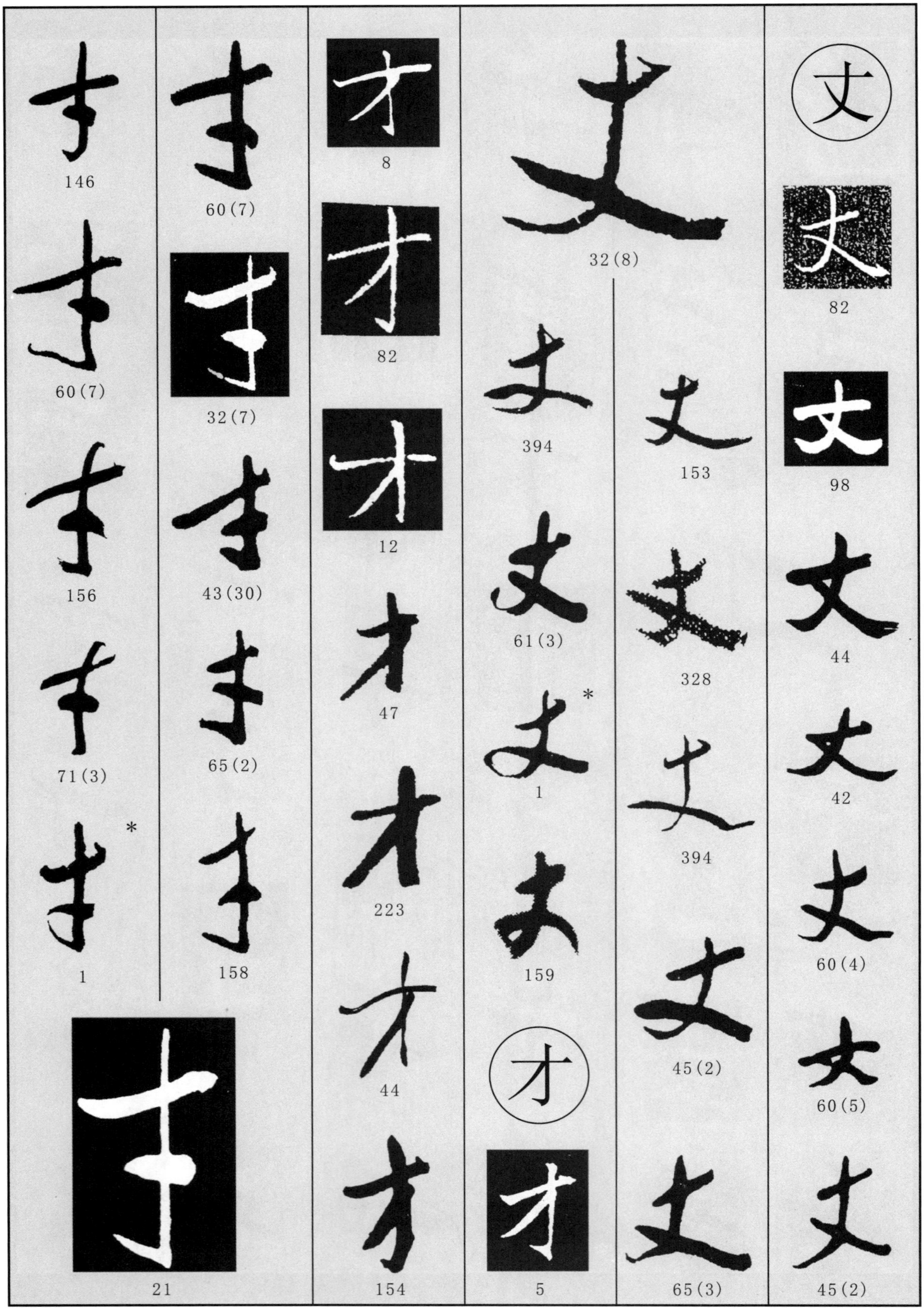
丈
82
98
44
42
60(4)
60(5)
45(2)
32(8)
153
328
394
45(2)
65(3)
394
61(3)
1 *
159
才
5
8
82
12
47
223
44
154
60(7)
32(7)
43(30)
65(2)
158
146
60(7)
156
71(3)
1 *
21

五 井 互

28
1
100
32(3)
92
92
1
67
互
1
71(3)
66
66
70
45(1)
井
82
44
134
23
15
88
87
83
16
1
817
55
153
153
五
4
83
556
99
60(7)
60(8)
5
9
3

五
146
44
60(10)
60(10)
61(4)
60(10)
82
234
139
74(2)
13
44
158
154
95
74(2)
1
44
71(3)
159
162
101
152
65(3)
107
2
39
32(7)
17
96
62(4)
74(1)
154
64(1)
71(1)
39
94
145
62(1)
1
32(8)
62(3)
32(2)
71(2)

(卋丗丗)世　　　　屯　　(卌 卌)卅

*
74(1)
*
62(2)
67
1
32(8)
卅
88
88
88
88
88
6
6
屯
47
32(8)
83
74(1)
82
107
97
77
51
67
世
32(12)
6
4
82
82
7
5
98
139
61(4)
131
151
140
11
98

149
139
422
140
139
140
88
88
60(9)
61(1)
1
30
64(1)
151
154
159
154
139
70
69
81(8)
100
140
60(10)
81(8)
32(9)
62(1)
62(3)
2
60(6)
94
60(8)
1
62(2)
42
154
87
154
152
74(1)
62(4)

可

*
101
64(1)
54(2)
61(1)
71(3)
*
71(1)
151
147
28
87
92
*
101
可
18
32(12)
4
12
5
27
11
82
10
13
13
15
129
60(10)
141
139
44
145
82
69(5)
60(5)
32(6)
60(1)
60(4)
84

71(2)
61(2)
2
1
32(7)
75
87
17
61(1)
101
158
61(1)
62(4)
45(2)
60(6)
154
23
45(2)
95
62(3)
63(2)
71(3)
60(5)
60(6)
25
23
51
30
71(1)
44
61(2)
51
31

10
51
61(2)
60(10)
42
44
12
82
140
140
139
98
27
82
8
32(10)
139
139
71(1) *
74(1) *
62(2) *
62(4) *
平
70
60(9)
62(3) *
2 *
158
152 *
152 *
65(3)
丙
81(8)
51

83 44 154 60(10) 54(2) 65(3)

4 140 4 5 82 51

61(1) 47 61(1) 87 23 51

146 67 65(2) 16 158 62(3)

1 32(7) 62(2) 54(3) 67

101 71(1) 1 60(2) 69 95 474

吏　(冄 冄 冄)再 亘

61(1)

73

145

61(1)

61(2)

*

62(4)

*

152

(亘)

1102(2)

196(1)

(再)

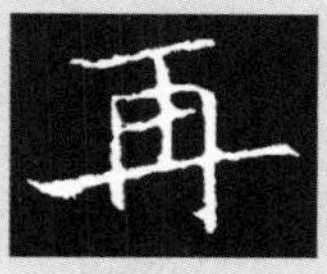
12

3

8

139

139

71(3)

*

1

70

32(7)

*

25

154

1

60(10)

1

61(2)

87

50

61(1)

(吏)

32(12)

4

58

5

98

43

101

19

45(2)

22
60(7)
甫
15
105
71(3)
19
42
42
71(3)
75
97
15
92
69
107
更
7
14
32(1)
1
1
82
31
32(1)
60(5)
154
43
43
60(4)
62(1)
87
71(3)
1
44

求

55
13
145
65(3)
96
101 *
62(2) *
71(3)
57
71(3)
70
71(1) *
60(6)
140
100
61(2)
39
100
44
46
88
100
61(1)
60(1)
140
145
2 *
62(4) *
8
4
65(1)
390
158
152 *
求

78
99
51
71(3)
5
1
62(3)
60(9)
146
44
98
25
61(2)
5
57
154
32(1)
88
107
60(7)
140
61(2)
140
145
97
141
140
1

些

32(9)
394
95
47
154
46
146
100
2
145
31
66
99
154
46
63(2)
152
87
158
145
46
1
148
62(4)
1
46
33
154
61(2)
74(2)
62(1)

事
4
5
12
10
11
71(2)
44
44
44
32(1)
7
3
14
51
83
139
44
82
61(4)
139
139
139
139
154
61(4)
51
42
60(5)
42

*
62(4)
60(8)
149
65(2)
100
31
94
65(3)
61(2)
*
62(3)
71(2)
69
60(8)
*
95
65(3)
*
71(1)
*
74(1)
75
61(1)
*
145
88
60(2)
60(10)
*
152
46
73
140
140
42
115
*
2

一部

七画

153 17 23 158 兩 5

10 1 27 98 32(12) 147

60(5) 81(8) 140 139 276 12 82

1 60(10) 51 51 139

55 23 28 99 27

16 1 71(1) * 152 * 74(1) * 62(2) *

甚

107
*
62(4)
*
95
65(2)
*
2
107
158
46
74(2)
甚
5
7
27
82
98
3
3
23
13
154
82
100
99
18
71(3)
1
141
51
1
1
15
71(3)
16

*
71(3)
60(10)
31
154
32(6)
60(10)
32(6)
1
139
154
51
145
60(2)
爾
139
66
*
95
哥
60(6)
51
奡
23(1)
皕
39
28
22
*
62(3)
*
71(1)
*
152
*
62(4)
10
107
*
158
62(2)

暨　尠

69
1
96
141
45(2)
15
74(2)
15
17
32(7)
67
77
暨
74(2)
285
51
43
31
73
81
尠
173
173
130
139
60(7)
139
60(3)
47
1
74(2)
76
71(3)
63(2)

且 凸 蠹 囊

*
45(2)
囊
60(5)
158
410
*
28
*
62(1)
*
62(3)
*
2
*
95
*
62(4)
*
62(2)
1
*
74(1)
*
71(1)
蠹
1008
61(3)
丨部
凸
1
145
且
98
98
4
226
1
7
44
98
60(8)
32(10)

串
45(2)
92
丿部
九
32(12)
1
*
100
30
140
凹
1
145
19
45(2)
66
88
65(1)
60(1)
60(3)
32(9)
71(3)
28
16
158
240
32(7)
32(11)
1
101
60(10)
82
60(10)

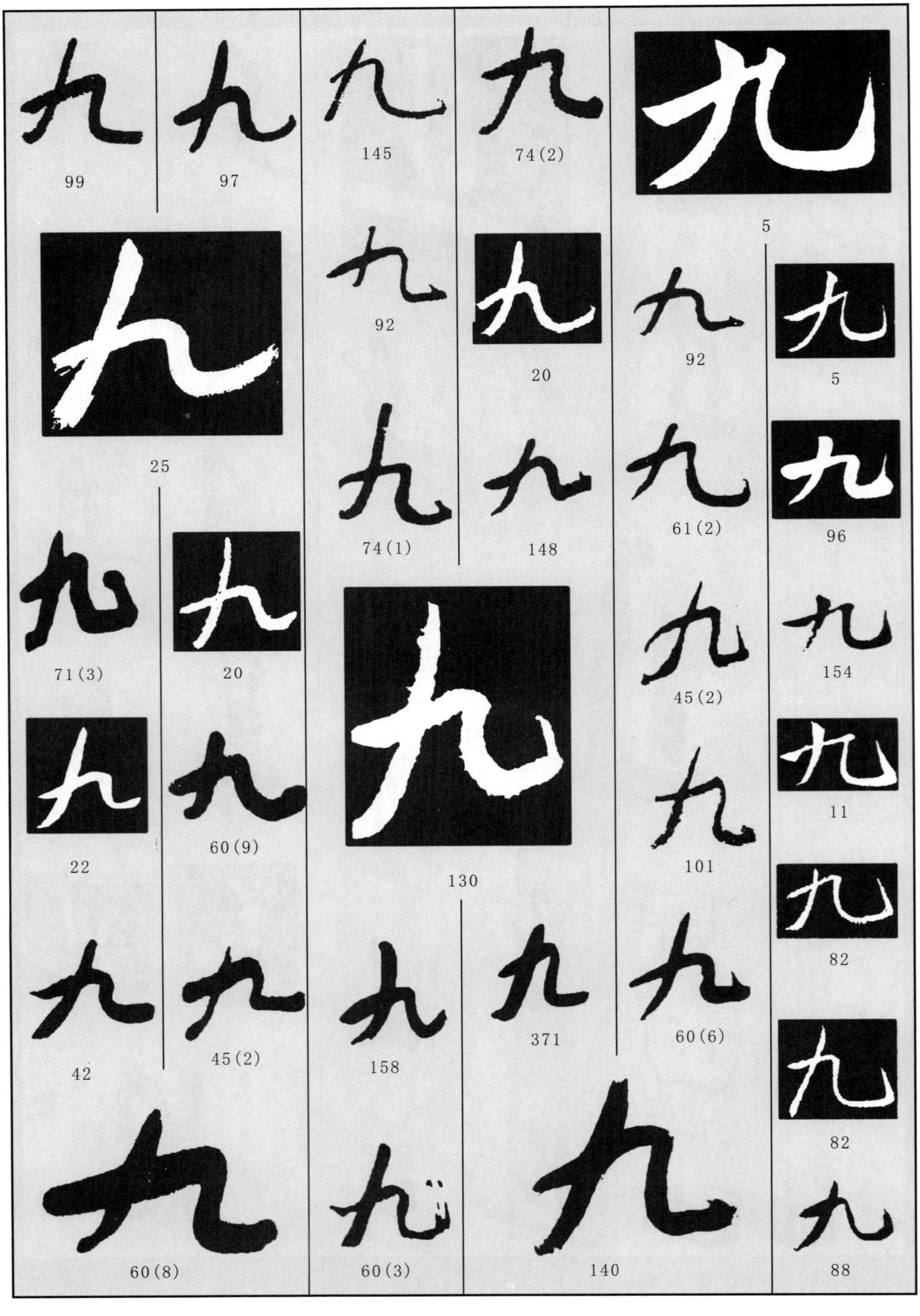

99 97 145 74(2) 5
25 92 20 92 5
74(1) 148 61(2) 96
71(3) 20 45(2) 154
22 60(9) 130 101 11
82
42 45(2) 158 371 60(6) 82
60(8) 60(3) 140 88

乃

6
11
139
139
101
32(12)
82
60(10)
69
8
5
98
1
65(4)
92
*
1
92
1
78
4
48
70
60(5)
1
98
32(8)
60(10)
60(5)
154
22
乃
154
71(3)

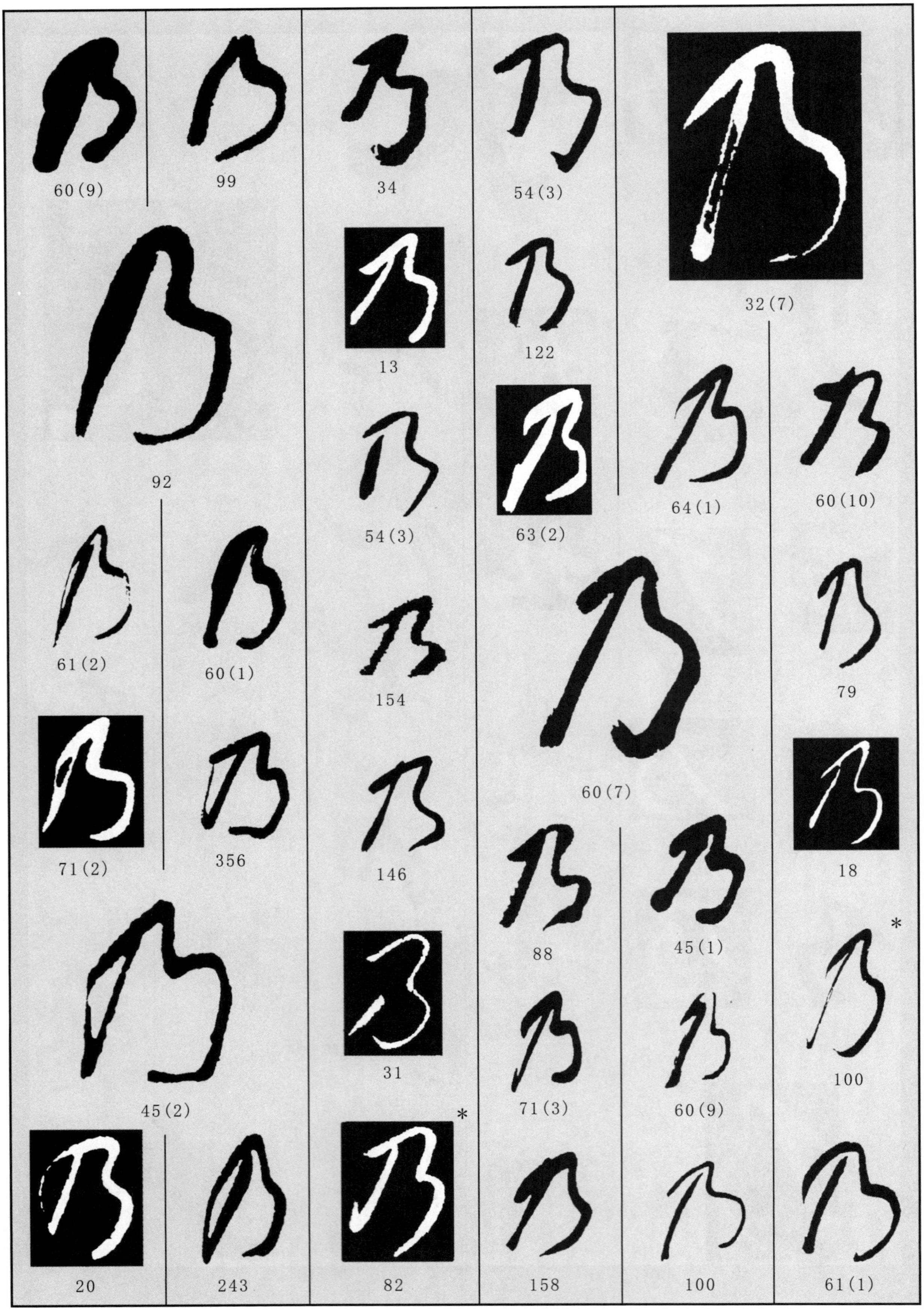

60(9) 99 34 54(3) 32(7)
92 13 122
54(3) 63(2) 64(1) 60(10)
61(2) 60(1) 154 60(7) 79
71(2) 356 146 18
88 45(1)
45(2) 31 71(3) 60(9) 100*
20 243 82* 158 100 61(1)

川

丿部

一—二画

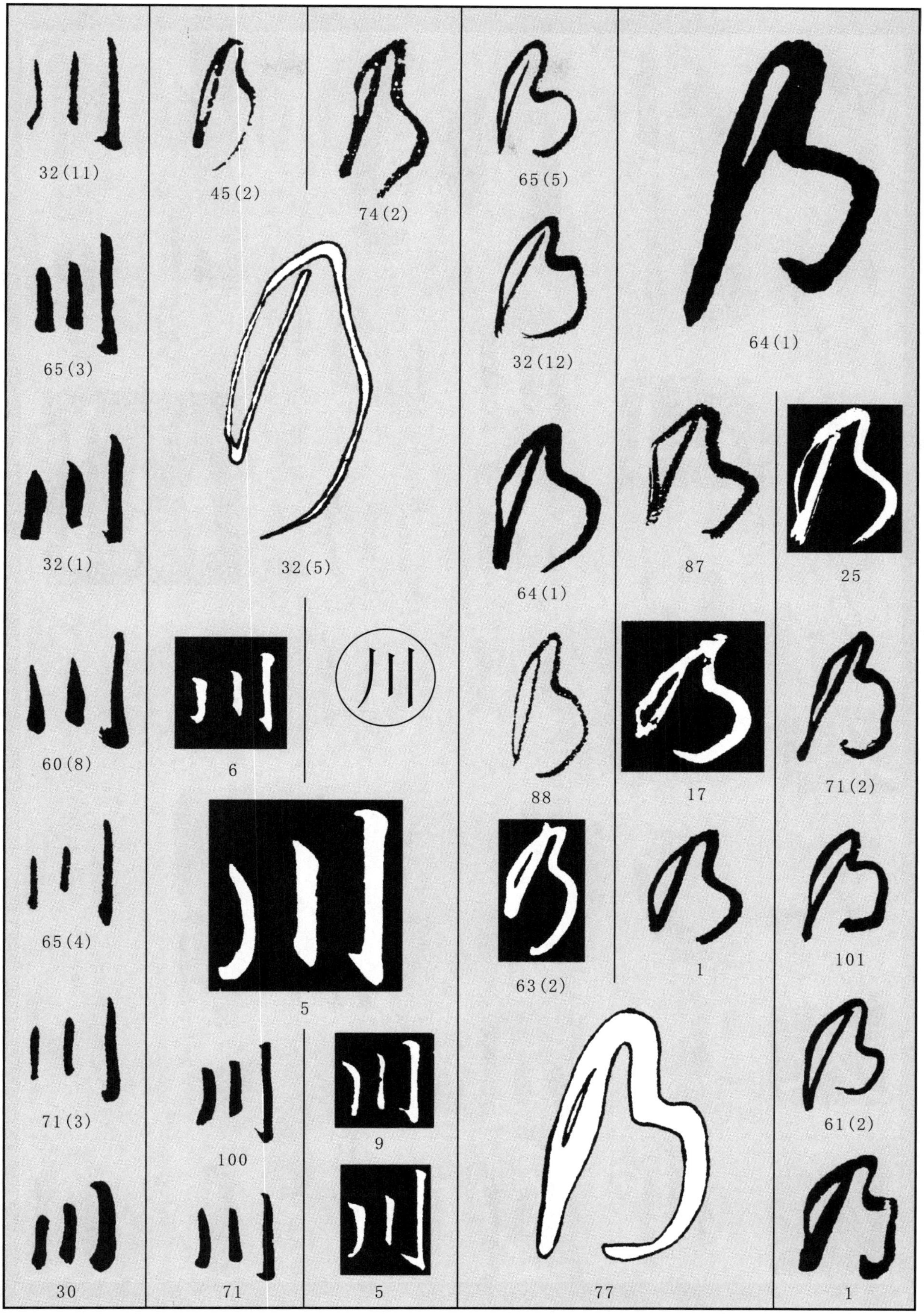
32(11)
45(2)
74(2)
65(5)
64(1)
65(3)
32(12)
32(1)
32(5)
64(1)
87
25
60(8)
6
川
88
17
71(2)
65(4)
5
63(2)
1
101
71(3)
100
9
61(2)
30
71
5
77
1

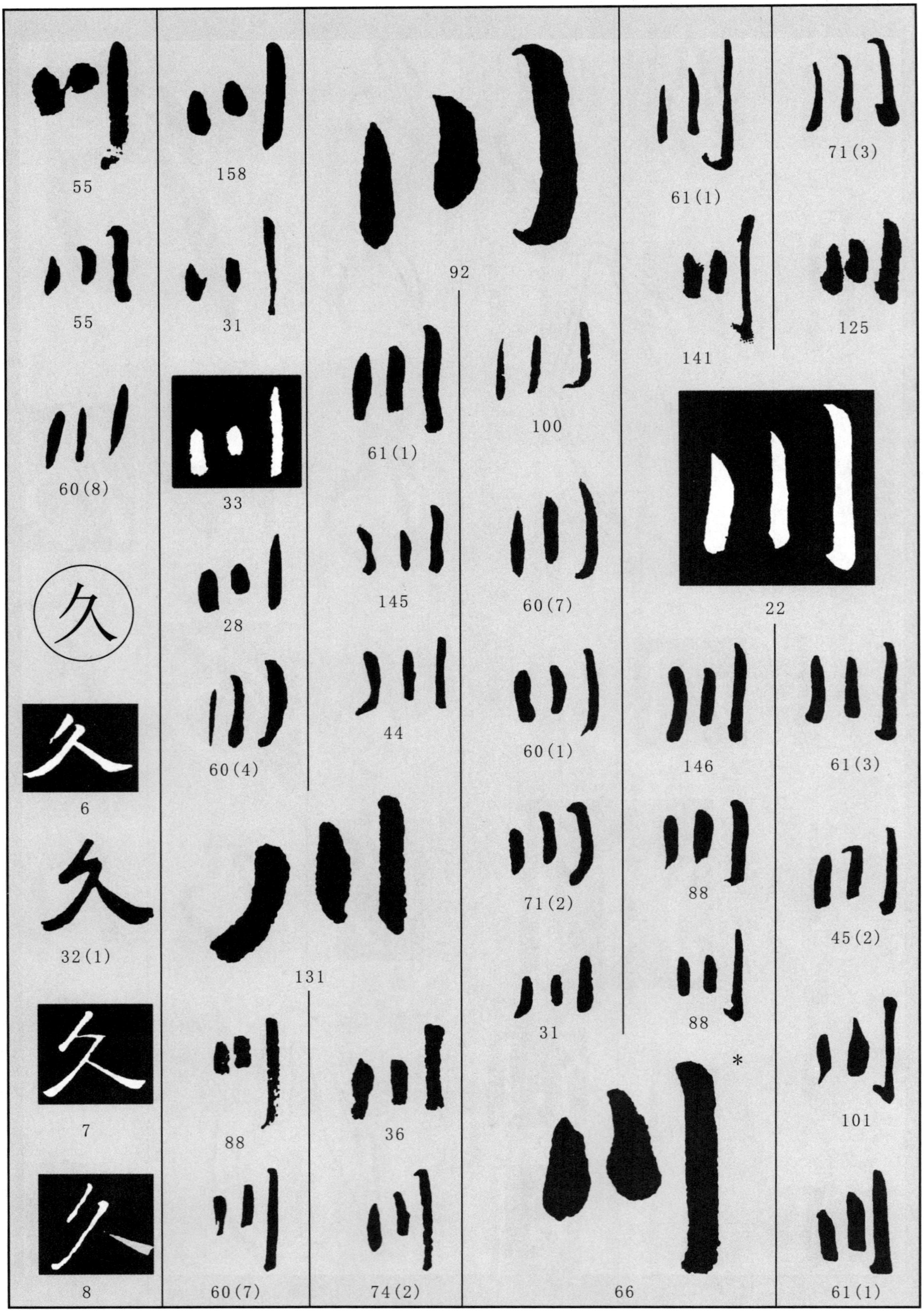

55 55 60(8) 久 6 32(1) 7 8

158 31 33 28 60(4) 88 60(7)

92 61(1) 145 44 131 36 74(2)

100 60(7) 60(1) 71(2) 31 66

61(1) 141 22 146 88 88 *

71(3) 125 61(3) 45(2) 101 61(1)

及

51
13
32(4)
45(2)
7
51
13
88
60(8)
67
65(4)
71(3)
51
1
83
42
46
51
92
51
3
71(3)
42
71(3)
32(9)
87
60(6)
51
*
1
32(12)
129
87
12
及
51
51
71(3)
18

丿部

二画

丿部

二画

21
44
61(2)
51
78
60(6)
51
67
47
6
32(10)
71(3)
1
154
82
4
16
70
75
14
78
137
74(2)
149
5
96
32(10)
88
13
71(2)
74(2)
60(2)
16
*
62(3)
74(2)
19
60(8)
230

（升）升

154
8
60(4)
44
100
62(3)
10
139
67
2
60(8)
32(11)
升
158
153
100
67
67
60(8)
44
65(3)
15
47
152
71(1)
154
62(1)
154
51
131
145
62(2)
75
65(4)
71(3)
96

5
12
4
10
5
5
32(12)
65(3)
7
99
62(2)
44
152
乏
14
51
1
丹
17
31
62(4)
101
62(1)
74(1)
60(4)
97
71(1)
95
2
129
32(12)
17
1
28
60(6)

丿部

三画

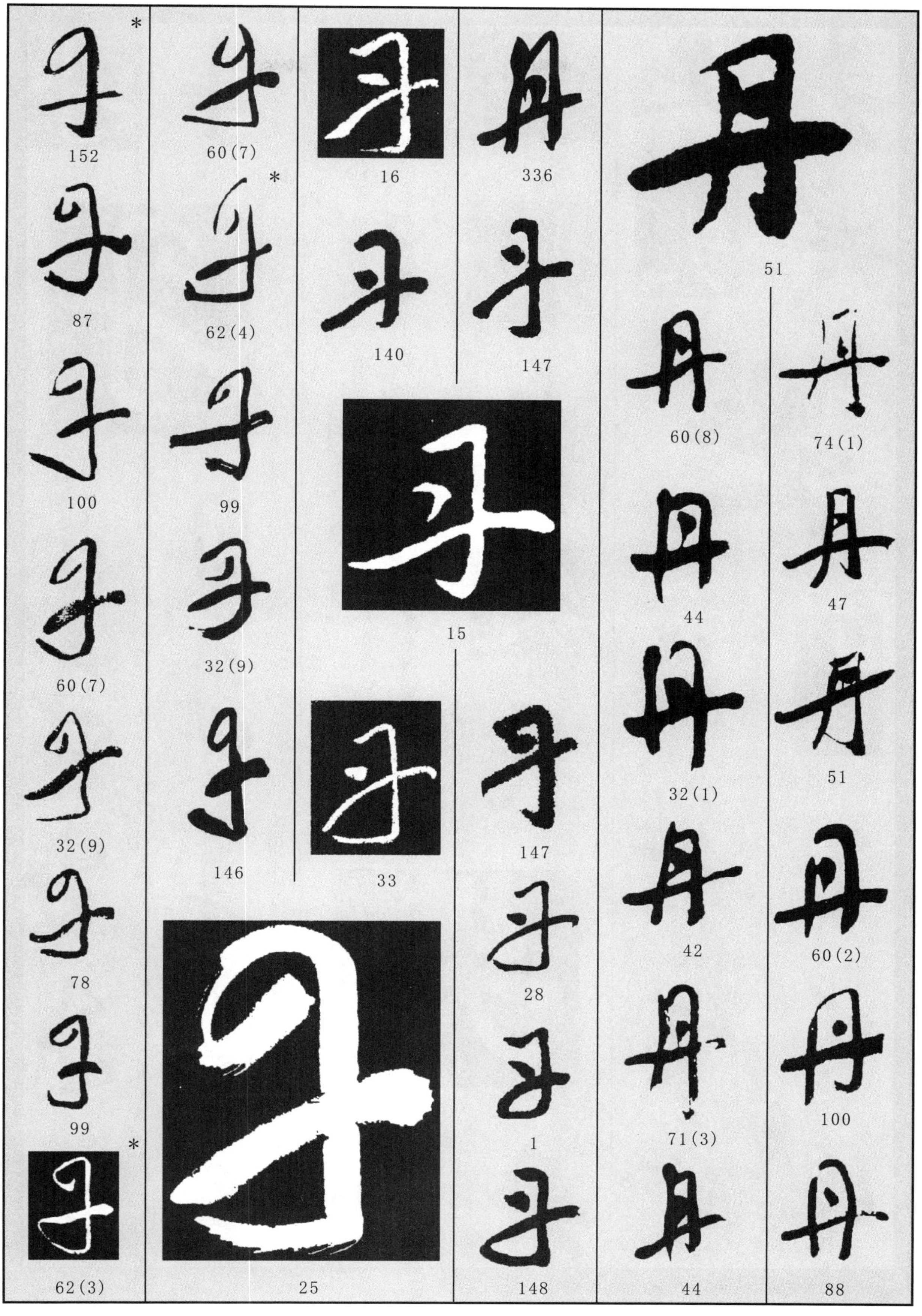

51

74(1) 47 51 60(2) 100 88

60(8) 44 32(1) 42 71(3) 44

336 147 147 28 1 148

16 140 15 33 25

60(7) * 62(4) 99 32(9) 146

152 * 87 100 60(7) 32(9) 78 99 62(3) *

失

131
1
12
63(2)
74(1)
32(7)
61(3)
19
82
92
17
60(10)
105
失
130
86
32(12)
74(2)
46
1
147
86
32(2)
32(10)
42
154
62(2)
134
97
92
98
100
2
67
45(2)
32(6)
1
60(4)
95

乎　　（坵）丘

153
60(6)
65(3)
81(6)
153
140
丘
168
154
651
32(12)
100
1106
247
乎
82
32(12)
18
1
82
60(5)
60(10)
141
140
140
154
154
60(1)
152
30
46
60(6)
30
158
28
25

（冊）册

28
1
30
71(1)
145
46
62(1)
62(4)
60(7)
62(2)
101
146
62(3)
146
134
99
2
30
60(9)
63(2)
140
册
7
96
51
140
78
146
71(3)
65(2)
42
88
81(5)
45(2)
1
74(2)
32(7)

朱：43　49(1)　65(2)　71(3)　146　75 *　3　65(2)　60(6)　32(12)　153　1

乒：66　乓：66

向：4　131　1　83　32(10)　13　19　139　32(10)　71(2)　60(7)　44　55　65(2)　71(3)　60(6)　51　153　113　60(7)

(𠂹 埀)垂

61(3)
*
66
45(2)
73
71(3)
47
71(3)
67
60(1)
32(12)
60(3)
60(3)
100
94
60(6)
32(8)
60(1)
55
244
65(4)
71(3)
垂
42
44
103
51
42
206
98
1
137
51
154
*
2
32(9)
*
95
*
62(3)
100
*
62(1)
99

ノ部

七画

62(2) *
71(2)
87
61(1)
47
96
81(8)
71(1) *
78
94
100
61(4)
101 *
140
71(3)
139
62(4) *
60(6)
152 *
74(1) *
60(8)
76
154
134
140
54(3)
65(4)
60(4)
244
60(1)
44
25
61(2)
1
32(5)
32(12)

乖　重

60(8)
60(7)
61(3)
110
乖
105
58
重
8
7
47
44
44
5
4
82
139
71(2)
60(5)
139
154
154
60(10)
82
145
55
55
60(10)
60(10)
28
42
13
83
60(10)
32(3)
149

42
92
60(8)
42
23
60(8)
70
54(3)
62(2)
2
101
71(1)
65(3)
81(8)
71(3)
61(1)
100
70
60(3)
60(4)
62(3)
1
61(1)
87
71(3)
60(8)
75
95
39
99
81(6)
154
130

60(7)
100
60(7)
1
禹
78
154
137
174
62(3) *
97
1
101 *
60(4)
76
62(2) *
71(2)
107
57
95 *
71(1) *
74(1) *
154
57
152 *
60(3)
62(4) *
87
60(3)
32(8)
54(3)
33
158

胤
32(3)
粤
51
51
1
10
74(2)
70
140
51
51
210
121
121
71(2)
65(4)
22
22
394
舉
10
10
6
58
98
88
6
44
44
44
51
78
55
134
51
88

55
101
14
62(3)
18
62(1)
62(2)
13
46
1
97
60(7)
158
140
17
113
152
60(1)
2
140
60(6)
71(1)
96
69
65(1)
62(4)
60(7)
丶部
之
32(11)
32(12)
5
102
10

、部

二画

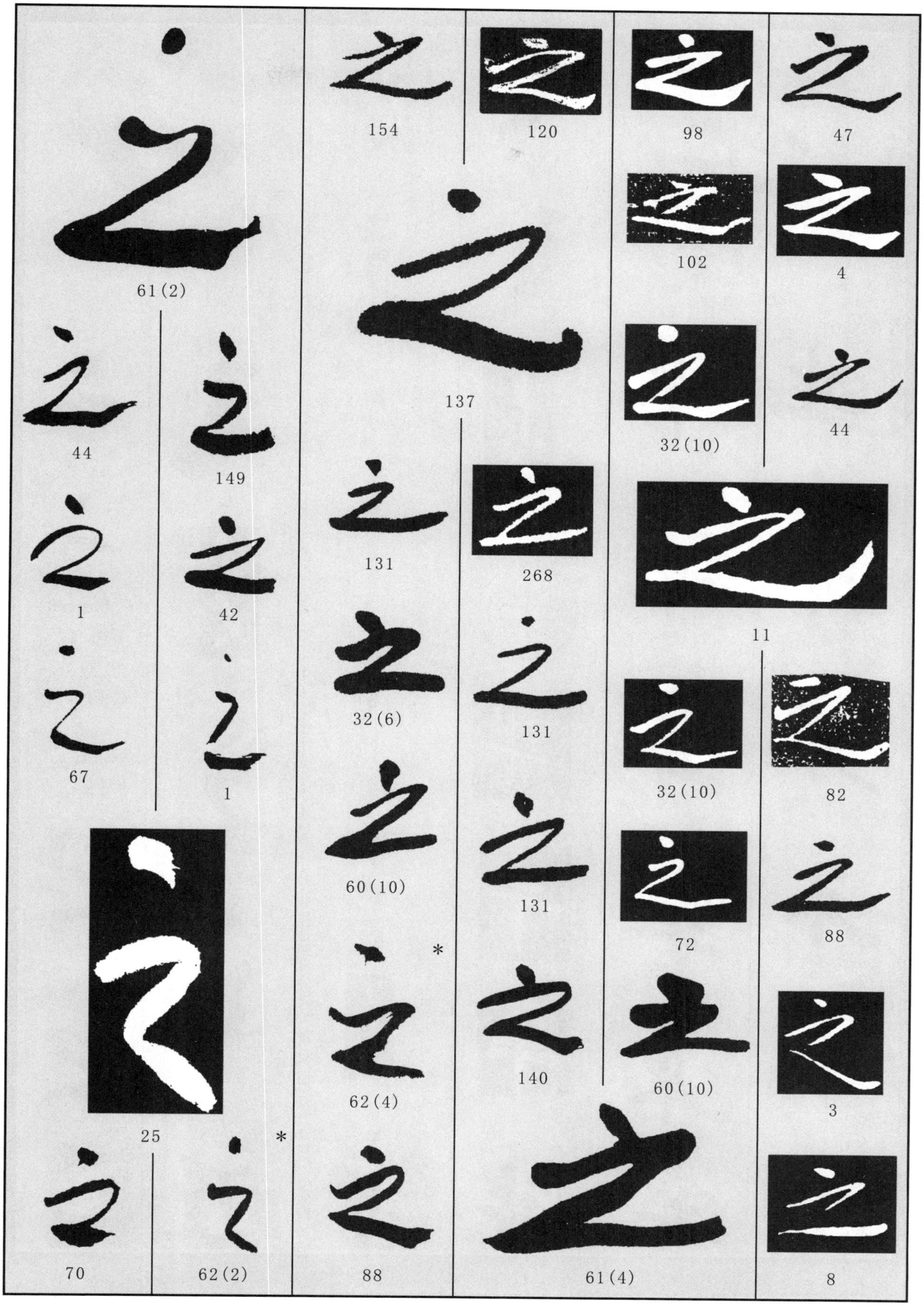
61(2)
44
149
1
42
67
1
25
70
*
62(2)
154
137
131
32(6)
60(10)
*
62(4)
88
120
268
131
131
140
61(4)
98
102
32(10)
11
32(10)
72
60(10)
47
4
44
82
88
3
8

半

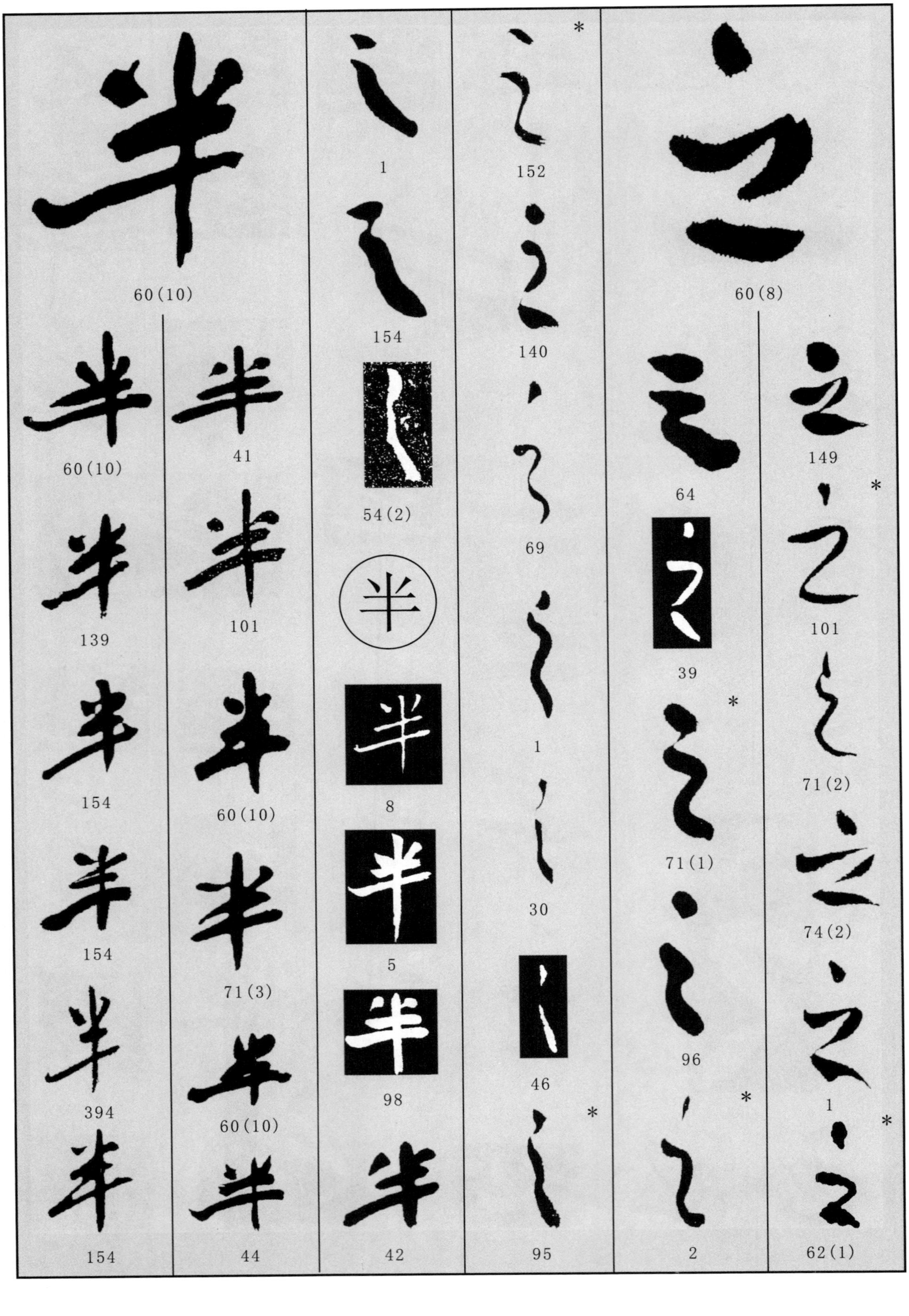

60(8)
149
*
101
71(2)
74(2)
1
*
62(1)
64
39
*
71(1)
96
*
2
*
152
140
69
1
30
46
*
95
1
154
54(2)
8
5
98
42
60(10)
41
101
60(10)
71(3)
60(10)
44
60(10)
139
154
154
394
154

必

88
1
1
11
65(5)
51
*
2
60(6)
140
60(7)
140
71(3)
65(4)
60(7)
70
71(3)
65(2)
必
6
32(12)
47
82
98
1
88
139
*
92
1
65(4)
100
45(2)
100
63(2)
139
101
71(3)
1
88
1
153

永

70
20
100
62(3)
21
134
5
3
81(8)
1
54(2)
9
139
88
60(6)
71(3)
162
31
153
永
38
44
58
61(3)
65(3)
62(4)
88
28
62(3)
145
158
149
71(1)
47
62(1)
95

丶部

四画

州

81(8)
139
145
174
15
154
65(5)
60(6)
27
42
51
42
42
44
36
5
10
51
139
154
51
71(1)
62(2)
152
62(4)
州
4
82
146
100
71(3)
101
97
87
74(1)
92
158
28
2

62(3) *
87
71(1) *
97
54
2 *
94
37

104
67
45(2)
62(2) *
92
61(3)
140

95 *
65(3)
60(3)
97
32(10)
74(2)
152 *
67

71(3)
1
158
107
154
28
34

叛

139

139
139
74(2)
23
158
1
139

139

⿱敝夗

196(6)

一部

刁

153
45(2)
100

了　(乜)也

了
98
46
46
137
60(10)
46
65(4)
74(2)
78
140
32(12)
71(3)
79
241
51 *
92
76
也
12(12)
5
71(2)
98
10
81(8)
12
14
5
4
82
30
14
139
139
60(10)
30
154
154
154
101
67

一部

二画

87
1
51
51
32(7)
1
67
47
47
32(3)
72
*
62(3)
153
154
67
78
16
146
158
19
16
55
19
55
17
31
130
19
137
51
32(7)
107
25
14
286
1
100

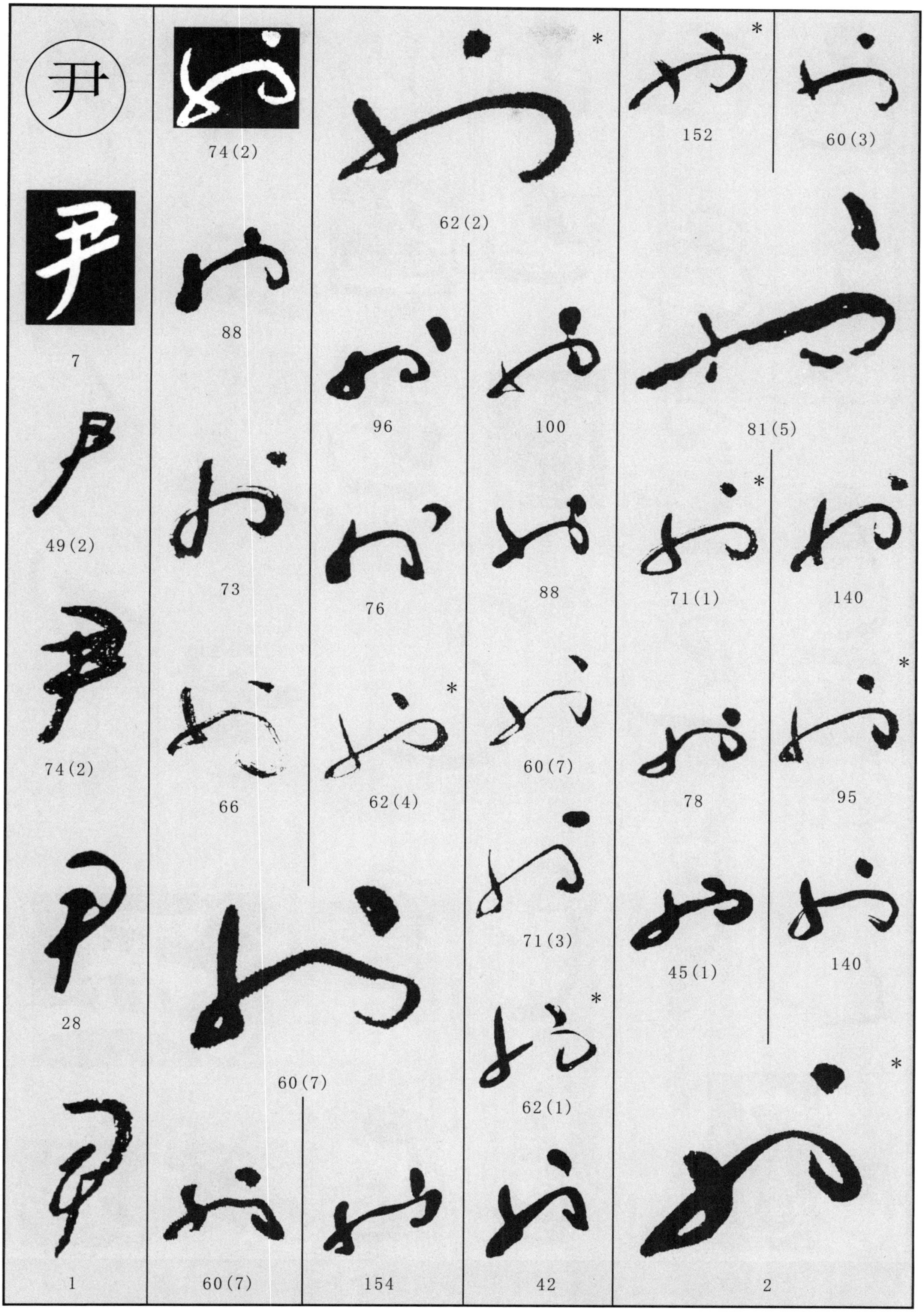
尹
7
49(2)
74(2)
28
1
74(2)
88
73
66
60(7)
60(7)
62(2)
96
76
62(4)
154
100
88
60(7)
71(3)
62(1)
42
152
81(5)
71(1)
78
45(1)
2
60(3)
140
95
140

巴 丑

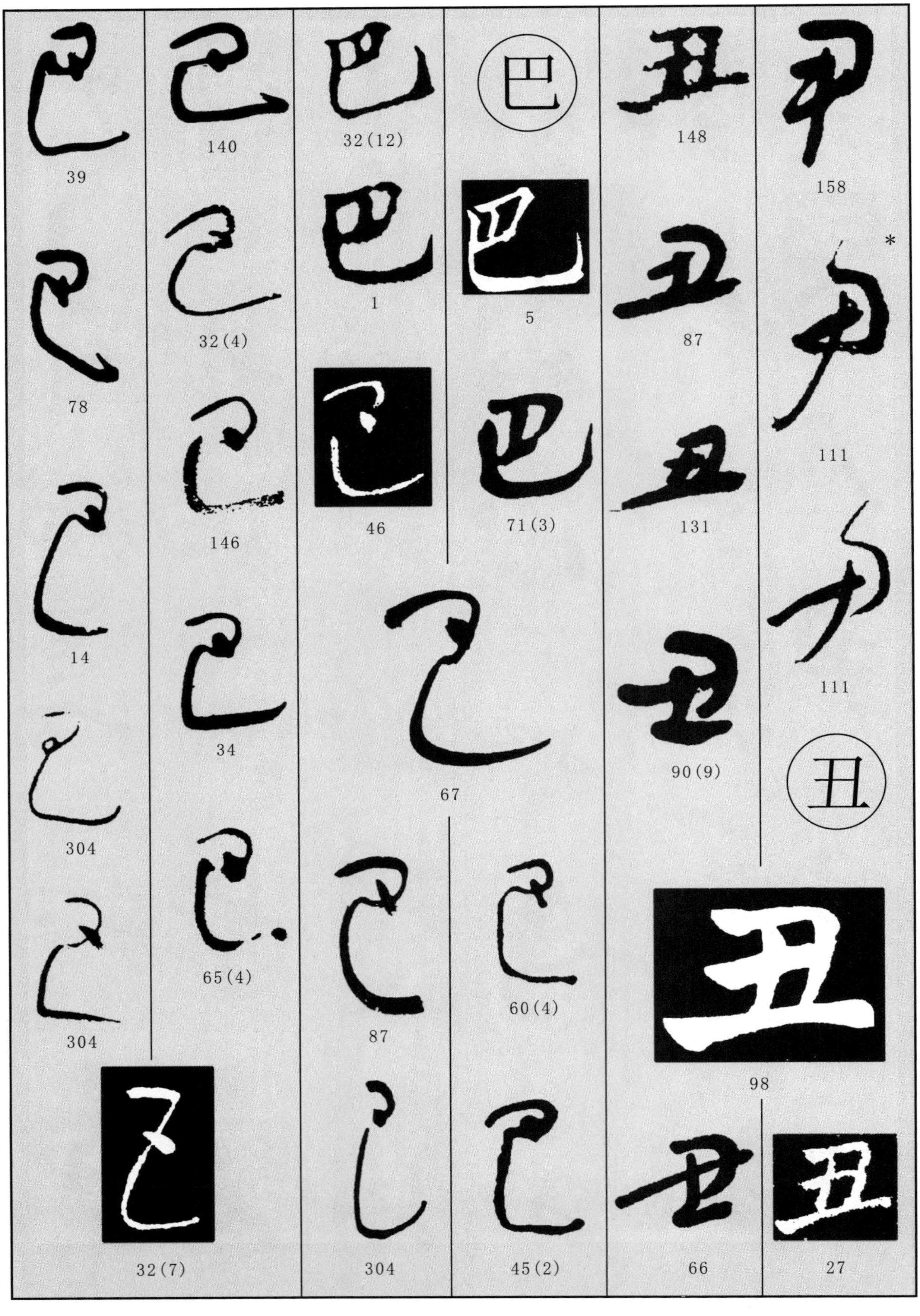

丑
158
111
*
111
98
27
148
87
131
90(9)
66
巴
5
71(3)
60(4)
45(2)
32(12)
1
46
67
87
304
140
32(4)
146
34
65(4)
32(7)
39
78
14
304
304

153
153
77
45(2)
司
6
4
9
12
286
78
46
18
83
107
67 *
17
137
42
46
137
42
丞
47
137
74(2)
148
18
134

131
4
82
100
62(3)
61(3)
8
6
94
244
10
153
58
承
98
32(10)
63(5)
71(1)
20
31
61(2)
74(2)
82
62 (4)
1
145
71(2)
62(2)
32(7)
81
234

5
100
71(3)
647
647
65(1)
99
92
飛
5
98
110
65(2)
乩
1031
乳
45(2)
1
亟
7
71(2)
乙部
乙
5
2
65(2)
394
152
158
28
100
101
1
95
74(1)
88
71(3)
62(1)

6194
32(6)
44
1
32(12)
60(1)
45(2)
1
32(6)
1
31
1
151
44
47
32(3)
31
154
44
88
139
101
82
146
44
42
32(2)
100
36
139
145
264

乙部

八画

62(1)
1
95
152
44
50
2
235
47
60(10)
47
71(1)
60(8)
1
118
279
88
100
62(4)
99
101
60(10)
61(3)
66
100
71(3)
71(1)
60(5)
62(2)
100
1
60(8)
99
32(3)

（乱 亂）亂

60(6)
65(1)
154
*
162
82
134
*
62(3)
47
1
47
28
158
亂
3
3
82
139
17
71(3)
44
16
4
22
1
92
113
1
60(9)
67
*
140
134

154
11
十部
140
14
5
10
十
32(12)
47
65(4)
54(2)
154
18
65(1)
65(3)
45(2)
21
154
44
60(3)
140
71(3)
88
44
98
100
65(4)
1
60(1)
93
嚮
60(5)
14
75
60(5)
60(6)
168
160
65(4)

千

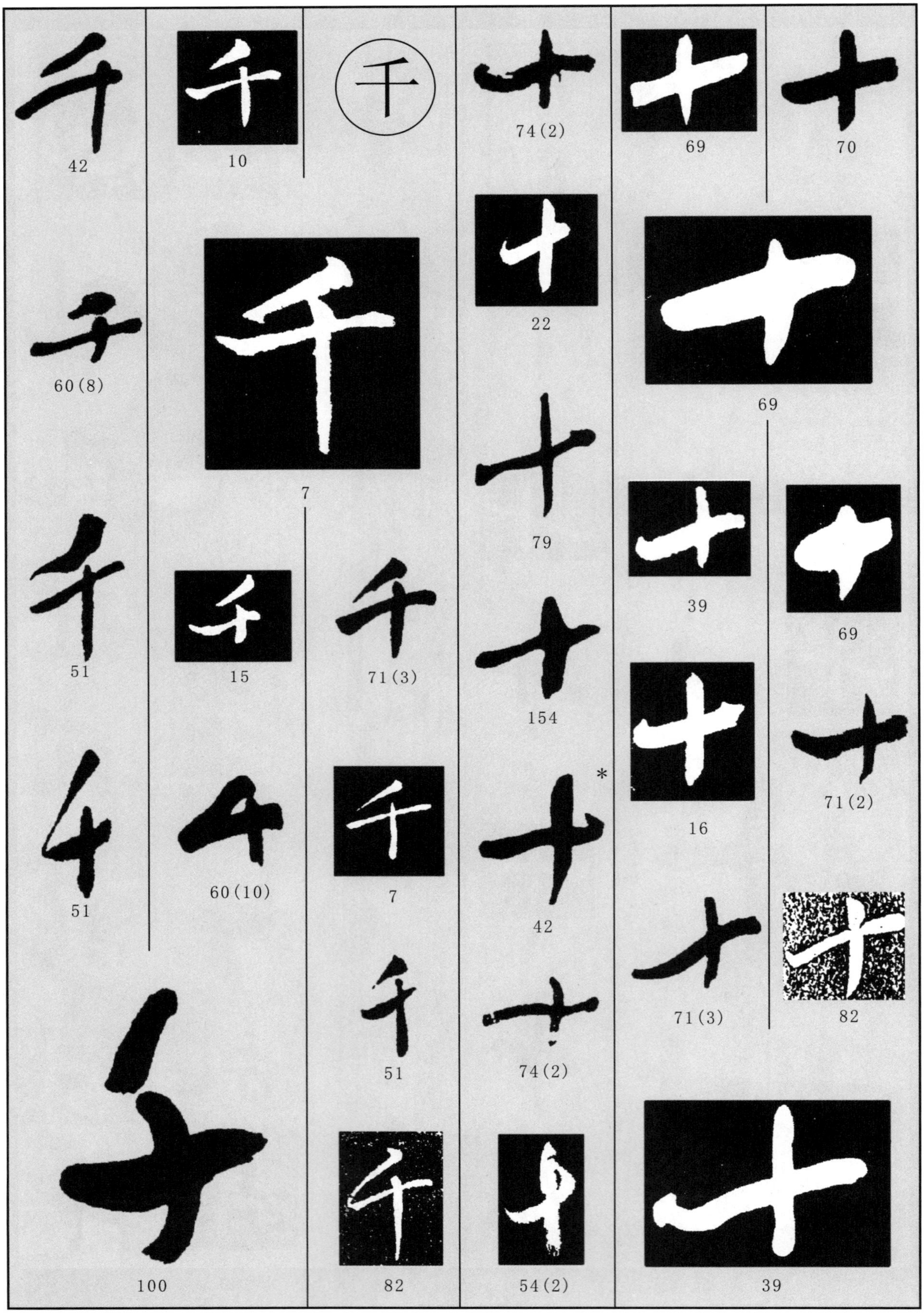
42
60(8)
51
51
100
10
7
15
60(10)
千
71(3)
7
51
82
74(2)
22
79
154
*
42
74(2)
54(2)
69
70
69
39
69
16
71(2)
71(3)
82
39

145
61(3)
47
42
67
61(1)
20
65(1)
20
61(3)
99
146
145
61(3)
88
146
139
1
1
*
2
45(2)
32(1)
*
162
*
95
*
62(1)
61(3)
82
60(6)
65(2)

卉　古

*
71(1)
92
158
61(4)
卉
60(10)
32(3)
65(3)
66
60(8)
66
131
139
32(1)
古
32(12)
42
44
137
47
1
23
8
60(10)
1
154
42
32(10)
42
44
42
45(2)
74(2)

100
154
1
154
39
72
38
69
71(3)
139
139
71(3)
60(4)
99
140
61(2)
*
100
1
70
61(1)
60(10)
148
324
74(2)
*
2
69
100
61(2)
87
76
61(2)
32(1)
32(9)
76
71(3)
47
87

6　74(2)　65(3)　147　299　克　6　78　78　51　45(2)　95　60(1)　25　152　朮　71(3)　74(1)*　62(4)*　62(1)*　1　71(3)　158　241　60(2)　62(3)*　71(3)　62(4)*　94　60(7)　51　101*　71(1)*

（亘）直

8
10
42
101 *
5
162 *
4
158
28
61(3)
60(10)
14
60(10)
62(1) *
51
71(3)
直
62(2) *
65(1)
62(3) *
65(1)
95 *
70
152 *
71(3)
71(1) *
88
74(1) *
145
2 *
62(4) *

卑

44
45(2)
60(7)
61(1)
65(1)
113
2
229
152
244
66
28
101
74(1)
158
28
71(1)
154
62(3)
62(4)
95
62(1)
62(2)
卑
199
158
28
1
101
67
46

（南 南）南　　（协 協）協

南：32(10)　4　12　82　140　140　51　100　154　南　11　140　154

協：139　5　65(4)　8　22　107　274*　協　146　154　101　15　51　71(1)*　74(1)*　62(1)*　95*　73　111　62(2)*　2*　62(4)*

5
154
80(6)
60(8)
47
99
74(2)
141
147
160
65(3)
8
47
71(3)
146
154
386
139
139
140
139
32(2)
159
140
51
154
154
1
15
286
1
158
28
16
19
32(9)

真

8
94
65(4)
74(1)
69
44
71(1)
154
107
99
76
1
76
60(2)
95
62(4)
1
62(2)
78
152
1
47
32(12)
62(1)
2
62(3)
1
31
真
101

42
149
71(3)
65(5)
1
51(4)
78
139
32(2)
74(2)
64(1)
162
71(1)
32(6)
44
62(1)
152
50
1
32(3)
47
62(4)
1
61(2)
33
71(3)
49(1)
51
101
62(3)
32(8)

索

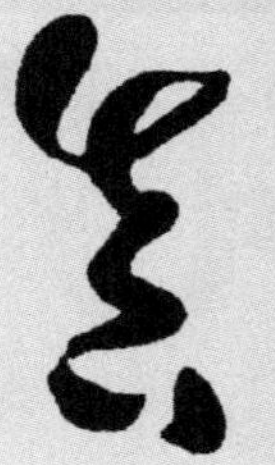
65(2)

70

104

31

索

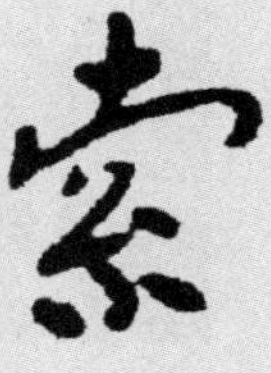
60(4)

82

44

*

1

*

101

*
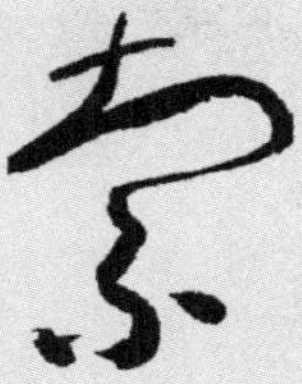
71(1)

*

74(1)

*

95

*
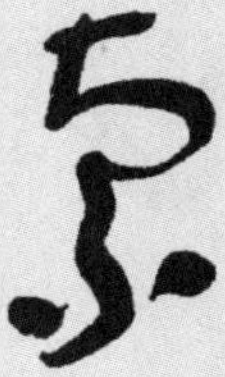
62(4)

*
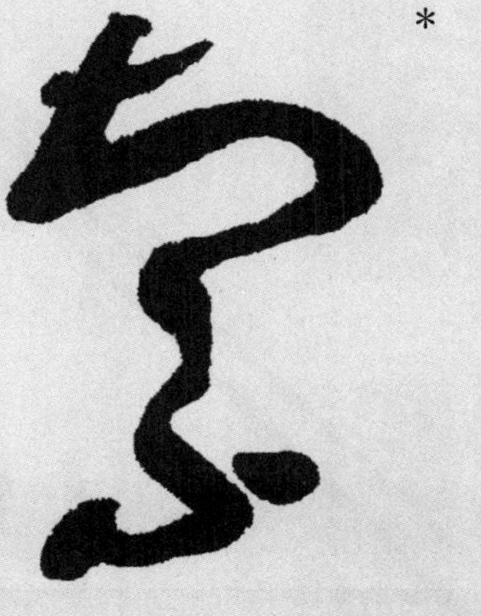
2

*

62(1)

*

62(3)

*
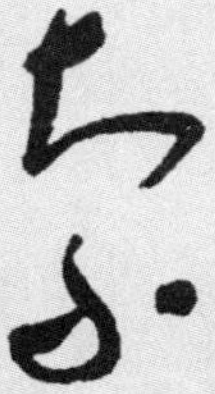
62(2)

*

152

33

1

(愽 慱)博

博

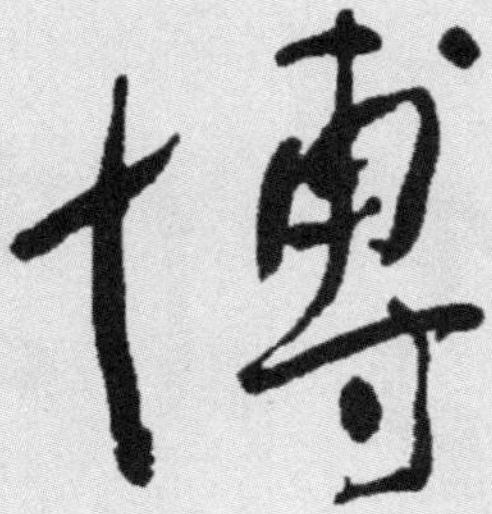
6

58

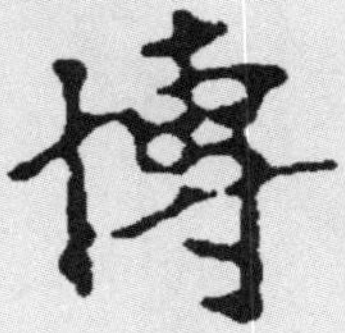
32(12)

88

61(4)

88

60(10)

60(5)

44

145

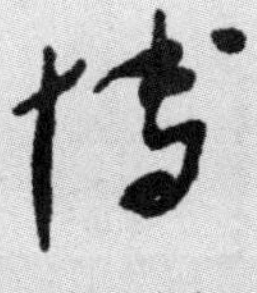
45(2)

（丧 丧 丧）喪

130
65(2)
70
60(4)
69
154
71(3)
65(5)
61(3)
71(3)
45(4)
46
71(2)
88
75
22
65(5)
46
81(4)
55
71(3)
1
喪
88
12
60(9)
78
76
1
1
*
60(4)
4
6
130
75
100

7

8

60(5)

83

107

69

81(8)

51

60(5)

17

153

45(2)

107 *

77

57

1

97

辜

243

準

3

62(3)

140

78

146

60(4)

28

65(3)

50

100

1

蕢

1031

啬

196(4)

196(8)

嘏

32(11)

兢

1035

45(2)

45(2)

45(2)

140

140

矗

11

1006

甗

1100

厂部

仄

31

153

*

147

厄

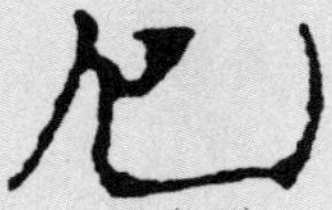
32(12)

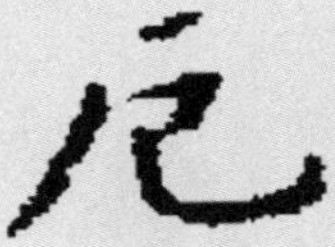
154

32(5)

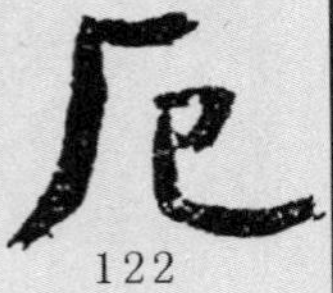
122

64(1)

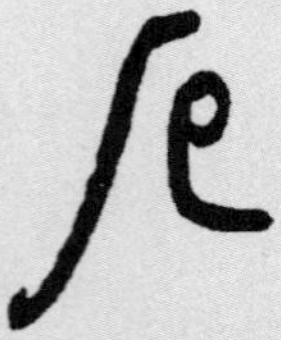
60(9)

*

101

45(2)

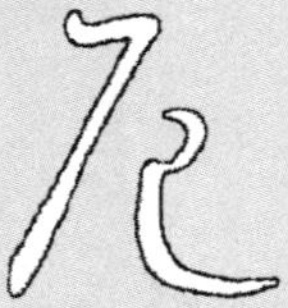
154

32(5)

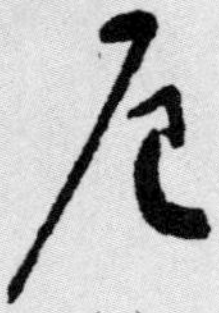
64(1)

65(5)

81(6)

匼

15

108

139

79

厚

130

3

102

原 原 厝

原
32(12)
6
13
4
7
5
97
1
65(5)
25
22
74(2)
97
107
厝
107
74(2)
65(1)
70
149
71(3)
61(1)
4
1
1
1
105
78
1
139
149

11
10
140
60(10)
5
154
32(1)
1
1
3
139
8
60(10)
82
44
22
67
78
75
60(1)
71(3)
60(9)
71(3)
60(4)
71(2)
74(2)
95
65(3)
60(6)
60(8)
65(4)
60(2)
140
146
60(10)
2

(鴈)雁　(廈)厦　(廚)厨 厕

厂部

八—十画

（厥 厥）厥

*
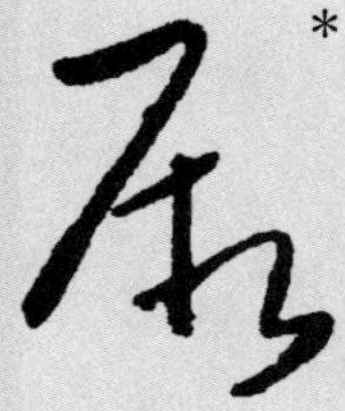
62(2)

72

*

101

*

62(3)

107

32(7)

*

62(4)

厥

82

158

28

1

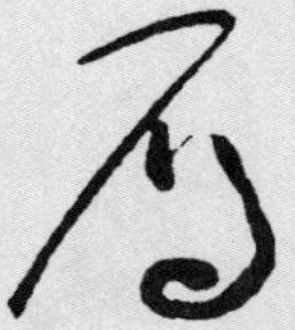
88

99

*

100

158

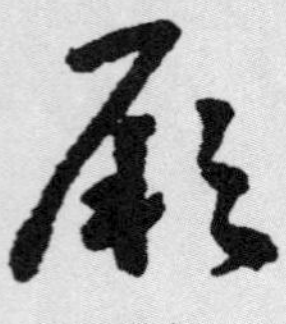
74(2)

87

71(3)

60(2)

*

62(1)

60(1)

*

101

140

*

62(3)

*

74(1)

*

2

201

*

71(1)

*

95

154

*

152

*

62(4)

（猒）厭　　厲 厮

427 71(3) 45(2) 100 44 65(3) 60(1)

44 60(9) 130 65(4) 108

140 25 60(9) 16 147 63(2)

70 1 60(10) 147 32(5)

71(1) 243 7 1 78

74(1) 95 62(1) 97 152 2

(歷)歷

42
83
42
28
158
83
145
286
15
131
1
139
3
12
88
歷
6
78
18
51
32(12)
60(10)
71(3)
62(4)
152
145
156
95
88
1
74(1)
62(3)
71(1)
62(2)
62(1)
101
158
2
*

101

1

龐

187

𠂇部

友

6

32(3)

壓

44

60(5)
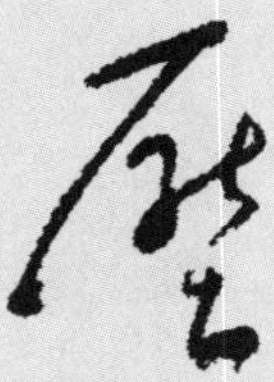
*32(6)

66

46

*2

*95

71(3)

70

*62(4)

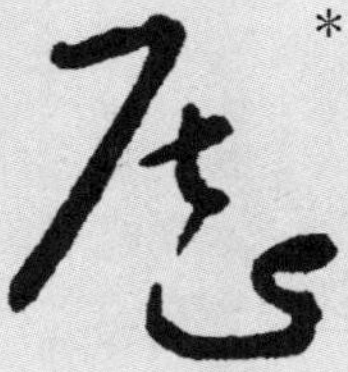
*62(2)

*71(1)

*62(1)

75

60(9)

60(4)

20

32(10)

32(3)

74(2)

19

74(2)
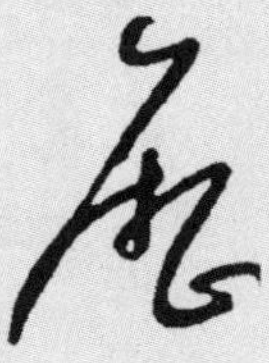
1

69

*62(3)

1

98
32(10)
62(1)
12
154
7
70
32(10)
70
74(2)
62(4)
8
78
61(1)
18
42
70
62(3)
71(3)
70
28
95
1
61(3)
51
71(1)
32(6)
152
1025
左
60(8)
71(3)
71(2)
62(3)
55
95
152
71(1)
65(4)

右

𠂇部

三画

87
70
87
60(10)
51
61(1)
18
61(1)
60(7)
19
61(1)
51
6
9
98
41
13
4
23
93
14
2
70
139
右
27
32(10)
65(4)
74(2)
60(2)
101
100
88
88
62(1)
100
32(10)
28
47
*

17
51
2
28
95
100
152
92
92
22
50
60(7)
61(1)
94
51
82
154
71(3)
87
65(3)
65(2)
51
71(3)
60(10)
39
45(2)
71(3)
61(2)
65(4)
61(10)
71(3)
61(2)
61(1)
61(1)

布

158
8
22
153
32(7)
16
130
140
60(6)
21
*
62(2)
146
81(8)
75
136
布
5
*
71(1)
158
88
104
*
62(3)
153
159
1
98
*
62(4)
82
44
*
140
1
19
54(2)
62(1)

（在）在

10

32(12)

98

4

71(3)

60(10)

82

62(1) *

73

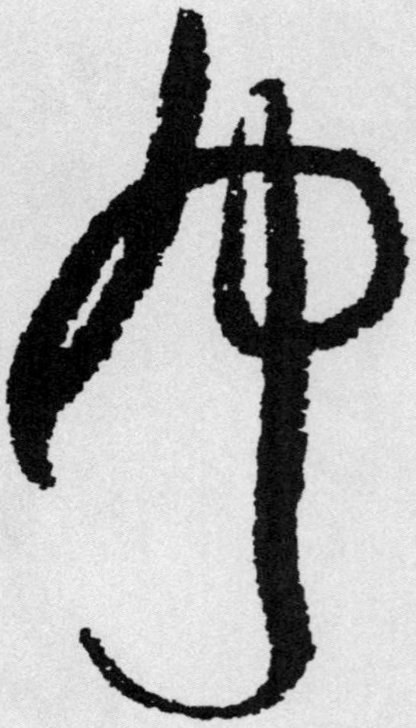
71(1) *

62(4) *

65(4)

在

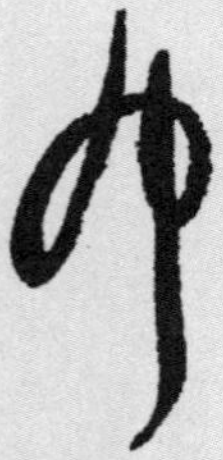
95 *

45(2)

100

71(1) *

65(5)

60(4)

2 *

62(3) *

152 *

156

154

32(12)

32(7)

62(2) *

1

67

𠂇部

四画

60(2)
65(2)
78
65(2)
47
88
60(10)
141
25
71(2)
32(4)
66
32(7)
70
140
96
60(9)
71(3)
88
64(1)
49(1)
82
69
61(3)
61(1)
69
61(4)
12
4
60(10)
7
4
6
131
44
51
6
4

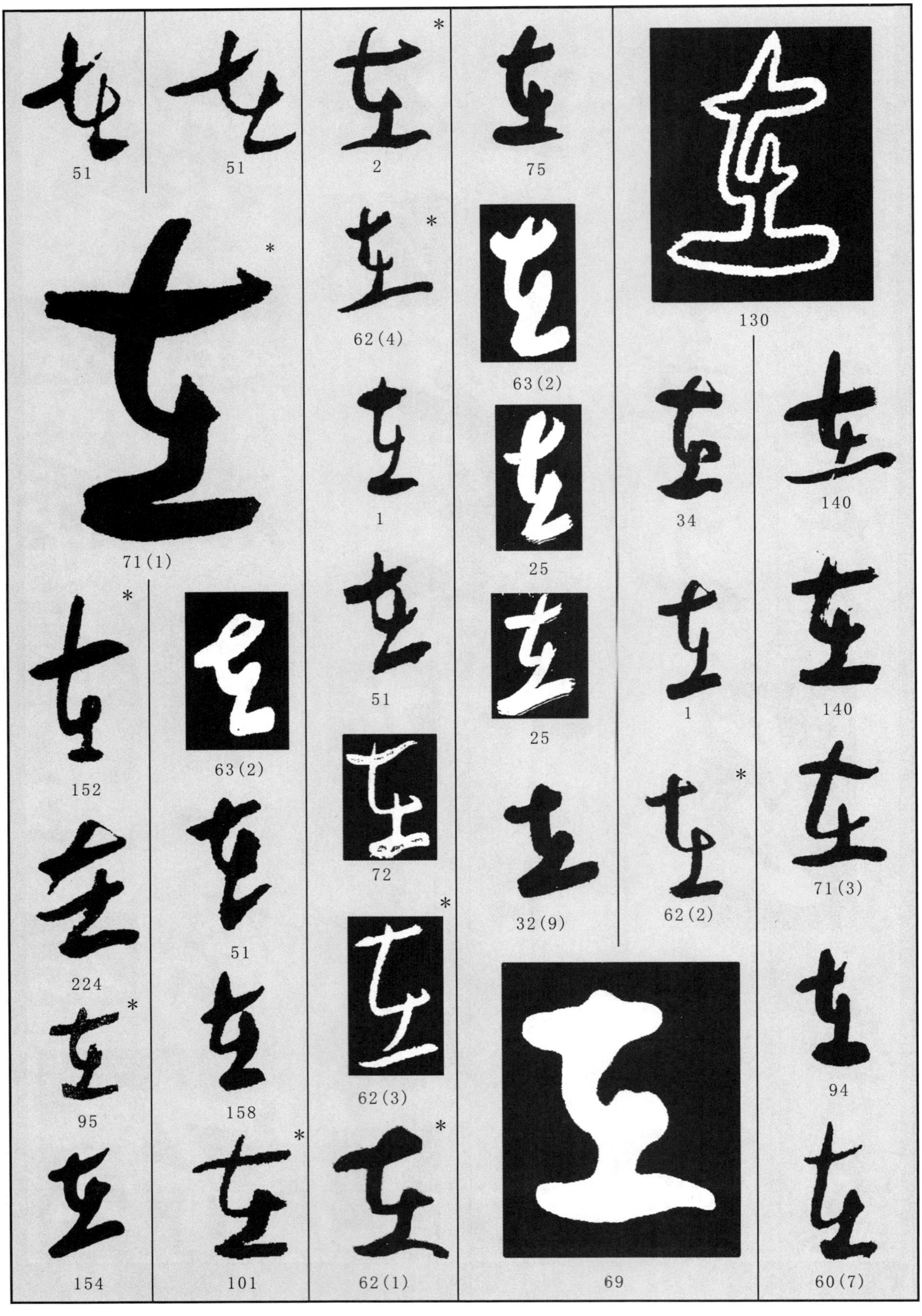
51
51
2
75
130
71(1)
62(4)
63(2)
1
34
140
25
51
1
140
152
63(2)
25
72
32(9)
62(2)
71(3)
224
51
62(3)
95
158
94
154
101
62(1)
69
60(7)

有
32(12)
1
31
293
5
7
4
88
12
8
1
82
5
13
12
10
98
88
1
159
139
60(10)
51
11
60(10)
42
42
140
82
1
60(10)
44
76
60(10)
42

四画

44
154
145
55
81(8)
140
60(10)
44
224
28
54
158
19
15
147
152 *
60(7)
154
1
154
32(8)
146
937
25
60(7)
60(9)
61(1)
60(8)
2 *
62(1) *
95 *
74(1) *
69

灰

60(8)
42
174
96
463
120
120
69
60(1)
139
154
15
65(4)
200
*
1
140
101
61(2)
1
61(2)
136
*
60(8)
62(4)
62(2)
62(3)
69
140
*
*
*
65(3)
87
75
32(10)
88
81(1)
55
61(1)

70
60(10)
60(10)
44
60(4)
*
95
154
134
32(6)
154
1
160
88
139
145
*
74(1)
42
66
71(3)
14
151
99
141
47
32(12)
146
25
158
74(2)
44
60(2)

匹

匚部
匹
75
154
71(3)
32(3)
46
62(4)
100
153
67
62(2)
153
60(6)
99
19
60(9)
62(1)
63(2)
62(3)
2
71(1)
149
131
22
101
60(9)
73
65(2)
152

匡　　　　巨

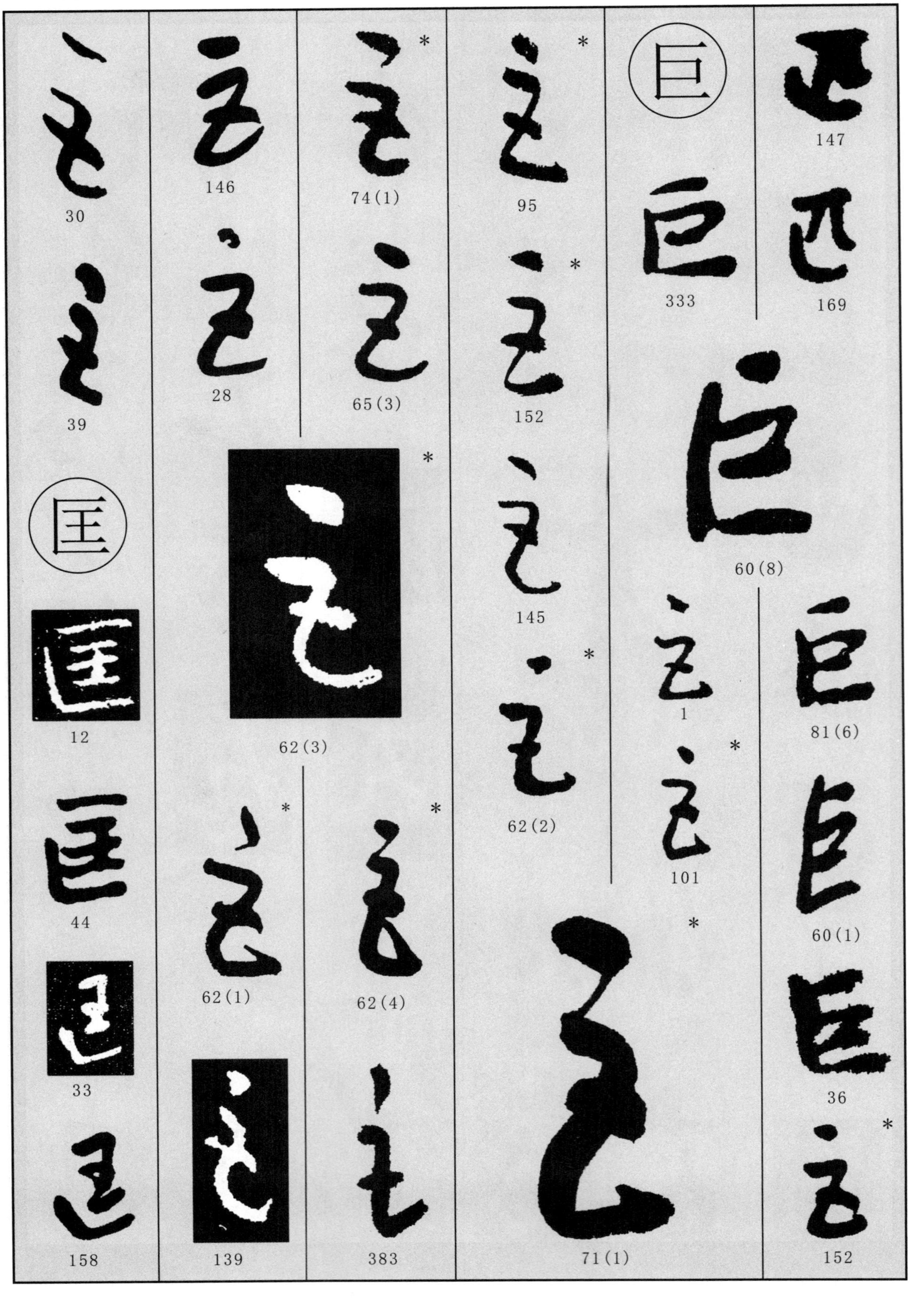

147
169
81(6)
60(1)
36
152
巨
333
60(8)
1
101
71(1)
95
152
145
62(2)
74(1)
65(3)
62(3)
62(4)
383
146
28
62(1)
139
30
39
匡
12
44
33
158

2
47
32(4)
152
62(2)
18
62(1)
62(4)
74(2)
139
71(2)
71(1)
62(3)
94
95
匠
1002
匣
60(1)
135
匿
14
102
45(2)
匪
7
4
82
70
10
12
74(2)
71(2)
83
28

1
158
62(3)
95
區
32(12)
71(1)
2
62(1)
162
13
96
74(2)
65(2)
70
17
97
71(2)
97
107
60(9)
32(7)
97
397
83
匱
102
61(1)
賾
181
卜部
卜
72
60(7)
3
99
72
65(5)
154
60(5)

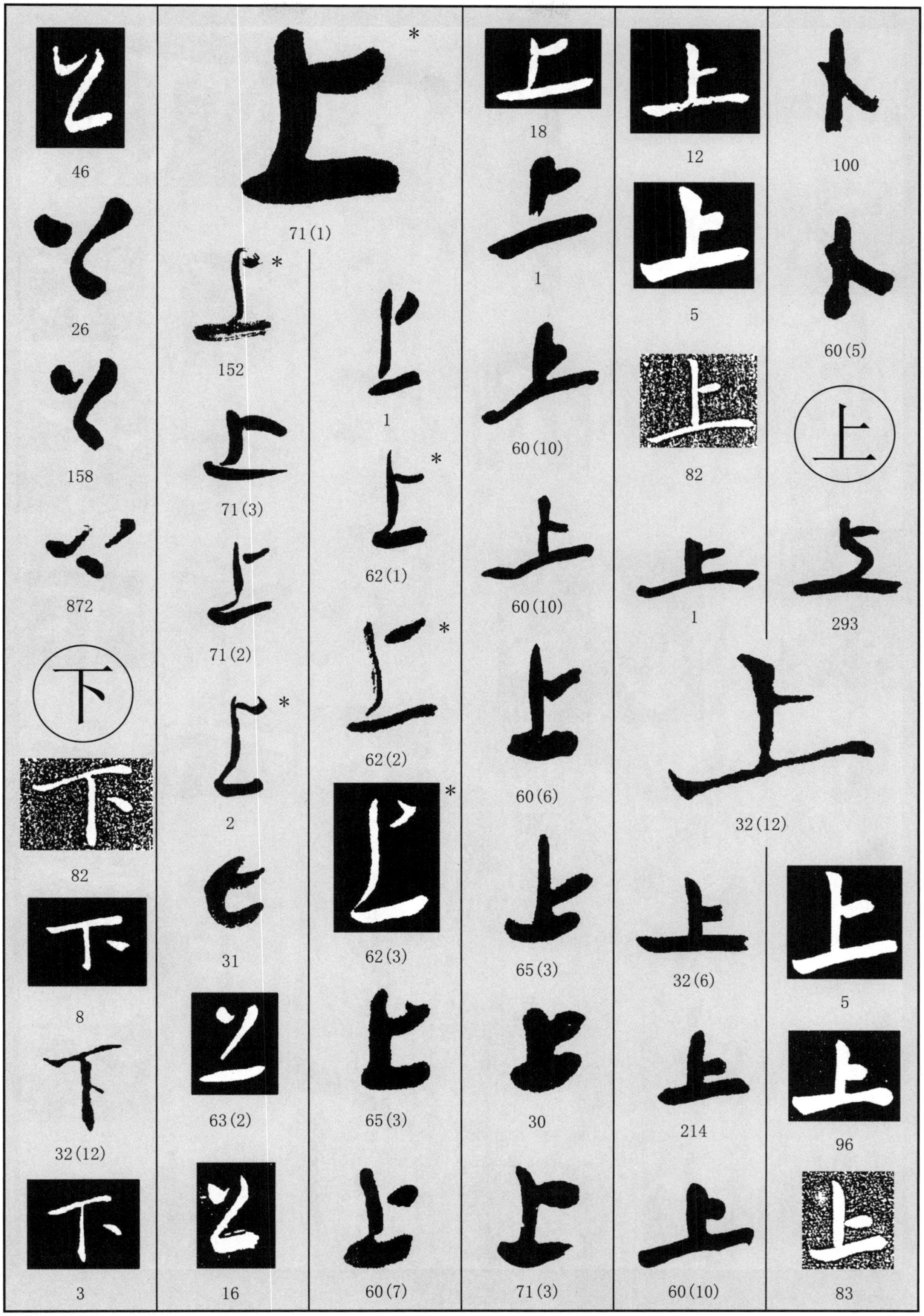

100　60(5)　上　293　32(12)　5　96　83

12　5　82　1　32(6)　214　60(10)

18　1　60(10)　60(10)　60(6)　65(3)　30　71(3)

71(1) *　1　62(1) *　62(2) *　62(3) *　65(3)　60(7)

152 *　71(3)　71(2)　2 *　31　63(2)　16

46　26　158　872　下　82　8　32(12)　3

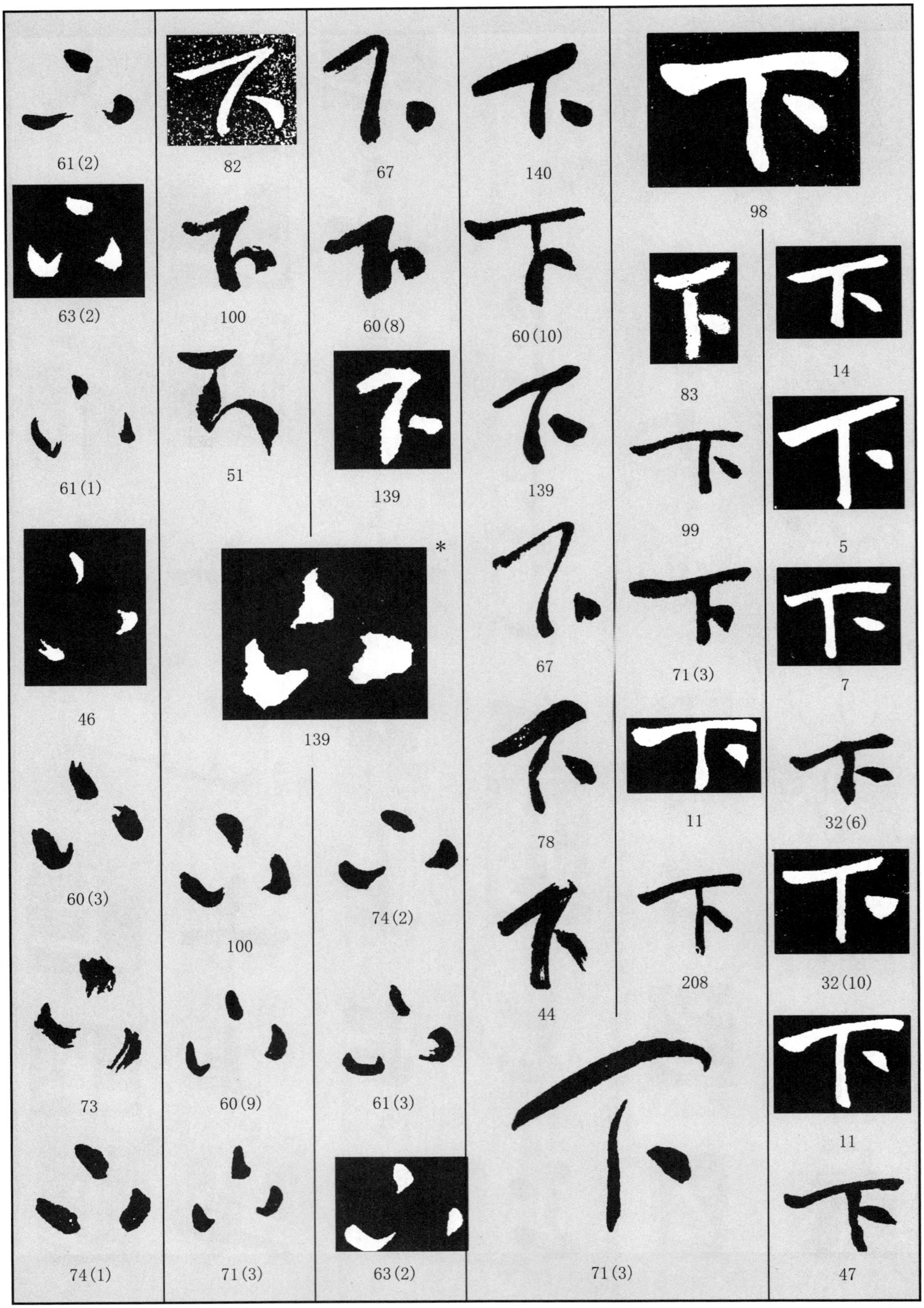
98
14
83
5
99
7
71(3)
32(6)
11
32(10)
208
11
47
71(3)
140
60(10)
139
67
78
44
67
60(8)
139
*
139
74(2)
61(3)
63(2)
82
100
51
100
60(9)
71(3)
61(2)
63(2)
61(1)
46
60(3)
73
74(1)

貞　　　　卓　　占　卡

139
158
25
25
卡
74(2)
占
7
82
32(10)
60(10)
96
65(3)
卓
6
32(12)
10
42
71(8)
69
65(1)
165
60(8)
139
71(3)
100
*
130
17
貞
3
44
55
209
98
1
71(3)
42

61(4)
62(3)
61(1)
121
145
23
87
23
28
62(4)
95
1
470
17
2
62(2)
71(2)
783
380
158
鹵
1031
睿
84
101
95
32(8)
74(1)
2
62(3)
71(1)
62(1)

卜部 十二——二十一画

刂部 四——五画

别　刎　刓　　　刑　　　齹
刑
18
60(5)
158
62(3)
28
67
62(2)
152
2
62(1)
62(4)
74(1)
71(1)
70
101
刓
100
刎
624
95
别
8
71(3)
51
101
162
62(2)
62(4)
152
齹
88

（刪）删

1　46　44　71(1)　60(10)
32(2)　32(9)　162　71(2)　60(5)
28　158　62(1)　74(1)　60(10)
51　152　60(7)　81(8)
139　删　222　140　65(4)　71(3)　71(2)
65(2)　46　2　88　74(2)

62(2)
74(2)
74(2)
60(8)
71(1)
62(3)
152
146
97
101
62(1)
60(9)
1
85
145
2
74(2)
65(4)
74(2)
88
55
74(2)
判
366
4
制
74(2)
7
110
6
145
82
79

95
74(1)
162
158
28
46
1
1
刻
8
7
78
5
4
5
6
58
51
88
158
51
88
70
19
1
71(3)
139
139
32(9)
139
75

1　14　139　139　147

71(1)

刷

74(2)

荆

32(12)　65(2)　14

74(1)　101　162　62(3)　62(1)

351　107　97　32(7)　32(12)　62(2)

1　152　54(2)

71(3)　28　60(3)　60(3)　2

剛　剔　削　（剌）剓　剋

1103
32(7)
剛
47
145
98
12
32(9)
140
813
剔
1008
74(2)
削
58
32(12)
60(10)
44
542
71(3)
65(4)
71(3)
510
71(3)
60(6)
剋
187
剌
140
88
65(3)
279
30
100
147
*
44
129
65(3)
60(8)

61(4)
70
147
88
61(3)
164
60(3)
61(1)
74(1)
139
348
23
1
61(1)
365
586
70
74(1)
154
1
164
145
154
剖
1
剡
60(4)
139
60(10)
154
剜
1008
1103
副

剩　（刱）創

12　74(2)　10　499　97　22　71(3)　32(7)　236　145　47　32(12)　6　9　145　98　1　88　61(2)　27　81(8)　74(1)　60(1)　75　892　39　162　2　56

153
73
75
62(1)
69
蒯
69
32(8)
1101
100
割
152
46
61(1)
剿
71(2)
8
145
62(2)
74(2)
62(3)
60(10)
59
73
67
74(2)
489
87
82
59
71(3)
71(1)
100

（劃）劃　　劇　　（劍）劍

65(4)
83
1100
1011
劃
12
5
14
74(2)
30
145
274
274
108
145
劇
6
152
62(3)
625
147
139
74(1)
101
2
162
62(1)
62(4)
45(2)
32(7)
62(2)
劍
32(12)
71(3)
61(2)

十三画

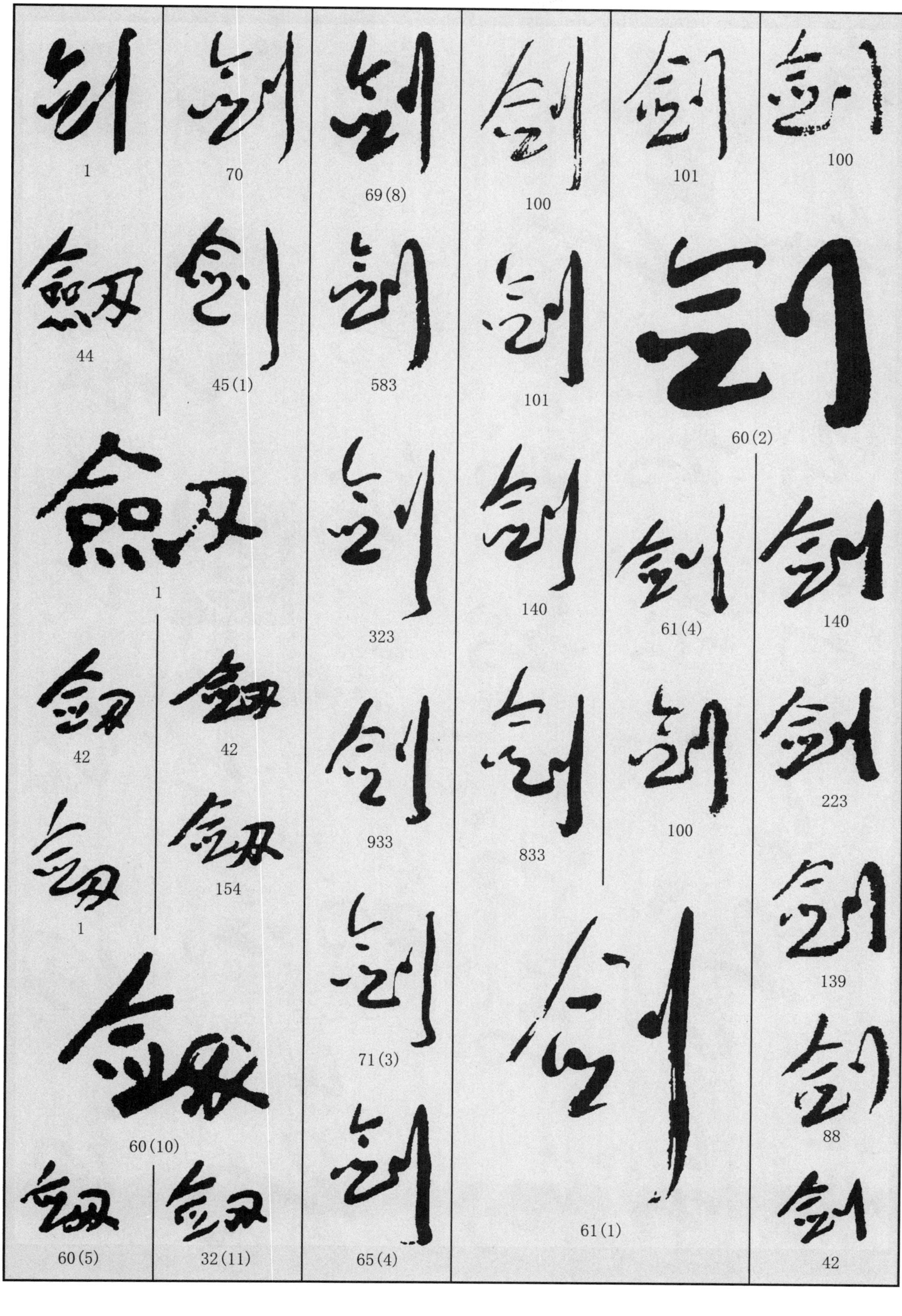
1
70
69(8)
100
101
100
44
45(1)
583
101
60(2)
1
323
140
61(4)
140
42
42
933
833
100
223
1
154
71(3)
61(1)
139
60(10)
88
60(5)
32(11)
65(4)
42

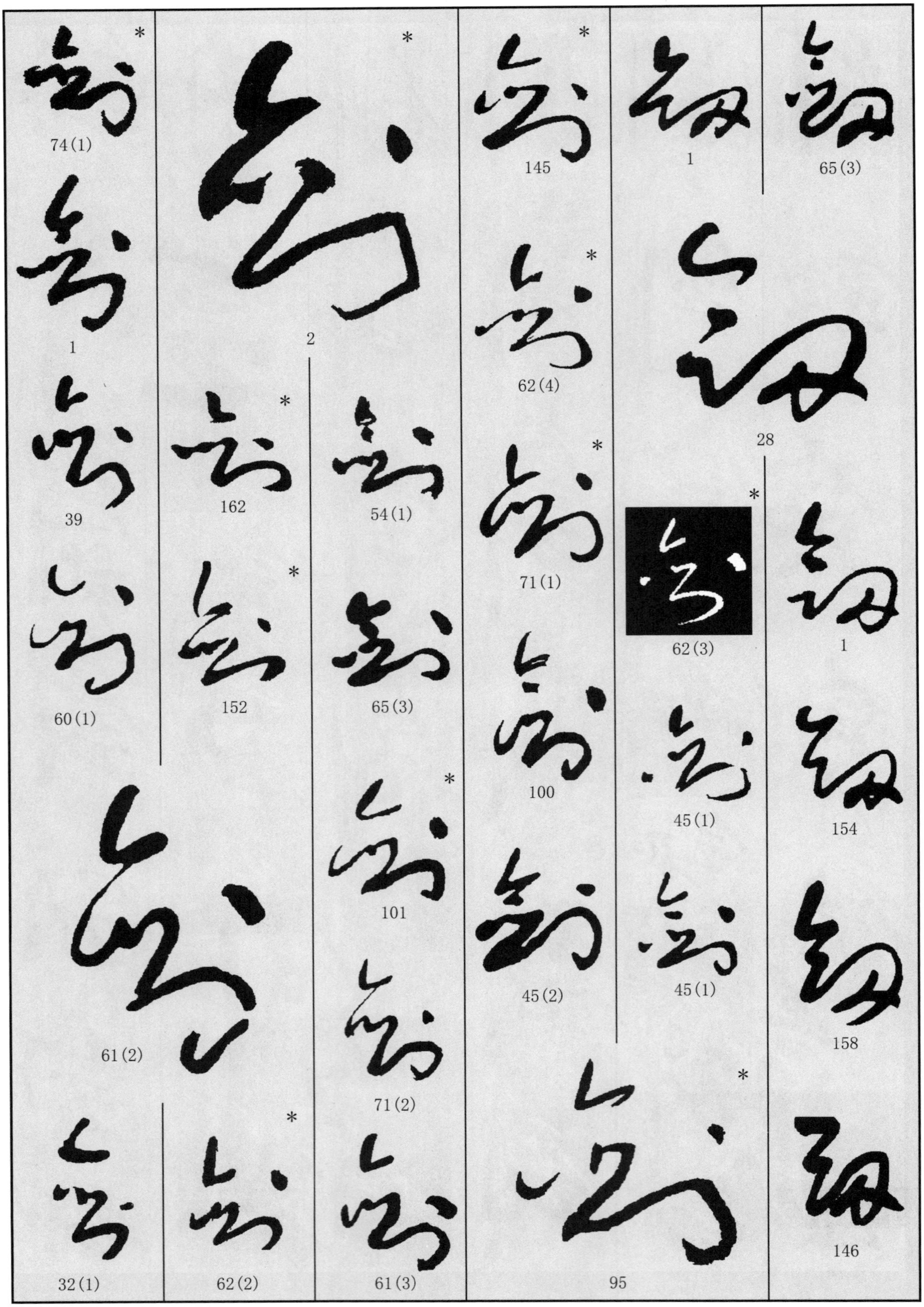
65(3)
28
1
154
158
146
1
62(3)
45(1)
45(1)
95
145
62(4)
71(1)
100
45(2)
2
54(1)
65(3)
101
71(2)
61(3)
162
152
62(2)
74(1)
1
39
60(1)
61(2)
32(1)

*
62（1）
82
88
82
145
8
15
42
15
3
71（3）
141
42
8
45（2）
3
92
74（2）
60（10）
5
65（4）
1
145
18
10
582
*
87
23
47
196（6）
5
劉

23
97
107
97
60(8)
141
164
32(11)
67
196(6)
劘
18
劘
88
60(1)
门部
内
83
13
5
98
8
11
71(2)
19
60(10)
51
51
*
71(1)
*
60(10)
74(2)
42
83
67
2
74(2)

用

69
3
14
32(12)
158
97
69
44
39
98
3
39
100
69
82
152 *
62(4) *
32(7)
162 *
100
44
82
74(1) *
67
46
54(2)
70
65(3)
95 *
67
46
96
88
47
28
62(1) *

同
32(2)
10
8
14
10
83
4
5
3
18
10
6
62(1) *
92
101 *
2 *
冉
1102(2)
60(7)
39
62(4) *
74(1) *
71(1) *
153
796
67
28
95 *
1
121
153
152 *

门部

四画

25
82
158
54(3)
95
*
32
140
19
60(10)
869
139
139
82
61(3)
19
33
65(3)
76
42
65(3)
32(6)
208
60(10)
88
12
140
60(10)
51
4
82
1
61(4)
1
835
32(3)

60(10)
88
30
98
81(8)
1
162 *
32(2)
76
3
82
32(1)
32(2)
周
14
98
5
62(4) *
62(1) *
60(10)
39
51
冏
146
2 *
63(2)
42
71(3)
86
101 *
74(1) *
14(2)
71(3)
92
74(2)
94
152 *

岡

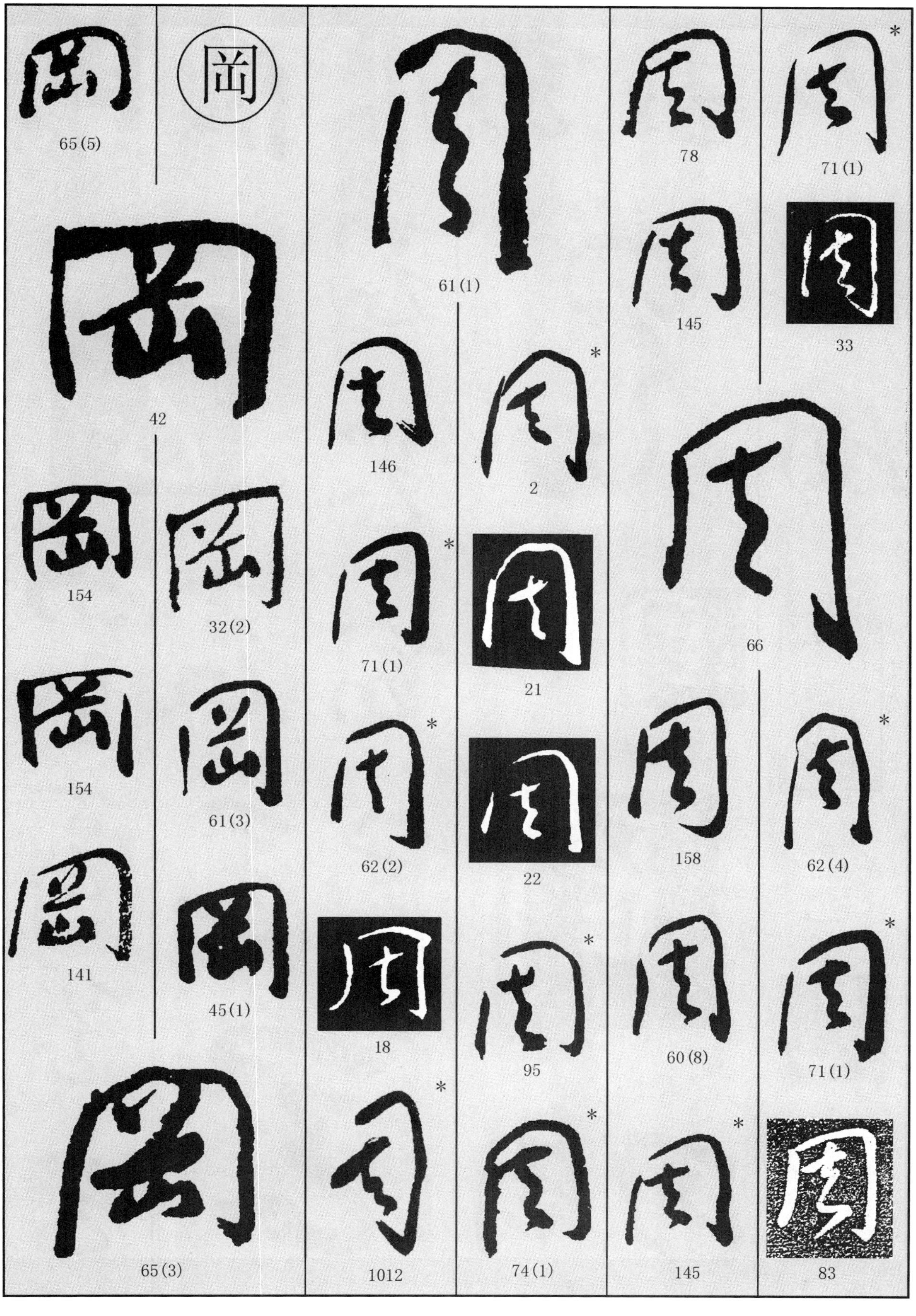

65(5)
岡
61(1)
78
71(1)
145
33
42
146
2
66
154
32(2)
71(1)
21
154
61(3)
62(2)
22
158
62(4)
141
45(1)
18
95
60(8)
71(1)
65(3)
1012
74(1)
145
83

乞　　　　罔

140
60(1)
62(4)
146
74(1)
28
62(3)
101
31
32(8)
154
1
62(2)
152
158
74(2)
罔
𠂉部
95
2
62(1)
乞
82
1
15
71(1)
162
154
158
101

门部 六画

𠂉部 一画

（乚）乍　　午

10
15
36
60(7)
60(3)
* 70
午
7
88
42
8
154
101
81(8)
60(5)
51
32(1)
45(2)
71(3)
65(1)
* 139
乍
66
58
139
139
174
802
100
60(8)

(手 年)年

63(2)
86
154
60(9)
147
年
71(2)
99
5
156
10
98
7
27
10
11
76
60(10)
154
159
20
20
60(10)
154
154
1
60(10)
42
1
44
160
60(5)
215
78
60(10)

141
42
4
5
82
5
1
13
3
6
82
96
82
51
60(10)
1
121
1
49(2)
82
154
139
55
51
1
145
159
14
* 81
339
62(1)

69 60(2) 286 60(6) 74(3)
145 1 74(2)
152 65(4) 32(4) 66 88
100 96 16 94 61(1) 79
28 60(6) 16 71(1) 96 88
54(2) 87 69 62(4) 2 95

每

1
10
3
100
32(10)
81(6)
82
1
82
74(2)
*
62(2)
100
154
1
10
61(2)
34
39
*
70
60(10)
12
每
101
101
88
74(2)
32(12)
149
65(2)
82
39

（无𠘛無）無　　怎

293
32(12)
6
32(5)
3
5
6
4
28
152
4
46
46
無
62(3)
74(1)
54(2)
怎
71(2)
1
70
2
47
146
95
62(1)
62(2)
65(2)
55
70
71(1)
32(10)
153
153
153

5

8

14

42

55

44

36

98

44

124

76

82

1

12

4

42

8

14

60(10)

146

137

1

145

88

78

12

11

1

44

155

82

8

98

98

82

4

1

51
55
82
82
51
60(10)
159
32(9)
139
60(10)
1
51
124
44
32(2)
154
99
60(5)
60(10)
60(6)
61(2)
61(2)
32(6)
47
245
1
1
32(9)
74(1)

61(1) 88 70 45(2) 32(9)

45(2) 60(9) 32(10) 71(3) 549

45(2) 45(2) 101 60(5) 60(4) 572

30 64(1) 61(2) 60(8) 549

60(4) 63(2) 65(4) 151

78 78 88 74(1)* 64(1)

34　71(3)　70　60(9)　* 62(4)　45(2)

71(3)　45(2)　64　65(5)　60(9)

64　76　154　34　139

* 152　32(5)　100　101　96　64(1)　78

100　* 62(3)　60(3)　65(3)　67　32(5)　* 62(2)　22　21　* 2

32(3)
88
65(2)
32(9)
66
54(1)
71(3)
87
77
32(8)
71(3)
50
154
*
95
65(2)
45(1)
*
62(1)
60(2)
74(2)
74(2)
32(7)
*
74(2)
140
46
65(1)
32(4)
71(1)
47
66
16

46
15
44
32(12)
44
54(2)
32(12)
145
1
32(3)
44
60(10)
42
30
101
71(3)
94
512
99
71(3)
88
32(6)
140
145
99
60(8)
60(5)

舞

60(7)
99
71(3)
130
32(3)
2
152
101
62(4)
62(3)
62(2)
74(1)
62(1)
95
129
71(1)
12
3
27
14
65(4)
7
亻部
仁

65(1)
139
140
87
60(7) *
58
47
149
145
42
仆
28
54(2)
146
15
100
什
145
71(3)
149
88
74(2) *
60(3)
44 *
1
61(3)
化
154
102
154
137
61
74(2)

亻部

二画

仍

化 145
仍 83 44 7 71(3) 71(2)
化 1 60(10) 87
仍
化 70 46 99 145 74(2) 65(5)
化 70 158 45(2) 60(7) 66 71(3)
化 221 5 69 60(10) 60(7)
化 71 3 98 148 15 475

仗 仕

155
65(2)
65(2)
47
32(8)
328
134
74(2)
88
87
153
158
仕
4
158
76
仗
1
8
28
45(1)
60(1)
279
60(8)
154
99
93
279
22
244
160
503

代　付

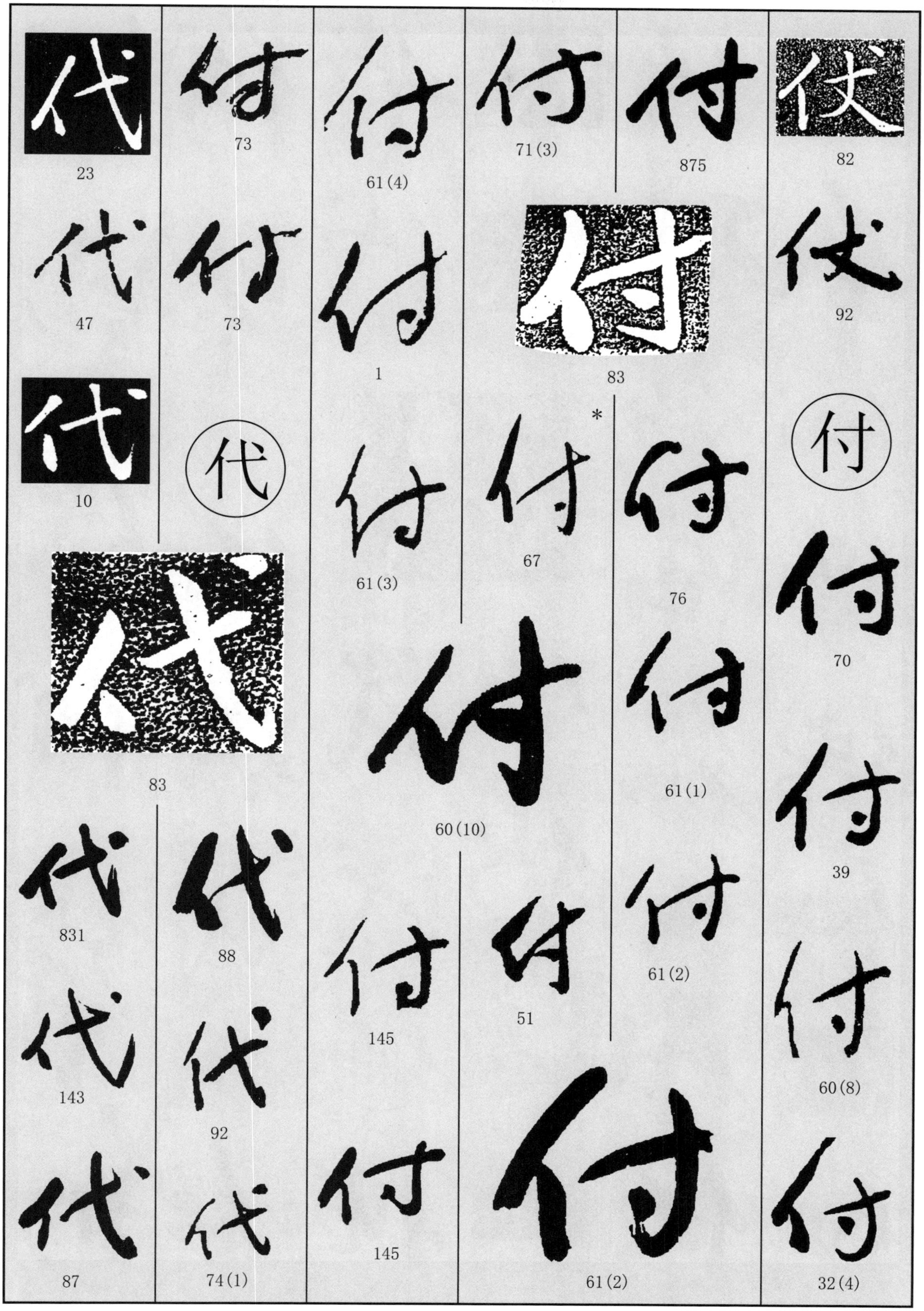

23 47 10 83 831 143 87

73 73 （代） 88 92 74(1)

61(4) 1 61(3) 145 145

71(3) 83 67 60(10) 51 61(2)

875 * 76 61(1) 61(2)

82 92 （付） 70 39 60(8) 32(4)

仙

114
1
78
60(7)
139
60(8)
158
22
892
871
45(2)
139
46
51
88
154
99
1
1
51
71(3)
54(1)
42
32(6)
154
154
139
61(2)
62(3)
140
仙
65(2)
42
32(1)
1
105

45(2)
103
39
60(8)
70
47
12
62(1)
94
66
92
98
60(4)
146
1
仟
71(3)
139
47
152
65(2)
18
60(9)
1
1
222
71(1)
伋
139
62(2)
95
96
47
65(5)
他
32(7)
71(2)
49(1)
60(8)

休　　　　仞

60(8)
71(3)
60(5)
65(4)
214
61(1)
49(1)
354
30
97
166
130
1
164
18
356
44
45(2)
71(3)
休
88
71(3)
151
147
100
71(3)
228
243
45(2)
93
46
44
32(9)
937
61(1)
25
12
仞

亻部

四画

100
71(3)
60(8)
85
66
*
71(1)
27
3
*
65(3)
65(6)
*
2
1
82
883
伍
*
62(1)
158
28
154
134
8
*
162
31
*
62(2)
92
28
21
19
94
45(2)
*
62(3)
*
74(1)
*
62(4)
65(4)
伏

仲 伐

伐
47
152
32(12)
221
100
60(2)
145
83
101
99
92
71(3)
42
87
101
139
5
2
60(10)
141
145
152
33
62(1)
62(3)
62(1)
71(1)
67
62(2)
162
32(7)
1
仲
8
36
23

任　件　仵

亻部

四画

145
1
60(3)
7
906
74(2)
87
32(7)
件
22
46
65(1)
任
137
51
50
153
仵
3
32(2)
60(7)
141
149
32(2)
286
51
16
54(3)
71(3)
139
159
60(4)
148
138
42
154

亻部

四画

74(2) 44 60(7) 27 11 71(3)

208 158 154 55 45(2)

21 83 332 32(9) 88

32(7) 71(3) 71(3) 60(2) 71(2) 87

77 * 2 34 61(1) 98 82

97 61(2) 61(3) 61(2) 71(2)

仰 价

98
61(4)
82
11
78
74(1) *
62(4) *
价
42 *
仰
60(7)
101 *
30
92
10
60(7)
60(9)
146
140
69
51
51
51
2 *
65(5)
71(1) *
51
19
1
153
146
152 *
62(4) *
162 *
62(1) *
87
62(3) *

仿

44
63(2)
146
44
51
63(2)
2
158
60(3)
78
154
25
44
62(1)
859
95
61(3)
仿
60(9)
62(3)
60(9)
32(6)
71(3)
71(2)
45(1)
71(1)
51
65(5)
28
152
76
62(2)
51

似 伊

亻部

四画

伊
60(8)
60(8)
60(7)
141
74(1)
51
101
1
100
44
51
158
28
62(3)
62(2)
162
95
152
71(3)
2
71(1)
62(1)
62(4)
似
31
32(6)
1
60(7)
140
100
860
139

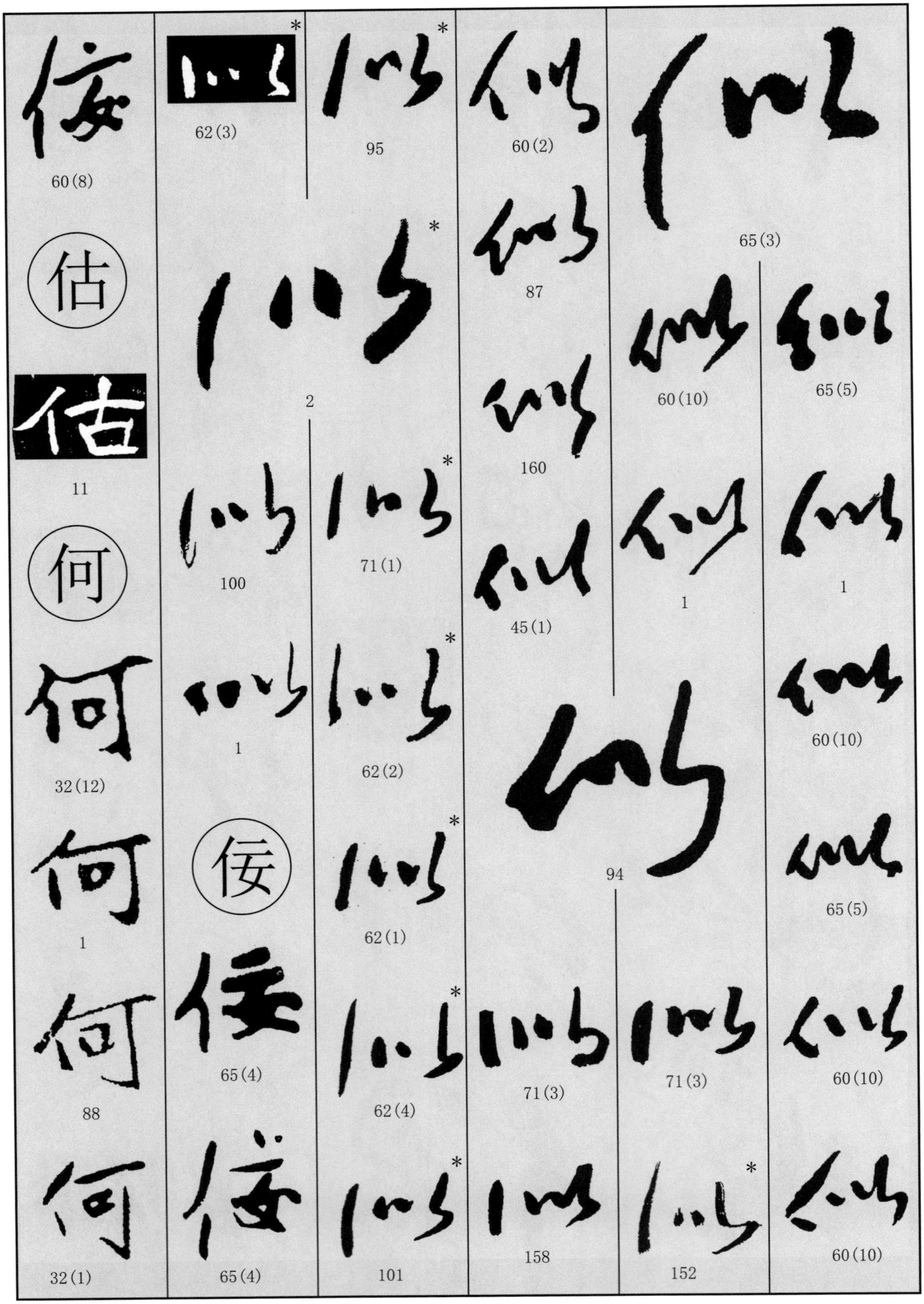
60(8)
估
11
何
32(12)
1
88
32(1)
62(3) *
2 *
100
1
佞
65(4)
65(4)
95 *
71(1) *
62(2) *
62(1) *
62(4) *
101 *
60(2)
87
160
45(1)
71(3)
158
65(3)
60(10)
1
94
71(3)
152 *
65(5)
1
60(10)
65(5)
60(10)
60(10)

亻部

五画

5 44 98 1 1 1 32(10)

45(2) 159 71(3) 60(10) 60(5)

71(3) 60(10) 60(10) 60(5) 141 45(2) 44

47 160 154 154 154 154 154

60(5) 42 140 32(11) 60(10) 63(2) 60(10) 63(2) 60(10) 71(3)

佐

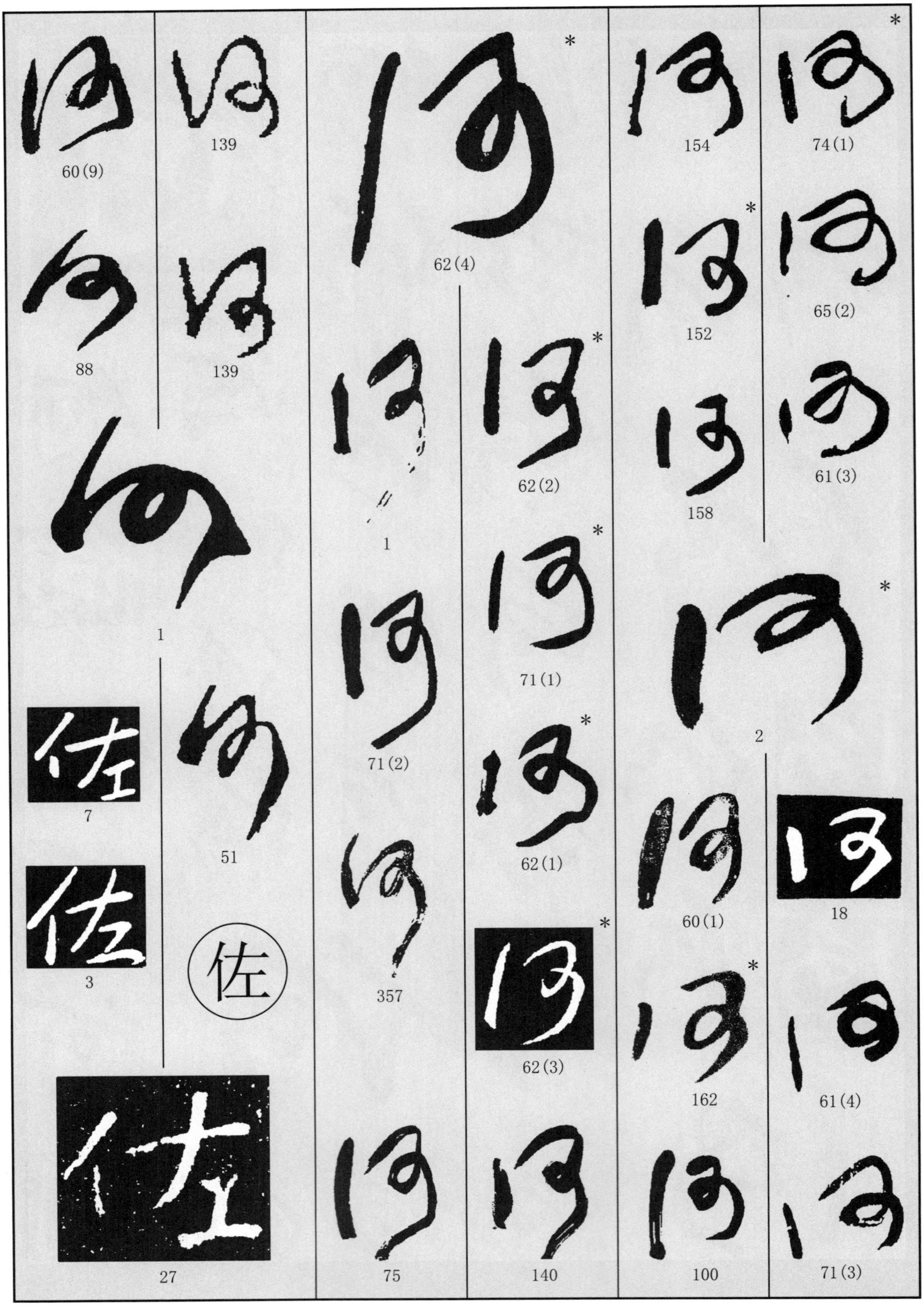
60(9)
139
88
139
1
7
3
51
27
62(4)
1
71(2)
357
75
62(2)
71(1)
62(1)
62(3)
140
154
152
158
2
60(1)
162
100
74(1)
65(2)
61(3)
18
61(4)
71(3)

46
82
107
85
*
60(9)
62(1)
*
62(2)
*
152
*
97
1
62(4)
*
佑
1013
1106
佈
101
*
62(3)
*
71(1)
*
95
*
2
*
140
17
33
162
*
101
70
158
65(5)
210

但　攸　佔

1
60(10)
1
97
64(1)
51
65(2)
但
158
攸
61(1)
100
86
5
65(4)
100
149
60(5)
佔
33
67
140
98
8
60(6)
67
71(3)
19
1
71(3)
60(10)
73
107

亻部

五画

60(10)
140
140
139
74(2)
14
154
46
1
5
154
99
60(7)
88
27
8
46
1
146
99
14
*
113
伸
61(1)
51
10
83
作
10
60(10)
654
1
32(12)
佚

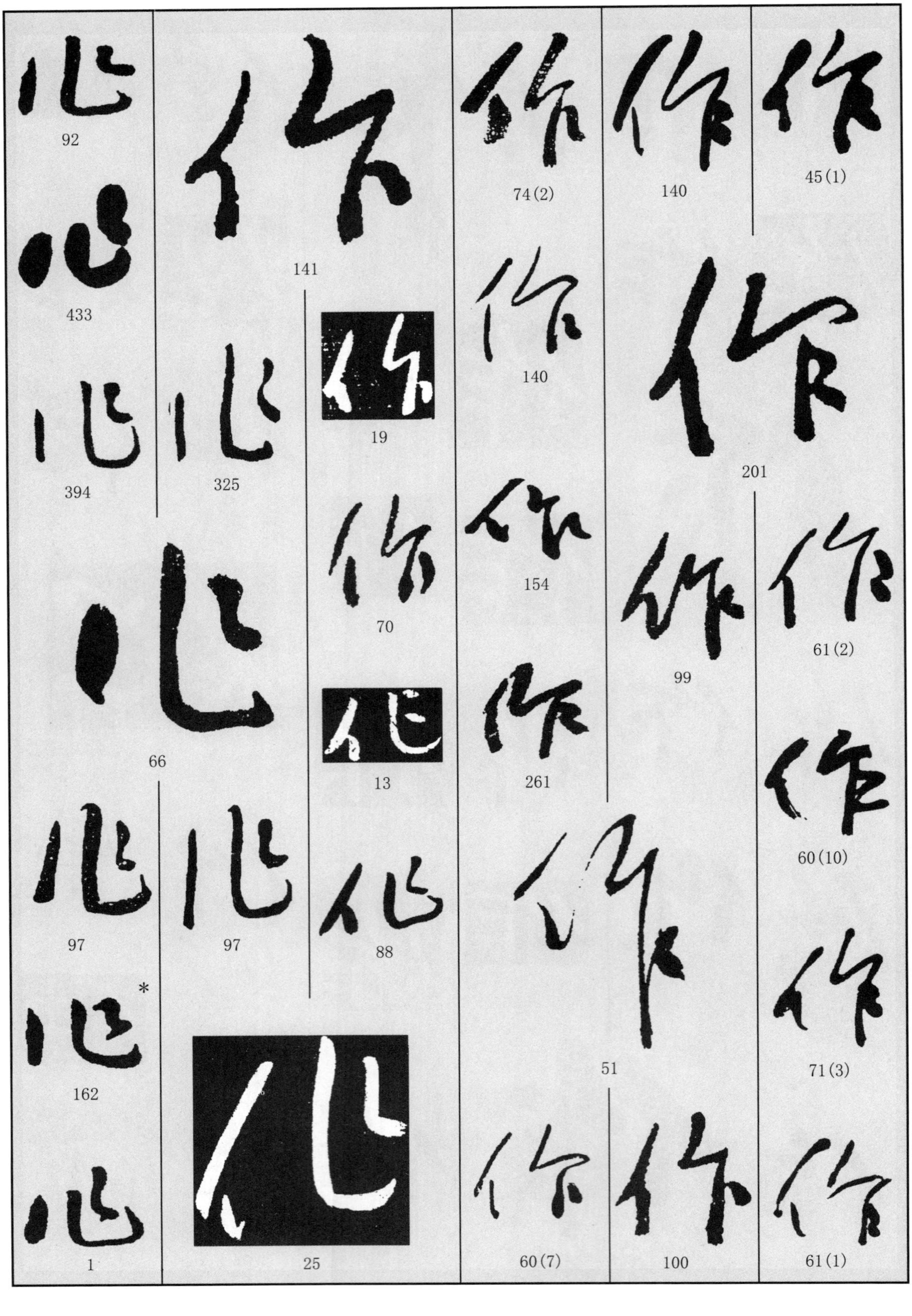
45(1)
140
74(2)
141
92
201
140
19
433
325
394
61(2)
99
154
70
66
60(10)
261
13
51
97
97
88
71(3)
162
61(1)
100
60(7)
25
1

伯

8
82
139
66
145
82
32(12)
60(7)
153
152
158
伯
152
12
4
95
92
71(1)
1
61(4)
63(2)
97
62(3)
1
139
42
63(2)
62(4)
62(2)
2
61(1)
164
154
62(1)
97

(伍)低　　伶

低
44
86
94
63(2)
71(3)
140
162
158
28
伶
44
42
70
1
45(1)
62(3)
62(2)
71(1)
59
45(2)
45(1)
92
92
2
55
55
62(4)
70
51
100
88
45(2)
62(1)

51
47
71(3)
42
1
1
1
1
51
42
42
107
你
1
*
46
住
*
1
45(2)
71(3)
146
70
86
佟
107
60(10)
1
139
42
42
501
32(10)
141
60(9)
60(7)

伴 佇 佗 位

67
位
60(5)
1
51
15
146
32(12)
8
146
62(3) *
46
140
61(1)
65(1)
145
62(2) *
62(4) *
71(1) *
2 *
74(2)
163
158
137
62(1) *
146
98
93
1
152 *
95 *
706
46
佗
5
141
1103
佇
1010
1035
1106
伴
154

290
71(3)
74(1)
61(2)
64(1)
65(4)
55
77
74(1)
129
42
110
65(1)
32(5)
74(2)
98
122
71(3)
154
656
1
5
44
140
45(2)
490
佛
8
60(5)
65(2)
32(12)
1
60(9)
32(9)

140
1
140
154
174
1
154
65(5)
64(1)
64(1)
71(3)
139
伽
146
86
*
86
佳
44
51
7
51
51
*
95
60(7)
201
*
101
71(3)
*
62(2)
149
*
71(1)
45(2)
93
140

侍

亻部

六画

*
162
25
97
70
*
62(1)
73
244
83
101
70
*
95
67
60(10)
42
76
73
61(3)
*
62(4)
76
2
侍
*
95
*
62(1)
61(3)
*
32(3)
60(6)
140
65(3)
*
62(3)
1

88
61(3)
78
60(7)
139
83
1
140
154
1
60(5)
1
6
5
4
98
88
60(5)
1
71(3)
74(2)
32(12)
71(1)
供
65(4)
使
65(5)
46
60(9)
63(2)
67
134
154
148

15
130
121
82
7
1
1
12
6
870
61(4)
42
154
146
158
31
31
97
54(1)
67
71(3)
67
152 *
154
60(7)
100
146
140
62(2) *
32(8)
94

侣　　侄　　例

394
3
32(7)
4
119
侄
71(2)
70
侣
61(1)
810
61(1)
162
153
244
62(3)
22
58
28
74(2)
例
81(4)
32(12)
154
71(1)
62(4)
145
154
1
62(1)
22
73
2

佩　(佪)佪　侃

佩
佪
侃
74(2)
62(3)
2
71(1)
62(1)
60(10)
146
74(1)
95
152
88
9
42
32(3)
44
139
139
463
88
62(2)
45(2)
108
62(3)
139
65(4)
61(3)
130
196(9)
15
145
94
30
51

佯 欿　　　　依　　　侈

64(1)
17
61(1)
1
31
欿
196(4)
佯
140
60(9)
66
140
101
94
546
45(1)
71(3)
1
869
42
11
64(1)
28
依
47
1
656
32(10)
65(5)
62(4)
62(2)
侈
158
1
45(2)
101
96
145

88
71(3)
71(3)
俠
10
83
1
1
46
46
97
88
881
881
42 *
99
88
42
160
60(10)
15
139
97 *
便
265
51
88
10
併
8
12
82
19
113 *
60(10)
139
59

（𢔏 侑 脩）修

1
5
1
62(1) *
76
158
88
98
152 *
60(7)
162 *
60(10)
65(3)
62(4) *
62(3) *
71(1) *
154
4
28
101 *
74(1) *
74(2)
88
71(3)
62(2) *
154
65(5)
20
140
71(3)
2 *
95 *

亻部

七画

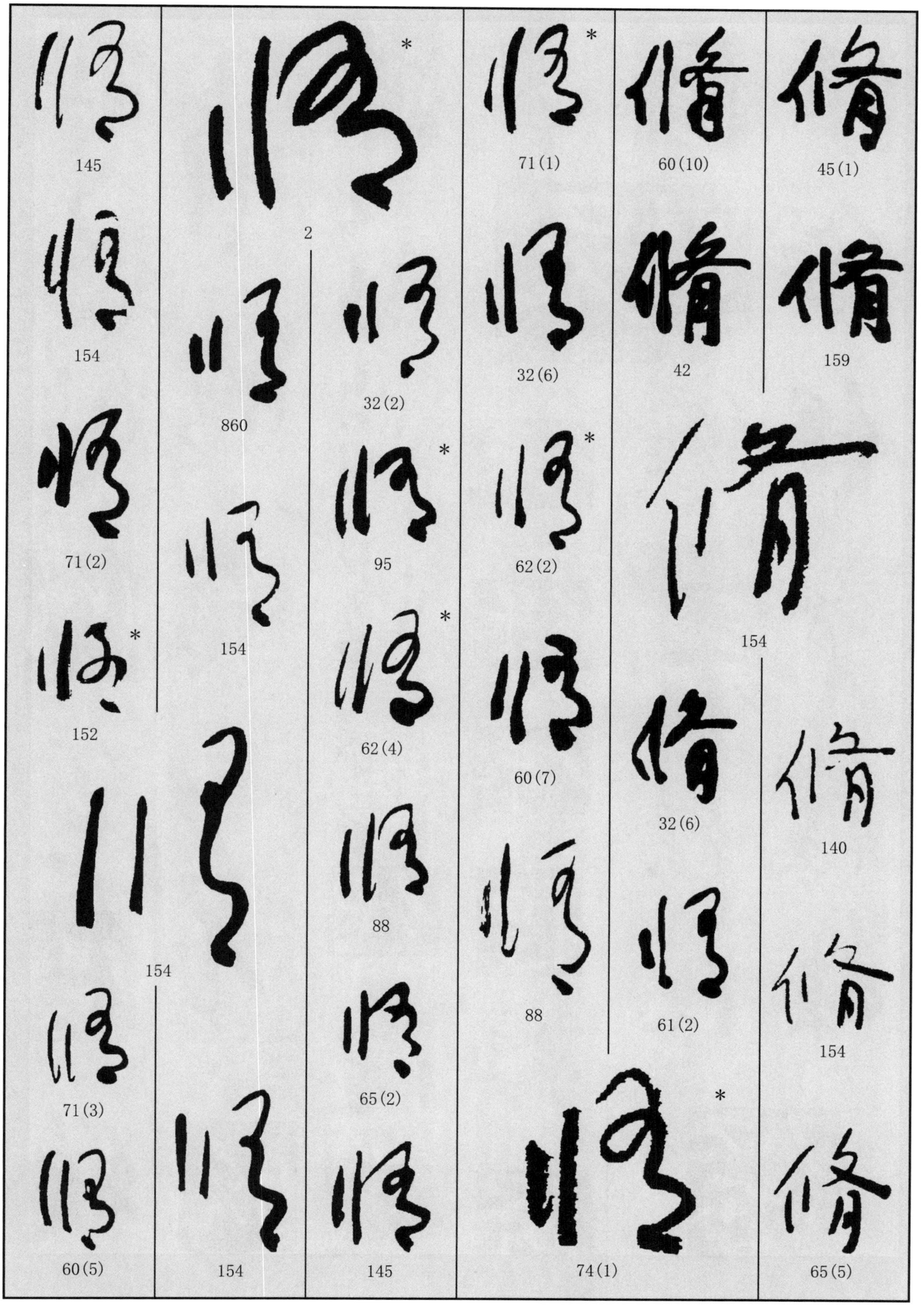
45(1)
159
154
140
154
65(5)
60(10)
42
32(6)
61(2)
71(1) *
32(6)
62(2) *
60(7)
88
74(1) *
32(2)
95 *
62(4) *
88
65(2)
145
2 *
860
154
154
154
145
154
71(2)
152 *
71(3)
60(5)

74(2)
32(12)
保
18
1
71(2)
6
44
70
131
7
1
158
154
*
61(4)
8
1
28
62(3)
7
俚
72
97
23
1034
140
71(3)
826
45(2)
199
*
32(7)
98
74(2)
286
47

侮　　俄　　（促）促

侮 87 121* 23 107 44 46 83 77 87

俄 69* 32(6) 60(10) 46 1* 166 32(7) 32(7) 32(12) 139 85

促 47 98 71(2) 8 70 96 71(3) 141 107 60(7) 23 1

俗
293
78
140
31
65(4)
84
32(10)
147
102
44
61(1)
100
74(2)
61(4)
65(1)
47
60(6)
78
65(1)
65(2)
1
158
28
65(5)
303
55
*
60(2)
60(9)
92
1
1
65(5)
32(12)
15

61(1) 174 51 98 32(6) 43 139 4 835 82 61(3) 61(1) 146 1 89 141 38 65(4) 139 210 71(3) 82 信 30 1015 係 13 1 87 77 61(2) 100 305 俛 196(4)

侵

侵
51
32(12)
51
816
1
1
51
2
158
25
71(3)
19
42
62(4)
145
87
71(1)
149
152
62(3)
62(1)
162
62(2)
1
95
45(2)
60(10)
5
44
71(3)
87
74(2)

（矦）侯

71(3)
94
7
46
87
60(10)
67
*
32(3)
侯
60(8)
145
82
8
96
92
153
864
19
69
113
113
42
98
81(3)
*
60(8)
67
42
45(1)
42
71(3)
32(2)
134
16
73
60(5)
100
140

俟 8 51 60(9) 70* 71(2) 60(10)

1 51

俊 8 6

17 44 88 60(3) 62(3)* 23 82

74(2) 2* 1 47 47 62(2)* 1

158 62(4)* 95* 62(1)* 71(1)*

65(2) 152* 1 28 74(1)* 12

倩
36
74(2)
100
61(3)
倖
229
俸
32(12)
6
借
154
81(6)
889
166
938
88
60(7)
98
23
66
46
1
130
44
71(3)
148
32(10)
140
值
154
15
71(2)
8
102

倚

51 139 65(3) 60(3)* 71(2)
42 60(8) 倚 73
139 44 97
45(1) 154 99
107
145 1 32(1) 32(7)
60(8)* 18 154 44 149 67
19 44 140 71(3) 14

(倂)儆　　倒

62(3)
62(1)
95
74(1)
62(2)
101
71(1)
32(5)
107
139
139
33
158
32(12)
66
儆
139
16
139
154
45(2)
154
97
64(1)
64(1)
60(6)
154
60(9)
145
134
30
60(4)
154
516
倒

62(1)
71(1)
101
74(1)
95
2
1
16
65(4)
1
62(4)
32(1)
60(7)
33
158
100
6
3
60(8)
154
656
47
32(6)
2
俳
153
45(2)
條
1
1
152
62(4)
倬
17

俱　倘

*
45(1)
74(2)
1
60(2)
152
*
101
71(3)
1
55
*
62(3)
俱
倘
60(5)
44
19
54(2)
61(3)
78
32(11)
88
60(8)
67
174
44
70
60(1)
146
155
140
60(8)
60(8)
1
45(2)
88

（个 筲 箇 伹）個　　　倡

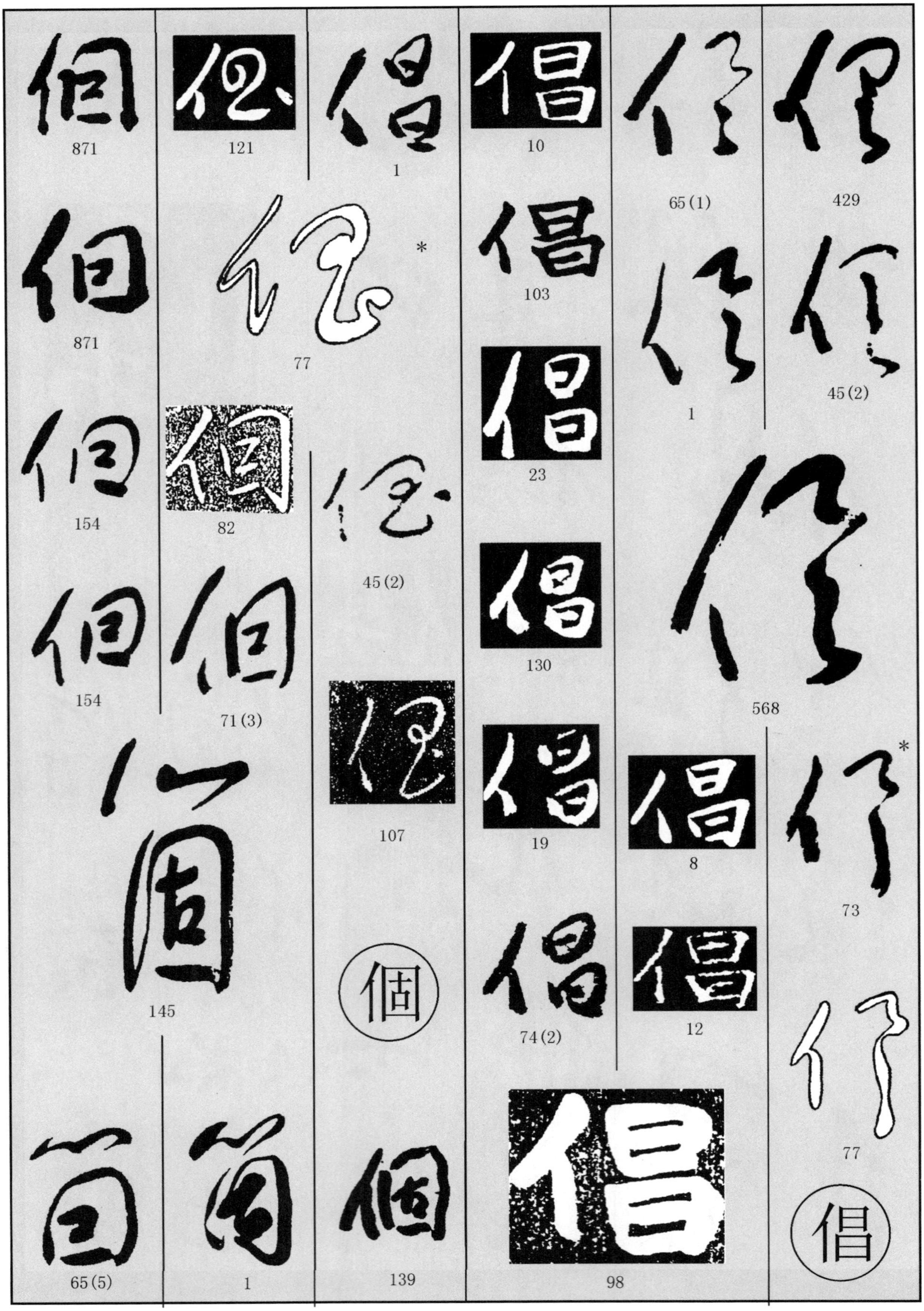

871
871
154
154
121
77
82
71(3)
145
65(5)
1
1
45(2)
107
個
139
10
103
23
130
19
74(2)
98
65(1)
1
8
12
429
45(2)
568
73
77
倡

俾
17
107
54(2)
8
139
88
139
17
俔
139
46
1
566
倭
97*
97
候
61(1)
5
1
22*
32(7)
倏
1008
517
32(1)
1
101
61(3)
42
46
46
46
46

47
16
60(7)
42
65(4)
62(1)
152
92
60(8)
3
60(3)
62(3)
2
34
100
74(2)
101
32(7)
92
60(8)
322
44
62(2)
95
61(2)
88
71(3)
193(3)
62(4)
51
100
倫
74(1)
71(1)
158
87
32(12)

44
65(4)
134
146
8
32(7)
63(2)
61(3)
146
83
倜
71(3)
30
105
28
44
146
65(2)
542
45(2)
*
71(1)
*
62(2)
238
45(1)
60(6)
45(2)
*
74(1)
100
60(3)
俯
*
62(4)
*
62(3)
158
60(2)
44

健
10
10
78
74(2)
11
82
103
71(2)
215
166
倥
74(2)
3
215
168
1
32(12)
71(2) *
145
83
88
66 *
71(2)
倦
2 *
71(3)
12
1
51
100 *
62(1) *
152 *
倍
8

做 倨 （们）們

亻部

八——九画

偶　側　偵　偕　偃　偪

45(2)
153
偶
145
147
140
82
*
243
65(1)
286
偵
*
97
側
8
82
*
1
65(3)
58
7
15
70
5
偃
193(6)
60(5)
偕
58
71(3)
46
46
32(6)
46
偪
*
67
32(9)
65(1)
65(4)
*
71(3)
71(3)
46

亻部

九画

1
70
71(3)
39
32(9)
60(8)
65(2)
60(4)
71(3)
88
71(3)
70
61(2)
88
141
60(10)
88
45(2)
60(10)
88
偈
60(4)
65(4)
103
98
154
85
偎
60(8)
偷
168
*
129
66
129

偬
停
偽
65(4)
66
1
1
74(2)
32(12)
1
1
624
82
1
74(2)
60(1)
240
8
1
60(8)
88
100
65(1)
65(4)
140
82
88
51
32(9)
82
139
139
1
67
82
32(9)

140
偏
76
82
9
221
32(1)
154
118
154
131
54(1)
32(9)
67
60(7)
*
244
487
60(10)
362
817
145
32(9)
73
假
71(3)
47
98
1
97
46
17
62(2)
*
101
*
62(3)
*
1
62(4)
*

(偹 俻 俻)備　(慠)傲　偉

亻部

九—十画

傅

亻部

十画

傅
62(4)
98
60(5)
81(8)
62(3)
101
162
65(1)
88
95
74(1)
152
2
1
71(1)
101
101
62(2)
1
32(6)
70
286
62(1)
32(7)
97
62(3)
12
42
51
7
83
4

1
8
傑
1
101
152
33
74(2)
101
62(2)
傜
60(7)
42
60(8)
60(10)
2
62(4)
1
139
141
166
71(1)
76
146
傖
162
158
54(2)
145
1008
402
32(7)
166
77
62(2)

僅　債　傍

僅：8　98　32(2)　12　82　60(7)　85　42　139　139

債：33　1　65(2)　71(2)　158　71(3)

傍：74(1)　76　169　88　580　81(4)　88　44　86　74(1)　139　60(1)　60(10)　107

17
69
70
32(7)
92
傳
45(2)
141
3
5
140
221
44
3
1
44
45(1)
60(5)
60(5)
60(5)
14
27
154
44
32(2)
46
78
46
71(3)
1
47
16

61(1)
2
95
100
153
28
65(2)
62(3)
158
134
25
87
71(1)
94
55
145
71(3)
62(4)
62(2)
62(1)
61(1)
101
140
852
162
149
78
92
153
74(1)

107 153 97 60(2) 66 33 158 101* 60(3) 67 147 1 88 88 60(10) 141 559 67 138 32(1) 410 60(5) 76 87 1 99 12 44 65(1) 153 152* 63(2) 145 134

傾

88
283
32(1)
74(1) *
2 *
78
60(10)
僂
32(12)
92
71(1) *
28
1
傕
62(3) *
62(4) *
146
28
1
95 *
62(1) *
94
46
76
60(10)
152 *
62(2) *
99
70
46
71(3)
162 *
1

（傷）傷

65(1) 9 71(1) 60(1) 1

154 100 62(2) 62(1) 146 66

71(2) 146 74(1) 158

60(5) 154 129 153 101 152

44 1 傷 153 62(3) 2

78 82 134 62(4) 95

145
62(1)
73
62(3)
55
152
162
71(1)
65(4)
154
154
94
95
20
134
1
61(1)
2
328
32(2)
28
62(4)
62(2)
206
365
101
60(5)
44
71(2)
62(2)
74(1)
60(10)

像
1
1
312
822
468
46
134
42
46
46
傭
313
71(3)
71(3)
1
71(3)
82
154
196(4)
僇
71(3)
45(2)
45(2)
92
92
1030
僚
88
165
46
152
62(2)

（僧）僧僮　僑　（僕）僕

44
8
119
54(3)
2
154
8
60(1)
60(8)
95
74(1)
88
60(1)
僑
70
232
101
62(3)
45(2)
290
137
僕
71(1)
60(4)
145
僮
58
104
62(4)
1031
78
64(1)
僧
70
1
62(1)

60(4)
60(2)
71(2)
111
儂
168
儉
74(2)
174
108
65(2)
65(1)
54(2)
554
74(1)
價
71(2)
60(2)
60(3)
45(2)
42
129
1
1
88
65(5)
154
134
884
139
64(1)
60(8)
122
154
60(7)

（儀 儀）儀　　億　　儋

141
51
139
101
158
28
1
17
274
274
45(2)
107
65(3)
71(3)
88
儀
8
154
111
166
億
8
256
39
98
72
71(3)
儋
32(10)
60(8)
4
1
74(2)
130
16
32(2)

儒　　　　儔 僻

98
4
18
60(10)
74(2)
343
32(11)
87
152
2
92
僻
12
62(4)
62(1)
1
34
65(4)
32(9)
71(3)
145
155
153
62(3)
71(1)
儒
61(3)
儔
51(3)
62(2)
10
139
244
1

1
51
51
* 44
937
優
* 62(1)
* 152
儕
1101
196(9)
儘
172
* 2
60(3)
* 62(4)
32(8)
* 101
100
60(8)
* 95
* 71(1)
* 74(1)
892
65(4)
60(5)
1
42
* 62(3)
* 62(2)
20
134
60(2)
70
60(10)
60(5)
71(3)

儲

139
780
154
60(2)
83
60(9)
62(3)
62(2)
95
20
162
60(2)
60(4)
101
67
28
17
74(1)
2
62(1)
158
73
152
71(2)
95
1
71(1)
儲
12
19
60(8)
65(2)
139

亻部

十五画

12
146
140
5
71(2)
51
51
134
82
60(5)
82
30
60(9)
65(1)
554
16
厂部
反
58
60(10)
88
儻
105
65(2)
110
257
424
16
儷
99
22
46
償
71(3)

46
46
70
后
82
47
60(5)
60(5)
88
857
44
1
60(8)
244
盾
1030
45
44
87
八
部
八
79
1
10
98
27
83
19
1
60(10)
60(8)
23
82
98
10
83
49(1)
82
20

（亐）兮

60(10)
22
72
87
60(10)
82
46
139
1
158
60(10)
兮
60(10)
60(10)
82
82
65(4)
*
87
60(8)
100
100
4
60(9)
76
154
100
139
60(8)
74(1)
*
71(1)
1
65(4)
32(8)
63(2)
94
32(7)

分

88
82
134
87
87
10
11
82
595
60(10)
87
98
82
20
60(5)
分
88
1
30
30
82
43
4
44
30
8
8
71(3)
87
233
60(10)

八部

二画

7 1 51 76 23 88 88 148 65(5) 36 82

60(5) 71(1) * 73 139 63(2)

88 60(3) 158 71(3) 154 152 *

51 2 * 71(3) 45(1) 60(10) 60(1)

1 101 95 * 62(1) * 101 *

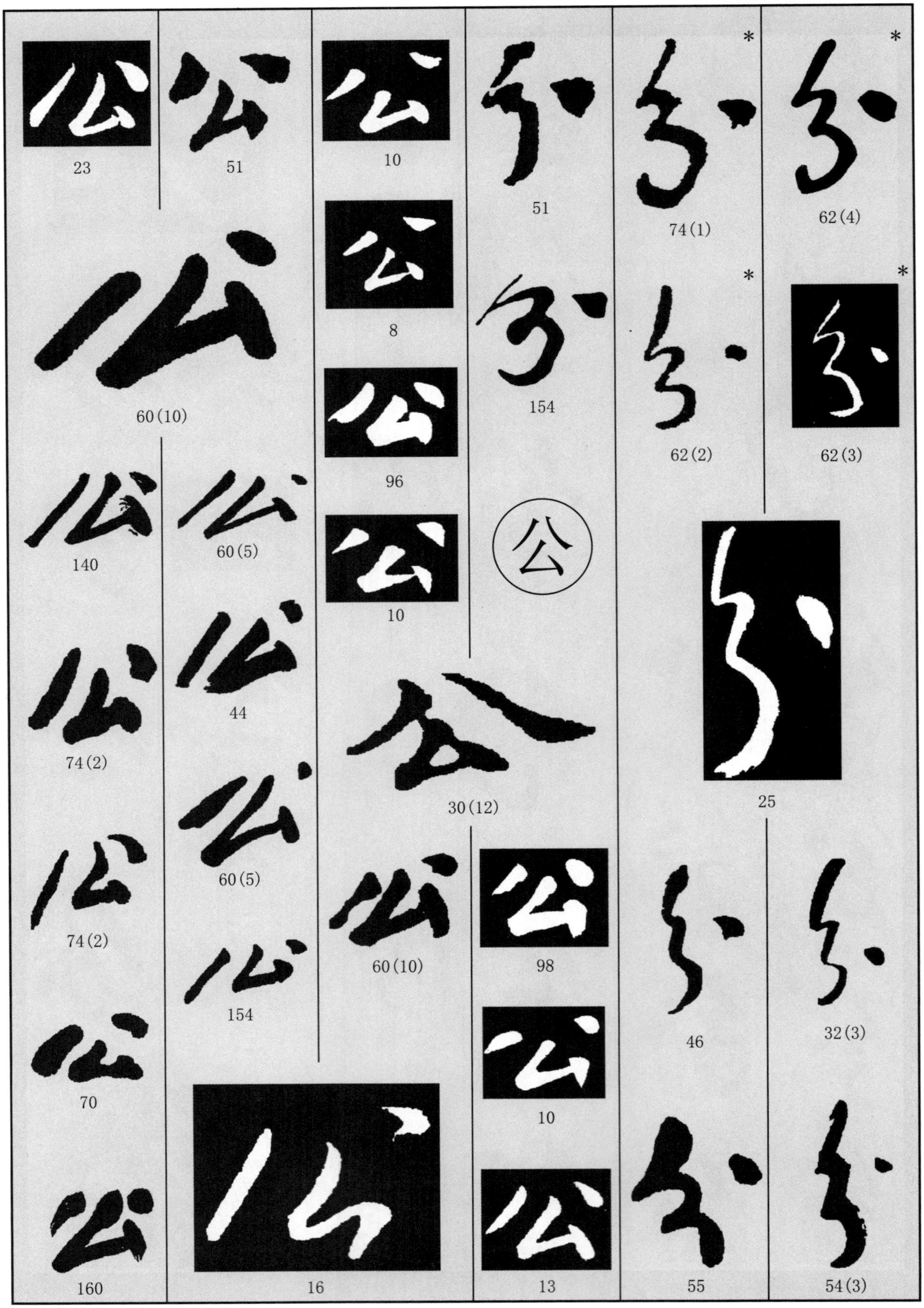
23
51
10
51
74(1)
*
62(4)
*
60(10)
8
154
62(2)
*
62(3)
*
140
60(5)
96
10
公
25
74(2)
44
30(12)
74(2)
60(5)
60(10)
98
46
32(3)
154
70
10
160
16
13
55
54(3)

八部

二画

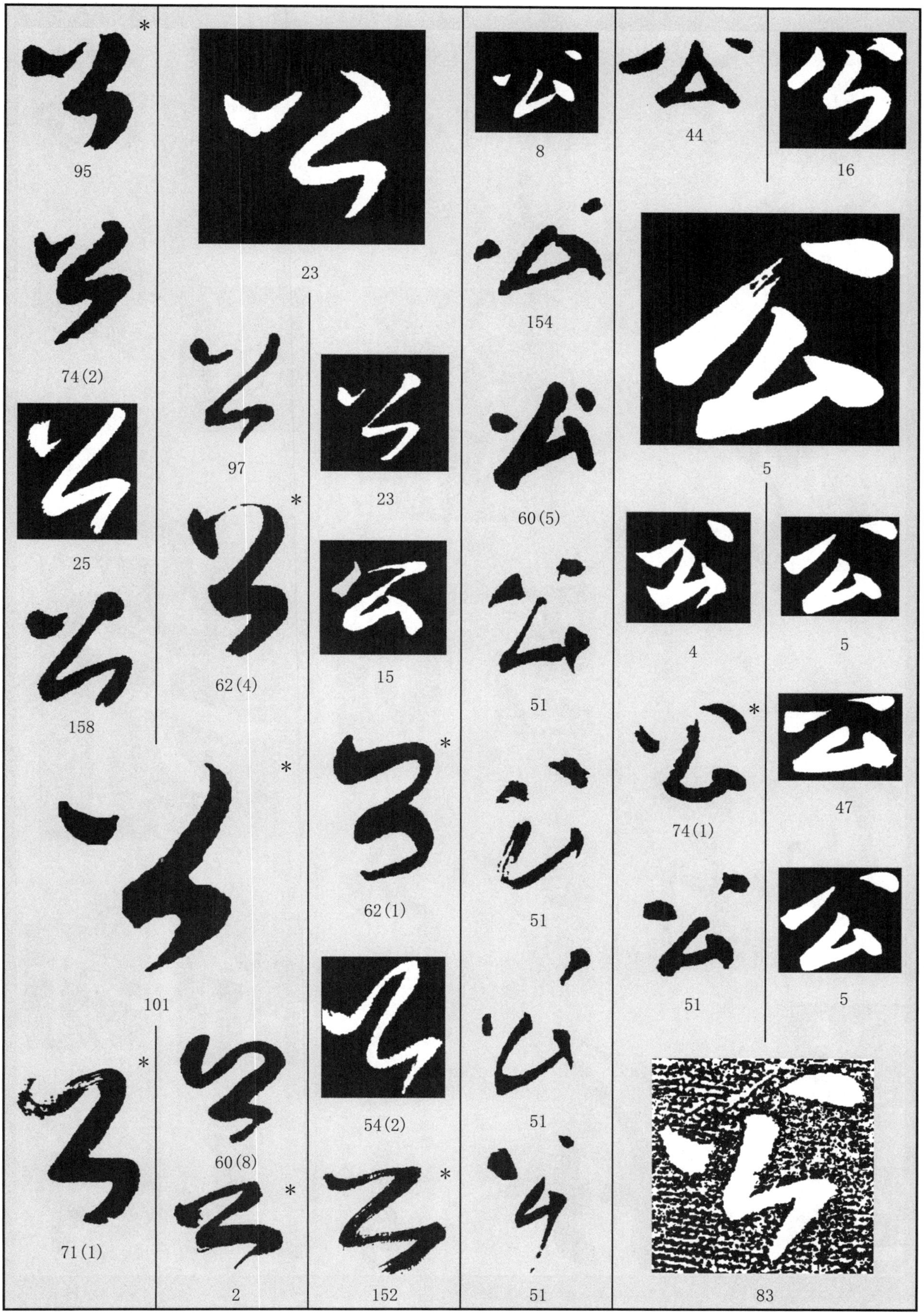

95
74(2)
25
158
23
97
62(4)
101
60(8)
2
23
15
62(1)
54(2)
152
8
154
60(5)
51
51
51
51
44
5
4
74(1)
51
83
16
5
47
5

并

1　51　82　18　5　11　23　101　51　1　71(2)　62(3)　22　46　1　36　146　71(1)　101　67　62(4)　62(1)　74(1)　62(2)　2　95　9　81(8)

13
51
60(5)
23
43
32(10)
852
70
51
20
54(3)
146
51
82
62(2)
51
71(1)
45(2)
1
67
81(4)
101
62(3)
74(1)
62(1)
15
71(3)
65(2)
2
95
51

21
88
62(4) *
158
兵
32(12)
1
82
1
12
98
60(5)
10
10
9
12
8
4
4
82
82
100
13
155
5
624
155
155
47
159
32(9)
60(5)
158
1

23
23
67
87
65(1)
32(1)
67
66
74(2)
97
32(1)
60(5)
18
71(3)
60(2)
67
32(2)
32(8)
69
70
543
75
140
96
286
16
32(8)
87

141
31
95
74(1)
兑
141
16
弟
33
98
92
101
62(1)
62(3)
62(4)
162
32(8)
20
32(3)
62(2)
107
71(1)
97
60(4)
141
152
71(3)
73
2

10
7
98
8
9
43
4
6
15
5
71(3)
869
14
7
82
864
60(5)
51
139
51
51
51
100
65(2)
*
71(1)
*
62(4)
*
74(1)

其

62(1) 153 62(3) 101 162 83 62(2) 16 74(2)

19 32(6) 95 101 147

18 2 45(1) 88 155 153

34 289 45(1) 158 28

152 50

其

38 11 32(12) 4 88 23 88 98 11 98
32(10) 232 60(5) 60(5) 74(2) 6
18 5 17 5 82 74(2) 154
154 208 1 51 88 139 14 88

286

51

60(10)

60(5)

16

154

60(5)

38

1

69

87

* 62(4)

158

61(2)

* 152

32(12)

154

61(1)

25

69

1

* 74(1)

28

* 62(3)

* 62(1)

* 2

1

* 62(2)

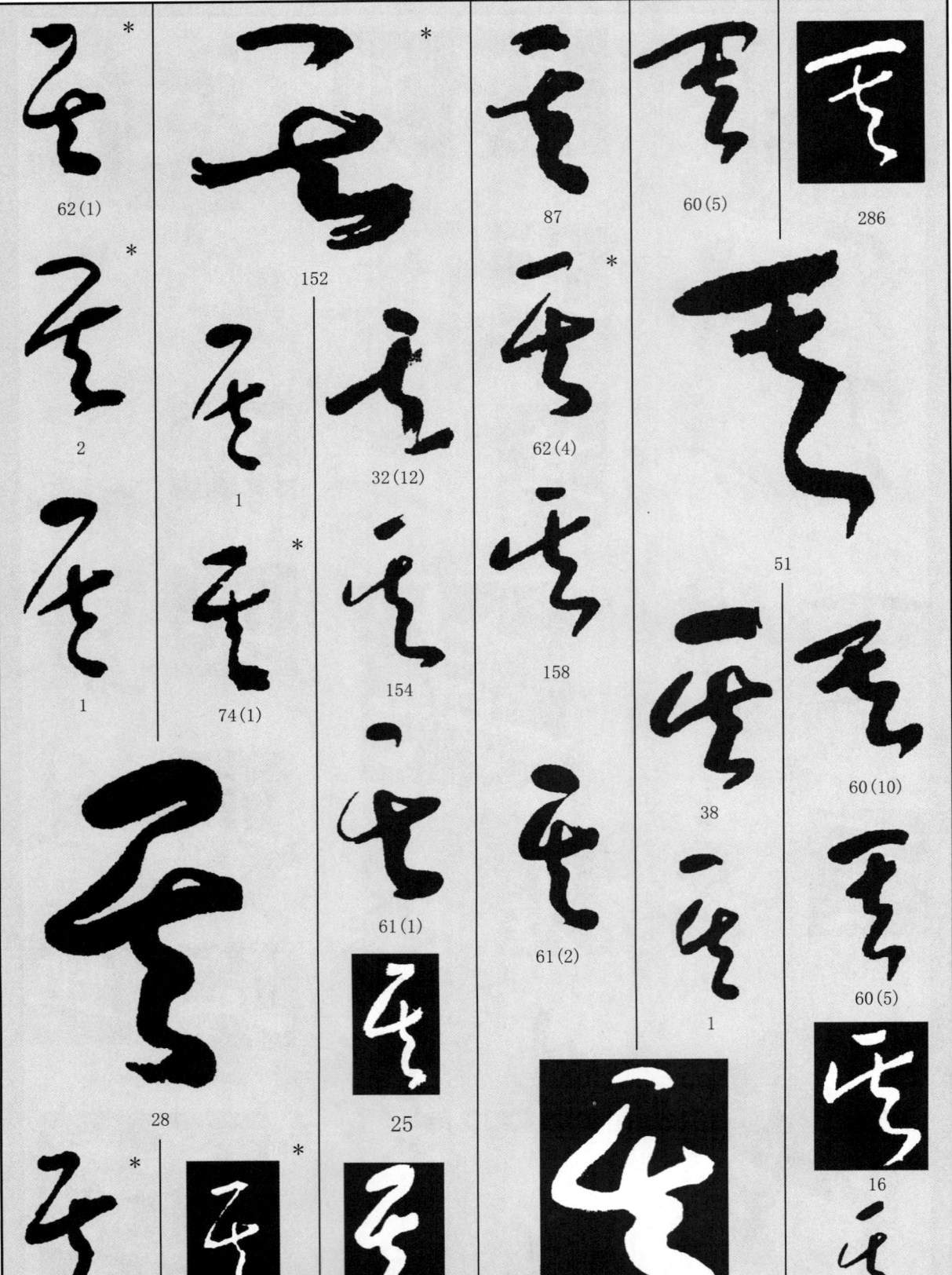

39

60(2)

69

70

69

30

71(3)

75

488

*
71(1)

1

45(1)

78

1

60(3)

60(1)

*
101

71(3)

*
95

154

96

1

67

60(1)

70

88

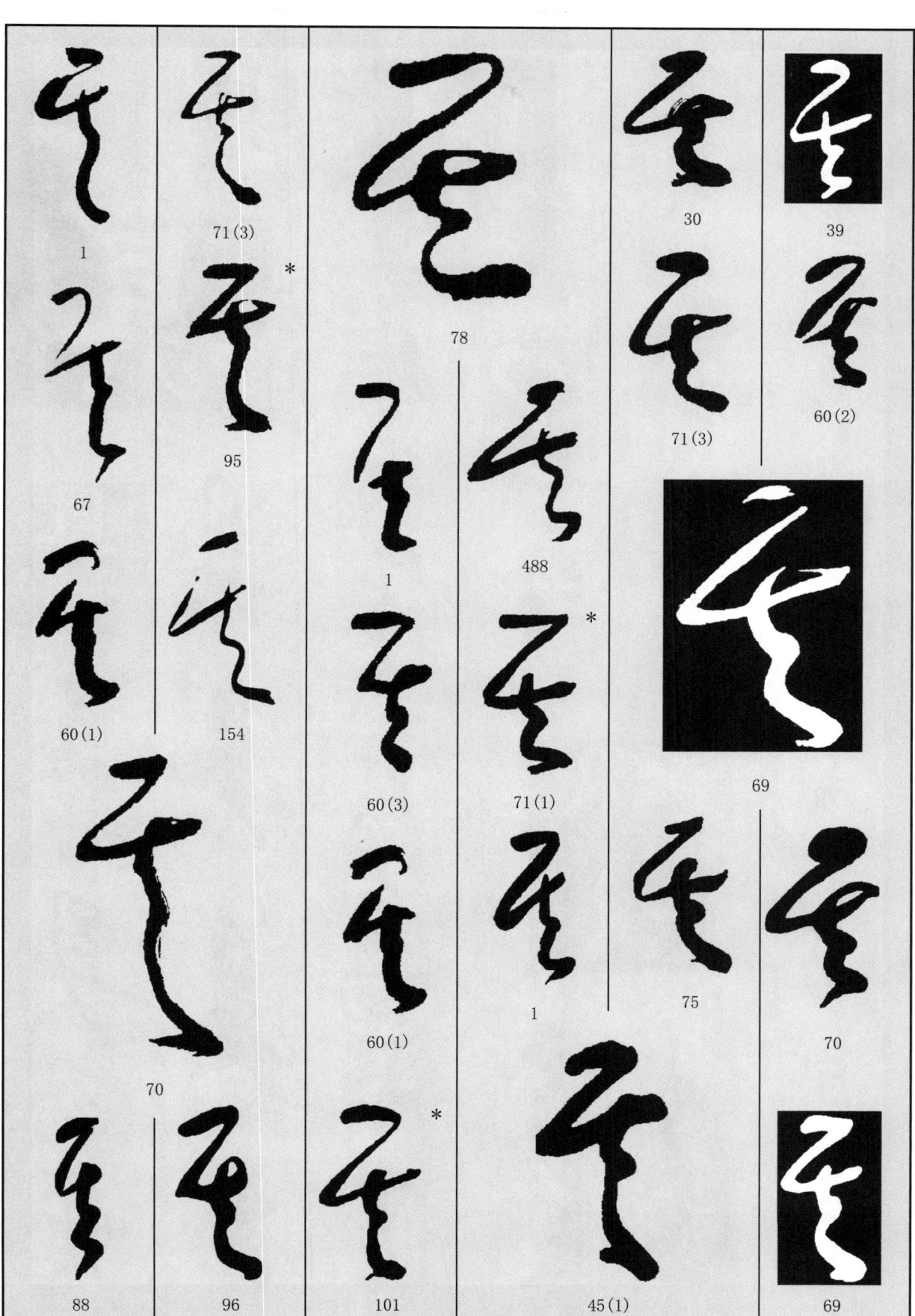

具

32(12)

11

10

60(4)

71(3)

70

88

100

139

100

17

159

28

88

20

149

130

61(4)

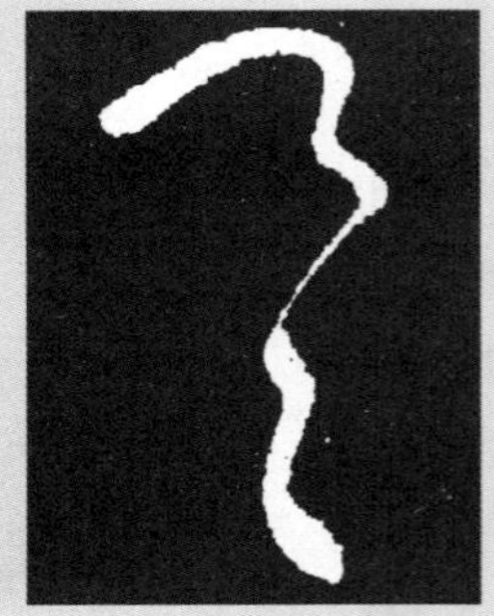
*

62(3)

32(4)

61(1)

61(2)

32(3)

*

62(2)

*

152

*

101

*

2

*

71(1)

*

62(4)

*

95

61(3)

62(1)
95
74(1)
5
7
78
65(2)
60(5)
11
60(7)
78
71(3)
60(8)
60(8)
140
147
98
148
147
152
141
2
147
158
74(1)
25
63(2)
60(9)
62(4)
101
71(1)

*
95
*
62(1)
394
1
154
1
*
62(2)
*
162
1
前
9
5
12
3
74(2)
13
78
656
1
82
60(10)
82
61(4)
50
60(10)
51
1
74(2)
60(10)
70
160
15
1

60(10)
74(2)
871
51
88
60(7)
1
139
1
51
19
*
45(2)
32(8)
45(2)
62(3)
*
152
100
1
100
39
75
75
*
2
94
*
62(4)
60(6)
75
*
62(2)
65(4)
158
87

62(1) *　65(4)　95 *　74(1) *　130　101 *

71(1) *　790　154　1　46

酋　10　32(7)　兹　81(8)　15

98

58　32(10)　60(10)　51　88　51

51　60(9) *　74(2)　146　51　107

158　1　1　28　63(2)

1
51
1
盆
32(12)
64(4)
4
66
益
5
81(6)
98
83
88
846
624
7
145
51
1
75
73
71(8)
47
71(1)
88
98
62(3)
62(2)
69
69
96

（兼）兼

95
101
74(1)
2
67
1
74(2)
71(3)
134
152
74(2)
145
97
62(1)
96
158
54(2)
107
162
62(4)
74(2)
兼
58
78
51
51
43
32(12)
8
60(5)

105 12 61(2) 51 97 15 60(4) 74(2)

96 32(7) * 32(8) 22

17 153 61(2) 47 892

翁

61(2) 151 翁 624 60(8) 45(2) 46 60(5) 71(3) 60(10)

139

66

貧

32(12)

7

98

60(4)

61(1)

5

71(2)

60(7)

100

60(8)

剪

82

39

60(8)

139

71(3)

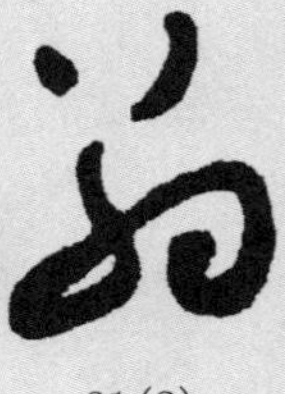
61(2)

60(10)

153

32(10)

100

*

100

42

60(10)

60(10)

32(10)

奠 普

奠
普
7
82
102
32(12)
32(1)
139
58
61(1)
71(3)
1
46
22
39
174
46
77
17
42
97
60(1)
86
42
1
65(3)
46
60(7)
88

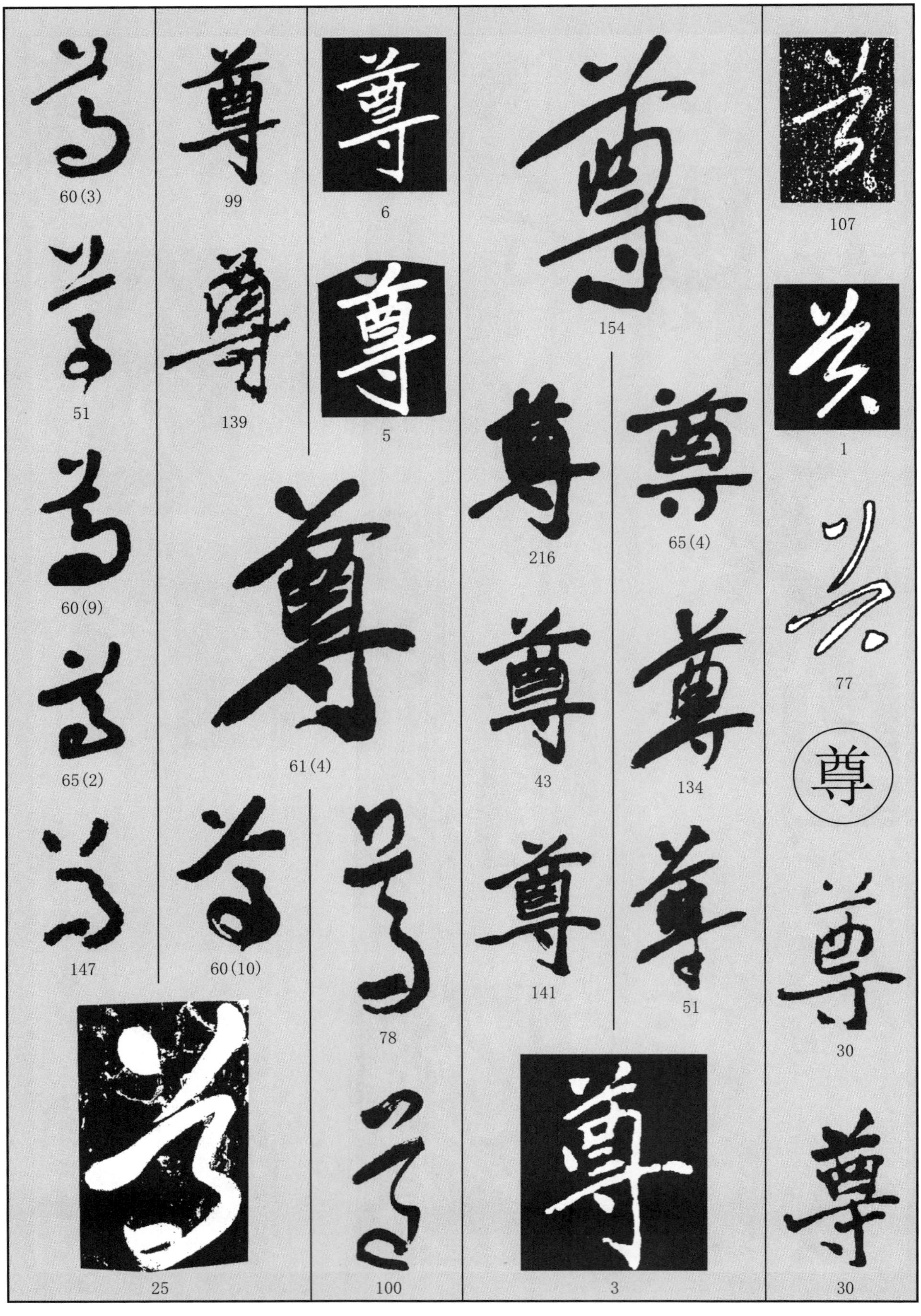
107
1
77
尊
30
30
154
65(4)
216
134
43
51
141
3
6
5
61(4)
78
100
99
139
60(10)
60(3)
51
60(9)
65(2)
147
25

145
74(1) ★
62(1) *
62(2) *
62(3) *
147
19
152 *
71(1) *
32(5)
32(11)
140
148
101 *
1
62(4) *
820
158
44
2 *
1
54(1)
54(1)
63(2)
1
61(1)
95 *

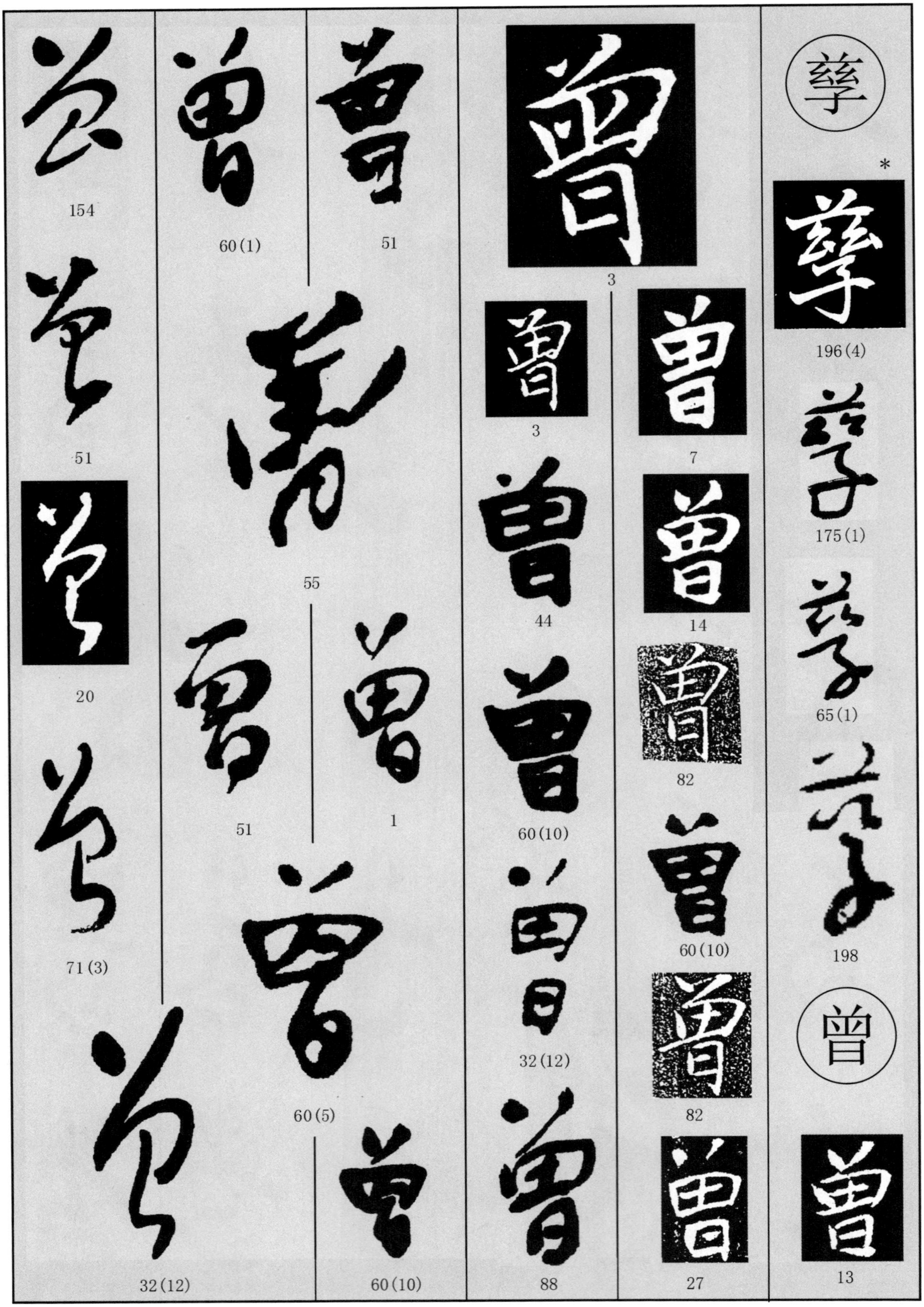

孳

*

196(4)

175(1)

65(1)

198

曾

13

7

14

82

60(10)

82

27

3

3

44

60(10)

32(12)

88

51

55

1

60(5)

60(10)

60(1)

51

32(12)

154

51

20

71(3)

10
7
88
98
61(4)
4
343
44
5
7
8
5
30
與
32(12)
208
78
11
88
30
巽
15
60(2)
煎
22
1017
32(2)
60(2)
51
81(6)
23
94
32(3)
60(8)
*
65(3)

9
134
88
45(1)
82
1
154
99
51
100
154
139
23
82
71(3)
24(2)
88
60(10)
60(6)
61(1)
45(1)
88
60(10)
71(3)
61(2)
60(8)
60(10)
60(10)
60(2)
1
54(2)
1
60(10)

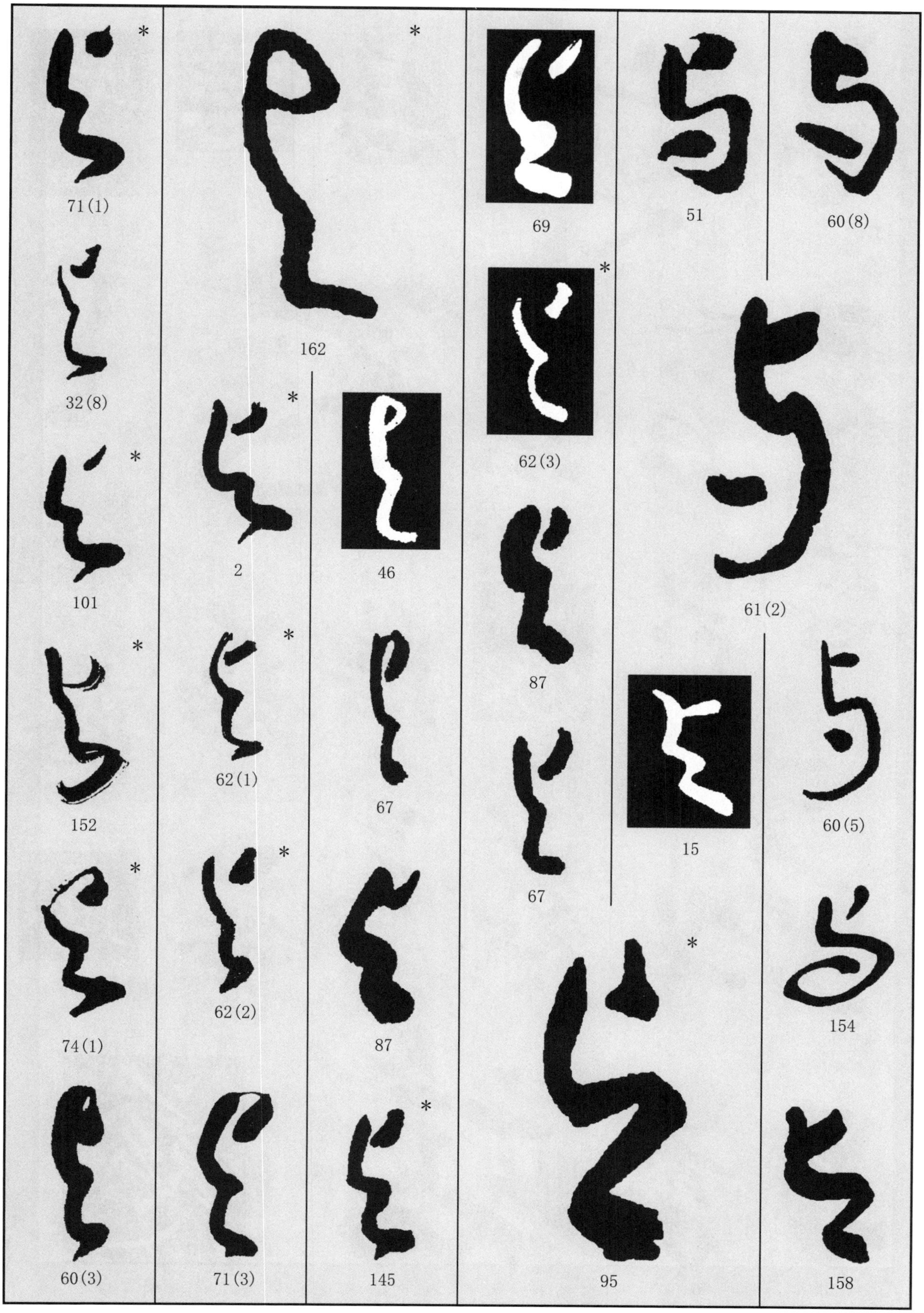

71(1)* 32(8) 101* 152* 74(1)* 60(3)
162* 2* 62(1)* 62(2)* 71(3)
46 67 87 145*
69 62(3)* 87 67 95*
51 15
60(8) 61(2) 60(5) 154 158

1
152
70
98
32(10)
62(1)
162
74(1)
70
62(4)
慈
81(8)
791
17
101
410
32(12)
101
415
155
155
58
158
62(4)
2
82

翦

71(1)
95
33
62(2)
1
62(3)
32(8)
98
翦
8
545
141
60(5)
47
60(10)
80(4)
154
32(3)
152
33
99
87
158
1
92
141
2

*
62(4)
*
71(1)
*
62(3)
*
62(2)
304
*
101
*
62(1)
*
95
32(3)
*
74(1)
麄
741
82
51
冀
65(2)
15
466
60(5)
*
60(3)
32(7)
97
97
60(8)
107
與
88
47
11
32(2)
11

101

71(3)

31

869

60(10)

71(3)

78

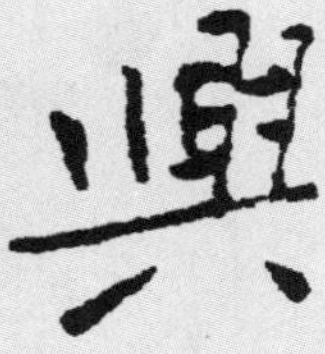
32(1)

139

1

81(8)

6

60(5)

71(3)

60(7)

60(7)

738

7

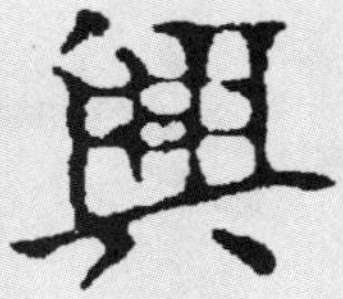
32(12)

65(5)

60(1)

82

1

14

88

100

82

44

145

71(3)

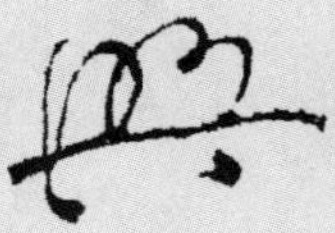
65(1)

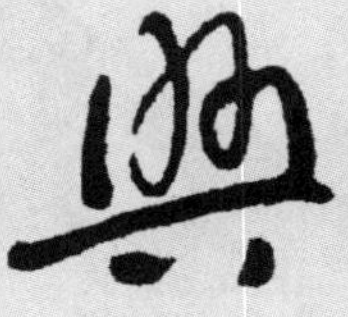
60(7)

71(3)

60(1)

12

十四画

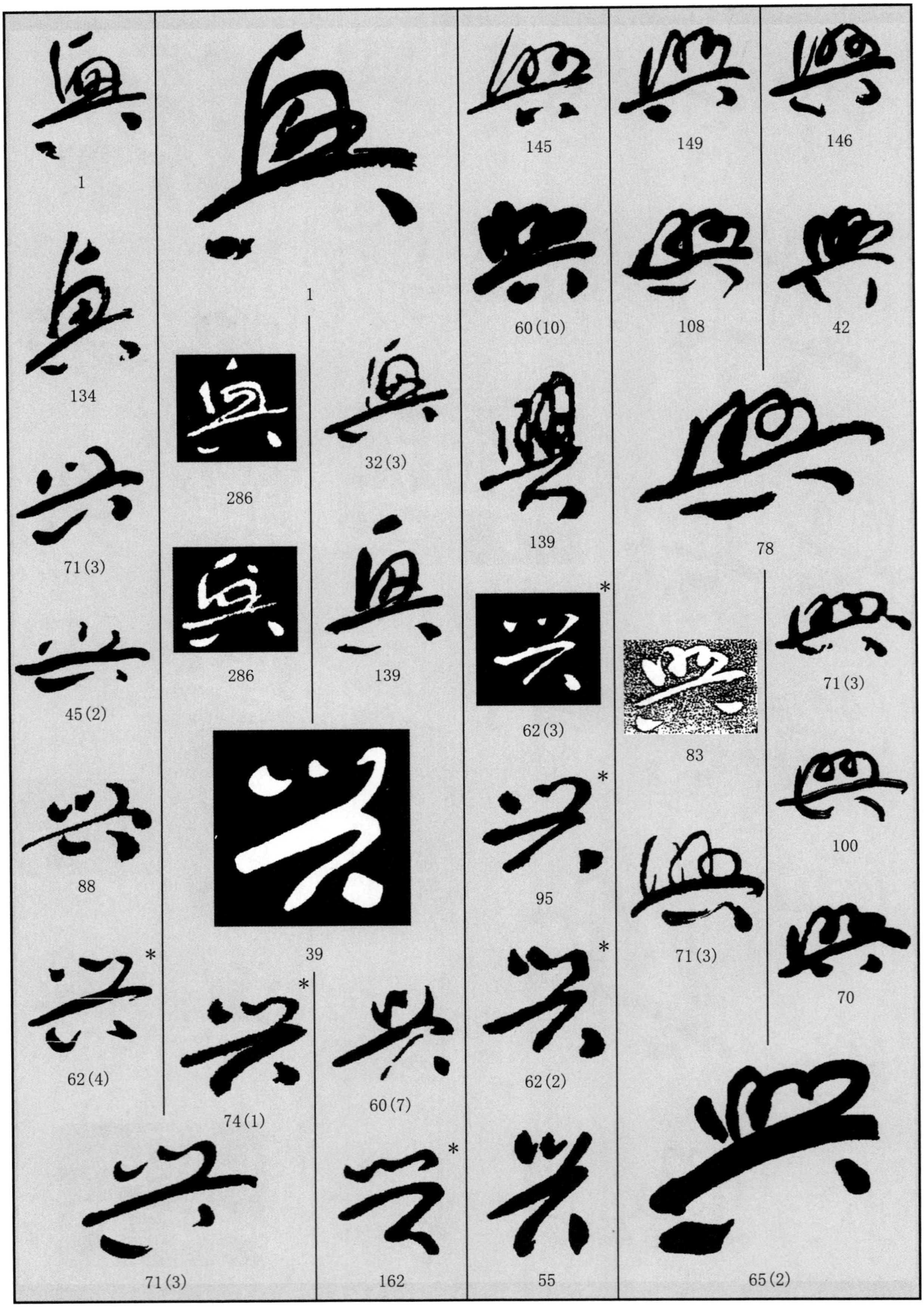
146
149
145
1
1
42
108
60(10)
134
78
139
32(3)
286
71(3)
71(3)
83
62(3)*
139
286
45(2)
100
95*
39
88
70
71(3)
62(2)*
60(7)
74(1)*
62(4)*
65(2)
55
162*
71(3)

八部

十四——十九画

人部

139
101
154
158
62(4)
139
154
70
154
2
139
夔
139
94
62(1)
61(3)
88
44
60(3)
62(1)
71(1)
145
1006
94
71(3)
輿
69
152
人部
人
65(5)
394
3
154

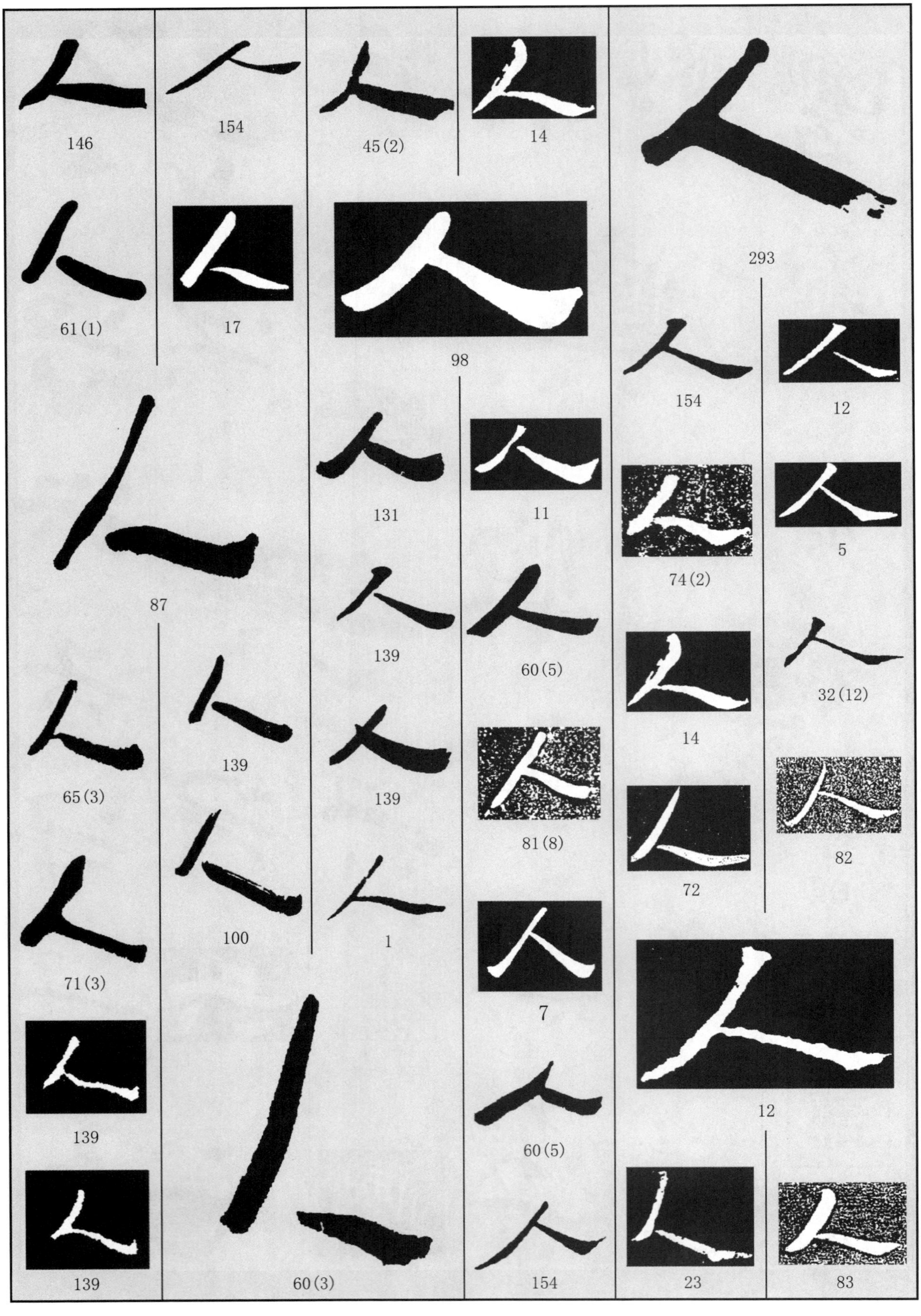

146 154 45(2) 14 293

61(1) 17 98 154 12

87 131 11 74(2) 5

139 60(5) 14 32(12)

65(3) 139 139 81(8) 72 82

71(3) 100 1 7 12

139 60(5)

139 60(3) 154 23 83

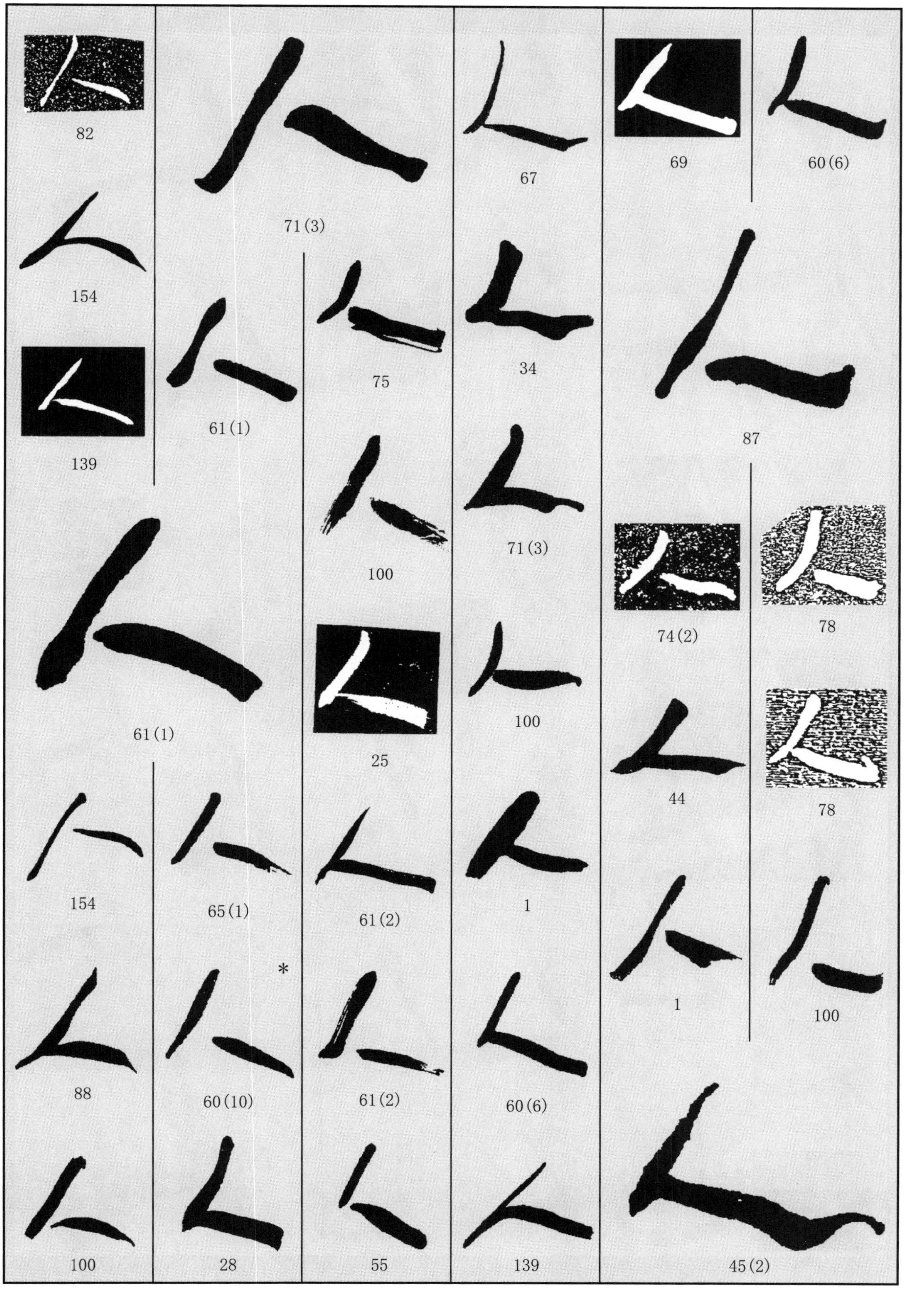
82
154
139
61(1)
154
88
100
71(3)
61(1)
65(1)
*
60(10)
28
75
100
25
61(2)
61(2)
55
67
34
71(3)
100
1
60(6)
139
69
60(6)
87
74(2)
78
44
78
1
100
45(2)

入

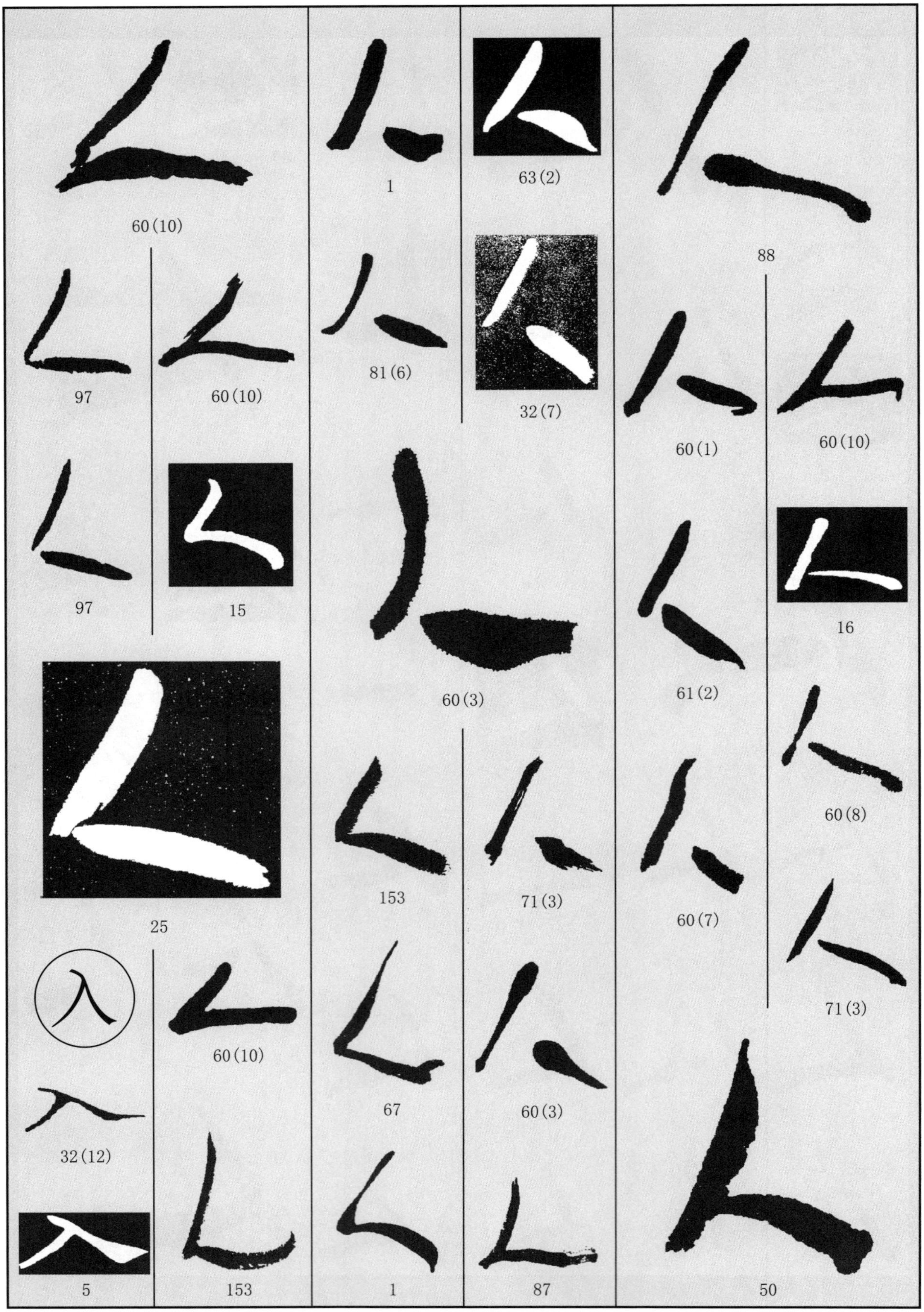

60(10) 97 60(10) 97 15 25 入 32(12) 5 60(10) 153

1 81(6) 60(3) 153 67 1

63(2) 32(7) 71(3) 60(3) 87

88 60(1) 60(10) 61(2) 16 60(7) 60(8) 71(3) 50

介

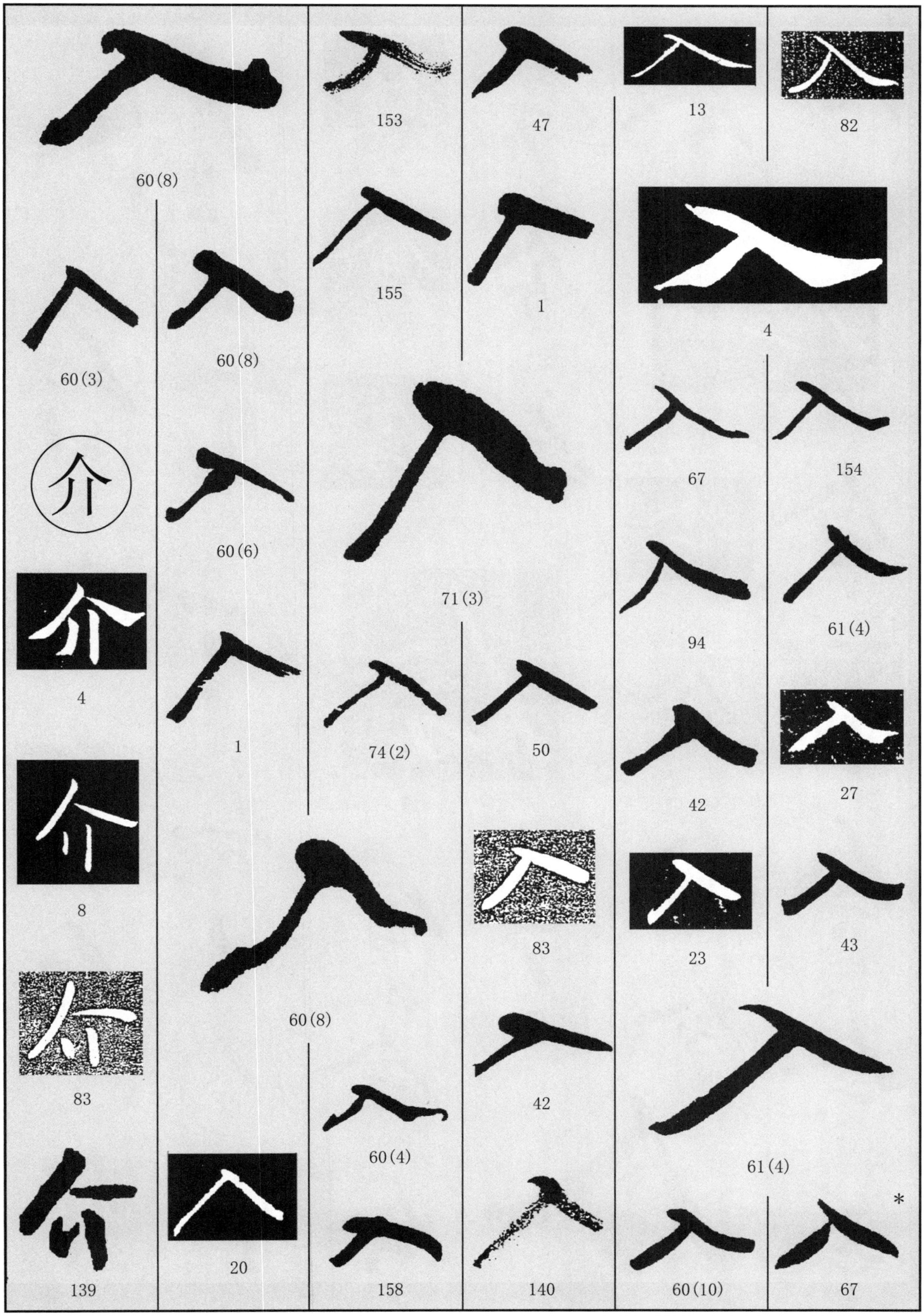
60(8)
153
47
13
82
60(3)
60(8)
155
1
4
介
60(6)
71(3)
67
154
4
94
61(4)
1
74(2)
50
42
27
8
60(8)
83
23
43
83
42
60(4)
61(4)
*
139
20
158
140
60(10)
67

154
*
51
51
51
51
1
70
51
70
今
32(12)
18
17
18
19
39
60(10)
44
60(10)
1
44
60(5)
140
55
55
3
61(2)
6
32(10)
32(6)
61(1)
101
140
32(2)
140

(吙)以

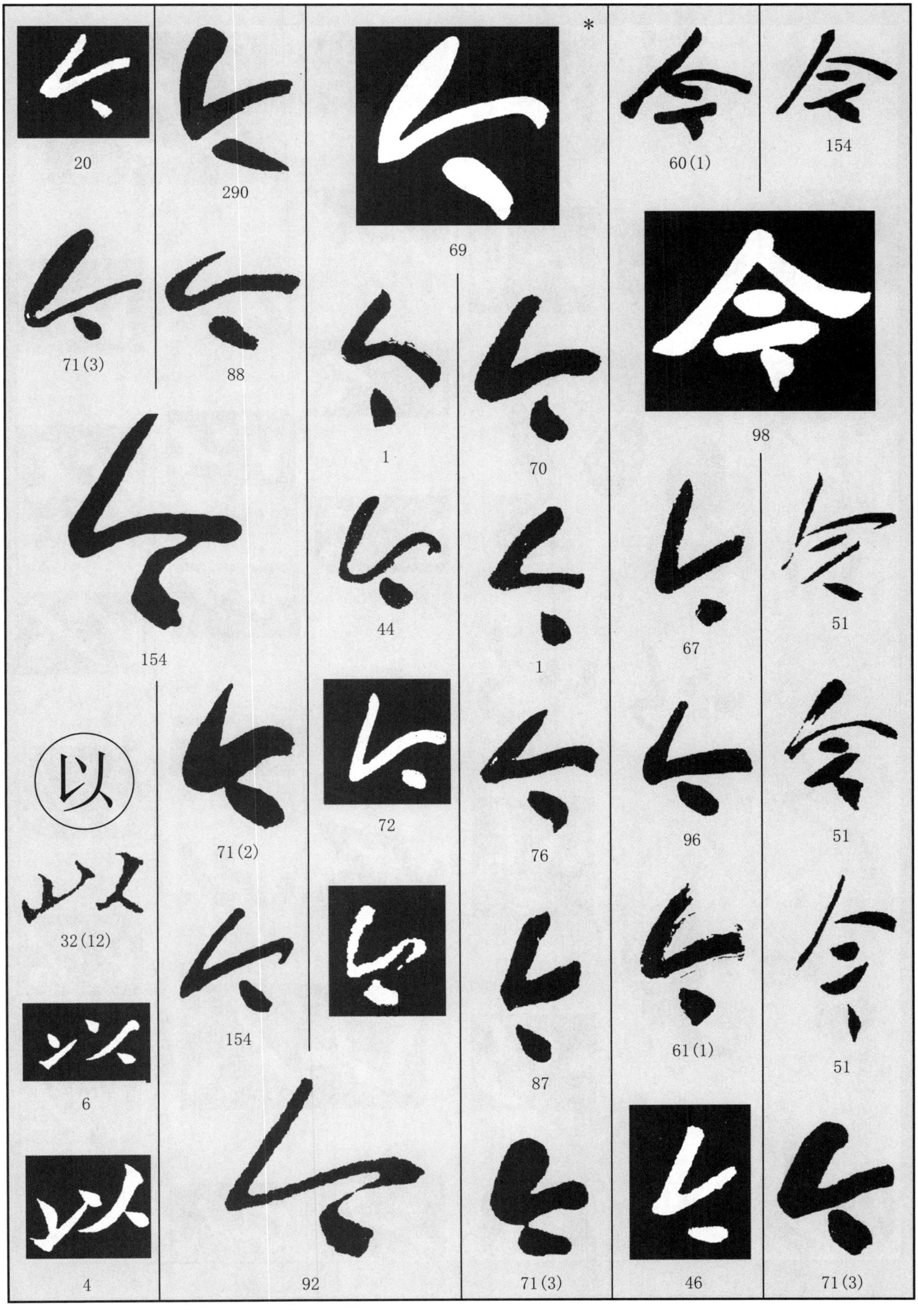

*
20
290
69
60(1)
154
71(3)
88
98
1
70
154
44
1
67
51
以
71(2)
72
76
96
51
32(12)
154
87
61(1)
51
6
92
71(3)
46
71(3)
4

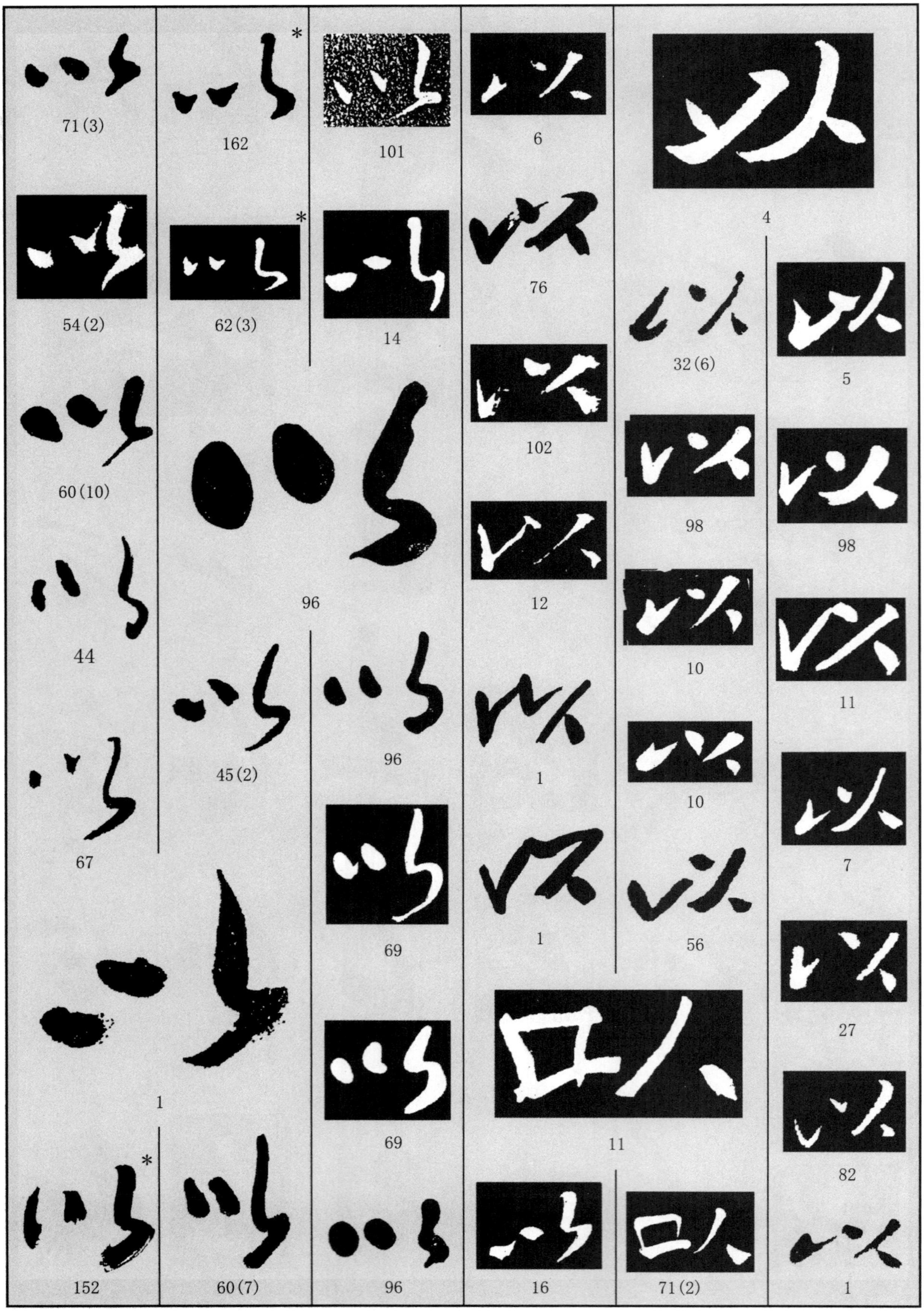

71(3)
54(2)
60(10)
44
67
1
152 *
162 *
62(3) *
96
45(2)
60(7)
101
14
96
69
69
96
6
76
102
12
1
1
16
4
32(6)
98
10
10
56
11
71(2)
5
98
11
7
27
82
1

人部

二画

154
2
74(2)
158
44
1
60(10)
32(6)
60(10)
46
51
54(2)
51
154
74(2)
51
32(6)
99
69
62(1)
61(4)
208
25
87
71(3)
81
67
74(2)
70
62(4)
95
101
71(1)
74(1)
61(3)

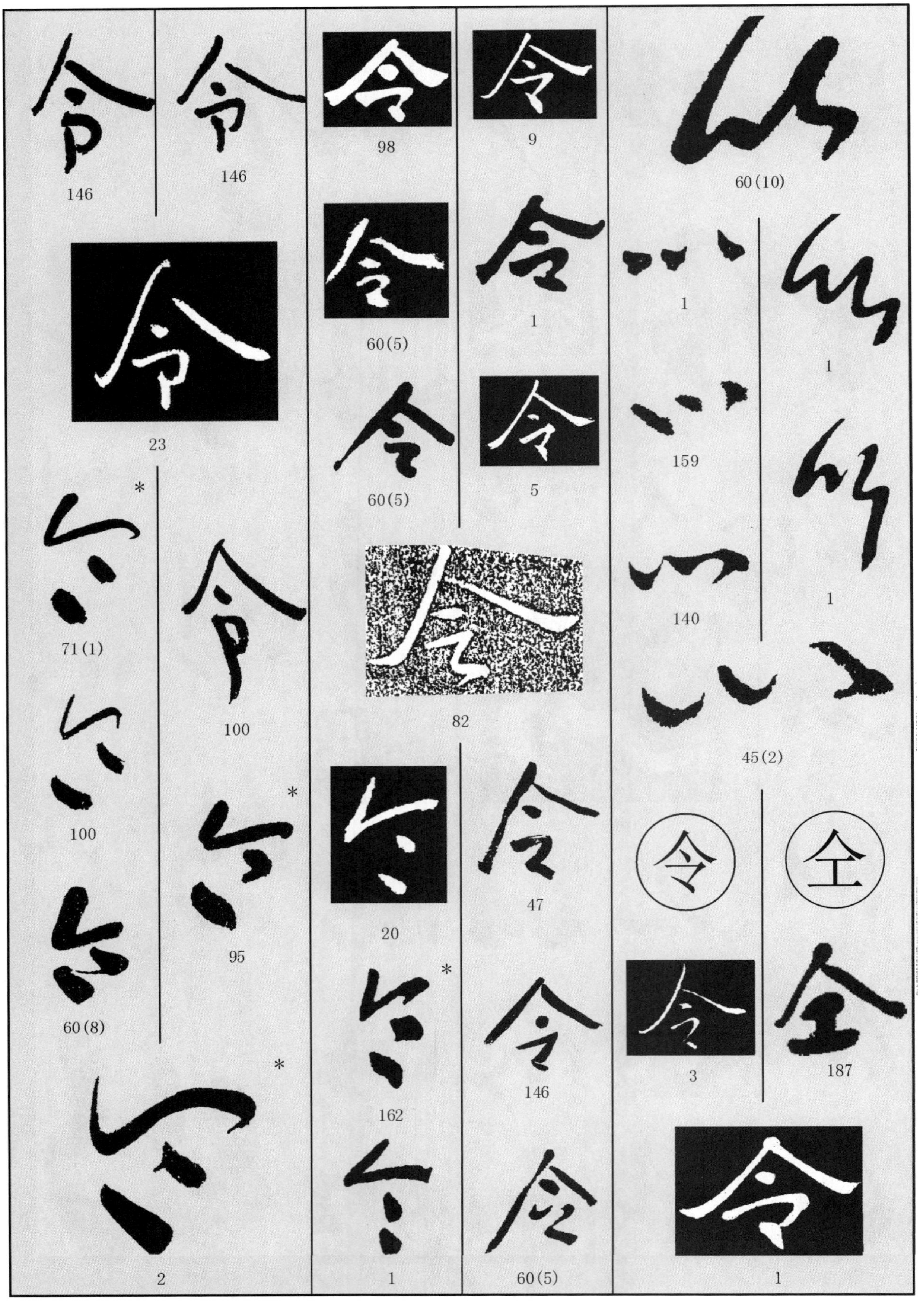

60(10)　1　1　1　159　140　45(2)

(令)　(仝)

187　3　1

9　1　5　82　47　146　60(5)

98　60(5)　60(5)　20　162*　1

146　146　23　100　71(1)*　95*　100　60(8)　2*

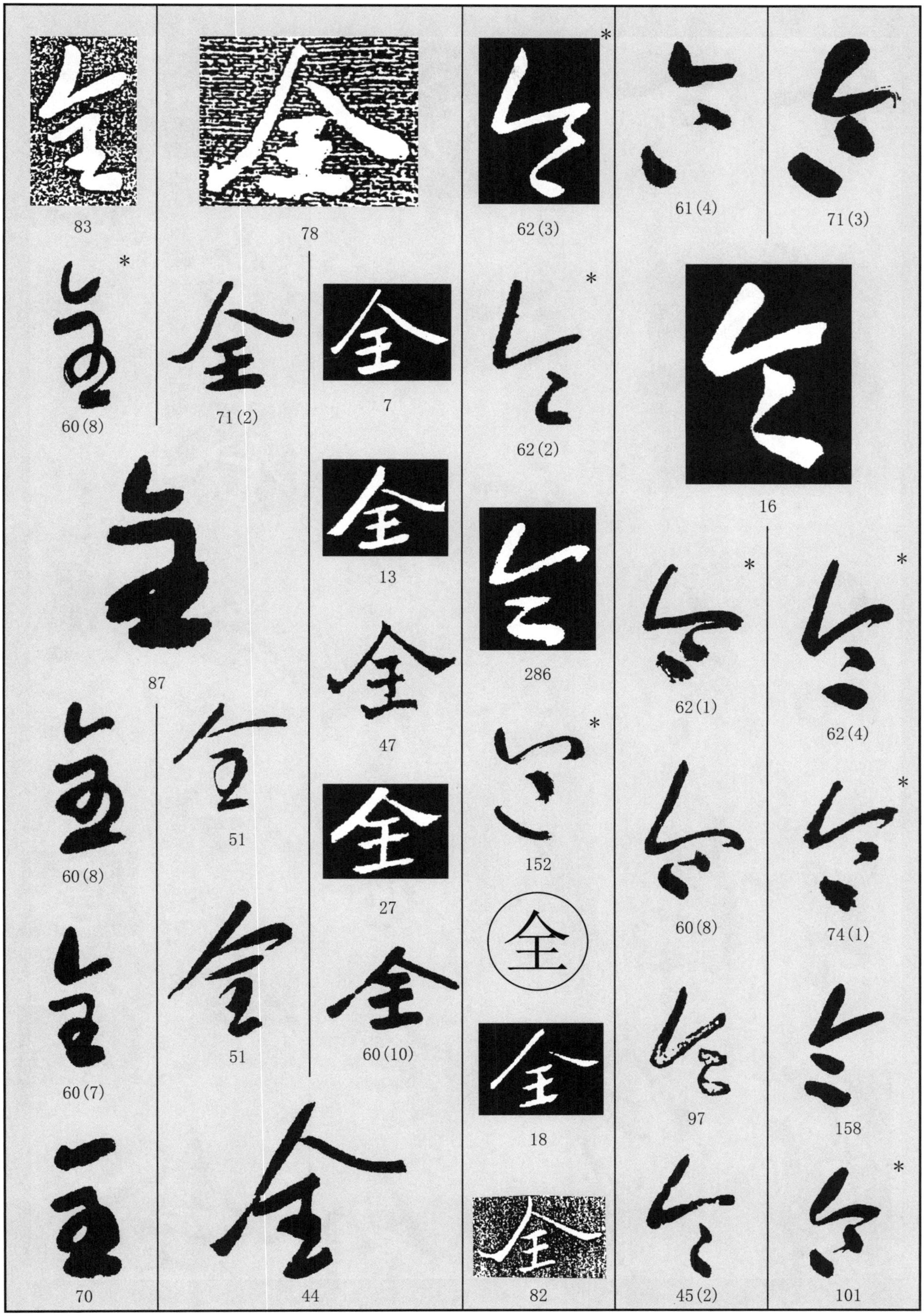
83
78
62(3) *
61(4)
71(3)
60(8) *
71(2)
7
62(2) *
16
87
13
286
62(1) *
62(4) *
47
60(8)
51
152 *
27
60(8)
74(1) *
全
60(7)
51
60(10)
18
97
158
70
44
82
45(2)
101 *

255 67 60(7) 合 12 18
8 1 23 71(3) 1 60(10) 32(12)
82 36 71(3) 60(1) 154 140 256
485 1 140 44
1 61(2) 60(6) 74(1) 51
74(2) 71(1)* 162* 46

余　企

32(10)　19　4　19　16　82　100

32(11)　余　13　12　71(3)

62(3) *　61(2)　62(2) *　企　1102(2)　51　175

145　71(3)　62(1) *　6　2 *

101 *　140　62(4) *　152 *

67　60(6)　158　95 *

16
70
134
54(2)
12
51
51
51
60(7)
60(5)
60(10)
174
274
174
19
19
*
59
395
153
19
66
70
32(9)
70
841
841
18

含

32(2)

3

61(4)

76

78

1

58

74(2)

1

42

61(4)

42

1

32(1)

60(9)

1

154

276

*

88

61(2)

66

61(1)

60(7)

25

1

148

146

872

44

舍

1 146 * 71(1) 61(3) 60(7)

65(5) 43 71(3) 51 51 100

122 145 154 150 42

60(9) 71(3) 45(2) 42 45(2)

563 4 18 60(5) 64

60(7) 154 140 147

命

32(12) 命 5 98 6 82 1 1 5 9 4

28 64 62(2) * 62(3) * 1

* 2 162 * 152 * 31 62(4) *

60(3) * 62(1) * 95 31

88 * 74(1) * 101 158 64(1)

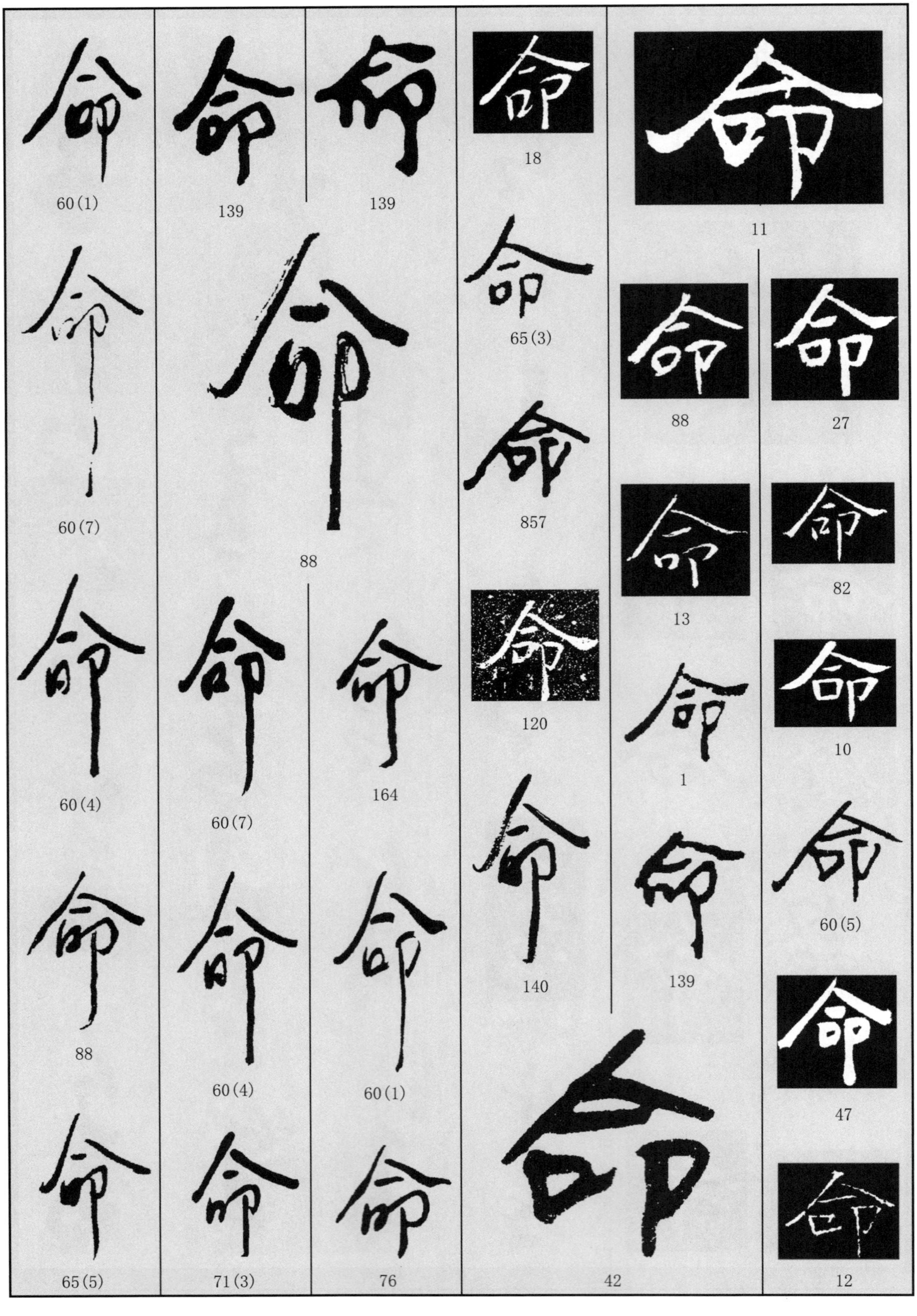
60(1)
60(7)
60(4)
88
65(5)
139
88
60(7)
60(4)
71(3)
139
164
60(1)
76
18
65(3)
857
120
140
11
88
13
1
139
42
27
82
10
60(5)
47
12

人部

六画

82 13 17 23 17 1 78 139 233 62(3) 54(2) 95 101 74(1) 87 152 78 87 71(3) 87 21 67 60(9) 60(7) 62(4) 71(1) 78 87 71(3) 67

(念 念)念

15
51
13
1
47
82
5
74(2)
139
60(10)
11
4
47
98
98
51
51
162
100
63(2)
62(1)
2
25
念
46
158
83
32(10)
394
97
28

306
62(2)
62(3)
62(1)
21
62(4)
28
158
66
1
47
162
146
32(7)
60(8)
74(1)
145
101
71(1)
95
74(1)
2
20
152
俞
5
组
51
60(1)
141

107
97
244
拿
32(12)
77
81(8)
倉
88
1
139
71(3)
60(5)
51
32(9)
1
60(9)
1
60(8)
63(2)
100
60(6)
65(2)
衾
44
1106
1102(1)
1
貪
98
44
32(12)

60(7)
舒
219
60(10)
70
翕
98
31
71(3)
103
44
1035
畲
44
146
1101
153 *
禽
8
44
10
145
71(3)
1
137
43
44
33
1
95 *
158
28
15
74(1) *
62(3) *

⿱亼贝　　愈

1
5
71(3)
71(1)
62(2)
162
55
12
愈
153
152
22
98
62(1)
140
*
97
44
60(3)
1
101
⿱亼贝
44
51
107
55
2
62(4)

會
74(2)
5
82
1
27
44
98
12
7
8
82
47
154
140
147
11
60(10)
100
61(3)
74(2)
42
15
146
86
51
154
139
139
42
1
60(10)

51
1
74(1)
74(2)
158
101
95
2
62(3)
71(1)
92
46
74(2)
23
87
101
62(1)
62(4)
83
31
62(2)
152
鋪
70
1106
龕
58
189
1106
54(3)
850
羅
139

乂部

乂

*

158

130

刈

196(6)

60(10)

爻

1

1102(3)

希

23

871

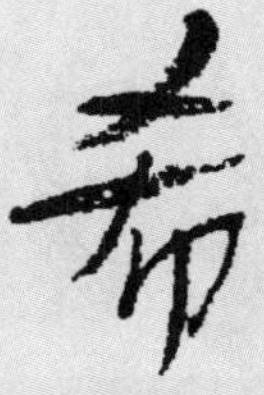
139

100

51

1

51

8

100

478

51

15

1

*

71(3)

74(2)

46

16

16

51

1

149

1

51

100

60(3)
51
74(2)
肴
30
1025
100
*
88
53
勹部
勿
4
83
23
8
4
8
1
27
98
18
13
98
141
*
71(1)
32(9)
*
95
*
101
*
62(2)
*
62(1)
*
62(3)

爻部

五——六画

勹部

二画

870 60(6) 100 61(3) 70 145 39

6 11 145 32(3) 104 61(2) 60(7)

勾 88 *146 1102(1) 句 61(3) 100

42 158 28 1 1 154

130 72 *2 *74(1)

*62(4) 87 81(4) *152 154

匋 甸 匈 旬 包 匄 匆

71(3)
134
32(2)
155
174
匋
74(2)
匈
78
71(3)
甸
187
旬
98
47
15
74(2)
32(7)
88
392
14
51
32(7)
55
154
139
匄
75
包
153
153
100
匆
51

勹部 六——九画

匕部 三画

匍
1
1
1
1
*
1
1
1031
匒
1
45(2)
*
92
匒
65(4)
1030
匐
1031
*
92
45(2)
匕部
北
88
7
13
74(2)
12
32(10)
60(10)
74(2)
126
65(4)
82
154
10
51
154
60(10)
82
60(10)
51
101

頃　　　　旨

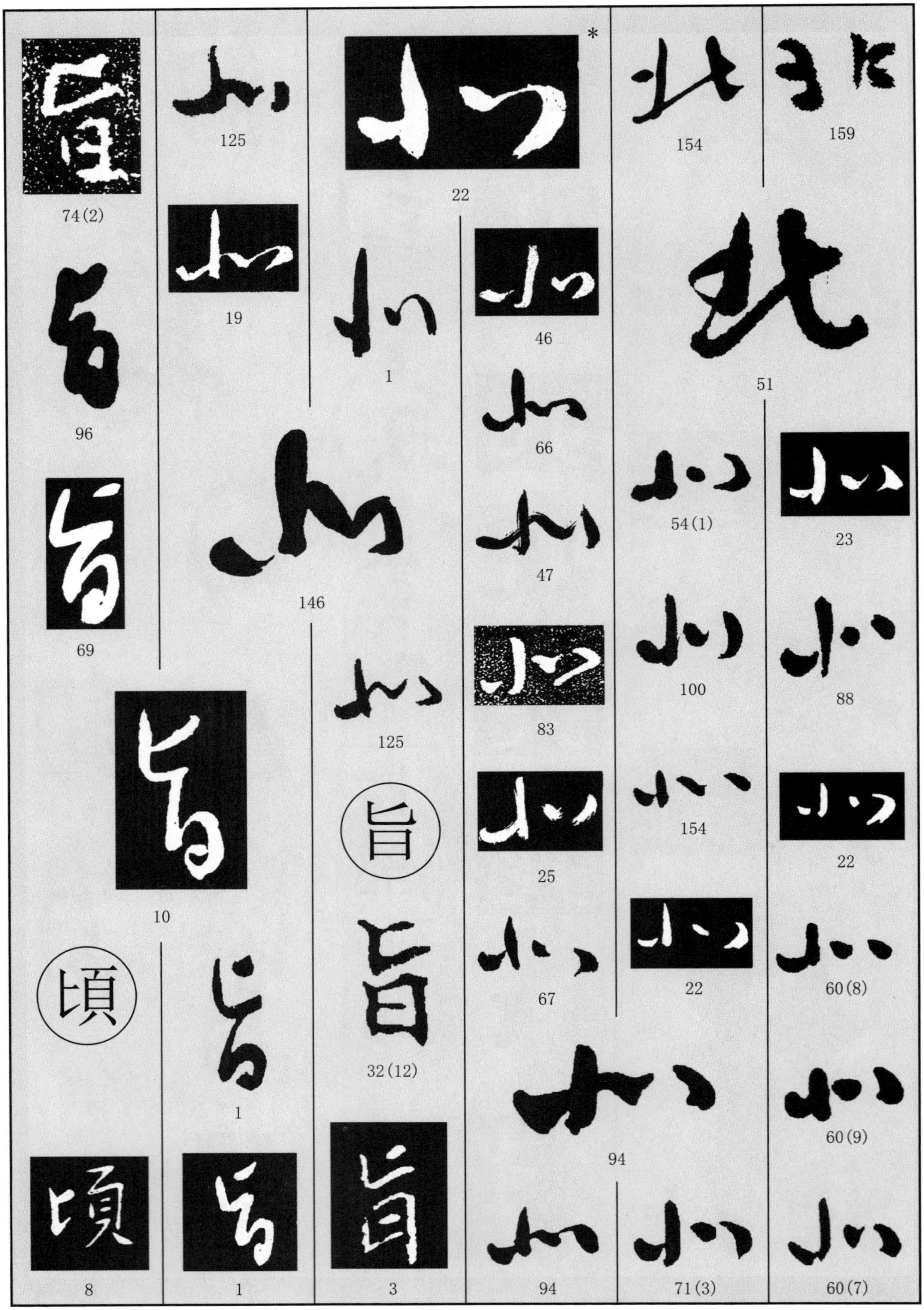

159
51
23
88
22
60(8)
60(9)
60(7)
154
54(1)
100
154
22
94
71(3)
46
66
47
83
25
67
94
* 22
1
146
125
旨
32(12)
3
125
19
10
1
1
74(2)
96
69
頃
8

（𠤕）疑

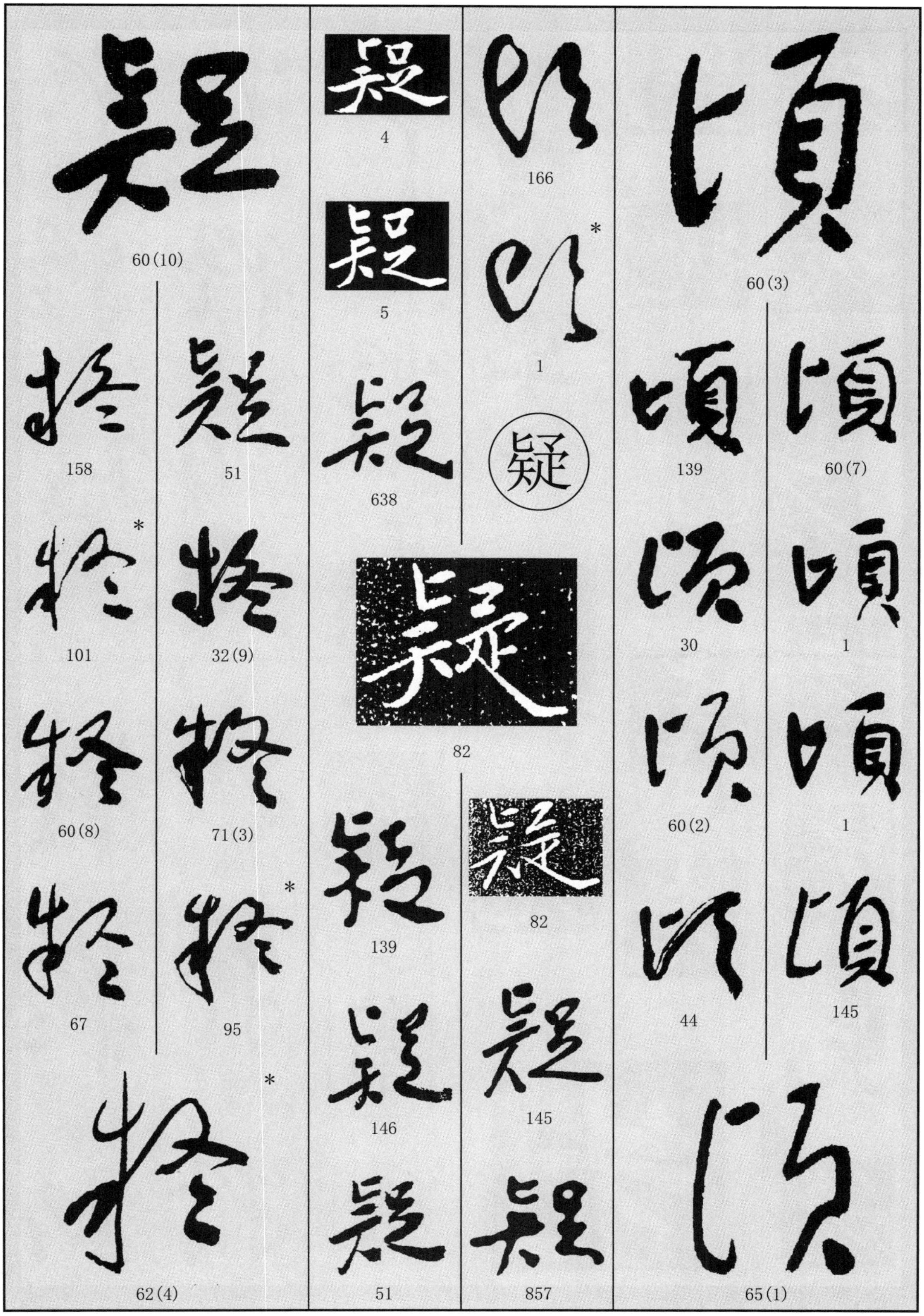
60(10)
158
51
101
32(9)
60(8)
71(3)
67
95
62(4)
4
5
638
82
139
146
51
166
1
疑
82
145
857
60(3)
139
60(7)
30
1
60(2)
1
44
145
65(1)

11
4
62(2)
32(3)
67
11
11
88
28
81(6)
60(8)
82
74(1)
153
12
15
74(2)
62(3)
74(1)
62(1)
74(2)
7
71(2)
儿部
先
162
2
51
27
71(2)
153
152

81(8) 18 1 60(10) 82

50 92 44 23 71(3) 101

7 66 154 92 61(1)

46 39 74(2) 160 78 74(2)

100 * 16 54(3) 81(8) 71(3) 60(8)

60(1) 71(3) 51 43 14

兜
1033
1033
1033
几部
几
63(2)
137
*
137
兇
196（2）
兕
1033
1102(1)
153
145
32(10)
14
139
1
137
61(2)
70
67
67
兆
3
58
3
100
22
87
96
60(5)
60(7)
67
153
16
15
20

朵
238
32(8)
65(4)
1009
87
841
148
67
22
32(7)
394
18
16
66
791
82
154
44
46
5
71(3)
60(9)
98
13
154
31
1
1
147
42
凡
70

162 134 71(2) 1 32(8)

152 2 32(5) 58 夙

62(4) 60(9) 25 67 82

95 62(3) 71(1) 45(2)

73 74(1) 1 28 76 158 324

62(2) 62(1) 101 63(2) 15

咒
60(9)
64(1)
60(9)
64(1)
64(1)
60(9)
45(2)
122
60(9)
60(9)
71(3)
101
65(5)
32(5)
122
154
45(2)
154
65(5)
45(2)
45(2)
64(1)
64(1)
32(5)
32(5)
32(5)
154
32(5)
32(6)
32(6)
皃
60(10)
1

（凰）鳳　凱　凰

凰：111　130　130　36　94

凱：10　6　100　7　749　154　71(2)　139　70　71(3)　42

鳳：3　3　104　10　324　44　60(10)　44　154　45(1)　160　45(2)　60(10)　234

几部

十二画

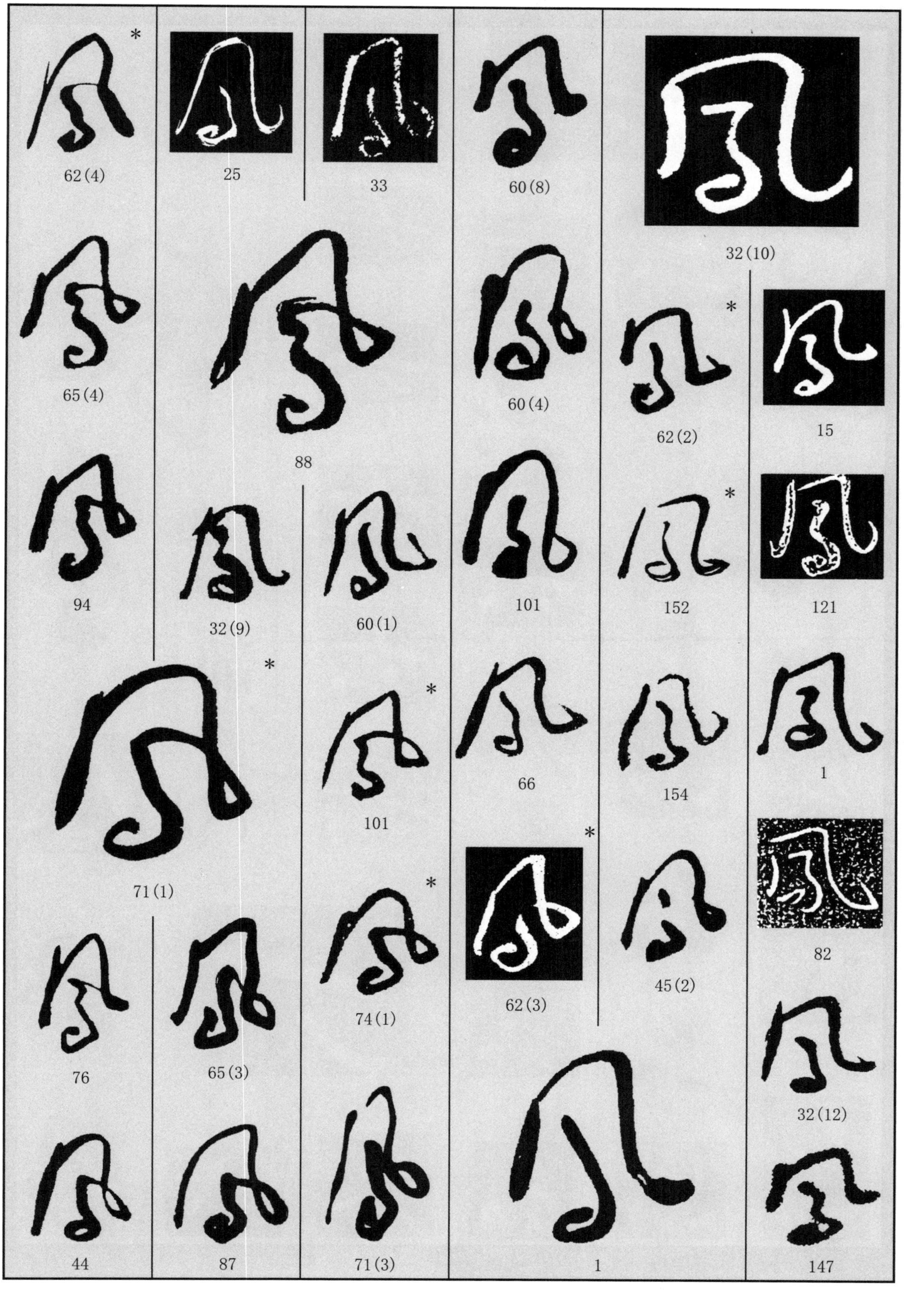

62(4)* 25 33 60(8) 32(10)

65(4) 88 60(4) 62(2)* 15

94 32(9) 60(1) 101 152* 121

71(1)* 101* 66 154 1

76 65(3) 74(1)* 62(3)* 45(2) 82

32(12)

44 87 71(3) 1 147

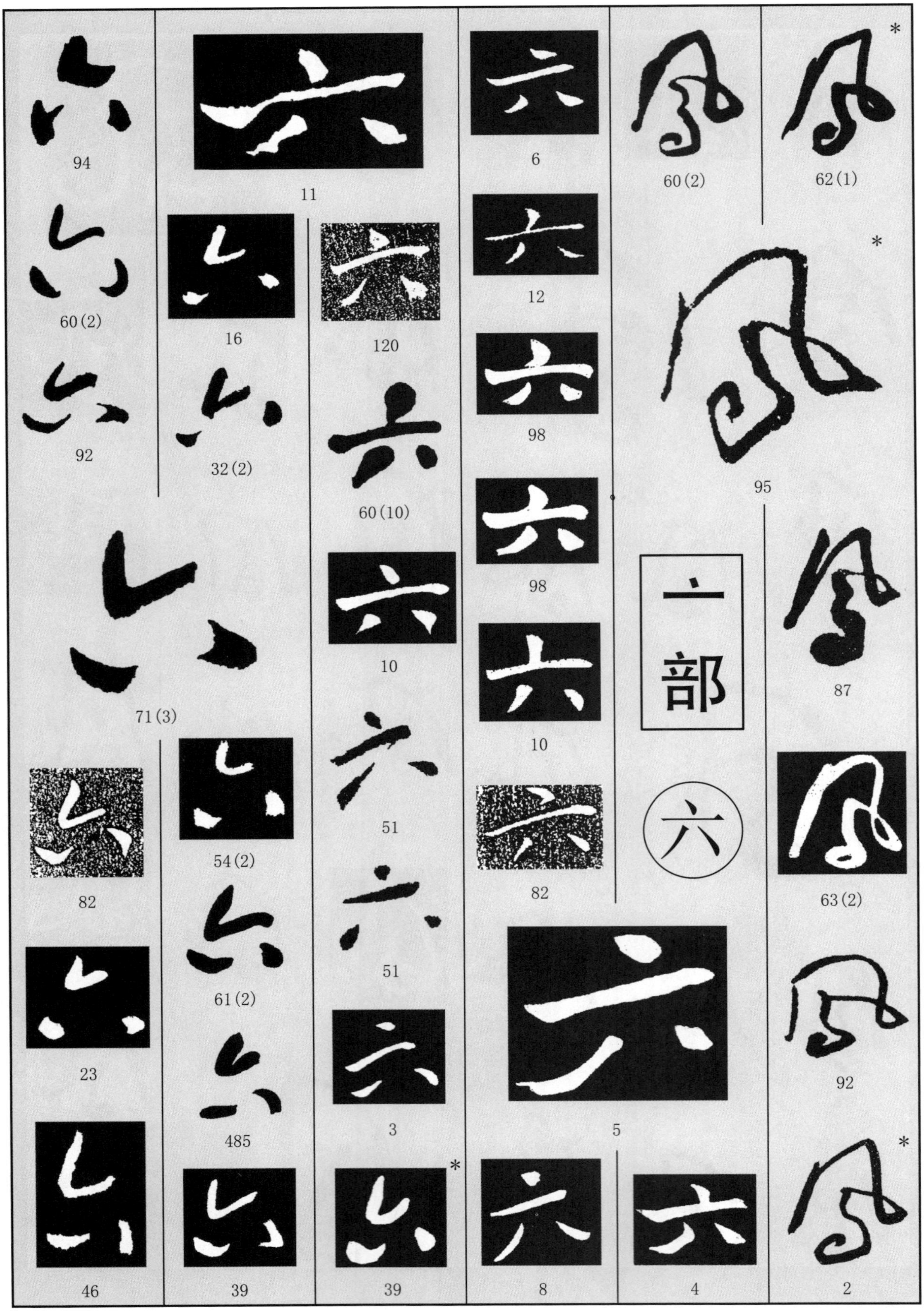
亠部
六
62(1) *
95 *
87
63(2)
92
2 *
60(2)
5
4
6
12
98
98
10
82
8
11
120
60(10)
10
51
51
3
39 *
16
32(2)
54(2)
61(2)
485
39
94
60(2)
92
71(3)
82
23
46

市

100
74(2)
60(2)
65(3)
65(2)
60(10)
45(2)
1
88
3
20
60(3)
65(4)
32(1)
74(2)
74(2)
70
市
8
82
32(10)
51
32(8)
60(1)
139
65(3)
71(3)
88
1
81(6)
15

交

74(2)
82
32(7)
71(1)
474
100
2
74(1)
92
62(3)
158
62(1)
62(4)
101
95
62(2)
152
1022
交
82
8
56
140
6
5
5
27
44
32(1)

亥

51
51
51
51
28
158
1
32(6)
2
821
72
32(10)
62(4)
62(1)
71(1)
74(1)
62(2)
101
152
71(3)
76
61(2)
62(3)
70
60(4)
98
95
7
162
82
亥
10

充

62(4)* 74(1)* 4 46 87 23
101* 60(5) 8 充 74(2) 27
61(1) 88 74(2) 30(10)
141 71(1)* 62(4)* 95* 23 621
83 2* 62(1)* 121 139
158 152* 74(2)

1
62（3）*
亨
726
99
44
60（10）
141
71（3）
166
166
145
71（3）
151
151
130
145
47*
1
32（1）
京
65（1）
95*
94
62（3）*
15
225
62（2）*
158
164

（享）享

152
18
62(4)
71(1)
62(1)
74(1)
101
83
41
60(8)
81(6)
28
8
71(3)
2
162
54(2)
71(3)
71(2)
6
74(2)
51
51
6
51
享
7
71(2)
140
154
74(2)

（夜 亱）夜

7
12
42
13
766
14
74(2)
18
74(2)
19
87
45(2)
107
22
46
20
*
夜
5
42
3
88
1
60(10)
10
1
82
82

154
32(1)
43
221
34
154
45(1)
32(2)
99
99
60(10)
42
60(10)
154
134
154
82
275
139
139
32(9)
15
42
*
32(3)
214
445(2)
62(3)
61(3)
45(2)
65(2)
239
1

1
60(7)
62(1) *
62(4) *
100
60(7)
88
99
69
88
60(6)
1
45(1)
45(2)
67
60(10)
32(8)
30
1
1
71(3)
162 *
2 *
54(2)
95 *
62(2) *
101 *
71(1) *
30
74(1) *
60(4)

卒
152
281
140
5
82
4
7
10
5
5
12
5
80
45(2)
113
23
18
16
32(7)
22
65(2)
92
92
22
107
4
60(5)
19
83
23
60(5)

74(2)

究

104

育

4

98

7

12

148

65(4)

14

101

1

70

32(6)

1

60(4)

28

131

1

32(10)

*

62(3)

72

61(1)

31

*

162

76

*

62(2)

62(4)

71(3)

*

101

哀

152
74(1)
69
60(4)
96
61(3)
95
74(2)
2
62(1)
75
65(1)
145
71(1)
158
哀
58
44
98
55
139
27
98
60(10)
60(10)
275
3
82
42
42
18

13
91(8)
*
62(3)
1
*
62(4)
17
17
*
62(1)
63(2)
*
2
*
162
32(10)
30
*
101
65(5)
*
95
*
74(1)
*
62(2)
65(4)
71(3)
*
71(1)
21
87
*
152
60(8)
78
139
23
亭
345

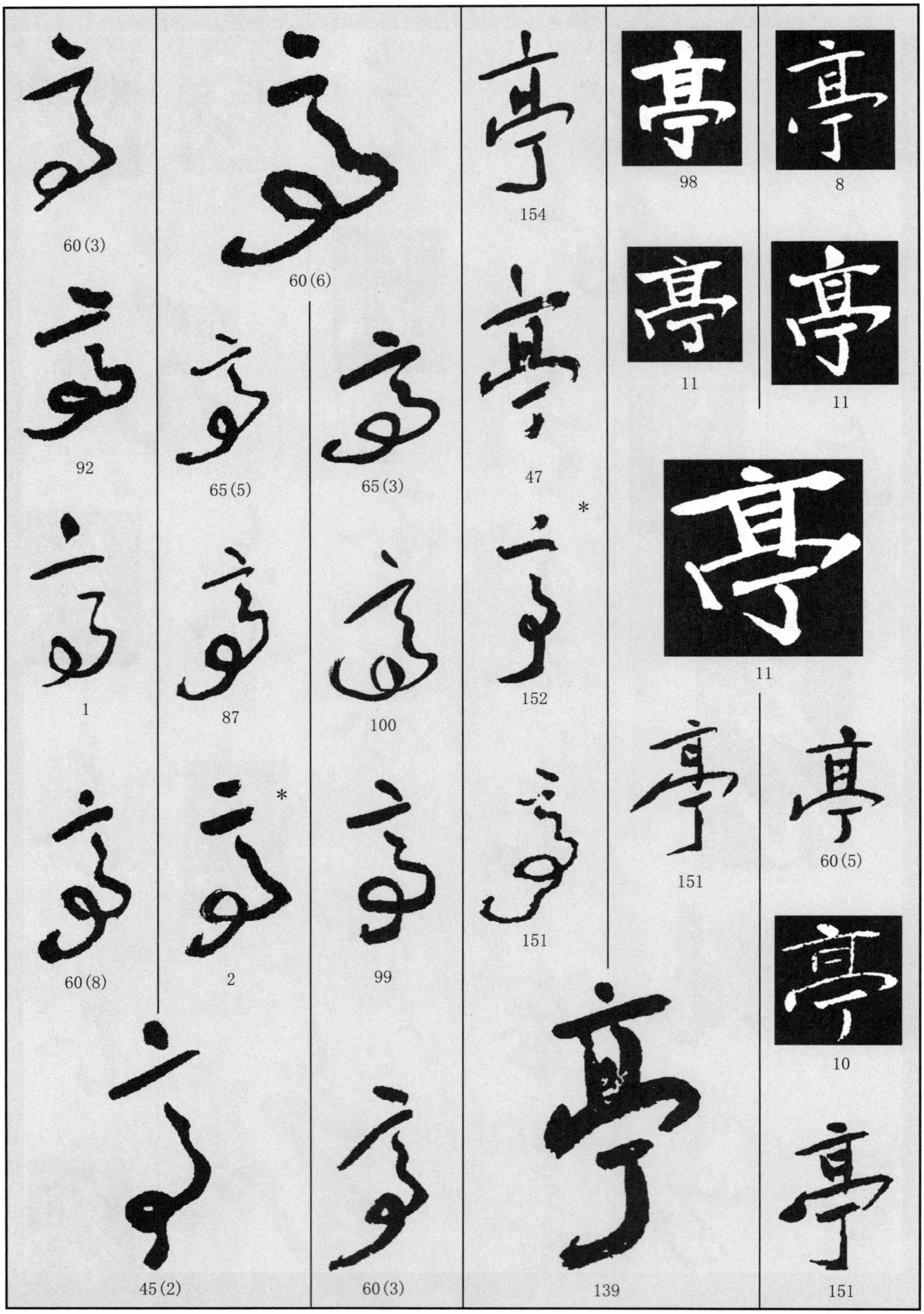
8
98
11
11
11
60(5)
151
10
151
139
154
47
*
152
151
65(3)
100
99
60(3)
60(6)
65(5)
87
*
2
45(2)
60(3)
92
1
60(8)

（亮）亮

60(10)
60(10)
60(10)
158
39
71(2)
62(3)
32(12)
62(2)
62(1)
45(2)
32(7)
614
60(7)
65(4)
71(1)
74(1)
101
95
亮
146
139
62(4)
139
73
34
45(1)
100
60(4)
104

158
32(9)
44
1
67
1
139
82
27
65(2)
33
74(1)
139
86
67
101
146
51
60(5)
139
73
88
64(1)
104
44
60(5)
7

74(1) 64(1) 64(1) 60(2) 60(4)
88 71(3) 67
44 60(1) 60(7) 67 65(5)
62(2)* 67 78 152* 64(1)
71(1)* 2* 101* 62(4)*
62(12)* 162* 101 95*

衰

（畞畆畒）畝

71(3)
62(3)*
73
73
衰
98
3
98
141
55
51
61
1*
71(3)
16
60(1)
71(3)
65(2)
16
65(3)
153
32(11)
畝
60(6)
65(4)
60(10)
146
17
71(3)
60(8)
147
154
1
130

264
146
139
139
71(1)
65(1)
61(2)
147
51
60(8)
3
54(2)
16
158
衷
旁
32(12)
54(2)
32(9)
1
32(9)
1
62(2)
95
62(3)
2
71(1)
10
74(1)
62(4)
152
62(1)

（毫）毫　衮

毫
32(3)
134
65(4)
38
45(2)
65(3)
30
62(2)
152
衮
44
111
129
60(9)
62(3)
62(1)
74(1)
62(4)
2
134
162
101
1
95

烹
111
55
46
46
105
153
88
147
44
1
17
88
65(3)
141
76
28
1
158
2
152
890
95
74(1)
62(2)
62(4)
62(1)
62(3)
71(1)
101

商

82

商

32(12)

27

12

3

78

5

134

51

61(4)

210

78

145

19

51

45(2)

46

32(7)

60(7)

39

74(2)

*
92

45(2)

92

204

890

率

14
10
7
10
6
3
82
51
54(2)
1
83
158
97
107
97
61(1)
88
16
62(3)
71(1)
62(1)
152
101
2
162
61(4)
62(2)
62(4)
145
61(2)
74(1)
88
145
19
95

33
牵
65(4)
1
154
60(8)
655
32(7)
*
32(12)
45(2)
153
153
66
裒
1102(2)
就
82
60(8)
71(3)
139
42
42
71(3)
70
71(2)
51
5
10
5
27
14
10
60(10)
1

*
65(4)
32(8)
71(3)
60(3)
65(4)
23
啻
71(3)
裹
156
92
74(2)
46
16
310
45(2)
101
32(9)
32(9)
130
30
4
5
81(8)
71(3)
558
154
4
45(2)
60(3)
60(6)
*
45(2)

亶　（禀）稟

60(8)
60(6)
100
100
60(3)
71(3)
60(8)
55
139
88
174
16
60(5)
60(5)
32(1)
60(10)
60(5)
154
141
60(10)
154
71(3)
稟
47
165
71(3)
*
32(11)
32(2)
亶

亠部

十一画

53
棄
98
78
71(2)
42
7
82
32(10)
174
139
88
140
88
154
23
62(3) *
62(2) *
60(7)
100
45(2)
882
88
71(1) *
51
153
40
28

32(12)
152
62(4)
95
2
158
74(1)
101
62(1)
雍
60(2)
42
32(10)
97
107
77
裹
196(2)
1
70
1012
豪
1
8
60(4)
32(2)
10
892
582
60(10)
44
42

61(4) 1 1 60(5) 166 134

44 466 83

100 101 55 81(4)

146 32(9) 328 1 162*

137 71(3) 62(3)*

60(3) 62(1)* 95* 2* 32(10)

褒

23
60(3)
65(1)
45(2)
580
65(4)
32(8)
60(3)
*
152
45(2)
76
88
*
62(4)
60(2)
*
71(1)
*
62(2)
101
*
74(1)
60(7)
19
19
褒
20
32(3)
22
119

44
56
86
32(9)
*
32(9)
139
53
154
249
亹
1030
冫部
冲
65(4)
153
71(3)
*
147
甕
196(4)
42
60(7)
107
121
140
107
54(2)
44
9
4
*
97
32(7)
襄
196(2)

冫部

四画

次
4
15
51
71(1)
32(10)
6
61(4)
74(2)
18
71(1)
47
15
51
2
62(4)
51
13
74(2)
62(3)
66
158
27
82
220
74(1)
152
8
95
14
126
101
74(2)
62(2)

（冰）冰　　　　　　　　（决）决

60(3)
74(2)
61(3)
69
62(1)
554
87
32(8)
162
324
6
160
5
62(1)
71(2)
13
44
846
489
51
1
16
冰
65(4)
134
决
92
46
146
76
140
32(11)
134
32(7)
11
8

况

166
60(10)
1
67
229
78
139
1
30
480
31
32(1)
况
60(2)
45(2)
15
60(10)
134
140
147
148
130
63(2)
1
25
154
*
60(9)
151
338
243
32(2)
108

（净）净　治　冷

净
32(1)
74(1)
134
45(2)
60(9)
166
32(8)
232
15
153
治
1
65(3)
94
94
58
1
145
42
88
65(5)
60(3)
63(2)
60(10)
65(3)
87
32(8)
92
46
67
60(9)
66
冷

清

1
42
60(2)
51
154
243
32(12)
64(1)
32(5)
71(3)
154
78
71(3)
70
64(1)
61(3)
92
101
清
45(2)
158
1
62(1)
2 *
62(3) *
101 *
71(1) *
62(4) *
74(1) *

101
62(4)
88
62(2)
95
2
60(7)
1
28
162
1
62(2)
60(1)
821
152
凌
74(1)
32(12)
33
100
55
1
101
55
81(6)
78
62(1)
71(1)
30
81(6)
1

（冻）凍

（凄）淒

95
62(3)
152
凍
1
328
140
1
71(3)
60(1)
101
32(8)
淒
60(5)
88
44
60(4)
141
76
99
1
65(3)
32(8)
60(1)
100
137
174
200
100
60(6)

32(8)　159　158　66　凉　1　166

2　凋　78　153　65(2)

71(1)*　71(3)　95*　61(3)　145*

1　162*　61(2)　39　61(4)　100*　61(3)

938　1　61(1)　77　11

60(4)　88　65(4)　147　准

42
99
60(1)
34
45(1)
45(1)
60(4)
32(1)
44
151
158
62(2)
100
60(6)
1
62(1)
71(1)
101
60(2)
2
32(9)
1
71(2)
95
60(8)
62(1)
74(1)
62(4)
65(4)
65(2)
146

馮　滄　（減）減　湊

8

8

8

6

5

83

83

28
馮

7

58

10

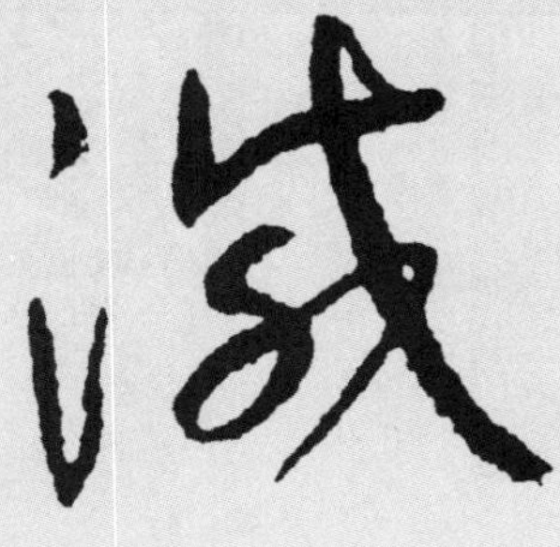
64(1)
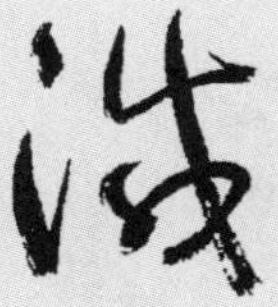
71(2)

101
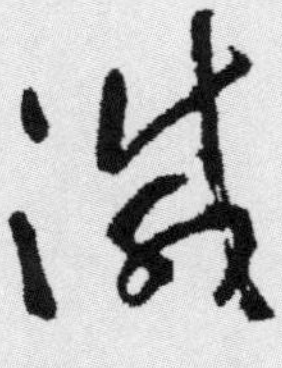
60(3)
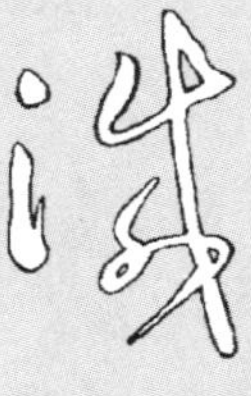
32(5)
滄

158

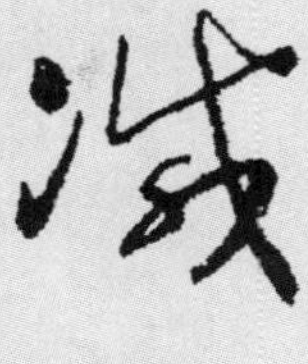
65(5)
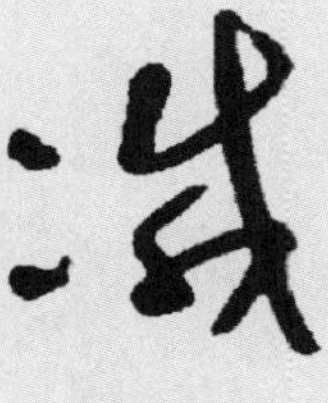
243
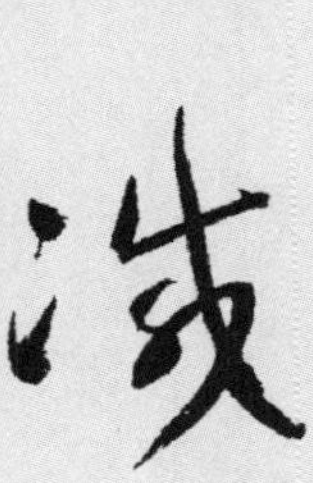
61(1)
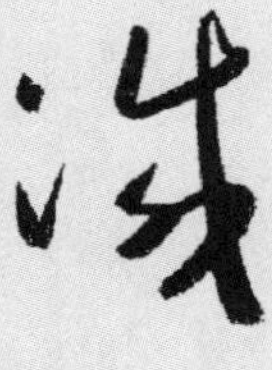
153

71(3)
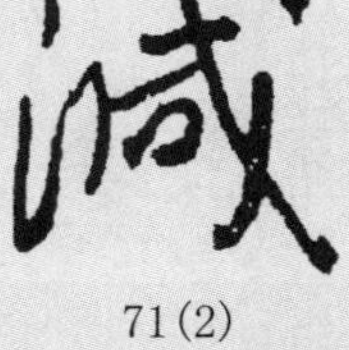
71(2)

*
62(3)
減

154

60(9)
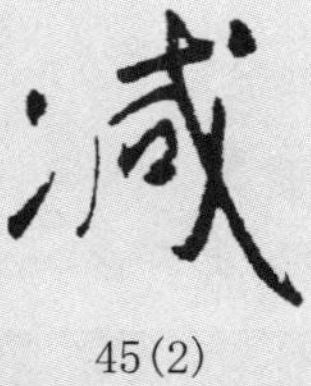
45(2)

100
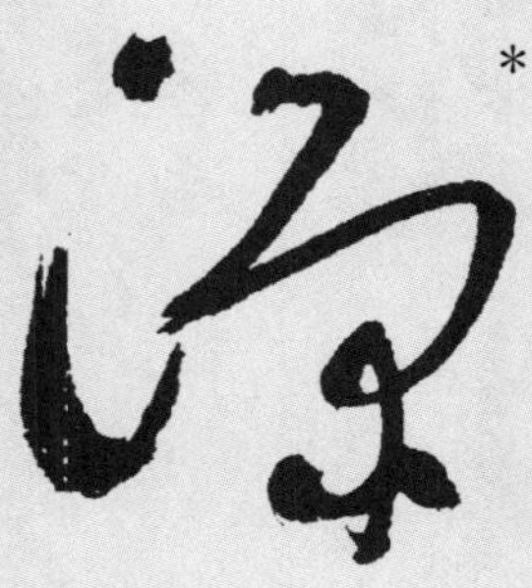
*
152
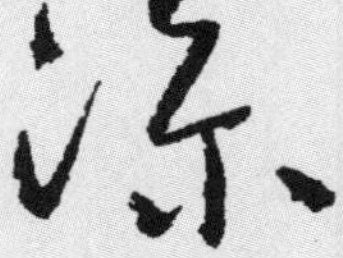
1

1
湊
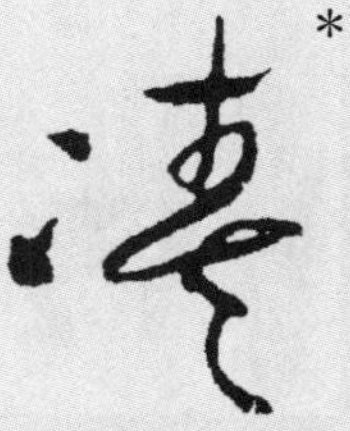
*
92

（凝）凝　　　　（凜）凜

1　60(5)　100　54(2)　139　146 *　1

134　145　148　凝　3　154

32(10)　1　147　154

140　85 *　60(9)　140　25

23　30　1102(1)　32(5)　81(6)　99

51　30 *　97　30　97　107　凜

346
冖部
冗
32(12)
罕
3
84
1102(2)
1031
71(3)
冠
3
6
7
32(10)
71(3)
324
60(2)
65(4)
99
62(3)
71(3)
158
71(1)
74(1)
152
94
101
2
95
63(2)
62(4)
20
129
62(2)
25
60(2)

（罕） 軍

152
60(9)
139
15
100
88
62(1)
860
65(5)
88
45(1)
100
154
47
60(10)
44
141
70
軍
44
5
98
8
4
7
82
51
27
10
11
82
1
11
74(2)

210
32(11)
95 *
16
71(2)
82
46
158
44
75
65(1)
60(10)
152 *
71(2)
14
74(1) *
1
60(10)
2 *
92
62(1) *
71(3)
60(5)
63(2)
60(6)
62(2) *
31
45(2)
25
28
71(1) *
70
1

（冥）冥　　(塚 冢)冢

62(3)
101
100
45
100
67
99
159
70
62(4)
51
51
70
73
冢
32(12)
154
1
60(5)
71(3)
44
134
21
87
92
76
66
冥
58
141
76
139
60(10)

（寃）冤

60(9)

71(3)

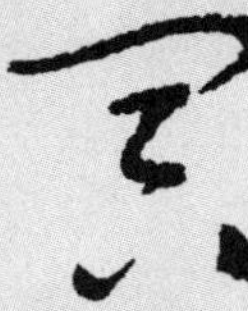
1

60(3)

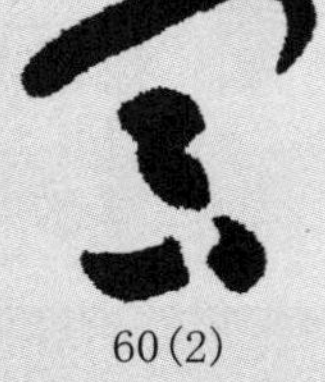
60(2)

139

44

* 62(3)

* 101

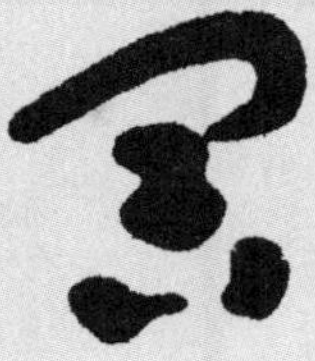
60(9)

65(4)

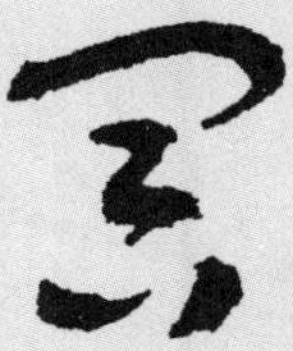
* 95

* 62(4)

25

* 2

* 152

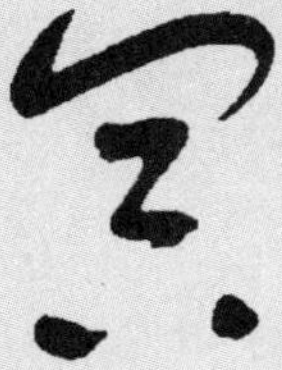
158

* 74(1)

* 62(1)

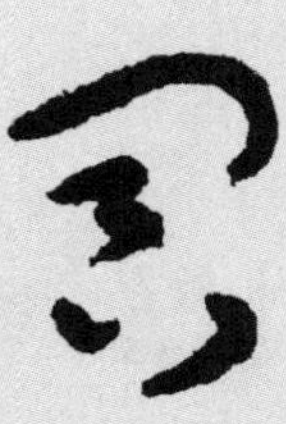
60(3)

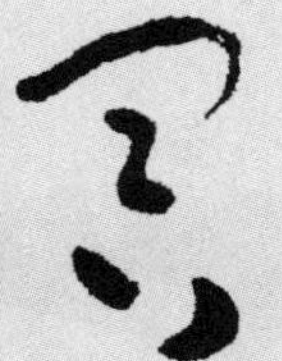
60(3)

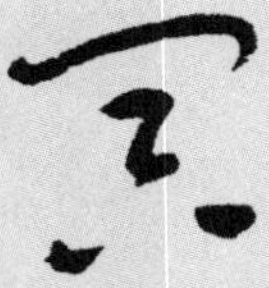
28

* 62(2)

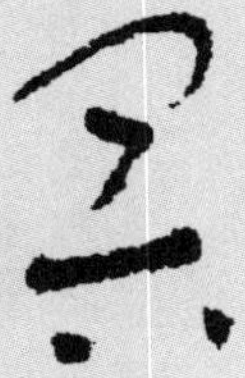
166

1

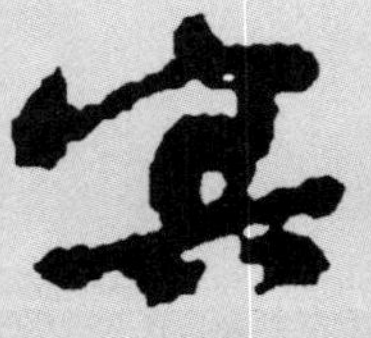
139

63(2)

99

44

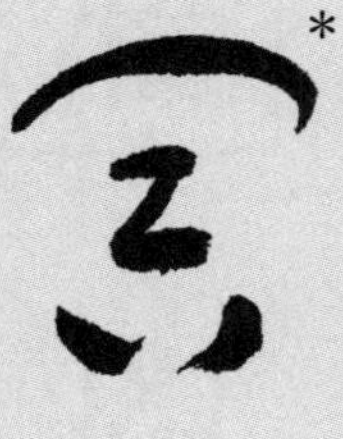
* 71(1)

冤

凶　函　印

冖部 八画

凵部 二——六画

卩部 三画

（夘）卯

45(2)
70
174
51
1
108
70
51
32(9)
*
146
51
70
1
32(9)
100
78
100
45(2)
18
32(9)
51
61(3)
145
74(2)
70
938
卯
3
65(4)
32(12)
51
51

74(2)
1
71(2)
83
105
10
64(1)
60(5)
32(12)
58
27
122
51
154
82
101
102
51
60(8)
154
13
18
45(2)
即
64(1)
60(7)
78
98
6
61(2)
70
51
10
7

（卿）卿

71(1) 74(2) 101 20 154
2 95 97 54(2) 51
74(1) 45(2) 22 62(3)
51 152 62(1) 213
卿
74(2) 92 60(9) 62(2) 64(1) 1
58 101 45(2) 62(4) 101 51

162
71(1)
2
74(1)
31
152
158
60(4)
554
100
62(3)
101
95
60(7)
235
210
71(3)
62(1)
62(4)
87
19
60(4)
92
100
74(2)
154
65(3)
19
71(3)
60(2)
6
31
223
88
138
60(5)

防 阪 阨 阮 阡

阝部 八画

阝(左)部 三——四画

阿

146
65(4)
100
45(2)
74(2)
70
154
60(8)
阿
66
122
78
12
62(3)
60(9)
32(7)
5
32(5)
32(5)
62(2)
135
101
64(1)
32(5)
33
60(1)
64(1)
100
97
71(1)
62(4)
100
60(9)
66

66
394 *
74(2)
46
1 *
32(5)
154
12
82
18
51
46
陀
60(4)
113 *
附
78
16
23
12
146
60(4)
15
100
12
2 *
152 *
158
阻
32(12)
95 *
101 *
162 *
74(1) *
62(1) *

陌　　　　陋　　　　陂　陀

62(3)
42
28
60(5)
62(2)
71(3)
382
65(4)
152
60(3)
陌
101
139
158
100
71(1)
74(1)
62(4)
62(1)
95
陋
12
131
1
2
101
78
145
51
94
44
71(3)
71(3)
65(5)
陀
223
陂

降
141
82
82
140
83
1
8
100
30
71(3)
65(4)
60(6)
71(3)
100
32(8)
134
*
32(8)
64
74(2)
1
4
陔
39
60(10)
78
限
32(12)
45(2)
74(1)
88
134
60(3)

1

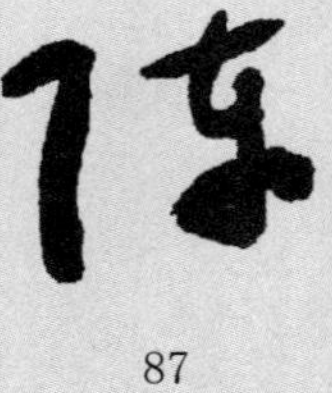
87

67

陕

4

10

6

10

71(3)

101

32(9)

54(2)

1

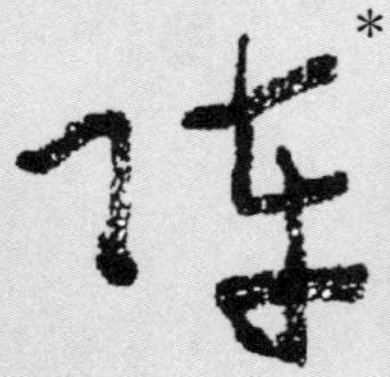
*
66

83

13

82

82

10

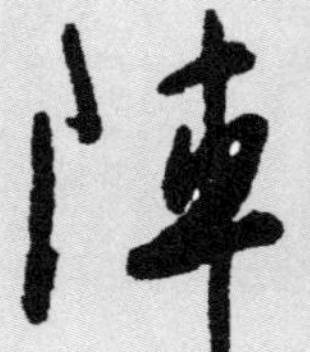
74(2)

71(3)

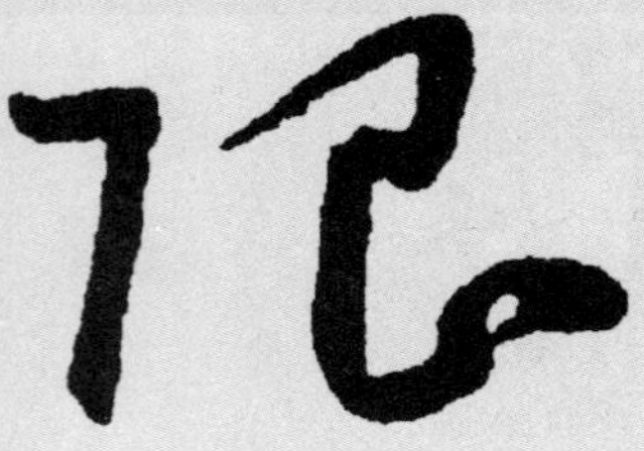
92

12

陣

151

74(2)

42

46

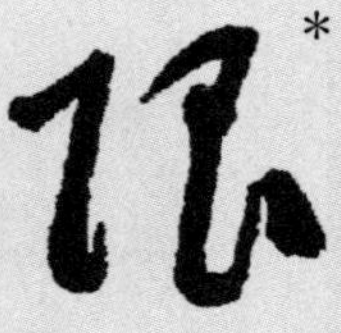
*
86

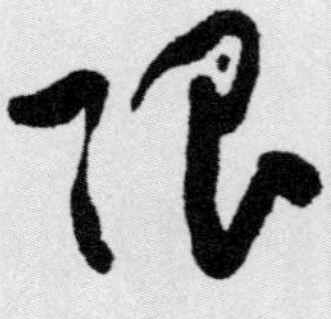
65(4)

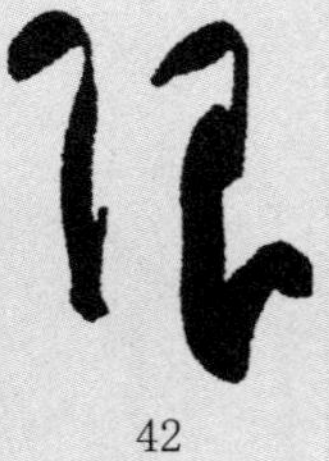
42

陡

8

陛

73
73
28
158
67 *
139
67
93
21 *
32(8)
陛
67
86
97
20
77
92
22
83
45(2)
23
74(2)
18
87
23
210
15
1
74(2)
8
7
82
154
141
1

陟(陘)陘

除

陘
15
陟
60(8)
16
73
101
74(1)
33
95
158
62(3)
62(2)
71(1)
2
67
62(1)
1
152
62(4)
除
4
7
47
42
60(10)
215
60(5)
122
131
64(1)
71(3)
61(3)
65(5)
60(9)
88

院

60(10)
60(10)
46
*
66
139
81(3)
159
42
67
60(8)
54(2)
154
27
院
71(3)
74(2)
251
12
32(12)
45(2)
1
4
6
64(1)
45(2)
51
83
18
6
71(3)
101
60(9)
99
98
66
73

陸

60(10)
215
44
82
83
8
10
10
83
8
82
5
98
4
7
18
19
60(9)
85
99
15
74(2)
512
32(7)
77
1
25
153
32(9)
74(2)
74(2)
39
71(3)
39

32(3)
49
223
31
60(1)
60(10)
81(5)
20
4
221
43
74(2)
*
60(9)
陵
45(1)
44
1
100
86
100
65(5)
65(5)
70
70
394
15
141
938
47
154
17
22
54(2)
134

1
71(3)
44
47
65(5)
15
1
174
30
100
65(4)
60(7)
60(7)
60(6)
60(6)
71(3)
60(8)
60(7)
65(2)
71(3)
65(1)
32(11)
39
87
147
72
71(3)
19
32(8)
*
60(7)
65(4)

82
74(2)
100
45(2)
139
96
65(4)
60(5)
51
139
32(10)
69
82
82
1
60(5)
60(10)
10
27
44
82
10
154
82
10
244
1
陳
8
8
94
60(9)
97
1
陬
186
175

（陲）陲　陼

49　2*　74(1)*　1　70
60(4)　62(1)*　62(4)*　88　152*
65(2)　28　62(3)*　99　101*　158
149　60(10)　65(2)　60(9)
32(7)*　陲　陼　61(1)　63(2)　67
12　1011　1　60(9)　95*
510　54(3)　60(10)　71(1)*　62(2)*

陰
83
66
75
17
101
166
31
65(5)
61(1)
158
152 *
101 *
63(2)
44
65(1)
83
71(3)
1
62(2) *
54(3)
63(2)
1
95 *
62(1) *
32(4)
25
25
61(4)
2 *
28
71(3)
65(3)
94

34
1
5
74(1) *
62(4) *
100
65(2)
140
8
94
62(3) *
65(4)
82
101
61(2)
71(1) *
60(8)
74(2)
88
17
陶
1
60(10)
60(6)
71(3)
11
11
71(3)
71(3)
45(1)
7
47
61(4)
60(8)
60(10)
44
82

99 74(1) 60(8) 145 11 101 61(3) 118 71(3) 45(1) 62(3) 62(2) 1 148 76 47 60(1) 47 75 45(1) 61(4) 162 95 60(9) 158 100 51 2 86 78 152 71(1) 71(3) 69 45(2)

152 101 28 95 62(1) 247 74(1)
158 1 62(2) 62(3) 71(1)
141 141 60(4) 2 162
82 82 92 74(2) 1 1
62(1) 74(2) 74(1) 74(2) 60(8) 10
62(4) 88 65(4)

2
71(3)
陽
6
6
6
8
152
46
1026
隄
71(3)
71(3)
162
66
95
60(3)
46
1
28
62(4)
62(3)
62(2)
101
71(1)
74(1)
158
62(1)
62(4)
43
32(9)
141
71(3)
110
1
隋
61(3)
60(1)
60(7)
階

九画

23
1
32(10)
97
18
32(8)
28
60(10)
1
71(3)
60(2)
*
62(2)
1
159
60(10)
100
65(3)
286
32(1)
44
60(10)
42
60(5)
45(1)
140
82
82
45(1)
47
3
4
1
61(1)
159

隅

65(5)
65(5)
63(2)
隅
155
58
71(3)
238
44
1
60(8)
60(8)
71(1)
92
62(1)
1
32(9)
60(3)
78
261
92(2)
74(1)
60(9)
158
152
95
62(4)
25
22
2
60(1)
62(3)
101
162

(隆)隆 隍 隈

76
100
73
65(4)
86
71(3)
60(6)
71(3)
67
60(8)
隆
11
88
147
60(7)
73
100
146
隍
247
隆
隆
7
71(3)
71(3)
101
153
153
隈
36
65(2)
88
74(2)
66
74(2)
20

1
139
65(2)
60(10)
88
42
71(3)
74(2)
70
65(3)
60(7)
46
*
66
66
1
隔
74(2)
151
1
210
51
20
46
46
8
221
3
8
1
67
51
隊
82
10
10

74(2)
74(2)
60(7)
66 *
際
134
55

1
39 *
97
107
阝區
223
隙

隕
10
196(6)
1038
121
隘
83

146
500
60(7)
42
32(12)
619

110
100
47
71(3)
60(6)
240 *
21

71(3)
65(2)
71(3)
100
45(1)
78

154
1
60(10)
60(10)
99
877
88
74(2)
66
125
45(2)
88
60(7)
74(2)
60(8)
1
60(2)
60(6)
140
87
73
51(2)
61(1)
*
92
66
60(8)
32(7)
638
65(3)
65(2)
837
1
32(6)

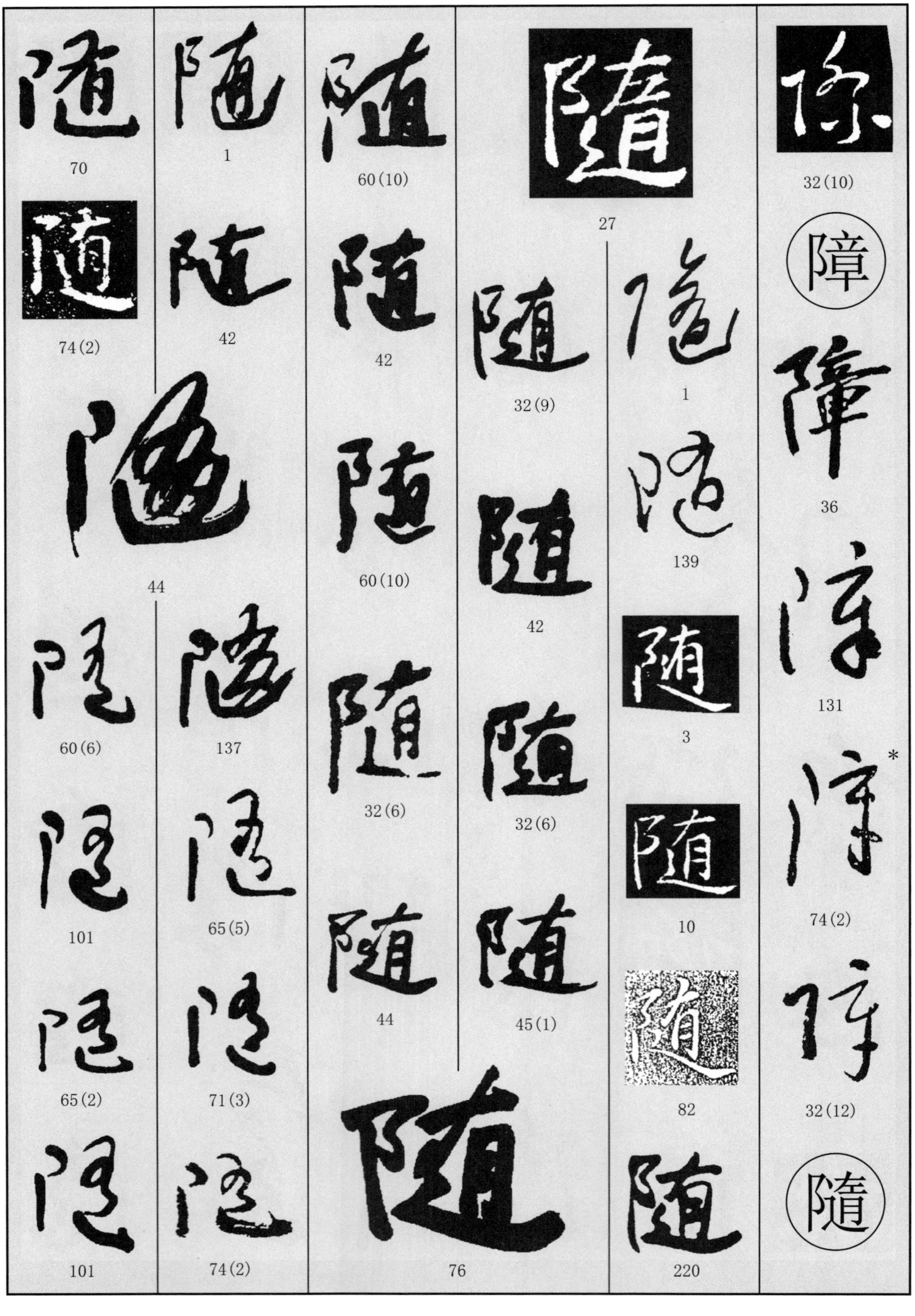
32(10)
障
36
131
74(2)
*
32(12)
隨
27
1
139
3
10
82
220
32(9)
42
32(6)
45(1)
76
60(10)
42
60(10)
32(6)
44
1
42
44
137
65(5)
71(3)
74(2)
70
74(2)
60(6)
101
65(2)
101

22
22
32(2)
92
92
2
62(4)
47
62(2)
33
162
94
95
62(3)
44
71(1)
74(1)
92
62(1)
13
60(10)
15
101
100
60(8)
45(2)
87
60(2)
74(2)
61(2)
100
47
88
65(2)

152 137 58 74(2) 1034 120 27 12 76 61(4) 140 98 662 1 1 65(2) 61(1) 140 65(2) 15 100 87 60(8) 46 67 66 137 65(1) 137 46 47 58

阝(左)部

十四画

*
95
100
74(1)
60(10)
8
32(2)
45(2)
48
3
34
74(2)
94
60(7)
145
71(3)
32(1)
*
71(1)
60(4)
101
234
88
60(10)
1
*
162
32(3)
65(3)
139
60(10)
42
*
60(7)
74(1)
65(4)
71(3)
71(3)

60(4)
65(3)
22
32(7)
60(1)
32(7)
45(2)
48
159
32(1)
5
45(2)
100
65(4)
152
隴
99
32(9)
158
32(3)
隮
100
1012
62(2)
1
32(8)
62(4)
62(3)
222
2
60(7)
32(7)
101
62(1)

(邦 邦)邦　　邢

60(1)
62(2)
101
145
151
139
162
71(1)
95
62(1)
286
60(10)
60(8)
62(4)
74(1)
546
70
60(5)
65(2)
378
78
65(4)
32(7)
16
32(7)
173
邦
60(7)
32(7)
108
44
阝(右)部
邢

*
2
78
*
152
邨
1102（1）
82
郃
32(6)
890
那
100
139
46
65(1)
158
*
65(2)
42
46
71(3)
46
99
46
60
71(3)
275
60(5)
45(1)
139
邱
58
60(10)
44
1
141

郊
47
65(2)
108
74(2)
154
42
郁
1008
1102(2)
60(1)
郤
196(2)
67 *
27
51
1
郤
1102（3）
邽
196(2)
邸
5
105
58
60(5)
154
邵
196（9）
65(4)
65(4)
101
99
71(3)
88
60(3)
60(2)
139
88
141
71(3)
153
* 71(3)
92

郎

30
71(2)
87
23(9)
60(10)
*
64(4)
92
71(2)
60(8)
60(10)
44
88
1
76
60(7)
47
45(1)
88
20
1034
275
88
69(5)
71(2)
166
1
32(2)
60(5)
郎
60(2)
145

42
1
67
95
60(5)
郚
138
244
146
78
1012
139
55
70
2
88
郡
65(6)
73
162
60(5)
60(7)
146
郢
172
48
65(4)
66
139
65(5)
153
62(1)
60(5)
71(3)

都

899
44
32(9)
139
51
45(2)
101
154
74(2)
74(2)
62(2)
2
152
都
7
5
44
28
101
1
74(1)
62(1)
62(4)
158
62(3)
168
71(1)
154
60(5)
23
67
60(7)
95

101
101
83
65(1)
39
97
71(3)
65(3)
71(1)
96
32(12)
65(4)
1
2
65(1)
60(3)
140
107
88
62(3)
62(2)
74(2)
32(8)
60(3)
937
1
67
65(4)
74(1)

（郭）郭　　郫　　（邮 郵）郵　　鄙

郭
99
23
60(10)
10
99
10
1
726
88
11
43
1
51
51
65(3)
60(3)
郫
1
196(4)
1033
1033
1033
郵
5
1
33
46
62(1)
28
162
46
鄙
95
62(4)
158
152
71(3)
1

部

18
10
8
5
8
11
12
47
1
111
73
*
67
74(2)
5
部
27
558
65(5)
16
16
94
47
47
71(3)
17
100
45(2)
551
60(3)

郯

87 22 15 1 99

97 107 60(6)

60(7) 82

77 97 22 1

82 82

46 22 65(3) 139 74(2)

153 74(2) 83

65(3) 85 32(9)

*

65(3) 郯 86 32(9) 74(2)

(鄉 鄉)鄉鄘　　鄂　　郾

18　11　7　140　103　65(3)　105　147　60(10)　14　1031　15　75　18　83　299　1　145　6　32(2)　70　88　1　6　60(4)　60(10)　60(1)　468　15　71(3)　15

328
60(8)
1
71(3)
1
65(4)
74(2)
81(6)
60(10)
65(4)
60(5)
65(2)
62(2)
32(8)
158
60(3)
1
153
279
32(11)
66
97
95
100
152
62(1)
62(4)
77
32(7)
62(3)
65(3)
101
74(1)
2

鄣
58
189
鄲
624
154
42
154
17
82
140
73
67
鄠
3
16
鄙
1030
140
134
8
60(5)
鄞
12
5
148
84
51
84
71(1)
107
81(6)
16
鄔
129
鄒
5

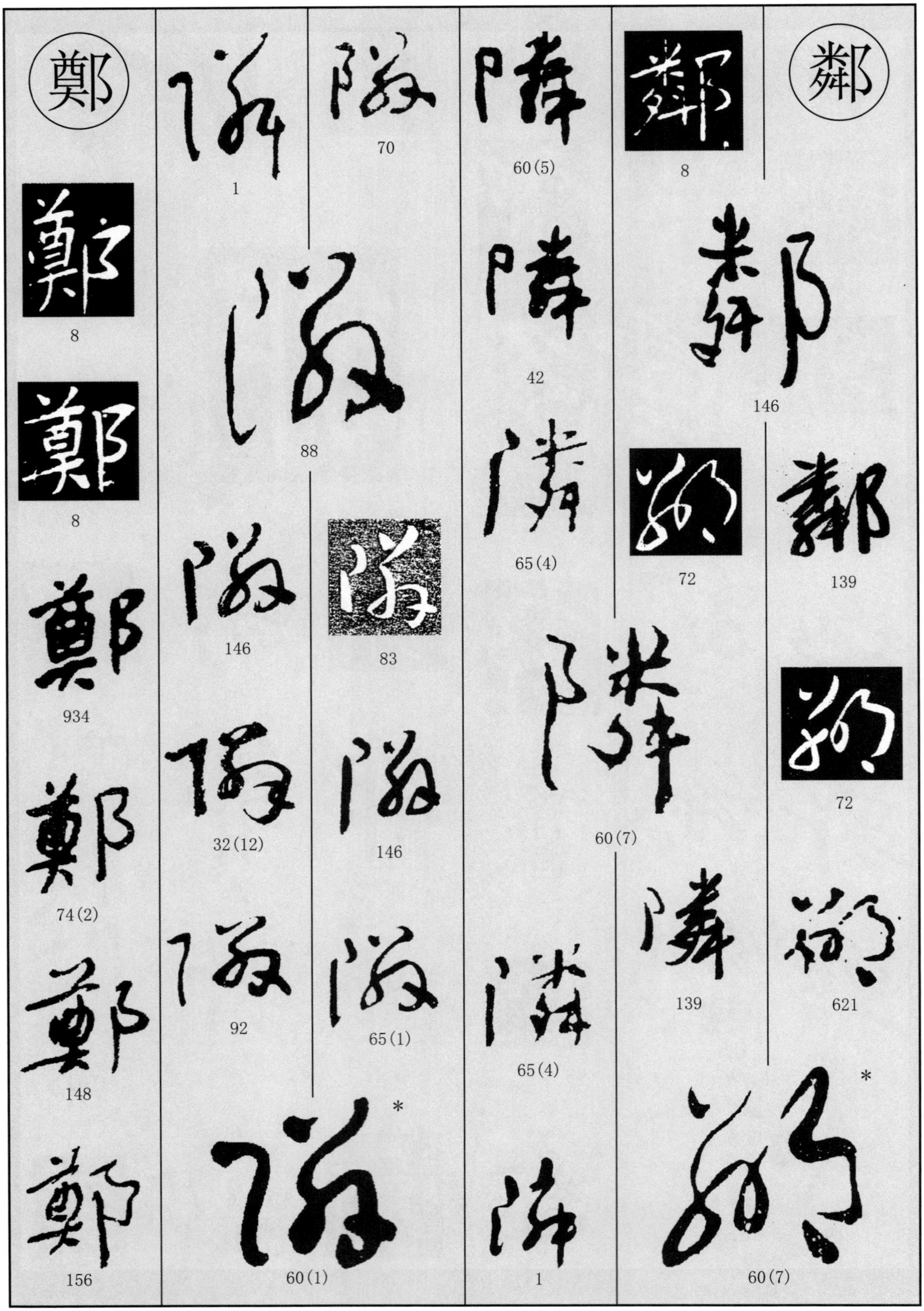
鄰
8
146
139
72
72
60(7)
139
621
*
60(7)
60(5)
42
65(4)
65(4)
1
70
88
83
146
65(1)
*
60(1)
1
146
32(12)
92
鄭
8
8
934
74(2)
148
156

刀　鄰　鄧

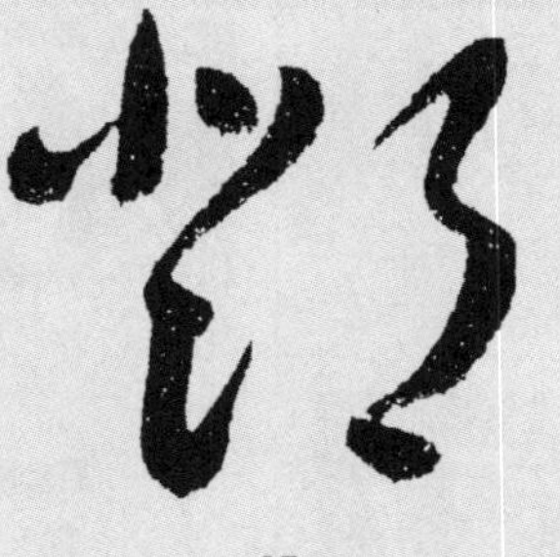
*
67

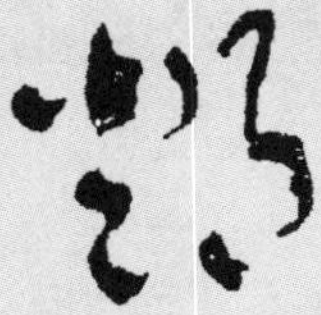
60(2)

鄰

44

1027

刀部

刀

8

70

70

5

82

8

32(10)

146

32(10)

47

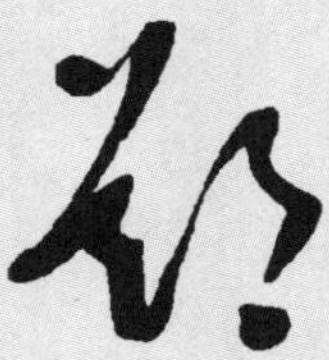
129

鄧

82

83

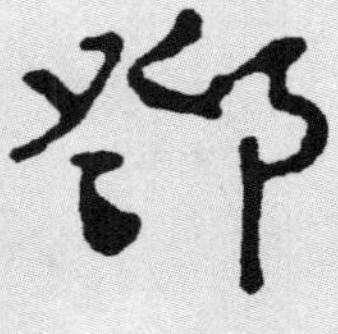
81(6)

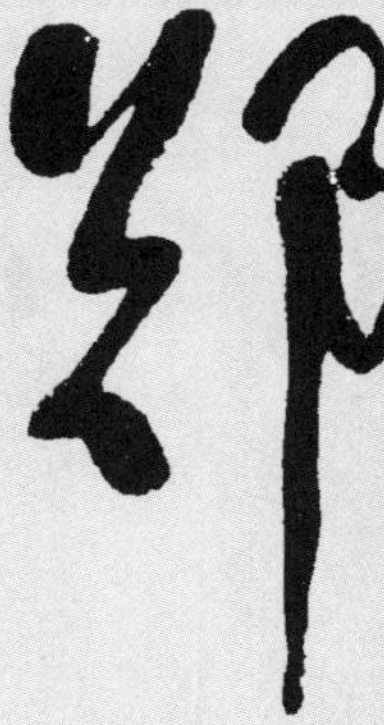
71(3)

*
60(1)

83

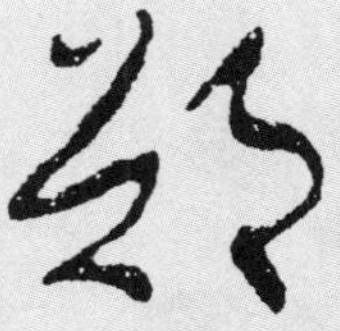
45(2)

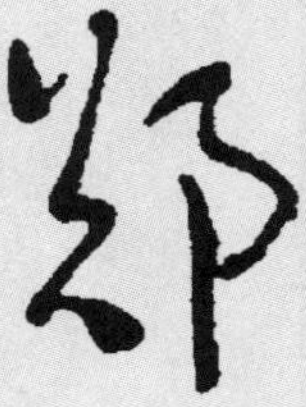
140

153

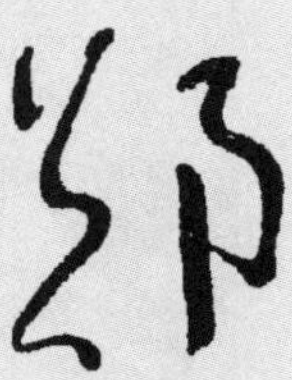
60(6)

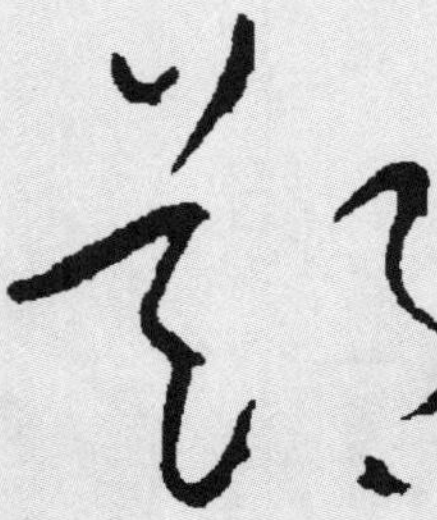
97

(㕣 台)召　　切 刃

71(2)
94
153
107
97 *
50
134
刃
58
切
147
60(9)
18
28
12
60(5)
65(4)
87
158
22
64(1) *
64(1)
45(2)
70
51
1
79
召
8
60(9)
42
64(1)
146
857
14
13

危

100
101
62(4)
62(3)
95
162
71(1)
62(1)
74(1)
62(2)
危
71(2)
8
82
103
4
7
12
14
139
17
65(2)
55
60(5)
61(1)
67
30
1
66
74(2)
113
46

65(1)
奂
1105
免
27
82
60(2)
74(2)
51
92
60(10)
60(5)
32(3)
忍
14
12
76
60(8)
31
8
103
32(9)
49(2)
97
39
*
156
1
61(3)
665
32(12)
19
71
88
60(10)
100

急　（貟）負　兔

兔：15　174　31　32(11)　1006　32(12)　153

負：153　9　3　61(4)　20　87　27

急：46　1　71(2)　87*　54(2)　32(12)　8　18　88　60(5)　101　1　82　17　1　141　13

（爲象） 象

74(2) 394 97 60(7) 88 47*

107 308 74(2) 1

882 67 61(3) 94

773 264 88 3

4 32(9) 158

140 65(4) 104 137 1

爨

28
561
74(2)
2
139
71(1)
74(1)
152
32(3)
175(1)
101
62(2)
62(3)
166
8
爨
94
62(4)
61(3)
95
36
97
78
61(3)
62(1)
146
107

力部
力
8
88
5
60(9)
1
99
61(4)
86
60(7)
22
60(10)
54(2)
88
22
140
25
13
60(10)
61(1)
158
96
加
15
5
27
63(2)
1
140
74(2)

劭

46
54(2)
74(2)
13
62(1)
69
139
60(10)
71(1)
62(4)
劭
96
51
60(10)
95
1
1
96
60(4)
154
101
100
158
32(8)
32(7)
74(1)
164
1
1
146
62(2)
152
2
62(3)
1
77
88

助
12
51
8
82
3
8
1102（2）
51
252
51
42
140
274
274
32(10)
62(3)
152
2
1
62(2)
62(4)
45(2)
74(1)
145
62(1)
71(1)
83
70
158
63(2)
201
95
101
66
60(8)
28

61(4)
1
62(2)
62(3)
71(3)
44
61(3)
162
71(1)
69
101
152
2
22
劼
198
効
139
95
1
32(3)
154
1
1
1
1
71(3)
85
努
1
13
47
96
19
劬
196(6)
19
410
365

（勁）劲　　勃

劲
88
44
70
82
386
113
20
60(5)
154
32(12)
60(10)
97
45(2)
60(2)
275
107
44
39
60(3)
20
*
62(4)
*
74(1)
46
*
62(1)
97
45(2)
61(1)
勃
39
45(2)

32(7)
勘
140
139
勖
98
103
148
65(4)
95
2
39
脅
3
196(9)
141
101
62(4)
74(1)
62(2)
72
71(1)
62(1)
65(2)
60(1)
145
152
234
1
19
60(5)
140
1
23
158
474
147
勉
3
1
1
61(2)

32(9)
278
60(8)
28
46
1
96
66
99
1
94
69
23
146
65(5)
32(11)
158
1
1
5
166
65(3)
82
11
60(8)
60(6)
60(6)
65(1)
1035
動
47
1
101

61(1) 63(2) 60(3) 62(3) 44
60(9) 62(4) 65(2) 67 62(2) 60(4)
62(1) 2 22 71(1) 75
154 101 60(1) 65(3)
162 145 78 100
74(1)
152 95 78 402

(势 埶 勢)勢

勤

58
11
145
32(12)
71(2)
88
71(3)
139
23
139
97
88
154
60(9)
*
71(2)
74(2)
107
74(2)
98
77
3
31
71(3)
88
6
74(2)
49(2)
154
60(5)
82

勵 勰 勤 勤 勤

勰
勤
勵
勤
勤
8
6
78
71(3)
16
16
141
175(1)
9
16
16
107
*
97
100
1102(2)
32(12)
32(7)
74(2)
655
349
60(8)
1
65(5)
72
44
71(3)
55
*
1
60(8)
21
60(7)

（劝　勧）勸　　　　(勛　勋　勲)勳

51
107
86
51
32(3)
139
18
1
54(2)
77
51
196(6)
97
65(3)
勳
61(1)
51
84
4
1
410
勸
18
1
138
51
9
32(7)
97
274
6
5
77
139

予 勷

139
83
3
1
30
25
45(2)
65(2)
勷
1033
196(9)
マ部
予
62(1)
32(8)
32(3)
62(4)
60(8)
62(3)
101
1
54(2)
95
65(4)
61(3)
158
62(2)
74(1)
71(1)
2
70
328
33
152

（勇）勇

70
70
30
*
60(1)
60(9)
30
63(2)
134
30
63(2)
60(9)
140
63(2)
30
勇
10
11
61(4)
140
82
83
18
65(5)
61(3)
286
71(2)
246
100
60(4)
1
31
31

45(2)
70
62(3)
74(1)
74(2)
62(2)
62(4)
145
95
107
139
97
101
60(2)
71(3)
154
豫
71(3)
152
71(1)
76
113
32(10)
83
83
62(1)
2
65(3)
*

60(8)
61(1)
100
71(3)
100
73
44
60(7)
58
65(4)
11
*
71(1)
46
97
46
云
60(1)
88
82
1
厶部
么
107
46
4
158
19
45(2)
65(5)
113
33
1
*
97
97
107

マ部
十四画
厶部
一——二画

（矣）矣　弁　　允

84
1
158
773
67
弁
28
18
矣
1
151
65(2)
73
151
1
67
74(1)
101
允
8
8
23
95
140
28
62(2)
152
71(3)
166
62(1)
2
62(4)
62(3)

4
4
223
14
5
51
12
773
286
82
42
51
51
51
60(5)
154
51
44
67
63(2)
60(9)
*
39
45(2)
65(4)
74(2)
60(1)
39
70
65(4)
87
92
228
92

71(3) 81(8) 12 82 70
71(3) 60(7) 1 5 45(2)
60(10) 71(3) 51 4 5

172
82 148 14 1
101

23 159 25 5
61(3) 30 88 78
65(2) 326 1 43 32(12)

139
101
42
1
42
51
1
87
61(1)
1
14
61
60(10)
60(10)
67
81(6)
*
162
64(2)
76
139
*
62(3)
60(10)
32(11)
15
61(1)
70
32(5)
51
134
45(2)
92
60(10)
154
99
210

厶部

八画

153
235
67
21
60(7)
61(4)
69
1
101
46
44
44
134
75
158
152
87
92
95
74(1)
48
60(7)
60(12)
61(1)
60(9)
71(1)
25
2
60(7)
64(1)
60(7)
63(2)
61(2)
62(4)
62(2)
145
32(4)
62(1)

參
78
7
1
19
146
74(2)
139
87
65(2)
60(7)
145
47
6
610
6
27
140
60(10)
83
51
225
19
88
*
60(2)
88
20
92
121
121
71(3)
縿
58

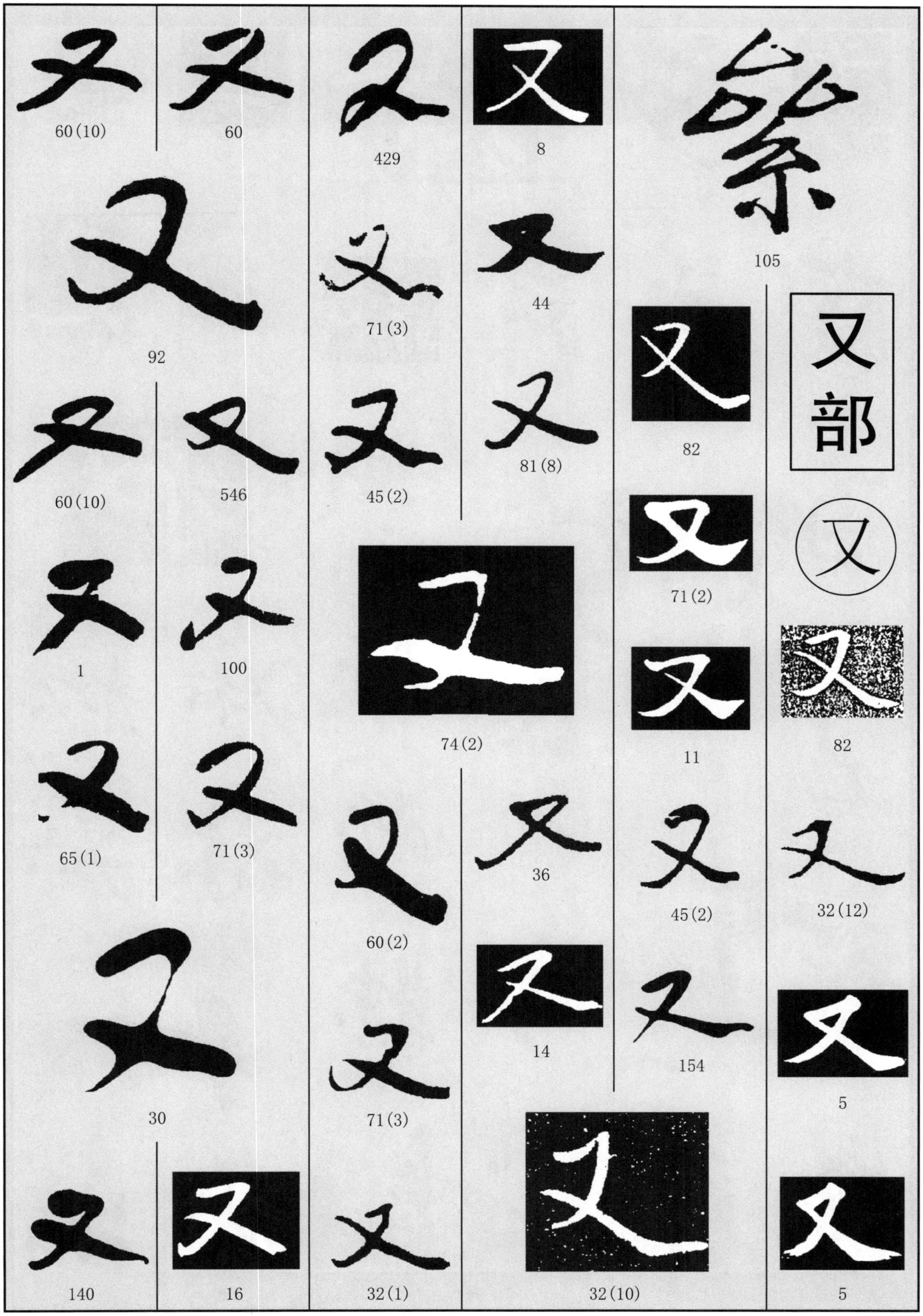

60(10)
60
429
8
105
92
71(3)
44
又部
82
60(10)
546
45(2)
81(8)
71(2)
1
100
74(2)
11
82
65(1)
71(3)
36
45(2)
32(12)
60(2)
14
154
5
30
71(3)
140
16
32(1)
32(10)
5

叔
46
67
46
4
140
1
42
105
159
600
154
19
19
70
99
44
85
74(2)
62(1)
28
60(7)
158
1
71(1)
2
62(2)
62(3)
74(1)
101
162
62(4)

(桒)桑　(敘)叙　叟

桑：32(12)　1　60(5)　1　599　234　60(5)　174　139

叙：58　82　14　17　71(2)　*32(7)　61(4)

叟：65(2)　67　139　149　60(4)　60(10)　32(9)　65(4)　*152　147　38　*71(3)　510

(双 隻)雙(爕)燮　　(疊 曡) 叠

139
74(1) *
146
62(1) *
83
100
60(9)
101 *
62(2) *
71(1) *
140
95 *
62(4) *
31
2
152 *
62(3) *
叠
63(2)
60(9)
99
60(5)
61(3)
110
32(12) *
196(6)
71(3)
65(4)
137
燮
60(5)
雙
44

60(5) 376 168 60(10) 154 139

139 139 88 1 83

276 45(2) 101 100

148 * 65(4) 61(3) 65(2) 60(7) 60(6)

88 153 99 81(5)

60(7) 146 153 584

矍
870
61(3)
1027
廴部
廷
7
5
82
88
32(3) *
44
51
32(7)
137
延
139
88
846
88
82
1
51
32(11) *
394
166
70
81(6)
13
65(2)
60(1)
29
394
782
建
5
32(12)
10

*
152
65(2)
82
74(2)
7
47
15
78
14
88
55
*
394
71(1)
69
11
65(1)
11
10
11
65(1)
8
5
60(5)
98
15
71(2)
65(4)
17
71(3)
158
88
51
47

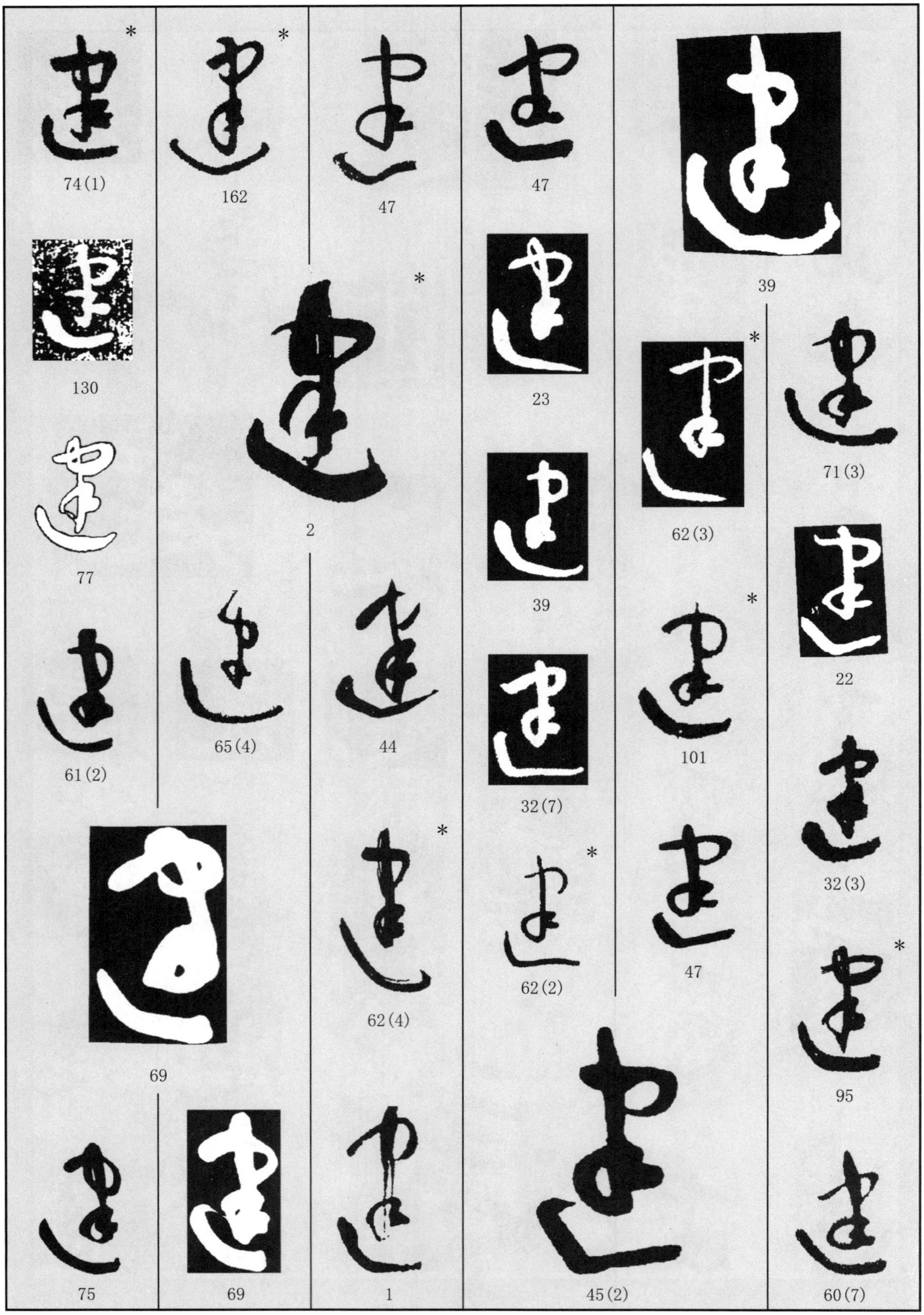
39
71(3)
22
32(3)
95
60(7)
62(3)
101
47
45(2)
47
23
39
32(7)
62(2)
47
2
44
62(4)
1
162
65(4)
69
69
74(1)
130
77
61(2)
75

134
刊
22
44
51
70
32(8)
74(2)
140
82
44
1
74(2)
44
86
干部
干
32(8)
153
97
62(1)
69
96
96
75
1
75
83

5
55
78
78
74(2)
60(7)
60(1)
60(1)
工
88
27
32(12)
11
1
幵
58
188
工部
61(4)
158
139
274
69
139
74(2)
107
46
81(4)
139
74(2)
78
146
145
121
78
106
*
97
60(2)
65(2)

干部

二—三画

工部

巧

巧
71(1)
51
65(2)
88
44
61(2)
33
71(3)
60(9)
74(1)
23
46
95
2
61(3)
66
63(2)
62(4)
44
1
152
76
62(1)
71(3)
15
158
32(5)
44
1
62(3)
47
62(2)
38

功

1　25

卬

154

邛

129*　139

82　74(2)　11

32(12)　6　60(10)　61(3)　88　60(3)　65(4)

88　60(2)　1　74(2)　82　78

94　87　32(7)　32(7)　76　100　99　71(2)　61(1)　67　1　71(1)*

工部

二画

47
11
10
60(5)
27
32(3)
9
1
46
61(1)
100
1
51
62(2) *
121
60(1)
101
60(10)
1
62(1) *
152 *
392
101
62(4) *
65(2)
71(3)
65(4)
162 *
2 *
79
60(7)
14
62(3) *
74(1) *
95 *
101 *
100

巫　　攻

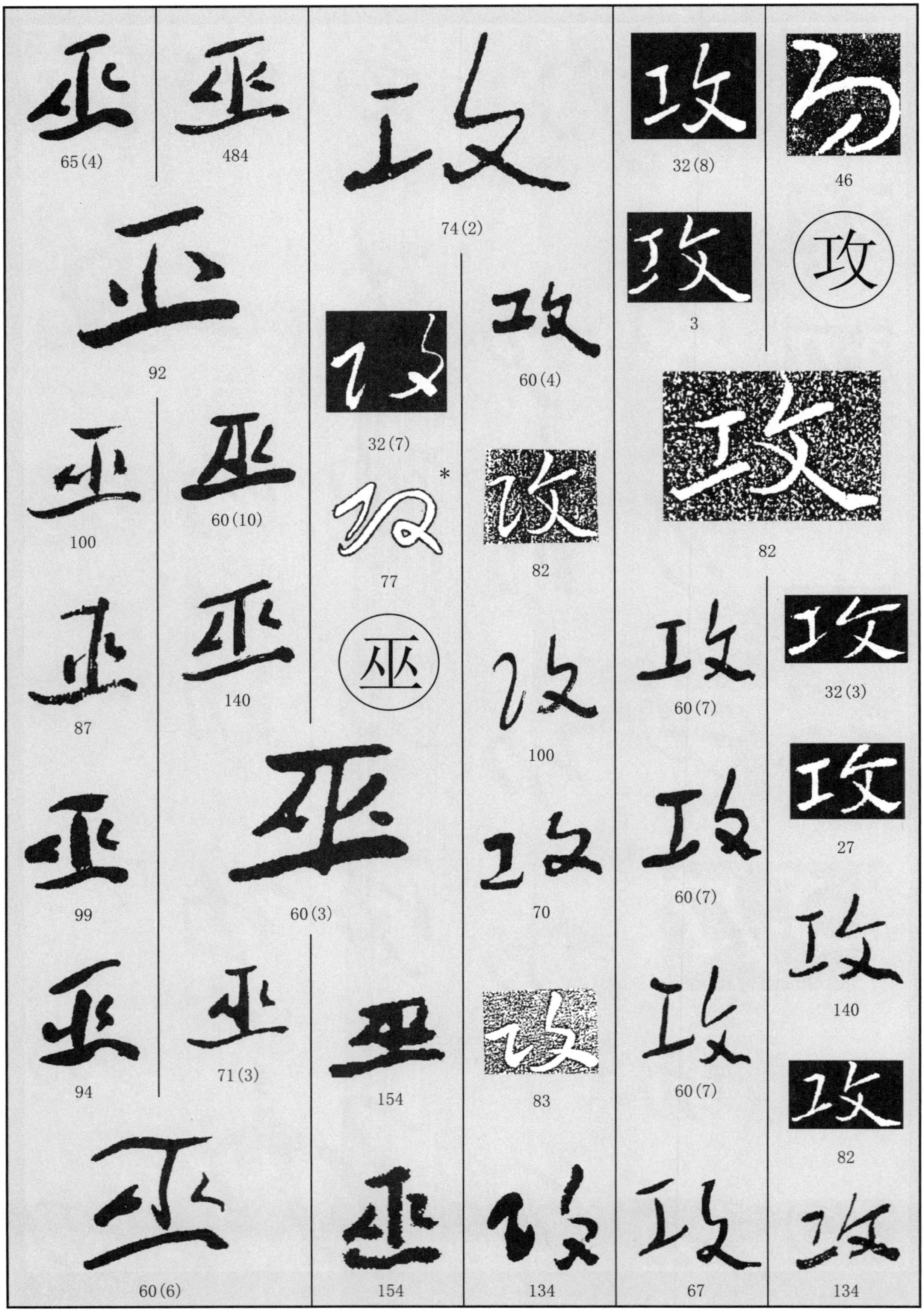
65(4)
484
74(2)
32(8)
46
92
3
攻
60(4)
32(7)
82
77
82
60(10)
100
100
60(7)
32(3)
巫
87
140
60(7)
27
99
60(3)
70
60(7)
140
94
71(3)
154
83
82
60(6)
154
134
67
134

貢

94 141 86 20 86 62(4) 153 74(1) 4

74(2) 101 2 96

62(1) 95 71(1) 62(4) 1

62(3) 414 46 152 28 414

62(2)

項

44 65(4) 88 45(2)

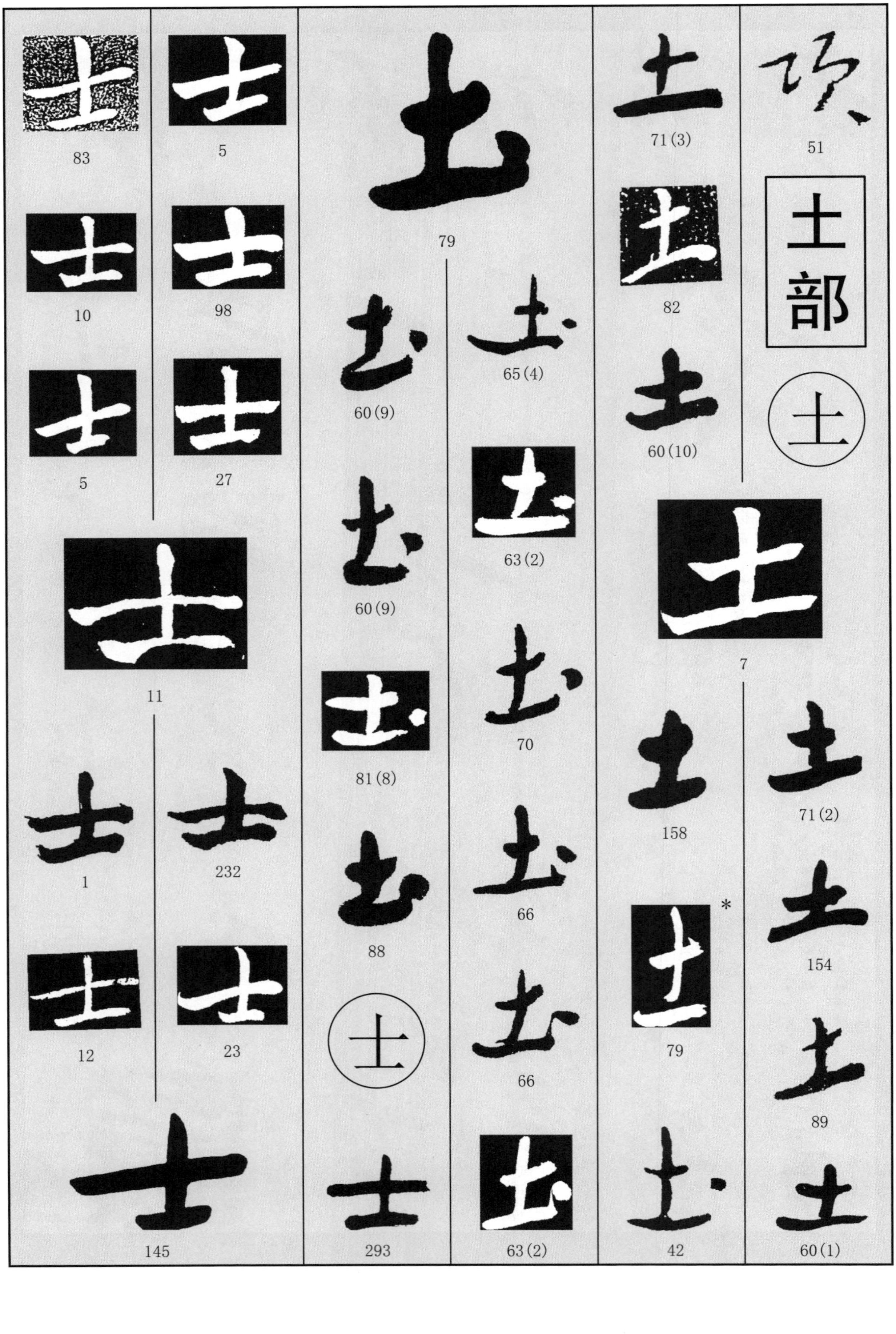
51
土部
土
71(2)
154
89
60(1)
71(3)
82
60(10)
7
158
79 *
42
65(4)
63(2)
70
66
66
63(2)
79
60(9)
60(9)
81(8)
88
士
293
5
98
27
83
10
5
11
232
23
1
12
145

82
65(3)
寺
140
154
47
8
47
60(10)
60(7)
42
42
60(8)
42
42
78
18
481
30
圭
48
84
196(8)
71(2)
1
92
31
21
67
壬
60(2)
60(6)
60(10)
*
16
158
69

吉
154
32(8)
60(8)
60(8)
47
54(1)
45(2)
60(8)
60(7)
45(2)
4
38
5
5
60(5)
10
38
8
595
101
72
62(4)
2
101
100
62(1)
28
112
95
62(3)

39
60(10)
5
74(1)
71(1)
60(5)
60(10)
1
32(12)
152
60(10)
44
78
82
131
131
1
78
圪
62(2)
154
42
27
59
154
61(4)
140
42
圮
146
4
71(3)
60(10)
88
1
47
60(10)
地
99
152
154
11
71(2)

54(1) 1 54(2) 61(2) 47
24(2) 61(3) 88 140
60(9) 99
61(3) 71(3) 60 62(4) *
69 63(2) 61(1) 88 101 61(3)
100 62(1) * 330 101 78
71(1) * 54(2) 324 30 71(3)
162 * 63(2) 30 87
74(1) 61(1) 30 71(3)

39
62(2)*
62(3)*
59
98
址
12
1
65(2)
100
101*
71(3)
12
60(10)
1
146
65(5)
60(8)
94
60(4)
30
74(1)*
145
63(2)
61(2)
101
202
100*
87
60(9)
94
95*
25
100
129
2*
87
65(5)
61(3)
60(7)
60(7)

土部

四画

394
44
*
51
坂
1033
48
*
30
153
145
坐
3
810
44
3
82
282
45(2)
60(7)
158
71(3)
65(4)
65(1)
60(8)
139
60(9)
99
44
47
60(4)
30
44
60(7)
100
65(3)
60(6)

土部

四画

71(1)* 60(8) 44 71(3) 61(1) 88 61(4)* 61(4) 2* 101*

60(1) 74(3) 95* 110 93

74(1)* 94 60(10) 42 62(1)* 88 62(4)* 62(3)* 152* 62(2)*

61(3) 47 47 66 63(2) 88 140

志 坑 坊 均 坎

340
88
137
志
81(6)
36
98
1
74(2)
67
65(5)
32(7)
107
坑
51
154
145
1
66
坊
12
3
14
51
88
98
51
20
140
20
均
78
78
103
145
58
934
坎
65(4)
129

10
7
7
10
27
12
25
8
74(2)
32(2)
51
14
44
32(10)
223
60(10)
18
71(2)
60(10)
60(10)
88
62(4) *
1
46
17
62(1) *
32(11)
92
78
79

坦
7
71(3)
76
65(4)
71(3)
45(2)
60(5)
152
72
32(2)
卦
187
190
坪
81(5)
2
39
78
60(10)
62(3)
55
22
100
65(2)
62(2)
100
61(4)
71(1)
95
162
65(2)
28
74(1)
101

坤
9
43
65(4)
9
32(6)
1
44
60(10)
60(8)
60(6)
65(2)
100
1
88
145
800
166
81(6)
71(3)
61(2)
45(1)
32(11)
32(6)
71(3) *
71(3)
154
101
70
60(8)
65(4)
139
86

坼　145　100　60(2)　61(2)　3

坻　65(3)　32(3)　32(7)　44　55　388

幸　8　74(2)　65(4)

71(2)　139　1　51　140

51　51　51　51　1

51　1　130　1　*62(3)

坡

98
158
101
152
78
210
2
95
62(4)
60(6)
坡
71(1)
70
31
62(2)
146
74(1)
31
286
32(8)
586
66
1
62(1)
139
98
147
60(8)
12
63(2)
60(9)

垣　型　（坳）坳

427
71(3)
237
60(8)
166
型
1
76
坳
1106
324
32(5)
1
25
154
147
154
148
1
60(9)
140
7
147
154
63(2)
32(9)
1
154
垣
158
32(3)
87
71(2)

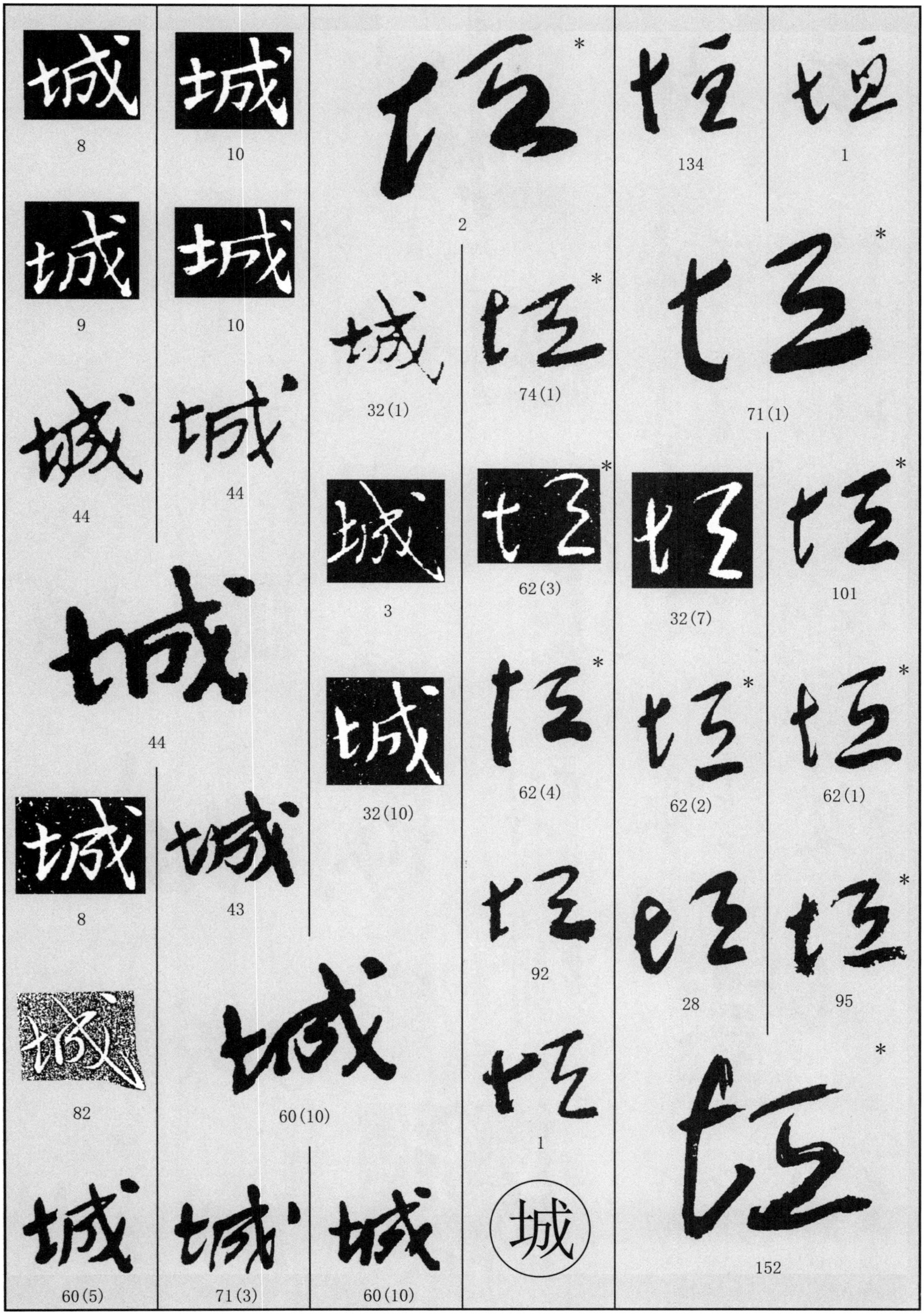
8
10
2
134
1
9
10
32(1)
74(1)
71(1)
44
44
3
62(3)
32(7)
101
44
32(10)
62(4)
62(2)
62(1)
8
43
92
28
95
82
60(10)
1
城
152
60(5)
71(3)
60(10)

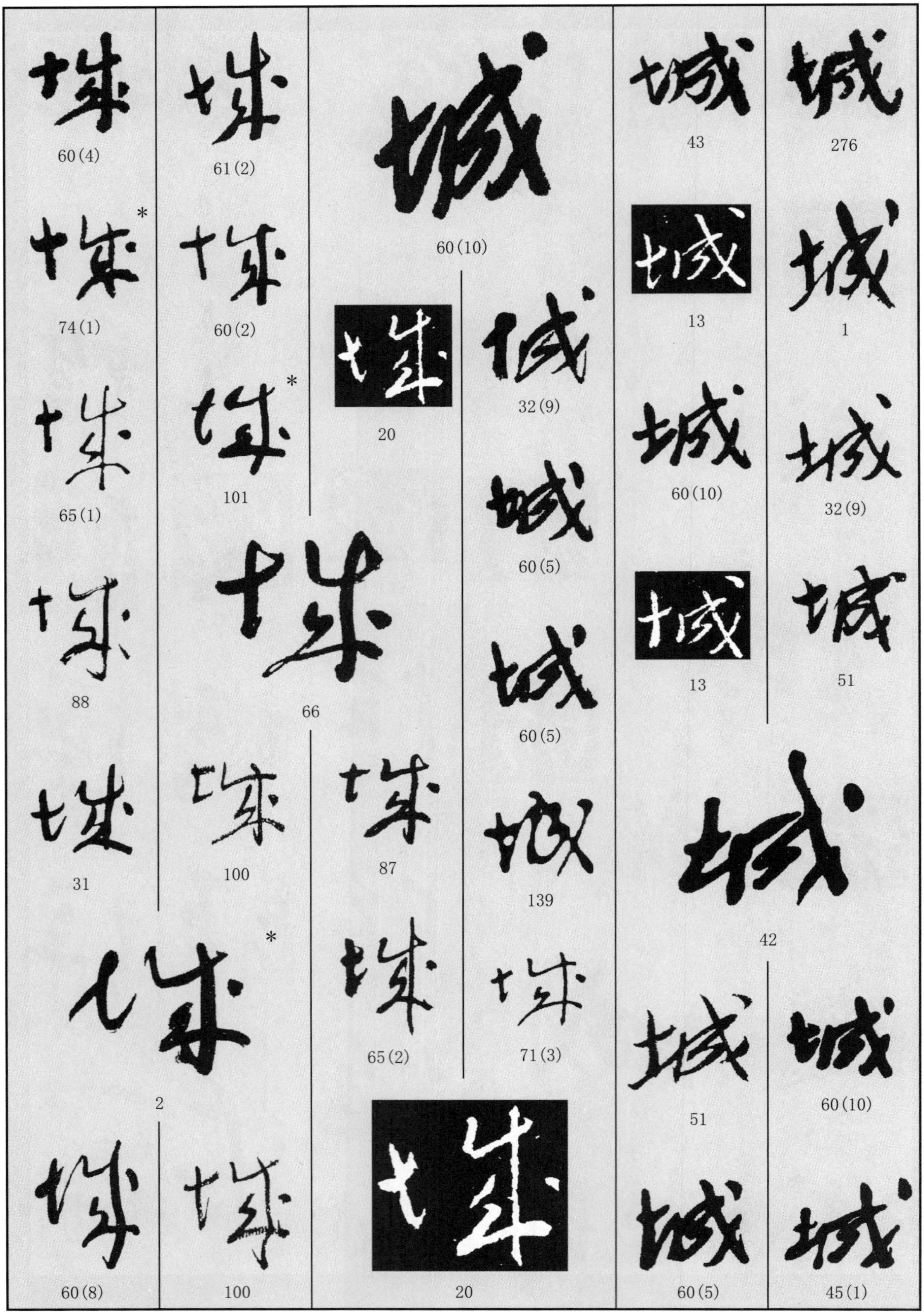
276
1
32(9)
51
42
60(10)
45(1)
43
13
60(10)
13
51
60(5)
60(10)
32(9)
60(5)
60(5)
139
71(3)
20
20
87
65(2)
61(2)
60(2)
101
66
100
2
100
60(4)
74(1)
65(1)
88
31
60(8)

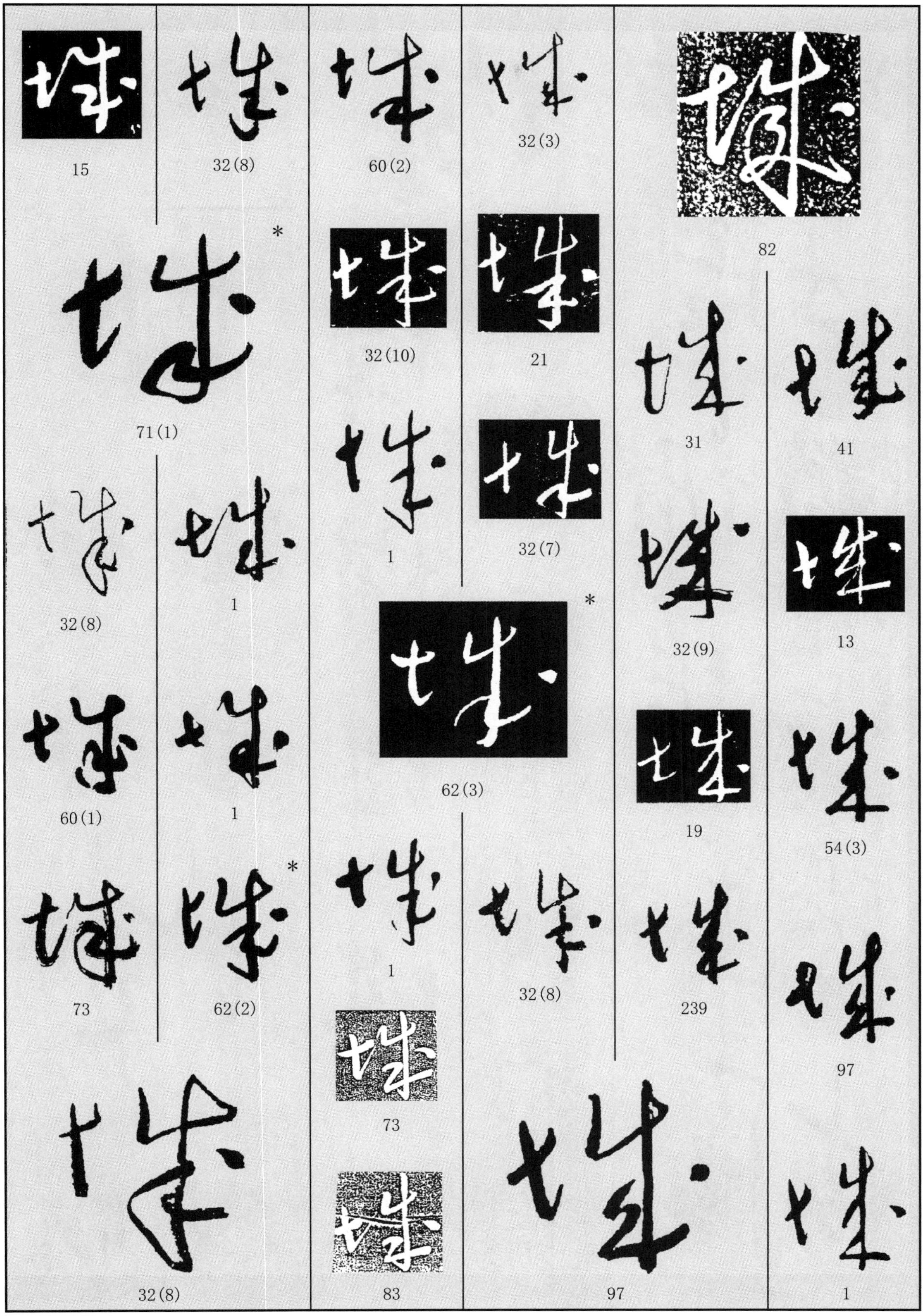
15
32(8)
60(2)
32(3)
82
71(1)
*
32(10)
21
31
41
32(8)
1
1
32(7)
32(9)
13
*
62(3)
60(1)
1
19
54(3)
73
62(2)
*
1
32(8)
239
97
73
32(8)
83
97
1

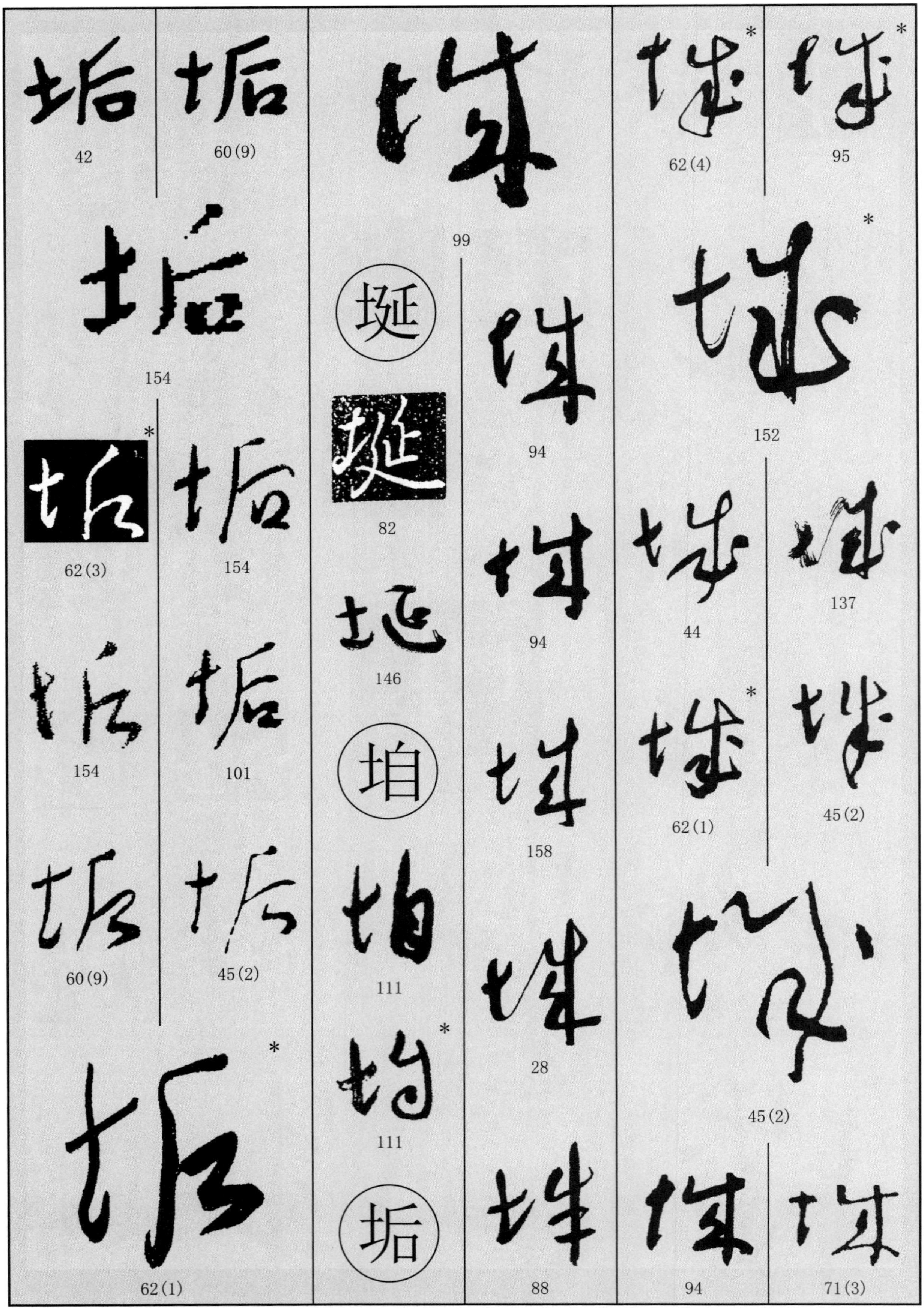
42
60(9)
154
62(3)
154
154
101
60(9)
45(2)
62(1)
99
埏
82
146
埴
111
111
垢
94
94
158
28
88
62(4)
95
152
44
137
62(1)
45(2)
45(2)
94
71(3)

埋
8
44
82
44
61(2)
14
46
46
46
埧
1027
1
4
埔
51
32(6)
74(2)
54(2)
46
74(1)
71(1)
垝
196（9）
垓
156
168
垠
152
32(5)
1
62(4)
95
101
158
64
62(2)
2
74(1)
63(2)

堵　埃　（衷）袁

袁：32(8)　61(4)　383　71(3)　27　74(2)

32(8)　18　8　8　82

10　7　7　7　154

74(2)　88　23　74(2)　16

埃：22*　88　131　100*　677

32(3)　60(10)　139　129

堵

83
基
12
45(1)
23
45(2)
55
100
71(3)
60(6)
378
46
28
107
137
97
60(6)
71(3)
149
60(6)
95
62(2)
71(1)
162
62(4)
121
2
158

82　74(2)　4　70　13　71(3)　100　32(1)　61(3)　158　101*　62(1)*

61(4)　61(4)　13　100　61(4)　15　10　98

46　66　域　32(12)　堅　32(10)　71(2)　439

74(1)*　101*　62(1)*　60(8)　71(3)　62(3)*

埠
8
51
51
堆
101
60(10)
154
32(5)
154
60(9)
45(2)
32(5)
101
154
64(1)
64(1)
*
162
*
62(2)
*
149
122
*
62(4)
1
*
62(3)
埵
*
2
*
152
28
*
74(1)
*
71(1)
*
95

堪　埭　埽　培

堪
3
60(5)
5
146
44
154
169
71(3)
69
11
154
65(4)
215
146
243
145
141
埽
154
147
47
埭
168
1
51
60(5)
146
100
65(4)
141
147
培
58
65(4)
74(2)
60(8)
39
60(8)

76
1
65(1)
874
*
60(6)
32(2)
153
96
1
1
1
153
5
堯
4
137
154
139
154
*
60(1)
8
47
堞
139
94
60(5)
8
60(8)
*
59
61(3)
塔
226
堤
65(4)
139
71(3)
47

66
65(4)
2
3
145
32(8)
1
100
95
82
168
162
324
71(1)
12
139
場
154
6
88
62(1)
74(1)
60(9)
60(5)
100
71(3)
101
62(4)
62(2)
47
32(8)
65(4)
76
62(3)

喜

65(1) 44 134 25 28
30 140 1
131 139 82 63(2) 54(3)
喜
1 51 8 54(2) 1
1 65(5) 14 98 1 152
*
18 154
1 100 138 158 54(2)

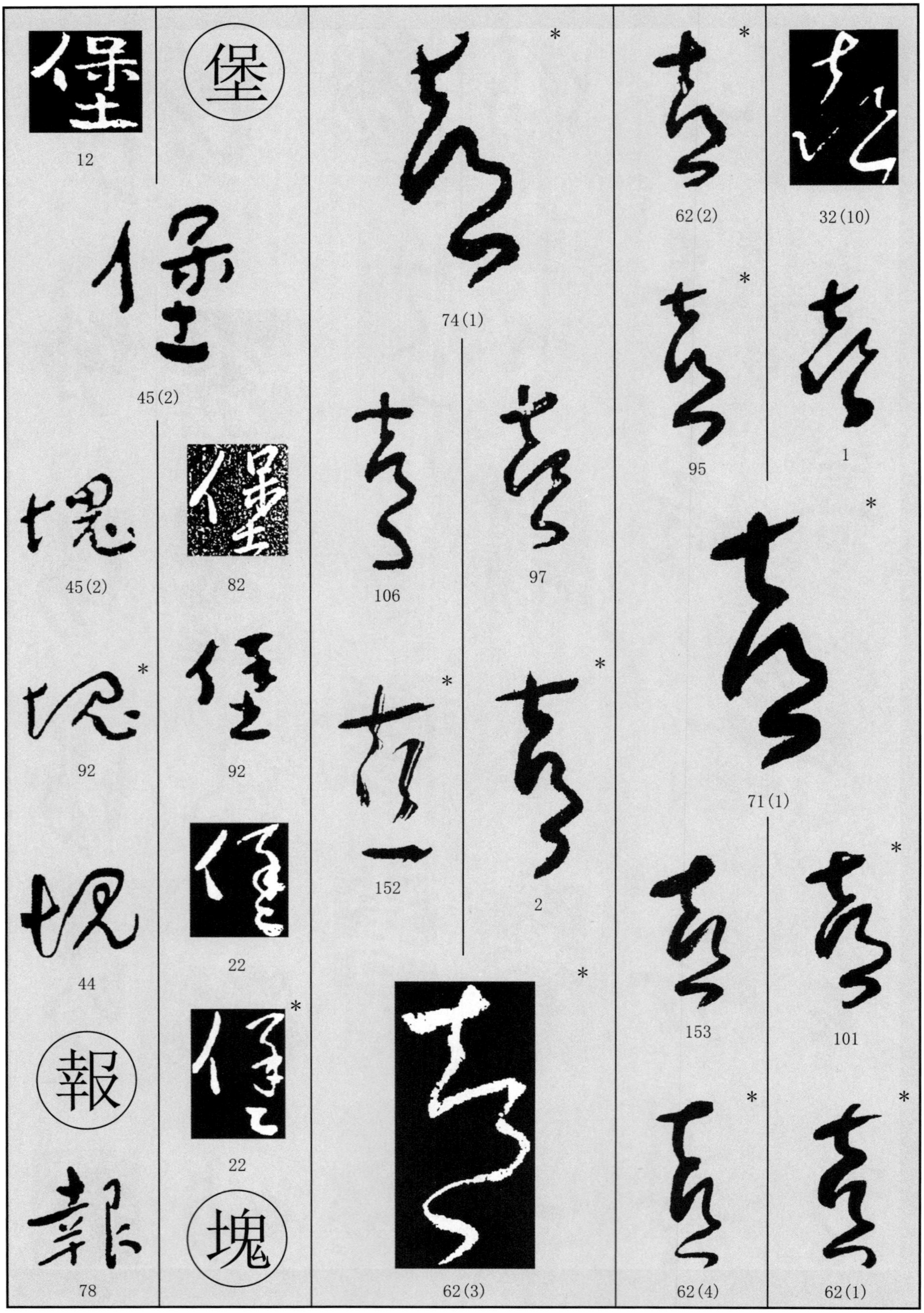

32(10)
1
101
62(1)
62(2)
95
71(1)
153
62(4)
74(1)
97
106
2
152
62(3)
堡
82
92
22
22
塊
12
45(2)
45(2)
92
44
報
78

1
1
65(3)
78
32(6)
1
78
65(4)
8
43
32(11)
62(3) *
65(5)
98
44
92
74(1) ★
1
60(5)
27
5
71(1) *
60(10)
214
5
1
65(4)
45(2)
51
1
78
835

壹

70
74(2)
65(3)
21
13
62(1)
60(1)
62(4)
2
54(2)
62(2)
159
17
73
1
60(5)
67
88
壹
71(3)
51
152
71(1)
4
62(3)
62(1)
162
44
62(4)
62(2)
95

壶

*74(1) 2 *74(1) *101 158 28

*145 1 壶 82 60(10)

32(1) 810 193(1) *88 140 153

71(3) 65(3) 87 156

100 278 149 111 71(3)

32(8) 430 60(6) 287

堉
198
61(1)
填
*
147
65(5)
60(3)
31
65(4)
87
200
15
塢
563
*
131
39
塘
869
60(5)
262
44
1
65(3)
32(2)
44
*
60(8)
131
100
139
71(3)
65(3)
71(3)
100

100
60(3)
1
154
60(8)
65(4)
1
490
154
塑
1029
塗
196(6)
101
146
55
466
74(2)
145
580
151
71(3)
*
1
60(9)
32(3)
99
113
147
86
63(2)

([illegible])嘉 墅(墟)墟 塹 壼

33
140
壼
71(3)
1
1
塹
100
1027
墟
60(10)
168
60(6)
247
1
*
60(1)
141
76
墅
65(3)
147
嘉
27
88
1
145
98
60(10)
61(4)
*
2
1
71(3)
139
*
62(3)
*
152

（台　臺）臺（垫）墊

1　28　44　66　71(1)*　101*　158(1)　62(2)*　95*　469　74(1)*

69　62(4)*　32(9)　62(1)　140　墊　947　60(5)　臺　60(10)　1

139　145　108　60(10)　168　154　137　131　77　108

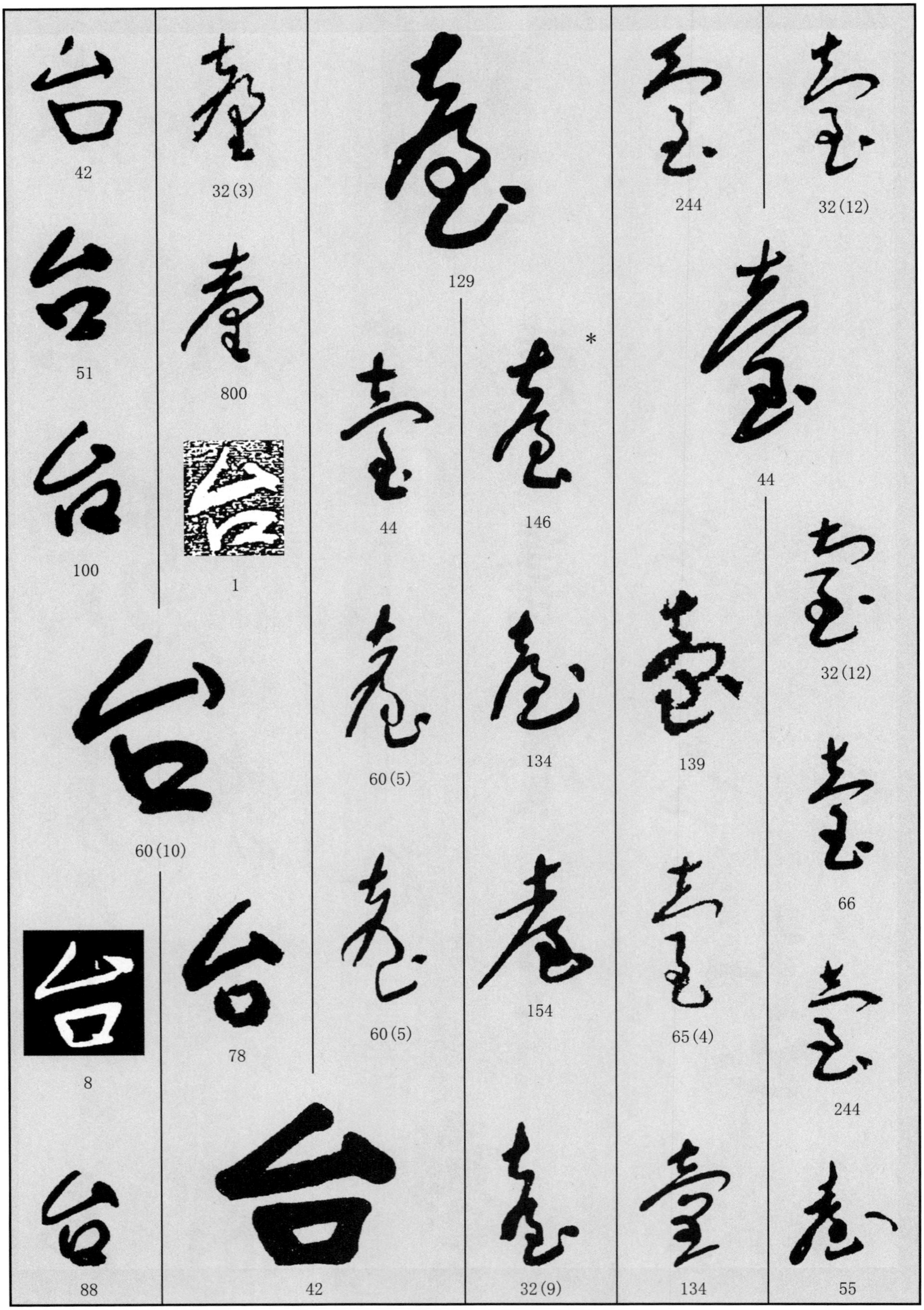

32(12) 32(12) 66 244 55

244 44 139 65(4) 134

* 146 134 154 32(9)

129 44 60(5) 60(5) 42

32(3) 800 1 60(10) 78

42 51 100 8 88

境　墉　（塾）塾

134
92
87
12
境
71(3)
9
60(7)
7
70
33
45(2)
45(2)
45(2)
60(7)
墉
60(9)
60(9)
107
塾
110
60(3)
60(8)
97
97
60(10)
74(2)
74(2)
71(2)
88
69

(壽 壽)壽

12
60(10)
61(4)
508
44
148
61(4)
1
134
3
286
壽
60(10)
146
78
60(7)
97
32(7)
31
47
44
71(3)
71(3)
45(2)
60(8)
*
61(2)
42
32(6)
859
140
905

140
46
1
* 152
17
17
19
31
17
1
* 2
71(3)
* 74(1)
87
* 71(1)
19
61(2)
60(8)
60(8)
60(8)
76
71(3)
88
44
24(2)
145
889
164

* 101　67　88　45(1)　289

71(3)　* 23　97　* 62(3)　55

65(2)　1　* 62(1)　70

60(2)　65(5)　* 62(2)　99

88　60(1)　70　* 62(4)　* 95　61(1)　71(3)　154　100

墮
98
55
65(2)
103
83
60(10)
60(2)
81(8)
*
32(12)
174
15
45(2)
146
391
147
隧
175(1)
139
94
21
*
65(6)
88
墋
58
189
墝
1
墳
44
32(9)
1
141

賣

74(1)
62(3)
162
140
88
95
28
20
71(1)
45(2)
147
32(8)
83
87
65(2)
65(2)
1
2
92
20
62(1)
54(2)
62(2)
28
92
152
45(2)
76
87
賣

61(4) 2 60(5) 70 61(4) 69 100 74(2) 32(9) 71(2) 61(4) 51 12 75 71(3) 65(4) 1101 5 32(12) 60(5) 134 151 140 82 60(5) 65(3) 134 51

45(2)
1
墀
193(8)
1026
134
墙
42
62(3)
101
74(1)
64(1)
158
100
65(5)
61(3)
60(3)
61(3)
65(1)
45(2)
64(1)
152
62(2)
61(2)
61(3)
65(5)
51
95
62(4)
62(1)
75
61(1)
60(9)

十三画

2
62(3)
1
45(2)
44
101
32(12)
61(3)
71(3)
44
95
62(2)
32(8)
381
32(2)
152
139
28
158
65(2)
74(1)
82
33
241
45(2)
62(1)
71(1)
62(4)
92
65(2)

十三画

154
熹
193(3)
60(3)
憙
5
140
墩
1102(2)
墾
55
55
139
82
139
壇
139
517
571
47
82
99
328
65(4)
386
88
65(2)
71(3)
60(6)
100
*
71(3)
65(1)
47
566

30
34
55
42
32(8)
47
78
61(1)
88
101
86
154
60(4)
71(3)
32(12)
87
17
69
100
139
壁
45(2)
30
87
147
1
356
45(2)
137

壑

95 *
壑
28
158
62(1) *
31
60(7) *
41
44
32(2)
65(2)
62(2) *
1
32(10)
30
66
54(3)
32(12)
71(1) *
71(3)
32(9)
242
65(2)
153
62(4) *
60(8)
71(3)
60(8)
60(2)

（壟）壠 壞　　（壕）壕

壞

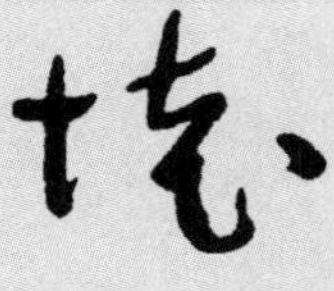
65(1)

60(4)

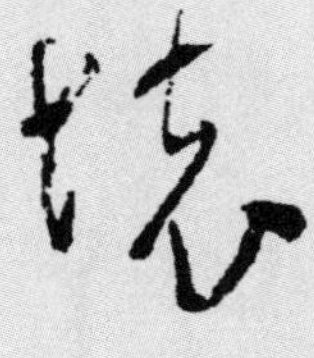
44

32(12)

82

134

82

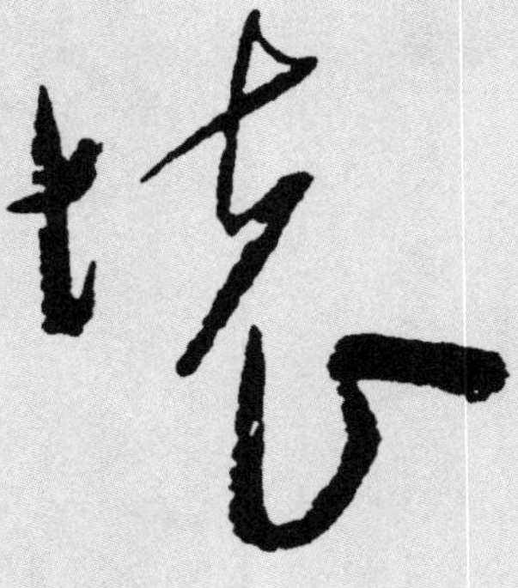
32(4)

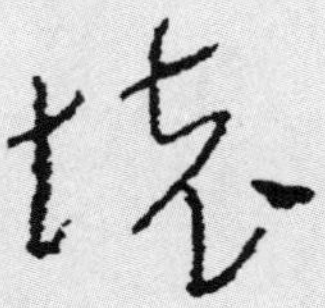
88

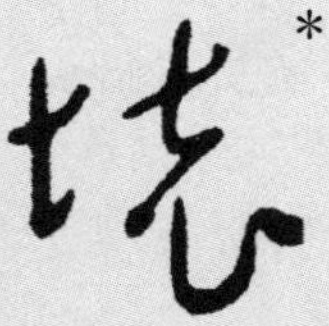
1

15

49(2)

88

壠

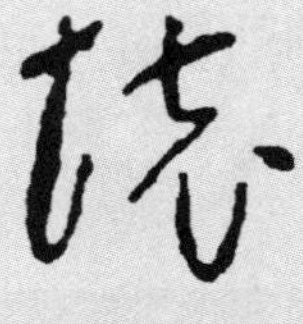
88

71(3)

240

152

44

31

壕

65(2)

101

2

65(3)

62(3)

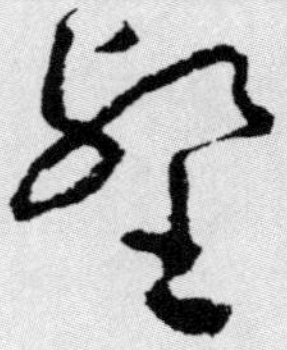
30

88

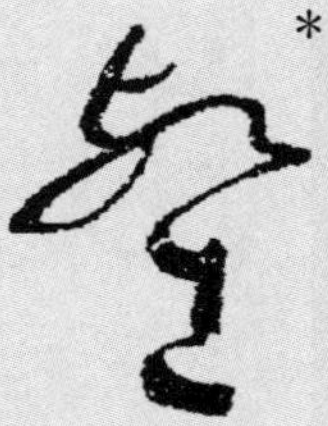
74(1)

139

壤
65(5)
81(5)
237
55
60(8)
壤
32(12)
168
45(2)
32(8)
381
139
147
44
15
懿
89
468
70
74(2)
81(8)
130
121
103
艹部
艾
101
1
60(8)
66
60(3)
32(1)
65(4)
芍
66
1104
芒
88

芝
60(7)
145
*
81(6)
芝
99
77
71(3)
51
88
71(3)
88
51
154
131
65(4)
66
60(7)
44
1
*
61(1)
65(2)
芑
71(3)
芙
44
60(10)
*
71(3)
67
94
芸
42
38
60(2)

花　芮　芷　芽芘苣　芰芾

1
1
1
1
43
1
44
花
1
44
78
65(4)
61(4)
101
60(10)
42
芮
3
65(3)
*
65(3)
芷
70
22
66
1102（1）
苣
364
芘
147
芽
1
71(3)
71(3)
*
286
芾
508
芰
*
1
1013
424

217
32(6)
154
32(2)
1
71(3)
63
1
61(2)
101
47
44
60(9)
65(4)
1
154
60(5)
154
88
226
1
154
214
32(9)
34
154
140
1
100
131
60(10)
60(10)
51
71(3)
42

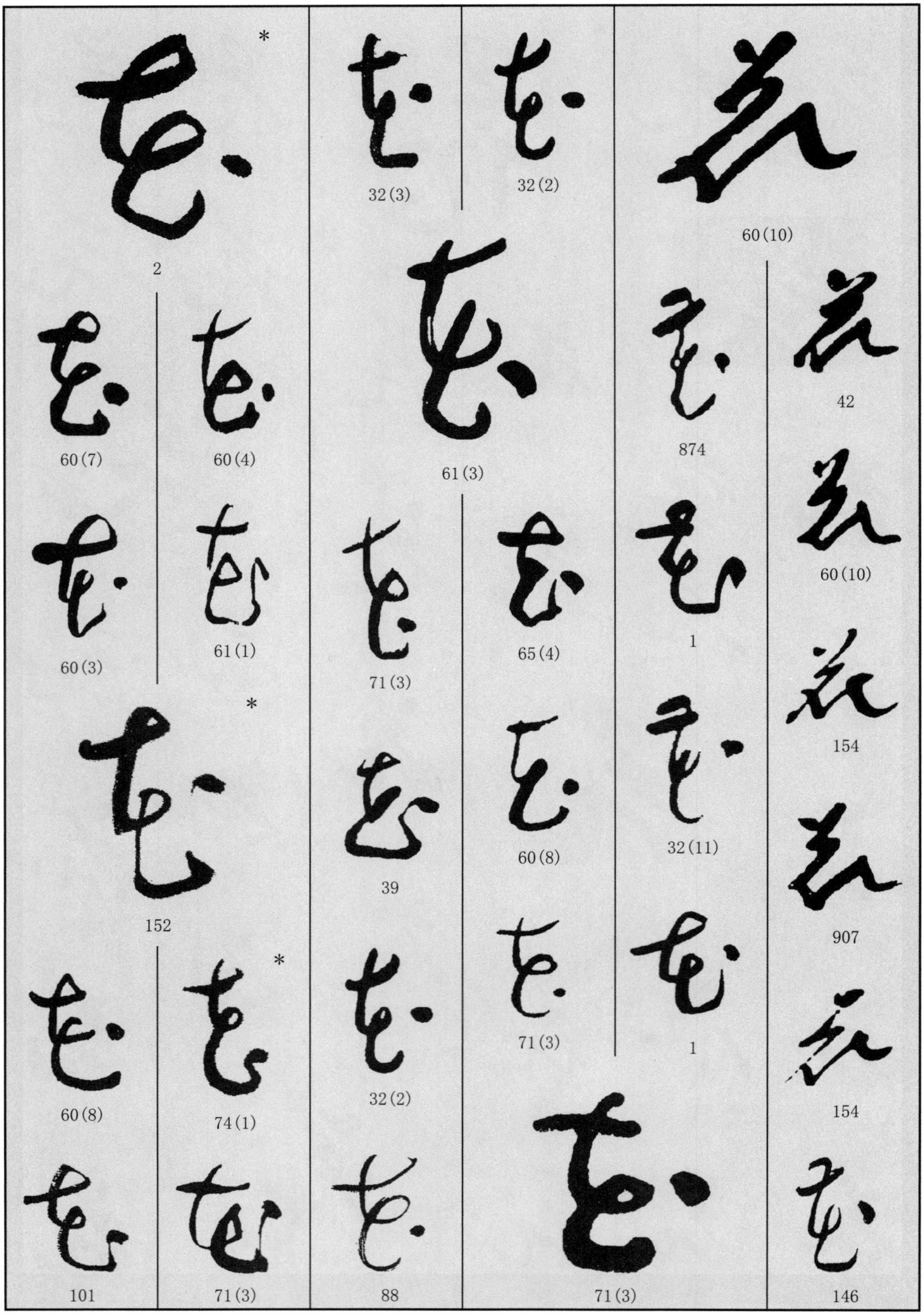
*
2
32(3)
32(2)
60(10)
60(7)
60(4)
61(3)
874
42
60(3)
61(1)
71(3)
65(4)
1
60(10)
*
152
39
60(8)
32(11)
154
907
*
60(8)
74(1)
32(2)
71(3)
1
154
101
71(3)
88
71(3)
146

41
44
1
146
* 62(3)
* 162
65(2)
* 101
* 62(2)
32(12)
65(1)
87
87
* 62(1)
* 71(1)
* 62(4)
* 95
146
芹
100
* 1015
芥
1006
* 101
* 101
* 74(1)
* 62(2)
* 62(3)
158
28
146
* 162

芳 茇 苂 芬

芳
154
44
19
76
101
86
146
茇
45(2)
92 *
42
65(4)
60(6)
78
65(2)
苂
芬
9
88
154
71(3) *
2 *
71(1) *
1
62(1) *
39
101 *
62(4) *
152 *
145 *

835
61(4)
61(4)
60(10)
60(10)
60(6)
250
60(5)
60(3)
66
65(4)
140
32(3)
88
*
71(3)
60(4)
44
154
46
174
芭
100
65(1)
苦
98
31
32(3)
45(2)
45(2)

60(8) 12 8 13 60(10) 1

6 65(5) 101 65(4) 139 4

13 32(10) 14 82 60(2) 60(9)

81(8) 100 100 99 45(2) 92 60(10) 64(1) 64(1)

60(9) 60(0) 1 101 83 249

艹部 五画

若

34
87
153
1
1
97
88
1
51
60(4)
92
*
22
88
99
23
若
82
32(7)
32(5)
32(12)
1
65(4)
64(1)
54(2)
32(12)
45(2)
34
21
60(6)

98
5
31
71(3)
154
44
36
8
4
56
71(3)
61(3)
60(10)
88
154
82
101
45(2)
64(1)
64(1)
44
64(1)
60(9)
82
61(2)
64(1)
64(1)
64(1)

87

64(1)

74(2)

65(1)

60(10)

*
62(2)

1

61(3)

65(4)

60(1)

60(10)

60(1)

65(3)

*
71(1)

60(3)

31

154

*
62(3)

32(10)

*
62(1)

*
152

39

64(1)

*
74(1)

45(2)

71(3)

茂

2 * 64(1) 101 * 22
39 88 95 * 62(4) * 65(4)
78 162 * 1 158 28 46 46
茂 45(1) 60(10) 1 45(2) 65(4)
61(2) 1 162 * 62(4) * 39

2 *

74(1) *

71(2)

71(1) *

101 *

95 *

60(1)

158

152 *

62(1) *

74(2)

72

28

62(2) *

61(2)

62(3) *

61(3)

1

苹

1026

苜

1008

92

45(2)

苴

100

茇

4

苗

104

105

44

60(4)

65(1)
78
45(2)
154
66
英
66
71(3)
32(12)
10
82
27
5
32(9)
8
74(2)
5
82
55
42
1
31
1
88
88
42
71(2)
42
1

71(2) 71(2) 47 71(3) 81(6)

100 71(3) 65(2) 65(3)

31 71(3) 60(1) 62(4)*

790 60(1) 60(1) 71(3)

32（8） 152* 162* 2* 71(1)*

100 21 101* 62(1)* 87

荇　茉　苟　茵

95 *
87
74(1) *
239
62(2) *
62(3) *
21
228
64(1)
83
158
28
46
茵
168
65(4)
70
苟
102
30
146
145
102
392
107
73
67 *
60(3)
茉
1022
荇
196(12)
145
140
61(2)
61(4)

45(2)　61(1)　69(9)

苓

12　1102(3)

茆

137

60(6)　65(1)　166　1　1

1　140　287　147

1　60(7)　44　60(7)

146　88　*　1

86　153　153　146

苑

434

526

153

146

110

153

66

55

60(6)

71(3)

94

*

32(7)

66

苞

107

71(3)

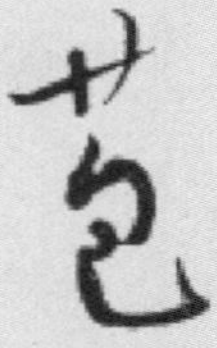
70

1102(2)

范

1

141

19

*

65(3)

32(1)

76

88

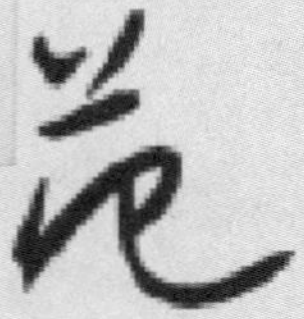
153

笫

15

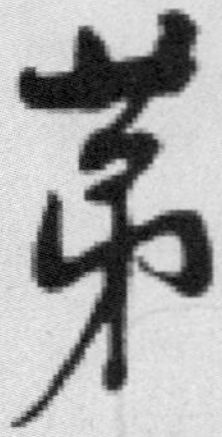
71(3)

100

65

74(2)

223
100
65(5)
74(2)
32(3)
65(1)
15
71(2)
139
1
32(12)
60(8)
苔
92
*
47
32(10)
44
42
71(2)
20
87
44
139
茗
92
61(3)
88
43
193(7)
92
92

140
382
129
茅
1
71(3)
153
1
60(10)
66
1009
茸
1026
30
1015
*
145
茦
71(2)
荐
*
32(7)
32(12)
45(2)
92
68
60(2)
100
萸
1014
草
82
8
6
60(5)

62(3)
71(3)
44
5
65(2)
1
101
71(3)
137
43
47
32(6)
1
223
1
154
1
60(5)
938
60(10)
32(1)
365
145
* 2
1
28
71(3)
* 162
* 2

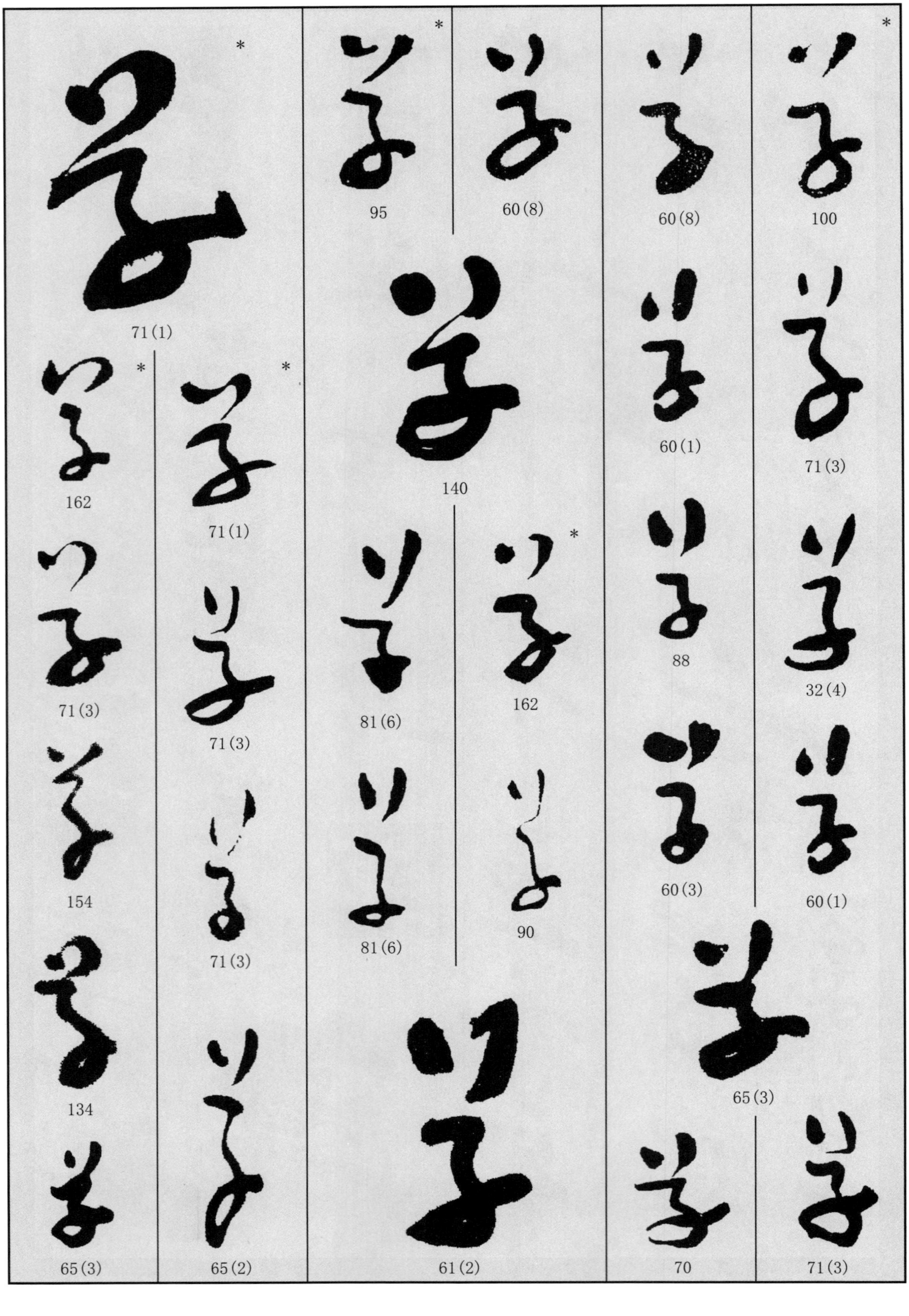
*
100
60(8)
*
60(8)
95
71(3)
60(1)
140
32(4)
88
*
162
81(6)
60(1)
60(3)
90
81(6)
65(3)
71(3)
70
61(2)
*
71(1)
*
71(1)
*
162
71(3)
71(3)
154
71(3)
134
65(2)
65(3)

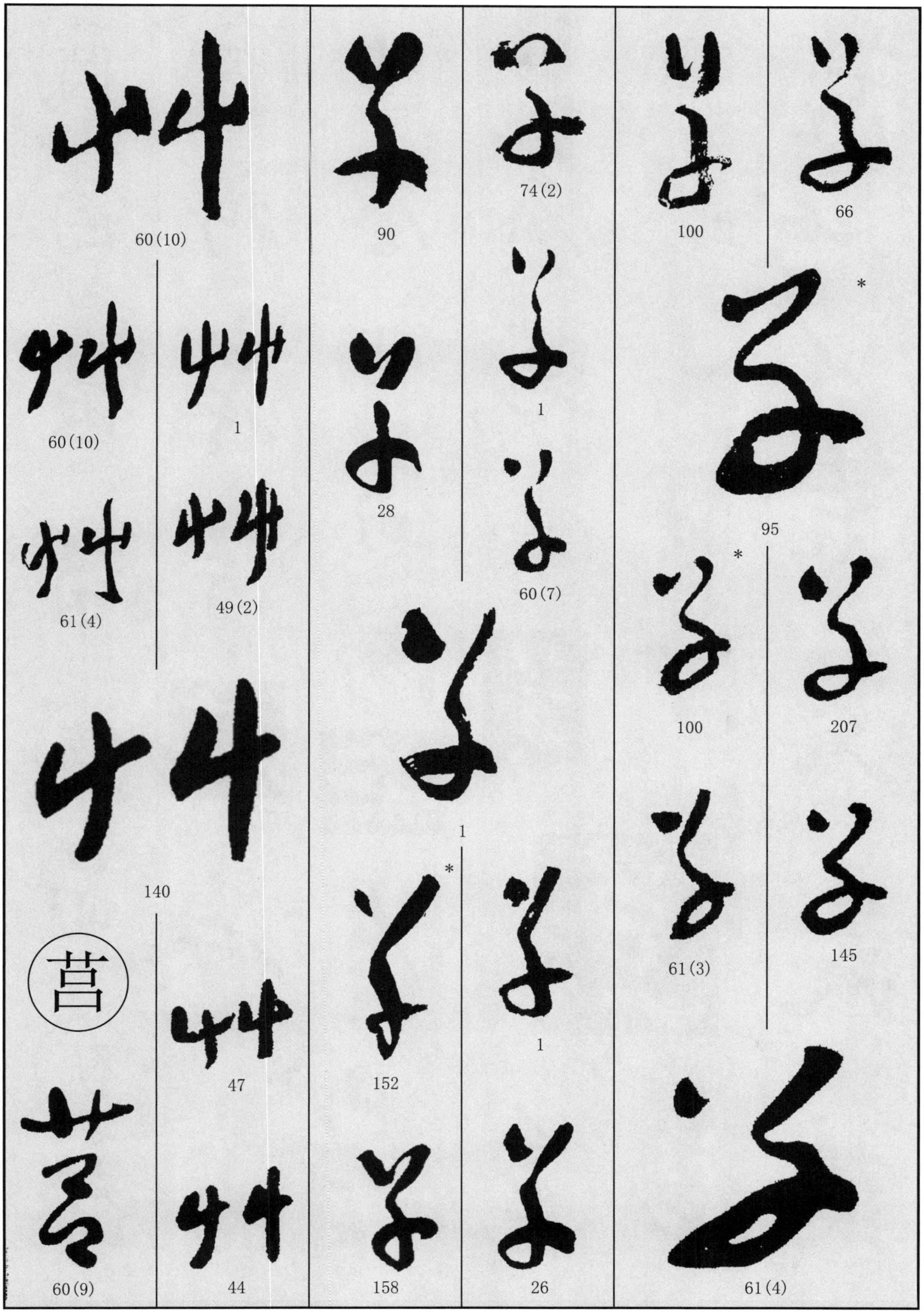
66
100
95
207
100
145
61(3)
61(4)
74(2)
1
60(7)
1
26
90
28
1
152
158
60(10)
1
60(10)
49(2)
61(4)
140
莒
47
44
60(9)

茵

65(3)

139

1006

茴

66

茯

1102(3)

荇

1011

1026

60(8)

196(6)

140

荃

524

荀

125

茶

98

55

1

茗

65(4)

145

荄

32(10)

1

荒

78

279

14

154

44

60(10)

32(1)

1

221

44
1
47
1
1
44
8
154
32(11)
1
23
60(10)
78
18
95
32(3)
32(3)
65(1)
32(2)
71(3)
60(8)
101
66
71(3)
45(2)
65(3)
87
45(1)
2
87

66

71(3)

65(4)

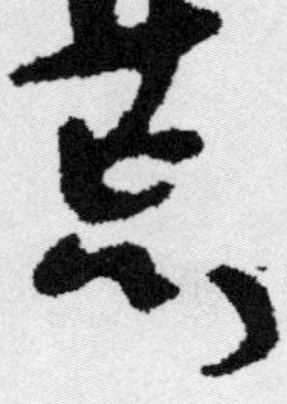
65(3)

88

201

* 152

100

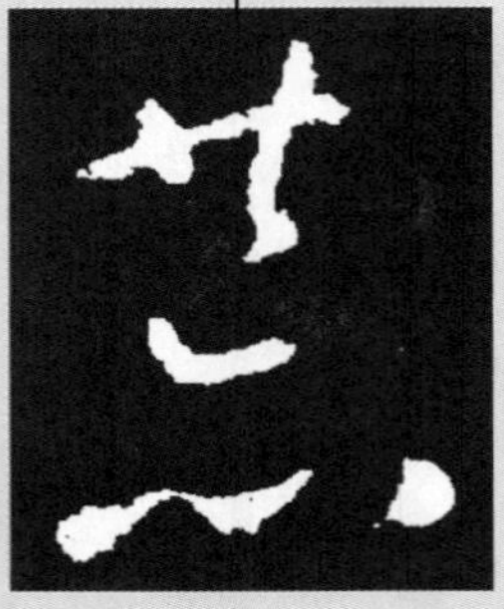
* 62(3)

78

153

* 74(1)

32(10)

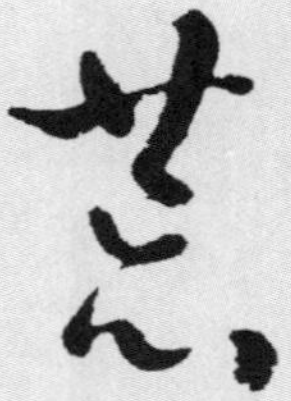
* 62(4)

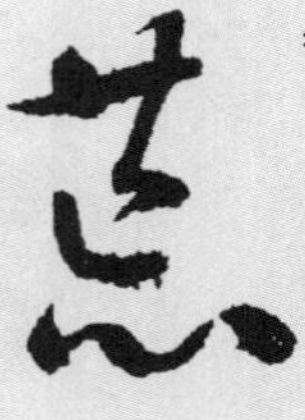
* 100

* 71(1)

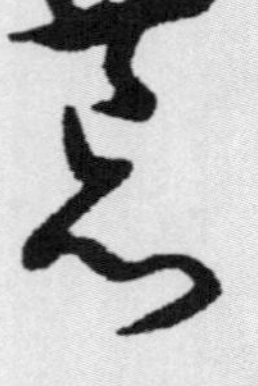
* 162

* 62(1)

* 62(2)

32(2)

44

1

60(5)

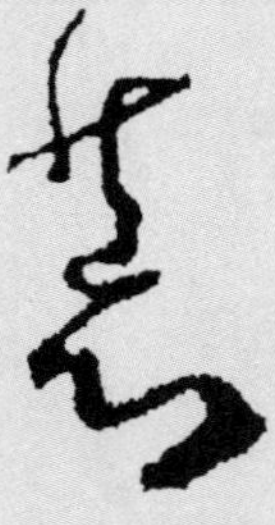
71(3)

129

14

32(3)
146
1
158
茫
71(3)
33
60(10)
65(3)
151
66
65(4)
65(4)
65(3)
559
46
559
137
235
*
60(8)
65(4)
583
蓽
44
154
51
44
44
154
88
63(2)

茹　荔　華

25
70
115
76
2
60(9)
140
152
147
139
茹
6
98
58
45(2)
82
65(4)
274
100
1
60(6)
60(6)
荔
9
111
153
1
156
153
華
3

120
154
42
1
55
9
60(10)
88
60(5)
215
42
12
83
98
27
42
1
78
83
10
223
11
8
5
8
32(2)
8
7
60(5)
32(12)
5
5

82
154
51
71(2)
65(5)
82
32(9)
39
71(3)
69
94
78
69
60(7)
2
75
1
71(1)
39
76
45(2)
65(2)
152
71(3)
70
20
76
74(1)
154

*
62(3)
92
*
95
65(3)
75
45(2)
32(2)
32(3)
70
60(6)
32(10)
54(2)
61(2)
71(3)
70
71(3)
32(8)
65(1)
71(3)
70
65(4)
100
71(3)
32(8)
32(8)
22
60(7)
23
87

18
18
15
1
166
33
158
62(1)
101
902
166
62(4)
85
62(2)
1
17
154
药
139
莆
88
莽
154
65(5)
1
60(2)
148
71(3)
62(3)
65(3)
62(2)

莫 （莖）茎

2
100
71(1)
32(8)
101
100
62(4)
152
74(1)
66
100
158
33
490
62(1)
1
莖
100
32(2)
94
65(3)
100
154
莫
65(5)
7
98
443
36

82 11 74(2) 1 154 154 65(5)
98 60(5) 60(10) 60(10) 60(10)
60(10) 71(3) 82 60(10) 78
32(6) 71(3) 32(1) 100
81(8) 62(3)* 62(1)* * 60(2)
32(7) 32(1) 62(2)* 162 65(3)

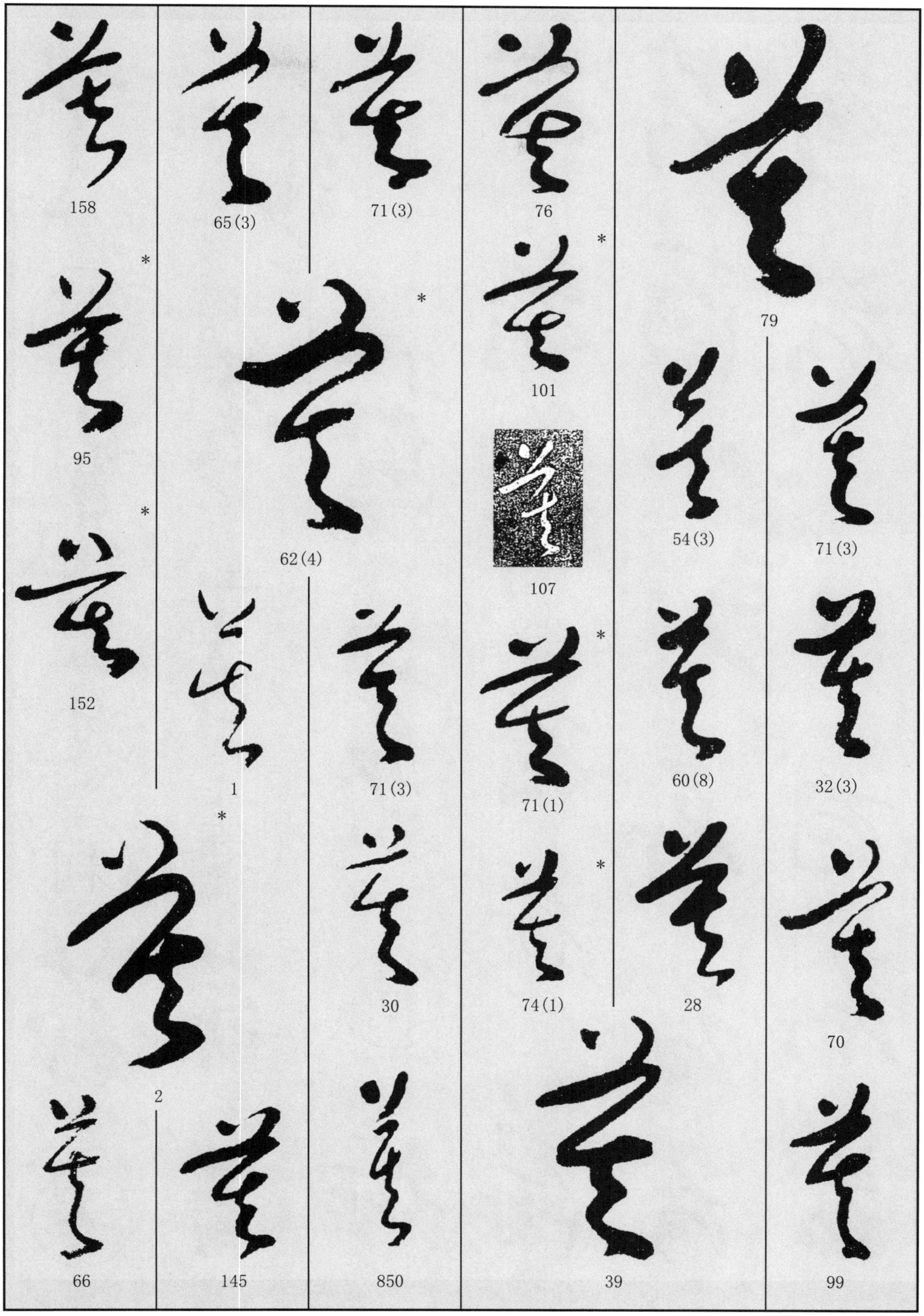
79
71(3)
32(3)
70
99
54(3)
60(8)
28
39
76
101
107
71(1)
74(1)
71(3)
62(4)
71(3)
30
850
65(3)
1
145
158
95
152
2
66

87
莧
60(6)
88
莉
61(3)
莠
166
1
66 *
莓
139
1101
166
129
荷
51
32(2)
99
61(4)
166
88
1
78
71(3)
158
51
95 *
100 *
51
51
2 *
74(1) *
32(9)

荻

60(3)

60(8)

66

94

* 60(5)

140

莅

* 16

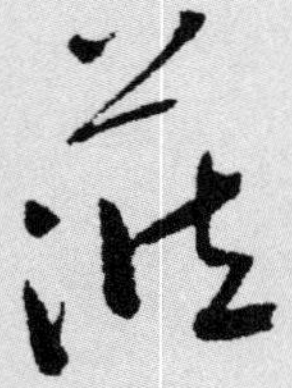
394

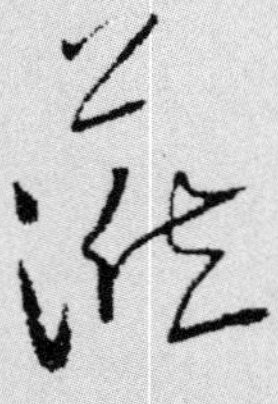
394

74(2)

* 62(2)

51

60(3)

* 152

* 62(3)

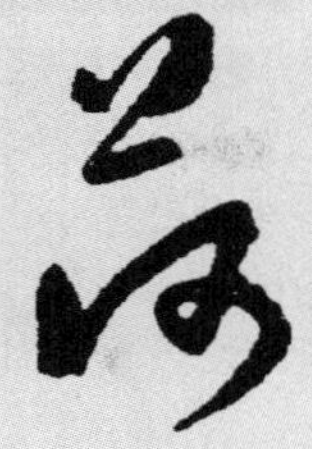
234

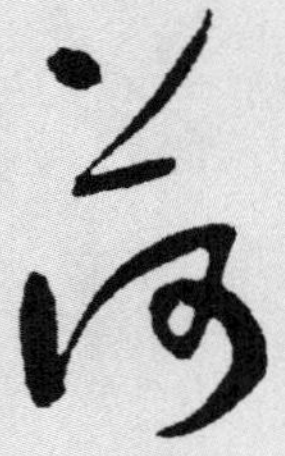
1

45(2)

* 101

* 71(1)

78

1

81(4)

* 62(1)

60(6)

74(2)

65(1)

* 62(4)

28

莘
199
42
莎
65(5)
45(2)
1
193(1)
莞
196(4)
莨
88
莊
3
10
61(3)
88
19
71(1)
100
60(4)
16
62(1)
62(4)
1
638
101
95
2
1
32(12)
32(11)
97
74(1)
71(2)
62(2)
62(3)
32(7)

81(8)
47
1
18
42
88
4
27
232
11
74(2)
5
著
32(12)
74(2)
82
28
146
140
菁
181
15
1
346
134
65(4)
158
*
152
78
99
60(2)
145

（菱） 菱

42
15
55
60(2)
39
88
32(12)
74(2)
70
69
74(2)
32(6)
46
100
60(10)
60(4)
74(2)
60(6)
65(4)
32(12)
菱
60(7)
60(8)
139
65(4)
71(3)
60(10)
137
32(9)

154
菘
66
菴
199
60(10)
148
145
萊
1
154
139
60(9)
139
140
*
71(3)
60(2)
378
94
60(5)
131
813
677
萋
60(3)
44
*
32(12)
萇
65(3)
菽
1
166
166
菲

32(10)
73
140
67
1024
菖
1102(3)
萌
175(1)
88
65(3)
196(9)
蒿
364
萎
60(10)
193(1)
萑
196(12)
萸
1022
菜
65(4)
45(1)
71(3)
88
88
45(1)
74(1)
610 *
82
16
158
146
23
28
1
101 *
145
162

艹部 八画

42
1
47
65(4)
100
71(3)
60(10)
104
60(8)
71(3)
44
9
23
65(2)
103
76
74(1)
菟
153
菊
78
1
*
71(1)
*
62(4)
*
62(1)
*
62(2)
*
152
*
95
39
*
62(3)
*
2

（莘）萃

139
118
65(2)
66
153
326
780
131
94
60(6)
66
60(6)
60(7)
66
88
134
153
153
153
萃
44
70
60(9)
98
63(2)
99
130
60(9)

艹部

八画

139
74(2)
菸
51
萁
66
65(1)
菆
16
菩
154
122
45(2)
154
101
45(1)
64(1)
60(9)
65(5)
65(5)
45(2)
101
65(1)
64(1)
81(6)
154
101
51

(葉 葉)葉 葚　菉　菰 菹　萍

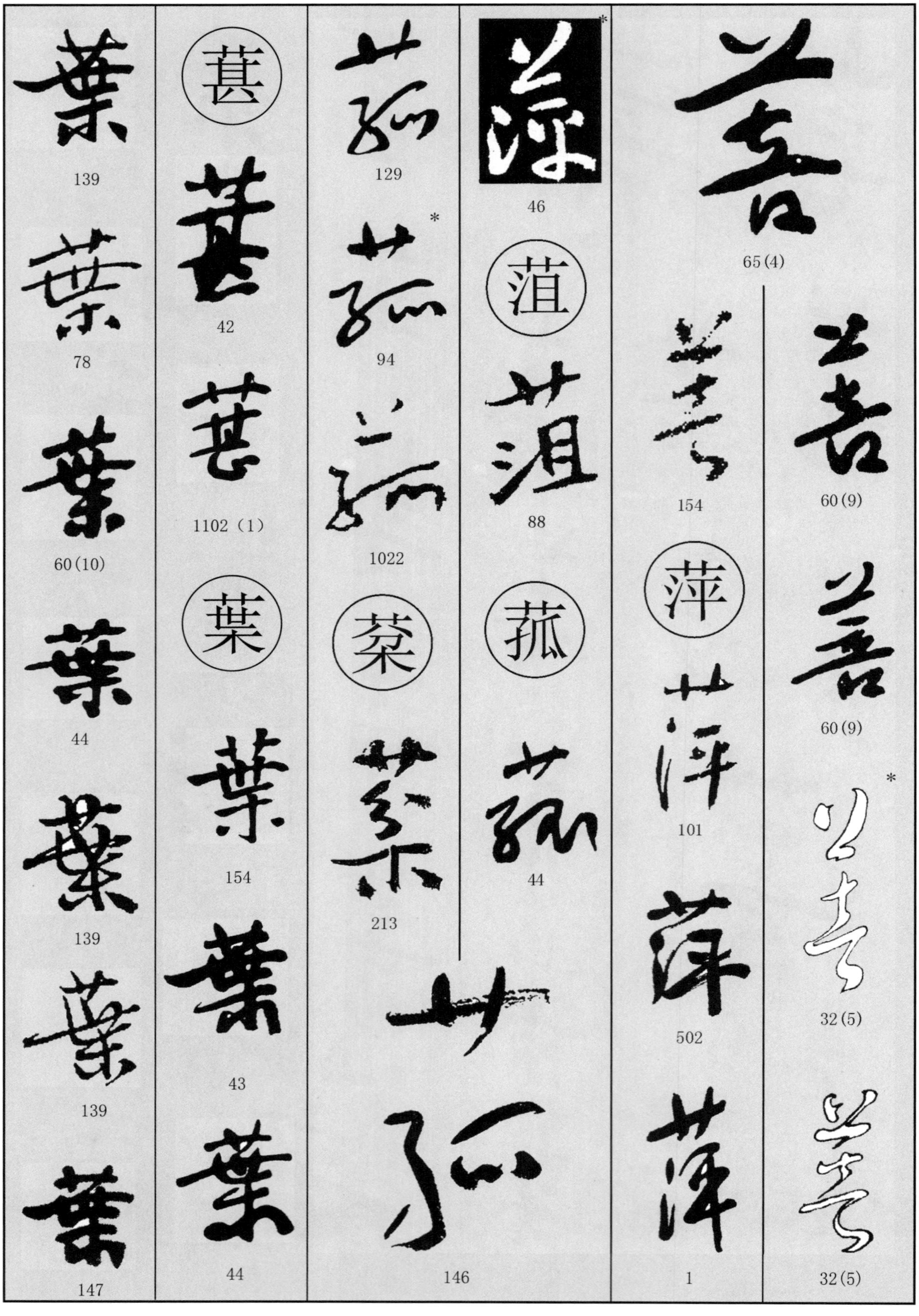

65(4)
60(9)
60(9)
32(5)
32(5)
154
萍
101
502
1
46
菹
88
菰
44
129
94
1022
菉
213
146
葚
42
1102（1）
葉
154
43
44
139
78
60(10)
44
139
139
147

艹部

九画

1
60(10)
51
55
154
60(10)
44
1
71(3)
32(2)
65(3)
81(6)
60(8)
153
87
60(3)
60(7)
60(9)
152
71(3)
146
33
60(7)
32(9)
2
1
1
71(2)
60(2)
62(3)
95
101
62(4)
62(2)
30

71(1)
88
74(1)
87
62(1)
134
92
815
1
65(2)
65(4)
158
88
76
51
122
惹
47
81(6)
葳
198
葬
5
5
82
13
74(2)
6
10
15
12
5
45(2)
14

32(7)
20
19
120
60(5)
4
32(11)
20
3
88
78
92
*
20
60(10)
126
134
154
65(5)
88
81(6)
22
74(2)
69
32(10)
16
51
87

募

82

65(4)

394

葺

42

萬

32(12)

51

8

7

32(1)

60(5)

7

98

42

9

44

43

32(3)

42

44

47

42

42

60(10)

1

60(10)

88

824

101

51

60(10)

艹部

九画

51
65(4)
139
139
74(2)
32(11)
60(10)
92
61(3)
99
56
*
71(1)
71(3)
30
61(1)
101
76
32(11)
71(3)
*
74(1)
61(1)
146
87
71(3)
31
71(3)
246

71(3)
146
139
60(8)
60(2)
47
154
60(2)
88
86
92
65(5)
76
99
65(3)
60(8)
154
60(2)
139
87
94
*
55
1
15
162
1

*

62(3) 32(2) 1 16 25 1 1 1 1

46 61(2) 60(6) 23 65(4)

55 102 60(5) 61(1)

32(8) 243 13 63(1)

55 61(2) 100 65(3) 61(2)

88

87

45(1)

65(3)

65(2)

70

*

62(4)

*

2

*

62(1)

88

*

152

71(3)

76

60(2)

100

71(3)

61(1)

71(3)

*

95

88

60(7)

99

334

*

101

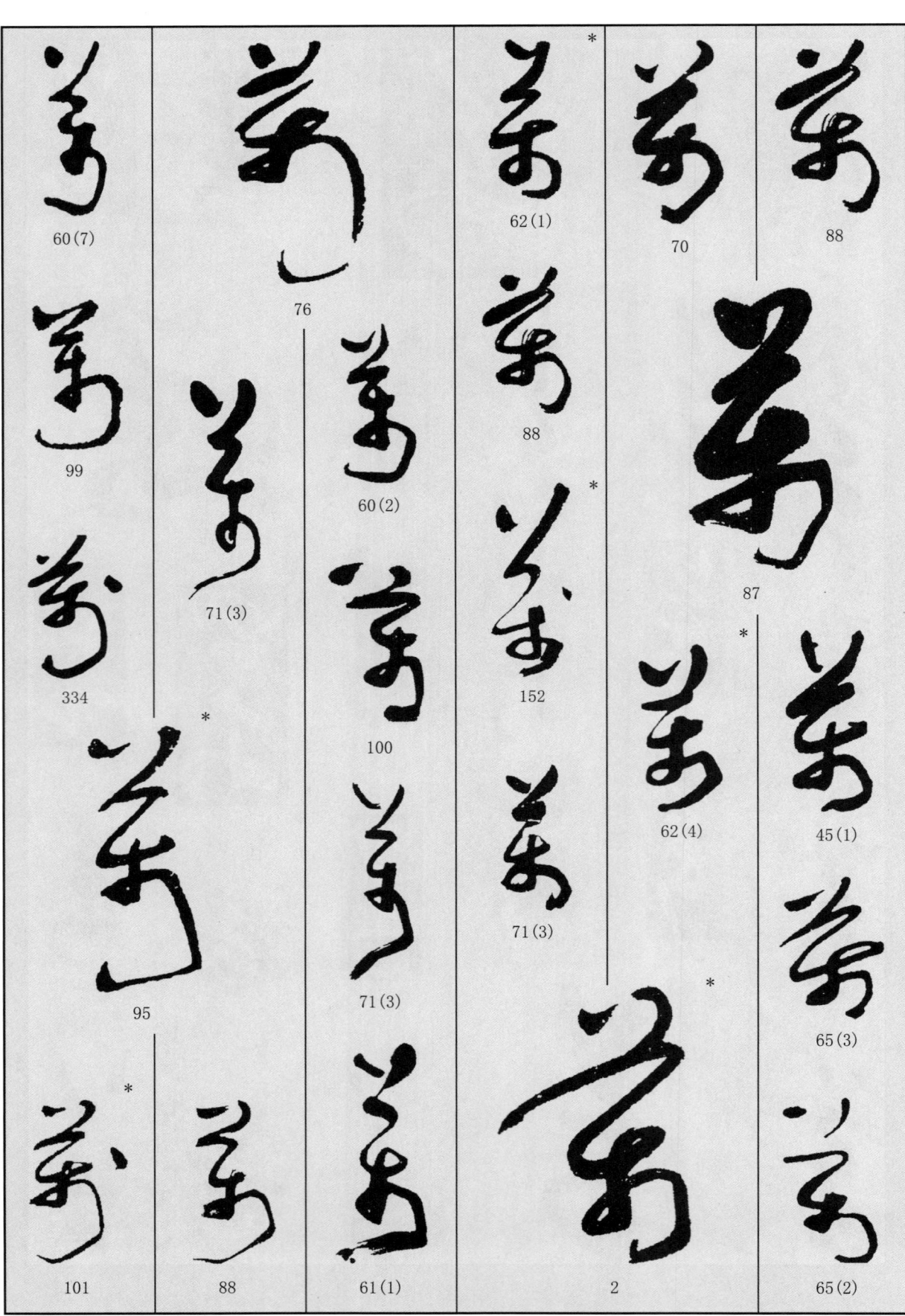

葛　（蕚）萼

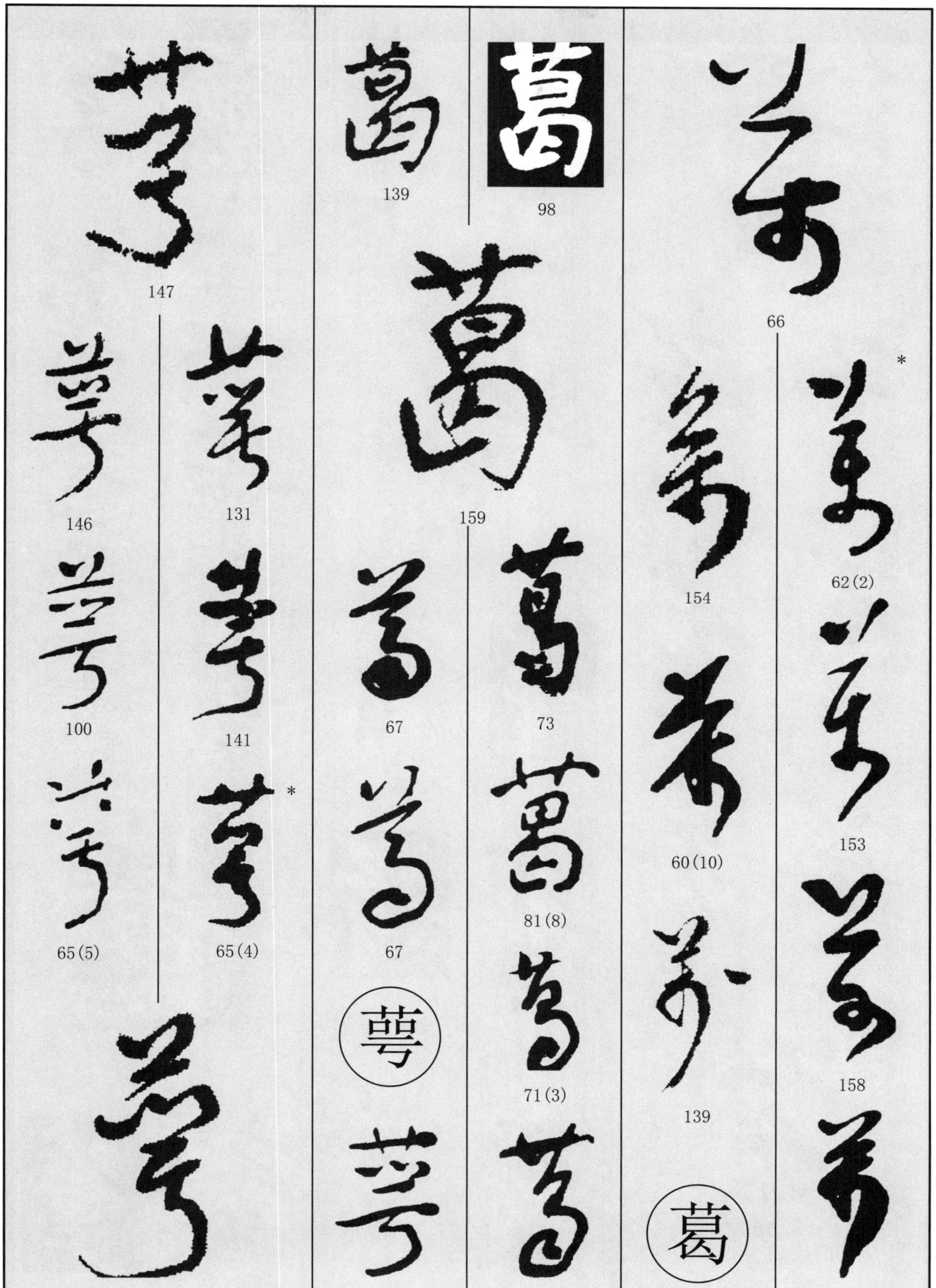
66
62(2)
153
158
1
154
60(10)
139
葛
98
73
81(8)
71(3)
60(4)
139
159
67
67
萼
71(2)
147
131
141
65(4)
146
100
65(5)
111

94
88
88
董
82
3
82
51
1
93
146
324
86
25
67
76
97
63(2)
73
87
1
134
60(9)
32(5)
*
1
99
154
872

葆
1102(2)
1006
15
196
蒐
18
75
69
葩
88
葰
42
葱
65(5)
51
60(3)
65(4)
32(12)
蒂
60(8)
葥
32(12)
落
44
78
1
60(10)
60(10)
44
60(10)
60(5)
57
60(10)
60(1)
1
1

60(10) 1 60(8) 101 88 60(6)

32(10) 65(3) 60(8) 60(8) 60(6)

1 55 88 55 32(9)

88 60(3) 99 * 152

76 74(2) 73(3) 71(3)

60(4) 87 101 101 238

65(3)
94
32(10)
60(4)
88
60(2)
88
44
60(5)
43
1
42
44
44
55
55
47
88
60(6)
162
60(9)
101
60(3)
66
1
62(1)
62(4)
32(8)

蔏　萱

蔏
萱
88
60(7)
19
32(9)
32(9)
44
65(2)
88
60(3)
88
88
32(9)
60(8)
1
70
1
101
60(8)
95
66
1
62(3)
62(2)
2
74(1)
71(1)
39

葭

1026

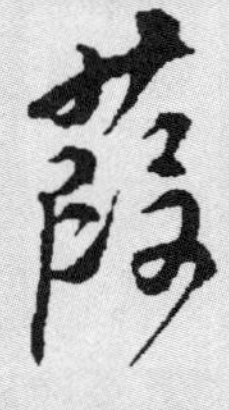
1026

葦

1005

60(2)

*

60(8)

499

71(3)

30

葵

104

88

66

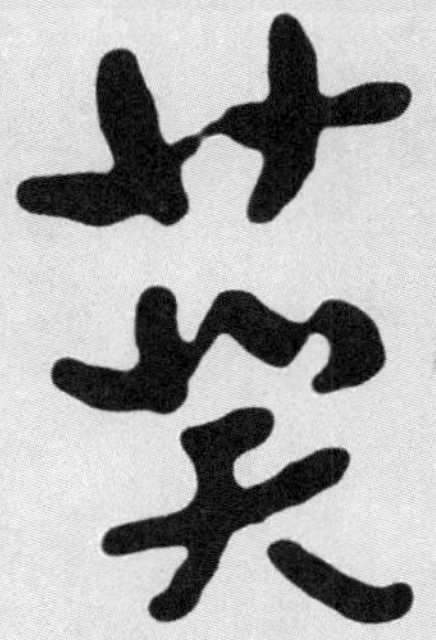
761

890

蒜

364

蓋

98

4

13

82

30

84

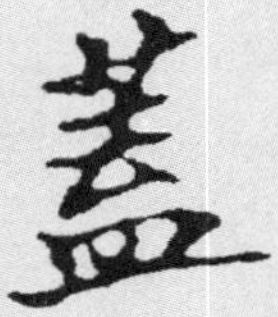
32(12)

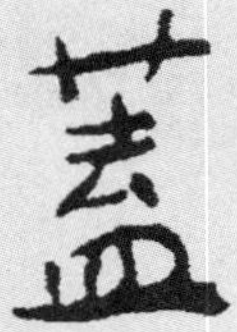
140

70

20

146

60(5)

86

30

145

1 16 11 3 9 98

235 1 47 1 139

88 65(3) 154 162 60(1) 74(1)*

196(2) 1 45(2) 152* 2*

145* 62(4)* 69 71(1)* 62(1)*

95* 62(2)* 32(7) 62(2)* 60(2)

蓮

73
60(3)
17
39
1
*
101
32(7)
158
蓮
98
60(5)
100
71(3)
32(1)
65(3)
65(2)
50
100
154
88
65(3)
32(9)
65(3)
100
60(8)
32(8)
100
66
66

（墓）墓　　蒔　蓐

32(3)
94
242
139
蓐
196（6）
蒔
196（4）
139
1006
墓
81(6)
3
3
6
32(10)
16
13
82
14
23
126
14
36
32(10)
23
154
13
154
74(2)
18
74(2)
74(2)
74(2)
74(2)
32(3)
1

十画

65(5)
54(2)
55
15
74(2)
1
81(6)
251
17
19
82
1
238
61(6)
71(3)
1
15
6
*
9
97
78
19
32(10)
71(3)
17
5
5
54(2)
65(5)
69

幕

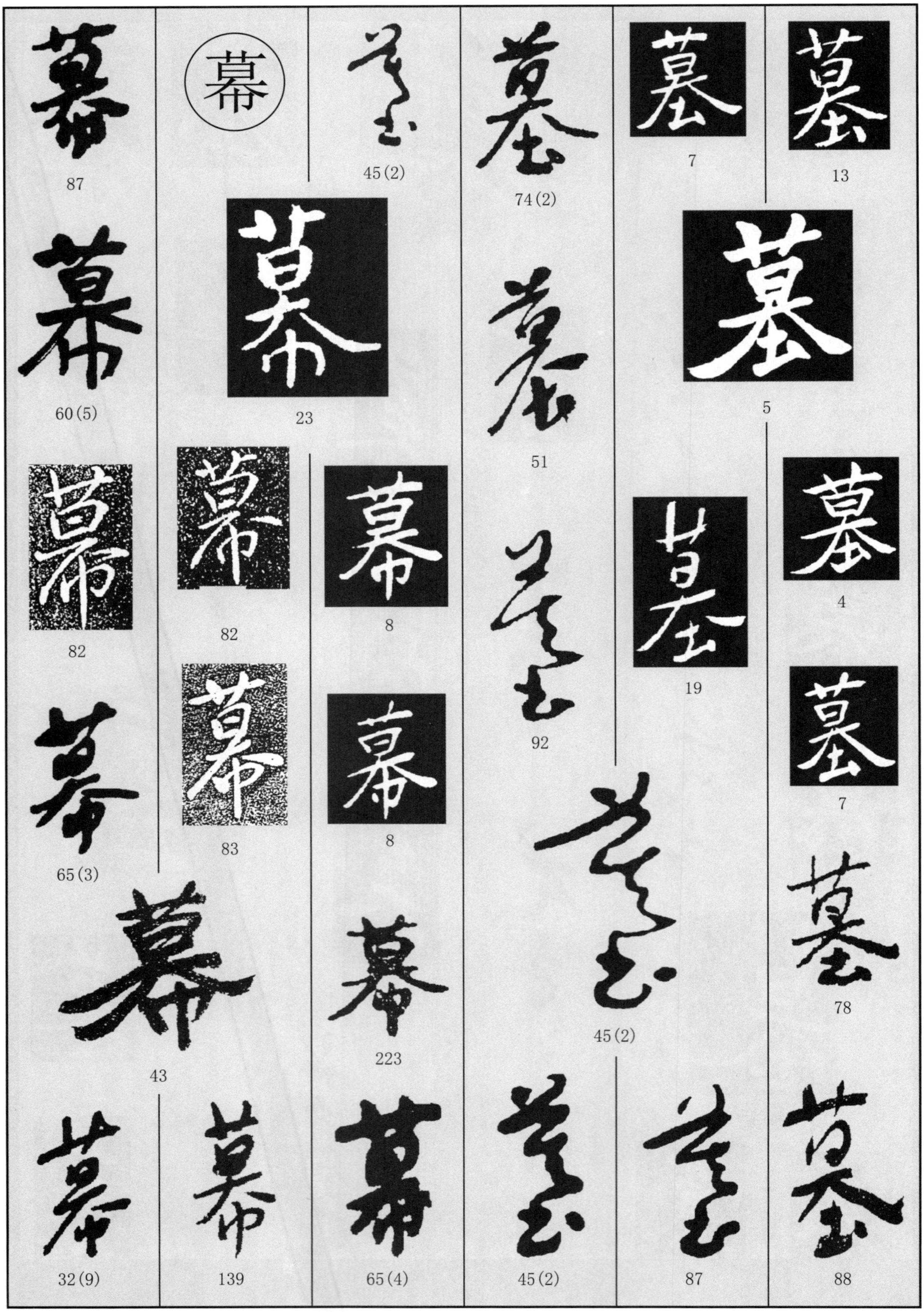

13 5 4 7 78 88

7 19 45(2) 87

74(2) 51 92 45(2)

45(2) 8 8 223 65(4)

23 82 83 139

87 60(5) 82 65(3) 43 32(9)

夢

71(3)
134
134
82
70
1
65(3)
71(3)
101
101
*
66
60(1)
87
夢
122
12
49(1)
101
76
60(10)
71(3)
42
60(5)
60(10)

42
130
55
55
60(10)
32(1)
139
60(10)
65(2)
42
30
65(1)
146
145
100
55
78
100
86
65(3)
60(7)
61(1)
100
65(4)
20
60(9)

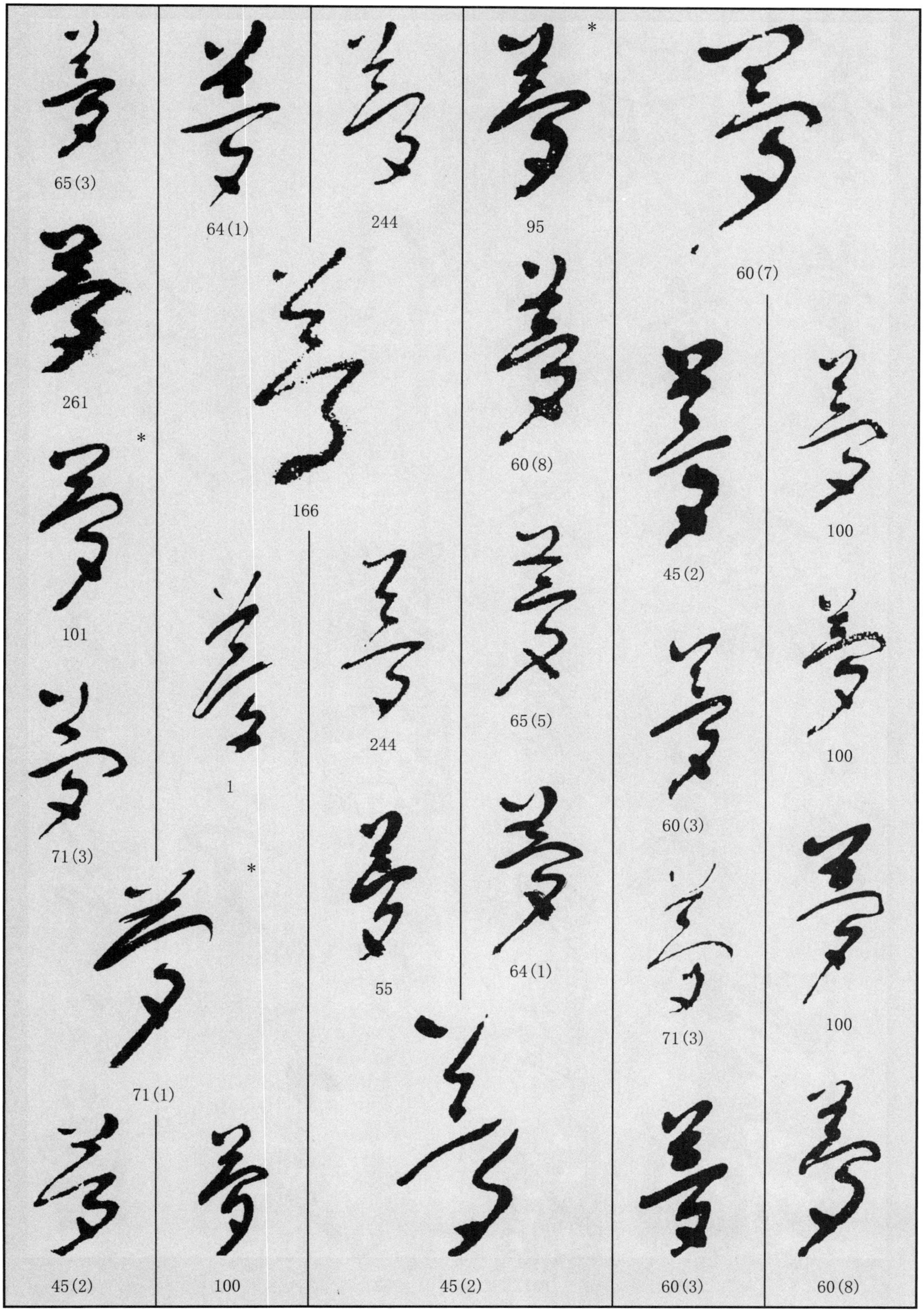

60(7)
100
100
100
60(8)
45(2)
60(3)
71(3)
60(3)
95 *
60(8)
65(5)
64(1)
244
166
244
55
45(2)
64(1)
1
71(1) *
100
65(3)
261
101 *
71(3)
45(2)

62(3)
81(6)
152
141
62(2)
74(1)
62(4)
62(1)
2
蒨
32(12)
蒼
3
98
32(1)
78
223
49(2)
31
1
42
88
60(10)
61(3)
99
25
1
60(10)
1

艹部

十画

63(2)
63(2)
25
32(9)
30
*
2
244
47
*
66
62(2)
60(7)
65(3)
*
62(3)
88
32(6)
65(4)
60(3)
1
1
60(8)
100
60(7)
60(8)
61(3)
*
74(1)

65(3)
39
87
61(1)
58
95
60(7)
100
71(1)
76
101
62(1)
62(4)
152
101
1
92
60(9)
99
61(1)
217
88
60(8)
1
60(7)
60(8)
47

60(3)
78
蕵
65(5)
154
45(2)
蓬
32(3)
1
71(3)
65(20)
65(1)
60(8)
60(8)
65(2)
81(6)
139
139
60(10)
134
153
1
65(3)
65(5)
65(3)
66
*
66
1
813
581
140
65(3)
蒿
168
66

（簑）蓑：131　677　蓑　47　71(3)　100　71(3)　32(3)　87　65(1)　60(7)

蔀：134　86　146　65(2)　蔀　60(3)

蓄：65(4)　70　60(6)　蓄　7　46　27　98　100　32(3)

蒲：蒲　10　10　82

9
83
65(1)
43
60(10)
274
101
65(4)
153
65(3)
153
1
*
54(2)
蒙
32(12)
60(7)
32(9)
32(6)
51
8
70
145
8
51
32(9)
60(10)
88
23
76

65(4)
30
25
154
134
1
23
63(2)
158
229
32(7)
32(5)
32(10)
65(2)
32(3)
32(7)
*
1
60(9)
蓉
44
60(10)
71(3)
77
147
蔻
1027
74(2)

94

蓂

88

蒻

1106

87 *

86

蔭

14

154

88

42

1

60(6)

60(3)

139

32(10) *

1

蓀

1

42

莼

88

70

蒸

108

175(1)

8

53

66

84

60(8)

63(2)

60(9)

1

158
62(3)
62(2)
71(1)
62(4)
95
62(1)
74(1)
101
2
152
暮
98
43
44
44
141
60(3)
71(2)
65(2)
145
60(10)
1
1
60(10)
145
71(2)
1

45(2)
137
65(3)
60(2)
100
32(9)
100
71(3)
55
17
42
60(8)
99
94
60(8)
101
60(8)
99
100
60(8)
61(1)
88
65(5)
71(3)
60(8)

摹
8
5
1
45(2)
*
97
32(12)
60(2)
113
1
39
60(6)
915
32(3)
71(3)
86
60(2)
65(4)
153
60(2)
100
100
107
69
60(7)

154
71(2)
65(5)
65(5)
65(4)
154
慕
60(7)
44
139
58
8
154
548
74(2)
65(1)
584
60(7)
30
158
247
62(4)
71(1)
74(1)
62(3)
62(1)
2
95
162
152

蔗　蔡　（蔑）蔑　（募）蔓　蔌

51
蔡
11
15
51
196(6)
84
196(6)
88
蔗
88
1
*
66
153
130
60（10）
121
蔑
98
65（4）
*
60(1)
153
70
66
*
62(2)
88
蔓
3
32(8)
1
*
101
145
蔌

（艹寸）蔚 蓿　　蔽　　蕖

12
14
13
83
14
74（2）
60（4）
107
蓿
1008
蔚
17
13
14
794
154
5
30
88
61（1）
140
45（2）
1025
99
43
140
蔽
196(2)
234
146
145
60（3）
60（3）
蕖
147
*

71（2）
391
21
72
32（7）*
蔣
60（9）
98
139
139
71（2）*
74（2）
88
32（7）
1
97
74（2）
139
394
155
107
蓼
88
1027
薌
1008
1102(2)
蕘
44
1102(3)
60（2）*
蕙
71（3）
60（8）
61（3）

(荟)蕪　瞢　蕉　蕎 蕤　(蕨)蕨

65(1)
蕪
139
139
47
60(1)
66
瞢
221
66
1
66
蕉
31
1
32(3)
100
60(4)
168
153
71(3)
蕤
1030
蕎
1012
44
60(9)
66
1022
蕨
196
100
60(10)
140
88
20
32(12)

蕃

65(5)

71(3)

* 1

蕃

32(9)

65(4)

蕩

60(6)

71(2)

* 247

蕩

32(12)

219

154

60(10)

92

60(8)

60(6)

139

139

88

65(3)

77

32(3)

32(3)

* 134

65(3)

蕰

58

189

65(5)

154

45(1)

1014

64(1)

蔬

98

44

216

196(9)

103

60（7）

71（3）

78

168

65（4）

848

45（1）

60（6）

100

141

*
60（7）

168

蕊

1008

193(7)

薔

139

薑

88

1022

1

146

*
62（4）

158

33

*
162

*
152

*
62（3）

*
95

*
62（2）

39

71(1)
74(1)
101
62(1)
2
薤
1008
174
薯
392
薨
8
薛
3
1033
153
薇
441
1106
139
60(6)
60(6)
168
153
100
146
147
384
蓟
65(3)
140
168
145
1022
蔫

（薄）薄　　　　　　　　　　薪

薪：196(4)　82　15　45(2)　薪　99　51　139　87　82　61(2)

76　139　88　60(9)　60(3)　86

63(2)　139　147　74(2)

（薄）薄：28*　158　146　薄　71(3)

32(12)　8　8　82　5　44

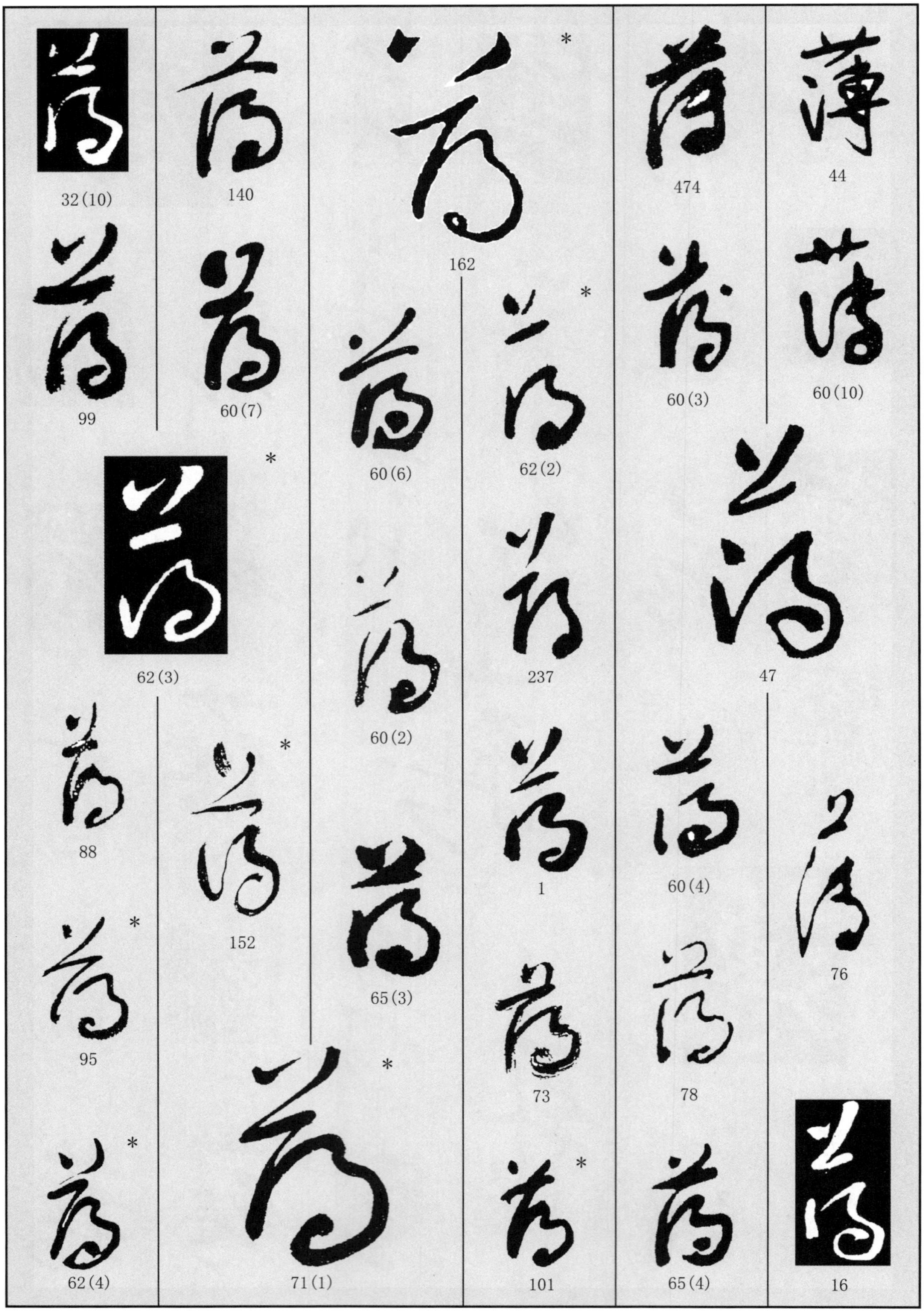
44
60(10)
47
76
16
474
60(3)
60(4)
78
65(4)
162
62(2)
237
1
73
101
60(6)
60(2)
65(3)
71(1)
140
60(7)
62(3)
152
32(10)
99
88
95
62(4)
*

(萧 蕭)蕭

2 *
67
30
74（1）*
62（1）*
60（9）
44
28
1
158
蕭
126
332
71（3）
32（1）
60（7）
65（1）
3
65（2）
76
1
60（8）
44
78
92
99
154
60（8）
60（5）
71（3）

32(12)
154
122
154
122
101
32(10)
1102(1)
薩
51
122
166
*
1
薜
156
76
74(1)
656
65(3)
154
32(12)
94
87
71(3)
168
71(3)
69
1
66
60(7)
154

藉

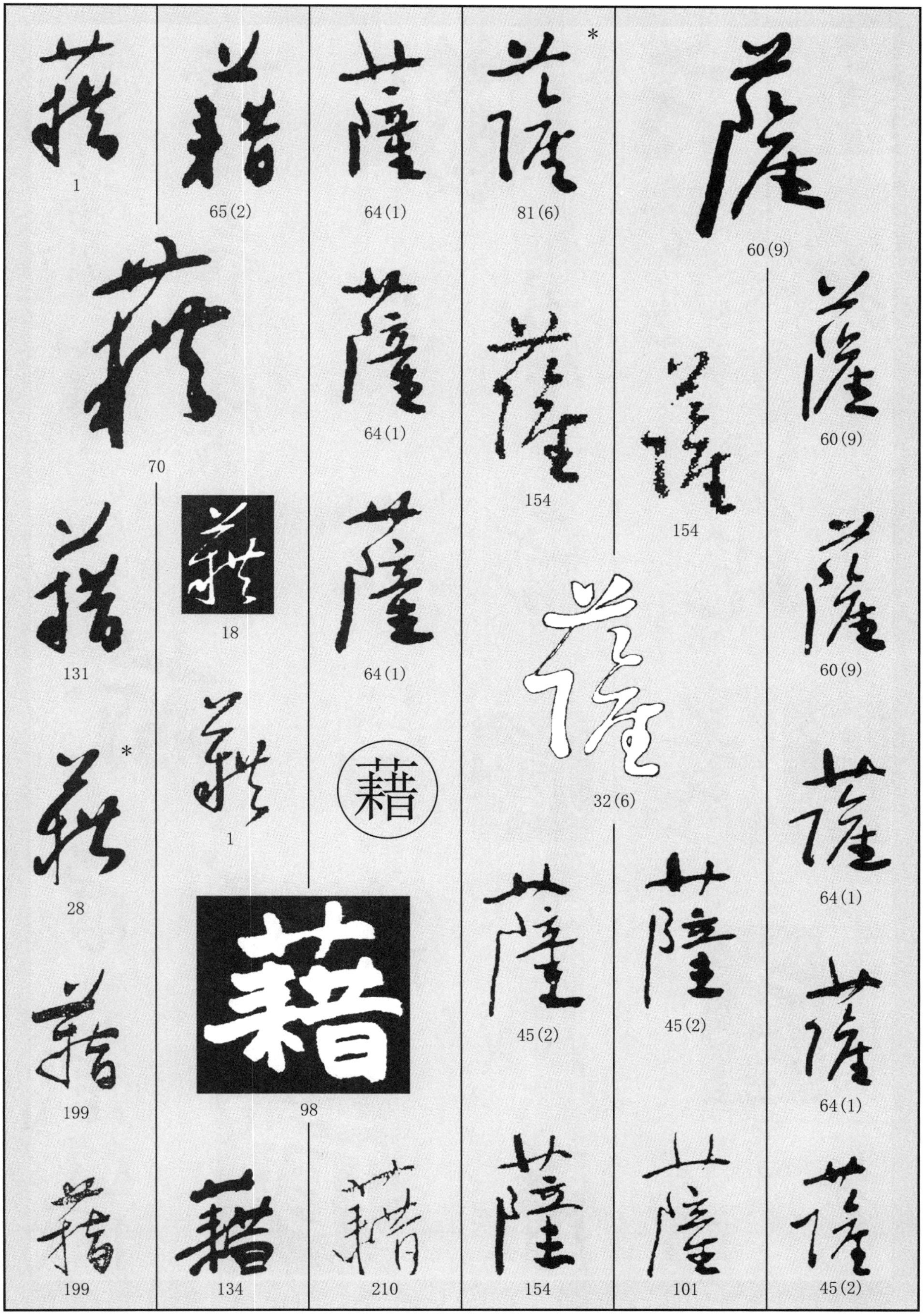

1 65(2) 64(1) 81(6) * 60(9)
70 64(1) 154 154 60(9)
131 18 64(1) 32(6) 60(9)
28 * 1 藉 64(1)
199 98 45(2) 45(2) 64(1)
199 134 210 154 101 45(2)

蘱
1005
45(2)
藏
139
140
88
55
139
139
38
388
78
55
60(10)
32(3)
51
140
42
51
15
139
139
146
158
1
71(3)
*
1
18
32(9)
32(7)
62(3)
53

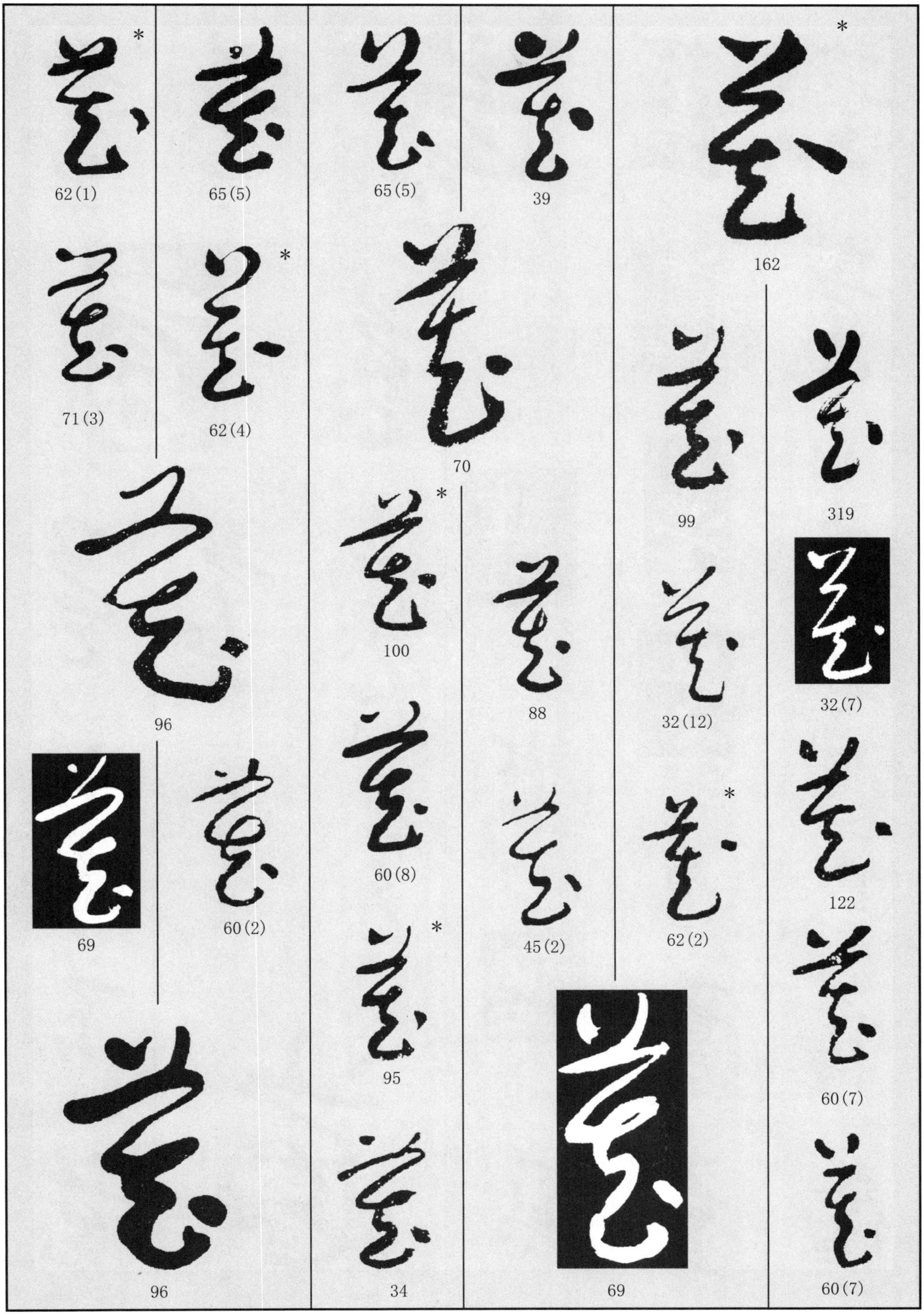

162 99 319 32(12) 32(7) 62(2) 122 69 60(7) 60(7)

39 88 45(2)

65(5) 70 100 60(8) 95 34

65(5) 62(1) 62(4) 71(3) 96 60(2) 69 96

65(3)
32(11)
168
108
舊
100
71(3)
665
82
20
196(12)
薰
1
131
152
藍
196(12)
81(4)
15
88
139
96
151
74(1)
69
65(4)
100
30
101
2
96
65(1)
65(4)

60(10) 60(4) 60(6) 65(4) 3 82 44 82

1 60(10) 60(10) 60(10)

71(3) 60(10) 60(10) 869 140 147

51 60(10) 137 1 76 82 474 65(3)

82 82 4 139 154 65（4） 71（3）

65（2） 60（2） 74（2）

152* 18 101* 79

74（1）* 99 87 95* 65（4）

39 23 71(1)* 46 62（4）* 65（3） 83 69

薺　藐

十四画

60(9)
64(1)
64(1)
122
32(5)
154
薺
1027
54(1)
65(5)
146
1
33
158
藐
101
154
32(5)
96
67
32(12)
1
16
60(3)
62(3)
62(2)
2
88
71(3)
46
75
62(1)

4
443
12
386
藕
60（10）
71（3）
386
42
71（3）
17
1026
藎
780
422
1
51
139
7
158
28
60（2）
22
42
139
131
藝
1102(1)
60（3）
69
100
60（8）
1102(1)

（藜 蔾）藜　藺 薑 藪

95　71（1）　152　62（1）　74（1）　60（9）
101　62（4）　852　62（3）　2
130　62（2）　71（2）　32（9）
65（3）　藪　139　薑　82　藺　60（5）
154　60（4）　44　藜　139　1　71（3）
1　137　51　66　154

藥
140
5
74(2)
74(2)
74(2)
70
39
78
60(10)
44
42
66
60(1)
60(1)
60(10)
60(5)
42
19
*
*
1
1
32(11)
65(4)
65(4)
藤
60(4)
1
101
545
137

蘊　　　　藩　藁

82
65(5)
1
32(12)
*
122
70
94
153
32(12)
蘊
藁
140
8
153
61(3)
51
154
83
140
610
66
藩
79
138
32(12)
32(12)
154
101
82
10
66

藿　蘋　蘧　蘆（蘆）

藿：64（1）　60（9）　*81（6）　64（1）　藿　31

蘋：32（5）　146　蘋　1　65（3）　674　139　76　44

蘧：1　146　*1　166　蘧　1007　1026

蘆（蘆）：蘆　32（2）　151　101　65（1）　94　99　65（4）　60（8）　60（8）　65（5）

（苏 蘓 蘇）蘇　　蘗　　蘄

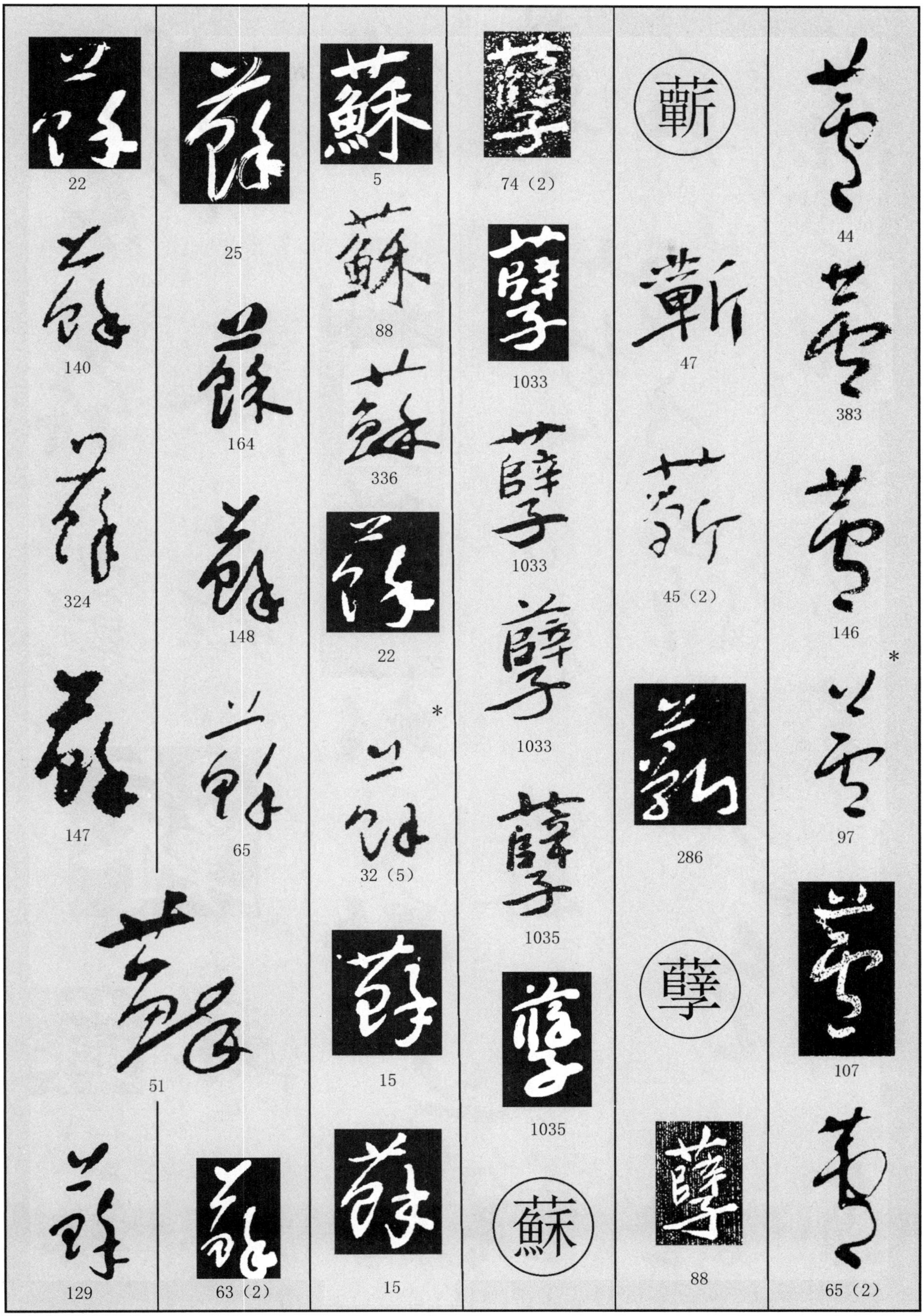
22
140
324
147
51
129
25
164
148
65
63（2）
5
88
336
22
*
32（5）
15
15
74（2）
1033
1033
1033
1035
1035
蘇
蘄
47
45（2）
286
蘗
88
44
383
146
*
97
107
65（2）

872
147
32（3）
32（2）
51
5
154
27
139
139
32（6）
51
1
60（10）
154
74（2）
60（5）
76
32（12）
154
88
140
134
134
137
1
100
74（2）
47

60（9）

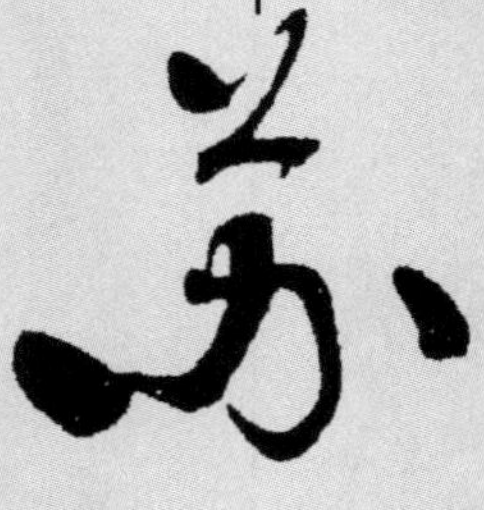
65（4）

65（4）

30

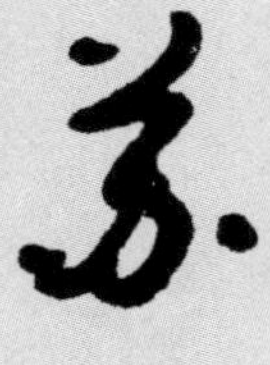
60（9）

168

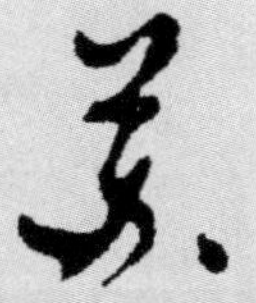
65（5）

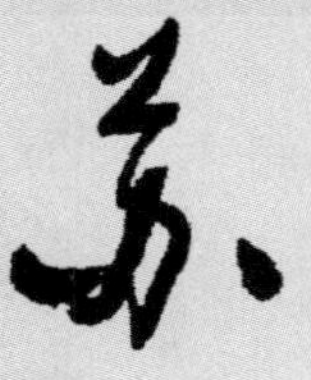
99

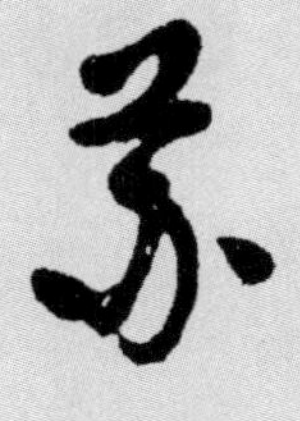
30

88

1

65（4）

藹

105

139

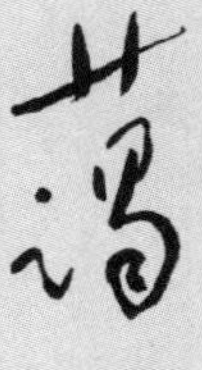
1103

蘢

60（3）

藻

61（4）

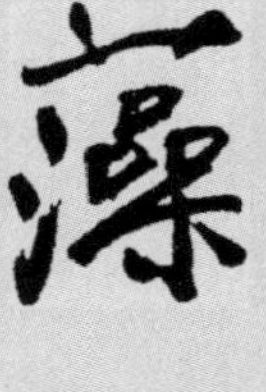
61（4）

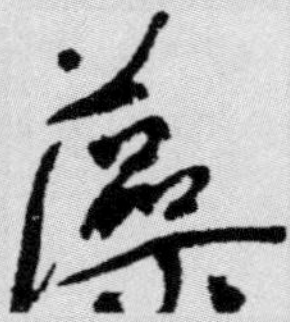
70

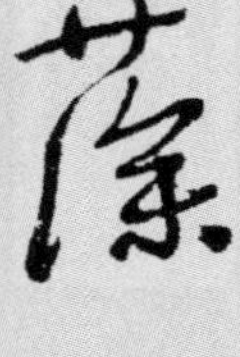
71（3）

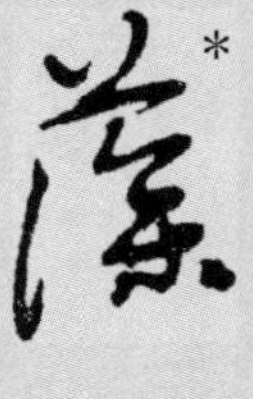
*
60（8）

140

蘭

60（2）

81（6）

31

31

蘬

175（1）

蘚

1036

139

32（9）

32（9）

139

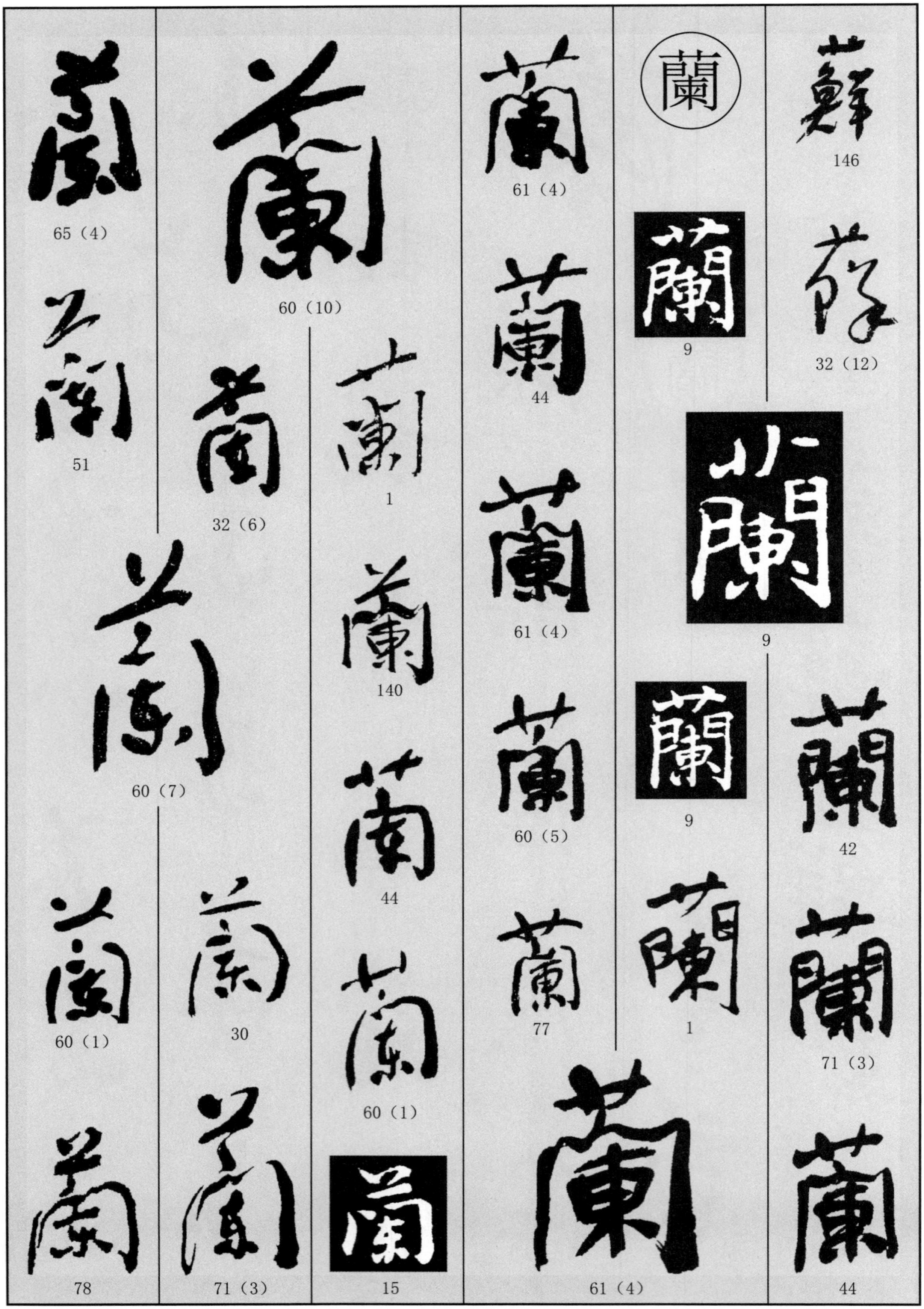

146
32（12）
9
42
71（3）
44
蘭
9
9
1
61（4）
61（4）
44
61（4）
60（5）
77
1
140
44
60（1）
15
60（10）
32（6）
60（7）
30
71（3）
65（4）
51
60（1）
78

65（3）
60（8）
33
*
62（2）
32（8）
81（6）
32（11）
65（5）
71（2）
796
65（4）
147
1
1
1
*
71（1）
71（3）
60（7）
134
*
74（1）
60（7）
60（2）
39
158
44
71（2）
60（9）

蘿　　蘺 蘼 豐

60(9)
2
62(1)
95
62(4)
101
162
62(3)
152
34
28
1
豐
1023
蘼
139
蘺
158
66
66
60(1)
60(1)
60(7)
154
141
蘿
1002(2)
60(8)
65(4)
76
65(4)
65(3)
71(4)
140
66

虋 66
廾部
弊 1 28 146 6 60(5) 154 559
158 2 101 71(1) 74(1) 62(3) 67 62(1)
62(2) 95 152 62(4) 32(7)
大部
大 32(12) 4 61(4) 12

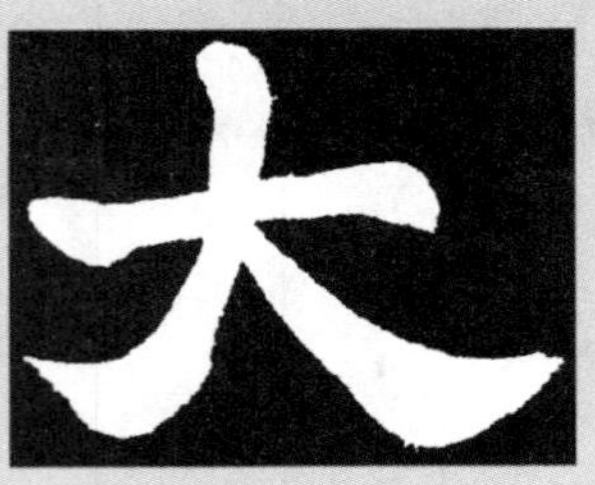
98

11

5

1

88

5

71(3)

82

216

154

154

60(10)

5

61(4)

65(1)

60(7)

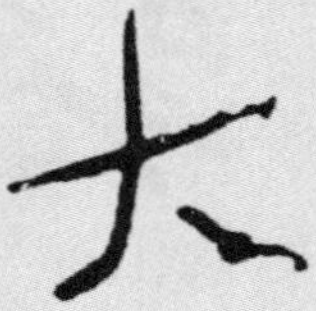
65(4)

472

61(2)

141

61(2)

146

70

140

61(3)

1

61(1)

155

60(6)

155

65(4)

32(6)

140

61(2)

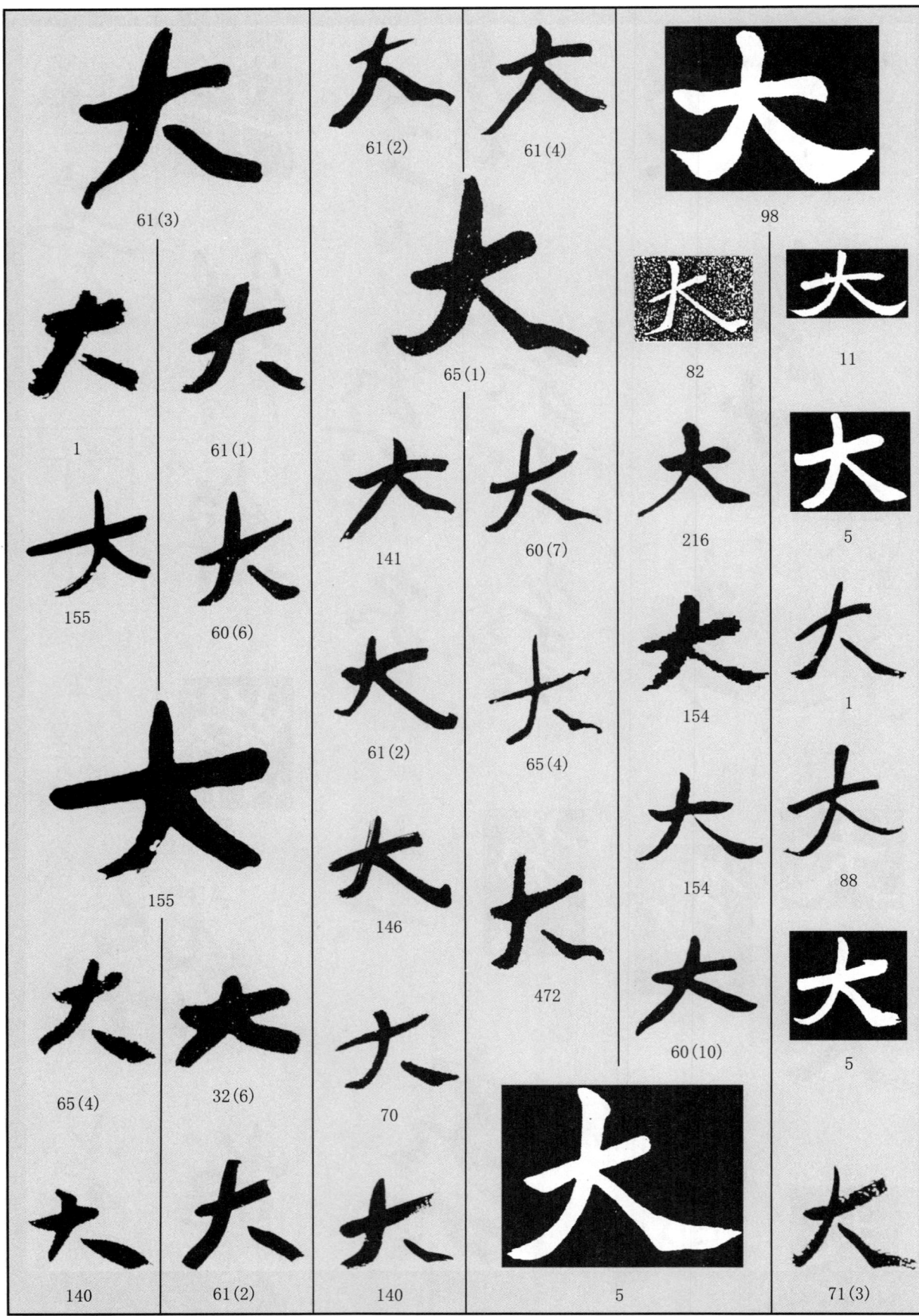

1 61(2) 60(7) 74(1) 82
1 154
154 65(1) 60(2)
46 32(7) 61(1) 45(2) 65(3)
51 87 44
46 1 * 71(3)
64(1) 154
51 938 158 60(6)
28 154 51 75 71(3)

夫
4
98
82
44
8
102
32（12）
60（5）
88
3
15
60（5）
32（9）
15
88
32（10）
65（4）
71（3）
70
71（3）
81（8）
60（4）
65（3）
30
71（3）
60（8）
45（2）
74（2）
61（3）
81（8）
65（1）
78

62（1）*
72
32（6）
60(8)
28
95 *
32（8）
60（3）
62（4）*
152 *
67
太
162 *
62（2）*
2 *
83
1
97
8
71（3）
62（3）*
71（1）*
71（3）
665
74（1）*
101 *
19
32（10）

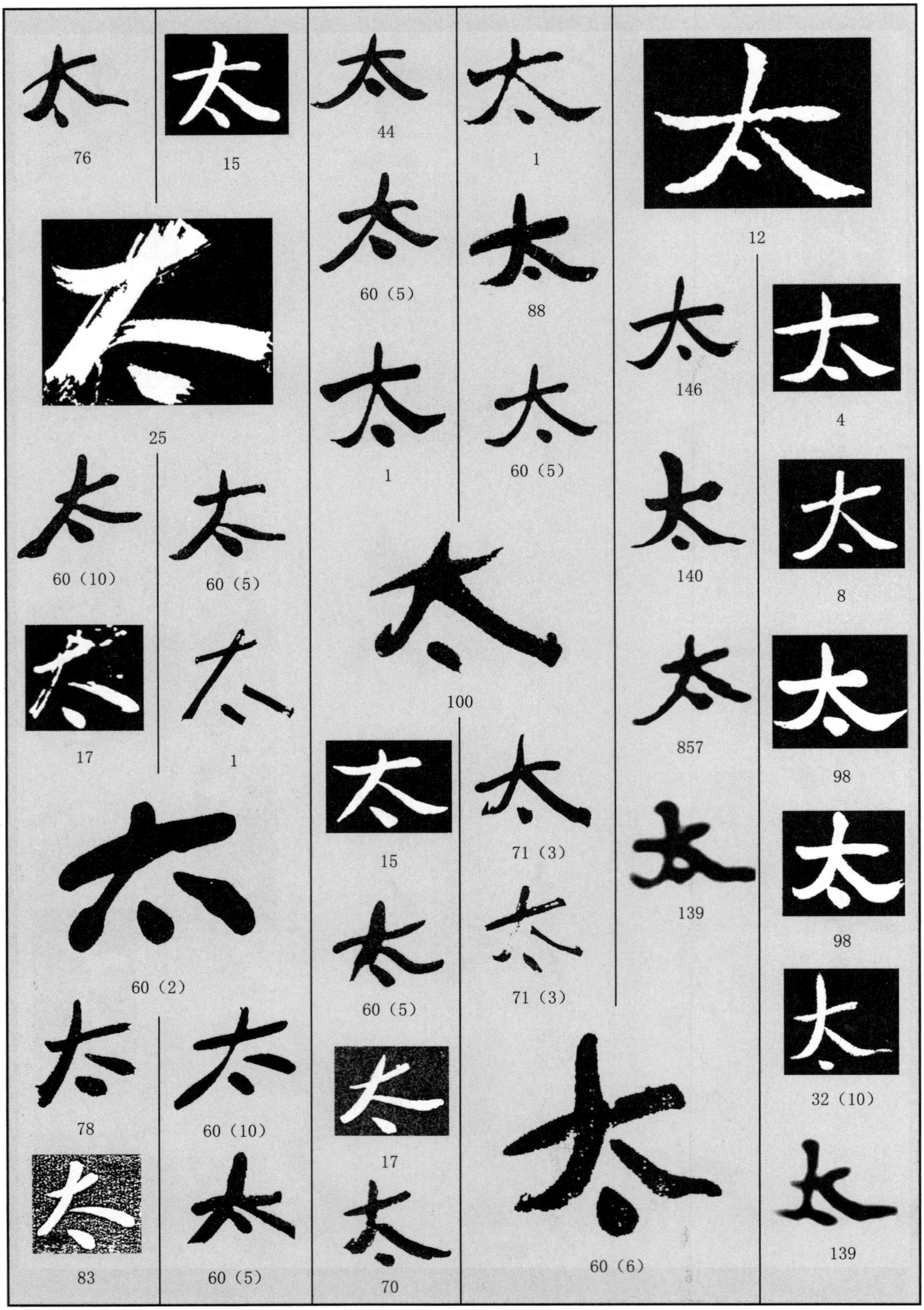

76　15　25　60（10）　60（5）　17　1　60（2）　78　60（10）　83　60（5）
44　60（5）　1　15　60（5）　17　70
1　88　60（5）　100　71（3）　71（3）　60（6）
12　146　140　857　139
4　8　98　98　32（10）　139

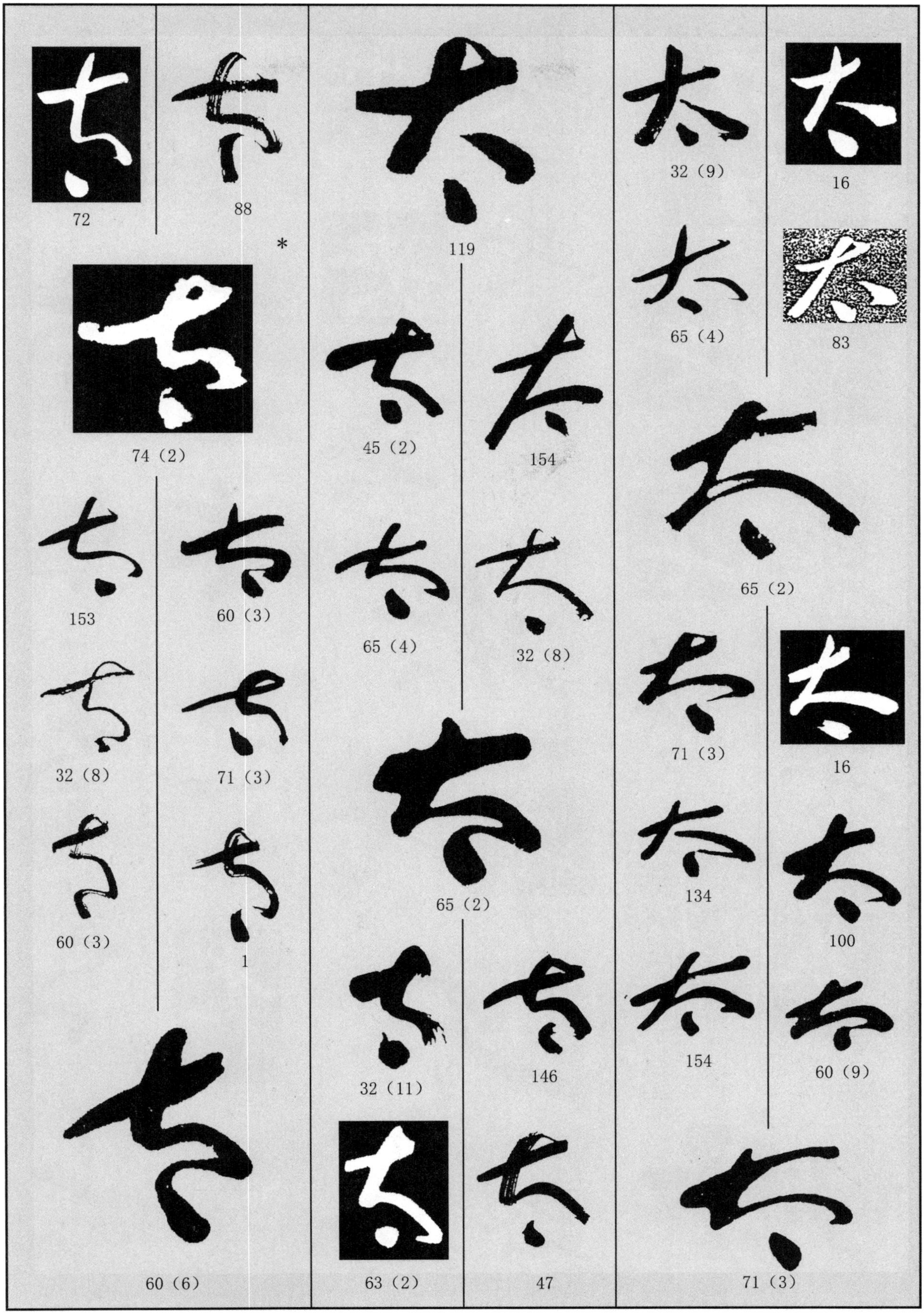

16　83　16　100　60（9）
32（9）　65（4）　65（2）　71（3）　134　154　71（3）
119　154　32（8）　146　47
45（2）　65（4）　65（2）　32（11）　63（2）
88　*　60（3）　71（3）　1
72　74（2）　153　32（8）　60（3）　60（6）

央

60（6） 60（8） 81（6） 154 146 60（7）
60（6） 146 44 46 央
23 17 139 65（4） 74（2）
15 74（2） 77 74（2） 22 * 74（2） 74（2）
22 22 22 131 107
107 97 97 46 559

夸
16
夷 *
1
60（3）
71（3）
65（2）
60（1）
32（4）
60（6）
97
107
100
151
65（1）
71（3）
60（8）
146
100
76
140
624
154
44
147
134
140
100
88

夾
934
32（3）
60（7）
70
71（3）
276
134
1
71（3）
45（2）
63（2）
1
145
1
25
60（10）
71（3）
47
99
44
58
60（10）
70
*
60（7）
306
32（3）
872
60（10）
61（3）

15
101
22
71（1）
70
62（4）
42
62（3）
95
74（1）
奔
3
44
22
60（10）
18
83
154
145
138
66
97
128
99
125
82
奈
47
45（2）
60（3）
154
101
94

32(7)
2
62(1)
74(2)
152
1
60(7)
62(2)
奇
9
31
10
13
8
1
155
146
624
61(4)
82
60(5)
131
154
154
88
60(4)
60(4)
42
65(1)
60(7)

154
134
139
130
215
60(10)
139
42
42
16
149
83
60(7)
139
61(2)
24(2)
61(1)
45(2)
66
45(2)
*
61(1)
39
61(4)
1
46
100
32(4)
54(3)
1
850

契
100
100
147
65(2)
139
69
75
69
32(10)
74(1)
2
62(2)
1
62(3)
71(1)
101
158
162
33
152
95
62(1)
100
65(5)
奄
15
62(4)

75

1

17

奎

45(2)

1

1102(1)

77

奞

47

套

32(7)

32(7)

1102 (2)

匏

30

1025

奘

45(2)

122

奢

1026

*

108

爽

88

74(2)

154

19

107

74(2)

*

20

18

61(4)

32(12)

153

111

97

奥

45(2)

1014

58

46
*
46
139
78
1023
1
奩
1021
1008
奪
6
61(2)
82
61(4)
82
223
82
82
65(3)
1030
146
60(4)
60(1)
61(2)
32(7)
81(8)
113
113
獎
73
193（8）
99
*
23
99
99

爽

60(1)

71

爽

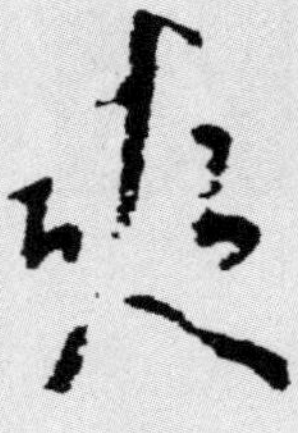
59

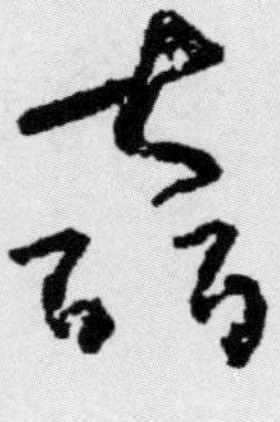
97

107

樊

67

樊

60(6)

36

154

17

82

370

1

(奮 奮)奮

奮

47

82

10

12

11

44

6

1

51

32(9)

145

154

422

61(3)

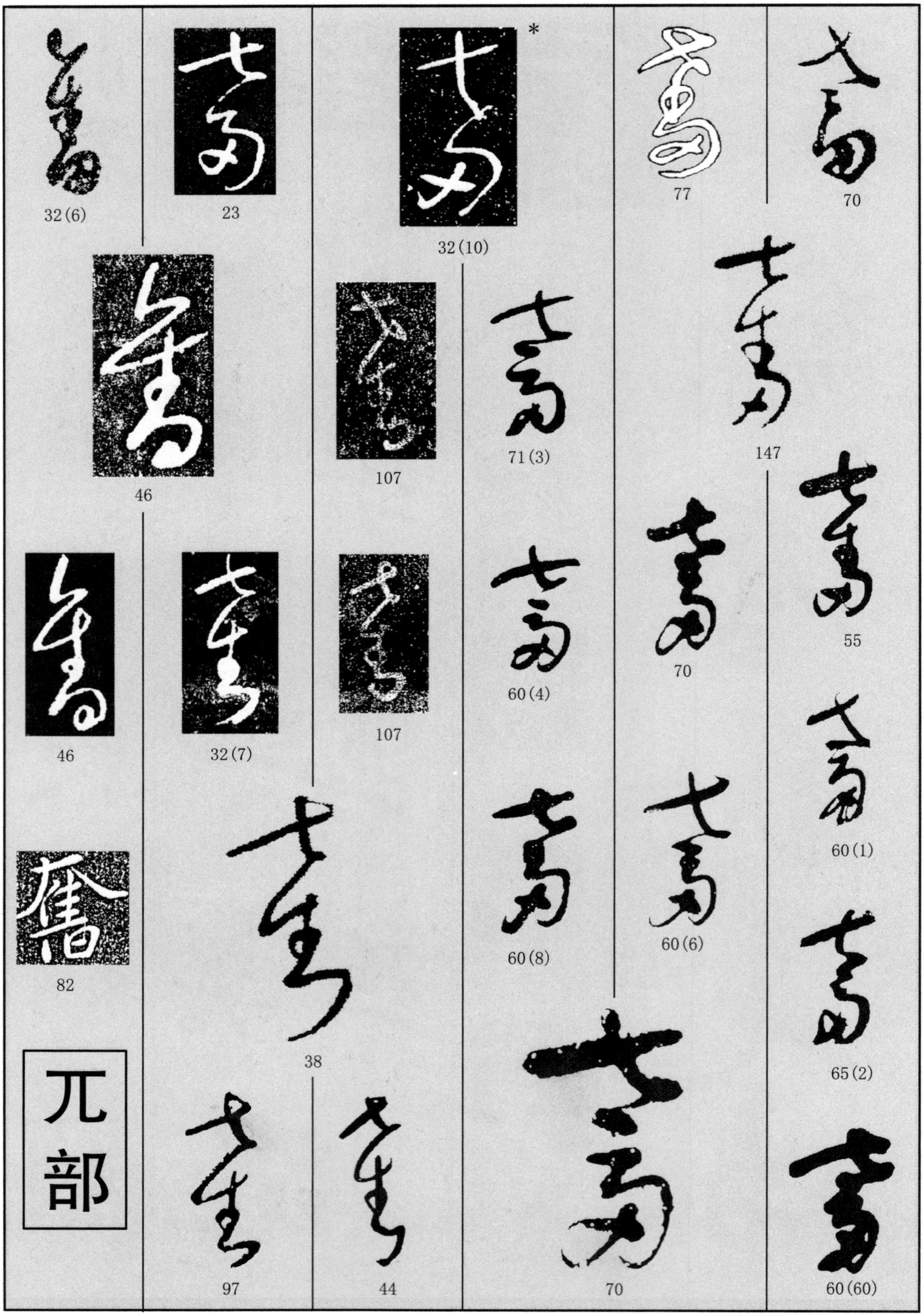
70
55
60(1)
65(2)
60(60)
77
147
70
60(6)
70
*
32(10)
71(3)
60(4)
60(8)
107
107
38
44
23
46
32(7)
97
32(6)
46
82
兀部

兀
1
1
71(3)
147
17
20
18
元
38
6
12
45(2)
139
100
141
808
758
100
71(3)
69
65(3)
71(3)
83
60(3)
60(4)
60(1)
126
214
51
74(2)
80(4)
210
60(1)
71(2)
130
71(2)

32(12)
10
98
47
4
14
11
60(7)
61(2)
6
78
10
101
61(3)
*
60(10)
44
1
51
尢
部
尤
22
61(1)
55
1
10
11
60(7)
60(9)
60(4)
101
229
39
139

兀部 一画

尢部 一画

45(2)　92　61(3)　51　19

46　60(5)　32(4)　96

46　46　99　71(3)　131　71(3)

扛　60(6)　71(3)　扌部　139　15

100　71(3)　打　61(4) *

扣　46　46

44　99 *　65(2)　61(1)　155

22
71(3)
14
139
111
71(3)
47
82
30
60(10)
60(8)
74(2)
88
92
托
60(8)
584
44
60(10)
92
45(2)
99
60(3)
60(7)
31
60(5)
87
78
49(2)
*
扶
62(2)
51
20
582
60(4)
31
51

17
1
2 *
145
60(7)
162 *
62(1) *
62(3) *
62(4) *
78
65(4)
技
60(10)
88
158
61(2)
101 *
74(1) *
1
152 *
71(1) *
60(2)
100
71(2)
33
95 *
17
45(1)
扼
15
1
92
65(5)

32(2)
88
12
44
32(10)
97
65(3)
44
134
223
71(3)
32(3)
19
60(8)
47
32(9)
65(4)
139
51
*
147
折
12
65(4)
8
1035
139
批
28
60(6)
抄
8
*
87
107
拒
98
1035
139

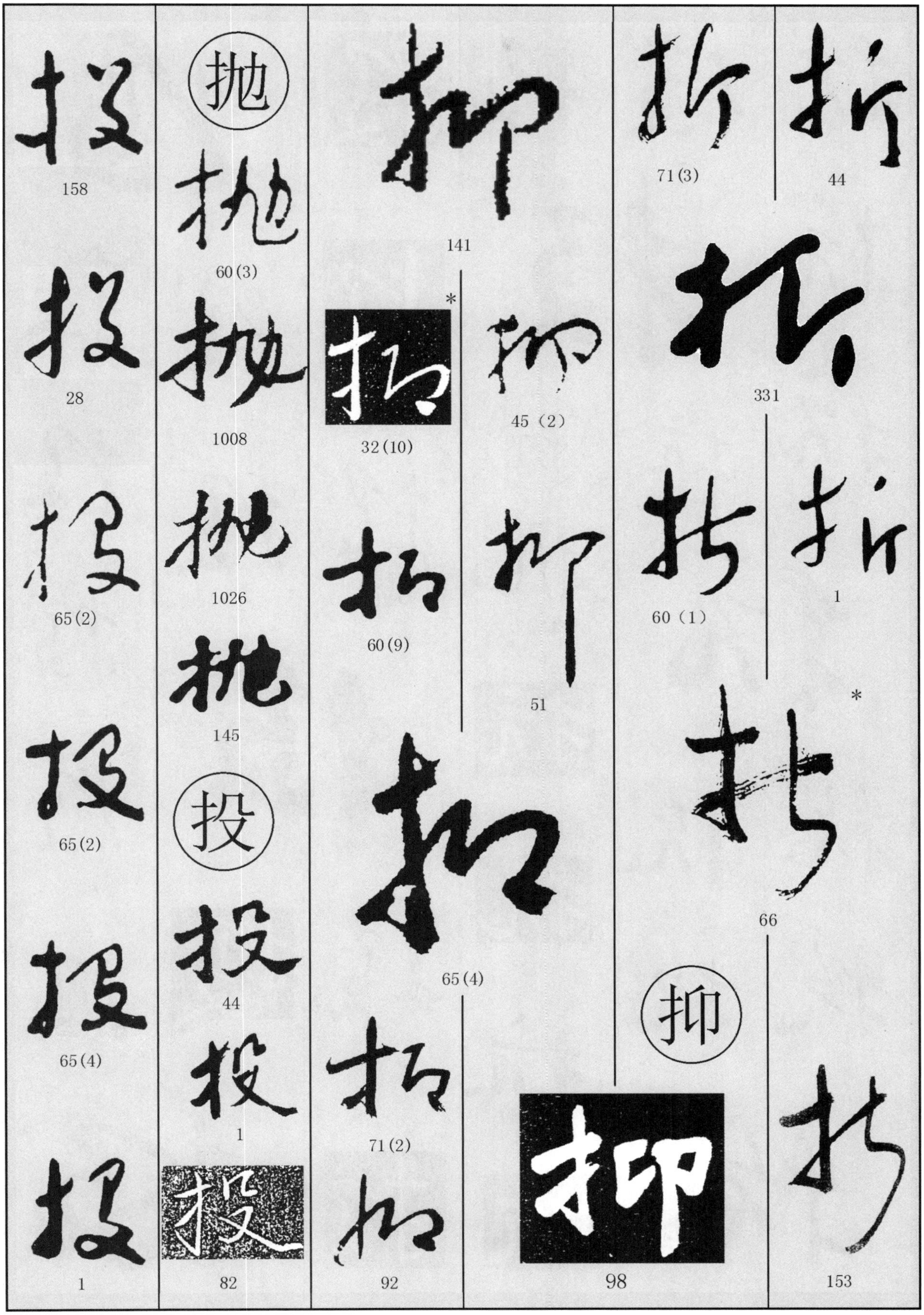

158 28 65(2) 65(2) 65(4) 1

抛 60(3) 1008 1026 145

投 44 1 82

141 32(10) 60(9) 65(4) 71(2) 92

45(2) 51

71(3) 44 331 60(1) 1 66

抑 98 153

抗

34
62(2) *
71(2)
46
2 *
47
162 *
46
101 *
62(1) *
65(5)
146
抗
60(8)
71(1) *
71(3)
88
32(12)
95 *
7
65(3)
152 *
74(2)
7
62(4) *
85
74(1) *
32(12)
1
74(1) *
70
87
74(2)
62(3) *
152 *

把

158
62(1) *
33
85
60(4)
62(4) *
61(3)
32(8)
2 *
44
147
95 *
32(11)
1
71(1) *
60(8)
101 *
20
62(3) *
871
97
23
1
1
71(3)
22
62(2) *
71(3)
71(3)
16
60(3)
92

拔　　拓 抹　抒

59
69
93
86
拔
32(10)
4
65(4)
32(12)
44
51
93
81(8)
65(1)
61
抹
1012
237
32(9)
拓
78
1
59
60(8)
46
153
32(12)
*
1
抒
58
1030
189
71(3)
55
60(3)
71(3)
100
65(1)
60(4)
70
51
65(2)
871
99

拈
73
1
45(2)
抽
196(4)
62(3)
71(1)
62(1)
95
62(4)
152
101
60(6)
74(1)
158
拐
299
62(2)
28
100
2
209
147
147
71(3)
44
75
拙
1
65(2)
153
139
44
1

（抱）抱 拘 抵 拍 拊

65(3)
82
23
43
抱
44
15
1
58
47
88
61(4)
82
60(3)
36
220
148
85
14
11
1
65(3)
60(1)
137
8
拘
60(6)
139
74(2)
抵
32(12)
100
34
拊
82
66
1027
拍

拄

1
拄
196(6)
60(10)
65(1)
60(2)
70
134
32(2)
139
769
166
155
71(3)
100
1
147
99
60(3)
145
88
32(12)
1
61(1)
51
61(4)
65(2)
101
65(3)
65(3)
929
624
145
*
32(8)
65(3)
30

拉
77
32(8)
32(7)
59
拂
1
65(3)
45(2)
60(4)
1
100
54(3)
60(8)
71(3)
76
1
65(3)
61(3)
60(10)
60(5)
139
850
32(12)
70
71(3)
招
275
154
110
154
32(12)

5
5
7
32(1)
102
102
32(2)
60(5)
23
88
92
51
61(7)
45(2)
66
74(1)
83
51
61(4)
100 *
62(3) *
61(3)
71(3)
65(3)
2 *
61(10)
152 *
74(1) *
32(4)
62(4) *
62(2) *
95 *
101 *

（掛）挂　拭　（抝）拗　拚　披

挂
51
76
拭
1
1022
61(4)
1
60(10)
36
65(4)
65(3)
36
*
30
156
694
拚
*
32(11)
199
拗
3
198
154
214
141
88
594
145
65(3)
*
71(1)
61(4)
61(4)
14
139
*
62(1)
82
披
1
82
149

持

1
122
5
71(3)
53
62(2)
44
32(6)
14
32(8)
52(4)
61（4）
5
持
44
74（1）
8
8
152
134
60（10）
206
32（6）
3
146
61（7）
44
12
101
87
71（3）
153

拱
17
28
62(1)
70
131
46
158
162
65(4)
60(5)
77
134
51
1
2
60(8)
1
88
32(12)
32(8)
95
60(2)
32(7)
101
62(3)
60(10)
62(3)
74(1)
92
62(4)
71(1)
32(9)
72
99

拾　括 挺

61（4）
65（4）
65（3）
65（4）
15
78
65（5）
154
134
100
1
60（4）
639
84
32（9）*
60（1）
拾
44
33
1
挺
111
括
32（12）
162 *
152 *
62（2）*
147
2 *
145 *
62（1）*
74（1）*
111
158

（指）指

指
3
16
71(3)
100
5
60(8)
99
45（2）
1
71(3)
18
60(8)
140
1
70
74(2)
65(5)
65(4)
88
45(2)
45(2)
60(2)
60(8)
154
*
166
60(10)
94
79
31

51
62(3) *
82
32(12)
139
60(3)
17
60(4)
83
60(8)
71(1) *
158
74(1) *
101 *
100 *
152 *
22
44
62(2) *
95 *
60(5)
60(10)
60(5)
62(1) *
275
62(4) *
139
2 *
1
32(7)

拯　按　挖　拼　挑

101
76
65(1)
76
9
14
146
466
256
151
32(1)
14
15
70
拯
9
60(3)
按
8
32(10)
65(3)
60(6)
1
88
65(4)
45(2)
拼
71(2)
挖
15
71(3)
100
71(3)
71(3)
挑
14

（振 振）振

32(12)

振

1

410

12

82

82

8

82

82

（捕）捕

169

*
62(1)

*
95

158

*
71(1)

*
152

*
74(1)

*
62(2)

1

*
101

*
62(4)

7

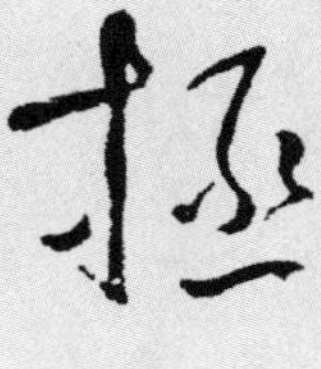
32(1)

83

捕

82

45(2)

100

*
2

82

*
62(3)

（挟）挾

60(5) 45(2) 65(4) 107 101 139 100 70 87 87 82 74(1) 62(1) 82 20 150 18 71(1) 23 60(6) 62(2) 152 62(4) 30 103 95 74(2) 92 62(3) 155 77 158 2

换	捋（挫）挫		挹	（捎）捐 捉	捍 捎 捄
66	145		140	32（12）	捄
130	44	153	82	44	
换	147	111	58	捉	32（10）
367	55	挫	32（7）	175（1）	捎
1	1		113	捐	145
154			挹	32（12）	捍
60（4）	131	捋	1008	98	130

46
51
60（5）
74(2)
74(2)
17
196（9）
1012
42
247
286
60（7）
17
97
82
32（11）
44
60(10)
60(8)
579
120
1
88
97
47
107
103
20
8
1035

139
1
146
104
82
17
60(2)
561
60(5)
98
101 *
60(4)
7
65(3)
121
1
71(1) *
59
推
65(4) *
32(8) *
74(1) *
76
32(12)
65(4)
排
60(7)
8
5
162 *
154
66
32(3)
2 *
95 *
286
13
5

採
139
81（50）
74（2）
66
65（5）
108
捨
141
60（10）
65（1）
55
130
捭
140
掀
1106
65（4）
32（12）
147
152
62（2）
62（3）
46
46
145
158
62（4）
28
71（3）
23
62（1）
60（9）

授

151
164
65（2）
61（4）
65（2）
65（2）
67
70
98
32（10）
71（2）
5
82
3
274
16
92
60（3）
60（1）
*
授
8
47
145
46
1
15
*
145
32（7）
145
6
440

87
82
接
7
113 *
45(2)
捻
1
51
12
113
3
18
440
71(3)
92
51
60(2)
145
32(8)
65(4)
60(10)
210
掬
94
1
掖
60(8)
140
65(4)
95 *
47
74(2) *
30
掠

捲

158
1
1
62(4)
*
*
1
242
152
28
88
*
71(3)
1
88
60(2)
62(2)
47
*
32(7)
*
62(3)
32(12)
71(1)
94
*
2
捲
1
*
1
51
101
99
36
*
62（1）
87
*
74（1）
60(8)

（埽）掃　（扪）捫　探　控

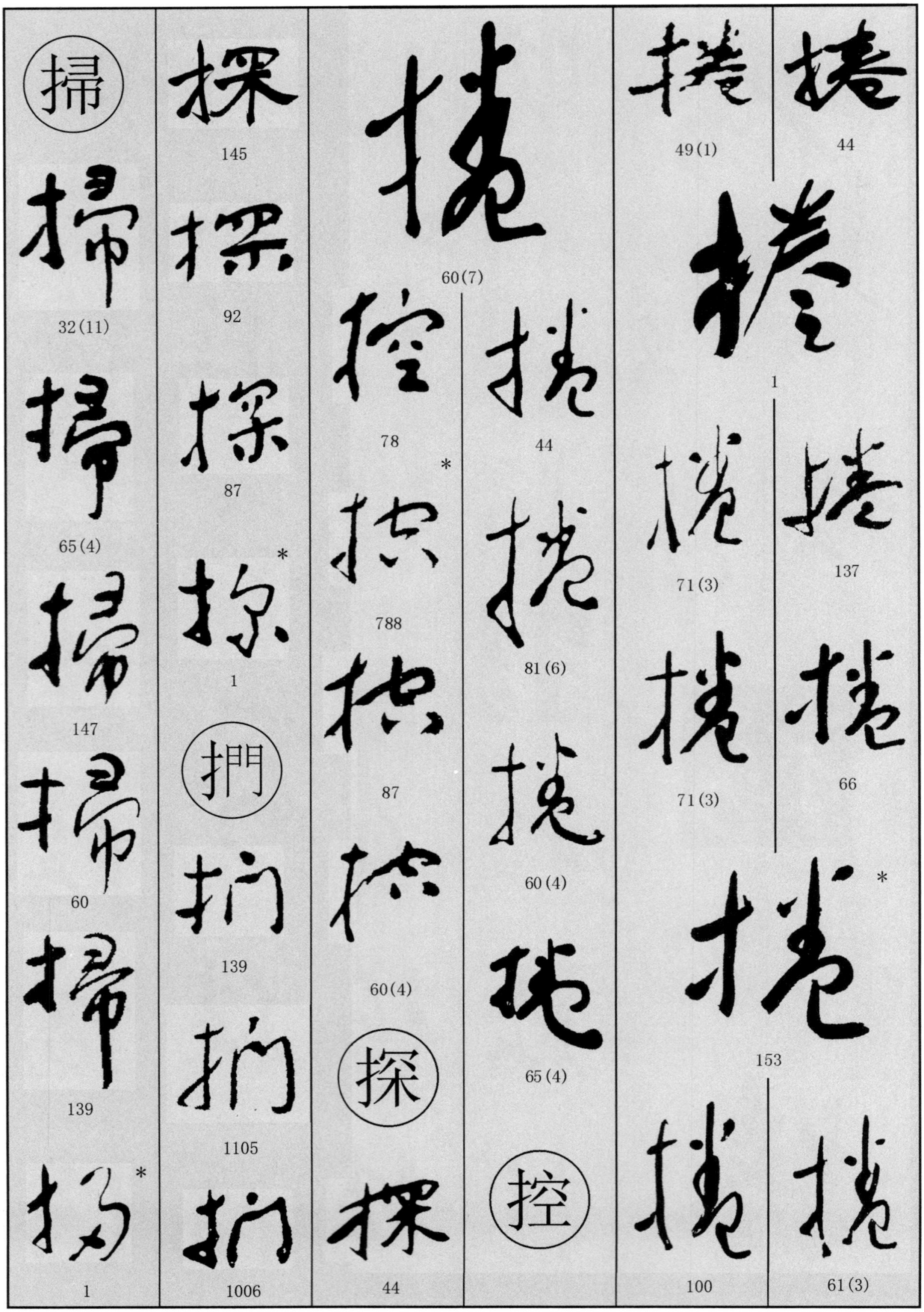
掃
32(11)
65(4)
147
60
139
1 *
145
92
87
1 *
捫
139
1105
1006
60(7)
78
788 *
87
60(4)
探
44
44
81(6)
60(4)
65(4)
控
49(1)
44
1
71(3)
137
71(3)
66
153 *
100
61(3)

提　　掇　　掘

*
65(5)
提
32（11）
88
139
100
92
45(2)
掇
1
100
139
71(3)
60(8)
145
134
196（4）
掘
*
45（2）
87
34
45(2)
61（3）
92
87
61(3)
92
45(2)
60（4）
65（2）
65（2）
60(3)
70
32(3)
65（2）
60（6）

60(9)
64(1)
64(1)
65(5)
51
154
92
32(5)
45(2)
60(5)
60(7)
45(2)
92
32(7)
60(5)
65(5)
60(9)
88
65(1)
71(3)
45(2)
101
45(2)
45(2)
74(2)
45(2)
9
64(1)
65(5)
101
104

32(7)
22
1 *
60(5)
60(9)
87
65(1)
51
60(8)
70
60(1)
60(5)
71(3)
64(1)
92
74(2)
51
234
32(5)
153
71(2)
877
54(1)
42
揚
60(8)
107
19
139
139
3

101
32(6)
揖
47
30
100
32(6)
154
74(1)
揭
62(4)
145
152
1
2
122
154
60(9)
60(9)
60(10)
60(9)
60(9)
64(1)
64(1)
45(2)
64(1)
64(1)
65(5)
154

扌部

九画

66
70
75
*
援
69
8
揄
44
32(7)
*
10
82
82
32(5)
插
66
66
搜
58
32(1)
32(5)
32(5)
32(5)
154
154
45(2)
45(2)
101
65(5)
65(5)
32(5)
101
101
45(2)
101
101

65(3)
71(3)
55
45(2)
83
88
60(8)
55
65(3)
*
100
32(12)
154
1
154
32(7)
撝
42
1012
揮
108
44
32(3)
42
16
82
47
210
97
100
60(4)
*
83
21

搘（搆）搆　揉　搔　揆　握

搆
8
58
42
71（3）
164
65（2）
60（7）
搘
51
32（7）
揉
揆
196（4）
1031
搔
187
42
71（3）
65（2）
31
51
46
61（2）
871
60（7）
146
93
握
82
140
65（3）
60（4）
77
66
174
44

扌部

十画

摸
139
搏
32(12)
153
損
5
32(12)
36
65(4)
*
73
65(4)
3
15
67
67
1
携
154
45(2)
100
45(2)
45(2)
70
60(6)
60(8)
45(2)
45(2)
30
65(3)
92

(擣)搗

60(10)
74(2)
60(8)
45(2)
60(5)
275
32(6)
88
45(2)
1027
60(7)
139
92
74(2)
51
810
367
88
145
139
搗
74(2)
60(1)
153
60(8)
92

十画

60(5)
95
60(8)
60(8)
60(8)
480
39
71(1)
62(4)
62(1)
62(3)
153
65(4)
88
65(3)
71(3)
74(1)
101
65(3)
2
153
32(1)
154
198
搬
1
摇
145
62(2)
152

(撐)撐　(撲)撲 撩　撓　(摘)摘 摭　擢 搏 搪

撐 12 71(3) 60(4) 1 31 71(3)*

撩 429* 1102(3) 撲 373* 1102(2) 175 196(12)

584 153 78 撓 9 14 44 193(4)

60(6)* 45(1) 71(3) 65(4) 71(2) 70 71(3)

74(2) 88 39* 摭 196(9) 摘 27 60(5)

搪 145* 搏 1 196(9) 擢 1 33(12)

*
45(2)
101
71(3)
5
60(6)
8
45(2)
70
65(2)
92
32(10)
87
51
60(1)
45(2)
74(2)
60(7)
134
8
141
82
74(2)
1011
82
74(1)
撫
8
7
83
97
1
23
60(5)
20
1
174
8

65(2)
74(2)
65(1)
撤
74(2)
8
撈
10
88
6
撰
9
87
149
擒
113
撞
65(3)
59
77
65(4)
147
45(2)
140
7
44
8
61(1)
65(3)
42
播
45(2)
1
34
140

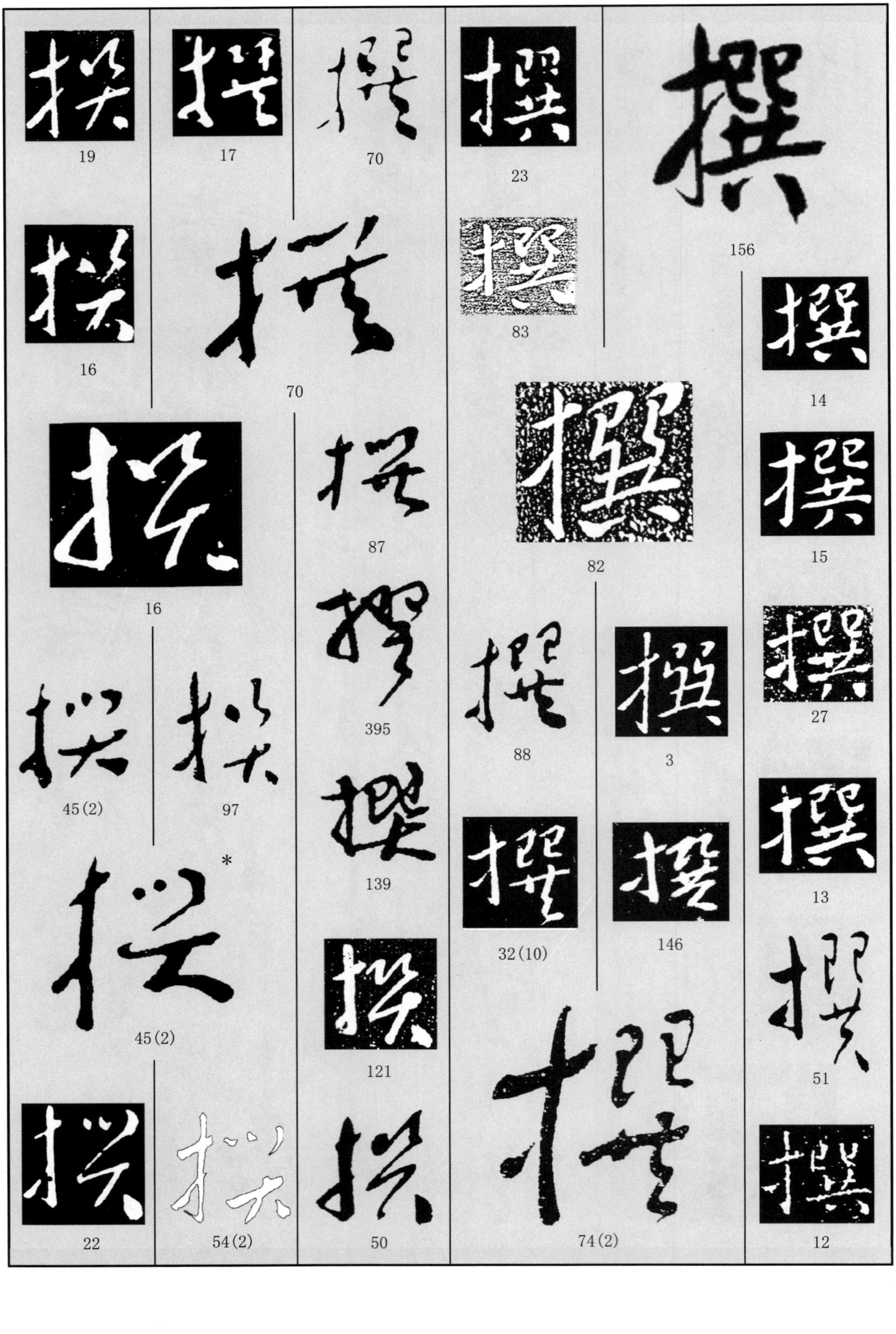
19
17
70
23
156
16
70
83
14
16
87
82
15
395
27
45(2)
97
88
3
139
13
*
45(2)
32(10)
146
51
121
22
54(2)
50
74(2)
12

62(4)
72(1)
196(9)
65(4)
21
32(7)
71(1)
50(8)
11
71(3)
101
74(1)
83
1
60(9)
61(3)
70
65(1)
據
51
74(2)
196(2)
60(2)
62(3)
65(5)
139
77
74(2)
139
38
撥
62(1)
620
撼
162
95
139
1026
45(2)

擄
8
3
操
98
61(3)
76
394
32(12)
121
32(12)
61(1)
107
99
74(2)
71(3)
60(9)
8
9
32(3)
51
82
134
67
2
32(9)
152
158
97
33
62(2)
83
97

擇

152
158
147
147
324
148
3
196(8)
3
擇
67
95
62(2)
74(1)
62(1)
134
71(1)
140
62(4)
1
63(2)
44
1
406
44
62(3)
67
33
25
101
60(9)
2
107

(抬 擡)擡　擁　(担)擔　擅　擐

擡 79 134 65(5) 71(3) 78

103 82 60(5) 65(2) 65(4) 32(7)

22 51 71(2) 51 211 擁 96

77 擔 5 47 1

60(1) 72 擅 58 42 154 1021

65(2) 32(9) 72 145 擐 82

1026
擯
5
5
擱
70
71(3)
擴
15
141
擲
139
42
100
70
71(3)
65(3)
76
149
140
1
78
51
1
81(4)
60(2)
139
1
51
134
147
51
擩
198
擬
82
51

28	67	攖	100	3	擢
32(7)	73*	74(2)	擺	擷	32(10)
33	1024	71(2)*	55*	100	65(4)
53	攝	攙	32(8)	60(2)	70
81(5)	1105	139	65(1)	1014	22*
162*	145	攘	1	攄	擾
158	62(2)*	139	383	172	196(4)
				60(2)	

寸　（攬）攬　攫　攢

寸部

286　8　71(3)　21　44

103　98　824　174　141　1035　60(10)　149　223　61(1)

88　88　1　101

2　71(1)　101　62(3)　74(1)　152　95　62(4)　71(2)　62(1)　140　30

32(4)
61(3)
158
66
152
28
146
54(3)
刌
13
139
61(3)
1
60(5)
封
44
5
8
102
58
32(3)
60(5)
71(3)
139
139
2
19
55
53
1
162
62(3)
32(8)
62(4)
62(2)

13
11
44
95
62(1)
*
152
51
153
60(9)
78
51
專
29
101
74(1)
51
32(12)
1
33
71(1)
尉
130
1
158
32(7)
88
146
60(8)
134
381
65(4)

(对 對) 對

60(7)
44
60(5)
44
65(1)
60(6)
44
88
1
60(10)
3
對
32(12)
98
61(4)
55
82
44
51
60(5)
51
44
12
71(2)
80(3)
101
60(7)
139
1
74(1)
71(3)
51
285

60(3) 1 60(7) 101 101 71(1)

62(3) 71(2) 152 74(1) 2

62(4) 62(2) 62(1) 1 158

131 95 885 1 99

71(3) 166 71(3) 71(3) 65(5)

1 46 74(1) 導 3

寸部

十二画

10
139
83
60(1)
32(7)
1
77
70
113
38
32(6)
17
121
65(4)
弋部
弋
121
式
32(12)
82
6
138
60(2)
32(10)
42
81(8)
391
100
21
1
97
*

弋部

三画

88

32(7)

107

291

32(12)

468

8

㊣武

4

38

5

82

44

9

10

8

10

98

82

7

432

32(2)

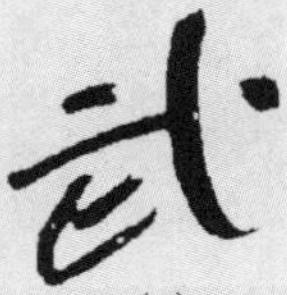
45(1)

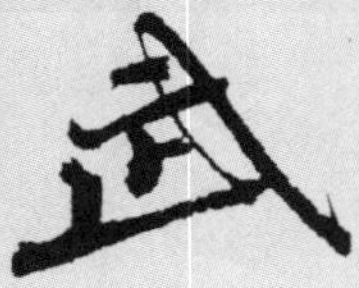
174

3

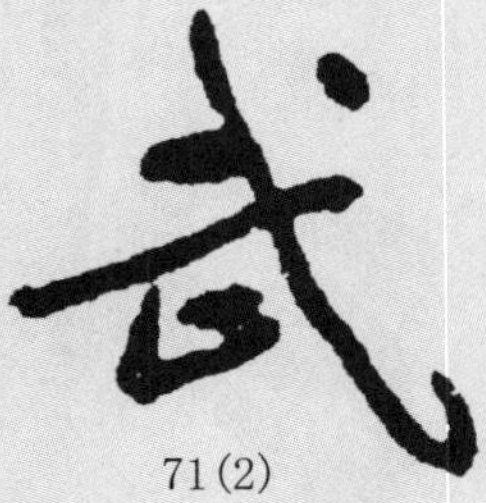
71(2)

60(7)

83

60(10)

100

32(9)

65(3)

65(4)
1
32(9)
1
139
44
154
74(2)
95
45(2)
92
65(3)
162
65(3)
60(7)
71(1)
62(3)
101
62(1)
62(4)
62(2)
2
60(7)
65(2)
32(7)
74(2)
60(6)
74(1)
94
60(6)
60(20

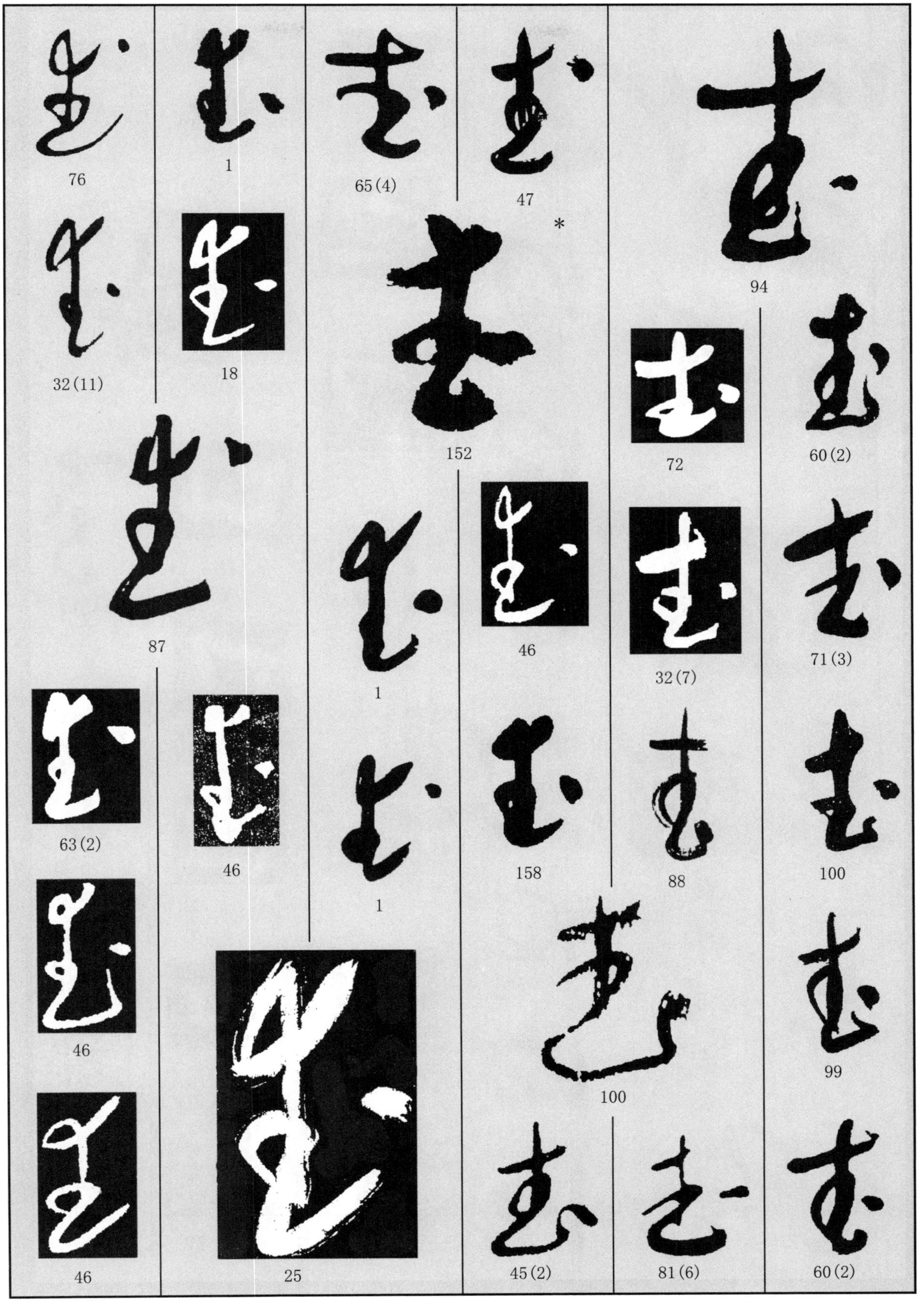
76
1
65(4)
47
*
94
32(11)
18
152
72
60(2)
87
46
32(7)
71(3)
1
63(2)
46
1
158
88
100
46
100
99
46
25
45(2)
81(6)
60(2)

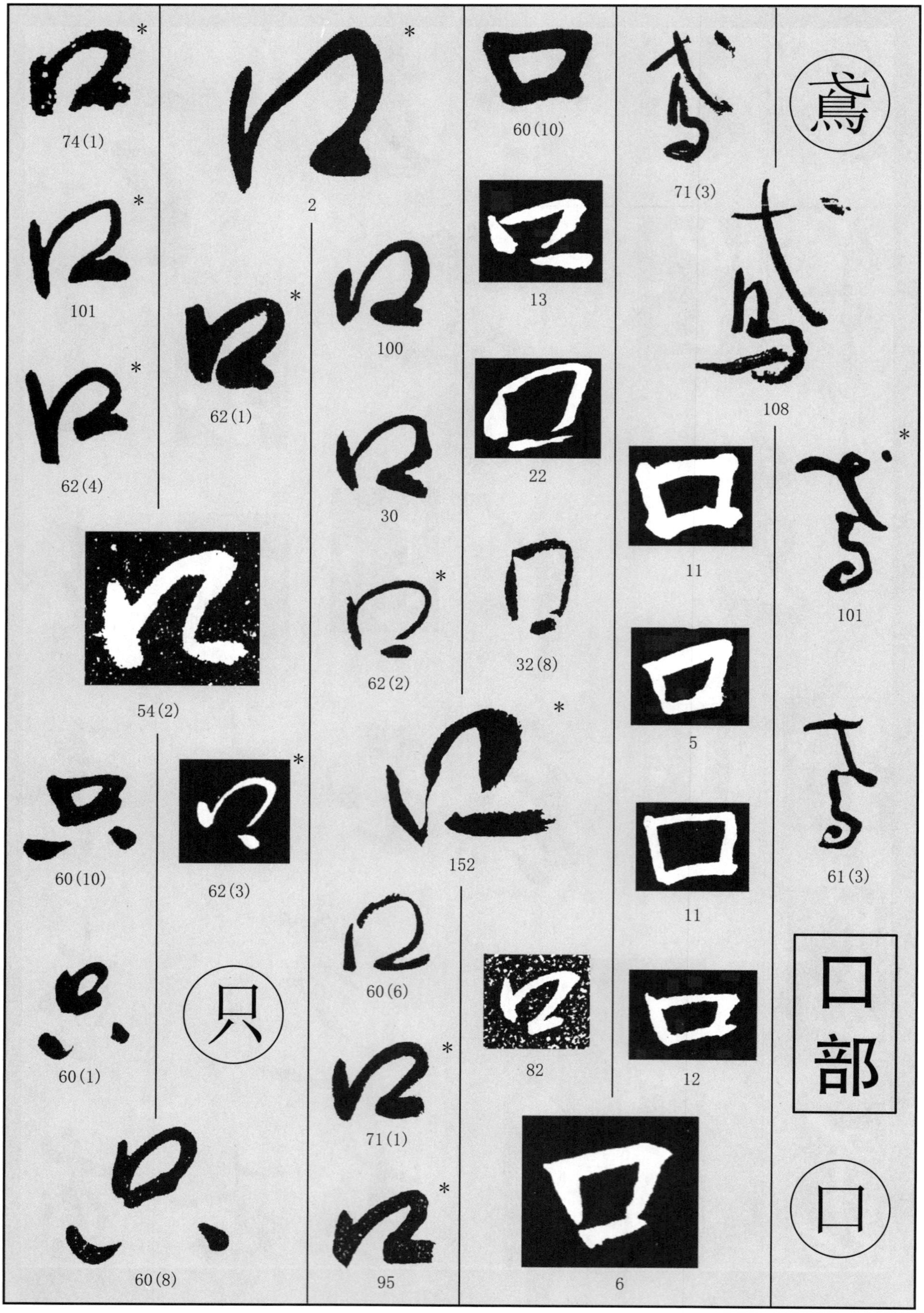

鳶

71(3)　108　101*　61(3)

口部

口

60(10)　11　13　5　22　11　32(8)　12　152*　82　6

2*　100　30　62(2)*　60(6)　71(1)*　95*

只

74(1)*　62(1)*　101*　62(4)*　54(2)　60(10)　62(3)*　60(1)　60(8)

60(3)
82
88
44
71(3)
60(3)
154
71(3)
18
71(3)
60(5)
5
14
5
9
11
60(5)
60(5)
32(9)
61(1)
叭
70
史
6
8
4
46
65(3)
71(3)
88
32(9)
32(3)
100
32(2)
65(1)
46
71(3)
71(3)
49(1)

154 96 74(1)* 17 158

152* 101* 100* 231 28

71(3) 2* 99 100 32(10) 83

69 69 32(8) 1 71(3)

71(3) 96 60(4) 892 62(4)* 62(1)*

42 60(4) 71(3) 146 76

139 60(2) 60(8) 67

兄

口部

二画

51
51
81(8)
62(3)
25
51
51
兄
1
62(2)
62(1)
51
32(10)
98
95
95
158
99
98
153
99
4
92
51
71(1)
1
99
14
70
45(2)
2
82
100
74(1)
71(1)
70
51
69

吁 另 叨 叩 叫 叱

101
152
51
62(3)
162
62(2)
62(4)
叱
1027
1034
叫
60(6)
99
1
1
51
153
46
46
51
叩
44
60(2)
60(8)
174
叨
247
60(10)
65(5)
65(3)
另
51
81(8)
46
46
吁
102
153
77

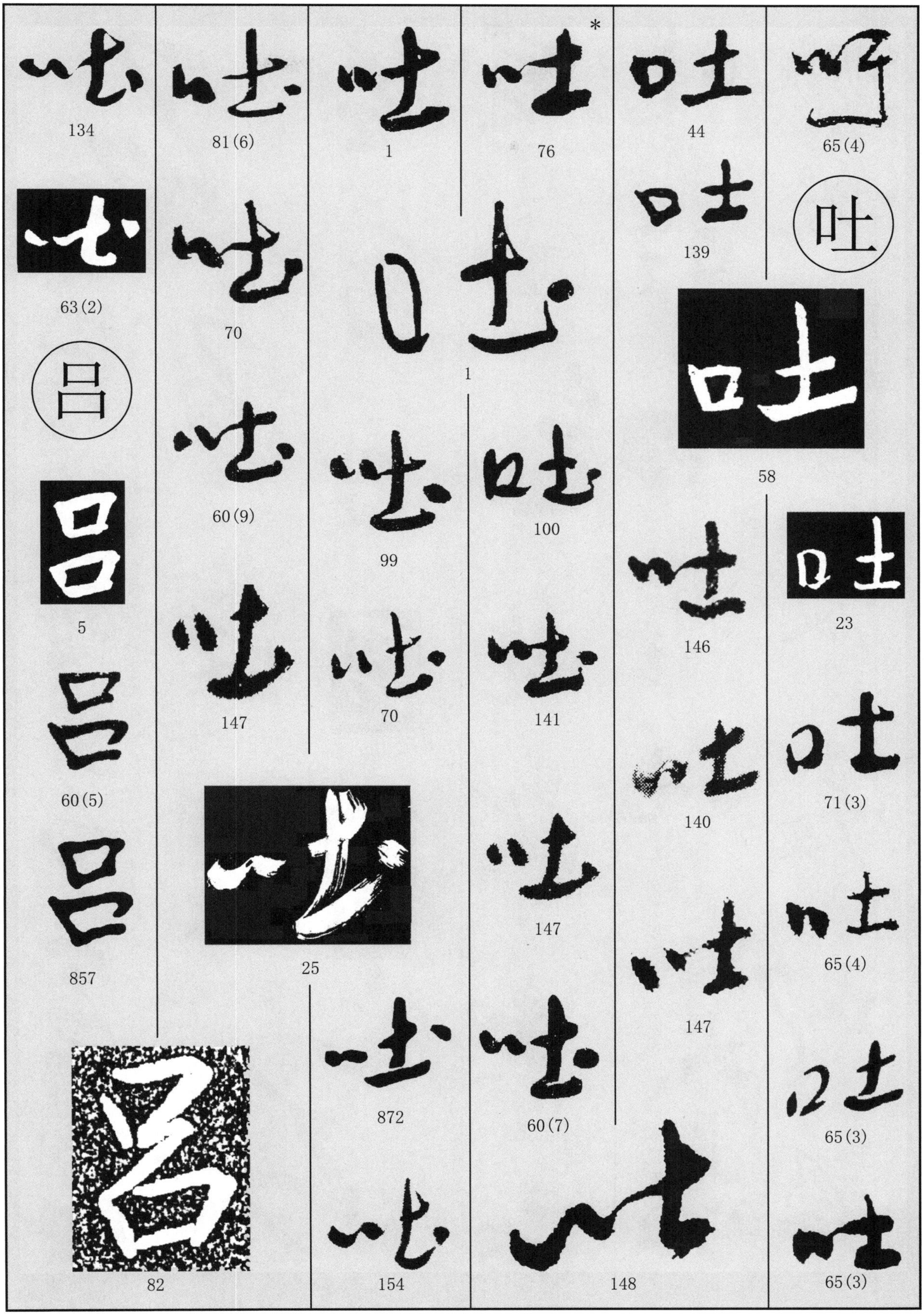
65(4)
吐
58
23
71(3)
65(4)
65(3)
65(3)
44
139
146
140
147
148
*
76
1
100
141
147
60(7)
1
99
70
25
872
154
81(6)
70
60(9)
147
134
63(2)
吕
5
60(5)
857
82

吸　　吒　　（喫）吃

吸
47
71(3) *
146
88
111
141
92
87
146
吒
1
55
1
吃
51
1 *
1
45(2)
146
71(2)
65(1)
10
19
129
2 *
70
152 *
158
32(8)
87
71(3)
28
71(2)

（吴）吳　　呈

呈
51
51
51
51
51
吴
51
139
1
58
139
88
42
15
60(10)
4
138
88
139
3
6
1
78
81(8)
42
43
88
74(2)
70
81(8)
32(3)

吾

100
15
1
86
60(8)
74(2)
139
139
60(1)
44
*
67
71(3)
60(7)
67
379
吾
98
98
18
60(5)
4
8
18
1
18
11
3
60(10)
38
131
146
14

1
61(1)
1
154
82
82
60(10)
60(10)
60(10)
154
153
43
699
71(2)
60(6)
151
65(3)
14
30
94
71(3)
100
70
65(2)
154
65(4)
87
70
64(1)
60(3)
32(9)
72
32(10)
60(9)

70
63(2)
*
60(8)
63(2)
60(7)
60(9)
81(8)
65(4)
65(5)
吠
1102（1）
60(6)
告
58
98
100
5
120
82
60(4)
154
19
51
14
71(3)
*
92
72
60(2)
46
46
16

71(3)
吟
32(7)
44
71(3)
47
139
70
1
139
174
814
55
154
32(9)
139
60(10)
47
7
1
44
139
78
71(3)
134
145
145
60(8)
60(8)
65(3)
*

吹

47
65(3)
88
65(1)
65(4)
71(2)
71(3)
61(3)
88
65(3)
30
65(4)
60(6)
153
44
32(3)
3
1
62(5)
101
154
584
*
62(3)
吹
1
71(3)
60(7)
158
1
88
1
1

（尹）君

140
95 *
74(1) *
100
129
773
152 *
100
71(1) *
60(6)
62(4) *
88
42
君
62(2) *
5
32(12)
104
60(7)
18
3
36
1
2 *
242
101
98
60(7)
101 *
62(1) *
71(3)

口部

四画

60(10) 51 103 81(8) 154 154

51 82 82 139

60(10) 904 154 139 139 139

60(10)

14 223 1 38

27 82 47 44

11

6 4 7 7 15 1 60(10)

95 * 71(3) 99 28
60(7) 60(9) 218 81(8) 158
101 * 62(2) * 71(3) 61(2) 65(5) 88
86 47 62(3) * 101 100
60(6) 1 22 65(4) 879 100
60(3) 154 140 70 60(8)

(邑) 邑

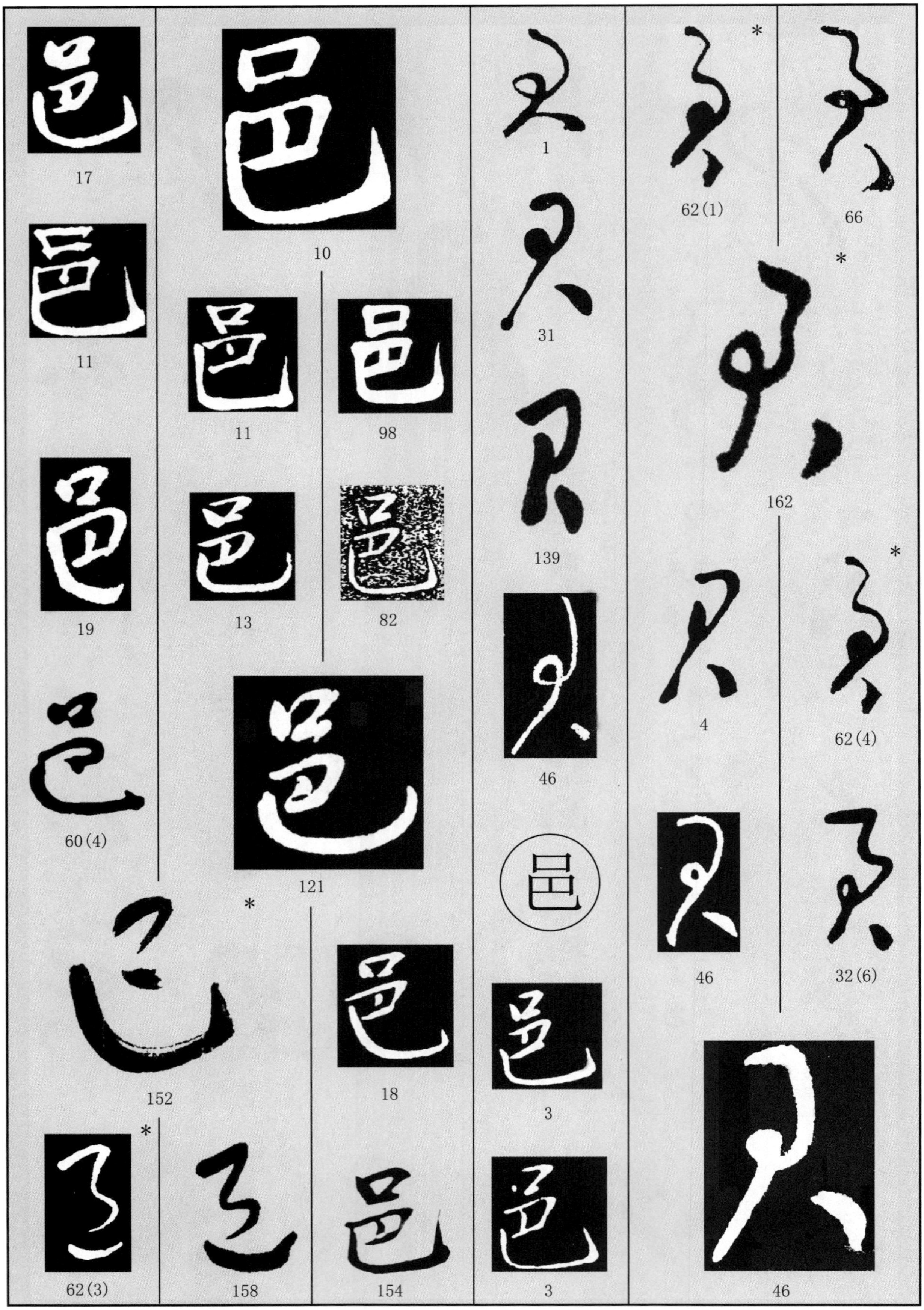
17 11 19 60(4) 62(3)*
10 11 98 13 82 121 152* 158 18 154
1 31 139 46 邑 3 3
62(1)* 66 162* 4 62(4)* 46 32(6) 46

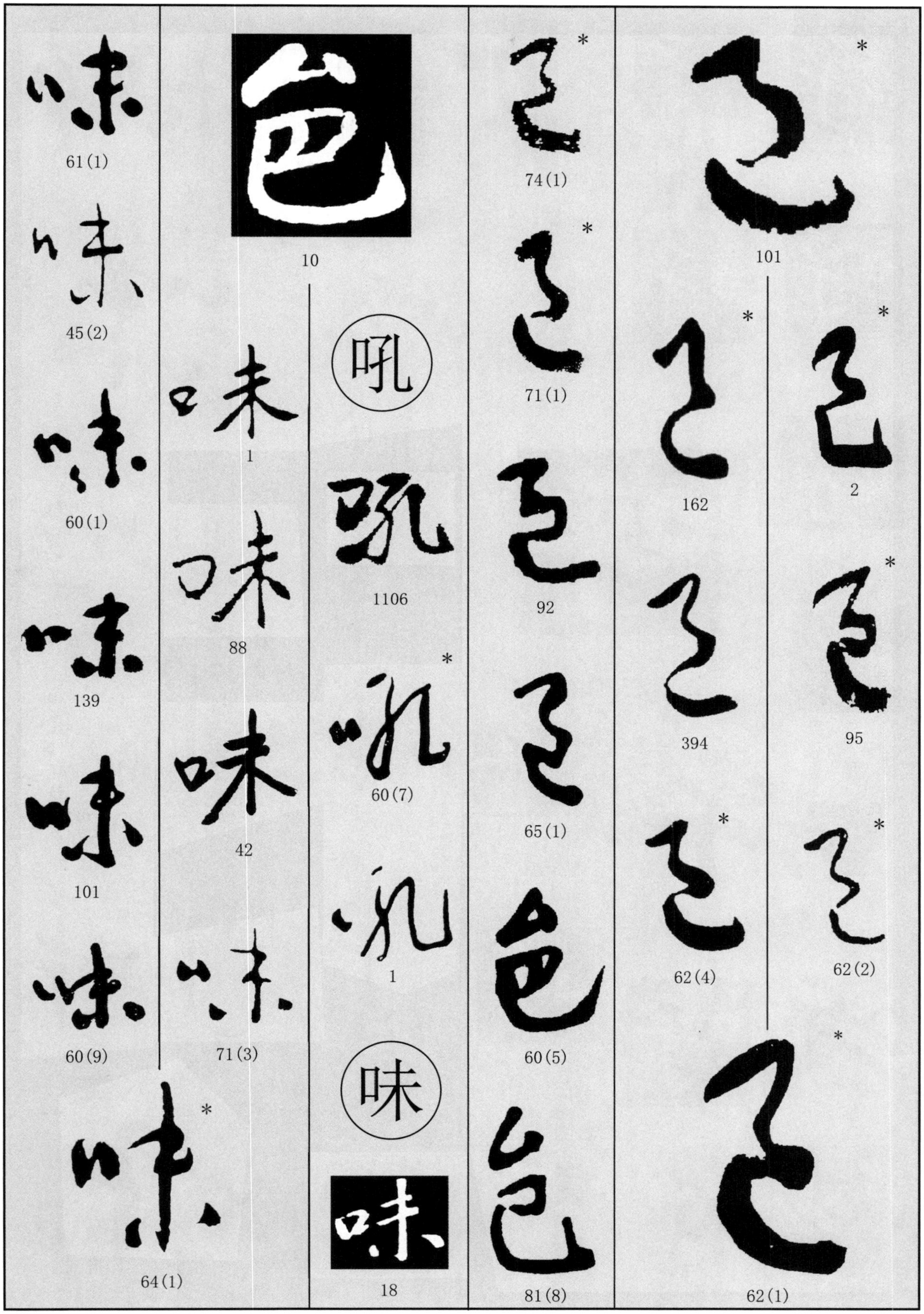
101
2
162
95
394
62(2)
62(4)
62(1)
74(1)
71(1)
92
65(1)
60(5)
81(8)
吼
1106
60(7)
1
味
18
10
1
88
42
71(3)
61(1)
45(2)
60(1)
139
101
60(9)
64(1)

呵
154
101
64(1)
65(5)
32(5)
32(12)
66
45(2)
65(5)
154
1012
呻
60(2)
60(3)
*
70
呱
81(6)
呼
98
12
17
1
82
10
7
6
8
8
60(10)
71(3)
120
139
54(2)

107
100
45(2)
60(5)
153
81(6)
*
100
65(5)
100
88
45(2)
65(1)
1
65(1)
60(3)
65(4)
65(4)
60(9)
71(3)
81(6)
55
71(3)
154
60(8)
1
1
130
1
1
32(8)
65(4)
61(2)
500

咎
166
146
79
咆
47
咏
139
71(2)
70
61(4)
1
44
32(3)
7
61(4)
11
159
88
71(3)
88
44
100
28
71(2)
158
60(8)
62(3)
71(1)
76
60(8)
62(1)
95
62(4)
62(1)
1

232
69
61(1)
60(1)
51
61(1)
146
69
140
75
32(7)
46
46
46
61(4)
1
88
60(3)
呢
1
32(7)
哂
193(7)
品
60(10)
62(2)
1
2
81(6)
74(1)
162
1
152

51
51
51
75
51
71(2)
51
149
32(11)
71(3)
44
88
1
*
53
咽
159
196(9)
539
1103
46
1008
咻
175
咿
60(5)
哈
139
32(3)
哆
1008
咨
58
105
67
67
*
73
77
咤
1027
哮
*
47
哺
60(3)

七画

60(3) 228* 140 877 410 71(3)

哽

174 1102(1)

哲

32(10)

222 78 84 76 63(2) 65(3) 61(1) 148 1 71(3)* 324 1 97 147 134 60(9) 31 154 140 147

員
25
32(5)
6
60(9)
51
74(2)
74(2)
51
8
251
32(7)
74(2)
32(7)
22
71(1)
23
37
162
145
100
95
77
1
937
46
62(1)

哦
193(7)
1
60(2)
65(4)
86
唤
47
47
1
36
934
48
99
88
60(2)
71(3)
71(3)
39
100
65(1)
65(3)
65(4)
45(2)
40
70
88
147
60(4)
71(3)
65(5)
146

32(8)
463
510
55
54(2)
1
154
哢
175
唪
196(4)
唶
1027
啞
60(5)
啄
65(5)
823
228
94
咳
1033
1033
啡
1
148
62(4)
95
65(5)
唱
60(5)
221
62(2)
101
70
158
65(4)
71(1)
71(3)
2
62(3)
60(7)

60(7)
1
71(3)
啖
151
1102(3)
45(2)
76
唫
51
187
60(4)
65(4)
60(4)
147
60(4)
475
14
44
71(3)
140
70
65(4)
33
唾
1102(2)
1033
1033
唯
4
1
100
162
140
152
62(1)
32(8)

啓
7
11
7
51
51
51
51
141
51
154
154
210
139
95
151
2
162
1
100
62(1)
71(1)
65(2)
61(2)
62(3)
152

(单) 單　　喟　　喈 喇 喋 啜

單
8
82
65(3)
99
54(2)
喟
42
71(3)
63(2)
60(9)
喇
32(7)
70
喈
1034
84
15
33
啜
145
喋
65(4)
32(3)
60(9)
62(2)
61(3)
101
32(11)
146
62(4)
839
74(1)
158

86
46
881
喌
111
喘
45(2)
92
啾
139
2
喻
65(4)
168
65(2)
100
60(6)
73
71(1)
62(1)
74(1)
101
62(2)
152
62(3)
95
25
47
62(4)
1
67
啼
85

60(4)
137
*
60(3)
139
60(10)
65(1)
71(3)
45(2)
55
139
100
584
60(8)
358
1
154
65(4)
100
88
88
1
60(7)
484
60(8)
65(4)
44
134

嗟

*
60(9)
66
88
71(3)
60(2)
87
99
25
63(2)
32(5)
103
88
1
820
78
76
83
嗟
58
98
60(10)
154
174
45(1)
65(3)
32(12)
65(5)
32(12)
99
66
65(4)
99

嗎 嗔 嗜 嗷 嗂 喧

71(3)
74(2)
嗔
66
99
1015
嗎
嗜
4
1102(3)
1030
65(5)
19
168
153
嗂
5
嗷
139
47
487
168
148
153
118
16
喧
1
817
153
1
324
99
147
148

140
46
1
嗣
27
8
3
19
60(3)
32(10)
82
44
74(2)
70
410
74(2)
83
21
107
74(2)
15
285
391
32(7)
99
97
22
62(1)
71(1)
100
145
95
162
嗤
159
129
嗚
32(12)
6

98
98
18
7
17
10
102
120
12
130
174
99
*
30
30
107
1
嗃
16
71(3)
嗛
88
嘆
154
139
65(4)
嘔
671
嘘
196(4)
71(3)
70
嘑
139
鳴
27
1
27

44
38
130
60(10)
60(10)
60(1)
44
62(5)
99
139
61(4)
30
101
61(2)
30
60(8)
88
33
71(3)
61(3)
139
60(5)
60(6)
100
154
*
74(1)
*
2
158
60(1)
146
60(7)
145

*175　噢　346　嚄　1027　器　60(7)　58

383　1　*32(8)　44　嘲　193(2)　*70　嗒

*47　1031　嘻　30　*145　1015　嘶　199　65(1)

嘛　*32(7)　噉　32(12)　噴　44　71(3)　60(7)

99　*71(1)　*95　*62(1)　*62(2)　*152　*62(3)

60(3)　60(7)　*101　*62(4)　47

60(5)
60(5)
139
15
98
23
60(7)
62(3)
75
60(6)
162
1
71(3)
95
65(4)
71(1)
46
62(1)
101
97
145
130
62(2)
74(1)
62(4)
152
71(3)
1
2
158
107

噪
110
60(2)
1102(3)
193(2)
66
196(12)
噫
噫
4
30
145
1015
嘯
147
134
60(10)
549
152
65(4)
101
65(5)
88
62(1)
76
71(3)
71(1)
79
71(3)
62(4)
1
65(5)
100
95
30
62(3)
62(2)

31
139
151
214
70
62(2)
154
134
154
32(10)
62(4)
1
嚴
98
82
158
146
152
2
28
95
62(1)
嚚
196(2)
嚬
74(1)
62(3)
101
71(1)
65(4)
78
158
嚇
98
1035
嚙
32(2)

883
62(2)
65(4)
95
71(1)
1
82
32(7)
74(1)
100
62(3)
101
76
45(2)
71(2)
97
60(2)
60(8)
145
2
101
25
71(3)
71(3)
60(6)
45(2)
65(3)

(嘱)囑[illegible]囂　囀嚼嚶

60(9)
62(4)
99
152
62(1)
162
60(5)
134
28
5
1
16
44
158
140
16
6
嚶
99
嚼
1007
囀
1004
71(3)
囂
186
1102(1)
1015
624
囑
36
3
47
8
8
1
154
139

囚

86
134
63(2)
60(9)
1
60(9)
5
63(2)
147
99
154
42
76
324
78
99
口部
囚
5
5
*
32(5)
210
78
51
17
1
88
51
74(2)
45（2）
45(2)
87

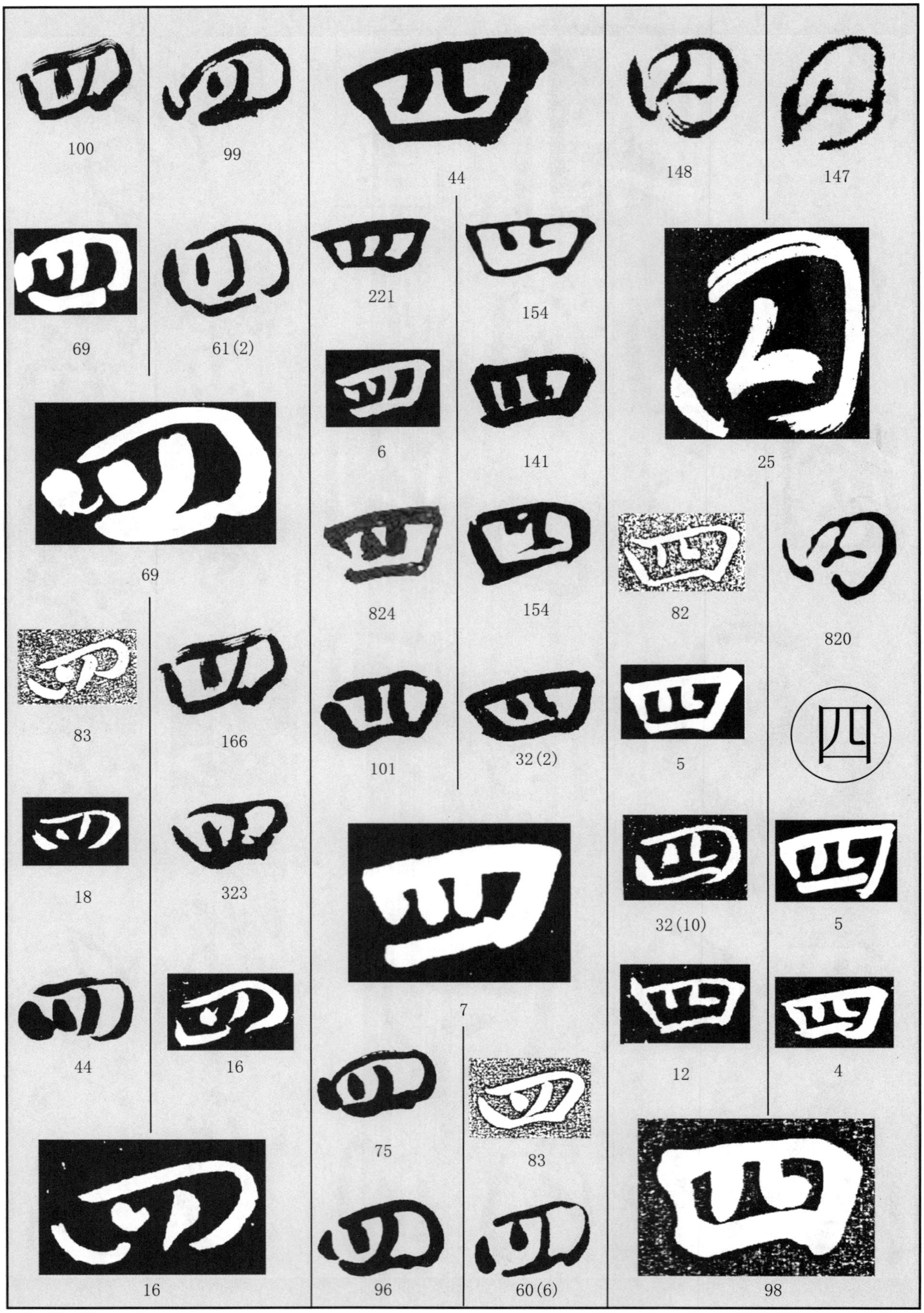

100
99
44
148
147
69
61(2)
221
154
6
141
25
69
824
154
82
820
83
166
101
32(2)
5
四
18
323
7
32(10)
5
44
16
12
4
75
83
16
96
60(6)
98

(曰) 因

32(8)

因

3

82

12

23

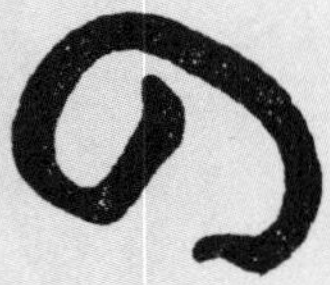
60(6)

60(9)

60(10)

1

*
62(1)

*
71(1)

60(7)

94

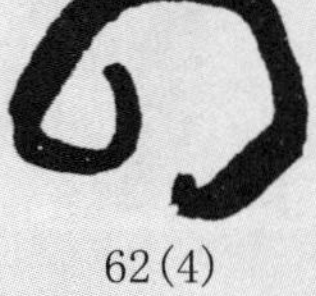
*
62(4)

45(1)

66

*
95

*
74(1)

154

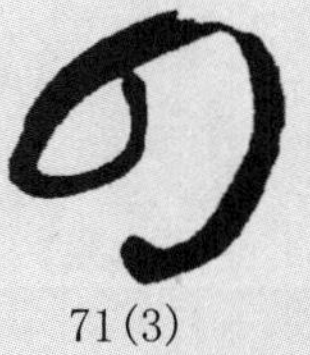
71(3)

69

*
162

158

1

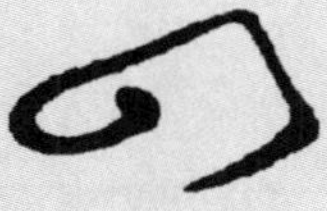
93

61(2)

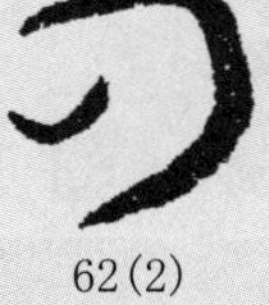
*
62(2)

92

21

63(2)

21

*
152

*
2

*
145

*
101

1

60(7)

5

98

51

1

27

10

88

70

42

140

13

*
145

268

16

61(2)

54(2)

46

70

*
62(4)

32(9)

46

74(2)

121

*
2

881

158

*
101

92

71(2)

(冋 囲) 回

98
162
74(1)
46
74(2)
60(10)
62(1)
32(7)
152
48
140
8
1
95
62(2)
1
154
60(10)
154
82
260
46
21
回
18
12
101
62(3)
3
60(10)
166
2
18
32(7)
1

困

239
74(2)
46
44
69
94
1
16
60(7)
13
32(12)
66
1
困
274
134
60(1)
46
70
3
1
96
46
88
12
6
158
30
14
134
12
166
87
82
46

固

61(4)
1
71(3)
16
1
60(7)
152
30
71(3)
60(5)
固
32(12)
3
11
8
12
32(9)
71(1)
154
62(4)
2
74(1)
95
17
62(2)
62(3)
101
62(1)
1
28
1
92
67
*

圊　　　　圃　囿

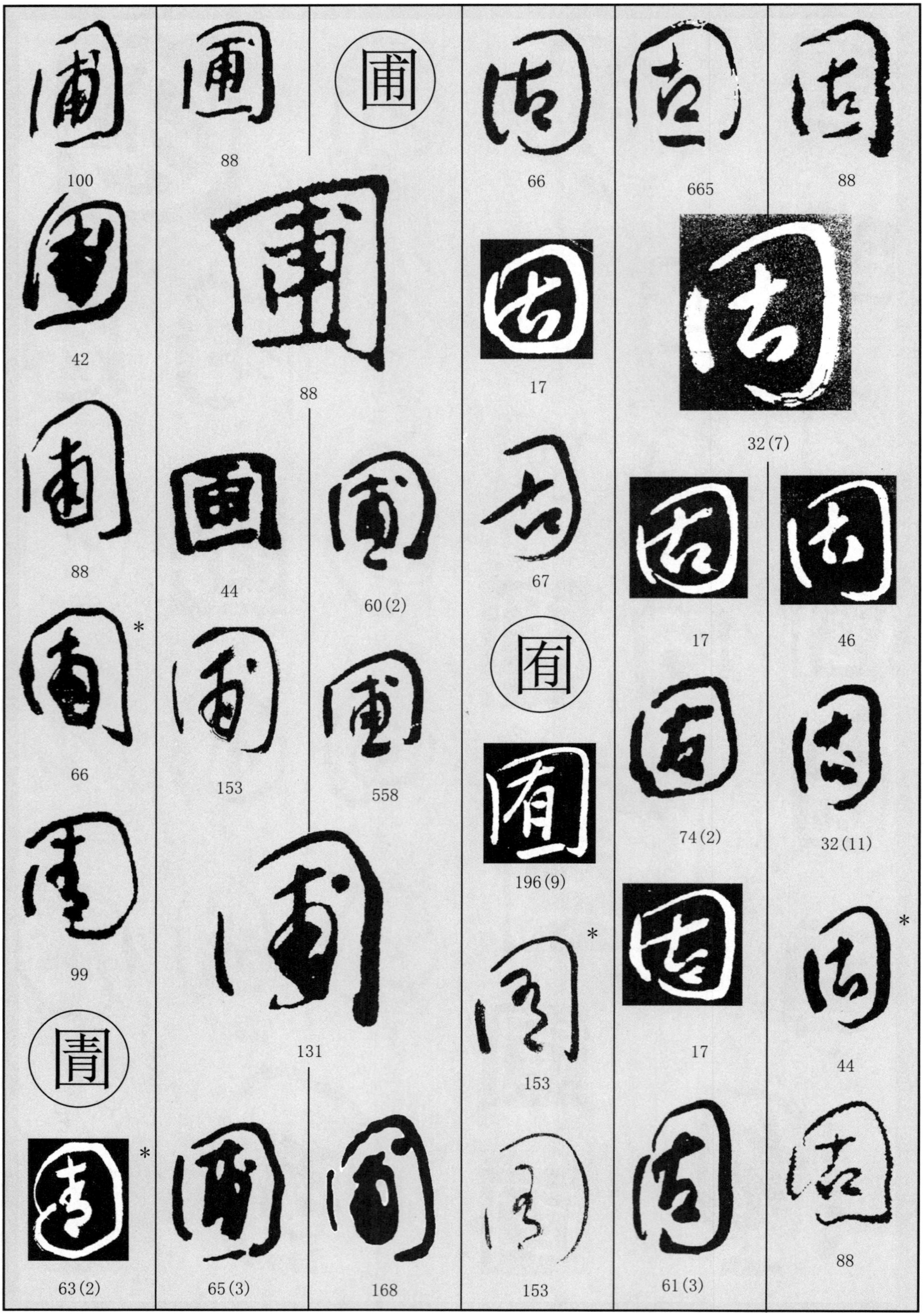

100
42
88
66 *
99
圊
63(2) *
88
88
44
153
131
65(3)
圃
60(2)
558
168
66
17
67
囿
196(9)
153 *
153
665
32(7)
17
74(2)
17
61(3)
88
46
32(11)
44 *
88

14
139
46
51
60(9)
25
46
54(2)
98
圉
63(2)
51
17
83
51
*
46
46
32(7)
13
1
32(12)
國
46
46
27
28
17
32(12)
25
16
17
10
12

158

7

7

159

134

6

6

146

11

70

55

1

31

145

51

154

139

159

140

139

60(8)

82

82

74(2)

60(5)

4

1

88

5

5

4

27

3

10

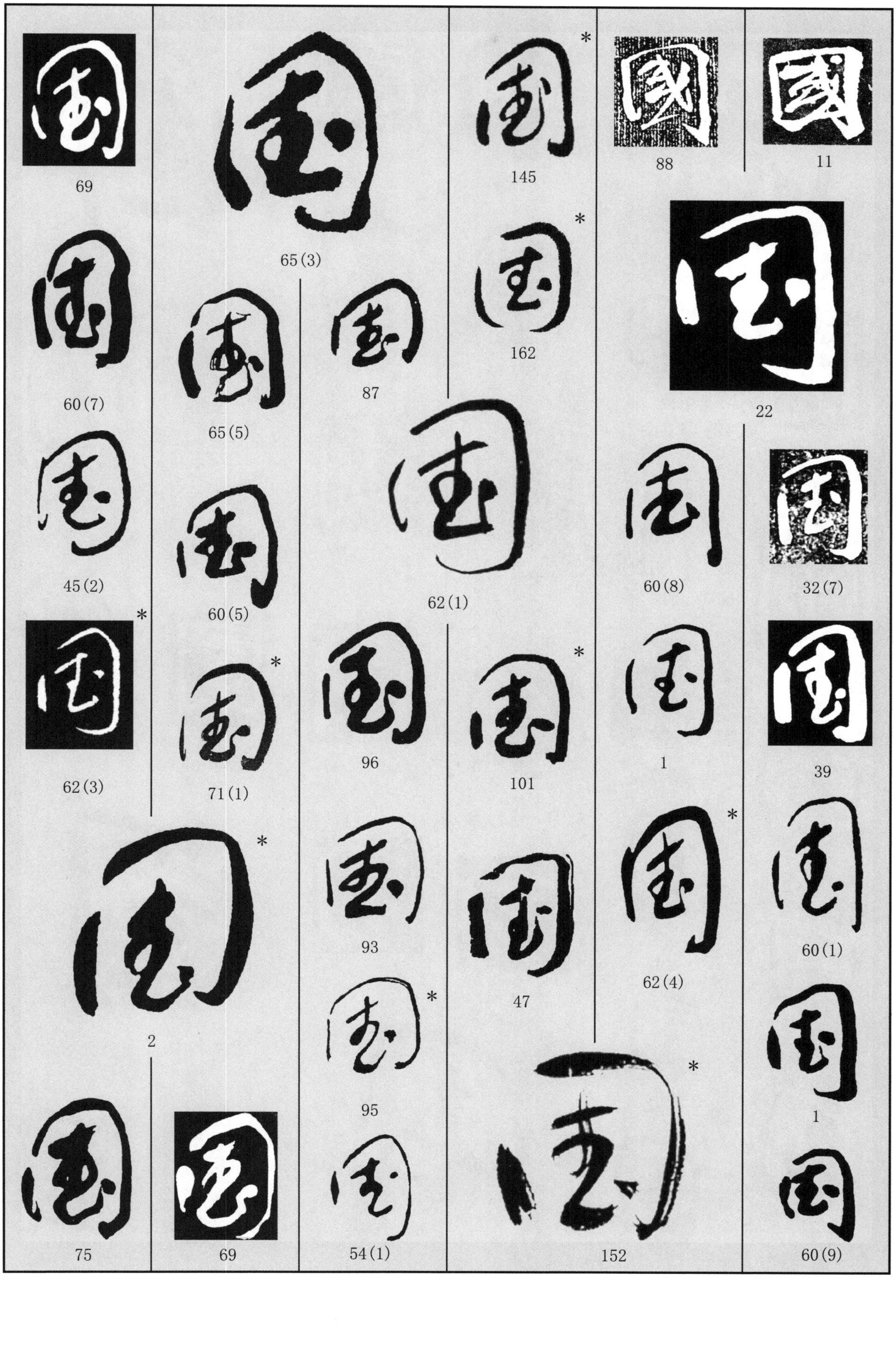

69 65(3) 145 88 11 60(7) 65(5) 87 162 22 45(2) 60(5) 62(1) 60(8) 32(7) 62(3) 71(1) 96 101 1 39 2 93 47 62(4) 60(1) 95 1 75 69 54(1) 152 60(9)

(圍) 圍

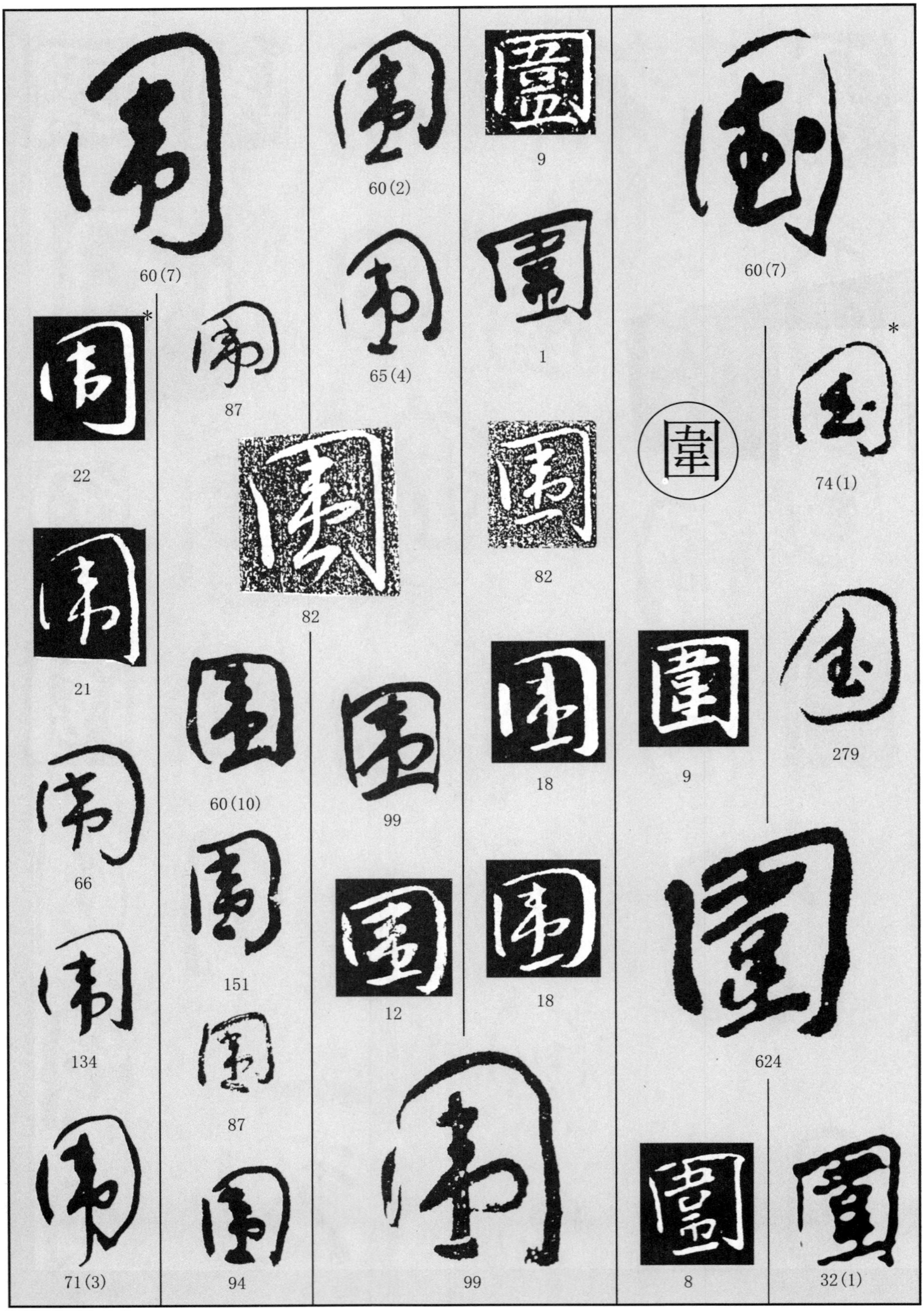
60(7)
60(2)
9
60(7)
65(4)
1
*
22
87
*
74(1)
82
82
21
279
60(10)
99
18
9
66
151
12
18
624
134
87
71(3)
94
99
8
32(1)

60(5) 1 60(10) 73 87

88 47 49(2) 1 47

51 60(10) 174 60(8) 3

141 51 141 32(1) 135 101

1 78 44 60(6) 12

44 1 47 47 82

1
88
1
1
94
147
32(9)
70
65(3)
168
88
87
65(3)
65(5)
88
71(3)
65(5)
60(6)
34
34
99
65(4)
71(3)
*
152
153
*
62(2)
158
*
100
44
54(1)

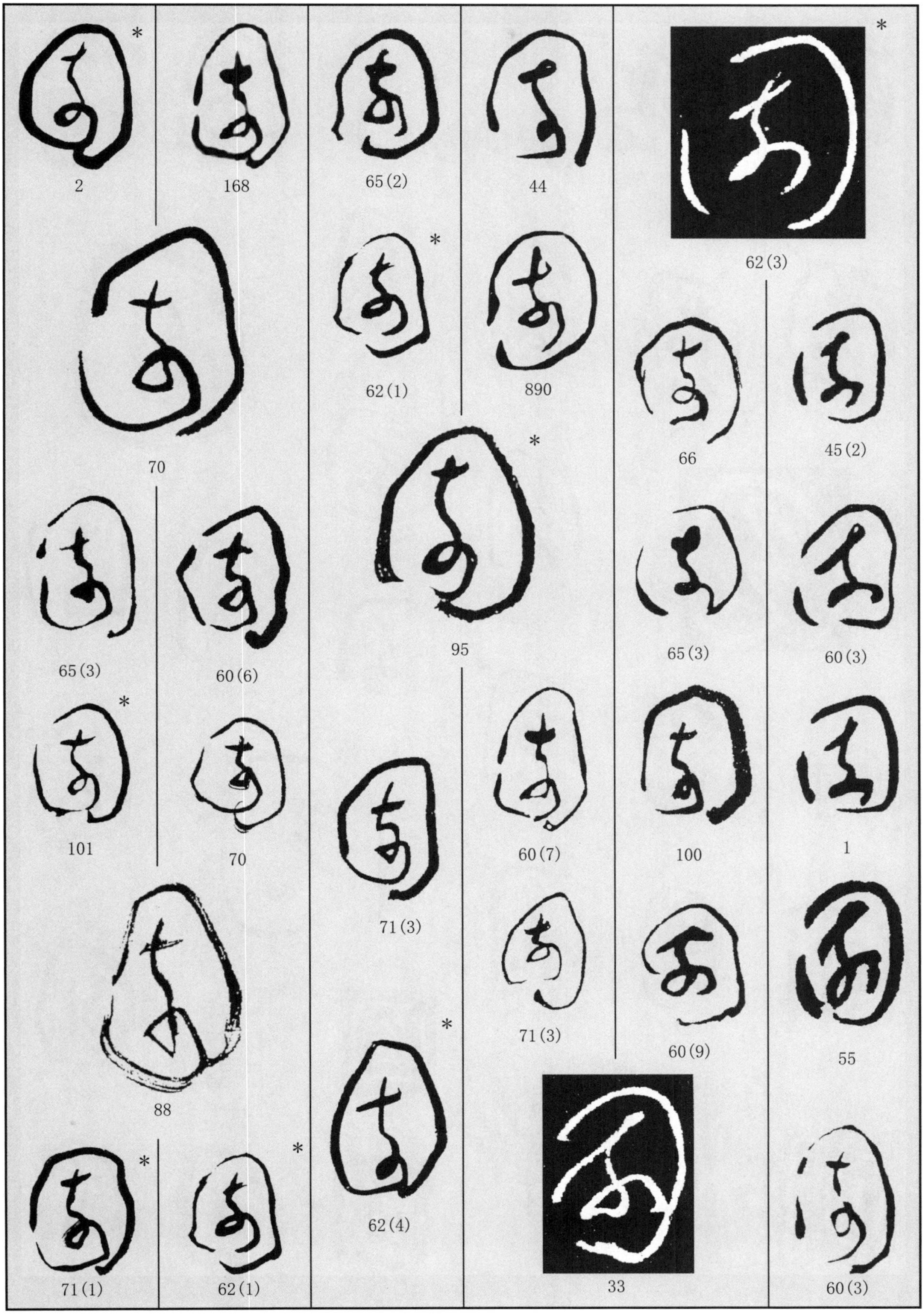

2 * 168 65(2) 44 62(3) *

70 62(1) * 890 66 45(2)

65(3) 60(6) 95 * 65(3) 60(3)

101 * 70 71(3) 60(7) 100 1

88 71(3) 60(9) 55

62(4) * 71(1) * 62(1) * 33 60(3)

（囤 團）團　　（圓）圓

60(1)
39
158
134
141
140
46
140
*
1
團
32(12)
28
146
82
44
65
65
1
66
15
71(3)
76
60(6)
153
圓
65(3)
88
74(1)
*
101
*
76
60(2)
60(1)

(畗 啚 圗 圖)圖

圖
152
2
71(1)
10
7
16
74(1)
62(3)
8
44
83
7
62(4)
46
62(1)
1
62(2)
46
32(7)
15
101
121
95
78
149
154
154
46
46
76

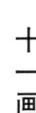

10 51 44 139

71(3) 1 46 1 32(3) 1 33

82 51 99 65(5) 152 60(6)

65(4) 71(3) 65(5) 71(3)

67 60(1) 101 * 71(1) * 65(1)

62(1) * 101 71(3) 61(2) 60(9) 81(4)

14
巾
3
614
44
60(10)
65(5)
32(1)
1
圜
1030
77
巾部
62(3)
62(2)
229
32(9)
44
45(2)
66
22
158
1
72
62(4)
74(1)
95
159
65(5)
71(3)
65(4)
71(3)
61(3)
2

帆

45(1) 139 60(6) 100 * 65(3)

71(3) 88 76 60(2)

60(7) 877 327 137 45(2)

65(4) 65(2) 71(3) 60(2) 44 499 583

100 145 65(4) 60(8) 60(8) 60(8) 71(2)

帖

65(4) 1022 71(3) 32(9) 93 32(9)

帶
8
47
82
28
146
158
139
60(8)
139
60(5)
60(10)
215
帑
32(12)
帙
139
32(9)
139
146
139
帕
139
60(8)
74(2)
1
386
74(2)
74(2)
74(2)
100
32(9)
32(9)
100
74(2)
100

1

51

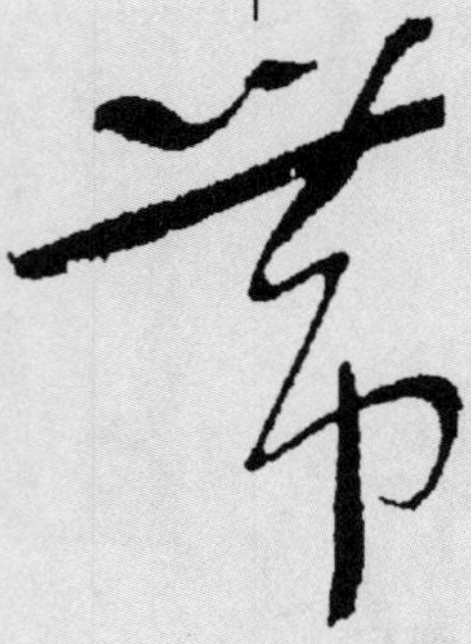
47

1

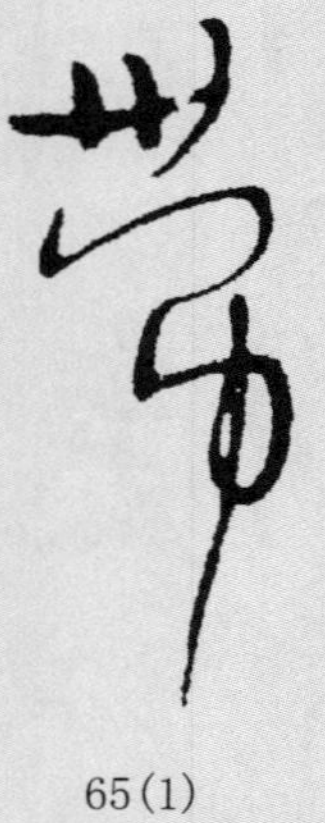
65(1)

145

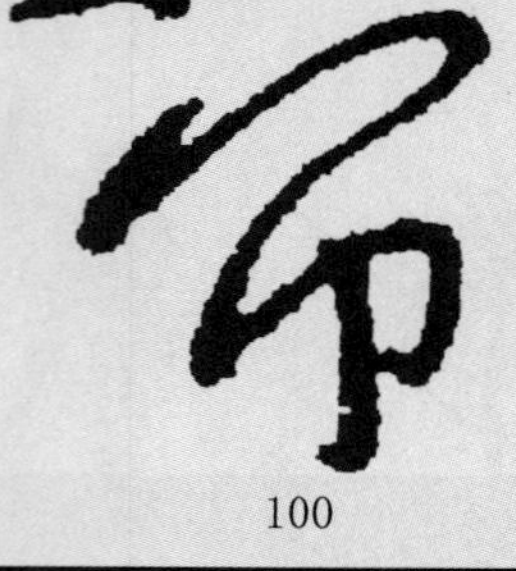
100

74(1)

65(4)

*

100

71(3)

78

60(8)

60(6)

60(8)

65(3)

*

2

100

71(3)

65(4)

66

1

71(3)

(帐) 帳

101
65(4)
71(1)
152
139
71(3)
2
62(4)
62(3)
101
154
101
88
95
62(1)
33
153
帳
62(4)
100
62(1)
32(7)
1
62(2)
1
74(1)
1
62(2)

幅　　　　帷

153
74(1)
95
60(9)
152
60(3)
2
71(3)
60(3)
158
62(3)
1
158
32(12)
162
38
幅
101
28
74(1)
1
62(1)
62(3)
71(3)
3
62(2)
71(3)
帷
71(1)
71(3)
44
62(4)
44
95

324
60 (9)
55
65 (3)
149
1
86
66
幀
60 (9)
63 (2)
147
86
154
71 (2)
82
32 (5)
134
帽
幄
65 (4)
25
147
1
148
582
1033
幃
140
32 (2)
76
324
32 (12)

幌

185

幘

65(5)

45(2)

幣

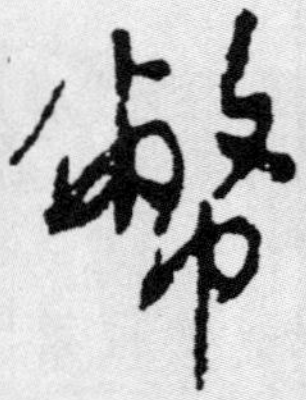
74(2)

75

141

16

16

89

幡

196

幢

196

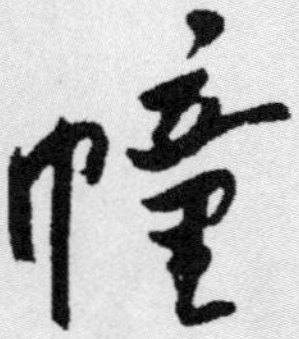
1

幗

60(4)

幟

8

82

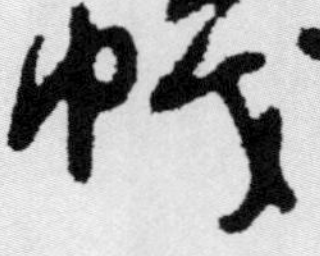
65(5)

32(7)

32(10)

*

18

幬

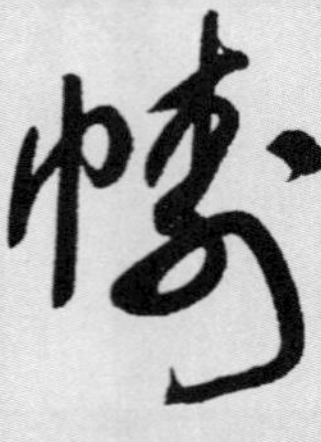
1105

山部

山

11

7

8

101

15

10

60(10)

60(4)

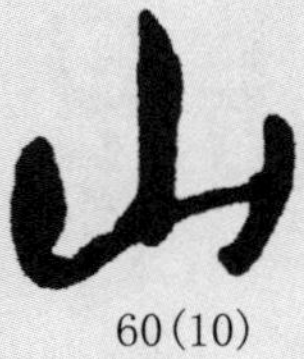
60(10)

83

60(10)

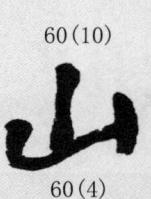

14
13
1
18
82
1
60(8)
60(10)
60(10)
60(1)
154
140
1
139
145
1
88
60(4)
22
*
32(3)
61(2)
60(1)
60(3)
1
65(2)
32(3)
60(7)
47
31
61(2)
65(1)
44
47
23
65(2)
101

1
139
140
61(2)
61(2)
60(1)
100
65(4)
134
151
71(3)
81(6)
71(3)
81(6)
22
60(8)
65(2)
100
30
60(8)
65(4)
63(2)
55
1
64(1)
60(6)
81(3)
65(4)
30
100
94
1
70
99
17
32(2)
60(4)
60(8)
30
60(6)
65(2)

岑　岐　岌　屹

6

88

15

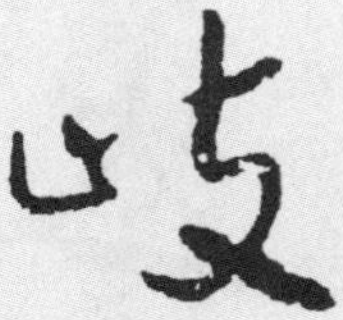
74(2)

1

* 77

65(4)

32(10)

岑

47

32(10)

* 97

107

107

82

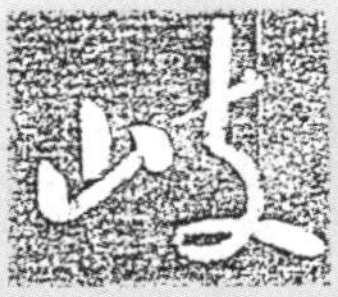
83

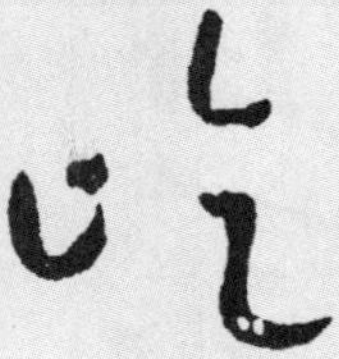
97

147

107

岌

岐

10

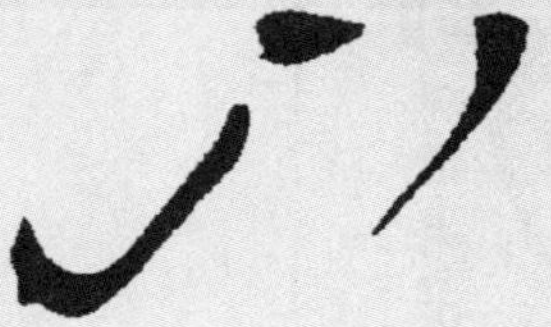
1

168

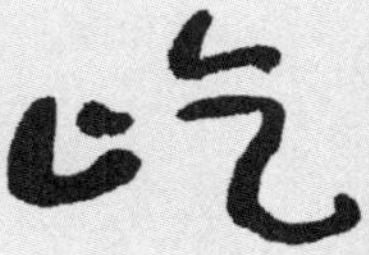
60(8)

* 71(3)

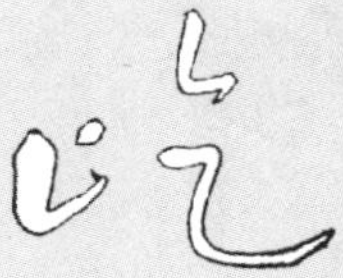
54(2)

82

25

140

151

151

屹

（峅） 岸

155
61(4)
149
88
141
141
43
354
168
168
45(2)
153
*
32(12)
32(12)
岸
4
12
71(3)
60(7)
65(2)
65(4)
44
60(2)
82
45(2)
32(10)
60(7)
1
71(3)
1

岫　岩

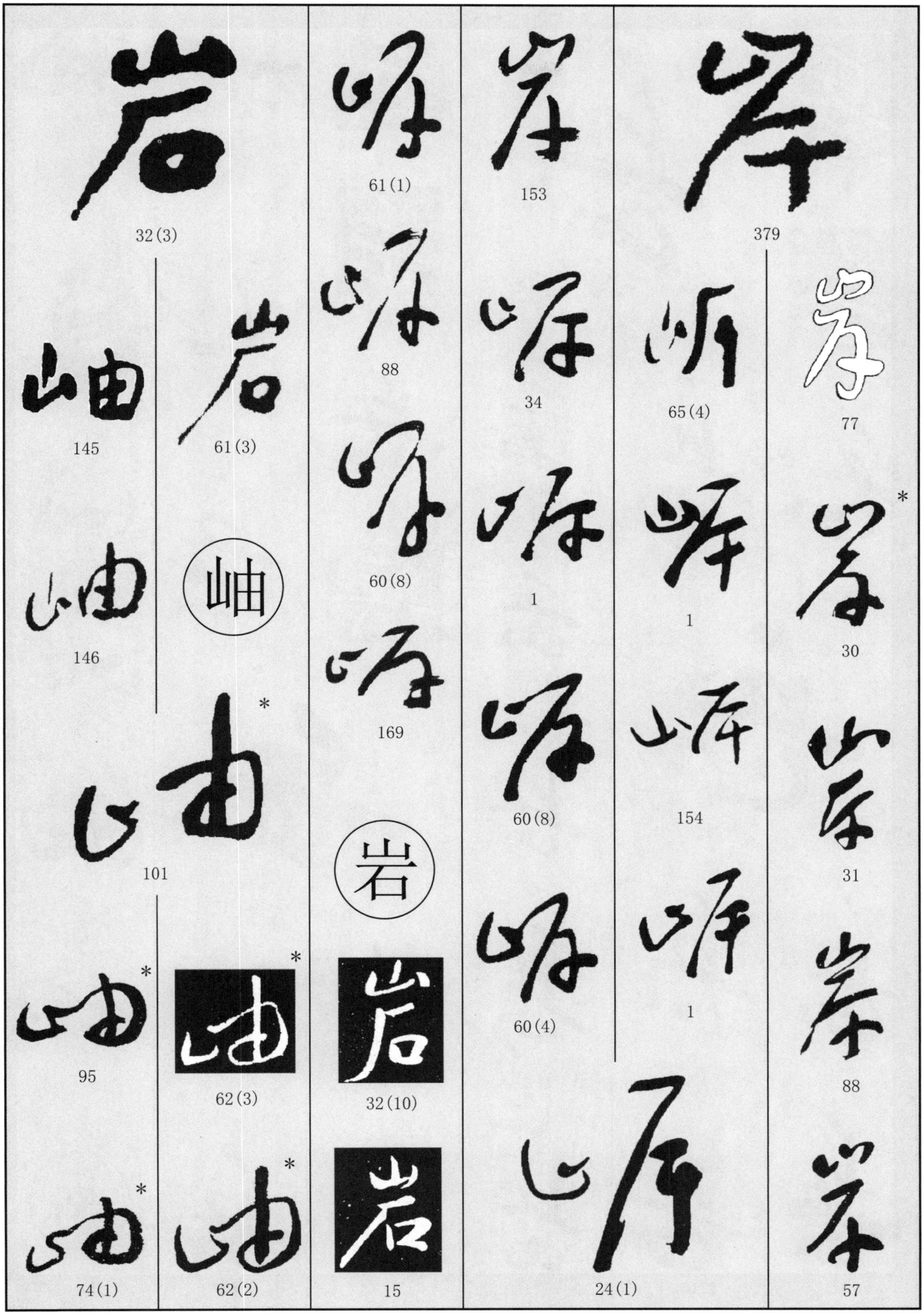
379
77
30 *
31
88
57
65(4)
1
154
1
24(1)
153
34
1
60(8)
60(4)
61(1)
88
60(8)
169
岩
32(10)
15
32(3)
61(3)
岫
62(3) *
62(2) *
145
146
101 *
95 *
74(1) *

*
2
*
62(4)
*
62(1)
28
158
*
152
岳
*
71(1)
164
1
65(3)
157
8
8
47
82
71(3)
157
100
71(3)
75
147
71(3)
60(8)
60(8)
369
60(2)
81(6)
82
23
1
60(2)
60(7)

岱
1
99
87
61(4)
78
872
83
17
100
33
459
63(2)
19
65(4)
158
139
25
32(2)
82
149
岷
196
104
149
158
154
86
489
134
473
28
83

岩

139

542

230

65(2)

峙

*
74(1)

119

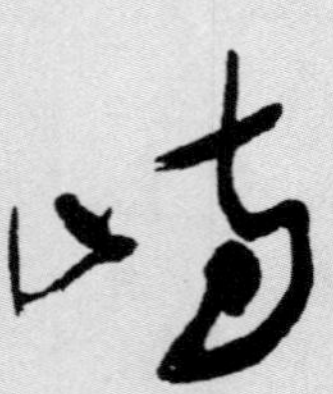
146

74(2)

耑

45(1)

65(4)

炭

15

44

145

146

81(5)

81(5)

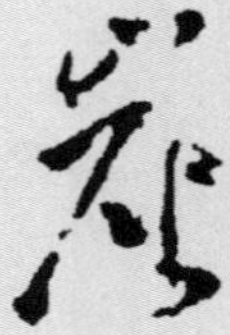
32(1)

*
101

71(3)

466

151

147

380

峒

60(5)

190

峋

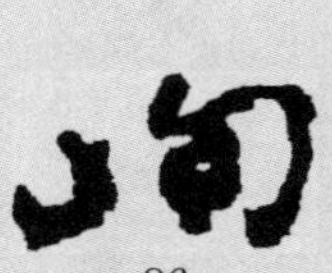
86

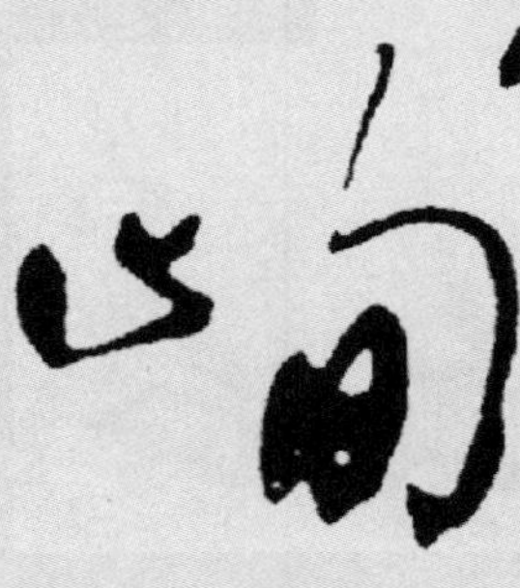
65(2)

幽
60(10)
1
32(2)
874
60(2)
60(7)
60(8)
88
8
88
65(4)
15
60(3)
44
32(2)
60(10)
8
101
60(8)
145
74(2)
60(10)
18
45(2)
60(10)
549
*
152
30
153
139
60(10)

豈

2
154
87
74(1)
87
71(1)
60(8)
238
240
162
60(6)
30
62(3)
100
63(2)
21
47
62(4)
95
894
101
74(1)
62(2)
62(1)
139
47
71(3)
364
豈
44
60(5)
82

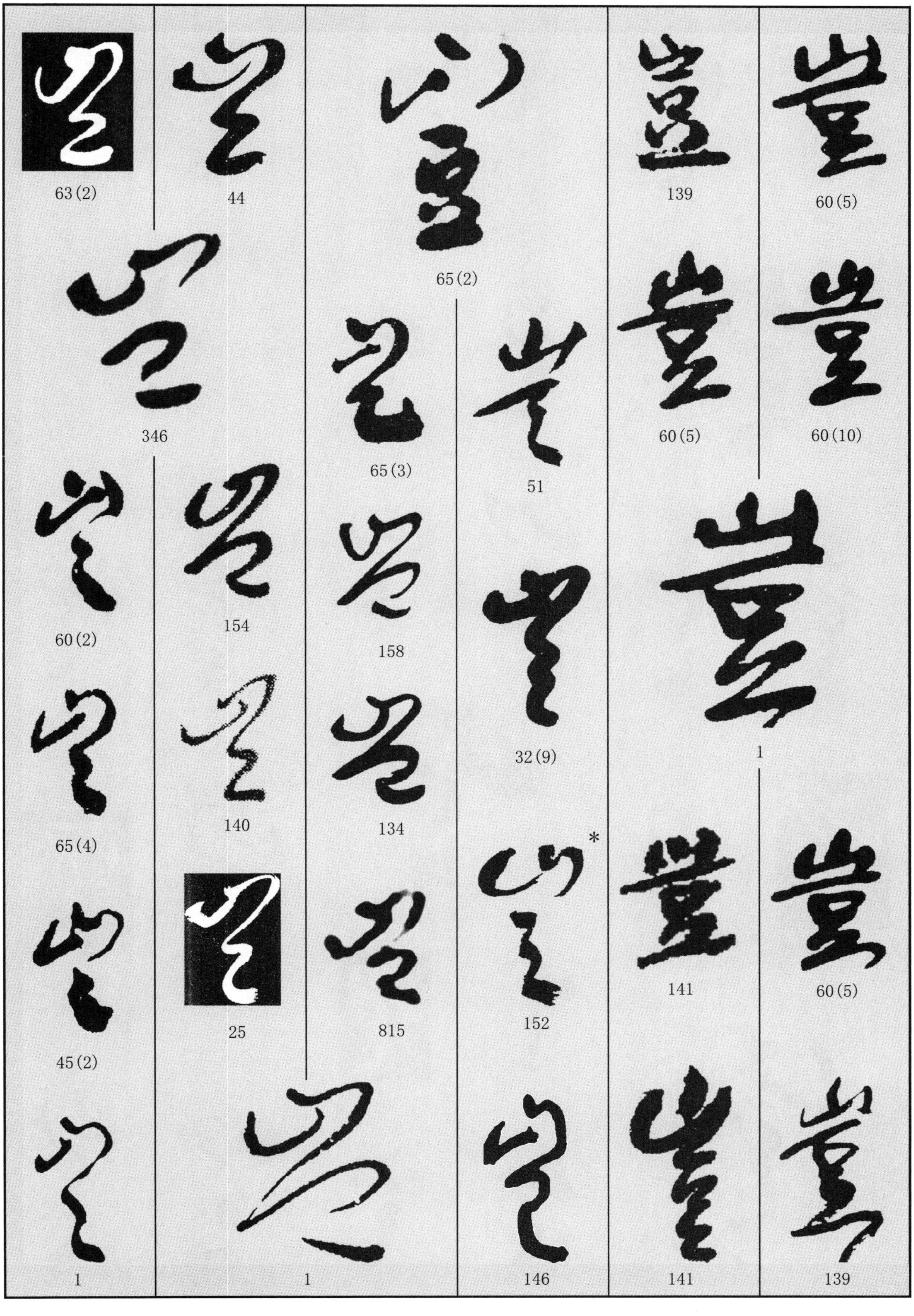

60(5) 60(10) 1 60(5) 139

139 60(5) 141 141

65(2) 51 32(9) *152 146

65(3) 158 134 815 1

44 154 140 25

63(2) 346 60(2) 65(4) 45(2) 1

223

87

*

62(3)

45(2)

1

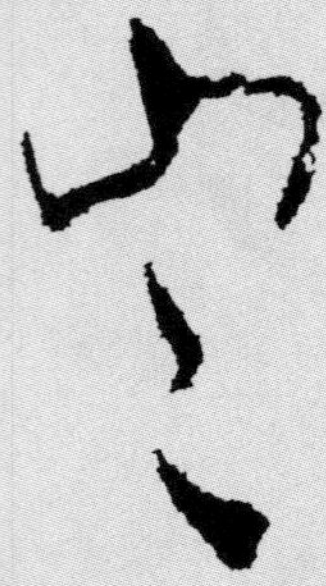
60(3)

60(4)

71(3)

1

*

162

*

62(4)

*
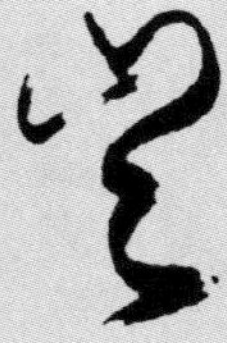
62(1)

71(2)

*

95

*

2

74(2)

88

92

87

*

62(2)

*

101

60(9)

*

71(1)

60(8)

99

33

60(7)

峽
44
3
1
139
141
60(10)
45(1)
78
60(2)
140
32(8)
99 *
88
65(4)
65(3)
60(6)
65(4)
60(8)
145
71(3)
60(6)
71(3)
71(3)
94
153
153
峭
499
70
峴
44
1009
峨
196
139
65(3) *
島

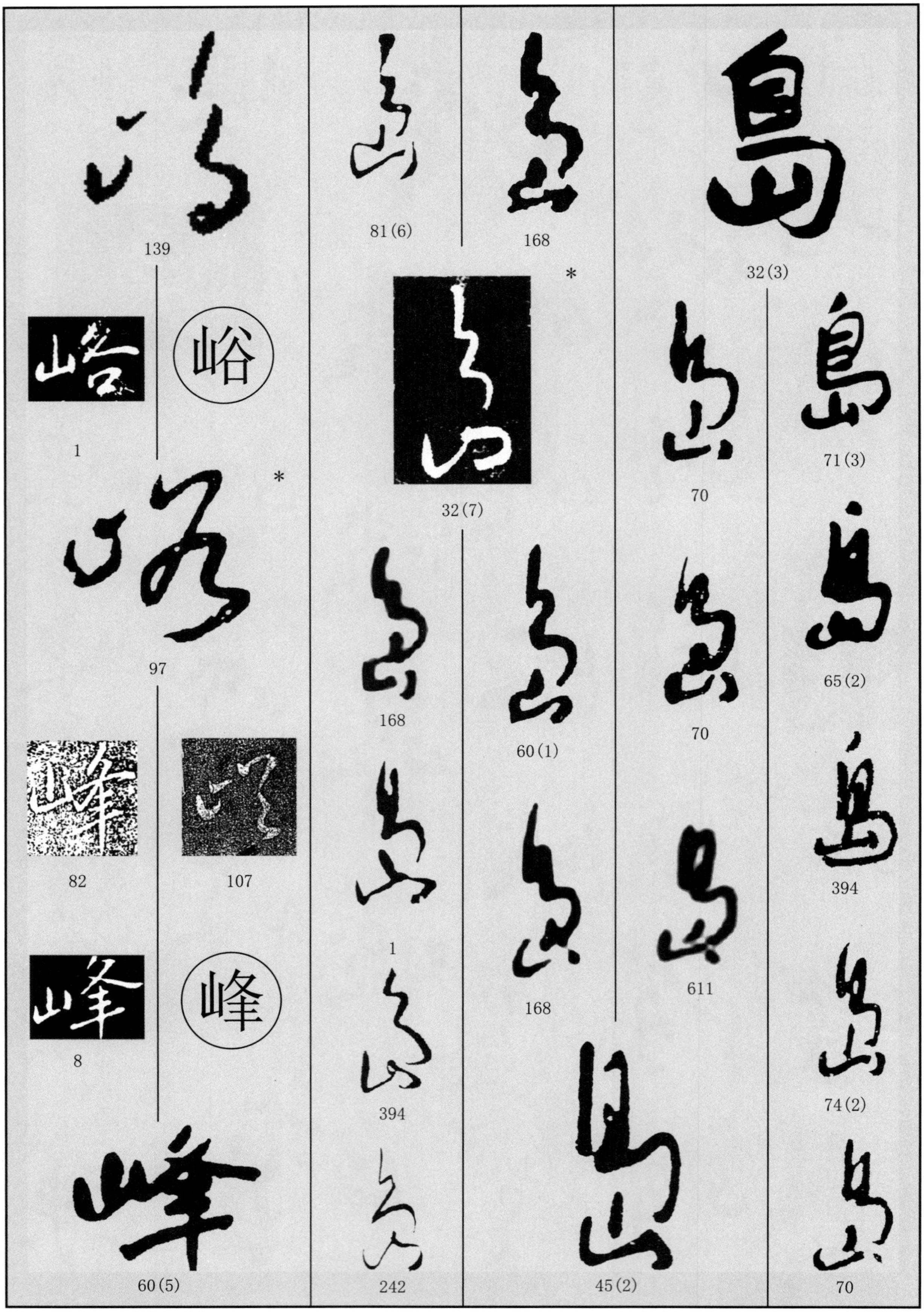
32(3)
71(3)
65(2)
394
74(2)
70
70
70
611
45(2)
168
*
60(1)
168
81(6)
32(7)
168
1
394
242
139
峪
1
*
97
82
107
峰
8
60(5)

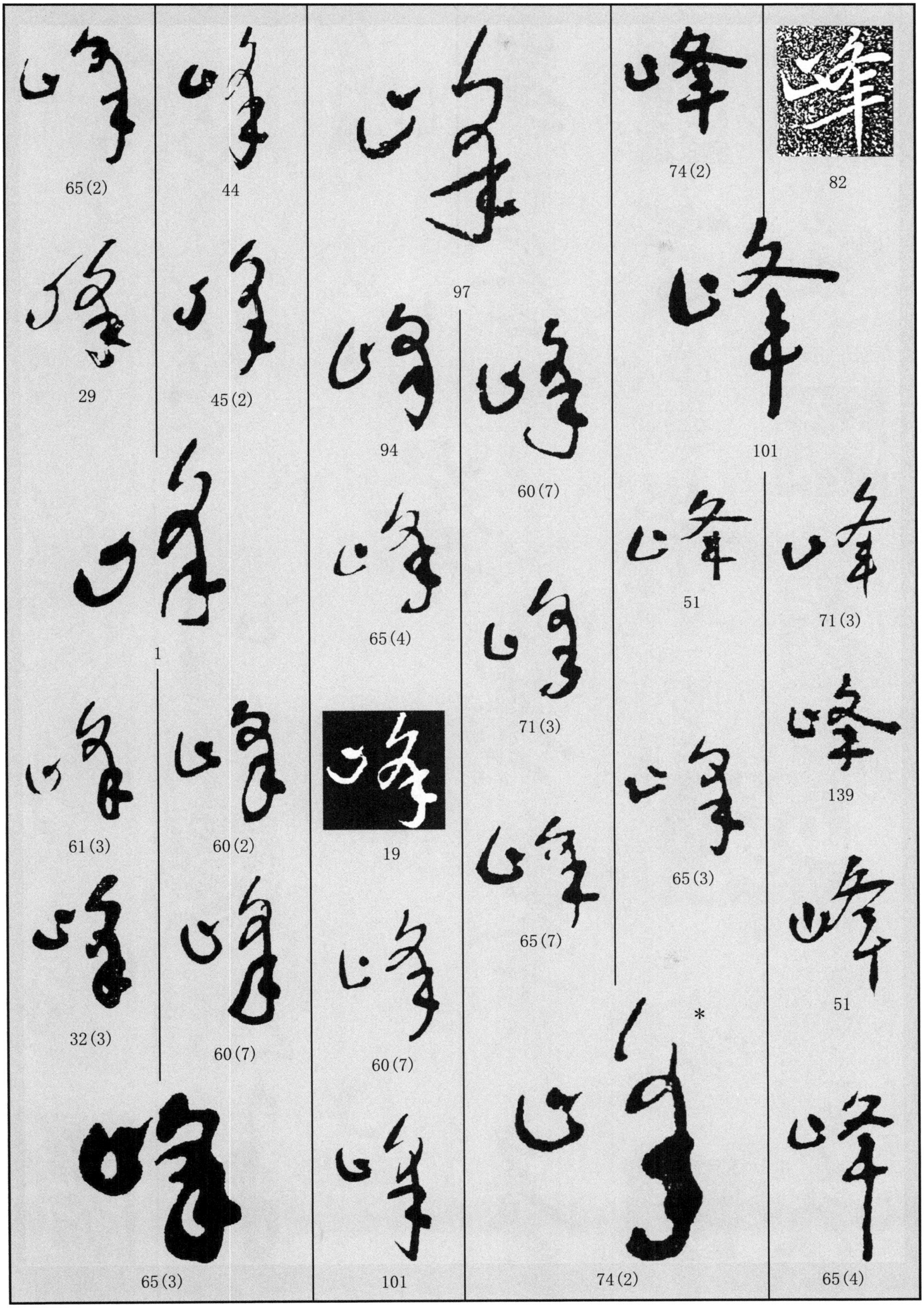
65(2)
44
97
74(2)
82
29
45(2)
94
60(7)
101
1
65(4)
71(3)
51
71(3)
61(3)
60(2)
19
65(3)
139
65(7)
32(3)
60(7)
60(7)
51
*
65(3)
101
74(2)
65(4)

23

31

8

23

98

83

71(3)

82

1022

豈

139

峻

32(12)

8

44

549

223

99

71(3)
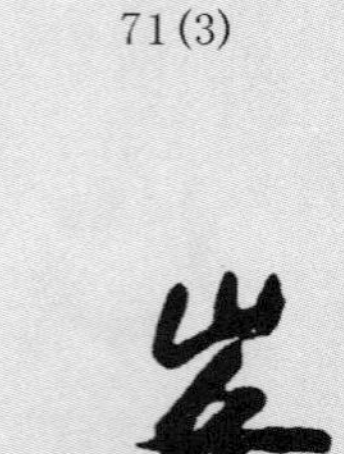
60(10)

60(7)

71(3)

83

60(7)

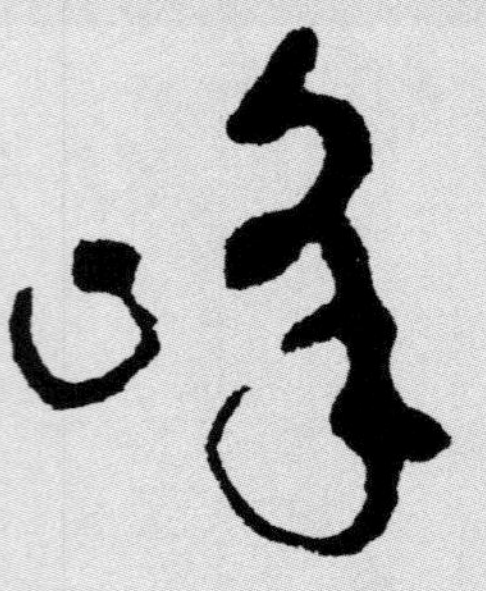
60(7)

154

65(3)

82

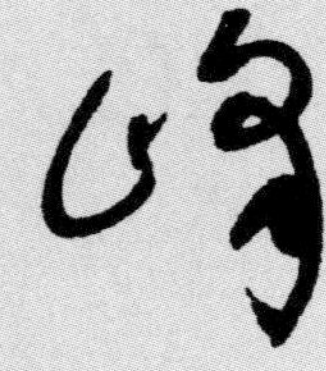
94
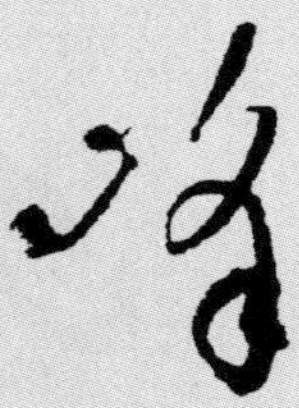
238
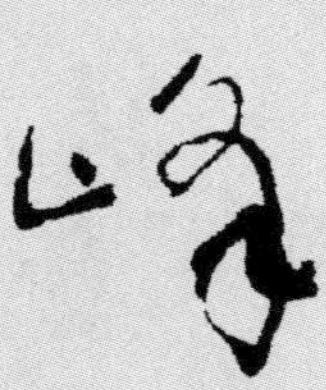
65(2)
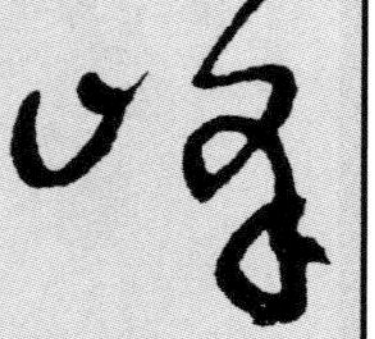
242

107

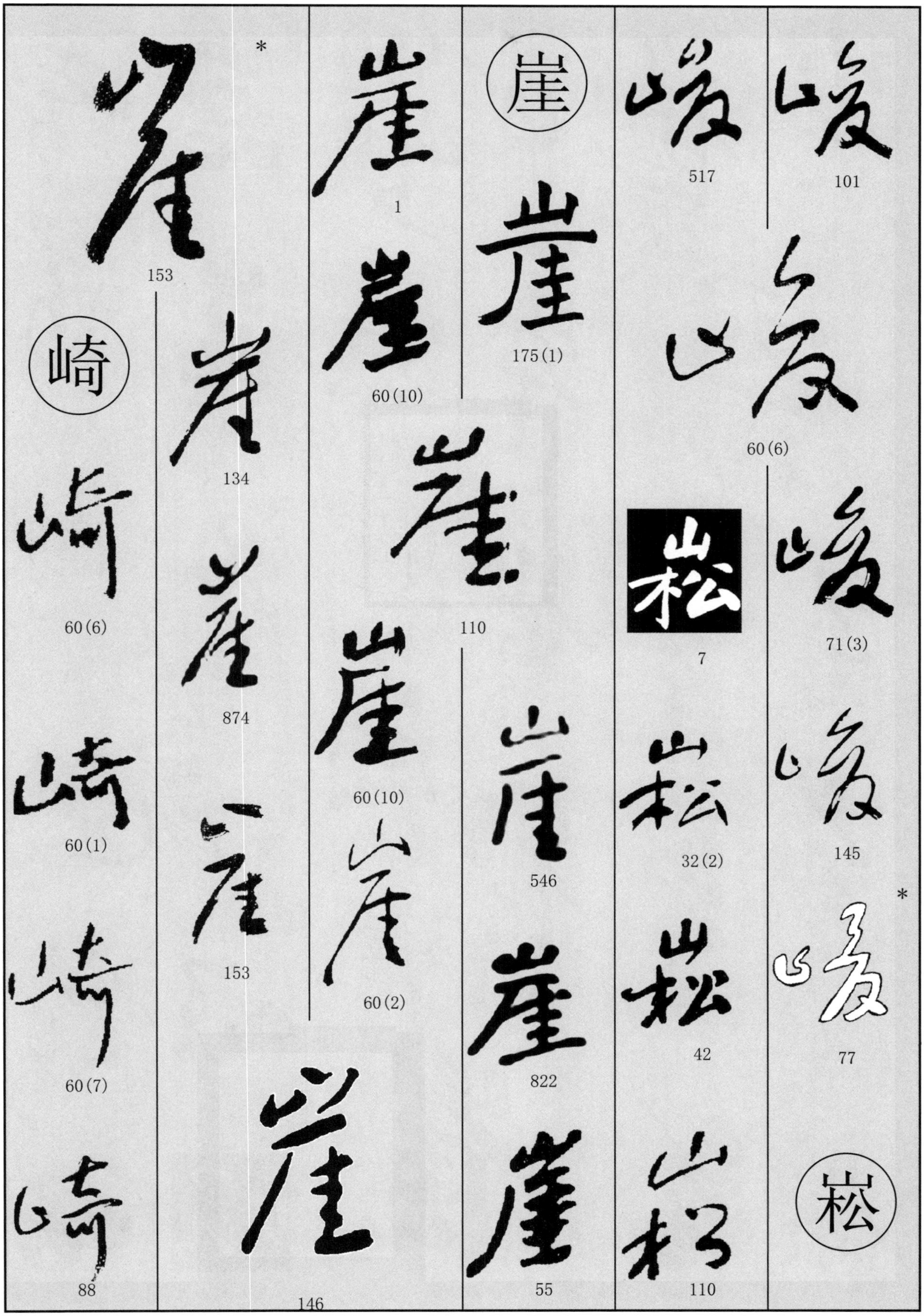
崧
101
60(6)
71(3)
145
77 *
517
7
32(2)
42
110
崖
175(1)
110
546
822
55
1
60(10)
60(10)
60(2)
146
*
134
874
153
153
崎
60(6)
60(1)
60(7)
88

206
60(7)
崑
60(4)
32(3)
71(3)
32(12)
158
146
28
62(3)
62(2)
1
崗
81(8)
崔
60(8)
154
60(8)
60(10)
60(10)
87
88
99
65(2)
92
242
154
嵛
32(12)
*

32(6) 206 崤 23 崢 1103 45(2)* 146

392 崩 65(4) 15 1 73* 71(3)

67 67 崞 1031 崒 119* 崇

1 88 61(1) 100 146

60(8) 42 934 65(5) 77* 71(3)

60(4) 71(3) 45(2) 70 121

崛
61(3)
61(5)
崛
146
嵎
97 *

137
81(8) *
65(1)
107
嵬
196(2)

嵬
48
71(3)
60(10)
141
60(8)
168
88
99
60(2)
78
858 *

242
嵐
145
1008
146
嵯
1012

嵋
196
嵊
1035
71(2)
148
1035
81(8)

嶙 嶓 嶔 嶠 (嶤)嶢嶐 嶂 嶇 嵩

嵩
47
234
82
145
82
7
16
581 *
60(6)
嶇
88
44
206
嶂
139
140
76
嶐
32(12)
32(12)
嶢
4
542 *
65(2)
230
嶠
1102(3)
47 *
嶔
44
嶓
147
147 *
嶙
65(2) *

巘
159
1027
168
嶼
716
805
嵕
192
1
豳
44
47
1
嶺
32(12)
84
32(4)
386
98
139
48
60(7)
31
65(2)
71(3)
74(1)
*
1
238
168
101
6
394
嶷
15
32(12)

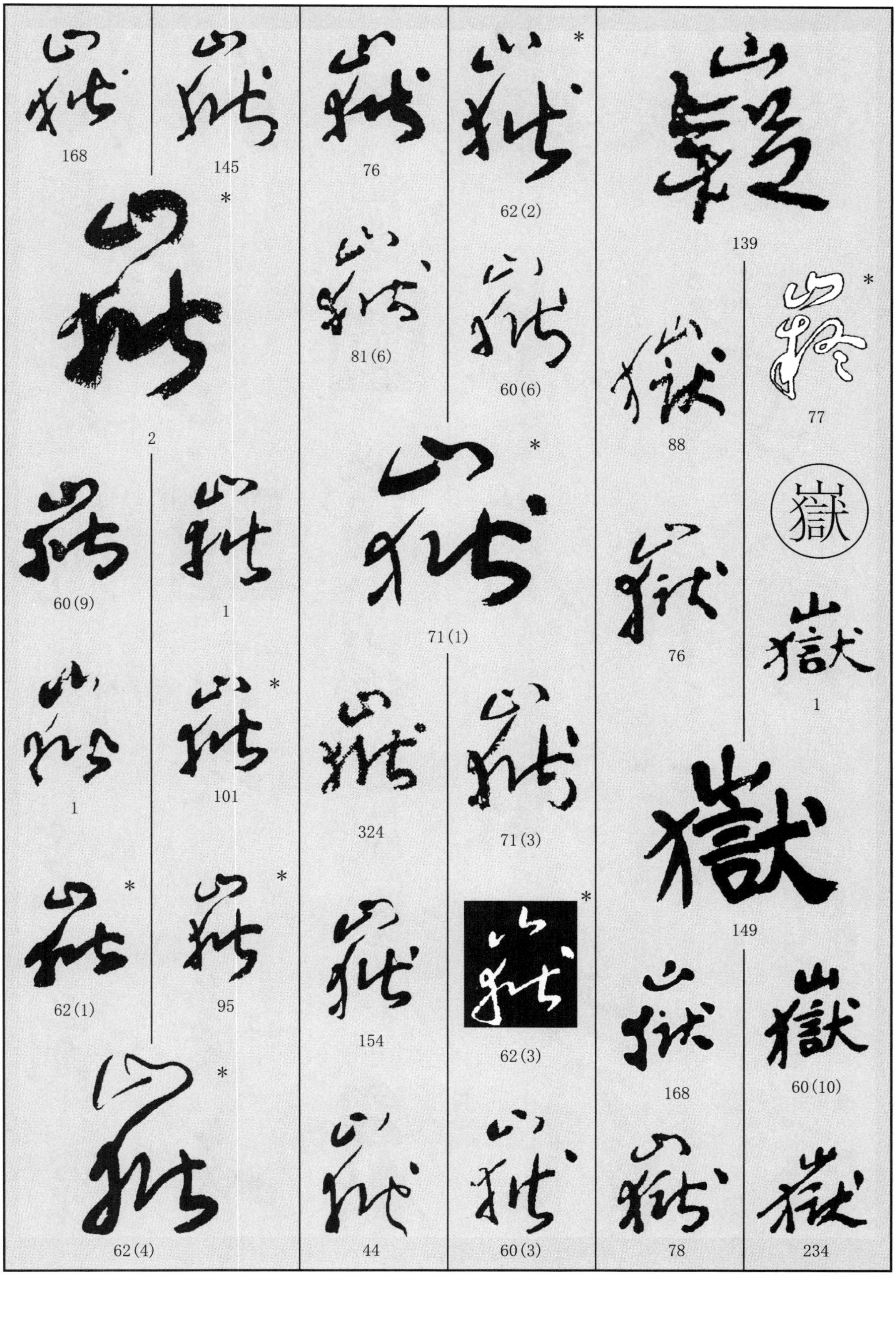
168
145
76
62(2)
139
*
2
*
81(6)
60(6)
77
*
88
嶽
60(9)
1
71(1)
*
76
1
1
101
*
324
71(3)
149
62(1)
*
95
*
154
62(3)
*
168
60(10)
62(4)
*
44
60(3)
78
234

60(7)
*
152
581
嶸
1103
1011
巍
74(1)
*
21
1016
巉
30
1015
1025
巔
11
139
60(6)
巖
74(1)
65(4)
196(3)
226
345
44
*
60(8)
356
30
168
139
100
88
140
1

158
222
28
145
彳部
行
47
81(8)
4
3
98
3
44
8
8
102
5
82
5
88
9
99
4
32(10)
74(2)
65(4)
88
14
98
7
139
17
32(12)
12
1

66
22
130
15
60(10)
60(3)
88
51
60(5)
44
62(2)
92
32(7)
55
44
61(4)
152
32(7)
174
32(6)
32(6)
32(2)
44
71(2)
51
32(11)
61(4)
60(8)
60(8)
60(1)
1

61(2)
2 *
70
87
71(1) *
88
101
88
71(3)
64(1)
71(3)
62(4) *
81(6)
62(1) *
60(8)
1
32(8)
146
158
16
51
51
28
44
51
71(3)
154
1
61(2)

168 60(2) 71(3) 82 46

32(6) 60(2) 16 60(4) 83 54(2)

74(2) 16 71(3) 20 60(1)

61(7) 92 87 32(3) 23 45(2)

22 34 322 17 10

* 21 394 889 45(2) 27

32(6)
139
32(3)
9
60(3)
8
60(10)
征
役
20
67
221
60(10)
82
彷
159
60(8)
94
31
74(2)
275
71(3)
67
60(10)
65(3)
139
60(2)
87
57
42
206
60(10)
*
140
60(4)
88
60(5)

徂
87
1
1
60(10)
45(2)
71(3)
83
11
82
100
76
44
55
111
往
51
11
74(2)
82
61(3)
65(3)
246
60(10)
1
5
44
3
55
71(3)
6
51
15

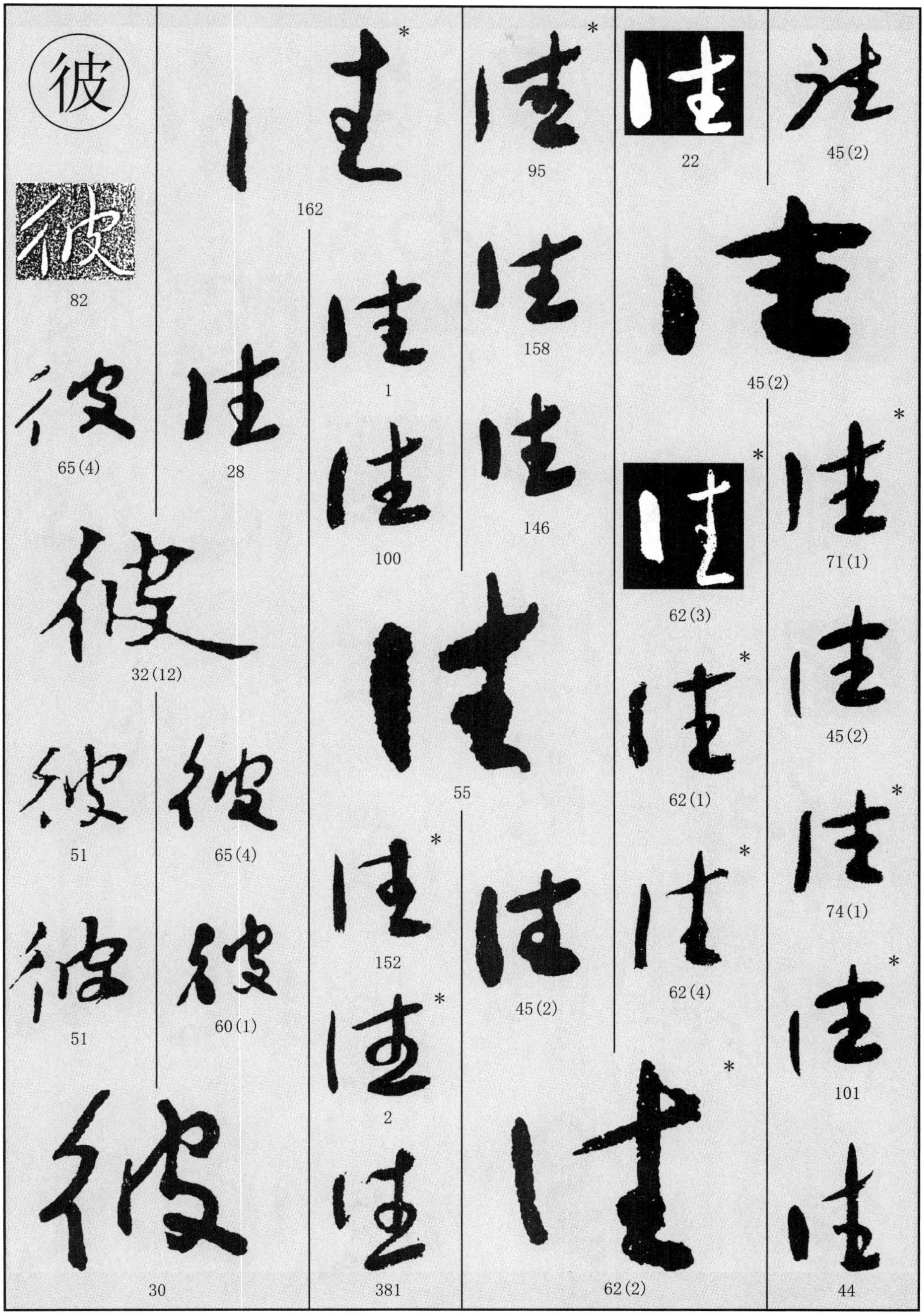
彼
82
65(4)
28
162
32(12)
51
65(4)
51
60(1)
30
1
100
152
2
381
95
158
146
55
45(2)
22
62(3)
62(1)
62(4)
62(2)
45(2)
45(2)
71(1)
45(2)
74(1)
101
44

待

139
78
63(2)
1
60(7)
60(8)
65(4)
65(5)
51
62(1)
71(1)
95
101
62(3)
28
74(1)
158
62(2)
60(4)
62(4)
65(4)
45(2)
152
32(3)
8
162
88
13
60(10)
1
47
2
1

彳部

六画

55
51
44
656
*
140
134
168
55
1
60(2)
32(8)
88
65(3)
79
145
60(2)
88
65(3)
60(4)
60(8)
71(3)
100
71(3)
71(3)
45(1)
78
100
862
61(3)
65(3)
45(3)
87
1

徇　　　　　　　　（徊）徊

74(1)
28
1
158
徇
徇
196(4)
65(3)
2
71(1)
71(3)
101
95
152
60(7)
62(1)
66
62(4)
70
60(10)
42
31
579
44
100
45(2)
51
徊
146
174
30
32(3)
113
113
47
141

衎
102
31
32(10)
102
100
168
71(2)
60(9)
徉
65(4)
139
律
44
5
71(3)
139
71(3)
60(2)
158
162
139
74(2)
62(3)
74(1)
2
50
101
39
62(2)
145
62(4)

210
14
44
100
71(3)
126
55
82
98
1
6
7
3
23
168
32(6)
60(10)
32(12)
3
58
11
82
10
12
3
11
152
1
後
71(1)
100
62(1)
33
46

32(10) 60(7) 67 1 51

71(1)* 88 83 67 82

54(2) 39 44 51 88

69 23 60(5) 88

2* 32(8) 32(7) 62(4)* 1 146

152* 45(2) 32(12) 51

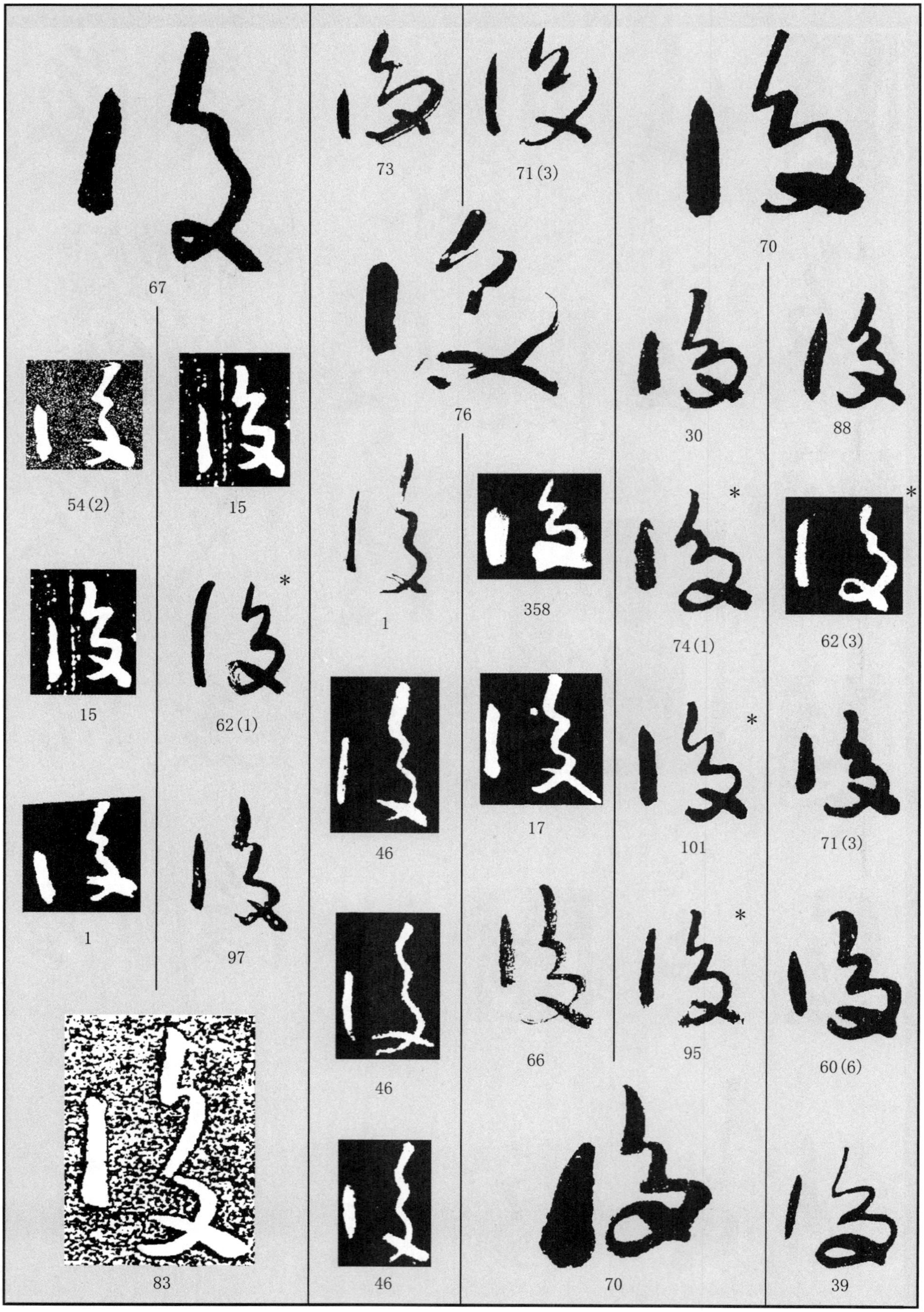
67
73
71(3)
70
76
54(2)
15
1
358
30
88
74(1)*
62(3)*
15
62(1)*
46
17
101*
71(3)
1
97
66
95*
60(6)
46
83
46
70
39

*
8
140
44
31
62(2)
8
174
4
8
60(10)
154
98
5
58
42
881
很
5
8
1
46
881
32(6)
12
82
46
46
42
1
154

(徑) 徑　　(徒) 徒

46
徒
32(12)
44
88
80(6)
32(12)
3
44
17
100
65(4)
140
583
110
100
102
147
174
60(8)
100
74(2)
*
379
60(8)
60(7)
60(7)
44
31
99
徑
1030
45(2)
60(10)
61(1)
60(8)

*
60(5)
146
1
8
60(8)
134
168
60(4)
8
154
60(8)
74(2)
11
30
1
11
60(10)
1
146
97
31
47
153
衍
32(7)
139
32(6)
60(5)
32(12)
8
51
100
98
徐

9 3 71(3) 60(5) 422 386 273
27 1 32(9) 60(3) 47
4 60(4) 69 69 1
39 62(4)* 101 62(2)*
62(3)* 71(1)* 88 95*
96 101* 61(3) 2* 60(8) 62(1)*

44　97　㊀徘　44　60(10)　60(10)

13　60(6)　4　32(12)　32(10)　1　107　107　107

32(4)　61(1)　徠　139　60(3)　44*　徙

162*　74(1)*　61(4)　61(2)　75　71(3)　71(3)　841　152*

(淂淂得)得 徜

14
32(12)
82
82
36
60(1)
15
66
徜
65(4)
137
得
8
60(1)
60(7)
101
2
74(1)
1
146
158
152
95
62(4)
28
174
579
139
62(2)
30
71(1)
65(3)
62(1)
71(3)
62(3)

彳部

八画

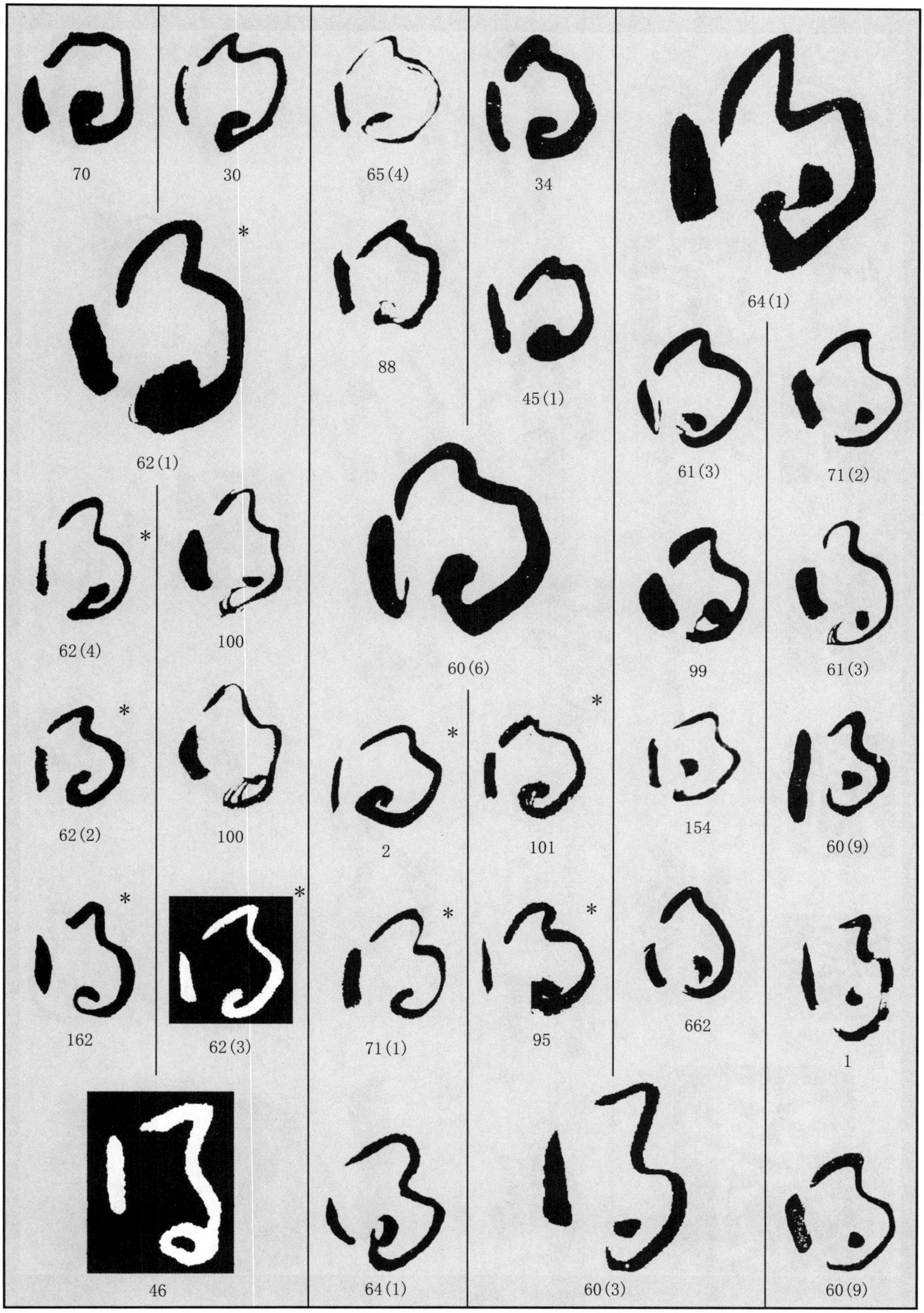

70
30
65(4)
34
64(1)
*
62(1)
88
45(1)
61(3)
71(2)
*
62(4)
100
60(6)
99
61(3)
*
62(2)
100
*
2
*
101
154
60(9)
*
162
*
62(3)
*
71(1)
*
95
662
1
46
64(1)
60(3)
60(9)

158
166
152
60(7)
25
64(1)
64(1)
97
60(10)
47
88
275
60(10)
65(4)
32(9)
74(1)
99
88
1
1
61(4)
9
1
32(9)
4
82
869
7
8
5
7

43　1　60（10）　60（7）　10
60（5）　99　60（1）　6　7
45（2）　42　60（5）　32（3）　5
60（5）　32（1）　60（10）　44　6
61（4）　60（10）　1　8　98
61（4）　44　1　61（4）　32（6）

(⿰氵⿱丷之 従)從

71(3)
220
60(10)
139
99
60(5)
32(12)
從
60(5)
32(8)
60(10)
3
45(2)
139
154
60(10)
33(13)
5
60(8)
549
60(10)
139
9
10
60(5)
60(5)
32(8)
12
44
70
71(3)

*
152
15
70
32(10)
31
88
383
1
121
*
62(4)
65(2)
71(3)
31
79
71(3)
65(3)
158
1
60(1)
32(3)
76
18
76
71(3)
13
882
71(3)
33
60(8)
78
683
60(8)
70

(御) 御　街 衙

30
30
2
30
62(3)
55
57
32(11)
60(3)
97
62(2)
32(1)
70
74(1)
71(1)
95
62(1)
101
152
55
20
8
31
衙
32(12)
街
82
139
88
51
51
70
御
30

彳部

八—九画

(復) 復

62(2) 45(2) 60(6) 154 139 146 95 94 168 60(5) 152 344 33 32(9) 60(10) 101 62(3) 153 65(4) 44 2 62(1) 100 137 復 3 94 71(1) 706 復 5 74(1) 70 62(4) 60(6)

6 1 1 88 82 3 60(7) 82 1
23 60(6) 473 88 51 32(12)
60(7) 74(2) 6 154
78 80 65(2) 71(3)
65(4) 60(2) 45(2) 146 1

九画

155

1

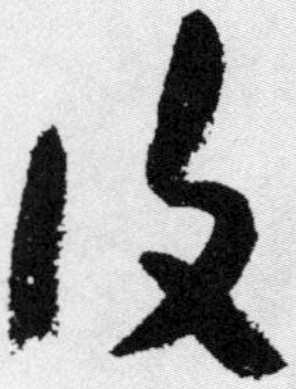
153

* 152

39

67

67

28

66

* 62(2)

17

* 2

16

86

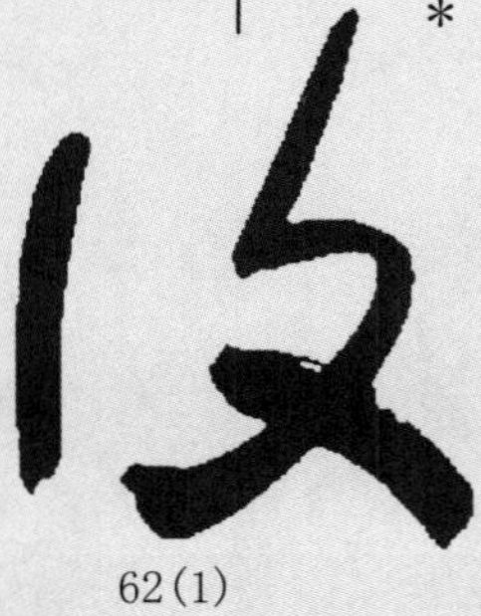
* 62(1)

* 162

158

60(4)

860

65(5)

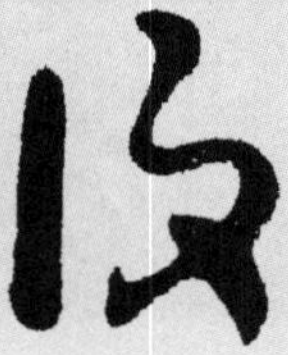
60(9)

45(2)

* 71(1)

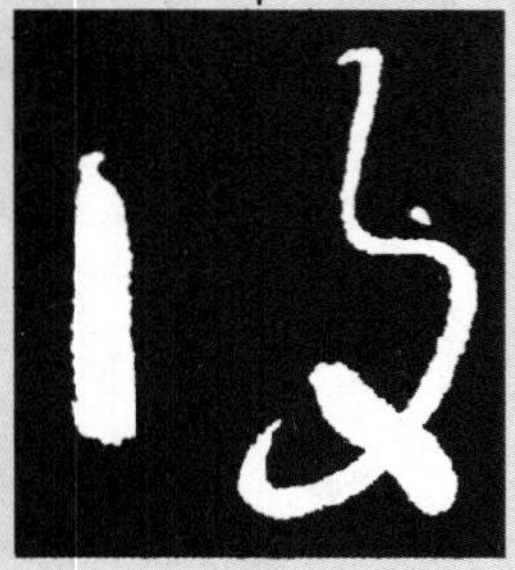
32(7)

* 62(3)

65(5)

98

10

8

5

5
27
7
8
8
43
8
70
51
55
139
159
139
145
44
74(2)
60(10)
71(3)
69
65(5)
65(3)
45(1)
1
64(1)
71(3)
32(1)
101
71(3)
71(3)
88
60(6)

循

55
64(1)
70
60(9)
74(2)
65(2)
74(2)
循
10
55
88
3
10
84
1
32(6)
1
125
60(1)
62(2)
101
152
95
2
71(1)
145
72
32(7)
62(3)
74(1)
60(7)

256
33
60(5)
47
60(4)
158
88
47
65(5)
145
58
71(3)
60(10)
146
43
154
146
32(9)
微
183
367
60(10)
偏
145
衙
32(9)
62(4)
162
62(1)
65(1)
65(2)

銜

88 152 61(3) 78 60(8)
銜 1031 153 62(2) 568 2
1105 46 168 71(1) 47
43 44 140 45(1) 101 62(1)
100 76 42 71(3) 74(1) 62(4)
139 31 102 940 62(3) 95

88 61(4) 1 51 115 60(10) 140 146 32(11) 275

32(10) 98 12 3 81(8) 71(3) 15 44 8 51 4 234 4

134 153 140 32(7) 65(3) 德 111 32(12) 47 129

51
1
1
44
121
121
88
60(8)
60(8)
74(1)
95
60(6)
71(1)
101
45(2)
162
62(1)
71(3)
2
65(5)
152
22
1
47
62(4)
62(2)
62(3)
45(2)
71(3)
158
47

衢 （徵）徵

433
17
100
44
32(7)
154
1
158
71(3)
32(7)
78
1
71(3)
45(2)
147
44
99
130
70
65(5)
徵
42
71(2)
衢
5
78
60(7)
65(3)
22
82
32(10)

（衞）衛　（徹）徹

51
857
83
51
139
32(12)
60(8)
131
107
73
97
129
65(5)
衛
7
27
4
9
7
*
100
168
1
65(1)
71(3)
65(2)
88
60(7)
46
71(3)
46
徹
97
*
79
134
65(4)
60(2)

徵

衡

徵：32(7) 121 67 121 62(1) 95 徵 101 62(3) 74(1) 101 162 62(4) 62(2) 71(1)

衡：6 7 3 140 101 140 88 140 65(4) 1 60(7) 60(10) 168 99 139 234 衡 32(12) 69 23 12

71(1)* 75 47 61(3) 78

94 97 60(3) 33 74(2) 81(4)

107 74(1)* 88 1 65(5)

152* 2* 101* 62(1)* 140

95* 162* 62(2)* 65(4)

60(3) 244

158 222 62(4)* 62(3)*

徽

196(9)

1031

32(7)

22

衢

60(10)

1031

143

32(12) *

彡部

形

36

48

74(2)

10

8

13

120

155

71(3)

82

18

872

28

32(8)

65(4)

1

65(5)

100

60(7)

65(2)

71(1) *

60(9)

1

100

2 *

彩
73
1
45（1）
74（1）
47
706
95
1
473
145
45（2）
162
62（1）
60（3）
101
彤
63（2）
1
152
62（2）
65（4）
168
77
46
1
101
25
158
145
62（3）
62（4）

94
162 *
44
168
70
65(5)
62(1) *
65(2)
101
168
168
65(1)
71(1) *
129
484
243
800
62(4) *
62(3) *
66
62(2) *
101 *
141
276
2 *
66
47
154
76

（湏）須　　彭　　彫

153 1 98 30 47 47 71(2) 1 71(3)

36 81(6) 1 7 141 32(9) 77 32(9) 1 146

152 5 74(1) 55 95 1 28 28 99

(影) 影

71(3) 146 60(8) 154 71(3)
60(4) 88 44 1
70 15
130 30 146 60(1)
39 60(3) 72 65(3) 88
60(6)
影
100 87 61(1)
139 1 100 65(4) 13

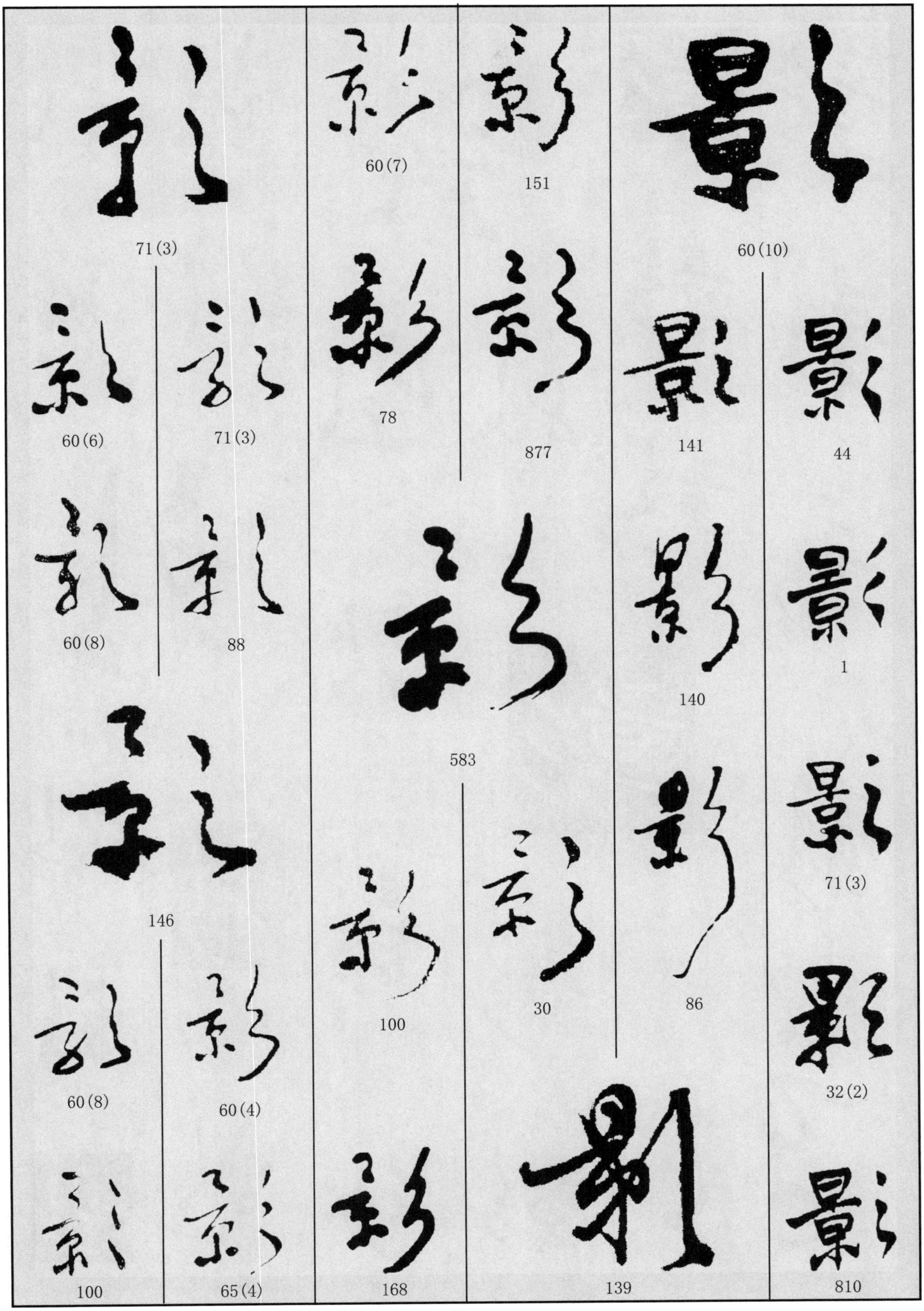
60(10)
44
1
71(3)
32(2)
810
141
140
86
139
151
877
30
60(7)
78
583
100
168
71(3)
71(3)
88
146
60(4)
65(4)
60(6)
60(8)
60(8)
100

彰

1
32(9)
32(9)
47
60(9)
18
60(8)
144
23
60(7)
146
143
*
32(12)
66
32(12)
237
彰
58
51
70
8
74(2)
168
*
67
51
81(6)
70
70

狂　　犯

61(2)
97
46
139
22
61(2)
73
71(3)
8
73
201
130
狂
82
11
107
120
286
8
275
77
74(2)
32(4)
60(5)
61(1)
犭部
32(7)
87
61(3)
60(10)
65(4)
犯

狐 狎 狄

狐

76

狐

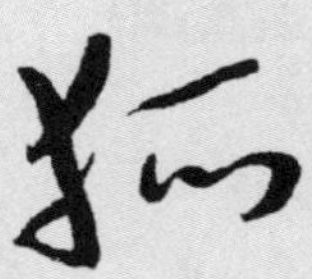
1

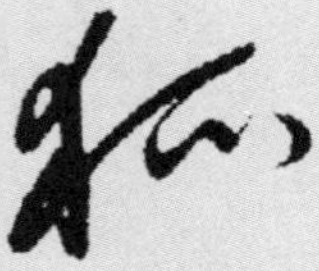
148

25

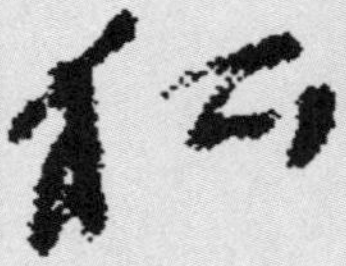
147

63(2)

*
134

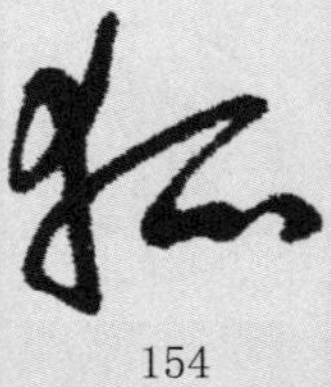
154

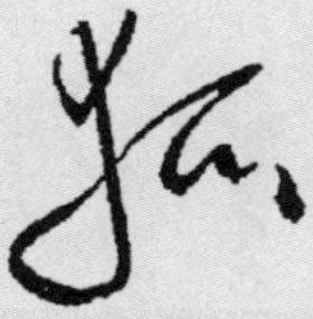
99

狎

906

317

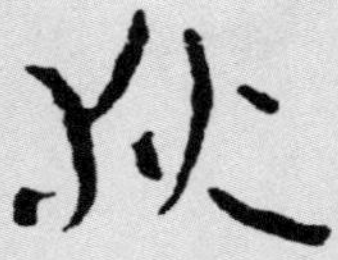
81(6)

141

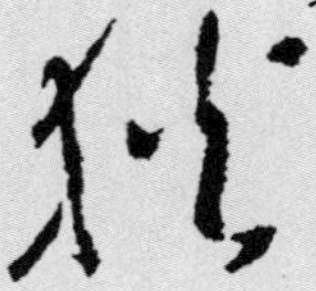
*
32(3)

1

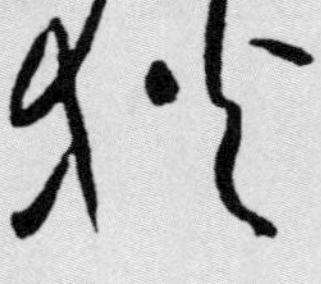
60(8)

狎

47

狄

88

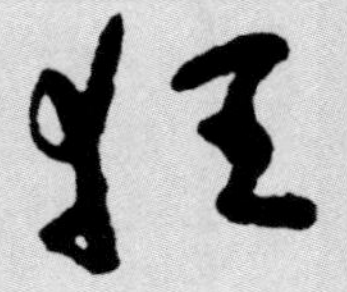
65(3)

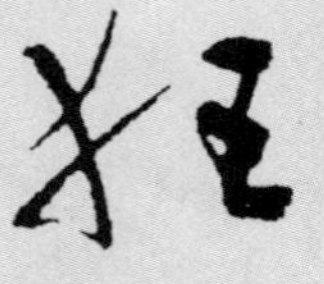
71(3)

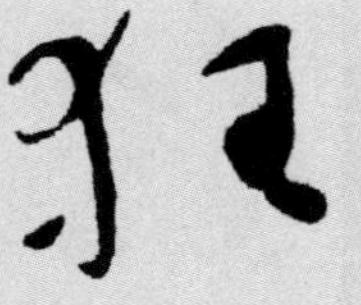
61(4)

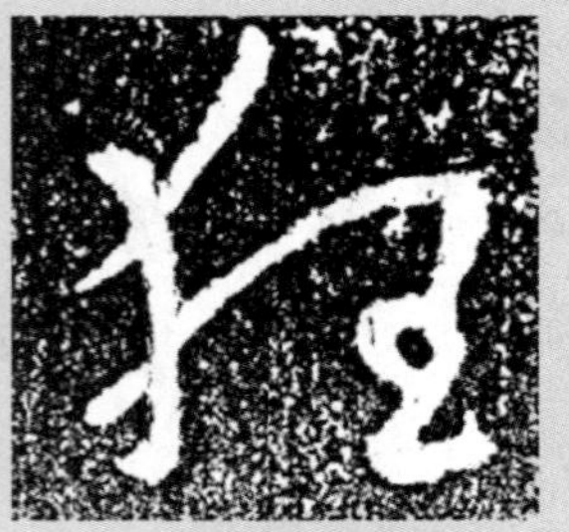
107

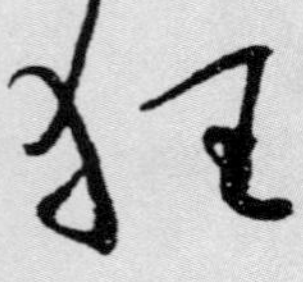
32(12)

60(4)

139

97

狄

74(2)

65(1)

60(9)
140
狗
60(6)
174
狘
32(5)
872
65(5)
狗
44
193(4)
1009
狡
97
107
狩
60(8)
66
826
1026
550
59
狭
78
154
32(9)
168
65(1)
154
71(3)
狷
199
狸
71(3)

猗　猪　猜　狼

42
狼
60(5)
66
92
88
45(2)
45(2)
45(2)
30
60(2)
93
65(4)
71(3)
92
16
153
308
71(3)
猜
60(8)
61(4)
146
76
71(3)
猪
145
147
猗
193(11)
156
234

猶　猾　猥　猛　猝猧猖

猶
6
98
4
82
1
12
65(4)
猾
73
97
107
168
168
猥
168
67
111
32(2)
猛
8
60(1)
60(4)
60(4)
82
60(10)
300
88
60(8)
394
猖
247
猧
1026
猝
310

65(3)
32(2)
36
61(4)
71(3)
45(2)
154
1
215
60(8)
32(7)
60(10)
32(9)
60(10)
140
60(3)
92
1
70
61(4)
71(3)
33
92
60(5)
65(1)
49(1)
*
62(4)
16
60(5)
140

犭部

九画

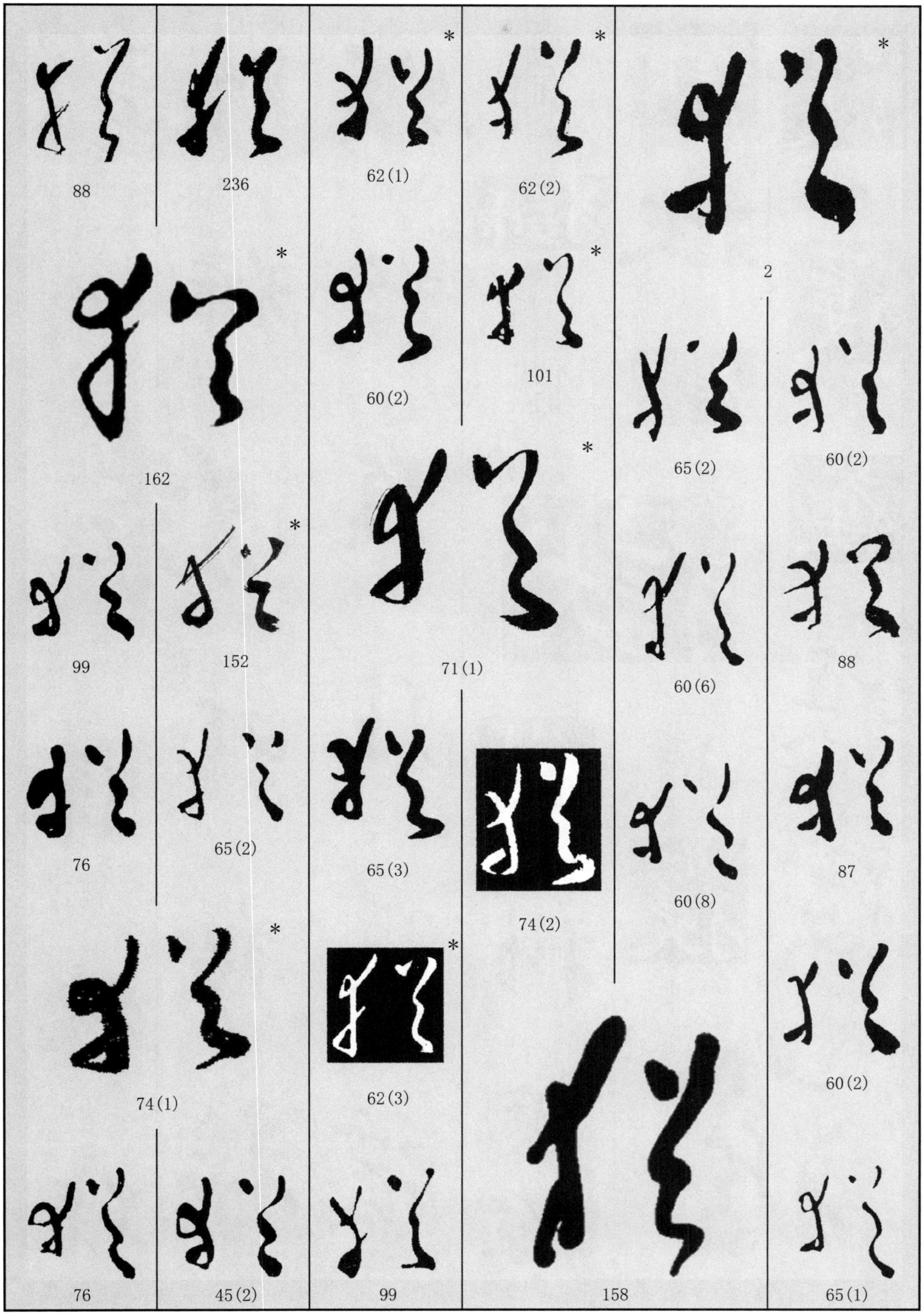
88
236
62(1)
62(2)
2
162
60(2)
101
65(2)
60(2)
99
152
71(1)
60(6)
88
76
65(2)
65(3)
74(2)
60(8)
87
74(1)
62(3)
60(2)
76
45(2)
99
158
65(1)

猿
71(3)
145
44
65(1)
168
60(6)
60(10)
168
60(10)
137
94
65(5)
*
134
60(3)
484
1102(2)
獅
196(4)
獄
5
74(2)
獠
190
6
65(4)
82
5
獲
7
3
7
83
44
74(2)
78

(独 犸 獨)獨

98
5
62(3)
101
158
3
58
9
5
66
62(1)
3
141
62(2)
1
82
獨
62(4)
2
44
88
60(5)
32(12)
1
74(1)
44
44
12
95
60(5)
60(5)
88
152
71(1)

70(3)
65(2)
87
55
2
158
60(9)
44
82
30
60(4)
71(3)
71(1)
82
60(10)
44
33
168
32(2)
145
32(7)
45(2)
88
87
152
88
101
74(1)
88
60(10)

獵（獵）獯 （獪） 獪

獯
44
獵
134
74(1)
62(1)
149
146
810
獪
86
65(1)
60(6)
1
83
614
60(3)
65(4)
88
14
71(3)
62(4)
60(6)
60(8)
62(1)
44
1
62(2)
16
62(3)
153

夕(獭)獭

66
71(3)
65(1)
60(8)
88
71(3)
62(3)
1
96
60(1)
60(8)
獭
145
夕部
夕
8
60(7)
60(3)
147
154
110
62(2)
60(6)
2
168
71(1)
60(2)
23
60(4)
62(4)
101
474
95
152

外

98
32(12)
118
65(2)
158
10
60(10)
71(2)
139
60(10)
60(10)
47
99
外
43
55
1
5
71(3)
88
103
8
5
5
1
1
5
89
88
12
5
88
1

44
71(3)
1
145
32(3)
70
726
154
139
60(10)
1
1
279
88
88
44
152
59
28
32(9)
1
158
62(3)
18
54(2)
162
162
19
100
71(1)
62(2)
44
277
15

夗
71(3)
名
98
6
232
78
60(7)
92
45(2)
44
60(10)
62（4）
60(7)
73
71(3)
61(1)
62(1)
62(1)
88
60(6)
45(1)
2
71(1)
65(4)
95
95
46
65(4)
151
74(1)
145
69

43 18 32(2) 11 139 47 32(1) 145 10 215 234 47 74(2) 42 9 60(10) 44 60(1) 74(2) 15 51 60(6) 83 60(10) 74(2) 44 32(6) 1 32(2) 74(2) 61(4) 1

夕部

三画

95 *
92
94
1
14
62(3) *
1
148
60(9)
16
79
62(2) *
152 *
145
71(1) *
32(8)
21
154
773
271
162 *
74(2)
101 *
74(1) *
145 *
60(3)
2 *
62(1) *

158
62(4)
*
1
6
44
9
98
4
1
7
1
44
44
12
7
32(1)
12
5
82
1
44
47
47
32(1)
1
61(4)

64(1)
59
21
*
1
70
70
71(3)
45(2)
18
14
47
14
17
60(5)
1
32(9)
1
102
60(10)
51
49(1)
60(5)
60(10)
51
60(10)
1

60(9)

74(2)

74(1)

1

65(2)

1

244

45(2)

51

32(8)

65(4)

51

139

1

60(4)

65(4)

158

46

1

51

28

51

51

139

64(1)

61(2)
46
174
46
夠
46
夤
60(5)
88
39
65(4)
70
64(1)
74(2)
64(1)
22
88
69
81(8)
87
1
145
99
70
64(1)

夂部
冬
5
58
31
71(3)
60(2)
32(1)
7
45(2)
74(2)
2
15
66
101
83
1
60(2)
74(1)
62(1)
100
1
154
158
28
152
145
1
62(3)
39
71(1)

70

32(9)

15

10

★

95

60(5)

1

32(9)

32(12)

*

62(2)

139

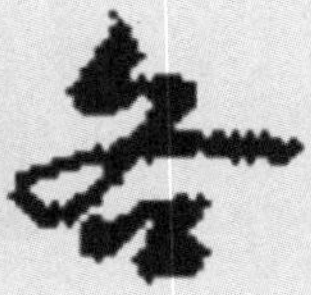
139

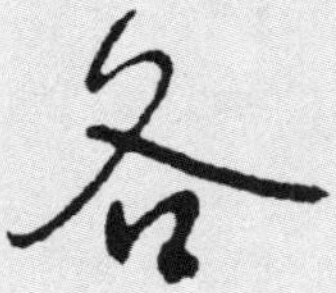
65(2)

82

88

70

3

11

90

8

*

162

31

92

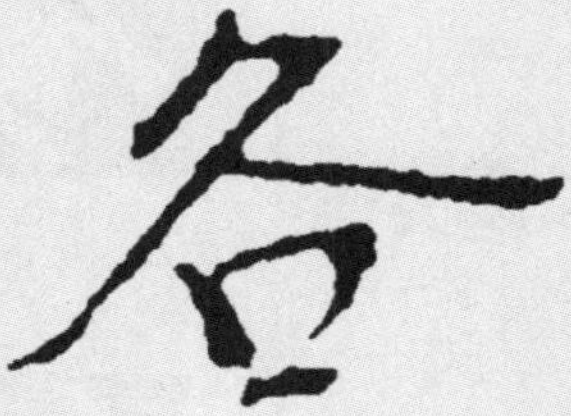
88

1

各

69

51

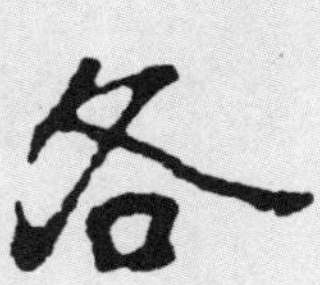
1

65(3)

145

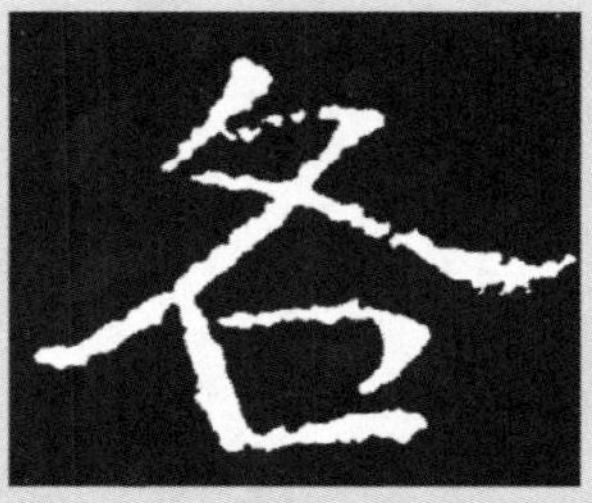
12

(夂) 夏

44
6
96
60(8)
8
65(3)
60(5)
74(2)
78
61(2)
61(4)
60(7)
88
12
8
70
22
46
46
96
96
51
61(2)
1
60(9)
67
82
74(2)
61(1)
88

夂部

三——七画

夂部

七画

139
29
60(9)
71(2)
62(1)
77
30
67
87
54(3)
67
1
162
71(3)
168
101
152
158
67
62(3)
62(2)
28
32(7)
32(7)
2

(𢝊 [illegible])憂

60(9)
60(8)
15
60(6)
97
1
62(4)
60(6)
60(3)
71(1)
99
63(2)
95
74(1)
107
憂
1
13
60(10)
139
9
5
168
121
141
51
131
140
70

51
60(7)
74(2)
74(2)
71(3)
65(4)
168
70
65(4)
65(4)
60(8)
65(3)
65(3)
65(4)
32(12)
1
18
65(4)
87
25
1
65(5)
71(2)
77
73
63(2)
67
107
*
154

1　14　22　22　32(7)　22　32(3)　62(2)　22　74(1)　101　62(1)

23　71(1)　15　62(4)　74(2)　2　158　152　19　121　624

70　158　61(3)　58　4

187　32(12)　168　82

152
74(1)
62(3)
62(2)
95
67
95
134
18
74(2)
广部
92
87
153
158
62(3)
庀
11
2
62(4)
1
孰
床
100
162
62(1)
18
100
65(3)
146
71(1)
101
33

庋
193(3)
庇
44
146
1
187
1
62(3)
1
152
147
60(9)
95
62(2)
2
88
60(1)
65(2)
101
63(2)
62(1)
62(4)
99
74(1)
168
153
1
28
60(7)
158
141
76
60(10)
1
154
154

序
58
5
3
70
70
55
32(10)
139
71(3)
*
63(2)
65(4)
70
65(2)
60(9)
70
71(3)
61(2)
71(3)
70
100
60(3)
70
70
32(1)
60(4)
65(2)
99
145
70

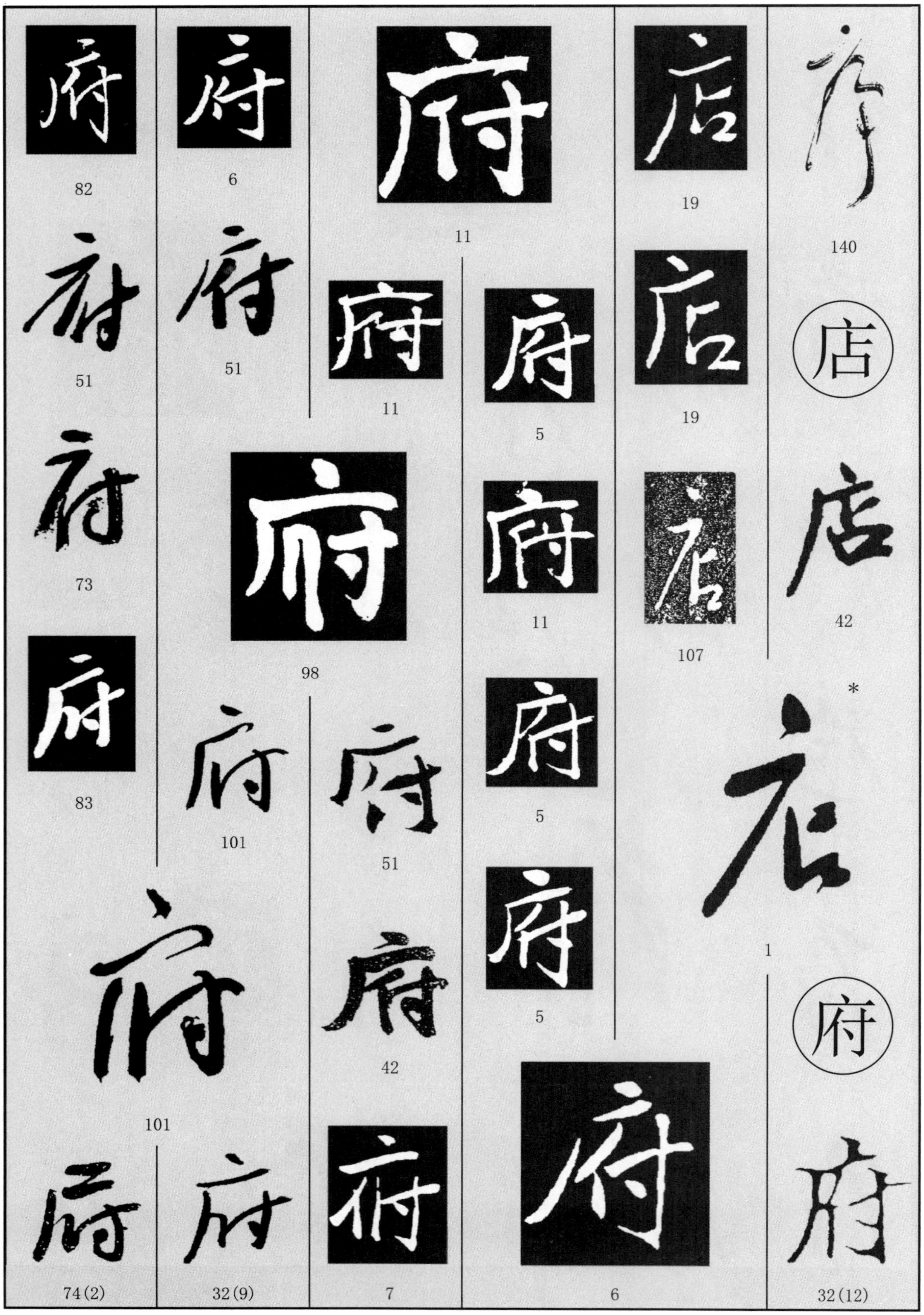
140
店
42
*
1
府
32(12)
19
19
107
6
5
11
5
5
11
11
98
51
42
7
6
51
101
32(9)
82
51
73
83
101
74(2)

广部

五画

*
71(1)
86
100
28
70
74(2)
67
1
71(3)
1
*
62(2)
*
62(1)
23
45(2)
154
71(2)
54(2)
158
65(5)
134
22
60(9)
74(2)
139
32(8)
*
101
23
20
23

(厎 庢) 底

97
1
162
62(3)
70
139
底
45(2)
95
94
88
139
71(3)
32(7)
2
71(3)
32(7)
62(4)
46
74(1)
18
32(9)
32(7)
130
87
54(2)
74(2)
152

庚

97 139 139 65(4) 71(2)

32(10) 32(7) 71(3)

60(7) 99 88 153 107 65(3)

55 65(4) 60(10) 71(3) 60(8)

154 51 65(3)

32(6) 71(3) * 60(8) 46 46

71(3)
139
99
3
139
32(7)
13
141
71(3)
度
154
101
61(2)
*
1
154
154
101
631
44
32(3)
6
74(2)
45(2)
65(5)
65(3)
61(4)
71(3)
1
139
11

(庭) 庭

广部

六画

46
1
45(2)
25
134
88
237
872
15
63(2)
60(8)
286
139
1
44
1
70
60(6)
788
45(2)
庭
14
566
76
1
237
32(4)
71(3)
32(3)
1

2
65(2)
65(2)
44
158
60(7)
101
62(3)
70
140
62(4)
74(1)
60(9)
60(3)
28
95
74(1)
101
1
72
1
62(2)
60(9)
63(2)
152
45(2)
92
62(1)
71(1)

席　　庠

18
140
15
71(3)
810
88
席
3
60(4)
78
139
13
32(10)
20
20
145
639
131
934
78
87
庠
168
1
61(4)
60(10)
31
934
862
4
71(3)
51

61(4)
76
74(1)
152
134
62(3)
45(2)
62(1)
庫
1
32(7)
71(1)
95
66
139
33
62(2)
62(4)
97
139
51
286
71(3)
32(7)
座
158
2
101
107

71(3)
88
8
61(1)
76
139
58
210
153
139
158
60(10)
141
51
134
*
60(8)
94
207
71(3)
824
唐
69
*
*
62(1)
62(4)
207
126
61(2)

(庶) 庶

60(8)
129
74(1)
65(2)
11
32(10)
71(2)
62(1)
67
95
70
1
18
60(9)
65(1)
45(2)
101
庶
74(2)
8
71(1)
162
62(2)
2
152
95
39
74(1)
61(3)
62(3)
1

32(10)
1
158
*
62(2)
67
*
62(4)
32(10)
庵
33
*
*
44
98
54(2)
101
62(3)
*
*
60(3)
139
81(8)
1
152
71(1)
87
*
100
37
51
2
73

139 145 60（1） 92 146 187

443 71（3） 88

庾

71（3） 145 65（2） 60（8） 111

廊

47 97 62（2） 71（1） 74（1） 62（1） 100 33 62（3） 146

69 62（4） 45（2） 101 95

62(4)
74(1)
62(1)
83
2
152
101
65(3)
100
1
146
2
71(1)
71(3)
158
139
65(5)
139
107
28
45(2)
62(3)
71(3)
146
152
1
62(2)
95
庸

158
康
55
71(3)
71(3)
32(12)
44
5
140
2
905
70
65(2)
139
273
62(3)
44
101
62(1)
95
74(1)
62(4)
60(7)
78
100
76
71(1)

(廡) 廉　(廓) 廓　廁

82
6
44
70
60(2)
廉
*
152
60(4)
1
7
廓
158
70
71(3)
60(5)
13
1008
51
61(1)
554
60(10)
13
*
154
1031
廁
62(4)
74(1)
*
71(1)
71(3)
60(5)
11
130
140

廣

27
4
4
1
5
6
18
1
32(12)
9
51
152
162
60(2)
31
31
廣
62(3)
62(2)
101
16
62(1)
213
60(2)
74(1)
95
168
60(2)
2
99
60(7)
65(1)

60(1) 32(10) 4 60(4) 32(9)

45(2) 1 22 5 1

1 46 51 61(3) 45(2)

62(2) * 88 66 61(4) 60(2) 65(1)

* 32(9)

101 65(1) 51 61(3)

(庙) 廟　　　　(腐)腐

廟
32(9)
47
51
1
141
12
286
60(9)
99
54
32(12)
147
1
63(2)
65(1)
62(1)
22
74(1)
28
腐
2
100
95
72
62(4)
101
71(1)
152
62(3)
*

1
99
100
78
154
32(9)
60(4)
65(4)
88
788
60(10)
47
78
154
88
65(4)
32(9)
60(10)
57
87
65(3)
87
60(1)
62(2)
154
32(11)
60(4)
158
62(3)
*
*

(厰) 廠

*
2
60(1)
60(2)
92
*
74(1)
*
95
113
*
71(1)
71(3)
158
54
164
145
*
62(4)
*
62(1)
*
152
60(1)
32(8)
244
65(4)
88
廠
175
175
47
18
15
15
15
97

(茇 廈)慶 賡　(庑)廡(㕓)廛

13 13 70 70 1 60(5) 98 4 99 74(2) 88 139 3 8 3 131 60(4) 88 1 1022 3 87 45(2) 82 107 193(3) 32(10) 1* 60(8) 60(4)

139 101 274 165 61(1) 71(3) 148 71(3) 158 134 19 85 137 60(8) 95* 45(2) 71(1)* 62(2)* 33 62(1)* 62(3)* 62(4)* 101* 1 162* 74(1)*

广部

十二画

88 32(8) 47 196(4) 2 71(3) 71(3) 98 60(5) 74(2) 82 60(5) 215 60(7) 145 32(12) 286 74(2) 152 17 100 74(2) 154 65(5) 廢 100 36 154 32(12) 51 88

8
98
5
7
4
12
6
77
應
82
3
71(3)
168
77
81(6)
60(2)
82
99
18
74(2)
74(2)
168
154
121
153
廩
146
1034
膺
71(3)
88
65(1)
廨
39

62(2) 74(2) 14 61(4) 10

62(4) 74(1) 2 139 1

62(1) 139 1 15 139

149 47 82 139

62(3) 83 139 44 1 47

71(3) 1 61(4) 332

(廬 廬)廬

1
154
71(1)
71(3)
71(3)
60(5)
58
174
1102(2)
4
71(3)
60(10)
44
139
74(2)
71(3)
145
137
3
51
101
329
168
71(3)
76
60(2)
45(2)
95
70

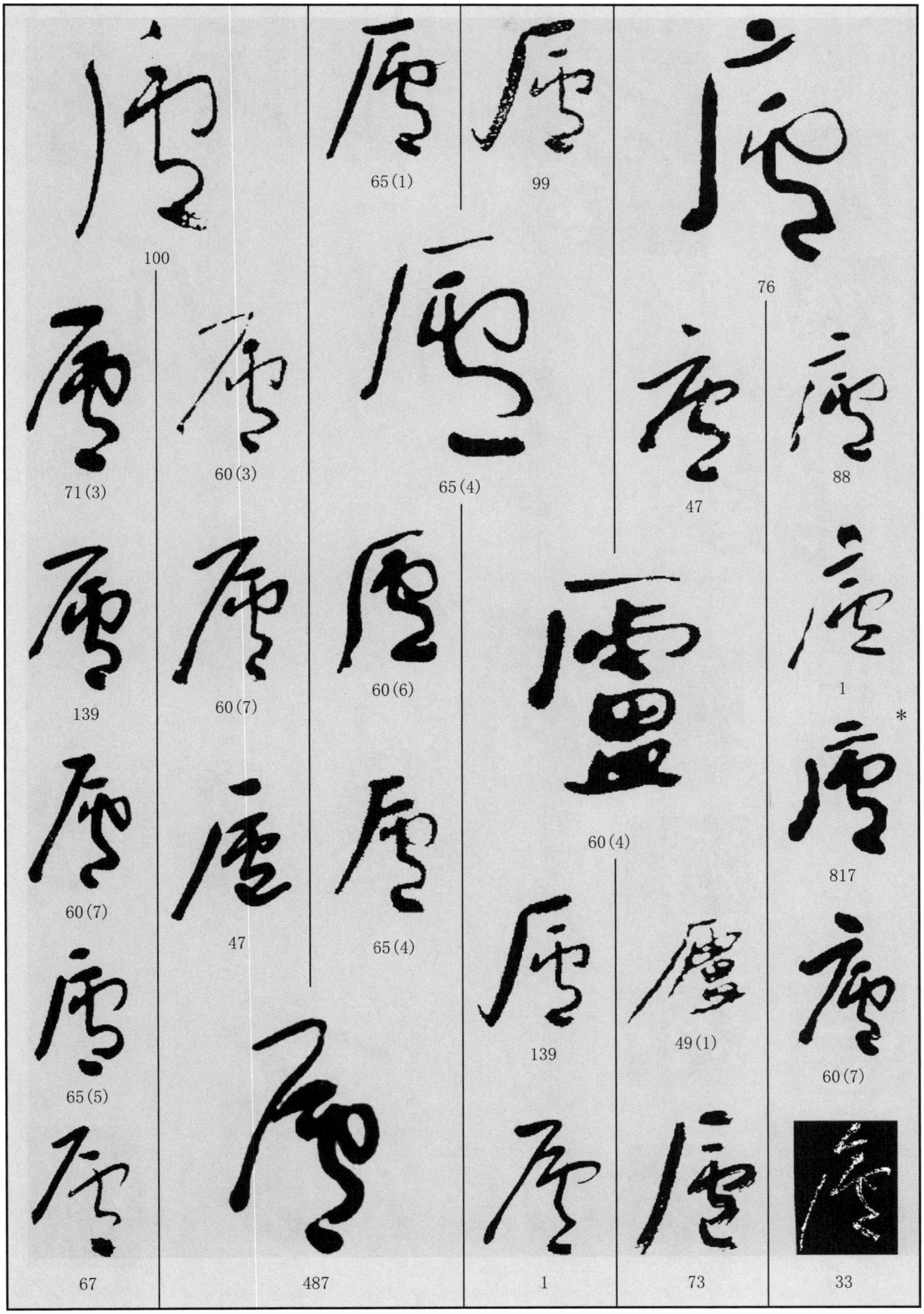

76 88 1 817 60(7) 33
47 60(4) 49(1) 73
99 65(4) 139 1
65(1) 60(6) 65(4) 487
100 60(3) 60(7) 47
71(3) 139 60(7) 65(5) 67

153
71(3)
546
45(1)
474
154
134
膺
1006
546
65(4)
60(7)
鷹
8
108
110
121
*
121
60(2)
147
22
15
15
130
廳
1034
5
32(3)
亡部
亡
27
71(3)

邙

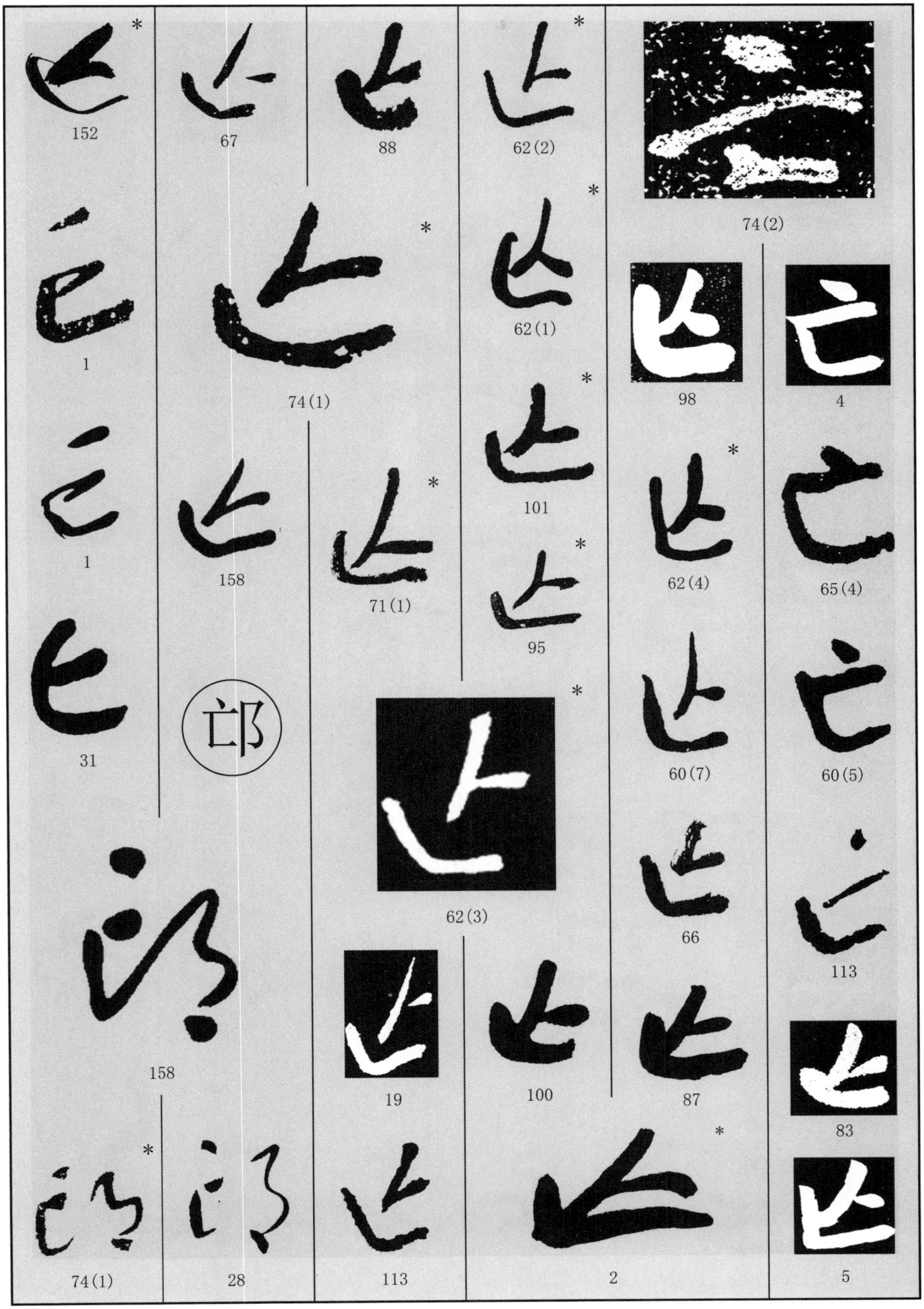
152
67
88
62(2)
74(2)
1
74(1)
62(1)
98
4
1
158
71(1)
101
62(4)
95
65(4)
31
邙
62(3)
60(7)
60(5)
158
66
113
19
100
87
83
74(1)
28
113
2
5

(㤀)忘　(𡚾)妄

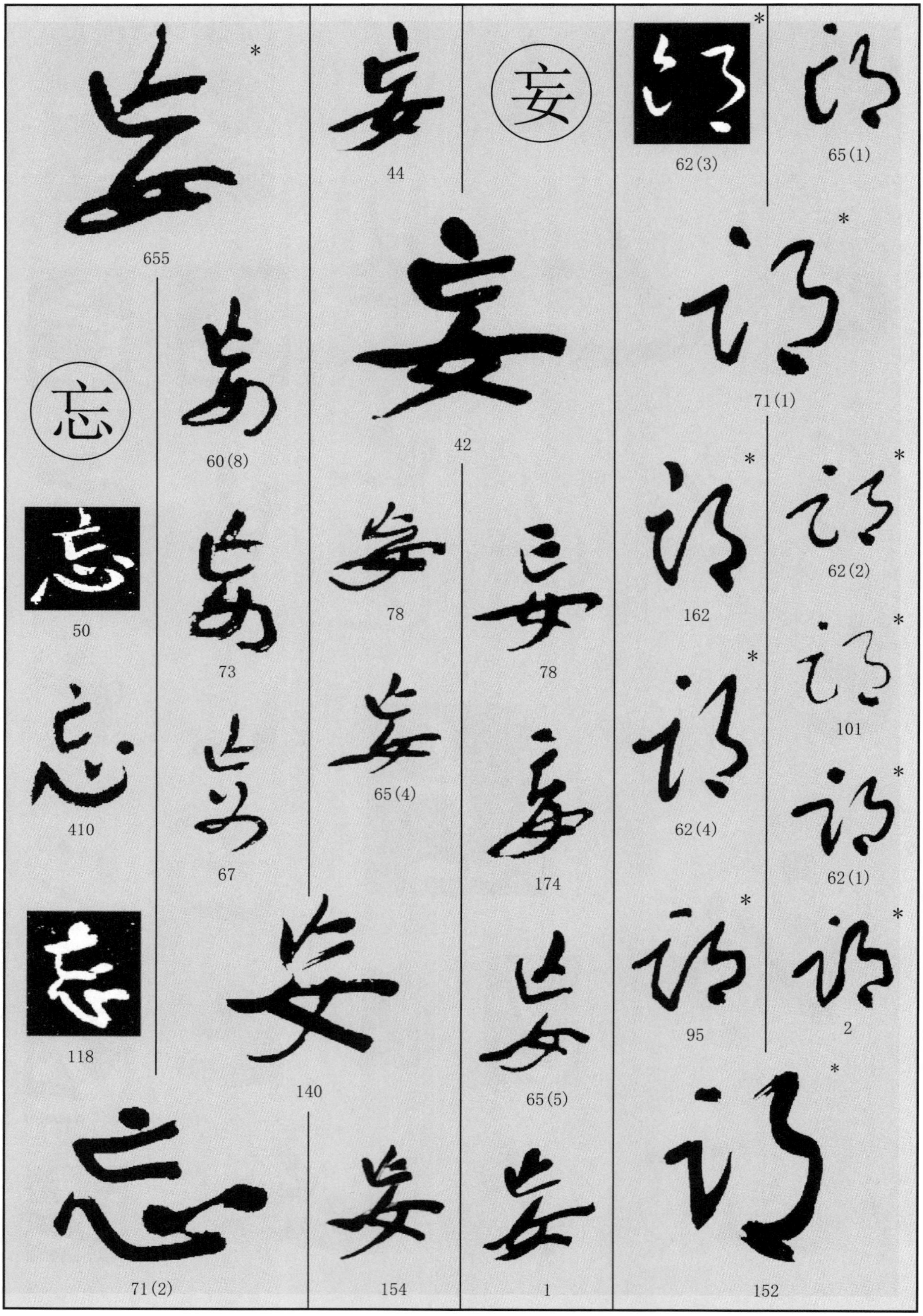

65(1)
71(1)
62(2)
101
62(1)
2
152
62(3)
162
62(4)
95
妄
42
78
174
65(5)
1
44
78
65(4)
140
154
60(8)
73
67
655
忘
50
410
118
71(2)

154
65(3)
81(3)
44
60(8)
151
70
215
10
*
152
*
62(3)
60(8)
70
70
14
65(3)
*
62(1)
18
44
71(3)
60(8)
*
62(4)
*
17
60(8)
60(8)
215
*
2
98
*
95
1
82
12

268
88
1022
汗
60(10)
154
63(3)
63(2)
624
624
羸
174
174
氵部
汀
240
62(2)
盲
12
139
羸
60(5)
71(3)
158
60(7)
1
1
78
71(1)
74(1)
145
60(8)
66
60(8)
65(4)
71(3)
76
101

(江) 江　(汚 污)汙

11
65(4)
99
60(9)
32(10)
60(10)
32(12)
141
86
1
101
44
6
79
101
46
1
5
江
汙
86
168
42
81(8)
86
42
27
24(1)
65(2)
92
*
30
60(10)
104
65(5)
60(9)

47
99
60(10)
45(2)
1
71(3)
65(4)
144
45(2)
32(2)
60(7)
71(3)
*
25
60(10)
71(3)
45(2)
71(3)
88
60(10)
60(7)
61(3)
60(1)
60(2)
1
1
60(8)
1
139
44
60(10)
15
61(2)
65(4)
86
32(3)
154

汎
6
78
45(1)
47
71(3)
168
137
84
66
60(6)
65(4)
1
61(4)
汐
139
沈
1034
55
47
61(2)
65(4)
60(2)
88
101
101
87
46
60(7)
60(7)
65(4)
43
168
65(1)

44
88
71(3)
55
47
88
60(5)
60(10)
44
44
99
145
60(10)
44
44
154
44
44
60(5)
168
139
82
60(10)
548
18
60(5)
154
池
862
汲
44
58
*
71(3)
286

汝

14
1
71(3)
65(5)
44
*
60(8)
94
60(5)
60(7)
1
32(10)
1
100
32(12)
130
141
101
65(4)
158
88
60(6)
168
9
汝
244
1
1
92
8
1
61(3)
32(3)
1
1
98
94
74(2)

46
141
45(2)
81(8)
45(2)
92
92
92
45(2)
97
87
45(2)
88
72
61(3)
129
71(2)
72
汪
49(2)
15
49(2)
15
60(2)
60(8)
沅
139
60(10)
60(2)
沄
154
沐
78
1012
沛
23
42

95
152
32(5)
101
872
32(5)
25
63(2)
2
32(8)
324
沍
22
1
60(7)
60(9)
196(4)
62(1)
62(2)
60(3)
62(4)
71(1)
沙
98
162
99
74(1)
5
158
62(3)
99
33

87
65(4)
153
60(4)
88
54(1)
1
60(10)
71(3)
60(7)
86
88
60(10)
32(6)
*
61(2)
86
66
60(8)
55
71(3)
42
61(3)
1
55
71(3)
139
102
139
30(10)
61(2)
65(4)

泛
159
61(3)
60(8)
60(3)
94
30
140
60(1)
65(5)
23
74(2)
*
23
97
1
45(2)
沂
97
88
107
汾
354
158
45(2)
71(3)
111
汭
1102(1)
沃
31
1
1
1
146
111
汨
1026

沉　汶　汴　没

51
134
45(2)
168
1026
沉
汶
98
196(6)
60(10)
168
51
60(4)
554
65(1)
46
汴
19
71(3)
60(4)
71(3)
61(3)
168
140
10
60(7)
60(1)
100
110
没
32(12)
4
7
3

氵部

四画

沈

7
82
65(4)
39
55
88
44
100
139
579
27
158
71(3)
44
139
44
159
153
60(3)
*
88
145
65(3)
6
139
32(4)
65(4)
60(5)
*
62(2)
60(10)
61(2)
70
*
60(3)
62(1)
沈
61(3)
139

(瀍) 法 沕 沁

210
61(4)
140
134
66
23
71(3)
4
6
5
82
1
71(2)
沕
1016
法
32(12)
1
82
42
71(3)
62(3)
166
沁
168
66(9)
71(2)
1
152
74(2)
62(4)
74(1)
71(1)
97
95
2
100
32(10)
101

101
101
152
62(3)
95
158
71(3)
64(1)
86
61(3)
33
61(3)
61(3)
2
1
73
74(2)
1
60(7)
829
1
64(1)
39
60(1)
44
60(7)
44
71(3)
74(2)
62(2)
71(1)
60(8)
22

河　　　　沽

河 3 8 4 6 4 88

101 70 365 221

51 32(12) 沽 154 129 141

1 140 51 51

60(7) 162* 140 51 99

62(1)* 71(3) 74(1)* 62(4)* 83 61(2)

28
65(3)
60(10)
51
32(6)
60(7)
15
55
82
42
65(4)
88
61(4)
139
82
65(4)
60(8)
47
174
154
65(5)
65(4)
51
83
154
154
71(3)
60(6)
16
55
154

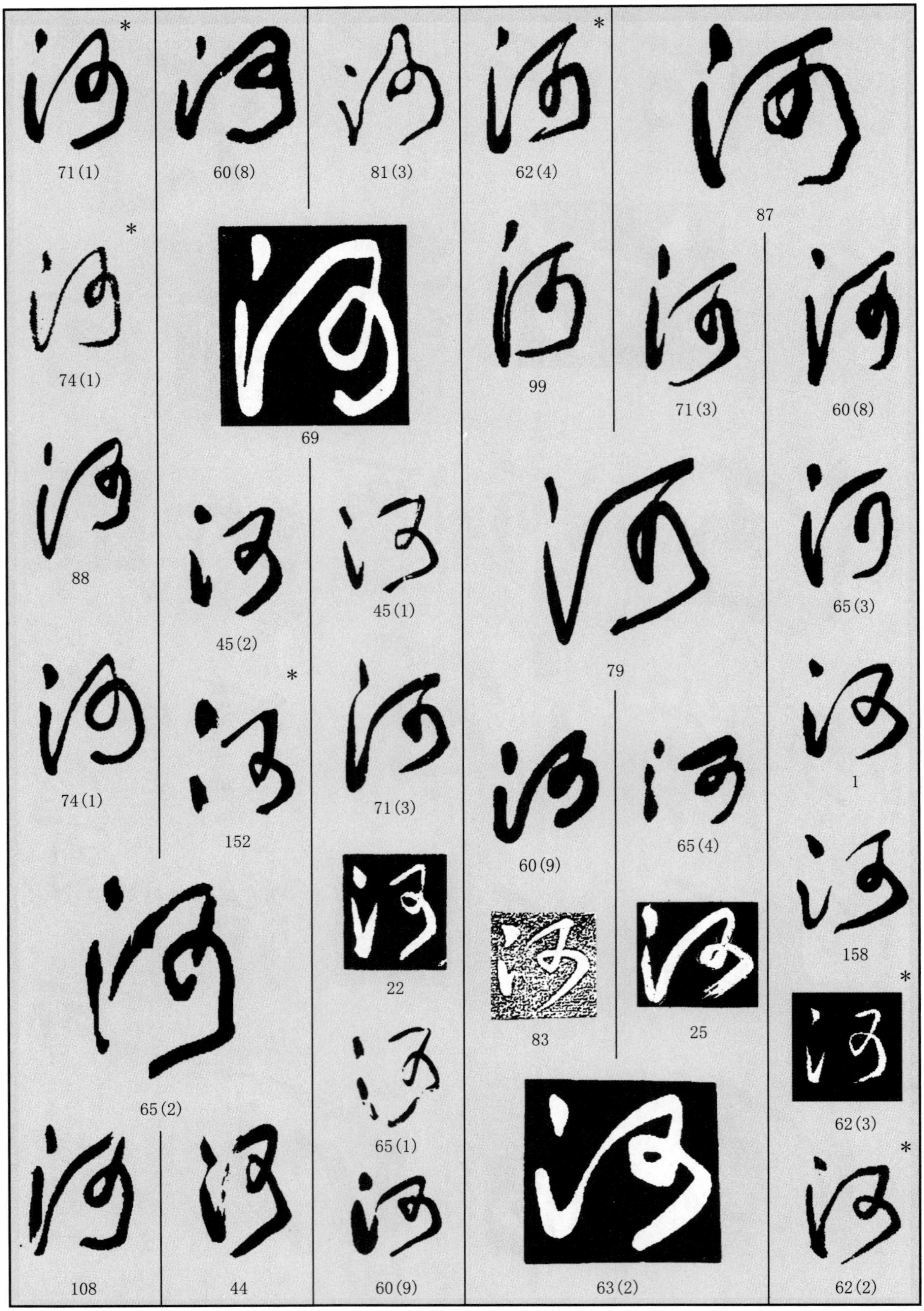
71(1)
60(8)
81(3)
62(4)
87
74(1)
69
99
71(3)
60(8)
88
45(2)
45(1)
79
65(3)
74(1)
152
71(3)
60(9)
65(4)
1
65(2)
22
83
25
158
65(1)
62(3)
108
44
60(9)
63(2)
62(2)

沮　　沾

沮：82　58　324　78　25　76

沾：71(3)　45(2)　65(1)　168　88　78　71(3)　60(8)　154　154

88　44　86　101　65(2)　100　2　162*　1　101*　2*　71(3)　61(2)　62(1)*　60(2)

泗　浃　油

887
100
88
139
119
泗
84
32(3)
137
浃
119 *
60(8)
13
32(5)
15
107
55
油
154
60(7)
65(4) *
113
63(2)
134
60(9)
1 *
60(8)
60(5)
147
154
148
140

（沵）沴　泝　泊　沲

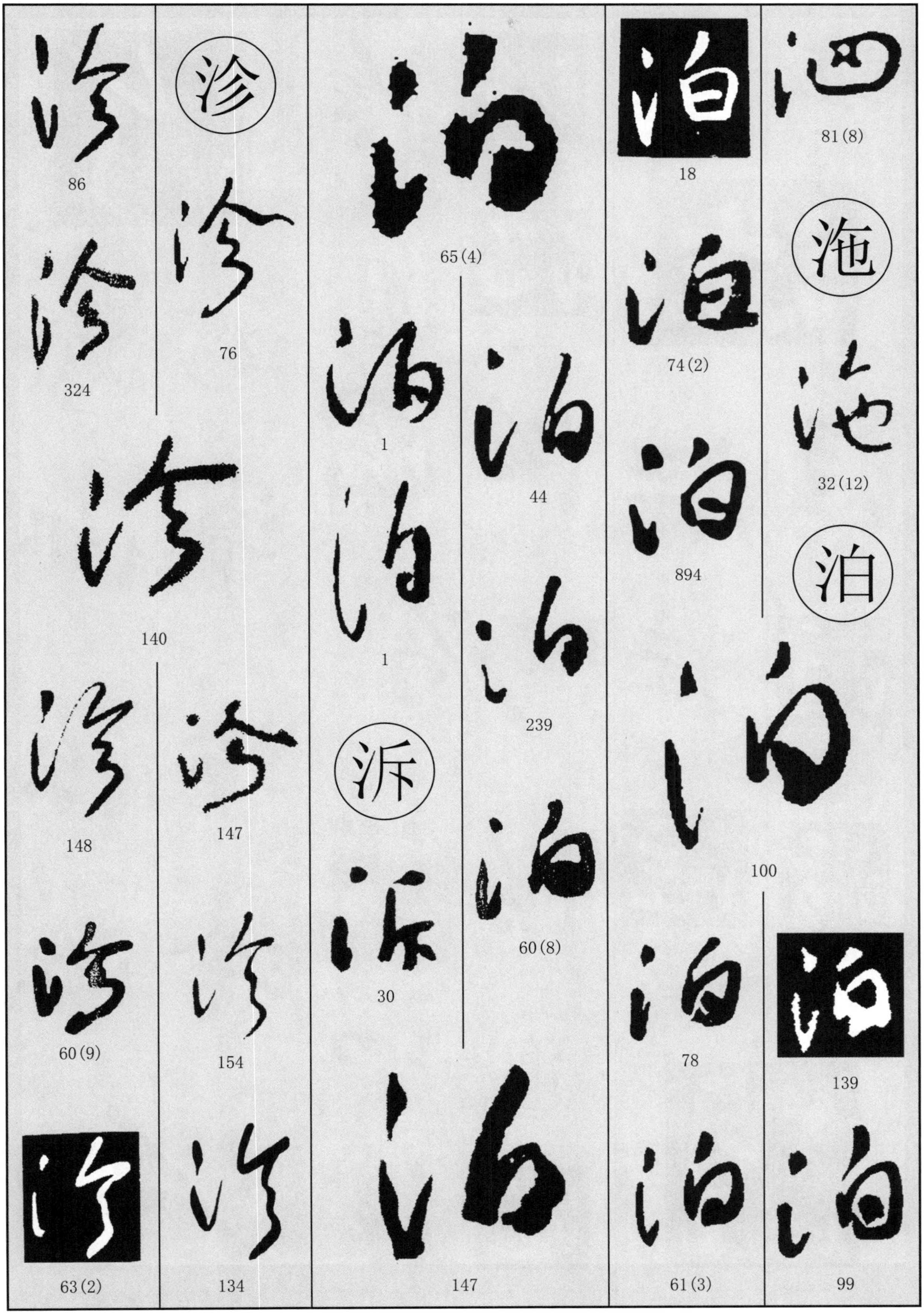
86
324
140
148
60(9)
63(2)
沴
76
147
154
134
65(4)
1
1
泝
30
147
44
239
60(8)
18
74(2)
894
100
78
61(3)
81(8)
沲
32(12)
泊
139
99

注　泡　（沿）沿　泠

注
32(12)
98
39
32(3)
22
88
74(2)
23
*
32(7)
6
23
1
44
145
泡
*
46
*
71(3)
沿
74(2)
65(3)
65(1)
146
25
泠
140
60(7)
86
71(3)
*
1
137
140
60(5)

氵部

五画

泫

泣

泫
32(9)
154
1
81(8)
60(2)
71(3)
67
148
154
111
147
25
60(9)
200
140
63(2)
30
87
76
60(2)
65(3)
9
82
60(5)
134
32(12)
泣
98
8
148
139
60(5)
3

泯 泥 泳泌沱 泮

60(2)
32(12)
1
泯
196(2)
74(2)
*
60(8)
99
60(9)
57
30
*
145
146
61(3)
88
60(10)
60(7)
63(2)
168
泥
32(6)
260
168
130
沱
32(9)
1012
泌
196(4)
泳
3
*
154
1
81(6)
32(8)
泮
44
1

氵部

五画

氵部

五画

86
71(3)
1034
沸
1012
泓
32(12)
32(12)
*
沼
65(3)
140
44
130
141
1
76
88
32(9)
*
波
139
139
32(6)
474
71(3)
1
42
50
1
174
139
60(10)
154
139
32(6)
55
32(3)
76

60(8) 64 44 76 64(1)

60(10) 60(4) 94 65(5) 32(2)

45(2) 154 71(3) 66 32(2) 44

147 87 60(9) 100 1

32(7) 78 64 60(9) 71(3) 60(10)

94 32(11)

39 101 45(2) 64(1) 44

治

42
60(5)
148
140
51
70
12
6
3
4
155
15
71(3)
治
32(12)
98
14
60(5)
45(2)
88
64
101
101
64
64
64
32(5)
65(4)
45(2)
65(5)
99

158
66
88
18
22
洼
95
66
66
*
44
131
16
74(1)
71(3)
32(8)
洪
88
2
152
55
62(4)
88
71(1)
88
62(1)
71(2)
62(3)
62(2)
146
892
60(7)
101

洹

8
139
71(1)
62(2)
60(7)
870
95
60(8)
62(3)
1
152
62(4)
88
60(7)
74(1)
28
65(3)
884
2
47
158
39
100
71(3)
145
146
1
62(1)
162
洹
154

洊

*

97

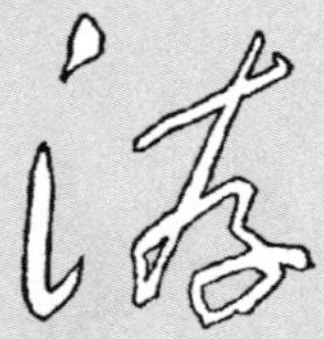

54(2)

洌

88

泚

114

洩

83

27

82

洞

22

1

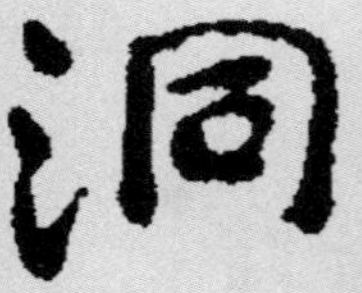

1

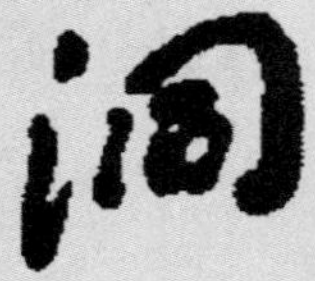

65(2)

136

1

145

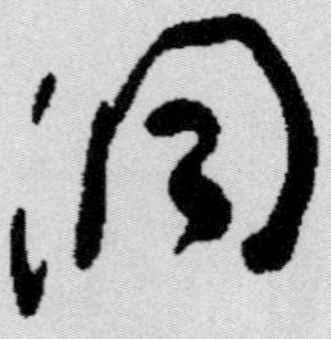

60(8)

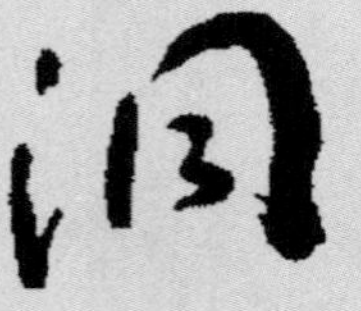

88

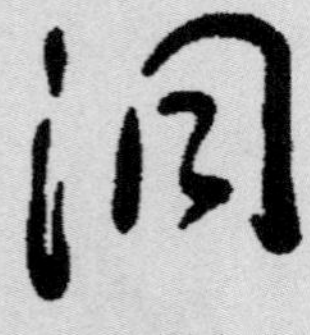

60(1)

60(3)

*

62(3)

286

*

71(1)

*

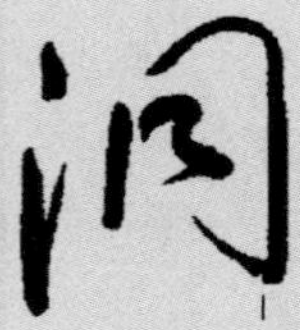

62(1)

*

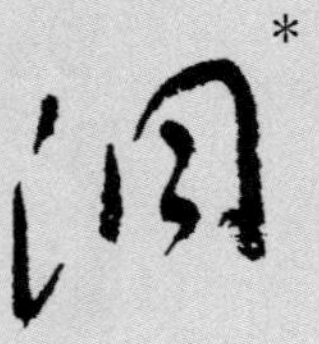

95

*

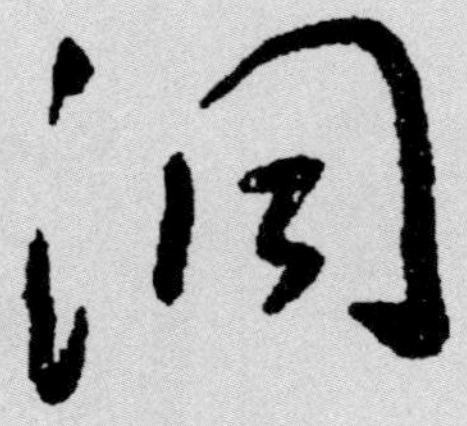

62(2)

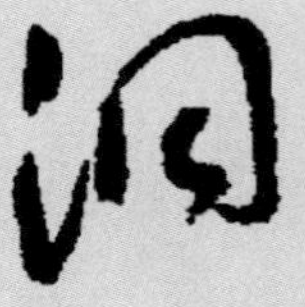

1

*

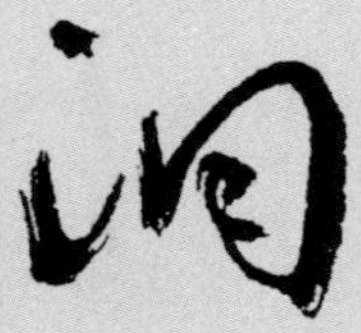

152

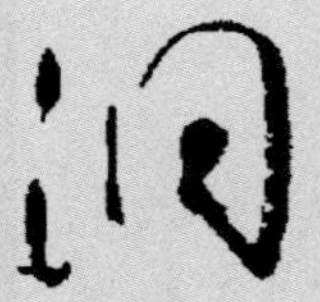

28

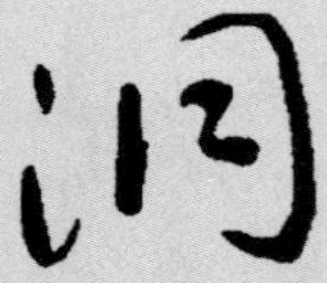

158

*

2

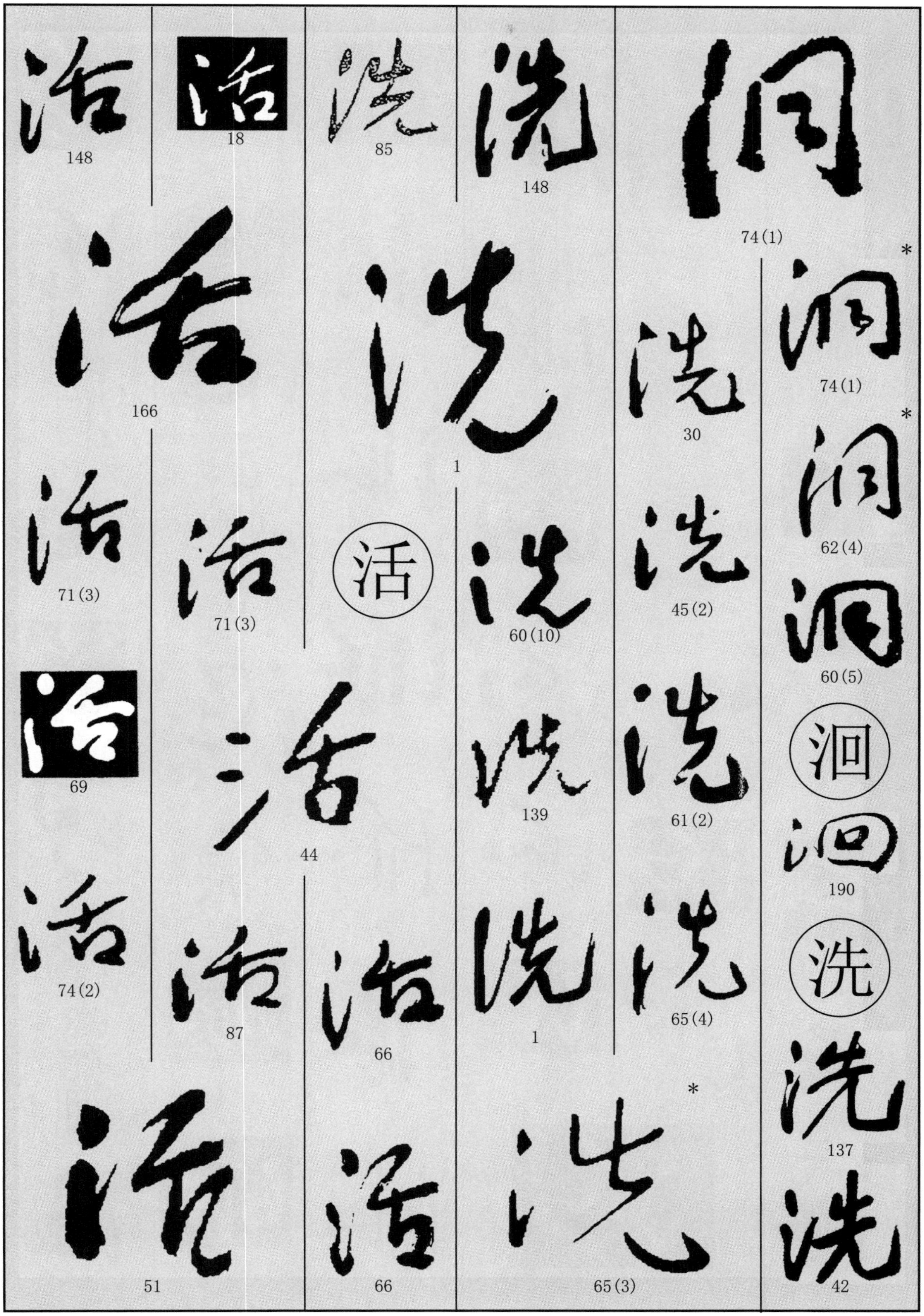
74(1)
74(1)
62(4)
60(5)
洄
190
洗
137
42
30
45(2)
61(2)
65(4)
65(3)
148
1
60(10)
139
1
85
活
44
66
66
18
71(3)
87
51
148
166
71(3)
69
74(2)

46
1 *
泪
1033
1033
1033
77 *
洫
101
186
涎
88
29
111 *
派
10
96
6
210
146
154
51
154
108
51
97
51
77
18
93
97
22
22 *
939
22
22
876
937
20
937
46
53
洽

洛

71(1)　59　60(7)　158　65(1)

235　62(2)　101　74(1)　95　62(3)

4　8　32(3)　60(4)　140　65(4)

82　140　159　55　221

140　32(7)

洵

9　32(6)　32(10)　1033

11　1　32(7)

洮

104　134

*
62(4)
*
2
*
62(1)
*
152
洲
32(12)
60(8)
45(2)
60(10)
45(2)
44
140
65(5)
32(3)
61(1)
71(3)
71(3)
65(4)
60(7)
*
65(1)
1
71(3)
71(3)
94
32(8)
60(7)
45(2)
60(7)
60(7)
70
65(5)
60(3)
61(1)
32(3)

74(2) 65(4) 7 88 383 83 44 65(3) 5

51 140 154 * 65(4) 60(6) 65(4)

1 71(3) 32(8) 60(7)

32(7) 383 74(2) 65(1) 308 61(1) 71(3) 65(3)

浦　洳　津

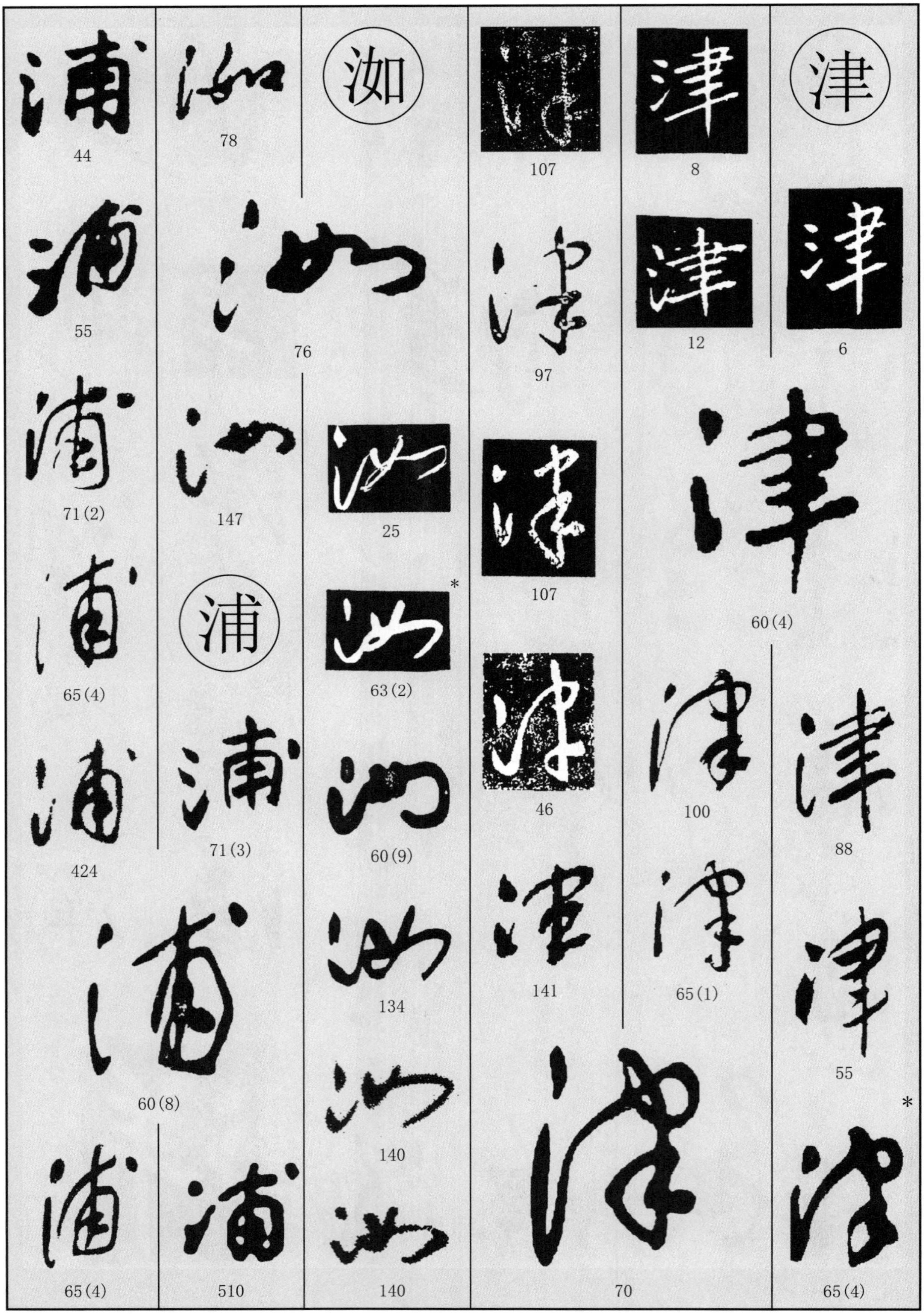

津
6
60(4)
88
55
*
65(4)
8
12
100
65(1)
107
97
107
46
141
70
洳
76
25
*
63(2)
60(9)
134
140
140
78
147
浦
71(3)
510
44
55
71(2)
65(4)
424
60(8)
65(4)

1
107
1
240
*
153
1
32(1)
71(3)
酒
145
44
1
82
44
154
174
139
60(10)
47
60(10)
154
139
60(10)
1
47
71(3)
99
1
158
60(10)
60(10)
154
28
1
32(9)

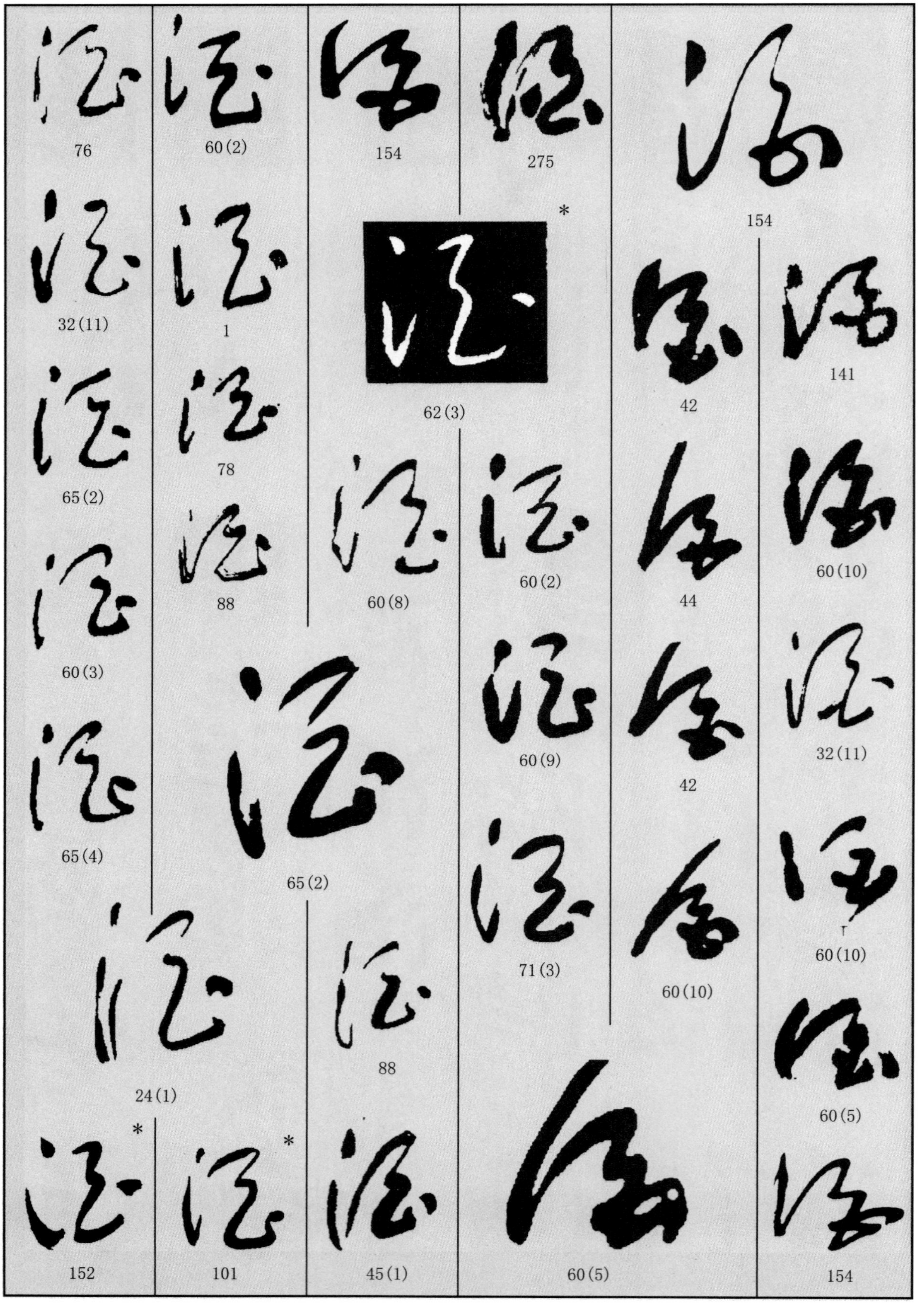
76
60(2)
154
275
154
32(11)
1
*
62(3)
42
141
65(2)
78
88
60(8)
60(2)
44
60(10)
60(3)
60(9)
42
32(11)
65(4)
65(2)
71(3)
60(10)
60(10)
24(1)
88
60(5)
*
*
152
101
45(1)
60(5)
154

氵部 七画

浙

浙
65(4)
1026
11
65(4)
65(4)
81(8)
118
65(4)
145
62(4)
87
60(6)
60(2)
140
71(1)
65(4)
88
61(3)
1
30
60(8)
92
95
2
62(1)
62(2)
833
140
32(9)
60(4)
65(1)
74(1)

153
572
46
涇
62(2)
5
3
5
6
28
92
71(1)
95
74(1)
45(2)
162
158
18
62(1)
62(4)
101
2
47
62(3)
32(12)
27
159
152
92
65(1)
涉
120

88
60(8)
145
19
*
97
46
44
221
67
154
60(1)
139
55
消
141
1
4
46
145
44
1
394
152
107
*
65(4)
65(1)
30
4
837

浩　　浥　　(湼 涅)涅

涅: 32(12)　64　32(2)　60(9)　66　101　32(5)　145　154

浥: 154　64　45(2)　122　154

浥: 65(5)　60(6)

浩: 61(4)　140　8　71(3) *　219　63(1)　139　81(4)　1　1　71(3)　44　71(3)　60(10)

海

98
60(10)
558
63(1)
60(2)
47
5
168
60(9)
47
102
5
海
5
99
60(3)
27
5
139
25
99
78
154
32(2)
140
60(10)
153
71(3)
220
1
78
800
239

51 154 60(7) 51 61(4)

51 234 44 60(5) 61(4)

15 43 70 88 149

159 65(3) 1 88 32(9)

60(8) 16 74(2) 60(5)

61(2) 61(4) 44 61(4)

61(1) 154 61(4) 88 1

101
100
74(1)
71(3)
60(6)
44
60(6)
61(3)
70
88
71(3)
60(10)
100
61(1)
100
71(3)
*
*
71(2)
71(3)
65(2)
152
74(1)
164
60(8)
66
60(8)
65(4)
100
60(2)
61(2)
60(9)
74(2)
101

69 61(1) 88 76 65(2) 88 2 71(3) 201 1 71(3)

70 32(8) 60(1) 60(7) 60(7) 32(8)

41 60(3) 62(1) 148 71(1)

1 65（5） 1 62(4)

32(3) 1 62(3) 39 22 62(2) 71(3)

浴

62(3) 74(1) 60(1) 1 71(1) 2 95
71(3) 88 100 158 162 62(2)
71(3) 浴 60(4) 62(1) 154 101
1 97 45(1) 141 32(9)
95 162 65(5) 45(2) 1
60(6) 101 145 47 45(2)

60(1)
60(3)
151
139
1
62(3)
1
154
44
62(4)
100
60(4)
45(2)
32(11)
152
66
60(1)
65(4)
25
154
浮
62(1)
2
62(2)
141
98
71(3)
162
158
63(2)
60(3)
137

(流) 流 涣

氵部

七画

174
78
82
88
5
154
146
49(1)
82
81(8)
11
7
1
3
60(8)
涣
71(3)
*
140
流
32(12)
140
146
*
74(1)
60(9)
100
78
152
*
62(4)
*
101
*
95
324
*
147
394
65(1)
*
71(1)

244
62(2)
101
44
60(8)
63(2)
62(1)
60(10)
376
47
60(8)
44
244
47
43
25
224
148
1
88
279
60(9)
87
139
2
71(3)
88
65(3)
134
101
62(3)
60(2)
71(1)
145
*

涕 浤 浣

413
18
140
140
168
44
139
32(12)
55
60（5）
55
浤
71（3）
涕
8
47
141
546
154
60（3）
45（2）
43
60（2）
95
152
60（6）
510
浣
88
62(4)
74（1）
118
54（3）
71（3）
32（12）

65(3) 60(10) 32(5) 154

60(8) 44 88 浪 384

32(8) 32(3) 61(3) 36 44 153*

60(1) 65(3)* 1 131

44

65(3) 153 60(7) 49(1) 32(6) 244

65(2) 404 65(2) 145 67

78
65(2)
94
100
浸
58
27
60(5)
154
涌
196(4)
100
浚
1
1
涘
1030
*
65(4)
清
3
5
1
1
74(2)
32(2)
10
4
61(4)
42
5
7
98
832
88
140
824
44

82
55
1
36
20
71(3)
51
22
71(3)
88
61(4)
159
1
88
1
65(4)
14
30
43
61(4)
61(3)
*
60(5)
1
38
61(2)
147
146
60(10)
61(4)

145 19 42 61(2) 32(3)
71(3) 16 60(10) 140
60(10) 60(5) 63(2) 71(3) 1
47 25 154 65(3) 15
44 145 60(9)
42
44 214 17 145 61(1)

添

101　99　60(10)　154　61(4)　61(3)　61(2)　60(2)　140

60(10)　32(11)　65(5)　65(2)　168　503　66

淇

45(2)*　60(1)　168　1*

渚

153　153　125　139　137*

139　60(7)　30　168　65(4)　247

淹　　　　　　　　　　　　　　涯　淞　　淋

氵部

八画

247
60(5)
65(4)
71(3)
887
147
淋
172
1012
淞
42
108 *
涯
55
32(3)
60(10)
60(5)
65(3)
60(8) *
60(6)
546
70
65(4)
45(2)
65(2)
546
71(3)
61(1)
129
淹
99
146
60(8)
164
60(10)
286

淑 168 105 582 74(2) 33 67 60(5) 110 60(3) 107 74(2)

淺 5 88 65(4) 125 1 159 174 31 60(10) 61(3) * 60(7) 60(8) 65(1) 168 71(3) 71(3) 153 140 512

涿 206

淺

淆 淰 淪 淦 淮 渦 混 淖

氵部

八画

淫
100
139
60(7)
32(1)
淘
86
168
7
145
60(5)
49(1)
8
淳
60(10)
3
88
101
22
62(2)
62(4)
62(3)
62(1)
2
145
74(1)
162
152
95
71(1)
138
淬
58
187
1

氵部

八画

液
71(3)
60(6)
1022
涪
88
99
淡
1
32(12)
1
540
42
1
28
158
62(4)
60(10)
154
146
33
101
32(12)
2
62(1)
74(1)
65(4)
152
162
95
39
147
32(6)

（泪）淚

154
3
147
62(2)
32(12)
174
65(2)
62(3)
55
174
60(9)
65(4)
71(1)
32(2)
98
60(6)
71(3)
154
78
55
88
61(3)
1
44
99
141
60(10)
81(3)
65(4)
1

94
60(4)
140
153
60(10)
55
94
65(3)
88
87
60(8)
60(8)
55
76
60(7)
*
134
65(3)
339
168
66
60(8)
99
54(1)
71(3)
540
32(11)
71(3)
60(5)
65(5)
65(2)
100

346
27
1
82
1
51
1
3
1035
139
49(2)
42
41
25
32(12)
154
71(3)
42
102
47
14
82
42
12
145
61(4)
98
65(3)
99
82
154
61(4)
82

60(2)
101
95
101
22
62(2)
71(3)
71(1)
63(2)
60(6)
45(1)
60(8)
62(4)
88
78
71(3)
71(3)
78
62(1)
88
62(3)
88
2
74(1)
158
100
152
60(3)
64
139
162
60(8)

67
14
55
139
涵
6
58
3
1
145
60(8)
88
51
796
824
138
70
151
45(2)
65(3)
60(8) *
60(8)
61(1)
39
65(2)
874
60(2)
168
湛
港
74(2)
51 *

1
82
1
60(8)
60(10)
60(10)
1
11
60(8)
99
60(8)
71(3)
65(1)
湖
60(10)
139
139
837
32(2)
92
388
渫
58
105
87
71(3)
70
65(3)
100
147
81(6)
139
141
86
99

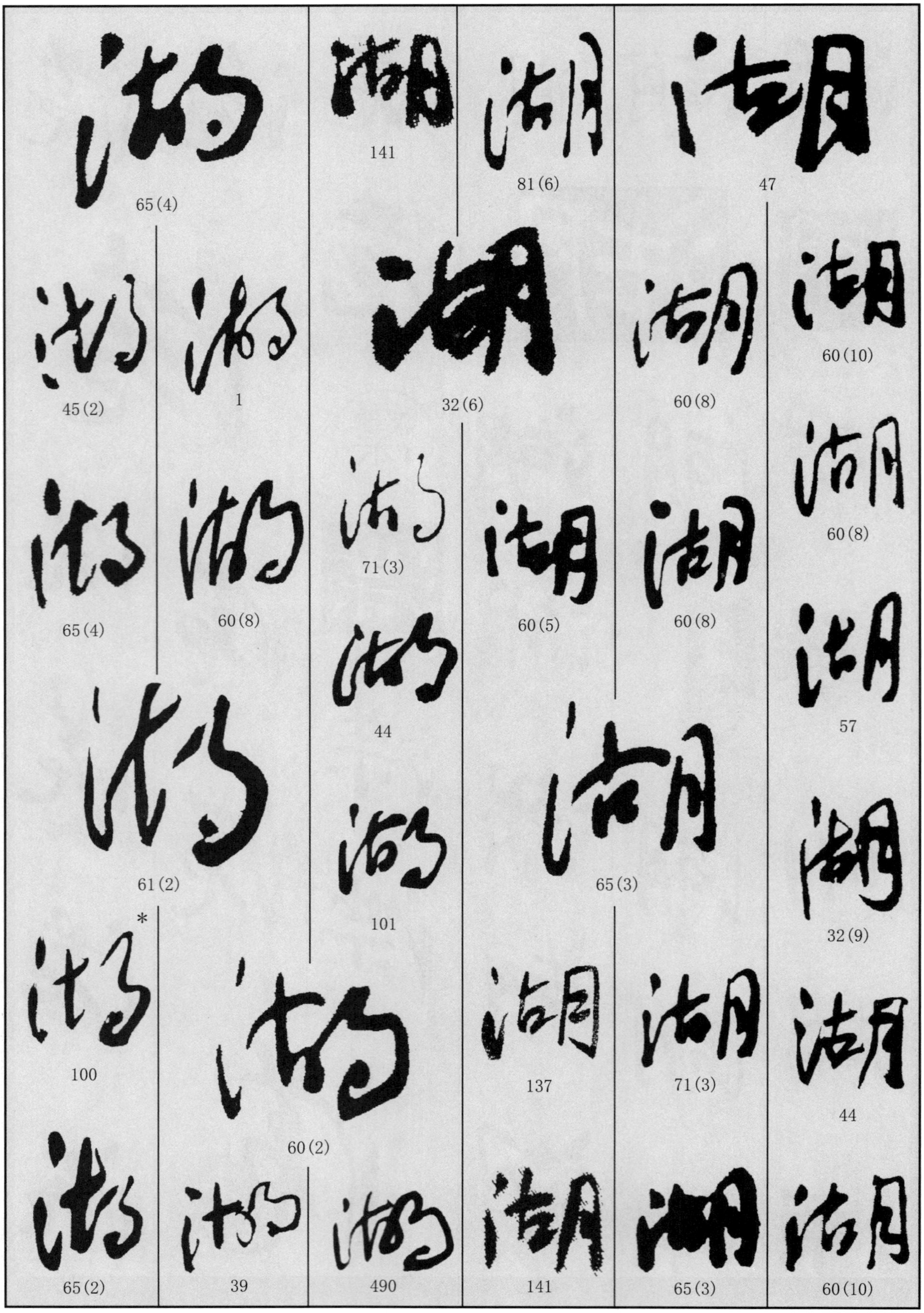
65(4)
141
81(6)
47
45(2)
1
32(6)
60(8)
60(10)
65(4)
60(8)
71(3)
60(5)
60(8)
60(8)
44
57
61(2)
65(3)
101
32(9)
*
100
60(2)
137
71(3)
44
65(2)
39
490
141
65(3)
60(10)

湎 湮 湘 渣

氵部

九画

60(8)
60(10)
湮
174
湎
159
168
47
137
60(8)
168
42
湘
15
17
78
60(3)
*
71(3)
139
154
1
60(2)
86
65(2)
65(5)
65(2)
渣
13
64
54(1)
47
238
61(2)

（汤）湯　測　（渺）渺

5
62(3)
4
18
139
83
62(2)
1
1
1
70
17
46
湯
5
測
12
78
110
230
30
168
82
渺
74(2)
139
139
46
60(7)

温

1
74(1)
2
162
28
5
71(1)
139
95
62(4)
140
145
65(1)
65(3)
152
139
146
101
1
158
40
温
65(2)
62(4)
60(8)
60(9)
4
62(1)
139
62(3)
5
100

渭　　渴

76
32(8)
65(4)
65(5)
71(3)
60(2)
8
37
8
渭
154
95
28
158
渴
78
210
62(1)
1
2
74(1)
885
152
162
71(1)
71(3)
15
62(2)
1
62(4)
101
65(4)

氵部

九画

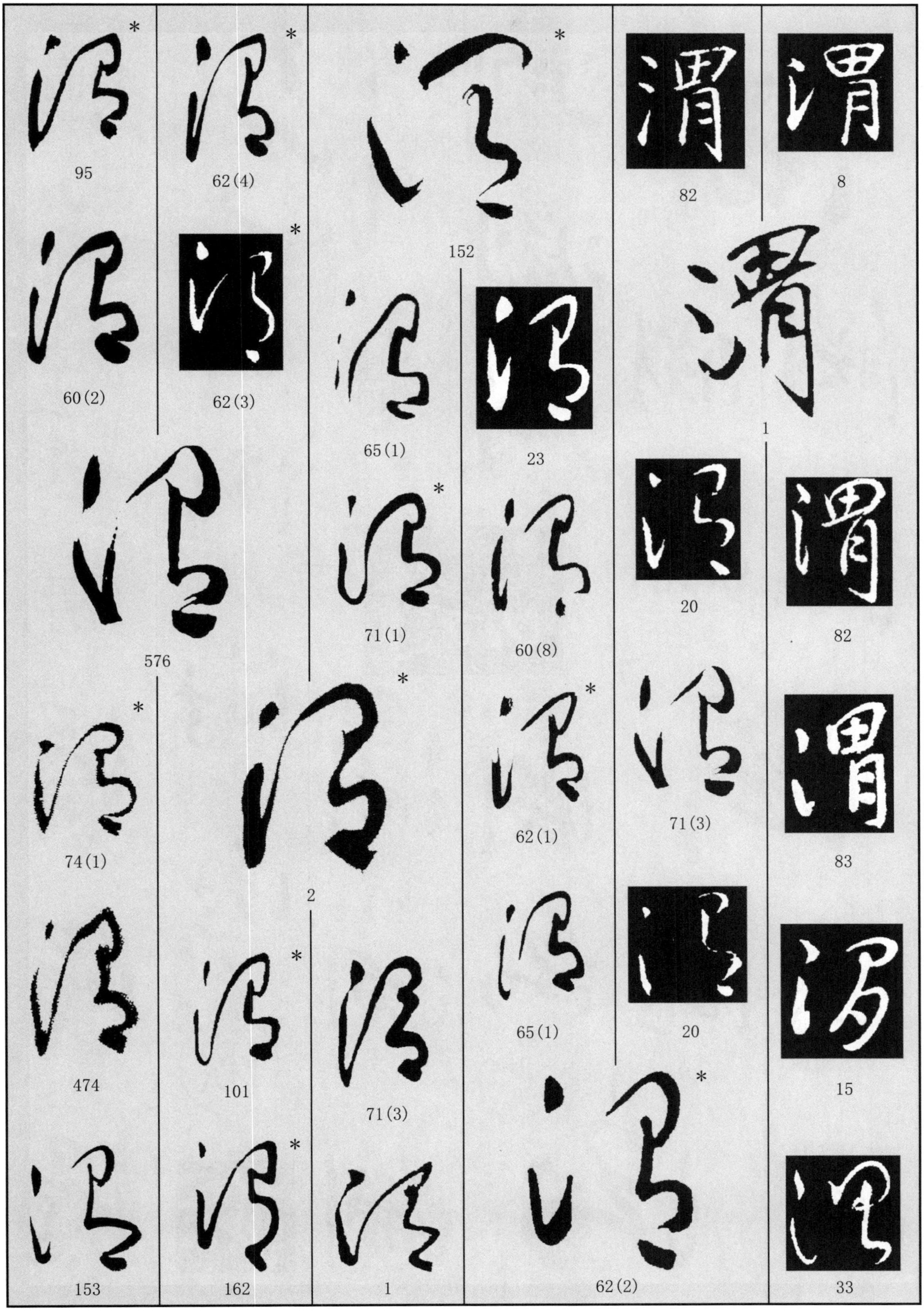

95
62(4)
152
82
8
60(2)
62(3)
65(1)
23
1
576
71(1)
60(8)
20
82
74(1)
2
62(1)
71(3)
83
474
101
71(3)
65(1)
20
15
153
162
1
62(2)
33

湍
145
1
滑
139
60(10)
60(8)
153
湃
32(6)
86
86
湫
1
淵
1
154
145
53
61(4)
140
95
154
60(10)
158
60(6)
1
28
44
1
71(1)
2
74(1)
88

22
15
141
20
81(4)
19
59
81(6)
渡
65(4)
61(2)
71(3)
60(6)
淑
162
108
95
渝
152
139
湟
32(10)
129
62(4)
62(1)
101
67
60(8)
65(1)
101
62(3)
101
62(2)

8 82 3 27 45(2) 60(10) 154

98 32(6) 32(1) 9 82

60(10) 76 88 86 88

44 60(10) 60(3) 60(7)

71(3) 65(2) 60(8) *

324 140 279 65(4) 73 47

氵部

九画

(汓 㳺)游

6
60(5)
5
1
51
45(2)
857
30
47
47
159
327
154
67
58
1
101
67
32(12)
82
65(3)
71(3)
25
60(2)
60(8)
1
65(4)
73
63(2)
65(5)

渾　渼　滋

1
32(7)
92
60(7)
99
153
70
158
60(10)
渾
134
60(8)
71(2)
19
51
58
渼
71(3)
65(2)
215
154
94
100
滋
100
286
139
65(5)
240
60(10)
1015
60(10)
101
1

1009
湄
193(6)
193(8)
65(3)
65(4)
湧
60(8)
32(3)
99
*
66
渥
44
*
154
滁
32(11)
60(8)
1
145
60(3)
45(2)
79
45(1)
溉
139
60(10)
154
484
60(2)
65(5)
60(5)
61(4)
153
*
32(3)
99

22
1
76
61(1)
1
25
75
65(1)
30
97
44
100
324
76
242
63(2)
60(9)
147
94
46
134
147
32(8)
1
溝
145
148
32(5)
10
78

漠
383
107
32(6)
漠
98
65(5)
103
60(10)
87
32(6)
158
44
滇
65(1)
65(3)
1
滇
82
1
82
154
42
漣
51
1102(3)
1008
1
15
溥
34
45(2)
168
22
滅

71(3) 17 1 88 65(5) 23 134
45(2) 147 45(2) 1 64
71(3) 60(10) 158 76 46
60(8) 147 64 101 44
78 154 60(2) 79
32(12) 88 60(9) 88 71(3) 71(3) 122

43
5
71(1)
2
71(2)
4
1
154
74(1)
95
60(2)
61(4)
140
源
62(1)
71(3)
71(3)
152
4
62(3)
65(3)
61(4)
148
154
62(2)
46
140
139
32(1)
62(4)
101

滔　滌　溷　（匯）滙

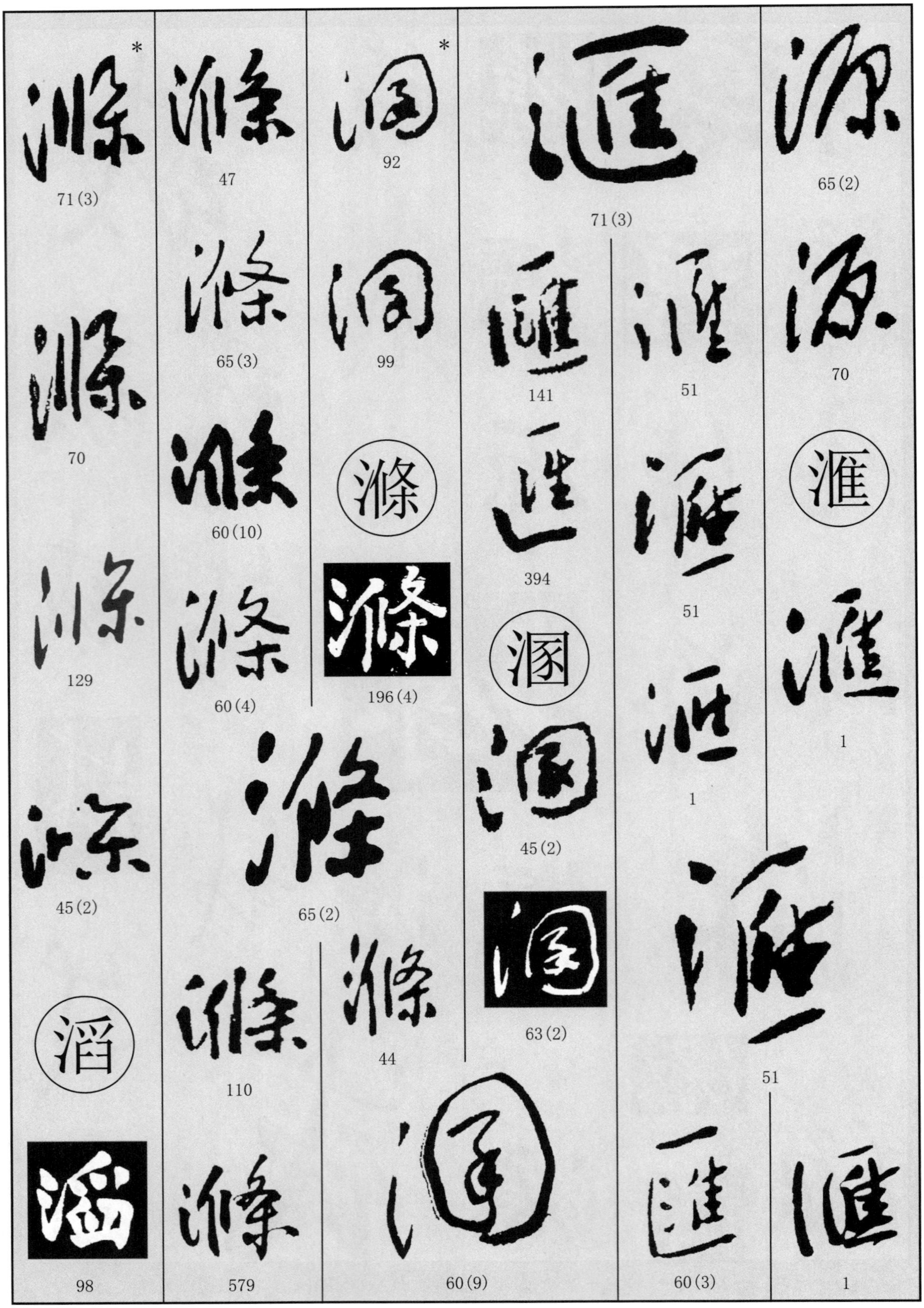
71(3)
70
129
45(2)
滔
98
47
65(3)
60(10)
60(4)
65(2)
110
579
92
99
滌
196(4)
44
60(9)
71(3)
141
394
溷
45(2)
63(2)
51
51
1
51
60(3)
65(2)
70
滙
1
1

1
88
159
103
154
60(5)
47
60(5)
65(2)
1
131
60(5)
60(10)
60(10)
60(1)
*
62(3)
43
60(8)
60(5)
154
60(7)
44
139
60(10)
1
154
溪
65(2)
131
44
98

滄

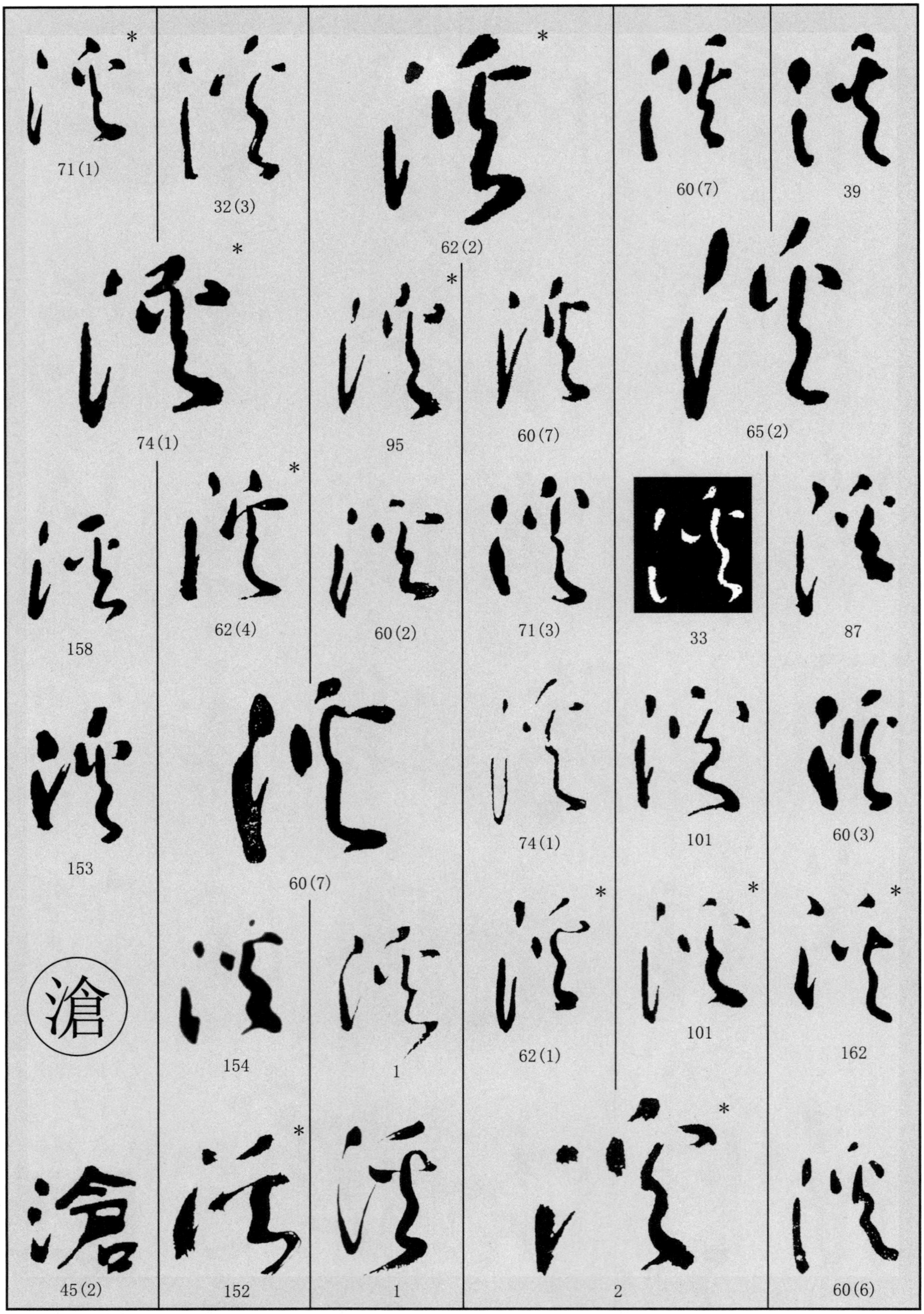
71(1) *
32(3)
62(2) *
60(7)
39
74(1) *
95 *
60(7)
65(2)
158
62(4) *
60(2)
71(3)
33
87
153
60(7)
74(1)
101
60(3)
滄
154
1
62(1) *
101 *
162 *
45(2)
152 *
1
2 *
60(6)

溜

60(10)
1
61(4)
1
174
87
60(7)
100
32(3)
30
44
71(3)
88
32(3)
71(3)
61(2)
76
*
71(2)
94
60(8)
71(3)
153
47
溜
154
*
99
88
88
60(10)
154
60(2)
47
92
154

漬　溺溟　滓溶　(溯溯溯)溯　溢滂　漓(滚)滚

滚

137

168

漓

196(3)

172

154

滂

190

1012

*

60(2)

溢

32(12)

44

12

18

1006

溯

82

274

61(3)

12

81(8)

溶

65(3)

65(4)

196(12)

滓

4

196(9)

260

60(2)

溟

137

45(2)

78

*

111

141

溺

44

65(1)

140

60(8)

286

漬

47

174

66
漢
32(12)
89
44
31
71(3)
5
14
44
154
60(5)
60(10)
60(10)
9
1
51
32(12)
44
51
44
51
134
25
83
1
17
1
1

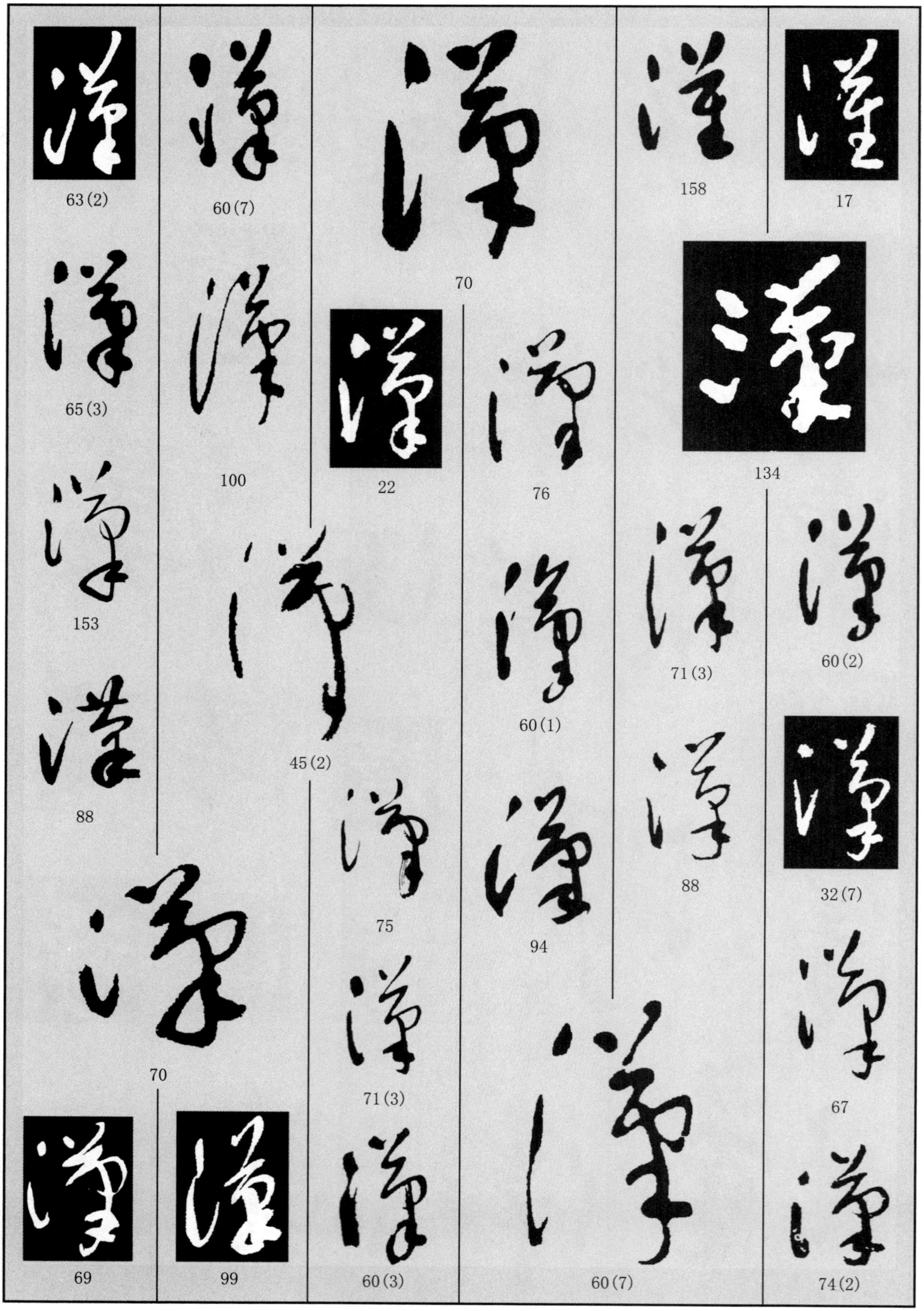

17 134 60(2) 32(7) 67 74(2)
158 71(3) 88 60(7)
70 76 60(1) 94
22 75 71(3) 60(3)
60(7) 100 45(2) 70 99
63(2) 65(3) 153 88 69

滿
潢
1
46
33
62(2)
32(4)
62(3)
244
71(3)
71(1)
2
62(4)
61(2)
152
71(3)
39
60(9)
61(4)
101
95
62(1)
74(1)
140
86
55
47
17
47
64
5
145

231
60(7)
62(3)
*
99
44
71(3)
71(3)
82
1
145
62(4)
*
62(1)
*
65(1)
60(10)
1
44
154
95
*
65(3)
140
42
62(2)
*
162
*
158
47
283
45(2)
60(10)
88
67
83
1
145

（滞）滞

65(5)
61(3)
65(3)
45(1)
33
71(1)*
1
60(3)
101*
152*
74(1)*
2*
87
66
153
65(1)
94
86
滞
47
51
100
140
65(1)
65(2)
168
65(4)
60(8)
146
335
65(5)

漆：104　140　漆　60　145　65(2)　158　62(3)　1　28　62(2)　74(1)　95　71(1)　62(4)　162　101　62(1)　2

漸：152　60(10)　漸　32(10)　3　71(2)　140　174　99　145

65(5)
漚
70
88
63(2)
60(9)
99
1
64
111
111
*
88
32(8)
153
漕
139
漱
44
漂
237
*
168
60(3)
45(2)
60(10)
60(10)
100
100
16
243
100
60(10)
60(4)
71(3)
70
60(4)

1
60(5)
60(10)
71(3)
30
71(3)
151
60(10)
60(10)
71(3)
滤
1016
漯
*
83
漁
88
71(3)
71(3)
87
237
82
32(11)
221
1016
140
60(6)
*
74(1)
153
148
滷
23
漷
32(9)
漫
148

140
118
39
94
300
39
47
76
94
60(8)
60(8)
71(2)
60(3)
1
39
60(8)
88
145
44
47
32(3)
140
70
29
漪
1
1008
32(9)
滸
65(3)
漳
93

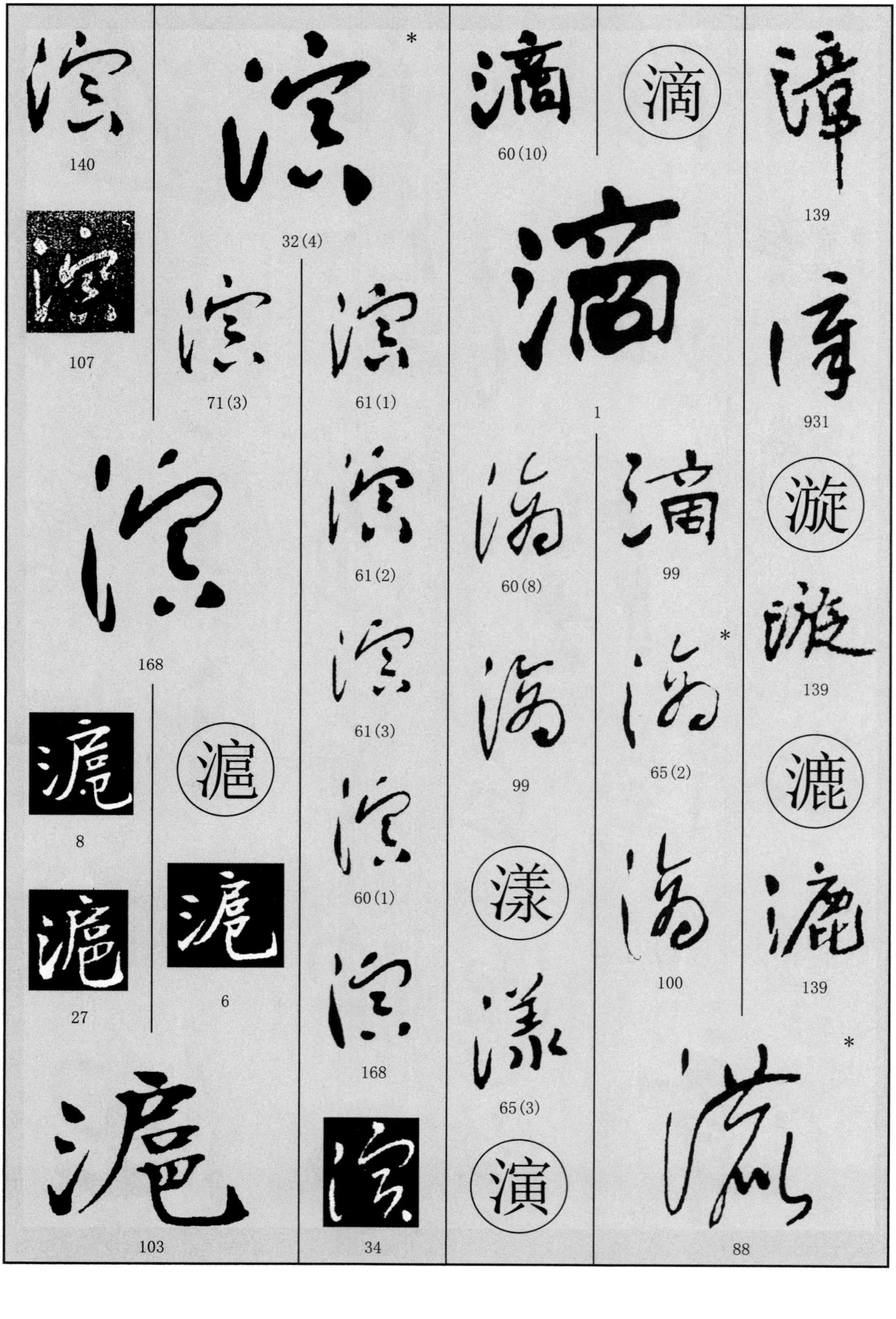

139
931
漩
139
漉
139
*
88
滴
60(10)
1
99
*
65(2)
100
60(8)
99
漾
65(3)
演
*
32(4)
71(3)
61(1)
61(2)
61(3)
60(1)
168
34
140
107
168
滬
8
27
6
103

漏

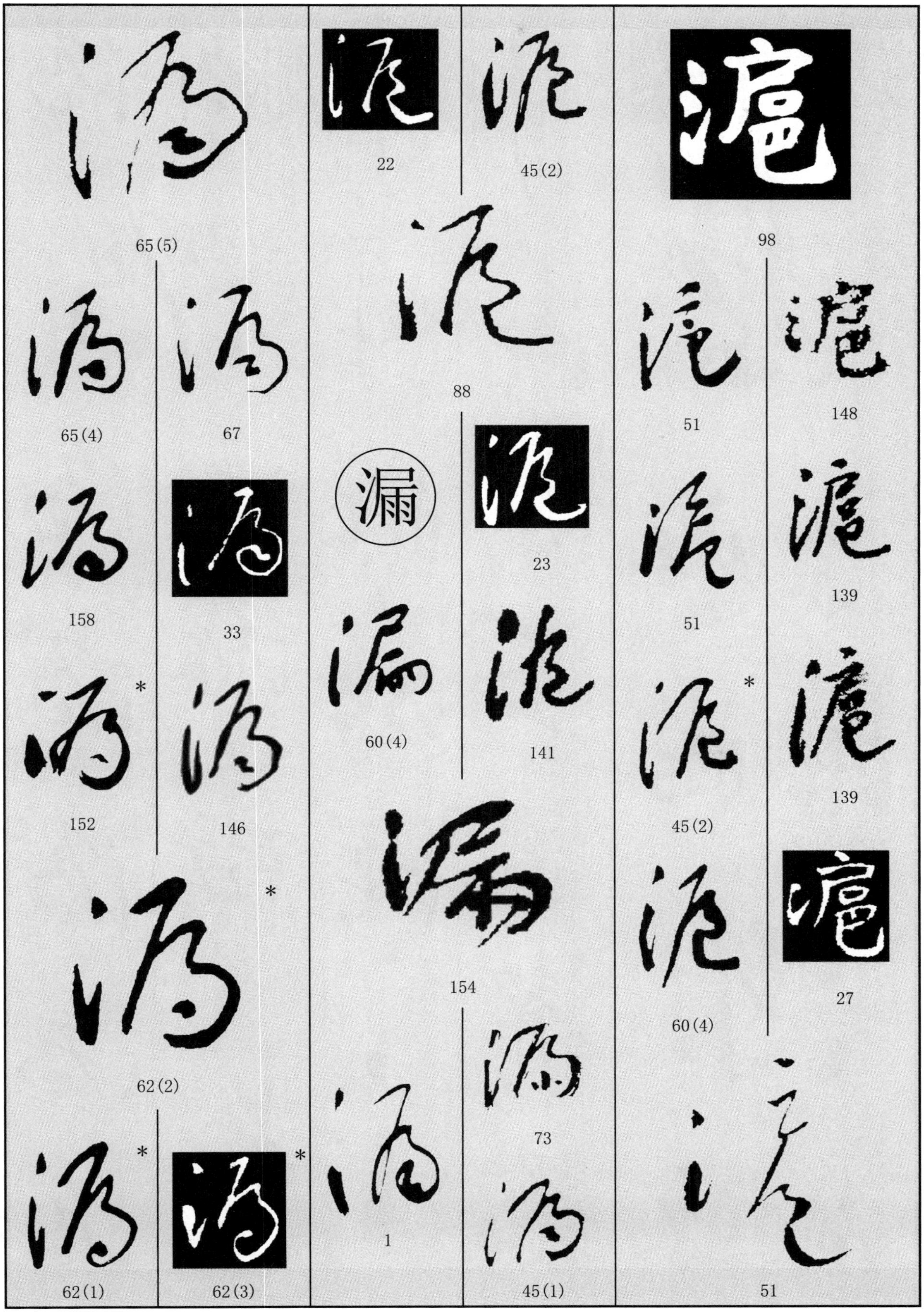
65(5)
65(4)
67
158
33
*
152
146
*
62(2)
*
62(1)
*
62(3)
22
45(2)
88
漏
23
60(4)
141
154
73
1
45(1)
98
51
148
51
139
*
45(2)
139
60(4)
27
51

潔：88　13　108　62(4)　65(5)　1　92　28　95　158　60(2)　71(3)

滲：74(2)

漲：61(2)　304　65(4)　100　503　32(3)　304　74(1)　71(1)　61(3)　139　2　95　101　62(4)　130　1

139
32(12)
1102(3)
101
152
32(6)
60(5)
澍
62(2)
62(1)
2
100
60(1)
23
澎
62(3)
860
60(4)
32(6)
澆
74(1)
60(5)
澌
65(5)
71(3)
1023
101
71(1)
濆
894
151
潮
1
澒
60(3)

潭（潜）潸

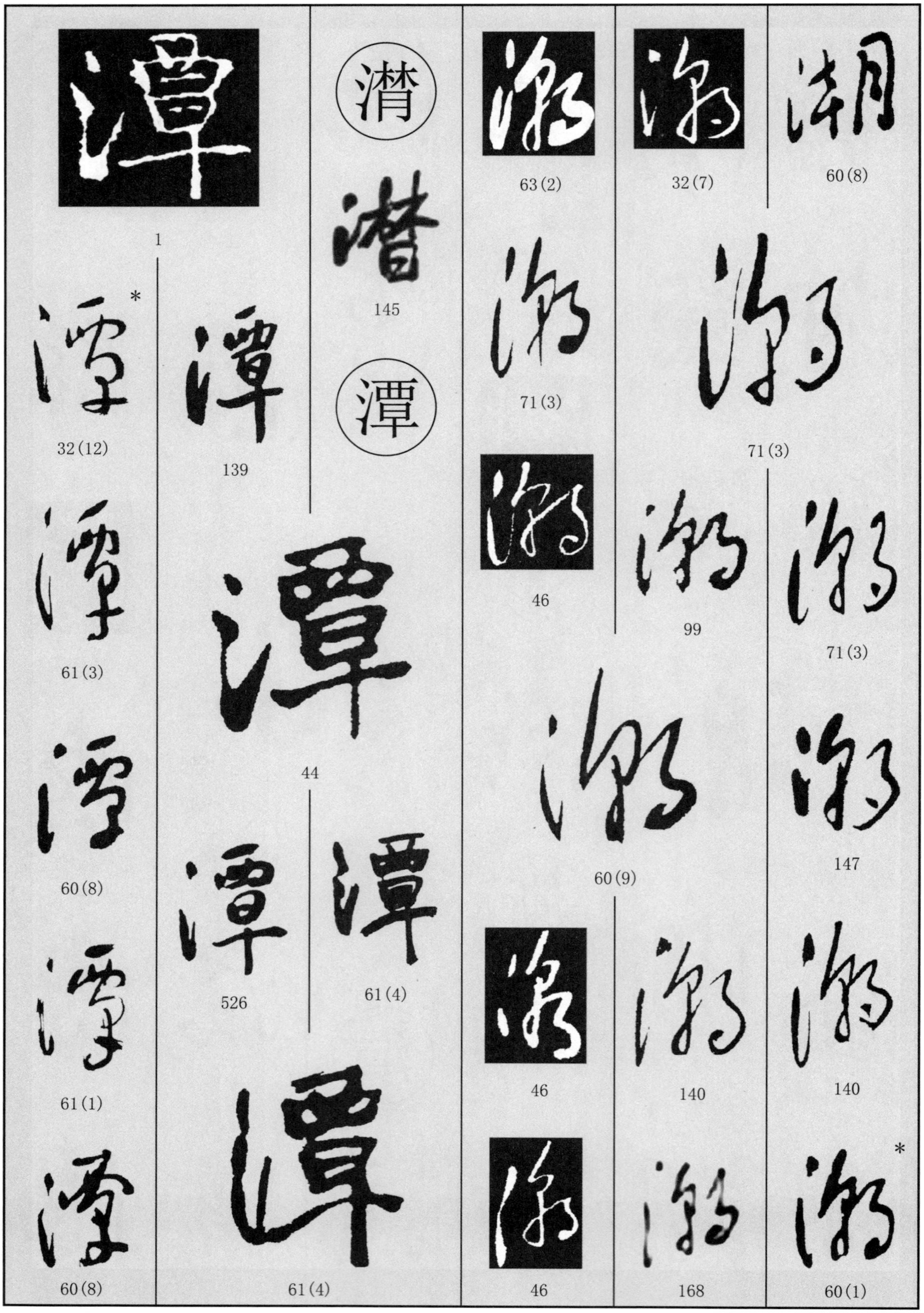
1
32(12)
61(3)
60(8)
61(1)
60(8)
139
44
526
61(4)
61(4)
潜
145
潭
63(2)
71(3)
46
46
46
32(7)
71(3)
99
60(9)
140
168
60(8)
71(3)
147
140
60(1)

32(10)
65(4)
5
55
223
8
44
168
82
82
81(8)
7
196(4)
潛
196(2)
78
71(3)
60(7)
137
86
*
60(9)
99
63(2)
澐
196(4)
60(9)
65(2)
65(2)
1022
潦
154
60(4)
60(8)
32(12)
121
65(2)
65(3)

44
60(10)
2
62(1)
1
60(1)
71(3)
74(1)
1
71(1)
570
62(2)
119
62(3)
28
95
30
152
62(4)
44
101
60(7)
145
1
60(2)
1
39
162
18
153

澈　　潼　　(潘) 潘　　澳 潰

107
潰
8
8
23 *
196(8)
澳
42
潘
564
168
8
71(3)
60(2) *
97
1
潼
6
4
159
60(4)
82
15
100
154
67
65(5) *
澈
3
71(3)
101
47
1
32(5)

(硐 涧) 澗　　(润) 潤

60(3)
130
153
154
44
148
36
139
60(8)
澗
44
60(10)
131
47
145
65(2)
147
154
154
131
78
100
61(2)
60(10)
46
46
71(3)
潤
7
60(10)
60(7)
1
145

61(3)
65(2)
65(3)
100
28
1
23
71(1)
60(7)
95
10
10
10
61(4)
22
32(8)
1
71(3)
60(1)
65(3)
潺
1026
1102(3)
澄
7
187
44
65(2)
380
潯
1102(1)
1102(1)
154
60(5)
88
347
60(7)
88
60(7)

濃　澧潞澠　澣　濛　(泼　潑)潑

濃
44
71(3)
71(3)
45(2)
380
499
196(4)
45(2)
澠
111
潞
32(2)
澧
71(3)
65(4)
166
114
139
60(7)
澣
1
1
86
168
濛
101
74(1)
62(3)
62(2)
62(1)
162
2
152
62(4)
潑

32(2) 168 88 1 145

60(5) 139 32(2) 1036 166 72 130 * 60(3)

88 71(3) 60(8) 65(4) 113

153 35 154 60(1) 154

32(7) 60(2) 1 12

241　78　5　43　71(3)

37　10　1　140

71(3)　65(4)　45(2)*　168　65(2)*　88

65(5)　77　8　140　濁

激　65(3)　22　78　139

73　97　32(3)　146　139

澹
2
152
107
43
60(2)
65(4)
67
82
44
148
74(2)
47
71(3)
70
366
238
154
60(4)
51
澶
76
45(2)
湏
153
559
99
鴻
8
7
1
151

濤

874
146
61(1)
44
137
60(6)
61(3)
71(3)
60(9)
540
105
100
101
71(3)
101
60(5)
44
140
18
61(3)
146
*
*
49(1)
61(2)
100
60(7)
139
濤
99
88

(濮) 濮　　　　　　　　(溼) 濕 濬　濡　濫

66
154
140
濮
1006
139
65(2)
60(4)
154
1
139
168
60(7)
32(2)
60(10)
濬
*
65(3)
濕
141
55
65(1)
65(4)
32(11)
濫
1034
濡
44
51
71(3)
239
65(1)
242
139

濠
32(2)
869
*
154
60(3)
濟
134
159
139
32(12)
98
1
256
55
55
88
82
210
146
60(5)
773
495
60(5)
139
61(4)
74(2)
60(5)
60(10)

濱
147
168
84
84
168
28
81(8)
158
15
8
66
131
97
168
130
60(3)
394
140
45(2)
74(2)
60(8)
74(2)
65(4)
60(3)
76
60(8)
77
*

100
86
86
111
126
瀡
196(4)
濯
260
42
145
88
65(4)
99
137
60(3)
139
60(8)
88
45(2)
瀆
146
235
44
濾
73
1024
1024
65(1)
瀑
1
60(8)
71(3)
88

*
60(6)
60(8)
168
168
瀍
36
347

*
244
131
159
瀉
1027
1102(3)
瀋
瀋
196(9)

沈
196(9)
瀚
1002
88
瀠
190
瀨
108

瀟
154
78
134
934
134
71(3)

65(5)
79
60(2)
71(3)
76

60(3)
65(4)
71(3)
65(2)
79

灌 瀠　　　　　（瀛）瀛　（瀘）瀘　　瀕

147
55
47
瀕
103
98
1035
1035
45(2)
瀘
190
67
67
153
瀛
44
140
74(1)
62(3)
71(3)
232
70
71(1)
62(1)
62(4)
62(2)
2
101
152
95
162
瀠
175(1)
灌
168
145
99

（灘 灘）灘（漓）灕 （沵）瀰　（㵎 灡）瀾　瀺　灂　（潋）瀲

(灞) 灞　　(洒) 灑

44
71(3)
43
60(8)
65(5)
灞
88
1
60(2)
66
47
60(3)
65(2)
168
55
339
166
66
1
100
60(7)
60(8)
78
32(10)
23
145
灑
100
168
145
100
71(3)
65(1)

(湾)灣　　灝

221
168
1102(1)
60(6)
65(1)
灝
196(4)
196(4)
54(2)
灣
145
1
65(1)
78
45(2)
146
65(5)
70
60(7)
65(5)
65(4)
70
100
60(7)
*
600
88
71(2)
74(2)
154
78
88
887
71(2)

8
快
82
32(3)
51
100
51
60(2)
42
60(8)
65(4)
140
78
*
19
忸
58
189
忱
32(8)
139
1033
1033
193
175(1)
忻
1027
忴
44
忭
14
忼
忙
65(3)
*
31
147
60(1)
忨
100
忤
灤
12
*
46
灩
100
42
99
忄
部

154

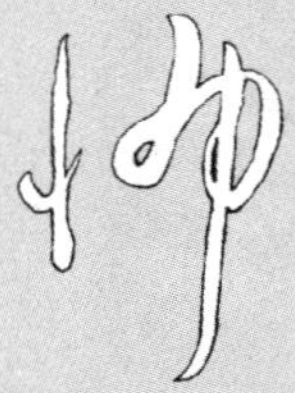
32(5)

怛

1031

快

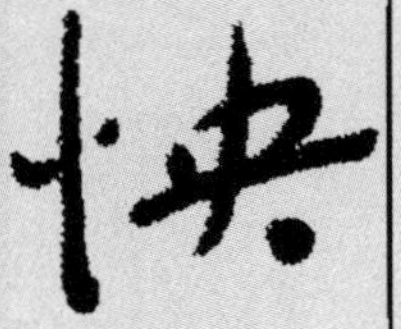
150

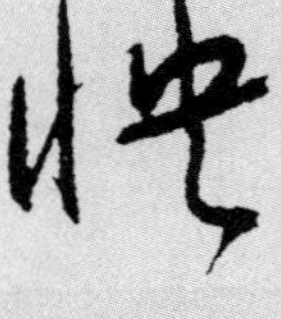
111 *

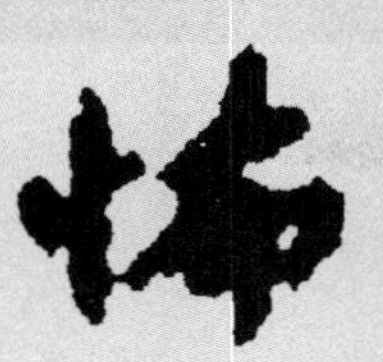
32(5)

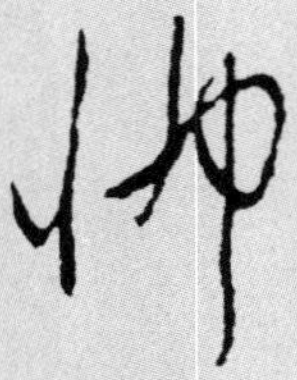
45(2)

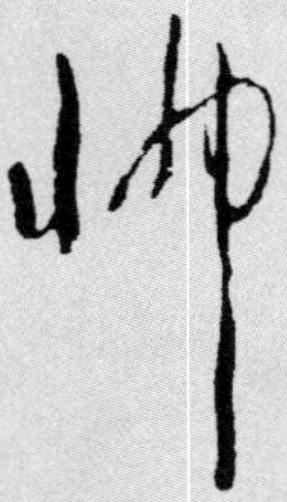
65(4)

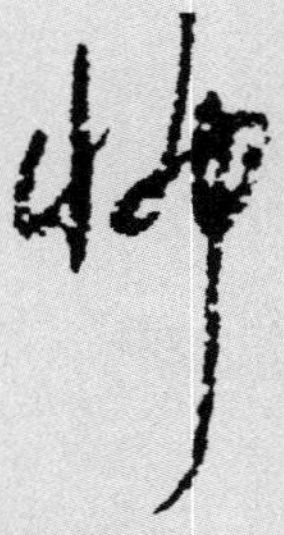
101

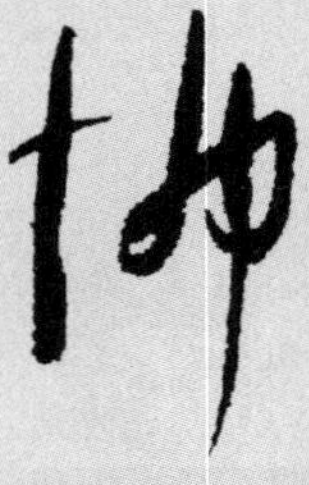
65(5)

196(9)

怖

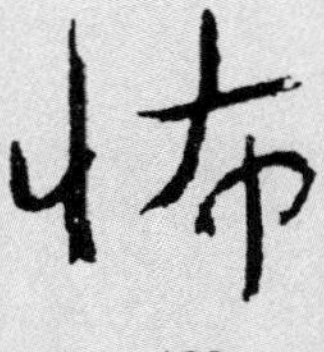
122

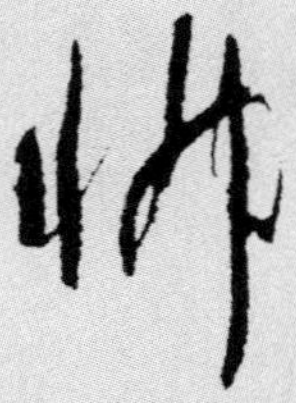
65(5) *

64

154

怙

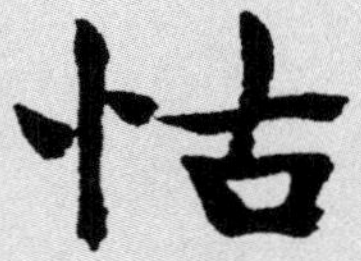
103

98

1035

19

怵

1034

84

81(4)

139

15

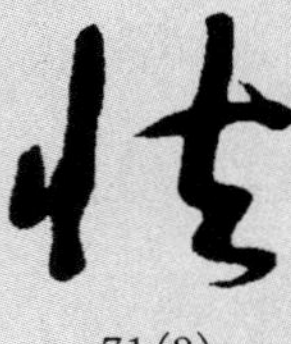
71(3) *

240

113

60(1)

140

71(3)

怯

98

82

1　101　60(4)　32(12)　性
71(3)　828　22　44　5
101 *　70　82　60(2)　4
17　60(6)　60(4)　98
2 *　62(4) *　60(10)　10
17　95 *　60(8)　14
74(2)　4　61(4)
62(1) *　162 *　45(2)　39　45(1)

（恠）怪　　　　　　怕　　　　怍

87
1
134
215
70*
65(4)
怪
154
60(4)
46*
65(4)
65(4)
32(11)
怕
61(4)
71(2)
140
100
92
76
71(3)
46
152*
71(1)*
74(1)*
380
62(3)*
怍
62(2)*
44
41
65(2)
290*
158

(恆) 恒　　恃　　怡

1
153
32(9)
166
168
15
32(3)
71(3)
60(10)
71(3)
145
78
139
19
1
28
83
394
158
17
70
7
82
7
125
74(2)
130
146
15
17
45(2)

忄部 六画

恬　　恫　恍　　恢

恬
44
74 (1)
1
71 (1)
1033
1033
62 (2)
62 (3)
101
158
62 (1)
32(12)
97
107
恍
1008
180
恫
98
1035
58
189
恢
58
58
73
67
152
2
71 (1)
74 (1)
95
62 (1)
76
45 (2)
62 (4)
101
62 (2)
62 (3)

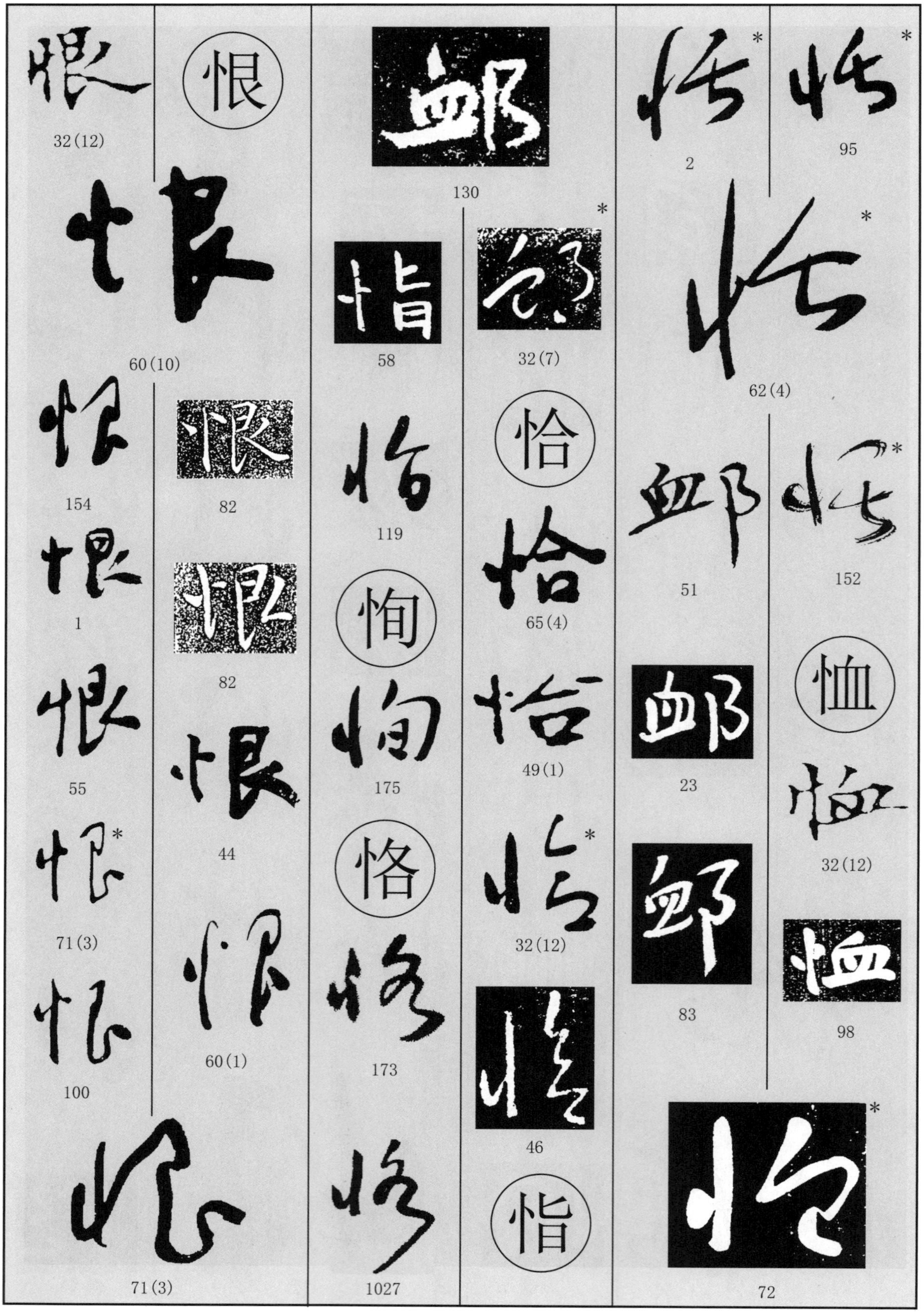

恨
32(12)
60(10)
154
82
1
82
55
44
71(3)
100
60(1)
71(3)
130
58
119
恂
175
恪
173
1027
32(7)
恰
65(4)
49(1)
32(12)
46
恉
2
95
62(4)
51
152
23
恤
32(12)
83
98
72

悚
悟
悖
159
355
61(3)
1
158
30
61(2)
14
41
60(2)
71(3)
164
65(5)
45(1)
154
79
100
168
1
73
140
76
88
75
19
88
71(3)
32(3)
32(12)
71(3)

悌　悦　悗悔　悃悞　悍悄

86
44
60(10)
153
悌
108
74(2)
32(1)
悦
60(8)
222 *
33
159
悔
154
159
71(3)
71(3)
119 *
悗
82
97
107
悞
111 *
悃
196(9)
1
1
悄
145
30
悍
9
44
*
88
41
66
825

情
7
10
11
11
154
78
55
1
44
61(4)
61(4)
1
1
65(4)
32(3)
131
55
139
1
55
13
60(10)
65(4)
61(4)
34
32(3)
60(10)
60(4)
65(4)
32(9)
60(8)

*
62(3)
100
42
70
60(8)
61(2)
51
60(8)
65(2)
61(3)
72
51
88
328
65(3)
76
31
139
134
60(7)
65(4)
71(3)
66
154
154
51
71(3)

71(2)
51
71(3)
32(12)
60(9)
22
61(1)
45(2)
71(2)
74(1)
110
62(4)
32(12)
45(2)
101
60(9)
46
2
62(1)
61(2)
32(12)
65(3)
95
70
22
71(1)
65(2)
71(2)
71(3)
1

（惜）惜

60(8)
*
62(2)
1
1
47
32(12)
19
46
46
*
162
44
154
惜
8
32(12)
12
223
10
10
32(2)
7
44
71(3)
60(4)
71(3)
45(2)
65(3)
60(10)

61(4)
74(2)
32(4)
39
99
62(4)
2
101
65(3)
67
62(1)
871
61(3)
145
71(3)
162
62(2)
65(4)
60(2)
60(8)
95
74(1)
61(3)
88
87
70
139
71(1)
61(2)
65(1)

悼　　　　　　　　（帐）悵　　悽

154
60(8)
悼
82
88
78
107 *
65(4)
100
66
60(8)
71(3) *
65(4)
22
101
65(2)
88
139
悵
88
1
332
64(3)
62(3) *
141
悽
44
244 *
54(3)
44
71(3)
78
32(9)

32(12) 100 61(3) 88 94 22

51 30 60(8) 74(2) 60(1) 51 87 60(2) 60(1)

3 82 98 11 65(4) 82 60(10) 74(2) 61(3) 51

77 97

惘

1 1106

悸

256

惟

152
62(2)
71(3)
88
1
32(7)
32(5)
145
71(1)
146
67
83
158
95
228
159
1
101
62(4)
32(9)
149
44
62(3)
2
87
97
1
100
62(1)
74(1)
1
32(9)

惰 慌 惙 惋 悰 (悴)悴 惇 惆

惰

19

惰

98

100

113

113 *

113

惋

88

60(5)

1015

惙

196(4)

慌

悰

65(5)

99

悰

60(10)

32(3)

(悴)悴

悴

140

45(2) *

71(3)

惇

88

65(4)

32(12) *

65(5)

惇

1031

45(1) *

惆

惆

332

101

139

60(8)

100

65(2)

愜: 549, 71(3), 148, 168, 60(6), 86

惻: 98, 62(4), 101, 71(1)

愓: 162, 95, 62(2), 158, 62(1), 62(3), 1, 74(1), 28, 98, 7, 148, 65(4), 81(6), 152

惺: 199, 60 (5)

愒: 100

愕: 103

（愧）愧　惶　愀

44
62(1)
95
98
71(3)
12
74(1)
71(1)
惶
148
61(1)
85(2)
2
82
1035
1
1
104
愀
152
62(3)
121
60(5)
60(7)
62(4)
62(2)
1
1025
71(3)
65(5)
1012
71(3)
60(6)
愧
158
101
30

324
25
63(2)
134
134
惱
1102(2)
22
83
66
1
154
134
60(9)
70
70
16
60(7)
*
32(5)
149
53
634
1
84
139
65(3)
76
77
61(4)
102
82
11
10
78
12
1
愉
60(10)
愔
104
慨
7

1
166
慎
27
98
4
139
22
60(5)
81(4)
154
65(2)
35
61(2)
70
1
60(8)
60(4)
65(3)
74(1)
2
62(1)
152
70
71(1)
95
62(3)
101
1
73
62(2)

（愓）慢　　（慙）慚　慊　愴　愾　愷

145
1
慊
愾
58
*
111
196(4)
139
67
55
44
*
162
慚
愴
慢
*
154
158
60(5)
196(5)
71(2)
146
*
154
62(4)
193(8)
*
73
44
5
77
1
28
67
愾
愷
*
5
60(8)
*
229
108
129
189
44

77
16
慘
1
98
13
1
60(9)
44
839
134
78
66
65(3)
83
32(5)
1
149
624
61(4)
139
76
慷
82
25
*
140
154
86
15
139
139
慟
87
*
145
慵
1026

46 46 196(6) 71(3)

60(3) * 32(3) 77 107

7 23 5 10 74(2) 19

168 * 905 65(1) 154 60(4)

1 1 141 32(12) * 134 129 141 65(4) 168 883

憐

60(10) 65(5) 60(10) 134 130 139

1 60(10) 32(3) 332 65(2)

139 1 1 168 104 154

顦

141 139 60(3)

懊

5

憧

71(3)

憚

196(4) 32(12) 60(5) 44

憔

99 45(5) 32(3) 60(6) 140

憾　　　　　　　　（悯）憫

60(6)
168
60(5)
46
139
6
65(4)
65(4)
168
70
65
94
100
196（4）
256
71(3)
140
153
546
66
71(3)
60(8)
424
71(3)
47
44
17
*
45(2)
45(2)
168
32(8)
71(3)

憶　(懈) 懈 憺　憹

32(3)
84
70
60(9)
65(3)
99
1
130
67
*
1
60(10)
1
憶
65(5)
憺
71(2)
65(4)
1
73
58
32(10)
22
懈
44
44
45(1)
394
6
憹
49(1)
134
60(10)
74(2)
12
5

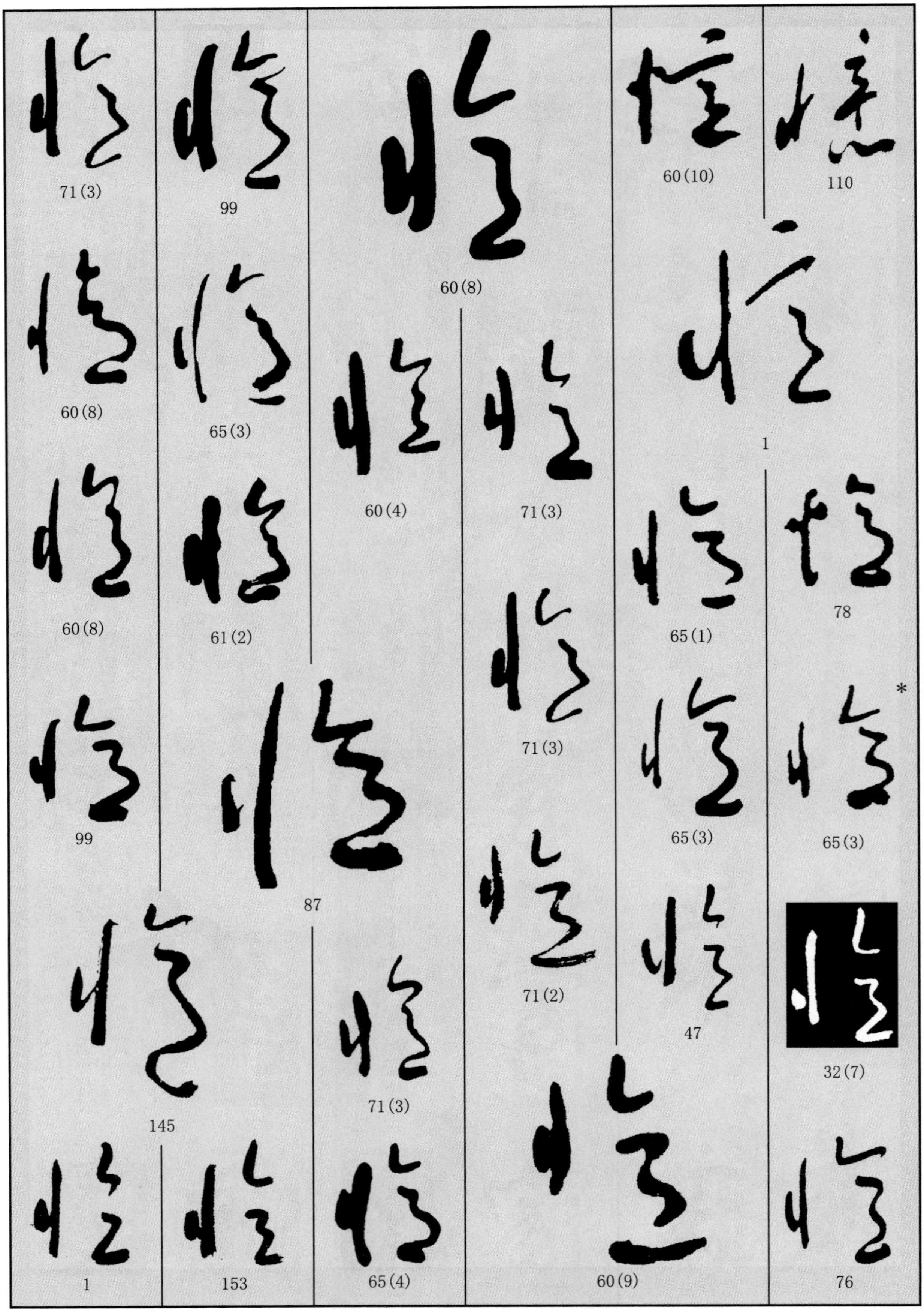

71(3) 99 60(8) 60(10) 110
60(8) 65(3) 60(4) 71(3) 1
60(8) 61(2) 65(1) 78
71(3) 99 87 65(3) * 65(3)
71(2) 145 71(3) 47 32(7)
1 153 65(4) 60(9) 76

懦
11
550
186
1106
懶
367
60(10)
60(10)
145
139
60(2)
32(9)
147
*
110
1022
懷
9
27
42
44
1026
4
6
45(2)
78
61(4)
45(1)
1
42
44
44
44
71(3)
61(4)
43
42
44

61(1)
60(5)
108
44
92
92
45(1)
61(4)
61(4)
*
60(7)
60(2)
62(1)
61(7)
78
1
*
60(4)
95
34
32(6)
859
70
70
61(2)
60(7)
61(4)
306
*
101
32(1)
139
154

1
61(2)
79
71(3)
60(4)
87
61(3)
61(3)
145
61(2)
*
62(2)
100
*
62(4)
88
60(8)
45(2)
*
71(1)
60(2)
1
15
97
24(2)
87
1
65(2)
*
162
100
32(8)
139
*
74(1)
1

596　5　148　103　60(8)　78　98　1　1　88　45(2)　229　28　158　1　62(3)*　1　152*　60(9)　60(3)　1　1　61(1)　34　18　100　60(9)　1　1　71(3)

忄部 十八画

宀部 二——三画

61(4)
60(4)
62(3)
74(2)
121
65(4)
23
158
65(4)
宀部
它
74(1)
152
62(1)
101
44
62(4)
71(1)
74(2)
61(4)
140
宄
140
146
175
62(2)
62(1)
2
宇
71(1)
61(2)
65(4)
95
22

守

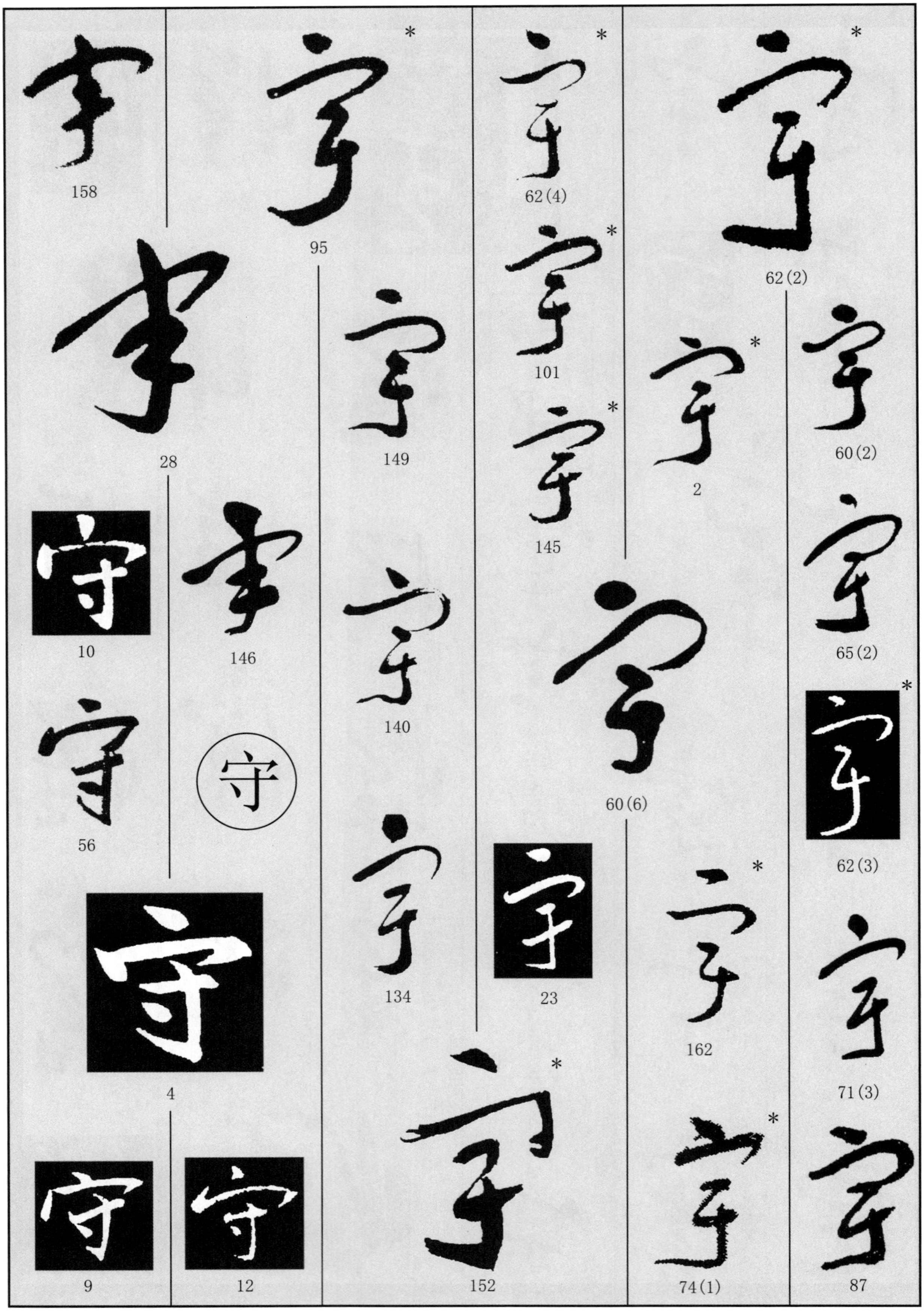
62(2)
60(2)
65(2)
62(3)
71(3)
87
2
60(6)
162
74(1)
62(4)
101
145
23
152
95
149
140
134
146
守
12
158
28
10
56
4
9

宅

139
61(4)
145
61(4)
60(7)
71(1)
137
154
62(1)
1
45(2)
62(2)
62(3)
87
95
62(4)
162
152
宅
58
82
140
101
74(1)
61(4)
139
99
60(10)
1
154
32(9)
141
726

安

8
10
82
7
58
12
7
10
146
安
81(6)
1
290
98
151
62(3)
146
94
92
87
162
62(4)
60(7)
152
158
2
62(2)
62(1)
71(1)
74(1)
1
28
60(6)
101
72

95
99
51
51
51
60(5)
62(4)
1
17
146
61(2)
63(2)
17
99
17
139
32(11)
61(3)
16
55
60(10)
47
4
25
63(2)
71(1)
60(5)
154
65(2)
62(1)
162
154

101
25
1
20
74(1)
62(3)
30
153
22
158
22
71(3)
87
145
32(7)
88
87
60(8)
2
152
32(5)
1
61(4)
70
62(2)
67
261
65(4)
94
78
82
32(8)

字
60(9)
244
228
51
51
140
51
60(3)
51
51
6
8
5
32(10)
32(11)
48
4
74(2)
31
82
154
60(10)
1
367
60(5)
336
60(10)
61(3)
32(12)
88
139

19
100 *
81(4)
140
146
74(2)
44
95 *
61(2)
65(4)
47
100
83
158
146
完
61(1)
88
71(2)
1
9
51
13
71(3)
101
140
39
46
60(4)
71(3)
146

宋　宏　牢

宋

5

4

147

223

139

60(10)

98

1

*

83

20

69

71(3)

60(8)

93

71(3)

70

71(3)

74(2)

74(2)

宏

58

19

70

42

77

*

16

74(2)

1

61(2)

22

牢

宗　　　　（災）灾

44
88
6
88
831
71(3)
65(3)
39
65(1)
48
139
60(5)
65(4)
256
65(3)
宗
65(4)
32(12)
410
98
130
3
60(7)
823
134
60(1)
32(12)
145
88
灾
65(2)
22
164

570
61(3)
5
489
100
2
23
8
32(10)
82
定
70
65(4)
88
15
7
98
71(1)
71(3)
10
11
61(3)
62(1)
74(1)
139
74(2)
73
158
154
152
101
14
139
28

宕

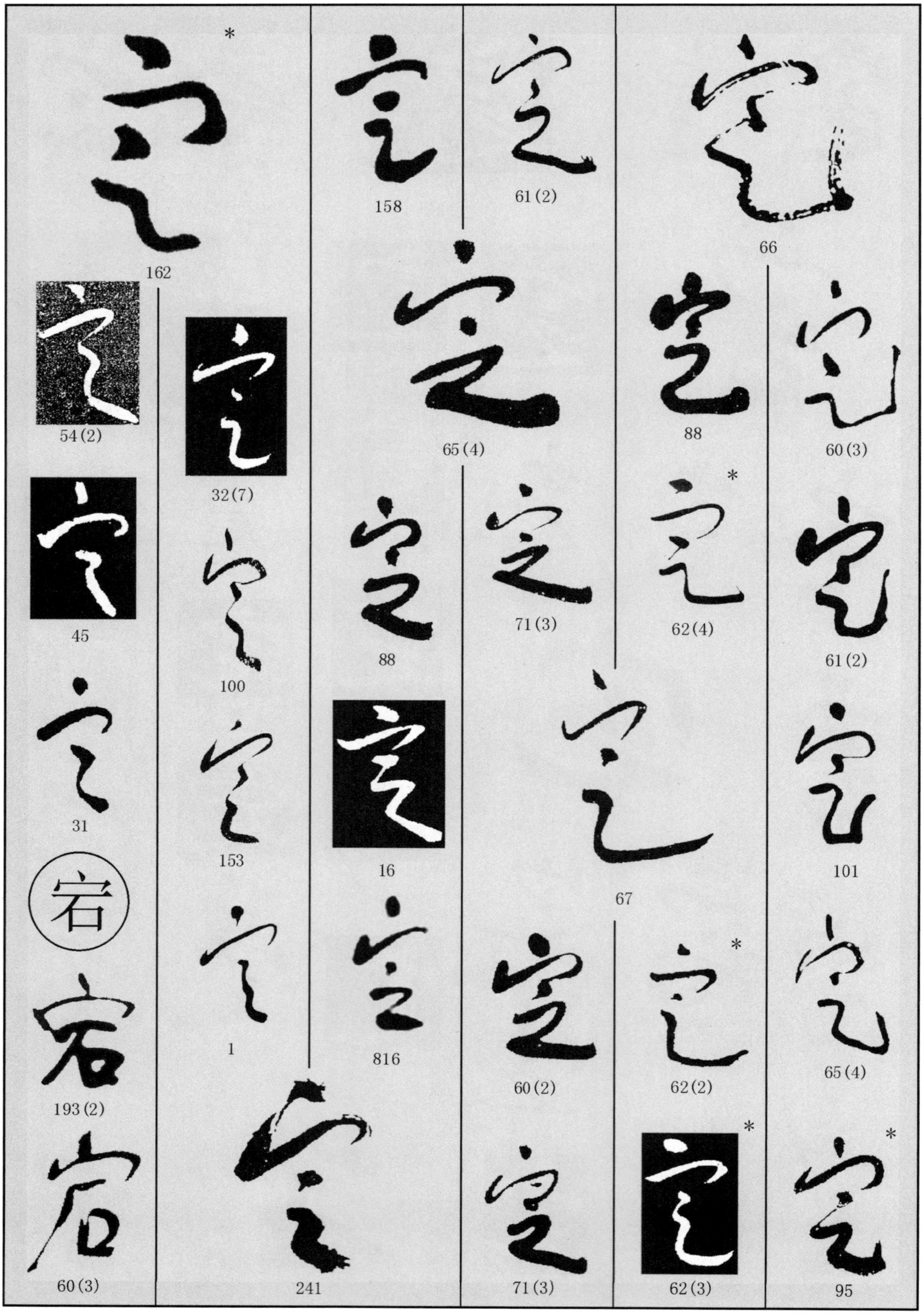

66
60(3)
61(2)
101
65(4)
95 *
88
62(4) *
67
62(2) *
62(3) *
61(2)
65(4)
71(3)
60(2)
71(3)
158
88
16
816
241
32(7)
100
153
1
162 *
54(2)
45
31
宕
193(2)
60(3)

60(2)
宣
10
4
11
7
83
11
158
654
73
88
100
139
73
73
31
71(2)
47
34
60(1)
62(1)
70
71(1)
101
62(4)
74(1)
95
60(8)
162
62(3)
44

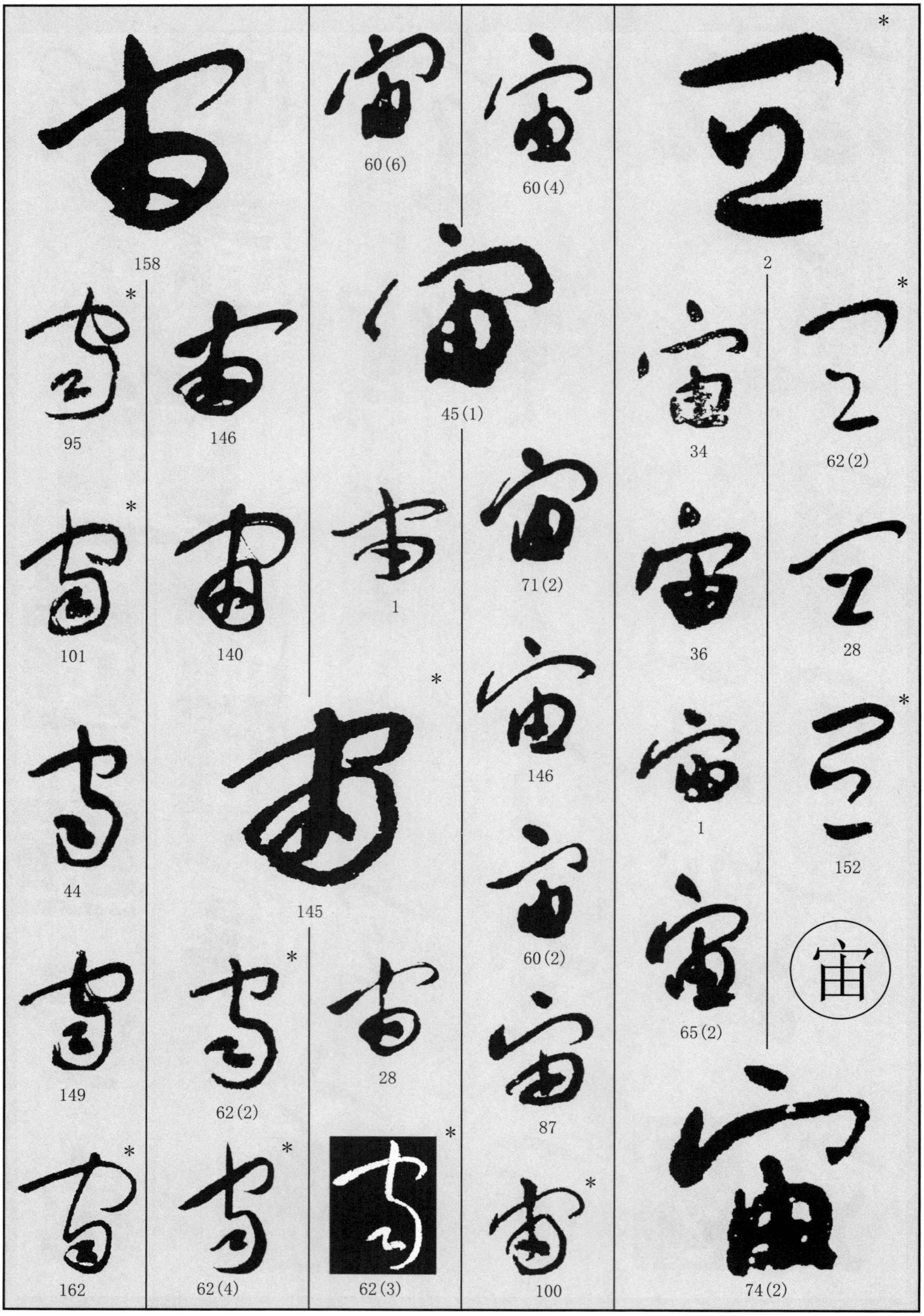
2
62(2)
28
152
宙
34
36
1
65(2)
74(2)
60(4)
71(2)
146
60(2)
87
100
60(6)
45(1)
1
145
28
62(3)
146
140
62(2)
62(4)
158
95
101
44
149
162

74(1)* 71(1)* 2 152* 官 32(12)

62(1)* 10 98 5 4

60(5) 88 60(5) 60(5) 6

7 32(9) 141 154 32(9) 32(9)

70 154 101 46 101* 162*

62(3)* 32(7) 74(1)* 2*

152
145
95
62(1)
62(2)
146
100
62(4)
1
32(6)
22
71(1)
244
158
146
129
270
宛
60(10)
60(6)
97
107
宣
82
51
83
27
47
32(9)
6
4
71(3)
83
14
70

103
98
4
47
宥
139
室
154
32(12)
129
31
31
32(7)
95
62(4)
244
62(1)
32(7)
宧
158
62(2)
62(3)
71(3)
74(2)
71(1)
2
140
152
101
74(2)
74(1)
17

宫

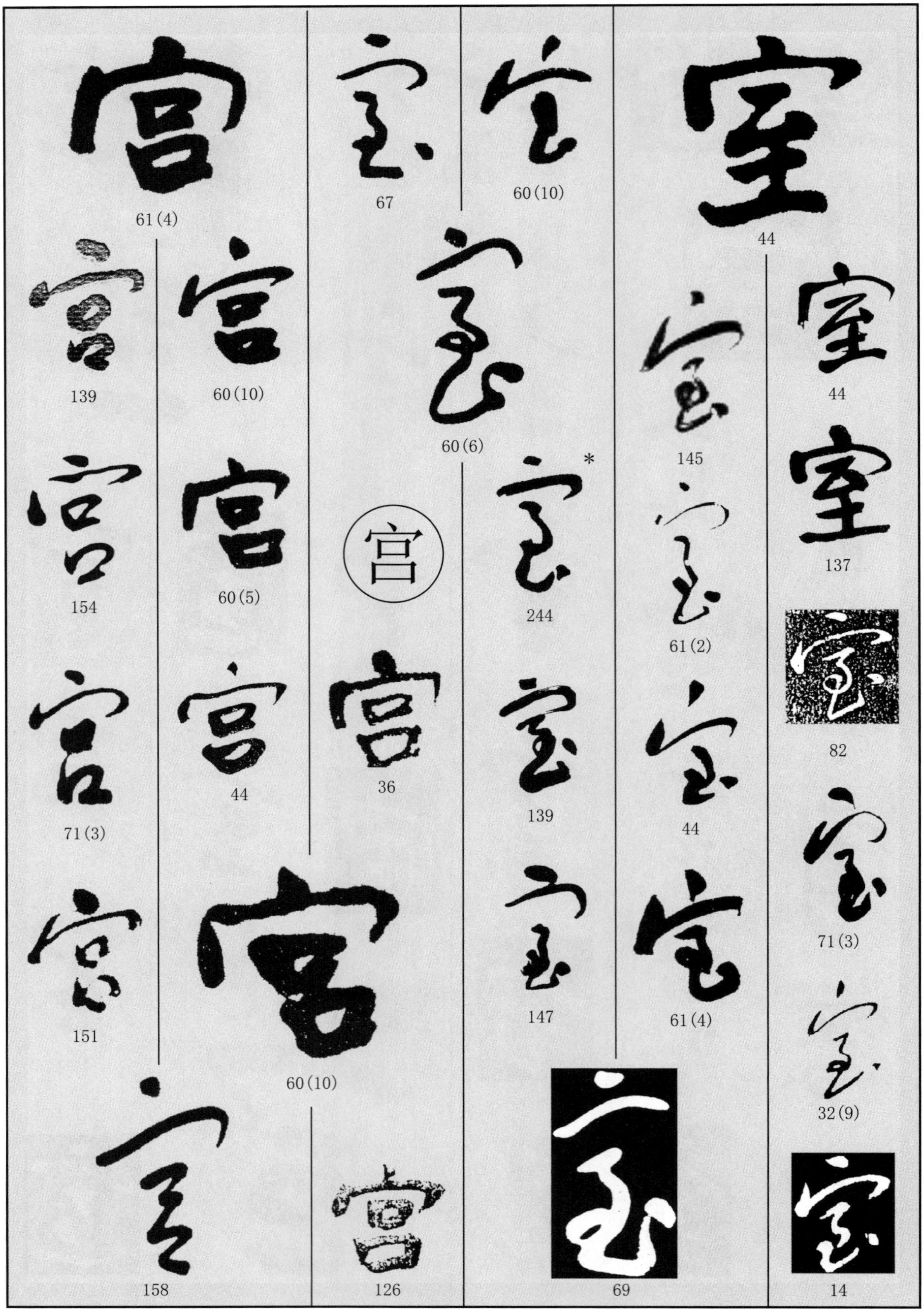
44
44
137
82
71(3)
32(9)
14
145
61(2)
44
61(4)
69
60(10)
60(6)
*
244
139
147
67
宫
36
60(10)
126
61(4)
60(10)
60(5)
44
139
154
71(3)
151
158

客

7
82
1
145
8
48
145
94
152
30
客
834
60(5)
74(1)
2
62(1)
130
858
62(4)
95
94
71(1)
1
71(3)
62(3)
67
47
60(2)
101
162
33
67
28
62(2)

60(10)
60(10)
60(10)
154
154
30
*
92
30
60(7)
107
60(7)
60(8)
1
60(1)
61(3)
99
154
140
139
153
323
87
168
104
害
32(12)
8

13
4
3
1
51
55
99
99
家
32(12)
6
98
18
7
6
46
60(3)
宸
65(2)
71(2)
154
71(3)
154
12
7
98
65(4)
71(3)
60(7)
*
*

60(10) 82 48 145 159 145 174
1 55 88 70 65(4)
101 60(10) 60(5) 60(10)
44 234 378 139 88 546
139 18 17 146 16
154 32(10) 101 139

60(7)

* 62(2)

* 152

47

60(8)

* 101

104

1

71(2)

45(2)

72

* 95

92

15

101

100

* 62(4)

65(1)

71(3)

16

60(8)

65(1)

60(6)

46

28

70

* 62(1)

* 71(1)

81(6)

* 62(3)

158

75

宴　宵

78
69
162
154
65(2)
32(7)
2
60(7)
55
21
66
宵
36
100
71(3)
154
141
168
1
174
65(3)
55
60(8)
129
32(2)
129
66
44
215
宴
60(4)

宰

宰
86
501
65(2)
141
45(2)
99
168
104
146
* 111
213
32(12)
45(2)
158
1102(2)
168
58
28
108
1
* 62(3)
* 62(2)
* 101
* 62(1)
* 2
* 74(1)
* 71(1)
* 95
* 62(4)
* 152

宀部
七画

宭
44
案
6
139
15
*
74(2)
77
937
45(2)
60(8)
寇
65(5)
60(3)
5
82
32(12)
83
15
113
寅
18
82
3
101
139
20
寄
71(2)
*
71(2)
78
71(3)

1
140
65(4)
81(6)
139
60(10)
60(10)
48
139
1
45(1)
51
60(10)
51
60(5)
30
*
74(2)
65(4)
81(6)
44
81(5)
60(6)
63(2)
1
71(3)
71(3)
71(3)

107
67
寂
71(3)
101
94
145
882
168
65(4)
60(8)
60(10)
55
137
60(5)
1102(3)
71(3)
168
141
1
1
33
62(3) *
62(2) *
71(1) *
71(3)
95 *
100 *
62(1) *
62(4) *
101 *
71(4) *

（宿）宿

宀部 八画

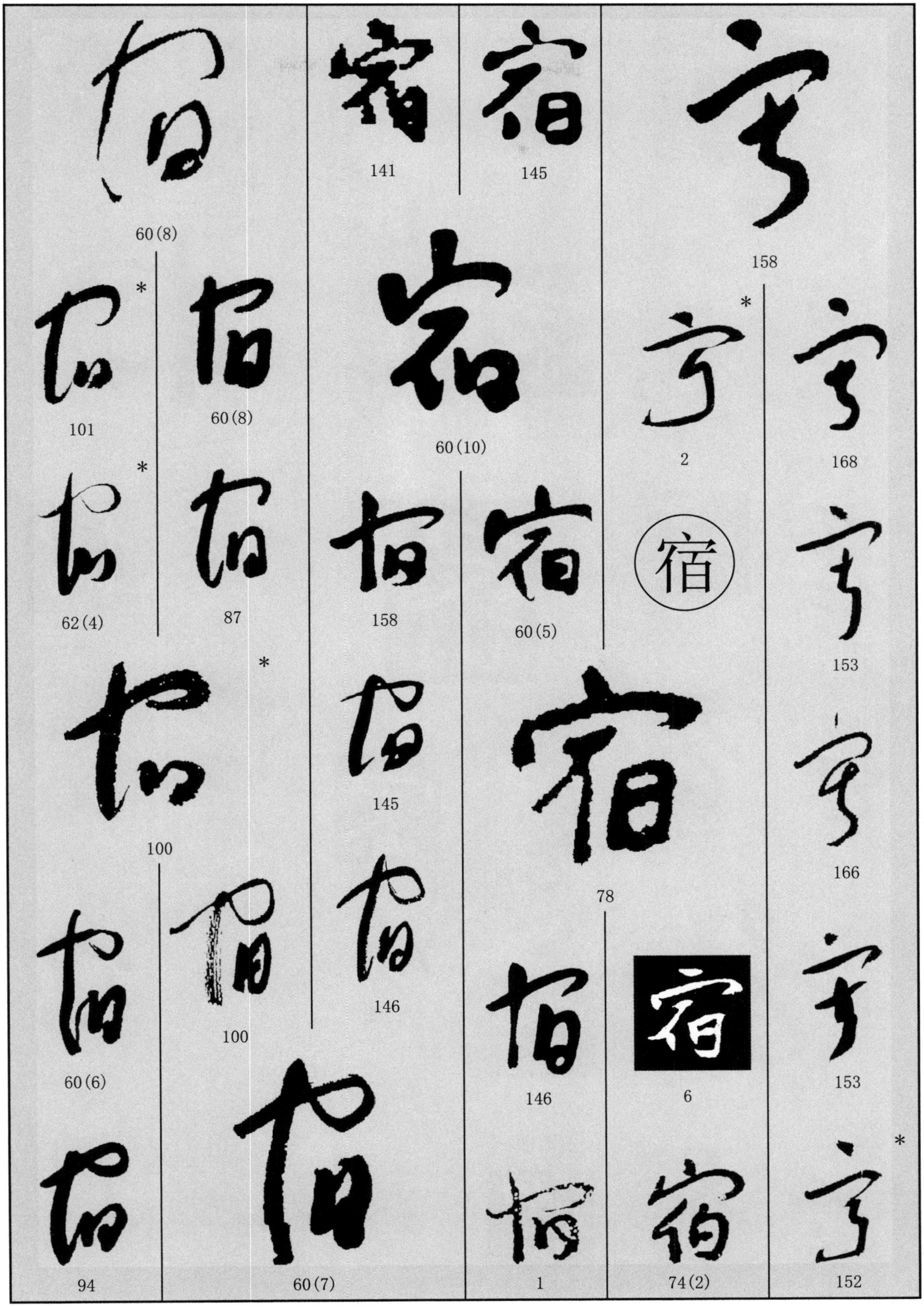

158
168
153
166
153
152
2
宿
6
74(2)
145
78
60(5)
146
1
141
60(10)
158
145
146
60(7)
60(8)
87
100
60(8)
101
62(4)
100
60(6)
94

密
71(1)
162
62(3)
2
74(1)
62(1)
100
145
62(2)
152
95
32(12)
32(12)
11
7
32(3)
154
8
345
82
15
432
158
33
1
95
2
62(1)
74(1)
71(1)
64(1)

47
137
141
139
1
45(1)
71(3)
131
387
139
139
88
71(3)
1
60(10)
27
64(1)
122
122
83
寒
101
62(3)
152
64(1)
154
62(4)
100
60(9)
62(2)
32(12)
20
*
*
*
*
*

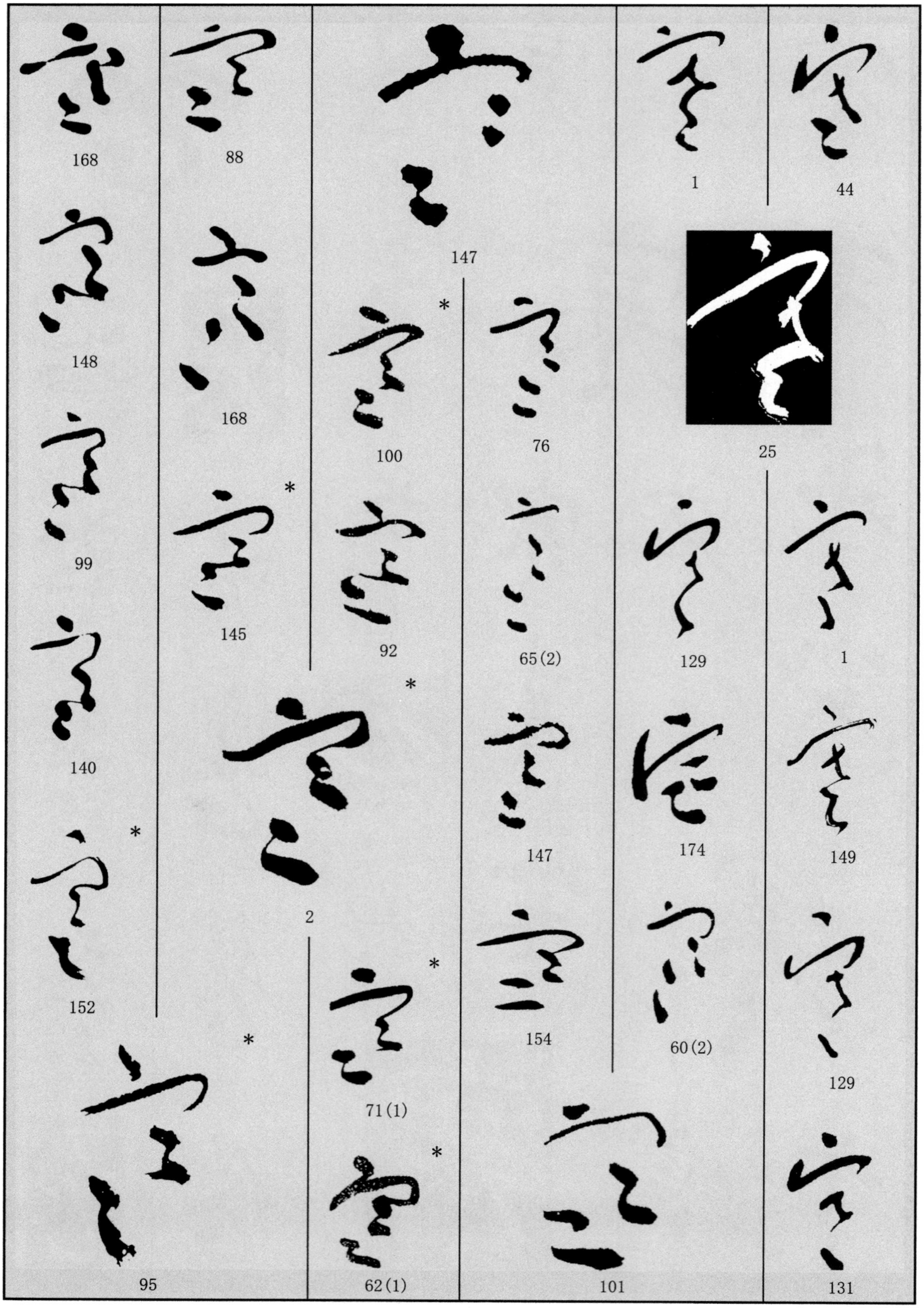
44
1
25
1
129
149
174
129
60(2)
131
101
76
65(2)
147
154
147
100
92
2
71(1)
62(1)
88
168
145
95
168
148
99
140
152
*

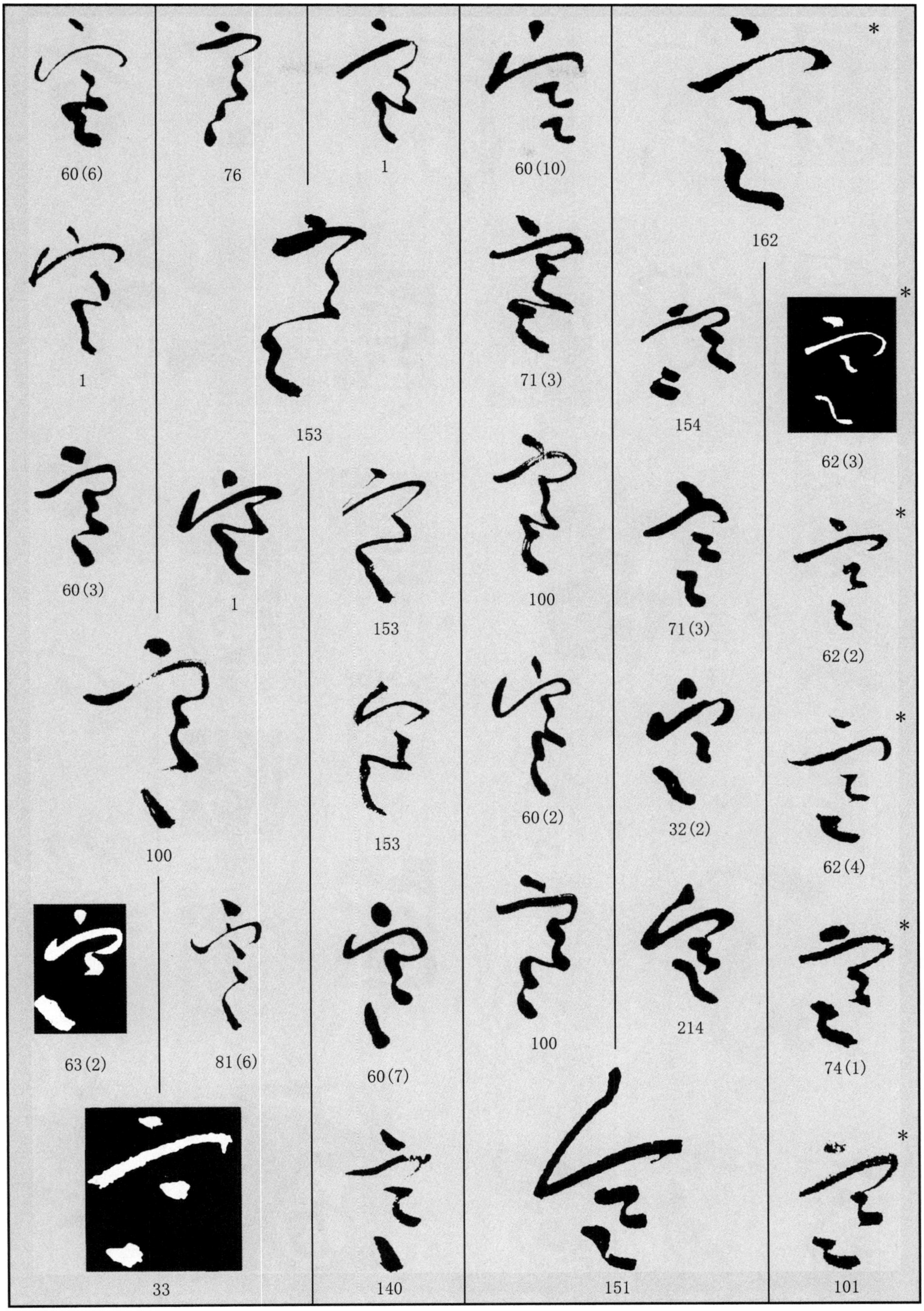
* 162
* 62(3)
* 62(2)
* 62(4)
* 74(1)
* 101
154
71(3)
32(2)
214
151
60(10)
71(3)
100
60(2)
100
1
153
153
153
60(7)
140
76
1
81(6)
33
60(6)
1
60(3)
100
63(2)

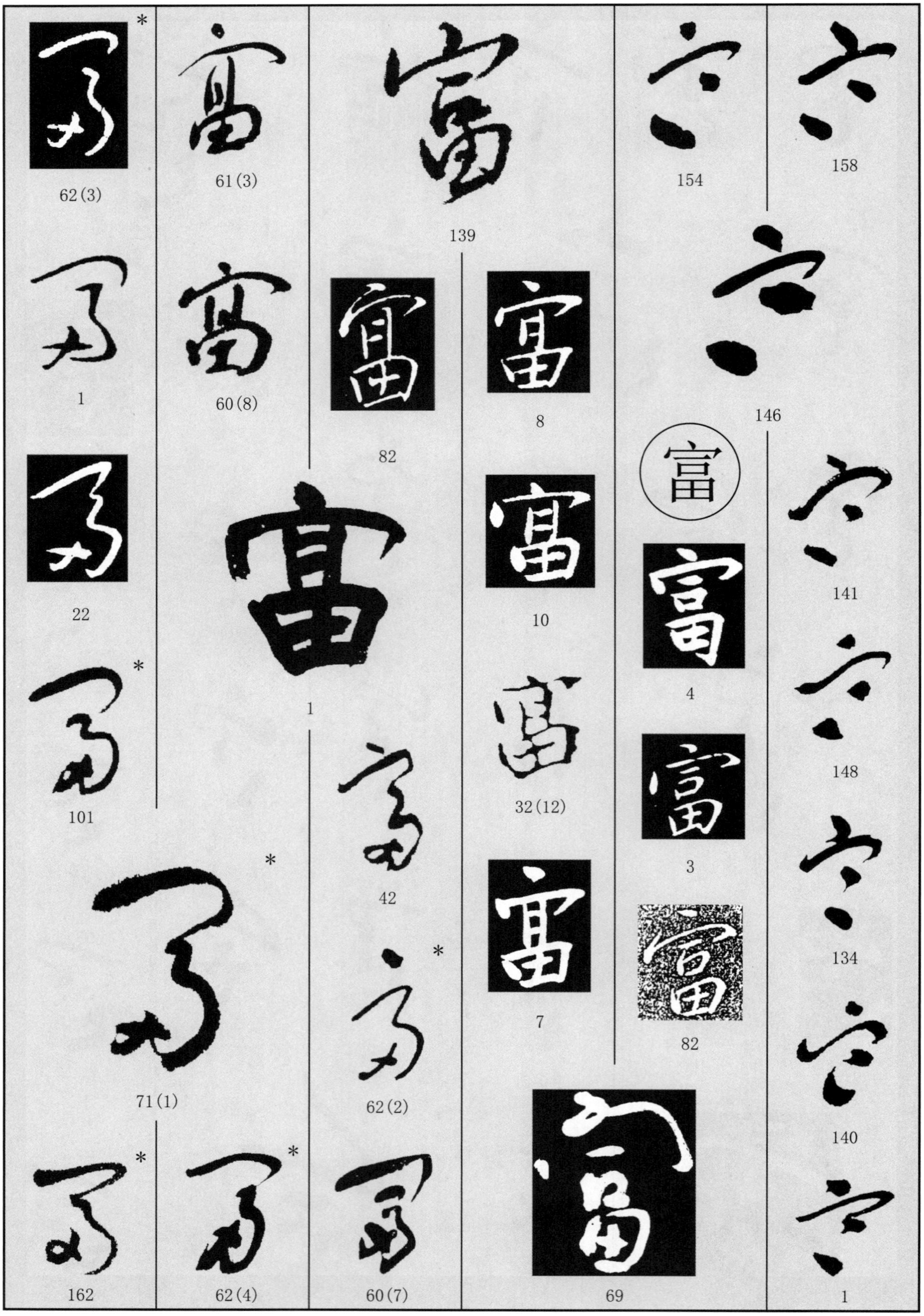

158
154
146
141
148
134
140
1
富
4
3
82
139
8
10
32(12)
7
69
82
1
42
62(2)
60(7)
61(3)
60(8)
71(1)
62(4)
62(3)
1
22
101
162

（廪）寓　　寔

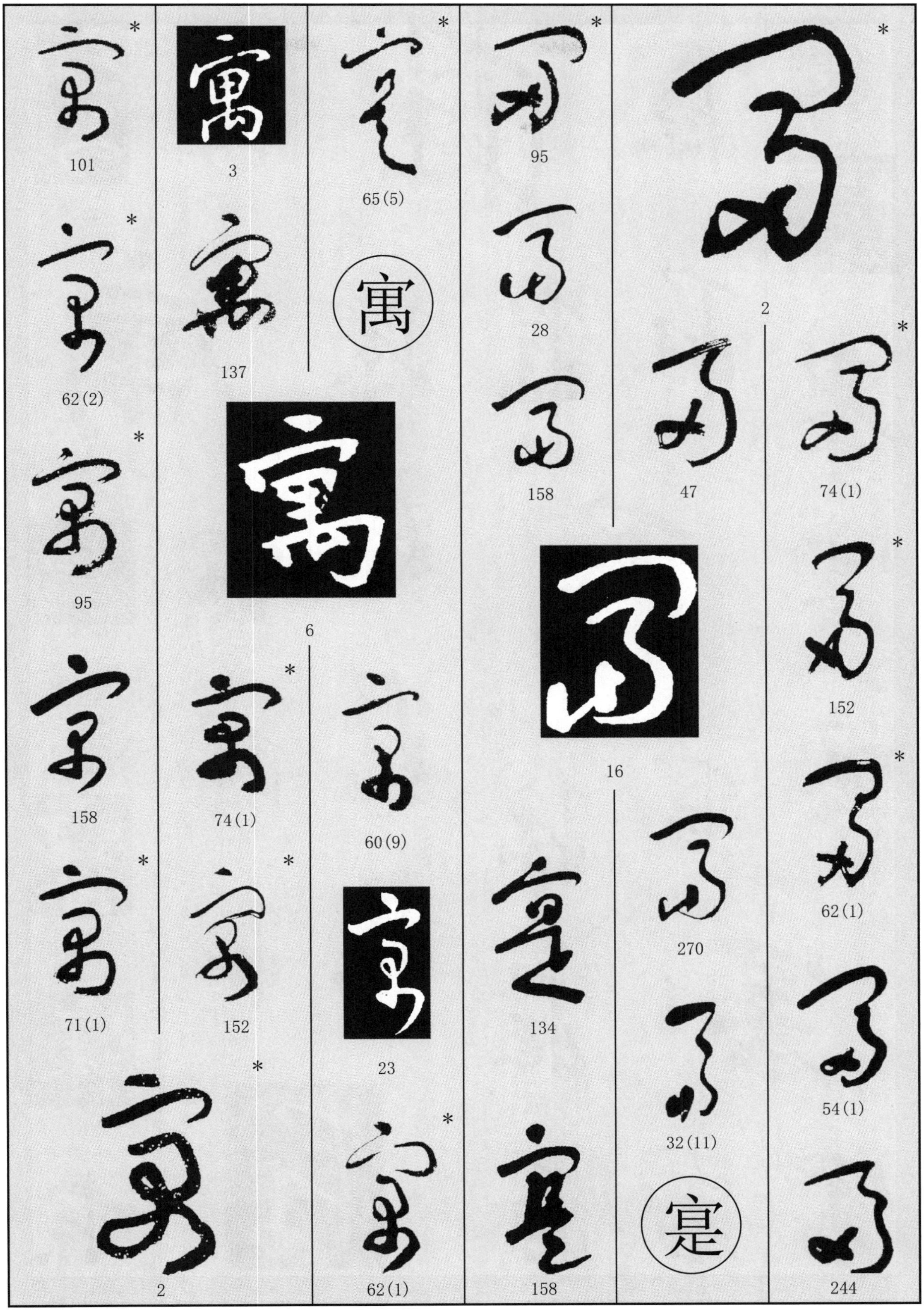

寓：101　62(2)　95　158　71(1)　3　137　6　74(1)　152　2　65(5)　寓　60(9)　23　62(1)

寔：95　28　158　134　158　2　47　16　270　32(11)　寔　74(1)　152　62(1)　54(1)　244

塞
8
223
154
31
141
141
62(4)
153
1
1
152
61(1)
62(2)
139
140
2
74(1)
95
60(3)
62(1)
62(4)
105
86
71(1)
101
62(3)
62(3)
58
寐
5
8
158

宀部

十画

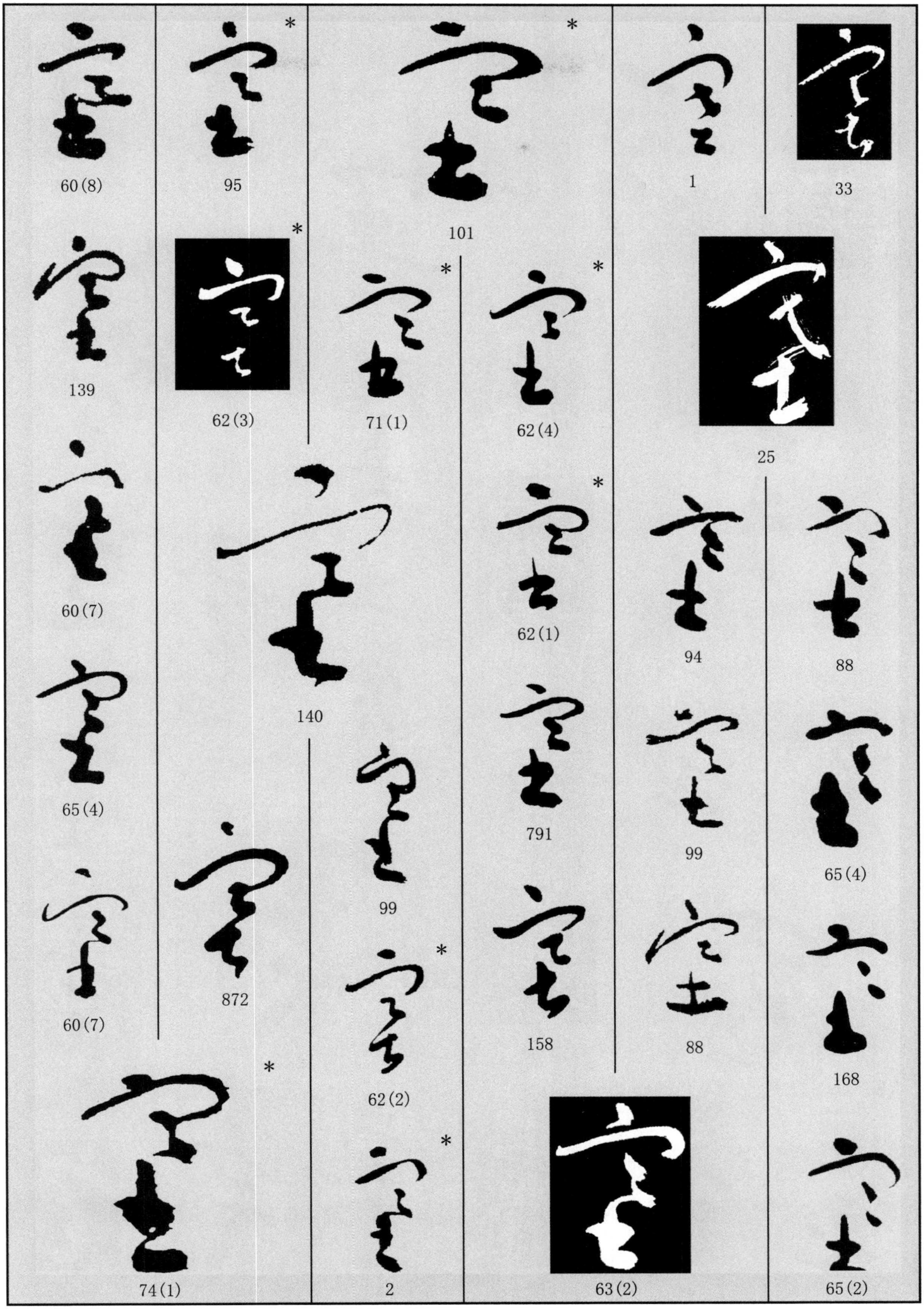
33
1
101
95
60(8)
25
62(4)
71(1)
62(3)
139
88
94
62(1)
140
60(7)
65(4)
99
791
99
872
65(4)
168
88
158
62(2)
60(7)
65(2)
63(2)
2
74(1)

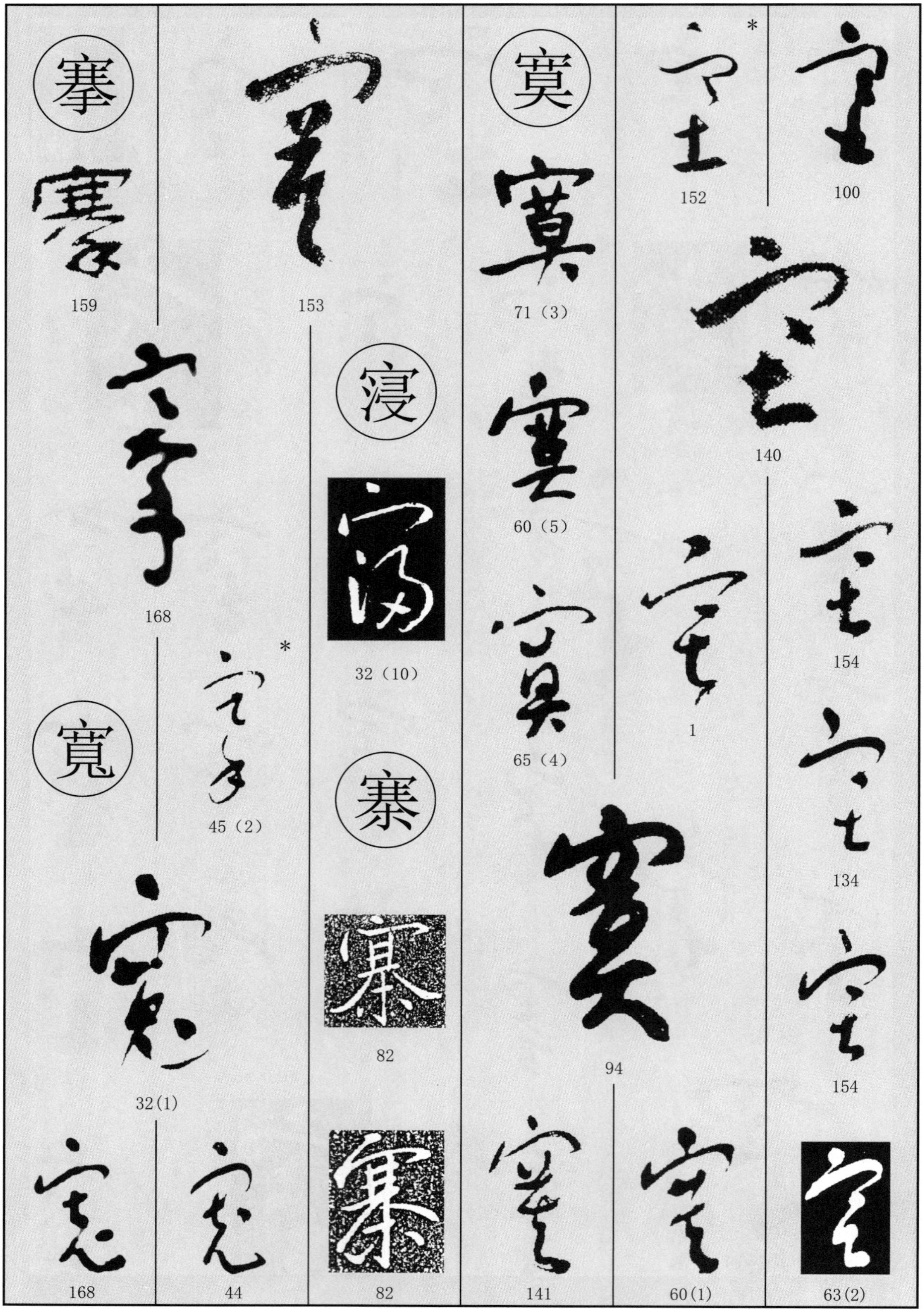

100　152*　140　154　1　134　154　94

寞　71（3）　60（5）　65（4）

63(2)　60(1)　141

153　寖　32（10）　寨　82　82

搴　159　168

寬　45（2）*　32(1)　168　44

（賔 賓）賓

58　230　71(3)　60(5)　60(8)　74(2)

32(8)　32(9)*　賓　105　58

15　154　564　74(2)　141

60(5)　168　70　62(3)*　62(2)*　2*

162*　74(1)*　71(1)*　95*

101*　62(4)*　95*　158　62(1)*

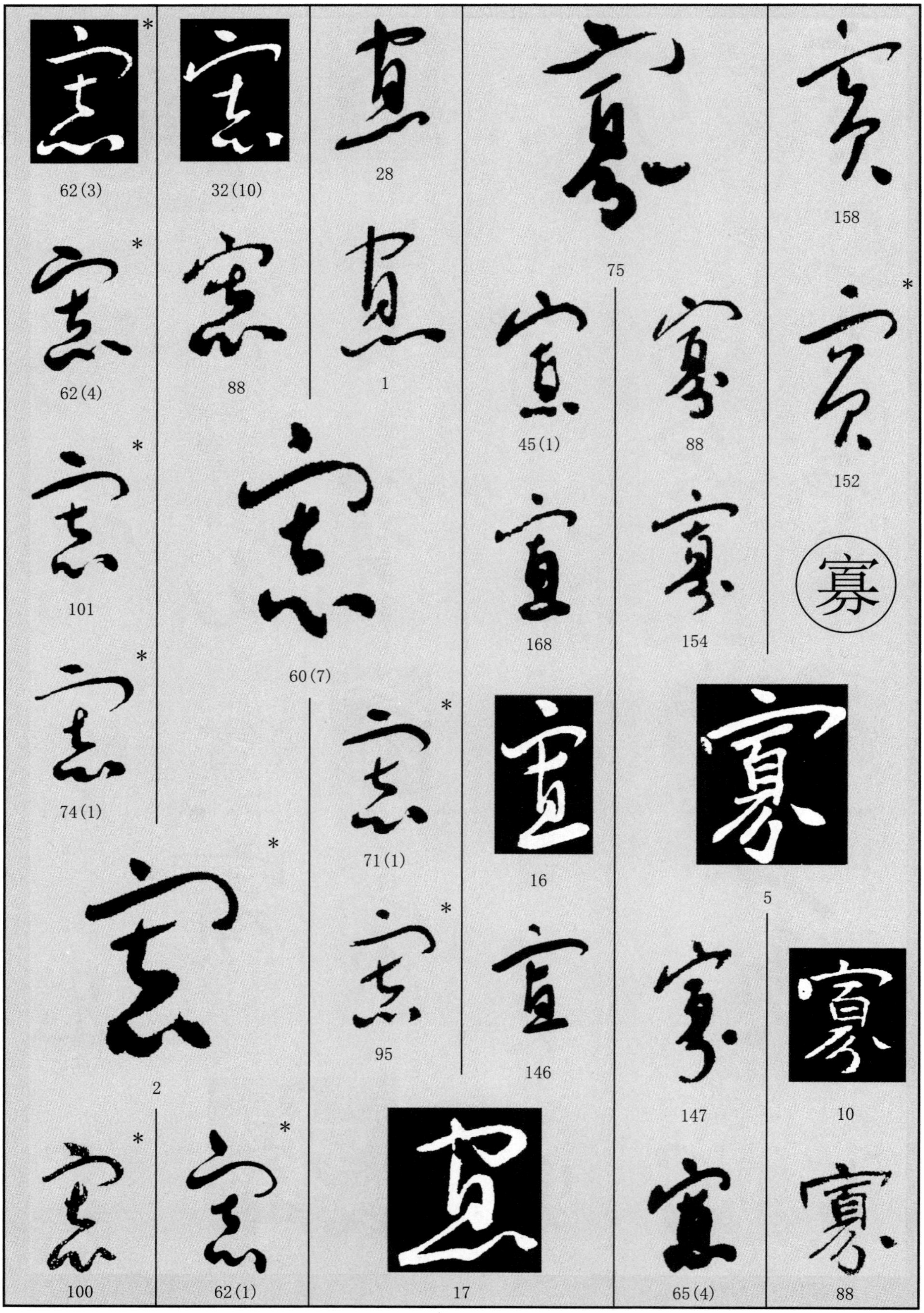
158
152 *
寡
5
10
88
75
88
154
45(1)
168
16
146
147
65(4)
17
28
1
60(7)
71(1) *
95 *
62(3) *
32(10) *
62(4) *
88
101 *
74(1) *
2 *
100 *
62(1) *

察

62(2) 32(12) 152 153 5
6 61(3) 51 6
251 139 18 62(3) 15
74(2) 71(1) 60(4) 20 74(1) 101
74(2) 107 152 62(1)
62(4) 95 2 146 62(2)

60(7)
158
107
394
44
60(3)
83
67
蜜
60(5)
45(2)
寧
7
6
55
82
71(3)
154
154
45(2)
74(2)
15
88
74(2)
78
32(7)
71(1)
97
32(10)
65(5)
74(1)
95

67
62(2)
95
71(1)
152
74(1)
1
62(3)
100
244
101
62(1)
寤
196（9）
1011
60（2）
寝
5
100
130
107
152
6
111
2
158
62(3)
62(2)
62(1)
87
61(3)
101
62(4)
71(2)

62(4) 2 6 寥 4 137

74(1) 65(1) 30 168

71(3) 168 134 883

60(7) 2 158 145 152 71(1)

74(1) 62(3) 62(2) 100

101 95 62(4) 62(1)

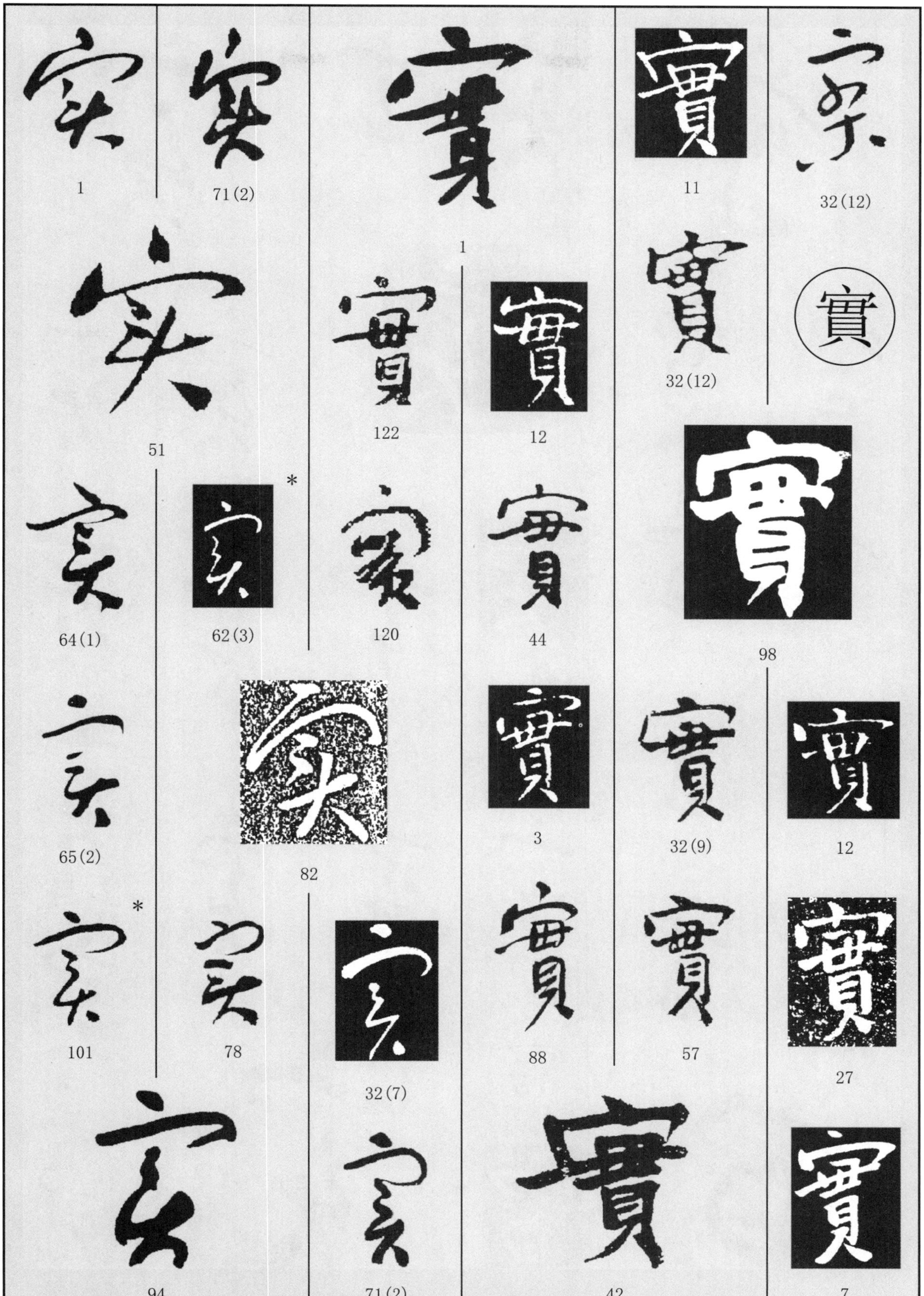
32(12)
實
98
12
27
7
11
32(12)
32(9)
57
42
1
12
44
3
88
122
120
82
32(7)
71(2)
71(2)
51
62(3)
*
78
94
1
64(1)
65(2)
101
*

（冩寫寫）寫 賓

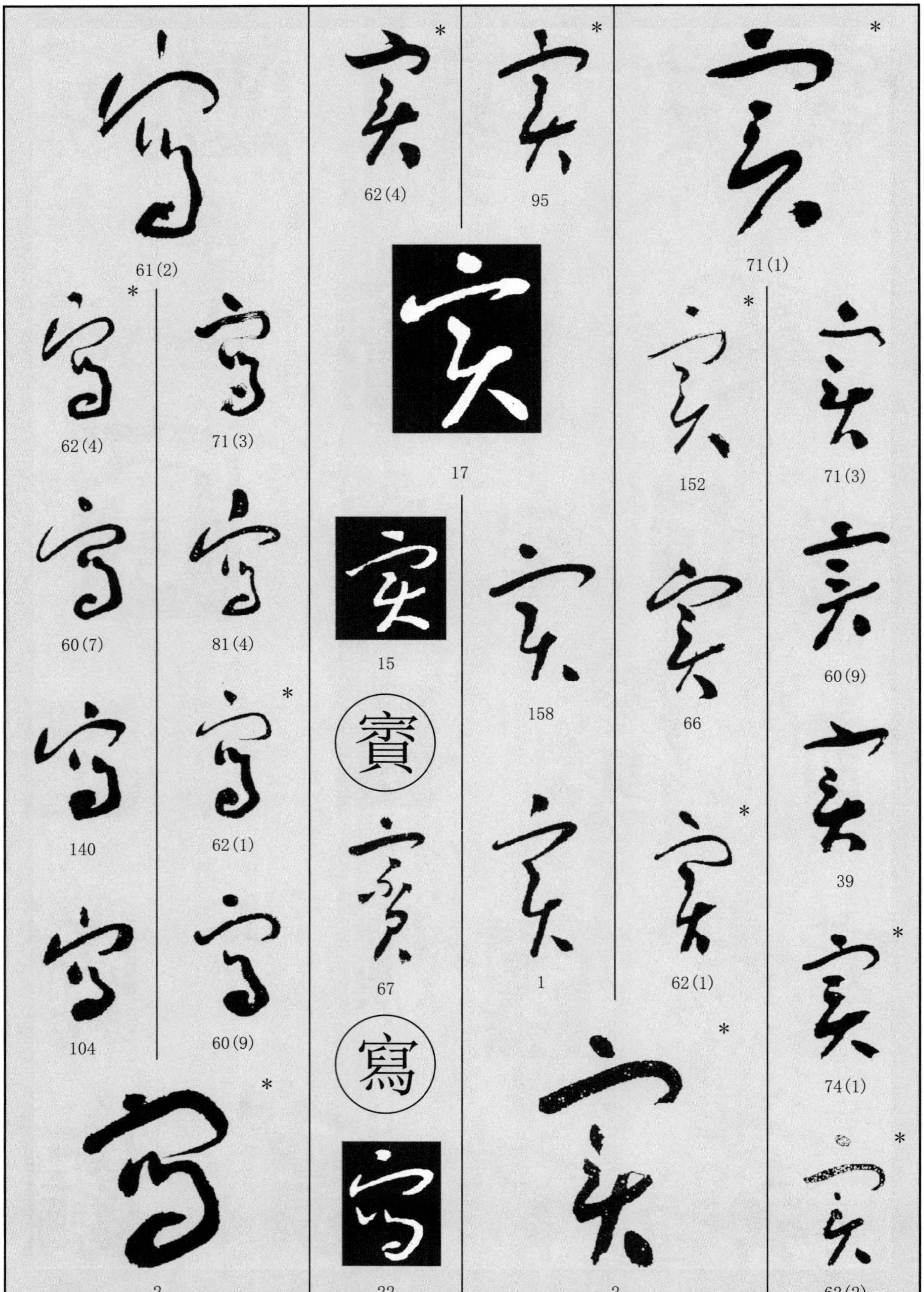

71(1)
71(3)
60(9)
39
74(1)
62(2)
152
66
62(1)
95
158
1
2
62(4)
17
15
賓
67
寫
22
61(2)
71(3)
81(4)
62(1)
60(9)
62(4)
60(7)
140
104
2

(審) 審

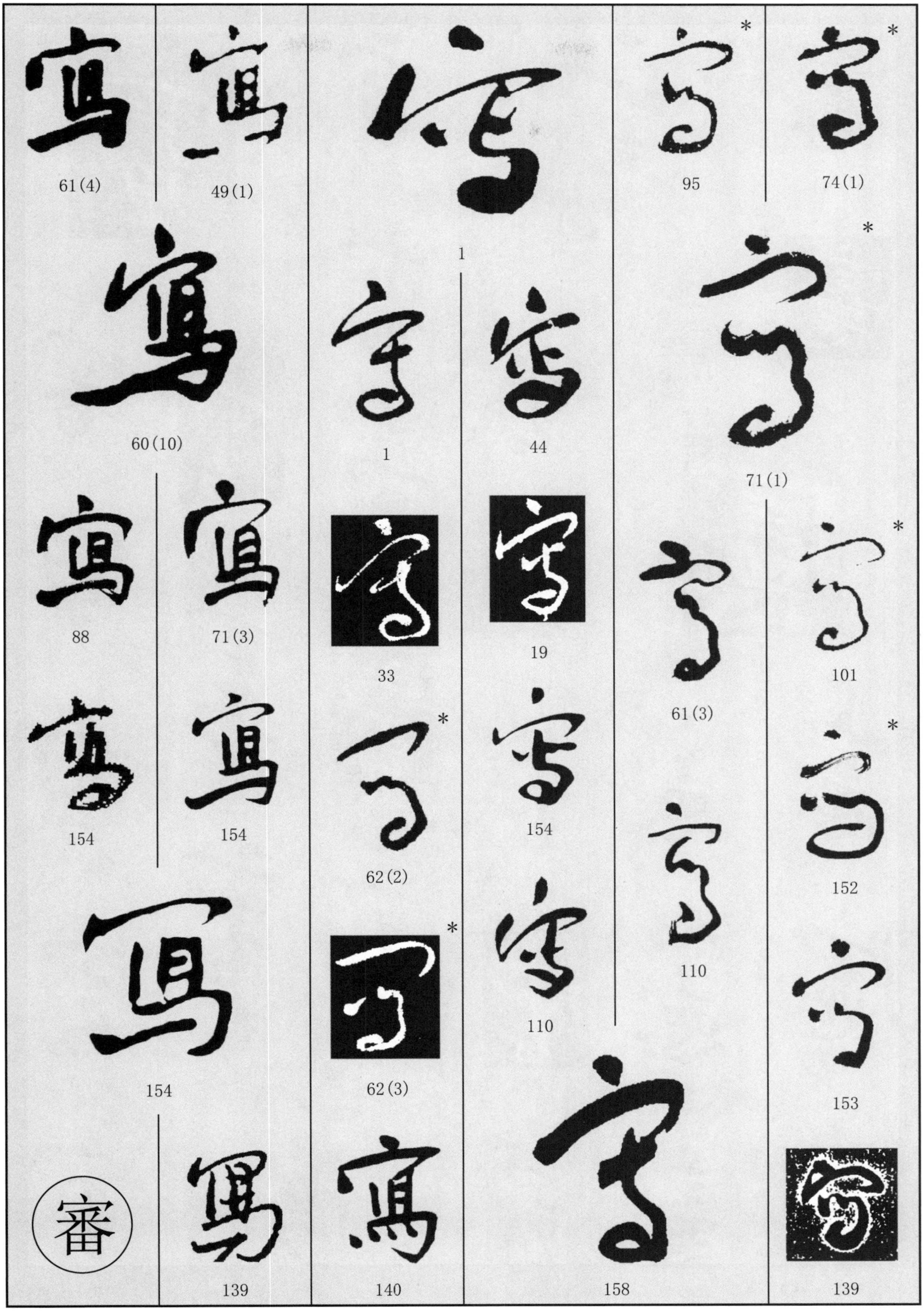
61(4)
49(1)
1
95
74(1)
60(10)
1
44
71(1)
88
71(3)
33
19
61(3)
101
154
154
154
62(2)
152
110
110
154
62(3)
153
審
139
140
158
139

(憲) 憲

6 78 165 60(7) 101 71(1)

1 95 74(1) 2

45(2) 45(2) 62(4) 62(3) 62(2)

152 1 62（1） 1 39 158

憲 141 74(2) 60(5)

32(12) 8 5 172 146 154

129　71(1)　39　62（2）　62（3）　95

154　101　74（1）　62（4）　62(1)

2　196（9）　1　152　168

褰　44

寰　32（6）　32(1)　100

140　153　66

47　11

賽　60（3）　65(2)

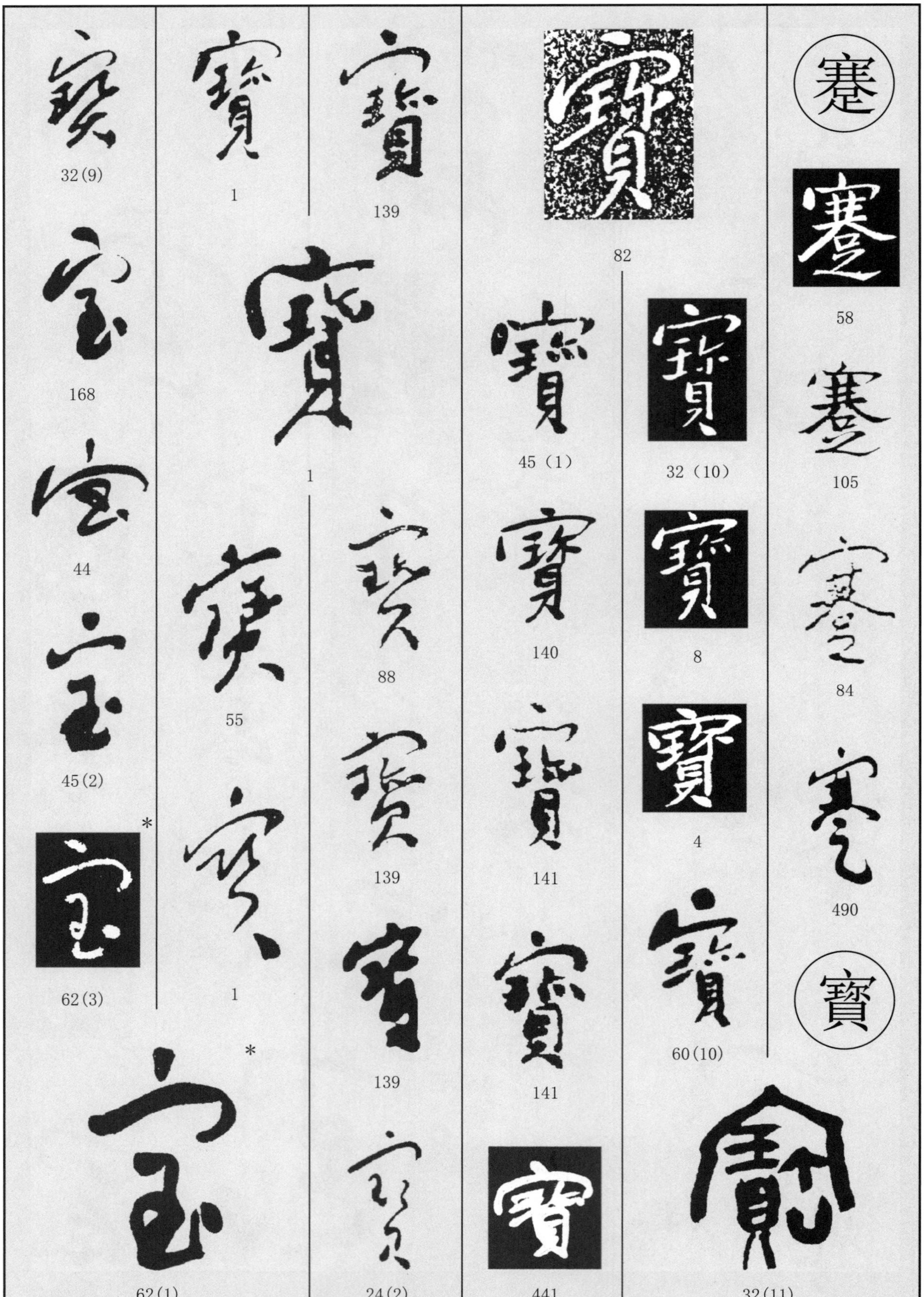

塞

58 105 84 490

寳

82 32（10） 8 4 60(10) 32(11)

45（1） 140 141 141 441

139 1 88 139 139 24(2)

1 55 1 62(1)*

32(9) 168 44 45(2) 62(3)*

162
71(1)
101
2
145
60(1)
158
62(2)
74(1)
62(4)
270
95
152
寵
62(3)
32(12)
168
62(2)
60(5)
152
101
95
74(1)
71(1)
2
100
70
62(1)
1

巡 迅 迄 迂 騫

宀部 十六——十七画

辶部 三画

近 迓

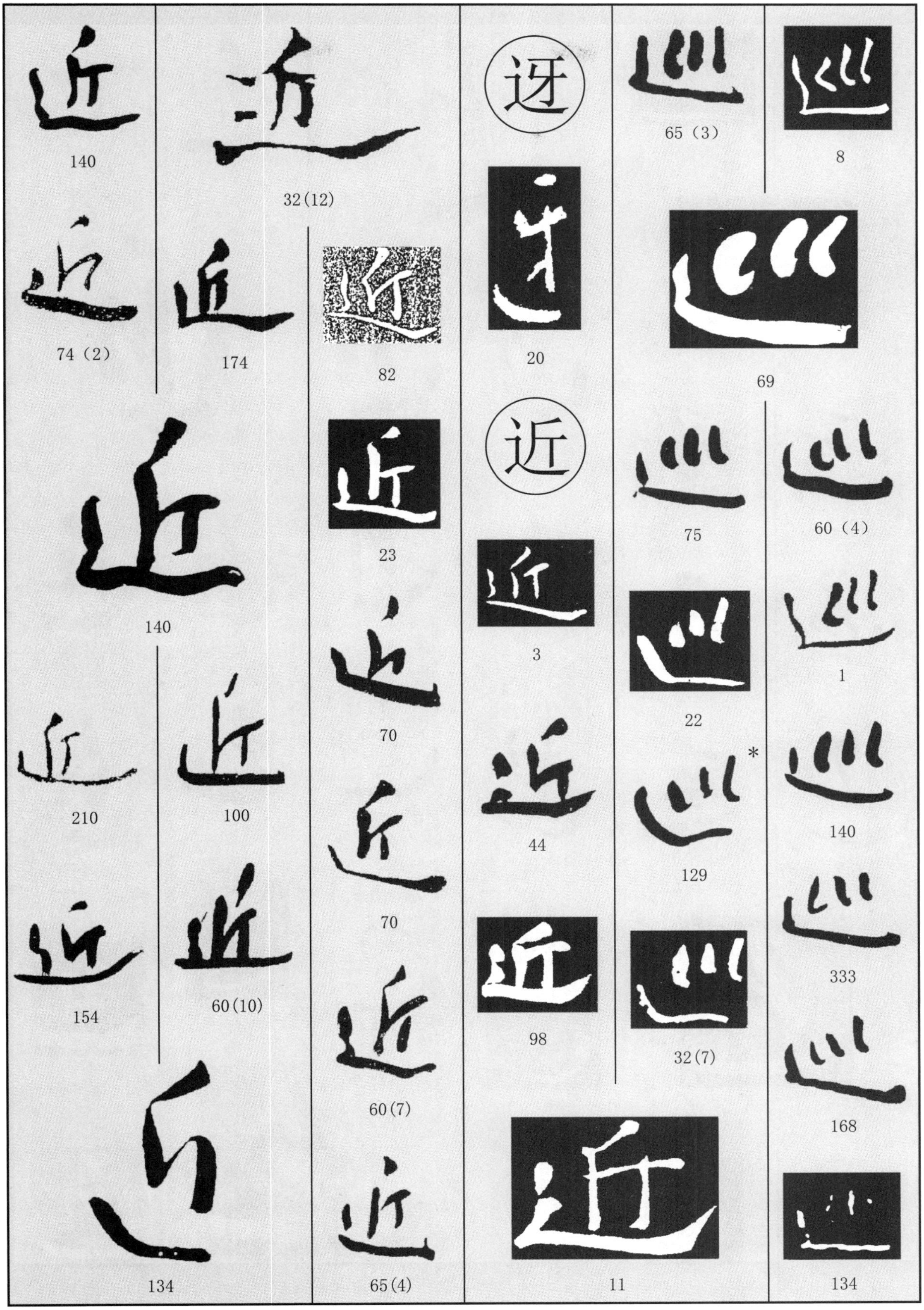
140
32(12)
74（2）
174
82
140
23
70
210
100
70
154
60(10)
60(7)
134
65(4)
迓
20
65（3）
8
69
近
3
75
60（4）
22
1
44
129 *
140
98
32(7)
333
168
11
134

(迎) 迎　　返

44
6
72
74(2)
82
47
60(6)
32(3)
74(2)
17
迎
15
返
46
100
95
74(1)
71(1)
62(1)
62(2)
101
152
60(9)
51
71(2)
62(4)
60(10)
1
158
62(3)
16
2
72

100
32(10)
3
82
60(3)
51
74(2)
137
99
60(2)
105
60(6)
83
65(4)
70
13
17
1
549
20
32(7)
154
98
60(7)
迪
32(7)
726
述
60(10)
71(3)
71(2)
101
99
71(2)
42
140

94
迢
92
87
168
追
6
65(6)
*
153
迫
*
46
32(6)
迮
153
153
153
153
迤
1
迭
18
74(2)
54(2)
*
153
148
154
迥
145
32(9)
145
111
60(7)
154
42
60(8)
44

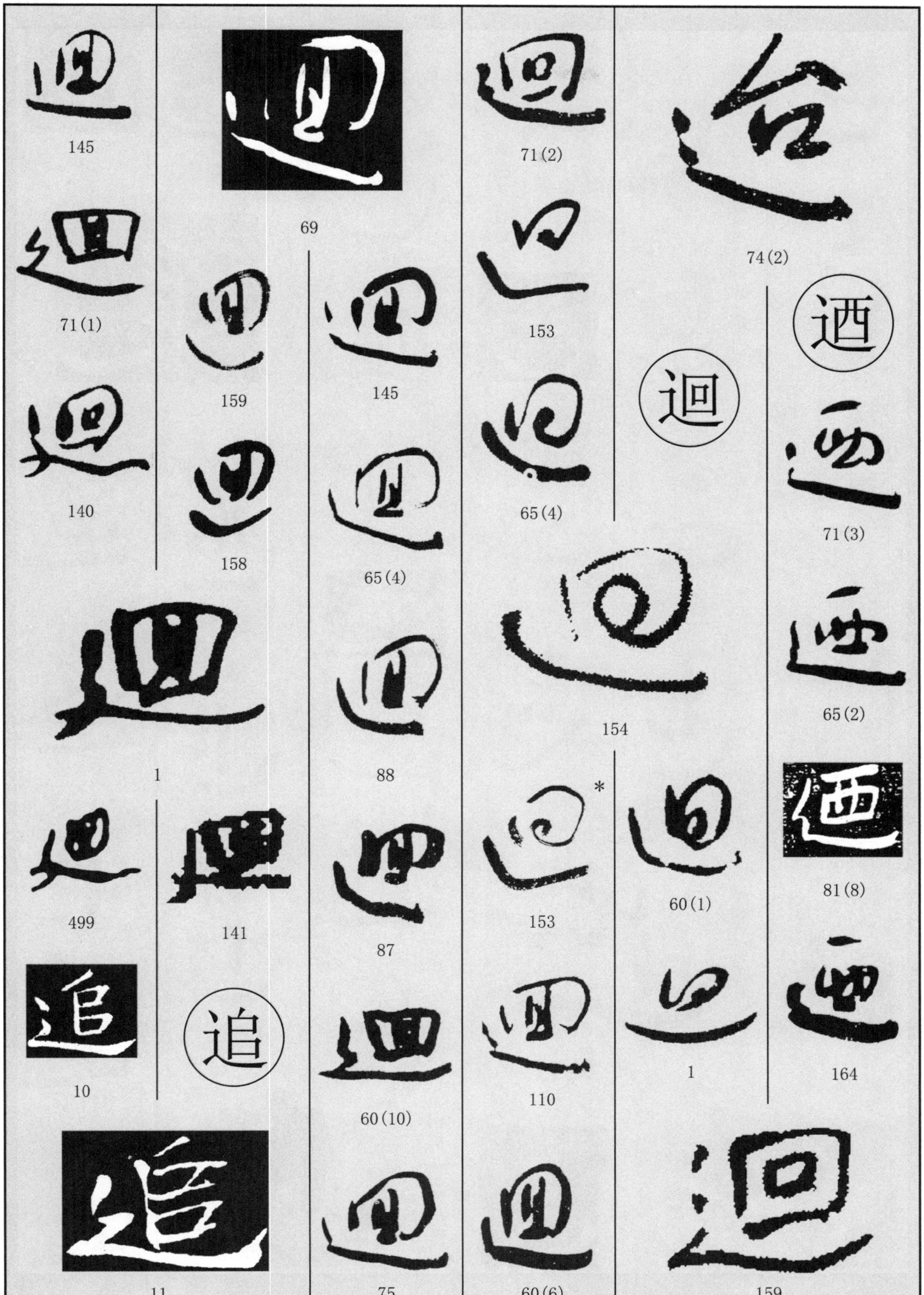
74(2)
迺
71(3)
65(2)
81(8)
164
迴
154
60(1)
1
159
71(2)
153
65(4)
153
110
60(6)
69
145
65(4)
88
87
60(10)
75
145
71(1)
140
159
158
1
499
141
10
追
11

逅
111
1026
18
98
82
* 67
100
71(2)
500
45(2)
60(10)
65(4)
113
882
迹
4
100
145
882
1
286
* 71(1)
* 152
* 62(1)
* 60(8)
* 2
* 62(3)
44
145
* 101
* 62(2)
* 74(1)
* 95
58
60(10)

55
1
*
111
206
逃
32(7)
44
92
迸
14
83
82
60(8)
32(3)
99
8
60(1)
139
60(8)
61(4)
196(6)
65(4)
97
1
153
624
送
147
158
51
65(3)
121
140
44

迷

60(8)
153
88
51
25
168
60(10)
139
166
546
1
60(1)
65（3）
60（10）
32(3)
139
1
迷
154
141
60(3)
*
241
44
154
88
42
*
92
65（2）
63(2)
1

71(3)
147
15
83
153
1
151
60(9)
113
154
88
27
164
67
*
25
逆
76
82
19
8
退
10
82
8
7
140
159
12
324
71(3)
148
9

（连）連

42 100 88 65(3) 65(5) 82 76 83 139 44 154

32(12) 8 11 7 100

71(3) 92 158 5 10

83 18 74(2) 100 60(5) 66 60(5) 86 571 * 42 61(1) 88

速

速
154
65(3)
95
153
44
47
74(1)
101
100
152
65(4)
158
66
62(4)
99
162
82
33
2
71(1)
62(1)
146
139
83
62(2)
45(2)
71(3)
87
62(3)
140

139
153
1
16
46
逗
1014
逐
1
60(8)
23
71(3)
70
82
134
47
74(1)
168
168
129
101
2
32(7)
62(2)
62(3)
241
162
95
1
71(1)
158
33
1

逍　逕　逝

逍：44　33　62(4)*　1　152*　2*　74(1)*　62(1)*　71(1)*　101*

逕：70　60（6）　20　60(8)　247　130　247*　77　95*　151

逝：152*　88　62（4）*　27　32(10)　3　14　14　82

*
62(2)
*
62(3)
逞
107
造
107
5
83
83
*
97
32(12)
4
3
27
98
5
7
61(4)
140
60(10)
56
60(10)
134
88
154
60(8)
30
154
139
61(2)
69
100
61(1)

途　　透

*
71(3)
65(1)
13
途
140
44
44
70
168
60(10)
152
62(1)
62(3)
58
透
101
74(2)
158
162
62(2)
139
71(2)
60(4)
44
134
101
74(1)
95
71(1)
62(4)
2

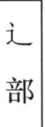

51
66
62（1）
65（4）
32（7）
1
154
158
62（4）
32（8）
71（1）
62(2)
101
74（1）
2
1
62（3）
45（2）
95
152
逛
51
逖
1106
1106
逢
47
32（9）
4
82
147
904
47
60（10）
145

通　　這

8
44
71（3）
140
82
51
1
5
4
76
44
60（10）
88
60(4)
871
1
51
46
55
1
60（7）
*
46
55
71(2)
32（12）
60（3）
100
146
32(3)
88
42
61（2）
*
32（8）

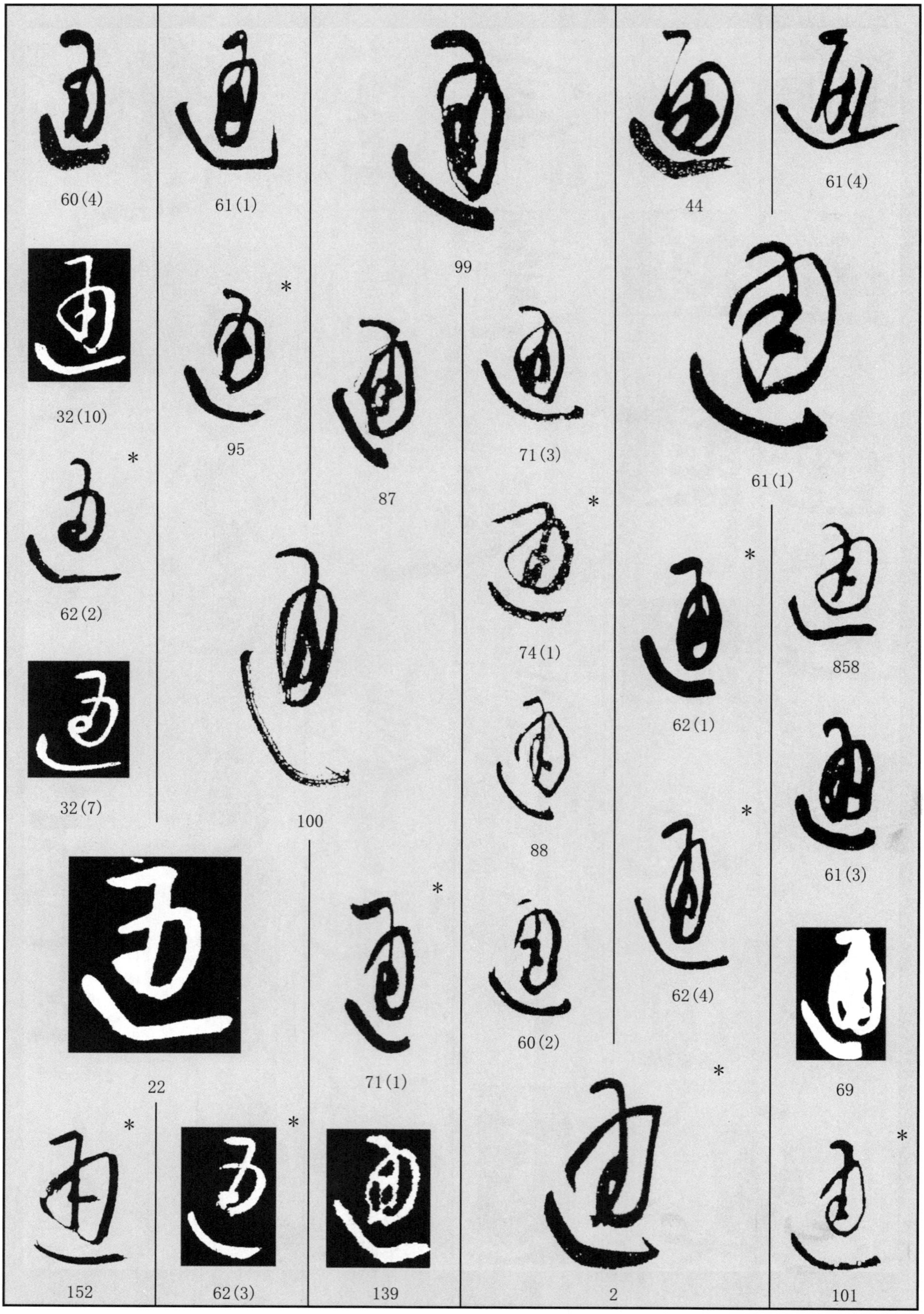
60(4)
61(1)
99
44
61(4)
32(10)
95 *
87
71(3)
61(1)
62(2) *
74(1) *
62(1) *
858
32(7)
100
88
61(3)
22
71(1) *
60(2)
62(4) *
69
152 *
62(3) *
139
2 *
101 *

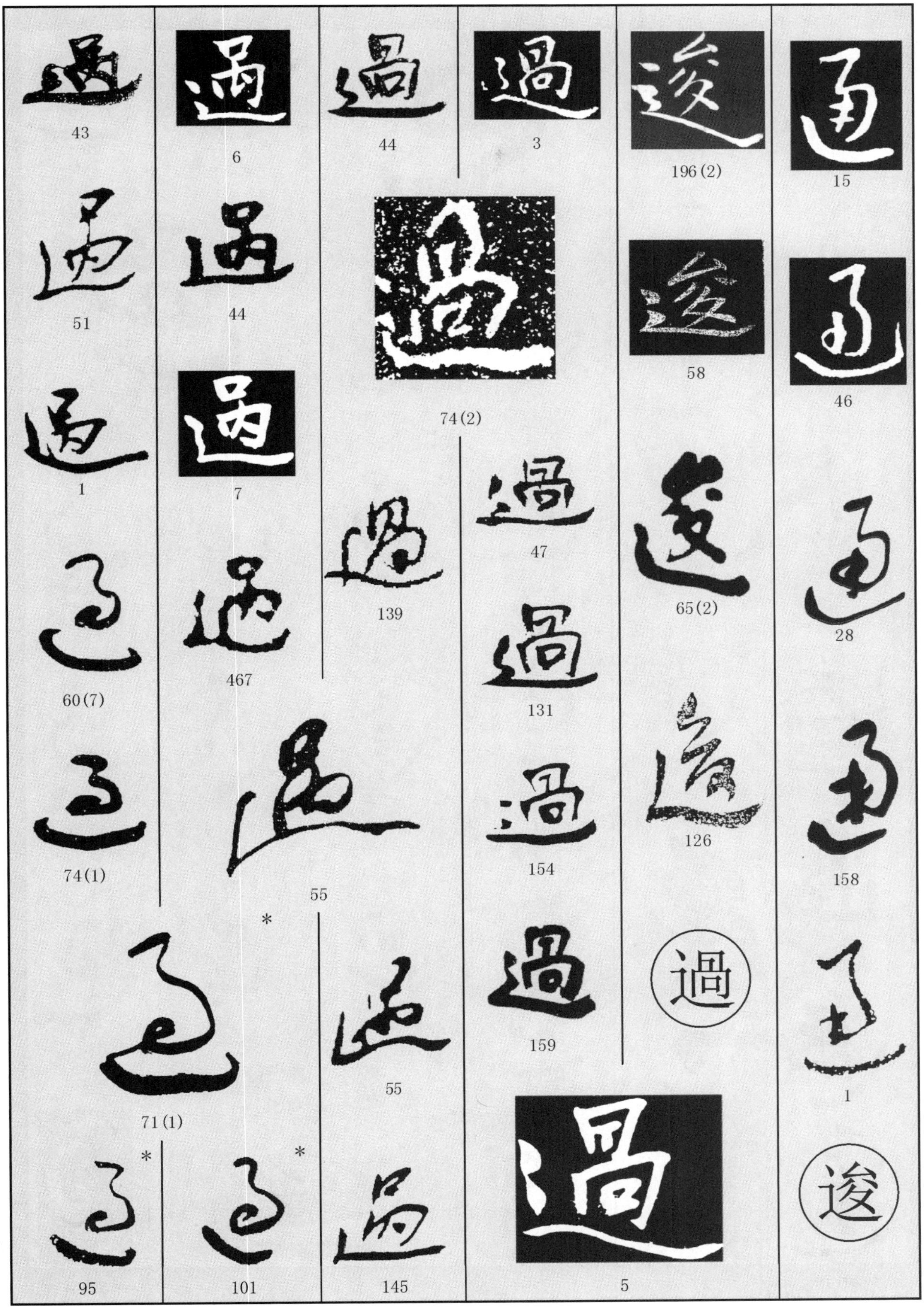
43
51
1
60(7)
74(1)
6
44
7
467
44
139
3
74(2)
47
131
154
159
55
*
71(1)
55
95
*
101
*
145
5
196(2)
58
65(2)
126
過
15
46
28
158
1
逡

逶

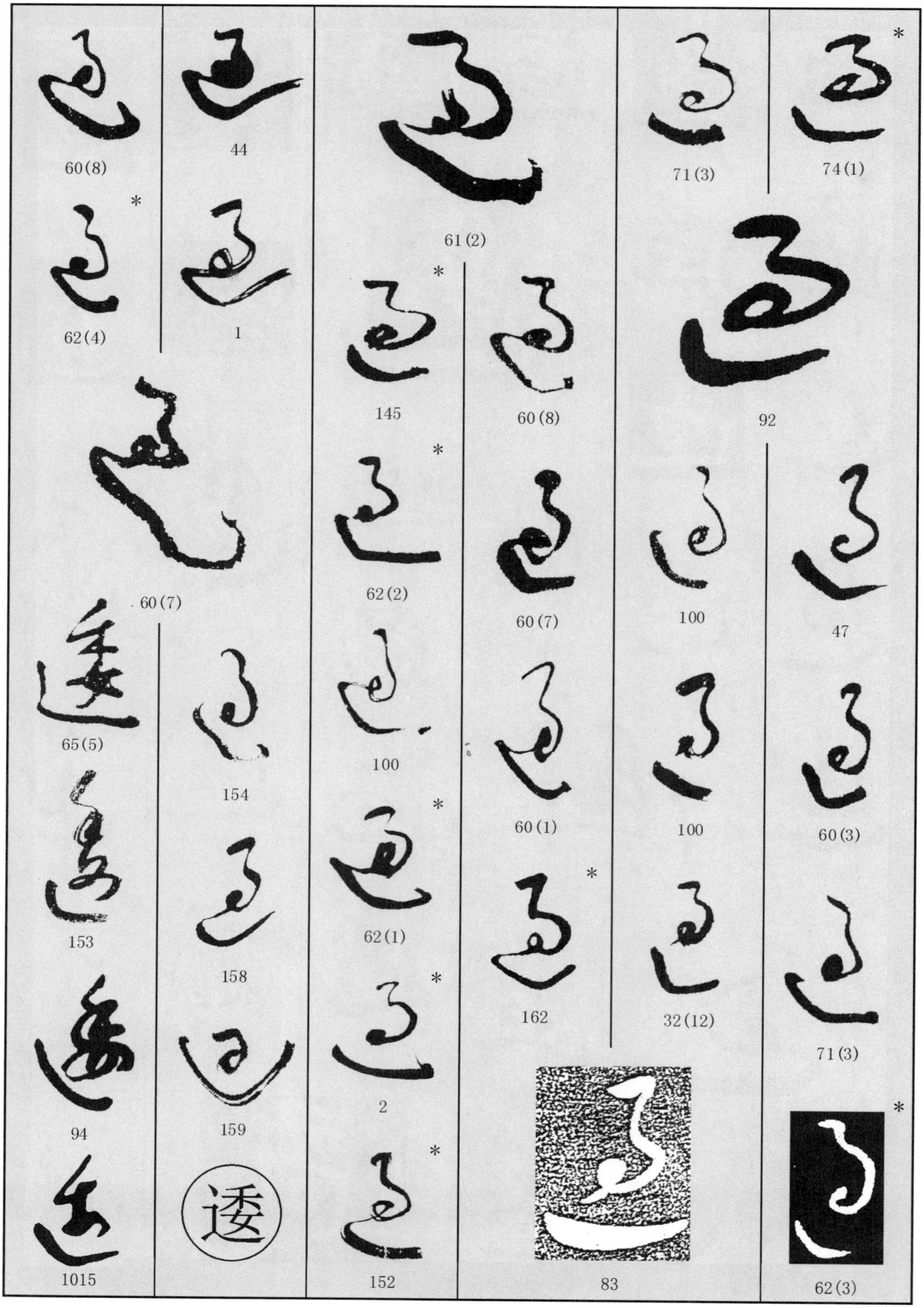

74(1)
71(3)
61(2)
44
60(8)
92
60(8)
145
1
62(4)
47
100
60(7)
62(2)
60(7)
60(3)
100
60(1)
100
154
65(5)
71(3)
32(12)
162
62(1)
158
153
2
159
94
62(3)
83
152
逶
1015

于右任

書法大字典

『第三版』

（下）

主編・夏銘智

世界图书出版公司

《于右任書法大字典》編輯委員會

藝術顧問 霍松林 鍾明善 杜中信 張應選 張 權 鄭幼生 包秉民 馬維勇

主　　編 夏銘智

編　　委 夏 力 夏 中 廖慧彬

策　　劃 薛春民

進 32(12) 8 6 27 82 5 10 3 83 44 883 139 18 152 * 62(2) * 22 139 1 62(3) * 62(4) * 101 * 74(1) * 146 168 1 71(3) 67 62(1) * 95 * 246 71(1) * 75 69 2 *

55 159 147 60(7)

78 367

2 71(3) 1 165 46

101 61(1) 141 162 *

95 62(4) 134 158 逸

152 88 134 58 1 週

74(1) 62(2) 32(2) 61(4) 88

（逹）達　　　　逮

達：83　6　57　51　61(2)　51　71(3)　51　846　140　140　達　1　165　84　45(2)　45(2)　32(12)　12　27

逮：71(1)　162　62(1)　82　62(3)　5　1　8　逮　7

逼

60(8)
149
51
70
28
71(1)
62(2)
2
62(1)
151
158
95
101
152
162
62(3)
718
67
46
74(1)
46
62(4)
402
逼
130
394
166
14
8
60(7)

遇

辶部

九画

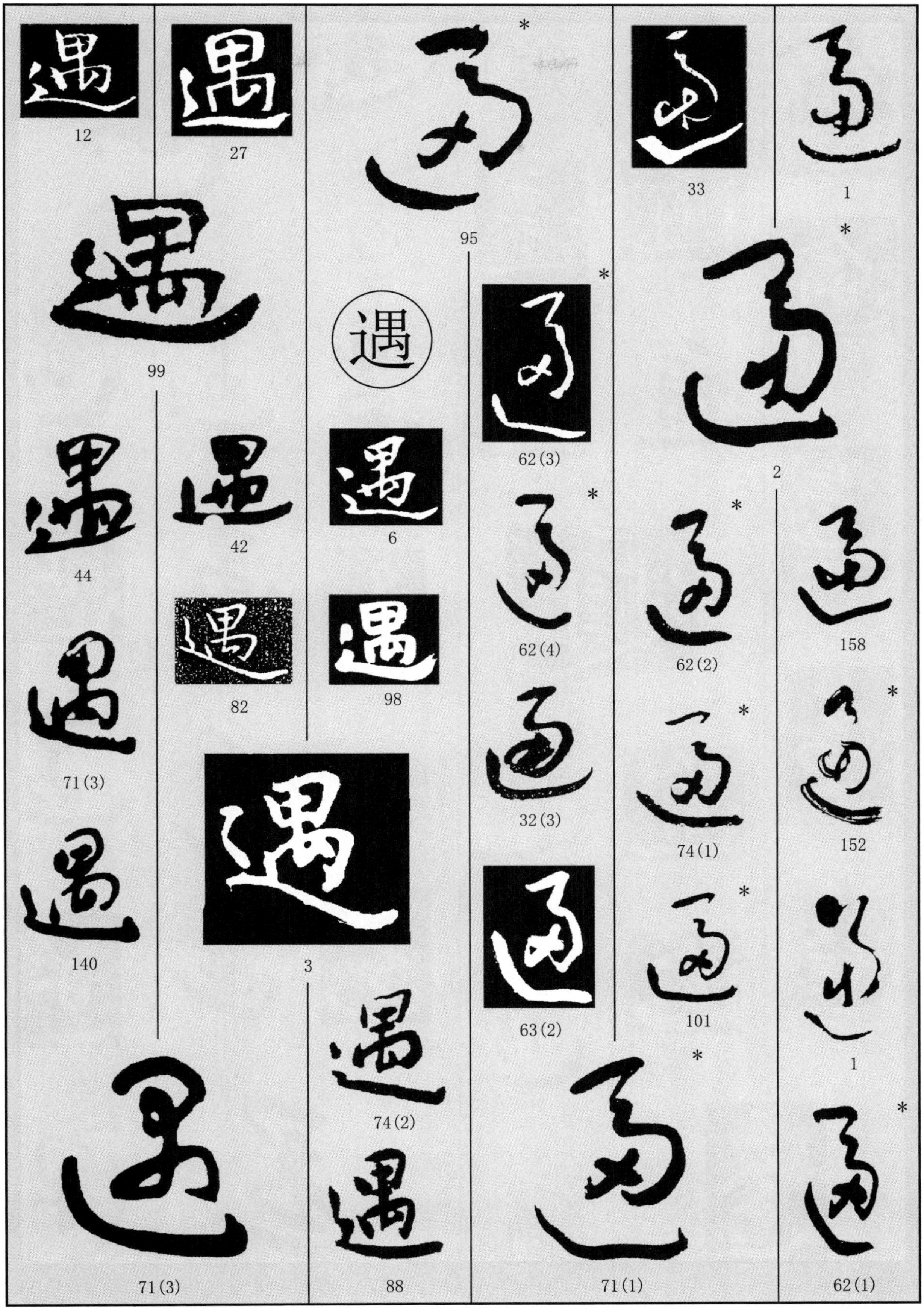

1
2
158
152
1
62(1)
33
62(2)
74(1)
101
71(1)
95
62(3)
62(4)
32(3)
63(2)
6
98
3
74(2)
88
27
42
82
12
99
44
71(3)
140
71(3)

遁 逾 遑 遻 遏

67
60(3)
72
71(3)
20
71(3)
145
71(3)
1
44
60(5)
65(3)
遏
97
107
遻
16
遑
6
74(2)
45(2)
119
逾
遁
58
1
82
5
98
226
18
15
15
32(7)
39

153
139
82
74(2)
83
101
1
60(10)
45(2)
152
2
65(5)
139
223
21
817
74(1)
23
490
60(8)
遊
62-2
139
70
98
1
95
61(1)
6
30

5　99　56　4　65(1)　134　134

7　5　8　60(3)

3　32(12)　82　60(3)　61(4)　115

4　98　76　10　3　7

279　386　65(3)　74(2)

33　*62(3)　*62-1　*71(1)　*62(4)

154
32(11)
214
154
30
45(2)
60(9)
51
154
158
56
55
51
322
71(3)
67
55
51
139
88
*
394
154
139
65(4)
71(1)
66
146
61(2)
88
146
88

88
63(2)
162
152
25
65(4)
145
74(1)
45(2)
146
61(1)
60(1)
165
65(3)
44
60(3)
60(8)
140
2
65(1)
62(1)
65(2)
95
62(3)
62(2)
154
101
47
25
*

32(8)
46
遂
32(12)
11
9
4
10
3
32(10)
82
145
8
134
139
88
18
364
140
88
70
47
70
101
74(1)
62(4)
62(1)
2
121
152
15
83
71(1)

55 394 107 95 97 62(2) 62(3) 32(7) 運 7 82 60(10) 8 100 44 65(4) 71(3) 164 60(1) 152 62(4) 44 74(1) 62(1) 2 62(2) 71(1) 101 60(6)

遍
54(2)
32(2)
62(3)
156
遍
1012
1
82
146
168
32(1)
139
8
234
1
154
100
145
145
15
32(8)
遐
105
54(2)
58
71(1)
158
152
145
62(4)
2
101

(遒) 遘 遨 違

47
30
1025
74 (1)
65(5)
遘
78
94
32(7)
遨
82
60(1)
60(4)
97
153
57
65(1)
168
154
94
71(3)
62(1)
162
違
44
44
62(2)
74(1)
95
60(9)
62(3)

（逺）遠

辶部

十画

3
18
5
25
324
32(9)
474
遠
12
8
4
159
99
44
1
134
140
60(9)
168
139
140
140
82
43
44
45(2)
546
63(2)
148
*
32(5)

14
1
1
118
60(5)
60(3)
835
145
146
140
32(6)
15
60(5)
139
546
51
42
51
139
146
602
154
749
65(2)
78
140
71(3)
151
324
44
1
65(5)

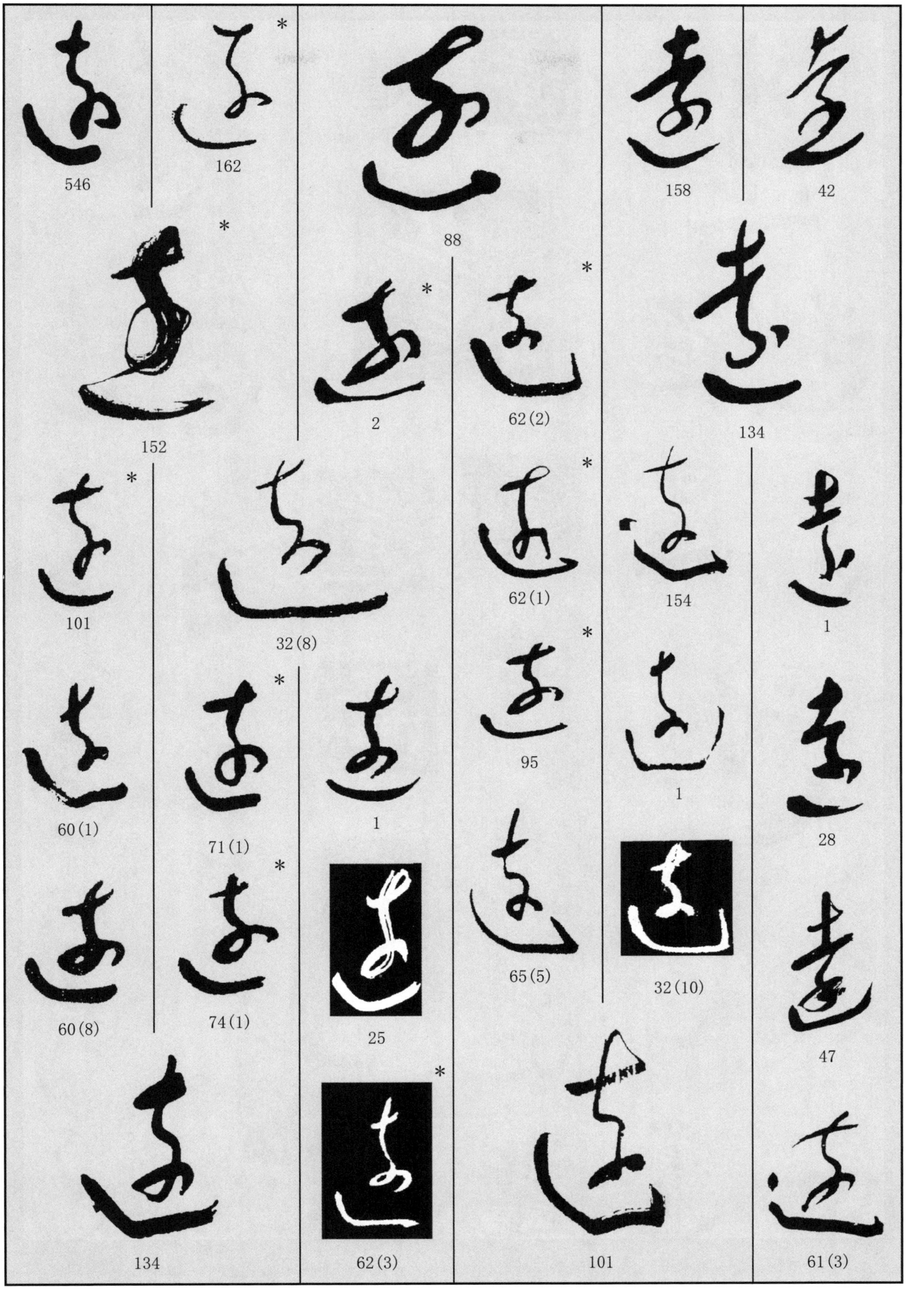
546
162
88
158
42
152
2
62(2)
134
101
32(8)
62(1)
154
1
60(1)
71(1)
1
95
1
28
60(8)
74(1)
25
65(5)
32(10)
47
134
62(3)
101
61(3)

遺

65(3)
32(12)
1
32(12)
60(6)
65(4)
2
158
71(1)
152
5
5
82
8
61(4)
9
71(3)
5
71(3)
140
64(1)
62(4)
61(2)
168
169
65(4)
149
71(3)
60(6)
65(3)

（遙）遥　遞 遝

44　1　60（5）　60（10）　145　13

196（9）　遥　78　275　869　145　158

遝　60（10）　63（2）　99　遞　74（2）　17

62（3）*　101*　86*

140　63（4）*　107　62（2）*　74（1）*

100*　62（1）*　19　95*　32（7）　1

（遭）遭　　遜

1 62(1) 62(2) 71(3) 95 62(3)
74(1) 2 152 62(4)
101 154 32(12) 244
71(1) 1027 44 139 60(1) 70
23 71(2) 146 3 51 12 51 145 60(4)

(適) 適　　遮 遯

152 * 2 * 158 71(1) * 151 92 146 62(4) * 45(2) 62(1) *

27 3 105 1 139 139 14

82 98 10

74(1) 546 60(7) 546 238 * 32(12)

88 15 1027 1 1106

（迁 𨗼 𨘝）遷　　邁

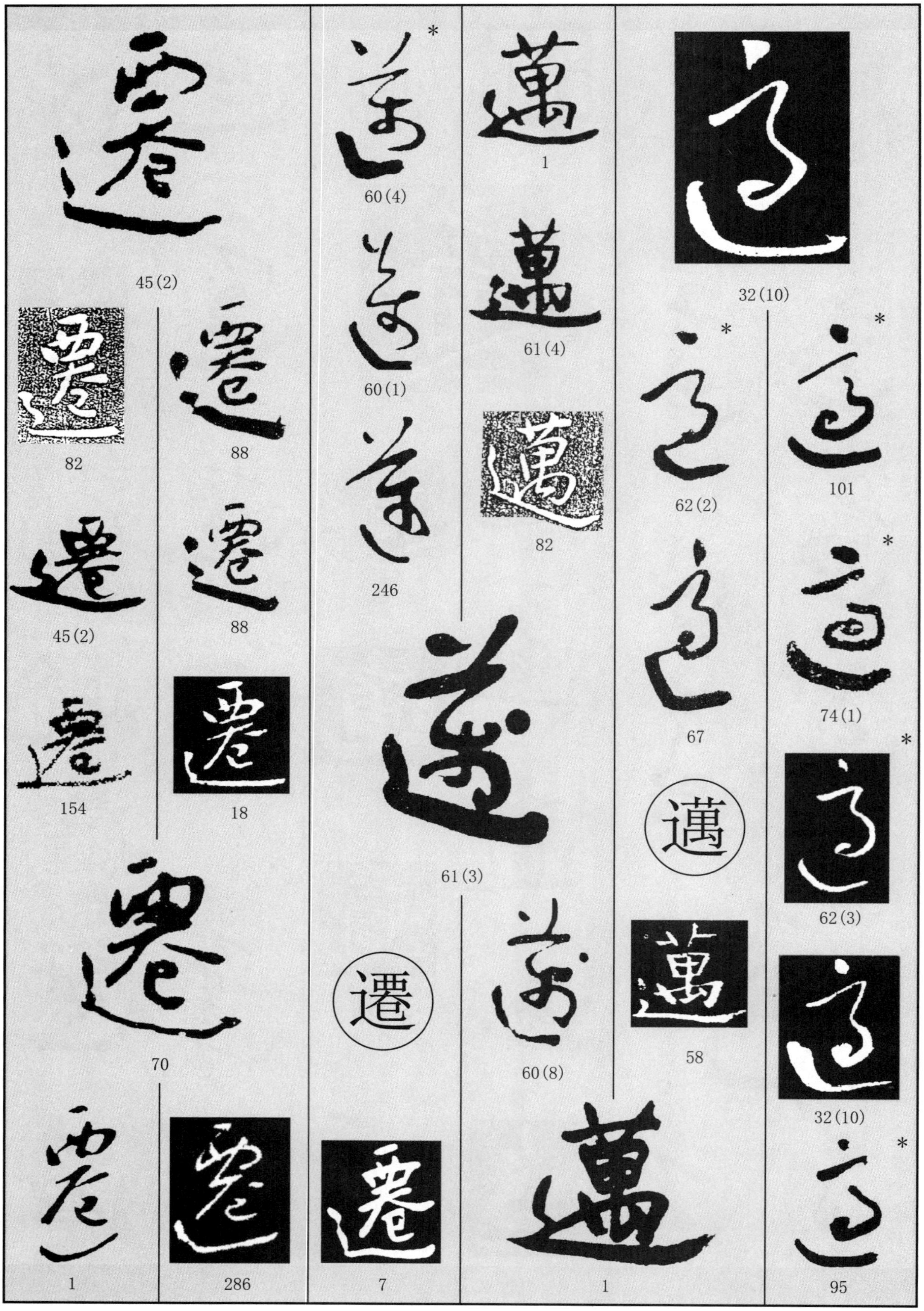
32(10)
62(2)
101
67
74(1)
邁
62(3)
58
32(10)
1
95
1
61(4)
82
61(3)
60(8)
60(4)
60(1)
246
遷
7
45(2)
82
88
45(2)
88
154
18
70
1
286

（遼）遼

81(8)
139
47
2
71(1)
42
139
74(1)
62(1)
95
152
62(2)
23
62(4)
62(3)
101
65(4)
60(7)
60(7)
366
129
196(9)
76
86
379
159
324
147
140

遺

*
882
60(3)
1
60(9)
1
158
63(2)
25
159
140
134
820
1
154
148
5
98
4
32(12)
1
3
78
82
65(2)
47
47
139

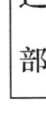

154 312 1 65(4) 107

60(8) 14 87 303

51 60(2) 44 168

邂

111 154

60(10) 782 87 73 140

1 583 100 153 1026 74(2)

遵

60(5) 32(10) 244 146

(选 譔)選　　(迟)遲 遴

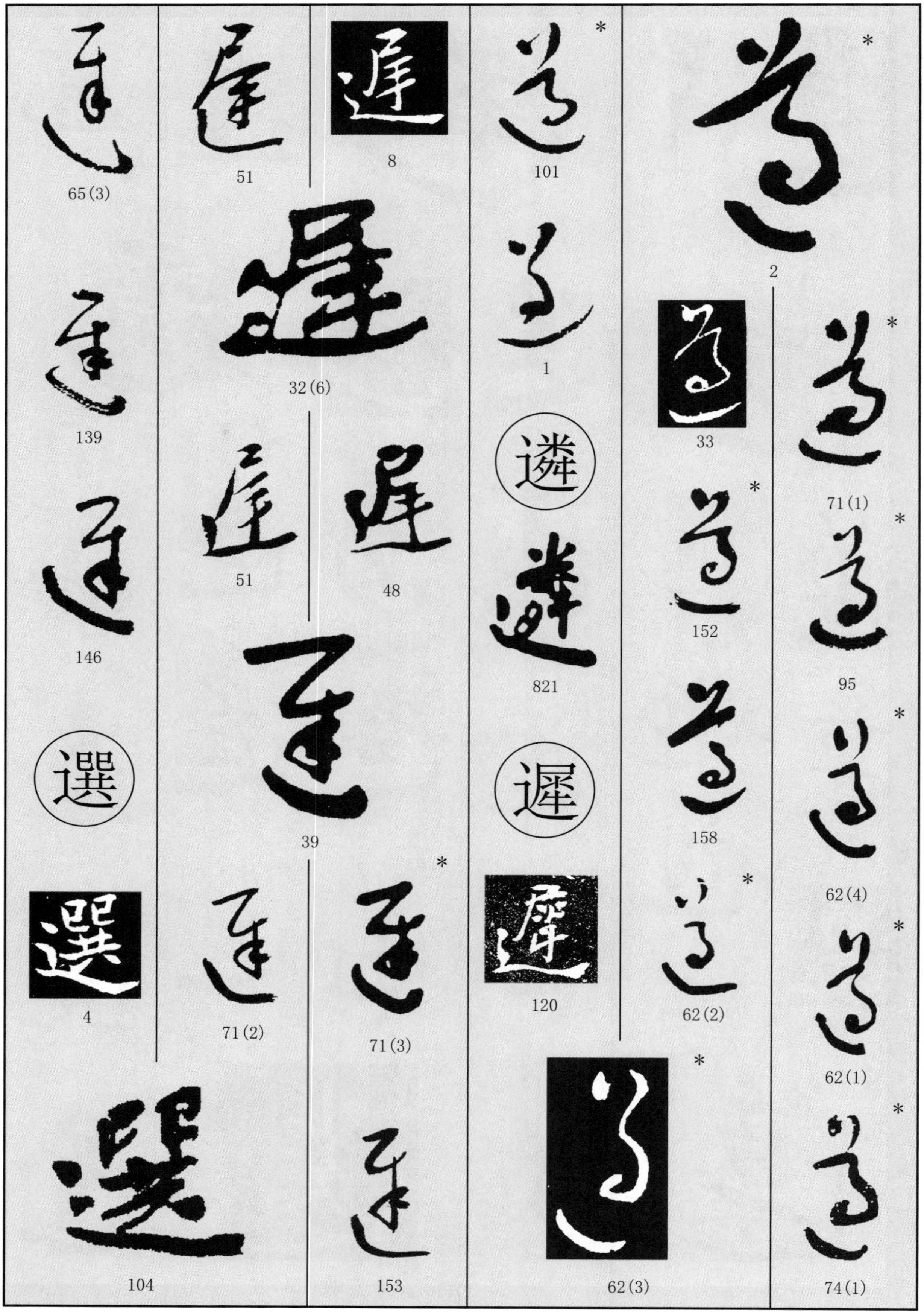

2
71(1)
95
62(4)
62(1)
74(1)
33
152
158
62(2)
62(3)
101
1
遴
821
遲
120
8
32(6)
48
39
71(3)
153
51
51
71(2)
104
65(3)
139
146
選
4

(還)還　(遽)遽

140　36　154*　154　45(1)
60(10)　36　154　88
154　27　168　20　549
100　317　5　22　121　146
579　196(5)　75　74(2)　154
32(11)　1　32(12)　154
44　139　32(7)*　18　51

邀

154
47
326
67
51
151
153
1
45(1)
835
336
71(3)
邀
65(5)
60(6)
7
44
1
71(3)
810
1
241
1
60(5)
*
139
32(8)
100
154
45(1)
39
47

邇

58

105

*

145

154

*
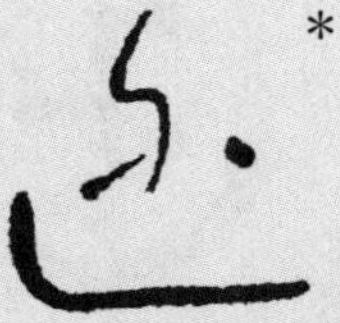
62(2)

*

62(3)

*

139

149

140

*

62(4)

*
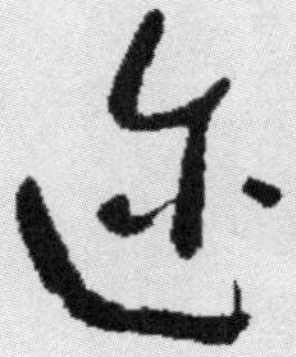
101

665

92

76

61(3)

16

1

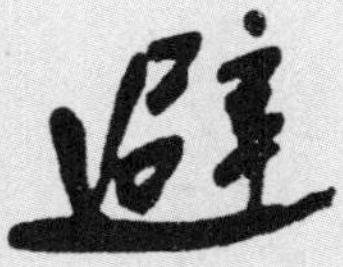
51

51

15

18

65(3)

65(2)

71(3)

14

32(11)

*

113

558

168

避

3

5

（邃）邃　　　　　　　　　　邈

*
101
158
*
95
*
62(2)
*
62(1)
*
152
71(3)
邃
139
139
100
100
*
62(4)
*
2
1
*
62(3)
*
71(1)
28
*
74(1)
88
286
*
74(1)
158
*
162
邈
145
1
*
2
*
71(1)
*
95
*
152

60(8)
71(3)
邊
42
44
1
44
60(10)
60(10)
1
60(10)
82
196(6)
62(1)
71(1)
95
32(9)
62(2)
1
2
39
101
62(4)
88
65(4)
97
62(3)
74(1)
1
152
51
74(1)

65(4)
32(8)
558
71(3)
32(7)
60(7)
94
邏
137
邋
1
1027
彐部
彖
4
187
尋
154
32(6)
14
47
47
139
82
159
61(4)
822
61(4)
44
60(10)
154
140
104
139
134
88

（彙）彙

彙
152
146
62(1)
2
65(2)
60(6)
71(3)
154
17
145
60(9)
1
168
543
64(3)
71(1)
101
153
158
28
62(2)
74(1)
95
62(3)
63(2)
62(4)
92
256

尸部
尸
尼
尾
蠡
彝
154
65(3)
66
94
92
66
71(3)
60(8)
71(3)
82
20
5
70
103
98
111
139
134
32(12)
69
69
71(2)
216
54(1)
61(4)

居 屆 局

86 60(3) 82 107 97 74(2) 51 74(2) 12 151 129 32(9) 99 74(2) 27 74(2) * 42 130 65(6) 98 4 46 * 168 71(3) 1 27 74(2) 10 229

31
6
5
1
44
32(6)
60(5)
131
60(5)
3
60(10)
60(3)
17
139
135
42
42
152
62(2)
74(1)
95
62(1)
23
45(2)
101
60(8)
70
2
94
60(4)
60(9)
70

屋　屍　屈

129

5

60(10)

158

*
71(1)

60(8)

61(3)

60(5)

145

99

屍

67

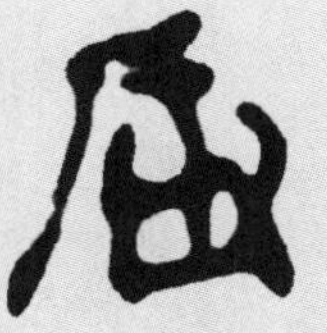
139

153

69

63(2)

61(1)

174

*
32(10)

*
62(3)

*
62(4)

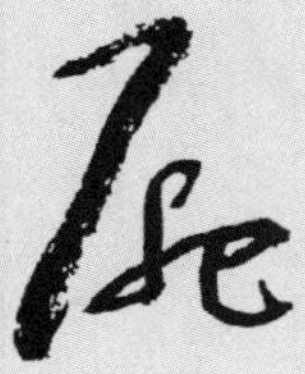
60(9)

60(7)

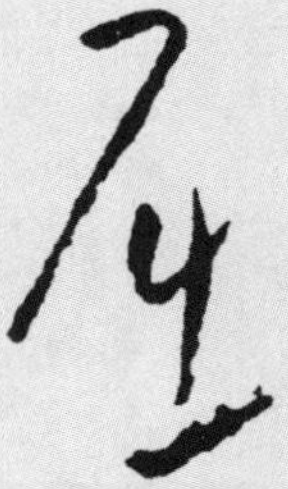
32(11)

屈

23

屋

44

402

6

12

154

44

82

1

139

1

33

1

60(5)

141

139

154

158

141

*

62(3)

57

88

1

60(8)

*
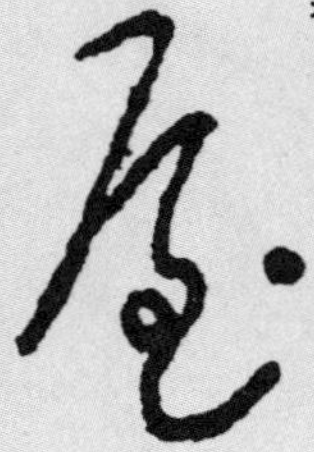
62(2)

*

71(1)

*

95

*

2

*

62(1)

60(7)

*

101

*

62(4)

88

*

152

310

展　　（屏）屏

107　71(3)　848　146
45(2)　83　74(1)
12　139　74(2)　139　614　71(3)
31　60(10)　131　16　287　32(9)
55　60(3)　32(9)　1　154
210　44　243　1　146

147
810
51
49(2)
60(5)
141
121
63(2)
71(3)
146
25
159
54(2)
168
70
60(7)
7
71(3)
168
78
65(5)
148
屑
105
139
121
16
屐
139
32(12)
1105
屠
82
1036

屧 (屡 屢)屢 孱 犀

犀

624

140

犀

* 62(3)

* 62(2)

60(3)

* 95

* 71(1)

* 2

* 74(1)

* 101

孱

* 152

* 62(1)

* 62(4)

孱

100

86

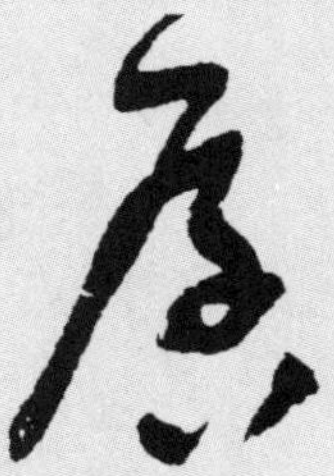
60(9)

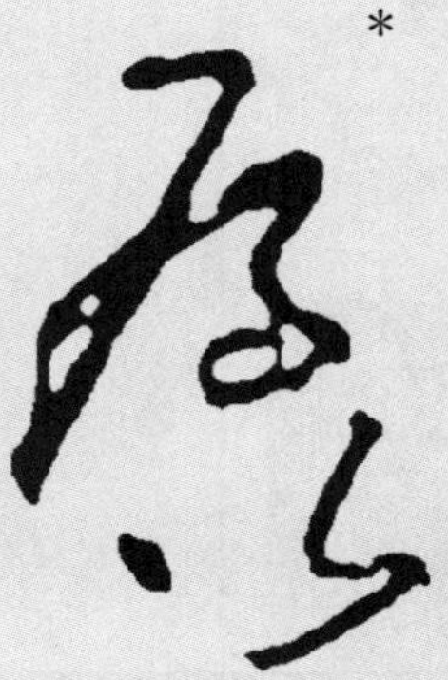
* 91

屢

107

63(2)

屢

98

6

139

1

屧

32(10)

* 60(3)

45(2)

屧

47
145
履
4
7
139
1030
140
65(4)
60(2)
152
95
62(1)
30
1
15
62(4)
28
101
97
88
2
107
162
71(1)
62(3)
158
62(2)
5
99
168
層
489

屩
屬
屨
345
147
58
58
62(2)
60(7)
140
71(1)
95
154
74(1)
62(4)
98
65(2)
60(10)
60(4)
101
55
44
66
65(5)
60(5)
74(2)
327
131
30
88
62(3)
47
32(11)

32(12) 3 88 65(3) 208 60(10) 145* 98

28 羼 86 己部 己

16 139 45(2) 152* 2* 62(1)*

62(4)* 1 15 61(1)

71(3) 32(7) 134 32(3)

71(3) 60(7) 60(1) 100 1

己

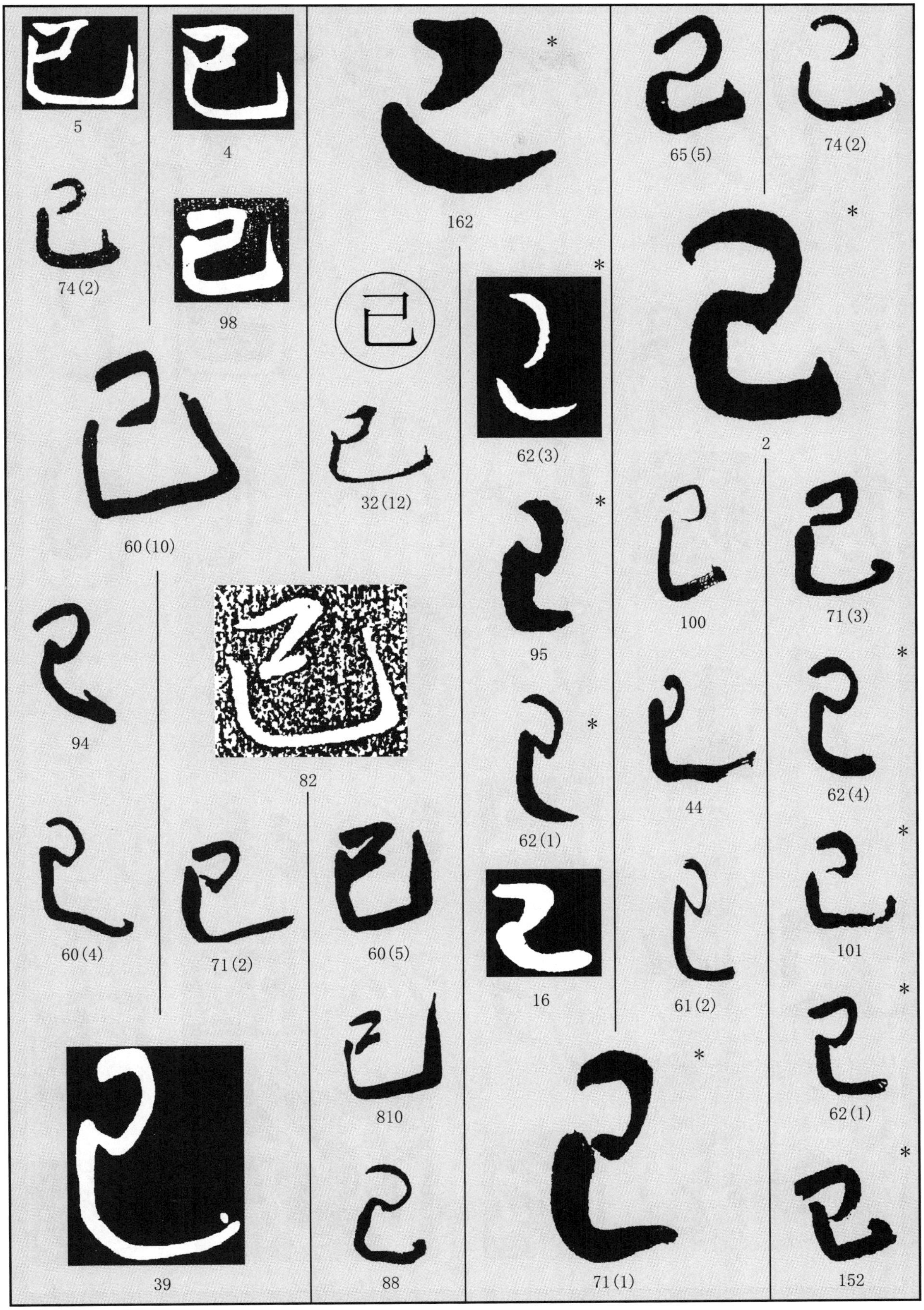
5
4
74(2)
98
162
65(5)
74(2)
*
2
己
*
62(3)
32(12)
60(10)
*
95
100
71(3)
94
82
*
62(1)
44
*
62(4)
60(4)
71(2)
60(5)
16
61(2)
*
101
810
*
62(1)
39
88
*
71(1)
*
152

60(10)
60(3)
8
25
65(1)
60(8)
巳
7
12
改
32(12)
8
271
1
60(5)
131
152
145
1
61(4)
74(1)
39
141
2
39
60(9)
62(4)
95
162
62(3)
62(1)
54(2)
62(2)
99
101

引　弓　忌

60(10)
65(3)
129
140
引
32(12)
146
3
87
153
110
206
弓
10
168
42
147
*
100
60(1)
42
46
*
71(1)
104
153
71(2)
82
60(5)
158
*
77
忌
71(3)
弓部
44

(弔 吊)弔

弔
1
162
74(1)
101
62(2)
62(3)
3
55
174
28
1
158
145
158
62(4)
62(2)
74(1)
149
65(2)
71(1)
62(3)
32(9)
95
101
1
2
152
60(10)
62(1)
584
*

弗

103
98
5
65(5)
11
弗
82
2
62(1)
15
32(7)
62(4)
70
62(1)
145
95
583
2
152
32(8)
145
81(8)
71(1)
77
71(3)
100
60(8)

弦 弧 弛 （弓口）弘

65(5)
172
弧
1026
60(8)
弦
36
51
100
168
32(11)
168
弛
60(6)
45(1)
74(2)
71(3)
42
140
71(2)
45(2)
62(4)
62(2)
弘
74(2)
67
95
71(1)
62(3)
74(1)
22
28
158
152
101

31
1
46
82
44
10
46
8
158
5
張
4
47
32(7)
95
62(2)
62(1)
2
62(4)
100
63(2)
67
162
152
74(1)
95
175
弱
6
3
98
71(1)
70
62(2)
158
129
弩
1021
弭
1033
1030
1033

100* 39 23 47
146 145* 70 147 32(3)
62(4)* 28 42 70 51 44
107 158 61(1) 32(10) 223
152* 71(3) 71(3) 154
162* 95* 1 65(3) 60(5) 146
71(1)* 25 88 51

（強）强

*
62(2)
75
60(6)
*
101
*
62(1)
*
71(3)
*
95
61(3)
60(10)
*
74(1)
*
61(1)
*
62(4)
70
168
强
*
2
*
62(1)
*
74(1)
69
372
63(2)
71(3)
*
2
61(4)
88
*
62(2)
*
152
60(7)
60(8)
100
60(9)
*
62(3)
*
71(1)
32(4)
70
*
62(3)

101
46
1
31
弼
1102(2)
104
粥
139
61(3)
139
139
65(1)
18
彈
82
145
8
27
43
82
1
60(10)
1
82
70
62(2)
86
62(4)
62(3)
101
2
71(3)
62(1)

（弥 彌）彌 疆

彌：95* 152* 71(1)* 98 256 32(5) 74(1)* 58 7 3 232 1030

弥：70 140 404 71(2) 42 32(10) 78 391 21 17 206 49(2) 783 154* 32(7)

疆：82 71(3) 51 286 107 32(11) 70*

中部

出

4
82
88
83
60(10)
3
98
43
60(10)
7
51
60(10)
151
61(4)
60(8)
61(1)
25
200
71(1)
99
62(1)
152
145
74(1)
2
16
16
1
62(4)
95
62(3)
162

女

74(2)
45(1)
60(5)
65(5)
22
2
95
15
60(8)
17
94
71(1)
7
81(8)
44
88
60(8)
16
230
98
65(4)
9
60(10)
4
82
4
101
63(2)
158
92
女部
女
62(2)
71(3)
88
61(3)
32(10)

62(3)
101
152
62(4)
145
158
153
62(2)
74(1)
60(7)
62(1)
88
78
奶
65(3)
370
65(3)
奴
32(2)
76
60(10)
60(5)
71(3)
71(3)
71(3)
32(2)
567
134
97
奸
27
73
73
69
如
98

4
5
32(12)
12
5
44
1
139
139
154
60(10)
45(1)
51
1
1
70
154
60(10)
60(10)
156
102
159
101
45(1)
1
71(3)
19
51
74(2)
17
75
*
62(4)
*
74(1)
64(1)
71(3)
75
30
87
61(1)
65(5)
*
62(1)

6

1

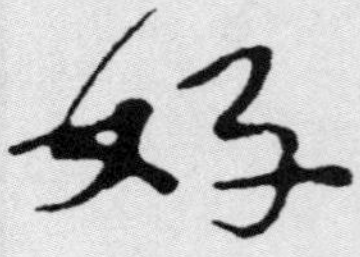
71(3)

65(5)

140

45(2)

60(10)

妃

1

好

6

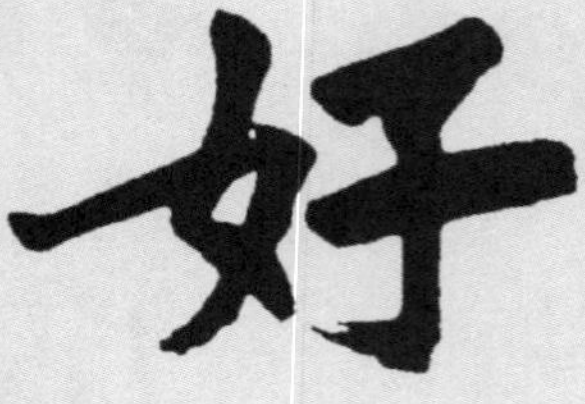
1

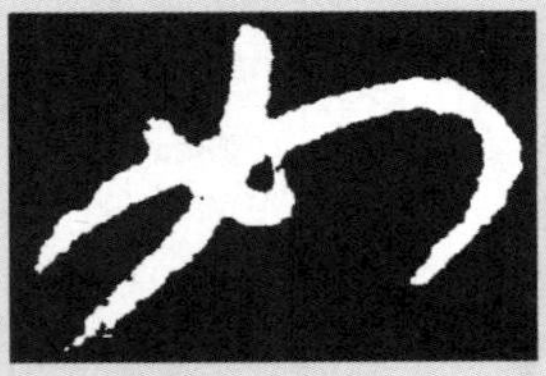
46

153

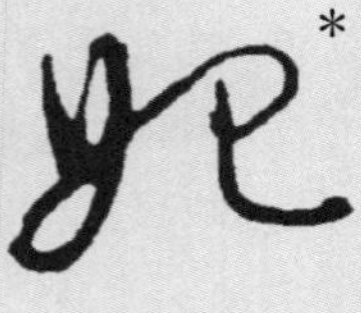
*
71(3)

10

6

60(3)

62(3)

51

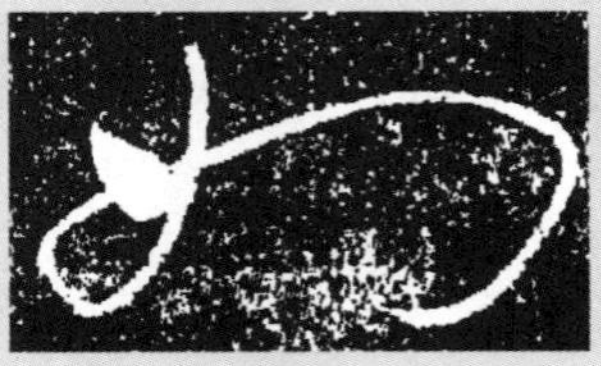
32(7)

妁

15

*
162

*
2

*
62(2)

*
71(1)

88

129

1

*
152

*
95

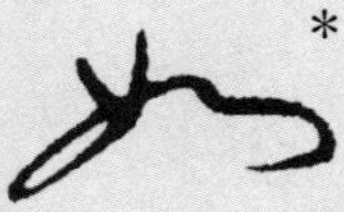
*
101

25

51

1

99

60(6)

三画

61(2)
1
60(6)
60(3)
45(2)
60(7)
70
61(2)
51
351
140
71(3)
61(3)
139
60(5)
100
45(1)
*
2
47
46
61(2)
1
44
351
45(2)
*
152
32(9)
88
88
243
71(3)
99
149

妍

65(5) 71(3) 162* 140 60(7)
145 65(5) 60(4) 62(1)* 66
500 99 101* 158 42
130 510 42 95* 1 168
62(2)* 151 62(2)* 62(4)*
65(4)
158 42 74(1)* 71(1)* 62(3)*

妙 妣

88
99
264
61(4)
74(2)
1
548
140
74(2)
60(5)
62(3)
88
103
98
23
83
32(10)
23
148
148
81(8)
15
77
姚
62(1)
74(1)
62(3)
101
152
2
95
1
2
146
28
62(4)

98
103
95
28
1
70
107
158
146
60(7)
1035
139
71(1)
61(1)
162
60(2)
妨
165
101
2
妖
235
65(4)
1
97
74(1)
139
60(8)
60(4)
65(3)
62(1)
60(6)
1
姊
62(4)
62(2)

140
154
384
1
70
166
92
32(9)
45(2)
166
*
92
71(3)
1
妻
15
82
58
98
姑
98
70
60(8)
88
384
103
58
18
384
55
妉
189
58
妹
22
*
92
17

11
1
60(8)
9
姓
7
88
始
6
姐
15
6
4
45(2)
81(8)
1
81(8)
10
姗
139
71(3)
65(4)
62(3)
60(10)
7
32(7)
1
193(3)
162
145
61(4)
119
45(2)
69
71(3)
82
30
59
139

姮
153
娃
60(10)
60(5)
99
姨
44
71(3)
62(4)
23
19
145
152
71(3)
60(3)
姥
154
32(9)
158
60(8)
71(3)
2
145
60(1)
78
60(7)
47
95
101
74(1)
71(1)
62(2)
62(1)

姿 姚 (㛰)姻 娙

98
44
32(3)
60(5)
62(3)
139
101
394
65(3)
44
44
65(3)
168
姿
101
86
883
196(4)
18
88
姚
5
81(8)
134
13
7
60(7)
92
32(10)
姻
1
娙
610
1
32(7)
70

32(8)
娱
196（4）
741
60（2）
*
60（3）
60(6)
34
134
姦
5
*
67
1024
姬
*
32(8)
173
158
146
娜
*
32(12)
1017
1102(2)
174
*
2
1
61(1)
*
152
1
28
*
71(1)
154
*
95
*
162
*
62(1)
*
74(1)
*
62(2)
*
62(4)
*
74(1)

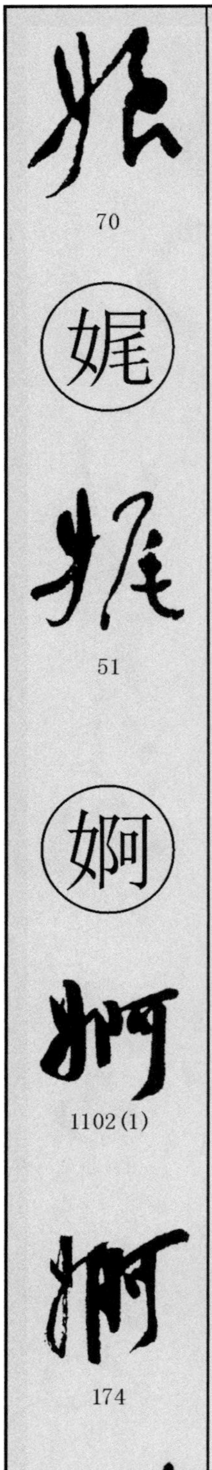

70 娓 51 婀 1102(1) 174

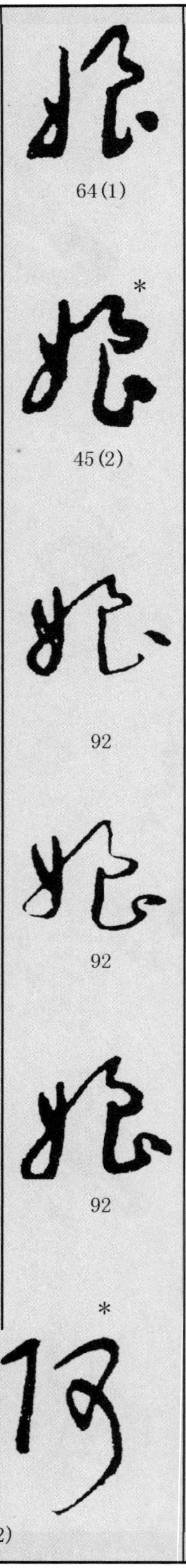

64(1) 45(2) 92 92 92 32(12)

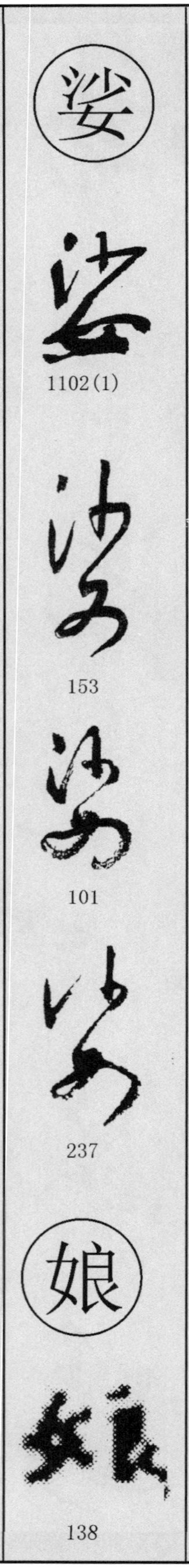

娑 1102(1) 153 101 237 娘 138

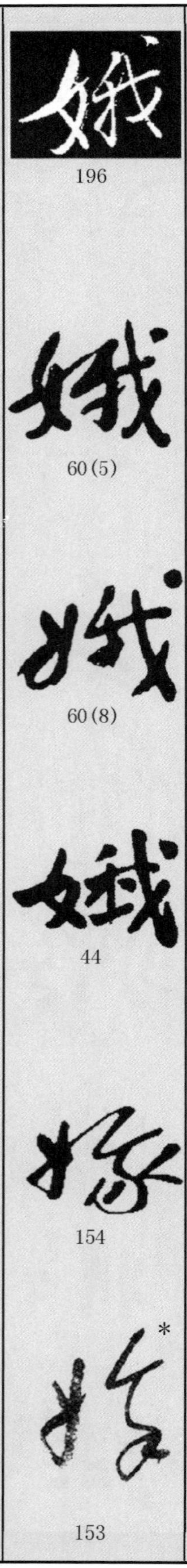

196 60(5) 60(8) 44 154 153

837 268 娟 18 140 153 娥

135 娖 198 娉 58 189

154
122
64 (1)
64 (1)
45 (2)
60 (6)
101
237
60 (9)
104
15
410
88
141
17
婀
168
65 (1)
婆
60 (5)
154
18
婁
193 (6)
婢
76
婚
98
564
139
娶
105
71 (3)
74 (2)
18
16
婭
196 (4)

162
33
2
74(1)
1
101
229
62(2)
95
30
45(2)
71(1)
62(4)
394
158
62(1)
152
74(2)
30
139
62(3)
17
15
153
51
32(12)
婦
32(12)
3
126
32(5)
66
婉
175(1)
139
1014

嫣嫄嫫 嫊 嫯 婿 媚 媯 媇 媿 (㛐)嫂 媒

18
17
嫫
1006
嫄
88
1
嫣
1

婿
198
140
嫯
168
嫊
168

媇
1103
媯
*
60(4)
媚
44
1012
153

104
媿
1008
196(4)
*
84
81(4)

66
嫂
104
365
92
92
45(2)
45(2)

60(8)
164
媒
1
71(3)
47
66
66

嫋 嫁 嫌 嫉 媿 媳

嫁
98
410
139
137
嫋
30
1025
65(2)
嫁
60(5)
17
32(12)
99
71(3)
32(1)
60(8)
257
嫉
7
196(8)
嫌
31
1106
1026
141
141
1
45(2)
141
70
媿
84
媳
1
1
1
1
1

嬛/嬗	嬌/嫺	嬉/嬋	嫦/嫘/嫡/嬉	嫗/嫕	嫩/嫖
17	嬌	148	嫦	101	60(6)
嬛	467	148	196	134	1017
1	139	81(8)	嫘	嫗	嫩
嬗	145	45(2)	98	186	65（3）
189	65(4)	111	嫡	53	39 *
58	32(12) *	60(7) *	187	92	嫖
266	1	嬋	嬉	嫕	883
65(1) *	嫺	140 *	71(3)	190	134

嬰

17

17

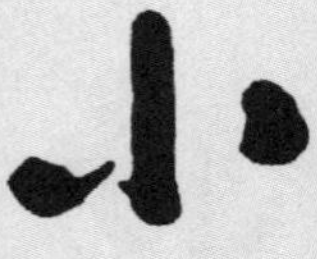
54(1)

82

60(1)

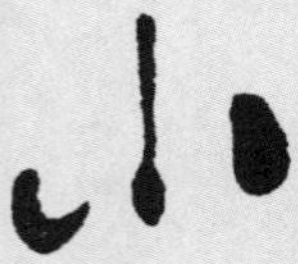
45(2)

*

32(7)

小部

小

12

72

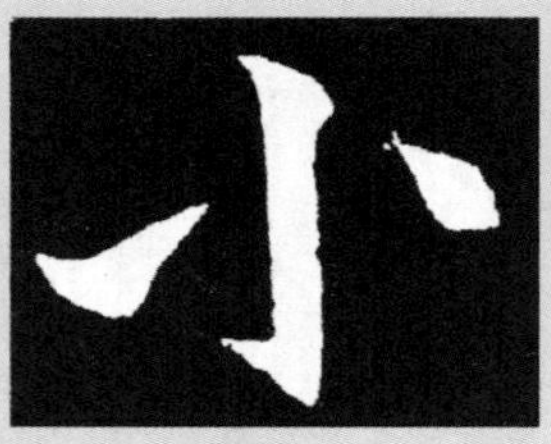
4

63(2)

67

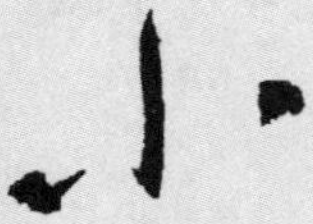
67

47

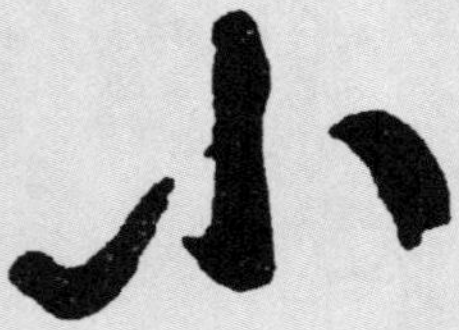
60(10)

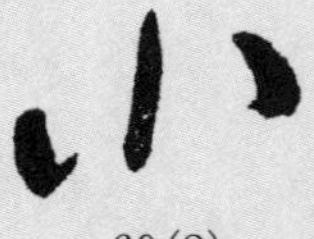
60(2)

88

*

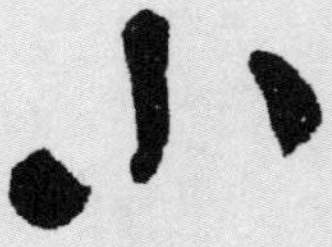
88

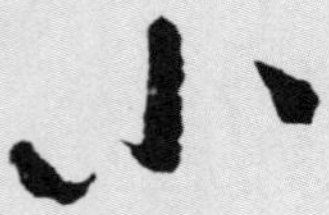
154

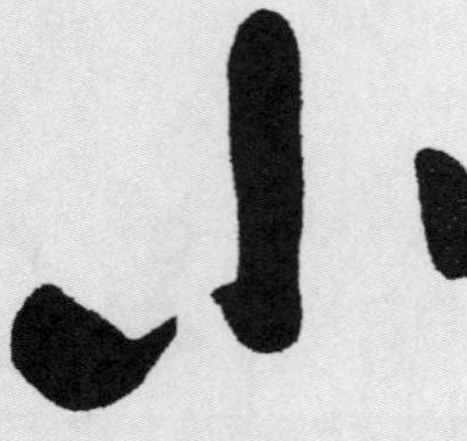
65(2)

60(9)

少

44

6

60(10)

5

4

5

65(2)

100

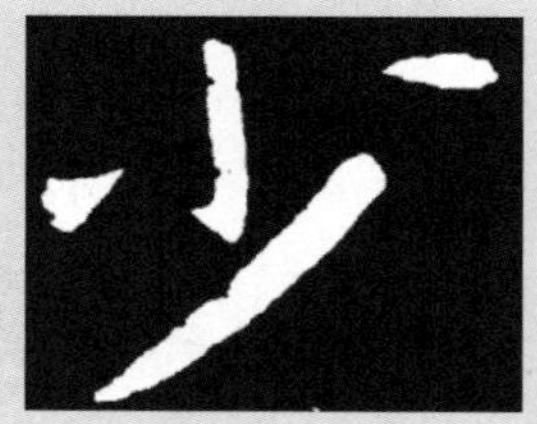
10

140

88

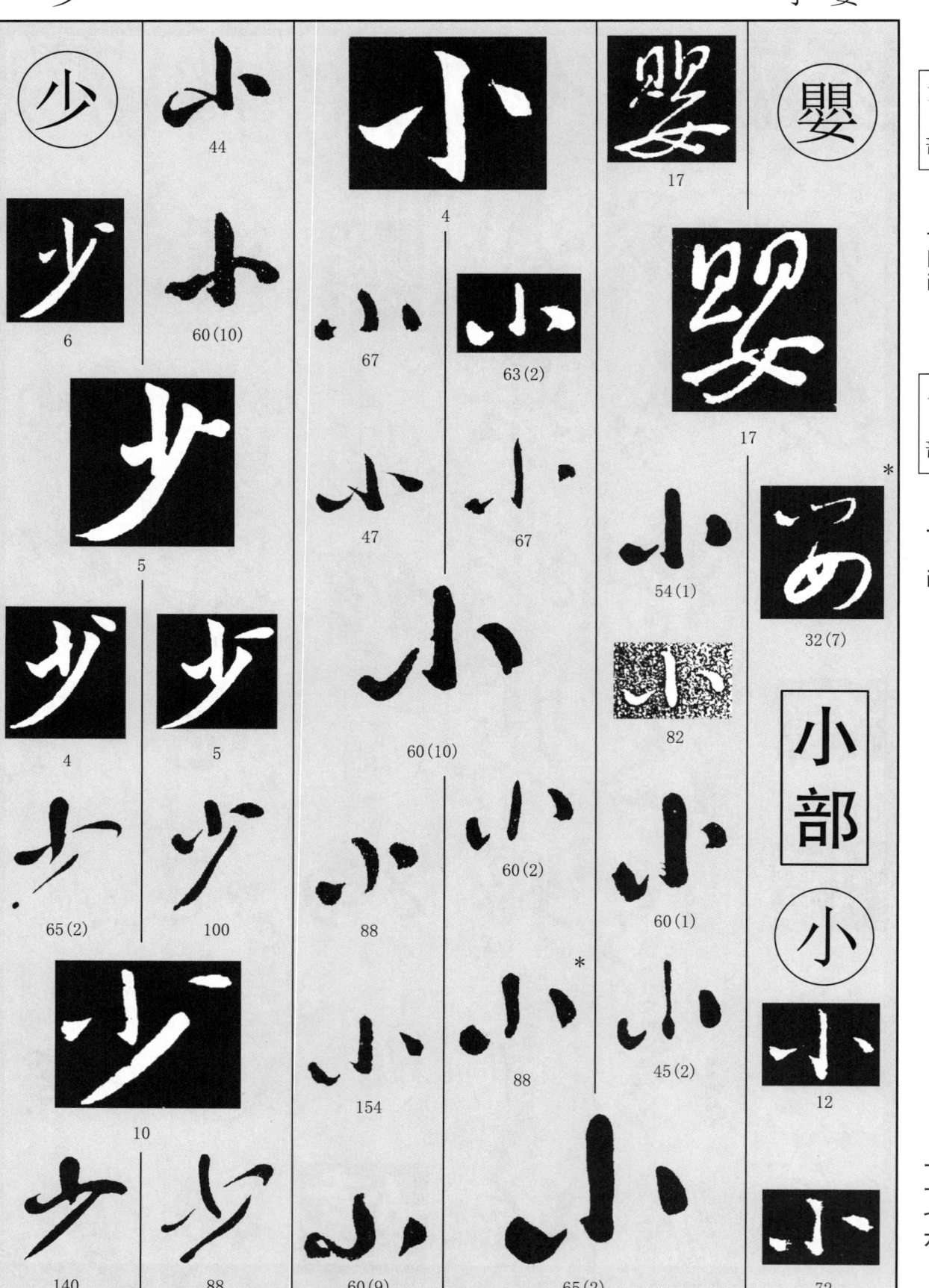

劣

60(7) 139 60(10) 100 99 51 60(8) 154 55 88 51 44 61(1) 153 94 70 140 99 65(4) * 30 42 154 6 60(7) 32(12) 60(10) 98 劣 60(7) 134 149

73
*
67
肖
98
1033
100
尚
60(9)
98
18
32(10)
1
32(9)
61(2)
44
65(1)
60(6)
837
82
71(3)
70
*
66
42
60(6)
45(2)
154
87
139
64(2)
51
22
32(8)
244
291
146
802

省

51　1　83　286　147　32(7)　244
60(10)　46　129　省　5
7　82　51　7　6　10　8
98　70　101　140　655　62(4)*
61(2)　129*　65(4)　16
71(3)　158　94　2　71(1)*　74(1)*

95 62(3) 62(1) 62(2) 32(7) 107

101 152 153

雀

32(11)

66 66 66

32(9)

子部

子

38 81(6) 19

98 9 13 154 23

4 82 78 88 60(10) 70 234

孔　子

孔：5　4　62(3)*　139　74(1)*　62(1)*　2*

子：139　51　51*　60(10)　74(1)*　79　2*　71(1)*　64(1)　60(10)　95*　60(3)　47　1　101*　62(2)*　62(4)*　1　45(1)　60(7)　852　152*　139　62(1)*　62(3)*

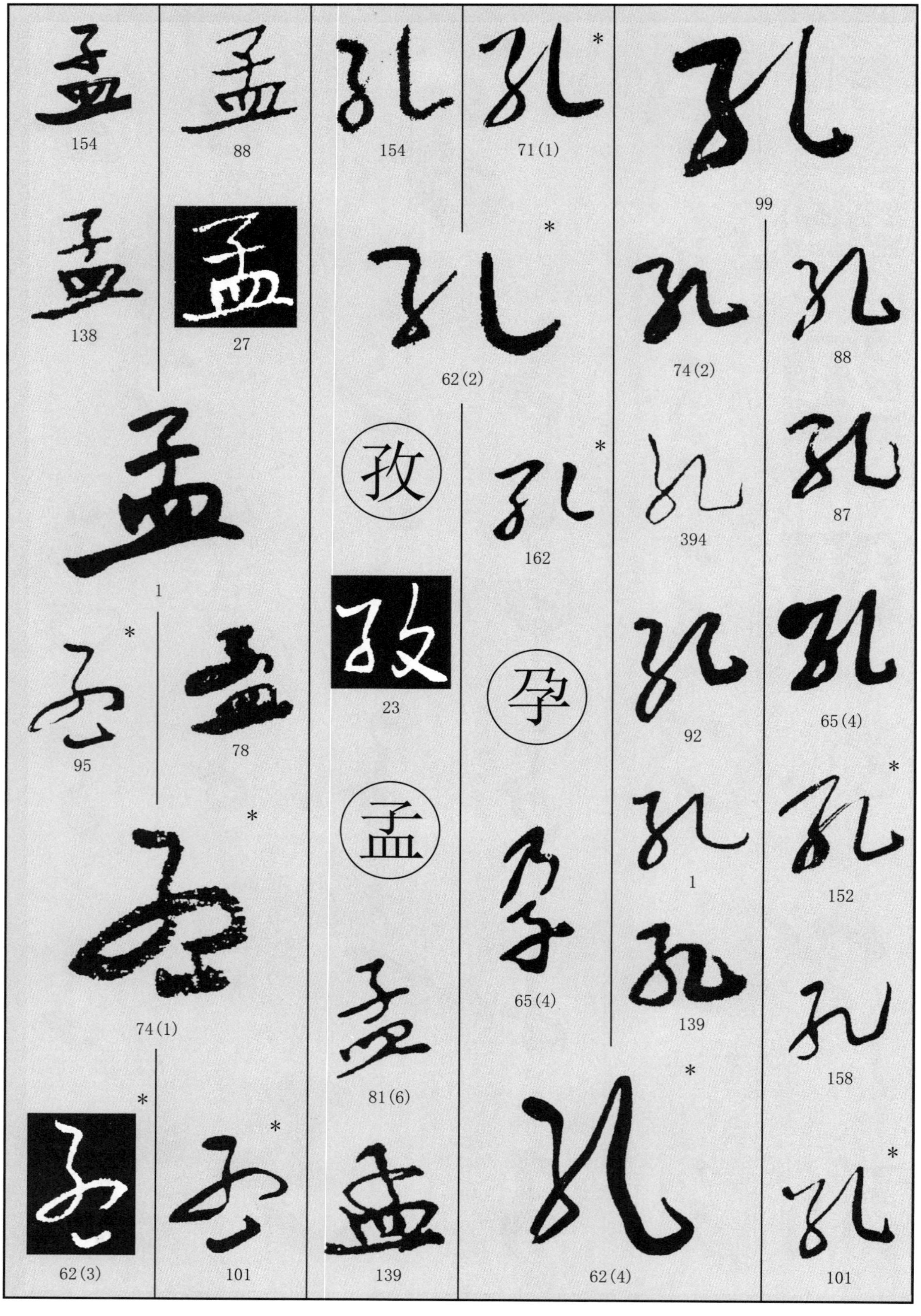
99
88
87
65(4)
*152
158
*101
74(2)
394
92
1
139
*62(4)
*71(1)
*62(2)
*162
孕
65(4)
154
孜
23
孟
81(6)
139
154
88
138
27
1
*95
78
*74(1)
*62(3)
*101

（孤 孤）孤

131
3
62(2)
93
45(1)
139
7
孤
152
60(6)
1
71(2)
60(10)
98
71(3)
62(4)
63(2)
141
154
4
88
65(4)
71(3)
140
58
28
1
71(1)
158
88
145
2
81(8)
140
65(2)
158
62(1)

（孙）孫孩孥　　抱

孥
32(9)
154
孩
65(4)
孫
38
62(2)
244
17
60(7)
抱
196(6)
816
21
2
23
88
140
877
152
60(8)
71(1)
62(4)
62(3)
162
95
1
100
88
28
62(1)
71(3)
74(1)
60(4)
101
45(2)
146
32(10)

子部

七画

146 60(1) 345 10 6
44 32(10) 1 145 3
21 67 60(5) 32(3) 8
44 1 140 60(5) 98 17
66 71(3) 60(5) 14 5
70 74(2) 1 159 5
113 65(3) 65(4) 139 168

學

3
32(12)
44
44
71(3)
148
139
5
51
88
5
831
98
12
12
141
44
71(3)
139
81(8)
74(2)
104
104
1
134
55
14
61(4)
88
145
154

101* 71(3) 72 22 18

1 88 7 22 69

62(4)* 139 2* 60(4) 95*

71(3) 60(3) 92 162* 62(2)* 71(1)*

61(2) 96 158 23 74(1)*

62(1)*

152* 1 22 46 62(3)*

62(2)
101
62(1)
62(3)
74(1)
72
95
88
62(4)
2
71(1)
17
32(12)
6
82
787
47
168
74(1)
10
15
71(2)
23
88
19
60(6)
孺
32(12)
19
幺部
幻
198
幼
74(2)
60(4)
65(4)
19
23
394

65(3)

* 60(8)

1

32(10)

* 95

60(4)

196(8)

189

65(3)

140

* 62(4)

101

138

71(3)

60(7)

134

432

60(10)

32(3)

1

60(10)

1

145

* 152

58

60(10)

1

82

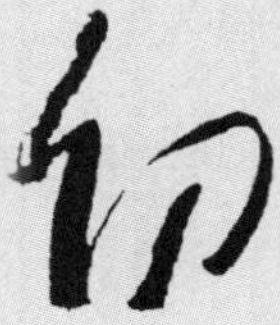
130

幾

8

7

256

1

201

*
62(1)

71(3)

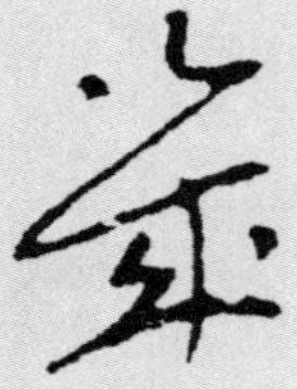
45(2)

758

1

*
71(1)

358

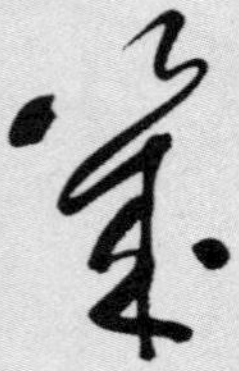
145

*
2

1

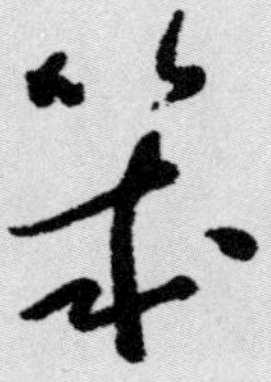
131

*
62(2)

67

32(12)

*
62(3)

32(7)

*
74(1)

46

158

1

*
152

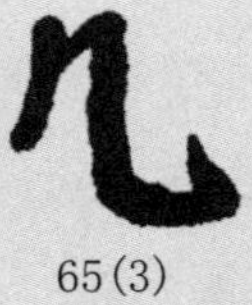
65(3)

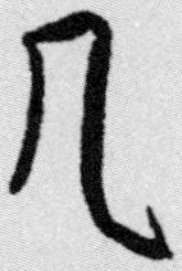
32(8)

74

71(3)

畿

8

120

60(8)

巛部

邕

27

88

*
111

巢

幺部 九—十二画

巛部 七—八画

王

1
103
60(10)
44
23
98
8
45(1)
7
71(3)
60(10)
158
71(3)
32(8)
王部
王
32(12)
11
67
32(9)
66
145
60(10)
1
60(3)
30
83
610
65(3)
47
32(11)
60(7)

主

152
95
2
100
47
62(4)
45(2)
71(1)
145
62(1)
62(2)
62(3)
74(1)
101
60(2)
主
32(12)
5
60(10)
8
60(10)
18
42
27
44
42
154
92
30
47
74(2)
82
94
96

弄 玗

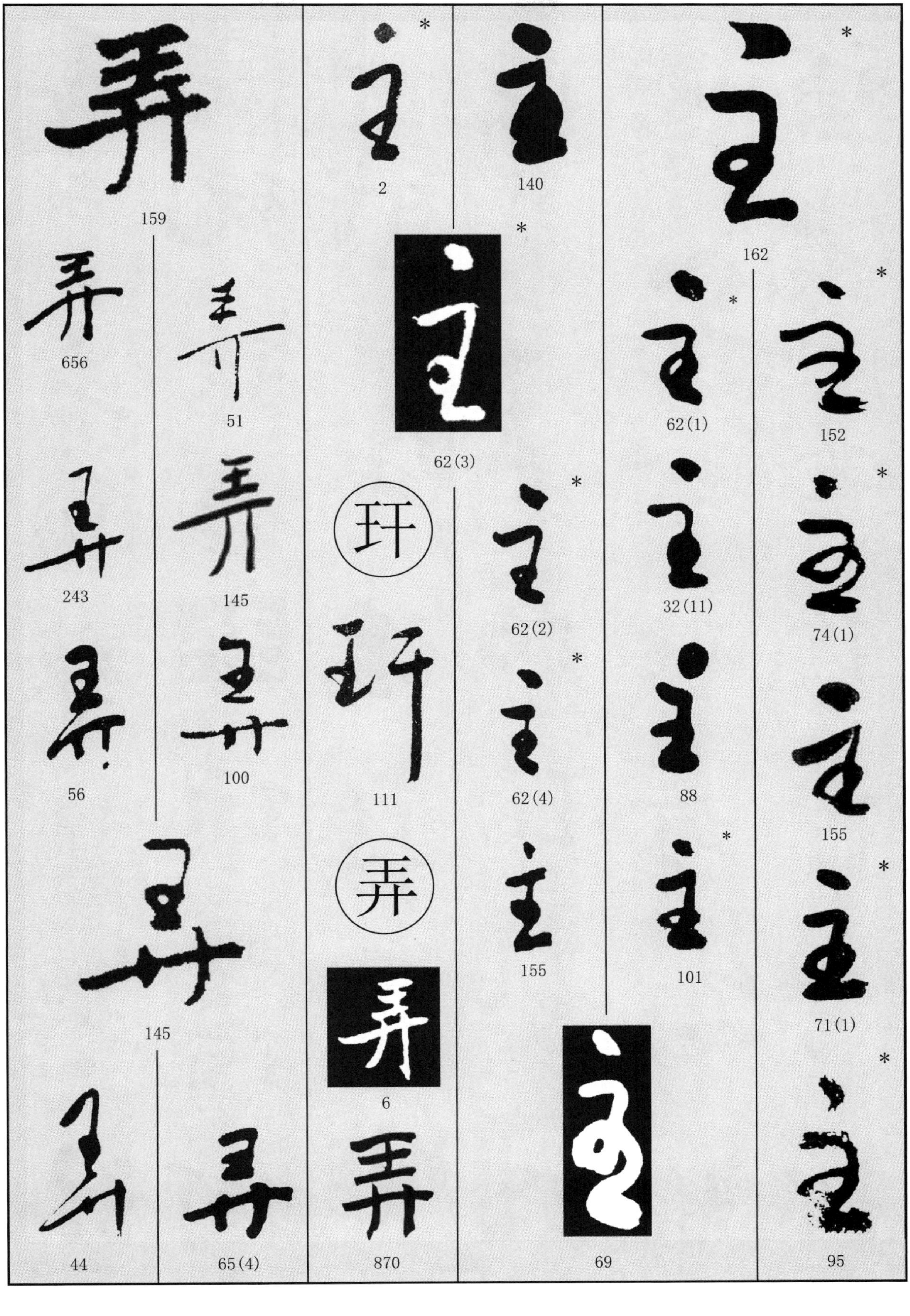

159
656
51
243
145
56
100
145
44
65(4)
*
2
62(3)
玗
111
弄
6
870
140
*
*
62(2)
*
62(4)
155
*
162
62(1)
32(11)
88
*
101
69
*
152
*
74(1)
155
*
71(1)
*
95

168
44
玖
37
玨
212
677
玩
101
51
玦
196（2）
1
珂
100
139
玳
4
璹
100
60（4）
168
1013
珀
32（11）
32（11）
111
65（4）
珍
70
65（4）
100
74（1）
61（2）
100
45（2）
478
60（10）
158
1

212
珊
82
8
32(10)
60(3)
42
1
145
1
82
74(2) *
62(2) *
62(4) *
38
145 *
152 *
65(5)
61(3)
1
162 *
1
62(3) *
44
71(1) *
玲
2 *
74(1) *
139
28
62(1) *
39
1
139
146
95 *
101 *

珠：95*　33　47　74(1)*　162*　28　154　152*　69　145*　62(2)*　62(4)*　62(1)　62(3)*　2*　101*　71(3)　60(5)　141*　49(1)　60(5)　39　65(2)　71(3)　71(1)*　146

玻：175

珪：175(1)　65(4)*

珠：1

珉：168　74(2)　47　65(4)　121

珈：1014

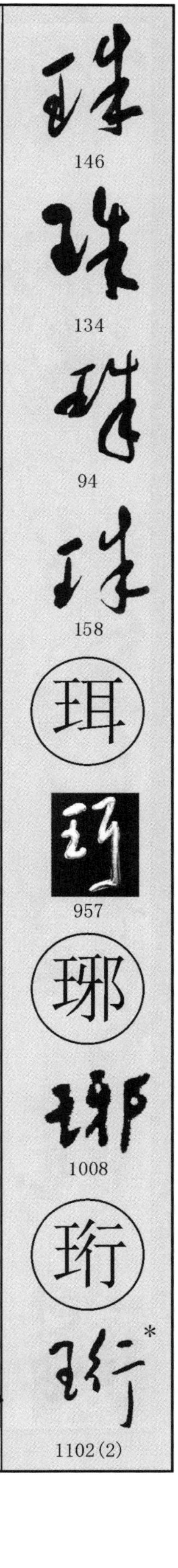
146
134
94
158
珥
957
琊
1008
珩
*
1102(2)

1101
珮
71(3)
71(3)
珞
32(12)
班
*
74(1)

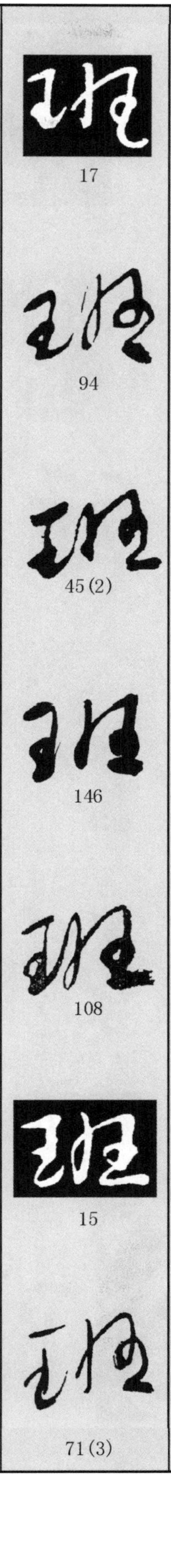
17
94
45(2)
146
108
15
71(3)

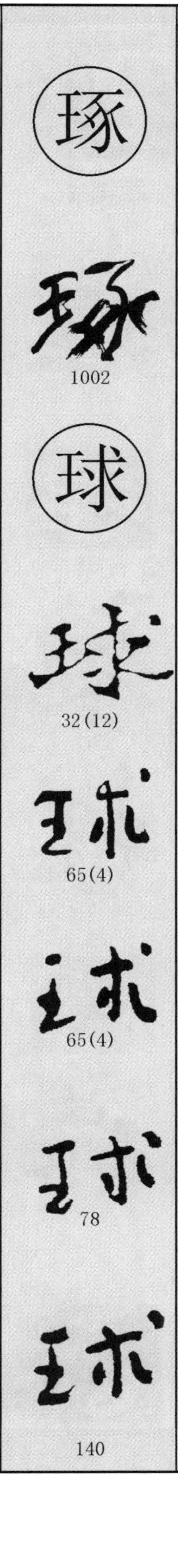
琢
1002
球
32(12)
65(4)
65(4)
78
140

71(3)
168
333
15
850
*
1
瑣
1015
現
32(12)
47
1
9
71(3)

60(7)
60(7)
98
74(1)
71(3)
61(3)
83
76
71(2)
95
62(1)
32(6)
12
32(12)
1
62(4)
1
47
5
1
101
152
71(3)
47
12
10
141
2
62(3)
32(3)
6
46
71(3)
71(1)
62(2)
184
理

望

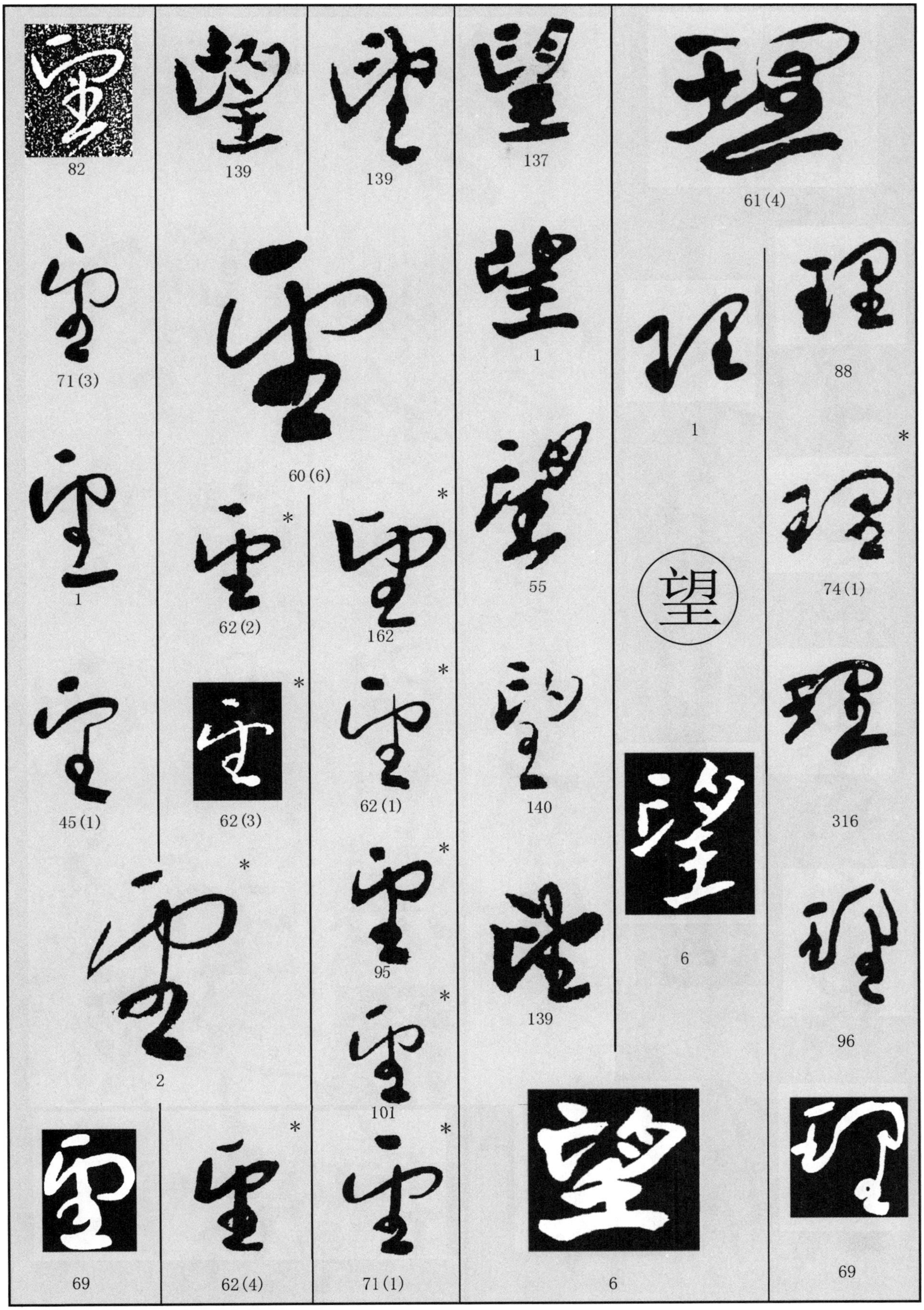

61(4)
88
*
74(1)
316
96
69
1
望
6
6
137
1
55
140
139
139
*
162
*
62(1)
*
95
*
101
*
71(1)
139
60(6)
*
62(2)
*
62(3)
*
2
*
62(4)
82
71(3)
1
45(1)
69

1
1
94
30
79
60(7)
55
1
*
74(1)
140
1
70
60(10)
44
1
60(10)
154
151
139
275
169
*
152
154
*
65(4)
71(3)
32(7)
60(6)
琉
140
78
琅
*
1
595

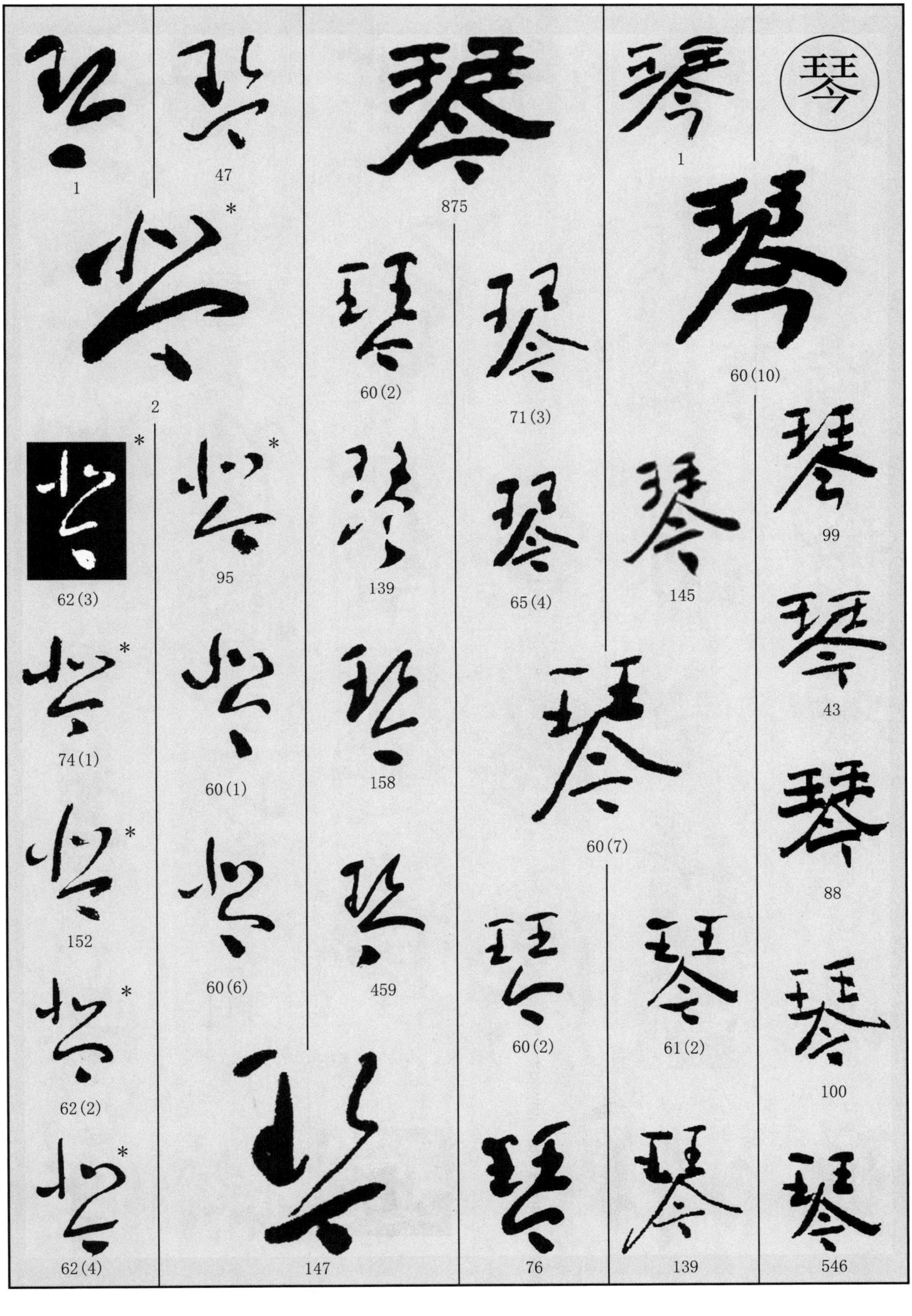
琴
1
60(10)
99
43
88
100
546
145
60(7)
61(2)
139
71(3)
65(4)
60(2)
76
875
60(2)
139
158
459
147
47
2 *
95 *
60(1)
60(6)
1
62(3) *
74(1) *
152 *
62(2) *
62(4) *

琥 琢 琦 琳 瑛 琪 琶

860
琢
61(4)
44
154
琥
111
32(11)
1008
137
65(5)
595
琦
71(2)
1034
51
154
61(1)
1
1
1
琳
168
99
瑛
74(2)
1034
62(1)
琶
139
45(2)
70
琪
154
101
71(1)
114
65(4)
186
1009

65(4)
108
32(11)
琨
8
1106
1106
瑀
129
琱
60(4)
1009
斑
100
88
60(10)
44
336
129
琰
199
175(1)
琬
1102(1)
瑯
1008
65(5)
1008
琛
148
44
1102(2)
134
琚
101
1001
瑟
42
60(5)
154
32(2)
71(3)
28
60(5)
1
62(3)
62(2)
60(8)
74(1)
71(1)

聖

聖
62(4) *
60(9)
95 *
101 *
71(3)
162 *
62(1) *
152 *
2 *
6
71(3)
56
154
159
139
81(8)
154
139
31
32(11)
87
78
2 *
88
101 *
55
100
65(1)
65(1)
71(1) *
95 *

(瑰) 瑰　　瑞　　瑁　瑚

159
瑞
98
60(4)
32(6)
65(1)
81(1)
10
223
61(2)
瑰
827
瑚
60(4)
100
168
瑁
60(4)
100
1013
62(4)
44
152
162
137
47
74(1)
62(2)
62(3)
62(1)
16
60(10)
32(9)
94
60(8)
60(10)

139
60(9)
71(2)
瑜
65(3)
168
100
60(7)
151
61(1)
瑗
16
瑅
1008
瑳
71(1)
2
95
101
152
74(1)
62(1)
62(2)
62(4)
62(3)
162
瑕
32(9)
瑙
111
璉
42
瑮
4
瑪
111
32(7)
瑣

（璞）璞　璆（璁）璁　璋　璇　瑾（琍）璃　瑶

45(1)　61(4)　154　131　154　77　58　189　5　60(3)　1003　42　6　74(2)　60(7)　32(3)　175　32(7)　187　11　61(1)　99　94　130　154　146　65(5)　84　107　1015　81(1)　60(10)　104

(環) 環璐　(玙) 璵　璣　畺 璠

99
61(1)
璠
1001
175(1)
61(3)
畺
58
189
璣
2
74(1)
71(1)
95
101
62(3)
62(4)
152
62(1)
28
62(2)
1
158
146
璵
1001
61(4)
88
璐
1102(3)
環
12
74(1)
60(10)
139
9
98
1
88
141
154
168

瓊

62(4)
172
152
44
82
139
95
146
100
87
62(3)
158
71(2)
71(1)
74(1)
137
2
62(2)
62(4)
2
62(1)
101
瓊
162
139
28
74(1)
95
101
152
140
71(1)
62(1)

62(3)

62(2)

瓏

139

139

瓔

32(12)

瓚

65(4)

主部

表

8

32(10)

58

11

47

7

5

10

74(2)

12

51

139

141

42

51

51

71(3)

13

1

82

78

14

13

65(4)

32(10)

1
1
74(2)
73
62(2)
67
44
93
19
15
62(1)
60(9)
71(1)
1
19
60(8)
62(3)
162
74(1)
60(8)
62(4)
152
92
2
101
154
25
95
88
145
159
146

1 28 16 47 素 98 7 毒 82 139 139 140 65(4) 60(5) 51 32(2) 71(2) 71(2) 33 32(3) 94 168 71(1) 95 101 74(1) 62(1) 62(2) 152 60(1) 62(3)

62(4)
2
責
8
32(9)
51
70
790
71(2)
60(5)
1
71(2)
67
97
1
46
天部
天
80
45(1)
9
14
32(12)
32(10)
88
5
8
12
60(10)
32(10)
78
1
98

44
39
61(4)
61(4)
71(3)
1
44
44
49(2)
55
60(3)
61(2)
100
32(2)
65(1)
271
61(1)
61(1)
60(8)
71(3)
45(2)
88
71(3)
94
1
145
140
30
32(2)
60(10)
138
65(2)
88
65(2)
55
32(9)
134

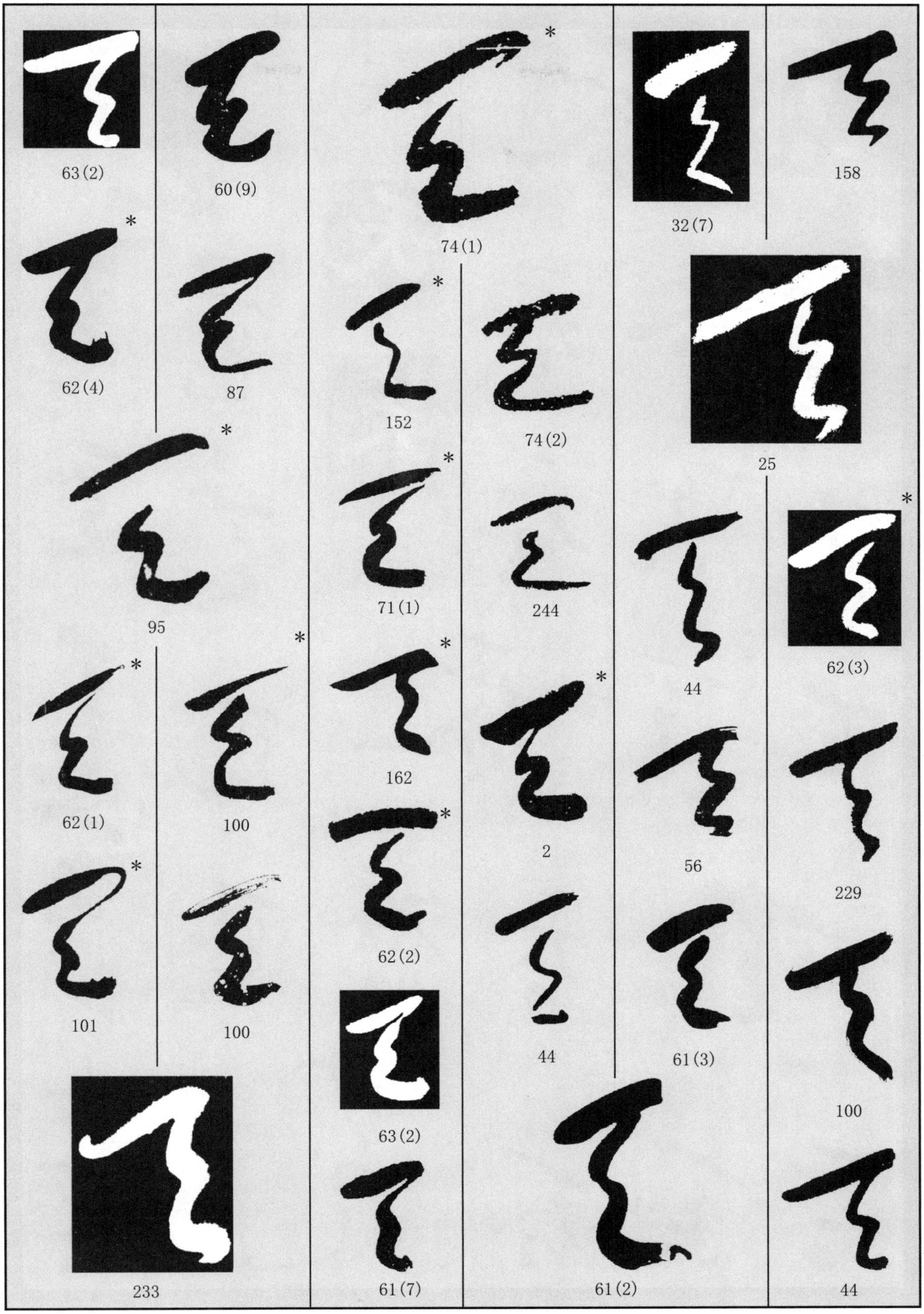

63(2) 60(9) 74(1) 32(7) 158
62(4) 87 152 74(2) 25
95 71(1) 244 44 62(3)
62(1) 100 162 2 56 229
101 100 62(2) 44 61(3) 100
233 63(2) 61(7) 61(2) 44

天

吞

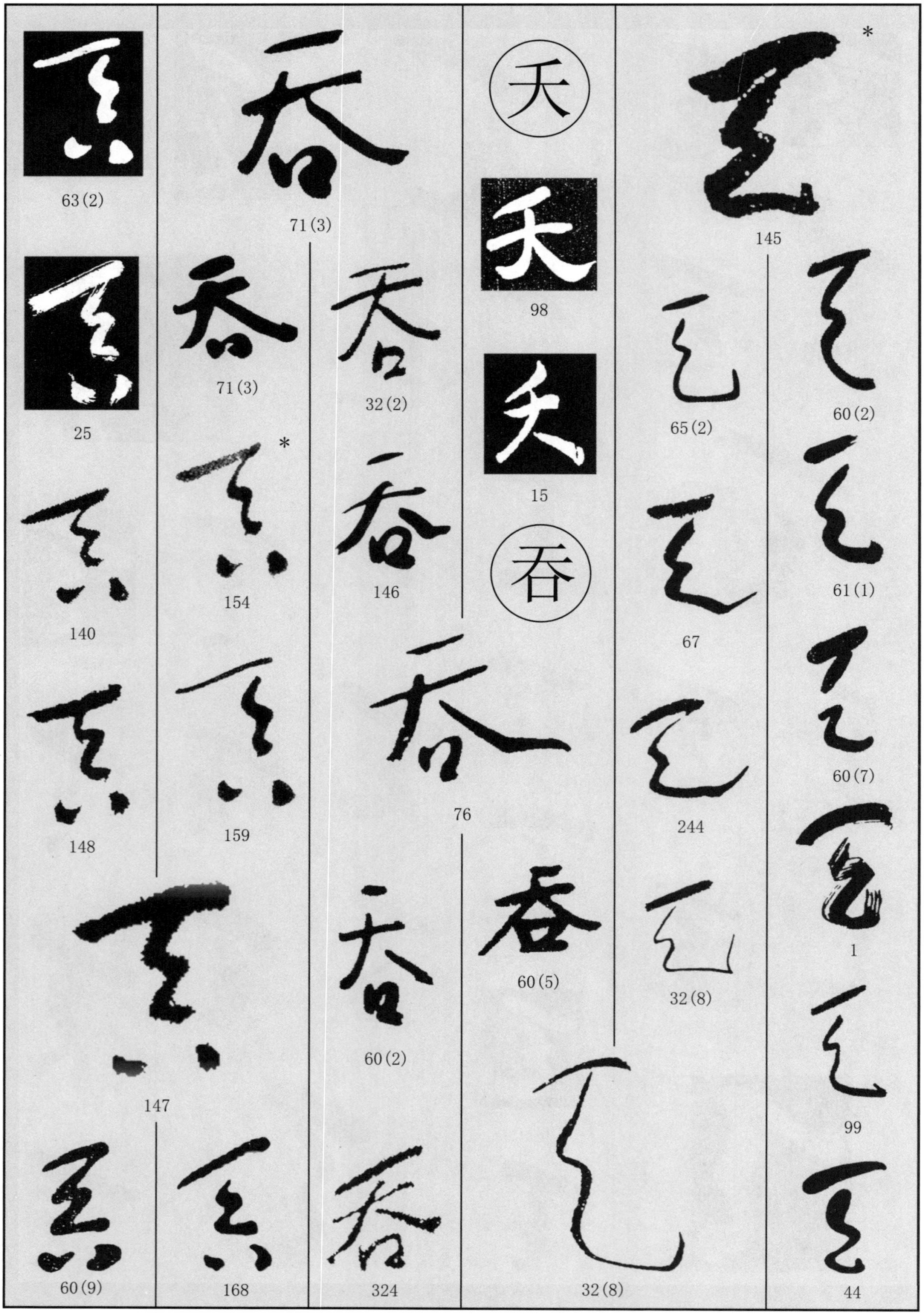
*
145
60(2)
61(1)
60(7)
1
99
44
65(2)
67
244
32(8)
32(8)
98
15
60(5)
71(3)
32(2)
146
76
60(2)
324
71(3)
*
154
159
147
168
63(2)
25
140
148
60(9)

32(5)
忝
65(2)
蚕
44
60(6)
65(4)
1
1
1008
1029
1030
喬
139
139
139
65(4)
137
88
137
60(1)
99
141
86
65(5)
1
65(4)
廿部
廿
27
71(3)
82
139
49(1)
22
154
10
14
154

（㫺）昔　　　　共

共
15
7
60(10)
71(3)
13
36
51
65(3)
60(7)
30
*
32(12)
88
39
60(8)
139
61(1)
60(8)
74(2)
65(5)
昔
1
44
18
13
100
60(8)
39
100
154
60(4)
1
60(8)

65(4)
141
800
564
49(2)
60(6)
848
恭
58
101
10
42
71(3)
244
60(6)
巷
82
8
32(11)
154
65(5)
60(6)
63(2)
1
60(10)
94
71(3)
87
67
25

(鸗)燕 [illegible] 堇

60(3)
88
18
152
71(1)
624
7
145
45(2)
158
28
2
1
95
62(3)
74(1)
1
62(4)
62(1)
101
62(2)
162
堇
106
[illegible]
187
燕
98
154
42
32(10)
74(2)
78
154
60(2)
638

1
82
101
234
69
47
137
木部
木
82
140
168
69
543
32(8)
88
60(3)
168
1
140
60(8)
94
31
23
66
*
333
88
546
71(3)
546
83
32(1)
32(8)
45(1)

（夲）本

27
3
30
62(4)
71(3)
3
69
101
44
51
3
145
95
62(3)
60(5)
137
8
62(1)
158
60(6)
78
5
162
152
71(3)
139
51
5
2
62(2)
139
139
9
71(1)
74(1)

木部 一画

末

32(12)
98
8
4
10
47
7
5
88
45(1)
44
78
60(4)
70
60(7)
54(2)
46
末
152
74(2)
96
62(1)
74(2)
62(3)
71(1)
95
62(2)
62(4)
74(1)
1
45(2)
1
2
101

朽 札 末

99
45(2)
47
67
82
1
51
末
154
45(2)
139
札
98
154
100
145
1
71(3)
139
100
60(6)
145
朽
60(7)
16
65(1)
154
10
46
139
71(3)
148
130
146
154

74(1)
2
87
162
94
152
95
7
74(2)
71(3)
71(3)
92
60(10)
87
60(7)
71(1)
62(1)
62(4)
101
杜
6
32(7)
62(3)
62(2)
60(10)
139
88
61(2)
146
朴
60(2)
105
12
286
139
134
234

村　材　杖

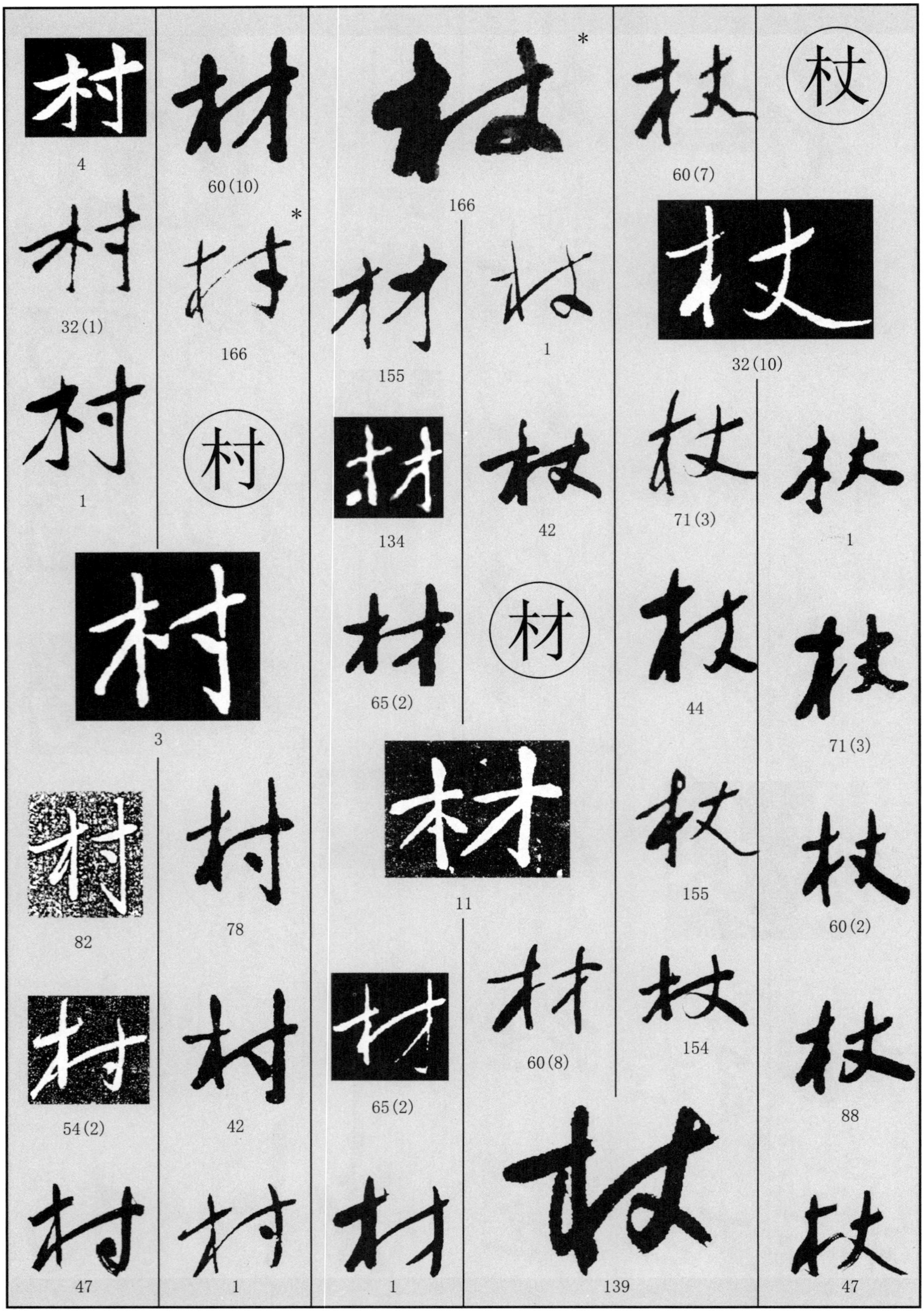
4
60(10)
166
60(7)
32(1)
166
155
1
32(10)
1
134
42
71(3)
1
3
65(2)
44
71(3)
82
78
11
155
60(2)
54(2)
42
65(2)
60(8)
154
88
47
1
1
139
47

282
60(2)
88
45(2)
141
166
558
60(2)
47
88
146
92
20
杏
231
32(9)
1
60(8)
139
101
140
47
杔
1034
*
32(9)
杉
71(3)
60(6)
614
71(3)
杞
1034
15
78
42
李
9

44 139 51 71(3) 82

32(2) 5 51 31 154 60(8)

44 18 1 158 146

28 1 32(3) 39 19

60(6) 67 72 101* 74(4)*

19 71(3) 65(3) 244 67

60(8)
1
78
60(4)
62(1)
39
44
67
101
100
32(10)
林
152
62(4)
62(4)
51
44
8
162
71(1)
62(2)
74(1)
44
2
62(2)
61(1)
74(2)
12
枉
62(3)
71(3)
76
134
73
95

枝

32(2)
1
154
99
62(1)
60(8)
66
95
81(8)
217
60(4)
2
32(12)
1
153
32(9)
44
39
321
158
234
枝
44
88
101
62(1)
95
62(3)
71(1)
100
100
1
60(1)
2
152

木部

四画

杯

62(2)
60(6)
152
62(3)
60(4)
62(3)
87
159
162
60(10)
152
71(3)
杯
62(2)
28
71(1)
101
60(10)
62(4)
42
86
62(1)
71(3)
60(10)
101
1
62(4)
74(1)
154
74(1)
42
95
65(2)
1
2
71(1)
250

枇
833
146
1
33
158
杳
810
134
135
28
51
158
82
東
32(12)
6
10
12
1
44
60(3)
221
99
60(10)
98
140
60(5)
44
62(3)
62(2)
88
154
7
152
2

析
11
74(2)
88
119
板
32(3)
75
杵
111
3
31
139
146
99
63(2)
46
1
枚
168
71(3)
162
60(10)
46
141
60(10)
25
60(6)
62(1)
62(4)
65(3)
60(8)
71(1)
95
101
74(1)
1

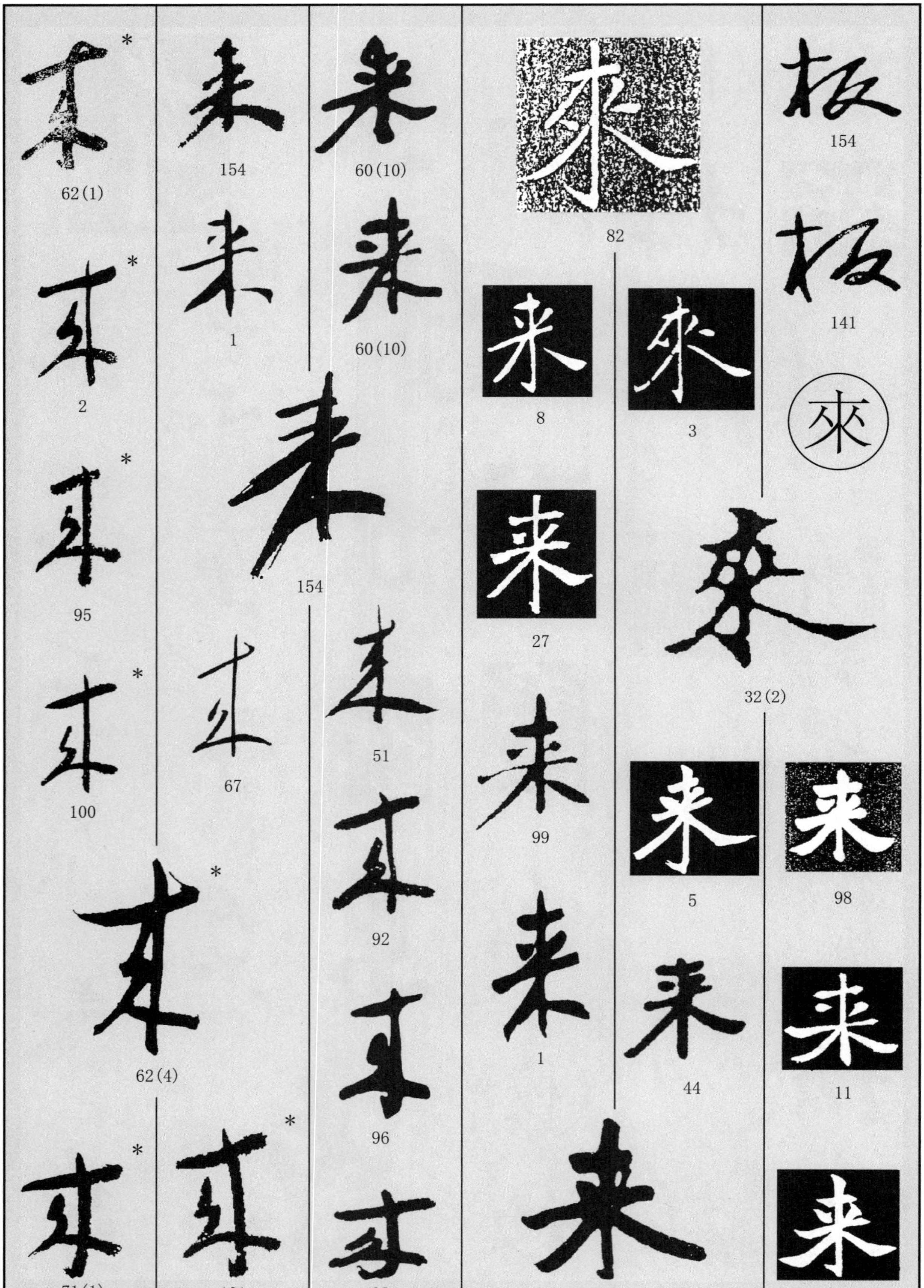

154 141 來 32(2) 98 11 4

82 8 3 27 99 5 1 44 31

60(10) 60(10) 154 51 92 96 92

154 1 67 62(4)* 101*

62(1)* 2* 95* 100* 71(1)*

松

317
44
140
65(2)
162
*
1
154
141
152
*
60(7)
74(1)
*
60(10)
154
1
62(3)
*
71(3)
145
*
597
146
60(8)
65(4)
65(2)
151
松
65(3)
60(10)
220
67
71(3)
12
1
44
1
20
69

枕枋　　　杭

枋
139
42
枕
44
145
1
47
98
6
146
4
101
87
74(2)
71(1)
303
杭
100
16
60(1)
1
152
31
88
71(3)
74(1)
162
62(1)
61(3)
62(2)
71(3)
100
95
2
62(3)
101
62(4)

柰
39
158
145
146
162
2
62(4)
95
1
62(3)
101
62(2)
71(1)
152
62(1)
74(1)
1
542
杷
158
33
杼
153
30
60(10)
65(4)
65(2)
60(1)
99
65(2)
140
154
153
94
71(3)
71(3)

柘　　查　枢　柄　枰　　　柯　　枯枻柑

木部

五画

相

62(3)
60(8)
5
32(12)
15
60(8)
904
7
46
23
62(2)
100
82
98
939
154
71(1)
60(10)
11
16
87
357
88
20
65(4)
2
101
47
相
140
61(2)
70
74(1)
82
51

柏梔　柞枳　柚

梔
1
1102(3)
柏
3
145
151
122
153
枳
221
66
32(11)
柞
86 *
60(10)
45(2)
168
101
101 *
57
44
306
87
99
154
788
62(1) *
162 *
32(9)
60(8)
柚
95 *
62(4) *
152 *
45(2)
42
60(9)
61(2)

139
139
139
71(3)
42
*
32(7)
71(3)
60(7)
154
65(4)
44
32(2)
1
45(1)
44
60(8)
15
柳
1
44
1
140
60(10)
60(5)
65(5)
749
23
*
92
100
枸
1014
栅
196(4)
749
61(4)
44
87
60(5)
60(7)
70
145

*
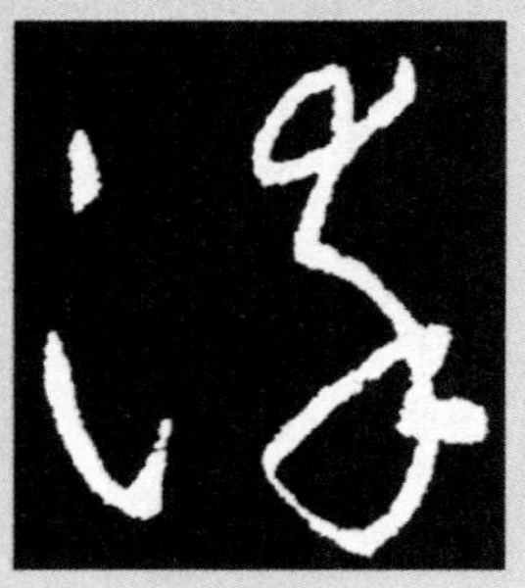
62(3)

*
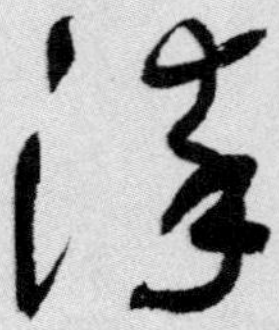
71(1)

*

95

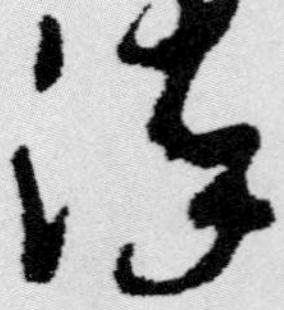
1

*

74(1)

*
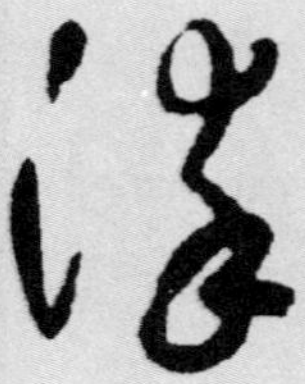
101

*
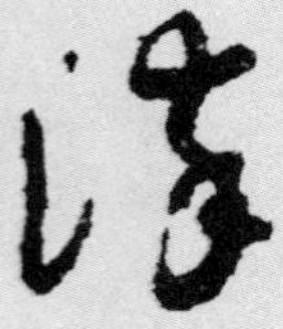
145

*

2

*
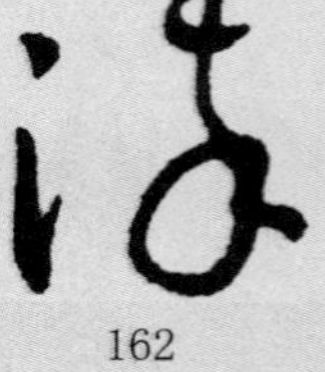
162

*

62(4)

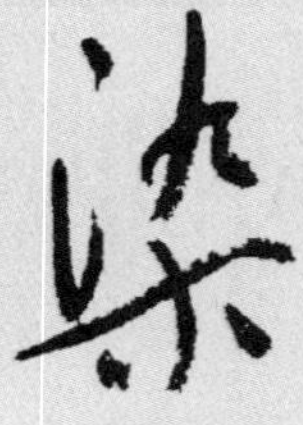
71(3)

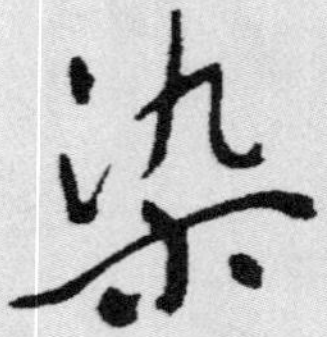
32(3)

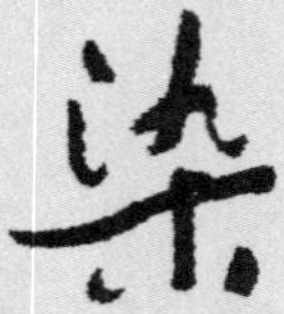
32(11)

60(6)

*

62(1)

*
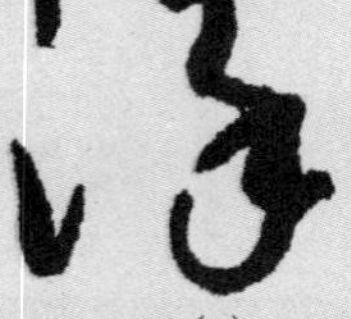
62(2)

柿

168

染

1

88

66

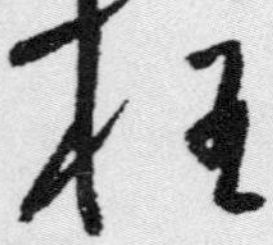
99

99

63(2)

243

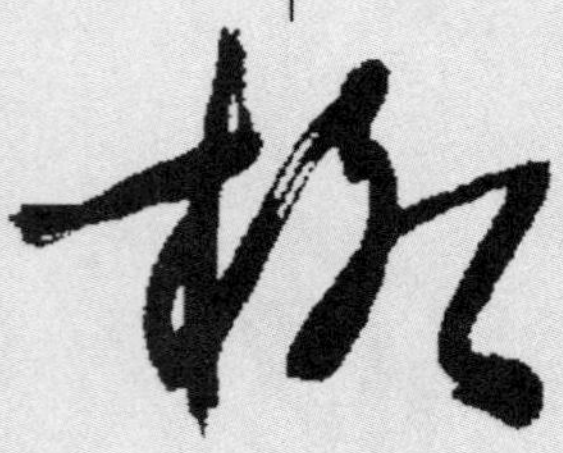
154

柱

76

32(2)

88

*

1

桓 桂 架 柁

138
65(2)
2
62(4)
162
152
333
桓
78
140
62(2)
639
47
桂
1
60(8)
1
71(3)
61(3)
46
47
121
71(3)
74(2)
152
架
924
61(3)
32(12)
1029
33
1
158
柁
45(2)
193(5)

株　桐　柴桎

60(10)
276
60(1)
158
168
168
71(3)
44
株
60(4)
794
65(5)
47
桎
1006
柴
60(3)
16
153
桐
153
88
60(5)
60(10)
67
65(2)
60(7)
60(8)
62(3)
95
101
71(1)
73
62(1)
65(2)
74(1)

154
梃
196(2)
梅
1009
桁
145
139
栒
92
栓
32(12) *
格
32(12)
49(1)
51
71(3)
16
60(7)
60(2)
168
139
桃
85
154
140
134
60(3)
1
42
31
71(31)
137
1
1
100
47
23
47
44
60(7)
145
65(1)

根栀 核 校 桀桅

栀
1026
根
5
8
32(10)
9
44
71(3)
1
核
30
139
1011
1025
7
93
66
15
46
92
45(2)
82
78
148
12
51
46
71(3)
65(2)
校
44
10
88
88
87
146
151
桅
1012
桀
175(1)

62(1)
60(9)
60(2)
1
25
100
1
1
140
83
62(4)
62(3)
2
65(5)
1
88
71(3)
62(2)
60(4)
63(2)
械
74(1)
76
42
71(1)
137
101
6
101
154
210
1
82
95
726
726

1

彬

1102(1)　42　409　60(3)*

梵

104　44　65(4)

梗

60(10)　47　199

梧

42　62(3)　60(1)　168　100　306　99　329　276　45(2)

94　62(3)*　2*　95*　168　62(1)*　74(1)*　62(4)*　154　62(2)*

木部

七画

71(1)
32(12)
101
1
60(1)
165
152
桿
梢
1
145
1
梏
1006
梨
74(1)
42
154
153
60(3)
158
153
梅
44
45(1)
梅
58
154
1
101
87
32(11)
244
47
60(10)
60(7)
65(3)
65(1)

95
840
桴
66
65(5)
60(1)
62(1)
71(1)
42
桷
32(2)
74(1)
346
100
梟
147
62(4)
101
100
154
82
794
梳
62(2)
62(3)
梓
1013
57
175
100
139
152
70
2
66
44

（梁）梁　　　　渠

渠：60(3)* 65(2) 65(4) 60(8) 100 渠 71(3) 82 274 334 221 154

（梁）梁：1 71(3) 100* 152* 62(1)* 101* 45(1) 33 62(2)* 62(4)* 2* 74(1)* 71(1)* 65(5) 95* 62(3)* 103 158 145 梁

32(3)
88
98
4
60(6)
869
44
332
45(2)
154
60(10)
88
71(3)
141
168
100
71(3)
32(7)
162
71(1)
145
1
95
62(1)
梯
60(5)
60(9)
130
棱
60(6)
1
1027
104
棋
215
87

154
175(1)
94
椰
99
145
60(8)
植
74(2)
70
146
74(1)
66
158
45(1)
101
56
62(2)
60(9)
1
60(5)
2
71(1)
62(4)
95
62(2)
152
62(1)
森
78
88
58
140
44
51
94

（栖）棲　棧　　（栋）棟棼

棧
棼
棟
棲
221 44 71(3) 1 139 63(2) 25 44
58 32(3) 153 30 1 60(9)
44 234 100 324 94 100
165 65(3) 71(3) 45(2) 44
60(2) 87 78 92 100 99
101 196(2) 60(10) 32(7)

66
148
238
椒
244
棹
1
32(3)
44
168
71(3)
30
39
60(10)
71(3)
60(3)
60(7)
61(3)
32(3)
60(7)
椎
1
76
1
25
44
148
872
1
32(5)
99
棉
1
324

18
74(1)
25
63(2)
2
139
147
62(2)
62(1)
71(1)
101
94
93
78
286
61(1)
95
60(1)
101
1
432
74(2)
74(2)
146
98
1035
棨
1008
棙
1
111
70
極
66
66
棚
1034
棓
98
103
148
1035

76
324
65(3)
71(2)
60(1)
32(5)
32(3)
楨
126
14
1
楫
60(8)
1102(2)
1
84
1034
楷
12
70
椿
42
326
128
1014
楠
32(3)
62(4)
1
152
12
365
42
60(5)
65(1)
62(3)
60(6)
212
60(4)

1
15
60(3)
152
63(2)
*
32(12)
88
71(3)
25
251
47
55
42
12
1
45(2)
139
1
9
60(9)
71(3)
32(7)
19
82
3
楊
139
20
32(6)
8

榆　（槐）槐　梗　楸　楞

71(1)
101
95
榆
9
8
32(10)
2
74(1)
152
33
62(3)
1
62(1)
62(4)
78
62(2)
70
梗
32(3)
84
1034
1102(2)
槐
88
88
98
44
44
146
60(7)
楸
196(4)
47
1
88
45(2)
60(2)
楞
103

62（2）
158
槎
196（1）
44
62（1）
62（3）
2
152
33
151
138
1
71（3）
74（1）
101
95
71（1）
153
86
138
楹
147
62（4）
810
60（6）
82
88
32（1）
65（5）
71（3）
94
499
134
1
134
247
楓

模 榼 槓 （榑）構 椽 榛 㯃 楣 （槩）概

* 146

槓

* 66

榼

1102（1）

模

8

42

構

196（4）

156

32(12)

32（9）

60（7）

45(2)

88

71(3)

60(6)

椽

154

139

46

楣

1003

㯃

65(1)

榛

32（12）

60(10)

15

60(10)

60(5)

286

139

77

137

* 94

65（5）

65（4）

153

概

槃樹　　棒榿　　　　榻槺

154
101
154
65(5)
64(1)
65（2）
187
樹
71(3)
42
583
60(8)
槃
122
834
1
168
榿
147
147
147
棒
60(10)
61(4)
44
60(3)
247
165
槺
100
榻
3
145
12
60(1)
45(2)
46
100
1

1
32(11)
1
47
71（3）
44
88

1027
榕
44
榷
198
横
82

120
槊
30
168
71(3)
1626
172

168
*
60(9)
32(7)
65(5)
槁
1031
槨

1
*
70
榴
122
*
66
榜
5

*
154
32（5）
60（9）
槍
82
82
145

101 *
71(3)
32(3)
60(10)
44
74(1) *
71(3)
61(3)
44
1
62(3) *
65(3)
71(3)
95 *
82
60(6)
2 *
60(8)
71(1) *
44
62(2) *
60(8)
62(1) *
1
140
45(2)
34
65(5)
145
152 *
62(4) *
65(3)
30

十一画

槧：69　139

標：8　32(2)　62（3）　1　32(3)　28　86　146　152　50　162　62（1）　71(1)　20　71(3)　2　61(1)　39　100　71(3)　61(4)　61(2)　145*　95*　77

樗：71(3)　1　139

樞：65(2)　70　32(7)*

158
286
62(4)
39
99
65(3)
69
82
60(2)
95
101
71(1)
60(5)
154
60（10）
1
43
1
8
44
43
1
306
139
1
44
32(1)
44
1
44
77
60（9）
榼
153
樓
60(10)

（乐楽楽樂）欒

42
207
3
61(1)
100
7
151
44
7
1
1
11
44
61(1)
12
239
239
47
欒
6
152
60(2)
62(3)
140
1
62(2)
62(1)
74(1)
2
94
81(8)
69
44
32(12)
86
*
*
*
*
*
*

樣

60(10)
905
71(3)
1
100
100
60(5)
139
100
139
162
101
62(3)
74(1)
62(4)
62(2)
152
65(4)
34
65(3)
62(1)
71(1)
44
2
25
75
158
樣
60（8）
1
71（3）

10
98
154
71（3）
44
10
61(4)
88
8
82
1
168
234
60(10)
60(8)
*
60(1)
樹
5
47
44
154
1
*
60(8)
71(3)
30
168
樟
*
394
橈
65(5)
137
88
394
*
394
槳
1
499
*
154
46
46
樑
1035

101
62(4)
95
47
60(5)
152
60(2)
74(1)
45(2)
62(3)
158
71(3)
71(1)
139
71(3)
55
2
32(10)
92
60(10)
60(6)
62(1)
65(4)
145
60(10)
65(4)
140
1
62(2)
65(2)
65(5)
60(10)

(橋)橋　(檏)檏 檽　(橛)橛(橐)橐　蕺

140	橋	檽	60(10)	28	
65(4)	32(2)	197	橐	32(3)	1
* 65(6)	82	1027	1026	44	44
60(3)	82	檏	191	60(7)	32(1)
60(2)	145	1102(1)	橛	1	76
60(3)	60(2)	3	71(8)	蕺	1
101	71(3)	1	39	15	1
	60(2)	86			

樵

65(2) 1 137 88 60(7)

110 71(3) 60(10) 139 101

45(2) 32(6) 154 1 87

129 71（3） 286 32(12) 71(3)

45（2） 88 * 151 60(10) 1

358

45(2) 130 1 47 42

（桔）橘　　橙　　樽

60(10)
306
橘
1106
276
100
834
32（10）
57
62（3）
44
71(3)
65(2)
1
65（4）
橙
1
60（3）
60(5)
146
60（6）
45(1)
71(3)
153
44
145
275
866
129
45（2）
樽
1
1

（机 機）機

51
134
42
65(3)
51
1
139
1
44
10
60(9)
60(2)
86
187
98
145
3
44
12
1
154
108
168
60(3)
62(1)
152
78
62(4)
101
2
74(1)
95
71(1)
87
62(2)

櫝

100
152 *
62(2) *
60(7)
100
71(3)
201
62(3) *
2 *
23
88
95 *
74(1) *
32(7)
62(1) *
60(9)
87
94
71(1) *
1
45(2)
65(4)
101 *
65(4)
1
19
櫝
51
62(4) *
243
130
281
1
32(7)

(簷) 檐 檜 檢 檄 櫛(樯)檣

檣
137
1
94
1022
櫛
175(1)
*
153
153
檄
196
168
*
107
97
70
110
檢
5
*
477
1
檜
149
1101
70
74(2)
檐
*
32(5)
32(2)
60(10)
60(10)
76
151
71(3)
148
78
*
63(2)
168
60(9)
60(9)

櫪
65(4)
154
42
111
櫨
100
1021
櫬
櫓
1206
60(5)
60(3)
60(8)
137
583
櫝
139
櫜
1027
186
櫟
82
檻
60(8)
60(2)
99
45(1)
60(8)
239
1
60(7)
65(3)
60(1)
60(7)
86
60(3)
168
63(2)
1
25
134
154
324
檀

74（2）
32（7）
32（12）
82
60（4）
82
153
櫺
60（6）
4
櫳
60(7)
65(4)
1008
75
82
71(3)
櫻
113
60(3)
1
71(3)
1034
146
7
欃
檥
46
196(2)
174
74(2)
4
32(3)
140
66
88
78
權

111
30
105
65(4)
欄
62(4)
87
33
58
99
65(5)
147
65(1)
233
98
欑
134
71(3)
60(3)
146
71(2)
1
55
32(11)
62(3)
561
1
鬱
60(8)
95
62(2)
158
60(2)
100

2
152
162
71(1)
74(1)
101
62(1)
支部
支
32（12）
3
78
82
12
8
65（4）
145
131
1
60(1)
71(3)
60（8）
70
83
翅
30
不部
不
60(8)
153
145
11
5
9
4

6
10
10
89
99
60(4)
76
10
5
23
51
51
15
71(3)
44
60(9)
60(10)
51
223
3
61(1)
43
71(3)
1
51
60(10)
60(10)
234
60(10)
44
96
69
62(4) *
25
67
62(3) *
95 *
101 *

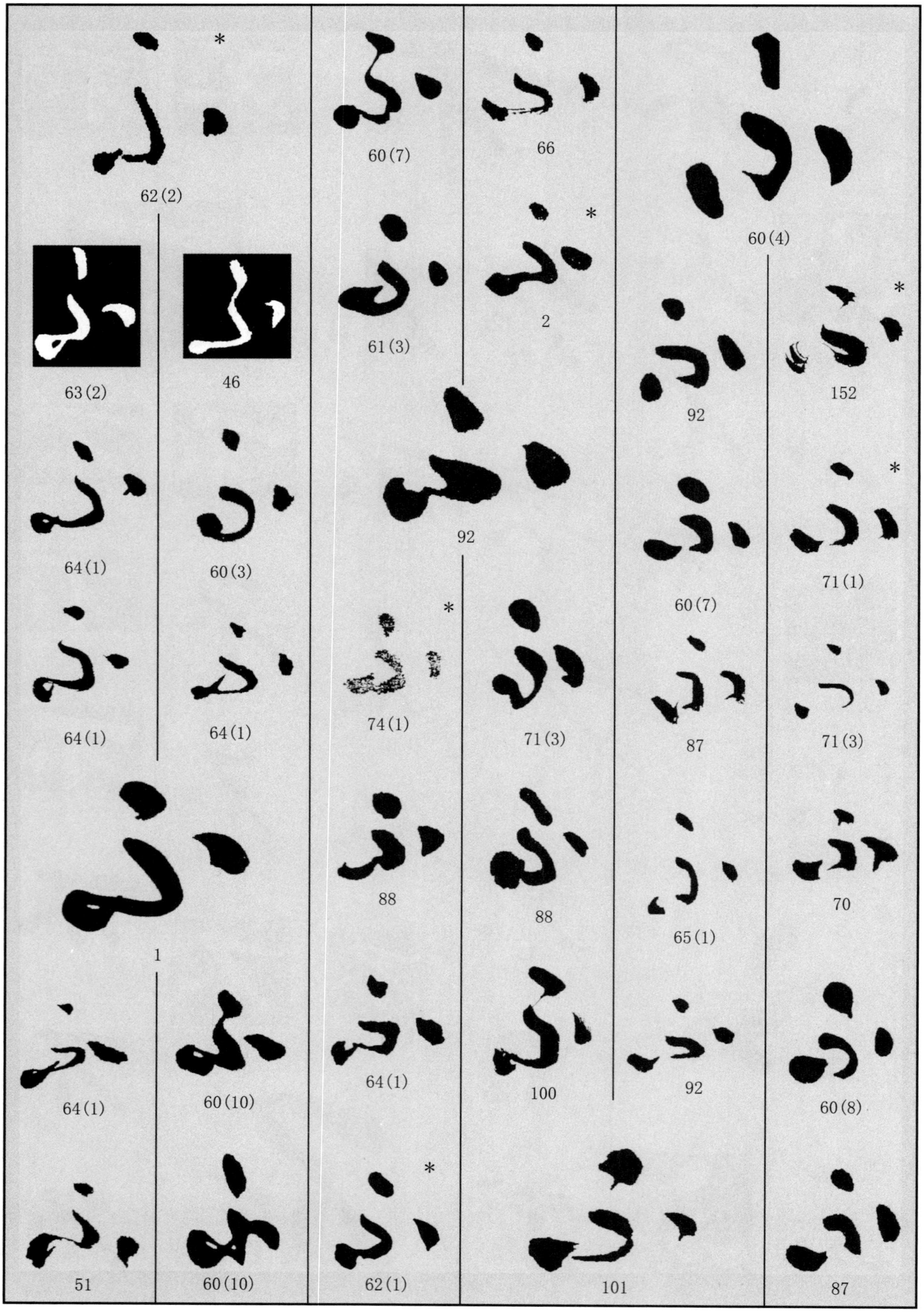
60(4)
152
71(1)
71(3)
70
60(8)
87
92
60(7)
87
65(1)
92
101
66
2
92
71(3)
88
100
60(7)
61(3)
74(1)
88
64(1)
62(1)
62(2)
46
60(3)
64(1)
1
60(10)
60(10)
63(2)
64(1)
64(1)
64(1)
51

60(9)
45(2)
84
60(10)
97 *
60(9)
丕
107
32(12)
18
否
65(3)
78
82
32(4)
45(1)
60(5)
94
101
60(4)
100
71(3)
51
51
51
51
51
81(6)
139
67 *
87
67
107
97
51

犬部
犬
哭
8
65(4)
65(5)
60(10)
73
82
154
153
65(4)
99
154
32(3)
154
140
65(5)
4
140
*
45(2)
65(4)
81(8)
154
66
15
49(2)
78
130
71(3)
134
45(2)
82
32(9)
66

不部 三画

犬部 六画

（献 献）獻　　獸　　猷 猋

158　152　101　139　139
162　74(1)　1　62(1)
28　65(1)　62(3)　2　153　71(1)　10
62(4)　101　62(2)　95　44
1　71（2）　32（7）　158　33
60(7)　196(9)　3　139　60(10)　84

1
74(2)
70
1
624
88
1
152
74(2)
74(2)
71(3)
96
82
139
74(1)
62(4)
71(3)
60(1)
162
62(3)
101
60(9)
62(2)
62(3)
74(1)
95
100
18
2
46
1
62(1)
74(2)
71(2)
歹部
列
32(12)
99

（歹）死

152
145
101
158
82
2
71(1)
65(3)
46
154
62(3)
162
62(4)
69
139
44
74(1)
62(2)
101
28
100
100
60(2)
62(1)
1
134
4
死
60(2)
8
12
95
146
70

67 21 65(5) 9 60(5)
66 63(2) 16 8
87 67 16 174 45(2) 32(1)
71(2) 70 51 1 98 82
66 73 8 51 71(3)
64(1) 45(2)* 70 60(5) 16
1 60(6) 20 154 174

158
17
67
98
154
33
18
殃
18
32(10)
殀
102
1
36
23
殁
101
62(3)
82
18
6
81(8)
62(1)
62(2)
殄
殂
15
6
62(4)
71(1)
196(4)
73
16
74(1)
殆
199
103

62(1)
62(3)
88
88
152
162
65(1)
1
150
95
77
100
67
394
60(5)
71(3)
62(2)
60(8)
60(8)
100
1
2
殊
45(2)
73
65(5)
75
65(4)
1
78
67
101
60(8)
65(2)
140

(殘) 殘　　殔　　殖　　殉

殘
28
1
32(12)
44
74(2)
820
98
63(2)
154
158
88
145
55
87
388
388
殖
60(10)
65(2)
*
19
88
249
殔
*
134
134
51
83
74(2)
32(12)
*
71(2)
107
殉
82
83
145
174
223

(殞) 殞

65(2)
60(8)
23
55
32(11)
100
32(8)
44
10
60(3)
1
66
60(8)
44
8
1
45(1)
65(5)
60(10)
32(8)
174
103
100
44
282
82
82
139
100
76
99

殲 (⿰歹賔) 殯　　(⿰歹斂) 殮　　(殚) 殫　殪　　　　殤 殢 ⿰歹食

歹部

十——十七画

戎　　戈

60(10)
154
88
戎
3
4
223
95
31
1
1
71(3)
71(1)
42
60(1)
101
60(8)
65(4)
101
60(4)
100
60(4)
88
517
4
147
82
83
54(2)
戈部
戈
71(3)
139
97
71(3)
107

我 戒

7
168
60(8)
244
7
8
82
139
戒
3
72
559
我
1
2
74(1)
101
65(2)
100
66
152
65(4)
62(1)
32(8)
62(4)
62(2)
71(3)
70
100
162
145
60(8)
62(3)
1

70
137
81(8)
44
30
65(5)
139
139
139
1
60(10)
1
159
51
60(10)
60(10)
60(6)
44
1
60(10)
290
139
275
1
140
158
46
1
63(2)
51
15
25
47
*
62(2)

（彧 或）或

或

32(12) 98 18 70 3 32(9) 8 32(9)

74(1) 152 71(3) 65(3) 2 95 60(9) 71(3)

62(3) 100 88 71(3) 62(1)

60(6) 101 71(1) 44 62(4)

60(8) 70 70 65(5) 1

44
65(5)
60(9)
44
63(2)
100
63(2)
1
63(2)
1
1
1
76
46
1
1
63(2)
60(9)
*
25
46
74(2)
99
76
32(9)
1
6
60(8)
71(2)
140
46
6
140

（琖）盞 戡 戢 （戟）戟 （戞）戛 戓

1　61(3)　86　1025　30　1102(1)
164　151　11　74(2)　60(9)
155　196（9）　100　121　145
174　66　32(12)　65(2)　71(3)
146　60(8)　30　145
5　140　51　51　139

1
32(1)
8
145
戠
60(9)
56
10
1
77
戮
戰
74(2)
154
154
82
82
1
60(10)
10
32(1)
82
65(2)
78
9
10
71(3)
60(6)
120
7
32(12)
200
17
8
8
8
98
139

戈部

十二画

20
1
83
70
134
65(4)
65(2)
*
95
74(2)
45(2)
32(3)
1
65(4)
*
101
65(1)
22
83
71(3)
71(3)
*
71(1)
88
*
74(1)
*
152
87
74(2)
65(4)
*
62(2)
*
62(1)
432
*
2
*
62(3)

44
62(4)
153
44
65(4)
32(8)
戲
74(1)
196(6)
53
99
45(2)
71(1)
101
100
95
162
152
66
2
15
62(3)
65(4)
51
62(1)
62(2)
62(2)
134
1
1
比部
比
3
32(12)
5
45(2)

皆

88
30
71(3)
18
14
19
100
60(10)
139
154
60(3)
60(3)
62(1)
62(3)
98
5
82
162
66
1
62(2)
158
61(2)
2
74(1)
62(4)
152
1
51
60(5)
42
60(10)
18
101
71(1)

琵

100
790
*
74(1)
45(2)
54(2)
*
62(4)
*
2
*
62(3)
32(9)
琵
1
70
*
101
61(3)
1
139
45(1)
*
62(1)
92
94
*
99
*
95
*
71(3)
64(1)
925
62(2)
*
45(2)
598
60(2)
71(1)
60(3)

既
5
98
3
11
13
60(1)
98
65(4)
32(10)
30
74(2)
30
60(10)
60(6)
45(2)
1
88
1
584
62(3)
62(2)
62(4)
95
71(1)
74(1)
101
45(1)
38
30
62(1)
97
162
2
87
152

牙部
牙
139
151
94
153
146
600
邪
100
15
雅
140
60(5)
5
4
74(2)
134
154
74(2)
2
32(8)
15
74(1)
62(4)
101
33
60(6)
62(2)
71(1)
1
61(2)
62(3)
60(8)

60(2)
610
1
62(1)
瓦部
瓦
145
66
8
152
145
32(9)
65(4)
1
162
154
66
101
1
95
65(1)
99
153
71(3)
60(5)
244
鵶
65(5)
60(4)
60(8)
60(4)

止部
止
4
120
32(12)
60(5)
19
甐
4
甑
31
60(10)
甎
47
甌
168
1
84
81(1)
69
瓿
196(4)
甆
75
甄
20
58
153
145
瓶
77
65(1)
瓷
60(5)
168
65(4)
66
瓮
139
瓴
77

正

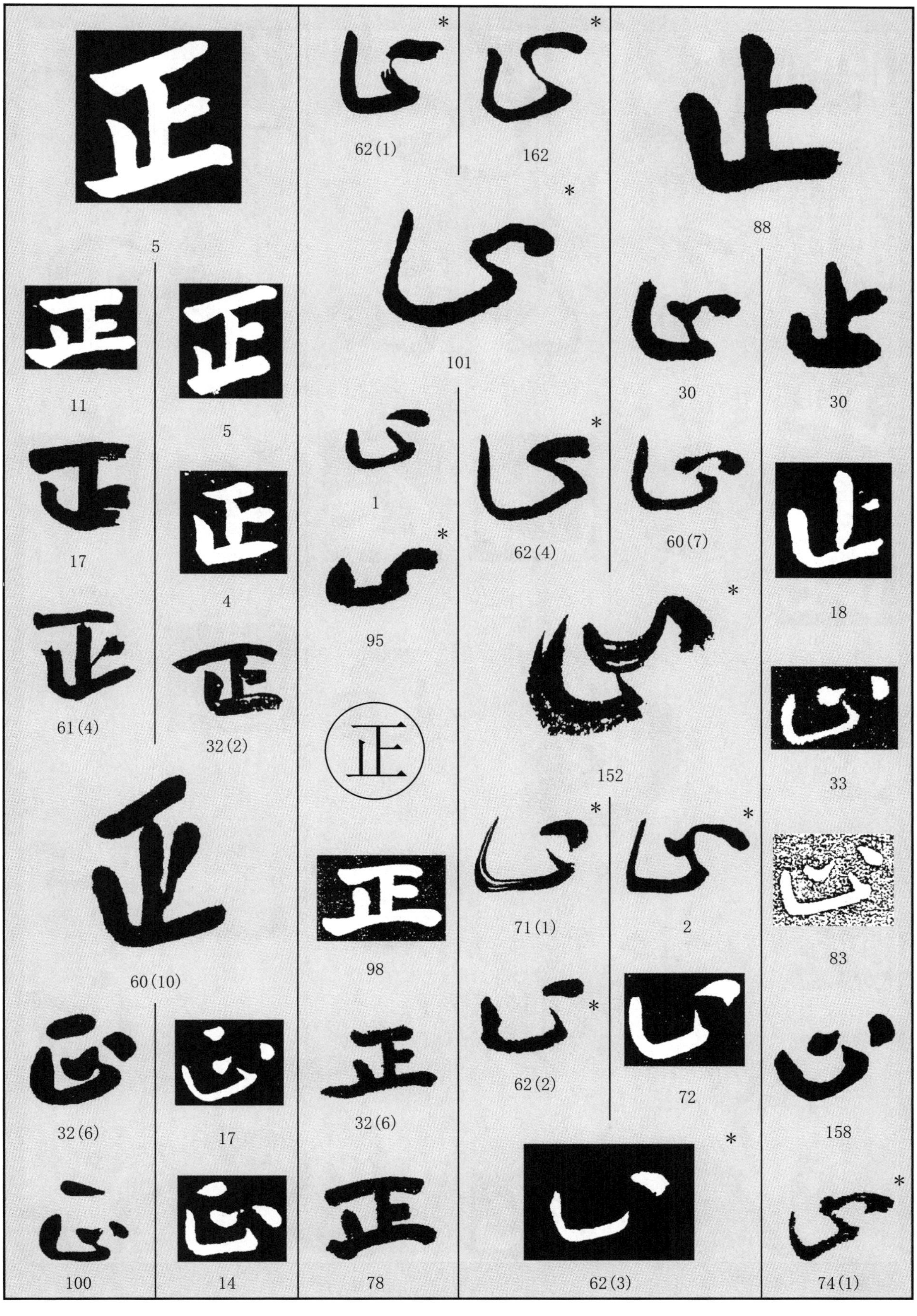
5
62(1)
162
88
101
11
5
30
30
17
4
1
62(4)
60(7)
18
61(4)
32(2)
95
152
33
60(10)
98
71(1)
2
83
32(6)
17
32(6)
62(2)
72
158
100
14
78
62(3)
74(1)

([illegible] [illegible] [illegible])此

5

82

98

7

82

82

* 63(2)

65(2)

61(2)

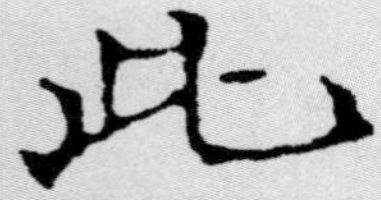
32(12)

32(2)

* 62(2)

* 145

25

60(9)

此

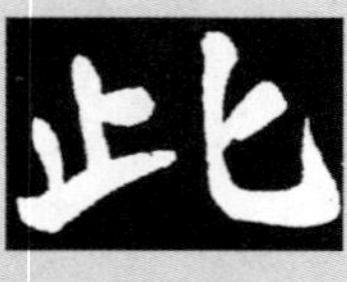
71(2)

* 62(1)

63(2)

* 162

* 152

* 62(4)

* 62(3)

55

* 95

202

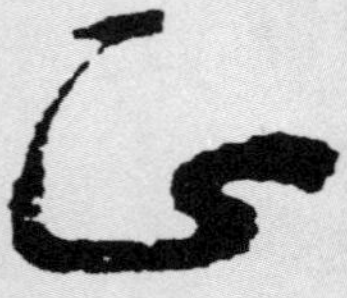
* 74(1)

70

433

65(5)

* 2

71(3)

* 71(1)

步

62(2)
60(7)
63(2)
25
100
62(1)
67
32(6)
1
60(10)
74(1)
62(3)
60(8)
1
16
60(7)
101
152
240
113
60(2)
步
162
158
1
45(2)
82
145
60(8)
154
60(10)
88
42
2
63(2)
60(6)

44　71(1) *　62(1) *　152 *　74(1) *　30

906　62(4) *　60(6)　95 *

2 *　60(6)　101 *

83　62(3) *　62(2) *　139　139

(肯)

32(12)　154　60(7)　70　140

1　71(2)　134

71(3)
139
146
1
4
1
168
119
153
6
98
歳
66
60(7)
46
32(9)
5
55
60(9)
70
81(8)
60(8)
1
99
3
32(12)
60(1)
60(10)
70
82
32(7)

（雎）雌

60(3)
100
*
145
*
100
*
62(4)
*
62(2)
45(2)
60(5)
32(10)
*
162
*
2
*
62(1)
*
101
*
95
*
74(1)
39
71(3)
*
62(3)
146
65(3)
146
1
158
28
71(1)
140
雎
*
140
雌
196(2)
88
100

整
71(3)
139
62(3)
2
60(8)
165
74(2)
101
日部
日
整
1
45(2)
62(4)
62(2)
82
5
83
71(1)
98
152
62(1)
60(10)
158
95
65(3)
8
5
3
11
74(1)
28
65(4)

*

71(1)

32(8)

*

2

*

162

63(2)

*

62(3)

*

62(1)

*

62(2)

*

95

*
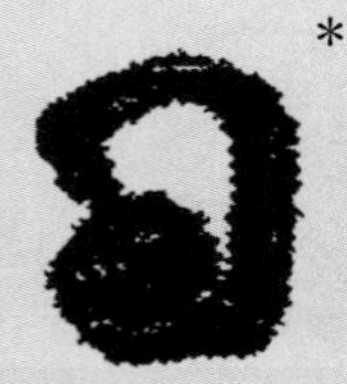
74(1)

79

*

62(2)

60(9)

25

60(9)

87

69

71(3)

1

22

96

60(10)

60(6)

69

87

1

82

206

140

69

60(8)

旦 曰

152
74(1)
158
101
95
62(2)
62(4)
62(3)
5
旦
12
58
13
100
30
22
30
62(1)
30
71(1)
25
2
1
162
30
152
23
100
5
101
60(6)
145
30
曰
5
98

早

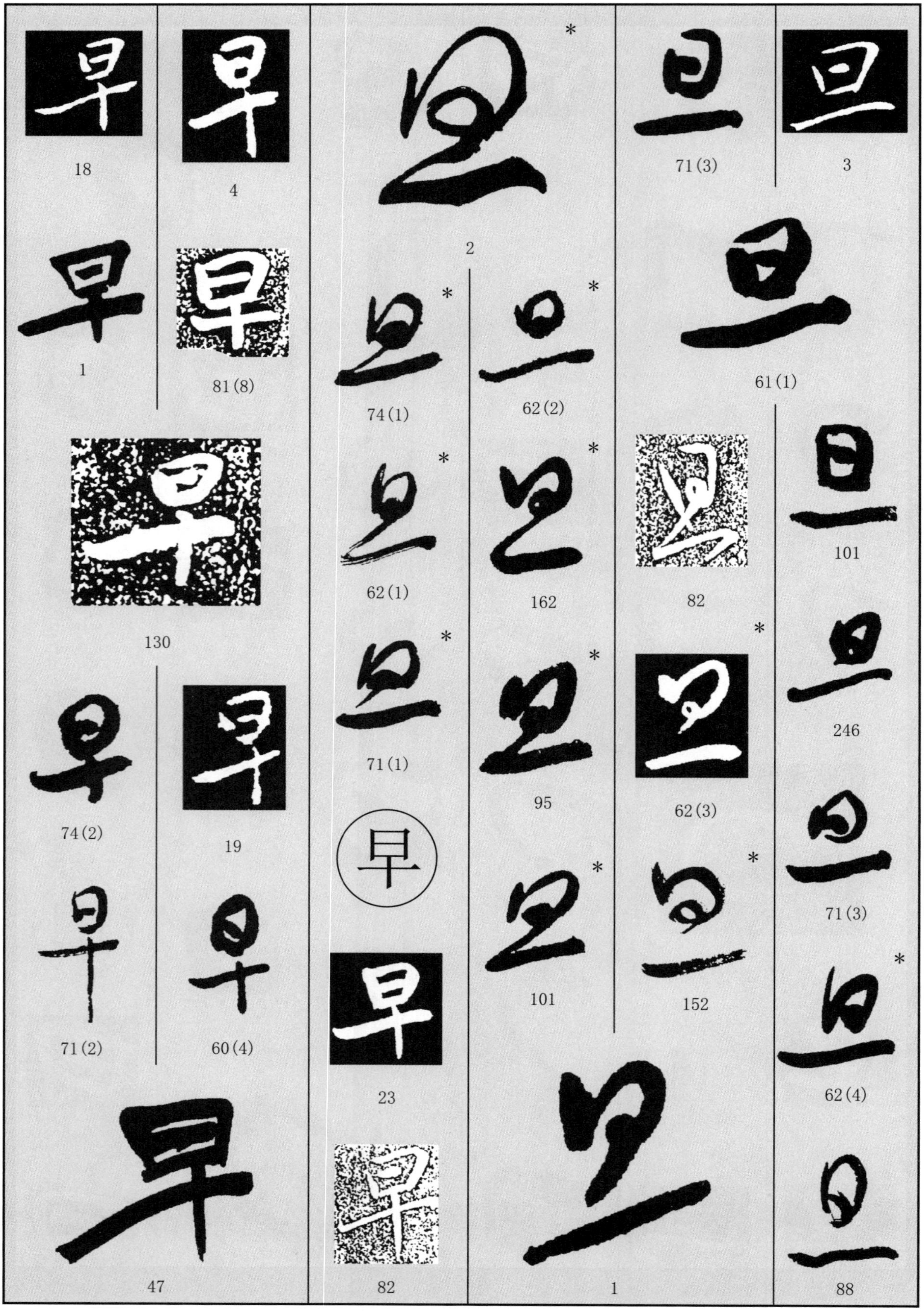

3
71(3)
61(1)
101
246
71(3)
62(4)
88
*
2
82
62(3)
152
1
74(1)
62(2)
62(1)
162
71(1)
95
101
早
23
82
18
4
1
81(8)
130
74(2)
19
71(2)
60(4)
47

曲

215
曲
60(8)
5
66
82
87
14
244
61(4)
158
67
60(10)
55
74(1)
94
62(3)
60(10)
60(5)
65(3)
32(9)
2
71(1)
62(2)
152
101
95
62(4)
100
62(1)
162
88
66

（昃）昃　昊　旱　旭　（曳）曳

曳
1
134
曳
15
579
65(3)
45(2)
60(8)
65(3)
旭
168
88
111
53 *
55
旱
140
168
1
60(2)
100
54(2)
昊
58
28
1
昃
158
146
62(2) *
62(4) *
101 *

昆

145 62(1) 162 2 1 1 71(1) 62(4) 88 65(5) 65(5) 101 95 94 5 88 14 154 72 152 2 62(1) 71(1) 100 145 74(1) 62(3) 39 158 94 162 162 95

昌 昇

33
32(7)
昌
58
4
7
5
19
74(2)
88
30
168
62(3)
71(1)
44
62(1)
72
62(2)
70
99
2
74(1)
101
62(4)
152
95
1
158
121
60(4)
昇

(明) 明　昕

139
88
60(9)
71(3)
196(4)
32(12)
74(2)
74(2)
139
60(8)
71(3)
7
5
83
61(4)
1
4
7
7
23
140
82
60(10)
43
60(10)
51
60(10)
5
55
51
21
71(2)
62(3)
88

（昜） 易

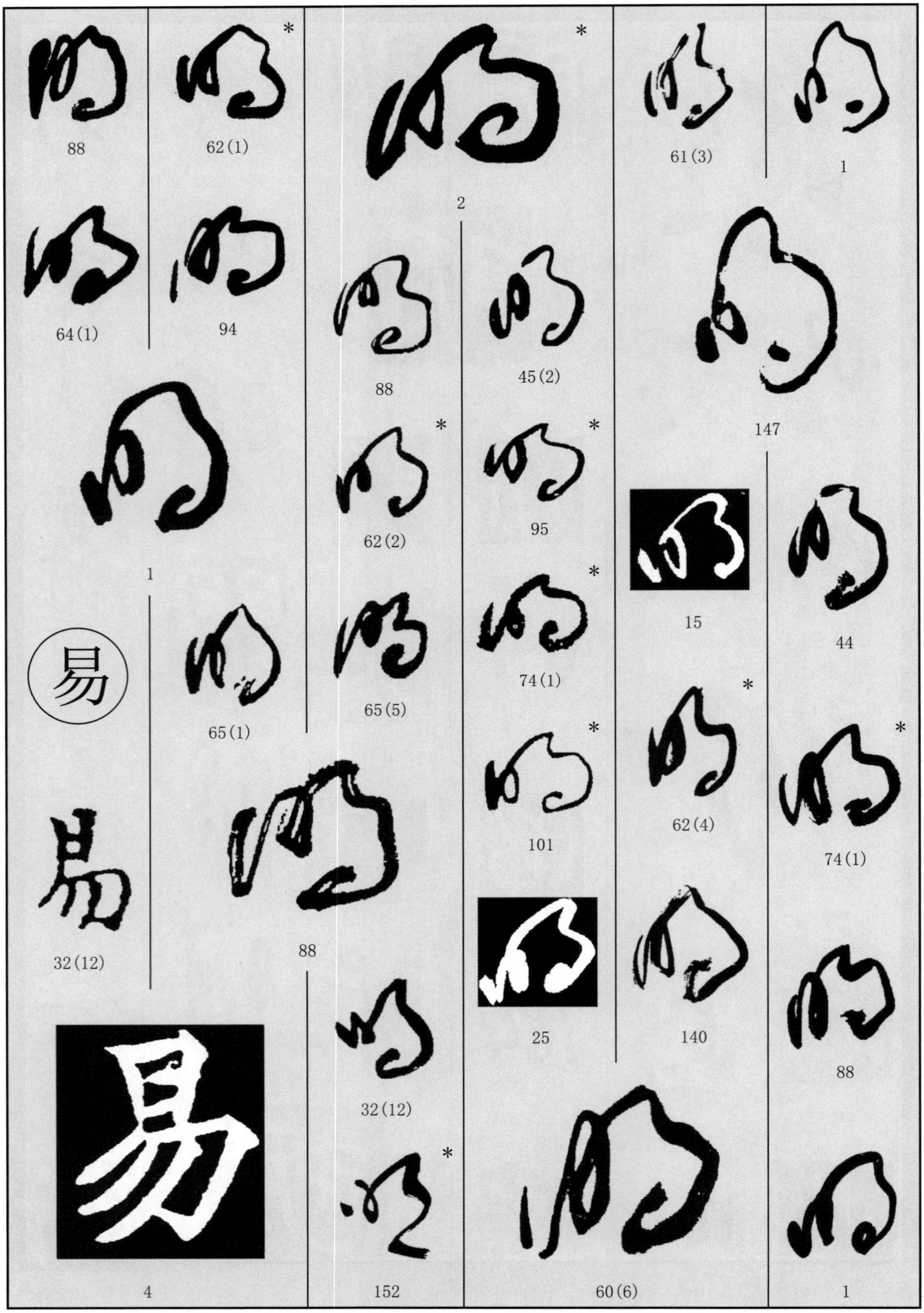

88
62(1)
2
61(3)
1
64(1)
94
88
45(2)
147
1
62(2)
95
15
44
易
65(1)
65(5)
74(1)
62(4)
74(1)
101
32(12)
88
25
140
88
32(12)
4
152
60(6)
1

日部

四画

60(9)
47
55
7
14
1
154
71(3)
32(12)
140
71(3)
134
154
74(2)
120
1
63(2)
71(3)
25
139
44
昂
44
60(8)
78
60(5)
92
45(2)
74(2)

昉
332
1026

昧
44
100
1

映
32(6)
11
44
141
104
154
148
145
60(10)
28
154
158
1
60(3)
60(8)
60(5)
100
45(2)
100
94
62(4)
60(7)
62(1)
71(1)　*
101　*
62(3)　*
72
74(1)　*

日部 五画

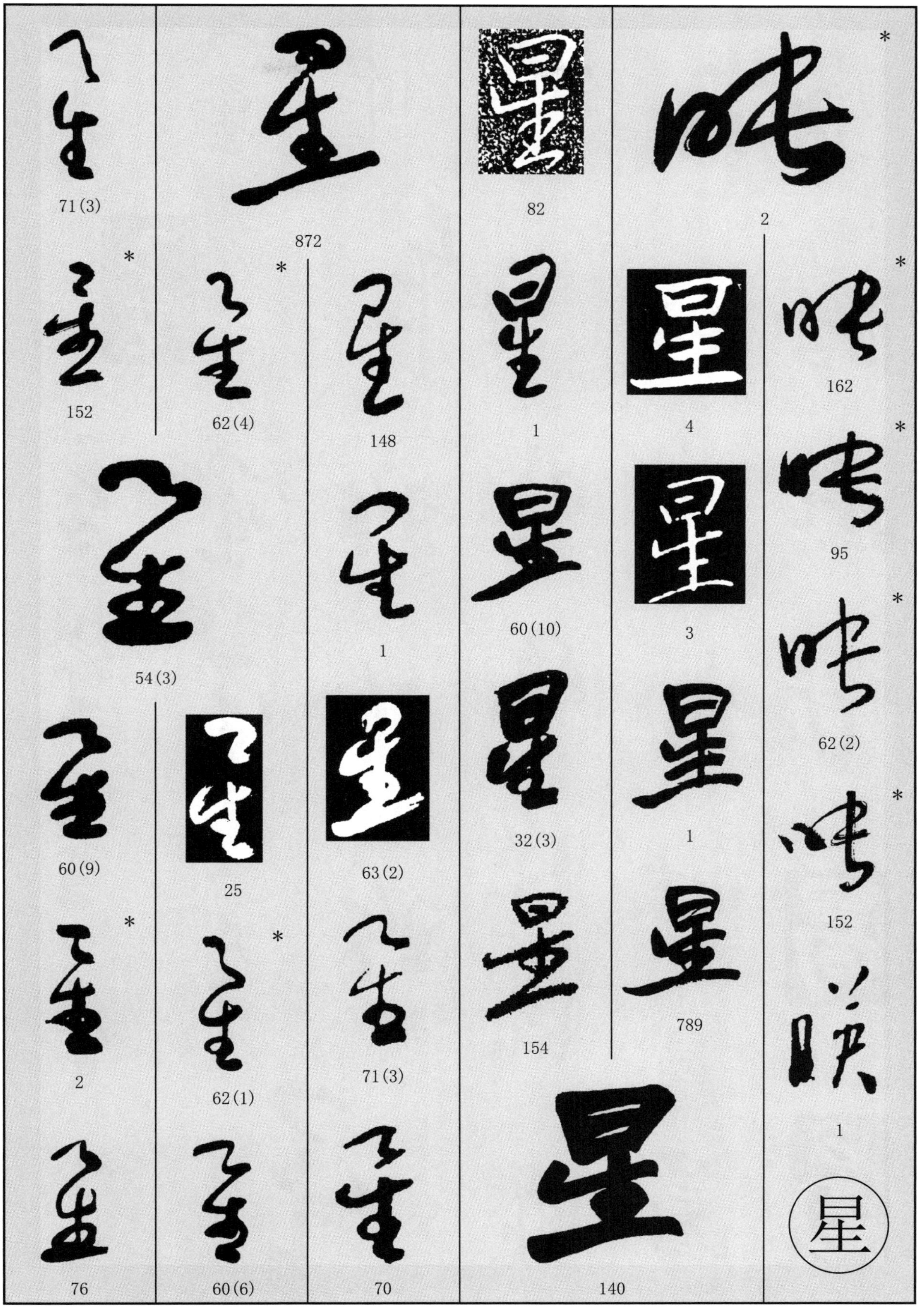

2 *
162 *
95 *
62(2) *
152 *
1
星
4
3
1
789
140
82
1
60(10)
32(3)
154
872
148
1
63(2)
71(3)
70
62(4) *
54(3)
25
62(1) *
60(6)
71(3)
152 *
60(9)
2 *
76

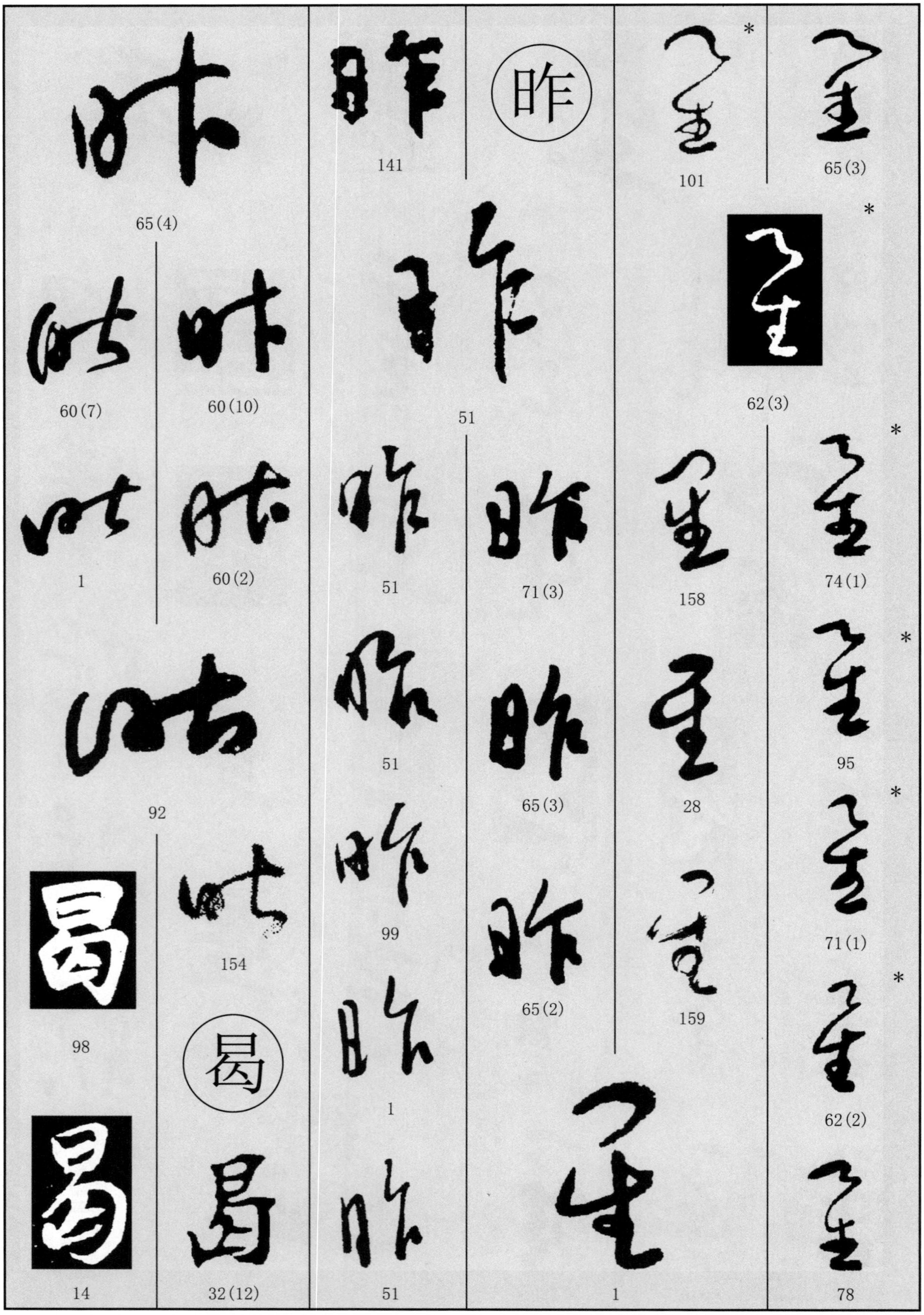
65(3)
62(3)
74(1)
95
71(1)
62(2)
78
101
158
28
159
1
昨
51
71(3)
65(3)
65(2)
141
51
51
99
1
51
65(4)
60(10)
60(2)
92
154
曷
32(12)
60(7)
1
98
14

（时）時　　（昭 昭)昭　　昶 晳

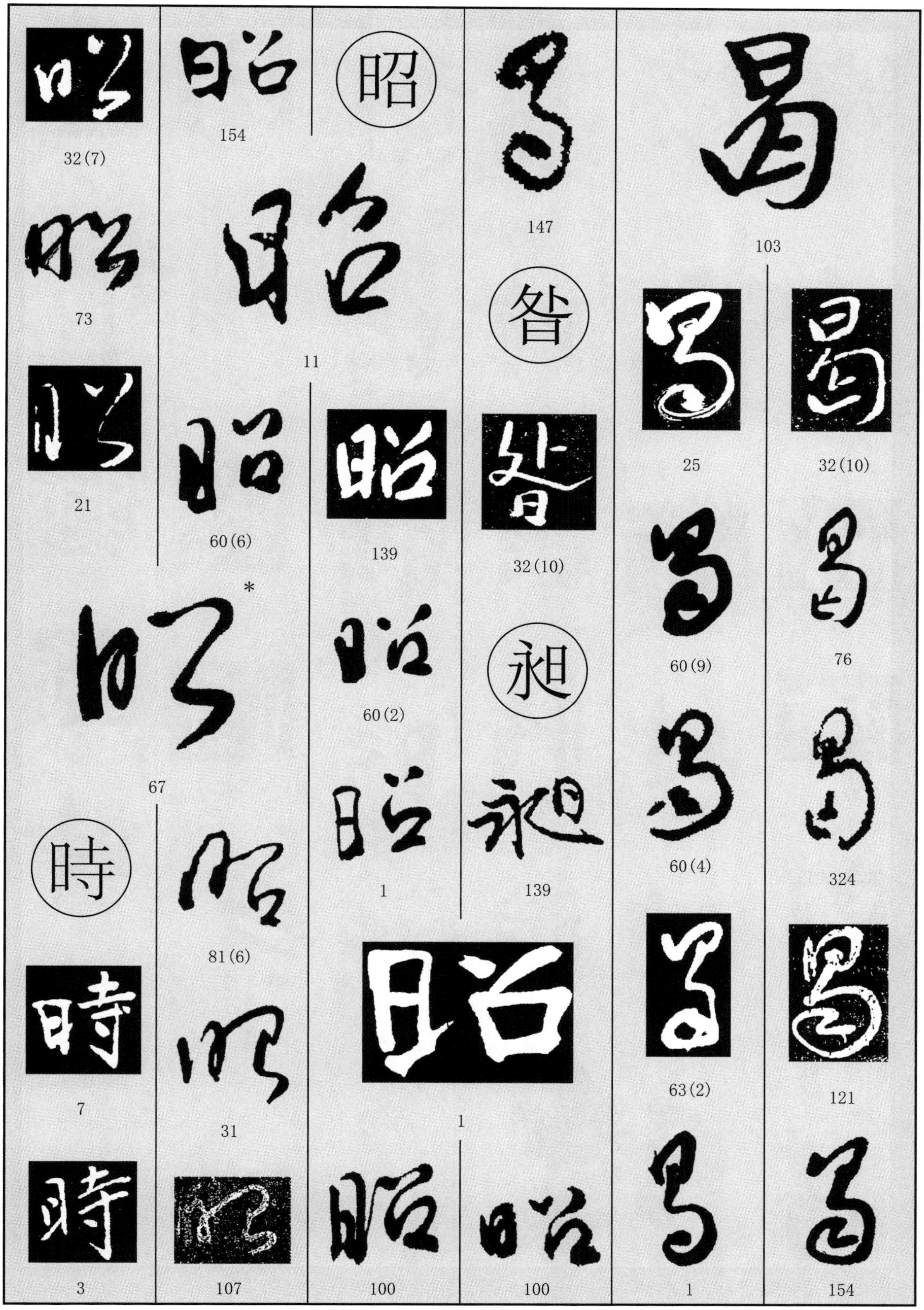
昭
32(7)
154
73
11
21
60(6)
139
60(2)
67
1
時
81(6)
7
31
1
3
107
100
100
147
晳
32(10)
昶
139
103
25
32(10)
60(9)
76
60(4)
324
63(2)
121
1
154

141 61(4) 60(10) 98 4
60(10) 61(4) 1 1
16 3 49(2) 43 82 5
81(8) 60(10) 71(3) 99 13 10
47 60(10) 223 1
159 5
99
100 1 32(9) 159 27

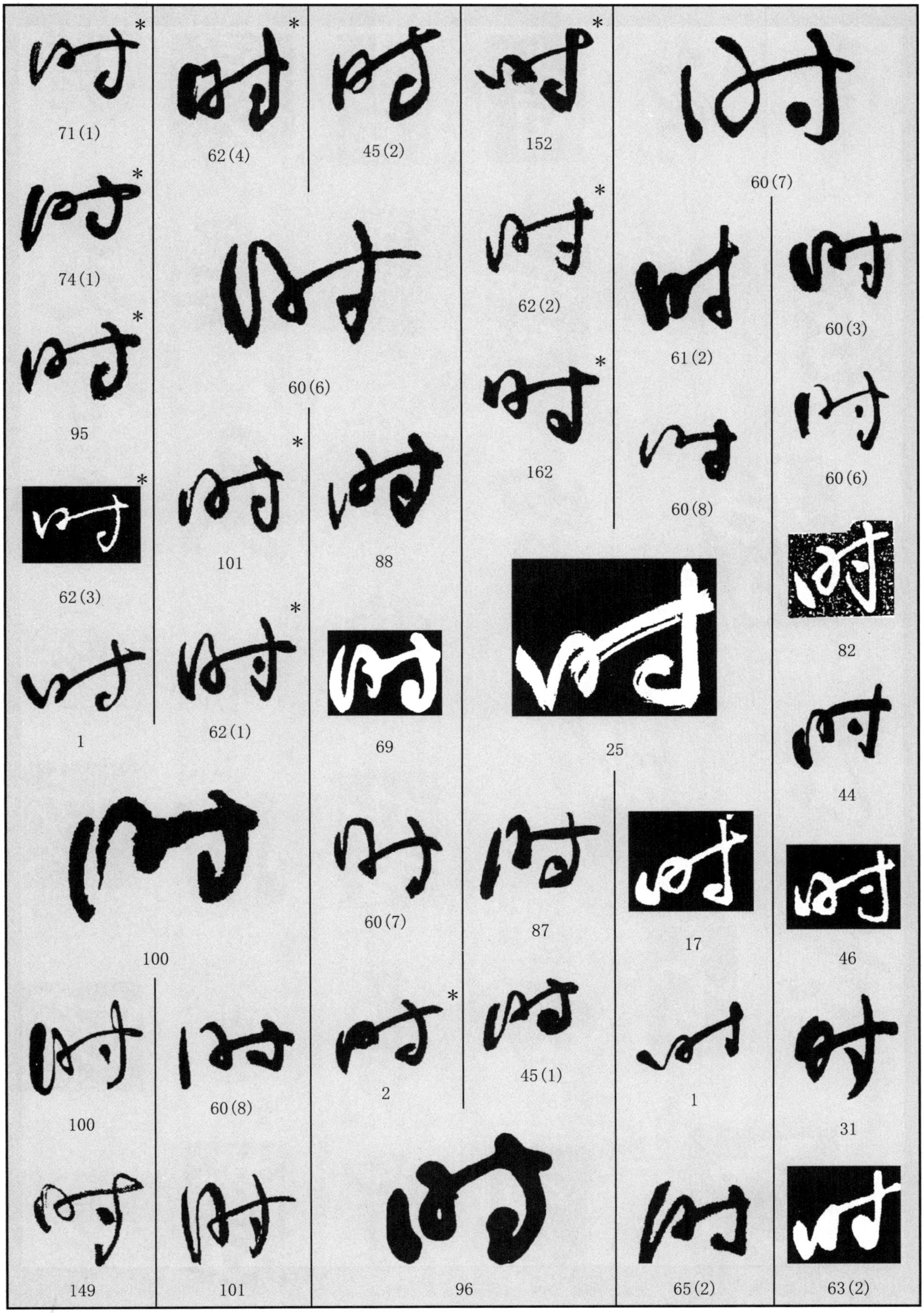
71(1)
62(4)
45(2)
152
60(7)
74(1)
60(6)
62(2)
61(2)
60(3)
95
162
60(8)
60(6)
62(3)
101
88
25
82
1
62(1)
69
44
100
60(7)
87
17
46
100
60(8)
2
45(1)
1
31
149
101
96
65(2)
63(2)

晃
61(3)
175(1)
晐
58
189
晏
196(2)
60(10)
45(2)
晡
243
曹
23
6
82
82
60(5)
7
30
210
18
8
74(2)
101
36
15
70
81(6)
17
20
72
30
17
67
97

153
67
晤
196(4)
1102(2)
1
51
51
晨
47
88
32(3)
44
88
214
96
32(2)
74(2)
88
3
78
*
60(8)
65(1)
60(4)
16
71(3)
61(2)
88
65(4)
71(3)
74(2)
146

曼

32(12)　141　152*　74(1)*　62(4)*

65(5)

145*　62(2)*　62(1)*　95*

71(1)*　62(3)*　2*　101*　162*

晦

196(2)　159　345　81(8)　74(1)*　71(1)*

154　140　65(2)　62(1)*　152*

62(4)*　28　65(3)　158　62(2)*　2*　139

日部

七画

45(2)
42
306
1
138
88
33
100
1
95 *
65(3)
51
62(3) *
217
60(10)
60(8)
146
101 *
晚
60(7)
510
60(10)
44
3
65(3)
65(2)
1
32(10)
82
71(3)
71(3)
88
306
44

晴

1

137
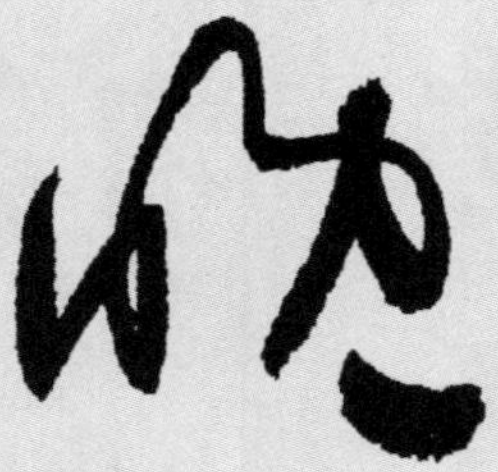
95
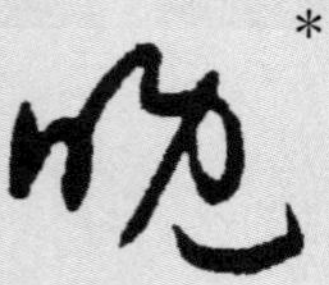
101

100

276

139

45(1)
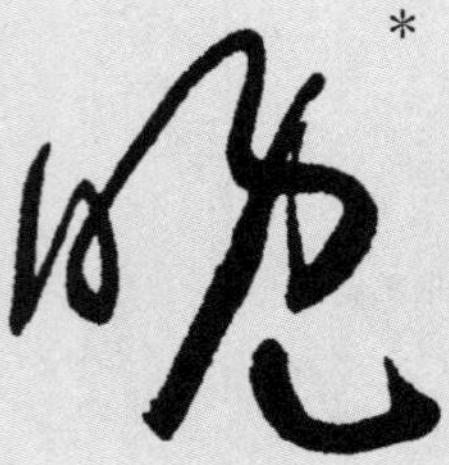
62(4)
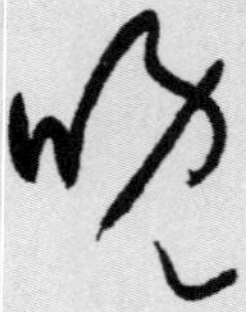
1

154

43
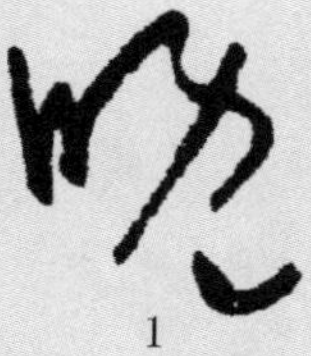
1
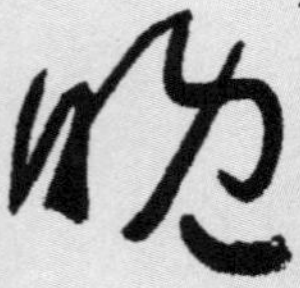
71(1)

74(1)
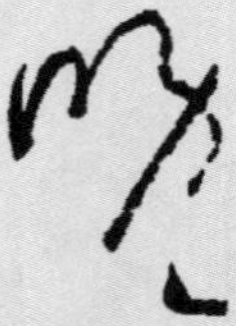
45（2）

62(1)

2
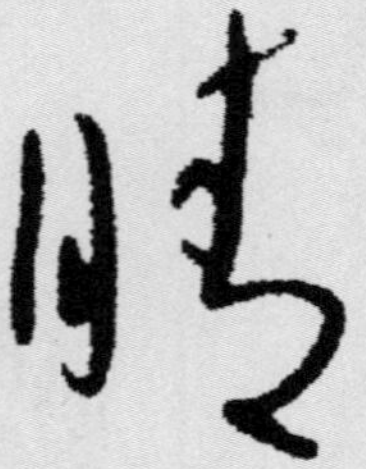
1
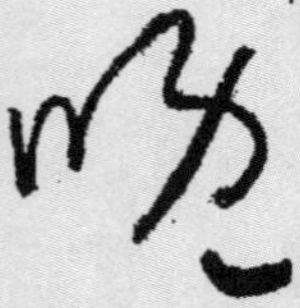
62(2)

晴

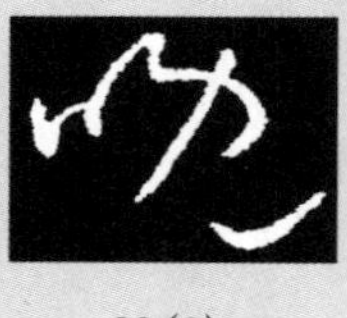
62(3)
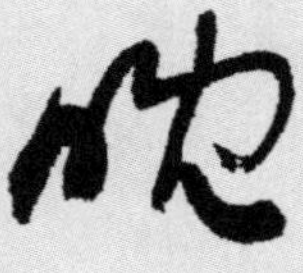
94

152

65(3)
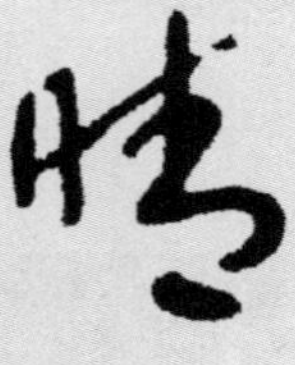
65(2)

44
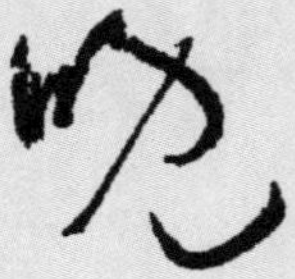
47

33

60(10)

88

145

1

65(3)

暑 替

16
36
47
60(6)
60(4)
*
158
32(2)
47
146
5
替
63(2)
71(3)
暑
25
1
14
65(4)
76
154
60(7)
71(3)
28
102
101
63(2)
134
60(10)
306
60(6)

（㝡 冣）最

最
134 62(2) 152 47 11
60(9) 100 39 60(10)
71(1) 2 145 最 82 74(2)
60(1) 62(4) 162 98 74(2) 62(3)
62(1) 101 62(3) 32(12) 62(2)
95 74(1) 5 65(4) 78

51
139
28
158
晳
88
量
12
168
1
62(4)
62(1)
88
46
139
44
101
74(1)
88
152
71(1)
1
71(3)
32(7)
95
1
97
60(2)
2
81(4)

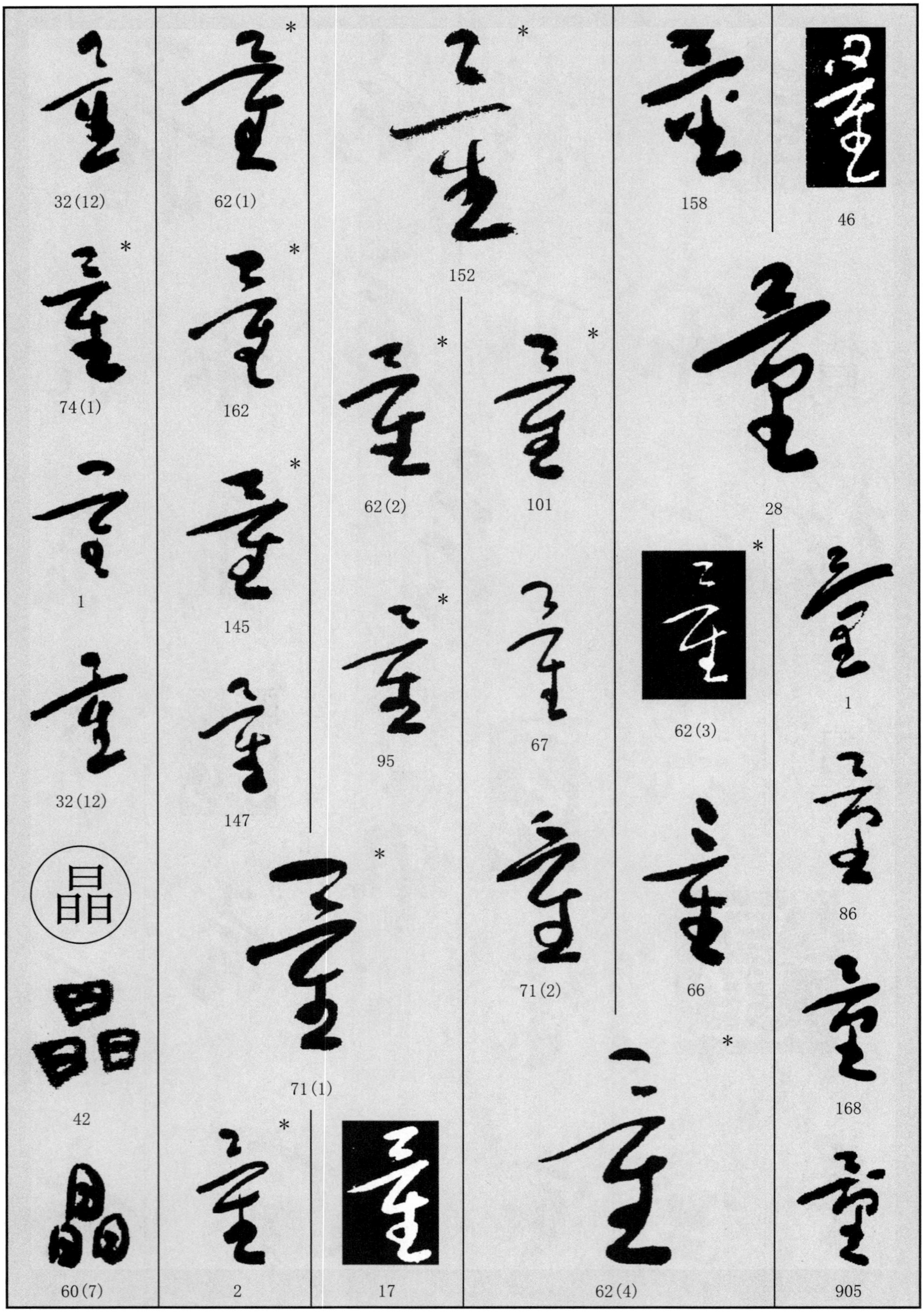
46
1
86
168
905
158
28
62(3)
66
62(4)
152
101
67
71(2)
62(2)
95
71(1)
17
62(1)
162
145
147
2
32(12)
74(1)
1
32(12)
晶
42
60(7)

智

65(3) 99 3 103 98 154

44 846 83 31

14 * 100 60(1)

1 100 23 60(3) 47 64(1)

100 65(6) 71(2) 45(2) 154 32(5) 154 67 60(3) 159

1
景
44
3
61(4)
47
8
32(2)
23
60(5)
74(2)
51
43
140
1
158
1
23
61(1)
60(7)
83
16
235
*
74(1)
47
61(3)
44
80(9)

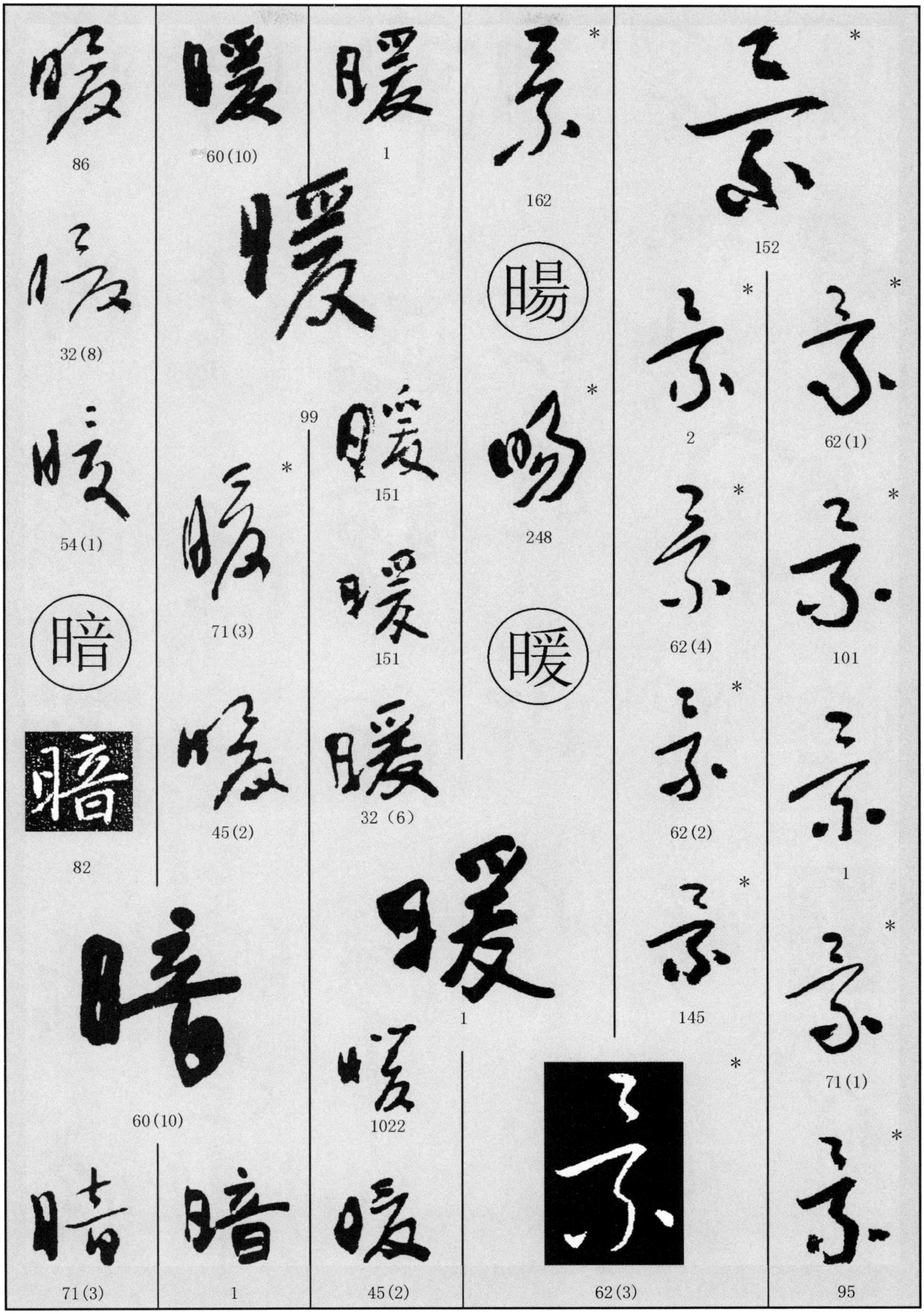

86
60(10)
1
162
152
32(8)
99
暘
2
62(1)
54(1)
151
248
71(3)
暗
151
暖
62(4)
101
82
45(2)
32（6）
62(2)
1
1
145
71(1)
60(10)
1022
71(3)
1
45(2)
62(3)
95

暉暄

60(1)
139
32(8)
63(2)
1
146
60(9) *
101
1
99
暄
1001
暉
145
1
139
139
55
44
139
32(11)
47
101 *
71(3)
99
2 *
71(3)
74(1) *
32(8)
100
60(8)
62(2) *
100

日部

九画

139

暠

65(4)

暝

424 *

暴

32(12)

60(1)

65(3)

60(3)

286

32(9)

168

100

156

141

139

44

146

88

60(8)

151

14

* 152

1

158

暇

18

105

* 71(1)

* 62(1)

* 62(4)

* 95

* 62(2)

98　139　139　139　* 60(9)　63(2)　86

107　99　暫　8

1　3　44　44　65(4)

74(2)　145　51　32(3)　* 145

71(2)　45(2)　46

曏　58　189　曉　8

146　60(10)　60(10)

88　154　221

139
32(10)
32(8)
71(3)
60(8)
65(4)
32(12)
65(3)
70
100
168
88
67
60(7)
60(2)
60(3)
66
32(2)
曇
182
曙
1
151
101
34
65(3)
147
140
815
140
61(1)
87
47
曖
60(4)

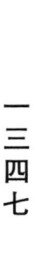

60(6)
1
曛
1
154
曠
154
32(1)
1
74(2)
281
154
1
1
60(9)
166
158
60(7)
28
100
曜
84
81(8)
88
65(4)
158
*
146
1
曝
57
88
曩
102
196(4)
曬
42

10
5
44
98
96
7
60(10)
32(6)
11
83
60(7)
暈
1013
中部
中
5
4
12
78
99
99
71(3)
44
111
71(3)
27
67
82
54(2)
冕
145
71(3)
32(8)
目部
冒
78

43

215

45(2)

60(10)

1

44

78

32(6)

39

1

22

1

69

60(4)

69

82

61(1)

60(8)

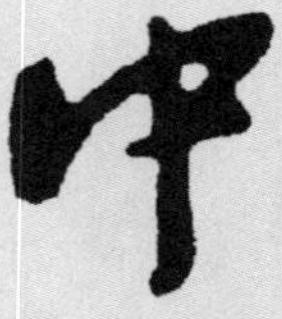
61(6)

60(2)

61(2)

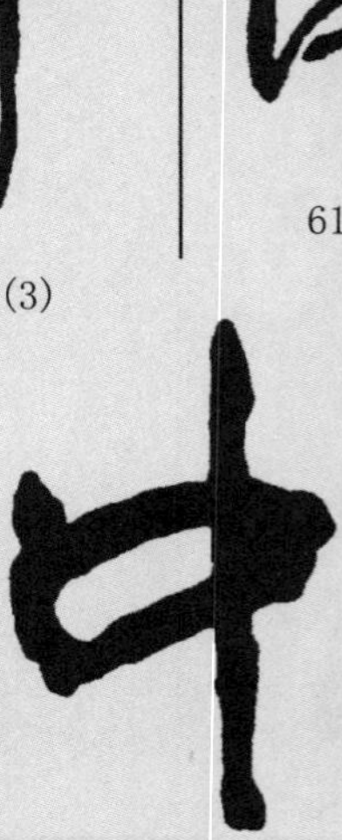
60(10)

96

65(2)

87

71(3)

61(1)

94

87

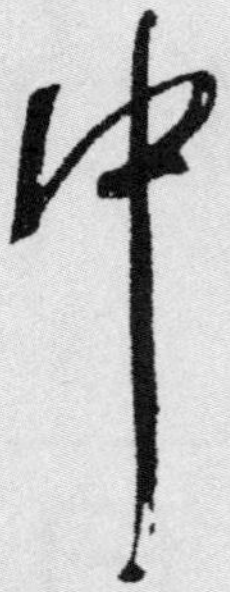
60(6)

54(3)

32(7)

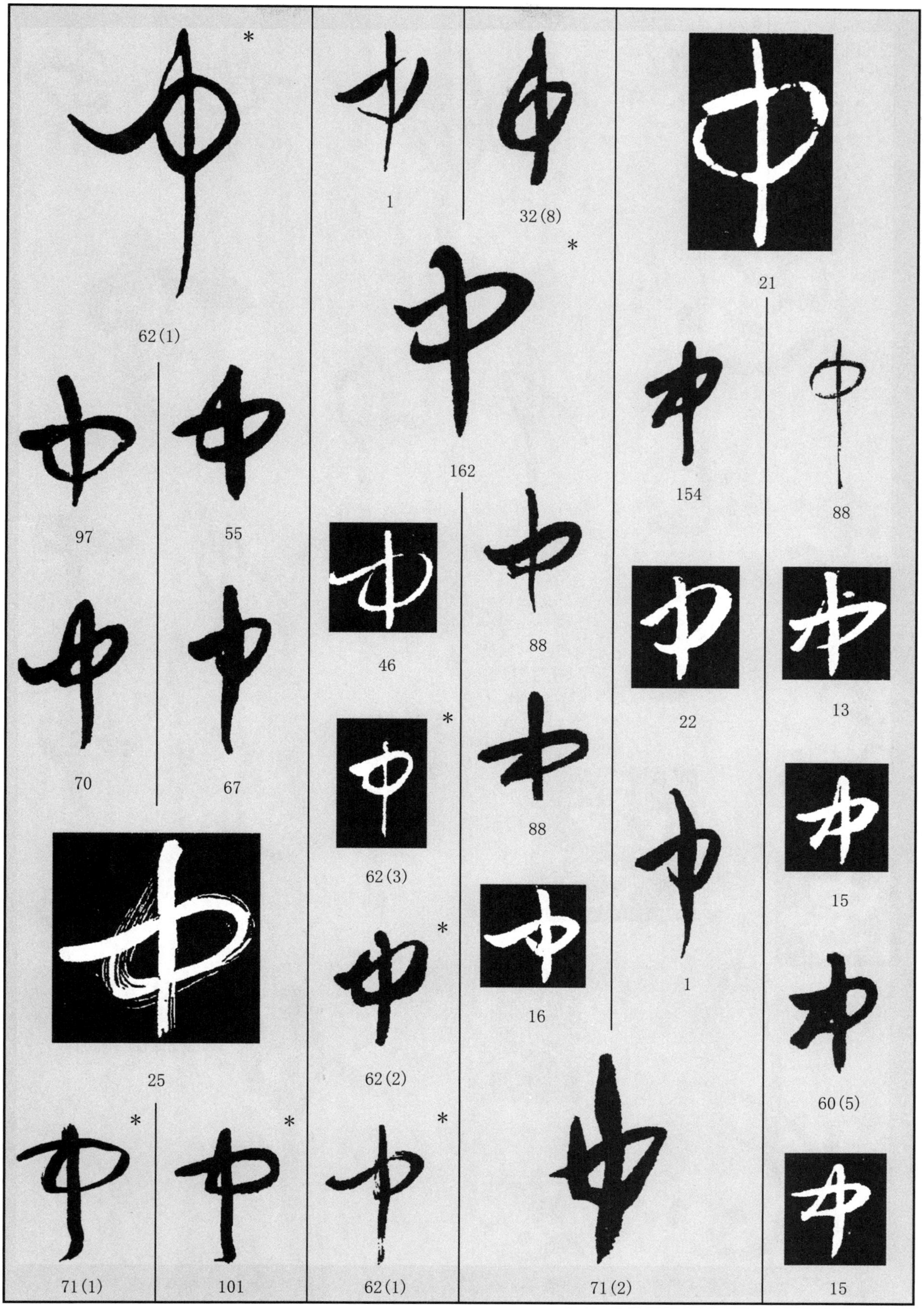
*
62(1)
1
32(8)
21
*
162
154
88
97
55
46
88
22
13
70
67
*
62(3)
88
15
25
*
62(2)
16
1
60(5)
*
71(1)
*
101
*
62(1)
71(2)
15

忠

74(1) 95 152 2 60(7) 71(3) 60(4) 65(3) 99 64(1) 60(2) 60(7) 71(3) 65(5) 12 139 60(8) 51 71(2) 71(3) 168 71(2) 83 88 45(2) 1

（贵）貴

71(1)
67
67
78
6
74(1)
1
162
44
88
2
62(3)
145
97
100
4
65(2)
32(12)
95
152
65(5)
62(4)
18
62(1)
45(2)
71(3)
60(10)
101
22
62(2)

365
1
62(4)
54(1)
100
60(4)
2
88
62(3)
60(3)
101
162
60(7)
62(1)
71(1)
60(8)
74(1)
16
88
62(2)
95
65(2)
152
1
牛部
牛
32(2)
45(2)
82
60(10)
60(1)
20
139
60(9)

65(1)
95 *
71(3)
101 *
62(2) *
45(2)
62(1) *
62(4) *
60(6)
2 *
152 *
47
42
155
51
牧
82
32(2)
62(3) *
61(4)
45(2)
44
99
25
76
71(2)
65(2)
66
145
63(2)
牡
71(3)
65(3)
60(9)
51
92

物

牛部

四画

62(3)
47
44
74(1)
71(1)
62(2)
145
88
55
162
95
55
1
1
101
1
44
32(12)
96
60(1)
31
1
44
32(1)
71(3)
8
69
1
32(9)
42
88
62(1)
62(4)
71(1)
166
140

特　　　　牲　牯

16
62(2)
32(12)
62(4)
44
62(1)
特
98
6
60(10)
61(4)
1
60(1)
88
51
134
95
71(3)
11
14
70
87
82
46
61(4)
28
1
158
牯
196(9)
牲
96
152
162
2
74(1)
30
34

犢 犇 㸷 (犂) 犁

犁
71(1)
74(1)
62(3)
101
162
74(2)
2
152
1
1
158
犁
221
44
60(6)
100
74(2)
74(2)
168
65(5)
65(5)
147
74(2)
139
70
66
66
㸷
1027
犇
155
1031
犢
60(10)
158

158
100
237
1
71(3)
犧
44
*
1
87
141
11
134
46
60(1)
70
88
手部
手
1
82
1
88
39
61(2)
45(1)
71(3)
74(2)
*
62(2)
65(2)
*
62(3)
*
71(1)
*
62(1)
71(3)

（拝）拜

141
139
60(5)
100
60(5)
60(10)
60(7)
60(8)
139
55
拜
拜
5
101
152
1
60(10)
31
95
215
62(4)
51
66
61(2)
61(1)
82
2
74(1)
32(4)
60(1)
61(1)
28

看
47
60(7)
71(3)
60(1)
88
97
107
60(2)
139
99
60(2)
130
44
1
1
60(10)
71(3)
43
1
60(10)
787
44
62(3)
46
243
61(4)
1
229
32(2)
1
860
62(2)
61(4)
60(10)

*62(1)
88
71(3)
477
45(2)
*2
*71(1)
71(3)
154
145
1
*101
*74(1)
1
154
1
60(8)
*62(4)
*152
134
60(10)
51
*95
60(8)
139
71(3)
44
141
65(2)
61(3)
65(3)

擊　擎　摯　掣(抄)　挲　挐　挈　拏

1
140
擊
6
8
60(3)
1031
擎
61(3)
1
60(1)
60(3)
97
107
111
摯
1027
141
51
挲
1
65(3)
1012
1012
掣
42
挈
1102(1)
78
32(7)
挐
88
46
139
拏
32(12)
46
46

82　10　139　76　324　25

97*　60(9)　44　153

54(2)　60(6)　97　60(9)　113

45(2)　32(5)　65(2)　60(1)　1　100　60（1）

65(3)

擘

12　187　47*

攀

168

501　1205　1105　206　60(1)　151

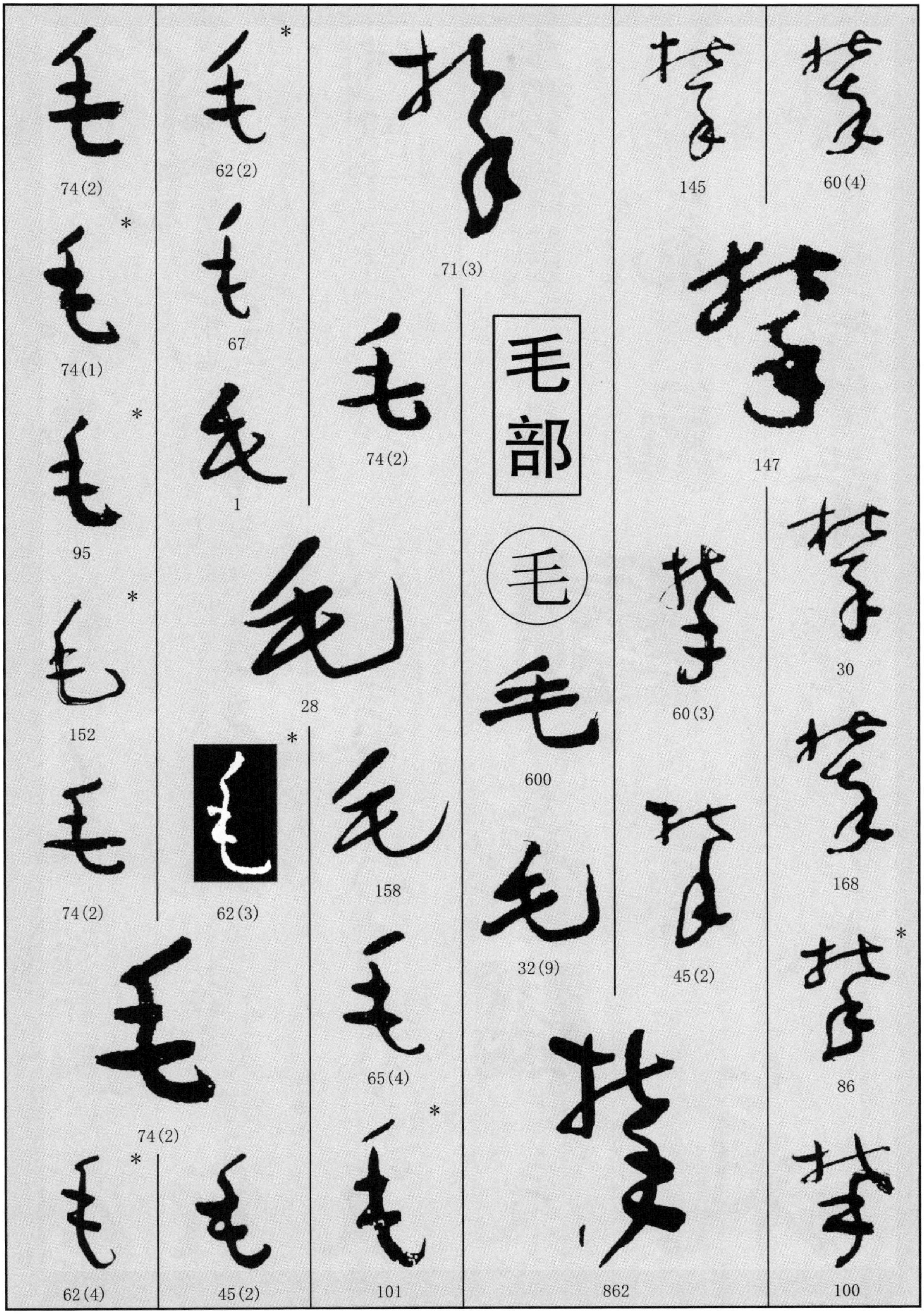

74(2) 74(1) 95 152 74(2) 62(4)

62(2) 67 1 28 62(3) 74(2) 45(2)

71(3) 74(2) 158 65(4) 101

600 32(9) 862

145 147 60(3) 45(2)

60(4) 30 168 86 100

(气氣)氣　　氤　　氛　　(氊)氈毯

*
2
62(1)
*
71(1)
*
67
毯
1102(1)
氈
32(2)
60(3)
1009
1012
186
100
气部
氛
32(9)
70
32(3)
65(3)
139
1
60(10)
氤
140
10
45(2)
3
48
氣
32(2)
47
32(3)
159
51
65(3)
78
61(4)
147

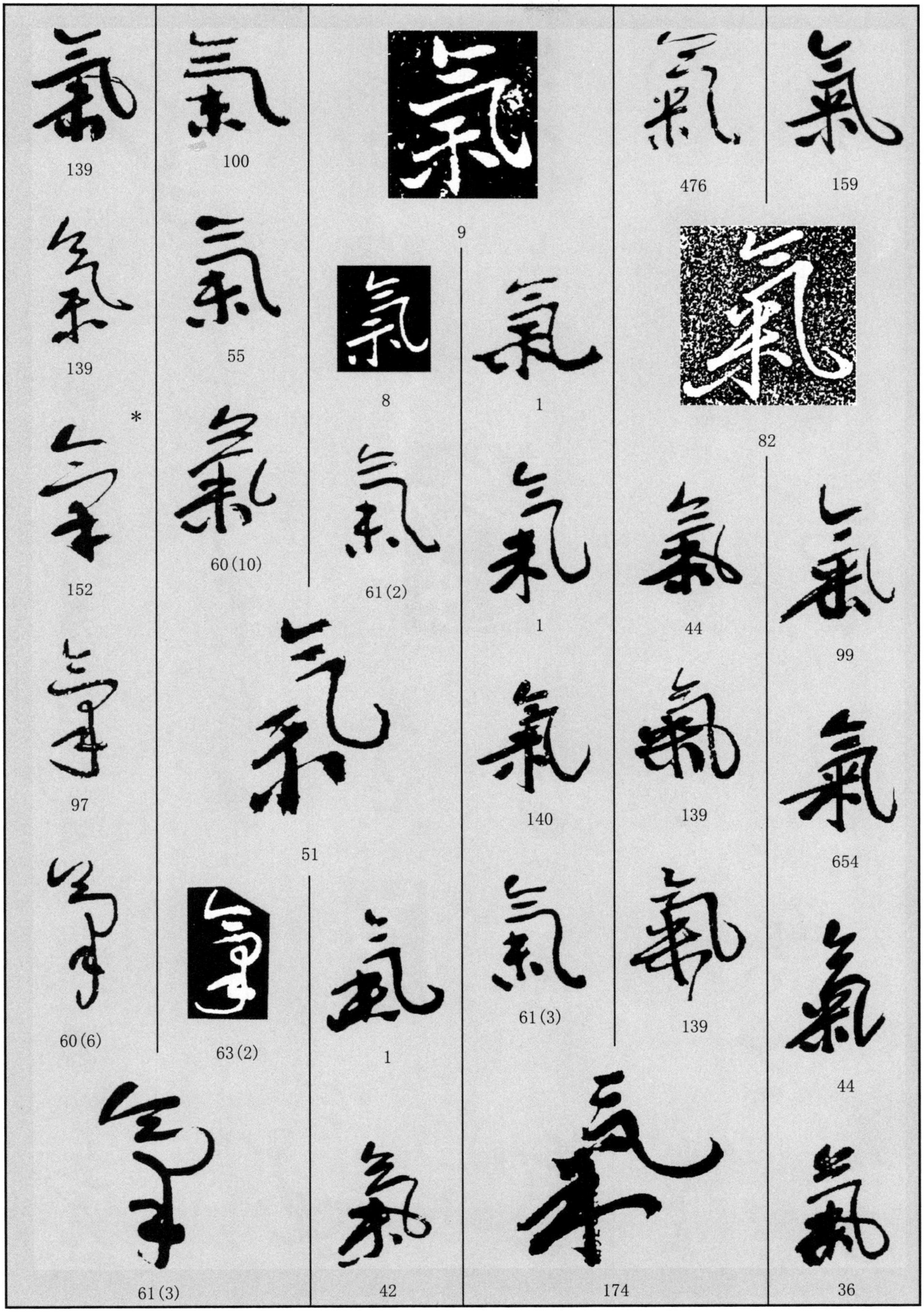

139 139 * 152 97 60(6) 61(3)

100 55 60(10) 51 63(2)

9 8 61(2) 1 42

1 1 140 61(3) 174

476 82 44 139 139

159 99 654 44 36

六画

1 60(3) 32(2) 65(2) 65(4) 47

39 788 78 60(8) 61(1)

61(2) 25 2* 71(3)

243 31 63(2) 60(9) 95* 74(1)*

101* 62(3)* 62(1)* 62(4)* 324 60(6)

71(3) 71(1)* 62(2)* 110

95
149
51
99
28
145
152
88
69(5)
101
100
62(4)
1
文部
收
1
69
2
62(2)
44
147
162
74(1)
71(1)
5
氳
39
60(9)
62(1)
44
82
140
33
62(3)
51
120
32(9)

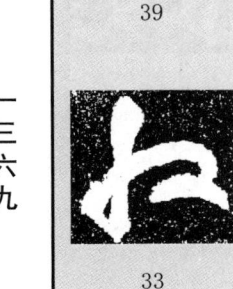

故 政

152 5 62(3) 103 39 98 5 47 4 32(12) 6 62(4) 71(1) 2 71(3) 158 74(1) 162 62(1) 101 95 62(2) 22

158 82 146 140 51 51 39 5 6 11 27 32(12)

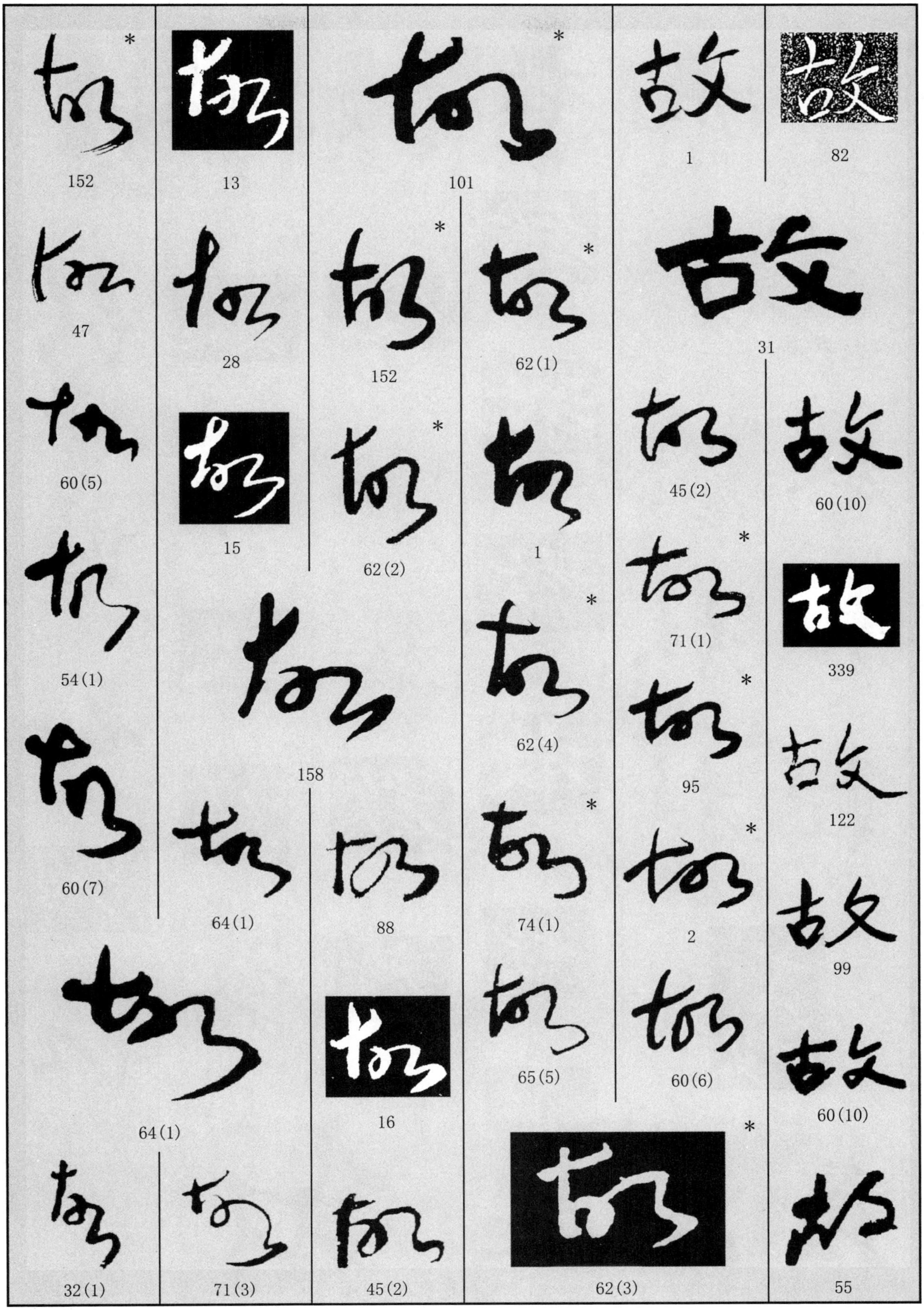
152
13
101
1
82
47
28
152
62(1)
31
60(5)
15
62(2)
1
45(2)
60(10)
54(1)
71(1)
339
158
62(4)
95
122
60(7)
64(1)
88
74(1)
2
99
64(1)
16
65(5)
60(6)
60(10)
32(1)
71(3)
45(2)
62(3)
55

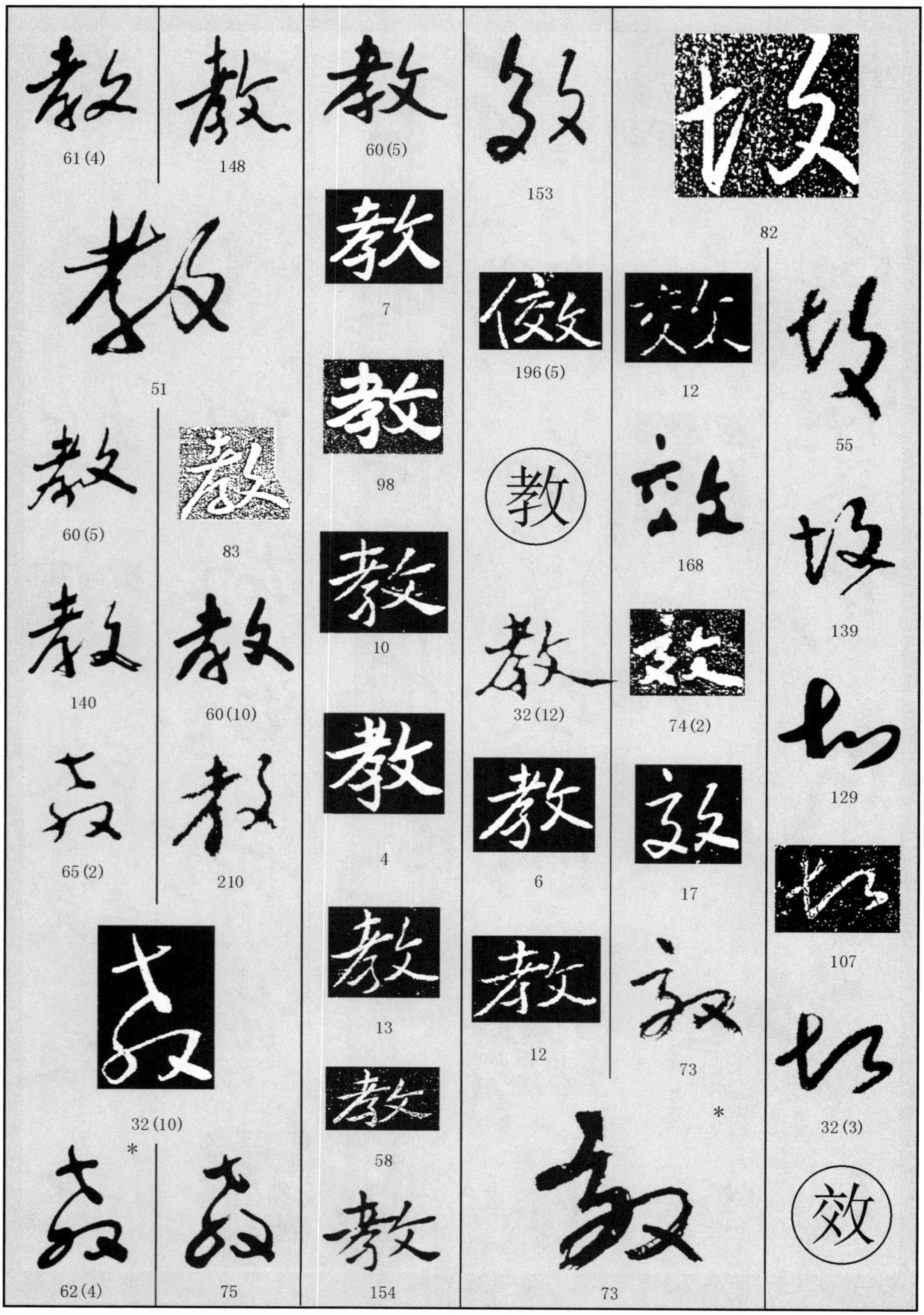

61(4)　148　60(5)　153　82
51　7　196(5)　12　55
60(5)　83　98　教　168　139
140　60(10)　10　32(12)　74(2)　129
65(2)　210　4　6　17　107
32(10)　13　12　73　32(3)
58
62(4) *　75　154　73 *　效

救

82 98 69 96 152
27 74(1)
45(2) 95
147 51 2 101 74(2)
141 625 71(3)
162 62(3) 71(2)
60(10) 14 121
62(1) 71(1) 140
82 229
救
96 62(2)
65(4) 88

敏

44
92
99
71(3)
1
146
1
4
1
1
1 *
162 *
62(3) *
62(1) *
60(7)
敏
6
27
74(1) *
71(3)
62(2) *
152 *
154
2 *
71(3)
18
16
95 *
101 *
1
15
154
1
62(4) *
71(1) *

敢　　敝

*
62(1)
2
60(10)
18
32(12)
74(1)
51
82
18
61(2)
152
70
139
92
敝
3
95
60(10)
65(4)
敢
8
60(5)
275
60(5)
62(3)
162
60(4)
70
6
70
88
62(4)
71(3)
3
73

散

1
57
101
33
62(2)
158
20
散
71(1)
4
1
82
44
145
174
154
2
47
71(1)
140
62(1)
62(3)
62(2)
62(4)
100
139
152
95
44
101
24(1)
74(1)
154
33

敞 敬

敬
162
58
153
74(2)
98
敬
74(2)
15
51
60(10)
146
51
1
71(1)
72
95
101
62(1)
62(2)
74(1)
62(3)
62(4)
210
32(10)
39
152
210
2
敞
60(10)
61(4)
71(3)
273
44
99

攵部

八画

9 5
44 3
1
31 47
7 154
139 44
60(5)
99
1034
84
32(7)
32(12)
4
168
152
54(3)
1
43
74(2)
95
2
62(4)
62(1)
101
74(1)
62(3)
62(2)
71(1)
* * * * * * * * *

敵

7
83
9
82
83
1031
1
134
*
62(3)
141
65(2)
46
69
32(8)
383
敵
32(12)
10
70
71(3)
45(2)
44
32(3)
92
82
83
32(10)
61(2)
92
*
1
88
51
145
14

32(1)
8
223
32(9)
141
61(4)
139
151
18
60(7)
172
364
139
146
14
55
1
斂
145
片部
片
71(3)
63(2)
95
62(4)
74(1)
71(3)
62(1)
152
71(1)
44
62(2)
101
2

牖牏 （牒）牒 牌 版

62(4)
152
88
139
154
87
2
1014
牏
196(4)
牖
154
60(10)
牒
58
32(10)
74(1)
62(1)
95
71(1)
牌
131
62(3)
101
62(2)
71(3)
16
146
60(2)
125
71(3)
65(4)
版
32(12)
48
139
154
244

92
32(12)
牘
6
158
1
斤部
斤
15
32(12)
斥
1
所
47
98
88
5
58
4
5
82
7
12
1
102
5
4
98
246
1
1
82
60(10)
51
51
51

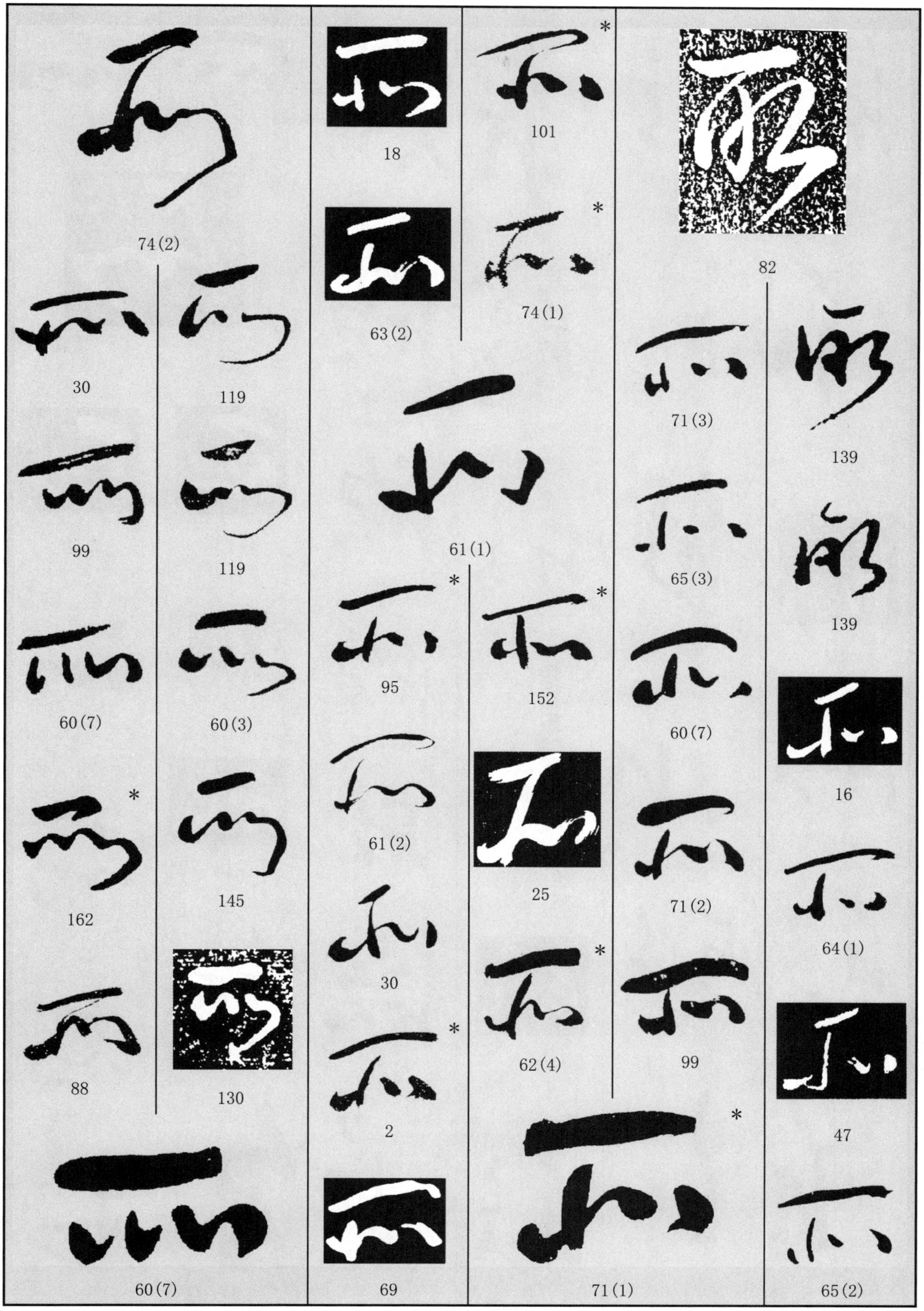
74(2)
30
119
99
119
60(7)
60(3)
162 *
145
88
130
60(7)
18
63(2)
101 *
74(1) *
61(1)
95 *
61(2)
30
2 *
69
152 *
25
62(4) *
71(1) *
82
71(3)
65(3)
60(7)
71(2)
99
139
139
16
64(1)
47
65(2)

62(1) 32(7) 1 67 119 62(2)

60(7) 22 62(3) 欣 98 60(6)

71(3) 88 65(4) 139 584 45(1)

60(6) 101 100 158 33 2

62(2) 152 162

62(4) 1 62(3) 74(1) 71(1) 62(4)

95
斯
32(12)
3
82
71(3)
44
88
101
61(4)
60(8)
71(3)
1
139
154
71(1)
78
61(4)
71(3)
95
74(1)
101
62(2)
2
30
100
62(4)
152
62(1)
60(9)
21
32(1)
16

78 3 88 158
32(1) 60(10) 7 28 62(3)*
60(10) 82
頎
32(1) 139 71(3) 134 17 17
新
101 154 1 159 1
60(9) 331 47 8 88
62(4)* 1 32(3) 71(3) 46

44
8
152
62(1)
70
223
54(3)
60(1)
62(2)
145
159
15
146
101
62(3)
1
32(8)
95
71(1)
82
5
153
94
2
584
65(4)
3
74(1)
153

32(10)
862
采
39
44
71(3)
145
1103
孚
4
273
583
爪部
爪
60(6)
66
*
妥
196（6）
65(4)
153
60(8)
140
146
44
32(9)
300
1
1
60(8)
60(10)
46
145
*
32(12)
32(11)
30

受

爪部

四画

82
12
78
8
88
139
60(5)
67
60(5)
60(9)
87
45(1)
60(6)
71(2)
77
222
受
32(12)
60(2)
146
71(3)
101
60(10)
153
1
71(2)
18
60(7)
65(4)
146
47
500
42
*
145
239

60(5)
1
44
60(6)
65(5)
1
65(4)
60(8)
44
95 *
4
140
82
7
5
162 *
15
爭
32(12)
6
64(1)
62(2) *
152 *
62(3) *
62(2) *
1
2 *
74(1) *
95 *
101 *
62(4) *
71(1) *

148
爰
78
14
74(1)
*
71(1)
*
152
*
70
32(4)
32(12)
101
*
140
15
62(1)
*
87
21
61(2)
*
71(3)
奚
62(3)
*
65(2)
62(2)
*
15
*
82
73
62(4)
*
覓
137
71(3)
2
*
1

舜

100
65(4)
*
65(2)
60(3)
146
146
60(10)
60(10)
1
139
154
60(5)
61(3)
舜
5
140
110
42
16
31
153
47
87
*
129
146
51
65(3)
139
60(8)
70

47
60(1)
愛
6
8
834
6
98
82
285
159
7
139
32(2)
60(10)
78
60(6)
1
60(10)
44
47
36
60(6)
154
134
65(1)
1
19
65(5)
1
60(2)

爵

16　71(3)　101　74(1)　28
爵
158　4　152　95　22　46
270　28　162　62(3)　32(9)
1　65(5)　2　62(2)　15
78　62(1)　71(1)　46
62(3)　62(2)　65(5)　62(4)　44

父(繇)繇

61(2)
2
162
95
152
62(4)
62(1)
71(1)
74(1)
101
繇
88
67
4
父部
父
4
5
10
103
98
14
82
58
42
70
92
92
71(1)
65(3)
394
95
141
62(4)
101
162

62(1)
45(2)
152
62(2)
62(3)
2
81(8)
29
57
1
斧
1106
168
32(3)
1
131
32(12)
677
釜
31
159
1011
月部
月
4
5
82
14
13
10
5
1
82
71(3)
60(10)
11

月部

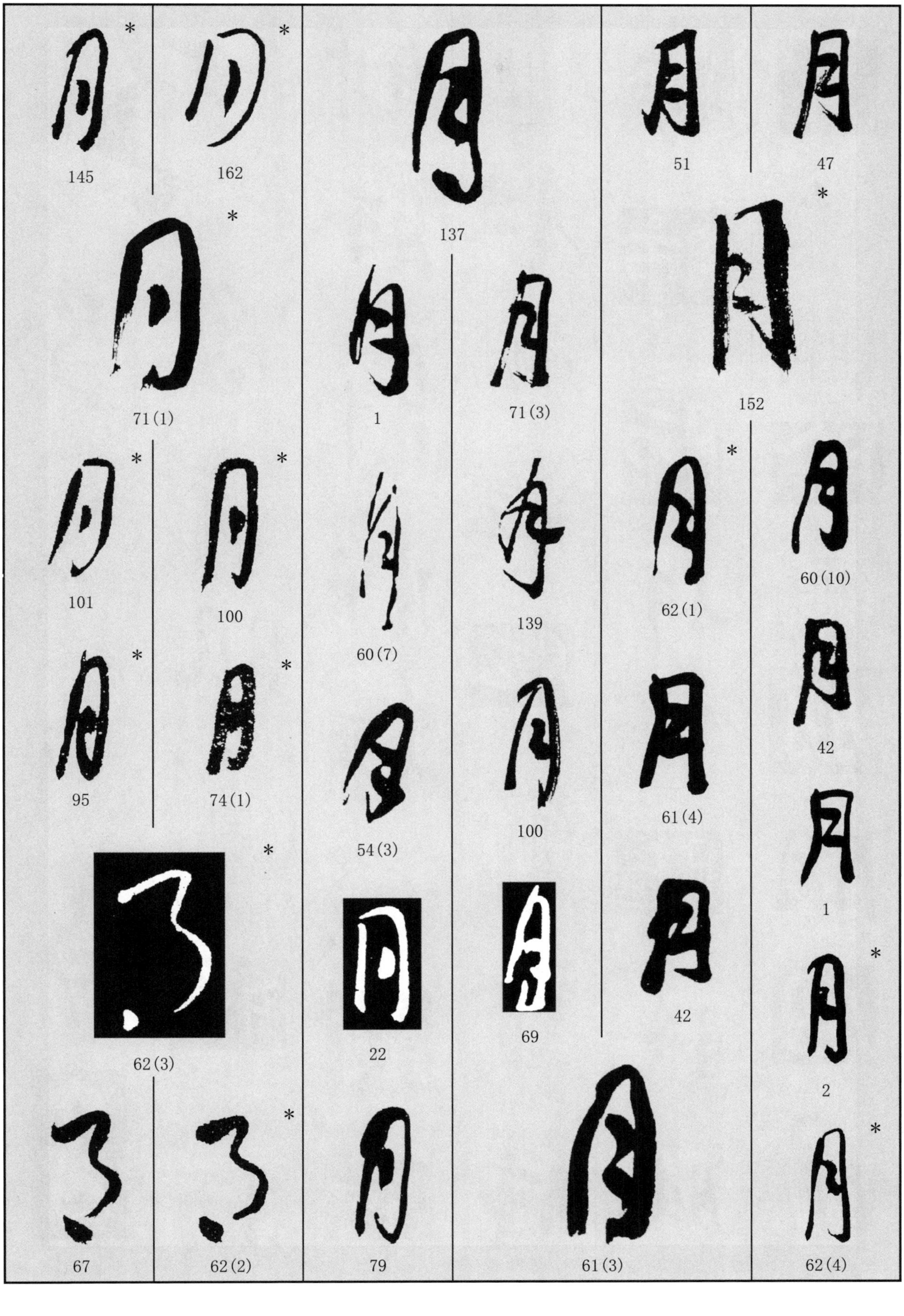

145
162
137
51
47
71(1)
1
71(3)
152
101
100
60(7)
139
62(1)
60(10)
95
74(1)
54(3)
100
61(4)
42
62(3)
22
69
42
1
2
67
62(2)
79
61(3)
62(4)

(㈱ 用)朋肸　肫(肺)肺肱肢　肘　肝 肌

1

44

66

137

1

63(2)

147

肌

146

肝

8

677

99

71(3)

338

65(2)

97

肘

58

189

肢

134

肱

198

1030

肺

67

146

99

98

1035

1027

肫

32(10)

168

140

20

145 *

肸

1031

朋

6

22

18

100

65(3)
65(1)
145
168
60(7)
1
158
605
8
1
147
66
47
肥
47
44
88
146
65(5)
股
1028
46
46
121
肪
100
62(4)
62(3)
62(1)
95
2
71(2)
62(2)
74(1)
101
71(1)

服

60(1)
15
44
7
62(1)
145
74(1)
62(2)
95
12
62(2)
62(4)
152
101
62(1)
101
333
32(3)
162
71(1)
22
88
62(3)
95
168
74(1)
62(4)
162
71(1)
2
62(3)
152
118
2

胡

8　18　100　83　60(5)

10　88　82　71(3)　48　139

1　60(6)　44　71(3)　65(4)　2*　168

63(2)　25　71(1)*　65　62(4)*

148　159　155　129

胚

140

背

98　82　145　62(2)*

（脈）脉　　胞　胙

131　1　139　139　88
1　1　32(12)　5　32(6)
168　98　77　119　108
62(3)　70　45(2)　158　62(1)
152　95　162　62(4)
153　1　101　2　71(1)

60(10)
胎
32(9)
100
146
胭
60(6)
186
141
147
65(4)
脊
100
139
脂
60(6)
186
胸
8
1
42
220
824
71(3)
65(1)
61(1)
446
1
*
140
140
32(12)
60(7)
188
168
61(1)
100

朓

100　60(10)　125　108　110*

朔

45(2)　101　153　1　153　153

145　71(3)　104*　66

172　61(4)　97　71(3)　107

朗

10

61(4)　146　155　19　67　62(3)*

61(4)　65(2)　61(3)　70

脱 脞 脛 豚 脰 脚

脞
119 *
脱
32(12)
3
82
44
58
60(2)
70
60(10)
1102(1)
186
脛
140
110
92 *
45(2)
87
1
脰
1008
豚
71(1) *
65(5)
100
脚
74(1)
61(4)
61(3)
1
152 *
146
101 *
2 *
44
62(1) *
62(2) *
95 *
74(1) *
62(4) *

100
1
46
65(2)
65(4)
1
18
脧
87
146
100
32(12)
60(6)
134
154
期
65(4)
61(4)
145
159
139
5
139
233
81(4)
1
47
98
44
1
18
55
582

66
脾
1
腑
98
103
1035
1035
1027
1034
腓
196（2）
140
189
32(3)
腆
196(4)
腋
304
2
71(3)
71(3)
67
腎
74(2)
160
62(4)
134
74(1)
101
62(1)
152
95
81(6)
75
54(2)
62(2)
71(1)
32(3)
46
62(3)
32(3)
21

勝
62(4)
101
66
32(12)
12
95
87
1
8
71(1)
62(2)
73
286
99
71(1)
62(3)
1
510
71(3)
45(1)
2
152
71(3)
32(2)
56
94
60(5)
39
61(1)
62(1)
19
60(5)

2 * 152 * 158 74(2) 62(1) * 101 * 62(3) *

159 95 * 24(1) 71(1) * 62(4) *

147 139 8 1 62(2) * 74(1) *

70 * 32(2) 腸 139 44

146 134 1 159 65(4)

腔 139 199 139 腕 111 * 腰

膳膴　臈膠滕　膝膂　腦塍　腹腥

82
61(2)
139
45(1)
82
76
27
338
107
139
65(2)
60(9)
臉
14
膽
159
1
152
71(1)
臊
99
86
63(2)
2
370
62(4)
62(1)
74(1)
95
158
1
33
62(3)
62(2)
101

騰　（腊）臘　臂膽　（賸）賸臆膻

騰
5
221
44
55
50
1
60(2)
60(3) *
65(4)
826
168
139
臘
60(10)
71(3)
139
139
129
60(6)
168
413
100
65(1)
70
1033
42
66
膽
1027
臂
8
87 *
139
膻
187
臆
61(4)
賸
196(6)

氏 臞　（臓）臟　鵬

臞
1102(2)
氏部
氏
32(12)
4
8
7
1102(2)
111
臓
98
103
74(2)
1034
1035
62(4)
74(1)
162
鵬
1026
168
15
65(2)
62(3)
62(2)
2
152
145
62(1)
101
60(6)
28
71(1)
32(12)
95
196(8)
66
158
146
1
111
33

（昏）昏　　氏

74(1)
146
71(3)
139
65(5)
74(1)
昏
3
65(2)
134
153
489
82
16
152
31
126
氏
16
74(2)
22
2
146
18
10
1
47
51
14
58
82
98
32(10)
32(10)
78

氏部

四画

欠部

八画

152
699
65(2)
65(3)
88
145
60(8)
39
2
欷
1008
1031
欺
51
62(4)
101
71(1)
62(1)
62(3)
65(4)
51
139
62(2)
39
74(1)
95
60(1)
74(2)
140
1
1
88
166
139
欠部
款
190

(謌)歌 歃 歔欻 歆

60(3)
31
88
166
歆
154
60(4)
60(8)
99
65(4)
168
147
139
欻
1022
1021
歔
139
139
60(10)
78
168
65(4)
65(5)
134
147
79
134
歃
134
歌
546
1
1
88
44
1
44
11
60(10)
1
47

十画

95 *
32(9)
25
139
71(1) *
62(4) *
60(2)
234
139
62(2) *
101 *
32(1)
55
158
154
2 *
62(1) *
65(4)
44
33
1
62(3) *
71(3)
237
63(2)
60(7)
99
152 *
65(3)
56
32(8)
87
74(1) *
1
60(10)

歐 歉 歎 歔

60(7)
1
32(6)
44
1
60(10)
45(1)
54(1)
275
60(5)
32(11)
歐
32(12)
65(2)
65(2)
100
1
141
146
383
46
歉
45(2)
*
92
1028
歎
88
51
73
47
1106
70
77
88
1
71(3)
30
歔
1008

欠部

十——十二画

65(4)
44
歛
44
140
60(10)
71(3)
歡
65(4)
111
欻
15
139
18
5
17
111
153
65(5)
11
65(5)
歟
4
394
60(8)
98
65(4)
3
62(1)
45(2)
65(2)
119
94
101
100
835
394
1102(2)

1
88
174
65(5)
62(1)
51
1
65(4)
140
168
8
2
258
51
154
51
殷
82
殳部
殳
169
段
286
141
2
71(1)
152
74(1)
33
1
65(3)
62(3)
62(4)
95
62(2)

殺

23
1
624
65(5)
139
101
71(2)
62(3)
2
145
386
154
82
10
4
23
33
15
1
158
69
62(2)
71(1)
101
62(3)
152
162
95
32(7)
74(1)
62(4)

（毁）毁　　毂

2
62(3)
71(1)
158
28
4
71(3)
147
62(1)
101
95
152
162
39
62(4)
74(1)
60(9)
14
30
毁
196(4)
1012
141
1
62(2)
62(1)
162
71(1)
152
46
毂
4
101
62(4)
74(1)
62(2)
95

殿
55
36
83
74(1)
1
62(2)
71(1)
62(1)
95
62(3)
62(4)
152
2
130
101
33
162
158
60(1)
1
轂
12
65(4)
1
270
168
32(12)
60(1)
66
146
毆
60(2)

觳　　　　　　　　　　轂　　　　　　毅

5
毅
12
98
82
60(5)
74(2)
23
70
85
20
70
310
60(8)
轂
1031
65(2)
1
33
130
158
74(1)
152
62(2)
71(1)
101
62(1)
62(3)
62(4)
95
162
2
觳
1103
44
文部

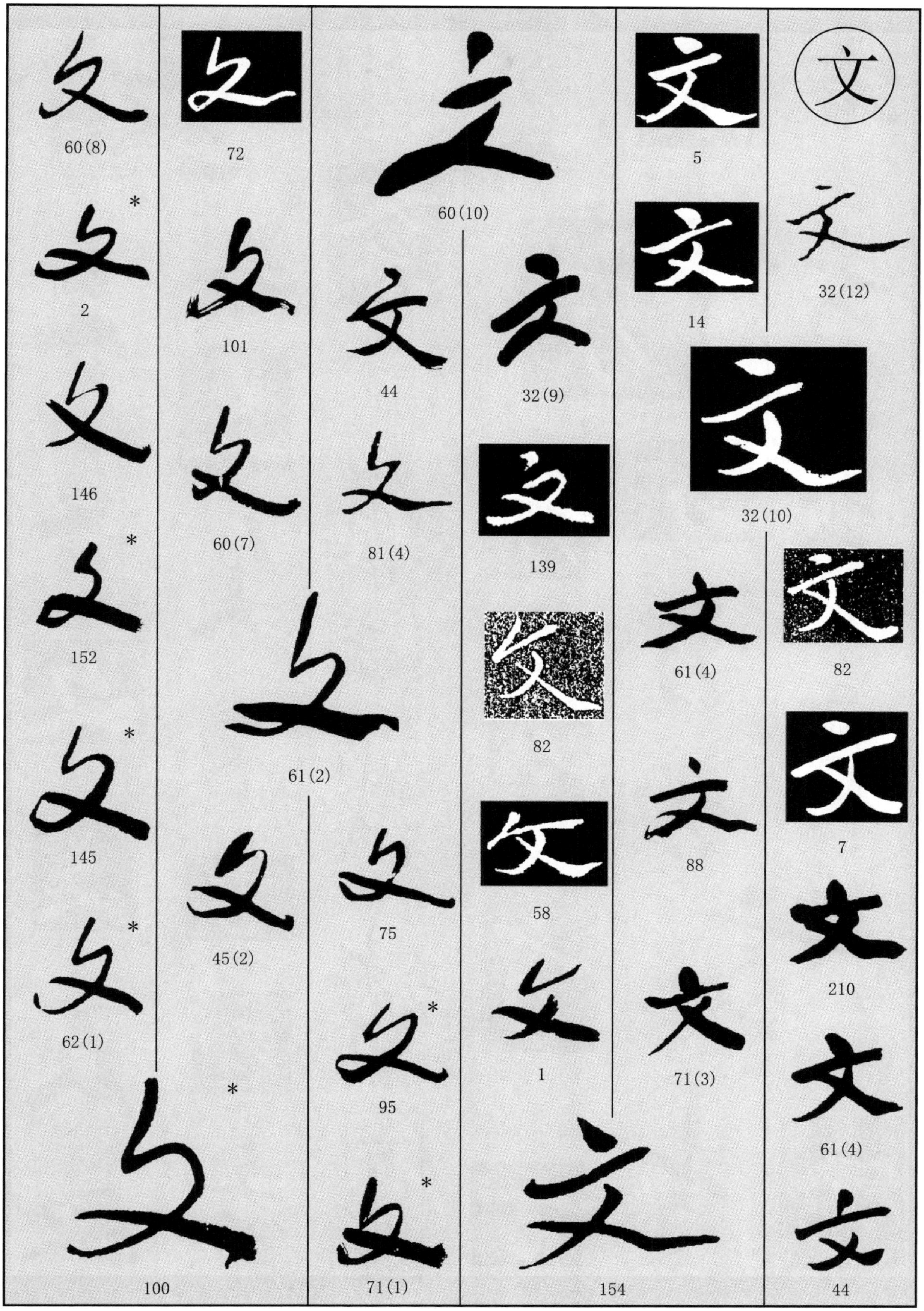
文
32(12)
32(10)
82
7
210
61(4)
44
5
14
61(4)
88
71(3)
154
60(10)
32(9)
139
82
58
1
44
81(4)
61(2)
75
95
71(1)
72
101
60(7)
45(2)
100
60(8)
2
146
152
145
62(1)

168
154
290
88
7
8
5
1
43
65(3)
32(7)
1
方
82
83
14
98
紊
7
斌
1102(2)
101
1012
175
方部
32(4)
92
46
51
吝
12
1031
51
32(8)
60(2)
98
15
*
162
39

60(6)
60(10)
60(7)
54(2)
1
88
61(2)
32(6)
60(10)
71(3)
*
65(4)
76
60(5)
88
55
71(3)
60(1)
*
60(6)
60(10)
71(3)
45(2)
45(2)
60(8)
43
834
46
69
1
65(4)
60(10)
放
88
134
145
145
71(2)
357

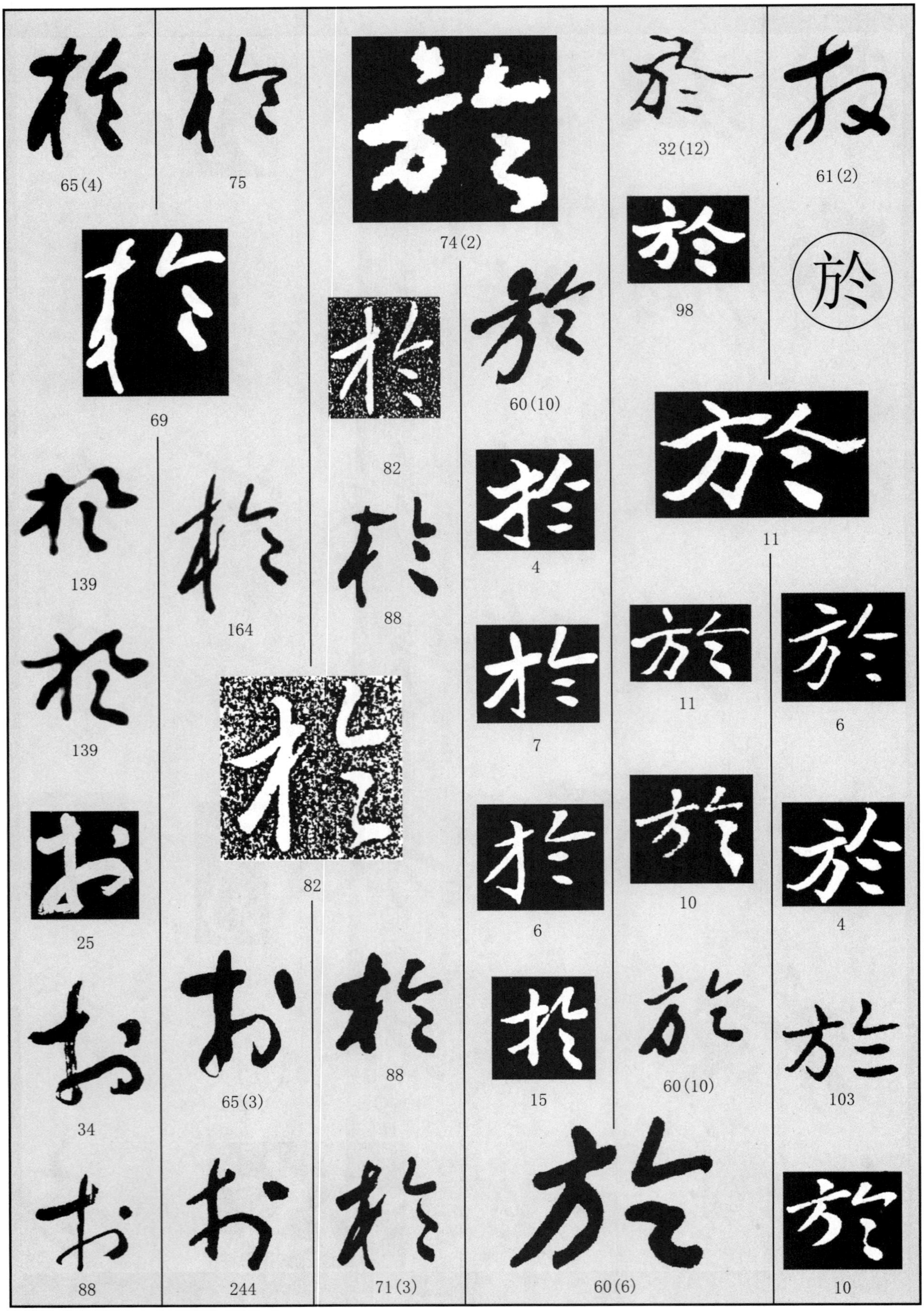

61(2) 11 6 4 103 10

32(12) 98 11 10 60(10) 60(6)

60(10) 4 7 6 15

74(2) 82 88 82 88 71(3)

75 69 164 65(3) 244

65(4) 139 139 25 34 88

施

65(4)
98
87
62(3)
27
6
32(11)
60(3)
62(1)
74(1)
51
62(3)
1
95
65(4)
18
60(9)
71(1)
101
74(1)
1
60(5)
154
62(4)
62(2)
141
154
71(1)
95
137
152
62(4)
101
140
2
19

74(1)
74(1)
15
71(1)
62(3)
95
97
62(4)
62(2)
32(3)
6
74(2)
7
70
82
101
60(5)
62(1)
51
2
62(1)
62(2)
2
111
152
158
旃
旆
1106
82
1
60(1)
旅
1028

*
32(10)
1
65(4)
162
70
45(2)
113
1
107
1
51
*
75
32(10)
145
152
131
族
*
60(4)
旃
71(3)
70
83
5
94
145
145
51
旌
134
146
15
88
58

旋

76
11
62(2)
88
69
82
152
62(1)
22
65(4)
44
旋
95
87
62(3)
15
10
71(1)
101
2
45(2)
15
9
32(4)
74(1)
21
18
60(5)
3
60(7)
44
58
162
62(4)

88
62(3)
62(4)
95
158
71(1)
101
60(1)
51
旒
146
74(1)
120
65(4)
51
111
152
60(9)
74(2)
65(1)
145
旗
97
18
101
22
60(6)
1
62(1)
94
139
139
2
62(2)

60(6)
153
168
134
113
154
44
1
196
113
1
火部
火
旗
134
71(3)
65(4)
71(2)
82
25
18
47
1
87
60(9)
854
145
1
95
101
74(1)
62(2)
71(1)
62(3)
70

炳　　炎　　灸炊　　炘炬灼炙　　灶

炳
炎
炊
灸
灼
炬
炘
灶
60(2) 63(2) 5 4 5 146
119 243 153 87 60(9)
107 111 1012 51 51 119
71(3) 88 154 54（2） 3
139 61(3) 1104 1104 65(5) 166
2 62(4) 152 32(8) 62(1) 162 139

（煙炯）烟　烜炤炷　（砲礮）炮　炸

44
100
27
168
94
60(7)
60(5)
烟
11
60(10)
60(10)
877
9
炷
65(1)
炤
196(3)
烜
32(12)
71(3)
83
71(3)
65(4)
65(4)
140
140
134
32(10)
141
1
20
65(4)
炮
42
16
77
炸
27
82

65(3)
60(10)
168
45(2)
139
139
499
61(4)
42
139
焕
71(3)
60(8)
1
1
126
焖
60(8)
74(2)
134
65(4)
65(4)
51
60(8)
168
34
187
168
934
51
99
47
242
51
1105
55
71(3)
638

焙
1008
煤
15
55
388
154
65(2)
煉
焯
146
1034
焰
121
175
焞
196(2)
145
12
44
71(3)
1022
焯
168
焜
32(7) *
32(7)
71(2)
65(3)
烺
196(3)
焚
395
134
烽
8 *
71(3)
100
71(3)
51
101
39
71(3) *
88
168

65(4)
146
88
煆
81(6)
煌
139
110
33
158
*
129
煬
1026
1026
煜
139
47
152
71(1)
*
62(1)
*
62(4)
*
74(1)
*
364
146
101
*
62(2)
*
62(3)
*
2
*
60(10)
74(2)
1
95
*
65(3)
*
1
煩
5
665
32(11)
156

1
62(4)
62(2)
782
1
煊
152
78
28
28
15
101
74(1)
1
32(9)
158
煒
煖
850
62(1)
158
95
31
130
71(1)
62(3)
92
101
62(1)
65(2)
2
95

（灯）燈 熾 燉 燃 燠 燀 熸 燎 （烧）燒 燩

60(9) 71(2) 380 71(3) 139 71(3) 65(2)

1012 66 139 782 193（8） 44

65(4) 189 65(4) 196(4) 65(2) 477 71(3) 1 84 1034 1026

196(6) 41 656 44 66 71(1) 74(1) 62(4) 62(2) 62(3) 2 152

62(4)　95　158　28　62(2)　62(1)

71(3)　392　1　71(1)　74(1)

1　304　65(4)　1

110　81(6)　81(6)　1106　166

1　490　45(2)　196(3)　110　60(7)

1　46　146　140　60(8)　60(8)

(鑪 爐)爐　爆　燿　燼　燹(燬)燬

爐
爆
燿
燼
燬
燹
101
65(4)
47
65(5)
60(8)
94
196(2)
156
100
32(8)
2
71(1)
152
62(2)
62(4)
62(1)
60(5)
74(1)
95
62(3)
2
152
75
69
45(2)
1026
62(3)
101
1008
82
77

98
81(6)
103
81(6)
105
99
1015
1035
60(9)
51
86
63(2)
65(3)
65(4)
65(5)
153
47
32(8)
890
146
148
71(3)
168
196(6)
154
71(3)
88
168
401
1031
139
88

斗部

斗

60(10) 55 94 51

139 1 30 60(3) 65(4)

92 45(2) 55 * 22

145 54(2) 71(3) 159

斜

546 60(8) 65(2)

60(8) 94 88 100 65(3) 99

斟

156
60(7)
32(2)
87
113
44
146
146
87
斟
113
141
236
31
60(7)
88
168
238
44
154
53
65(3)
621
139
65(2)
113
73
141
154

斗部

十画

爫部

五画

36
7
7
98
斠
*
32(9)
44
7
4
5
8
82
88
1
27
爫部
11
為
44
88
82
232
32(12)
60(10)
61(4)
11
78
6
88
32(6)
88
98
3
6

61(4)

47

32(11)

61(4)

60(8)

22

13

1

61(4)

71(3)

67

214

1

50

42

71(3)

81(8)

32(10)

18

32(2)

*

152

13

19

60(10)

47

101

24(2)

32(9)

60(1)

51

灬部

五画

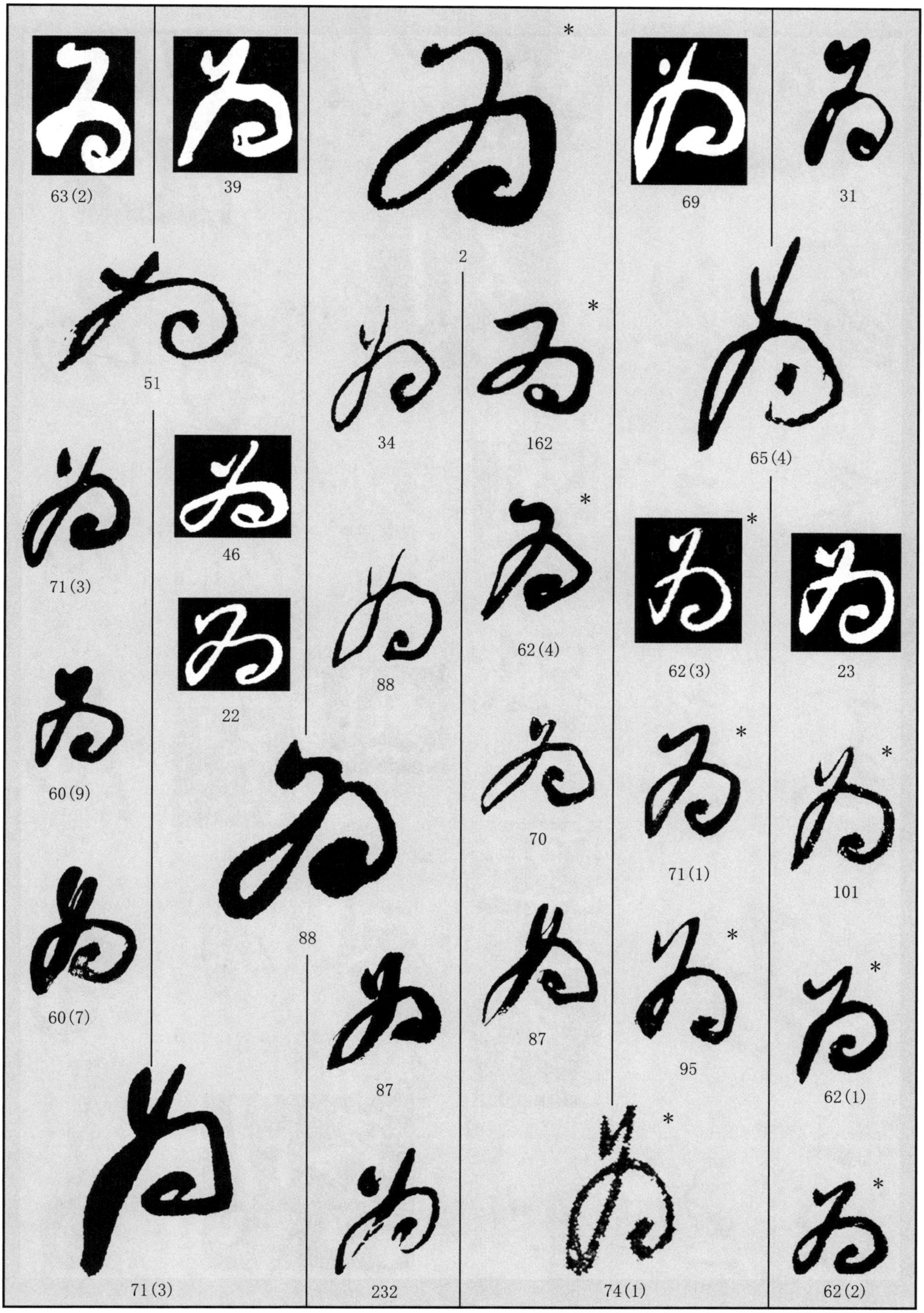

63(2) 39 2 69 31

51 34 162 65(4)

71(3) 46 88 62(4) 62(3) 23

22 60(9) 70 71(1) 101

88 60(7) 87 95 62(1)

87 71(3) 232 74(1) 62(2)

（烈）烈

63(2)
88
60(5)
65(2)
烈
71(3)
8
42
32(12)
99
11
51
11
10
84
74(2)
141
74(2)
60(10)
81(8)
17
51
65(5)
145
78
95
71(1)
62(4)
62(1)
162
101
76

鳥

17
82
159
51
30
101
71(3)
2
71(2)
71(1)
23
25
63(2)
159
107
391
147
鳥
154
32(12)
62(3)
1
65(4)
74(1)
65(4)
62(2)
2
60(2)
152
99
60(9)

1　71(3)　244　65(4)　152　154　32(12)　98　14　5　8　14　60(5)　44　5　3　158　146　28　60(3)　32(10)　141　30　30　2　30　62(3)　74(1)　62(2)　125

然

61(4)
10
4
101
95
60(10)
8
5
71(1)
42
60(10)
88
12
145
4
1
32(9)
62(4)
356
98
16
152
12
154
32(6)
然
45(2)
1
39
65(2)
7
32(12)
62(1)

101 25 60(9) 60(6)
1 62(2) 69 60(6) 65(3)
134 62(1) 100 63(2) 67 65(5)
829 152 71(1) 2 60(9) 30
62(3) 62(4) 62(4) 55 73
141 95 147 47 70

照
1
88
32(6)
639
122
1
122
154
23
1
60(10)
65(2)
47
1
31
159
16
71(3)
64(1)
78
70
154
139
324
883
140
62(4) *
25
65(1)
60(8)
65(4)
71(1) *
60(2)
62(2) *
65(3)
74(1) *
62(1) *

*
95
60(7)
60(3)
*
62(3)
32(8)
61(2)
63(2)
*
2
74(2)
*
152
122
熙
196(4)
32(12)
74(2)
32(9)
71(3)
60(8)
81(6)
154
*
22
32(7)
139
熬
1034
熊
100
60(5)
134
60(4)
148
100
139
168
47
129
*
244

熱
494
5
1
15
2*
74(1)*
62(1)*
62(2)*
62(3)*
95*
62(4)*
101*
71(1)*
22
152*
1
60(9)
63(2)
158
99
熟
8
42
71(3)
32(10)
154
60(2)
60(5)
100
427
55

60(10)
70
131
71(1) *
234
62(4) *
45(1)
162 *
74(1) *
101 *
71(1) *
62(1) *
152 *
户部
户
8
62(4) *
101 *
95 *
74(1) *
2 *
32(9)
153
1
62(2) *
62(3) *
158
145
18
100
88
153

肩　　　　戾

肩
95
101
71(1)
74(1)
152
11
81(5)
154
32(9)
30
60(7)
2
2
62(2)
62(4)
62(1)
65(5)
152
戾
62(3)
152
71(3)
99
60(8)
168
62(3)
60(8)
62(1)
95
62(2)
62(3)

扁　　房

63(2)
60(9)
70
房
12
1
1
61(4)
82
74(1)
152
159
95
71(1)
62(1)
70
2
140
101
62(2)
62(4)
70
70
60(8)
1
159
63(2)
62(3)
168
扁
934

扉　扈　扇　扃

168
139
60(8)
153
140
100
1
32(7)
扉
63(2)
88
65(3)
62(3)
95
62(1)
71(1)
152
扈
60(10)
2
74(1)
101
62(2)
62(4)
154
扇
139
174
174
65(2)
86
30
131
扃
196(9)

22
5
46
8
1
60(3)
7
65(2)
153
71(3)
祀
130
60(1)
71(3)
154
98
125
1
67
60(10)
社
78
12
5
147
44
129
100
60(9)
雇
78
1
168
礻部
32(12)
祁

88
153
158
1
100
101
祉
1
51
766
274
87
274
祈
74(2)
1
51
51
88
21
74(2)
祇
46
祋
1010
祛
140
祜
28
62(3)
2
146
62(2)
158
1
74(1)
62(1)
71(1)

139
101
152
95
62(4)
祐
60(10)
60(5)
60(5)
44
祓
1010
祖
32(10)
14
1
58
139
139
60(5)
3
83
12
81(8)
32(10)
54(2)
74(2)
88
65(4)
70
51
45(2)
92
45(2)
11
45(2)
32(6)
60(6)
神

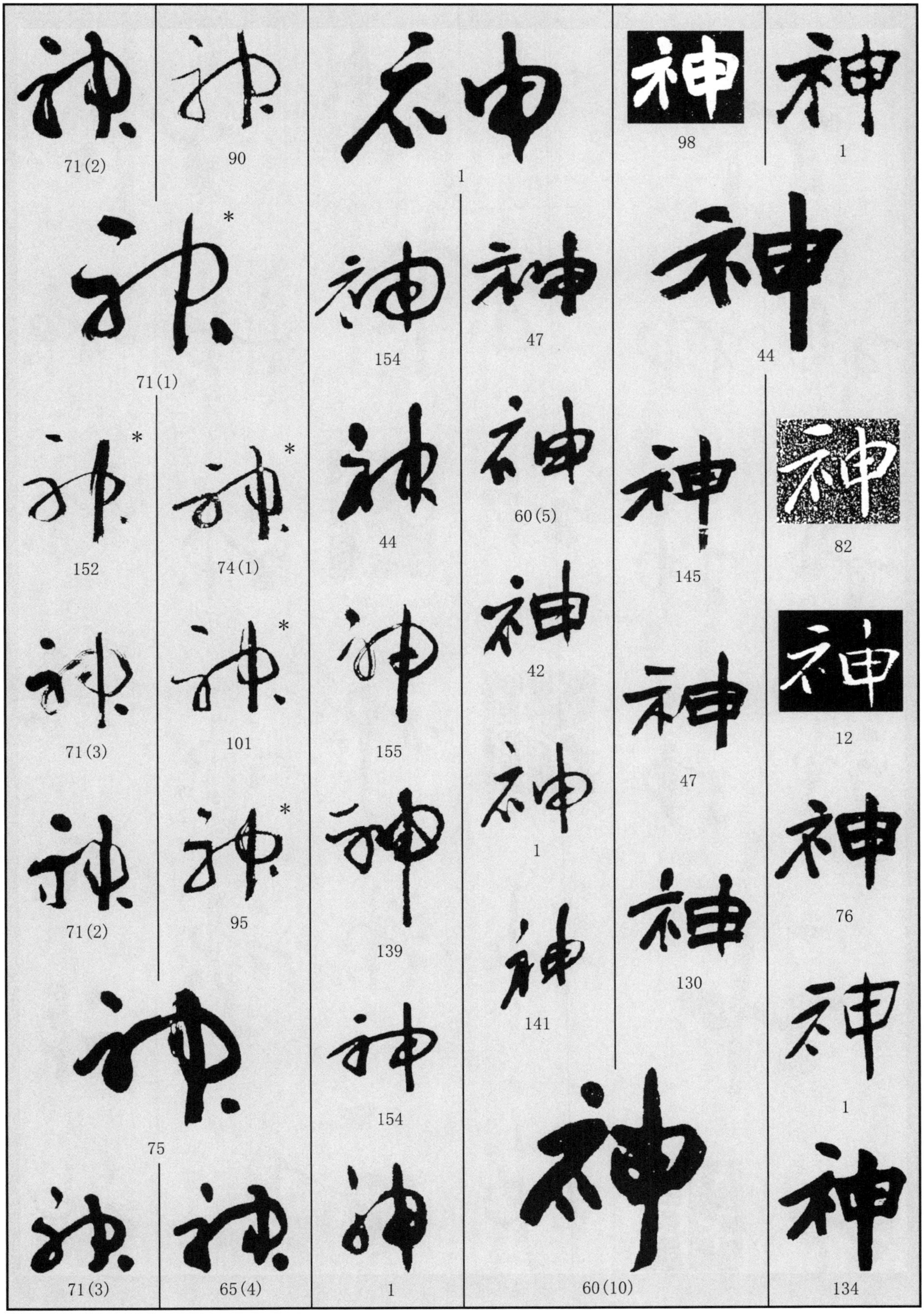
71(2)
90
1
98
1
71(1)
154
47
44
152
74(1)
44
60(5)
145
82
71(3)
101
155
42
47
12
71(2)
95
139
1
130
76
75
154
141
1
71(3)
65(4)
1
60(10)
134

32(11) 66 87 71(3)
2 *
101 76 65(3) 60(9)
64(1) 60(7) 162 * 60(9) 65(4) 88
88 45(2) 62(3) * 60(8) 65(4) 88
71(3) 62(4) * 60(7) 60(1) 60(4) 31
32(4) 22 62(2) * 65(4) 71(3)

78 70 76 65(2) 51 21 51 3 87 244 70 1

60(8) 153 祝 82 148 60(8)

65(3) 74(2) 33 65(1) 61(1) 65(2)

47 25 1 1 65(2) 1

祚
32(8)
196(9)
祇
139
51
139
137
66
71(3)
1
62(3)
95
32(12)
71(1)
62(2)
100
101
74(1)
2
62(4)
152
62(1)
60(2)
86
28
158
1
32(8)
祕
32(4)
61(4)
107
145

60(5)
83
154
60(7)
60(5)
45(2)
17
23
*
244
1
祥
8
60(7)
168
祤
60(7)
祧
111
71(3)
88
20
100
60(7)
1
11
88
140
60(5)
88
140
祠
11
11
172
60(10)
88

63(2)
19
25
36
60(9)
98
39
6
100
23
30
65(2)
139
32(7)
60(8)
1
1
88
134
156
祤
1010
視
9
82
45(2)
72
60(9)
32(7)
23
32(11)
60(5)
72
100
92
101

礻部 八画

禄　　禍　　祺

祺
139
51
438
81(4)
51
1028
禍
1
98
10
98
7
154
174
168
121
70
82
103
65(3)
2
71(1)
62(1)
101
28
145
95
62(3)
62(2)
禄
62(4)
74(1)
152
禄
6
44
145

（褔）福　祺　禊

45(1)
99
19
7
62(2)
61(3)
71(2)
1
福
1
65(5)
61(1)
60(9)
71(2)
60(9)
祺
88
152
2
禊
145
145
62(4)
1
62(3)
74(1)
95
62(1)
1
60(1)
71(1)
28
101
62(2)

67
禧
1031
1102(2)
32(10)
禪
738
101
褆
1
禕
100
67
110
73
152
1
28
禛
88
60(4)
325
71(1)
162
145
2
60(1)
145
62(1)
74(1)
95
101
62(3)
158
65(5)
60(6)
62(4)

（礼）禮

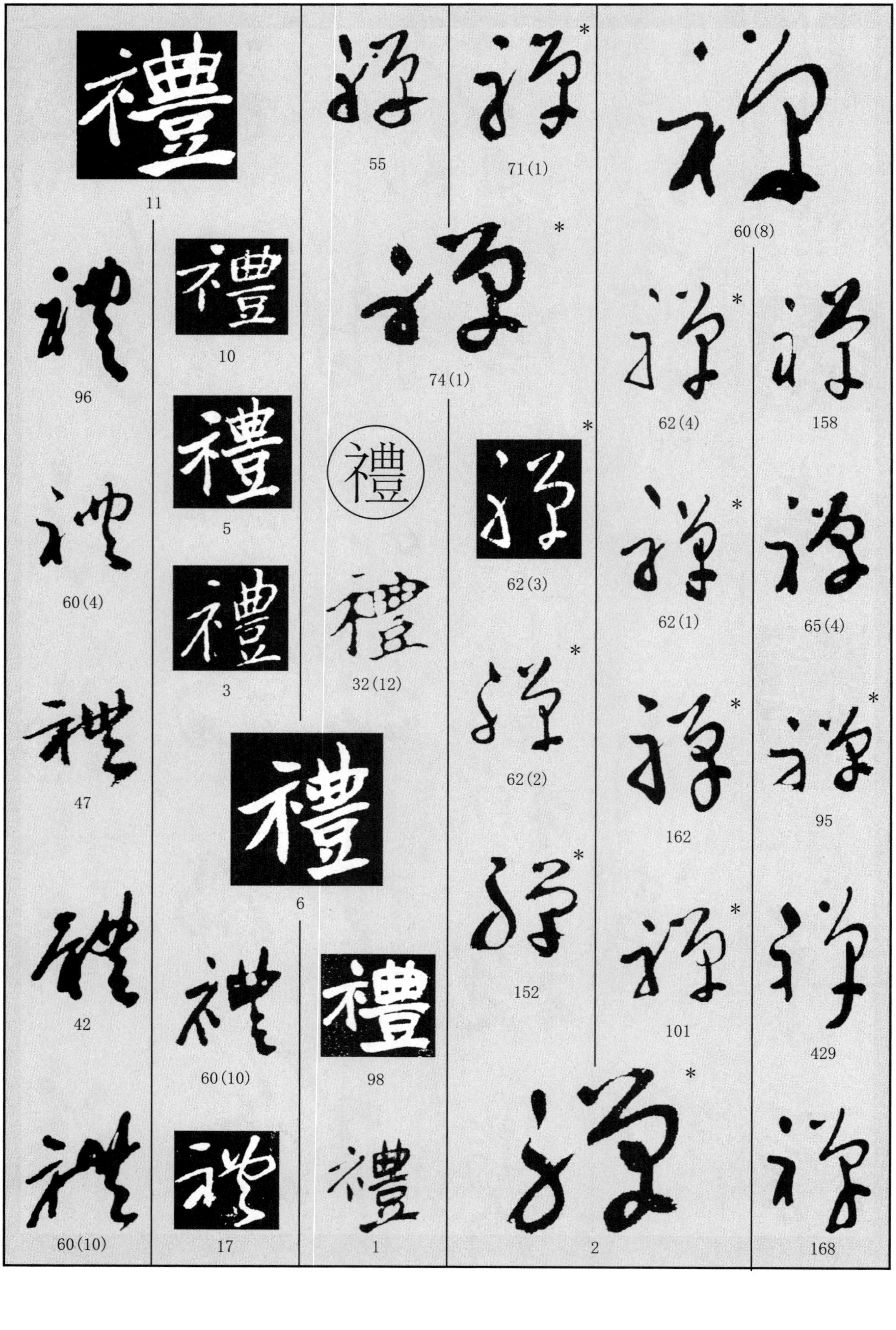
60(8)
158
65(4)
95
429
168
62(4)*
62(1)*
162*
101*
2*
71(1)*
74(1)*
62(3)*
62(2)*
152*
55
禮
32(12)
98
1
6
11
10
5
3
60(10)
17
96
60(4)
47
42
60(10)

心　禱

82
98
8
6
7
14
70
1
47
99
心
32(12)
65(5)
62(2)
禱
1
88
168
心部
101
62(3)
1
168
394
62(1)
1
164
149
15
42
22
139
60(7)
60(2)
60(2)
100

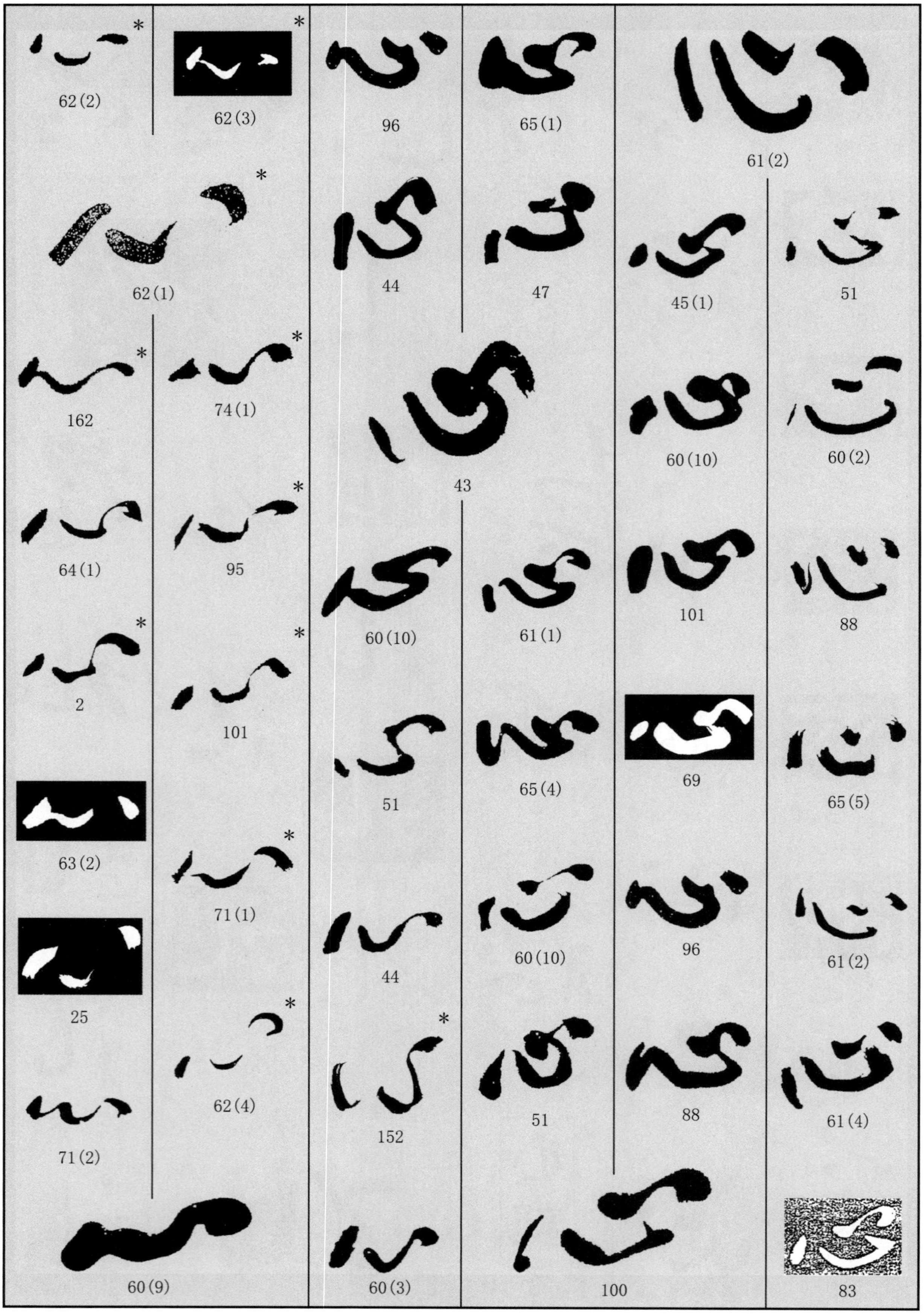

61(2) 51 45(1) 60(2) 60(10) 88 101 65(5) 69 61(2) 96 61(4) 88 83 100

65(1) 47 43 61(1) 65(4) 60(10) 51

96 44 60(10) 51 44 152* 60(3)

62(3)* 74(1)* 95* 101* 71(1)* 62(4)*

62(2)* 62(1)* 162* 64(1) 2* 63(2) 25 71(2) 60(9)

忽

102

44

74(2)

44

65(3)

82

45(1)

60(8)

1

145

99

99

65(3)

802

32(7)

60(10)

140

82

66

1

145

*

60(7)

60(2)

71(3)

101

154

怱

60(1)

怨

32(12)

6

12

怒

61(3) 88 87* 30

71(3) 76 71(3) 60(10) 71(2)

134 60(5) 78 怒 32(12) 82

1 65(4) 5 32(11) 139

65(5) 32(6) 81(6) 5 168 151

60(2) 147 92 71(3)

79
134
恐
122
51
15
134
122
32(5)
32(1)
60(10)
154
141
291
45(2)
169
65(5)
30
60(9)
64
60(7)
62(1)
152
2
62(4)
101
1
71(1)
67
95
62(2)
62(3)
74(1)
1

1
恩
44
71(3)
146
17
*
31
67
92
154
168
1
32(3)
174
恣
60(5)
1106
*
73
1022
恕
141
51
71(3)
*
44
患
13
98
273
7
70
61(3)
121
406
100
145
31
74(2)

悠

*
22
32(8)
32(7)
113
60(9)
63(2)
32(10)
悠
98
103
324
42
71(3)
76
47
51
145
139
60(7)
63(2)
154
148
159
130
140
32(5)
140
25
60(9)
140
118
*
1

惠

8
44
61(4)
147
71(3)
61(1)
146
51
51
934
42
158
1
33
155
62(4)
95
62(1)
44
152
60(7)
71(1)
76
2
62(3)
61(1)
60(2)
101
74(1)
62(2)

想　(惑)惑

100 32(7) 61(4) 31 19 60(3) 71(3) 65(4) 45(2) 惑 74(2)

想 12 27 27 11 154 71(3) 78 45(2) 1 45(1) 65(5)

51 51 139 46 100 244 60(5) 64(1) 1 60(9)

感

3 82 44 5 98 11 1 140 70 137 1
74(1) 1 62(4) 60(9) 2 1 62(2) 275 71(3) 1 1 45(1) 152
95 62(1) 64(1) 71(1) 60(10) 101 64(1) 158 60(8) 62(3)

60(10) 51 60(5) 168 55 33

74(2) 22 60(7) 67 83

46 15 22 46 145

166 1 158 158 71(1) 2

74(1) 62(2) 62(3) 152 101

62(4) 95 62(1) 73

愁　愚

愚：33　98　32(10)　18　4　70　71(3)　55　234　62(3)*　46　47　62(4)*　101*　62(2)*　74(1)*　62(1)*　71(1)*　95*　152*

愁：162*　158　2*　78　141　65(2)　60(3)　65(3)　71(3)

154
139
139
88
153
153
146
49(1)
579
94
60(10)
*
65
239
60(2)
32(3)
60(10)
1
238
174
慫
10
1030
慝
196(6)
態
65(1)
146
153
168
32(9)
32(3)
慧
102
98

5
1
599
103
61(1)
17
23
1
45(1)
慤
196(3)
16
247
憖
119
憨
11
9
70
8
8
慰
98
71(3)
44
154
65(3)
60(10)
51
154
100
100
60(5)
32(7)
20

（凭）憑　　（憇）憩

240
100
32(1)
134
44
65(4)
87
60(8)
131
61(3)
*
79
60(8)
60(8)
134
139
78
60(5)
60(10)
55
139
1
1
55
憑
11
82
18
71(3)
憩
44
60(8)
100
1034
65(3)

*
60(7)
60(7)
101
61(1)
32(4)
88
28
1
154
134
834
244
61(2)
61(4)
1
1102(2)
懟
196(6)
徵
1016
懸
3
134
168
51
196(6)
懋
58
189
140
65(5)
139
懇
139
51
210
146
*
61(2)
71(3)
60(2)
65(2)
134

145
134
141
146
60(6)
62(4)
62(2)
82
61(2)
63(2)
62(3)
62(1)
60(6)
31
71(3)
94
152
162
101
88
41
2
71(1)
1
尺部
尺
咫
74(1)
36
82
60(2)
619
139
1
60(10)
8

32(10)　82　134　71(3)　92　17　99　1　51　130　16　15

1027　1022　98　4　8　11　10

92　60(7)　60(9)　63(2)　129　71(3)　79

108　65(1)　60(2)　65(4)　65(2)　25

230　1　1　88　154　10

戕
119
1027
將
4
88
8
32(12)
98
10
1
223
145
51
60(10)
60(5)
47
134
82
1
154
154
4
1
1
60(10)
47
60(10)
51
65(4)
154
51
60(10)
17
100
21
65(3)
60(6)

水　　（滅）臧

7
36
7
4
98
1
32(10)
8
60(5)
1024
67
60(9)
水部
水
1
32(7)
71(1)
71(3)
97
臧
1106
60(5)
65(2)
101
62(4)
74(1)
95
65(4)
2
60(7)
99
75
152
162
62(2)
70
62(1)
62(3)
25

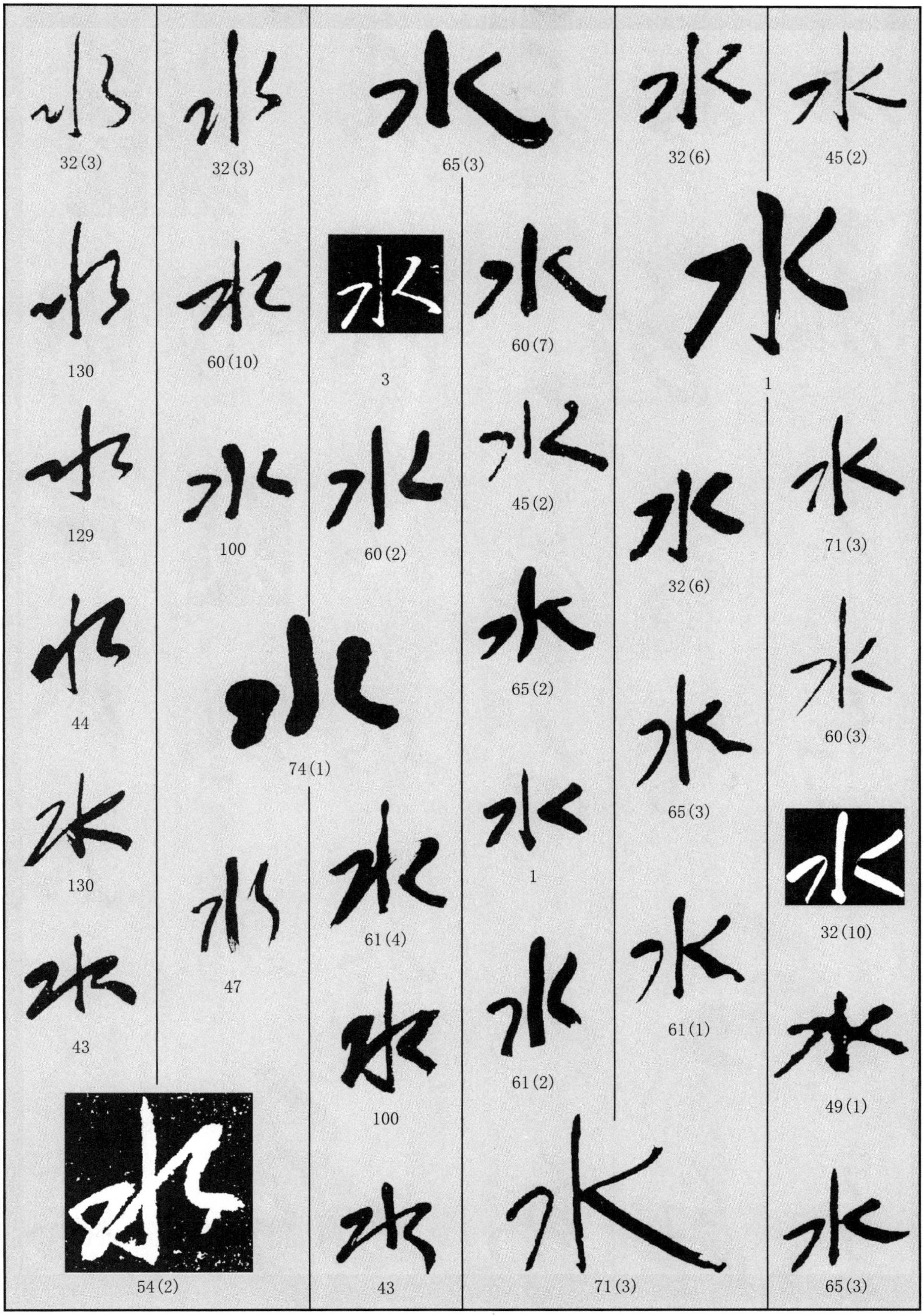

32(3) 130 129 44 130 43 54(2)

32(3) 60(10) 100 74(1) 47

65(3) 3 60(2) 61(4) 100 43

60(7) 45(2) 65(2) 1 61(2) 71(3)

32(6) 1 32(6) 65(3) 61(1)

45(2) 71(3) 60(3) 32(10) 49(1) 65(3)

82
1
60(10)
1
32(8)
139
130
139
62(3)
45(2)
74(1) *
60(6)
60(8)
62(4) *
95 *
101 *
2 *
71(1) *
65(2)
62(2) *
60(7)
88
162 *
145 *
60(6)
61(2)
110
65(2)
87
30
44
47
65(1)

水部

四——十一画

夫部

三画

27
60(10)
8
58
210
60(5)
60(8)
82
11
82
8
71(3)
夫部
奉
74(2)
8
淼
100
235
86
86
漿
86
71(3)
62(4)
125
65(4)
沓
1
60(2)
30
62(1)
65(2)
152
66

奏

65(2)
23
60(5)
32(10)
74(2)
62(3) *
152 *
74(2)
23
62(4) *
168
62(1) *
101 *
95 *
74(1) *
162 *
51
2 *
22
62(2) *
71(1) *
88
139
107
65（5）
54(2)
22
94
奏

62(1)
101
134
18
36
2
247
571
71(3)
95
62(4)
45(2)
28
100
44
62(3)
162
71(1)
158
154
65(3)
春
152
60(9)
1
145
74(2)
98
62(2)
74(1)
749
45(2)

春 12

春 219

春 11

春 10

春 4

春 5

春 43

春 45(1)

春 1

春 32(2)

春 44

春 8

春 104

春 1

春 60(5)

春 43

春 61(3)

春 60(10)

春 65(3)

春 88

春 71(3)

春 99

春 100

春 154

春 137

春 32(6)

春 60(10)

春 88

春 60(8)

春 60(6)

春 154

春 1

春 60(8)

春 60(7)

春 55

春

49(1)
74(1)
101
45(2)
65(2)
60(8)
65(4)
88
145
95
62(4)
62(2)
60(7)
65(4)
71(1)
62(3)
88
60(4)
100
100
62(1)
71(3)
2
162
25
39
18
139
32(11)
88
1

秦

88
65(2)
60(5)
1
139
70
58
139
624
158
3
32(1)
88
74(2)
48
223
141
32(12)
32(10)
5
65(3)
151
60(10)
31
60(10)
60(5)
1
1
47
152
1
63(2)
*

（泰）泰

101
62（4）
泰
32（12）
12
3
44
152
95
62（3）
62（2）
22
60（9）
148
22
44
62（1）
74（1）
71（1）
94
159
2
44
25
60（1）
45（2）
31
1
33
31
60（8）
63（2）
1
99

14
4
76
1
140
146
71(2)
65(4)
春
189
189
60(7)
玉部
玉
23
44
95
62(3)
62(2)
152
101
62(4)
74(1)
28
71(1)
158
165
61(1)
1
60(10)
7
99
60(1)
62(1)
60(2)
2
71(2)
138
350

夫部

五——六画

玉部

璧

145
71(3)
137
28
62(4)
62(1)
璧
175(1)
58
90(5)
62(3)
71(1)
94
69
88
60(8)
1
158
28
60(8)
60(8)
2
62(4)
152
145
101
71(1)
162
146
62(2)
62(3)
62(1)
74(1)
62(4)
95

祭　示(玺)璽

162 *

95 *

2 *

62(2) *

74(1) *

1

158

31

152

1

83

璽

198

1014

74(2) *

示部

示

60(5)

154

51

70

51

65(2)

140

51

51

129

20 *

祭

5

60(7)

82

77

65(4)

5

88

147

87

(禦 禦)禦

禦

55

4

16

107

97

*

32(7)

禁

30

60(5)

*

111

32(12)

1025

*

152

543

禁

6

5

12

*

101

158

32(8)

*

62(2)

*

95

*

74(1)

*

62(3)

*
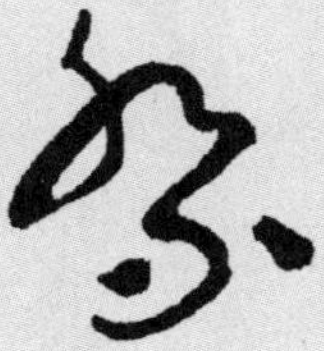
2

*

62(4)

60(9)

60(8)

*

62(1)

*

71(1)

8
去部
去
27
13
71(3)
7
60(10)
151
60(10)
134
60(10)
139
139
54(2)
154
139
30
62(3)
61(3)
60(7)
62(4)
44
71(1)
74(1)
62(2)
95
65(2)
1
101
152
62(1)
758

盍　　(刼 刧)劫　　却

盍
12
96
66
139
256
145
71(3)
71(3)
121
87
60(5)
劫
60(8)
60((8)
60(7)
113
45(2)
54(2)
1
97
153
800
65(3)
却
162
7
51
88
2
60(5)
1
60(1)
82
9

1008
139
71(2)
朅
1031
甘部
甘
82
42
45(2)
18
1
15
158
28
17
1
134
63(2)
62(4)
67
99
324
62(2)
1
92
152
71(1)
25
95
62(3)
2
32(9)
60(9)
71(3)

12
61(4)
60(5)
32(10)
44
1
71(3)
61(2)
65(5)
60(10)
92
74(2)
45(2)
43
92
78
石部
154
石
5
101
154
74(1)
154
62(1))
146
某
159
82
邯
88
69(5)

（硏）研 斫

71(3)
71(3)
75
75
85
14
70
62(1)
斫
97
107
研
69
152
74(1)
74(1)
62(3)
62(2)
95
21
30
61(1)
101
62(4)
158
18
61(3)
154
96
76
8
59
2
241
210

破 砥 砧 砌

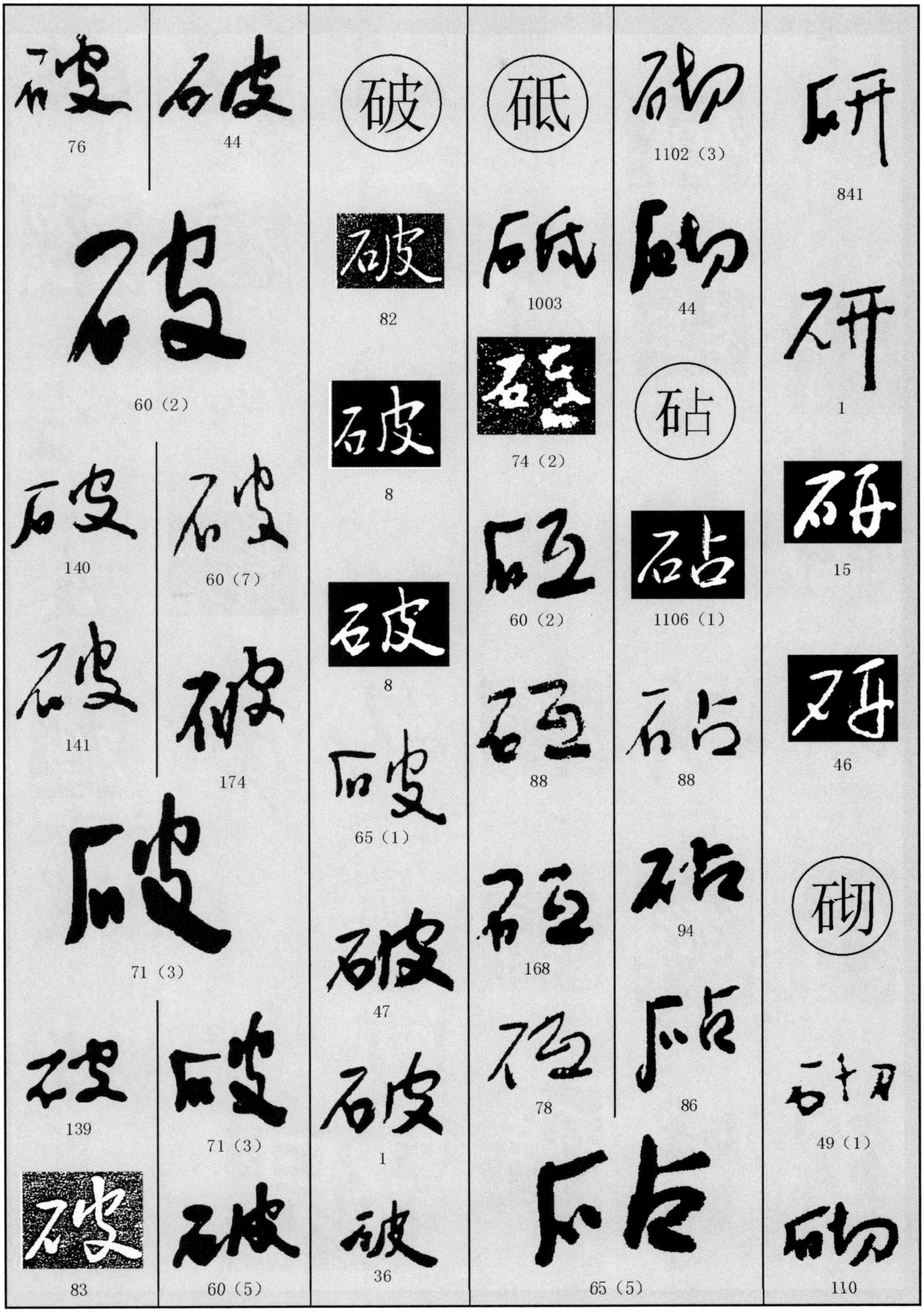
76
44
60（2）
140
60（7）
141
174
71（3）
139
71（3）
83
60（5）
破
82
8
8
65（1）
47
1
36
砥
1003
74（2）
60（2）
88
168
78
1102（3）
44
砧
1106（1）
88
94
86
65（5）
841
1
15
46
砌
49（1）
110

60(7)
139
45(2)
74(3)
74(2)
78
11
10
32(2)
60(10)
121
87
碓
153
碑
11
10
27
47
60(7)
60(6)
32(12)
111
硫
175
60(9)
148
砦
196(2)
46
54(2)
硯
78
30
63(2)
65(2)
*
54(2)
25
159
148
31

（碎）碎

石部

八画

碎

32（11） 134 74（1） 45（2）

92 152 62（4） 71（3）

32（12） 32（7） 21 62（2） 60（2） 45（2）

65（4） 81（6） 1 71（1） 62（2） 45（2）

66 391 87 62（3） 95 101

139 74 47 162 65（4） 2

碚
1
586
碗
44
65（3）
88
141
76
1
* 147
65（4）
* 32（11）
碌
586
碧
60（10）
88
154
88
82
1
139
139
88
60（8）
60（3）
60（7）
145
60（2）
71（3）
100
* 45（2）
153
243
94

74(2)
168
1103
磊
139
71(3)
44
32(9)
158
31
152
2
磁
1034
65(4)
磋
60(3)
62(4)
74(1)
69
62(1)
71(1)
95
32(2)
44
58
62(3)
62(2)
101
87
1
碭
60(5)
1027
碣
5
134
69
碩
4
65(3)
81(6)

15

60(7)

* 53

碼

99

* 394

磐

60(2)

88

78

磔

1011

139

1

碻

1031

32(12)

1006

1015

磅

154

1

1

147

* 63(2)

1

25

32(5)

148

820

確

71(3)

74(2)

46

149

196(2)

磧

198

187

磬

47

584

139

100　129 *　32（12）　礎　60（3）　60（2）　139

196（9）　65（4）　71（3）　503　32（9）　156

193(8)　16　磴　111　1102（3）　磯　44　154

* 101　62（1）　* 2　* 152　28　158　* 95　磷

* 74（1）　* 62（2）　* 162　* 62（4）　1　* 62（3）　* 71（1）　*

1102(2)　磽　187　196（8）　磺　196（6）　磻　145

(砾磔)礫　　(鑛)礦　　(礙)礙　　礪

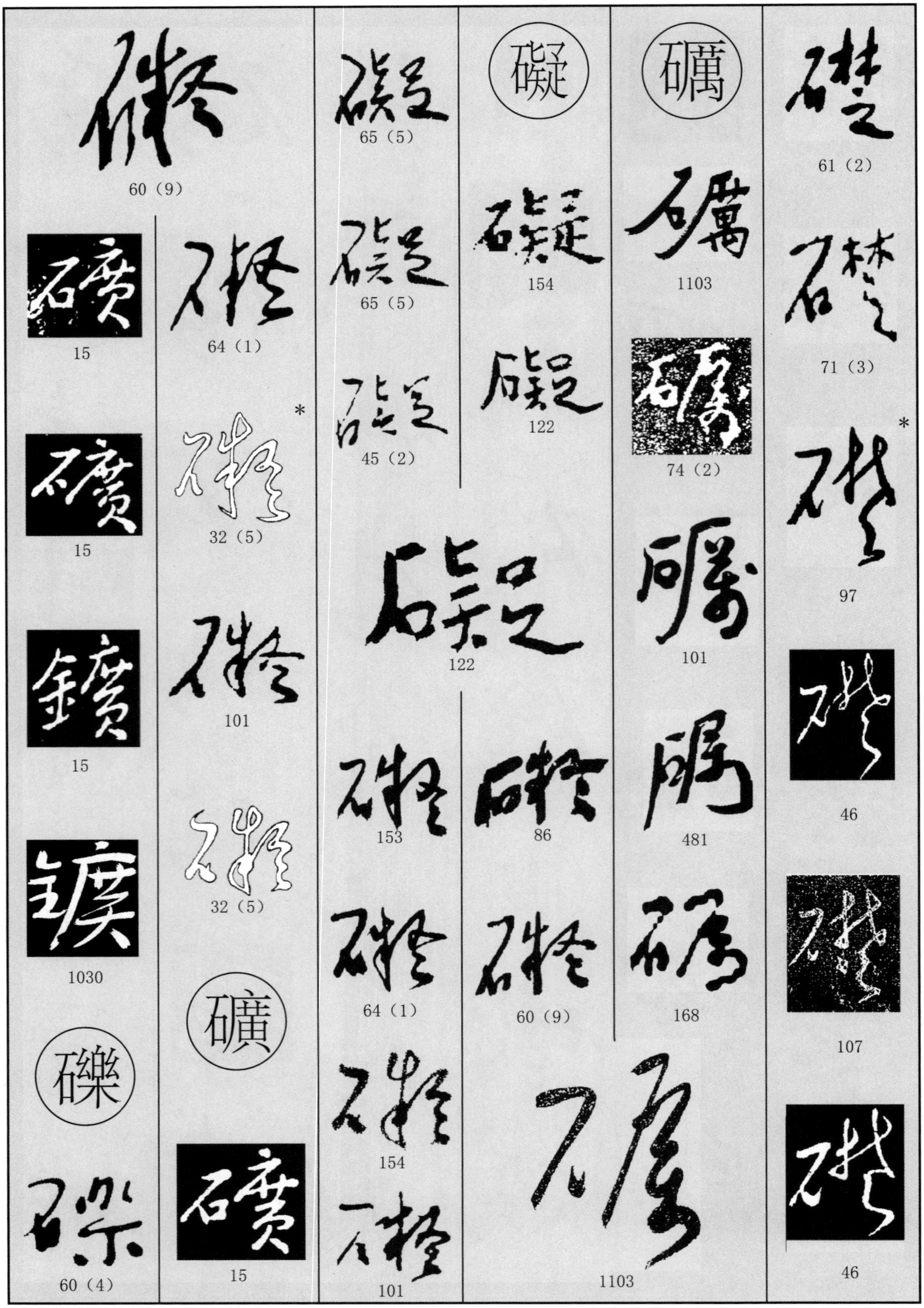

60（9）
15
64（1）
15
32（5）
15
101
1030
32（5）
礫
礦
60（4）
15
65（5）
65（5）
45（2）
122
153
64（1）
154
101
礙
154
122
86
60（9）
礪
1103
74（2）
101
481
168
1103
61（2）
71（3）
97
46
107
46

礴
154
63（2）
1
134
59
140
25
32（5）
戊部
戊
60（5）
60（5）
戌
30
戍
32（1）
44
60（6）
107
97
成
32（10）
6
27
5
8
10
98
11
99
11
82
56
13
49（2）
44
60（10）

174
44
51
154
274
60(10)
71(3)
60(3)
60(9)
145
61(3)
60(7)
65(5)
69
75
60(3)
60(5)
19
61(3)
665
74(1)
100
*
2
*
62(3)
*
145
*
70
62(2)
*
1
45(5)
32(12)
87

咸

62(4)
39
32(8)
67
62(1)
152
162
87
1
1
46
71(1)
101
554
88
95
146
146
158
咸
12
11
82
134
1
10
65(2)
60(5)
174
15
81(6)

158
139
154
32（11）
141
62（3）
32（11）
8
22
71（3）
139
82
74（1）
168
61（2）
60（8）
33
6
62（4）
87
威
60（7）
100
44
32（12）
71（1）
61（1）
1
95
1
154
44

101
62（2）
2
62（1）
152
140
戚
58
98
4
344
62（2）
62（4）
62（1）
71（1）
2
17
74（1）
95
101
152
158
1
62（3）
业部
業
3
61（4）
7
5
44
78
12
1
10

1

98

7

8

223

55

82

60（5）

141

18

18

15

56

74（2）

71（3）

81（8）

13

60（9）

61（1）

60（8）

*

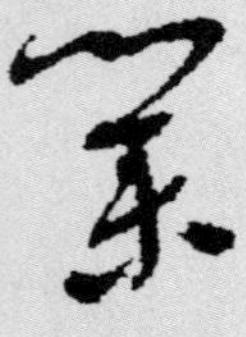
74（1）

158

23

32（10）

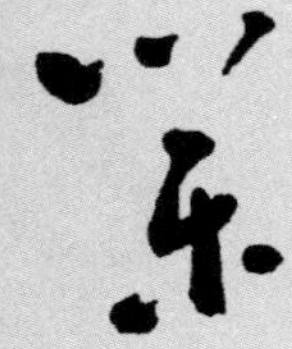
1

100

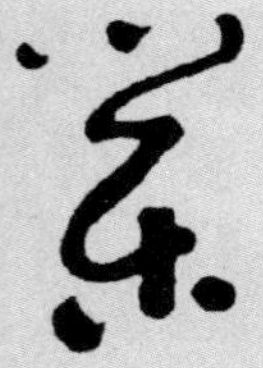
61（2）

44

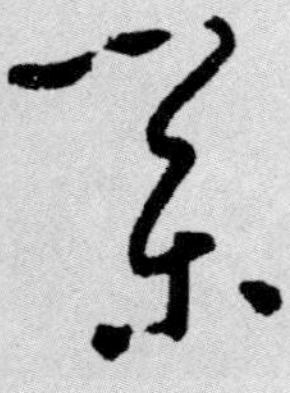
44

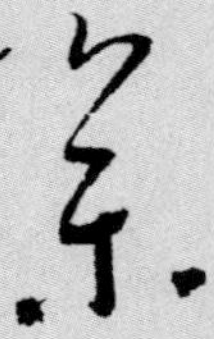
67

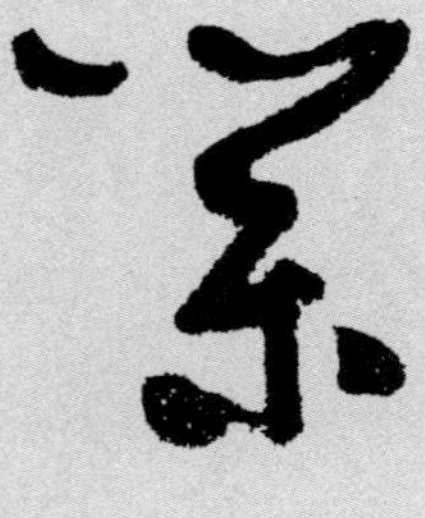
60（8）

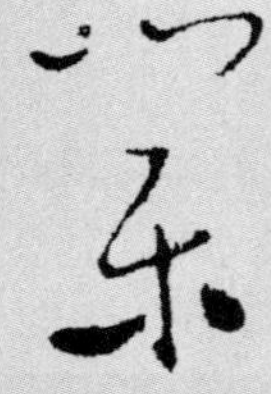
60（7）

15

19
2
54（2）
54（1）
162
62（3）
101

71（1）
62（4）
95
62（2）
62（1）

152
54（2）
60（7）
131
60（3）

叢
139
572
69
60（4）

60（8）
60（8）
94
65（5）
57

78
32（12）

⺌部

堂
4
154
789

六画

140
434
44
47
154
44
32(11)
60(5)
1
215
7
32(2)
66
101
*
61(3)
62(1)
*
62(3)
*
62(4)
*
74(1)
*
62(2)
*
101
*
152
*
88
69
45(1)
60(3)
87
*
2
74(2)
1
32(9)
*
95

88 162* 406 61（3） 101

60（1） 88 1 25

545 98 61（1） 139 1 158

113 1 65（3） 140 140 69

55 61（4） 1 82 71（1）*

常

44 32（10） 60（7） 45（2）

棠

1
62（3）
63（2）
32（4）
145
36
46
101
99
110
60（5）
62（4）
134
152
74（1）
158
275
162
54（1）
2
62（1）
1
棠
46
44
62（2）
125
33
14
159
95

(当當當)當　　掌

當: 60（7） 4 6 98 32（12） 5 78 1 10

掌: 60（5） 60（7） 71（3） 542 111 60（5） 62（3）* 1 129* 162* 152* 74（1）* 62（4）* 101* 62（2）* 71（1）* 2* 62（1）* 95* 60（6）

60（10） 208 60（8） 1 154 88 131 71（3） 145 45（2） 82 13 71（3） 1 60（8） 47 810 88 332 100 1 60（10） 32（9） 60（4） 61（4） 88 1 44 3 82 45（1）

* 74（1）
* 62（4）
239
159
146
* 95
1
46
25
* 71（1）
* 101
60（9）
45（1）
154
17
* 62（3）
* 2
72
67
158
13
* 152
* 62（1）
32（7）
139
1
* 162
* 145
* 62（2）
159
47

198
310
嘗
32(12)
5
12
5
98
4
141
154
65(4)
60(5)
60(5)
65(2)
154
30
65(1)
60(2)
60(5)
15
74(2)
134
60(4)
168
*
101
*
71(1)
*
95
130
*
62(3)
*
62(1)
*
62(4)
*
152

1
158
19
101
74（1）
2
154
139
1
71（1）
152
62（2）
16
139
33
74（1）
30
62（3）
62（1）
59
154
1
146
2
65（3）
61（2）
154
139
158
62（4）
裳

62（2）
145
60（10）
139
140
1
95
60（5）
60（6）
62（4）
162
154
2
74（1）
賞
88
95
44
51
101
62（1）
62（2）
71（1）
1
60（1）
158
152
62（3）
287
黨

32（7）
74（1）
55
98
82
2
101
1
7
88
71（2）
62（4）
46
10
5
95
62（2）
62（3）
46
14
139
152
62（1）
71（1）
1
8
74（2）
947
107
22
158
15
82

眄　盱　目

目部
目
5
82
71（3）
18
88
70
70
101
69
62（2）
44
62（4）
95
71（1）
158
87
2
66
82
152
62（3）
62（1）
74（1）
盱
234
81（4）
107
139
眄
88
100
100

眇
88
140
139
30
99 *
盼
100
盻
71（3）
60（4）
1
1
51
1
139
1
51 *
1
眉
45（1）
88
101
582
140
32（3）
139
眠
44
141
32（7）
62（3） *

140
眺
眦
140
489
44
32(12)
99
47
71(3)
60(7)
409
158
2
62(1)
101
159
137
1
60(3)
65(4)
62(4)
71(1)
74(1)
62(2)
1
152
139
95
43
66
1
55
71(3)
60(10)
60(9)

眼

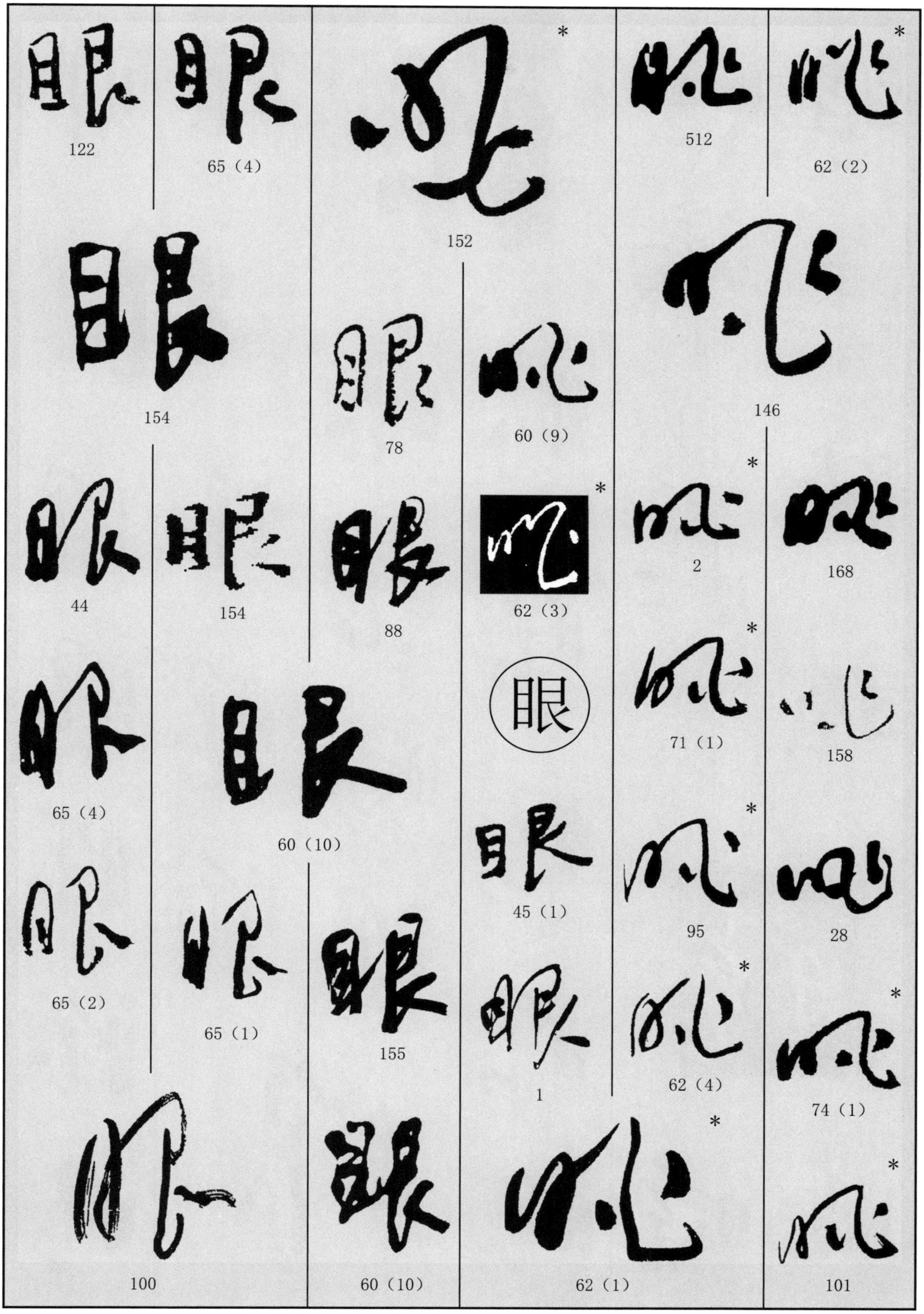
122
65（4）
152
512
62（2）
154
78
60（9）
146
44
154
88
62（3）
2
168
眼
71（1）
158
65（4）
60（10）
45（1）
95
28
65（2）
65（1）
155
1
62（4）
74（1）
100
60（10）
62（1）
101

140
100
60(2)
*
79
65(5)
65(5)
60(8)
60(7)
60(8)
60(8)
288
1
45(2)
65(3)
32(12)
60(2)
65(1)
88
55
159
64
1
睇
139
睹
60(8)
睦
33
158
88
154
154
168
1

（昝 昝 昝）督

8
10
73
23
82
16
7
18
16
82
154
806
2
4
8
5
32（10）
152
督
98
95
62（2）
62（4）
62（3）
74（1）
88
62（1）
101
162
71（1）
60（7）
71（3）

121
74（2）
45（2）
394
32（7）
394
394
*
97
67
394
睫
1026
睡
139
60（2）
65（3）
139
140
140
46
*
32（12）
32（8）
1
32（6）
睨
*
70
30
睢
76
97
107
*
60（9）

17
4
874
縣
5
11
82
10
12
4
58
58
65（1）
168
71（3）
*
21
22
瞑
5
睽
100
168
391
25
63（2）
148
47
睥
*
70
99
1
159
140
140
32（9）

目部

十一画

6
6
6
8
8
146
134
134
6
82
18
20
65（4）
62（2）
45（2）
62（3）
101
32（4）
22
60（7）
88
74（1）
152
71（1）
2
95
60（2）
158
62（1）
1
33
62（4）
17
15
33
83

1
42
88
162
30
51
11
32（8）
141
瞰
11
151
158
141
65（3）
44
瞭
139
瞻
1
65（1）
130
58
30
101
47
32（7）
瞬
62（4）
146
44
147

（畅）暢　　　　　　申

60（5）
60（5）
60（5）
1
60（5）
74（2）
60（7）
60（6）
88
暢
74（2）
153
申部
申
3
60（5）
71（3）
100
60（4）
54（3）
146
62（1）
74（1）
100
28
62（1）
152
95
1
62（3）
2
71（1）

61（4）
44
60（7）
1
61（1）
71（3）
139
60（3）
61（4）
61（1）
65（2）
田部
146
73
51
74（1）
14
田
149
61（1）
139
82
34
86
86
148
13
154
60（6）
1
*
166
54（2）
146
44
74（2）

甲

18
862
113
61(1)
134
5
100
61(4)
60(4)
152 *
60(6)
62(2) *
152 *
147
甲
82
7
100
140
101 *
74(1) *
95 *
2 *
1
28
71(3)
71(1) *
62(4) *
66
158
65(3)
62(1) *
72
62(3) *
140

（男）男

17
男
98
32（12）
23
88
61（2）
62（1）
95
74（1）
62（4）
67
14
71（3）
155
101
158
2
17
1
882
2
145
62（4）
62（3）
62（3）
71（1）
62（2）

71（1） 101 74（1） 162 62（1）

145 95 60（7） 168 152

1 28 158 62（2）

12 107 74（2）

4 32（12） 10 139 7 32（8） 1 46 51 45（2）

74（1）* 1 70 146 145

46 62（4）* 1 28

101* 66 39 152* 62（3）* 95*

71（1）* 20 60（5） 60（1） 158

2* 62（1）* 1 162* 60（3）

62（2）* 60（2） 88 46 145*

畏

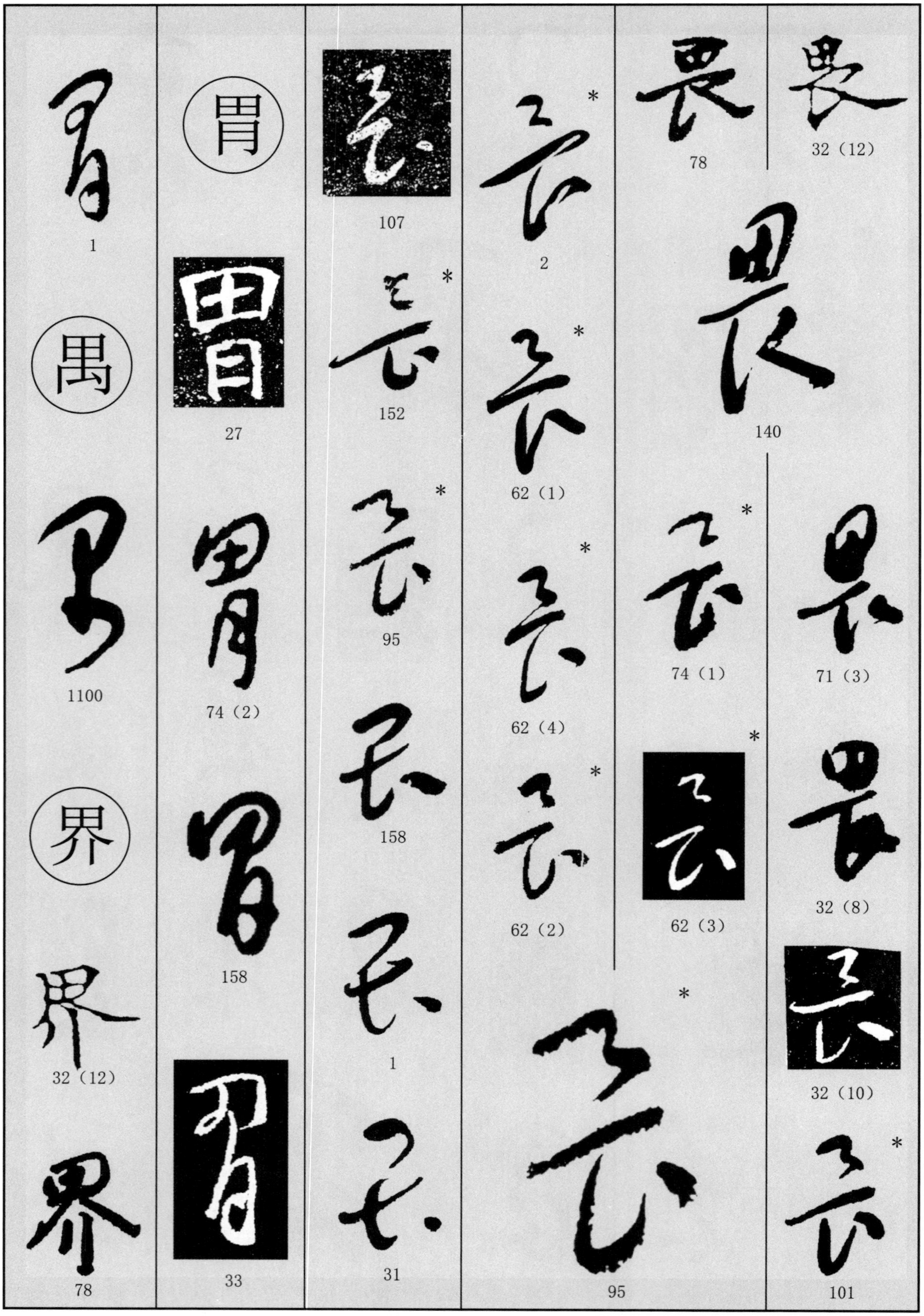
32（12）
78
140
2
107
胃
1
71（3）
74（1）
62（1）
152
27
禺
32（8）
62（3）
62（4）
95
74（2）
1100
32（10）
62（2）
158
158
界
101
95
1
33
32（12）
31
78

155

44

130

1

61（2）

440

44

46

60（8）

45（2）

47

8

140

468

1

422

155

44

141

60（10）

5

61（3）

88

154

71（2）

154

155

78

151

69

122

思

*61（1） 64（1） 60（10） 70 60（9） 61（4）

87 65（5） 60（1） 71（3） 159

32（5） 88 159

32（7） 82 60（10） 60（10） 42

98 78 14 6 139

44 64（1） 70 60（6） 139 71（3） 139

田部

四画

61（1）
60（8）
71（1）*
60（6）
95*
101*
71（3）
22
94
244
2*
71（3）
61（2）
62（1）*
62（2）*
74（1）*
60（6）
62（4）*
140
152*
158
71（3）
139
60（6）
55
61（2）
62（3）*
139
154
32（9）
19
1
65（2）

畢
1
10
12
78
4
81（8）
44
121
139
1
274
15
15
139
74（2）
*
71（3）
60（3）
60（7）
60（8）
69
留
32（12）
139
139
98
14
6
44
74（2）
71（3）
139
154

187
7
82
12
154
154
60（10）
46
60（10）
47
60（10）
55
46
17
1
65（3）
152
65（2）
122
60（7）
71（3）
65（4）
62（2）
71（1）
66
62（1）
22
62（4）
95
62（3）
99
101
61（3）

100
74（1）*
71（3）
131
139
2 *
145
66
畦
364
65（3）
153
異
畔
60（10）
47
32（8）*
168
88 *
82
155
32（3）
215
時
32（10）
328
145
60（8）
542
3
71（3）
137 *
60（10）
65（2）
159

田部

六画

76
5
9
98
44
6
71（3）
87
154
1
1
139
154
140
44
22
60（9）
17
61（3）
1
60（9）
62（4）
122
1
61（2）
159
32（11）
62（1）
32（5）
2
62（2）
45（2）

1
44
82
74（1）
70
61（2）
82
98
78
10
95
168
1
139
154
100
101
60（9）
81（8）
140
139
139
71（1）
82
23
60（5）
152
62（3）
58
32（7）
51
略
94

105
32（12）
69
77
97
累
98
32（10）
6
834
82
60（5）
74（2）
130
60（3）
66
101
71（3）
237
15
158
152
71（1）
2
62（3）
62（2）
62（4）
1
74（1）
95
62（1）
1102（2）
畸

32（10）

196（9）

畹

44

65（5）

60（8）

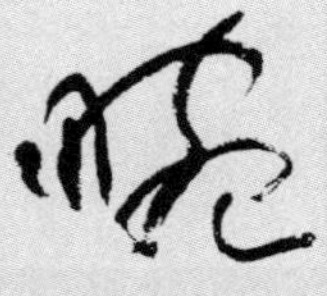
145

60（10）

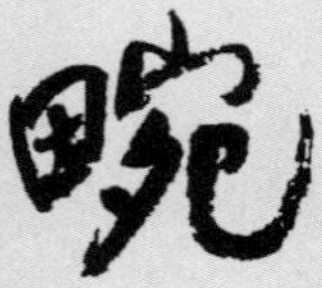
71（3）

61（4）

壘

82

60（10）

106

328

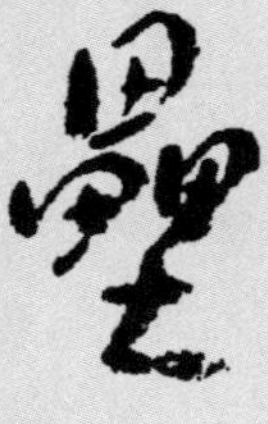
32（12）

139

60（7）

*

66

168

543

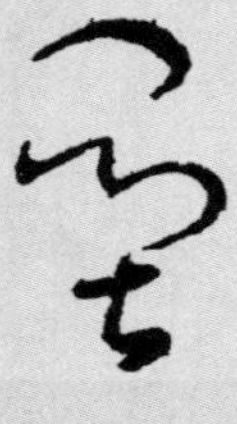
32（8）

49

32（8）

154

66

32（6）

疇

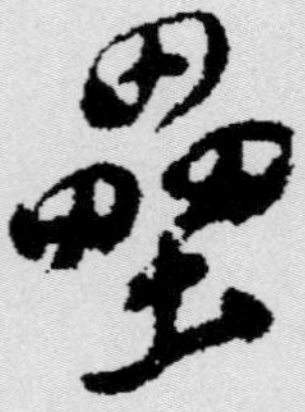
137

18

30

*
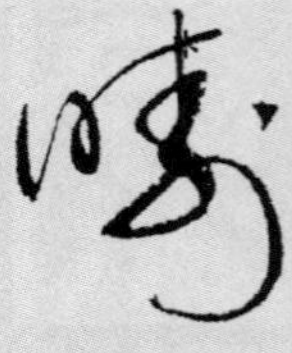
100

61（2） 60（3） 141 139 32（3）

罍

* 111

由部

由

32（12） 82 42 88 74（2）

11 134 19 87 65（5） 71（3） 554

70 51 71（3） 145 1 818 139 60（7） 46 1

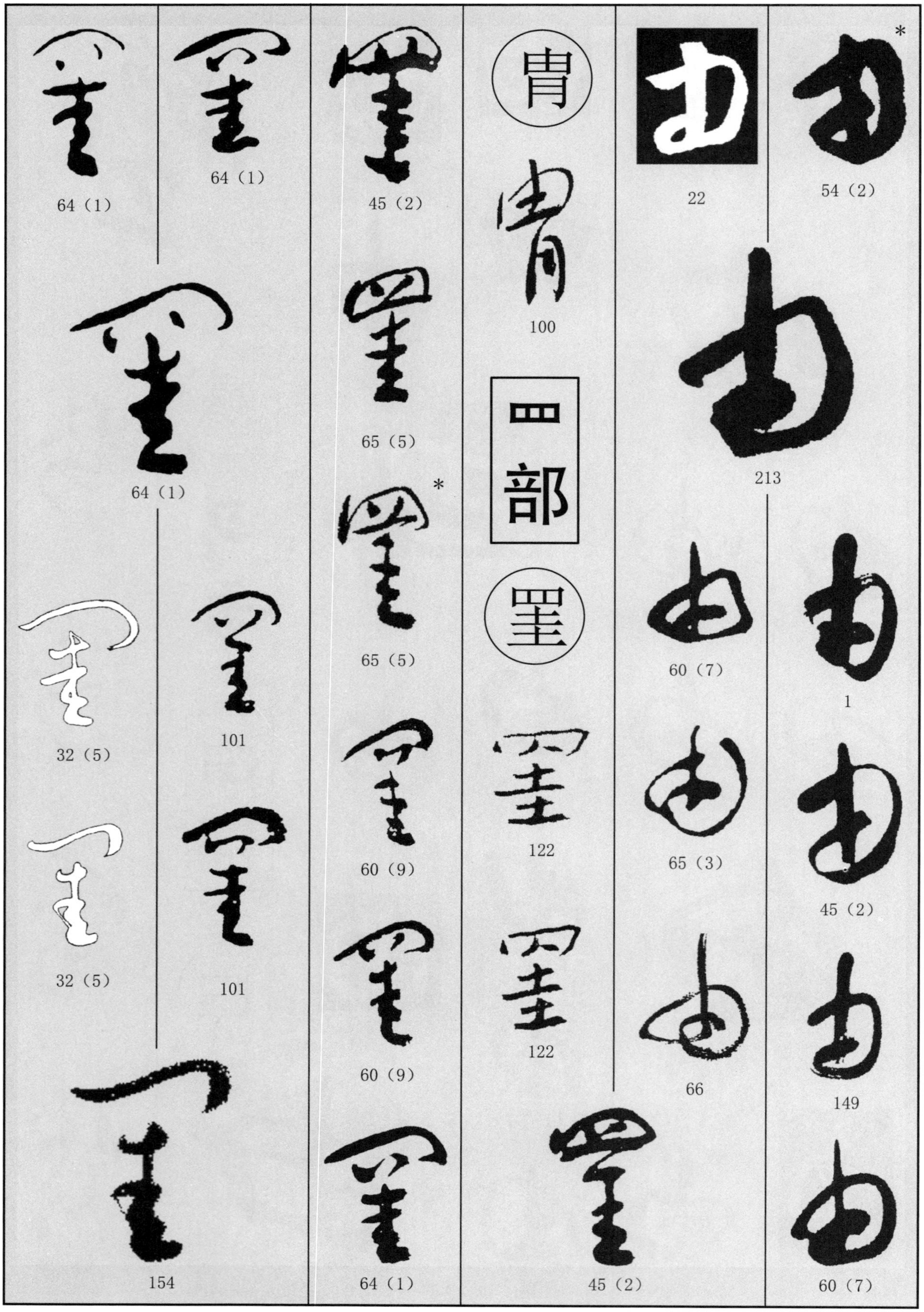
*
54（2）
22
213
1
60（7）
45（2）
65（3）
149
66
60（7）
45（2）
胄
100
罒部
罣
122
122
45（2）
65（5）
*
65（5）
60（9）
60（9）
64（1）
64（1）
64（1）
101
101
154
64（1）
32（5）
32（5）

署 罯 罝 買

154
買
47
356
（毋）
60（6）
145
101
71（3）
45（2）
*
92
45（2）
88
60（3）
287
罝
1
166
1106
罯
1034
署
10
11
51
1
65（4）
141
100
38
101
*
153
107
6

置
82
61（2）
72
46
8
1
60（8）
107
100
66
70
65（2）
5
罨
190
1011
罫
98
1
139
51
51
95
62（3）
2
74（1）
71（1）
31
62（4）
62（1）
158
62（2）

145
101
152
162
31
蜀
5
48
867
45（1）
139
168
139
1
45（2）
100
139
139
22
60（7）
70
60（8）
65（1）
65（4）
67
129
罰
5
73
67
1024
罷
1
78
99

70
174
60(5)
154
99
66
168
60(3)
65(1)
60(8)
67
168
*
97
61(1)
1
65(5)
196(6)
145
罹
1015
140
65(4)
*
71(3)
罽
1008
罾
1102(1)
羆
1
60(5)
47
47
*
83
66
244
100
羅
32(12)
9

8

1

154

139

54（1）

65（4）

45（2）

1

1

1

140

158

70

33

60（6）

64

* 2

* 62（3）

* 62（2）

* 71（1）

* 101

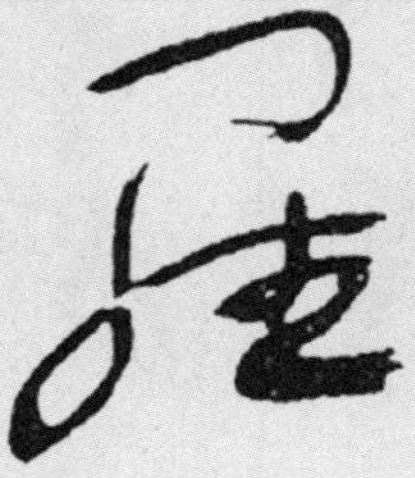
* 95

* 152

45（2）

45（2）

* 62（2）

60（9）

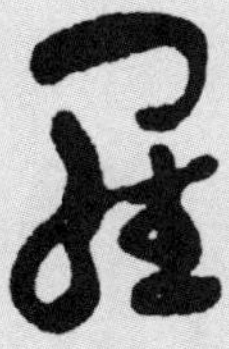
* 62（4）

22

60（9）

64

45（2）

74（1）*

60（9）

64

101 *

154

64

162 *

65（2）

羈

141

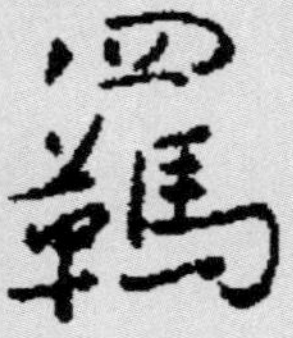
151

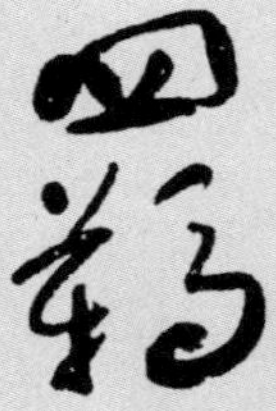
60（6）

1

60（2）*

105

皿部

盂

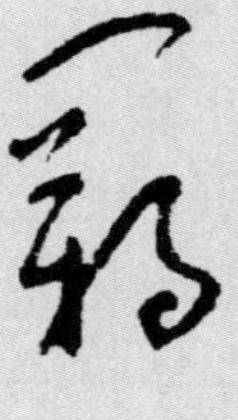
228

58

189

45（2）*

盈

44

32（12）

56

101 *

624

2 *

71（1）*

95 *

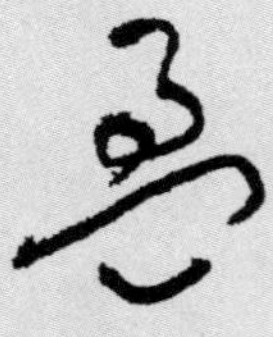
100

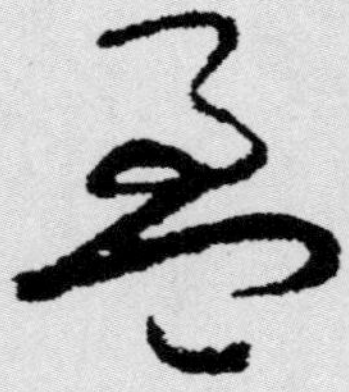
74（2）

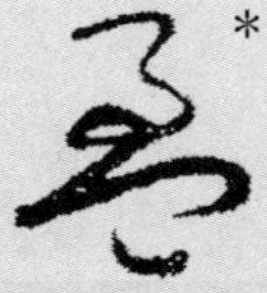
74（1）*

62（4）*

（盜）盛　　盅　盇

62(2)
60(3)
62(3)
62(1)
152
162
32(3)
盇
186
60(6)
盅
1
盛
8
88
58
141
98
61(4)
61(4)
216
88
55
286
65(2)
60(3)
61(3)
60
16
74(1)
62(1)
101
60(9)
146

（盜）盗

472
32（3）
71（1）
152
62（2）
149
168
2
62（4）
44
162
153
95
45（2）
32（10）
33
158
62（3）
1
394
394
盗
32（12）
1
44
168
32（12）
174
62（1）
141
88
82
60（7）

（盟）盟

盟
78
74（2）
87
2
70
67
1
74（1）
62（4）
71（3）
95
140
83
62（2）
62（3）
71（1）
23
95
74（1）
65（3）
2
158
1
71（1）
152
147
62（3）
88
62（4）
62（2）
101
130

（盤）盤

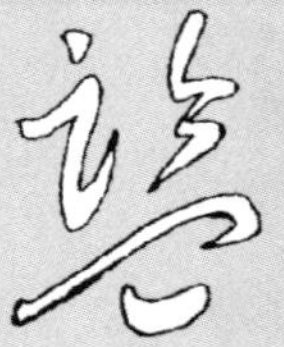
77

130

251

74（2）

*
22

32（6）

221

45（1）

20

盤

82

監

5

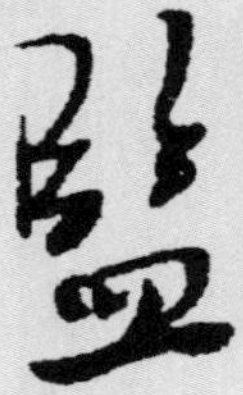
51

130

139

1

101

58

82

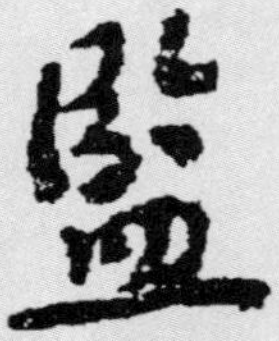
74（2）

74（2）

4

86

20

*
152

1

監

32（12）

*
101

*
62（1）

158

28

30
55
88
32（10）
58
154
60（10）
60（10）
65（4）
71（3）
65（2）
32（10）
158
53
87
99
86
1
99
66
95
71（1）
*
74（1）
101
62（1）
62（4）
2
162
62（2）
152
217
153

32（3）
盥
153
盩
82
88
3
196（2）
盪
4
*
140
1
60（10）
300
81（1）
65（4）
140
45（2）
87
60（8）
65（3）
100
140
288
70
*
71（3）
鹽
88
60（10）
58
71（3）
99

生部

㊀生

60（7） 168 81（6） 32（12）
4 5 78 140 47
11 98 10 11 32（6）
60（9） 131 60（7） 12 139 44
61（2） 54（2） 66 87 96 74（2）
46 25 82 32（9）

*

60（10）
33
44
43
88
60（10）
64（1）
1
61（4）
61（3）
140
44
34
61（4）
甡
138
44
71（3）
60（10）
61（1）
140
甥
61（4）
1
61（4）
239
159
47
71（3）
42
46
43
99
137

知　　　　　　　　　　矢

159
1
17
18
1
矢部
矢
13
74（2）
15
51
62（2）
62（1）
62（4）
146
1
158
101
95
2
71（1）
74（1）
62（3）
152
知
32（12）
6
4
5
5
47
10
31
12

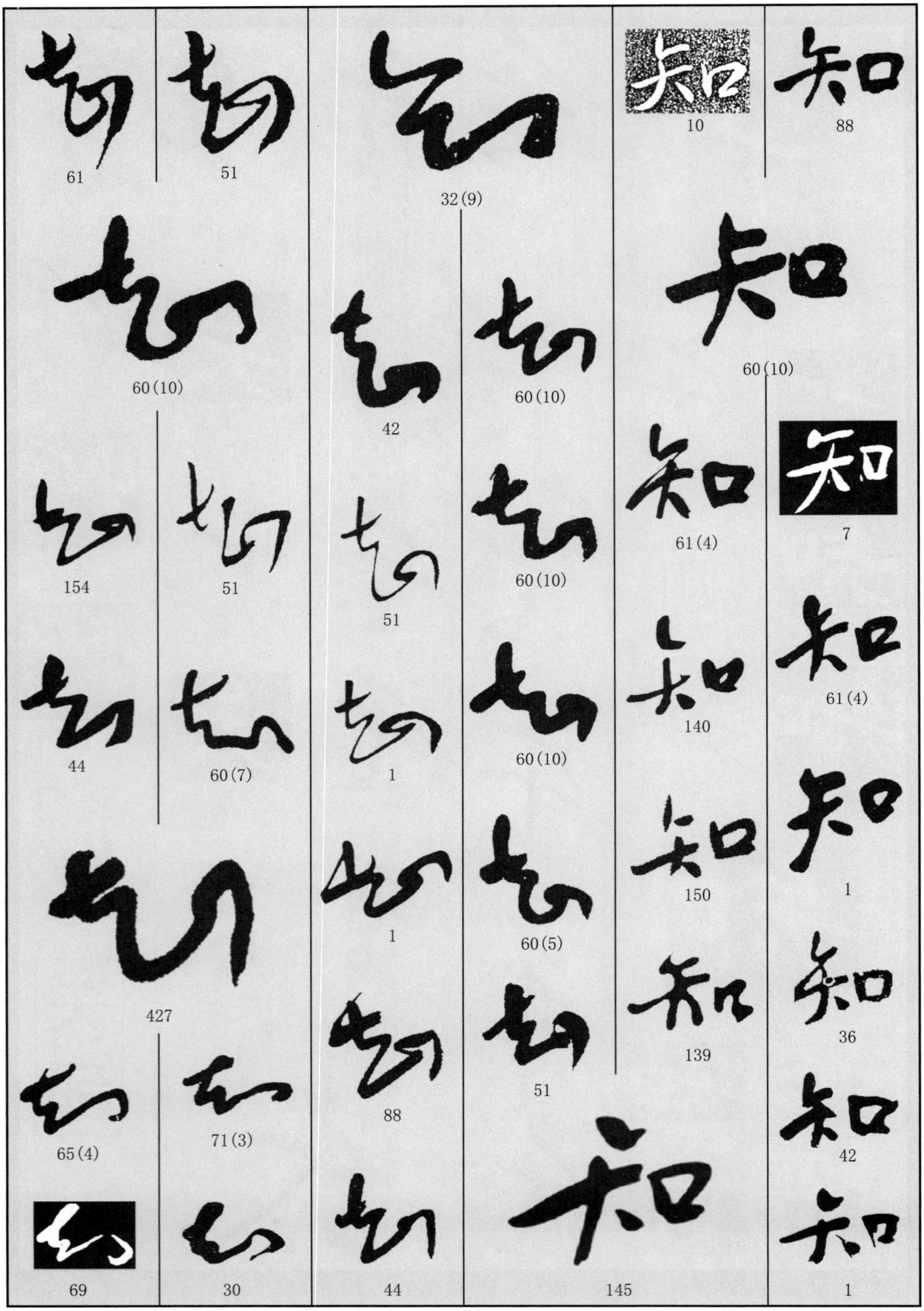
88
10
32(9)
51
61
60(10)
60(10)
42
60(10)
7
61(4)
60(10)
51
51
154
61(4)
140
60(10)
1
60(7)
44
1
150
60(5)
1
427
36
139
51
88
71(3)
65(4)
42
1
145
44
30
69

71（3）
87
60（8）
71（3）
*
*
45（2）
32（9）
65（2）
2
74（1）
71（2）
*
145
88
88
1
64（1）
88
*
71（3）
71（1）
16
45（2）
45（2）
1
*
1
101
60（9）
1
*
95
46
60（7）
60（7）
100
32（9）
33
70
65（3）
45（2）

矩

62（3）*
101*
101*
28
2*
100*
158
66
矩
45（1）
60（10）
62（1）*
1
61（1）
65（1）
64
65（4）
140
152*
61（3）
61（3）
61（2）
32（7）
32（11）
63（2）
62（1）*
32（12）
32（11）
16*
162*
62（3）*
62（4）*
62（2）*
67

短 矬

158
62（1）
1
62（3）
62（2）
63（2）
74（1）
65（2）
101
2
65（2）
1
65（3）
59
98
28
短
47
60（7）
88
82
100
62（4）
153
71（1）
矬
74（1）
1008
62（2）
1031
95
60（8）
550
146

62（2）
62（3）
2
1
禾部
禾
60（5）
62（1）
95
62（4）
152
158
71（1）
101
74（1）
33
雉
100
503
94
1015
矯
114
81（8）
145
162
152
矮
1010
66
71（1）
111
153
62（4）
95

60（8） 31 31 154 71（2） 15 154 3 99 1 88 1 45（2） 7 32（11） 95 * 71（1） * 60（7） 154 5 88 62（2） * 64（1） 74（2） 56 60（7） 利 62（3） * 101 * 62（1） * 82 32（12）

秀

62（4）*

74（1）*

2 *

130

46

秀

113

149

158

1

32（2）

47

139

60（10）

60（5）

70

60（8）

61（4）

61（4）

61（4）

125

83

60（7）*

22

1

45（1）

153

154

100

和　　私

8　和　10　654　4　159　5　1　98　824　7　137

168　66　45（2）*　74（2）　31

5　61（2）　65（3）　145　729　88　322

98　12　82　286　100　78

151　私　32（12）　55　34　154

61（1）
*
152
60（9）
*
62（4）
54（1）
*
2
60（2）
*
71（1）
*
101
*
62（2）
*
95
*
62（1）
60（8）
275
28
44
60（7）
61（1）
100
61（5）
82
25
79
*
62（3）
61（4）
88
42
139
60（10）
88
32（6）
827
32（6）
32（6）
43
32（3）
61（4）
61（4）

委　秉

62(3)
158
134
32(9)
74(1)
62(2)
130
101
758
162
秉
63(2)
152
95
62(4)
委
65(4)
46
8
74(1)
16
1
1
23
6
62(1)
71(1)
32(8)
10
2
164
31

季

22
45(2)
158
15
154
62(4)
67
95
1
51
113
74(1)
32(7)
62(2)
74(2)
152
62(1)
101
22
162
137
季
2
22
62(3)
51
98
71(1)
60(7)
28
19

4
44
141
34
51
42
14
154
32(7)
45(2)
秖
60(8)
秭
67
秋
7
4
102
11
4
8
1
88
10
58
78
65(3)
65(4)
65(2)
43
56
43
223
82
47
60(10)
60(10)

69

71（3）

87

47

94

2 *

238

152 *

32（3）

153

101 *

74（1）*

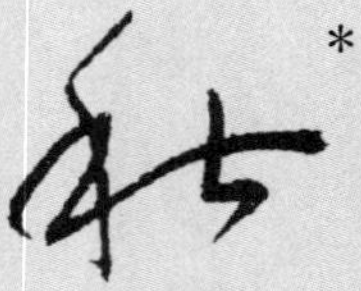
100 *

95 *

62（2）*

99

62（1）*

62（3）*

152 *

94

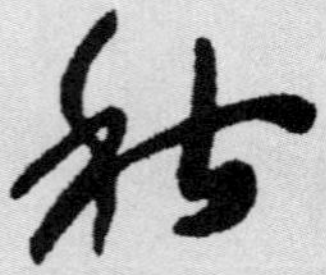
65（3）

60（10）

32（2）

39

1

32（9）

146

1

145 *

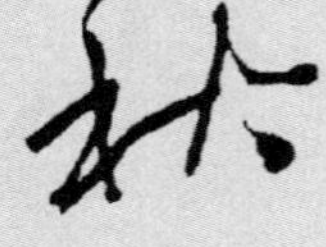
71（3）

71（1）*

140

154

乘
1
47
145
82
9
154
146
秫
175
1027
10
71（2）
31
60（7）
1
45（2）
22
67
394
60（3）
71（3）
100
65（5）
139
94
32（10）
65（1）
139
33
62（4）
101
科
5
78
74（2）

36
1
57
154
151
60（5）
99
60（10）
137
60（10）
2
100
65（3）
154
74（1）
154
62（1）
71（1）
101
153
146
95
67
62（3）
62（2）
162
152
租
62（4）
租
5
139
86
秩
秩
3

13
17
139
139
154
*
62(2)
813
61(1)
32(9)
*
62(1)
*
62(3)
*
22
6
9
32(2)
10
71(3)
78
572
1
移
82
148
139
99
60(7)
秘
58
148
780
*
1
秖
71(3)
60(10)

29 88 1 2 147 60（3） 152 62（4） 74（1） 62（1） 1030 65（5） 158 101 95 62（2） 稉 153 145 107 71（1） 62（3） 193（10） ⿰禾㐫 66 65（3） 140 147 158 32（11） 60（7） 162

稀　　程　　稍

禾部

七画

107
139
65（3）
22
1
稀
168
15
71（3）
99
1
5
51
153
32（7）
程
74（2）
63（2）
稍
98
7
148
14
62（4）
2
71（1）
814
74（1）
148
101
99
25
95
152

78　71(3)　78　60(8)　32(12)　153

65(1)　168　100　153

65(3)　71(3)　140　154

税　71(1)　62(4)　62(4)　2

95

101　74(1)　1　130　152

62(2)　62(3)　33　139　158

稜　60(1)

12
82
154
139
34
1
71(3)
15
1
154
稠
11
602
種
4
88
76
139
60(1)
稗
196(12)
139
139
44
139
65(3)
66
稚
139
139
60(8)

（稱 稱）稱

10
14
27
3
98
65(4)
1
60(5)
70
152
*
*
71(1)
158
146
65(3)
1
稱
7
4
6
103
51
60(8)
44
60(2)
32(12)
45(2)
*
147
158
60(5)
15
44
71(3)

（稽 稭）稽 稹

126
324
55
39
60(9)
22
146
535
65(2)
145
65(4)
60(5)
稹
74(2)
101
2
104
60(10)
1026
65(4)
62(4)
62(2)
61(2)
19
稽
32(12)
74(1)
62(3)
162
154
76
62(1)
95

1
221
100
139
60(7)
60(9)
65(3)
45(2)
*
101
33
*
74(1)
稻
145
139
94
65(5)
黎
*
62(2)
*
2
*
62(3)
*
152
1
稷
47
137
88
*
101
*
62(1)
*
95
60(8)
*
71(1)
*
62(4)

（稿）稿

*
71(1)
*
162
*
74(1)
*
62(1)
*
95
*
101
62(2)
*
152
1
158
328
78
174
155
*
2
*
62(4)
*
62(3)
稿
102
51
174
*
62(3)
*
71(1)
*
74(1)
*
145
*
62(1)
*
2
*
62(2)
*
152
*
62(4)
*
95
*
162

積　　稼

18
78
47
98
61(1)
1
145
32(9)
60(8)
62(1)
62(4)
74(1)
62(3)
95
2
71(1)
168
101
152
62(2)
55
140
1
158
16
32(9)
1027
1
60(5)
60(10)
139

(穆 穆)穆

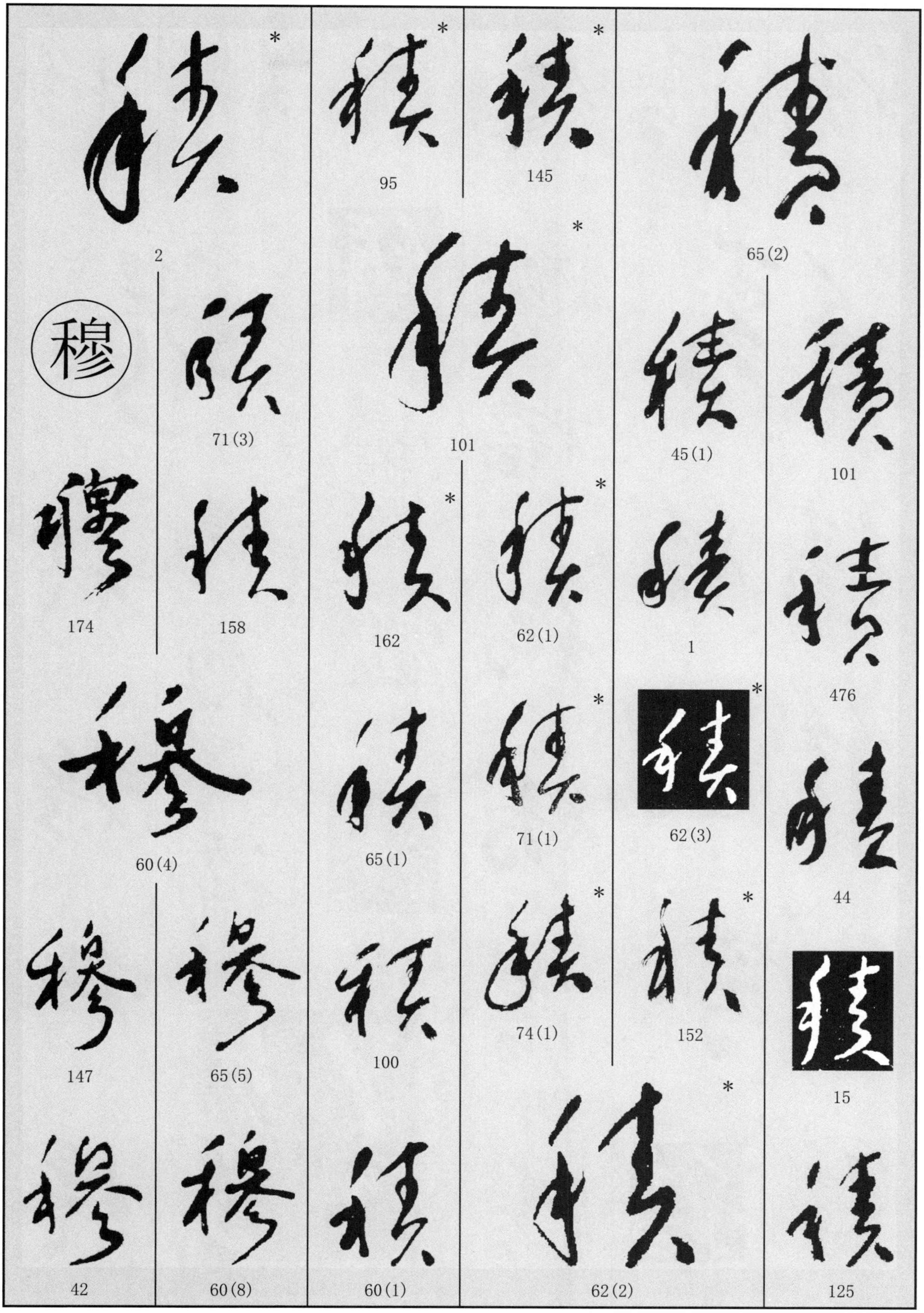
2
95
145
65(2)
穆
71(3)
101
45(1)
101
174
158
162
62(1)
1
476
60(4)
65(1)
71(1)
62(3)
44
147
65(5)
100
74(1)
152
15
42
60(8)
60(1)
62(2)
125

(穢)穢　　(穑)穡　　穫　穉

158　62(2)　74(1)　71(1)　62(4)　62(1)　101　152　62(3)

66　140　95　2　60(1)　1

196(8)　82　8　32(7)

71(3)　71(3)　140　65(3)　67

100　147　155　56　88

白部
白
36
5
120
154
99
82
86
穳
1
穰
100
65(4)
738
60(2)
145
71(3)
78
86
穠
175(1)
100
154
穩
100
65(3)
104
63(2)
65(1)
78
71(3)
60(10)
60(9)
66
71(3)
154

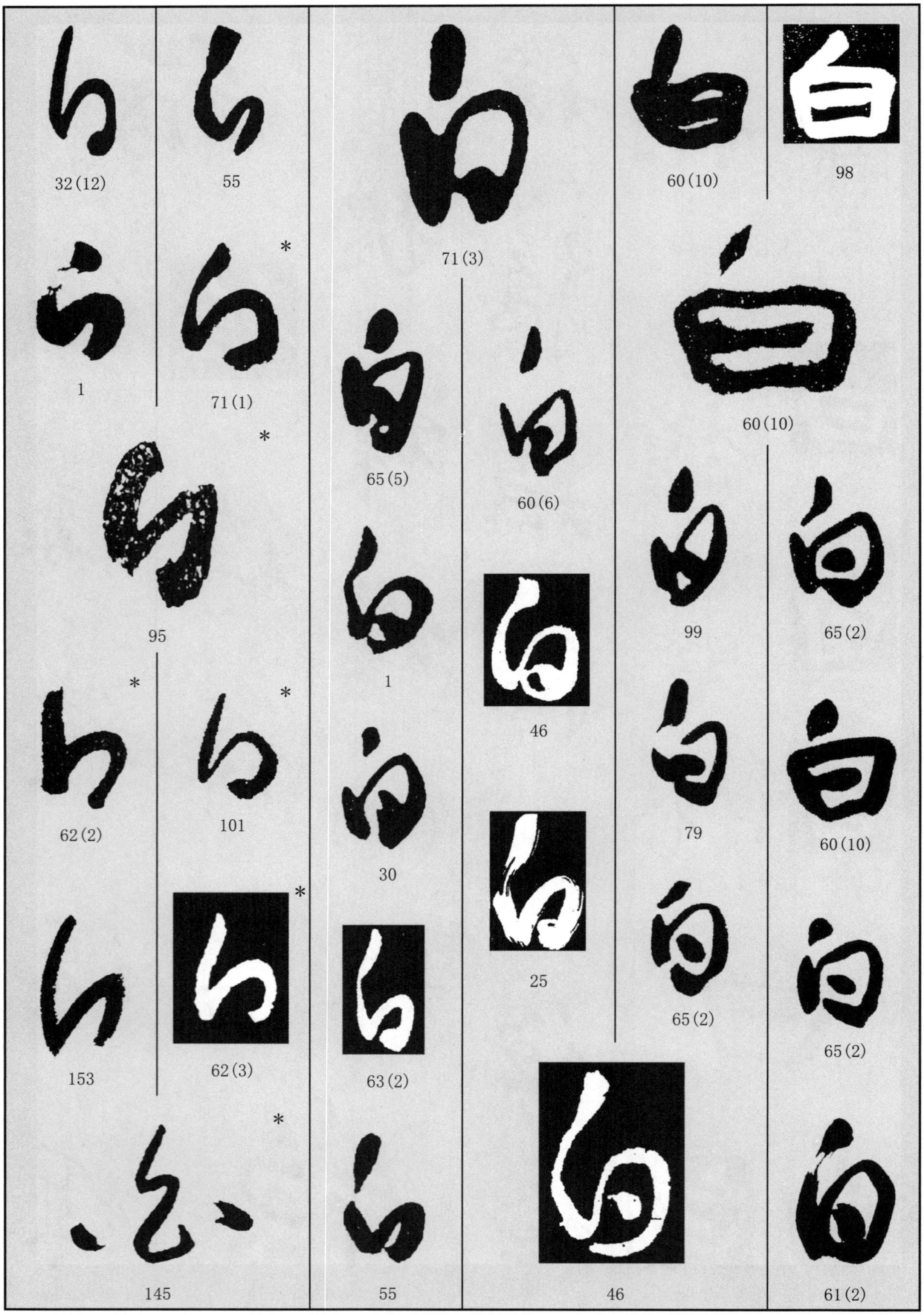

98 60(10) 60(10) 65(2) 60(10) 65(2) 61(2)
99 79 65(2) 46
60(6) 46 25
71(3) 65(5) 1 30 63(2) 55
55 71(1) 101 62(3)
32(12) 1 95 62(2) 153 145

百

100
1
60(10)
69
82
60(8)
158
1
44
12
14
46
60(6)
152
百
8
8
4
98
62(1)
60(1)
63(2)
60(9)
71(3)
2
71(1)
65(5)
100
71(1)
95
62(1)
65(2)
62(4)
60(1)

62(1)
62(3)
2
101
51
62(2)
74(1)
51
1
32(3)
152
25
皂
140
60(7)
111
159
60(9)
154
63(2)
1
帛
60(5)
140
44
的
1
65(2)
139
32(9)
88
60(10)

皇

62(3)
82
6
60(5)
158
皇
293
32(12)
145
221
15
60(7)
101
2
152
71(3)
62(4)
46
62(2)
62(1)
95
71(1)
74(1)
60(8)
60(7)
285
285
139
71(3)
65(4)
45(2)
1
1
51
140
146

100
1
154
87
45(2)
71(3)
82
44
25
*
62(1)
74(2)
159
146
158
*
62(4)
65(3)
*
71(1)
*
74(1)
*
95
*
62(2)
33
*
62(3)
*
101
44
*
2
159
129
152
皈
196(4)
泉
8
1
1

147
71(3)
60(10)
154
44
20
51
159
51
51
*
62(1)
47
51
82
51
61(2)
*
62(3)
51
139
60(10)
834
*
95
18
60(10)
51
60(10)
61(2)
71(3)
61(3)
140
60(5)

皋

101
74(1)
95
62(4)
71(1)
145
2
645
152
皋
145
60(6)
74(2)
60(1)
365
139
101
62(2)
71(1)
62(4)
71(2)
152
74(1)
2
62(3)
158
100
62(1)
1
95

皎
32(12)
55
111
815
皓
832
32(2)
139
60(8)
99
65(2)
134
168
皖
8
83
196(9)
15
32(7)
魄
82
58
146
158
62(1)
101
2
71(1)
74(1)
152
162
95
62(4)
62(3)
皤
187
皭
196(9)

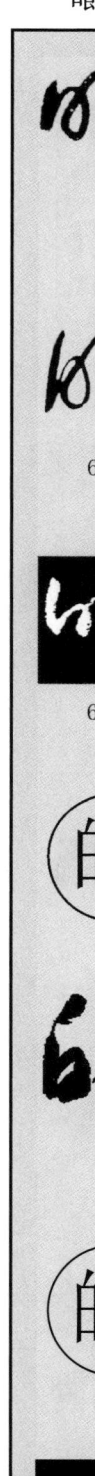

瓜部

瓜

*
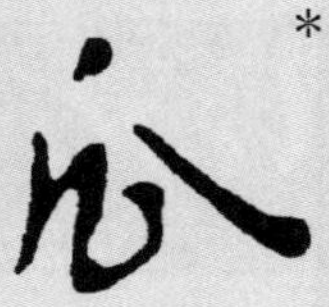
71(3)

168

1

66

621

153

107

44

瓢

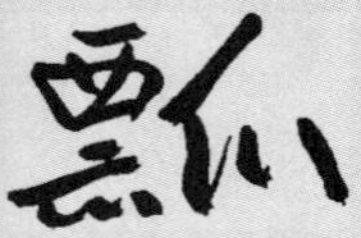
1102(2)

1

*
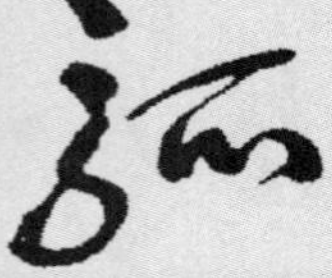
11

疒部

疔

8

疚

105

58

121

65(4)

疫

6

症

98

痾

193(2)

病

9

98

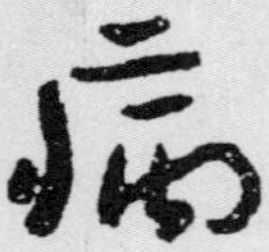
74(2)

82

175

5

27

13

3

3

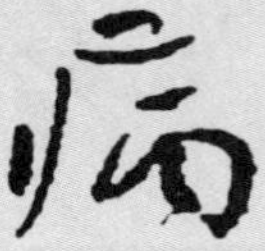
889

疲　　　　疾

60(8)
441
51
*
疲
18
139
22
45(1)
113
134
139
12
74(2)
70
60(2)
88
60(5)
70
60(5)
60(5)
82
6
5
78
71(2)
58
60(10)
92
153
*
17
153
疾

87
65(5)
67
2 *
62(2)
62(3) *

145
62(4) *
62(1) *
74(1) *
101 *

152 *
71(1) *
95 *
162 *
158
28
1

痔
196(8)
痍
196(2)
疵
32(9)
痓
60(5)

51
51
1028
痕
1
65(3)

78
139
141
32(9)
146
60(9)

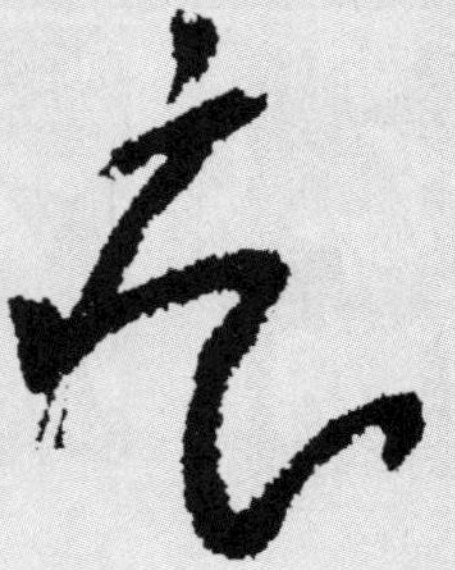
382

59

瘂

74(2)

1034

痾

44

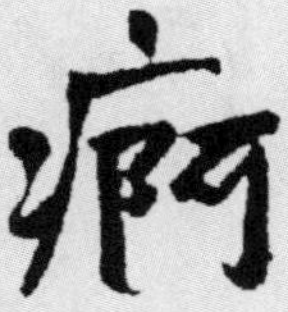
60(5)

痛

32(12)

6

98

12

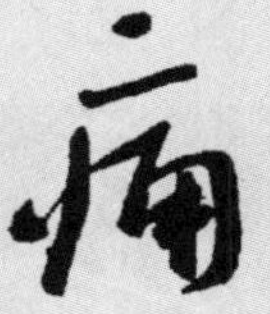
1

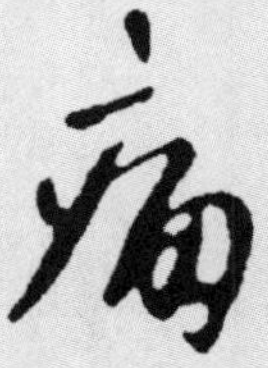
215

70

8

82

82

65(5)

71(3)

60(2)

42

60(8)

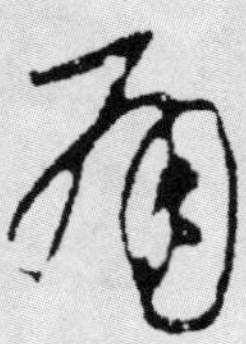
45(2)

*
67

82

46

134

129

32(7)

瘑

105

瘁

189

98

15

19

16

32(7)

1

97

107

瘦

60(5)

60(2)

60(6)

88

瘕

104

瘡

1008

瘠

4

147

76

324

25

154

60(9)

32(5)

134

32(7)

63(2)

148

瘵

1033

1033

1033

立部
立
98
32(10)
5
7
61(4)
癯
23
82
11
258
1
86
65(4)
198
癢
36
98
1035
81(8)
癖
145
癡
1027
1027
療
1102(2)
145
66
60(6)
癆
86
癒
癃
86
65(5)
瘰
196(4)
瘴
60(1)
1003

62(4)* 71(1)* 101* 71(3) 61(3) 69 60(9) 24(2) 92 60(7)

32(10) 61(2) 32(1) 87 67 62(3)* 28 46 158 152*

61(4) 61(1) 6 63(2) 61(4) 82 6 88 1 162* 44

60(7)
74(1)
95
145
2
87
78
62(1)
62(2)
87
妾
8
18
彦
6
712
16
1034
28
71(2)
1
386
62(1)
101
95
62(2)
74(1)
62(4)
152
2
71(1)
62(3)

産

32(12)　13　18　55　54(2)

44　98　466　62(2)

62(3)　95　2　162　146

65(5)　39　39　74(1)　71(1)

101　62(1)　62(4)　62(4)

32(12)

站

139

竚

134　87

靖 竣 童 竦 翊

48
12
83
7
*
54(2)
9
靖
10
65(3)
82
154
13
166
32(3)
60(8)
1
1
153
155
*
153
1
竣
65(3)
竦
1023
童
3
146
139
15
71(3)
*
152
131
翊
32(10)
10
1026
1102(1)

（豎）竪

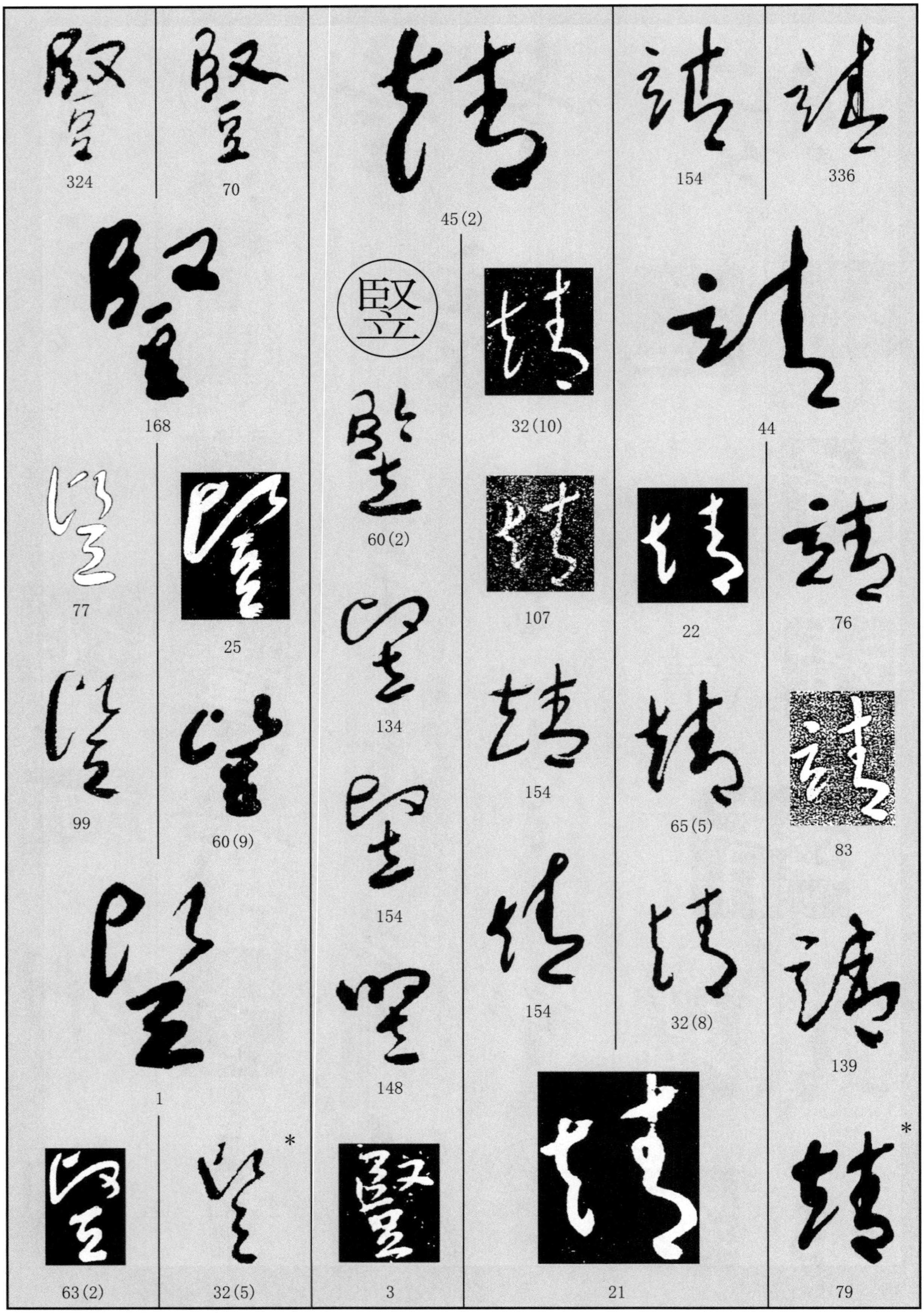

324
70
45(2)
154
336
168
竪
32(10)
44
77
25
60(2)
107
22
76
99
60(9)
134
154
65(5)
83
1
154
154
32(8)
139
148
63(2)
32(5)
3
21
79

（端）端　　　　　　　　　　　　　　竭

6
62(2)
62(4)
65(3)
100
4
2
70
竭
10
152
101
60(2)
130
8
71(3)
端
162
95
30
32(11)
145
62(1)
1
97
65(2)
60(8)
71(1)
74(1)
141
137
60(8)
158
62(3)
28

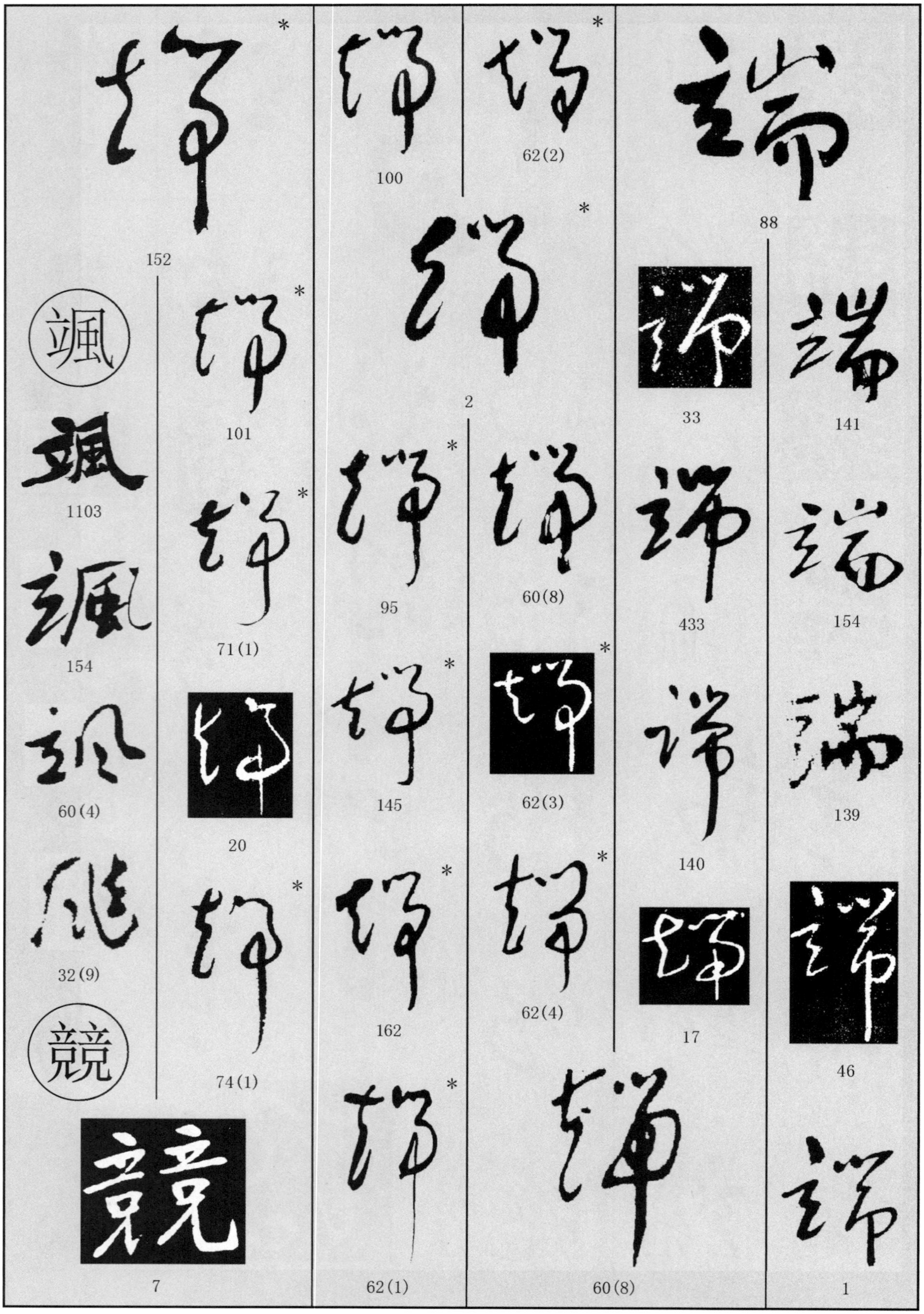
152
100
62(2)
88
颯
1103
154
60(4)
32(9)
競
7
101
71(1)
20
74(1)
2
95
145
162
62(1)
60(8)
62(3)
62(4)
60(8)
33
433
140
17
141
154
139
46
1

玄部
玄
15
122
32(3)
62(3)
87
62(1)
1
158
162
44
62(1)
71(1)
2
101
1
95
60(1)
130
62(2)
62(3)
145
152
62(4)
8
98
58
158
1
46
154
53
82
74(1)
394
60(8)

究　穴　畜　眇

62(2) *
146
152 *
2 *
62(4) *
100 *
71(1) *
95 *
74(1) *
30
101 *
145 *
眇
61(3)
畜
14
1034
60(8)
穴部
穴
82
32(3)
70
1
129
31
74(2) *
究
86
168
32(12)
12
98
12
122

71(1)
14
64(1)
1
60(10)
61(4)
1
60(10)
46
1
60(10)
32(3)
15
140
3
69
69
45(1)
214
137
空
75
122
1
51
139
60(9)
86
276
55
159

79
65(4)
60(8)
62(1)
62(3)
62(4)
71(1)
74(1)
145
95
65(3)
60(9)
64(1)
32(7)
30
65(5)
62(2)
162
1
60(4)
28
101
60(7)
2
152
101
46
穸
410
穹
196(4)
175(1)
突
82
274
83

容　(窅)窄(窆)窆　穿　窀

99
60(4)
容
129
5
*
63(2)
3
60(9)
71(3)
55
60(7)
18
32(6)
66
*
32(12)
窆
58
126
189
窄
1
60(8)
46
60(10)
97
97
穿
100
65(4)
70
107
1
67
1
窀
410

60(10)
88
154
154
55
158
61(1)
164
61(1)
60(6)
74(1)
95
71(1)
62(4)
101
62(2)
62(1)
2
152
62(3)
75
88
46
47
32(8)
1
92
147
60(2)

窈

60(10)

244

99

154

65(4)

87

154

30

92

窕

60(10)

154

154

99

60(2)

30

244

65(4)

110

87

*

92

窗

100

139

60(6)

154

656

32(12)

60(6)

65(3)

139

1

60(8)

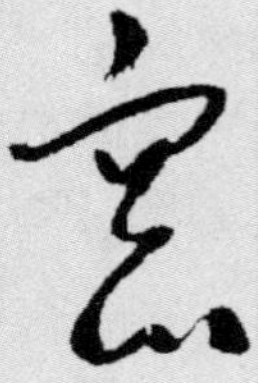
47

60(6)

61(3)

60(3)

44

1

60(10)

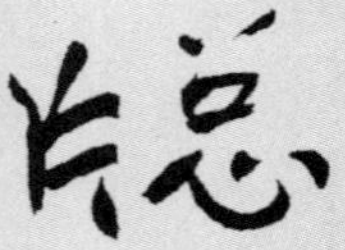
140

130

71(3)

44

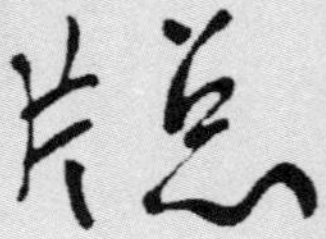
44

154

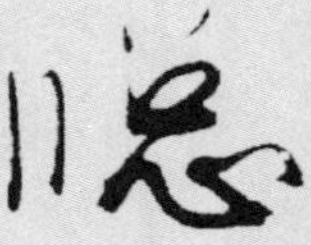
65(5)

42

60(10)

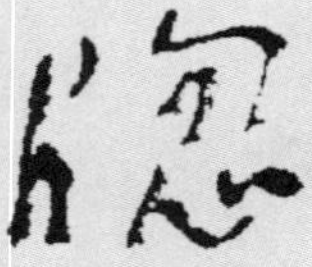
151

186

窨

190

窠

260

60(5)

60(6)

窩

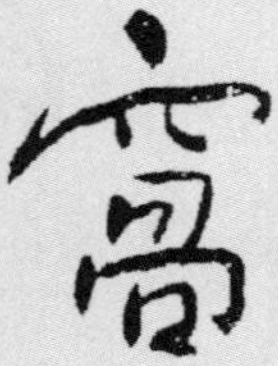
88

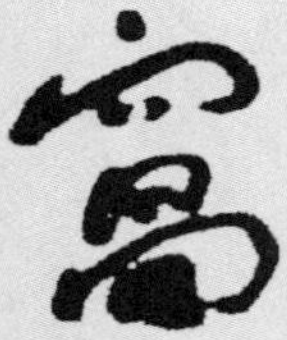
65(4)

窣

97

*

107

窖

65(4)

窟

196(4)

83

(窮)窮 窪

39 140 130 850 145* 61(1)

32(4) 61(3) 61(3) 443

窪 7 窮 58 82

98 82 44 60(10) 145

44 139 88 1

88 51 88 1 141 286

32(2)
96
88
65(3)
66
32(3)
1
32(5)
32(7)
65(3)
25
60(9)
65(3)
65(4)
60(6)
65(4)
87
39
60(9)
65(2)
69
32(9)
71(3)
1
71(3)
872
147
97
13
44

窳
窳
71(3)
67
159
32(3)
7
1
1030
97
166
107
510
窑
88
窺
44
145
4
8
71(3)
1
262
336
44
139
*
71(3)
153
131
244
窾
196(9)
窿
196(4)
竄
3
172
139

62(3)
71(1)
62(2)
62(4)
74(1)
2
95
62(1)
101
152
175
竇
4
60(5)
1014
1014
1022
竈
196(4)
196(2)
175
竊
196(4)
88
121
88
88
71(3)
168
45(2)
92
65(5)
31
60(7)
31
32(12)
衤部
初
32(11)
7
4
11

衤部

二画

5 88 291 78 48 44 47

82 60(5) 32(6) 154 154

139 14 60(6) 158

60(8) 28 62(2) 1 62(1) 74(1)

101 95 62(3) 71(1) 46 1

62(4) 152 2 60(6) 100 46 162

被
27
14
44
8
1
3
袍
60(10)
101
1014
32(2)
88
65(3)
288
139
*
1
祇
32(12)
12
140
100
61(1)
44
174
60(8)
31
袖
131
衫
1106
袂
223
袒
111

62(3)
74(1)
衽
196(4)
65(4)
補
5
6
2
83
97
46
袴
111
95
62(2)
101
162
152
145
23
21
62(1)
71(1)
62(4)
60(6)
8
65(4)
74(2)
13
65(1)
88
82
139
13
65(2)
45(2)

裾　（裨）裨裰裱褚　裙　裕　　裋

1033
73
*
67
1024
1033
裾
60(8)
65(4)
1026
褚
139
裱
51
裰
70
裨
裕
11
175(1)
175(1)
158
1
裙
1
22
1
32(7)
15
18
裋
1
82
70
23
60(4)
32(9)
74(1)
67
18
154
51
1
140
1

褐

1

111

*

129

1022

複

60(10)

60(2)

褊

32(12)

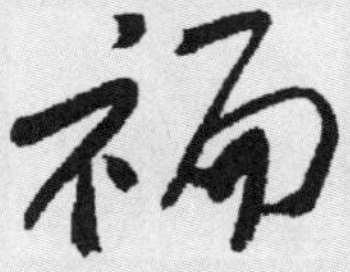

1033

1033

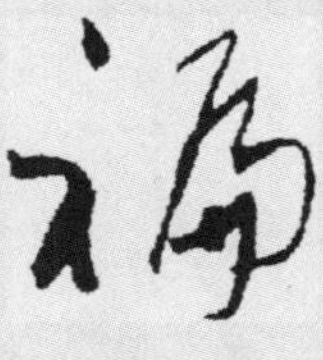

60(2)

1103

褥

15

襁

196(4)

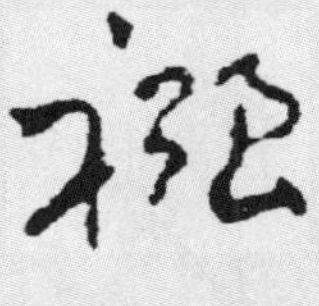

45(2)

襟

154

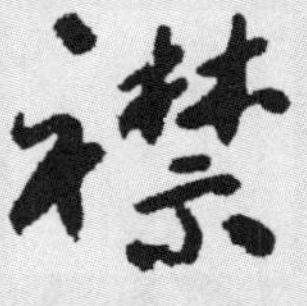

65(4)

139

65(3)

30

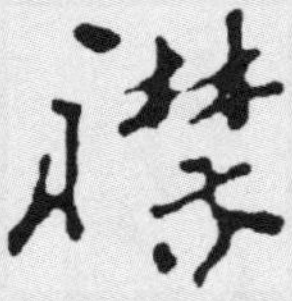

81(3)

366

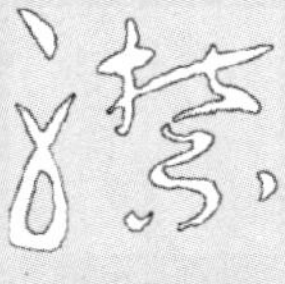

77

129

襝

65(4)

襘

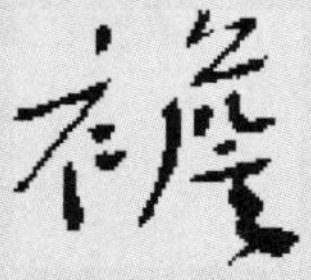

198

襪

20

襤

1006

襯

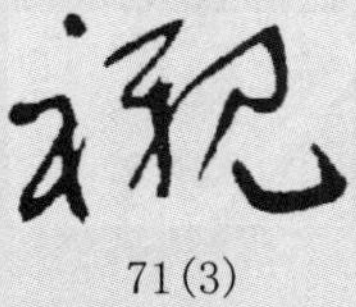

71(3)

民部

民

32(12)

3

51

334

79

74(2)

74(2)
71(2)
71(3)
18
69
71(2)
60(10)
78
27
70
82
4
159
1
97
45(1)
1
39
60(7)
65(3)
1
62(2)
22
74(1)
69
69
61(4)
74(2)
87
69
45(2)
22
62(3)
32(7)

98

47

8

45(2)

1

47

7

60(10)

14

74(2)

11

60(10)

1

134

61(2)

42

7

83

42

6

96

1

10

13

42

6

65(2)

5

1

27

1

60(7)

71(3) 39 20 28 20 145
71(1) 16 60(7) 75 62(4)
101 46 62(1)
44 152 2 95 65(4) 65(4)
162 139 88 60(5) 70 74(2)

疋部

胥

32(12) 60(5)

32(7) 60(4) 139 137 71(3)

94 62(3)* 196(9) 32(7)

62(1)* 60(6) 62(2)* 44 43

70 71(1)* 47 243 78 82

62(4)* 60(3) 33 5 88

2* 101* 60(7) 60(5) 139 51

（楚）楚

74(1)
95
152
215
60(10)
1
65(4)
168
楚
44
44
71(3)
98
60(5)
43
168
78
154
65(2)
60(3)
60(8)
60(2)
83
33
286
2
63(2)
99
65(4)
76

頽　皮

皮部
皮
頽
32(9)
99
154
62(1)
101
92
153
62(3)
1
47
62(4)
95
15
32(12)
1
1
71(1)
60(4)
87
67
62(2)
25
82
51
152
51
139
60(10)
74(1)

153
152
62(4)
101
51
31
95
74(1)
149
60(3)
69
98
62(3)
74(1)
60(4)
62(1)
60(2)
70
27
癶部
159
31
16
2
60(6)
14
癸
33
139
62(2)
71(1)
65(2)
65(4)

*
87
45(2)
登
60(10)
82
60(5)
1
6
44
44
88
145
151
137
60(10)
44
1
97
60(3)
*
71(1)
107
32(8)
1
*
2
1
60(1)
1
71(3)
88
47

（发 𤼵 𤼷 𤼽）發

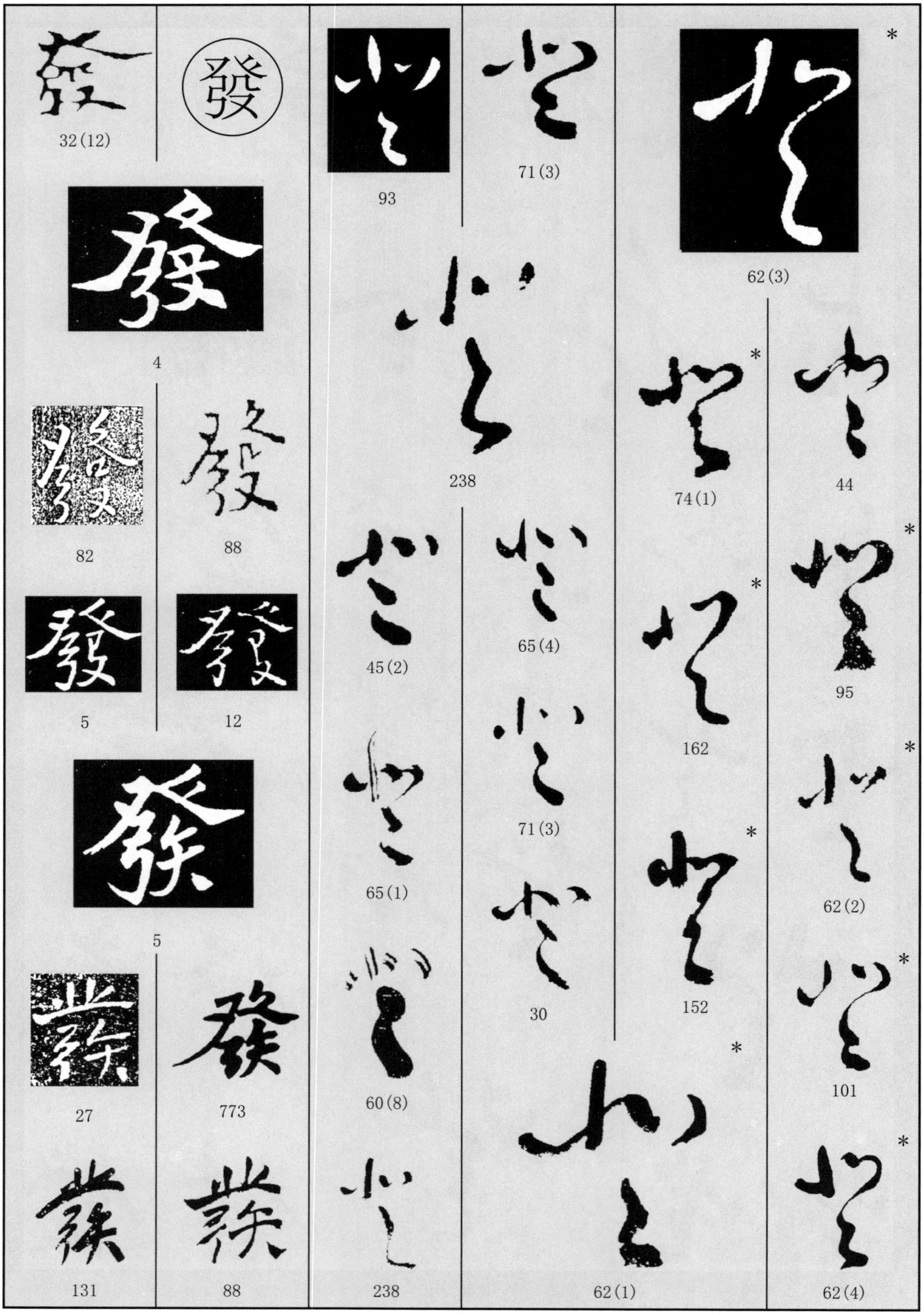

32(12)
4
82
88
5
12
5
27
773
131
88
93
71(3)
238
45(2)
65(4)
65(1)
71(3)
60(8)
30
238
62(3)
74(1)
44
162
95
152
62(2)
101
62(1)
62(4)

8
60(5)
27
12
32(9)
44
61(4)
60(10)
154
61(4)
71(3)
60(6)
60(1)
32(4)
71(3)
61(2)
74(2)
62-2
95
62(4)
71(1)
62(3)
74(1)
152
62(1)
162
44
2
60(3)
101
74(2)
*

1
矛部
矛
46
柔
1
166
154
100
154
32(12)
78
154
矜
88
88
168
158
146
1
2
62(1)
95
101
62(2)
145
10(7)
62(4)
45(1)
100
88
62(3)
162
71(1)
28
154

務

2 15 51 152
62(1) 71(1) 140 51 5
74(1) 60(5) 51 72 98
62(4) 95 1 55 12 8
72(1) 101 1 71(3) 139 4
47
62(3) 60(8) 139 13

98

58

4

17

103

17

7

74(2)

1

74(2)

71(3)

32(9)

158

豫

8

母部

母

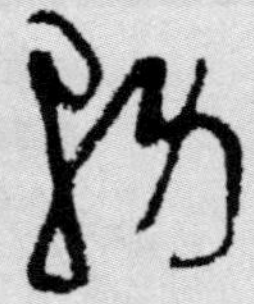

88

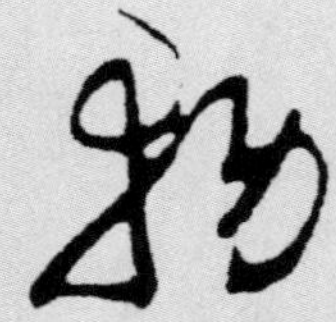

39

67

106

96

*

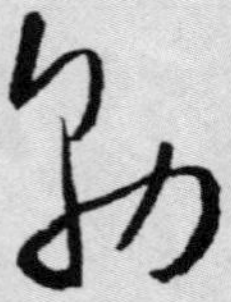

62(2)

*

152

699

69

88

32(7)

107

1

22

28

貫 毋

貫: 139 316 1 3 60(10) 32(9) 166 154 63(2) 78

毋: 74(1) * 62(1) * 130 71(1) * 152 * 16 2 * 70 23 71(2) 610 70 62(3) * 70 62 * 70 28 60(9) 101 * 158 47 54(2) 62(1) * 62(2) *

66
62(4)
141
25
39
152
71(1)
156
60(9)
73
101
74(1)
71(3)
耕
60(1)
62(1)
153
95
62(3)
82
145
耒部
1
101
2
60(8)
耒
16
54(2)
62(2)
140
60(4)

(穤)耨耦　耜耗　耘

1008
耦
9
1
88
60(8)
耨
耗
32(12)
98
103
88
19
77
耜
45(2)
147
耘
60(8)
396
100
44
33
396
32(2)
13
88
44
44
45(2)
32(1)
99
76
65(4)
88
71(3)

60(10)
60(10)
98
老部
老
220
60(8)
4
51
61(4)
154
32(5)
122
64
60(9)
47
61(3)
6
51
45(2)
64
131
44
60(8)
65(5)
101
1
17
14
88
154
154

100
45(2)
65(1)
139
158
154
154
87
62(1)
42
62(3)
74(1)
62(4)
62(2)
60(7)
60(2)
60(7)
60(6)
71(1)
60(8)
1
71(3)
60(8)
65(3)
66
152
72
95
64
101
16

121
88
32(10)
154
77
782
32(10)
32(12)
2
131
71(3)
42
32(9)
6
51
45(2)
81(8)
100
6
51
7
32(9)
65(4)
16
1
115
15
孝
69
98
考

98
12
74(2)
60(5)
83
60(9)
14
78
101
139
141
864
65(5)
155
146
32(6)
18
2
95
60(7)
62(4)
62(2)
130
62(1)
101
74(1)
71(1)
62(3)
162
145
158
*

*
152
137
者
32(12)
82
98
4
5
10
5
12
61(4)
88
3
51
139
159
88
32(1)
51
30
51
60(5)
65(2)
81(8)
5
139
27
7
3
63(2)
5
154

（耆）耆

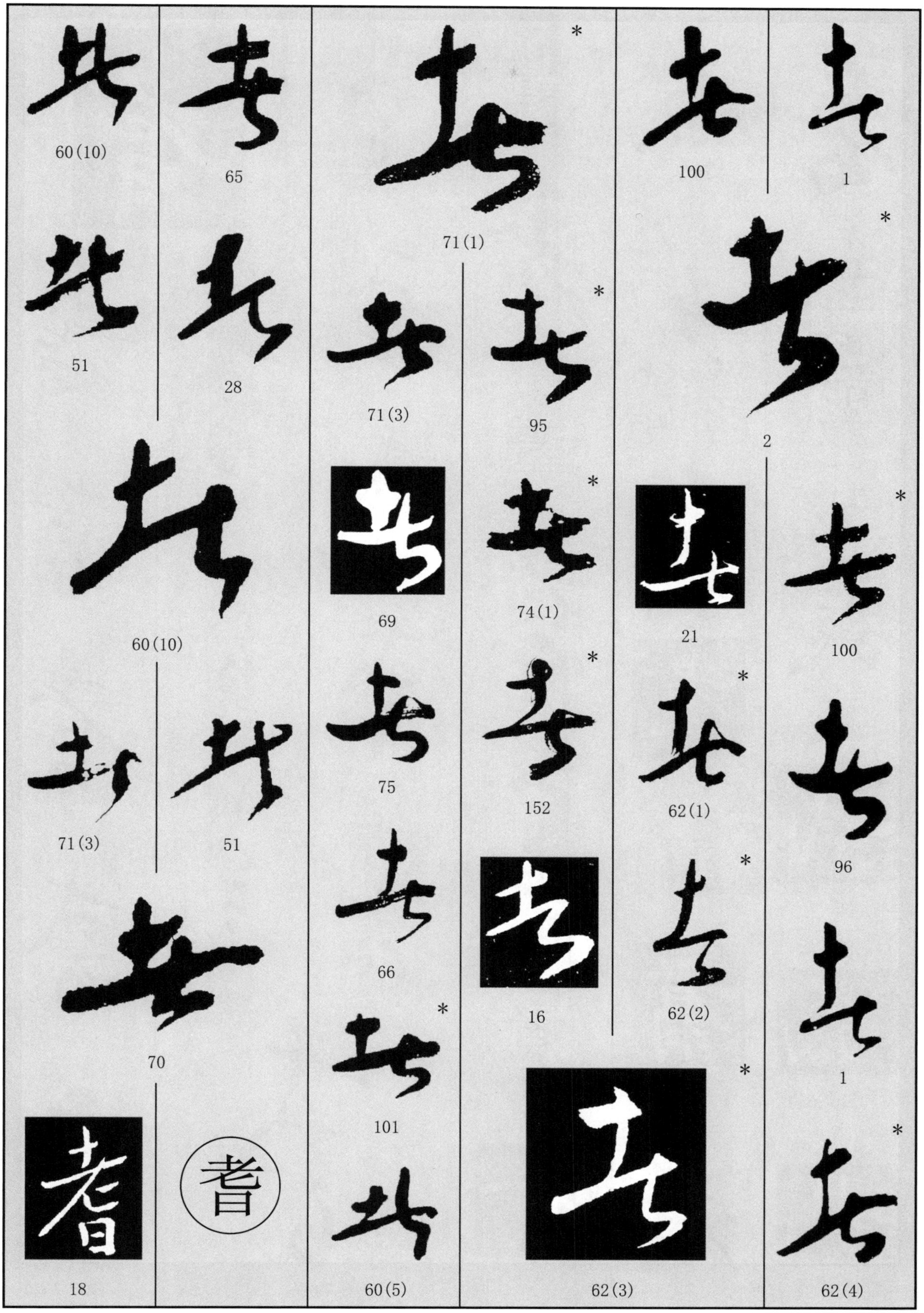
60(10)
65
71(1)
*
100
1
51
28
71(3)
95
*
2
*
60(10)
69
74(1)
*
21
100
*
71(3)
51
75
152
*
62(1)
*
96
66
16
62(2)
*
70
101
*
1
18
耆
60(5)
62(3)
*
62(4)
*

（戋）哉　翥　（煑）煮耋耄

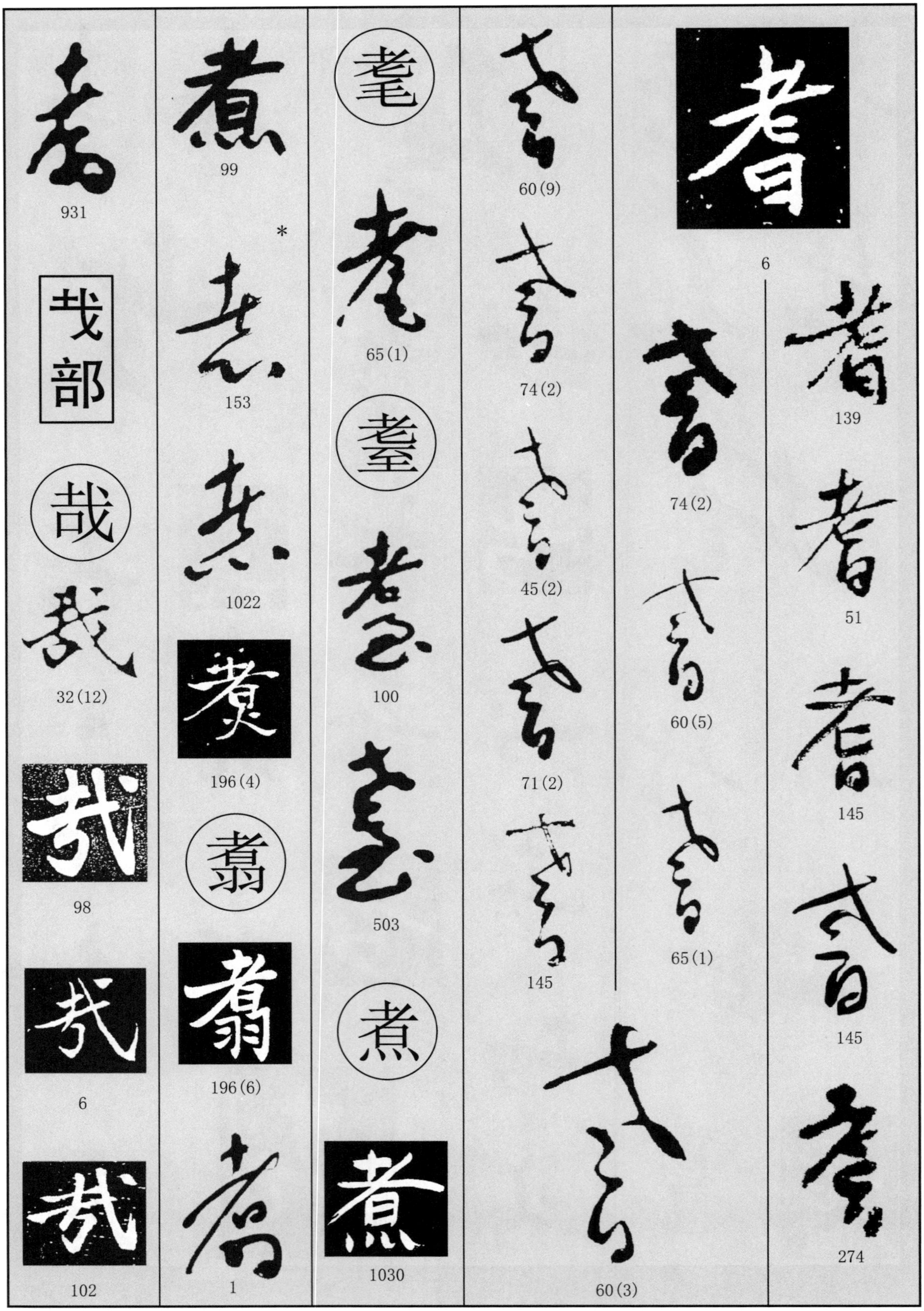

6
139
51
145
145
274
74(2)
60(5)
65(1)
60(3)
60(9)
74(2)
45(2)
71(2)
145
耄
65(1)
耋
100
503
煮
1030
99
*
153
1022
196(4)
翥
196(6)
1
931
戈部
哉
32(12)
98
6
102

裁

*
71(1)
65(3)
71(3)
82
3
13
*
62(3)
*
62(2)
60(9)
45(2)
*
101
980
*
152
*
74(1)
51
*
2
60(9)
*
95
60(5)
749
裁
44
139
*
62(4)
1
32(9)
60(10)
82
39
*
62(1)
25
30

60(10)

139 139 62(1)* 2* 95*

1 154 140 60(5) 60(10) 44

65(2) 74(1) 載 82 44 47

51* 22 141 105

51 145 裁 58 139

168 45(2)* 32(3) 65(3) 71(3) 131

1102(2)
1102(1)
戴
88
44
154
60(5)
74(2)
65(2)
28
1
46
截
58
1
158
60(2)
61(3)
74(2)
1
394
61(2)
62(3)
62(2)
139
65(5)
76
101
152
99
62(4)
60(4)
74(1)
100
70
261

1
139
71(1)
74(1)
2
101
95
152
62(3)
62(2)
70
65(3)
162
20
62(1)
62(4)
耳部
耳
5
82
44
60(5)
71(3)
32(9)
98
154
70
99
18
17
70
30

耶

2
99
74(2)
60(10)
32(6)
5
60(7)
5
139
62(1)
95
152
158
64
60(6)
62(4)
62(3)
74(1)
101
71(1)
100
93
62(2)
60(5)
28
88
45(2)
146
146
139

（耴）取

62(3) *

62(2) *

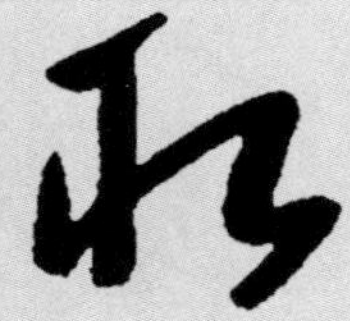
158

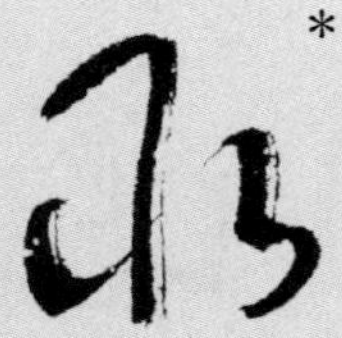
152 *

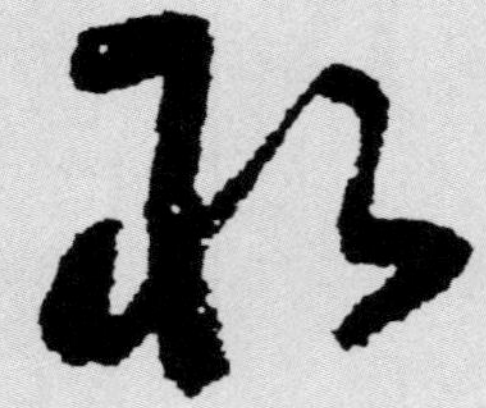
74(1) *

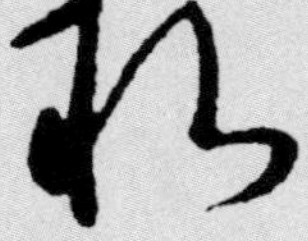
101 *

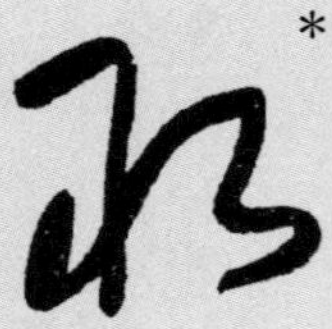
71(1) *

62(1) *

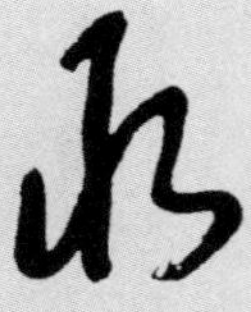
62(4) *

2 *

61(3)

11

99

120

82

60(10)

60(10)

18

70

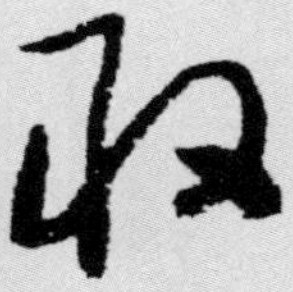
74(2)

10

98

74(2)

65(4)

60(5)

154

74(2)

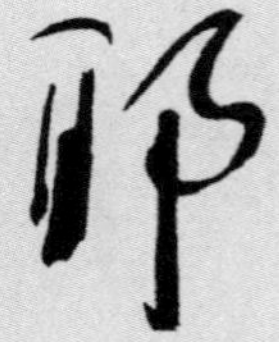
146

32(9)

121

取

145

30

耿　　（恥）耻

95
140
耿
8
10
60(8)
147
147
62(4)
44
62(3)
2
82
164
71(1)
62(1)
60(8)
62(2)
1
32(12)
60(2)
101
146
152
74(1)
76
60(2)
耻
60(5)
1
158
33
70
60(8)
30
95
1

237
62(4)
74(1)
146
154
62(3)
152
62(3)
2
25
2
33
101
耽
76
71(1)
7
71(1)
44
1
1
95
139
聃
78
62(2)
210
65(2)
62(2)
88
159
聆
62(4)
158
63(2)

聘　聚　（聊）聊

聘
聚
聊
62(1)
95
74(1)
100
88
101
100
28
392
1
154
60(8)
168
51
65(3)
47
60(2)
47
100
154
65(5)
61(1)
100
17
108
74(2)
3
85
5

聲

60(10) 4 2* 139 154
47 62(1)* 152* 83
32(10) 83 33 95* 72 1
82 101 158 74(1)* 62(2)* 1
159 聲 162* 71(1)* 101*
98
154 139 82 62(4)* 62(3)*

55
871
159
154
51
139
549
147
174
121
158
46
83
18
1
17
145
137
74(2)
60(2)
65(3)
*
788
*
101
*
152
64
60(4)
2
*
74(1)
*
145
60(4)

94 95* 62(4)* 71(1)* 88 71(3)

62(2)* 62(3)* 62(1)* 162* 140

22 100 60(7) 54(1) 65(5)

61(2) 32(8) 154 129

聰 105 145 17 140 168 46 70

聳 111*

158

33

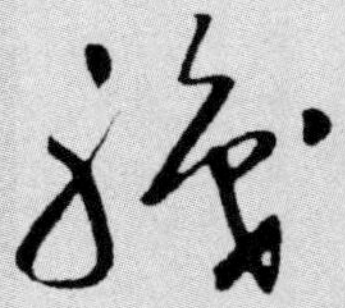
28

*
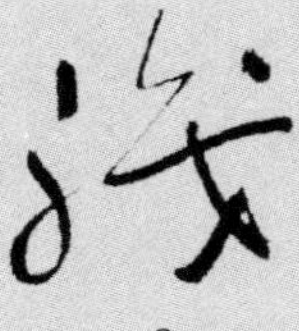
2

*

95

*

74(1)

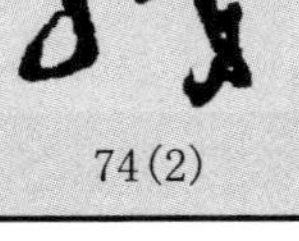
74(2)

51

32(10)

20

74(2)

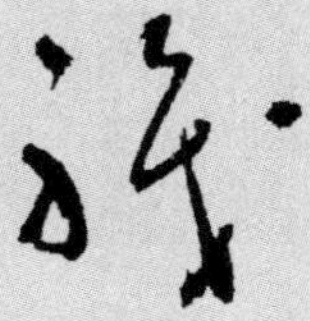
67

*

71(1)

23

職

6

98

42

7

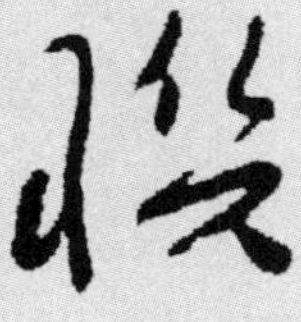
61(9)

51

7

*

46

8

87

83

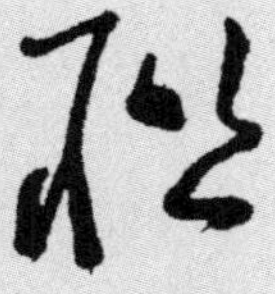
66

聯

32(10)

9

104

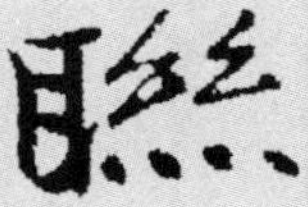
154

90

74(2)

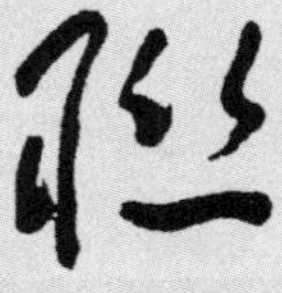
78

(聽)聽

74(1)
101
3
154
62(4)
60(7)
145
101
2
76
1
1
62(2)
152
62(1)
139
65(4)
15
101
162
95
71(3)
42
62(3)
152
62(2)
62(3)
154
聽
162
67
94
62(4)
58
62(1)

60(10)
99
10
158
88
60(10)
1
6
27
46
60(10)
99
82
西部
西
60(7)
51
1
13
11
71(3)
1
82
154
82
1
1
146
88
65(2)
9
61(2)
22
30
4
4
424

要

60(7)
101
95 *
74(1) *
32(7)
100
83
62(3) *
71(1) *
60(3)
71(4)
60(2)
62(1) *
101 *
18
146
66
2 *
69
62(2) *
100
152 *
88
65(4)
62(4) *
22
要
46
81(6)
71(3)
22
10
92
94
162 *
87

西部

三画

71(1)
74(1)
95
101
62(4)
99
152
60(7)
62(1)
71(2)
61(4)
3
139
83
374
158
1
44
51
1
74(2)
12
5
51
82
1
1
60(10)
32(3)
32(9)
1
139

栗
2
62(3)
62(2)
46
1
71(2)
71(3)
60(6)
60(10)
60(10)
票
19
1
覃
44
粟
32(2)
30
146
60(5)
1025
153
146
773
賈
15
88
5
8
134
71(3)
60(1)

16　*46　32(12)　82　82

60(9)　559　60(8)　71(3)

74(2)　65(4)　1　100　394

146　83　51　51　60(3)

*66　67　241　555　32(8)　7

120　44　61(3)　1　196(6)

32(12)　44　139

朿部

剌

10

243　1　146　66　60(6)

棗

60(8)　74(1)　890

60(6)*　32(9)　71(3)

棘

221　60(4)　66

139　147

而部

而

32(12)　82

7　98　4　10　5　6

而部

16
60(10)
11
140
60(5)
83
61(4)
32(2)
72
71(3)
31
47
60(10)
82
234
63(2)
162
62(3)
82
62(2)
62(4)
71(1)
2
101
95
152
62(1)
74(1)
61(2)
74(2)
72
71(3)
30
88
30
60(9)
61(3)
70
166

耐
364
88
61(1)
60(5)
32(11)
156
彤
168
臣部
臣
18
9
100
82
60(10)
10
1
5
60(5)
79
62(3)
67
73
2
101
42
62(2)
95
71(1)
162
152
62(1)

（臥）卧

1　140　44　74(1)
134　11　98
65(4)　5　55　62(4)
1　99　74(2)　67　67
100　61(4)　60(10)　47　33　99
65(3)　71(3)　60(10)　31　45(2)
60(8)　65(2)　44　67　67

51 82 5 60(6) 71(3)
54(2) 140 44 1
55 47 99 8 32(3) 60(8)
33 97 32(11) 7 98 65(1)
107 44 44 6 66
95* 71(1)* 1 65(5) 臨
1 30 6

至

98
5
1
60(5)
4
60(5)
8
82
208
51
71(2)
61(1)
至部
至
32(12)
5
152
244
88
47
162
74(2)
62(1)
62(2)
2
101
73
62(3)
65(4)
74(1)
62(4)

到

150
*
65(4)
140
139
31
60(3)

44
69
64(1)
72

54(2)
32(8)
82
64
70

71(3)
139
71(3)
92
60(6)

1
88
154
154
60(10)
到

156
60(10)
47
51
221

郅

60(7)
70
60(3)
1
67
郅
175
71(3)
65(4)
66
60(8)
*
46
51
51
23
1
239
60(8)
87
44
140
45(2)
61(1)
51
60(10)
32(2)
31
71(3)
1
32(10)
1
71(3)
60(5)
159

致
32(12)
47
5
72
98
82
4
32(1)
7
65(4)
13
139
60(5)
62(3)
158
2
17
71(1)
146
62(1)
154
95
101
74(1)
62(2)
62(4)
145
147
152
74(2)
60(8)
60(9)
65(3)
*

70

18

63(2)

1

臻

32(12)

139

108

39

60(9) *

32(4)

61(1)

71(3)

140

虍部

虐

6

63(2)

99 *

60(9)

虔

74(2)

虛

22

30

11

140

140

145

98

82

60(10)

47

108

94

45(2)

2

74(1)

71(1)

145

95

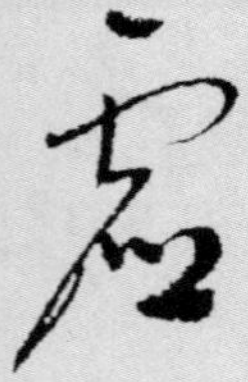
100

101

61(3)

94

60(3)

62(3)

62(1)

62(2)

62(4)

60(1)

152

158

162

虖

1030

1030

1030

處

5

3

140

196(4)

47

148

11

44

98

483

4

12

虍部

五画

44 42 1 36 88 3 145

18 137 42 60（5） 60（5）

45（1） 139 6 139

32（11） 45（2） 51 88 14 60（10）

32（9） 1 60（6） 60（2）

1 145 140 82 65（5） 71（3）

處

60（7）
100
65（5）
61（1）
60（8）
149
1
74（1）
61（3）
88
61（1）
2
71（3）
62（1）
101
100
62（4）
71（1）
95
65（4）
94
62（2）
62（3）
1
51
74（2）
158
1
46
154
152
874
處
196（9）

虞

155 7 60（5） 51 139 49（1）

70 13 1 101

139 71（1） 74（1） 62（2） 62（4）

*2 *62（1） 100 145 *95 *62（3）

*162 *152 15 81（3）

33 1

虜

82 44

（慮）慮　（膚）膚

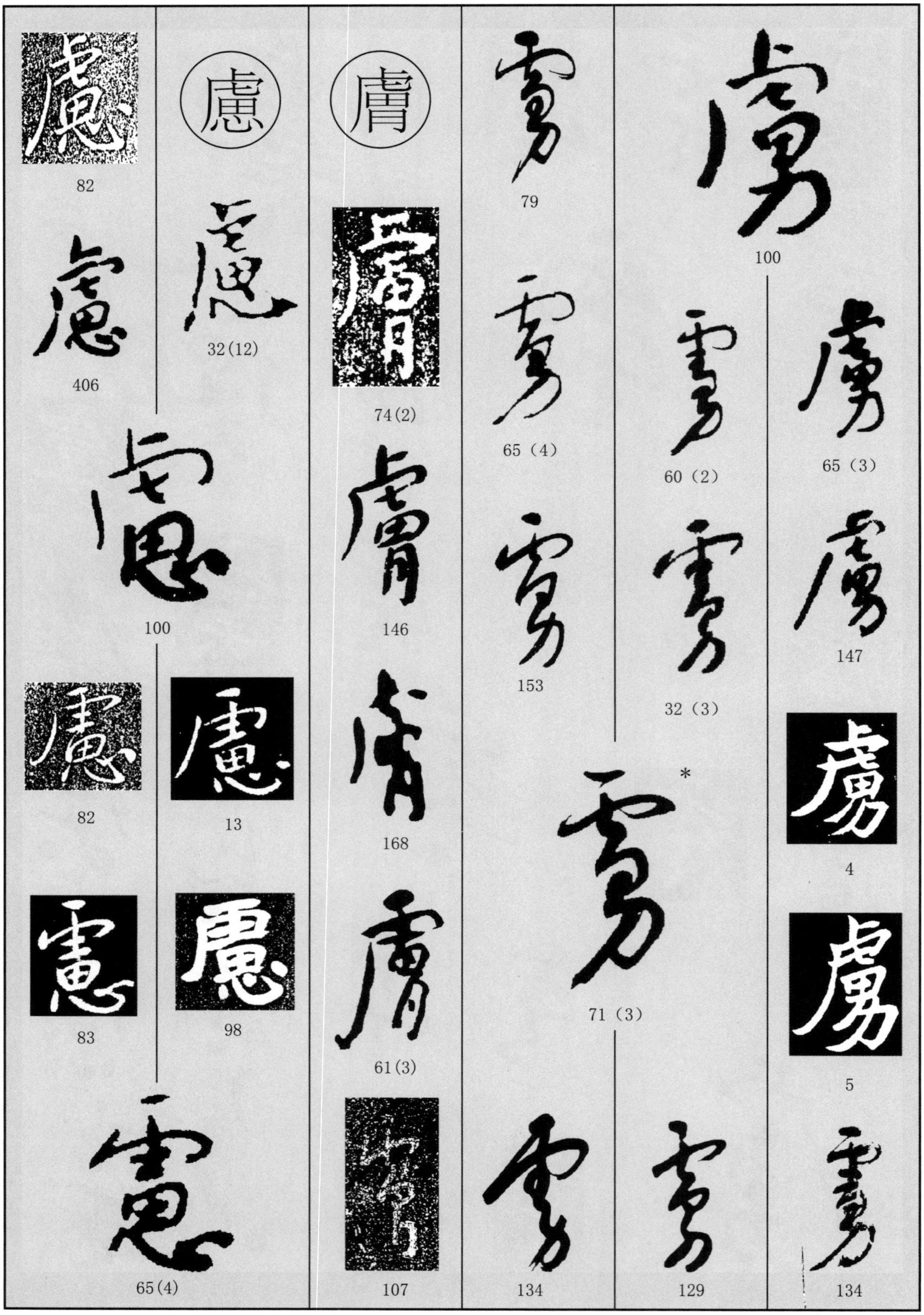

82　406　32(12)　100　82　13　83　98　65(4)

74(2)　146　168　61(3)　107

79　65（4）　153　134

100　60（2）　32（3）　*　71（3）　129

65（3）　147　4　5　134

（虧）虧　　（盧）盧

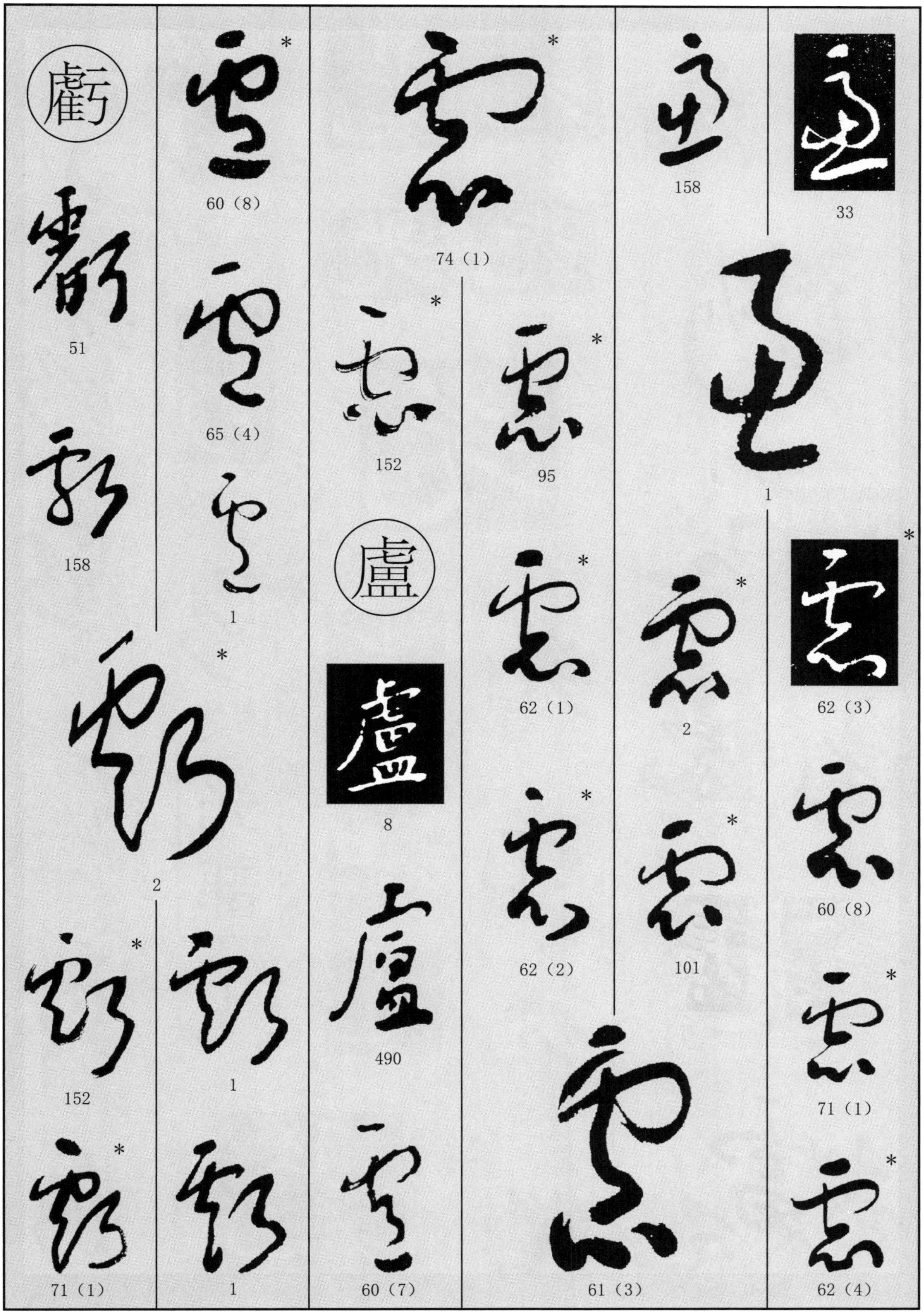

33　158　1　62（3）　2　60（8）　101　71（1）　61（3）　62（4）　95　62（1）　62（2）　74（1）　152　8　490　60（7）　60（8）　65（4）　1　2　1　1　51　158　152　71（1）

光

1
88
1
18
93
60（7）
65（3）
81（8）
60（8）
61（3）
6
5
11
4
5
60（10）
27
1
232
71（3）
3
41
3
95
62（3）
62（2）
光部
光
74（1）
62（1）
101
162
62（4）

光部

47 87 71(1) 30 100

153 19 62(1) 95 60(5)

2 101 60(3) 74(1) 88

145 62(2) 71(3) 60(7) 42 32(1)

32(12) 62(3) 71(2) 62(4) 42 61(2)

32(1) 152 65(3) 1 65(1)

耀 輝

15
16
33
83
146
158
輝
8
140
832
42
11
824
61(2)
55
51
100
139
32(2)
61(1)
154
129
153
1
耀
8
4
82
100
940
70
70
70
61(3)

32(7)
19
62(3)
62(2)
45(2)
虫部
虫
71(3)
119
66
66
66
154
88
131
1
1
虬
81(6)
30
1
60(1)
60(7)
44
44
145
蚓
153
虹
61(4)
154
45(2)
874
60(10)
70
168
60(6)
65(4)

蛟

44　156　154　60(1)　125　65(1)

蜒

139　394*　88　30

蛇

154　87　47*　60(4)　78　139　66

蛛

1　147

蜓

1006　145

蛩

139

蛇

125*　8　23　139　139

蛀

101　139　66

蚌

74(2)

60(4)
45(2)
蛇
193(10)
蜗
32(12)
蛾
60(6)
32(3)
119
蜍
153
蜉
30
1025
蜂
60(4)
1
62(3)
62(2)
32(12)
66
101
62(1)
53
2
95
74(1)
62(4)
152
100
71(1)
蜕
32(3)
196(9)
蜻
145
蜺
611
1102(1)
蜩
187
蜷
32(12)
蜿
394

蝶
145
159
100
101
62(1)
62(3)
95
32(12)
62(4)
74(1)
152
60(2)
71(1)
2
66
蝴
159
蝘
1006
蝌
1012
蝣
30
1025
蝦
30
139
蝥
60(8)
198
1
螯
1026
蟆
42
螭
141
1022
139
45(1)
275
蟄
154
1

蟬
60(8)
154
154
32(1)
32(9)
65(4)
蟓
71(3)
蟋
139
蟀
139
蠁
1031
154
145
145
99
78
92
99
99
60(8)
154
32(12)
65(4)
88
60(2)
螺
258
螻
141
60(10)
139
87

*
32(10)
32(12)
101
65(4)
蟠
131
131
81(1)

65(4)
蟣
71(3)
蟹
187
1026
32(3) *

蟻
60(10)
154
139
60(2)
88
79
32(12)

92
88
60(1)
99
111 *
119
66
蟾

1026
1102(2)
153
153
蠔
1101
蠭
82

蠟
1007
186
186
肉部
肉
34
146

70
60(2)
153
60(2)
*
31
71(3)
78
92
3
76
56
79
223
缶部
缶
8
58
缺
71(3)
78
60(8)
134
60(2)
86
154
1
140
65(5)
134
1
782
88
74(2)
65(4)
86
*
79
瞿
1014
鑪
44
380

舌部

舌

60(9)

64(1)

64

99

148

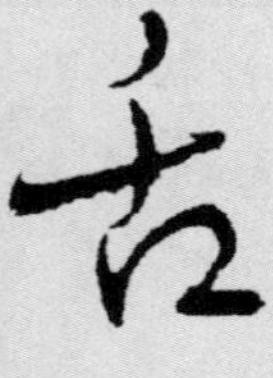
45(2)

101

60(9)

32(5)

25

*

134

63(2)

140

刮

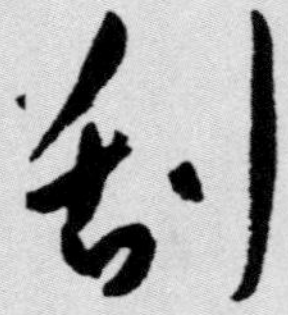
243

甜

1014

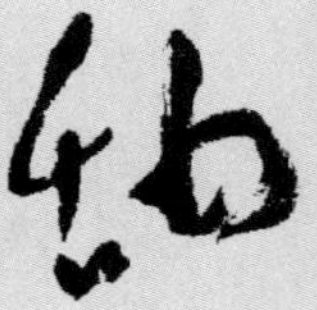
193(3)

*
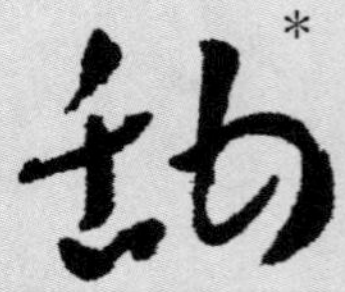
32(9)

竹部

竹

88

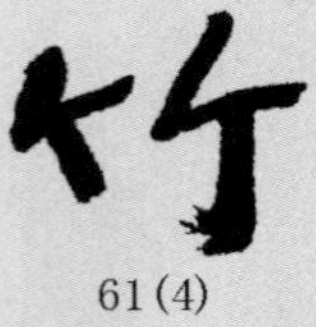
61(4)

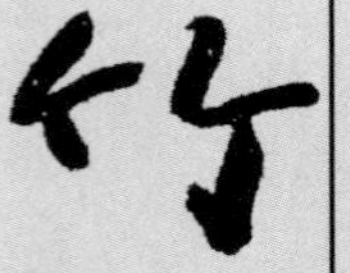
32(6)

1

61(4)

101

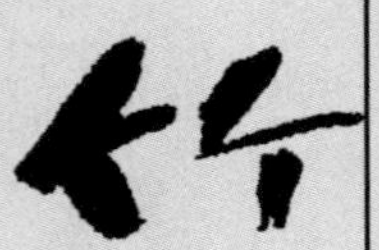
99

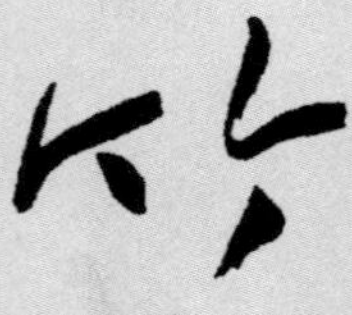
1

60(7)

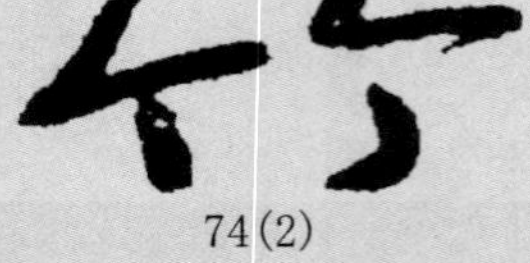
74(2)

96

60(10)

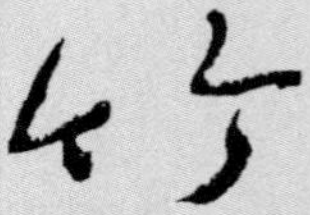
71(3)

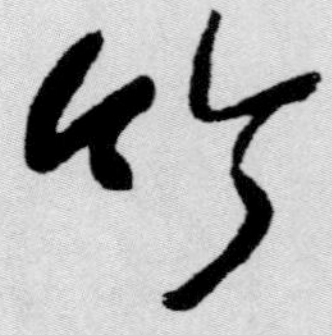
65(3)

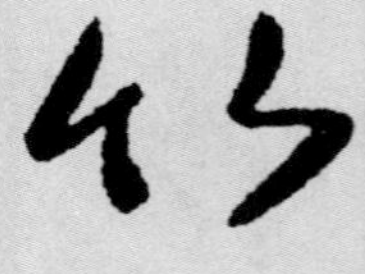
1

1

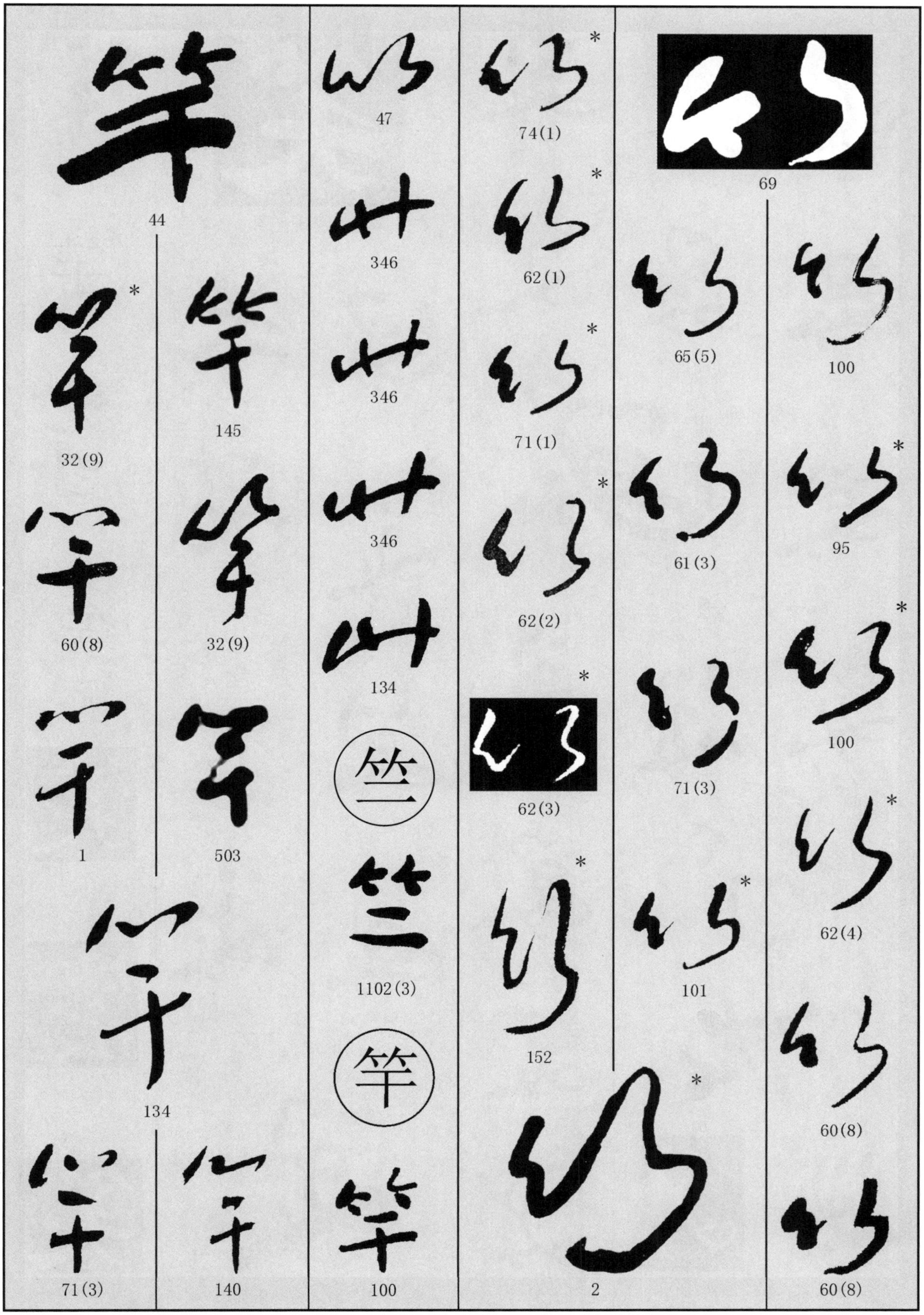
44
32(9)
145
60(8)
32(9)
1
503
134
71(3)
140
47
346
346
346
134
竺
1102(3)
竿
100
74(1)
62(1)
71(1)
62(2)
62(3)
152
2
69
65(5)
61(3)
71(3)
101
100
95
100
62(4)
60(8)
60(8)

32(9)

竽

243 *

笑

3

32(10)

10

98

43

47

51

60(2)

76

65(5)

32(3)

65(2)

71(1) *

71(3)

101 *

2 *

60(4)

74(1) *

95 *

71(3)

62(4) *

62(1) *

79

62(2) *

62(3) *

60(2)

30

88

152 *

79

26
*
1
76
324
140
154
笏
499
140
60(9)
60(1)
60(10)
32(3)
1
874
60(5)
60(10)
61(4)
28
146
1
32(8)
65(4)
65(4)
158
741
44
32(3)
88
17
83

笄 笆 筇 笛 笙

148
147
笄
1102（2）
44
60（6）
32（9）
820
笆
51
筇
23
49（2）
60（7）
*
66
笛
60（10）
71（3）
36
44
45（2）
99
32（2）
129
60（7）
100
*
153
笙
44
151
65（4）
47
904
810
32（3）

笠
8
88
47
71（3）
65（4）
87
符
1
1
71（4）
32（9）
60（7）
60（2）
2
152
18
18
62（2）
71（1）
62（3）
33
62（4）
146
42
74（1）
62（1）
18
101
154
800
243
1
95

100
笥
108
1009
1008
第
32（12）
82
53
94
87
32（3）
129
笳
82
196
55
1
883
134
146
55
71（3）
236
94
60（3）
60（7）
答
5
88
筐
1102（2）
1009
1021
等
82
3
154
139
11

4
5
1
60（5）
122
766
100
60（1）
23
14
60（10）
1
100
101
95
71（1）
62（4）
74（1）
62（3）
62（1）
62（2）
2
46
65（1）
152
71
158
87
65（4）
87

64
83
1
策
9
23
1
12
14
82
1
154
223
97
23
101
71（1）
162
95
74（1）
62（2）
62（1）
2
152
62（4）
74（2）
62（3）
75

筐

1009

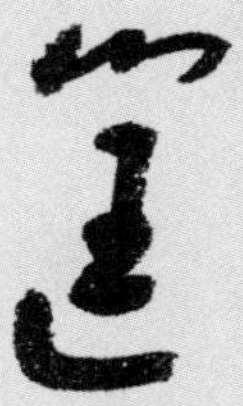
153

筒

*
1

65（3）

筏

139

筵

60（5）

88

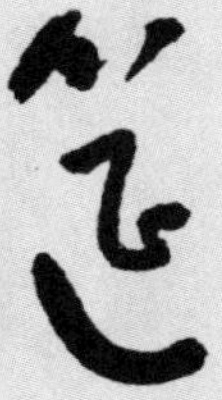
32（12）

33

158

*
71（1）

*
2

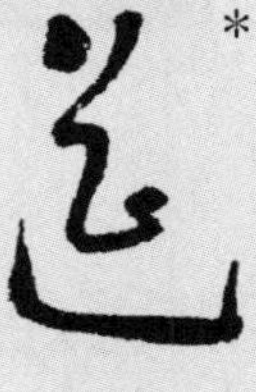
*
62（2）

*
62（1）

100

*
74（1）

*
152

*
95

*
62（4）

*
62（3）

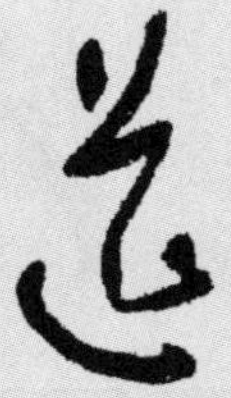
60（7）

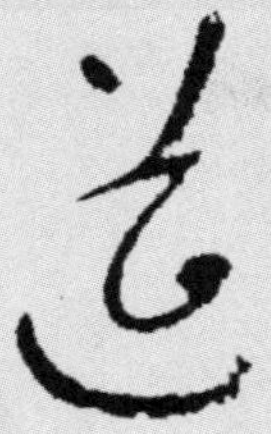
*
101

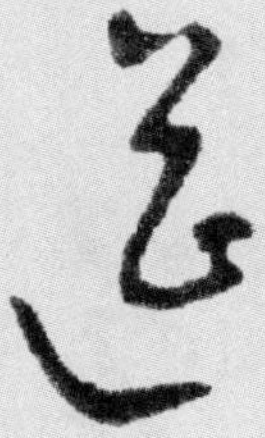
*
162

158

47

答

1

98

60（5）

140

145

146
65（2）
60（8）
152
62（1）
95
62（3）
2
66
74（1）
1
559
71（1）
62（4）
101
46
筋
1
110
笥
88
74（1）
152
60（7）
95
28
101
71（1）
158

筆

62（3）*

2*

62（4）*

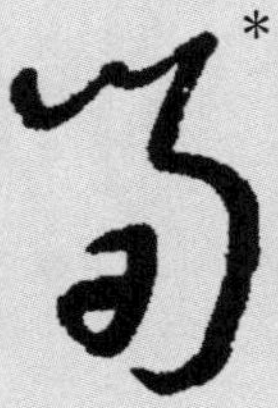
62（2）*

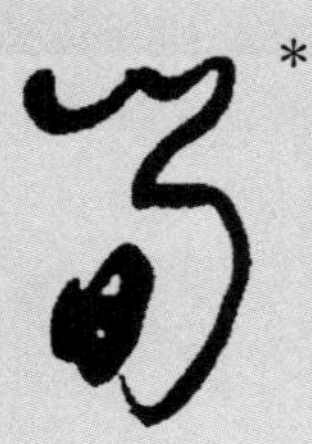
62（1）*

61（4）

60（5）

42

78

78

13

60（7）

1

62（3）*

62（1）*

62（4）*

74（1）*

71（1）*

62（2）*

101*

95*

82

筍

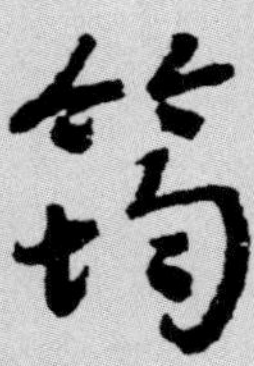
74（2）

1034

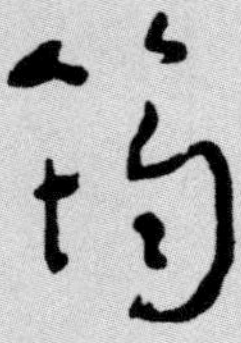
61（1）

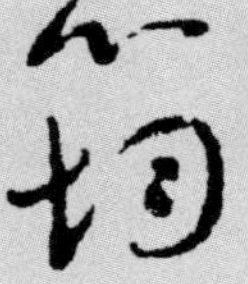
60（7）

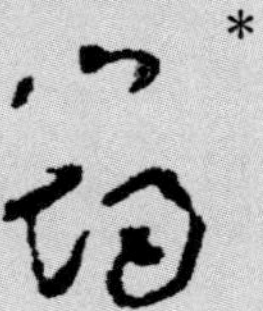
108*

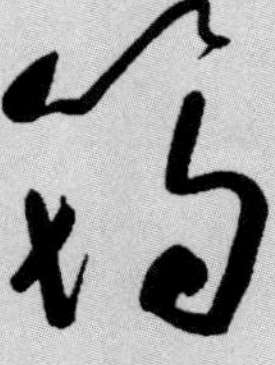
1103

筋

198

65（4）

筱

88

872

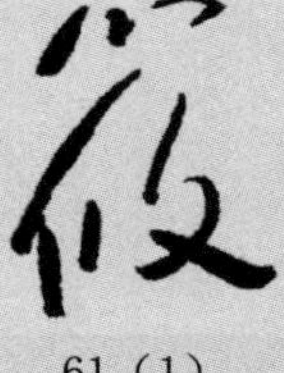
61（1）

節
32（12）
1100 *
71（3）
44
44
60（5）
61（4）
44
6
10
98
32（6）
65（4）
71（3）
60（10）
139
60（10）
88
88
19
44
65（5）
145
146
71（3）
217
149
88
65（5）
62（3）*
32（7）

2
21
71（1）
60（9）
60（7）
872
74（1）
25
62（4）
101
152
159
158
95
62（2）
63（2）
1
62（1）
99
箸
58
148
1
129
42
1
箕
82
74（2）
65（1）
97

107　550

箸

65（1）　65（1）　100　60（10）

146

箎

1026

箋

140　32（1）　71（3）

158　1　62（3）　62（2）　2　71（1）

71（3）　152　95　62（1）

101　74（1）　62（4）　60（2）　88

算

32（12）　140　14　46

60（10）
139
92
65（4）
45（2）
箠
88
1103
箏
139
1102(2)
111
管
154
44
32（10）
60（5）
931
121
46
60（8）
140
877
22
箱
100
152
74（1）
62（2）
33
158
146
71（1）
101

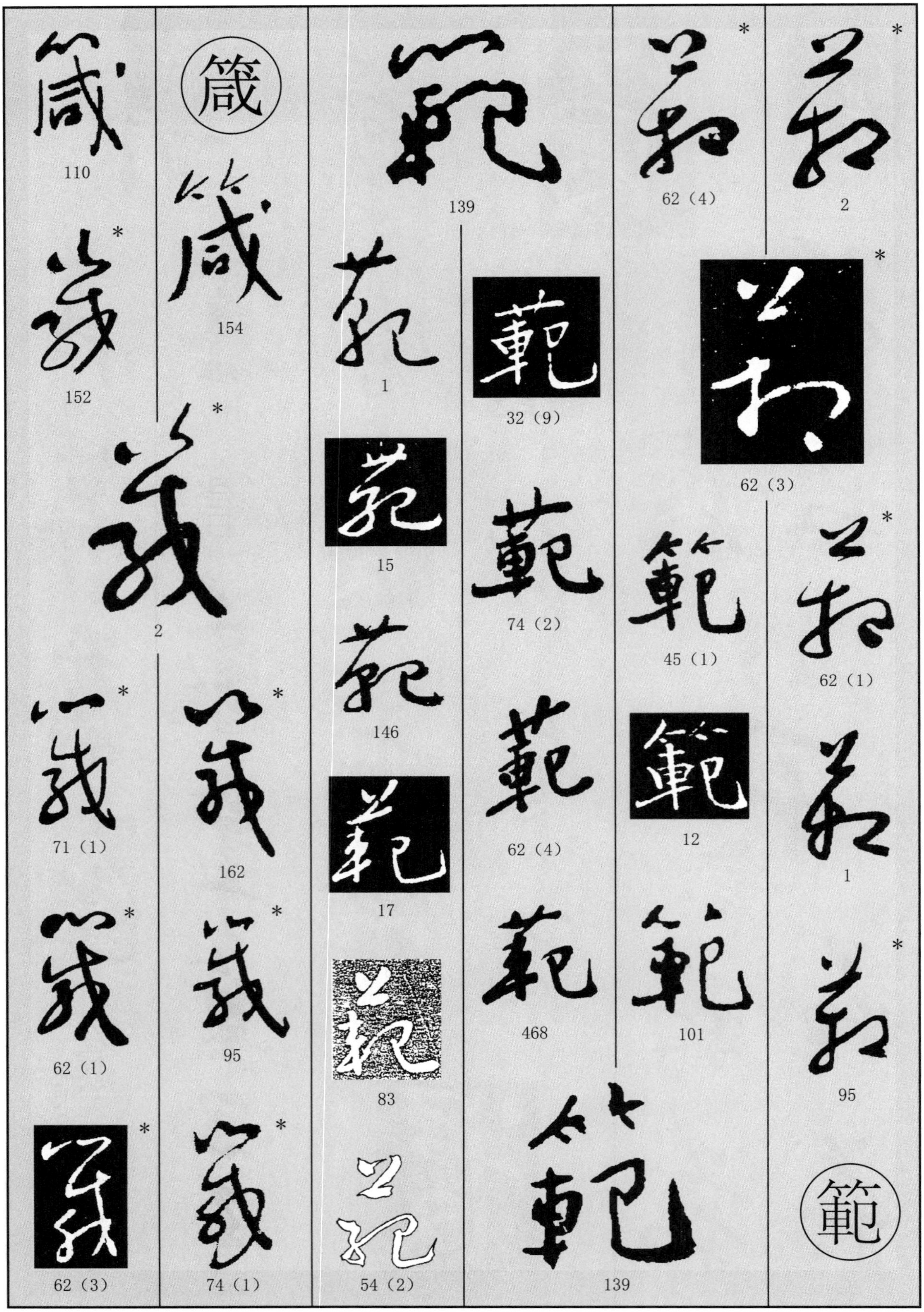

範
2
62（3）
62（1）
1
95
62（4）
45（1）
12
101
139
32（9）
74（2）
62（4）
468
139
1
15
146
17
83
54（2）
箴
154
2
162
95
74（1）
110
152
71（1）
62（1）
62（3）

(蒃 蒃 篆)篆　篇　箭　篁　篋

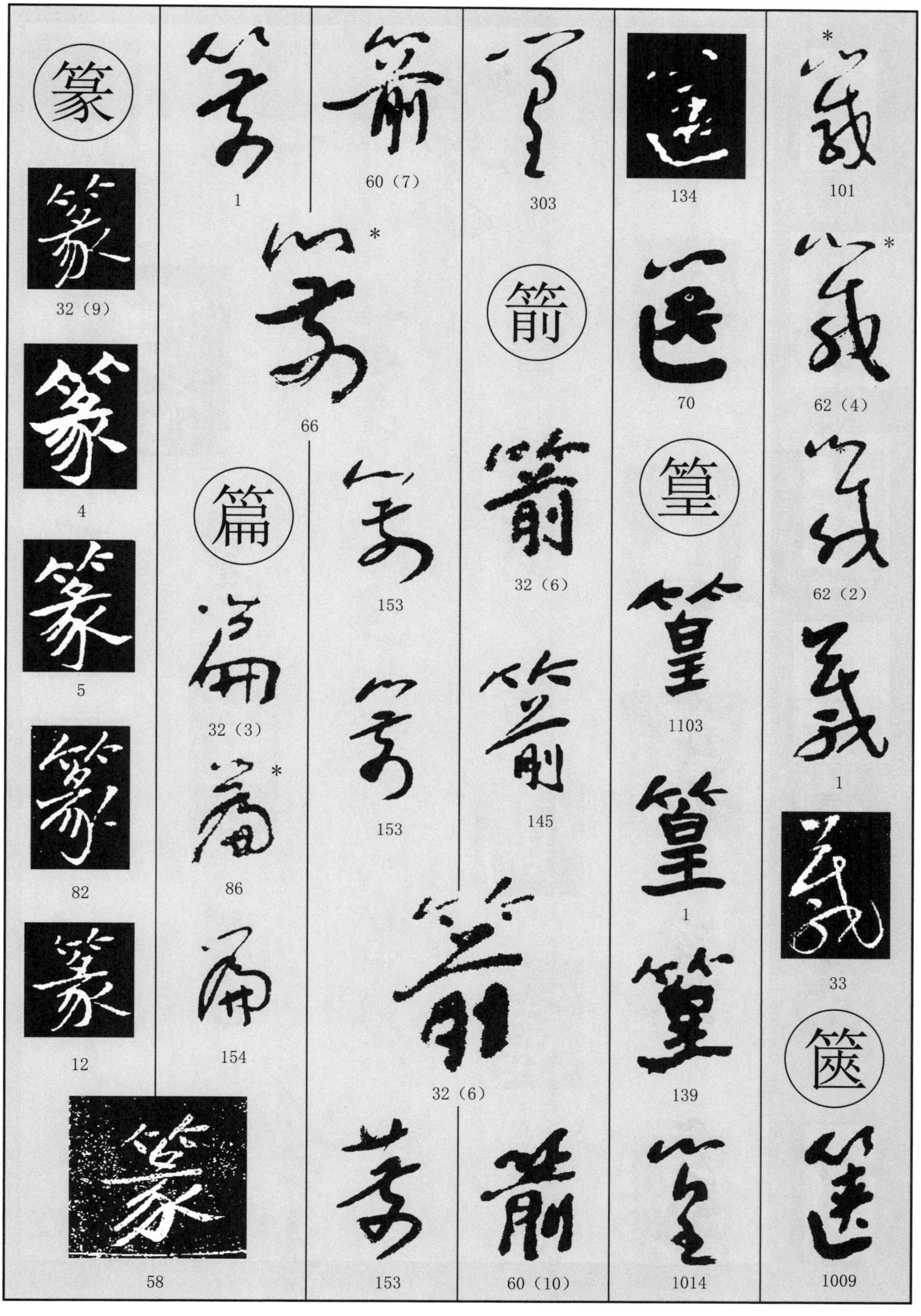
篆
32（9）
4
5
82
12
58
1
篇
32（3）
86
154
60（7）
66
153
153
153
303
箭
32（6）
145
32（6）
60（10）
134
70
篁
1103
1
139
1014
101
62（4）
62（2）
1
33
篋
1009

(蔫)篤 篝

16 15 88 23 1 145

1 74（2） 20 32（4） 146

61（2） 140 108 71（3）

61（3）

篝

373

篤

3 27 148

78 6 98 74（2） 101* 62（3）*

51 758 196（6） 17 71（1）* 95*

*
2
*
152
*
74（1）
*
62（2）
88
*
62（4）
1
20
*
162
*
62（1）
60（3）
86
築
11
60（10）
3
139
151
108
60（3）
99
60（7）
*
854
566
篠
139
1002
1102(2)
篷
60（10）
篙
101
139
簏
196（6）
簀
1033
1033
簃
199
篸
65（3）
簟
1

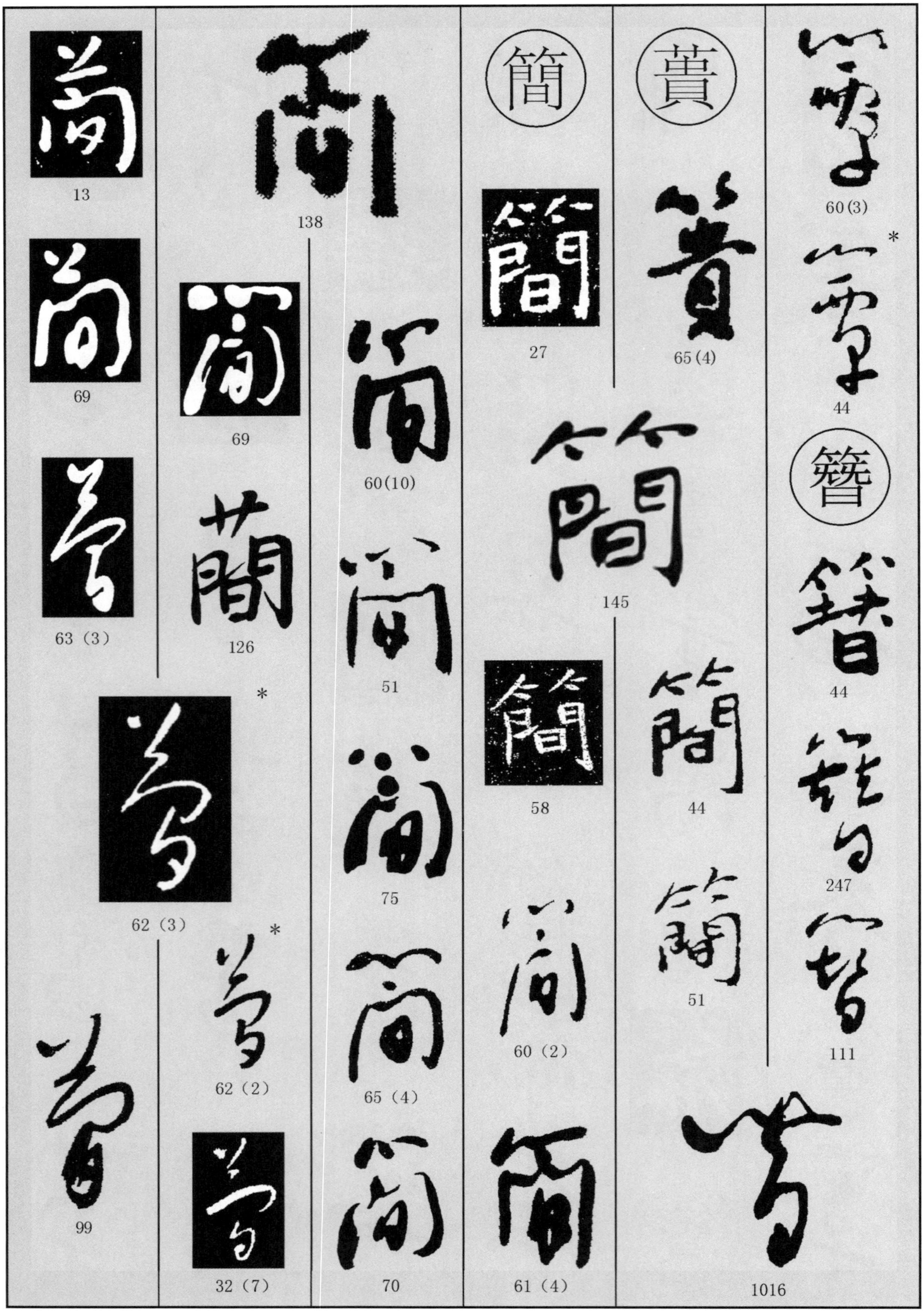

簮
60(3)
*
44
44
247
111
簣
65(4)
44
51
1016
簡
27
145
58
60（2）
61（4）
60(10)
51
75
65（4）
70
138
69
126
*
62（3）
*
62（2）
32（7）
13
69
63（3）
99

70
2
61(2)
101
60(9)
32(4)
62(1)
74(1)
95
152
158
62(4)
134
71(1)
簦
47
籀
58
189
簽
148
140
簾
214
138
1
154
99
60(2)
1
139
65(2)
60(3)
71(3)

60(1)
71(3)
382
簿
1034
60(1)
籥
196(2)
130
30
139
60(10)
60(2)
籍
7
5
74(2)
30
141
140
71(3)
140
32(10)
154
154
19
15
62(3)
62(1)
62(2)
71(1)
74(1)
101
95
2

籌　　籃

十四画

62(4)
152
162
158
籌
7
98
12
11
82
46
22
74(2)
51
71(2)
140
121
71(3)
71(3)
97
77
107
籃
62(3)
101
75
74(1)
62(1)
62(4)
95
71(1)

籭（籬）籬 籤 籞　籠 籙　籟　纂

纂

152

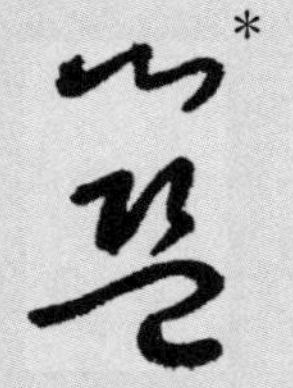
62（2）

2

纂

196（12）

70

121

1101

32（7）

籟

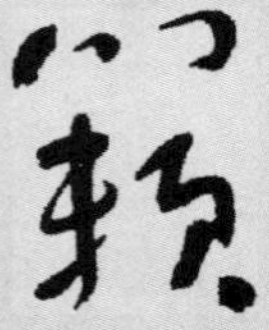
61（3）

60（8）

243

1023

籙

32（3）

1102（1）

籠

5

159

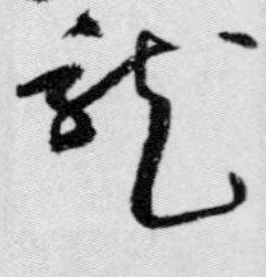
153

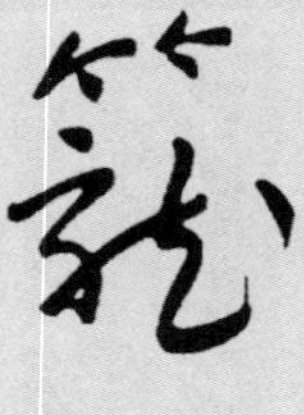
1

65（4）

60（6）

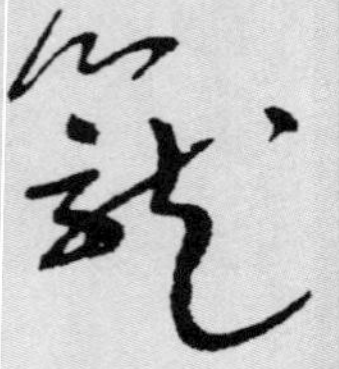
32（12）

71（3）

154

籞

111

籤

1008

1

籬

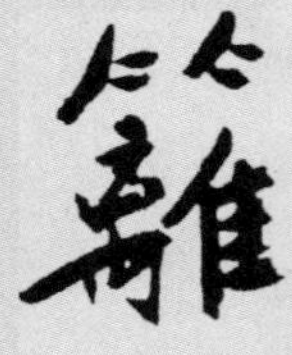
1

32（6）

145

326

76

118

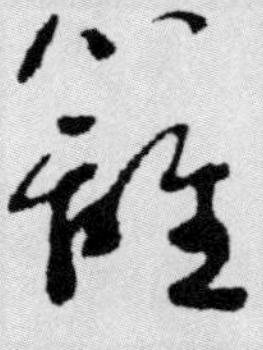
71（3）

47

籭

1034

籮
3
籲
256
1033
1033
臼部
臼
42
1012
臾
60（8）
30
30
1025
兒
74（2）
88
140
92
2
74（1）
101
62（3）
62（1）
71（1）
162
62（2）
62（4）
60（7）
152
47
98
60（10）
100
141
153
60（3）
10
47
60（10）

139
99
舅
410
45(2)
7
62(1)
62(2)
1015
43(2)
2
62(4)
71(1)
101
162
152
95
74(1)
62(3)
32(9)
自部
自
5
4
61(4)
27
7
10
3
82
11
654

14

44

55

78

43

60（10）

11

60（10）

43

16

82

63（2）

60（8）

16

54（2）

64

54（2）

154

*
152

357

60（8）

30

25

*
71（1）

60（4）

*
62（3）

81（8）

88

*
2

60（10）

32（1） 71（1） 67 162 74（1） 101 100

773 100 32（9） 152 2 95

82 88 1 60（6） 70 70

162 62（2）

臭

187

臬

1034

息

71（2）

818 1 45（2） 95 74（1） 19

62（4） 87 62（1） 101 64（1）

（帥）帥　　阜

95
62(2)
62(4)
62(3)
88
92
62(1)
2
自部
62(1)
阜
162
33
62（3）
62（2）
67
55
31
152
71（1）
1
134
140
1
82
帥
101
62（4）
4
210
74（1）
33
158

(师 師 帥)師

65（3）
98
32（9）
16
7
71（3）
32（9）
45（1）
107
45（1）
44
97
60（7）
18
60（5）
12
32（12）
65（5）
488
88
140
82
82
74（2）
51
139
9
221
60（1）
76
88
139
1
67

(帰 皈 㱕 歸 埽 歸 歸 歸)歸

9
5
25
15
61（4）
45（2）
7
62（1）
95
148
934
62（4）
62（3）
71（1）
83
32（3）
824
152
74（1）
60（7）
45（2）
27
71（3）
162
101
63（2）
44
145
62（2）
146
97
42
98
歸
2
71（1）

4
1
6
1
32（1）
139
32
154
139
139
9
1
283
139
82
369
60（10）
31
60（10）
32（2）
7
147
139
139
8
32（6）
8
7
5
82
154

自部

十二画

59

*
62（3）

22

15

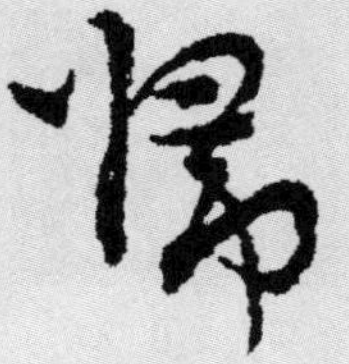
139

23

60（8）

19

240

88

*
71（1）

*
62（2）

1

1

32（11）

45（2）

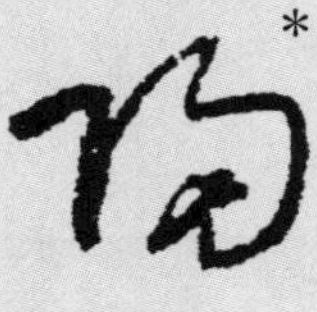
*
74（1）

*
2

47

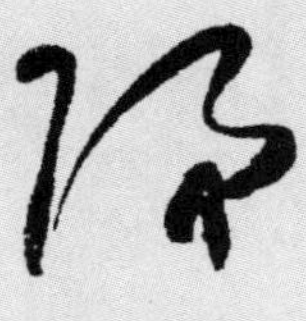
60（5）

146

*
62（1）

*
62（4）

*
162

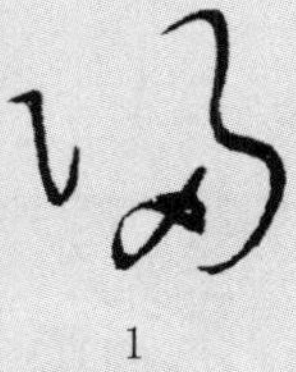
1

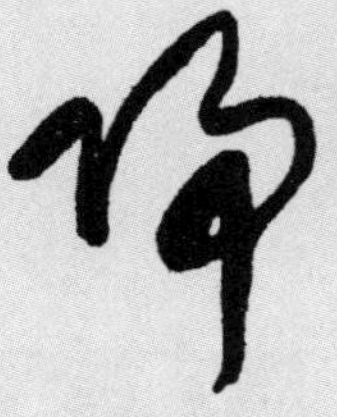
60（7）

82

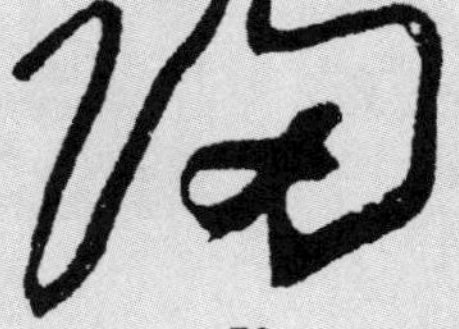
70

*
101

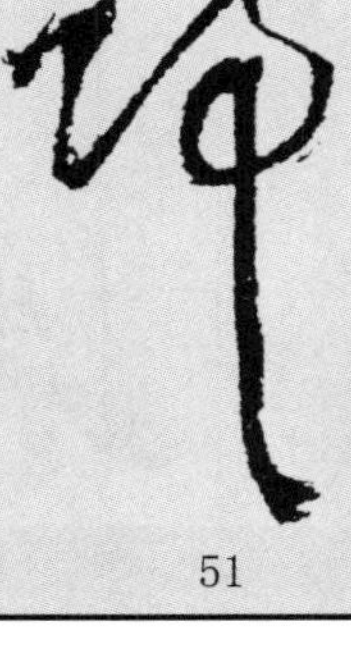
51

60（10）

88

*
145

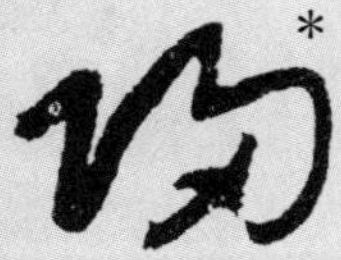
*
95

60（5）

衄　　　血

*
152
60(6)
14
16
47
17
83
血部
血
32(12)
15
82
12
5
65(4)
140
82
60(10)
134
82
74(2)
101
*
87
25
73
87
60(8)
32(3)
63(2)
148
121
衄
20
134
87
98
103
1035

148
7
11
154
154
11
8
10
146
51
71（3）
65(2)
60(10)
44
137
60(5)
3
42
82
60(10)
83
15
1
149
113
81(8)
46
*
95
22
*
74(1)

迅
62（2）
81（6）
71（1）
54（3）
60（3）
101
60（8）
62（1）
60（6）
62（2）
62（4）
2
152
140
舟部
舟
44
60（5）
30
60（5）
45（2）
60（10）
71（3）
60（5）
1
1
151
65（2）

般

45（2）
100
60（8）
1
32（3）
65（2）
45（1）
65（4）
60（8）
71（3）
145
140
65（2）
1
32（12）
101
64（1）
279
65（1）
65（4）
39
45（2）
65（5）
般
78
65（2）
65（4）
*
154
122
60（9）
74（2）
60（8）

(船)船 舲　舴 舳　舸　航 舫

舲
71（3）
78
165
船
1
43
139
559
65（4）
舳
30
1025
舴
1102（3）
60（7）
32（7）
65（4）*
15
舸
71（3）
71（1）*
舫
1102(2)
70
78
航
656
64（1）
2*
62（4）*
95*
152*
62（1）*
65（4）
154
62（3）*
74（1）*
62（2）*
101*

60（8）
99
153
艋
1102（3）
艦
8
60（10）
65（3）
60（8）
88
60（9）
32（2）
60（7）
65（4）
舷
30
44
1025
1012
艇
*
101
153
140
1
71（3）
60（8）
1
153
60（1）
100
60（5）
39
51
154
60（3）
46

艫
88
艫
30
44
1026
1025
色部
色
98
9
58
60（10）
835
1
134
306
31
61（4）
61（4）
60（5）
145
154
99
60（9）
100
64
88
65（3）
60（9）
65（3）
125
78
60（9）

艷

61（1）
1
101
87
61（3）
66
60（7）
19
25
64
61（2）
159
32（9）
62（4）*
152*
2*
62（1）*
65（2）
62（2）*
95*
74（1）*
101*
62（3）*
71（1）*
28
158
140
65（1）
63（2）
60（9）
44
艷
65（3）
1003

衣部
衣
6
98
8
3
3
3
1
154
60（10）
60（10）
141
99
71（3）
139
140
88
32（2）
62（1）
*
145
*
101
*
71（1）
*
65（2）
32（2）
71（3）
30
62（4）
*
95
*
74（1）
*
60（7）
60（7）
1
46
1
2
*

裘　　　　　　　　裂　袋

1
134
159
25
裘
1
1
63（2）
147
32（5）
76
60（8）
87
65（4）
65（4）
324
60（9）
242
袋
145
裂
4
71（3）
152
30
88
94
28
*
62（2）
*
62（3）
94
60（4）
60（7）

60（5）
74（2）
*
153
153
裔
175（1）
17
65（1）
裛
65（4）
裝
140
74（2）
*
46
134
8
82
製
27
139
139
69
139
76
34
*
46
153
羊部
羊
44
32（2）
88
308

100
145
65（4）
1
60（3）
47
65（10）
62（1）
152
62（1）
44
129
95
101
145
74（1）
2
62（4）
71（1）
154
92
62（3）
羌
82
100
33
62（3）
95
71（3）
44
62（2）
67
62（4）
145

（美 美）美　　　　　　差

140
151
1
*2
*71（1）
*74（1）
*62（1）
*101
*152
*1
差
5
12
44
60（5）
139
1
60（10）
65（3）
60（3）
71（3）
65（3）
66
146
美
60（10）
49（1）
32（12）
1
61（4）
61（4）

羊部

二——三画

61（4） 60（5） 174 140 62（3）* 88 60（8） 45（2） 60（3） 61（2） 65（5） 44 1 1 62（4）* 86 69 75 2* 65（4） 65（2） 101* 71（1）* 62（1）* 95* 162* 62（2）* 74（1）* 1 152* 158

羞　　恙　　　　　　　　羔　　姜

33
60（9）
1
羞
158
88
恙
71（3）
63（2）
87
86
62（3）
74（1）
62（2）
2
62（1）
71（1）
101
152
62（4）
145
95
33
244
姜
65（4）
71（2）
羔
47
162
139
1

6
44
44
61（4）
5
61（2）
60（7）
51
61（1）
139
82
60（10）
327
羝
44
善
32（12）
13
100
44
39
140
147
154
着
60（2）
71（3）
100
108
1
60（9）
66

羡

139 139 70 60（2） 18 47
158 16 46 1 62（1）
1 62（3） 2 62（4）
28
139 101 74（1） 95 145
162 60（8） 152 67 羡
63（2） 62（2） 71（1） 49（2） 60（5）

翔

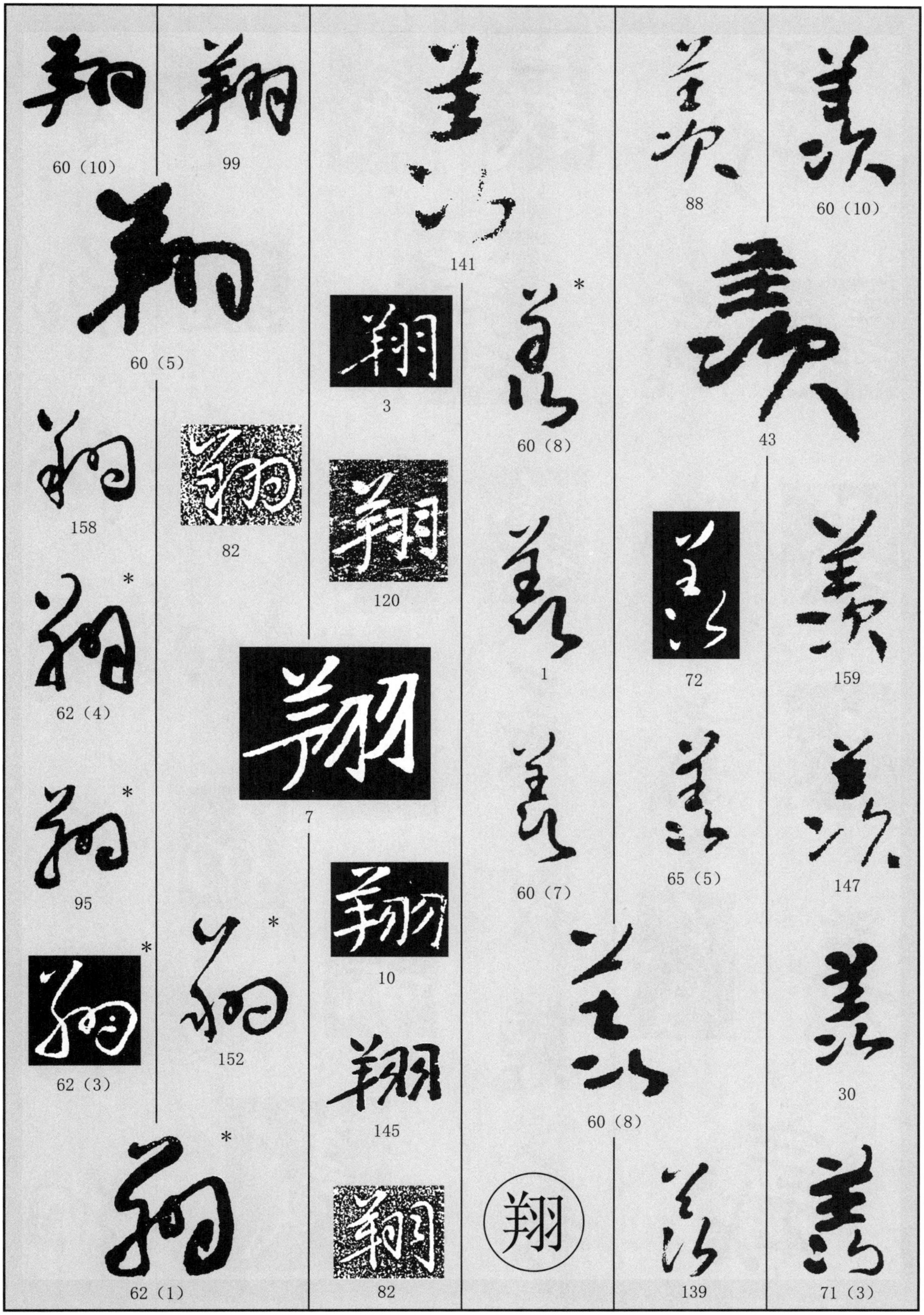
60（10） 159 147 30 71（3）
88 43 72 65（5） 60（8） 139
141 60（8）* 1 60（7） 翔
3 120 7 10 145 82
99 60（5） 82 152* 62（1）*
60（10） 158 62（4）* 95* 62（3）*

(义 豢 羲)義

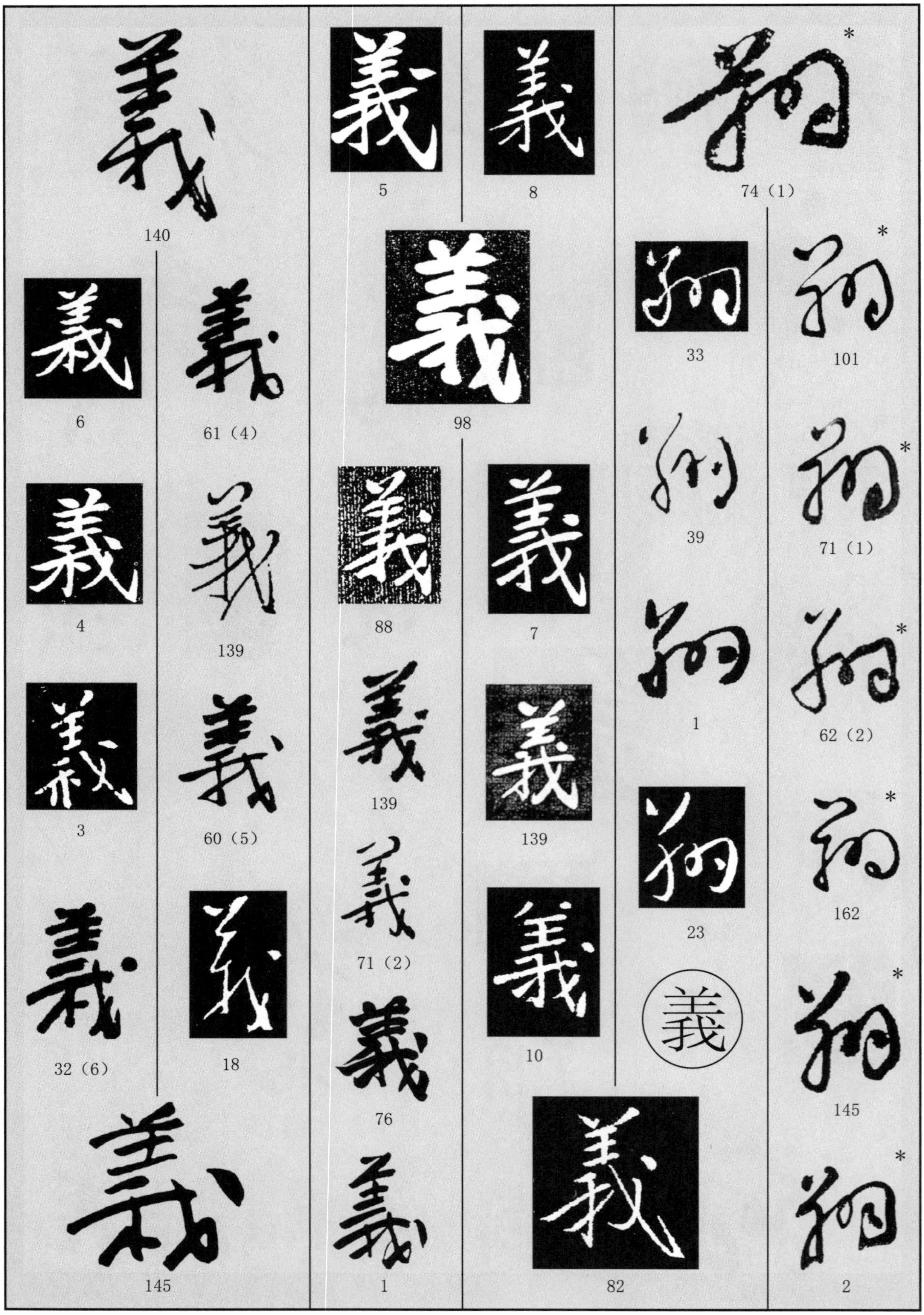
74（1）
101
33
39
71（1）
1
62（2）
23
162
145
2
義
82
5
8
98
88
7
139
139
71（2）
10
76
1
140
6
61（4）
4
139
3
60（5）
32（6）
18
145

3

1100

1031

87

87

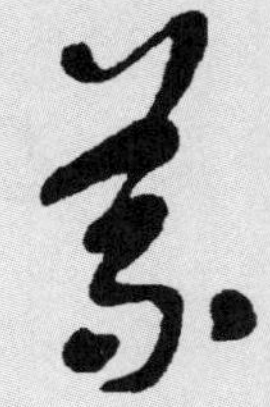
71（3）

62（4）

51

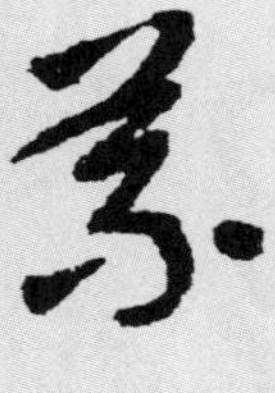
74（2）

25

101

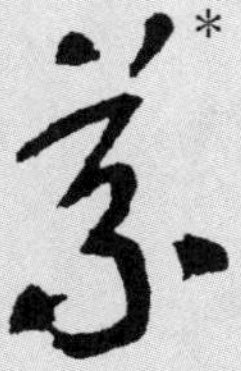
95

152

71（1）

162

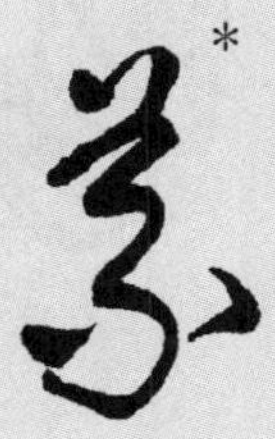
62（1）

139

74（1）

2

65（2）

65（2）

99

100

100

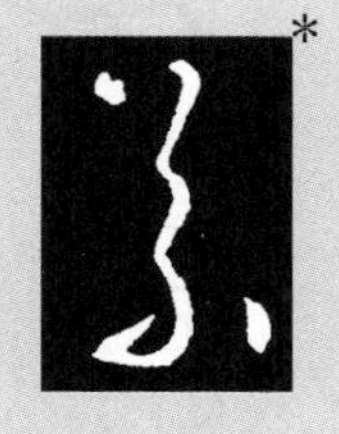
62（3）

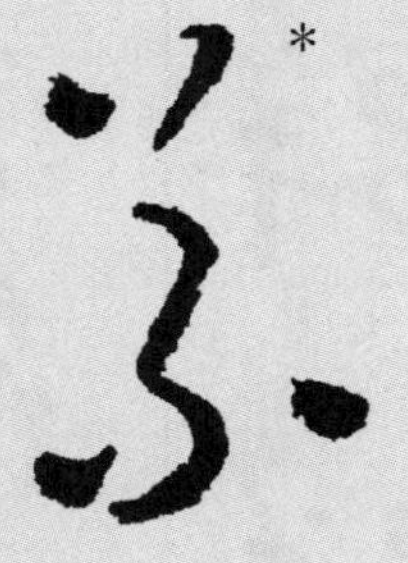
62（2）

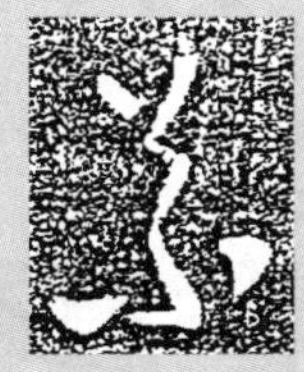
83

60（9）

28

32（10）

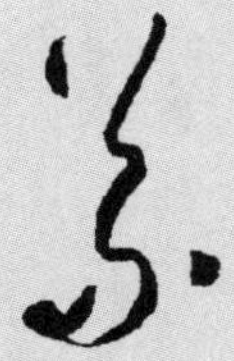
385

1

1

65（1）
1
158
1
107
1031
51
51
群
1
1
7
11
1
545
61（2）
65（3）
88
60（5）
60（10）
77
159
44
32（2）
100
88
572
44
66
61（2）
1
*
62（3）
*
62（2）
67

(养　養)養

18
28
2
32(8)
65(2)
養
233
152
65(5)
62(4)
140
155
61(2)
45(2)
60(4)
88
6
155
71(1)
71(3)
162
105
71(2)
71(3)
62(1)
74(1)
101
44
9
22
61(1)
95

71(3)
61(4)
44
101
32(8)
51
1
39
88
71(3)
140
14
65(4)
97
28
32(3)
1
1
17
250
16
54(1)
60(7)
*
62(1)
*
152
*
2
*
71(1)
*
62(3)
*
62(2)
*
62(4)
88
22

羯

86
60(9)
71(3)
88
39
63(2)
71(3)
88
25
32(12)
69(2)
74(1)
95
羯
63(2)
1
45(2)
76
86
101
32(3)
129
324
60(1)
60(2)
166
60(8)
60(9)
71(3)

140
羲
145
145
71(1) *
74(1) *
2 *
62(3) *
62(2) *
62(4) *
95 *
101 *
145 *
62(1) *
129
162 *
28
158
1
146
154
羶
70
羹
196(4)
88
111
关部
券
139
55
139

卷
60(10)
88
1
74(2)
60(8)
70
31
60(10)
1
58
139
3
166
*
36
154
139
384
44
70
22
140
1
621
74(2)
拳
70
149
146
8
78
139

71(3)
66
119
眷
111
74(2)
65(2)
60(5)
米部
米
1
139
88
134
71(3)
139
60(3)
60(7)
100
94
71(3)
153
129
60(9)
63(2)
364
敉
1010
139
153
粔
153
158

粧
345
粲
44
214
61(4)
1023
*
32(9)
粗
8
粕
181
粒
1034
65(5)
*
94
1015
1
32(9)
111
230
97
1
*
67
66
65(2)
499
134
139
32(12)
101
174
料
82
敉
7
粉
88
94
94

精
60(7)
15
1
6
7
65(4)
71(3)
1
71(3)
44
74(1) *
51
60(5)
65(2)
12
51
62(3) *
75
65(3)
32(3)
98
82
88
62(4) *
62(1) *
17
61(4)
48
65(3)
60(10)
76

62(3)
2
74(1)
62(4)
62(1)
33
62(2)
71(1)
95
101
152
32(9)
154
糖
60(3)
糟
1102(3)
1
158
粼
1106
粹
196(4)
614
274
84
234
28
32(6)
87
152
69
粻
196(4)
1034
101
95
71(1)
2
62(2)
1
47

糞
32(1)
147
258
糠
1
33
101
62(3)
2
71(1)
158
62(2)
95
74(1)
糁
88
糧
62(1)
62(4)
152
1034
13
146
14
344
158
33
62(4)
2
66
1
113
62(3)

44
61(4)
98
書
1009
62(1)
3
32(12)
71(1)
聿部
1
101
5
聿
61(4)
61(4)
8
6
74(2)
62(2)
88
44
4
23
146
74(1)
1
82
95
65(5)
60(5)
140
146
152

139
14
572
88
1
139
44
488
154
137
561
71(3)
61(4)
69
*
71(1)
*
62(1)
*
2
72
74(2)
69
94
69
60(6)
61(1)
70
70
78
61(4)
*
95
60(9)
71(3)
69(6)
61(3)
71(3)
60(9)

（画）畫　　晝

8
5
88
1
154
158
10
19
28
113
140
62(3)
32(1)
44
74(1)
158
152
159
101
146
162
25
145
162
62(4)
74(1)
62(2)
60(3)
65(5)
1
71(1)
152

32(3)
146
394
62(3)
152
101
33
74(1)
95
60(3)
2
62(1)
62(2)
62(4)
100
65(5)
71(1)
54(3)
71(3)
32(1)
60(5)
51
60(10)
61(4)
44
60(1)
71(3)
44
229
100
96
65(2)
45(2)

肇　（肃　肅）肅　肆

1
肇
98
10
88
196(12)
77
28
83
32(7)
158
71(3)
51
98
30
32(3)
313
286
肅
58
51
74(2)
88
82
69
10
74(2)
45(2)
15
75
101
65(4)
71(3)
肆
18

盡

122 154 3 4 159 3 221 6

60(10) 44 32(9) 1 154 1 154 60(10)

16 32(9) 30 30 71(3)

45(2) 30 60(3) 88 60(8) 72 76 67 100 60(2)

良

聿部 九画

艮部 一画

146
145
71(1)
17
154
60(10)
152
62(1)
60(8)
60(4)
87
65(1)
101
65(3)
艮部
良
383
95
62(3)
62(1)
8
64
74(1)
62(4)
31
28
158
46
6
2
62(2)

（艱）艱

145

62(3)

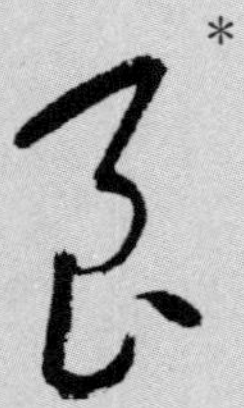
152

101

95

74(1)

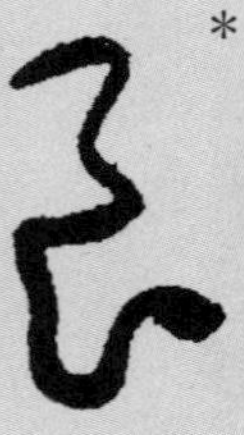
62(2)

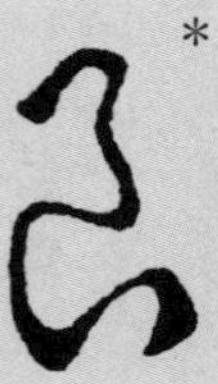
162

62(4)

71(1)

99

149

352

30

69

63(2)

㊀艱

6

12

3

71(3)

76

1

1

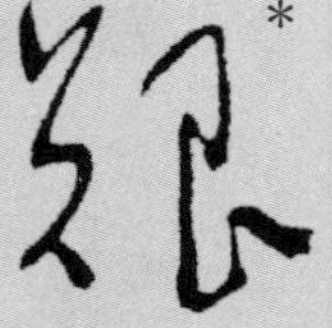
65(3)

71(3)

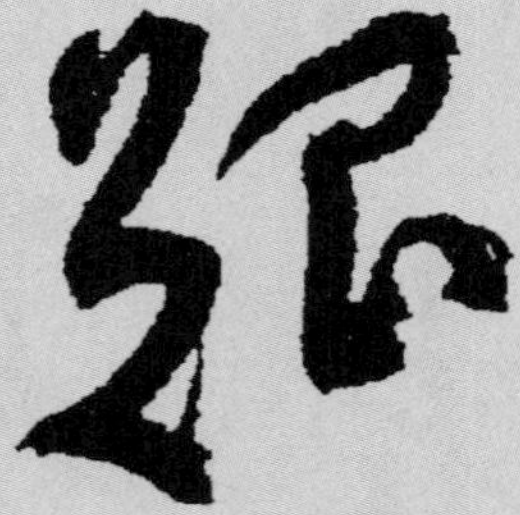
55

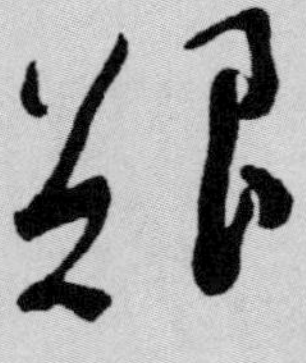
75

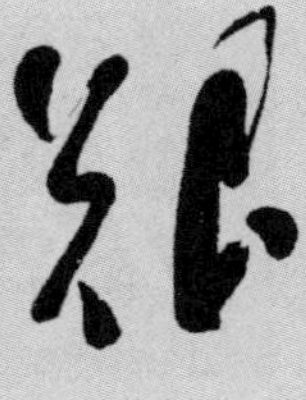
61(1)

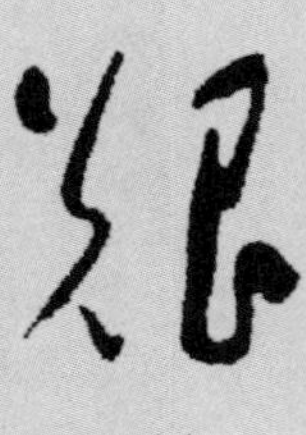
60(3)

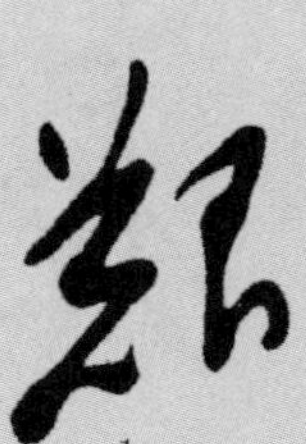
1

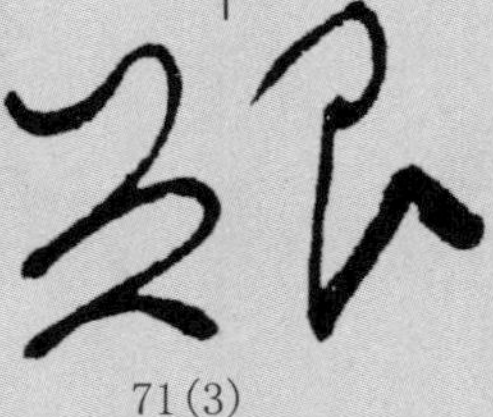
71(3)

翃 羿 羽

107 131 141
羽部
羽
1 88

104 139 140 2 71(1)

101 145 162 152 74(1)

62(4) 62(3) 62(1) 95 67 60(8)

100 1 62(2) 94 146

30 158 28

翃
159 1008

羿
60(6)

88
翌
18
82
1
9
98
77
習
7
5
5
14
51
17
71(1)
15
1
154
71(3)
60(8)
72
152
62(3)
62(2)
62(1)
101
44
162
145
158
95
62(4)

74(1)
2
翎
60(8)
60(3)
1
翟
4
65(2)
翠
60(3)
283
1
60(10)
15
60(10)
145
61(4)
99
141
55
139
60(7)
32(12)
60(7)
71(3)
60(8)
140
33
71(3)
44
1

158
152 *
62(2) *
62(4) *
60(3)
101
140
74(1) *
139
1
71(1) *
62(1) *
62(3) *
2 *
翫
100
153
28
翩
108
145
32(3)
60(3) *
5
5
36
44
翼
44
8

62(1)

60(10)

549

翻

174

810

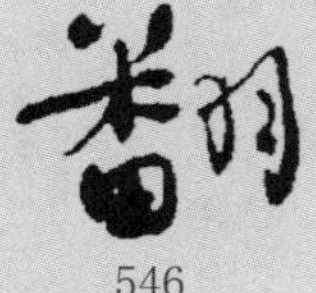
546

33

翘

196(6)

4

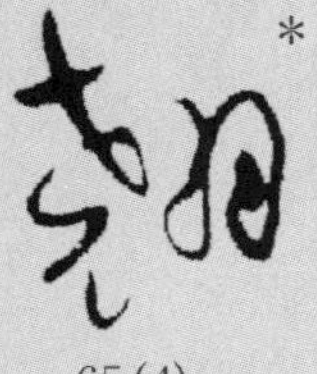
65(4)

翱

62(3)

158

62(4)

152

74(1)

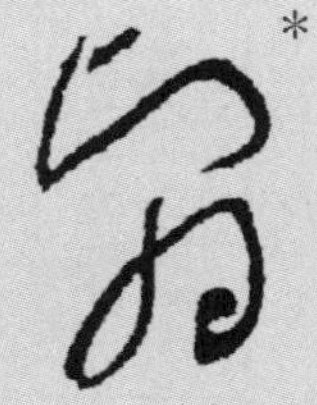
71(1)

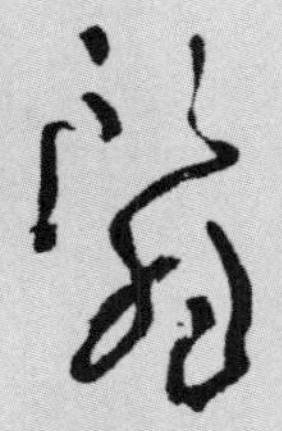
61(3)

62(2)

95

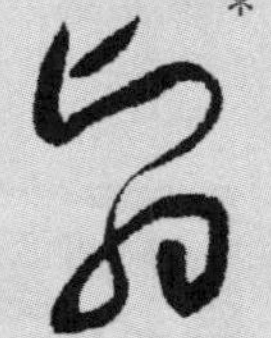
2

101

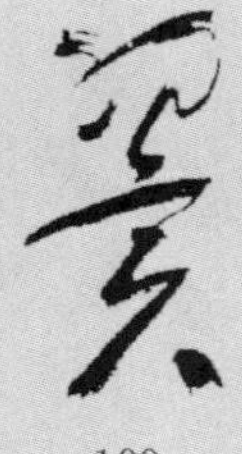
100

16

翳

175(1)

140

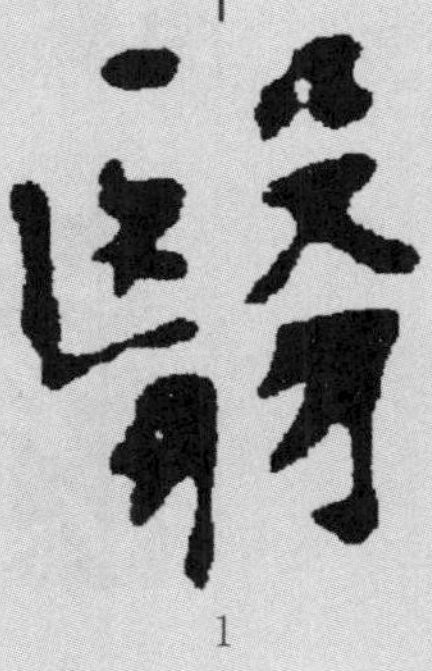
1

23

23

1

83

81(6)

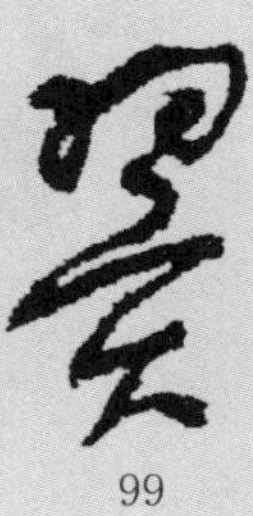
99

44
60(8)
153
71(3)
1
154
99
81(6)
65(3)
66
1008
翽
44
83
46
65(2)
196(12)
糸部
60(8)
147
系
15
83
121
4
9
7
65(4)
96
78
74(2)
糾
60(1)
紇
71(3)
82
*
67

82 42 139 33 65(2) 62(4) 62(3)

32(8) 46 51 5 98 1

60(3) 66 71(3) 71(3) 190 8

88 60(8) 15 139 45(2) 55 140

159 65(2) 1 154 154 42

145 71(3) 111 1022 103 98

紀　　級 紈

62(1) *

95 *

101 *

2 *

62(2) *

46

141

74(1) *

152 *

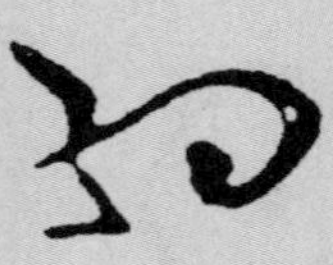
81(6)

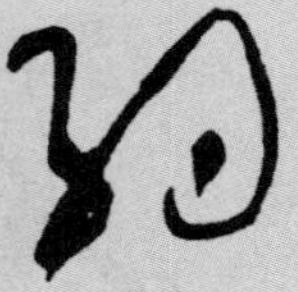
146

71 (1) *

紈

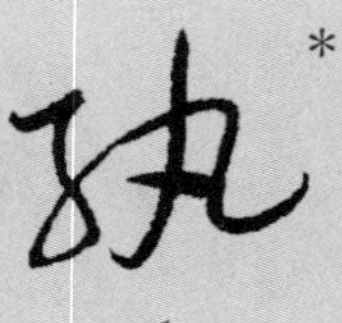
1 *

33

45(1)

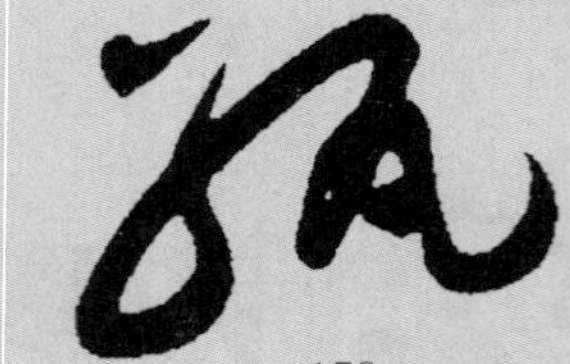
158

級

46

97

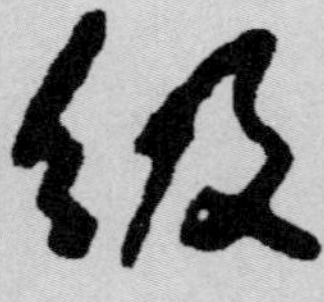
255

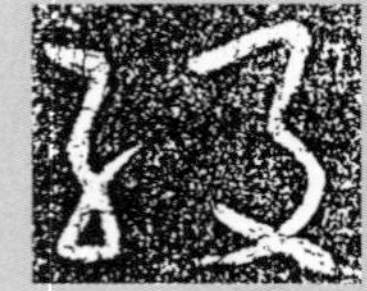
107

130

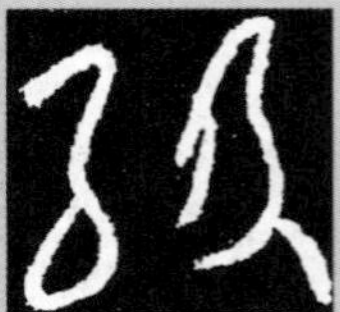
46

紀

11

12

7

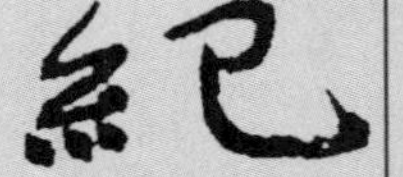
146

11

4

58

16

1

61(4)

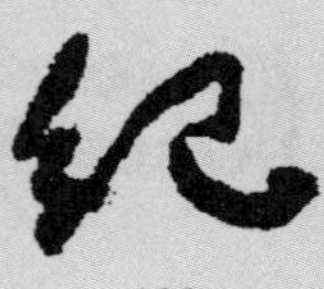
139

216

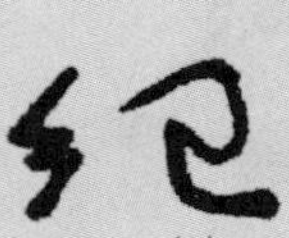
65(3)

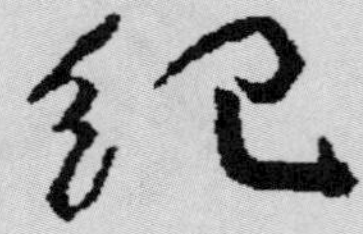
139

納　紗　纯　紘紕紜　紉

納
7
3
23
139
65(3)
164
62(4)
88
60(3)
200
154
32(7)
60(9)
154
67
紗
151
88
*
1
纯
285
60(5)
104
140
*
45(1)
140
紜
196(4)
1102(2)
紕
1026
紘
139
60(7)
*
66
21
60(8)
61(3)
1
紉
42
65(4)

(帋 紙)紙　　　　紛

紙
28
88
紛
71(1)
140
129
58
62(3)
95
140
76
877
1
101
2
71(1)
158
60(8)
3
162
45(2)
74(1)
121
624
152
74(1)
62(1)
62(4)
129
42
71(3)
62(2)
62(2)
95
47
45(2)
33

196(6)
134
組
12
27
32(3)
15
74(2)
28
紓
*
97
107
絨
65(4)
60(3)
61(3)
60(8)
*
158
344
1
105
紋
1
145
145
紡
*
152
32(9)
88
60(3)
*
62(3)
1
158
*
2
*
101
45(1)
1
154
70

細　紳

140　71(3)　18　1　158

146　104　74(1)*　95*

65(2)　61(2)*　32(7)*　62(2)*　101*

153　60(7)　60(10)　62(3)*　71(1)*

42　60(4)　364　154　1　62(1)*

129　44　1　152*　62(4)*

47　74(2)　65(3)　28　2*

62(2)
62(1)
62(4)
95
60(7)
65(4)
147
74(1)
70
60(6)
65(4)
71(1)
17
1
45(2)
154
32(9)
101
62(3)
162
152
158
紾
56
189
終
6
14
141
45(1)
82
146
絀
32(12)
256
1034
32(7)
98
1

138
74(2)
88
61(1)
15
51
60(10)
22
*
絜
5
紿
1
60(8)
66
絆
175(1)
紼
4
紹
154
234
86
32(9)
*
134
33
*
2
47
72
絃
32(10)
1
60(2)
61(4)
88
927
88
1
61(2)

1102(1)
196(6)
156
結
23
821
65(4)
60(8)
1
154
8
60(10)
76
62(3)
95
71(1)
74(1)
62(4)
46
65(3)
101
60(3)
71(3)
32(7)
31
62(1)
60(7)
158
71(3)
145
60(3)
62(2)
146
152
2
經
1030
紫
154
154

給　　絍

140　154　139　32(1)　1　71(3)　65(5)
65(5)　60(8)　154　139
1
32(9)　158　2*　101*
28　71(3)　62(4)*　95*　74(1)*　60(6)　62(2)*
62(3)*　62(1)*　153　152*
給　1　82　60(10)　60(8)
絍　8　51

62(4)
74(1)
158
152
111
77
絶
32(12)
47
絡
8
108
761
134
62(2)
2
71(1)
95
101
62(1)
32(9)
33
1
62(3)
32(9)
60(2)
3
47
60(5)
139
20
16
60(7)
28
158
絇
193(7)
綘

統

60(2)
4
66
10
330 *
51
統
5
780
22
74(2)
14
88
60(4)
146
32(3)
147
229
139
1
140
153
87
154
88
60(10)
285
139
285
82
60(10)
139
60(7)
6
71(3)
1
88
857

（絲）絲　　絮

101　65(1)　145　71(1)　62(4)　162　62(2)　95　152　62(3)　2　74(1)

60(10)　1　45(1)　145　1　60(7)　877

1102(2)　92　45(2)　絲　196(1)　32(12)　44

51　20　32(7)　1　絮　810　71(2)

71(2)　65(4)　706　1　69　97

綆
158
104
1106
經
32(12)
98
11
5
55
71(3)
60(10)
56
140
154
434
131
82
18
241
60(10)
88
1
60(7)
1
32(10)
139
61(3)
71(3)
95
62(4)
74(1)
62(2)
62(1)
71(1)
62(3)
101
152
2
46

70
48
45(2)
45(2)
1
32(2)
1
61(2)
綃
1
314
絧
絪
60(3)
絺
76
綏
82
17
1011
1
1
158
146
72
100
2
62(3)
28
97
101
62(1)
62(2)
152
74(1)
95
62(4)
71(1)
綈
114
*

緒
4
6
44
65(3)
19
88
97
107
綦
32(10)
綽
1027
綺
50
71(1)
62(3)
2
60(5)
74(1)
65(3)
432
62(2)
890
62(4)
44
62(1)
158
65(2)
95
33
101
152
緊
51

維　（綗　網）綱　綑　綫

維: 1　65(3)　71(3)　1　60(8)　147　101　維　32(8)　32(12)　9　98

綱: 7　154　88　25　4　60(9)　15　147　139　99*　78　綱　1　8　10

綑: 141　97*　107　584　綑　23

綫: 51*　綫　1　139　23*　60(2)

(緜)綿

綿

1 45(1) 60(5) 2 62(2) 51 107 101 74(1) 71(1) 62(4) 95 44 60(9) 28 83 23 22 60(7) 74(2) 82 62(1) 100 62(3) 76 275 71(3) 370 152 145 60(6)

綸

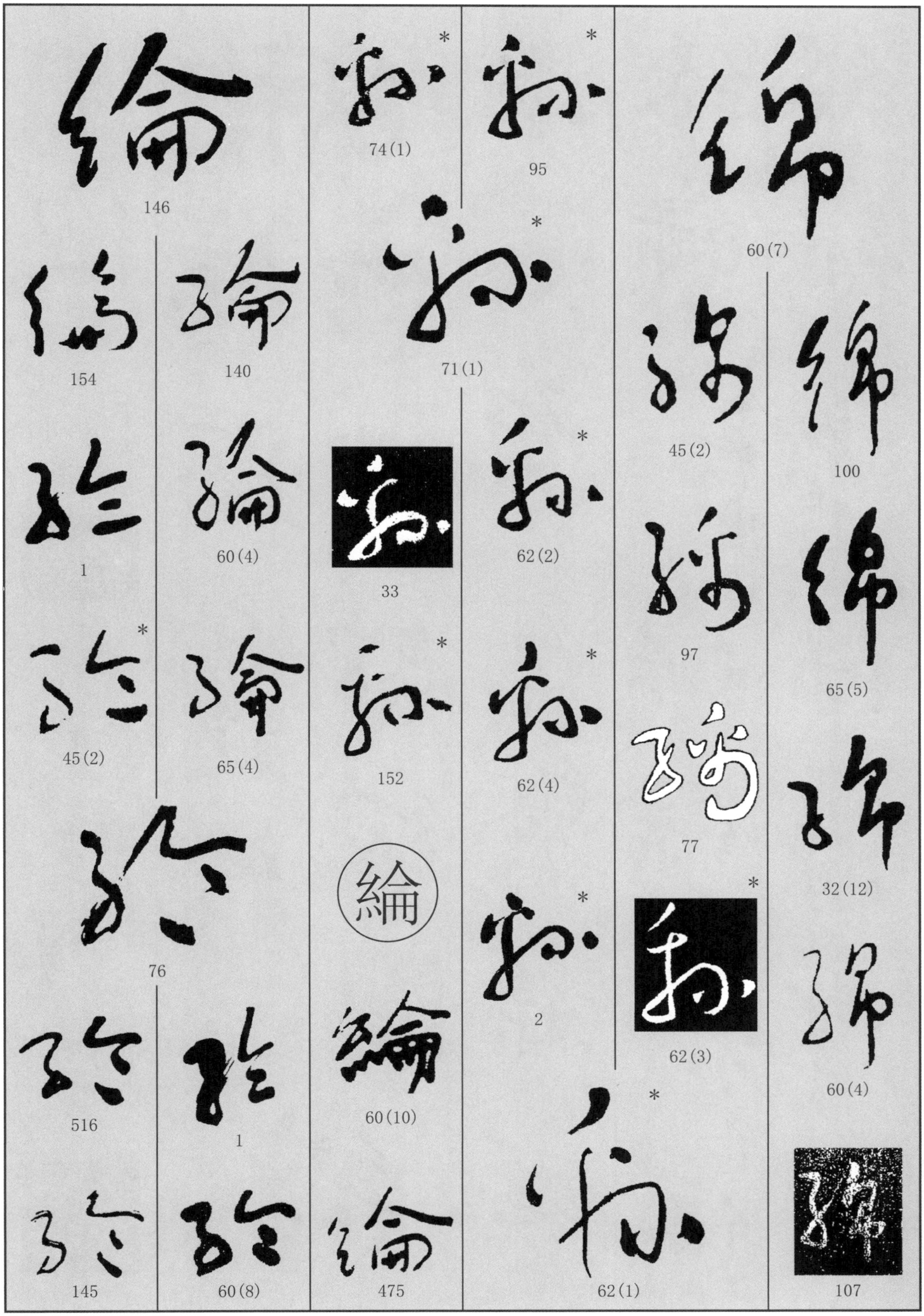
146
154
140
1
60(4)
45(2)
65(4)
76
516
1
145
60(8)
74(1)
71(1)
33
152
綸
60(10)
475
95
62(2)
62(4)
2
62(1)
60(7)
45(2)
97
77
62(3)
100
65(5)
32(12)
60(4)
107

綬
154
綢
12
綣
111
綜
8
44
61(4)
119
綻
1102(2)
65(4)
綰
864
60(5)
60(5)
60(8)
32(7)
857
77
緊
70
緑
32(12)
1
1
832
869
1
154
546
151
139
71(3)
32(3)
88
1
1

緗
190
1100
緹
190
19
緲
139
32(12)
32(7)
1
22
242
緘
139
1
1102(3)
60(6)
練
8
8
98
60(5)
6
131
146
綴
88
153
71(3)
緇
145
1
61(3)
100
32(8)
71(3)
47
60(3)
88
71(3)
71(3)
60(8)
65(1)

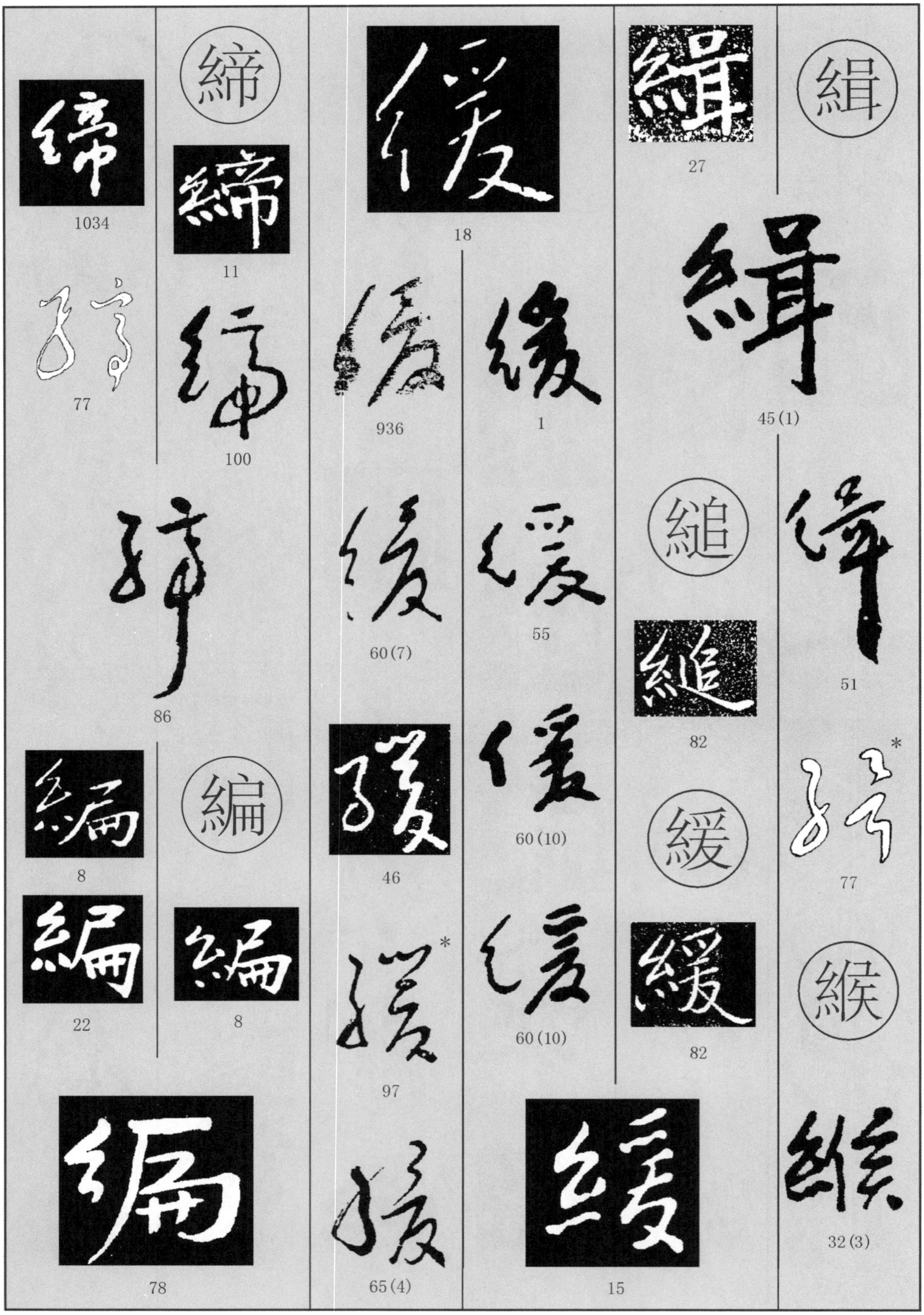
緝
27
45(1)
51
77
緱
32(3)
縋
82
緩
82
15
18
1
55
60(10)
60(10)
936
60(7)
46
97
65(4)
締
1034
11
77
100
86
編
8
22
8
78

62(3)
62(2)
1
74(1)
1
95
28
2
71(1)
101
44
緣
139
60(5)
32(11)
60(10)
60(5)
100
100
60(8)
61(2)
65(2)
86
緡
153
139
139
緯
83
131
45(2)
146
74(2)
縝
196(4)
540

27
12
61(2)
96
125
32(7)
158
140
1027
績
8
140
61(1)
15
28
1025
145
縗
1014
縭
74(2)
縑
196(4)
縟
108
145
146
縫
199
縞
30
145
152
縳
10
88
32(9)
66
62(1)
62(4)
162
140
158

繁 縵　縷　繄 縹　縶

60(5)
60(10)
154
87
71(3)
88
65(4)
60(8)
500
92
32(10)
縵
174
1026
71(3)
繁
6
154
139
縷
196(2)
1106
154
30
71(2)
196(9)
縹
139
32(12)
繄
18
1030
32(9)
145
66
60(7)
54(2)
107
縶

97
76
47
32(8)
134
23
71(3)
9
32(12)
32(11)
83
71(3)
1
32(7)
1
78
71(2)
153
1
32(3)
74(2)
71(2)
總
46
22
19
60(7)
22
10
153
153
46
12
5

(繆 繆)繆　　(縮)縮 繽　　(綻)　縱

繆
縱
繽
縮
5
44
60(5)
60(1)
30
153
*
76
1
*
12
32(5)
70
82
141
60(5)
76
656
60(2)
140
65(3)
140
*
32(8)
139
190
88
77
139
139
139
60(5)
44
154
65(3)
332
65(4)
44
139

31
31
繞
9
1
51
87
60(10)
32(2)
141
261
*
88
244
1
45(2)
47
92
153
97
44
60(10)
141
45(1)
71(3)
60(6)
584
99
1
繖
32(12)
繙
187
*
1
織
12
82
31
*
1
46

15
15
88
153
77
1
94
繕
196(2)
51
175
繒
1030
繫
5
11
1
1
32(7)
32(9)
32(7)
78
25
324
490
78
60(8)
100
148
820
147
*
65(5)
65(4)
94
65(4)
32(5)
63(2)

32(8)

99

60(9)

繩

62(2) *

62(4) *

1

74(1) *

101 *

2 *

95 *

162 *

145 *

152 *

71(1) *

62(1) *

100

62(3) *

繾

111 *

繰

65(4)

繹

8

947

32(9) *

196(4)

繳

82

繪

525

1102(2)

65(5)

1015

繡

44

139

134

(絋 継 繼)繼 繽

5 154 1 5 1 11 98 12 60(7) 8 334 140

65(1) 78 55 32(8) 32(12) 1 94 1 5

* 60(2) 71(3) 45(2) 76 60(8) 44 71(3) 45(2) 100 729 65(1)

續　纈

47
154
17
32(1)
87
88
續
44
47
71(3)
*
1
139
87
65(2)
88
137
381
纈
1101
20
71(3)
32(8)
45(2)
32(7)
39
65(3)
74(2)
69
20
45(2)
146
44
70
15
32(10)
83
71(3)

纖　　纓　　(緾 纒)纏

247
62(2)
62(3)
1
22
62(1)
147
1
66
153
25
60(9)
158
104
243
28
2
62(4)
71(1)
纓
纏
63(2)
162
74(1)
78
108
45(1)
152
32(3)
95
76
60(5)
纖
101
324
108

纔

154 1006 1022 1 5 145 139

纘

153 1021 97 107

纜

559

71(3)* 65(5) 94

走部

走

10 27

3 3 1 60(2) 60(10) 19

139 18 149 65(1) 60(2) 19

100 70 60(10) 87

(起) 起 赴

45(2)
146
71(3)
166
1
1
起
4
5
5
10
11
8
6
140
51
74(2)
71(3)
74(2)
32(10)
71(3)
15
70
22
45(2)
46
1
31
146
赴
70
8
45(2)
10
129

23
98
7
44
12
221
88
82
23
154
82
44
140
60(10)
214
47
60(10)
140
44
65(1)
61(3)
32(9)
74(2)
60(8)
154
71(1)
100
74(1)
62(1)
62(2)
2
95
87
62(4)
101
152
62(3)

（䞨）越

32(7) 55 71(3) 72 101 2 140 162 60(6) 152 67 88 61(4) 越 71(3) 74(1) 71(1) 139 17 98 65(4) 95 139 146 60(7) 60(7) 62(1) 139 47 65(3) 83 67 1 45(2) 88 46

趙　　（超）超　　（趂）趁

100
趙
32(10)
154
17
23
17
1
158
146
16
60(5)
139
60(7)
61(2)
154
71(3)
*
39
32(3)
超
4
71(3)
42
17
154
*
62(3)
1
60(10)
500
60(5)
*
62(2)
*
62(4)
趁
151
88
283

61(4)
61(1)
1
147
44
150
61(4)
1
152
71(1)
107
趕
187
187
46
趣
1
158
2
74(1)
101
95
33
31
62(3)
62(2)
32(12)
15
83
74(2)
62(1)
62(4)
60(2)
60(2)
78
60(2)
60(5)
1

105
58
1011
趯
1011
赤
部
赤
32(3)
45(2)
97
60(1)
67
113
107
趫
198
趯
34
139
44
趨
9
82
60(8)
87
92
796
61(2)
36
1
32(3)
139
100
51
71(1)
62(2)
95
62(3)
158
2

44
赭
1012
1104
車部
車
10
60(5)
131
赧
51
赫
196(4)
47
100
郝
936
38
赦
677
31
60(8)
28
60(7)
60(2)
76
62(1)
30
32(11)
71(3)
62(4)
101
158
74(1)
152
47
*

82
1
65(3)
904
87
15
44
60(10)
60(6)
71(3)
47
71(3)
1
74(2)
76
28
25
62(4)
60(2)
94
71(1)
101
162
62(2)
62(4)
62(3)
71(3)
95
62(1)
2
55
*

斬　軔　軒　（軑）軌

4
斬
71(3)
60(6)
60(1)
32(2)
44
1
65(2)
1
99
71(3)
99
97
32(7)
軔
74（2）
11
61(1)
99
1
45(2)
71(3)
79
1
1
軒
47
12
60(9)
99
60(7)
74(1)
軌
1030

45(2)

軟

1

1

33

158

95

軻

88

100

2

62(4)

74(1)

71(1)

101

62(3)

62(2)

62(1)

152

129

軸

51

71(3)

141

36

111

軼

88

軫

60(7)

87

1034

274

軺

60(5)

193(7)

78

軾

140

134

輈

44

31
60(10)
60(8)
71(3)
60(10)
15
83
145
65(5)
158
1
62(4)
*
145
83
39
6
87
1
581
10
輕
31
4
6
32(12)
71(3)
較
12
59
輔
7
46
*
74(2)
82
45(2)
18
輧
1009

32(10)
12
74(1)
152
101
15
6
輦
71(1)
2
140
175
輓
62(1)
62(3)
158
71(3)
108
32(12)
62(2)
33
131
76
699
78
95
輙
70
105
104
23
88
70
19
5
60(6)
60(2)

75
139
572
139
270
輼
129
輜
113
113
輭
1006
輯
74(2)
145
60(7)
輟
146
1034
22
61(3)
65(3)
30
154
153
243
409
65(3)
60(4)
60(2)
65(4)
60(6)
65(3)
88
119
輛
1031
輪
61(4)
139

（轉）轉　　轅　　輸

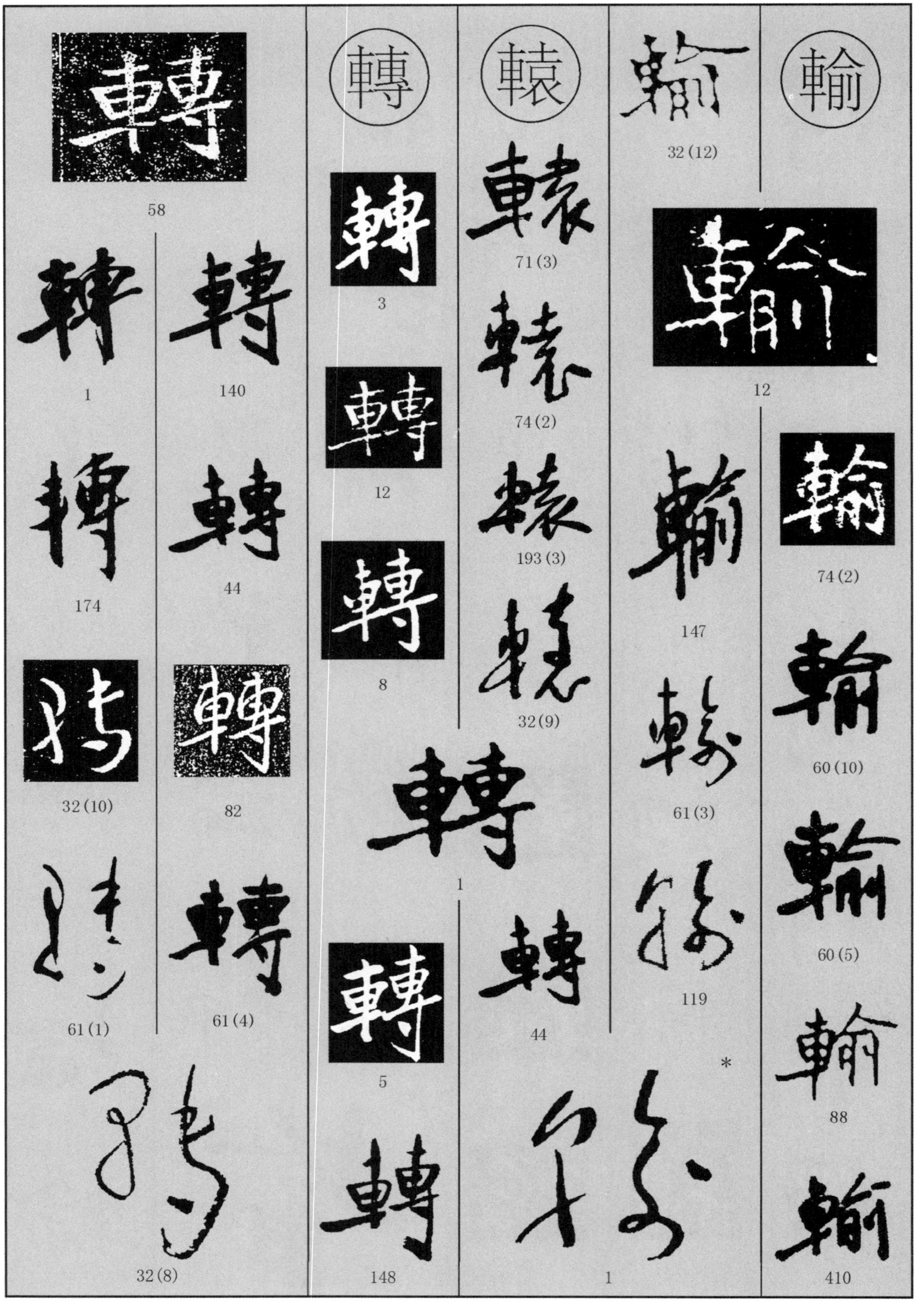
輸
32(12)
12
74(2)
147
60(10)
61(3)
60(5)
119
88
*
410
轅
71(3)
74(2)
193(3)
32(9)
1
44
轉
3
12
8
5
148
58
1
140
174
44
32(10)
82
61(1)
61(4)
32(8)

28
60(5)
152
74(1)
65(4)
1
88
71(2)
101
54(2)
轍
145
1
74(2)
87
95
61(3)
71(3)
60(5)
60(6)
62(1)
71(1)
60(6)
45(1)
51
66
62(3)
62(2)
111
65(4)
51
2
62(4)

轔
1102(3)
轟
141
131
187
20
轢
55
朿部
朿
60(5)
60(10)
155
3
65(4)
32(6)
66
156
28
1
敕
2
95
101
71(1)
74(1)
62(2)
45(2)
62(1)
62(4)
244
158
152
16
62(3)
1
賴
5
27

99
152
33
100
14
60(10)
63(2)
1
76
60(10)
豆部
62(1)
158
17
74(2)
豆
62(2)
2
95
60(8)
74(2)
65(1)
1
62(4)
74(1)
78
32(10)
1
71(1)
62(3)
60(7)
55
101
162
25
61(1)
*

71(3)
154
豉
88
豊
45(1)
18
71(3)
15
頭
32(6)
1
139
60(3)
60(5)
100
61(3)
88
71(3)
1
51
1
159
65(5)
60(6)
65(4)
60(9)
79
65(5)
65(3)
60(8)
*
99
88

（丰）豐

63(2)
139
63(2)
65(5)
148
46
65(3)
70
60(7)
147
44
47
71(3)
25
70
147
154
60(1)
66
25
94
豐
3
1
1
239
60(10)
71(3)
32(6)
51
32(7)
1
60(7)

32(1)

145

140

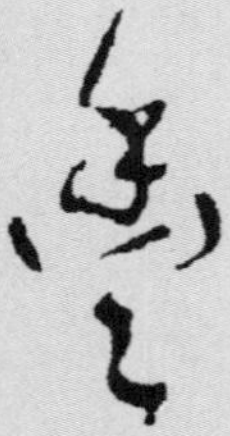
65(2)

15

60(2)

1

71(3)

60(2)

*

87

60(8)

60(3)

69

51

147

92

97

45(2)

32(8)

51

154

107

51

51

豒

199

豔

193(1)

酉部

酉

23

17

32(12)

酌

141

酣
45(1)
44
174
酤
1
70
100
酡
193(3)
153
酬
1009
624
49(1)
71(3)
配
3
32(10)
18
23
22
74(2)
85
15
139
19
54(1)
51
酣
19
61(4)
145
139
60(6)
51
67
60(8)
65(3)
71(3)
30
88
1102(3)
60(6)

醉
1
154
醇
1021
32(8)
60(8)
32(3)
71(2)
32(8)
65(1)
65(3)
32(10)
100
153
酵
1008
65(1)
71(2)
1102(2)
醒
189
酷
15
60(1)
60(3)
酸
139
65(4)
88
60(1)
88
66
154
60(8)
139
65(4)
65(2)
140
22
71(3)
154

醎　　醅

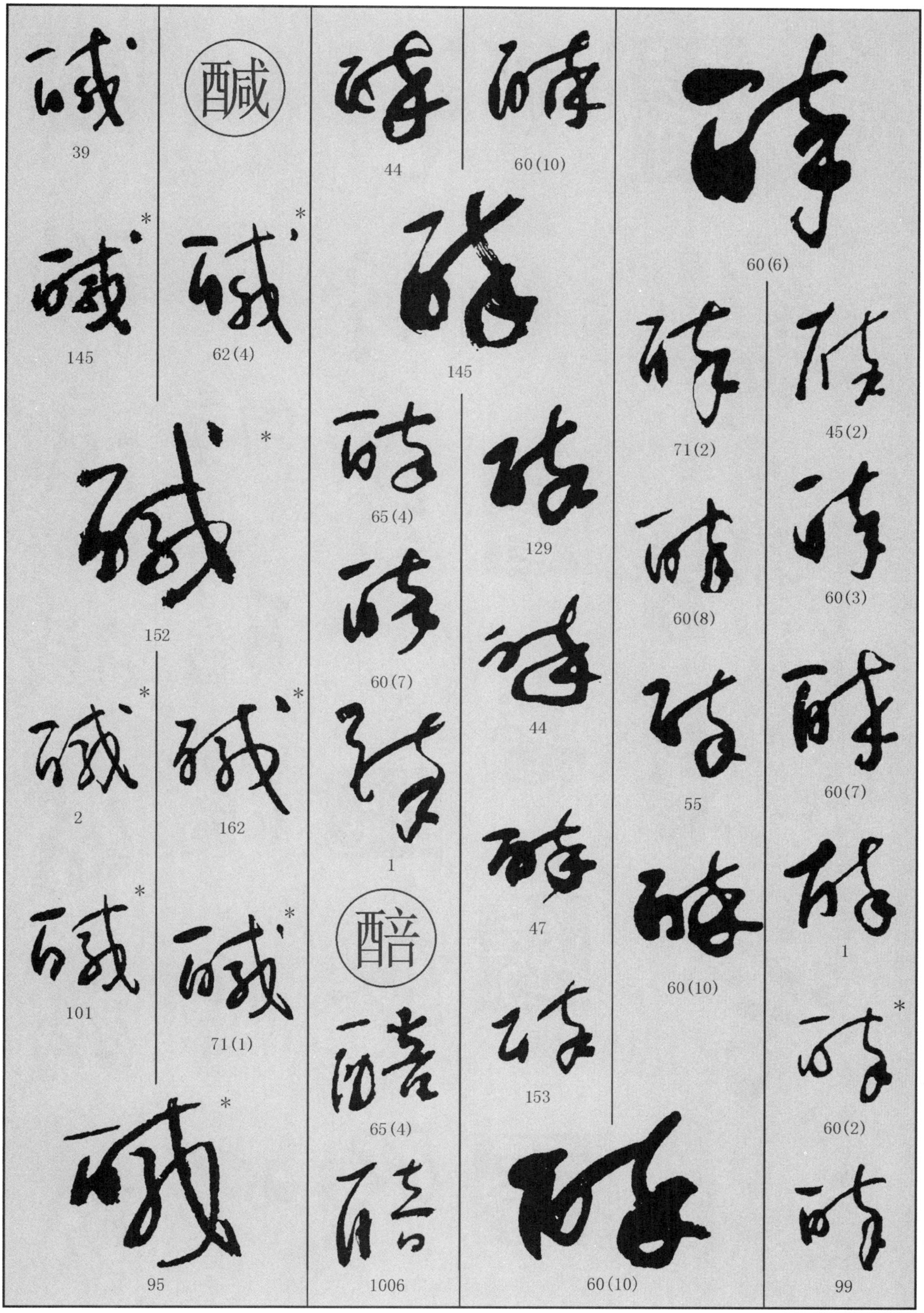

醎
39
145
*
62(4)
*
152
*
2
*
162
*
101
*
71(1)
*
95
*
44
60(10)
145
65(4)
129
60(7)
44
1
醅
47
65(4)
153
1006
60(10)
60(6)
71(2)
45(2)
60(8)
60(3)
55
60(7)
60(10)
1
60(2)
*
99

159
5
139
74(2)
139
51
415
45(2)
78
77
240
醫
27
100
12
98
154
55
醜
32(10)
55
1015
62(2)
醒
1102(3)
65(3)
76
1
44
62(3)
145
158
146
62(1)
74(1)
28

（辰）辰　醴醴　（釀）釀醺　醴醪　醢醳醬

西部　十一——十九画　辰部

74(1) *	辰	32(7)	醺	醪	92
95 *	7	醴	1	61(4)	醬
62(3) *	60(10)	223	1002	醴	196(4)
100 *	71(3)	30	1008	82	1
145 *	65(4)	1025	釀	18	66
71(1) *	152 *	醴	60(10)	20 *	醳
162 *	62(1) *	42	147	111	196(6)
		辰部	88		醢
					196(6)

脣　唇　　　　辱

101
62(4)
158
28
2
62(2)
71(3)
1
辱
60(5)
36
51
101
95
74(1)
71(1)
62(1)
62(4)
2
22
152
158
33
62(3)
唇
60(5)
1106
脣
62(2)
67
1
1
166
100

農
32(12)
47
55
75
154
139
60(10)
137
82
69
54(2)
54(2)
16
1
166
100
62(1)
18
65(3)
18
1
60(3)
2
101
62(4)
95
152
62(2)
74(1)
71(1)

5
32(12)
82
10
11
56
56
61(4)
14
18
98
47
27
32(6)
32(6)
60(10)
60(10)
32(8)
*
101
則
豤
4
豨
139
貝部
貝
145
154
*
62(3)
54(2)
92
31
豕部
豖
196(4)
158
92
60(1)
60(8)
88

88
69
96
32(6)
60(10)
60(9)
765
61(1)
60(8)
1
62(3)
92
71(3)
1
60(5)
101
71(3)
100
44
1
164
158
100
70
69
75
139
88
60(2)
139
60(7)
95
71(2)
70
30

貨　　敗　　財

62(1)
162
1
99
62(2)
25
51
財
63(2)
61(2)
32(12)
8
27
119
72
46
13
16
19
敗
32(12)
15
82
85
7
146
51
66
67
98
55
60(1)
66
46
貨

費
98
6
11
99
65(3)
99
1035
16
54(2)
貯
15
32(9)
446
60(7)
貶
5
貰
42
196(2)
貸
98
1034
65(1)
販
3
256
1031
貶
45(1)
46
69
32(12)
75
88
164
60(7)
51
100
88

貽　　賀

*
88
67
32(7)
51
1
51
1
153
55
賀
23
3
1
45(2)
357
78
60(7)
*
45(2)
71(3)
60(2)
45(2)
65(4)
貽
83
*
71(1)
33
*
62(2)
*
74(1)
82
*
2
*
62(4)
*
62(1)
*
95

67
21
88
152
101
324
1
88
62(3)
62(4)
806
60(9)
158
60(5)
99
95
140
73
148
71(3)
賊
65(5)
71(3)
32(12)
2
62(3)
60(7)
65(5)
44
71(1)
62(2)
63(2)
130
7
賊

貲　賃　賄　資　赈（賑）

152
101
74(1)
貲
1031
1031
196(4)
賃
196(2)
1027
45(2)
154
賄
107
資
3
98
773
44
51
62(3)
152
62(2)
145
71(1)
162
101
74(1)
95
2
62(4)
62(1)
1
60(8)
32(7)
赈
4
8
65(4)

65(4)
賒
60(4)
146
153
60(7)
賦
44
98
32(8)
1
100
15
15
88
32(2)
1
30
55
47
30
699
71(3)
473
147
1
88
63(2)
70
60(8)
25
145
60(7)
488
1
*
60(3)
100
32(9)

145
1
賫
7
15
賢
6
98
23
3
61(4)
56
1
32(10)
49(2)
78
44
88
51
65(3)
17
71(3)
60(4)
65(1)
61(2)
88
95 *
101 *
60(5)
134
2 *
71(1) *
74(1) *
62(4) *

（賤）賎

152
62(2)
62(1)
145
162
73
1
65(5)
99
17
19
222
154
62(3)
67
39
22
賤
51
134
139
60(5)
100
100
62(3)
62(2)
74(1)
62(1)
45(2)
71(1)
2
95
101
62(4)

152
162
28
60(7)
賬
258
賜
158
98
51
51
1
74(2)
1
111
質
8
7
61(4)
71(3)
60(7)
104
1
58
15
158
71(3)
65(4)
69
32(9)
15
70
32(9)
149
賙
196(4)
1031

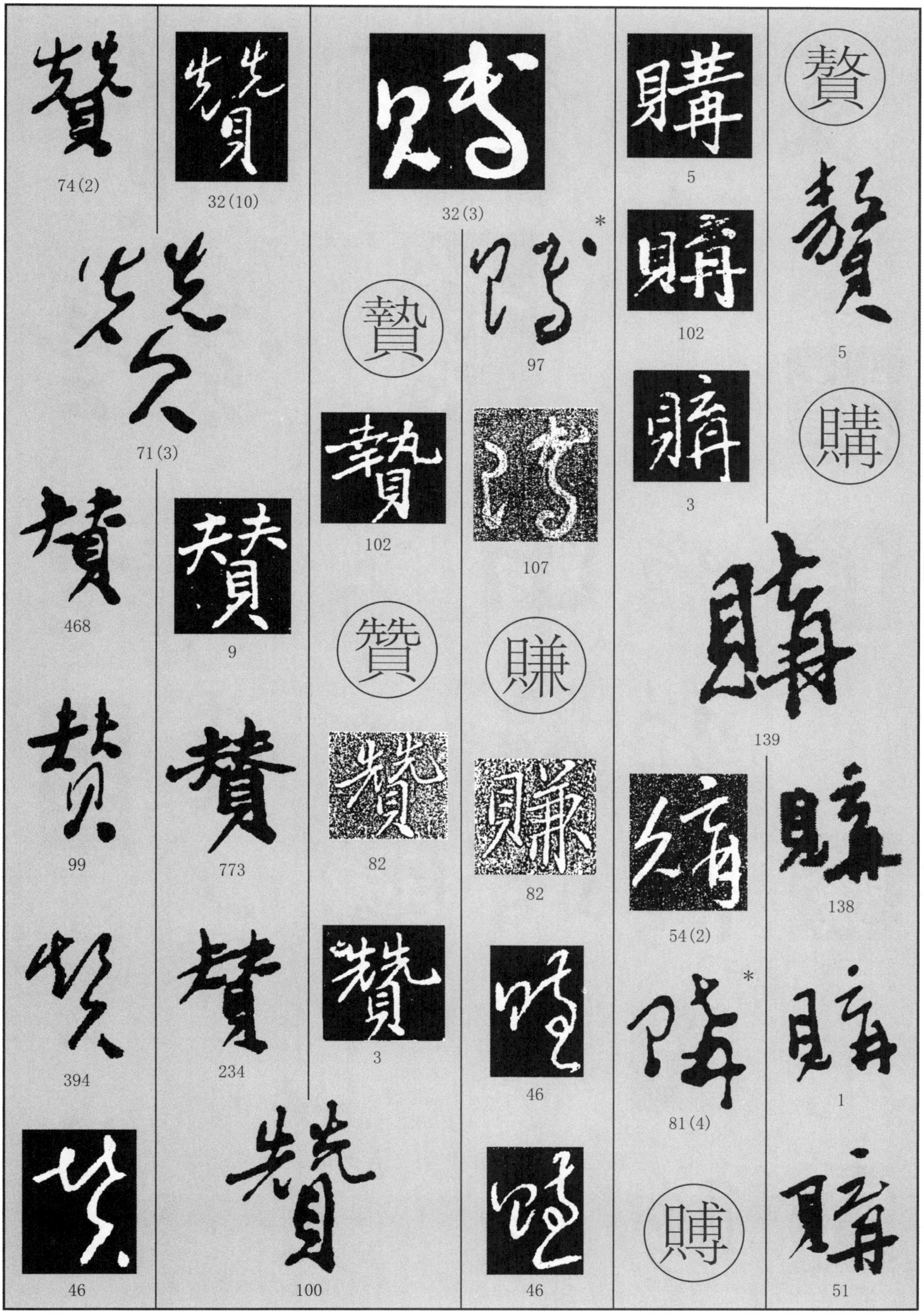

74(2)
32(10)
32(3)
5
贅
5
102
71(3)
97
贄
102
107
3
購
468
9
贊
賺
139
99
773
82
82
54(2)
138
394
234
3
46
81(4)
1
46
100
46
賻
51

145
贍
58
189
賸
196(4)
贖
98
1
65(3)
154
70
45(2)
107
97
62(1)
32(7)
5
154
70
83
100
101
147
贈
82
60(4)
2
71(1)
74(1)
162
62(4)
145
95
62(3)
62(2)
152

82
1033
1035
1033
1033
見部
見
4
82
7
88
50
61(4)
60(8)
32(11)
61(4)
11
18
99
145
76
60(2)
60(10)
1
51
275
158
60(10)
17
60(10)
95
74(1)
60(7)
60(2)
71(3)
101
152
71(1)
71(3)

101 162 62(1) 62(2) 244 99

74(2) 71(1) 74(1) 96 62(3)

60(10) 60(1) 45(2) 95 62(4) 2

60(7) 規 12 5 82 45(1) 1

2 62(1) 1 25 30

65(4) 62(4) 62(2) 62(3) 60(9)

親　覩　覘

5
10
27
44
78
70
140
51
317
44
60(8)
1
70
67
親
98
88
9
6
139
32(1)
55
32(7)
65(4)
158
32(7)
覩
11
60(10)
15
32(7)
1
152
覘
15
286

(覚 斍)覺 覬

1033
5
8
覬
97
107
覺
256
139
65(3)
145
220
60(6)
60(9)
67
229
32(9)
152
60(2)
1
20
18
71(3)
47
74(1)
62(2)
71(1)
62(4)
62(3)
101
62(1)
2
65(5)
95

（覽）覽

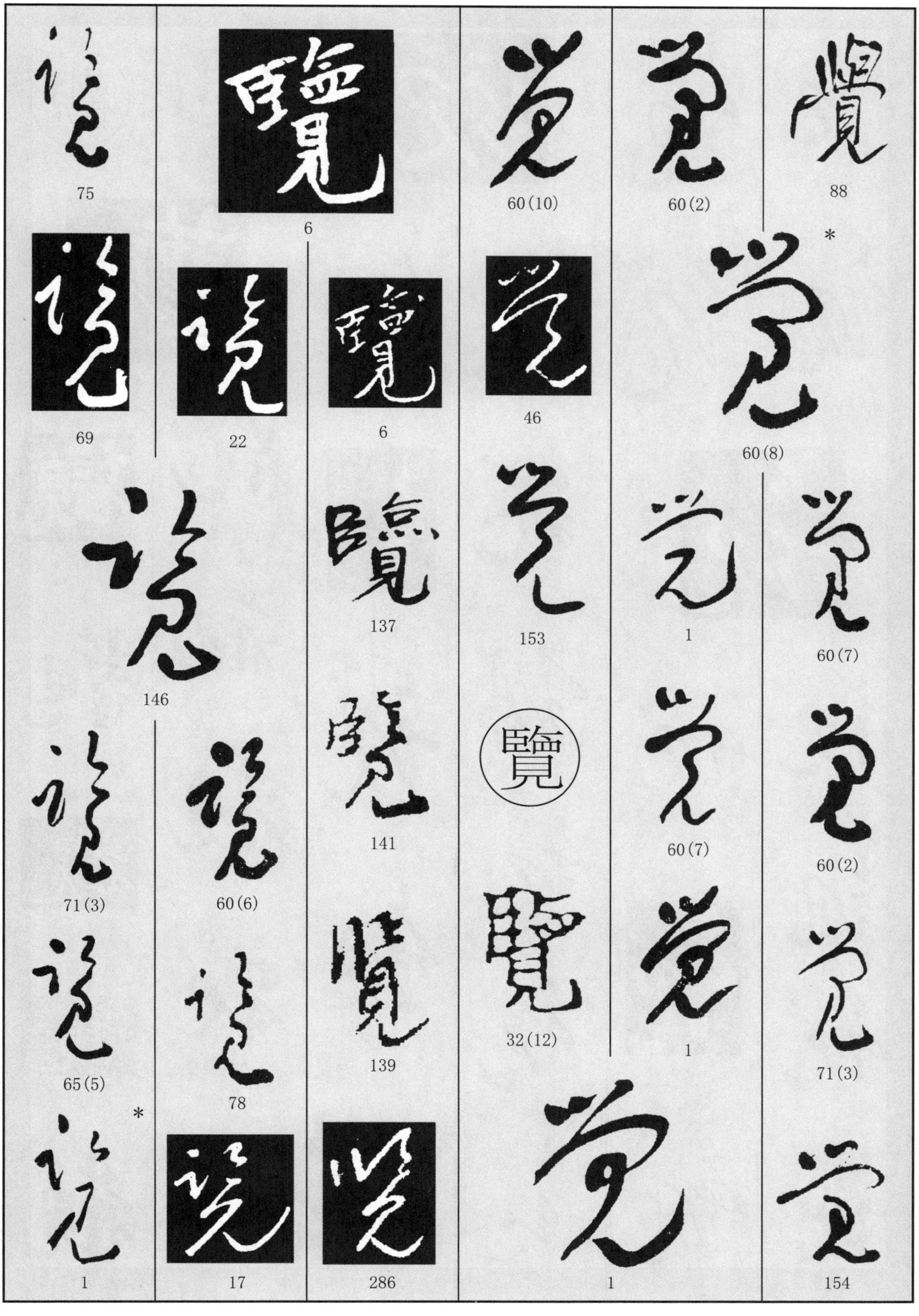
88
*
60(8)
60(7)
60(2)
71(3)
154
60(2)
1
60(7)
1
60(10)
46
153
覽
32(12)
1
6
6
137
141
139
286
22
60(6)
78
17
75
69
146
71(3)
65(5)
*
1

45(2) 45(1) 62(2) 1 23 101 65(4) 71(1) 74(1) 69 61(3) 62(4) 15 152 28 95 62(3) 2 162 1 62(1) 1 242 32(12) 5 61(4) 98 32(2) 154 61(4) 12 60(5) 82 60(5) 61(4)

里

4
82
103
81(8)
10
159
98
82
145
1
146
14
61(3)
159
65(2)
里部
里
9
44
64(1)
101
70
71(3)
60(9)
61(2)
60(6)
71(3)
61(2)
23
65(1)
87
101
100
60(8)

（壄）野

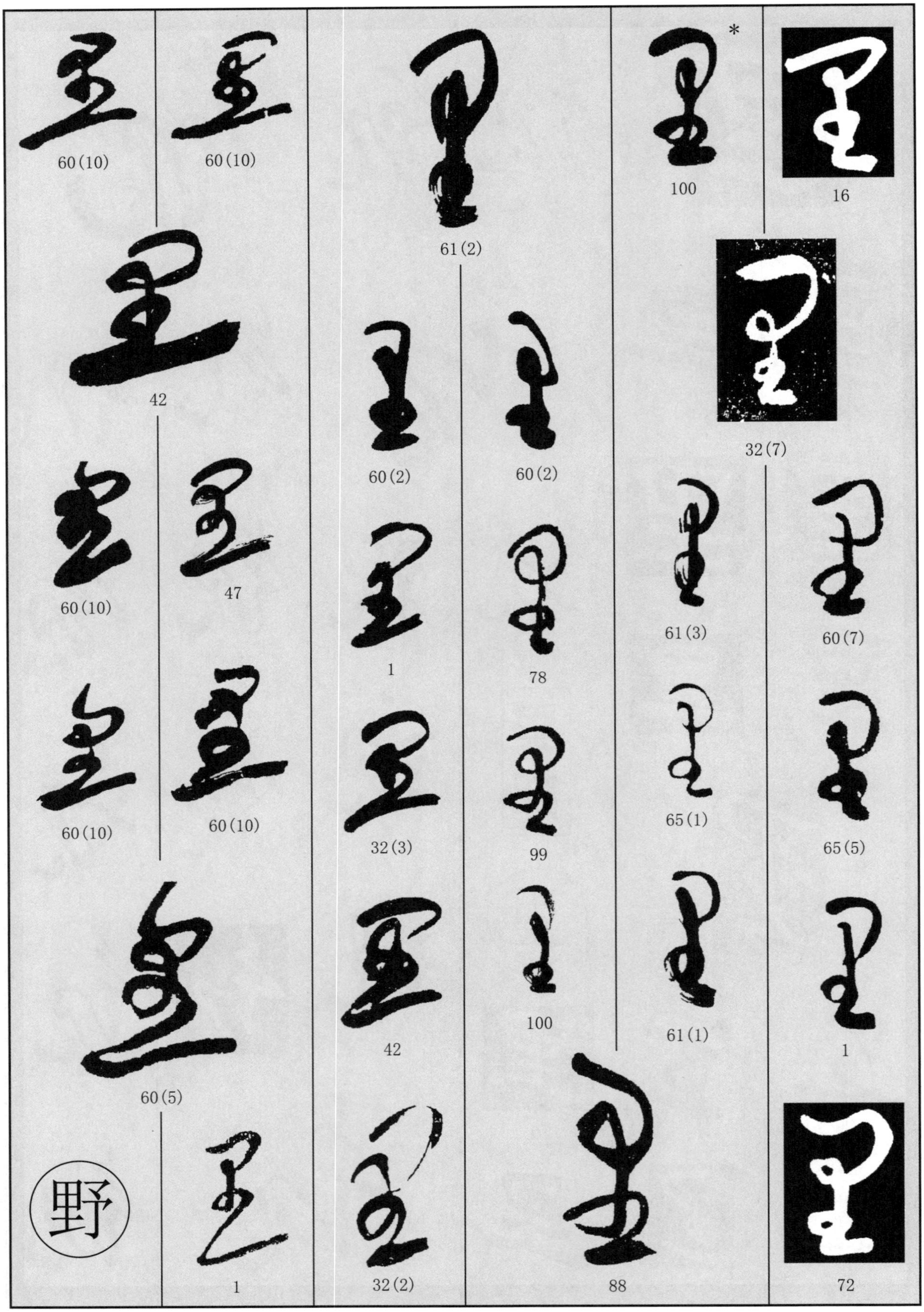
16
32(7)
60(7)
65(5)
1
72
100 *
61(3)
65(1)
61(1)
88
61(2)
60(2)
60(2)
1
78
32(3)
99
42
100
32(2)
60(10)
60(10)
42
60(10)
47
60(10)
60(10)
60(5)
野
1

158
62(2)
71(1)
62(3)
152
101
95
1
46
62(1)
74(1)
62(4)
152
43
32(1)
154
19
1
33
1
223
131
237
60(10)
14
549
88
60(10)
60(5)
154
525
32(12)
60(10)
32(2)
44
47
141

60(4)
*
2
99
66
60(8)
45(2)
47
18
60(7)
66
65(4)
76
151
足部
足
139
98
12
11
32(10)
88
1
82
61(4)
61(4)
60(2)
1
60(2)
78
99
65(2)
1
60(7)
61(1)
100
88

71(1)
66
62(2)
32(12)
33
99
62(3)
1
159
67
1
25
63(2)
51
1
101
152
9
74(1)
62(4)
15
81(8)
2
62(1)
19
71(3)
1
60(5)
1
60(10)
76
88
32(6)
60(10)
60(10)
60(10)

距
12
82
100
100
74(2)
45(2)
77
趾
58
88
154
跅
196(9)
跖
129
跋
100
36
135
140
27
58
32(12)
101
45(2)
74(2)
93
74(2)
196
跌
60(3)
67
154
81(3)
跑
65(2)
65(2)
跎
145
1
跛

51
44
103
1
145
82
145
51
139
71(3)
78
45(2)
159
32(3)
98
60(5)
55
1
65(3)
跪
99
1022
路
44
9
137
65(3)
47
134
65(2)
1014
跣
111
45(2)
92
跬
1102(3)
88
跨

65(2)
2
71(3)
1
61(4)
60(3)
95
88
60(5)
60(10)
25
32(8)
62(3)
83
60(10)
74(1)
99
71(3)
62(2)
71(1)
48
60(10)
65(3)
60(2)
62(4)
101
44
1
65(2)
62(1)
152
88
60(5)

踐踟踦跽　踆跟跰　跳

82
159
101 *
71（1）
2
62(3) *
95 *
74(1) *
跽
1031
踦
31
49(2)
踟
188
踐
1035
60（7）
跰
190
跟
86
187
踆
111
15
45(2)
1
60(2)
88
65(4)
45(2)
88
91(6)
98
跳
66
148
103
65(5)
60(10)
33

（踏）踏　踞　踪 踣 踘（踱）踱　踔

踏 1 367 65(4) 1 147 76*

88 92 610 44 134 874

踞 65(1) 60(10) 154 92 1 87*

1102(1) 踣 65(4) 111 踪 60(10) 70

62(1)* 196(9) 踱 111 153* 踘

62(4)* 152* 158 1 62(2)* 46 踔

474
60(3)
66
60(6)
153
10
44
108
110
842
153
踰
15
28
蹄
60(10)
88
65(4)
踵
58
102
141
119
60(8)
65(2)
54(3)
蹀
60(6)
199
140
60(2)
23
79
65(5)
88

蹬蹭 蹴蹩(蹶)蹶 蹰蹤(蹷)蹷 蹔 躇 蹊 蹈 蹋 蹁 蹉

躁 111 躁 10 274 150 躊 54(3) 186

躋 196(9) 88 140 108 852

躍 32(12) 101 139 32(3) 60(7)

98 82 55 71(3) 158 92 146

45(2) 62(3) 88 71(1) 1 95 2 74(1) 152 101

*
62(1)
62(2)
*
躚
30
1015
440
145
62(4)
躉
1006
躞
60(6)
*
140
71(3)
65(1)
65(4)
躡
58
15
198
190
身部
身
7
88
12
82
1
98
1
3
10
83
65(4)
1
12
51
27
145
140

61(1)
71(1)
*
62(3)
*
72
61(4)
28
65(5)
145
*
64(1)
215
15
162
*
47
66
1
66
65(5)
62(2)
*
95
*
62(4)
*
32(6)
134
32(12)
60(7)
74(1)
*
101
*
1
152
*
2
*
62(1)
*
31
45(2)

83
290
158
806
154
45(2)
射
10
83
42
82
60(5)
38
1
146
8
62(2)
62(3)
60(2)
44
71(1)
62(1)
88
308
60(1)
65(4)
101
158
153
74(1)
60(7)
95
2
62(4)

*
62(2)
60(6)
74(2)
*
152
66
*
71(1)
73
339
65(1)
145
*
152
*
74(1)
*
62(3)
6
60(2)
1
33
*
2
*
101
4
47
67
65(2)
*
62(4)
*
95
74(2)
32(9)
355
1
*
62(1)
82
躬

軀

573 103 98 61(4) 82 1102(1) 32(7)

谷部

谷

58 32(2) 16 45(2) 1 76 30 80(8) 60(3) 51 87 60(8) 158 1 32(12) 152 95 74(1) 162 2 101 15 71(1) 62(4) 62(3)

65(2) 71(3) 71(3) 60(5) 60(5) 141 1

61(3) 51 61(4) 82 14 88

6 88 5 6 61(4) 60(7) 44

539 欲 32(12) 5 98 5 159

62(1) 45(2) 郤 139 65(4)

62(2) * 145 * 32(12) 87 45(2) 45(1) *

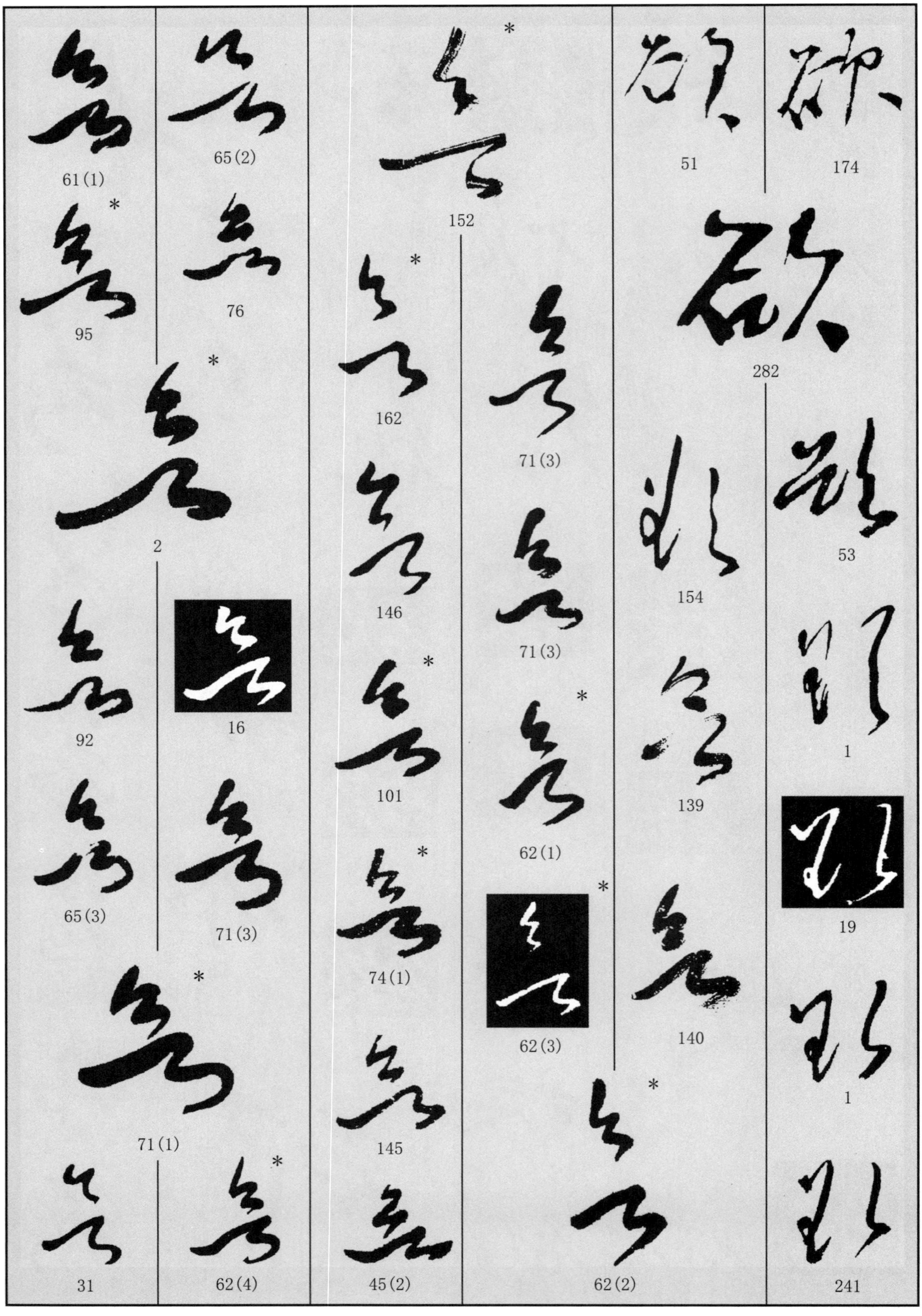
174
282
53
1
19
1
241
51
154
139
140
62(2)
152
71(3)
71(3)
62(1)
62(3)
162
146
101
74(1)
145
45(2)
65(2)
76
2
16
71(3)
62(4)
61(1)
95
92
65(3)
71(1)
31

210
44
82
32(12)
51
67
18
140
107
51
61(4)
140
60(7)
1022
豁
1106
74(2)
采部
悉
15
谿
58
121
60(7)
240
71(2)
60(8)
154
69(10)
65(2)
99
512
99

(釋) 釋　　(畨) 番

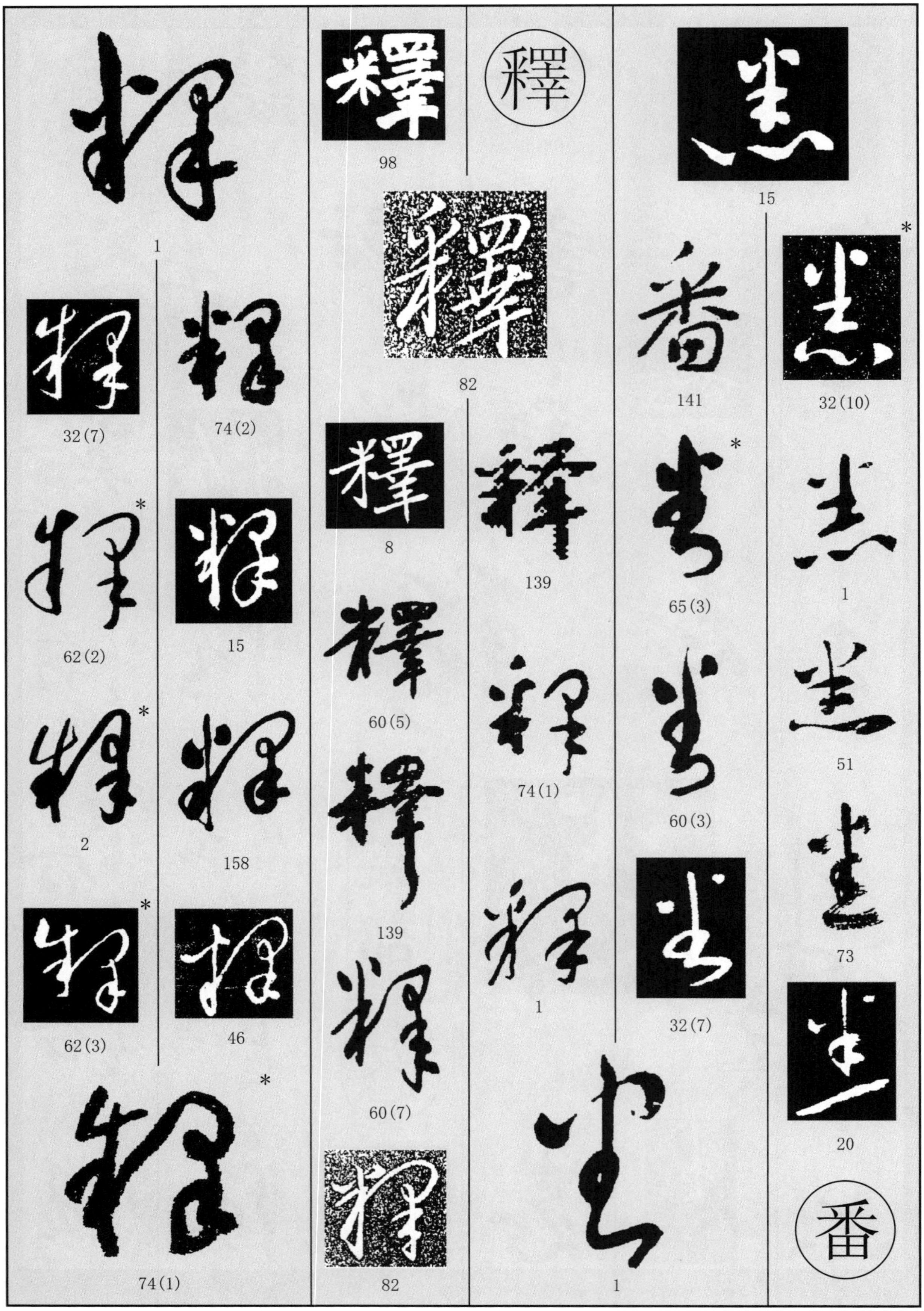

15
32(10) *
1
51
73
20
番
141
65(3) *
60(3)
32(7)
1
釋
98
82
139
74(1)
1
8
60(5)
139
60(7)
82
1
74(2)
15
158
46
32(7)
62(2) *
2 *
62(3) *
74(1) *

采部

四——十三画

(貘 貇)貌 貂 豹 豺

2
74(1)
62(3)
62(2)
71(1)
62(1)
95
18
101
141
62(4)
78
貌
100
33
158
1
30
1106
145
貂
1026
60(8)
153
豸部
豺
196(4)
1026
153
豹
137
44
62(1)
62(4)
71(1)
95
152
101

152
貔
100
153
角部
角
8
8
65(2)
16
32(1)
159
60(7)
60(6)
60(2)
140
60(3)
66
129
153
92
92
110
101
140
474
觓
60(8)
100

解
觚
觜
觥
45(2)
140
196(2)
65(2)
15
32(12)
5
98
82
13
10
88
60(10)
1
1
139
134
32(6)
9
139
139
83
158
65(2)
66
1
22
16
32(7)
62(2)
87
45(2)
*
62(3)
67

60(10) 1 71(1) 62(1)

62(3) 71(3) 33 62(4) 101 32(8)

觫

62(2) 61(4) 100 74(1) 32(12)

2 44 100 152 67

1103 67 2 20

觴

62(4) 60(9)

71(1) 1 70 60(8) 95

65(5)
71(3)
1
101
95
45(2)
101
154
62(1)
82
32(5)
159
174
490
74(1)
言部
⿰角戠
60(9)
64(1)
觸
152
言
88
108
154
158
32(12)
卯部
154
61(3)
卯
9
64(1)
122
33

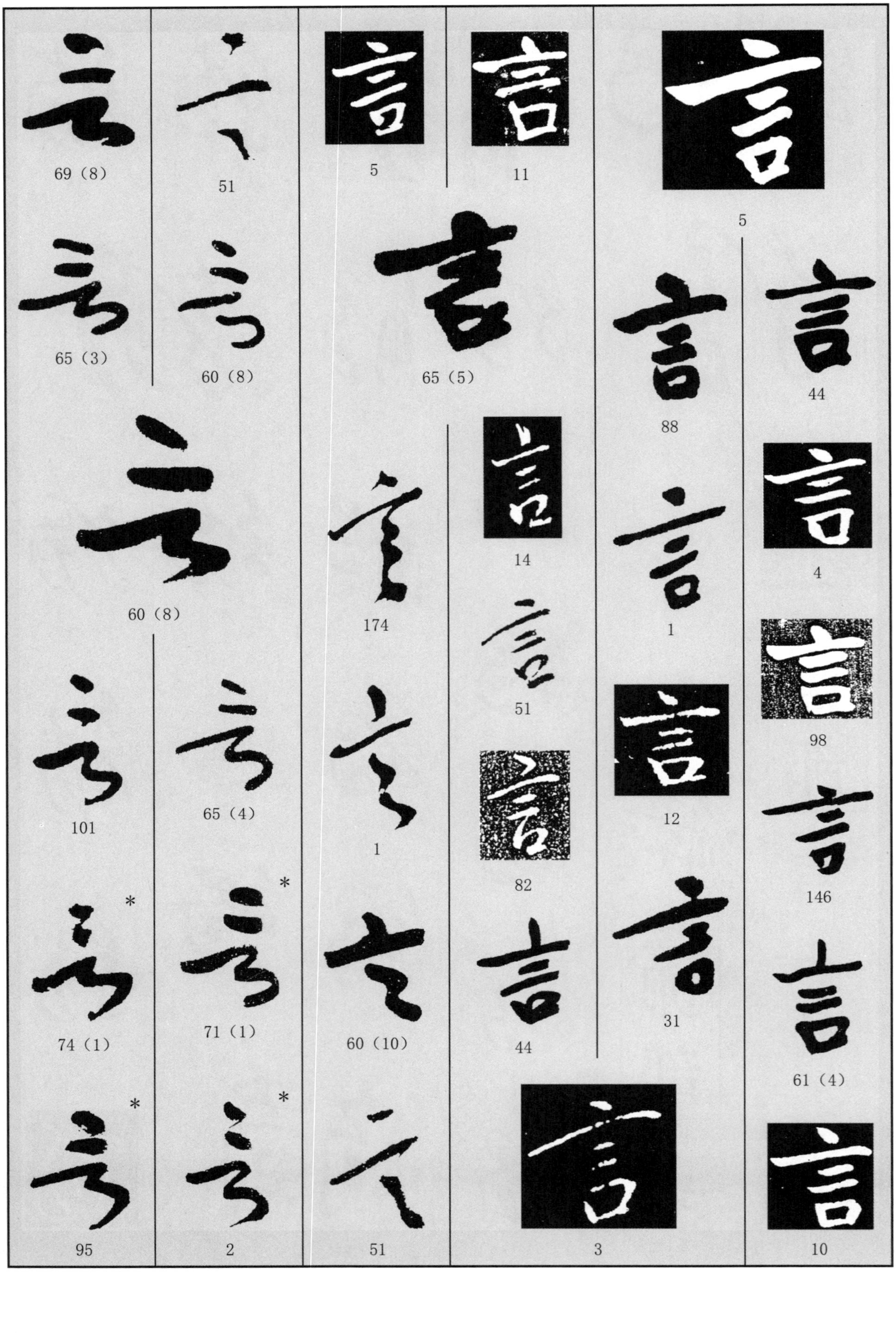
5
44
4
98
146
61（4）
10
88
1
12
31
3
11
14
51
82
44
5
65（5）
174
1
60（10）
51
51
60（8）
65（4）
*
71（1）
*
2
69（8）
65（3）
60（8）
101
*
74（1）
*
95

（计）計

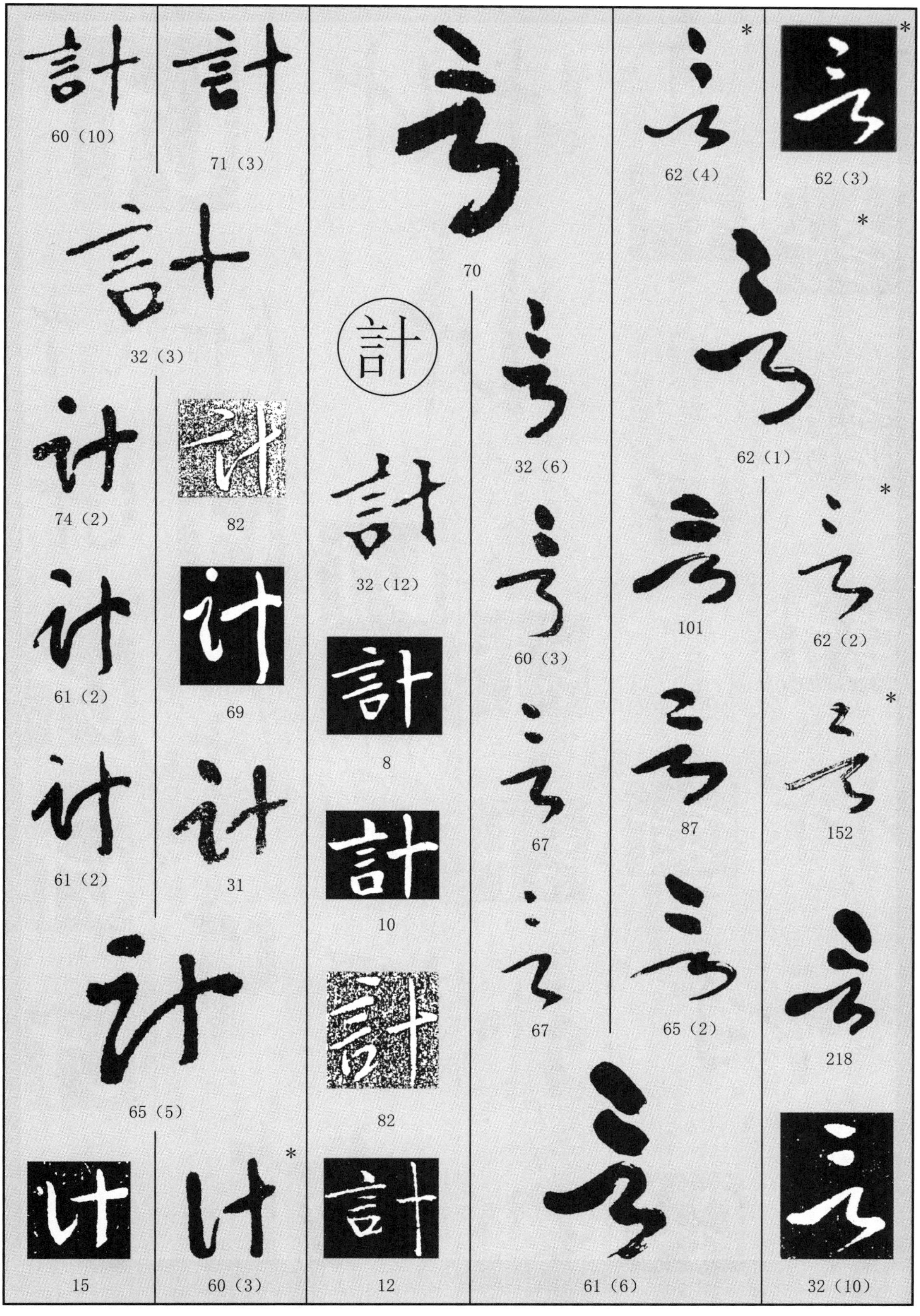
60（10）
71（3）
32（3）
74（2）
82
61（2）
69
61（2）
31
65（5）
15
60（3）*
70
計
32（12）
8
10
82
12
32（6）
60（3）
67
67
62（4）*
62（1）*
101
87
65（2）
61（6）
62（3）*
62（2）*
152*
218
32（10）

（讨）討訐訐（讣）訃　訂

1
8
82
74（2）
74（2）
74（2）
74（2）
訐
1031
訐
71（2）
討
7
16
86
65（6）
訃
3
18
51
45（2）
74（2）
22
訂
1008
394
39
66
1
66
65（4）
66
1
76
39
16
22
31

14
12
51
22
73
60（5）
13
73
71（3）
*
67
71（2）
67
71（3）
44
訖
70
78
67
495
42
134
70
19
訓
66
45（1）
51
*
*
託
22
8
60（5）
60（6）
158
28
98
30
82

286
71（3）
139
65（3）
139
65（3）
154
71（3）
60（4）
60（8）
*
22
74（2）
11
78
8
11
60（10）
154
1
1
145
88
23
60（5）
8
1
473
72
65（2）
72
訊
訊
139
60（10）
記
145
78

許 訥 訝 詎 訒 訑

27
98
5
8
214
83
88
88
139
60（10）
65（2）
394
139
訝
60（7）
1022
66
訥
92
61（3）
61（1）
許
5
45（2）
60（3）
65（3）
71（2）
詎
74（2）
88
60（9）
82
訑
60（10）
16
訒
15
501

74（2）
5
72
5
設
7
3
8
11
23
82
82
46
訛
1012
訟
5
6
32（2）
67
88
17
60（2）
46
45（2）
159
51
60（2）
83
71（3）
100
51
51
60（8）
65（2）
76

訪

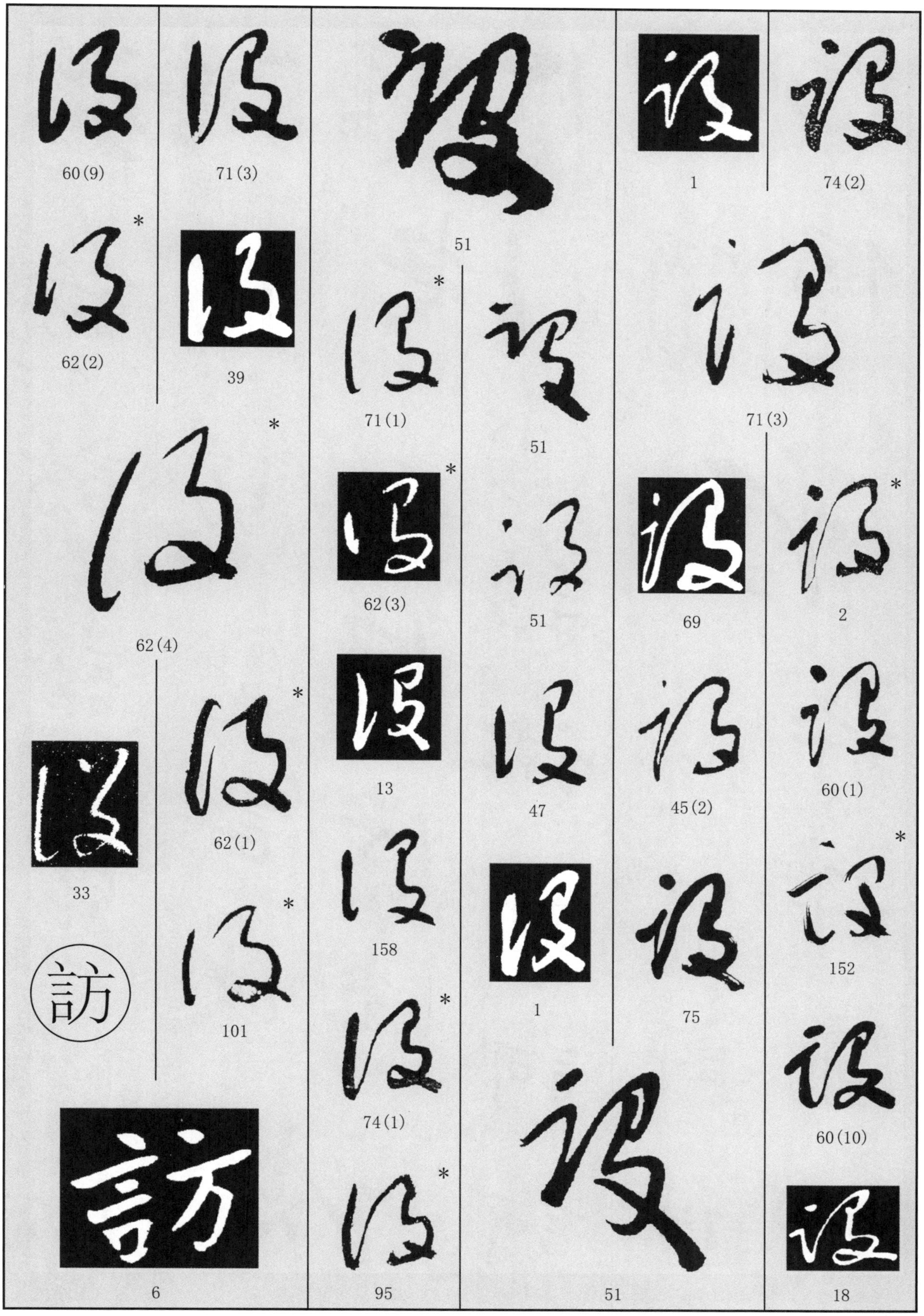

60(9) 71(3) 51 1 74(2)

62(2) * 39 71(1) * 51 71(3)

62(4) * 62(3) * 51 69 2 *

33 62(1) * 13 47 45(2) 60(1)

訪

158 1 75 152 *

101 * 74(1) * 60(10)

6 95 * 51 18

詘　評　訶　詁　訣

60（9）
64（1）
64（1）
74(2)
99
詘
65(3)
101
64（1）
32(5)
評
141
85
71（3）
70
詁
32（12）
74(2)
訶
122
154
140
61（1）
32（4）
61(2)
70
782
99
60（7）
88
訣
140
139
44
140
100
78
800
65(2)

(司)詞　註 詆　訴 詐

詐
7
83
113
113
訴
154
30
32（2）
65（2）
197
詆
1008
註
139
71（3）
65（4）
詞
98
44
82
61（4）
60（10）
47
61（4）
71（2）
60（4）
71（3）
561
139
78
139
139
139
58
95
62（3）
1
62（2）
101
71（1）
62（1）
2

試　詒詖　（詒）詔

試
32(12)
6
60(10)
139
780
32(6)
詖
100
詒
1102(3)
12
58
65(4)
60(5)
60(1)
88
164
65(4)
67
139
詔
139
122
60(5)
65(2)
62(4)
45(2)
60(9)
87
65(3)
60(8)
74(1)
152
87
71(3)
70

詩

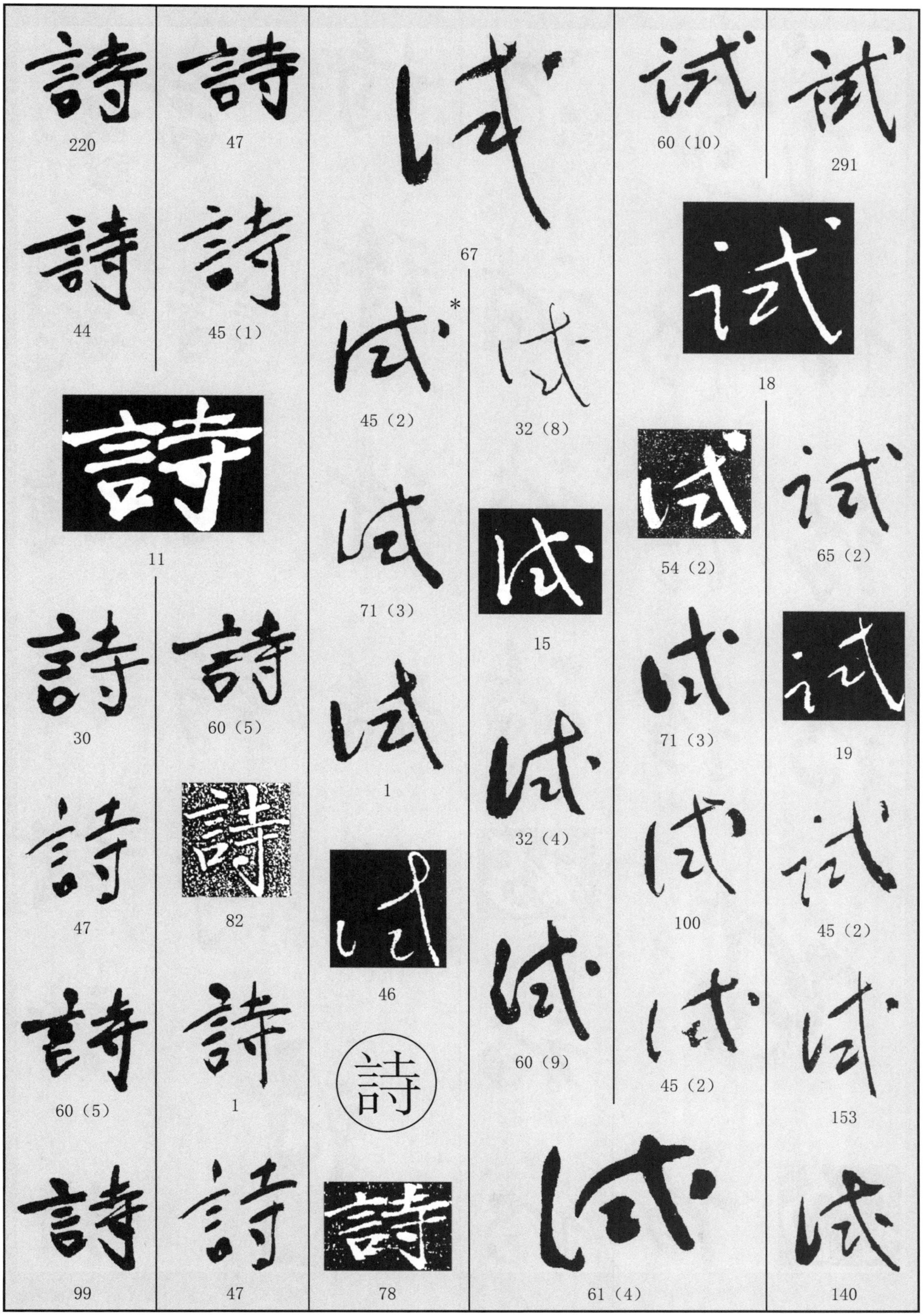
220
44
11
30
47
60（5）
99
47
45（1）
60（5）
82
1
47
67
*
45（2）
71（3）
1
46
詩
78
32（8）
15
32（4）
60（9）
61（4）
60（10）
18
54（2）
71（3）
100
45（2）
291
65（2）
19
45（2）
153
140

65（5）
1
71（3）
1
61（4）
1
44
71（3）
154
301
1
60（10）
36
55
14
154
174
47
214
76
32（2）
78
60（10）
61（3）
78
65（4）
99
60（8）
71（3）
65（4）
71（3）
44
60（8）
19

*
62（1）
61（2）
60（10）
65（3）
61（3）
22
1
61（2）
45（2）
60（6）
32（8）
1
*
152
60（10）
71（3）
32（8）
61（1）
99
60（9）
78
100
*
62（3）
1
60（2）
100
60（5）
78
*
62（4）
88
100
43
60（8）

誠　誇　詰

誠
12
44
74（2）
1
32（6）
60（7）
誇
60（5）
60（10）
*
32（12）
51
22
28
詰
5
5
108
624
65（4）
78
39
153
*
101
*
2
1
61（2）
22
60（8）
*
95
*
74（1）
*
162
*
145
*
62（2）
*
71（1）

言部

六画

47
1
92
60（4）
65（4）
47
245
60（7）
60（4）
70
71（1）*
86
65（4）
878
32（9）
162*
67
2*
44
60（3）
100
62（3）*
60（3）
61（7）
71（3）
62（4）*
95*
101*
78
152*
32（11）
74（1）*
60（3）
100

誺　　誅

62（4） 1 95 2 101 62（2） 62（3） 152 223 158 1030 158

60（10） 147 300 62（1） 71（3） 65（2） 62（6） 74（1） 60（1） 140

32（8） 62（2） 73 101 32（7） 32（10） 62（1） 28 1 7 67

話

866

60(8)

1

46

71(3)

46

147

65(3)

60(8)

32(3)

88

誕

140

139

86

780

65(4)

71(3)

139

74(2)

139

*

60(4)

詬

82

詮

175

詭

58

189

71(3)

45(2)

572

47

詣

71(3)

151

詢

82

3

51

1

1　1　76　1　92*　71（3）　45（2）　46　32（12）　36　51

3　51　82　65（3）　95*　65（4）　71（1）*　101*　62（2）*　74（1）*　2*　98　32（3）

62（4）*　62（1）*　153　62（3）*　158　1　32（7）　15　152*　46

詫
5
15
詡
196(4)
134
196(4)
誠
74（2）
234
70
101
1
62（2）
74（1）
62（3）
71（1）
17
62（1）
62（4）
95
158
2
152
誌
6
9
7
4
32（3）
15
10
159
140
78
82
70
96
51
87
65（3）
74（2）

100
61（4）
70
140
126
154
82
141
32（12）
126
70
100
3
12
59
71（3）
71（3）
70
78
5
誣
60（8）
71（3）
42
88
98
1
*
101
154
137
56
82
*
62（3）
60（4）
60（10）
140
語

誓

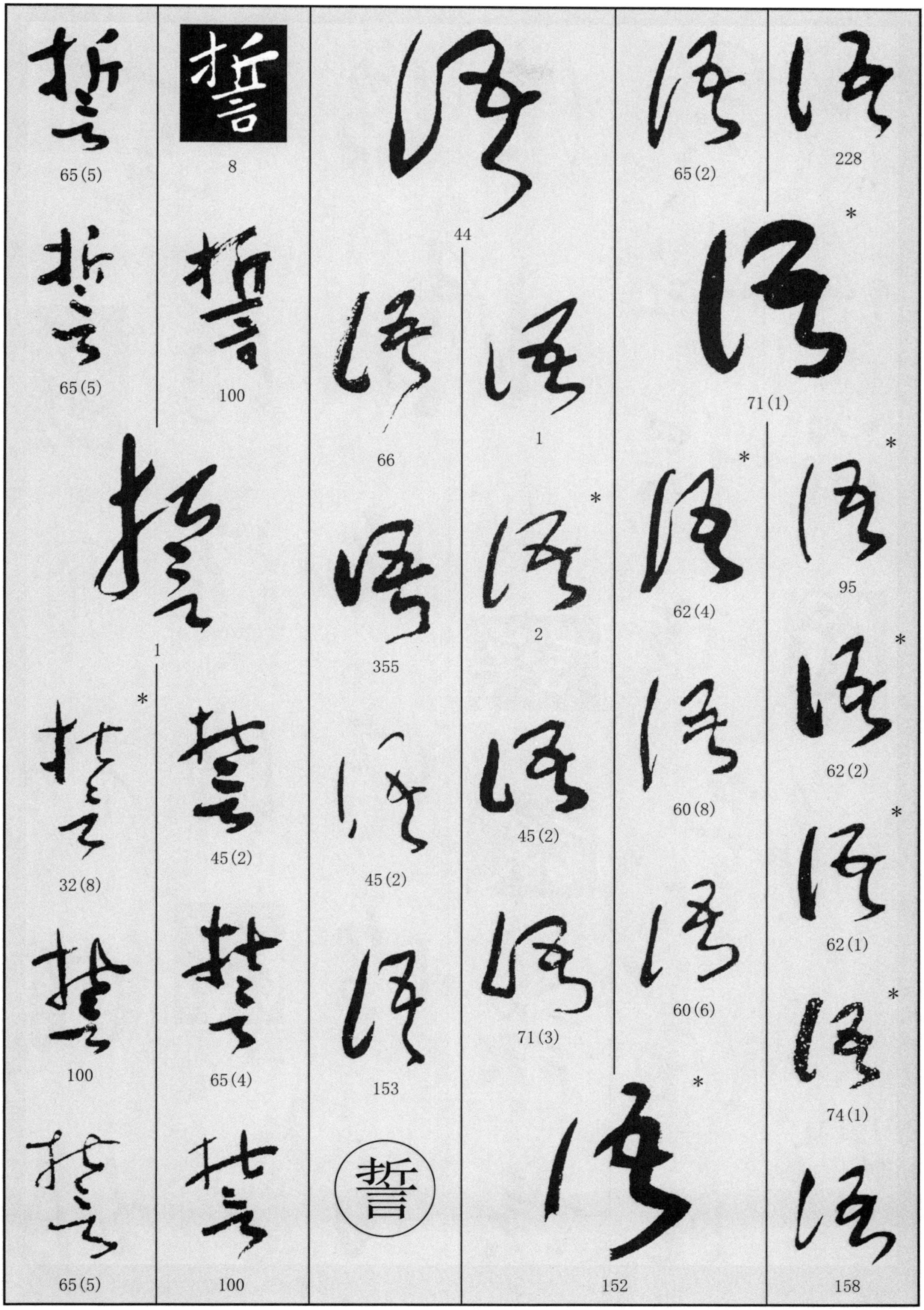

65(5)
65(5)
32(8)
100
65(5)
8
100
1
45(2)
65(4)
100
44
66
355
45(2)
153
誓
1
2
45(2)
71(3)
65(2)
62(4)
60(8)
60(6)
152
228
71(1)
95
62(2)
62(1)
74(1)
158

誚 誤

139
107
誚
1
28
146
158
62（4）
62（1）
62（3）
101
100
2
74（1）
62（2）
95
71（1）
誤
10
101
60（6）
51
65（4）
139
45（2）
100
71（3）
51
74（2）
66
71（3）
153
394

154
223
159
286
82
1
101
65（4）
60（5）
100
45（2）
65（4）
1
98
12
4
122
71（3）
61（4）
77
説
32（12）
6
5
19
74（2）
111
113
1006
誨
98
誥
誘
126
82
74（2）
154

請　　　誦　　　認

146
139
140
70
74（2）
51
30
70
請
81（4）
101
65（4）
32（9）
60（4）
139
*
60（7）
60（5）
誦
100
5
241
98
65（4）
23
64（1）
86
158
42
64（1）
60（8）
認
101
146
15
*
46

諸

9
8
11
51
51
65（4）
937
5
7
60（5）
82
45（2）
18
51
51
51
60（5）
51
51
51
51
51
17
1
45（2）
39
60（1）
31
1
44
諸
98
32（10）
11

5
3
7
60（10）
60（5）
70
427
139
1
140
60（9）
70
201
65（5）
19
100
63（2）
31
87
65（5）
60（7）
46
74（1）
62（2）
71（1）
2
101
62（4）
62（1）
62（3）
30
81（8）
152
16
60（9）
60（9）

誰

1

88

60（10）

44

71（3）

71（3）

103

諛

65（4）

60（10）

65（4）

4

19

45（2）

*

66

45（2）

46

*

111

諔

58

189

課

98

6

165

45（2）

64（1）

145

121

12

32（9）

諏

*

73

67

諾

32（12）

32（2）
88
87
65（2）
44
99
60（8）
61（2）
101
1
101
61（1）
28
62（4）
62（2）
65（3）
99
47
2
32（4）
62（1）
1
100
32（9）
74（1）
152
60（6）
60（6）
62（3）
71（1）
45（2）
*

論

言部

八画

71（3）
論
1
5
14
141
60（10）
60（5）
32（12）
5
71（3）
88
44
55
88
140
17
71（3）
71（3）
60（10）
54（2）
60（2）
65（2）
71（3）
76
25
101
62（4）
152
62（3）
62（1）
74（1）
87
95
62（2）
71（1）
2
87

145 *
152 *
71（3）
60（6）
63（2）
146
28
139
32（3）
60（9）
158
62（1） *
939
83
97
62（3） *
62（4） *
71（3）
60（7）
5
8
71（1） *
62（2） *
95 *
101 *
20
23
145 *
2 *
74（1） *
65（2）
1
61（1）
162 *
15
60（4）
43

55
62（2）
1
33
46
62（4）
62（1）
95
71（1）
2
32（9）
65（2）
88
60（7）
382
158
62（3）
47
291
139
71（3）
71（3）
65（3）
71（3）
1035
1035
782
誶
58
82
談
諒
196(9)
51
61（1）
1033
諄
98
74（2）

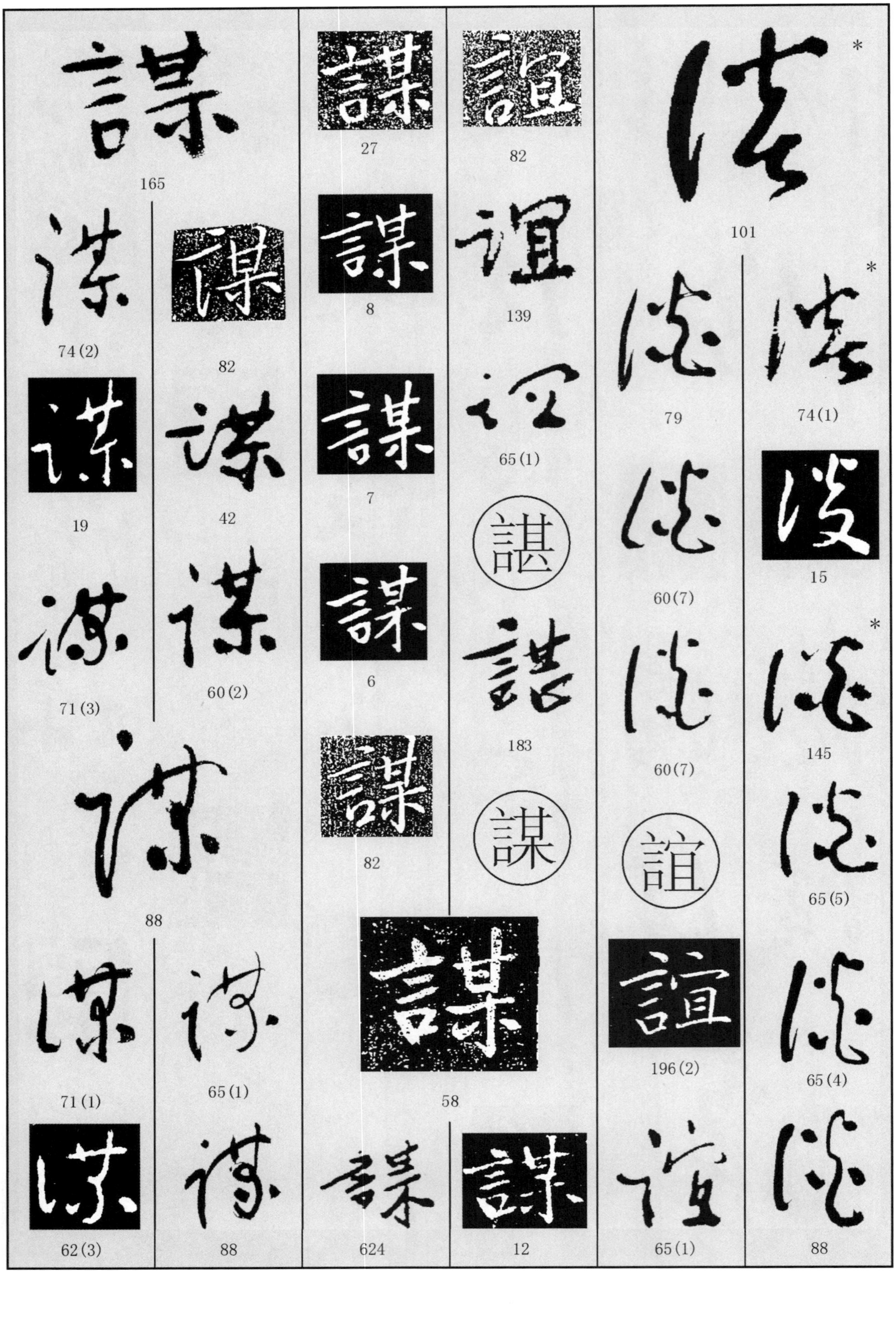
101
74(1)
15
145
65(5)
65(4)
88
79
60(7)
60(7)
誼
196(2)
65(1)
82
139
65(1)
諶
183
謀
58
12
27
8
7
6
82
624
165
82
42
60(2)
88
65(1)
88
74(2)
19
71(3)
71(1)
62(3)

諫

2
62（1）
95
101
62（4）
152
100
74（1）
60（7）
74（2）
60（9）
71（2）
60（9）
22
62（2）
32（7）
67
67
20
31
31
113
46
121
121
145
1
32(12)
諫
1026
73
45（1）
67

言部

九画

諧
139
139
*
153
153
謔
1008
謁
10
8
154
23
99
141
140
154
65（5）
65（5）
60（2）
71（3）
1
1
55
19
1
60（6）
145
謂
32（12）
12
88
60（1）
7
11

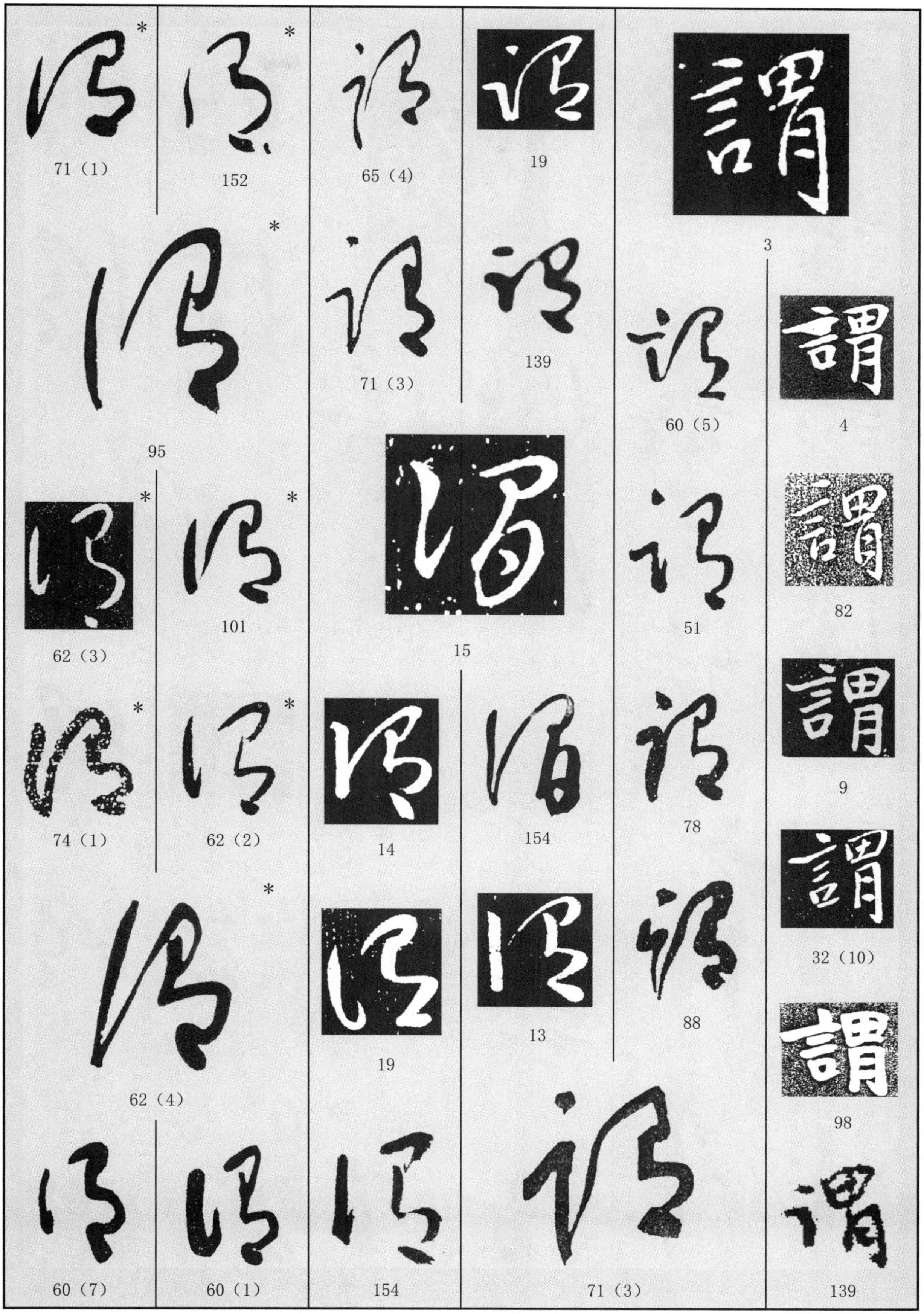
71（1）
152
65（4）
19
3
95
71（3）
139
60（5）
4
62（3）
101
15
51
82
74（1）
62（2）
14
154
78
9
62（4）
19
13
88
32（10）
98
60（7）
60（1）
154
71（3）
139

諦　諺　諳　諷　諭

諦
32（5）
122
64（1）
64（1）
45（2）
1
諺
60（10）
60（6）
45（2）
32（7）
60（6）
70
諳
88
78
70
諷
145
65（4）
65（2）
92
62（4）
2
28
32（9）
32（10）
32（3）
158
154
諭
58

（諱）諱　諮

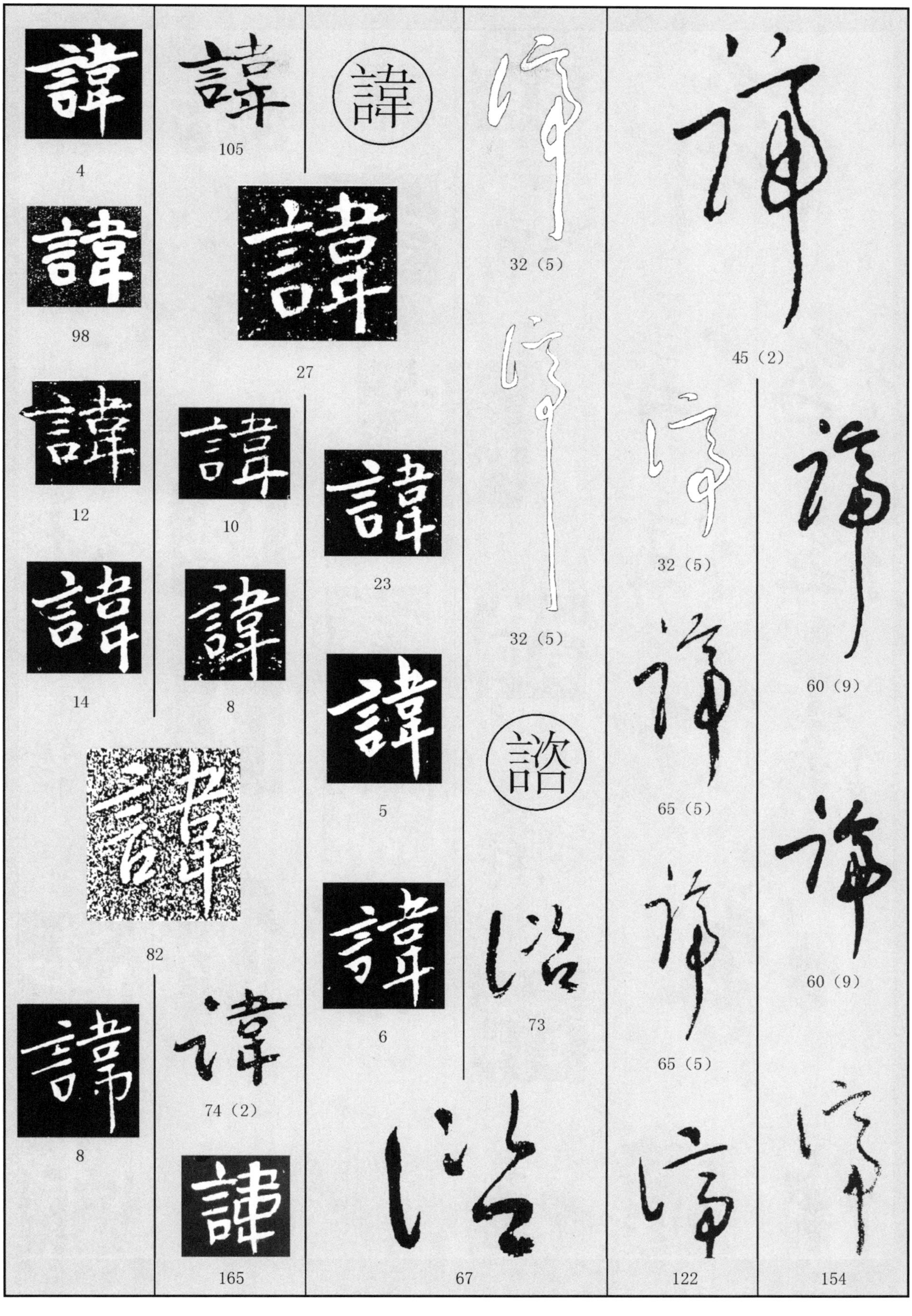

諱
4
98
12
14
105
10
8
82
8
74（2）
165
27
23
5
6
32（5）
32（5）
諮
73
67
45（2）
32（5）
65（5）
65（5）
122
60（9）
60（9）
154

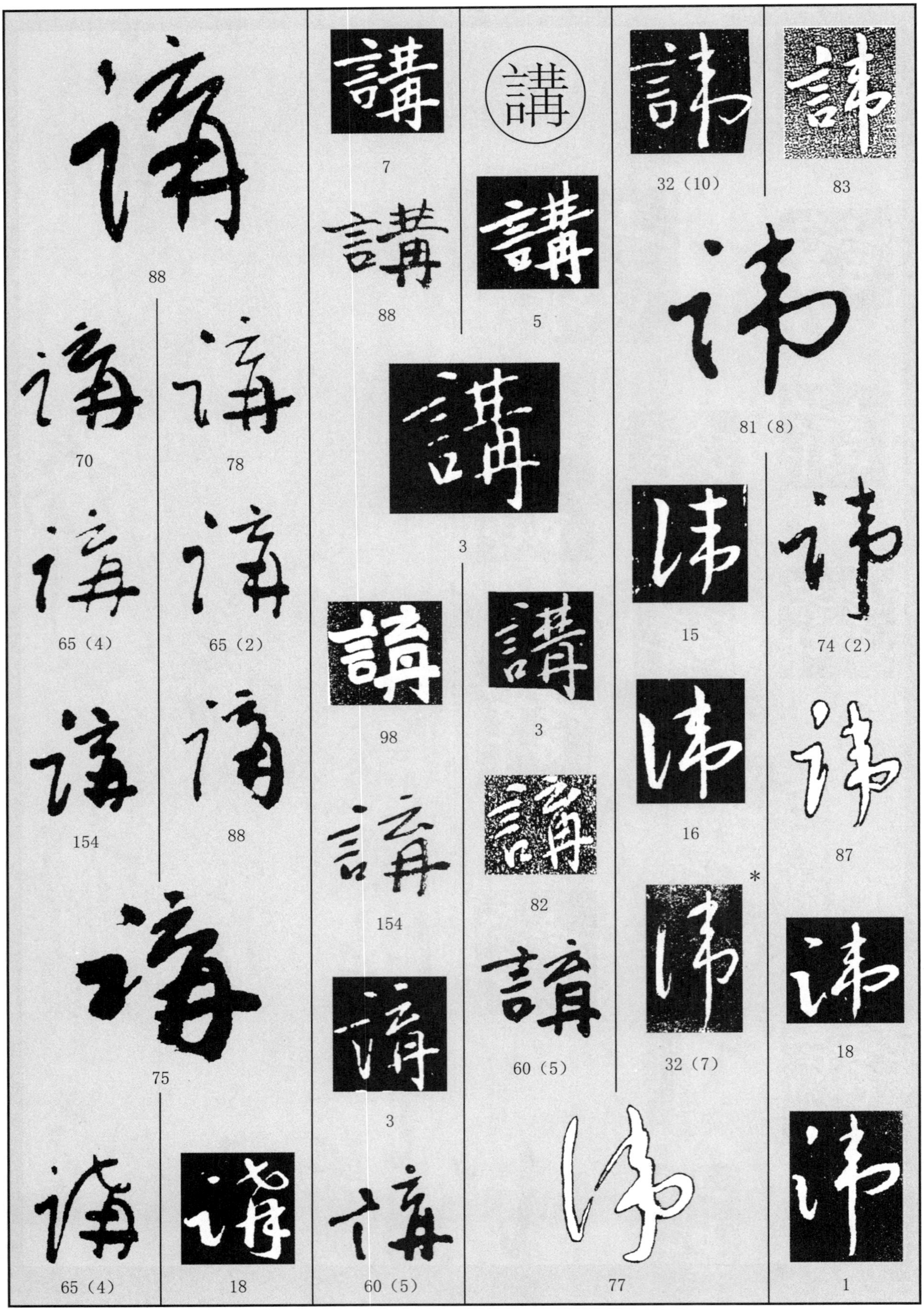
83
32（10）
81（8）
74（2）
15
87
16
18
32（7）
1
77
7
5
88
3
3
98
82
154
60（5）
3
60（5）
88
70
78
65（4）
65（2）
154
88
75
65（4）
18
*

139
1
306
71（3）
139
78
60（10）
60（5）
60（4）
51
51
1
47
7
139
857
65（4）
82
276
謨
1026
1102（2）
*
72
1003
謝
1
44
71（3）
65
77
*
46
譁
1022
*
113
139
53
60（7）
46
32（12）

謠
153
47
153
44
32（10）
139
60（8）
193（2）
謗
175
32（12）
74（1）
62（2）
60（9）
95
71（3）
140
45（2）
50
33
1
45（2）
71（3）
1
2
62（3）
62（4）
152
60（6）
60（7）
60（6）
101
62（1）
71（1）

12
60（5）
74（2）
謹
3
98
70
62（2）
1
62（1）
139
100
62（3）
152
2
62（1）
62（2）
謐
139
71（1）
95
101
74（1）
62（4）
58
1
151
88
100
61（1）
謚
60（5）
1034
60（5）
謙
58
84
1026

1
93
67
158
152
24
74（1）
101
95
62（3）
2
62(4)
謳
32（6）
193（1）
100
111
謾
168
110
139
謫
193（3）
99
239
65（4）
1012
謬
140
60（9）
148
820
警
7
159
25
63（2）
98
10

44

61（4）

82

51

51

65（1）

60（10）

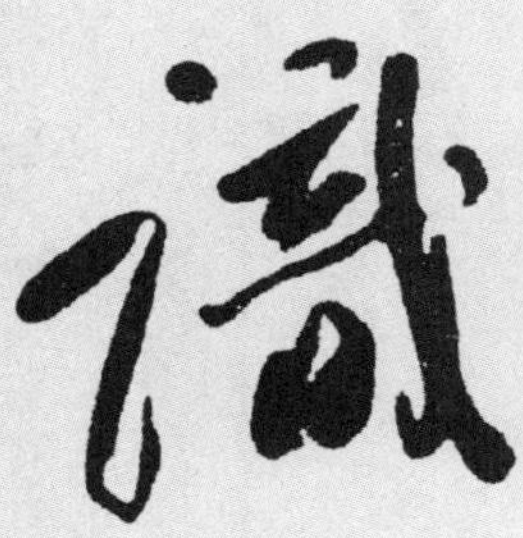
71（2）

17

345

譙

196（2）

識

4

10

875

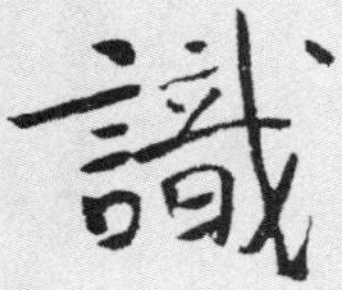
88

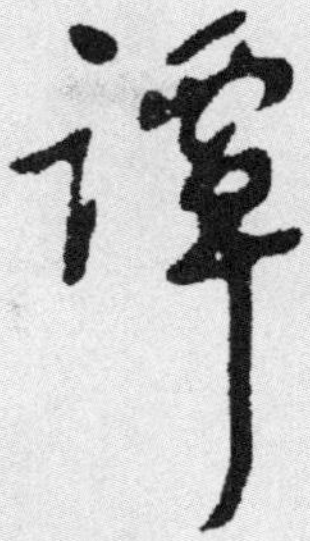
65（4）

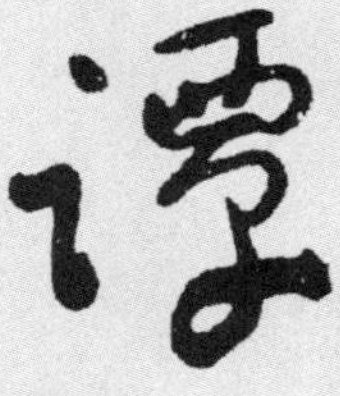
32（2）

88

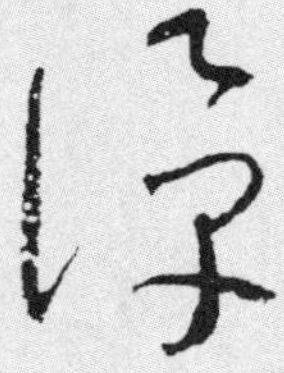
32（12）

82

10

51

譚

51

286

100

121

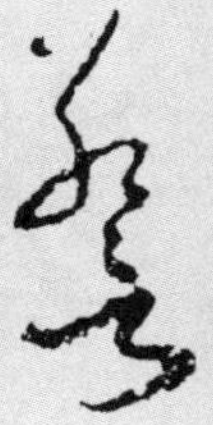
74（2）

51

*

32（7）

（譜） 譜

20
44
45（2）
139
154
*
15
244
64（1）
17
65（2）
32（10）
88
60（9）
14
30
139
46
99
60（1）
286
71(3)
139
1
64（1）
71（3）
154
60（6）
364
譜
238
154
94

（護）護 譏 譎 （証）證 譔

71（3）
158
61（4）
32（9）
74（2）
8
護
譏
100
1
77
17
147
譔
51
36
82
1
71（3）
58
345
71（3）
74（2）
51
證
33
譎
48
32（12）
60（5）
74（2）
82
71（2）
32（9）
6

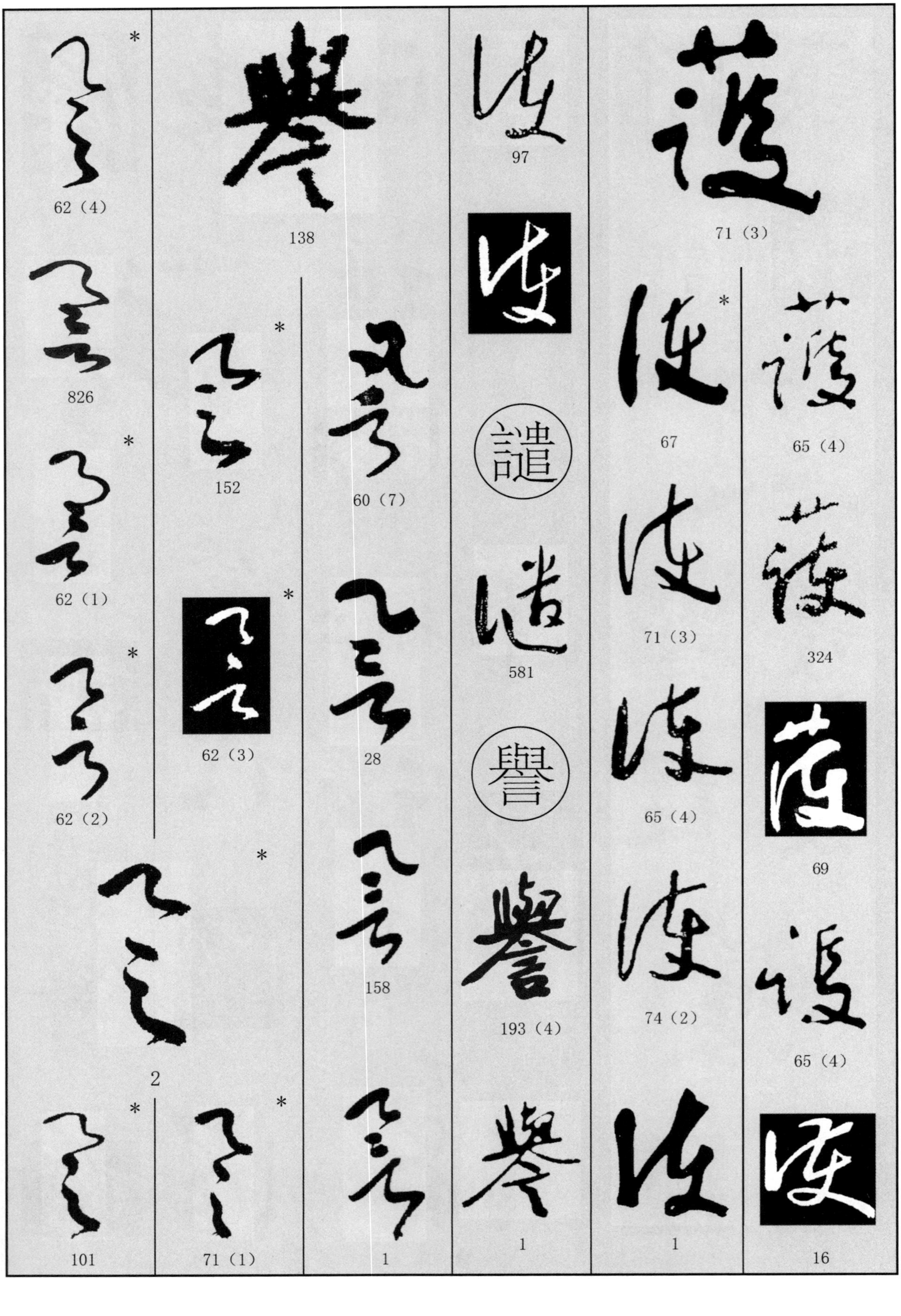
71（3）
65（4）
67
324
71（3）
69
65（4）
65（4）
74（2）
16
1
97
譴
581
譽
193（4）
1
60（7）
28
158
1
138
152
62（3）
71（1）
62（4）
826
62（1）
62（2）
2
101

(𧬈 議)議　　譯

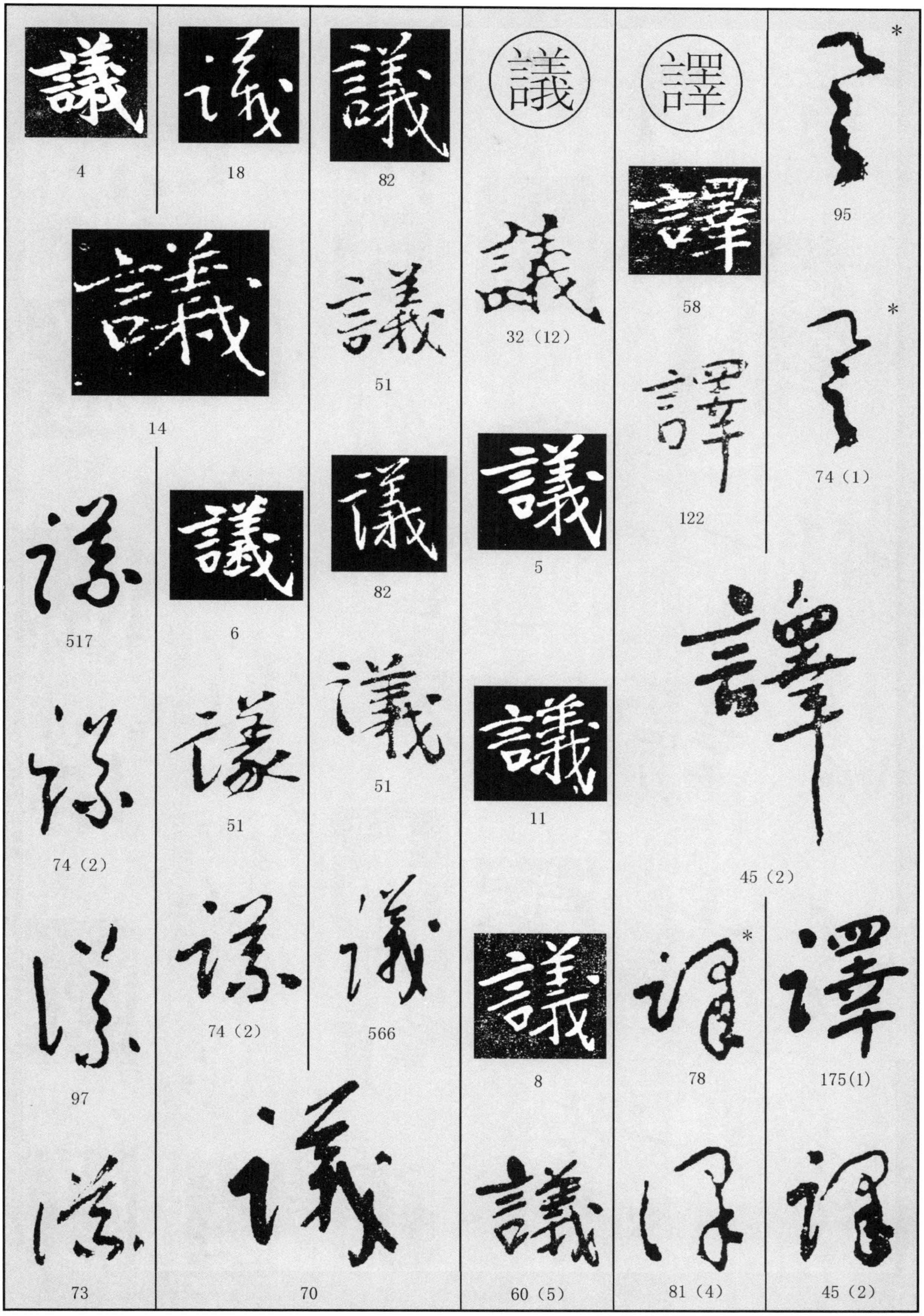

4　18　82　14　51　82　517　6　51　74（2）　51　74（2）　566　97　73　70

32（12）　5　11　8　60（5）

58　122　78　81（4）

95　74（1）　45（2）　175(1)　45（2）

讀　　譬

譬
*
67
1
1
101
32(7)
71(3)
74(2)
74（2）
32（7）
67
23
107
46
187
讀
103
10
61（4）
23
讀
6
44
98
88
834
47
82
78
1
154
101
70
131
60（7）

101
60（3）
101 *
18
88
61（1）
28
62（1）*
95 *
60（6）
62（4）*
60（7）
2 *
1
19
1
22
65（1）
71（3）
14
70
63（2）
70
23
61（3）
78
71（3）
1
101
62（3）*
71（1）*
71（3）

(譲) 讓　　讝

152　101　151　33　286　74（1）　129　1　25　1　讓　105　62（4）　1　62（3）　95　155　134　47　88　88　71（1）　158　60（5）　62（2）　2　74（1）　1　62（2）　60（8）　62（1）　152　134

(讃)讚 讕

162
72
1
13
386
101
95
146
1
1
152
74（1）
62（1）
1
88
讕
54（2）
62（4）
62（3）
46
1
1
62（2）
28
讚
71（1）
33
70
158
17
2
1
121

850
讜
88
1022
辛部
辛
7
98
23
10
14
27
82
60（8）
139
88
134
19
74（2）
60（10）
1
47
17
32（10）
46
*
92
394
87
辟
66
71（3）
100
45（1）

辨

97
1
154
63（2）
147
25
76
134
60（9）
159
74（2）
324
82
71（3）
71（2）
71（3）
76
62（3）
139
95
61（3）
60（7）
101
60（7）
71（1）
2
74（1）
326
62（1）
146
62（2）
152

（辞　辭）辭　　（办）　辦

辭：82、8、5、98、3、32（10）、154、9、100、51、8、6、51

辦：46、83、75、74（2）、22*、51、60（3）、12、62（4）*、98、350、27、33、1、1、4、44、158

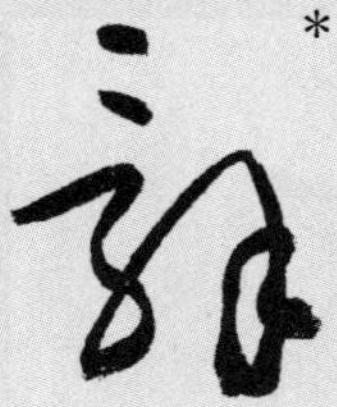
71（1）*

44

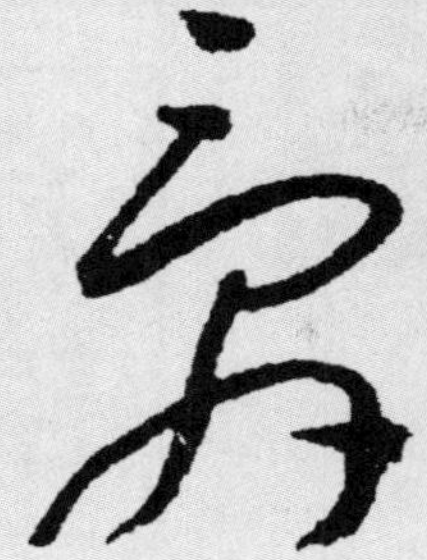
1

151

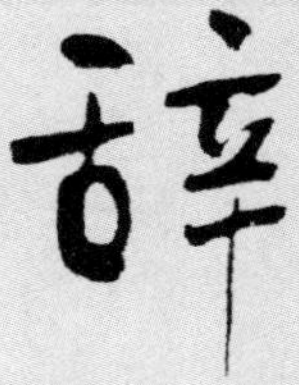
60（3）

62（1）*

1

99

87

60（10）

101*

62（4）*

92

28

65（3）

162*

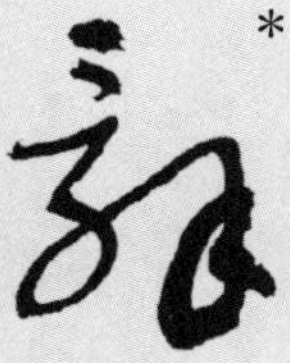
95*

62（3）*

45（2）

16

65（3）

158

74（1）*

62（2）*

121

46

70

2*

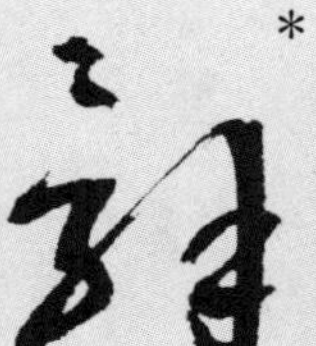
152*

32（7）

46

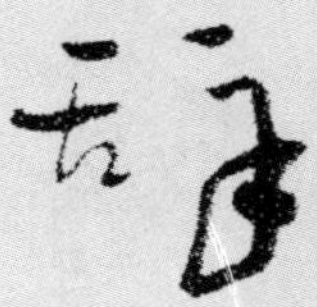
154

154
153
1
5
5
6
139
47
100
㐬部
7
8
140
104
104
7
54（2）
196（12）
青部
98
32（10）
48
60（8）
9
82
74（2）
60（10）
44
61（4）
1
65（4）

71（3）
44
44
60（10）
1
60（10）
32（1）
71（3）
44
44
1
*
32（7）
61（2）
76
60（8）
65（3）
92
65（5）
108
99
99
71（3）
87
60（8）
61（3）
65（5）
60（2）
39
76
65（4）
65（2）
74（1）

99
60（7）
60（4）
60（8）
60（2）
60（7）
74（1）
88
1
65（2）
1
87
99
60（7）
71（3）
92
60（1）
100
233
25
55
65（2）
1
67
63（2）
28
64（1）
45（2）
1
242

静　蹟

51

76

61（1）

静

44

蹟

140

51

65（3）

139

226

71（3）

145

60（10）

51

44

74（2）

47

134

51

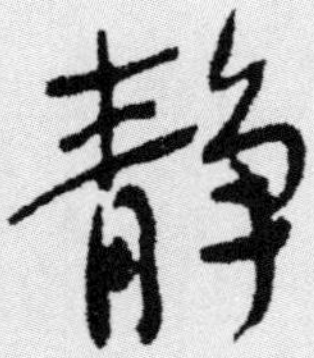
61（1）

219

137

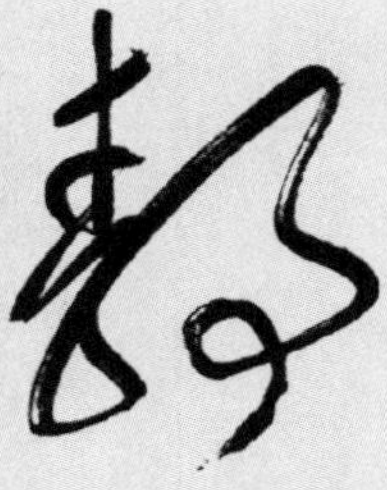
146

32（8）

859

101

28

17

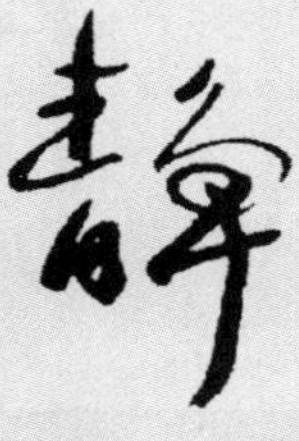
44

131

61（4）

62（4）* 34 1 1

95* 60（8） 62（3）* 86 100

61（3） 74（1）* 32（6） 61（2） 60（8） 88

101* 60（3） 44 99 71（3） 61（2）

100* 153 32（6） 62（2）* 60（1）

71（1）* 78 100 61（2） 71（3）

（晋晋晋晉）晋　　（亚）亞 靚

3
147
147
820
70
8
8
139
140
19
82
15
60(7)
71(3)
65（4）
65（5）
晋
221
22
140
137
32（2）
60（7）
32（12）
152
62(4)
2
靚
86
亞部
亞
87
61（3）
61（3）
162

惡

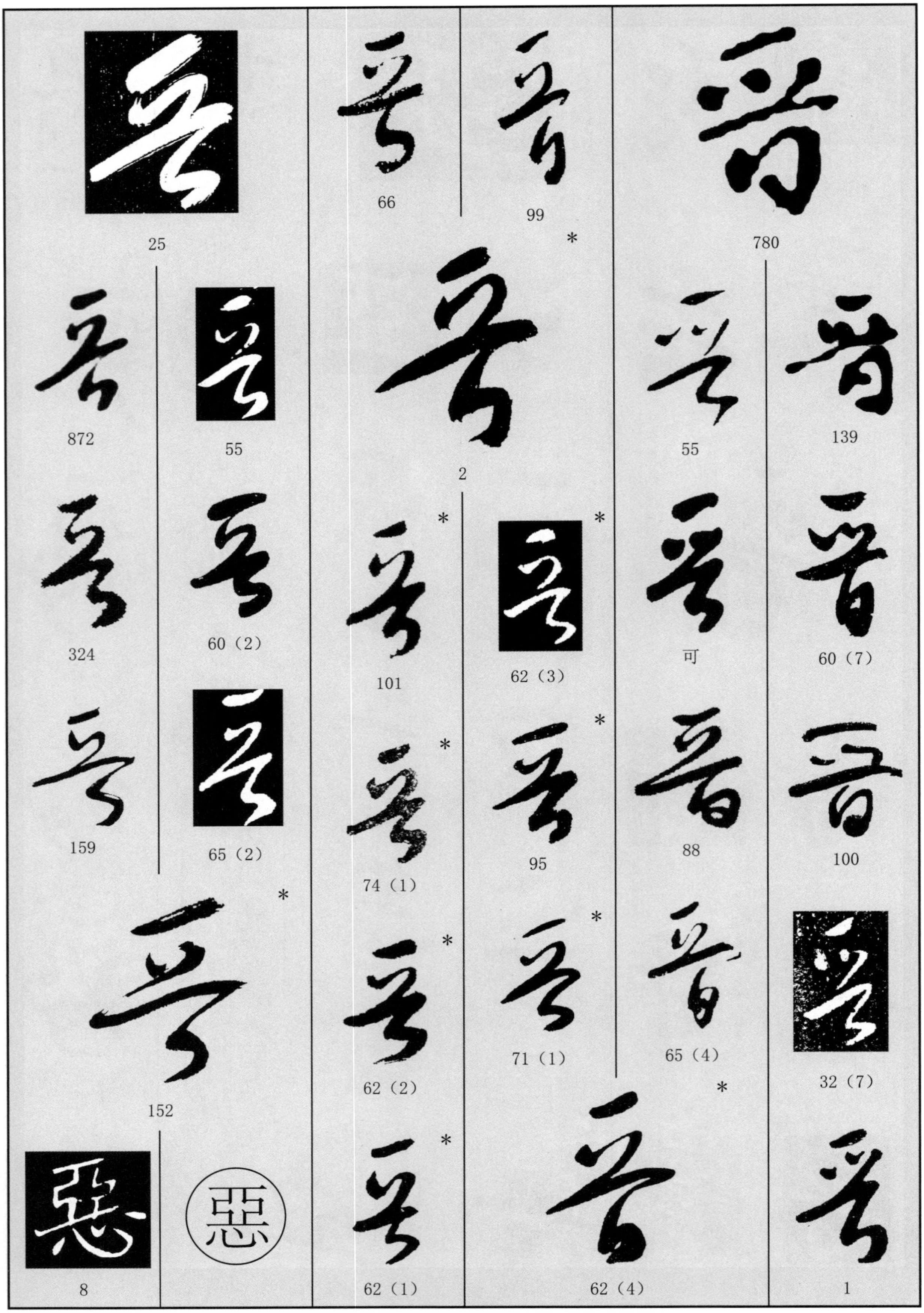

780 139 60（7） 100 32（7） 1

99 55 可 88 65（4） 62（4）

66 2 62（3） 95 71（1）

101 74（1） 62（2） 62（1）

25 55 60（2） 65（2） 152 惡

872 324 159 8

105
145
151
164
45（1）
65（3）
88
82
60（8）
164
100
66
71（3）
71（3）
88
174
58
47
28
71（1）
1
62（2）
62（1）
62（4）
2
60（7）
62（3）
74（1）
152
101
95
1
63（2）

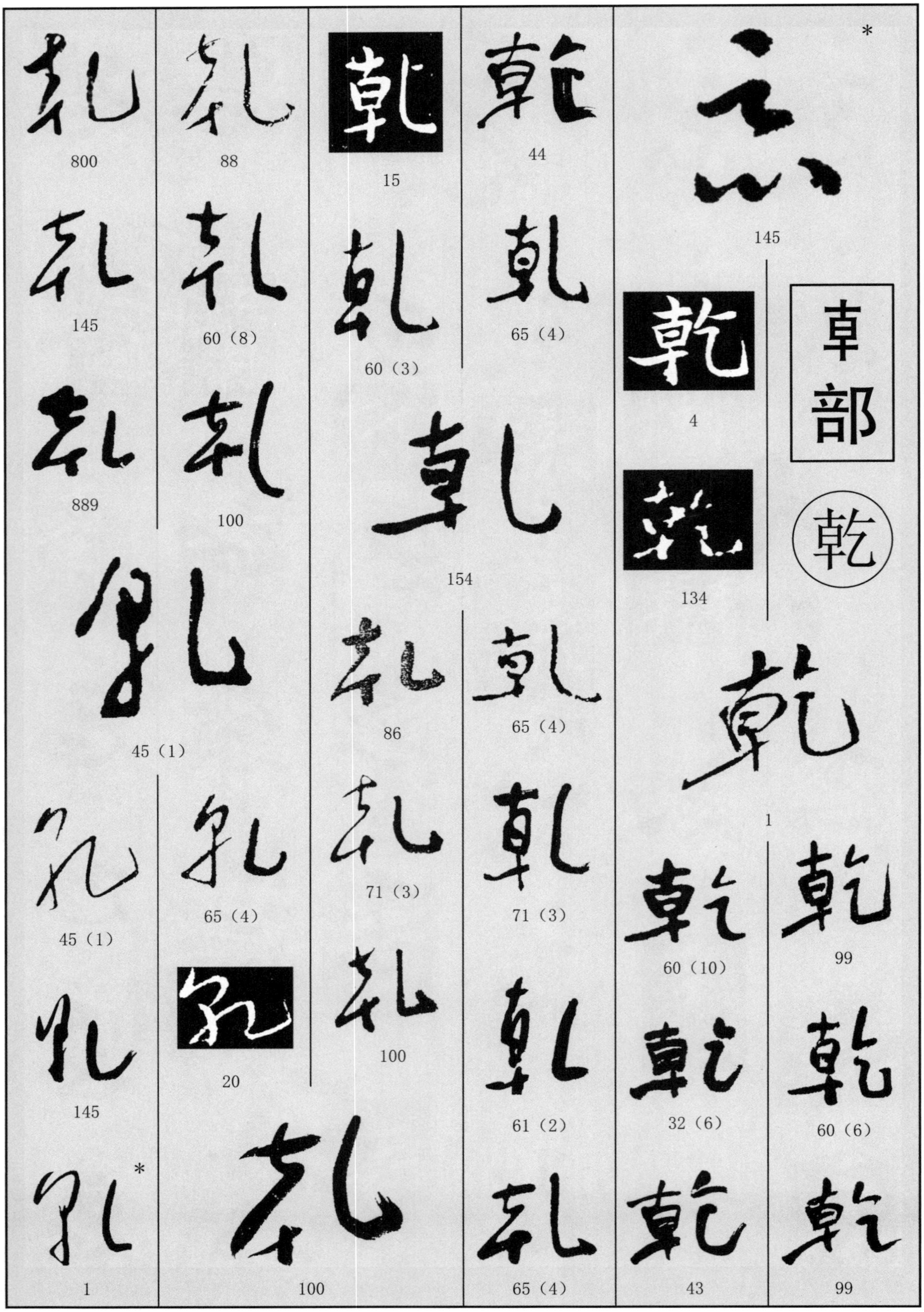
800
145
889
88
60（8）
100
45（1）
45（1）
145
*
1
65（4）
20
15
60（3）
154
86
71（3）
100
100
44
65（4）
65（4）
71（3）
61（2）
65（4）
*
145
4
134
乾部
乾
1
60（10）
32（6）
43
99
60（6）
99

1
71(3)
65(1)
60(1)
71(3)
65(5)
19
71(3)
134
1
朝
94
87
55
99
32(12)
47
244
60(4)
139
60(10)
8
44
47
141
1
99
5
25
74(1)
32(9)
1

（榦　榦）幹

60（10）
44
60（1）
55
2
154
60（9）
45（2）
62（1）
74（1）
99
154
63（2）
62（2）
95
幹
77
60（3）
12
158
62（3）
101
166
152
60（7）
71（1）
23
60（2）
88
141
1
62（4）

（韓）翰　　斡

344
44
88
141
101
61(2)
60(6)
76
76
45(5)
60(4)
62(1)
62(4)
翰
600
311
32(2)
62(2)
154
71(1)
152
101
2
162
92
87
斡
62(3)
95
74(1)
148

（韓）韓

74（1） 62（1） 60（2） 60（5） 54（1）
60（3） 2 45（2） 韓 100
152 95 88 3 44
28 71(1) 60(2) 15 60（5） 65(2)
158 47 62(4) 23 60(5) 656
62(3) 101 548 61(4)

卓部

九画

雨部

62（2）
雨部
雨
11
71（3）
44
43
11
43
809
1
44
159
654
940
100
425
43
134
60（10）
61（2）
60（8）
19
32（12）
71（3）
60（10）
140
654
146
71（3）
2
60（3）
60（3）
56
60（6）
74（1）
60（6）

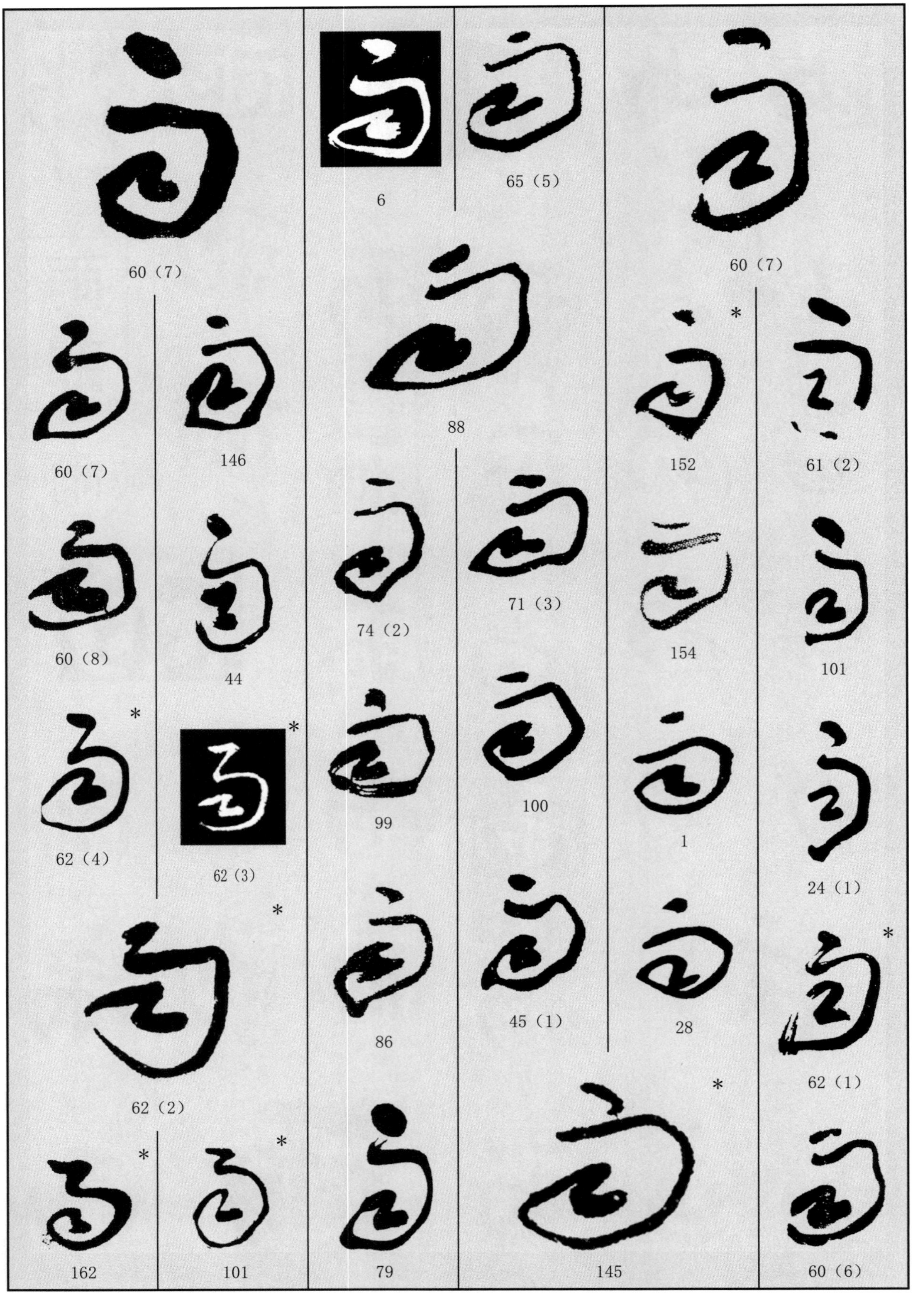

60（7） 6 65（5） 60（7）

88

60（7） 146 152 * 61（2）

74（2） 71（3）

60（8） 44 154 101

62（4）* 62（3）* 99 100 1 24（1）

62（2）* 86 45（1） 28 62（1）*

162 * 101 * 79 145 * 60（6）

雪　　雩

三画

雩：1　95*　71（1）*　166　158　雩

雪：1　32（3）　60（8）　雪　4

235　145　8　44　69（3）

44　82　540　1　32（3）

55　99　47　32（2）　44

226　60（10）　1　214　1　60（10）

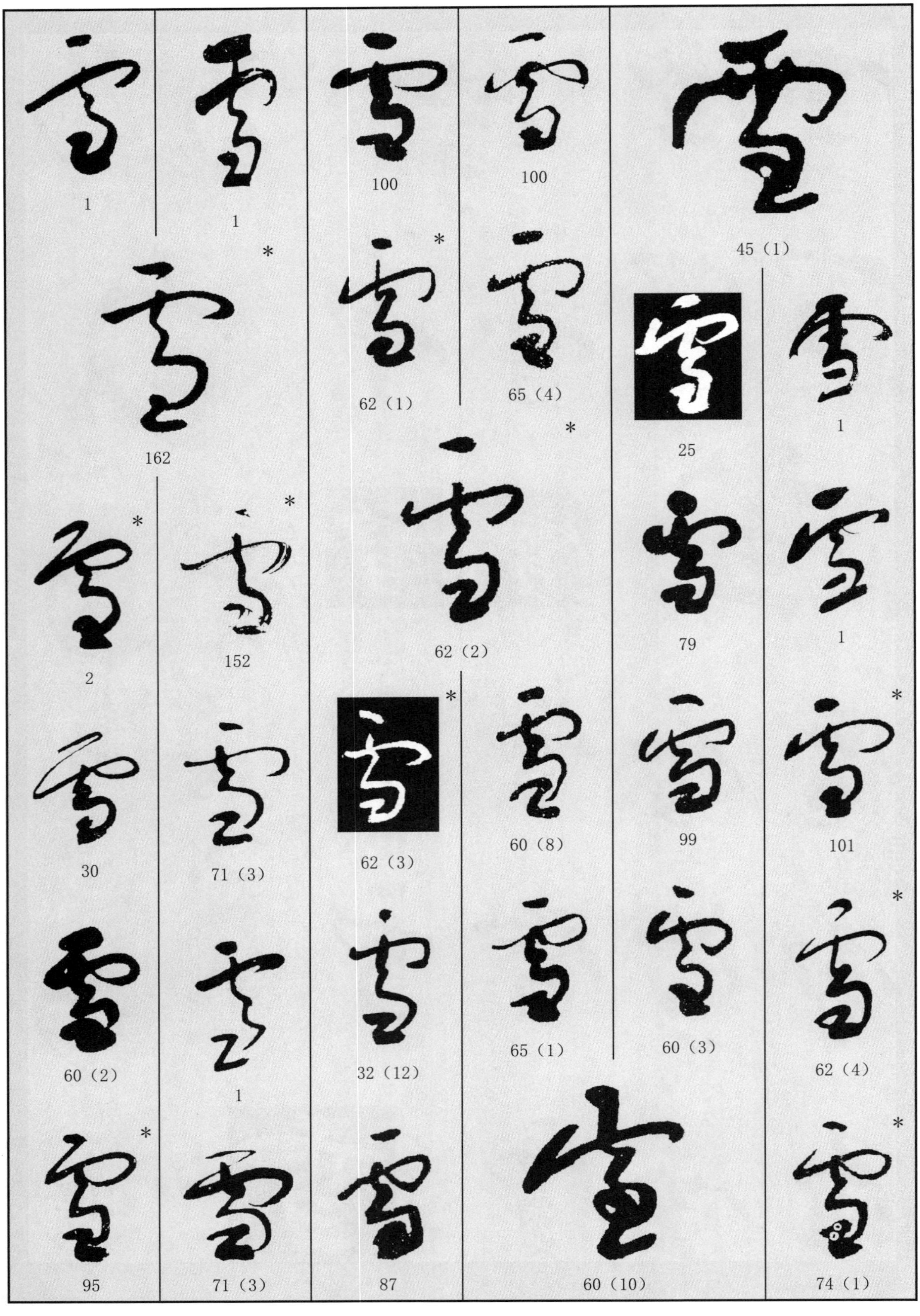
45（1）
1
1
25
79
1
99
101
60（3）
62（4）
60（10）
74（1）
100
100
62（1）
65（4）
62（2）
60（8）
65（1）
62（3）
32（12）
87
1
1
162
2
152
30
71（3）
60（2）
1
95
71（3）

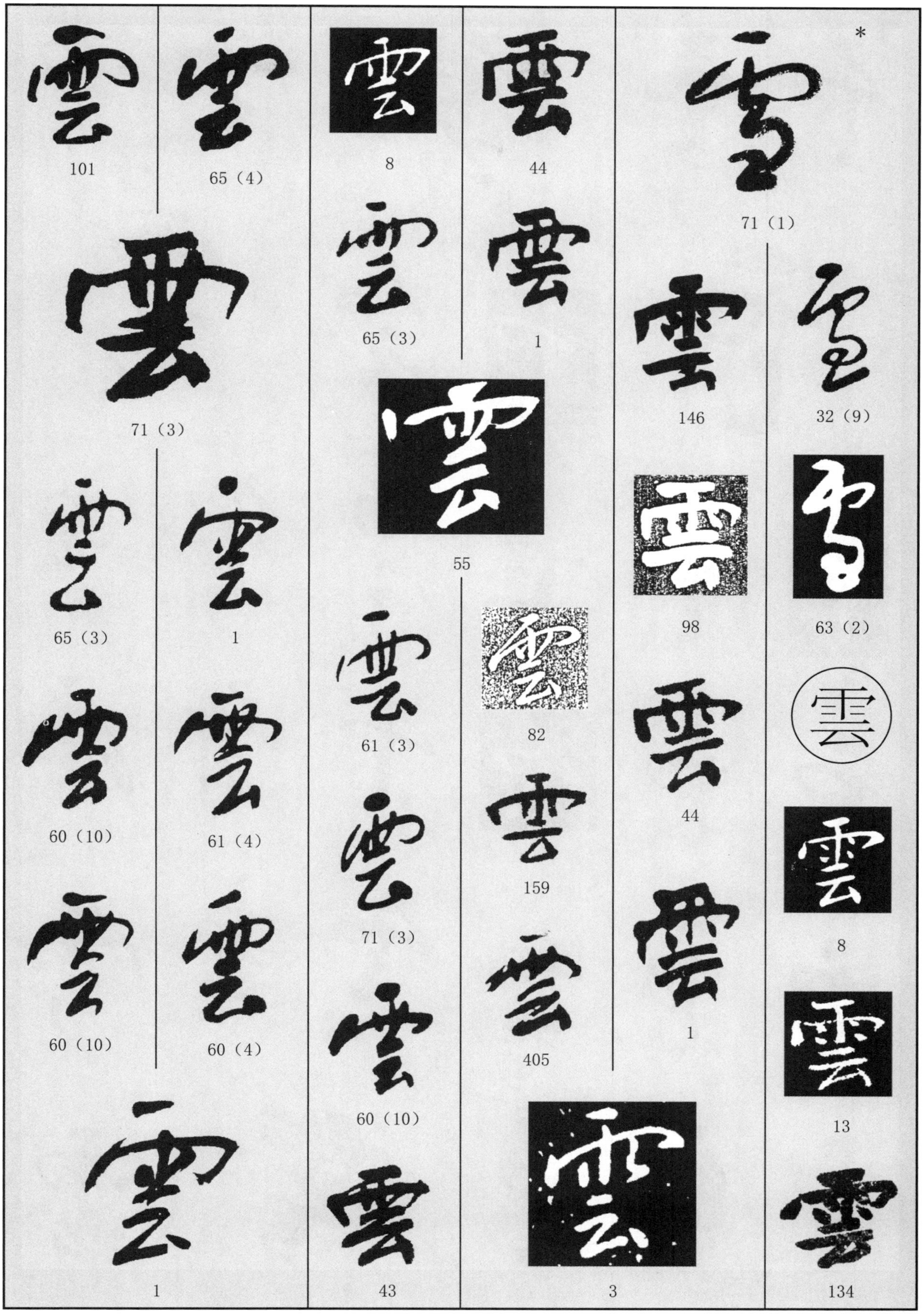
*
71（1）
32（9）
63（2）
雲
8
13
134
146
98
44
1
3
44
1
82
159
405
8
65（3）
55
61（3）
71（3）
60（10）
43
101
65（4）
71（3）
65（3）
1
60（10）
61（4）
60（10）
60（4）
1

159
44
44
137
206
842
1
140
47
51
47
365
134
1
51
1
62（3）*
65（4）
15
62（4）*
62（2）*
62（1）*
71（3）
1
39
32（11）
65（2）
162*
39
60（2）
79
44

55　32（8）　100　44　67　243

60（6）　61（2）　60（6）　25

1　71（3）　152 *　100

56　32（3）　1　28　146　158

1　71（1）*　74（1）*　95 *　101 *　2 *

94　145　65（4）　60（8）

雷　電

51
15
32（12）
12
154
32（1）

17
82
74（2）*
107
46

65（4）
60（6）
71（3）
92
60（10）

60（6）
60（8）
45（2）
65（3）
71（3）

99
65（2）
573
76

60（8）
100
45（2）
60（8）
88
81（8）

需　　零

154　74（1）　1　174　70　159

347　60（7）　60（3）　45（2）

113　174　125　107

51　零　76　70　88

55　86　55　82　100

60（6）　174　159　需　12　19

霄　　震　　霆

51
51
104
147
145
141
霆
30
60（5）
15
65（1）
60（1）
震
5
5
44
102
65（5）
82
139
65（4）*
18
154
100
15
94
113
霄

134
44
32（2）
44
65（3）
60（7）
94
60（3）
33
152
60（4）
61（1）
65（5）
158
1
154
62（2）
62（1）
74（1）
71（1）
2
71（3）
62（4）
101
62（3）
95
霖
42
145

霏

42

101

22

97 *

100

107

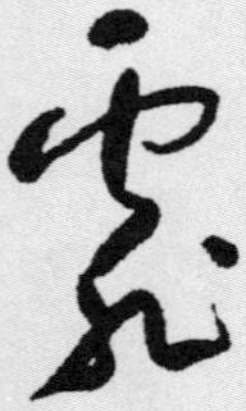
47

霏

47

霓

153

110 *

503

霓

137

153

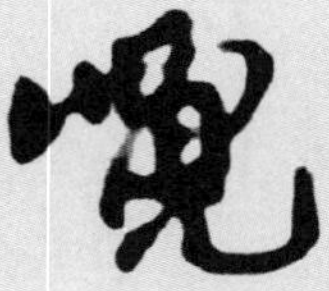
139

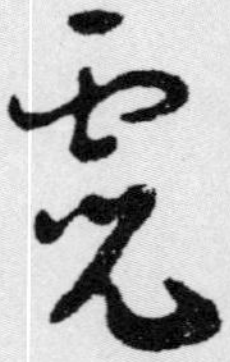
60（8）*

1022

霍

65（3）

60（7）

883

134

134

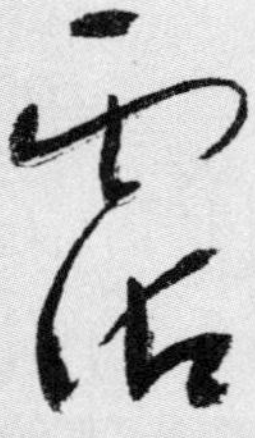
153

霑

145

32（2）

432

153

153

霈
139
139
霜
44
1
1
101
60（8）
32（2）
604
44
65（4）
100
65（4）
88
31
32（12）
2
62（4）
71（1）
74（1）
101
152
95
65（3）
88
62（2）
62（1）
62（3）
162
39
88

霞　　霧

霞
99
88
1
32（1）
44
60（10）
241
1
158
146
1
145
65（4）
243
32（3）
139
60（6）
71（3）
*
60（7）
60（3）
霧
1
63（2）
60（9）
147
159
25
47
154
*
1

霦
564
霪
60（9）
霸
60（5）
65（4）
60（2）
65（2）
65（2）
158
383
2
62（8）
101
74（1）
62（1）
33
95
32（8）
67
152
62（3）
62（2）
71（1）
145
32（12）
71（3）
露
5
88
88
44
1
1

60（10）
60（10）
174
134
152
60（10）
146
88
71（1）
42
42
94
95
8
65（5）
61（2）
60（7）
78
87
154
60（3）
2
62（4）
159
145
146
94
101
97
107

霽 霾 霹

25
*
62（1）
30
*
101
*
162
820
*
74（1）
*
62（2）
*
62（3）
*
152
1
44
153
153
158
39
33
霹
60（8）
霾
*
111
*
111
霽
153
71（3）
71（3）
139
45（2）
146

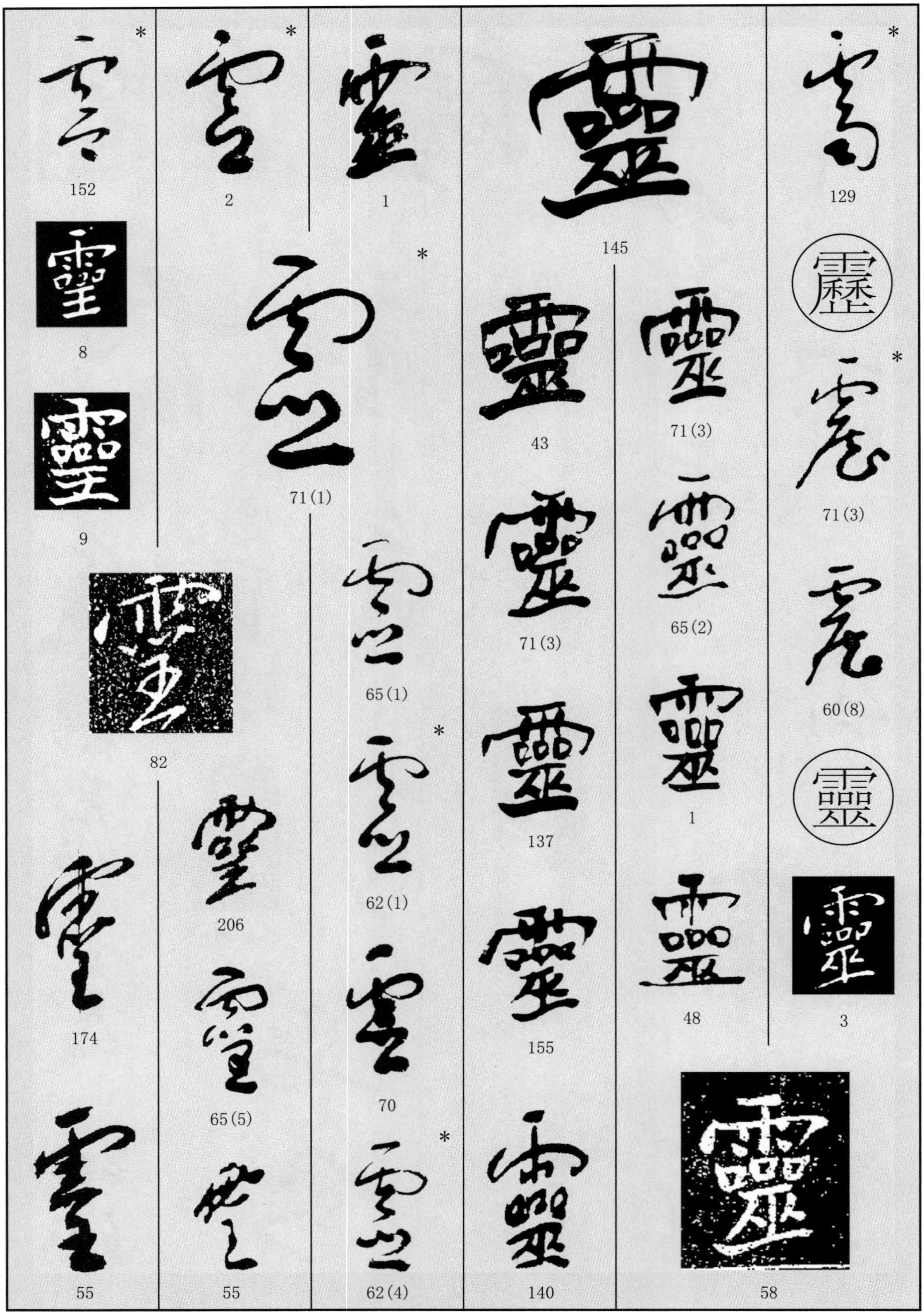

129
靂
71(3)
60(8)
靈
3
145
71(3)
65(2)
1
48
43
71(3)
137
155
58
140
1
71(1)
65(1)
62(1)
70
62(4)
2
206
65(5)
55
152
8
9
82
174
55

65（2）
282
18
107
154
874
60（4）
139
66
74（1）
110
65（5）
87
32（9）
158
60（7）
110
70
74（1）
101
62（2）
長部
靄
45（2）
60（8）
62（3）
1
長
32（12）
44
95
60（2）

32（12）

5

6

3

12

27

1

7

98

9

10

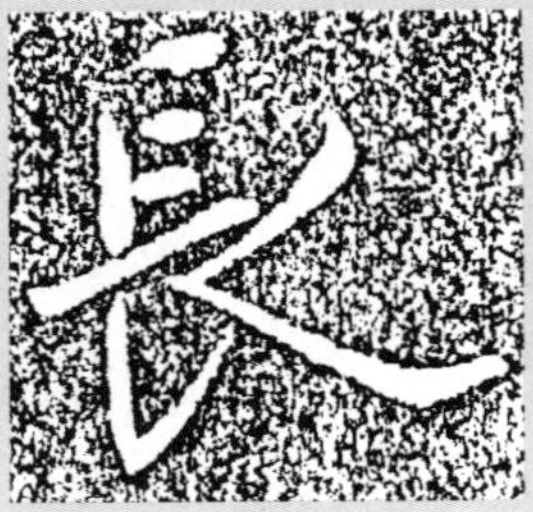
82

36

44

14

61（4）

148

44

13

60（10）

34

60（10）

82

219

78

32（6）

65（5）

1

61（4）

56

60（5）

55

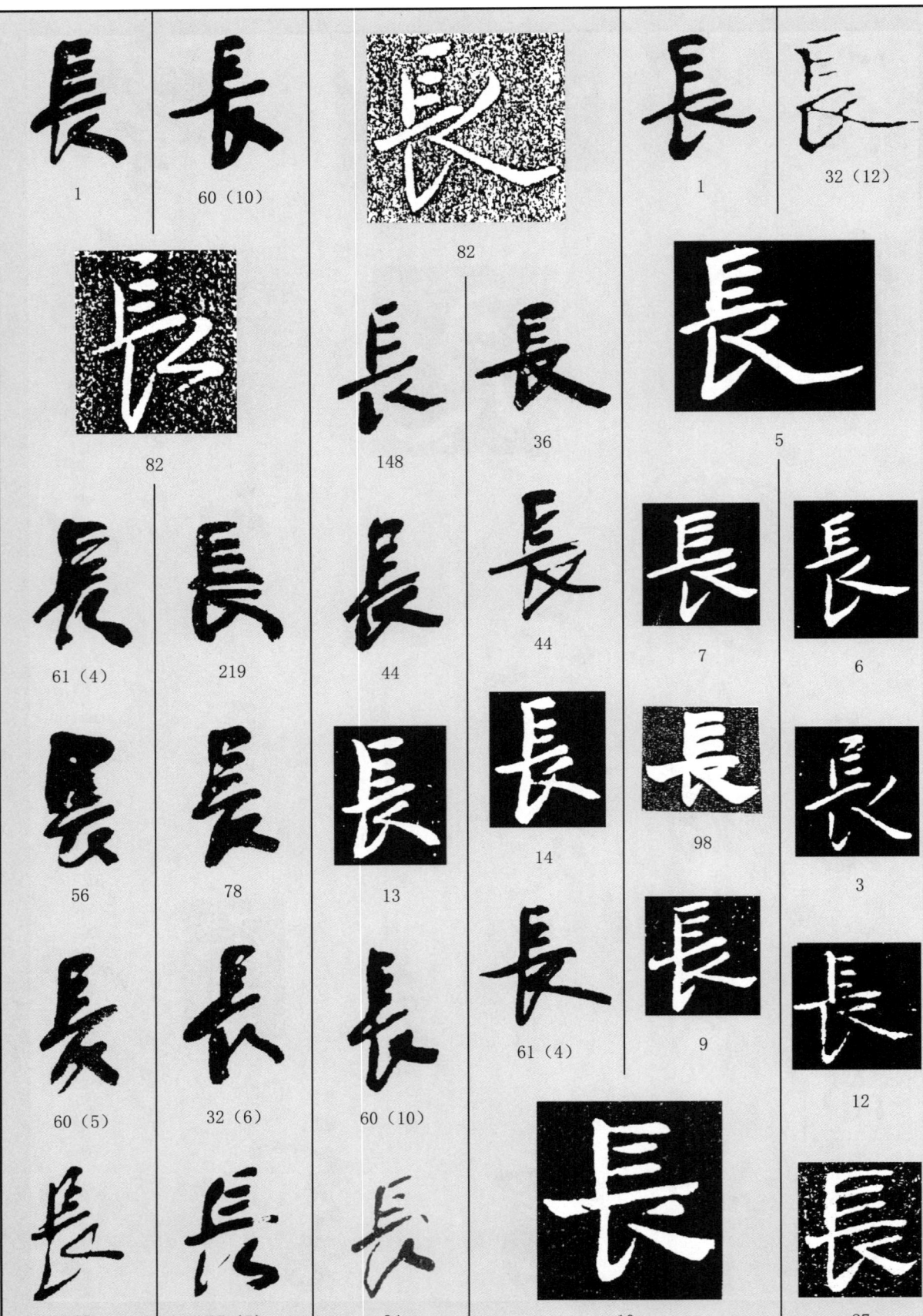

*
71（1）
61（1）
67
51
*
145
*
62（1）
39
4
154
158
*
74（1）
*
152
92
1
30
65（4）
*
95
833
71（3）
61（1）
131
1
239
*
101
*
2
1
141
233
*
62（3）
65（4）
159

61（2）

*
62（2）

28

*
162

*
62（4）

281

99

154

60（7）

94

30

肆

82

*
62（3）

97

47

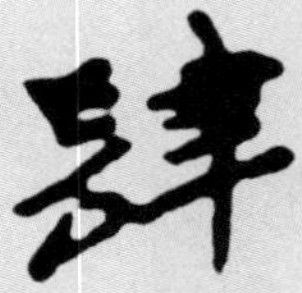
624

*
71（1）

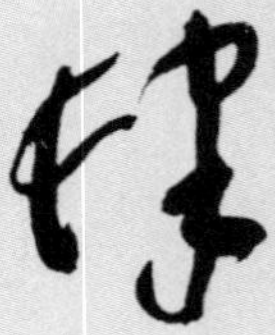
*
62（1）

*
101

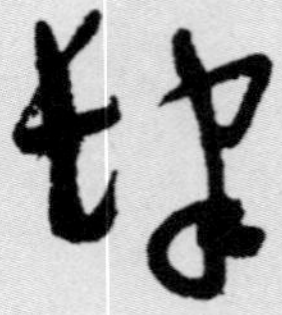
*
62（2）

32（9）

*
2

*
95

*
74（1）

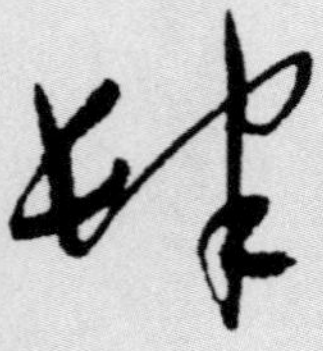
1

*
152

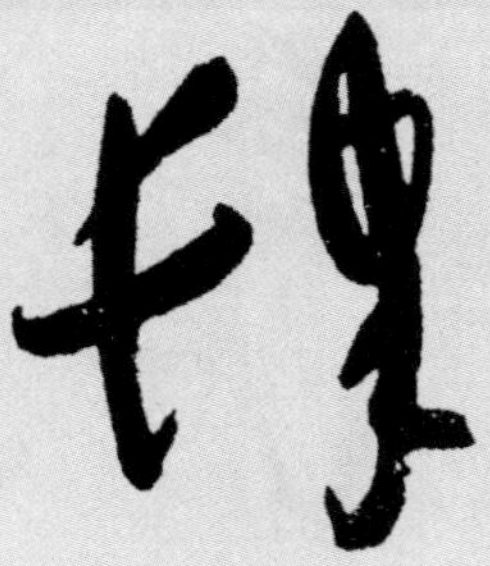
*
62（4）

33

虎部

虎

9

44

74（2）

88
9
44
82
9
60（8）
88
30
65（1）
1
60（1）
100
65（3）
175（1）
139
60（5）
1
13
60（10）
60（10）
60（6）
71（3）
88
643
1
86
60（2）
154
60（1）
65（5）
149

（号 虢 號）號　（彪）彪

1032　32(12)　77　號　3　70　2*
32(1)　1　153　彪
65(4)　159　65(4)　71(3)
47*　101　153　65(1)　1
140　60(7)　32(11)　1
61(2)　104　1　19

61（2）
95
71（1）
152
62（1）
383
145
1
101
1
88
65（5）
145
139
10
62（3）
65（3）
8
65（4）
61（4）
32（4）
45（2）
83
62（2）
162
62（4）
76
39
158
14

1
28
51
146
號
45（2）
32（12）
33
1
158
非部
非
12
6
82
5
60（10）
4
32（12）
98
32（6）
47
41
18
62（4）*
62（3）*
62（1）*
62（2）*
15
60（8）
66
71（3）
16
71（2）
32（6）
152*

60（10）
1
60（2）
47
65（3）
60（2）
147
1
98
74（2）
134
154
30
悲
8
39
1
21
65（4）
60（7）
65（3）
65（1）
28
14
斐
187
*
162
30
17
158
60（7）
*
2
*
101
*
74（1）
*
71（1）
*
95
1

四画

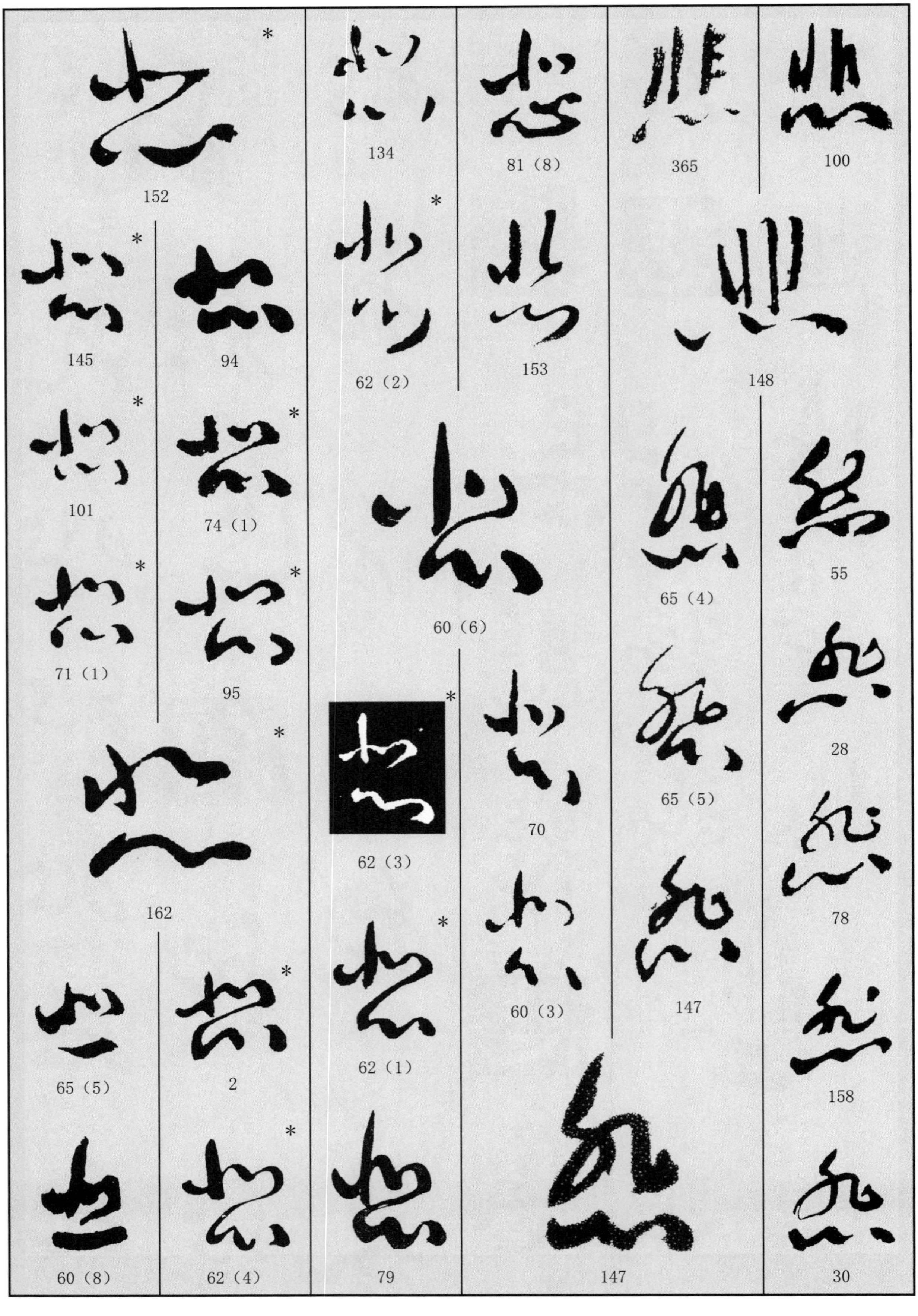
100
365
81（8）
134
152
148
153
62（2）
94
145
55
65（4）
60（6）
74（1）
101
28
65（5）
70
62（3）
95
71（1）
162
78
147
60（3）
62（1）
2
65（5）
158
30
147
79
62（4）
60（8）

輩　翡　（裵）裴　蜚

輩

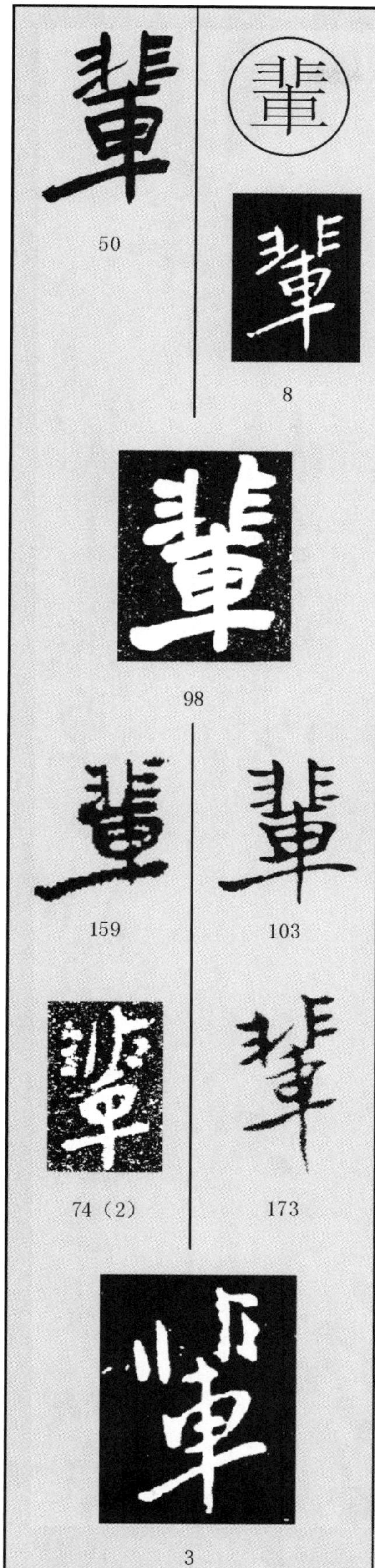

50 8 98 159 103 74（2） 173 3

翡　（裵）裴

152 129 58 翡 145 15 71（1） 裴 60（4） 129 53 121 74（1） 95 2

蜚

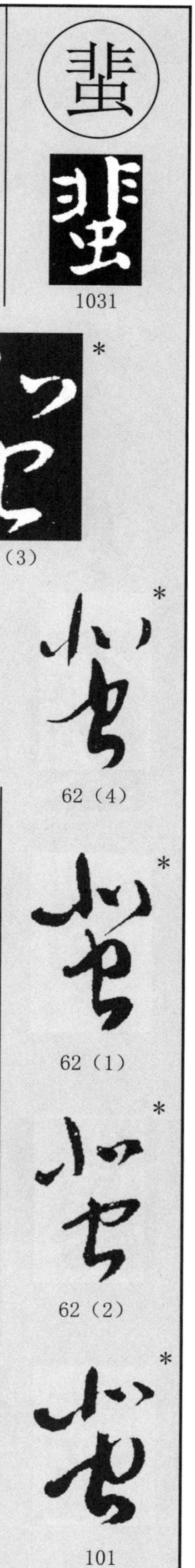

1031 62（3） 62（4） 62（1） 62（2） 101

60（7）
70
101
70
145
146
147
51
60（8）
60（2）
45（2）
111
111
65（4）
580
45（2）
靠
146
146
隹部
隼
196
60（7）
328
65（4）
32（8）
雋
44
隻
7
88
12
88
*

15
售
32(9)
51
4
83
集
8
12
98
139
139
99
82
140
139
1
51
69
60(9)
386
139
100
274
78
78
100
64
121
88

70

65(1)

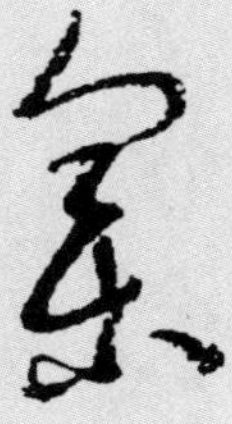
1

16

46

158

28

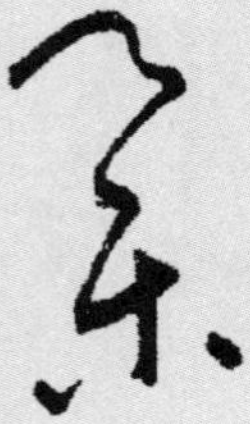
394

802

*
162

159

97

61(3)

101

32(7)

*
62(4)

60(3)

75

63(2)

*
62(2)

*
74(1)

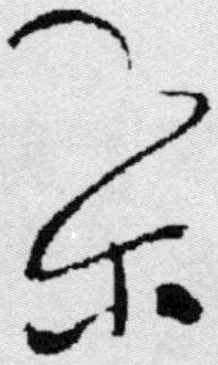
*
101

*
62(1)

*
2

*
95

60(9)

*
152

*
62(3)

*
71(1)

107
雄
32(12)
8
65(2)
140
30
88
45(2)
71(3)
87
200
*
145
164
54(1)
60(8)
22
60(1)
65(2)
47
60(4)
61(3)
61(4)
159
焦
61(4)
82
137
154
82
624
32(7)
6
78
365

(虽 虽 雖)雖　頧　雕　雒 雊

1　雖　60(7)　32(12)　141　6　頧　82　198　4　98　3　12

4　44　88　69　134　32(3)

雕　6　49(1)　71(3)　101　45(2)

139　166　雊　190　雒　15

139　100　74(2)　*　1　55

瞿

1
60(5)
30
60(8)
瞿
139
99
583
60(2)
65(5)
15
46
100
88
87
71(3)
71(3)
60(8)
65(4)
65(4)
16
21
12
60(10)
71(3)
*
65(2)
65(4)
45(1)
71(2)
60(5)
82
275
150

32(12)
473
65(2)
63(2)
70
159
146
1
66
71(3)
159
60(6)
60(2)
60(9)
517
25
872
1
140
65(2)
32(7)
44
198
175(1)
32(12)
5
5
140
60(10)
94
1015
65(3)
1026
228
71(3)

244

1104

離

3

122

32(2)

6

1

60(10)

131

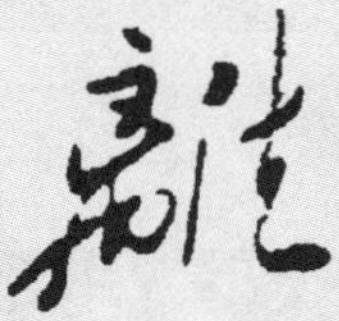
55

154

134

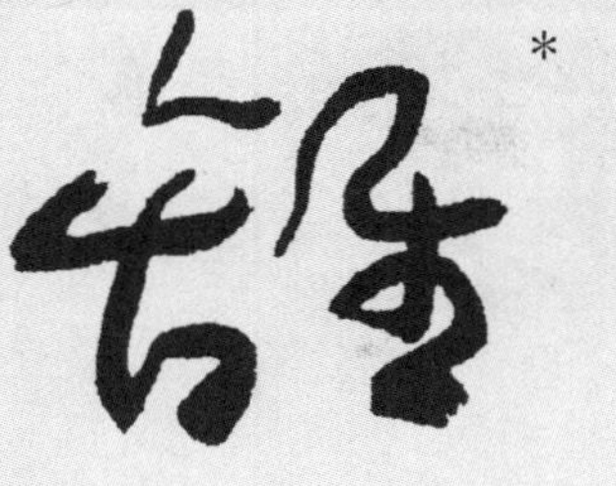
* 2

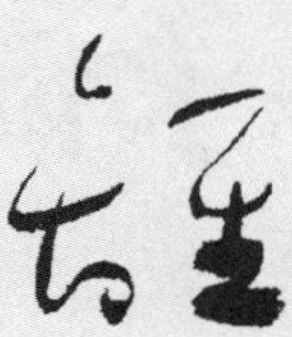
* 71(1)

* 95

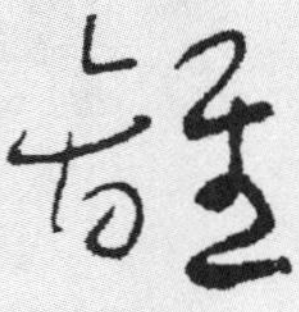
60(4)

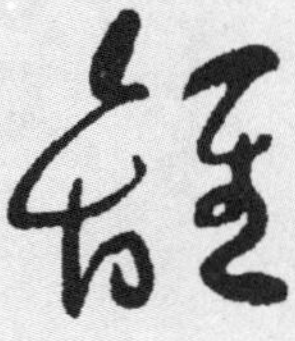
* 101

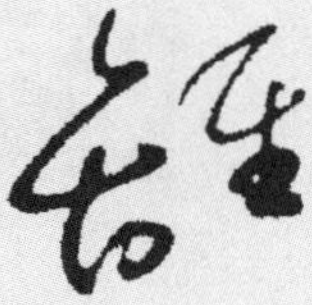
65(2)

60(8)

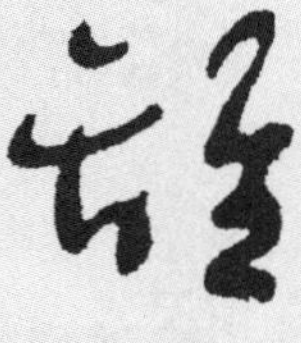
65(4)

22

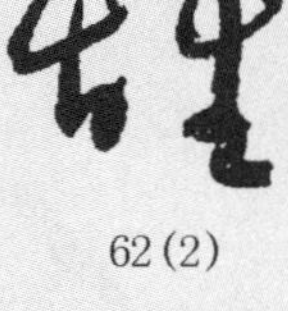
* 62(2)

18

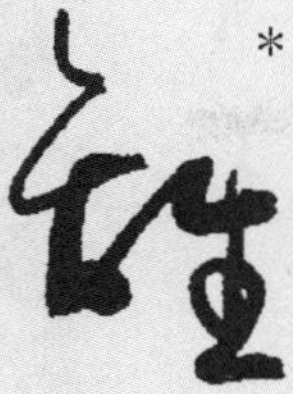
* 62(1)

* 62(3)

71(3)

45(2)

64

88

* 62(4)

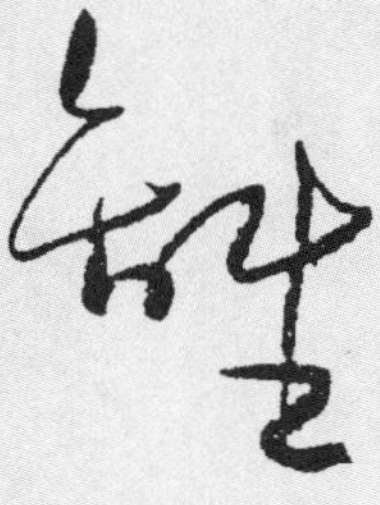
32(8)

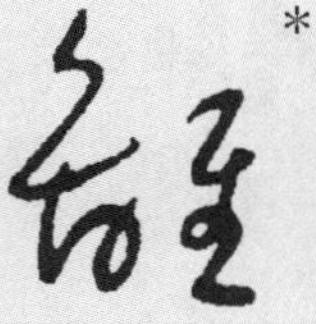
* 162

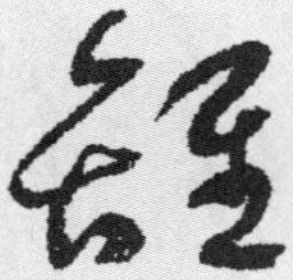
* 74(1)

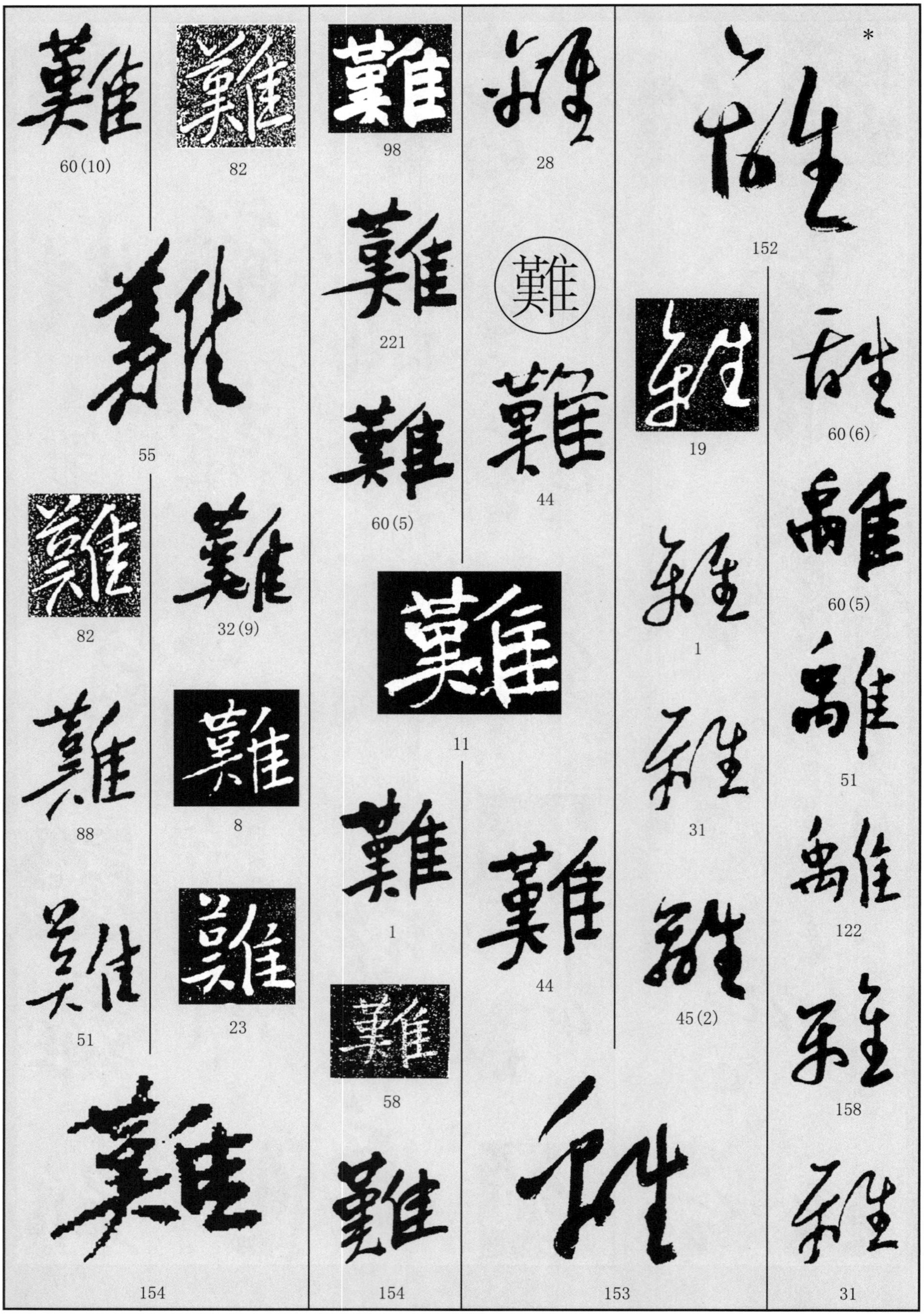
*
60(10)
82
55
82
32(9)
88
8
51
23
154
98
221
60(5)
11
1
58
154
28
44
44
153
152
19
1
31
45(2)
60(6)
60(5)
51
122
158
31

60(9)

145

*

74(1)

74(2)

300

*

101

*

2

101

147

60(10)

13

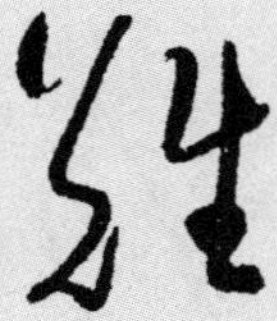
67

*

62(1)

*
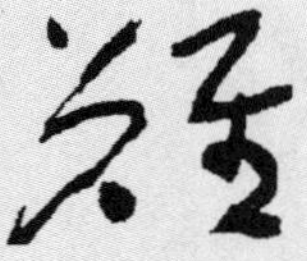
95

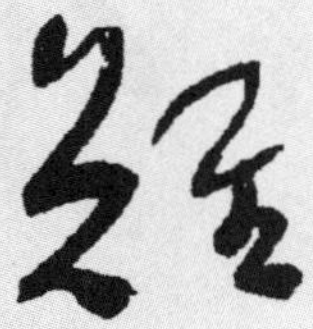
67

88

*

62(2)

*
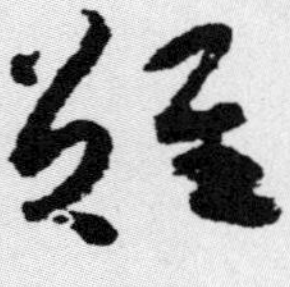
74(1)

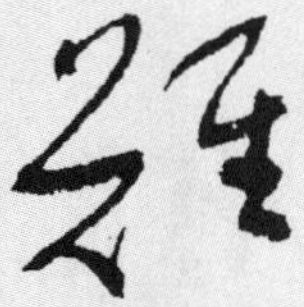
71(3)

1

65(5)

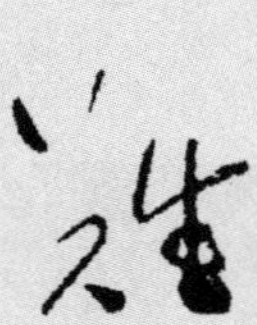
60(8)

*

62(3)

*

62(4)

65(5)

154

49(2)

*
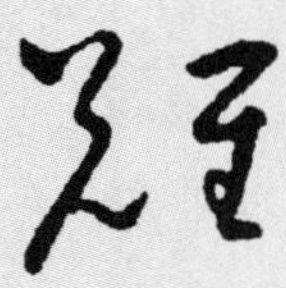
162

13

83

*
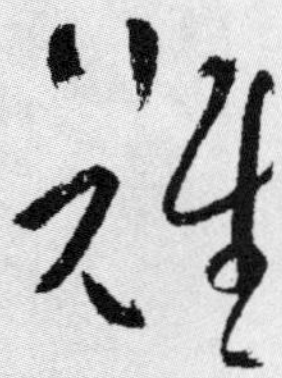
152

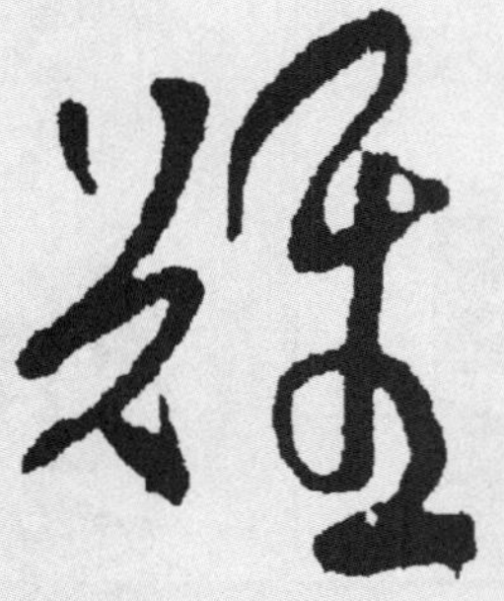
78

32(11)

82 1 1 32(1) 1 131 1 20 5 44

65(5) 82 65(4) 65(4) 79

139 60(5) 88 60(1) 60(2)

76 65(5) 5 65(4) 32(3) 174 60(2)

金部 32(12) 98 5

針

12
232
82
1
45(1)
32(3)
88
78
44
61(4)
1
1
62(3)
71(1)
62(4)
1
62(1)
65(4)
2
94
65(2)
152
62(2)
74(1)
95
162
61(4)
1
32(4)
15
61(1)
針
140
70

釗
5
4
5
鈞
44
60(2)
44
71(3)
32(9)
147
138
1
62(3)
62(2)
71(1)
145
158
101
62(4)
39
152
74(1)
95
2
62(1)
154
134
鈍
66
60(8)
65(4)
65(4)
67
32(12)

鈞 欽 鈔 鉅

73
鉅
98
15
148
158
28
103
65(4)
51
1
62(4)
71(1)
95
152
74(1)
101
2
62(2)
62(3)
62(1)
鈔
175(1)
138
139
99
175(1)
1102(2)
欽
242
58
139
88
70
139
600
139
196(8)
鈞
8

鉛鈴鈿　鉏鉞　鉢鈺　鈕鈁　(鉤)鈎

88

鈿

153 *

鈴

1102（3）

鉛

100

100 *

鉞

1031

65(4) *

193（3）

97

107

鉏

1102（3）

139

81(6)

134

87

鈺

44 *

鉢

187

440

44 *

60(10)

鈁

4

341

鈕

5

61(4)

鈎

44

1

214

61(4)

32(9)

44

870

139

158

100

74(2)

3
18
7
4
9
83
36
99
82
61(2)
88
74(2)
86
741
16
386
60(9)
71(2)
銘
81
銑
銛
1026
銋
4
銓
71(3)
139
60(10)
92
87
65(4)
65(2)
153
鋩
23
175
銧
1102(1)
銅
32(1)
154

銀　　錚

1008
22
銀
錚
15
60(10)
78
42
1
32(9)
1
60(8)
33
16
71(1)
74(1)
95
62(2)
162
97
62(3)
87
71(3)
71(3)
62(1)
152
83
2
101
62(4)
61(2)
251
1
28
61(2)
71(3)

78 147 66 145 74(2) 1 82 32(6) 21 621 168 8 鋒

146 鋤 104 60(10) 761 365 215 65(1)

65(2) 166 65(4) 236 101

65(3) 61(4) 314 銷 146 174 32(12)

158 65(4) 60(8) 鋕 186 鈉 196(4) 鋪

（錢）錢　錡　錯　鍈　鋭

錢
8
1
131
139
1
47
159
154
99
32(11)
388
錯
32(6)
596
58
140
71(3)
141
46
60(3)
錡
18
86
100
70
906
67
32(3)
113
鍈
1008
71(3)
65(1)
60(6)
鋭
8
27

錫　錕　鋹

金部

八画

98
16
11
錫
17
47
45(2)
100
70
139
70
71(3)
65(4)
70
鋹
139
139
錕
7
45(2)
45(2)
92
45(2)
134
365
174
54(2)
60(3)
65(1)
46
46
44
1

60(1)
60(3)
153
166
153
*
60(2)
71(3)
99
88
1
243
60(5)
65(1)
71(3)
141
60(10)
154
275
60(5)
15
275
145
32(2)
146
錐
61(3)
186
1023
錦
65(5)
32(7)
140
335
錘
134

鍾鍼鍥 (录 錄)録 錚

60(8)
154
100
1
158
2 *
101 *
鍥
1102(3)
1102(3)
鍼
196(2)
鍾
12
98
78
101
74(2)
61(2)
60
60(2)
61(1)
71(2)
134
1
139
88
60(7) *
60(4)
60(5)
録
78
139
154
60(5)
139
71(3)
87
92
92
45(2)
錚
196(8)

139
51
139
16
18
54(3)
65(4)
22
83
145
鎮
23
74(2)
342
7
32(10)
154
鍪
1026
鏵
196(8)
4
82
62(2)
489
60(9)
152
鍛
173
111
62(3)
71(1)
95
74(1)
62(1)
62(4)
162

(鏤)鏤鏗鏜　鎔鎌鎬　鎰　(鐫)鎸　鎧　（鎖）鎖　鏄

鏜
311
70 *
782
鏗
111 *
鏤
1102（3）
44

鎬
1102(3)
鎌
92 *
鎔
4
70 *
22
1102（3）

82
15
134
196(12)
58
51
鎰
788

鎧
154
147
299
71(3) *
鎸
1

32(7)
71(3)
71(3)
65(4)
328
32(3) *
65(4)

97
鏄
1023
鎖
145
141
134

65(2)
45(2)
45(2)
276
1102（3）
153
65(3)
60(4)
60(10)
18
153
鏃
鏟
36
鏡
6
153
59
32(10)
鏮
153
鏘
101
36
1
198
鏑
193（7）
32(10)
1
鏞
21
595
32(8)
45(1)
27
391
139
60(3)
154
145

鐙
32(1)
61(3)
42
110
鐵
15
139
60(8)
60(7)
65(3)
99
88
71(3)
154
237
386
*
88
66
44
鐘
65(4)
140
43
134
60(5)
137
82
154
60(10)
60(8)
154
鑠
168
鐃
1
139
140
1101
鏸
154

鑊

16
15
139
1
145
166
154
1
66
71(3)
60(5)
78
139
81(6)
60(3)
55
154
139
60(2)
鑊
76
63(2)
147
134
148
820
159
99
*
25
140
1
32(5)
86

鐸
60(9)
110
16
1102(1)
鏞
104
66
鑄
32(12)
61(4)
87
32(9)
1032
鑒
61(3)
60(2)
65(2)
483
1
100
61(2)
51
1
101
62(1)
152
62(3)
62(4)
21
74(1)
71(1)
95
62(2)

154
62(1)
62(2)
62(3)
62(4)
2
152
145
175
88
44
154
15
57
鑫
53
鑱
196(6)
1016
鑿
鑅
146
鑠
870
60(10)
1012
1027
100
100
158
33
884
60(2)
65(4)
2
51
7
61(3)
71(3)
18

(门)門

*
74(1)
*
95
87
78
153
*
101
*
71(1)
門部
門
293
82
88
7
3
44
32(10)
32(10)
223
60(5)
71(3)
61(4)
82
60(10)
99
71(3)
99
1
65(3)
19
60(10)
60(8)
65(3)
44
141
44

（闭）閉　　（闲）閑

103
1
45(2)
76
15
65(1)
65(5)
74(1)
154
71(3)
2
71(1)
62(3)
101
62(1)
98
148
62(4)
162
279
74(1)
95
241
71(2)
154
32(1)
111
152
158
62(2)
47
71(3)
15
32(2)
17
28

門部

三画

71(3)
36 *
806
60(7)
60(7)
問
7
140
82
44
88
88
51
60(5)
60(10)
140
139
1
1
71(3)
71(3)
60(7)
60(10)
71(3)
241
45(2)
1
32(3)
347
145 *
66
146
152 *
74(1) *
62(4) *

(开閞)開　(闰)閏

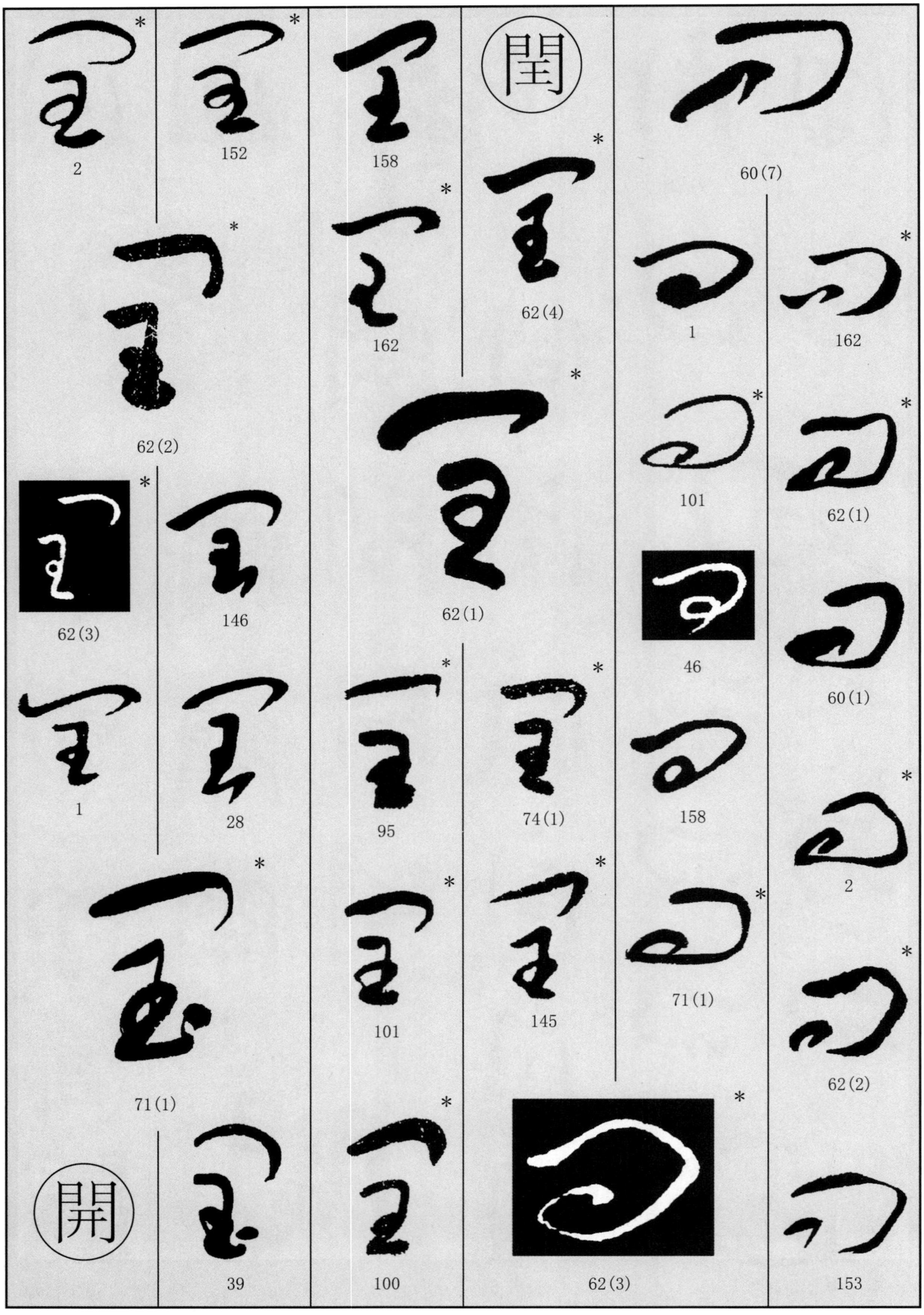

2
152
62(2)
62(3)
146
1
28
71(1)
開
39
158
162
62(1)
95
101
100
閏
62(4)
74(1)
145
60(7)
1
162
101
62(1)
46
60(1)
158
2
71(1)
62(2)
62(3)
153

四画

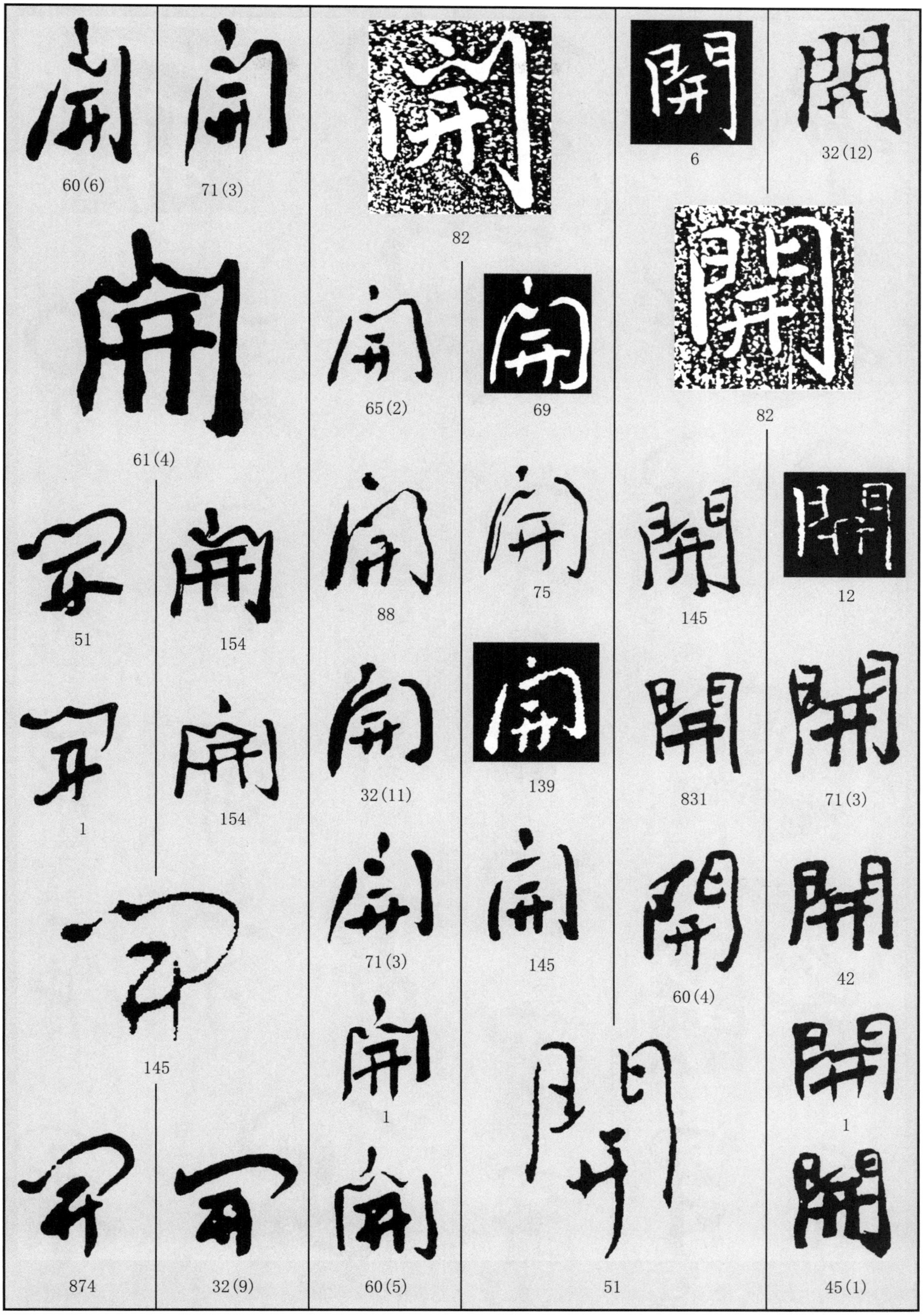

60(6) 71(3) 82 6 32(12)
61(4) 65(2) 69 82
51 154 88 75 145 12
1 154 32(11) 139 831 71(3)
145 71(3) 145 60(4) 42
1 1
874 32(9) 60(5) 51 45(1)

46
60(1)
74(1)
65(3)
2
162
95
101
62(2)
62(1)
62(4)
74(1)
45(2)
45(1)
99
71(1)
61(2)
71(3)
1
45(2)
70
141
65(4)
1
32(4)
65(4)
62(3)
152
78
65(2)
65(3)
235
45(2)

153
32(11)
32(11)
閑
101
153
60(8)
44
140
60(10)
36
32(2)
60(3)
70
65(4)
71(3)
174
154
490
1
158
129
62(3)
33
71(1)
95
62(4)
2
62(2)
101
74(1)
62(1)

1
*
152
閎
1
154
154
間
3
5
98
7
4
82
51
159
51
82
1
51
206
60(8)
60(5)
71(3)
19
70
16
65(4)
71(3)
39
55
88
69
139

閔　(间)閒

65(3)
99
60(4)
134
66
3
1
79
60(6)
71(3)
147
1
60(10)
44
60(10)
61(4)
60(5)
47
7
44
44
140
837
60(8)
61(1)
99
154
61(2)
60(3)
71(3)
66
61(4)
63(2)

門部

四画

(闻) 聞　　闉閞　　(𬮱) 閟　　閙(闸)閘　　(闷) 悶

7　4　32(1)　44　32(12)　3　1

92　820　65(4)　87　1　60(9)　99　43　1027　1027　63(2)

32(9)　60(10)　25　99　65(2)　324

1　44　71(3)　46

134　44　22　1　153

5
82
98
1
44
78
61(4)
44
82
60(8)
18
16
101
88
137
140
154
60(7)
60(6)
1
139
76
1
1
31
129
87
*
92
28
60(1)
31
94
71(1)
32(7)

(阁)閣　閥　(闾)閭　閩

62(2)
95
74(1)
101
152
62(3)
62(1)
2
62(4)
閩
44
1
1030
71(2)
閭
1
44
158
82
18
1
1
153
閥
221
1
74(2)
66
閣
832
1
47
60(10)
47
940
139
572
47

(阅)閱 (阃)閫

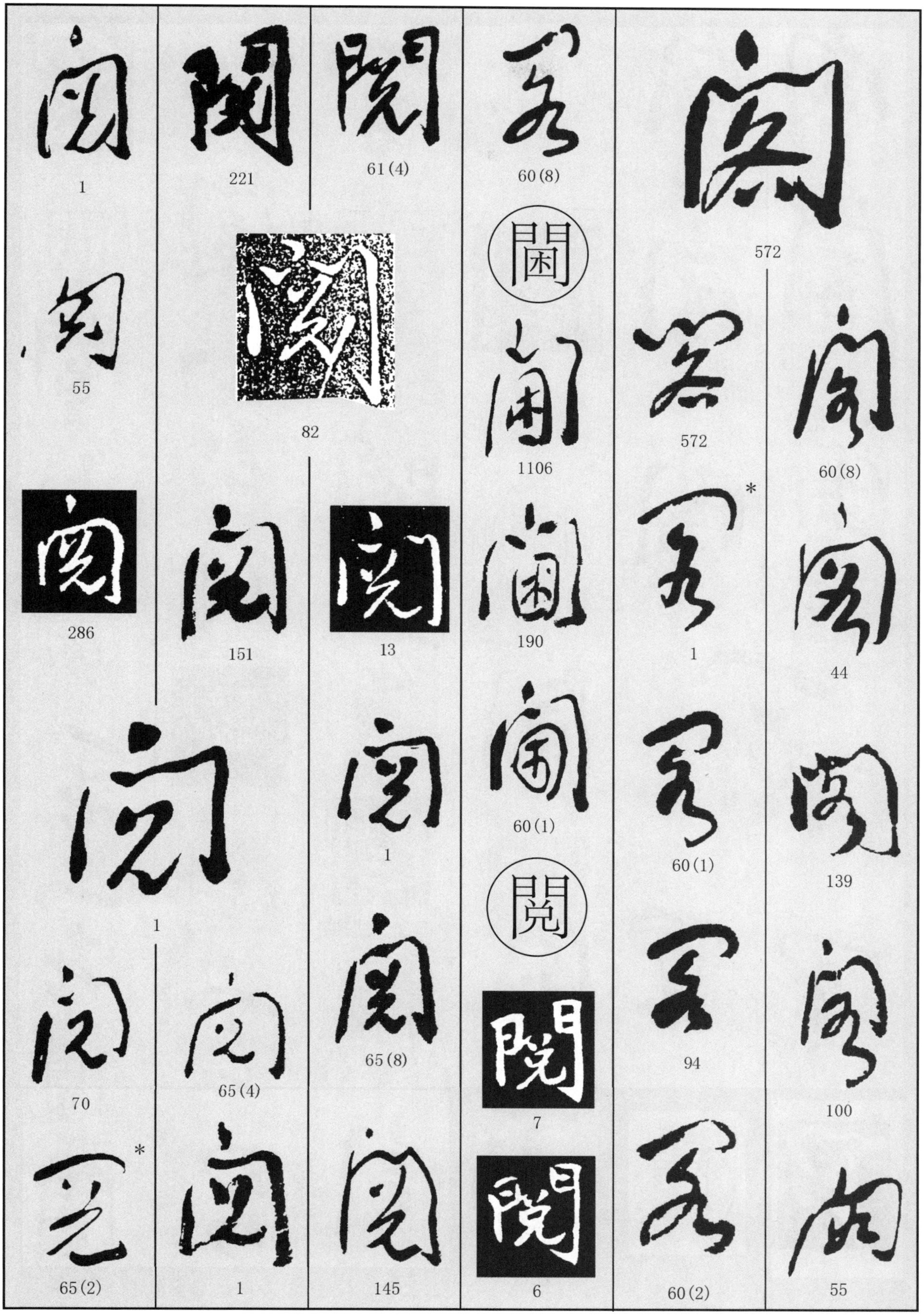
572
60(8)
44
139
100
55
572
1 *
60(1)
94
60(2)
60(8)
閫
1106
190
60(1)
閱
7
6
61(4)
13
1
65(8)
145
221
82
151
65(4)
1
1
55
286
1
70
65(2) *

（闃 阒）闃　（阑）闌闉　閹（閤 閤 阁）閣（闾）閭　閹 閣（阆）閬

(闱) 闈　　(𬇙 濶 阔)闊　　(闇) 闇

242　60(2)　88　88　154

60(6)　88　65(4)　86　1 *

394　57 *　140　25

100　134　32(6)　7　147　159

1　47　15　1　14　324

45(2)　8

60(8)　47　151　76

*
32(7)
闋
339
139
139
闔
44
140
65(3)
1022
闑
86
*
99
闕
11
60(5)
60(5)
47
78
65(4)
147
60(8)
158
134
153
100
1
60(2)
100
71(3)
146
79
*
162
*
95
*
62(3)
67
*
62(2)
*
152

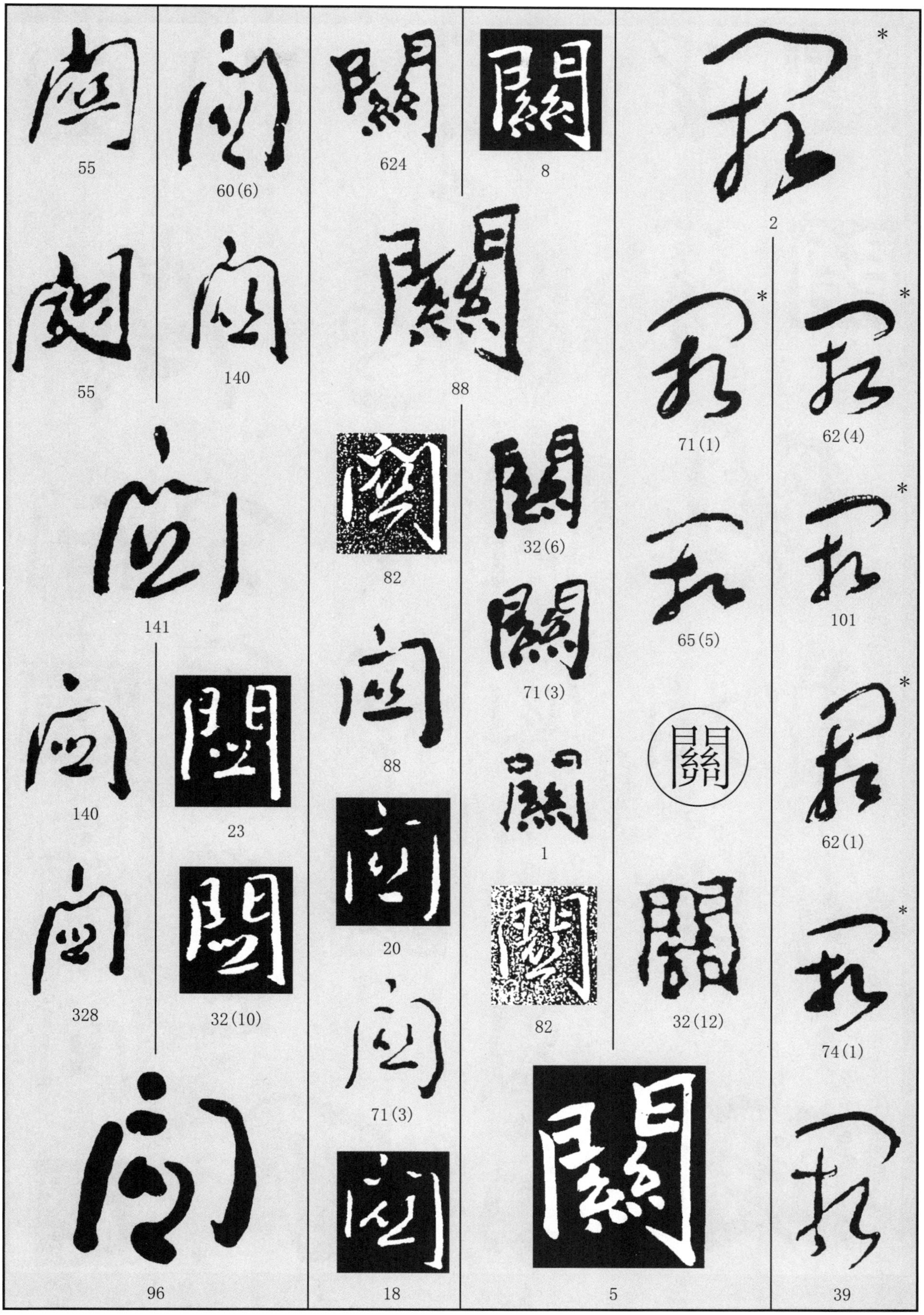

2 62(4) 101 62(1) 74(1) 39
71(1) 65(5) 32(12) 5
8 32(6) 71(3) 1 82
624 88 82 88 20 71(3) 18
60(6) 140 141 23 32(10) 96
55 55 140 328

60(6)
100
60(6)
19
1
32(2)
32(7)
71(3)
94
100
46
65(5)
94
66
65(4)
94
*
67
16
83
51
1
101
749
1
129
97
12
98
32(6)
154
154
159
60(10)
1

（隷 𨽻）隸 隶　　　（闢）闢（闡）闡　闥

門部

十一——十三画

隶部

九画

二〇四七

9
27
32(10)
101
62(4)
47
88
1
革部
革
74(1)
196(4)
32(1)
5
32(12)
62(3)
159
15
1
6
82
61(4)
140
46
19
11
88
152
61(2)
12
83
44
62(1)
99

勒

14
17
1
1
87
88
60(7)
1
71(2)
107
23
54(2)
勒
1
88
71(3)
1
152
101
2
101
95
62(2)
62(3)
62(1)
74(1)
71(1)
62(4)
162
158
88
61(2)
140
154

靳
12
1
鞋
1102(1)
7
鞍
9
1
139
44
60(4)
100
32(2)
60(3)
65(1)
鞘
198
韔
1026
鞠
98
339
62(3)
62(1)
62(2)
71(1)
158
1
145
101
33
2
74(1)
62(4)
162
152
95
鞬
1027
革录
198
鞭
139

順

98 30 101 1 139 51

140 60(7) 12 140 60(8) 139

頂

137 78 44 55 242 549

頁部

頁

892 328 51 32(8)*

頂

韈

712 60(1) 154 327

韣

32(12)

韈

139

145 139 32(11) 60(1) 88* 154

頓　頑

60(9)
74(1)
99
51
51
60(4)
1
65(4)
47
151
62(2)
60(10)
134
97
51
119
45(1)
65(2)
62(3)
101
70
頓
頑
1
71(1)
95
63(2)
32(12)
98
141
28
62(1)
99
11
71(3)

頌 頒

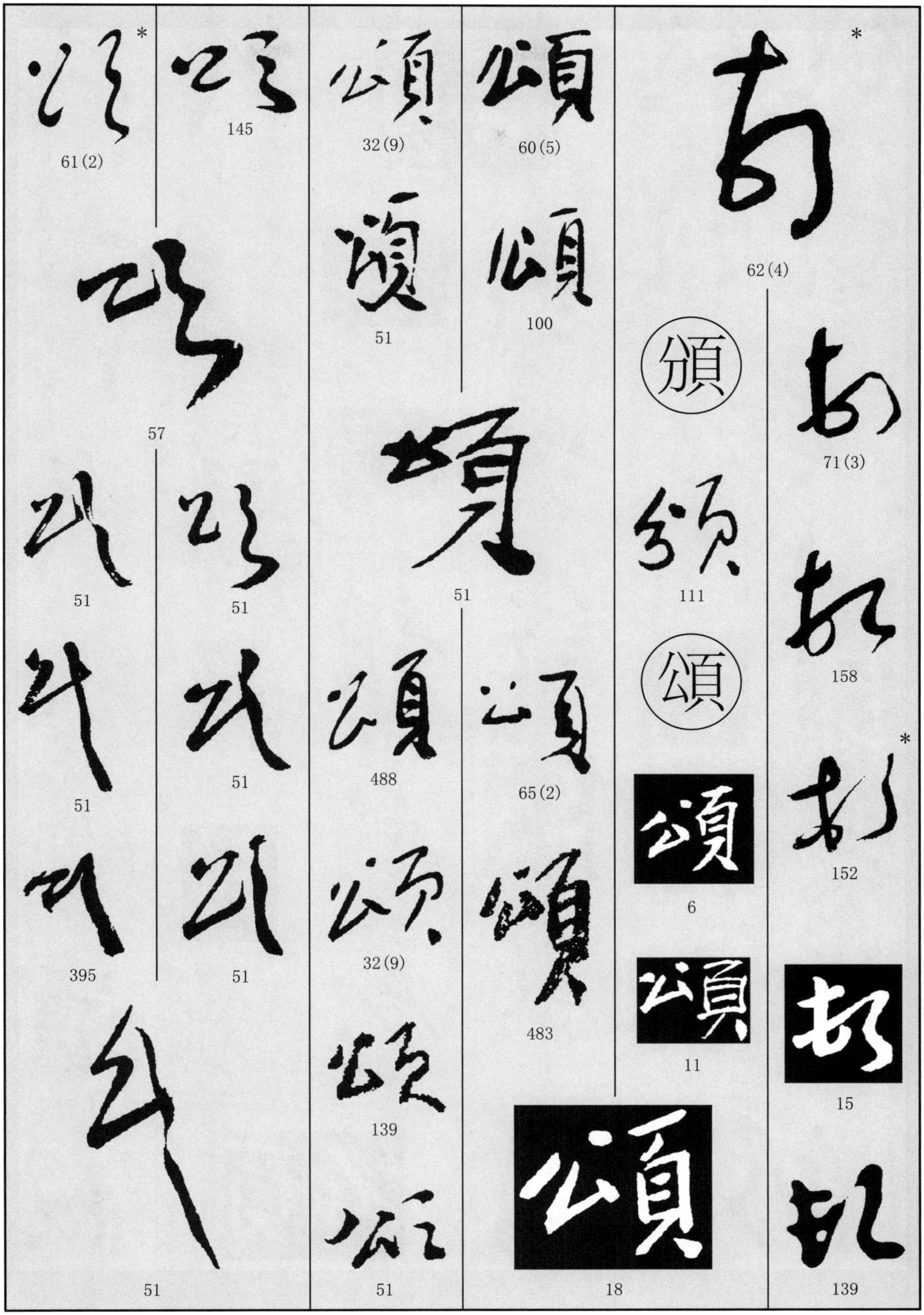
*
62(4)
71(3)
158
*
152
15
139
頒
111
頌
6
11
18
60(5)
100
65(2)
483
32(9)
51
51
488
32(9)
139
51
*
145
57
51
51
51
61(2)
51
51
395
51

51
148
51
51
預
32(12)
1
51
60(7)
32(6)
46
領
10
19
9
12
44
210
60(10)
1
146
158
32(7)
100
1
74(1)
71(1)
62(3)
101
62(4)
95
62(2)
62(1)
2
152
45(2)
1
*

頹　頻　頸(頰)頰　(頤)頤　頴 頫 頡

頹
頻
頰
頸
頤
頡
頫
頴
44
108
153
60(6)
146
32(9)
3
98
65(4)
638
154
65(4)
65(3)
101
23
244
5
196(4)
624
139
32(8)
154
154
140
196(4)
60(10)
60(5)
275
146
78
1034
45(1)
65(5)

47
65(3)
73
*
67
頴
14
60(5)
121
穎
1
顆
71(3)
153
65(5)
頽
1031
60(3)
141
顒
187
顔
71(3)
88
54
93
145
146
1
60(10)
140
70
1
148
1
42
579
134
78
153

顛　　額

62(2) 62(3) 101 71(1) 95 62(1) 152

32(8) 158 62(4) 2 162 74(1)

134 45(2) 60(8) 154 100 100 64

23 196(8) 顛 122 154 71(3)

60(6) 94 63(2) 額 5 12 10

55 25 134 159 154

60(6)
1
13
60(10)
32(3)
154
71(3)
88
61(4)
394
1
71(3)
44
60(2)
1
65(1)
100
140
140
814
*
71(1)
60(6)
100
60(7)
82
*
154
17
65(5)
12
95
*
*
74(1)
101
60(7)
71(3)
8

62(4)
62(1)
2
62(3)
152
1
62(2)
244
類
74(2)
74(2)
60(2)
71(3)
71(3)
149
65(4)
139
95
62(4)
74(1)
101
62(1)
71(1)
69
44
62(3)
2
62(4)
67
152
155
70

152
2
71(3)
74(2)
110
60
60(7)
45(2)
156
65(2)
62(2)
60(5)
88
62(1)
60(8)
65(4)
25
62(4)
45(2)
53
95
30
4
67
187
101
65(3)
98
1
44
74(1)
10
542

面　　顱　　顯

65(4)
97
47
60(5)
44
45(2)
39
101
*
65(1)
62(2)
*
62(2)
*
62(1)
*
60(8)
51
63(2)
面部
152
*
62(3)
*
71(1)
*
顯
1
面
顱
74(1)
*
2
*
98
62(3)
*
4
139
62(4)
*
95
*
159
47
10
70
32(7)
1
2
*

82
1
83
71(3)
139
139
43
154
60(8)
860
76
28
158
1
152
394
45(2)
2
162
62(2)
71(1)
74(1)
95
101
62(1)
166
韭部
韭
88
62(3)
62(4)
是部
是
32(12)
6
98

5

47

11

4

5

11

5

10

122

835

154

1

12(6)

61(4)

60(5)

140

82

1

60(10)

42

141

141

60(5)

60(10)

864

60(10)

899

60(10)

154

60(8)

154

140

934

1
88
1
51
60(8)
1
70
51
60(8)
60(10)
88
60(10)
18
71(3)
17
60(10)
1
47
158
62(3)
44
97
1
87
152
145
96
45(2)
95
62(2)
101
162

60(7)

60(9)

71(3)

100

69

32(4)

61(2)

45(2)

101

*

62(4)

39

63(2)

34

60(8)

*

74(1)

64

61(7)

71(3)

44

60(3)

*

71(1)

60(9)

87

61(1)

60(1)

71(3)

*

62(1)

61(2)

63(2)

60(1)

60(6)

*

2

47
60(5)
134
22
64
45(1)
773
139
9
45(2)
71(3)
154
55
154
149
154
154
65(5)
74(2)
154
題
32(10)
275
88
10
71(3)
44
*
101
60(4)
44
61(4)
32(2)
42
934

韙

61(2)

70

65(3)

61(3)

46

139

韙

18

骨部

骨

8

5

32(1)

20

1

18

82

65(4) *

61(1)

60(2)

61(2)

74(1)

骭

60(1)

骭

44

骸

骸

82

101 *

20

1

158

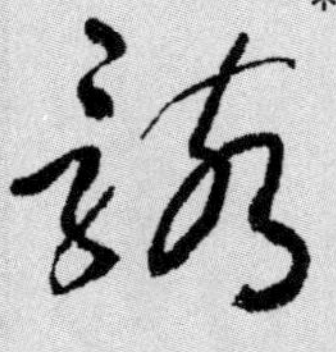
2 *

71(1) *

74(1) *

62(3) *

1
51
88
體
62(4)
15
9
5
74(1)
62(1)
8
鶻
62(2)
1
32(3)
145
72(4)
58
152
158
65(3)
30
32(12)
95
145
髓
95
71(3)
髇
154
1
36
198
62(3)
60(8)
98
髀

香

154
154
1
1
99
23
139
1
654
32(6)
101
71(3)
46
78
45(1)
103
香部
香
88
153
71(3)
71(3)
71(1)
101
74(1)
62(4)
162
152
154
62(1)
2
145
67
86
107
62(2)

34
51
74(1)
60(10)
1
60(10)
146
61(4)
60(7)
60(8)
60(8)
*
71(3)
65(4)
61(2)
65(4)
1
44
61(2)
1
65(3)
71(3)
145
153
153
1
馥
783
1102(2)
馨
7
44
42

166
1
23
62(2)
71(1)
62(3)
152
174
2
62(1)
101
95
74(1)
62(4)
162
153
382
鬼部
鬼
82
324
32(1)
66
99
153
324
1
76
32(5)
1
129
140
159
63(2)
魂
102

魏　　　　魁

83
61(1)
66
魏
111
126
60(3)
624
32(11)
207
88
99
139
139
221
257
151
173
71(3)
328
魁
8
8
60(8)
5
154
174
66
155
71(3)
3
82
140
139
65(3)
32(8)
1

食部
食
魋
32(3)
88
139
146
152
98
6
1
62(1)
74(1)
154
88
88
99
139
62(2)
62(1)
2
152
95
15
72
62(4)
101
71(1)
141
60(5)
23
1
62(3)
158
141

74(1)
71(1)
71(3)
13
158
113
95
66
146
62(4)
2
99
101
62(3)
62(2)
145
140
162
60(6)
88
25
60(9)
46
92
100
飣
1008
飪
17
飫
44
飭
65(4)
107
141
飯

飲

8

飲

98

60(10)

82

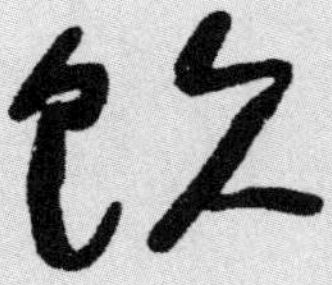
60(5)

60(10)

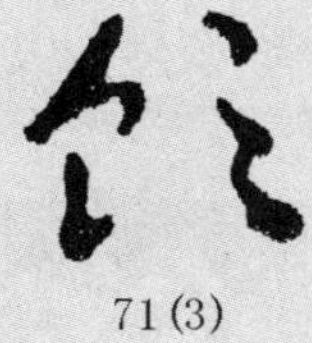
71(3)

88

78

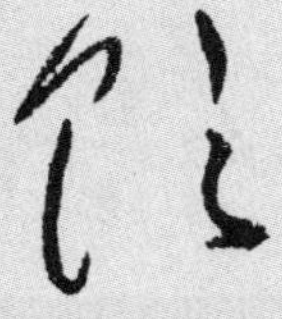
100

65(3)

*
74(1)

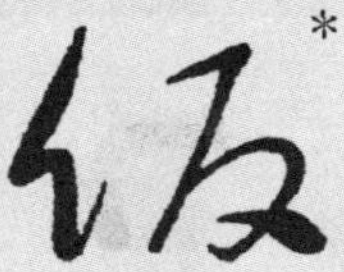
*
62(2)

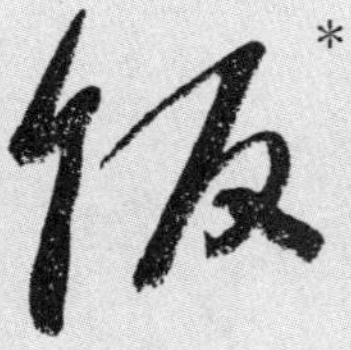
*
62(1)

*
95

*
62(4)

*
62(3)

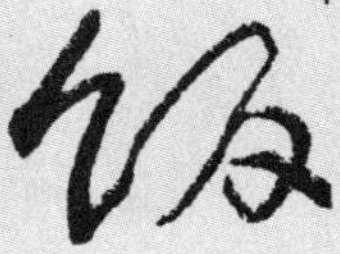
*
2

153

*
152

46

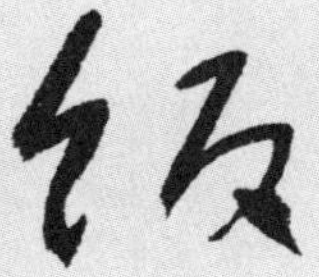
153

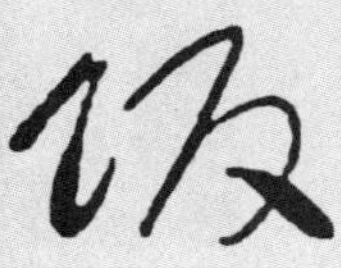
884

*
71(1)

5

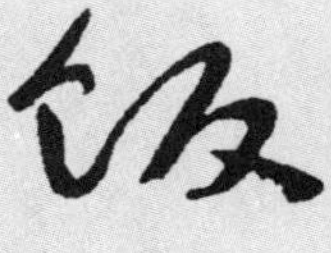
158

31

129

28

65(4)

71(3)

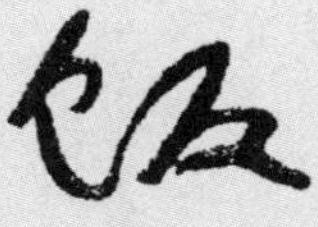
60(5)

165

*
101

60(8)

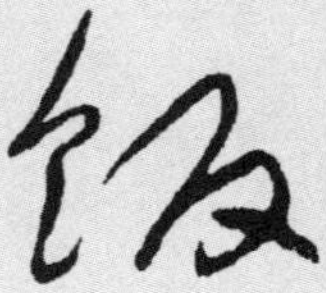
60(6)

飴　飼　飽　飾

飴
70
159
60(9)
148
147
*
1
140
*
95
*
152
113
*
62(3)
*
62(2)
飼
196(4)
60(5)
*
62(4)
*
101
*
74(1)
*
62(1)
*
71(1)
*
2
1
1
71(3)
158
147
44
55
*
60(3)
飽
32(12)
5
100
*
1
飾
5
410
70

25
154
餌
139
113
*
60(8)
蝕
32(12)
*
166
餉
8
32(10)
16
60(4)
餅
5
139
210
餈
5
餖
1008
147
65(4)
79
餐
78
139
140
71(3)
*
152
*
101
*
95
*
2
71(3)
60(6)
134

70 1 14 1 32(3) 65(5) 1

44 139 146 154 1 1

32(8) 1 5 3 88 12 65(4) 82

129 543 餘 98 4 8

60(2) 62(2) 餓 58 256 20 1

62(4) 62(3) 74(1) 71(1) 62(1)

22 60(7) 97 234
62(3) 39 60(7) 88 158
100 95 65(2) 101 50 82
67 62(2) 47 394 139 44
152 87 60(6) 154 1
78 60(5)
101 72 60(8) 1 28

(舘)館

75
75
153
71(1) *
2 *
60(10)
69
88
154
62(4) *
5
146
館
74(1) *
162 *
1
139
100
145 *
45(2)
60(5)
100
55
60(2)
62(1) *
22 *
264
100
32(12)
264
74(2)
66
65(2)

(飢)饑　饌 饋　　饒 饗　饉 餧 餞

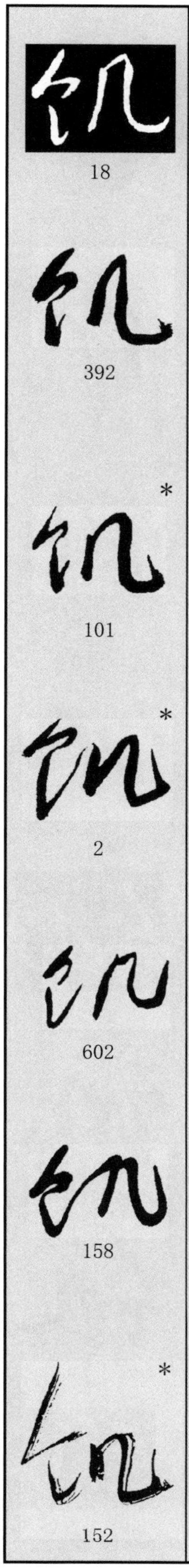
18
392
101*
2*
602
158
152*

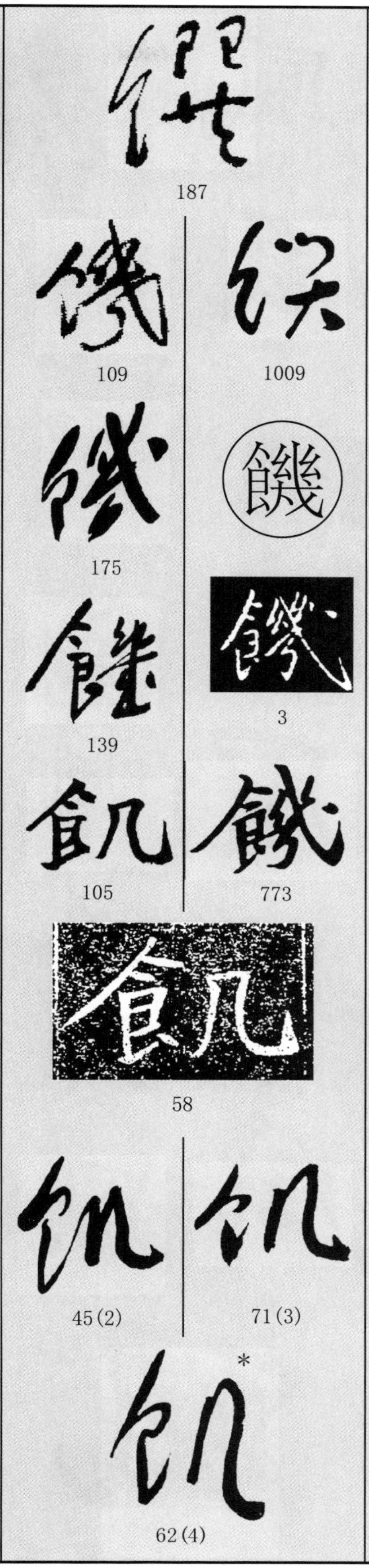
187
109
1009
175
饑
139
3
105
773
58
45(2)
71(3)
62(4)*

100
101
16
饋
190
15
饌
432

196(8)
饗
1030
386
饒
44
365
154

餞
247*
餧
99
饉
328
1
32(8)*

1
7
32(10)
88
*
62(1)
61(4)
32(12)
36
饘
*
71(1)
1027
61(4)
1
3
風部
*
62(2)
55
10
76
38
風
*
95
293
34
60(10)
61(4)
141
*
62(3)
44
44
*
74(1)
61(4)
141
137
153
139
32(2)
38
134
286

65(1)
100
60(10)
139
139
100
60(8)
70
60(8)
139
101
1
81(8)
60(5)
100
44
60(7)
94
43
60(10)
60(10)
139
101
100
1
60(10)
47
146
60(7)
100
88
100
70
44
61(4)
60(5)

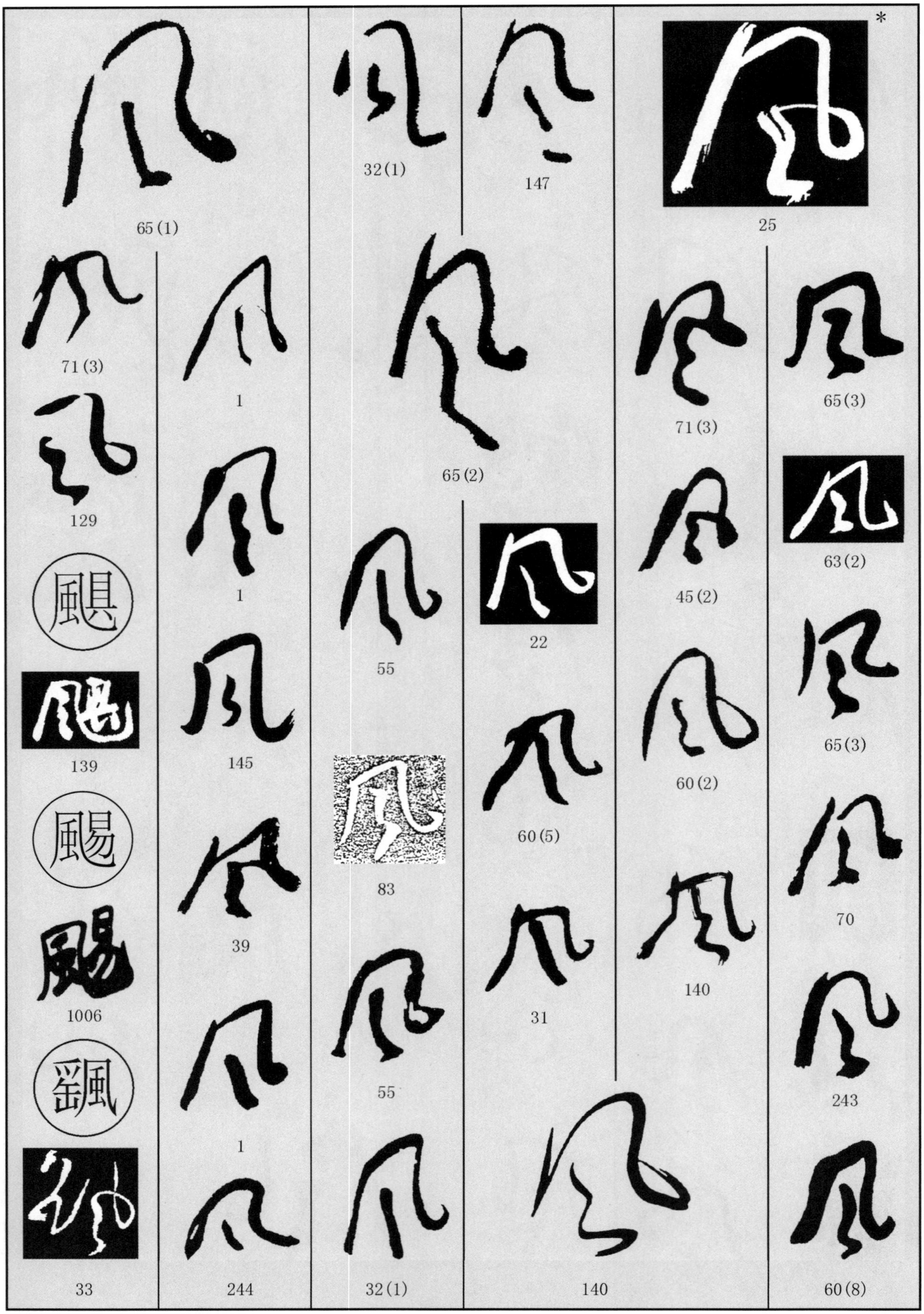

65(1)
71(3)
129
颶
139
颺
1006
飆
33
1
1
145
39
1
244
32(1)
65(2)
55
83
55
32(1)
147
22
60(5)
31
140
*
25
71(3)
45(2)
60(2)
140
65(3)
63(2)
65(3)
70
243
60(8)

1
158
飄
55
158
32(9)
1
1
32(1)
145
33
286
1
141
802
60(6)
60(8)
1
1
138
152
62(2)
74(1)
70
71(1)
2
95
62(1)
101
333
129
65(3)
62(4)
65(2)
71(3)
62(3)

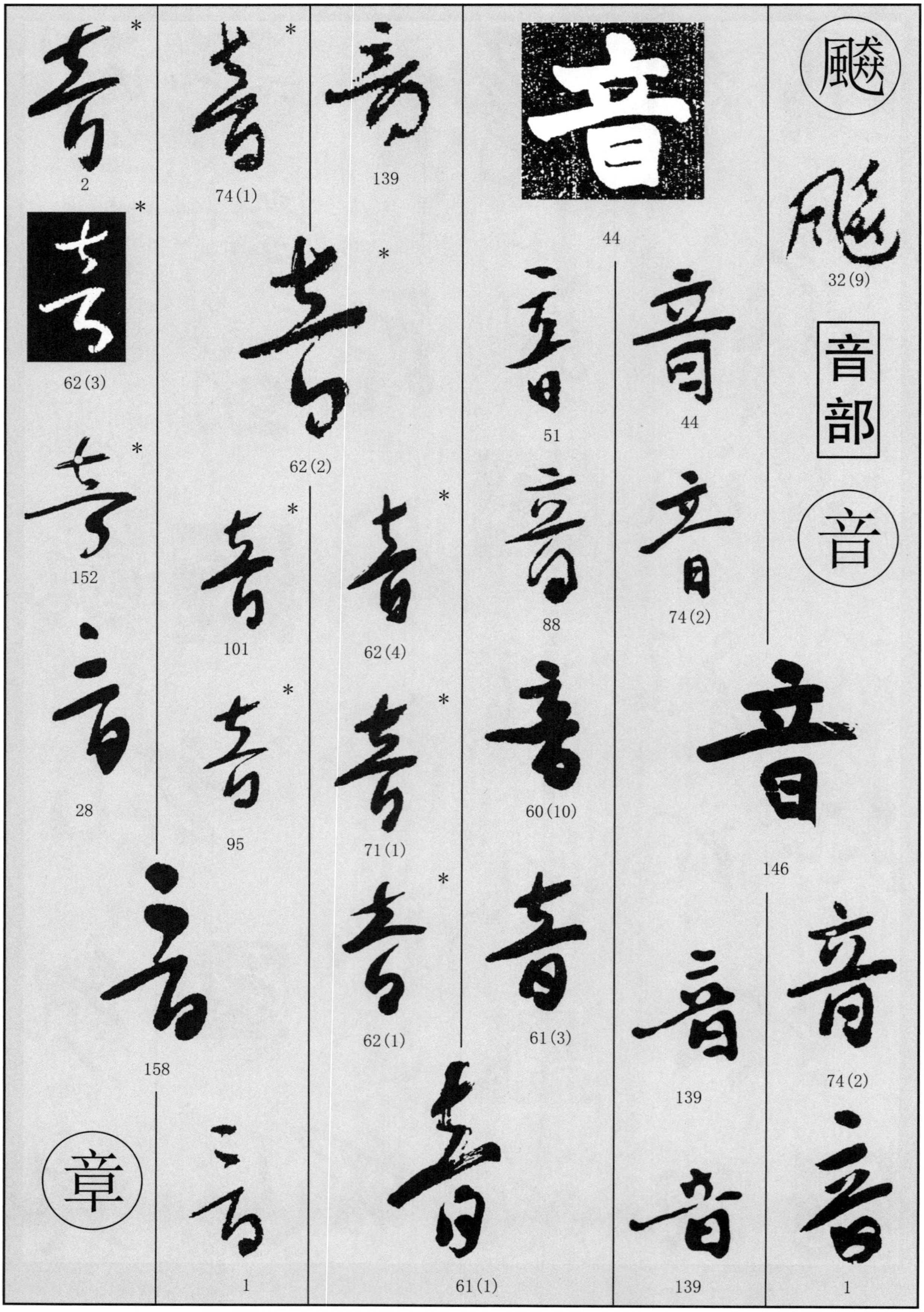
飋
32(9)
音部
音
146
74(2)
1
44
74(2)
139
139
44
51
88
60(10)
61(3)
61(1)
139
62(2) *
62(4) *
71(1) *
62(1) *
74(1) *
101 *
95 *
1
2 *
62(3) *
152 *
28
158
章

風部 十二画

音部 二画

音部

二画

6
5
5
60(10)
61(4)
82
8
88
4
51
51
70
28
1
60(10)
60(1)
134
158
51
32(9)
796
92
65(4)
71(3)
61(2)
44
71(3)
1
65(4)
23
99
70

竟

74(2) 71(1) 62(3) 74(1) 101 62(2)

2 62(1) 145 100 152

62(4) 71(3) 30 65(3) 145

201 196(6) 竟 27 5 10 12

98 61(4) 82 13 1

32(12) 6 44 32(9) 71(3) 32(10)

意　歆

7
62(2)
71(3)
71(1)
81(4)
65(4)
62(3)
74(1)
47
74(2)
32(10)
意
1
62(1)
2
139
44
5
歆
95
101
131
98
78
64
146
6
139
159
61(4)
62(4)
152

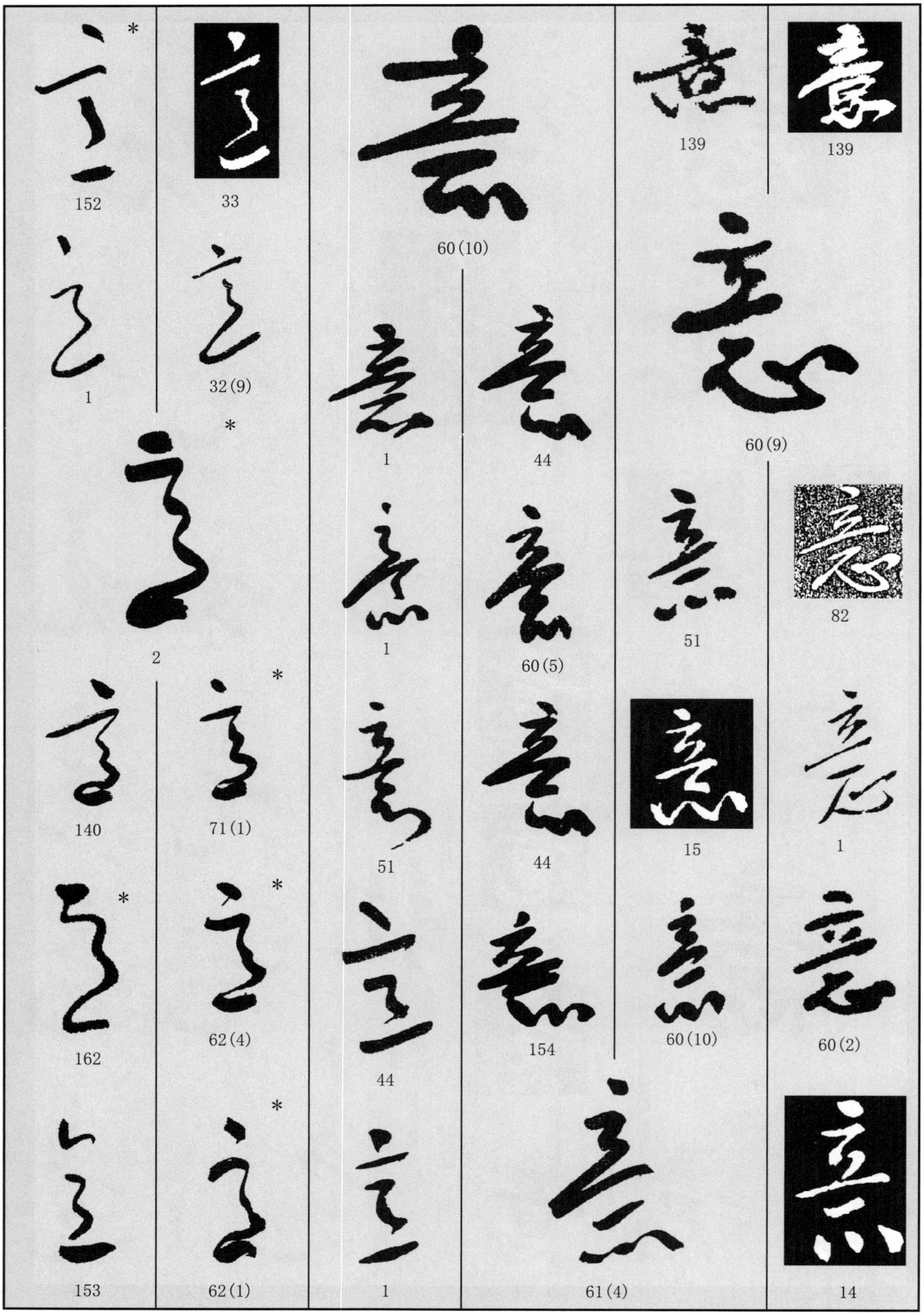
139
139
60(9)
82
1
60(2)
14
51
15
60(10)
61(4)
60(10)
44
60(5)
44
154
1
1
51
44
1
33
32(9)
2
71(1)
62(4)
62(1)
152
1
140
162
153

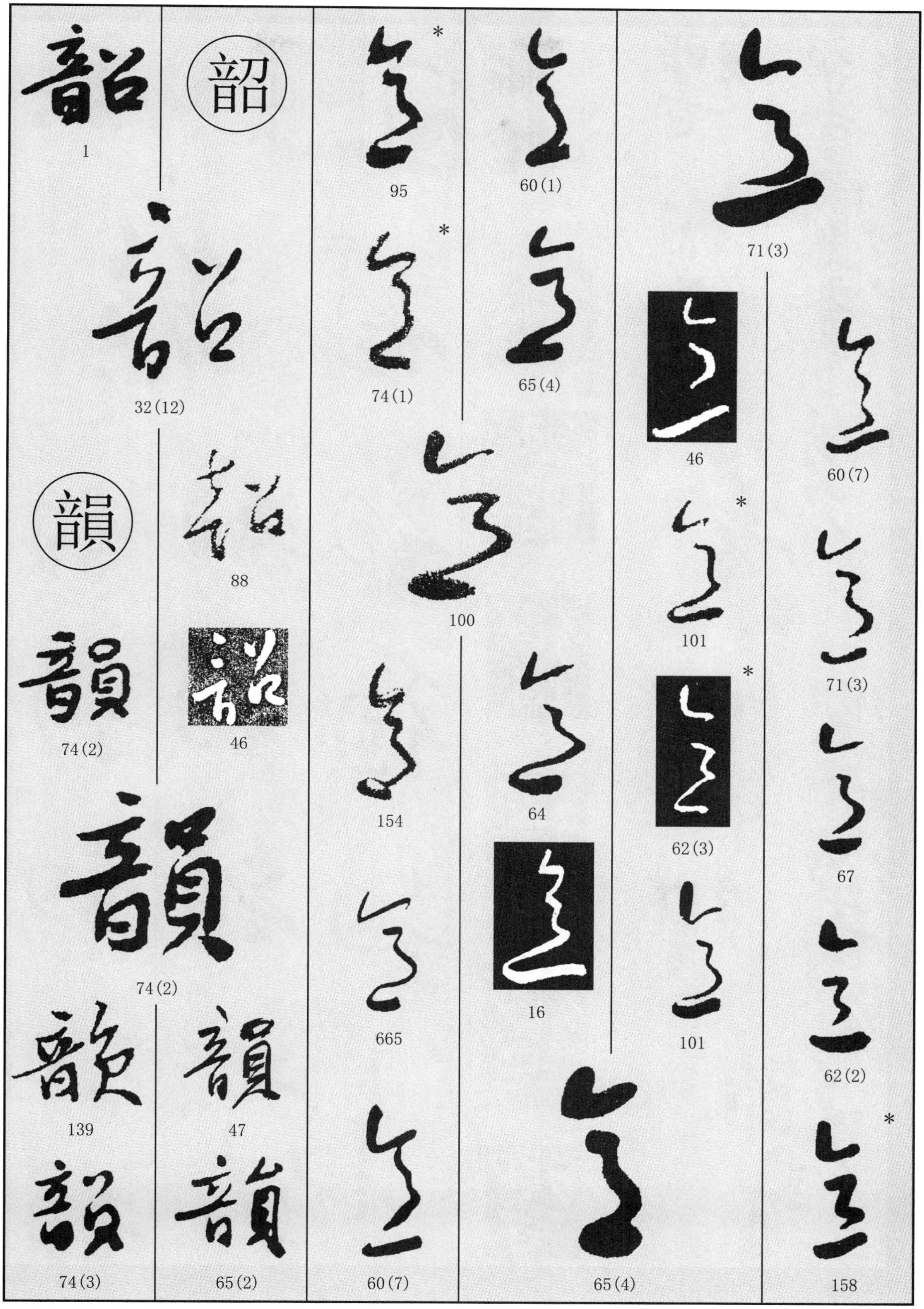
韶
1
32(12)
88
46
韻
74(2)
74(2)
139
47
74(3)
65(2)
95
74(1)
100
154
665
60(7)
60(1)
65(4)
64
16
65(4)
71(3)
46
101
62(3)
101
60(7)
71(3)
67
62(2)
158

（响）響

60(6) 303 74(2) 101 74(2) 88 139

65(2) 44 65(1) 1

71(1) *95 *145 *62(1) *100 61(2)

8 3 82 10 7

47 1 44 146 60(10) 459 137 154 32(2) 30

100
60(10)
65(3)
253
60(10)
71(3)
139
66
70
*
62(1)
74(2)
首
11
7
7
82
23
3
121
1030
60(5)
*
394
394
首部
7
78
146
贛
82
121
81(6)
60(8)
74(2)
99
*
65(3)
1102(1)

94
152
71(1)
162
94
145
62(2)
2
63(2)
62(4)
46
74(1)
62(3)
158
92
101
戫
32(7)
韋部
韋
36
1
71(2)
韞
1009
102
韜
19
1010
71(3)
151
60(8)
門部
門
6
12
47

融
138
32(6)
62(2)
65(1)
62(1)
60(6)
101
62(3)
2
71(1)
62(4)
74(1)
95
88
鬨
82
1034
鬩
1033
鬲部
鬲
139
32(6)
46
46
1026
1026
1026
422
162
32(9)
95
62(2)
2
62(1)
101
101
62(3)
152
74(1)
153
71(1)

(髮)髮　髣　髦 鬻　鬵(翮)翮

*
152
翮
78
32(2)
1026
230
鬵
1011
鬻
256
1027
1034
1030
髟部
髦
1034
78
*
60(9)
髣
1011
1022
*
67
230
髮
5
58
60(10)
99
105
139
1
100
60(10)
32(3)
1
42
60(4)
134
61(3)
60(2)
101
100
99
23

(髥)髯

62(4)
71(3)
162
60(6)
60(5)
147
65(4)
99
586
140
74(1)
71(1)
71(3)
134
95
104
153
62(1)
71(3)
62(2)
45(2)
66
28
62(3)
65(2)
99
99
65（1）
髯
2
152
101

(鬂 髩 鬢)鬢 鬟　鬚 鬘 鬆　髭 髻 髫　鬅

139　501　71(3)　45(2)　151　146　45(2)

88　758　325　61(2)　鬅　67　1011

1022　髫　32(10)　髻　1008　髭　1102(3)

鬆　32(6)　鬘　1102(2)　鬚　586　32(9)　77

鬟　1008　60(8)　鬢　137　166　60(4)

65(2)　31　49(2)　32(1)　1　65(3)

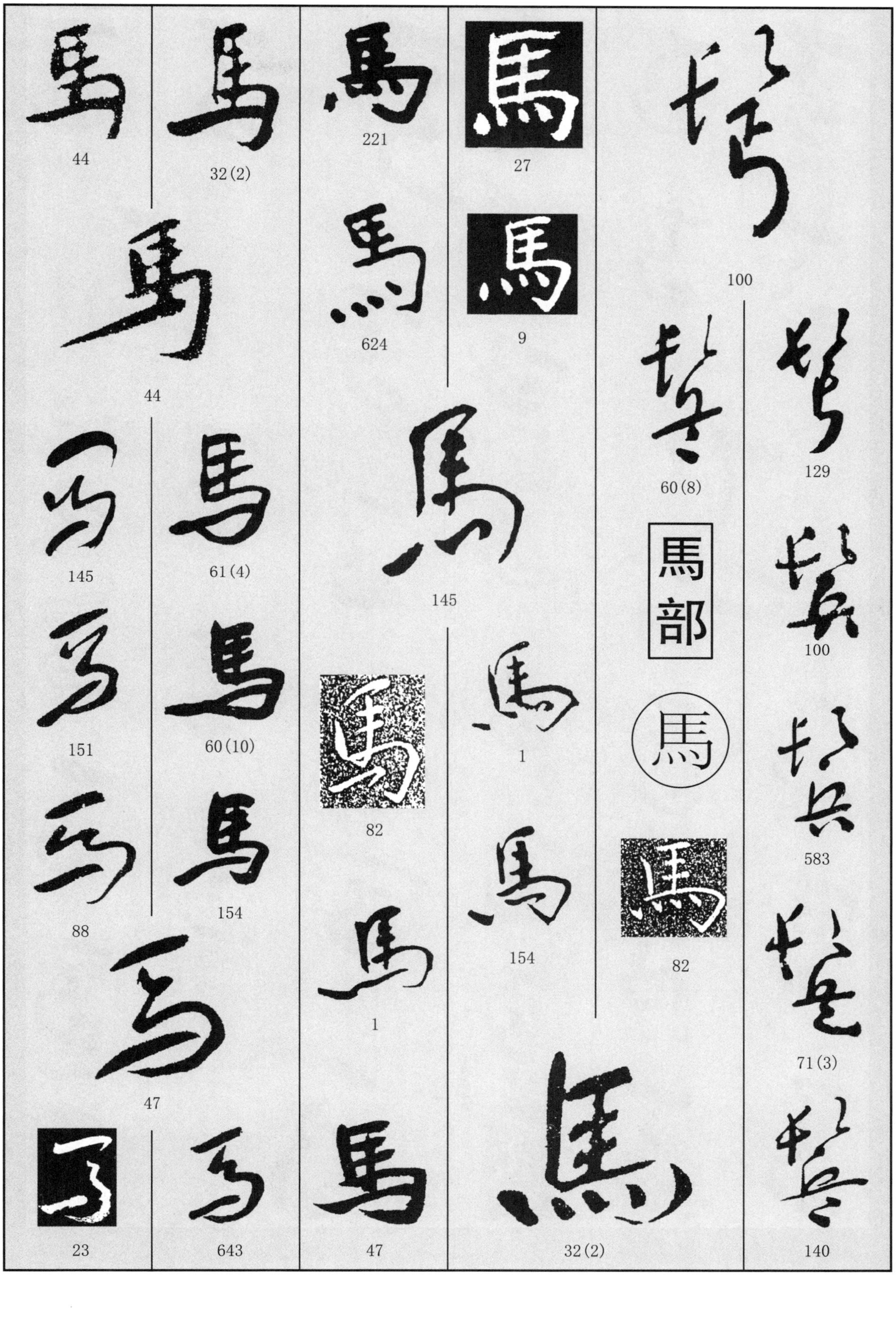
100
129
100
583
71(3)
140
60(8)
馬部
馬
82
32(2)
27
9
145
1
154
221
624
82
1
47
32(2)
44
61(4)
60(10)
154
47
643
44
145
151
88
23

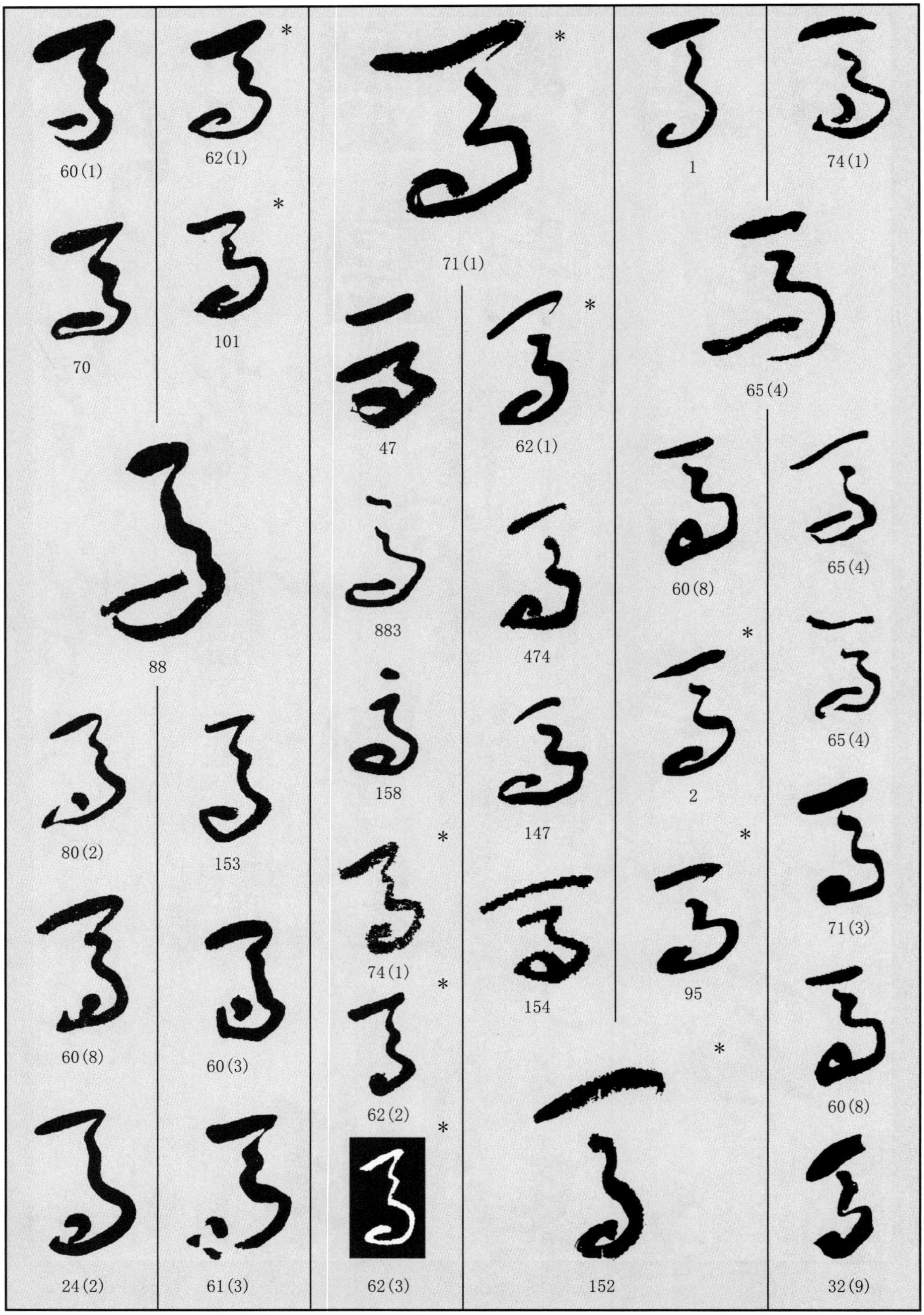

74(1)
65(4)
65(4)
65(4)
71(3)
60(8)
32(9)
1
60(8)
2
95
152
71(1)
62(1)
474
147
154
47
883
158
74(1)
62(2)
62(3)
62(1)
101
88
153
60(3)
61(3)
60(1)
70
80(2)
60(8)
24(2)

17
97
105
馳
71(3)
94
98
8
駛
駭
107
82
8
32(7)
32(10)
1030
44
73
139
60(3)
74(2)
馴
60(8)
97
1
83
駟
60(5)
1
405
67
237
67
624
駮
139
15
駞
5
65(2)
111
1

駑　駝　駒　駙

駙
60(3)
60(4)
111
駒
82
129
145
71(1)
62(1)
74(1)
62(3)
162
95
101
62(4)
152
2
62(2)
駝
158
33
1014
74(1)
45(2)
62(3)
62(2)
2
95
62(1)
71(1)
152
101
62(4)
駑
175
73
100

67
65(2)
駐
8
7
10
32(9)
82
134
800
19 *
32(8)
71(3)
60(8)
65(4)
駕
293
51
60(3)
1
65(4)
79
61(3)
78
45(2)
65(5)
30
60(2)
62(3) *
88
33
62(2) *
95 *

65(3)
248
100
60(3)
駸
7
175
148
98
1012(2)
63(2)
60(9)
騁
81(8)
駭
65(4)
158
146
1
駢
駘
175
駱
147 *
1012
駡
100 *
5
1
74(1) *
71(1) *
162 *
62(4) *
60(1)
2 *
101 *
152 *
62(1) *

騎　騏　駿

騎: 146, 71(3), 95, 65(2), 325, 153, 162, 62(1), 65(5), 100, 9, 83, 332, 145, 71(1), 100, 71(3), 8, 134, 139, 88, 71(3)

騏: 890, 74(2), 175, 65(2)

駿: 16, 154, 1, 60(10), 65(5)

8
82
60(7)
221
147
32(2)
151
65(4)
82
66
1
33
134
67
70
60(6)
騮
32(3)
185
1026
1022
驅
12
145
47
驊
32(3)
186
1026
1022
騅
1103
騷
60(8)
671
71(3)
139
45(2)
808
60(8)
19
55
67
134

65(1)
驍
111
*
60(6)
111
驚
驂
65(5)
6
12
82
1031
98
驃
368
騾
187
驄
1102(3)
65(4)
154
62(1)
62(4)
95
158
107
1
101
2
74(1)
71(1)
62(3)
162
62(2)
39
60(3)
97
129
152

十二画

3 141 44 137 1 1 1 158 65(4) 60(10) 65(2) 2 71(1) 328 28 65(3) 1 88 60(6) 60(2) 60(1) 65(3) 66 32(6) 95 152 162 74(1) 81(6) 62(1) 101

驕

74(1) 62(2) 9 139 134 62(3)

2 71(1) 45(2) 32(8)

104 65(3) 101 71(3) 46 66

154 60(7) 95 65(1) 32(8) 62(4)

152 62(4) 62(2)

883 62(1) 62(3) 45(2) 65(4)

(驥) 驥驌　　騾　　(騐) 驗　　驛

1025
驌
1101
驥
154
175
55
324
60(9)
1
166
1
騾
83
86 *
542
12
54(2)
16
46
153
驗
780
47
1
154
18
60(10)
134
45(2)
229
153
354
驛
137
44
65(3) *
45(2)

(驤)驤 驦　　(驢) 驢

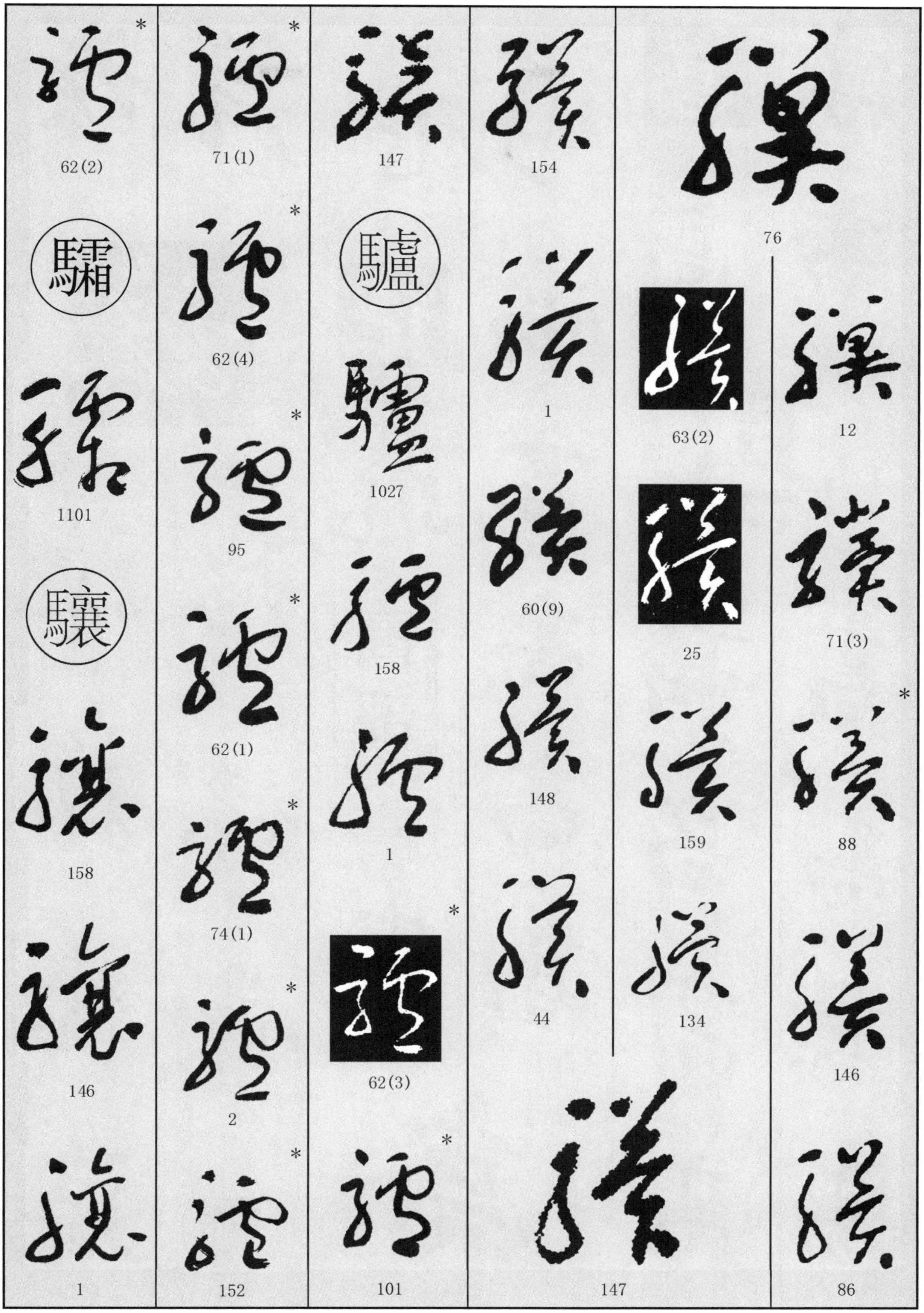
62(2)
驦
1101
驤
158
146
1
71(1)
62(4)
95
62(1)
74(1)
2
152
147
驢
1027
158
1
62(3)
101
154
1
60(9)
148
44
76
63(2)
25
159
134
147
12
71(3)
88
146
86

140

61（4）

10

1

61（4）

145

1

61（3）

60（7）

223

71（3）

146

139

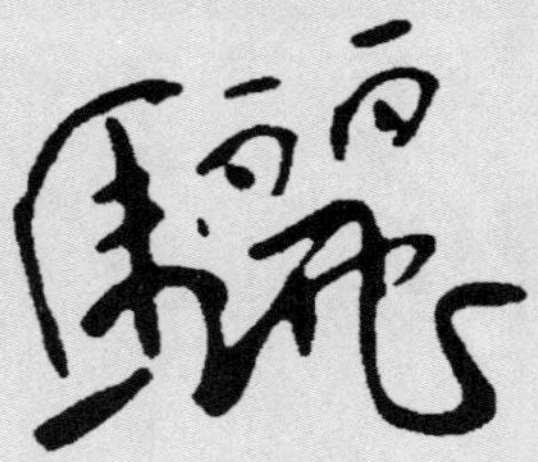
1

44

47

60（10）

1

32（12）

375

*

129

高部

高

81（6）

140

*
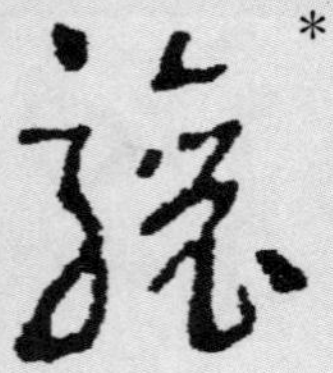
95

*

62（1）

*

62（3）

*
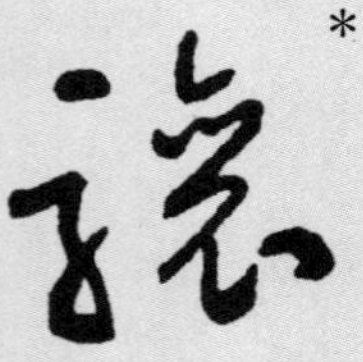
71（1）

*
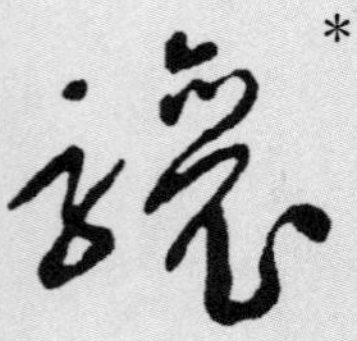
2

*

152

驪

*
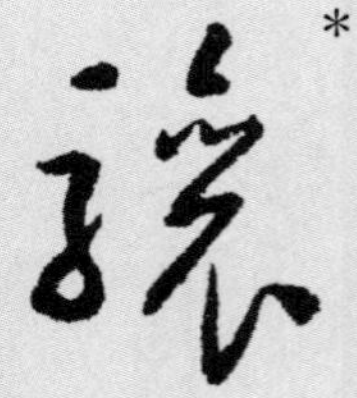
62（2）

*
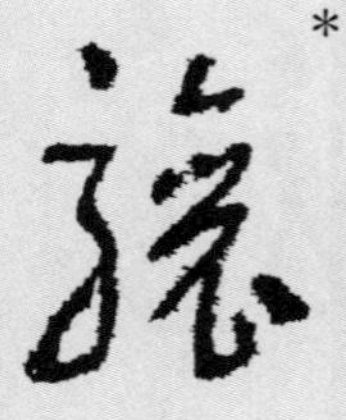
74（1）

*
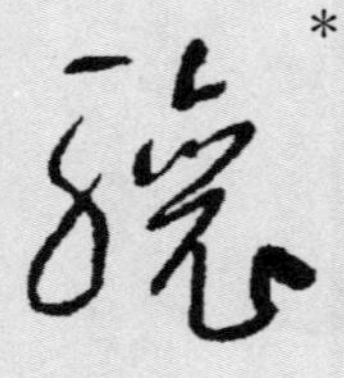
101

*

62（4）

高部

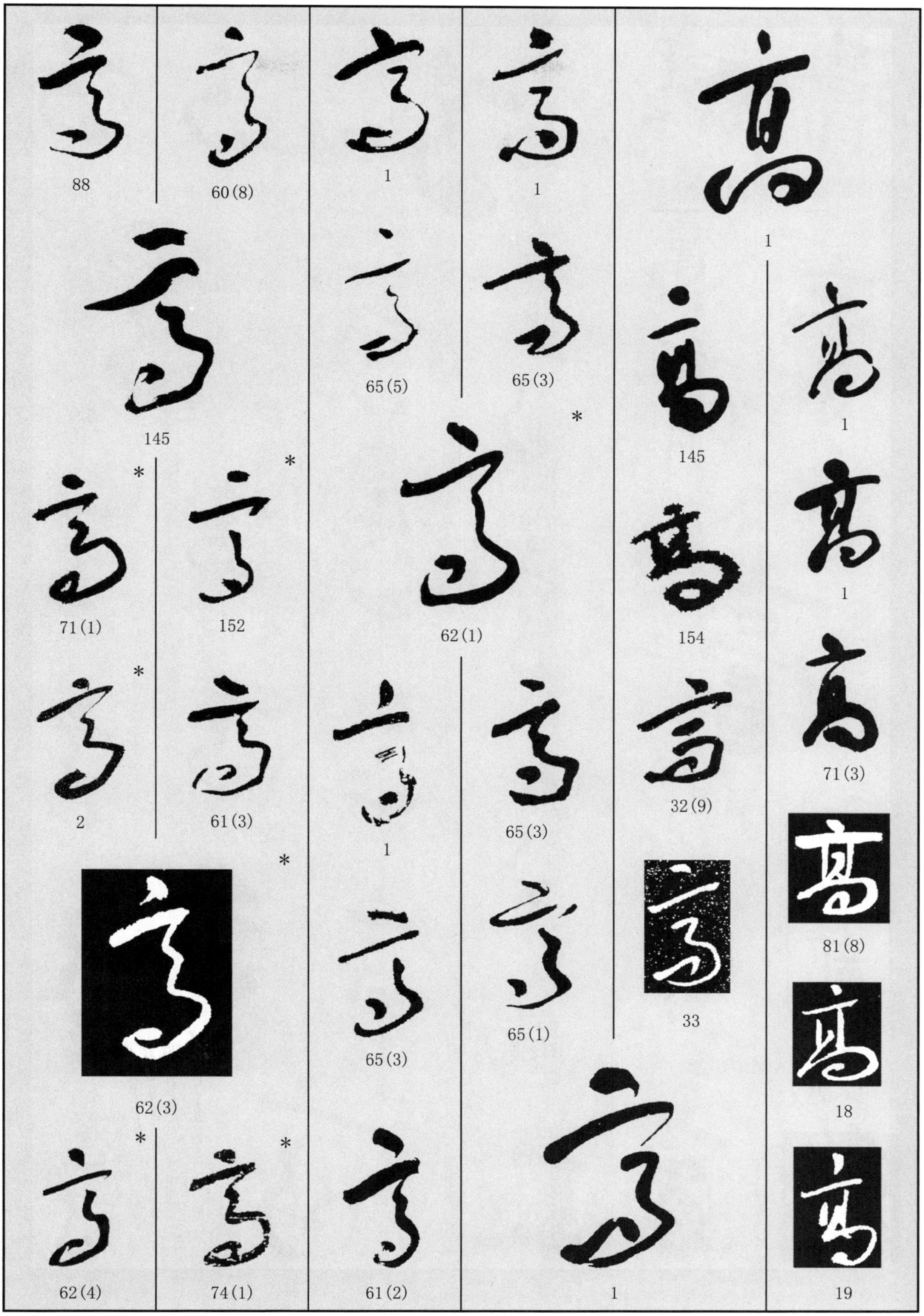

1 1 1 71(3) 81(8) 18 19

1 145 154 32(9) 33 1

1 65(3) * 62(1) 65(3) 65(1)

1 65(5) 1 65(3) 61(2)

60(8) 145 * 152 61(3) * 62(3) * 74(1)

88 * 71(1) * 2 * 62(4)

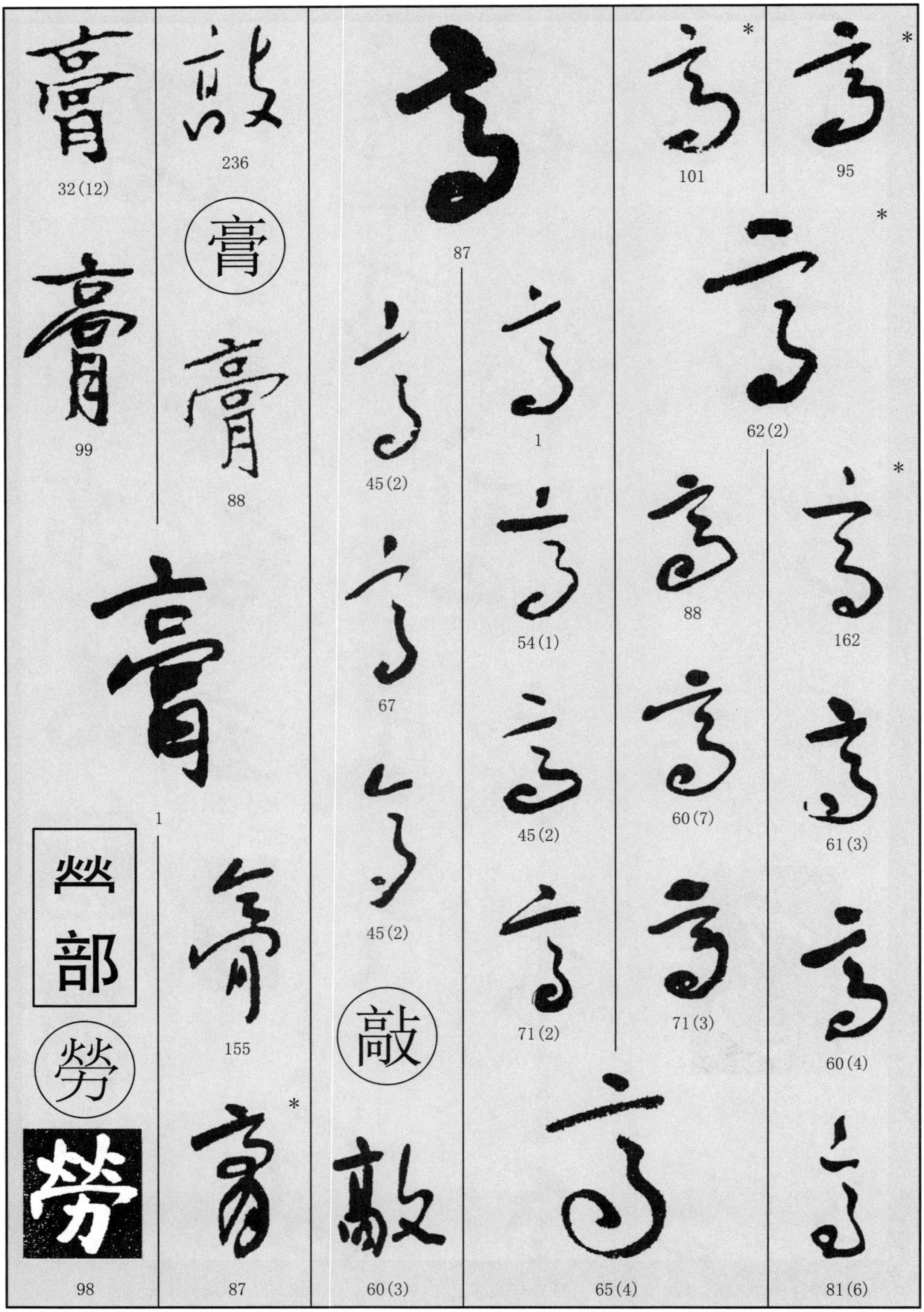

95
101
62(2)
162
88
61(3)
60(7)
60(4)
71(3)
81(6)
65(4)
87
1
54(1)
45(2)
71(2)
45(2)
67
45(2)
敲
60(3)
236
膏
88
155
87
32(12)
99
1
𤇾部
勞
98

8
12
44
154
139
60(10)
147
71(3)
51
60(10)
18
166
141
1
16
32(1)
159
511
141
15
78
47
100
62(3)
71(3)
62(4)
158
81(8)
62(2)
62(1)
71(1)
74(1)

(栄荣榮)榮(惸焭)煢　　(莹)瑩

683
32(11)
65(4)
153
44
74(2)
28
158
煢
196(6)
196(6)
45(2)
196(3)
榮
173
*
152
74(2)
14
18
88
13
瑩
3
58
*
15
12
4
665
*
2
*
101
28
*
95
67
154
15
32(7)
22
74(2)

營
32(12)
8
10
5
82
犖
196(2)
100
瑩
1102(2)
螢
139
111
60(8)
60(1)
74(1)
71(1)
77
152
47
71(2)
62(1)
62(4)
87
2
60(7)
153
95
902
60(8)
71(3)
60(3)
101
62(3)
62(2)

(鸎 蔦)鶯　　縈

60(5)
137
32(9)
83
19
32(9)
139
139
13
134
82
10
60(2)
2
60(8)
71(1)
33
474
74(1)
95
101
162
62(2)
62(3)
62(1)
62(4)
60(7)
158
32(12)
152
縈
71(2)
139
139
鶯

88
1
1
88
139
141
88
1
350
65(5)
65(1)
60(10)
1
88
51
71(3)
47
⿸𠩺黄
175
140
黄部
黄
3
5
32(1)
*
60(1)
101
𠩺部
嫠
30
1025
835
145
139
42
1102(2)
71(3)

139
15
145
83
46
1
31
158
32(6)
60(8)
100
95
74(1)
145
71(1)
101
60(2)
94
60(2)
62(4)
237
2
60(3)
62(3)
23
60(8)
152
100
32(7)
62(2)
62(1)

28
162
虋
1030
麥部
麥
5
145
8
32(9)
31
146
145
610
139
139
麩
5
麴
1
1026
88
29
111
麵
392
鳥部
鳥
38
60(10)
60(10)
154
44
83
60(10)
78
875
137
61(3)

60(7)
55
1
45(1)
60(8)
*
88
62(1)
28
1
151
*
60(7)
62(2)
130
100
118
*
*
95
71(1)
60(7)
32(9)
158
60(3)
*
2
99
884
76
146
60(6)
*
44
101
47
1
60(8)

鴨　　鴣　鳺　　鳩

44
100
1
88
327 *
60(1)
383
1
81(3)
鴨
32(6)
154
1
11
60(10)
鳺
139
鴣
87
175
65(4)
鳩
65(3)
125
71(3) *
47
145 *
146
60(8)
60(8)
153
74(1) *
152 *
45(1)
62(4) *
62(3) *

鴮

32(3)

159

44

32(6)

65(3)

71(3)

* 65(2)

鴿

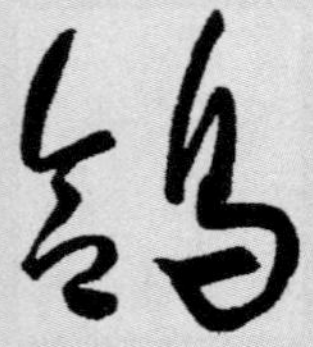
1009

鴟

1008

1027

鴛

32(3)

44

32(6)

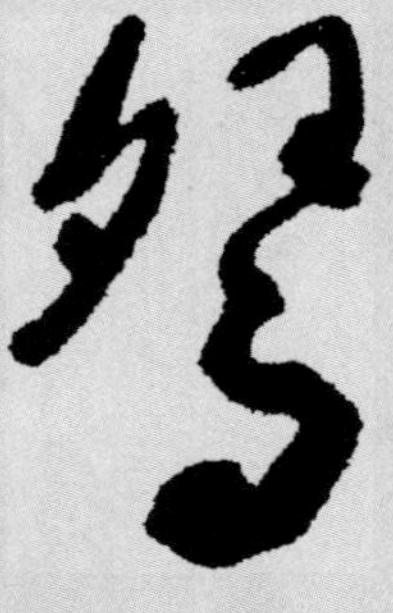
65(3)

74(2)

* 71(3)

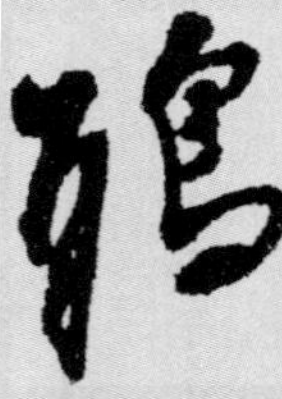
174

243

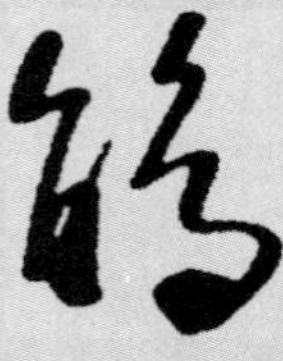
1

153

66

鵑

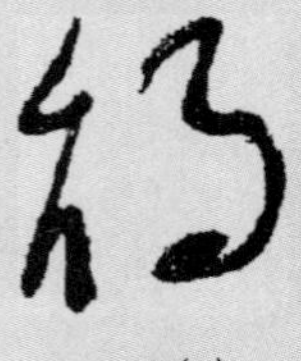
60(8)

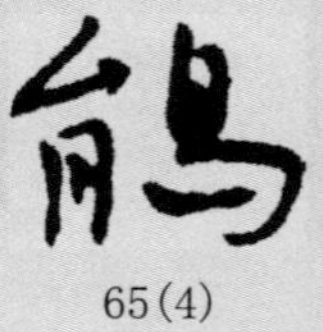
65(4)

228

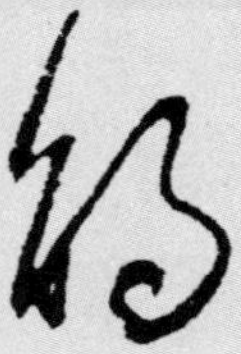
* 228

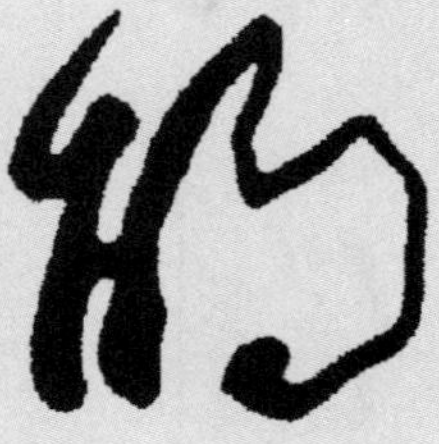
65(5)

55

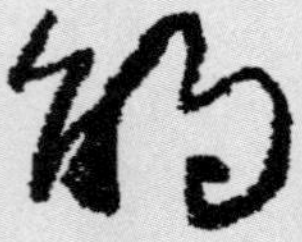
99

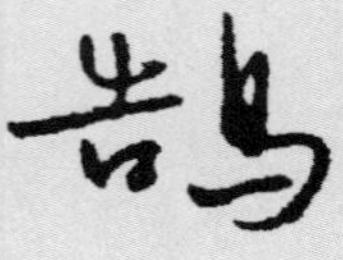
65(4)

99

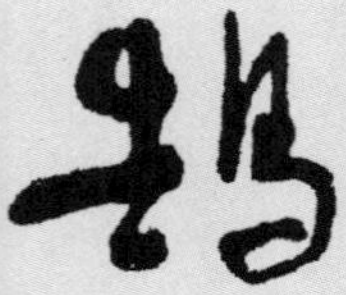
60(8)

鵠

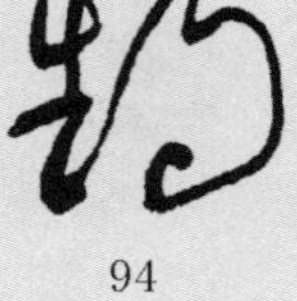
* 94

1

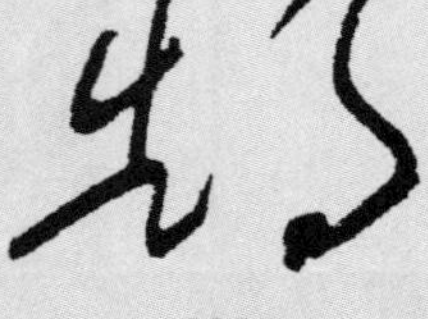
238

鵰 鵾 鵲 鵡 鵜（鵟）鵝

62(4)
62(2)
62(1)
95
62(3)
74(1)
101
2
鵰
71(1)
1026
474
152
379
30
鵾
65(2)
33
158
1
379
鵲
140
71(3)
1025
60(1)
367
鵝
99
145
159
鵜
166
1026
鵡
1
379
44
60(7)
60(7)
154

100
33
60(7)
71(3)
60(10)
45(1)
154
154
100
147
146
88
88
45(2)
100
60(7)
60(2)
鶩
190
*
243
鷂
32(9)
鷄
5
221
1003
鶡
154
鶚
1026
60(1)
鶖
139
*
108
60(2)
110
147
鶉
196(2)
鵷
60(5)
32(11)

(隺 鸖)鶴　鷁 鶼 鶬

3

鶴

44

140

17

154

44

134

61(4)

159

154

60(10)

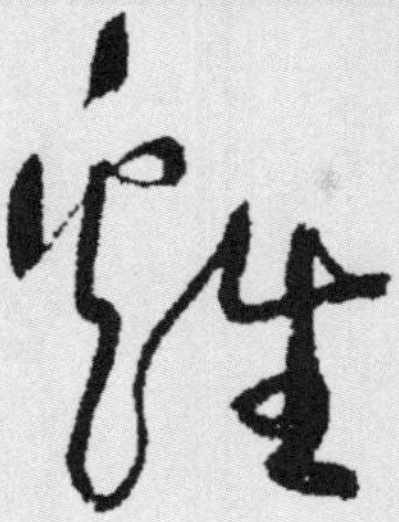
88

159

鶬

139

198

鶼

60(3)

鷁

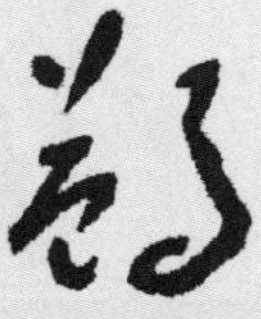
* 129

70

141

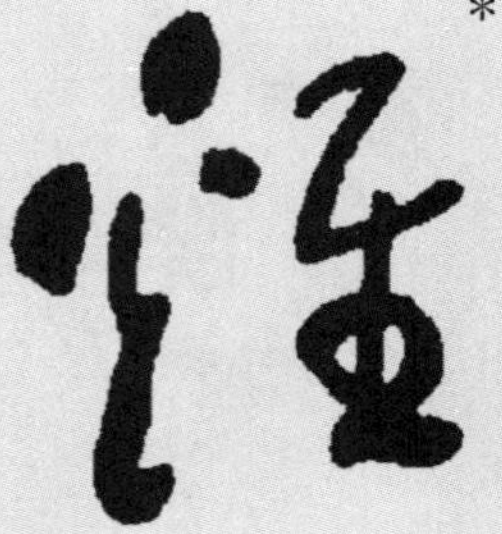
* 101

33

* 71(1)

* 62(3)

* 95

25

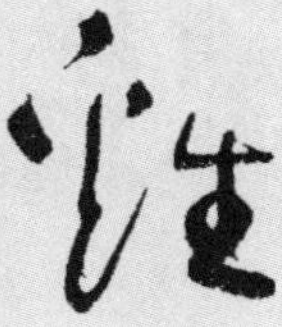
* 62(1)

* 74(1)

63(2)

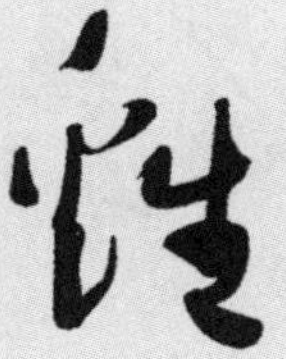
* 62(4)

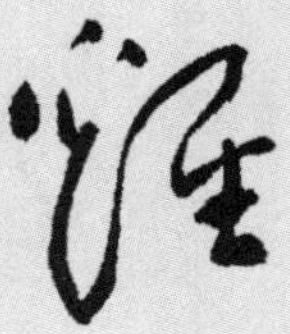
* 2

* 62(2)

* 152

264
810
60(8)
1
146
198
145
134
65(3)
60(1)
145
1
45(1)
99
47
99
44
138
1
71(3)
100
1
139
282
130
65(5)
22
60(7)
145
45(2)
61(3)
60(3)

*

鷙

42

196 802 1023

鷗

139 45(2)

145 317 60(10) 1 60(8) 65(5) 138

61(3) 60(10) 145 44 44 1

100 168 94 60(7) 147 139 71(3) 60(1) 60(7) 638 1 153* 32(12) 153

鷖

1

鷗
87
175
65(4)
110
1
1
鷴
198
147
鷺
鷲
60(5)
44
65(1)
145
65(3)
87
60(7)
153
146
243
100
鸊
1026
鸛
610
60(10)
鸚
65(5)
179
60(7)
60(7)
179
179
94
60(6)
60(7)

鸝
78
153
魚部
魚
44
44
31
47
36
60(10)
30
60(5)
139
44
94
141
147
140
1
1
1
32(9)
1
30
33
101
62(4)
62(2)
62(3)
95
74(1)
71(1)
2
62(1)

鲁

*
152
45(2)
88
1
61(3)
87
61(2)
60(7)
60(7)
魯
8
60(5)
71(3)
15
4
44
78
60(5)
88
93
100
139
312
71(3)
139
70
800
44
*
62(2)
*
62(1)
146
*
152

71(1) *

95 *

62(3) *

70

101 *

62(4) *

100 *

74(1) *

92

2 *

92

286

鲂

139

1106

鲃

47

1006

65(1)

鲍

51

71(3)

65(2) *

111

1

鲐

153

鲛

1021

鲑

88

鲔

1008

1026

鲜

61(4)

60(9)

63(2)

60(6)

139

65(4) *

鲤

135

60(8)
146
44
鯤
175
172
鯢
1
鯨
1
78
174
140
71(3)
111
60(9)
55
88
111
94
65(2)
鰈
60(3)
鯷
71(2)
鯿
1021
鰕
1025
鰲
78
鰥
45(1)
791
鱖
65(1)
60(7)
86
168
87
100

麻　　(鱸)鱸 鱠　　鱗

30
65(4)
175(1)
麻部
麻
3
1
154
71(1)
62(4)
鱠
1026
1022
鱸
65(4)
145
62(3)
162
145
139
39
94
158
74(1)
2
95
101
62(1)
62(2)
146
139
1
152
145
32(3)
鱗
32(3)
60(10)
65(3)
22

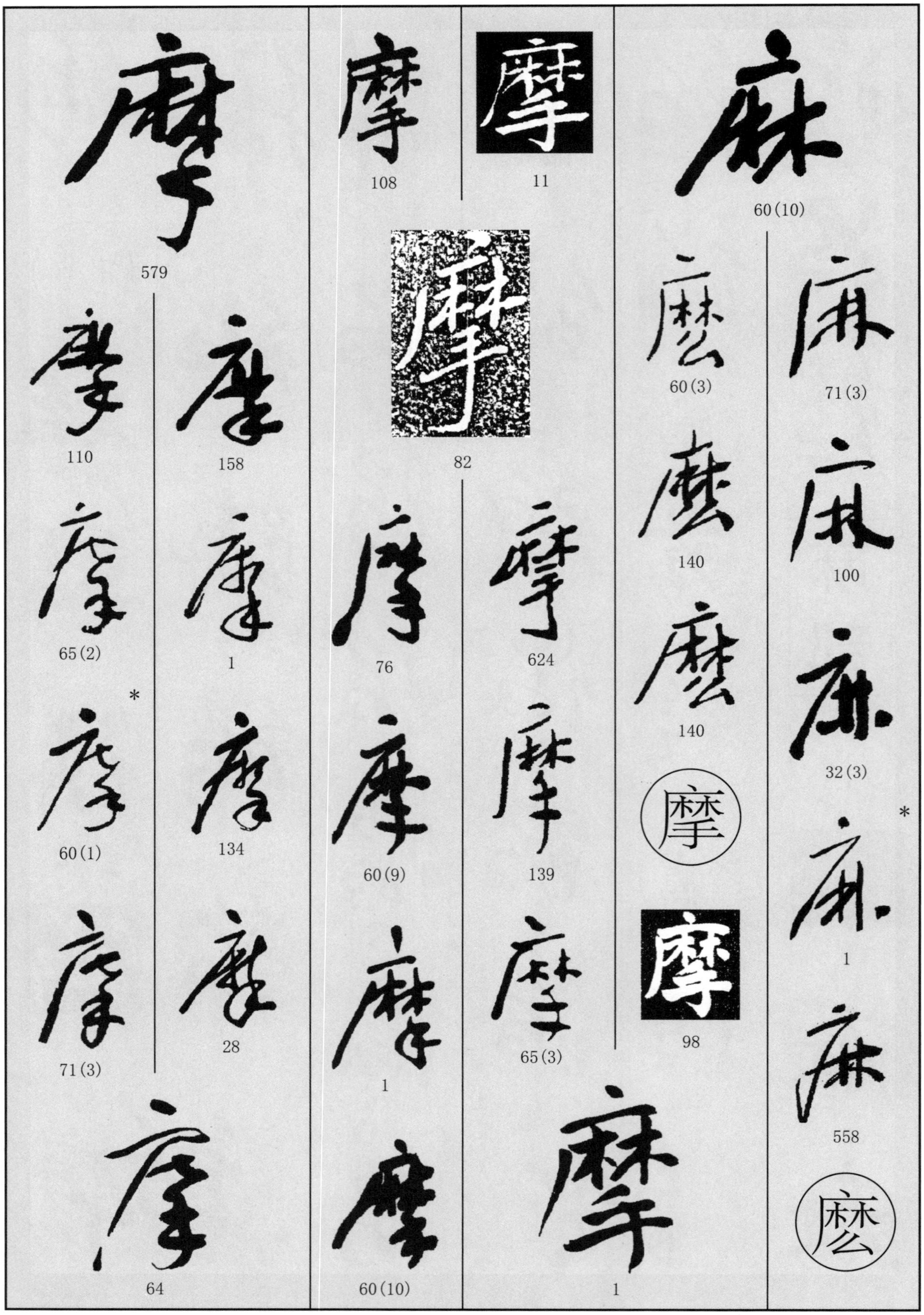
60(10)
71(3)
100
32(3)
*
1
558
麽
60(3)
140
140
摩
98
1
11
108
82
624
139
65(3)
76
60(9)
1
60(10)
579
158
1
134
28
110
65(2)
*
60(1)
71(3)
64

麾

65(4)

78

168

82

1027

磨

60(10)

28

15

16

154

46

70

62(4)

152

74(1)

101

62(1)

62(3)

95

2

71(1)

162

62(2)

糜

1031

196(6)

縻

62(3)

71(1)

2

74(1)

158

1

62(1)

101

62(4)

162
95
58
62(2)
139
152
105
靡
60(5)
158
82
1
28
75
2
71(3)
74(1)
62(3)
71(1)
62(2)
62(4)
95
101
62(1)
168
152
麘
145
97
162
107

魔
237
鹿部
鹿
30
15
138
44
82
1
1106
65(2)
110
134
237
麃
65(5)
鄜
4
塵
47
1
1
65(4)
61(4)
145
1
31
78
140
60(6)
283
79
60(8)
60(2)

100
60(7)
243
229
65(4)
1
麋
187
30
110 *
1025
1009
麒
1015
麓
82
23
74(2)
83
60(7)
3
88
麗
44
32(6)
50
139
100
71(3)
1
33
158
146
154
2 *
71(1) *
74(1) *
95 *
101 *

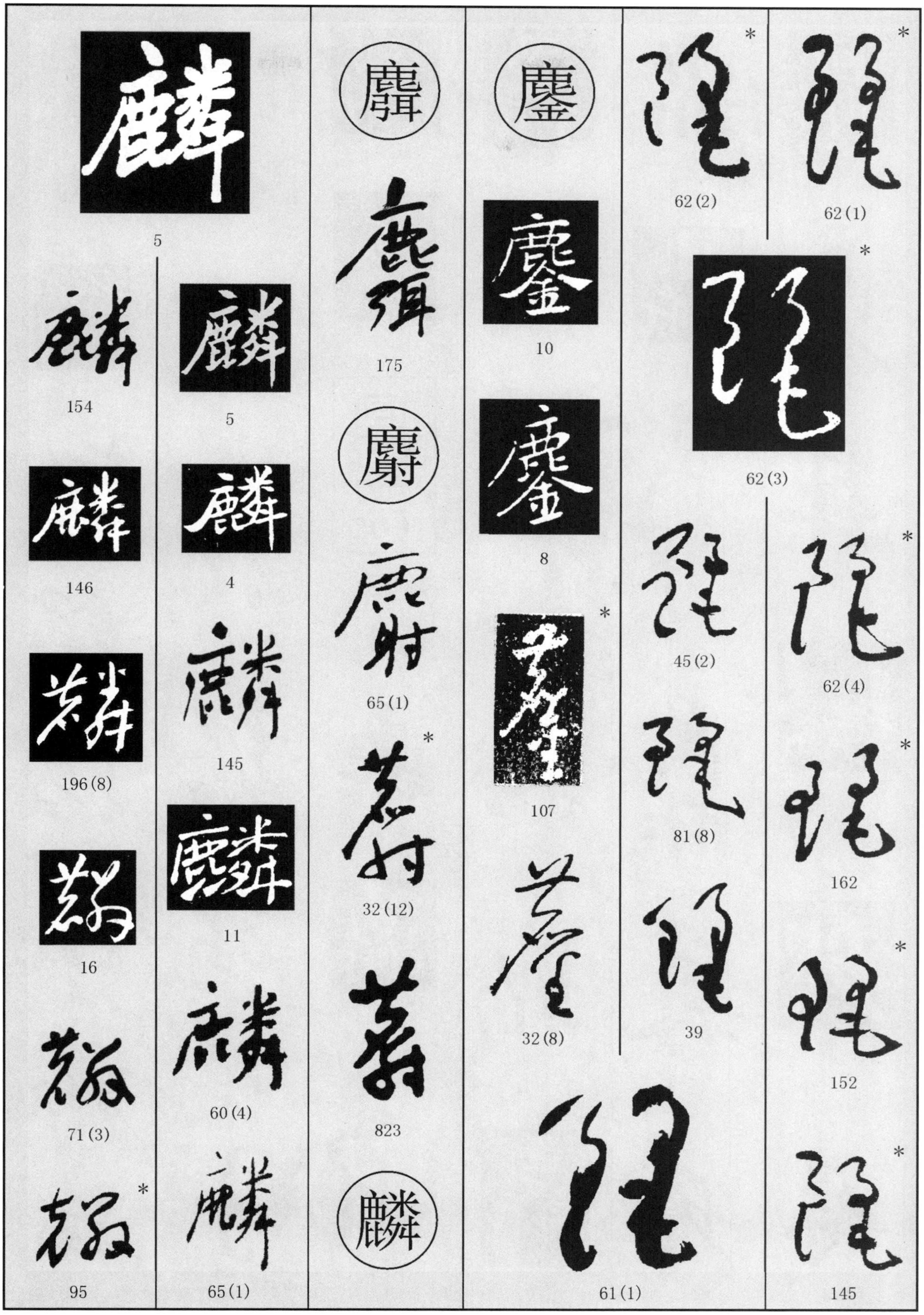
5
154
5
146
4
196(8)
145
16
11
71(3)
60(4)
95 *
65(1)
麞
175
麝
65(1)
32(12) *
823
麟
鏖
10
8
107 *
32(8)
62(2) *
62(1) *
62(3) *
45(2)
62(4) *
81(8)
162 *
39
152 *
61(1)
145 *

（鼎） 鼎

82
1
148
62(3)
69
62(1)
32(1)
16
386
1102(1)
1
62(2)
9
1
490
148
11
196(9)
121
鼎部
鼎
65(1)
18
32(7)
62(4)
62(1)
32(11)
61(2)
152
62(3)
101
2
71(1)
74(1)
62(2)
162

134　147　602　墨　51　71(3)

1　99　94　25

8　42　602　76　* 88　60(9)　1　32(5)

鼐　1102(1)　169　鼐　198　黑部　黑

* 2　25　76　63(2)　140　60(9)　1102(3)

* 62(4)　* 71(1)　* 74(1)　* 95　* 101　* 152　99

47

1

45(1)

372

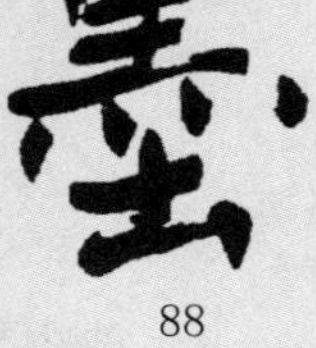
88

49(2)

88

140

154

88

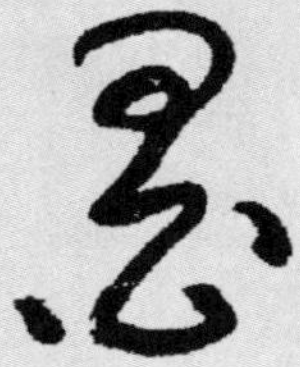
65(1)

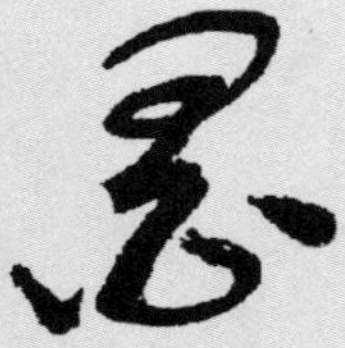
139

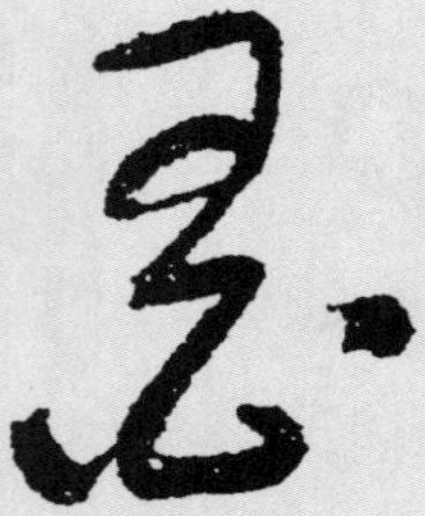
74(1) *

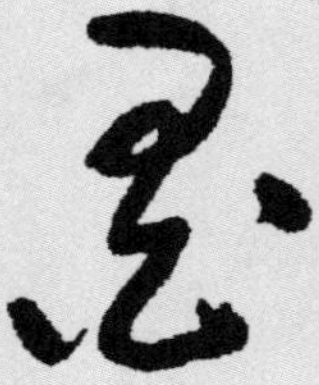
101 *

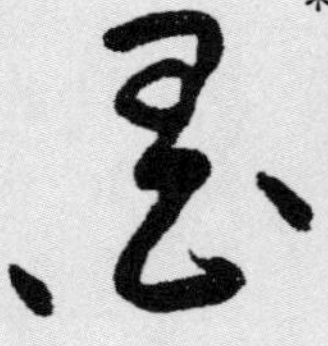
2 *

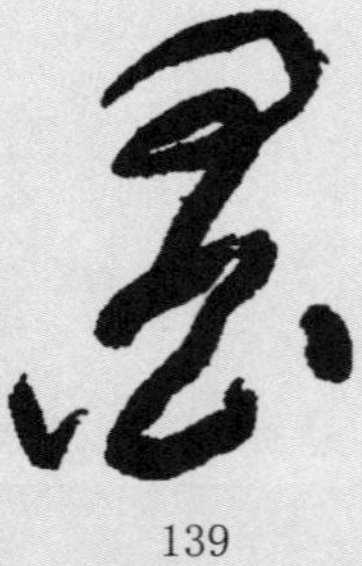
139

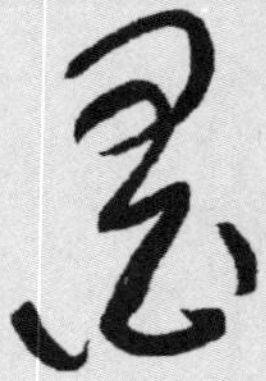
76

139

62(4) *

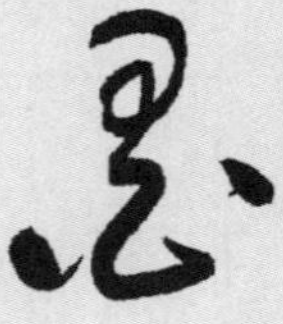
71(1) *

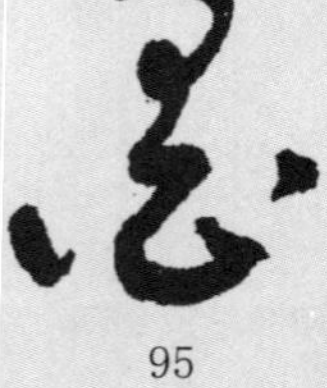
95 *

62(3) *

62(1) *

152 *

78

1

32(9)

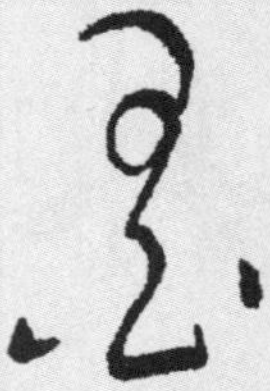
62(2) *

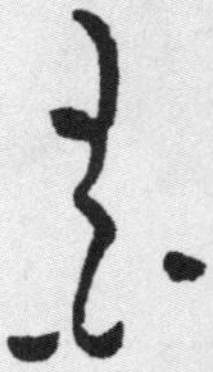
44

209

60(3)

44

(点 黠) 點　黔　默

140
60(10)
36
145
32(2)
1
490
44
70
點
31
32(12)
62(3)
74(1)
101
62(2)
62(1)
黔
196(6)
2
166
62(4)
71(1)
95
60(5)
44
19
28
1
158
默
1
17
81(6)
446
152
140

黜
345
65(4)
88
76
60(8)
1
60(7)
60(8)
60(7)
129
78
*
101
33
1
*
62(3)
*
2
*
74(1)
*
95
*
62(1)
*
71(1)
*
152
*
62(2)
黛
45(1)
*
62(4)
154
104
88
87
92
*
99
71(3)
45(2)

五画

*
74(1)
黏
1027
鼓部
鼓
1
82
146
*
2
*
101
*
152
*
95
1
158
10
*
62(2)
*
62(3)
*
62(4)
*
62(1)
*
71(1)
32(11)
45(2)
139
100
71(3)
1
107
97
58
189
黍部
黍
60(2)
黠
1106
黯
65(3)
黷
4

624
131
100
74(2)
146
71(3)
139
110
71(3)
100
60(10)
328
65(3)
2
94
65(1)
65(3)
139
152
158
62(3)
32(2)
239
28
153
113
154
62(4)
66
62(2)
95
62(1)
101
1
71(1)
74(1)
*

70
82
3
60(5)
60(6)
1
鼙
60(1)

65(3)
1022
黽部
黽
58
189

鼉
1103
60(7)
鼠部
鼠
63(2)
60(9)

99
鼨
1102(2)
鼻部
鼻
145
45(2)

154
101
60(9)
64
32(5)
*
159

196(8)
196(8)
齊部
齊
12
221

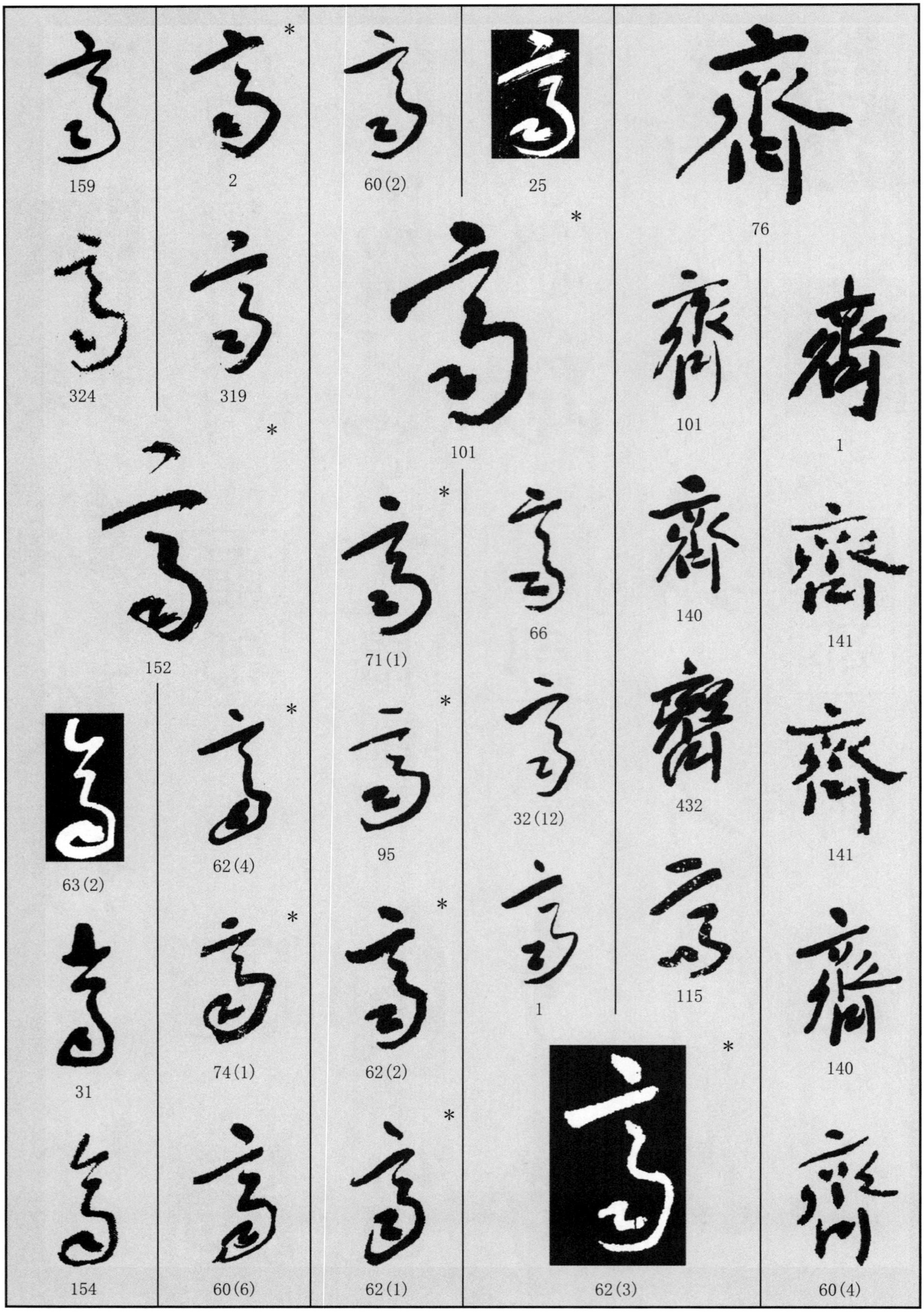
76
1
141
141
140
60(4)
101
140
432
115
62(3)
25
66
32(12)
1
60(2)
101
71(1)
95
62(2)
62(1)
2
319
152
62(4)
74(1)
60(6)
159
324
63(2)
31
154

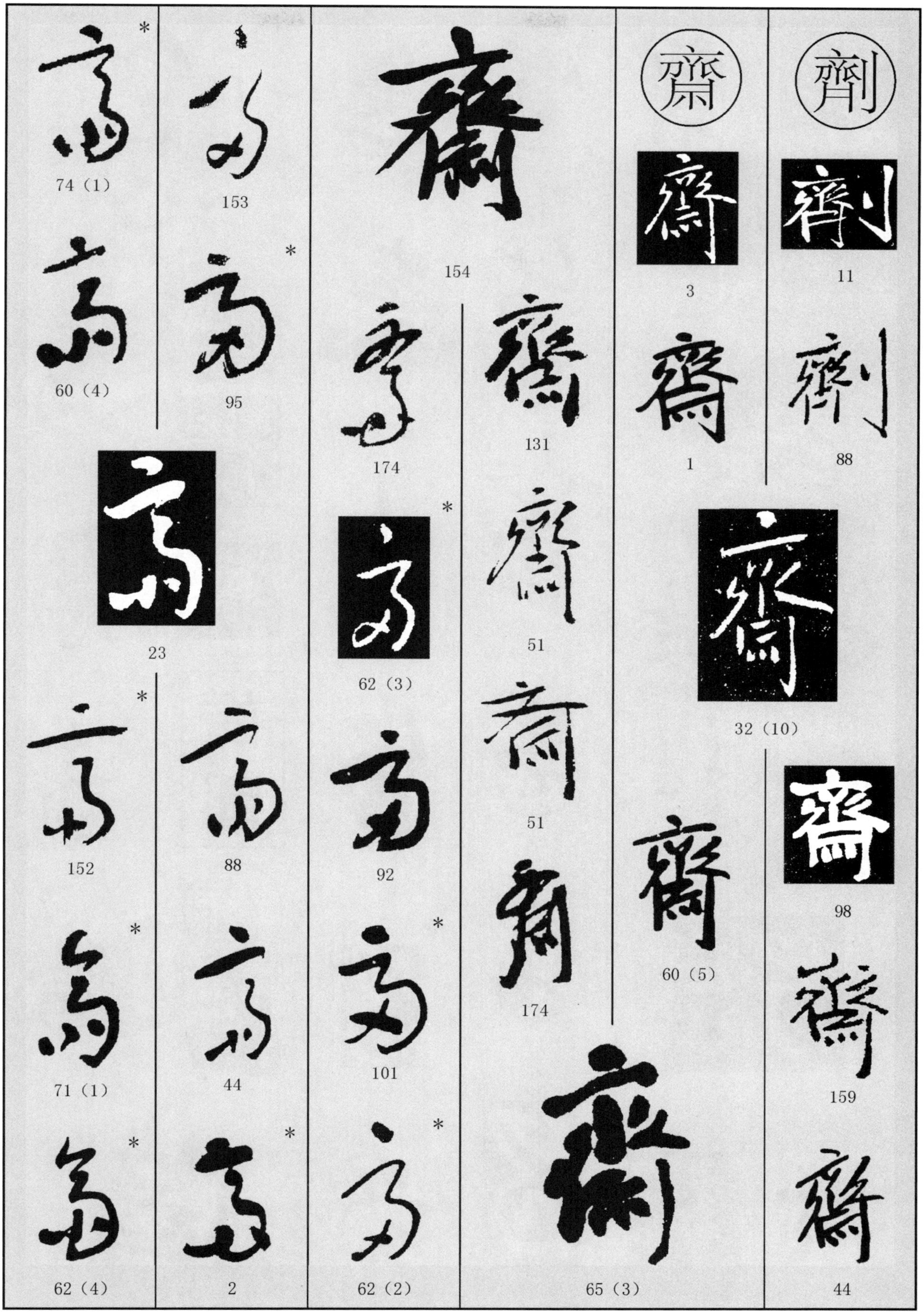
齋
劑
74（1）
60（4）
153
95
23
152
71（1）
62（4）
88
44
2
154
174
62（3）
92
101
62（2）
131
51
51
174
3
1
60（5）
65（3）
11
88
32（10）
98
159
44

(龄) 齡　　(齿) 齒 齊

62（1）
100
59
137
170
99
齊
58
189
齒部
齒
104
45（2）
1106
324
60（9）
25
159
140
1
99
140
154
63（2）
134
齡
44
154
107
3
17
78
97
32（11）
15
53

32（12） 1 108 61（1） 62（2） 32（10）

1 70 62（3）

44 92 45（2） *101 *62（1）

8 145 *71（1） *62（4）

55 44 46 130 *152 *2

1 809 1 *74（1）

44 145 46 1031 101 *95

61（2） 41 71（3） 61（4） 130

20 82 141 82 36

141 61（1） 71（1） 1 1

137 87 140 95 249 32（2）

152 62（2） 74（1） 49（1） 14

62（3） 11

94 1 1 60（10） 82

龜　讋　襲　龔聾龙

65（4）
635
139
1100
龜部
龜
48
60（4）
65（4）
107
讋
8
*
65（2）
134
1014
襲
8
82
97
154
*
162
15
龙
196（2）
聾
12
龔
1
154
*
62（1）
47
55
1
1
137
*
145
*
2
*
62（4）
*
101

59
60（10）
71（3）
95
71（1）
62（1）
74（1）
62（4）
101
2
62（2）
62（3）
98
8
82
140
5
18
1
100
139
55
32（10）
8
101
53
60（3）
5
340
4
12
䜌部
亦
32（12）

82
58
53
152
*
2
71(1)
44
65(5)
60(9)
162
74(1)
44
*
60(10)
16
87
4
變
奕
32（6）
62(4)
95
18
79
145
101
60（5）
12
1026
81（8）
62（1）
62（2）
46
6
94
201

(蛮) 蠻　(戀)戀　攣欒　孌彎巒

1
153
*
蠻
32（12）
60（5）
74（2）
139
1034
戀
147
71(3)
156
60(6)
65(1)
32(12)
欒
1102(2)
145
187
攣
74(2)
巒
65（4）
彎
1011
32（11）
60（10）
*
86
孌
145
*
152
60（7）
61（4）
154
1
*
62（3）
60（8）
45（2）
65（2）
60（2）

1　*70　761　46

鑾

1106　*247

鸞

139　60（10）　154

104　104　810　154

51　146　60（2）　145

32（11）　1　*47　931　66　111

92　154

附録一

于右任書法作品名款選編

一、有紀年的名款（含可確判年份的）

1920年	1919年	1918年	1917年	1909年
	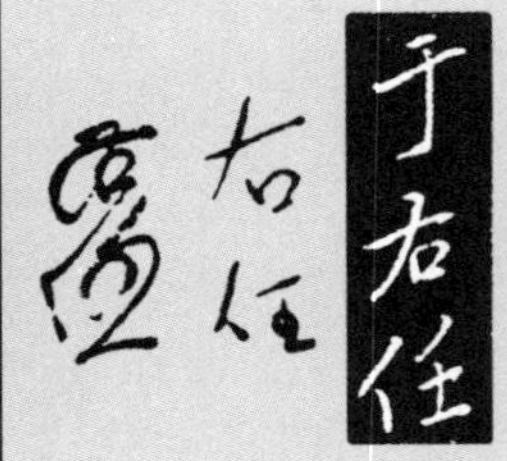	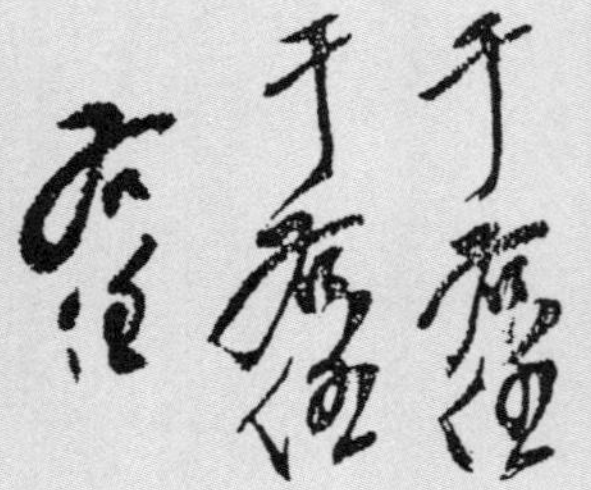		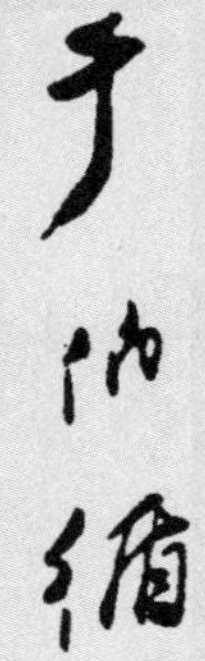

1922年	1921年	1920年
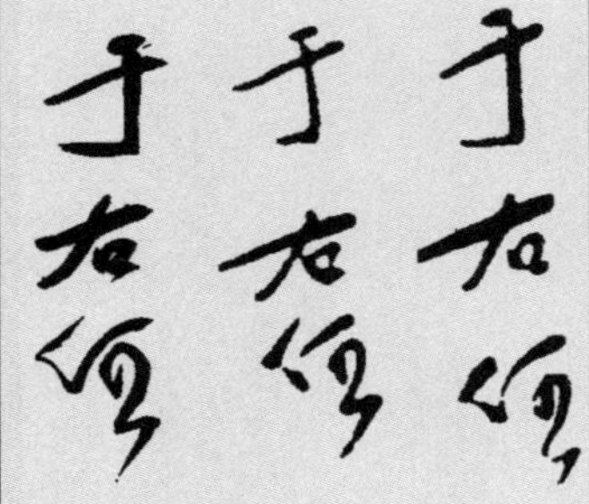	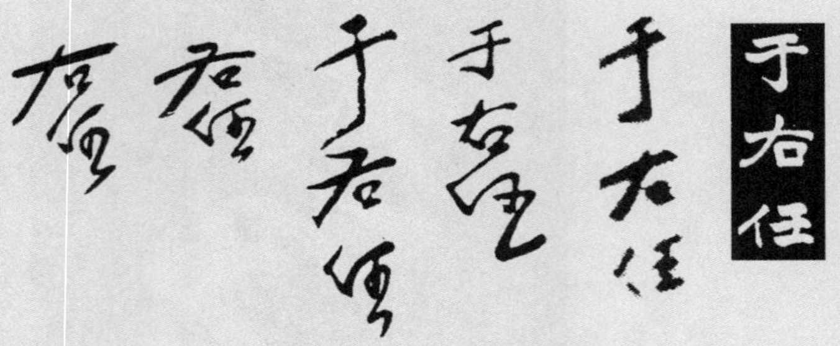	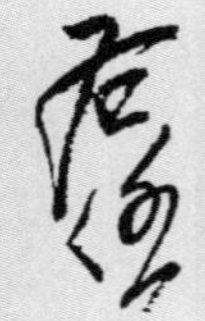

1925年	1924年	1923年	1922年
		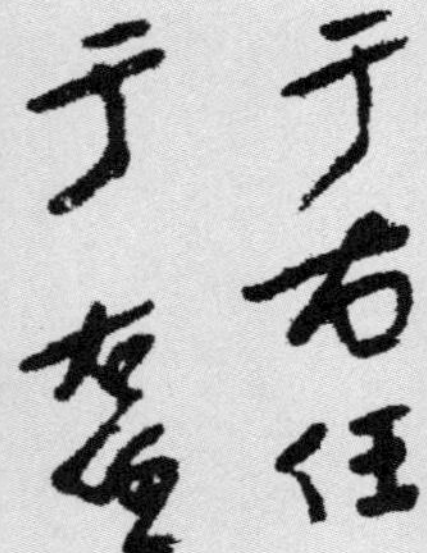	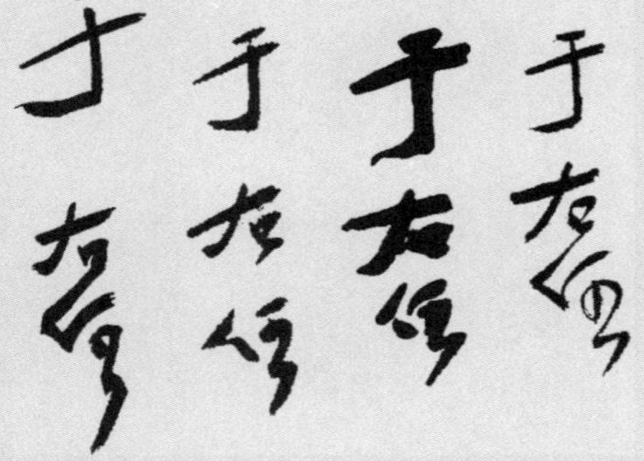

1925年

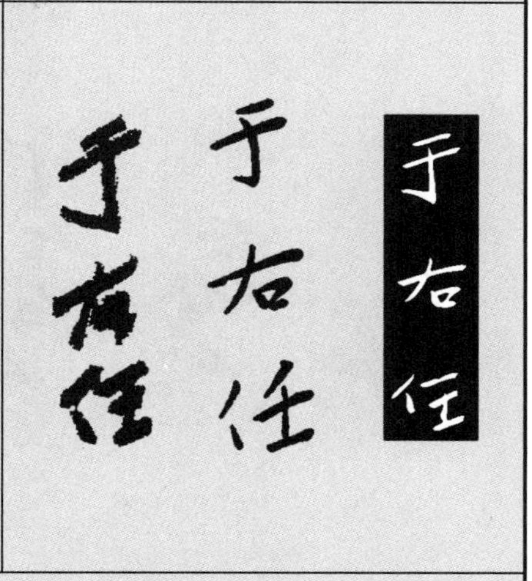

1926年

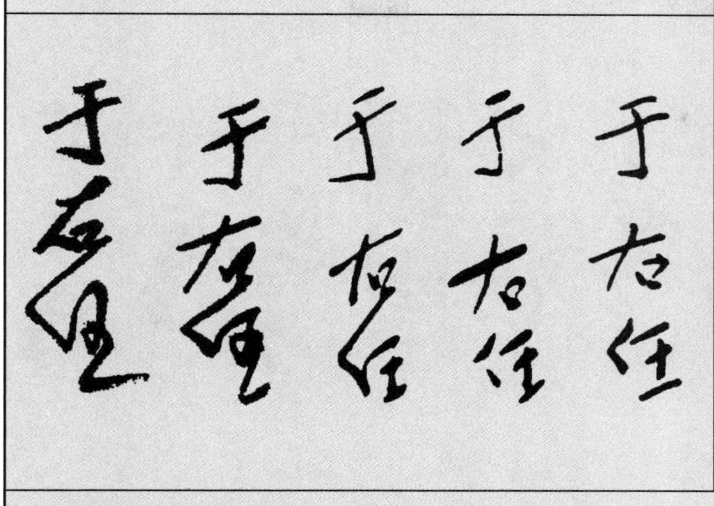

1927年

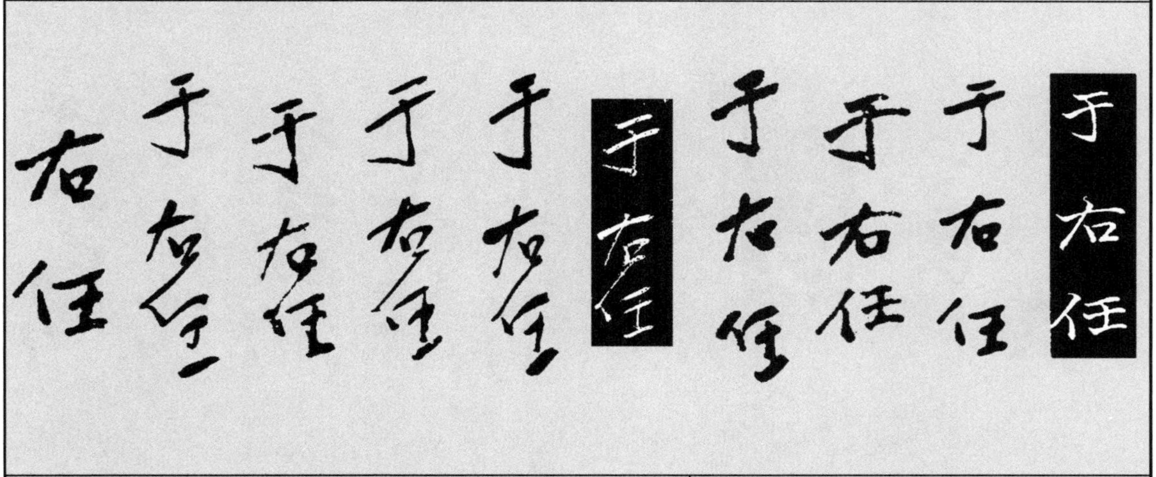

1928年

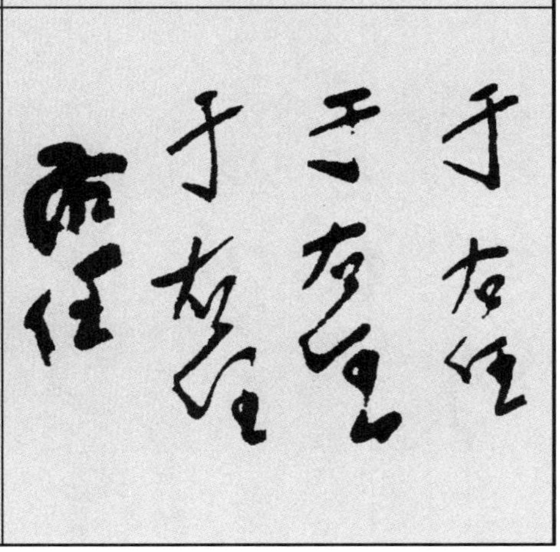

1929年

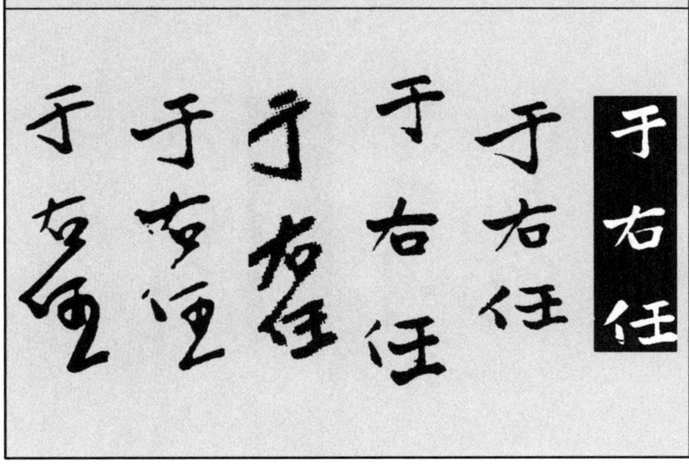

1929年

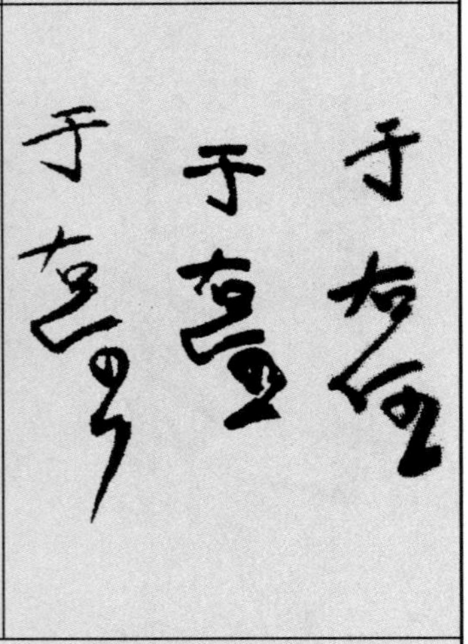

1930年

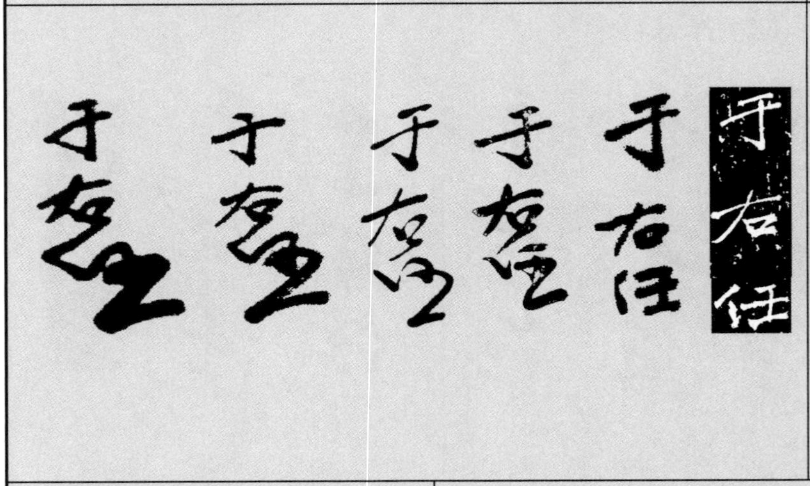

1930年

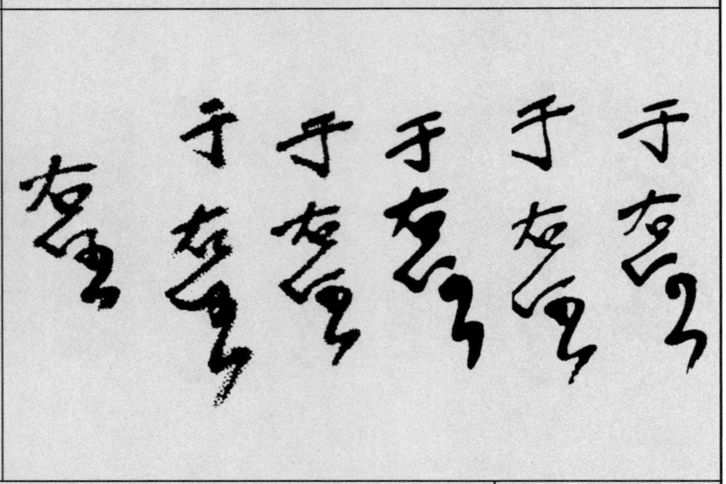

1931年

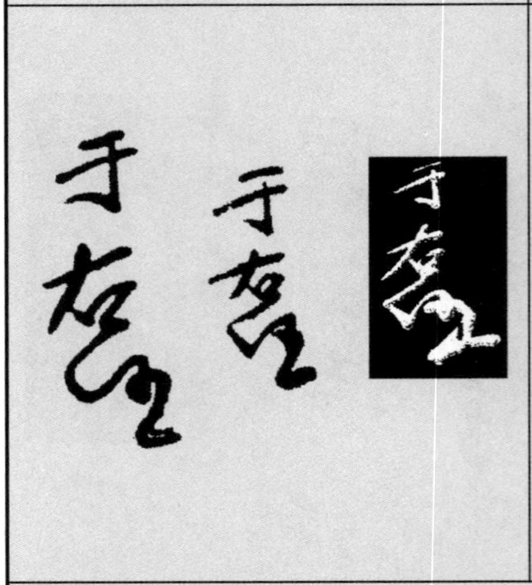

1931年

1932年

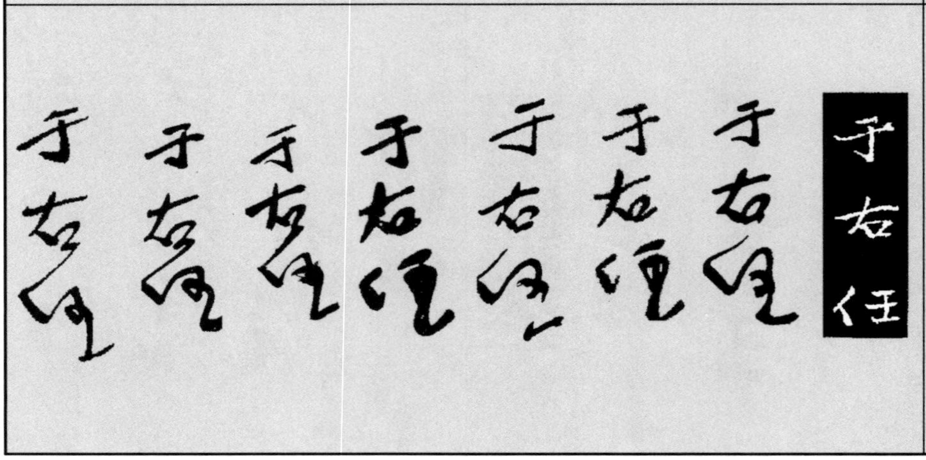

1932年

1933年

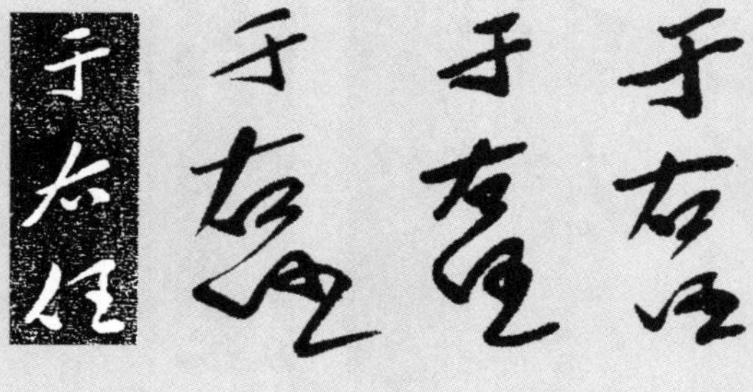

1934年

1935年

1936年

1937年

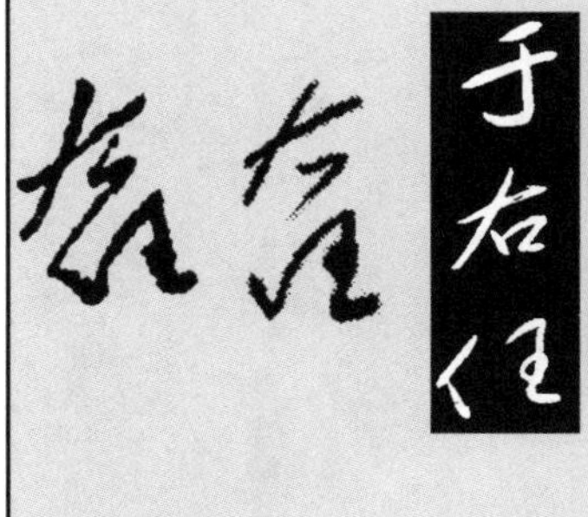

1942年	1941年	1940年	1939年
	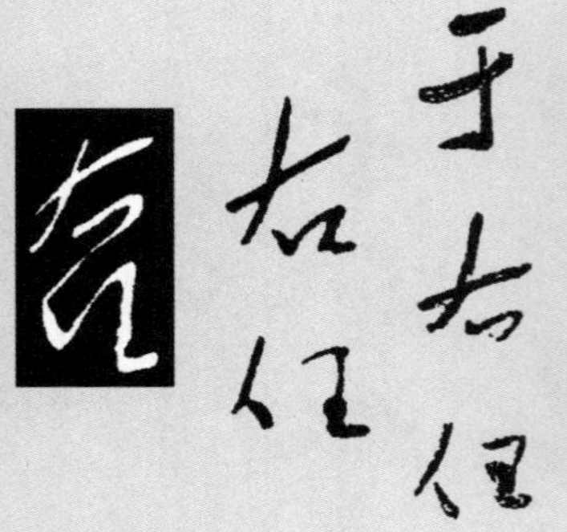		

1945年	1944年	1943年
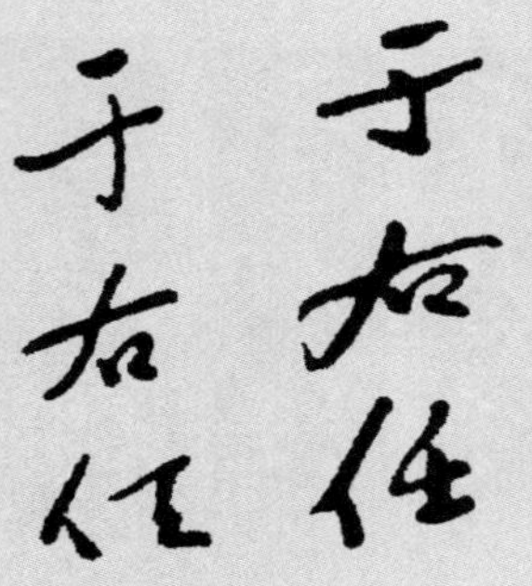		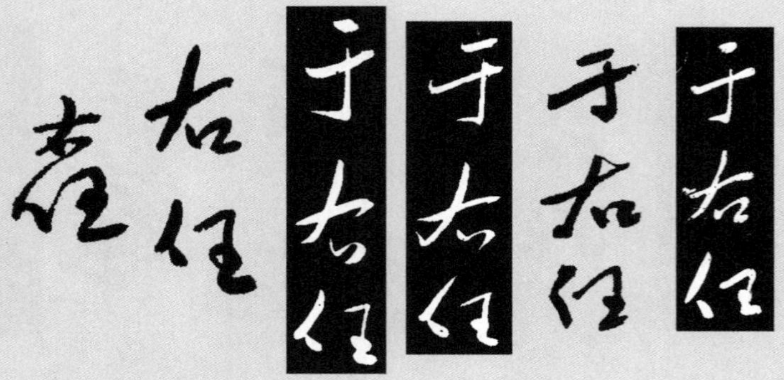

1948年	1947年	1946年	1945年
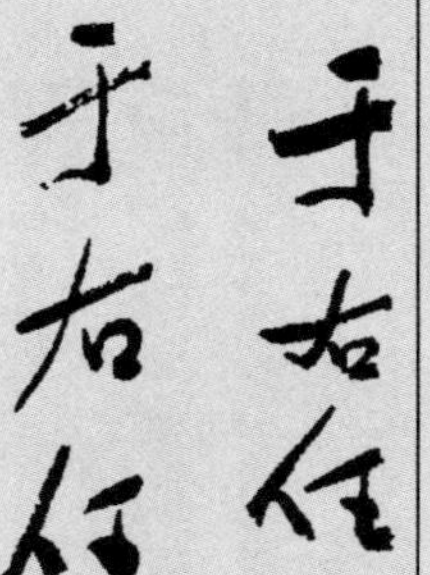	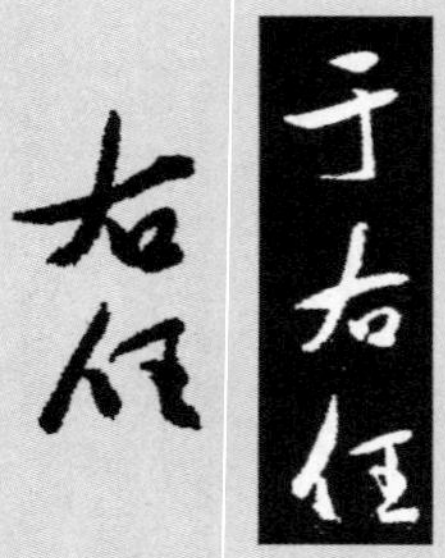	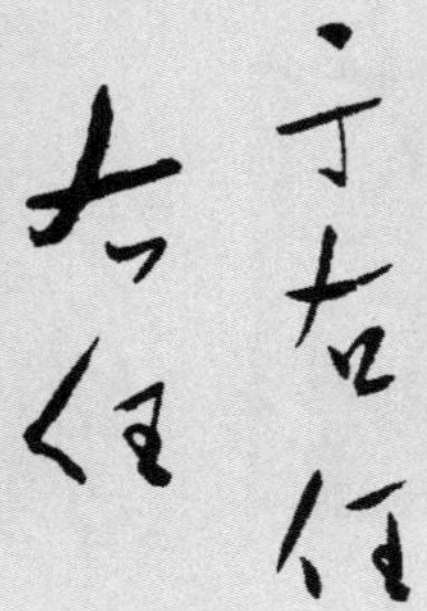	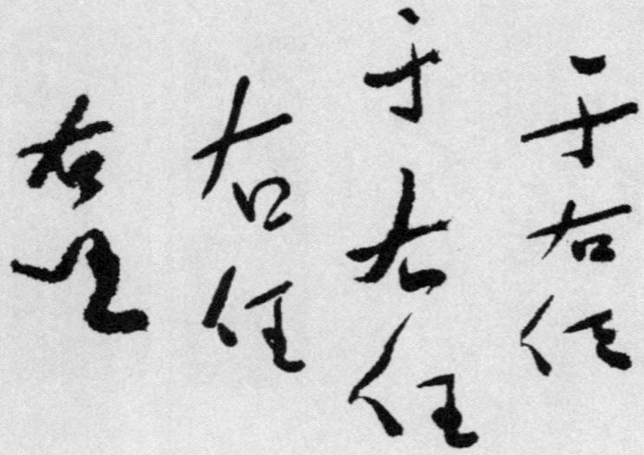

1948年

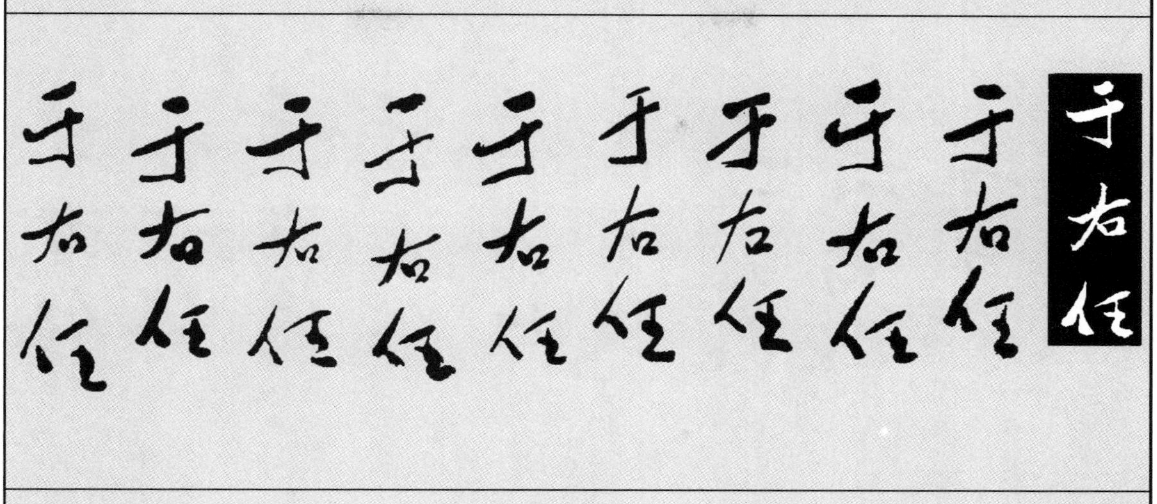

1948年

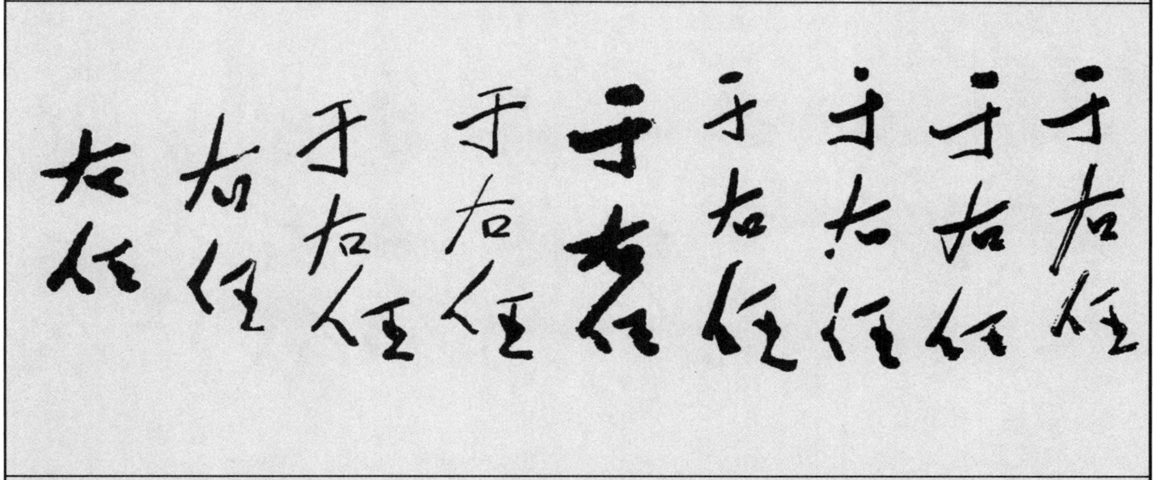

1949年

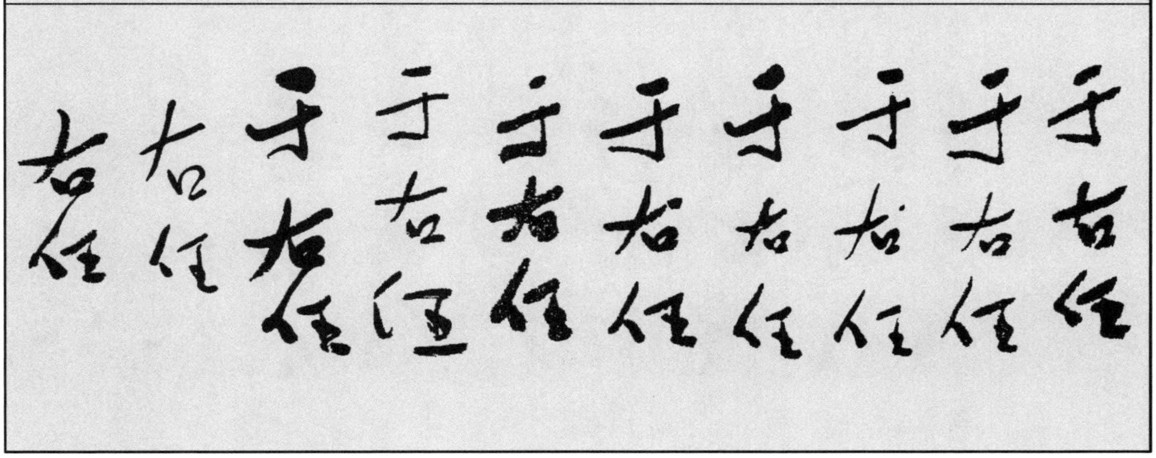

1950年

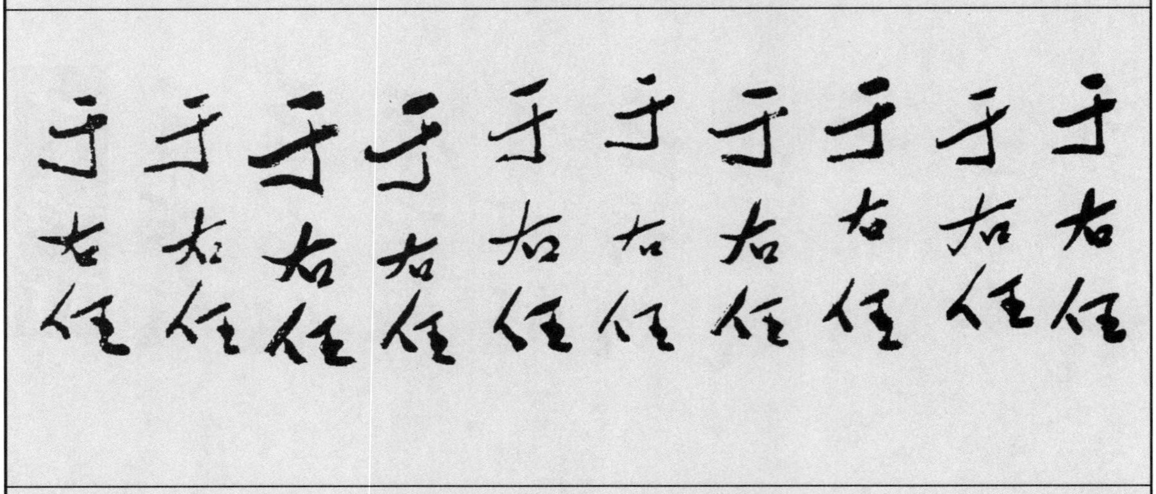

1950年

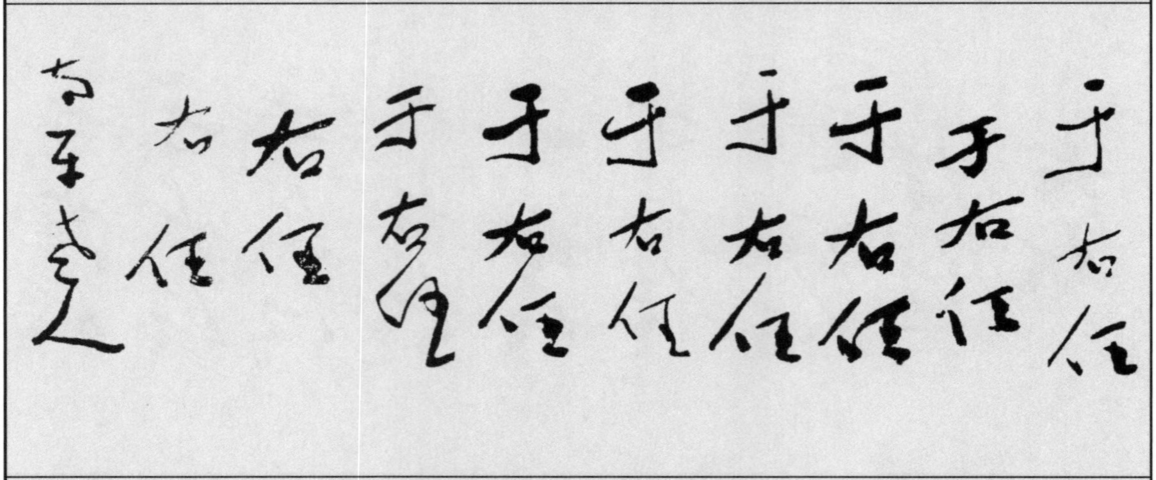

1951年

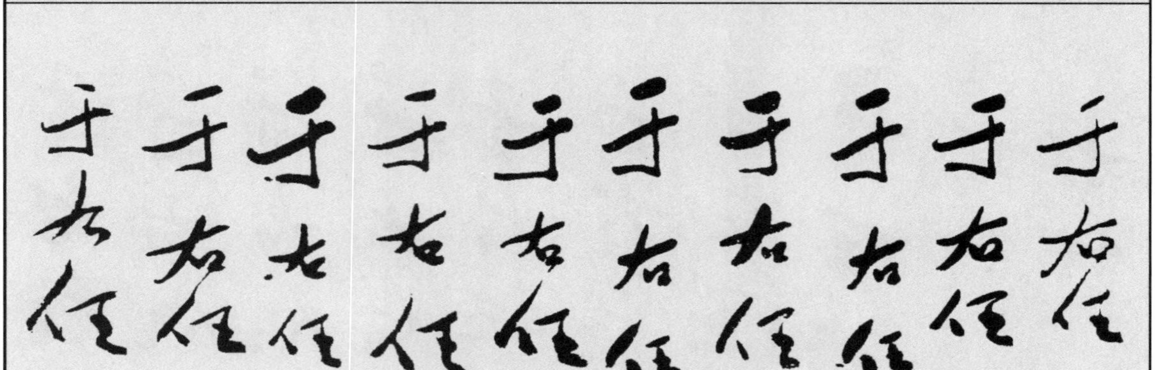

1952年

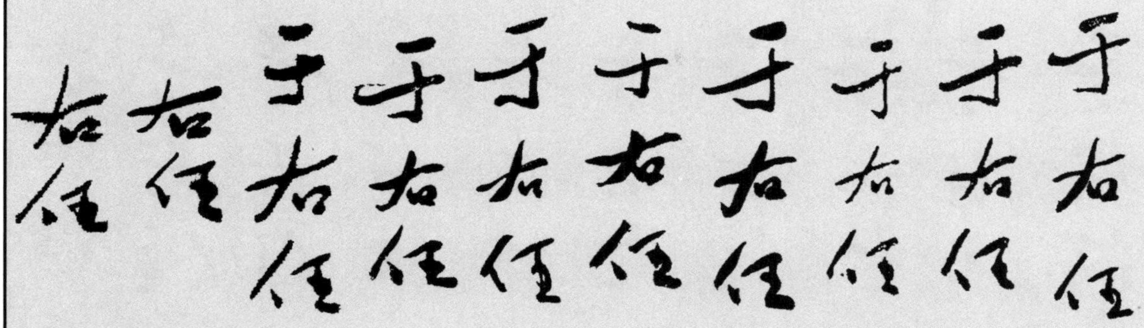

1953年

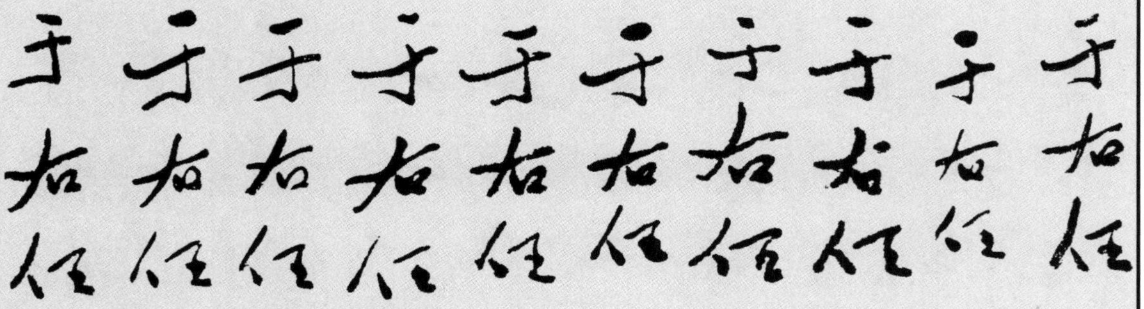

1954年

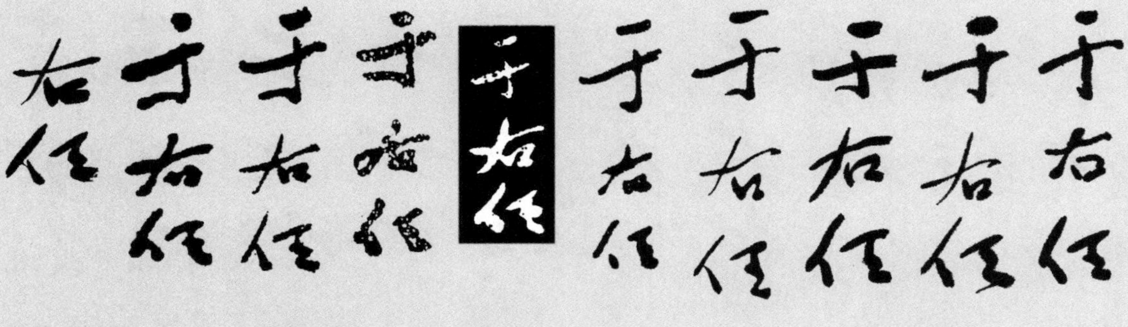

1955年

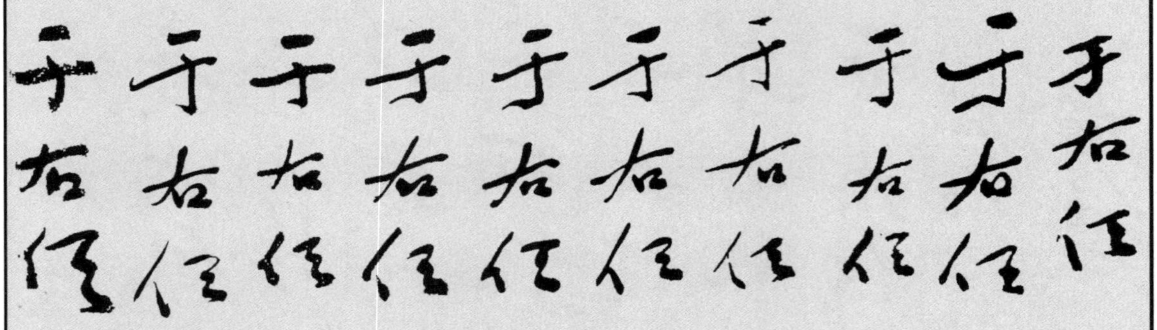

1956年

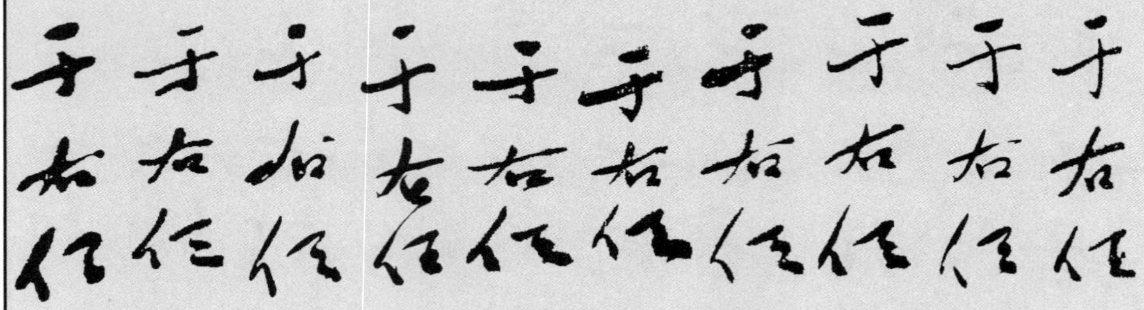

1957年

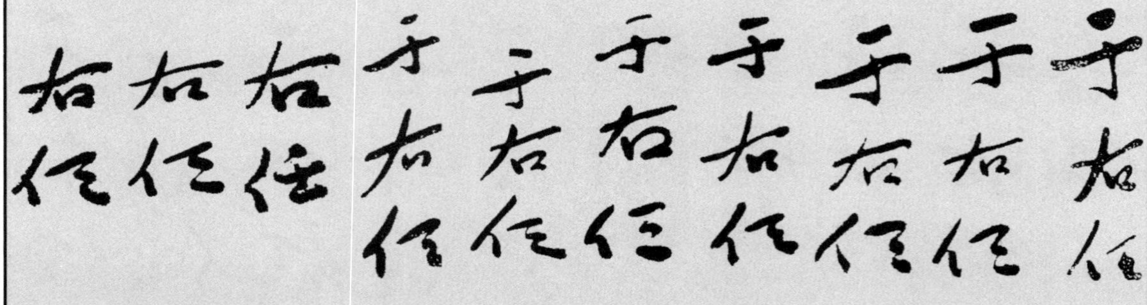

1958年

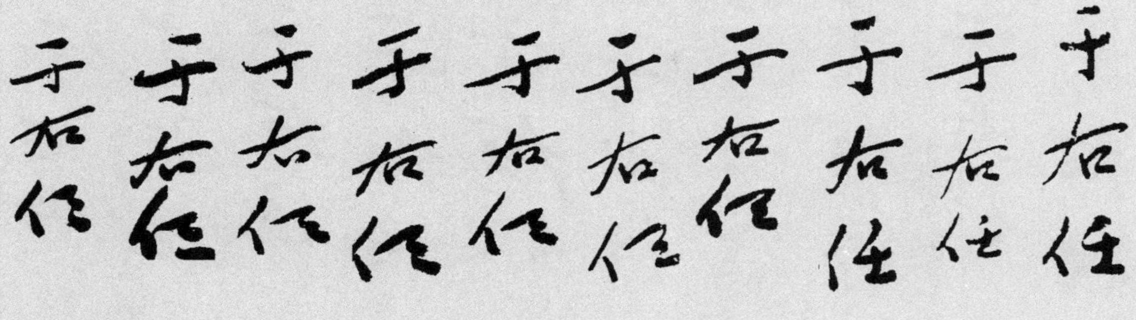

1959年

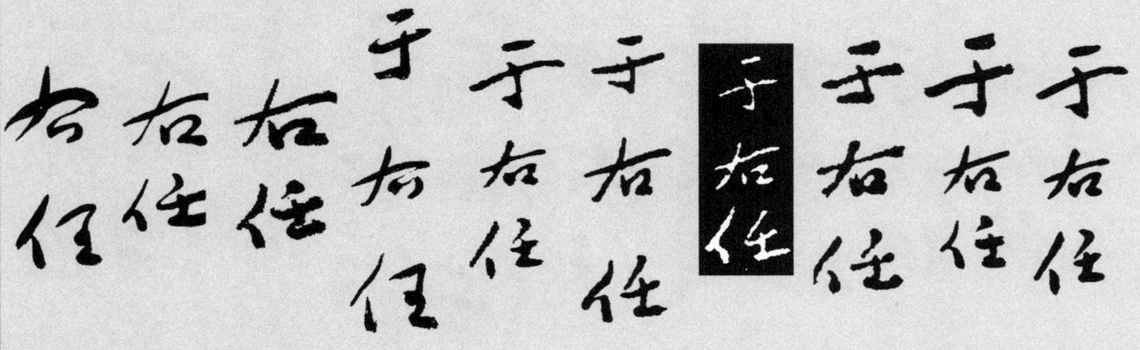

1960年

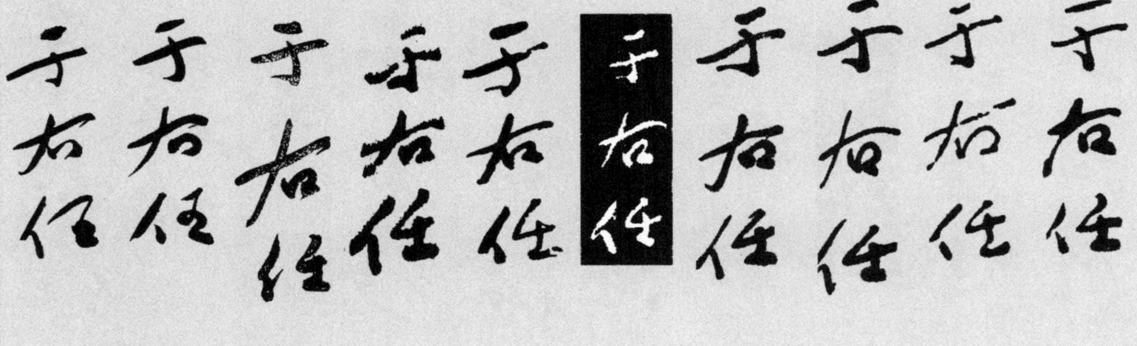

1961年

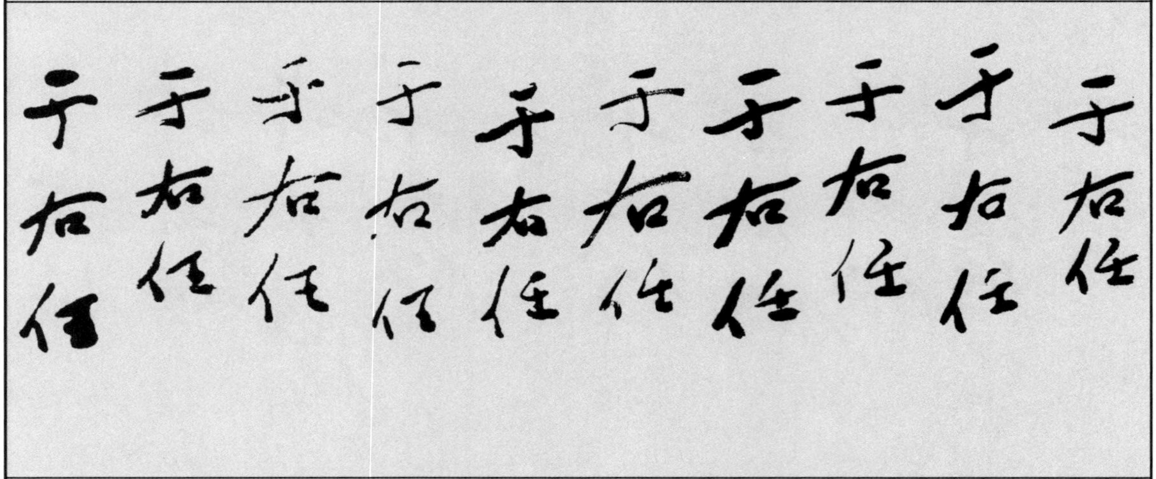

1962年

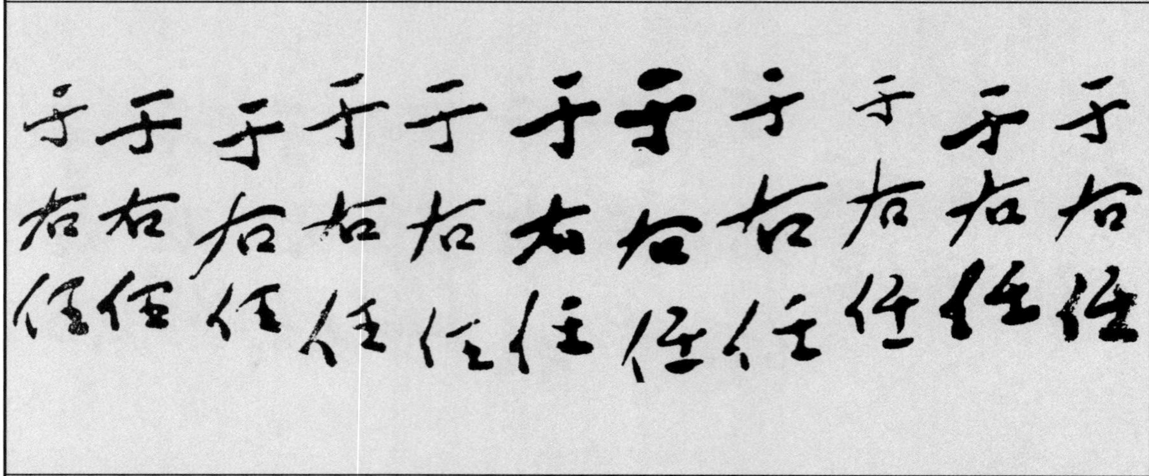

1963年

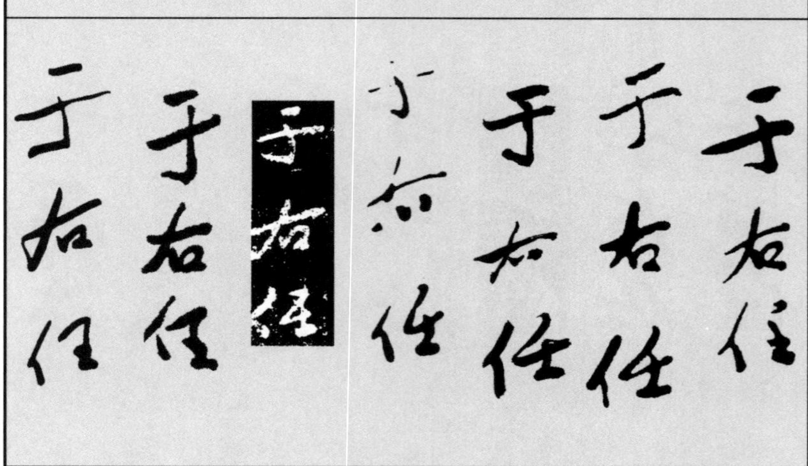

1962年

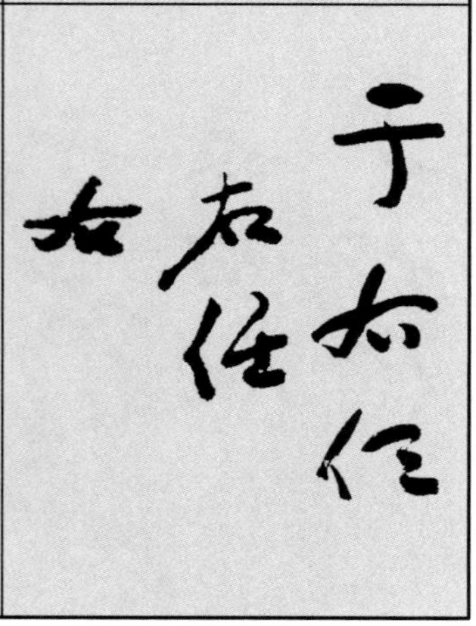

1964年

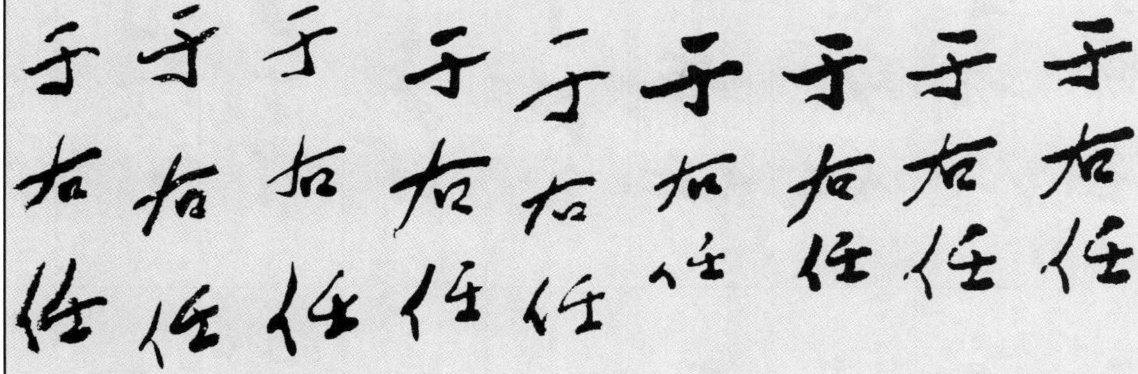

1964年

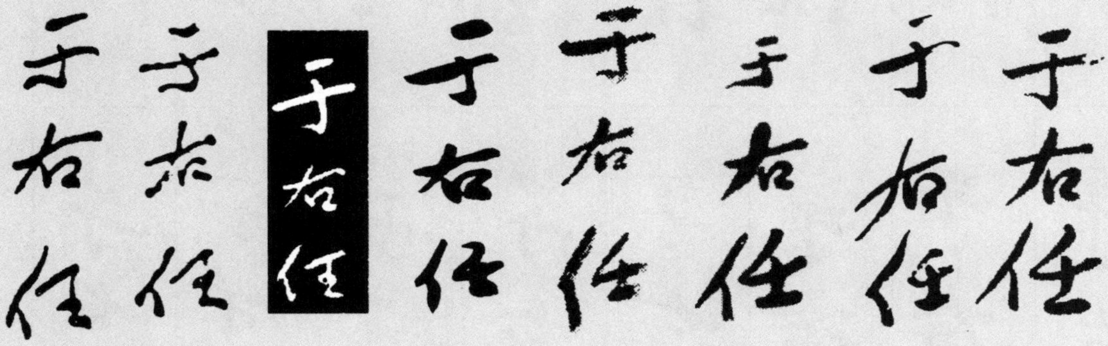

于右任
于右任
于右任
于右任
于右任
于右任
于右任
于右任
于右任
于右任
于右任
于右任
于右任
于右任
于右任
于右任
于右任
于右任
于右任
于右任
于右任
于右任
于右任
于右任
于右任
于右任
于右任
于右任
于右任
于右任
于右任
于右任

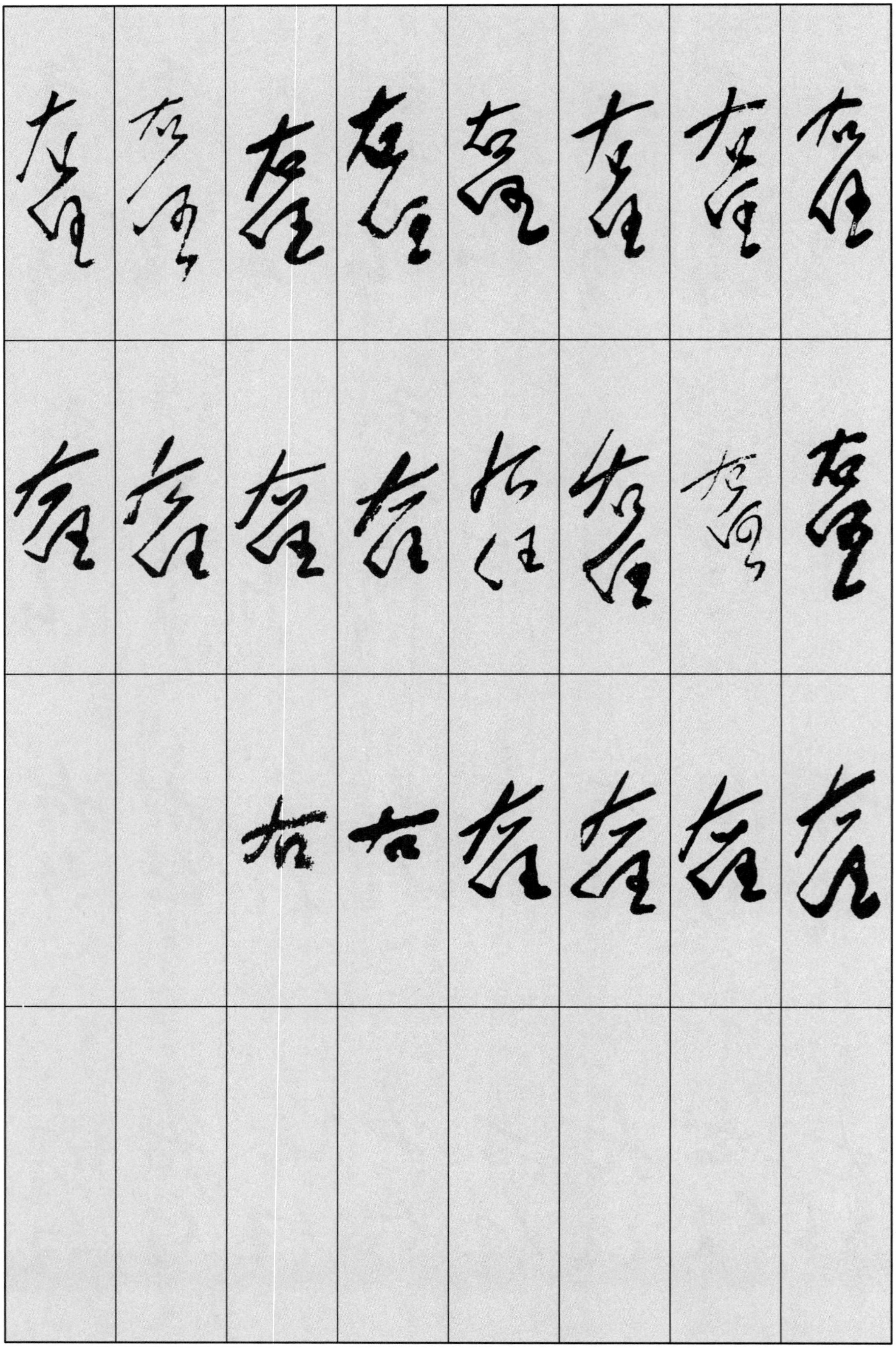

附録二

于右任書法作品用印匯編

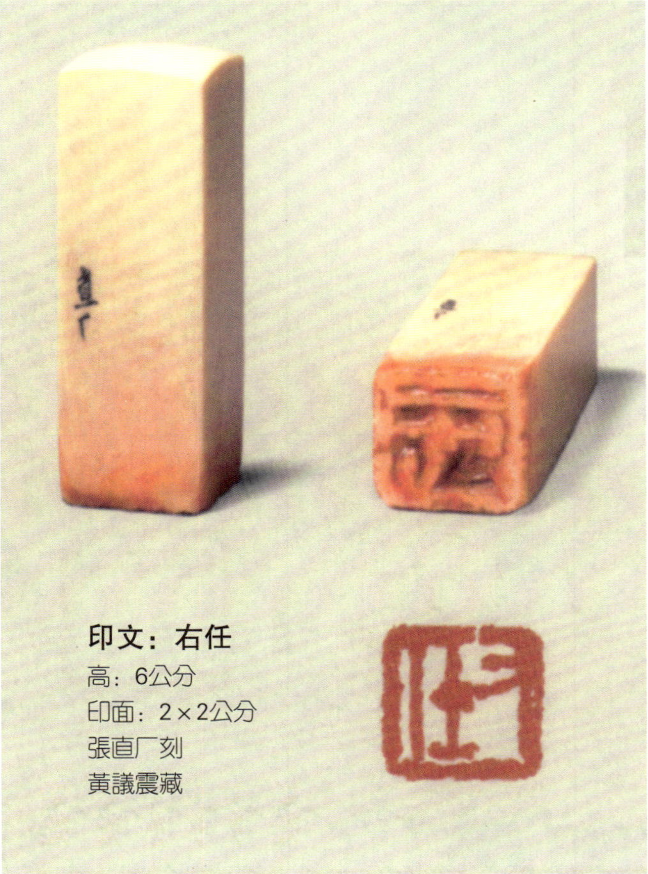

印文：右任
高：6公分
印面：2×2公分
張直厂刻
黃議震藏

(1)

肖像印
鄧散木刻

(2)

于
吴昌碩刻

(3)

于

(4)

于

(5)

于

(6)

于

(7)

于

(8)

于

(9)

于

(10)

于

(11)

于

(12)

于

(13)

右任

(14)

右任

(15)

右任
吴昌碩刻

(16)

右任

（17）

右任

（18）

右任

（19）

右任

（20）

右任

（21）

右任
張直厂刻

（22）

右任
吴昌碩刻

（23）

右任

（24）

右任

（25）

右任

（26）

右任

（27）

右任

（28）

右任

（29）

于右任
金鐵芝刻

（30）

于右任

（31）

于右任

（32）

于右任

（33）

于右任

（34）

于右任

（35）

于右任

（36）

于右任

（37）

于右任印

（38）

于右任印

（39）

于右任印
喬大壯刻

（40）

于右任印

（41）

于右任印

（42）

于右任印

（43）

于思

（44）

于右工
董作賓刻

（45）

于氏世守

（46）

右任藏石

（47）

右任讀碑之記
金鐵芝刻

（48）

右任七十以後作

(49)

右任之友

(50)

右任之友

(51)

右任長年

(52)

右任長壽
王壯爲刻

(53)

右任無恙

(54)

于右任收藏漢魏六朝碑志造像文字記

(55)

關中于氏
于右任刻

(56)

關中于氏
王壯爲刻

(57)

關中于氏
吴昌碩刻

(58)

關中于氏
簡琴齋刻

(59)

關中于氏

(60)

關中于氏

(61)

關中人

(62)

關中候印

(63)

髯翁

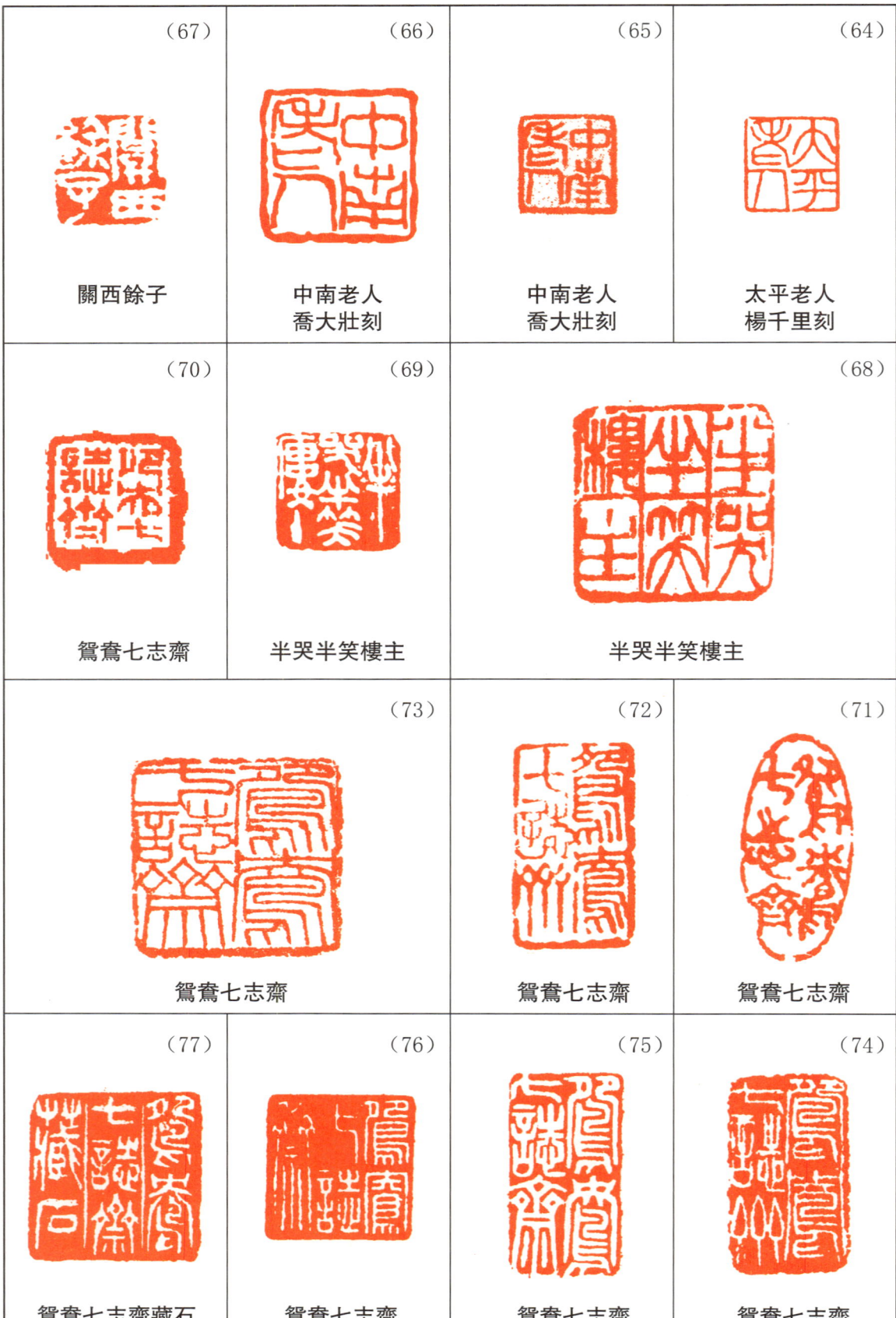

（64）

太平老人
楊千里刻

（65）

中南老人
喬大壯刻

（66）

中南老人
喬大壯刻

（67）

關西餘子

（68）

半哭半笑樓主

（69）

半哭半笑樓主

（70）

鴛鴦七志齋

（71）

鴛鴦七志齋

（72）

鴛鴦七志齋

（73）

鴛鴦七志齋

（74）

鴛鴦七志齋

（75）

鴛鴦七志齋

（76）

鴛鴦七志齋

（77）

鴛鴦七志齋藏石

（78）

獨樹齋

（79）

獨樹齋主

（80）

獨樹齋主

（81）

懷杯亭

（82）

學子爲人
喬大壯刻

（83）

我非書家

（84）

墨石

（85）

啼血乾坤一杜鵑

（86）

故人慷慨多奇節

（87）

鳥啼花落

（88）

黄金鑄出相思泪

（89）

天下爲公

（90）

寸有所長

（91）

人書俱老

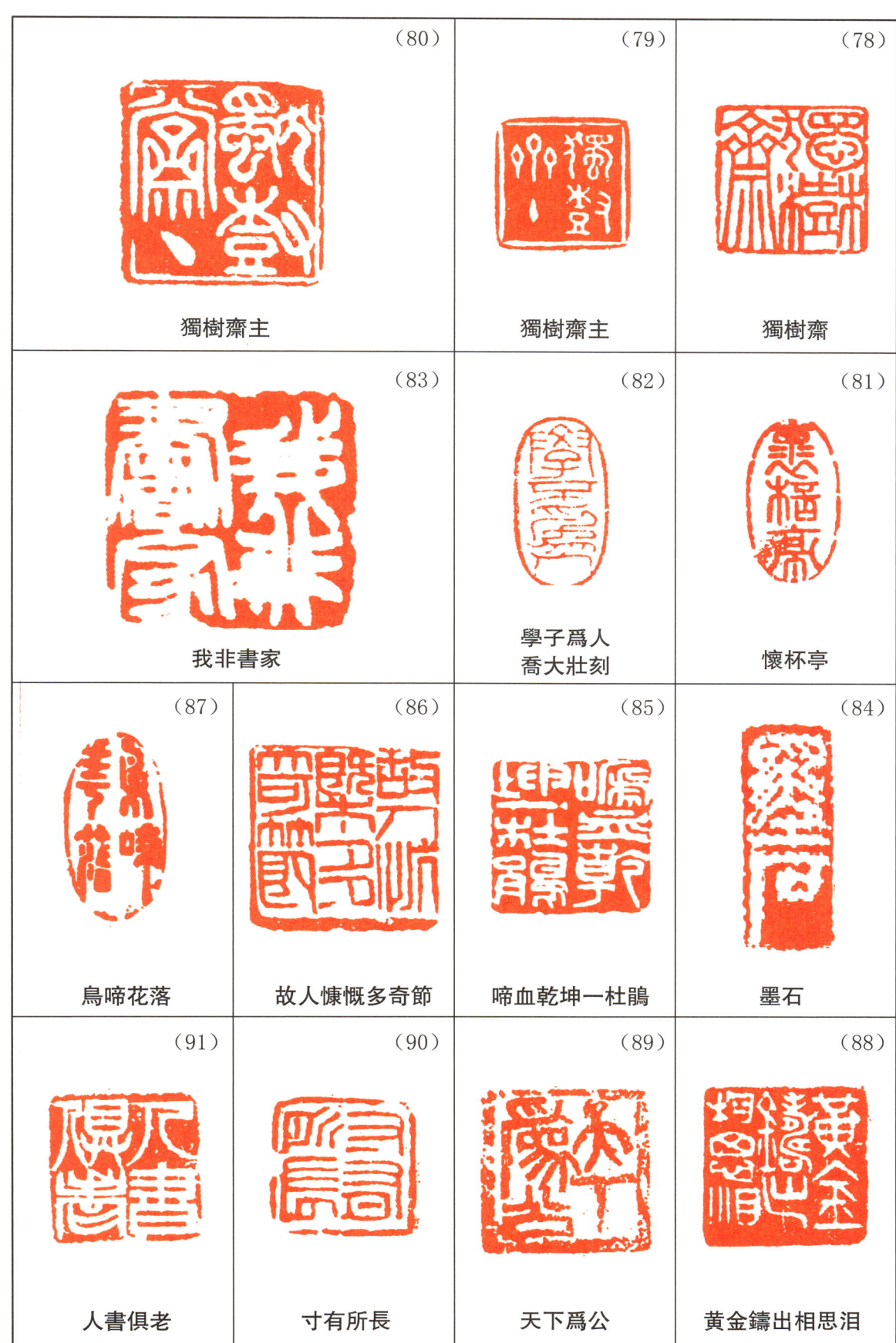

附録三

于右任書法作品上款選編

友慶仁兄法家　正之

伯濤先生正

灣基

想想　存之

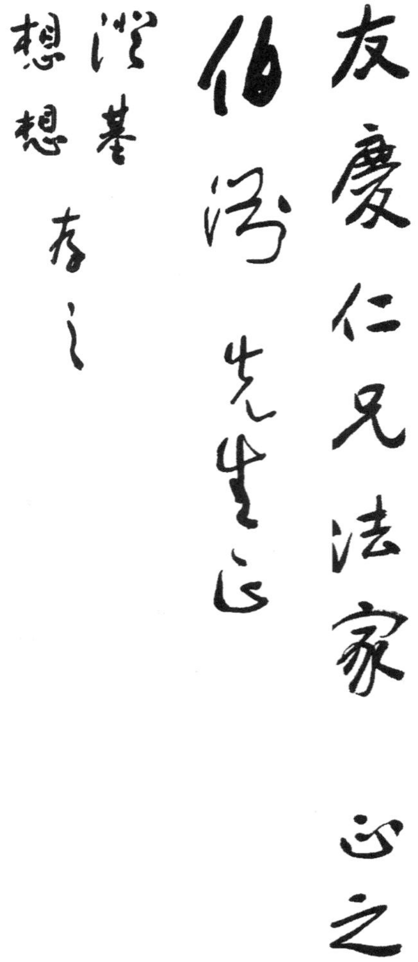

一平我弟法家

一亞世侄正

一秋先生正之

一鵬先生正

乙青先生

人向先生正

乃胡先生

乃修先生正之

又丹我兄法家正之

三宅先生正之

千堪先生

子超老弟法家正

士英先生

士焦刃夫人正

士銘先生正

大仁外孫

大同先生

大乾仁仲法正

大鵬仁兄正

之才先生

之軒居士正

子才老兄

子直仁弟正

子杰先生

子珍先生法正

子勤先生正之

子卿先生

子敬老弟正

子光先生法

子貴同年雅正

子傑老兄千古

子超老弟法家正

子穆先生

子衡先生法正

天才先生正之

天威先生

天慶老弟正

大庸先生

元民先生法正

元鑣沈大人正之

无名愛女

玉衡我兄正之

不敏先生

友三我兄正

日章老弟

中年先生正

中傑老弟正之

仁甫先生正之

仁美先生法正

公權先生法正

少和老弟詩家吟正

少芸老兄法家正之

介人先生

介夫先生正之

丹林我兄正

文斗先生正

文若老弟正

文甫先生正

文卿先生八秩大慶

文庵仁兄正

心之老弟法家同志正之

心寬先生

心雅先生正

玉階仁兄正

玉璞兄

功权先生 法家

南荣吾兄正之

世莲贤契正之

世炯先生正

东泉先生

子大先生

左人先生正之

左良先生正

石君先生正

石林吾兄正

石园先生

史迪尔 先生

月宽吾兄同志

生芳老弟 法家 正之

立夫老弟法家正

民林先生正

幼為先生

幼樵老兄正

幼農先生前輩正之

式之老弟兩正

吉人先生正之

吉田茂老兄正

世鯤英仲

策初先生正之

成花先生

芭蓀兄正

有方女士正之

吐玉先生

同茲仁兄正

芝薰先生正

芝燕弟

光宇先生

光知仁兄正之

光華先生正之

光遠仁弟

竹村老兄法家正

竹君先生正之

竹書女士正

匡濤老弟

作彬先生法家正

仲仁老弟正

仲魚老弟

何澍先生法正

仙閣老兄法家正

份人我兄法家正之

仰山先生

仰謀先生正之

自乾我兄法家正

自鳴先生正

自然仁弟

向榮先生法家正

行之老弟法正

行健先生正之

兆五仁兄正

兆旌先生

兆麟老弟

旭昇先生

旭亭先生

名尊先生法正

次鶴先生正之

汝德先生正

宇皋部長

如明先生

安国贤侄正之

安乐馆主正

孝国我兄命题

志平先生正之

志华先生

志明老弟清正

志鑫先生正

志远仁弟正

志贤嫂

甫澄我兄法家正

更生先生

克元正之

克敏先生

克蔚老弟

岐山先生正

佑鹏老弟

伯南老兄以雨书

伯敏贤甥法家正之

伯薰弟存之

伯涛先生

伯鸾先生正

佛民先生正

希古先生

希林先生正

甸材仁兄法家正之

亦朱先生

庸五先生正

辛壶先生正

良眉二兄法家正之

君甸先生法家正之

君瑜先生

美术专科集居乾秀先生属

君衡不擇向居士

武斌先生法家

武樵老兄

其芳先生正

延武先生

其庸先生

東吳先生法家正

香文賢侄同志

林鍇先生法正

彬叔三將軍正

林濱先生正

松林芸弟

協和先生

茂林先生

英宏先生正

卧樓先生正

林仰先生正

琳英先生正之

步青老弟正之

步雲我兄法家正之

虎城老弟雨正

扆西先生正

性荃先生正之

果鶴方丈

昌中仁兄正之

明本將録舊作

明為李子人傑

岫嵐伯女同志

岫嵐長壽

秉三學兄法家正之

秉智先生正之

叔桓先生

岱云仁兄

季玉吾兄清正

季政女士正

季陶先生正之

意周仁兄正之

宝定女士

宝琛先生正

念狂先生清赏正之

育昆贤弟孙女

宗培我兄清赏

宗耀先生正之

定安先生正

建中弟

建宏侄

建中存之

建为仁弟

居齋先生

孟融先生正之

孤帆仁兄正之

春若學長兄 兩正

老濤我兄正

南室仁仲

南璟兄

南萱先生正之

相實老兄足當 山語

奎生五弟正之

武庵老兄正之

勤民先生正

恒初先生正之

恒德先生

子壽先生

星標仁兄正

星輝老弟法家正之

秉農弟

香亭先生

俊文吾兄法家

侯武姻兄正之

俊德先生

信丞先生正

侍燕愛孫女

勉文女士

勉齋先生

益齋先生正之

炳光先生正

炳章先生

洪濤先生正

洪緒先生法正

洸凡先生正之

祖光先生正之

祖绵先生正之

祖灏先生正

勇三先生正

癸森先生

翊翰先生正

泰能吾兄之属

華之兄先生正

哲生先生法家正之

振平仁仲

振邦吾弟正

振棠先生正

振椿先生

彧華先生

翊仁吾仲正

翊礼仁仲正

耿民老弟法正

晋嘉先生正之

怀逸先生正

恩佑先生

健之先生

逸风先生

凌云先生正之

浩森先生

涛云先生正

海日先生正

海帆先生正

浚生老兄正

运亭先生七十晋九华诞

家复先生正

容甫先生正之

祥甫先生正

寄三余学正之

冠鱼先生正之

书城仁兄正之

书付中令先生

书与趣趣爱女儿

书付侍孟孙女

陈萬先生

陈郭先生

陶然老弟正

通一老兄属书

培五老弟法家正

达为吾兄正

达青先生正

达峰仁兄正

华星同志正

萬鑑先生正之

菊村我兄法家正

乾三老弟法正

梅轩老兄正

梓湘先生法家正

日助我老兄法正

夏青老兄法家正

趾轩仁兄正

唯妙和尚

唯蒙先生法正

国振先生法家正

国柱先生正

山樵山先生

崧甫先生正之

崐山先生

崇德先生正之

敏智老兄正

敏蘭先生正

笠農先生正

佛農先生正之

達初老哥

叔光先生

石龍先生正

鹿蛙先生正之

康達先生正

雲樵老之

韋仁先生正

清溪先生

清漣女士法家正之

溪濤先生

寅谷兄正

寄凡先生正

問渠我兄法家正之

国钧同志正

遂之仁兄正

陈坤生先生正

张伟先生正

绍周先生正之

喜廷先生正

博瀛老弟法正

彭昆存之

轶球先生正之

超然老弟

赵奋先生正之

敬斋兄同志

敬六仁兄正之

敬亭老弟

叔樵先生

雄飞先生

惠民老弟法家正之

惠林老弟法正

維軒先生

紫霄老兄

紫虹張夫人

偲生同志正之

鼎一先生法家正之

晶霖先生正

富臨女士法家正之

掌珠女士正之

柔怡世姪正

京濱先生正之

夢亮老和尚

欽之先生正

舜日先生

舜丞先生

普同老弟

芝生仁弟

莘庵先生

寒枫先生法家

開明仁弟

張哲先生法正

瑞書先生正之

瑞色小姐

聖波仁兄正之

韓卿先生稀荣

远峰老弟法家

勤夫先生

夢水先生正

夢華先生法家正之

夢蕙女士

夢鯉先生

慈護先生法家 正之

慧卿弟

楨良先生 正

想想愛女

揚橋先生正

肆仙老弟正

慎先先生正之

慎恆先生

愷玄先生法正

筱雲老弟正

修盦先生正

頌堯先生正

孫之先生七三大慶

新甫老弟法家

詳麟持紙索書此詩

漢平先生正之

漢良兄同志

漢卿先生法家正

源鑠先生

靜江表哥法家雅正

福岡先生正之

禎祥先生

經文賢婿

瑤圃同志

細文先生正

靜一先生七旬大慶

靜喬表弟法正

趙雁先生法正

碧微女士正

嘉禮仁兄法家正之

穀卿先生

蔚儒女士法正

壽山仁兄正

壽田先生正之

素紫女士

鏡蘭三姨正

鳳英女士正之

鳳翔先生法正

廣元法師

廣蔭弟正之

榮久先生正

榮業先生正之

榮卿先生

漢笙蓀兄正

漁林先生法家正之

澄基兵播

孫亮先生

維欣先生正之

焕章先生正

蕙鑫女士正

勤伯老弟法家正

箴吾先生正之

蕙之高丈人正

德用先生正

德寿先生正之

剑平老弟法正

剑侯先生法家正

剑飞先生法正

鲁书老弟正

敦煌先生

叙民先生正之

遵義刘翔春之

緑湖先生正

裕[illegible]先生正

壽元先生

冀野老弟

曉和先生

學湘老弟

學詩先生正

紹芝先生

錦濤先生正

獨鶴老兄法家正之

龍潭先生正

憲章先生法正

澤南先生法正

澤溥仁仲

衡令我兄同志法家正之

衡卿先生

錫和學長兄

檜山子星先生

曙樓學長兄正

蘇小松先生

鎮洲弟以此自勵亦可謂至捷足矣

鴻賓先生正之

濟生先生清正

濟時先生正

滄萍先生

禮齋仁兄正之

曝冬先生正之

藝箴仁兄正之

聲強先生

慕熹和尚

錫藩先生正

漱守先生正之

鏡如老弟

鏡涵先生正

韻秋女士正之

寶珊老弟同志法家兩正

寶椿先生正之

繹之山先生

覺元老弟法正

继文先生正

継衍老弟法家正之

欒樺先生正

鑫三仁兄正之

錦淮先生法家正之

鑑堂仁弟正之

鵬斌先生正之

麟書先生正

顯揚先生正之

燦煌先生

翼中先生正

幼軒
中行
先生儷正

正濤吾弟
士香夫人
儷正

致禮仁仲
振寧先生
儷正

炳迎先生
嫂真女士
嘉禮

華辭吾弟
亞男女士
儷正

岳宙
文松
儷正

靖介
敏石
先生儷正

宝珠賢媳
仲岑二兒
正之

耀基
元禎
儷正

附録四　本書引用資料目録

代號	資料名稱及编著者	出版地	時間
49(1－2) 87	右任墨缘(上,下)　右任墨存	臺灣	一九三二年　一九六四年
60－70 94－96 168	任漢平编于右任書法作品集系列	臺灣	一九七八年至一九八九年
30 113 116 123 143 189	任漢平供稿王喜慧主编于右任書法集	陜西	一九九六年至二〇〇五年
1	于右任先生書法(鄧小平题書名,劉自牘、劉平、劉富一、鍾明善、鄭涵慧、黨荣苹编)	陜西	一九九〇年
29 39 55 55 97 98 103 105 165 181	鍾明善编于右任書法選篇等著作	陜西 北京	一九八五年至二〇一五年
1001 － 1036 1106	鍾明善主编　于右任書法全集(三十六卷) 中国近现代名家書法集　于右任卷	北京	二〇一四年 二〇一九年
35 38 109 133 148 194	陜西省博物館、文史舘、于右任書法學會编于右任書法作品集	陜西	一九八二年至二〇一一年
175 1105 193(1－11)	楊曉青主编于右任書法集《曠代草聖》,《于右任研究》期刊(一——十一)	陜西 江蘇	二〇一六年二〇〇九年

145 196（1－20）	朱奕龍主编《于右任先生墨寶》、《于右任書法碑刻遺珍》（一—二十）	陝西 北京	二〇〇一年 二〇〇四年
134 1101 1102 1103 1104	祁碩森主编《百年巨匠于右任》、《碑学泰斗》等	陝西	二〇一七年 二〇一八年
187 197	存天閣書法藝術博物館于右任書法專題展、千古草聖于右任	陝西 北京	
195	君陶藝術院编于右任書法作品集	北京	二〇一一年
104 128（1－2）	刘正成主编中國書法全集82于右任卷 中國書法全集（九州图書出版社）	北京	一九九八年
50 57	《民國時期書法》《民國書法》	四川 河南	
142 170 174	于媛主编《于右任詩词全集》《于右任書联集錦》 《于右任海峽两岸書法集錦》	陝西	二〇〇五年 二〇〇七年
31 32 34 35 36 157 176	陝西省三原縣于右任纪念館、三原縣博物館出版物及藏品	陝西	

54 117 138	陕西省高陵縣编印于右任書法集		二〇〇二年
131	中國標準草書學會尉天遲主编于右任書法精品集		
42 43 44 45 46 47 51 124 130 167	上海、天津、江蘇、浙江、湖南、四川、廣東、河北、河南、甘肅编印于右任書法集		
140	香港中文大學文物館編于右任書法集		
71 75 76 88 108 127 139 146 163	臺灣中國標准草書學會、臺北歷史博物館、國史館、美術館、何创時基金會、中華粥会编于右任書法集	臺灣	
108	于右任書法藝術之研究 展覽專輯 研究报告 彙编（研究主持人李普同	臺灣	一九九九年
78	黄嘉政著《于書研究》	臺灣	一九八九年
141	《于右任書法選粹及標准草書》 于彭编	臺灣	二〇〇五年
161	《于右任先生墨寶》 張佐鹏编		

二〇〇五年	臺灣	《景行行止》 陸炳文编	139
一九九八年	臺灣	《草書 美髯 于右任》 林銓居编	99
一九七一年	臺灣	藏真白编 中華篆書草書字典	86
		臺灣各地出版社、書局、出版公司编印于右任書法集	72 73 74 77 79 80 81 90 91 92 93 118 119 120 121 122 123 124 125 126 141
一九八八年至一九九六年		日本國出版于右任書法集	100 110 125
一九九〇年	北京	中國書法鑒賞大字典于右任條	41
		于右任書千字文單行本	2 28 33 82 95 112 123 132 135 136 152 158 162
		于右任書墓誌、碑刻單行本	3－23 27 58 82－85 97 102 107 119－125
		于右任書正氣歌、出师表、岳飛满江红、心经、杜甫詩單行本	25 26 37 40 67 89 122 153 177

137 147 156 164 169 171 178 180 182 183 185 186 188 190 192 198	書法作品拍賣會圖録		
106 159 173	期刊：香港《書譜》第五十一期，《中國書法》二〇〇九年第三期，上海《書法》二〇〇七年第十期		
1100	韋宏達编《標准草書字典》	北京	一九九〇年
200 1 900	散見各處的于右任書法單件		
172 178 179	于右任印款資料		

附録五　筆畫查字表

一画

一　一
乙　六十一

二画

〔一〕
二　二
十　六十五
丅　一〇三
丁　三
七　三
〔丨〕
卜　一〇二
〔丿〕
乂　二七九
八　二一六
人　二五三
入　二五六
几　二八八
几　一二八九
九　二十七
乃　二十九
〔乛〕
刁　五十四
刀　三九一
力　三九八
又　四一九
了　五十五
匕　一三一〇

三画

〔一〕
三　四
干　四二七
于　四
工　四二八
士　四三四
土　四三四
下　一〇三
大　五九五
六　一〇三
丈　六
兀　六一三
（与）　二四五
才　六
寸　六六五
犭　四四六
弋　六七〇
〔丨〕
上　一〇三
口　六七四
巾　七三五
山　七四二
〔丿〕
千　六十六
乞　一二六
川　三十一
（凡）　二八九
（个）　一八八
（义）　一七六八
夕　八二四
久　三十二
凡　二八九
丸　八四〇
么　四一二
及　三十三
〔丶〕
亡　八七二
之　四十八
（门）　二〇二九
〔乛〕
尸　一一三四
己　一一四四
已　一一四五
巳　一一四六
弓　一一四七
也（乜）　五十五
女　一一五七
刃　三九二
小　一一七六
子　一一八〇
（亾）　八七二
（巳）　八七二
匕　一三一〇
孑　一一八一
（辶）　一〇九九
（认）　一八四六

四画

〔一〕
比　一三〇二
切　三九二
仄　八十
厄　八十
友　八十七
匹　九十九
巨　一〇〇
（丰）　一八四七
（韦）　二〇九四
王　一一九一
井　七
天　一二一三
夫　五九八
元　六一三
（无）　一三三
云　四一二
（云）　一三三
（专）　六六七
廿　二一七
（世）　九
（廿）　一七二三
木　一二二一
（玉）　四三四
五　七
支　一八〇
卅　九
不　二八〇
太　五九九
（太）　一六二三
犬　一二八四
尤　六一四
戈　二九四
屯　九
（车）　一八三五

互 七
友 八三六
牙 一三〇六
瓦 一三〇七

〔丨〕

止 一三〇八
少 一一七六
日 一三一五
曰 一三一七
中 一三四九
内 一二〇

〔丿〕

壬 四三五
仁 一三九
什 一四〇
仆 一四〇
化 一四〇
（仇） 二〇一〇
他 一四五
仍 一四一
刈 二七九
乏 三十六

爻 二七九
介 二五七
今 二五八
兮 二一七
父 一三九五
分 二一八
公 二二〇
凶 三四二
勿 二八〇
匀 二八一
长 一九八九
殳 一四二〇
凢 二八九
午 一二七
牛 一三五四
手 一三五九
（气） 一三六六
升 三十五
夭 一二一六
毛 一三六五
片 一三八〇
斤 一三八二
爪 一三八八
反 二一五

丹 三十六
氏 一四一三
（卆） 三〇四
月 一七一四
一三九六

〔丶〕

讣 一九〇四
计 一九〇三
六 二九四
文 一四二五
方 一四二六
亍 二一七
冗 三三七
火 一四三四
为 一四四七
斗 一四四五
户 一四五八
心 一四七五

〔乛〕

（双） 四二二
（劝） 四〇九
以 二五九

引 一一四七
孔 一一八一
允 四一三
予 四〇九
尹 五十七
尺 一四九一
（弔） 一一四八
丑 五十八
巴 五十八
（巳） 一二七
（収） 三六九
（办） 九五六
（书） 七八一
（务） 一三二四
母 一六六一
水 一四九四

五画

〔一〕

扐 六六六
刊 四二七
邗 三七七
巧 四二九
功（切） 四三〇
（地） 四三七

邛 四三〇
卬 四三〇
打 六一五
札 一二二四
艾 四八四
示 一五〇六
卉 六十八
古 六十八
石 一五一一
左 八十八
右 八十九
布 九十一
去 一五〇八
（弍） 二
玉 一五〇四
末 一二三四
未 一二二三
正 一三〇九
甘 一五一〇
世（丗） 九
本（夲） 一二三三
朮 七〇
可 十一

丙 十三
（冄冄冄） 十五
丕 一二八三
戊 一五二一
夸 九十八
平 一三
东 一二三二

〔丨〕

（旧） 五八一
北 二八三
叭 六七五
叫 六七八
叩 六七八
叨 六七八
卡 一〇五
占 一〇五
号 一九九四
只 六七四
兄 六七七
另 六七八
旦 一三一七
（回） 七二一
（叵） 七一九
四 七一八

囚 七一七
(国) 七二五
凸 二十六
目 一五三八
冊 四十
且 二十六
甲 一五五〇
申 一五四八
田 一五四九
由 一五六五
史 六七五
央 六〇二
(叺) 二五九
凹 二十七
出 一一五六
此 一三一〇

〔丿〕

仕 一四二
仗 一四二
付 一四三
代 一四三
仙 一四四
仟 一四五
(们) 一九三
他 一四五
伋 一四五
仞 一四六
犯 八一三
外 八二五
卯(夘) 三四三
夗 八二七
印 三四二
全 二六二
令 二六二
(尔) 二十四
(色) 一七五六
冬 八三四
斥 一三八二
瓜 一六一八
用 一二一
句 二八一
(刍) 三九二
匆 二八二
匄 二八二
包 二八二
生 一五七九

刊 四二七
升 三十五
(手) 一二八
矢 一五八一
失 三十八
乍 一二七
禾 一五八六
丘 三十九
白 一六〇九
乎 三十九
氏 一四一四
冊 四十
(乐) 一二六七

〔丶〕

邙 八七三
汀 八七六
(氾) 八八〇
(礼) 一四七四
(讨) 一九〇四
主 一一九二
市 二九五
立 一六二三
玄 一六三一
(兰) 五九二
穴 一六三二
宄 一〇二九
它 一〇二九
庀 八四一
半 五十
(吕) 三九二
必 五十一
永 五十二
(氷) 三二七
(丬十) 四二〇

〔乛〕

阡 三四七
加 三九八
(对) 六六八
弘 一一五〇
(弟) 二二六
氶 一五二一
奶 一一五八
奴 一一五八
幼(幼) 一一八八

召 三九二
孕 一一八二
弁 四一三
台 四六九
矛 一六五八
司 五十九
(尹) 六八七
尼 一一三四
民(民) 一六四七
(弟) 一一四八
(边) 一一三一
弗 一一四九
皮 一六五三
(发) 一六五
六
母 一六六〇

六画

〔一一〕

邦 三七七
刑 一〇七
刓 一〇七
式 六七〇
戎 一二九四
迁 一〇八〇
耒 一六六二

〔一丨〕

(垚) 九
(协) 七十三
圪 四三七
圮 四三七
地 四三七
(场) 四六〇
朽 一二二四
朴 一二二五
(机) 一二七四
芍 四八四
芒 四八四
芝 四八四
芑 四八五
圭 四八五
寺 四三五
吉 四三五
共 四三六
(亚) 一二一八
考(考) 一九六三
老 一六六六
耂 一六六四
耳 一八二八
亘 一六七四
再 十五
吏 十五
十五

西 一六八五
(丙) 一九七一
〔一ノ〕
列 二二八六
匠 一〇一
夸 六〇三
有 九十五
灰 九十七
在 九十二
存 九十八
戍 一五二一
戌 一五二一
成 一五二一
百 一六一一
而 一六九〇
死(死) 一二八七
(压) 八十七
〔一丶〕
(夹) 六〇四
〔一乛〕
(攷) 一六六六
扛 六一五
扣 六一五
托 六一六
(执) 八四〇
邨 三七八
邪 一三〇六
匡 一〇〇
臣 一六九二
至 一六九五
夷(叏) 六〇三
〔丨一〕
此 一三一〇
〔丨ノ〕
(师) 一七四六
〔丨丶〕
劣 一一七七
光 一七〇六
〔丨乛〕
吁 六七八
吐 六七九
(邢) 三七八
吃 六八〇
吒 六八〇
吸 六八〇
屹 七四五
帆(帆) 七三六
吕 六七九
吊 一一四八
岌 七四五
早 一三一八
(旦) 一八七八
同 一一二三
因 七一九
回 七二一
虫 一七〇九
曳 一三二〇
曲 一三一九
肉 一七一四
〔ノ一〕
竹 一七一六
舌 一七一六
先 二八六
廷 四二四
(迁) 一一二三
迄 一〇八〇
年(秊) 一二八
朱 四十一
邦 三七七
缶 一七一五
(缶) 一三三
幵 四二八
〔ノ丨〕
(传) 二〇二
休 一四六
伍 一四七
(伍) 一六二
伏 一四七
伐 一四八
仲 一四八
仵 一四九
件 一四九
任 一四九
价 一五一
仰 一五一
仿 一五二
伊 一五三
似 一五三
延 四二四
乒 四十一
乓 四十一
臼 一七四一
自 一七四二
血 一七五〇
向 四十一
〔ノノ〕
彴 七六七
行 七六七
后 二一六
舟 一七五二
郐 三七八
〔ノ丶〕
全 二六三
合 二六四
企 二六五
(会) 二七七
〔ノ乛〕
兆 二八八
朵(朶) 二八九
旨 二八四
争 一三九〇
色 一七五六
名 八二七
各 八三五
多 八三〇
旭 一三二〇
肌 一三九八
旬 二八二
匈 二八二
刎 一〇七
夙 二九〇
危 三九三
〔丶一〕
(庄) 五二二
妄(妄) 八七四
充 二九八
亦 二五六
交 二九六
衣 一七五八
亥 二九七

(氺) 四二〇
〔丶丨〕
(闬) 二〇三〇
(闭) 二〇三〇
(问) 二〇三一
忙(怴) 九九六
〔丶丿〕
(灯) 一四四一
州 五十三
〔丶丶〕
(壮) 一四九二
冲 三三五
次 三三六
决 三三七
冰 三三七
汗 八七六
汙 八七七
污(汚) 八七七
江(氵工) 八七七
汲 八八〇
汐 八七九
汍 八七九
汎 八七九
池 八八〇
汝 八八一
羊 一七六〇
并 二二二
(关) 二〇四五
宇 一〇二九
守 一〇三〇
宅 一〇三一
安 一〇三二
字 一〇三五
(宆) 一〇三九
(兴) 二五〇
米 一七七六
〔丶乛〕
祁 一四六二
〔乛一〕
弛 一一五〇
(民民) 一六四七
(弘) 一一五〇
尾 一一三四
那 三七八
聿 一七八一
(采) 四十七
(尽) 一七八六
〔乛丨〕
阮 三四七
阨 三四七
(阵) 三五二
阪 三四七
防 三四七
收 三六九
艸 五〇四
(米) 一五二一
迅 一〇八〇
〔乛丿〕
奸 一一五八
如 一一五八
妁 一一六〇
妃 一一六〇
好 一一六〇
〔乛丶〕
(色) 六九〇
羽 一七八九
矣 四一三
〔乛乛〕
丞 五十九
巡 一〇八〇
(孙) 一一八四

七画

〔一一〕
玕 一一九三
玖 一一九四
形 八〇六
(冡) 一三九五
弄 一一九三
麦 二一二一
吞 一三一六
(玛) 一三〇八
戒 一三九五
〔一丨〕
攻 四三二
址 四三九
坂 四四〇
坎 四四二
均 四四二
坊 四四二
坑 四四二
(坳) 四四八
(昕) 一三八二
杜 一二三五
杖 一二三六
材 一二三六
杚 一二三七
村 一二三六
杉 一二三七
杞 一二三七
却 一五〇九
劫(刼) 一五〇九
邯 一五一一
豆 一八四五
克 七十
志 四四二
芙 四八五
芸 四八五
芘 四八六
芾 四八六
苣 四八六
芟 四八六
芽 四八六
芷 四八六
芮 四八六
花 四八六
芹 四八九
芥 四八九
芬 四九〇
(劳) 二一一四
(苹) 五二八
芡 四九〇
芰 四九〇
芳 四九〇
芭 四九一
(苏) 五八九
(诗) 五六七
走 一八二八
赤 一八三四
孝 一六六六
戋 一六七〇
杏 一二二七
李 一二二七
吾 六八二
巫 四三二
(甫) 七十三
車 一八三五
甫 十六

（叓）六〇三
更 十六
（两）二十二
東 一八四四
酉 一八四八
〔一丿〕
（在）九十二
否 一二八三
厎 一八四六
辰 一八五三
夾 六〇四
豖 一八五六
龙 二一五五
〔一丶〕
（来）一二三四
（事）二十
〔一乙〕
（连）一〇九〇
扶 六一六
技 六一七
扼 六一七
批 六一八
拒 六一八
抄 六一八
折 六一八
抒 一三六〇
（抡）一四二八
抑 六一九
抛 六一九
投 六一九
抗 六二〇
把 六二一
（报）四六三
（拟）六六三
抒 六二三
（或戓）一二九七
刺 一一〇
匣 一〇一
（医）一八五二
（欤）一四一九
迓 一〇八一
求 十七
〔丨一〕
步 一三一一
〔丨丨〕
（兒）一七四一
（坚）四五六
〔丨丶〕
肖 一一七八
〔丨乙〕
兕 二八八
（时）一三二九
吠 六八四
吟 六八五
吹 六八六
吼 六九一
吳 一二八四
岐 七四五
助（助）四〇〇
（邮）三八四
别 一〇七
虬 一七〇九
呈 六八一
（吐）六七九
吴（吳）六八一
足 一八七八
邑 六九〇
岑 七四五
旱 一三二〇
（帐）七三九
男 一五五一
廸 一八〇三
困 七二三
（囬）七二一
（图）七三三
（园）七二九
删 一〇八
貝 一八五六
見 一八六九
里 一八七五
冏 一二四
串 二十七
曳 一三二〇
〔丿一〕
牡 一三五五
利 一五八七
私 一五八九
（乱）六十四
每 一三一
告 六八四
秀 一五八八
我 一二九五
〔丿丨〕
佞 一五四
估 一五四
（体）二〇六八
何 一五四
佐 一五六
佑 一五七
佈 一五七
佔 一五八
攸 一五八
（伲）一七七
（佀）一八八
但 一五八
伸 一五九
侃 一七一
佚 一五九
作 一五九
伯 一六一
伶 一六二
低 一六二
廹 一〇八四
你 一六三
住 一六三
佽 一七二
位 一六四
伴 一六四
佇 一六四
佗 一六四
佛 一六五
伽 一六六
邱 三七八
兵 二二四
鱼 二一三一
皂 一六二
身 一八八
延 四二四
佟 一六三
〔丿丿〕
役 七七〇
彷 七七一
近 一〇八一
返 一〇八二
（㞐）一九九二
〔丿丶〕
余 二六五
含 二六七
（念）二七二
谷 一八九二
希 二七九

孚 一三八八
妥 一三八八
坐 四四〇
邻 三七九
兕 二八八
〔丿乛〕
甸 二八二
奂 三九四
劬 四〇一
狂 八一三
狄 八一四
肝 一三九八
肘 一三九八
彤 八〇七
卵 一九〇一
邸 三七九
劬 四〇一
删 一〇八
（刚） 一三九八
系 一七九四
角 一八九八
免 三九四
（邹） 三八九
（条） 一八六
（乔） 一七九八
灸 一四三五
迎 一〇八二

〔丶一〕
言 一九〇一
亨 二九九
辛 一九五四
忘（怂） 八七四
吝 一四二六
（应） 八六八
床 八四一
庋 八四二
（库） 八五二
庇 八四二
序 八四三
（庢） 八四六
疔 一六一八
（弃） 三二一
（夜） 三〇一
（沝） 四二〇
〔丶丨〕
忨 九九六
（㤭） 一〇一一
（忰） 一〇一三
怜 九九六
（怅） 一〇一〇
忭 九九六
忼 九九六
快 九九六

忸 九九六
忱 九九六
（闬） 二〇三二
（闲） 二〇三五
（闷） 二〇三六
（间） 二〇三六
（闰） 二〇三七
〔丶丿〕
灶 一四三五
〔丶丶〕
（劳） 二一一四
（状） 一四九二
况 三一八
冷 三一九
冶 三一九
（冻） 三一三
汪 八八二
沅 八八二
（关） 一二八四
沐 八八二
沛 八八二
沄 八八二
沍 八八三
沙 八八三

汨 八八五
汭 八八五
沃 八八五
沂 八八五
汾 八八五
泛 八八五
没 八八六
汶 八八六
汴 八八六
沉 八八六
沈 八八七
沁 八八八
决 三二七
（汤） 九四四
泐 八八八
判 一〇九
（妏） 一三七八
（邦） 三七七
（竝） 二二二
忤 九九六
忻 九九六
兑 二二六
弟 二二六
完 一〇三六
宋 一〇三七
宏 一〇三七
牢 一〇三七

（灾） 一〇三八
究 一六三二
灼 一四三五
〔丶乛〕
社 一四六二
祀 一四六二
补 一六四五
初 一六四二
罕 三三七
（宜） 一〇四一
良 一七八七
〔乛一〕
改 一一四六
即 三四四
（灵） 一九八八
忌 一一四七
尾 一一三四
局 一一三五
君 六八七
（张） 一一五一
〔乛丨〕
阿 三四八
陈 三五九
阻 三四九
附 三四九

陀 三四九
陀 三五〇
陂 三五〇
壯 一四九二
妝 一四九二
〔乛丿〕
妍 一一六二
妣 一一六三
妙 一一六三
妖 一一六四
姊 一一六四
妨 一一六四
妧 一一六五
邵 三七九
部 三七九
劭 三九九
忍 三九四
努 四〇一
（肠） 一四〇九
〔乛丶〕
矣 四一三
坐 四四〇
〔乛乛〕
孜 一一八二

災 一〇三八
(孤孤) 一一八三
紇 一七九四

八画

〔一一〕
玨 一一九四
玩 一一九四
玦 一一九四
盂 一五七二
青 一九五八
表 一二一〇
武 六七一
忝 一二一七
奉 一四九七
(勢) 四〇六

〔一丨〕
卦 四四四
邽 一二七九
協(恊) 七十三
坪 四四四
坦 四四四
劼 四〇一
坤 四四五
坵 三十九
坿 三四九
坼 四四六
坻 四四六
坡 四四七
坳 四四八
枉 一二二九
林 一二二九
枝 一二三〇
杯 一二三一
杵 一二三三
析 一二三三
板 一二三三
枚 一二三三
松 一二三五
杭 一二三六
枋 一二三六
枕 一二三六
枇 一二三二
杷 一二三七
杼 一二三七
刧 一五〇九
耶 一六七五
取(耴) 一六七六
刺 一六九〇
兩 二十二
直 七十一
(丧) 七十八
幸 四四六
(表) 四五四
(嘉) 四六八
苦 四九一
(等) 一七二二
若 四九三
茂 四九六
茇 四九七
苹 四九七
苜 四九七
苴 四九七
苗 四九七
英 四九八
苓 五〇一
茵 五〇〇
苟 五〇〇
苻 五〇〇
茆(茆) 五〇一
苑 五〇一
苞 五〇二
范 五〇二
苐 五〇二
(茶) 五八六
(茎) 二一一六
苕 五〇三
苔 五〇三
茅 五〇四
昔 一二一八
杳 一二三二
(杰) 二〇〇
(画) 一七八三
述 一〇八三
或 一二九七
者 一六六八
(起) 一八二九
亞 一九六三
其 二三八
(枣) 一六九〇
東 一二三二
南 七十三
事 二十
雨 一九七一
(戋) 六〇三

〔一丿〕
辰 一八五三
殀 一二八九
殁 一二八九
奈 六〇五
奔 六〇五
奇 六〇六
奄 六〇八
厓 八十
郁 三七九
來 一二三四

〔一丶〕
(勁) 四〇二
(壳) 一九九二
(音) 一九六三
(剌) 一一二

〔一乛〕
抹 六二三
拓 六二三
拔 六二三
拈 六二三
(担) 六六二
抽 六二三
拐 六二三
拙 六二三
拊 六二四
拍 六二四
拘 六二四
抱(抱) 六二四
拄 六二五
拉 六二六
拂 六二六
招(招招) 六二六
披 六二八
(拨) 六五九
抵 六二四
拚 六二八
(抬) 六六二
拗(拗) 六二八
卧(臥) 一六九三
到 一六九六
郅 一六九七
(勢) 四〇六
妻 一一六五

〔丨一〕
叔 四二〇

肯 一三一二
些 十九
卓 一〇五
虎 一九九二
長 一九八九

〔丨丨〕

非 一九九六

〔丨丶〕

尚 二一七八

〔丨乛〕

味 六九一
呵 六九二
呻 六九二
呪 二九一
呱 六九二
呼 六九四
咆 六九四
咏 六九五
呢 六九五
（䀚） 一七四五

岫 七四七
（岗） 七六一
岷 七四九
帖 七三六
帙 七三七
（呤） 六八五
帕 七三七
明 一三二三
旰 一五三八
岸（峅） 七四六
岩 七四七
岧 七五〇
男 一五五一
（罕） 三三七
昉 一三二六
昊 一三二〇
（爭） 一三九〇
昃（昃） 一三二〇
昆 一三二一
昌 一三二二
冒 一三四九
昕 一三二三
昇 一三二二
易 一三二四

昂 一三二五
忠 一三五二
虯 一七〇九
具 二三二
（助） 四〇〇
畀 一五五二
咒 二九一
典 二三三
迪 一〇八三
禺 一五五四
迥 一〇八四
迴 一〇八五
（畅） 一五四八
岡 一二五
罔 一二六
（國国） 七二五
固 七二三
果 一五五二

〔丿一〕

（玥） 一四〇四
牧（牪） 一三五五
物 一三五六
知 一五八一
和 一五八九

制 一〇九
刮 一七一六
委 一五九一
季 一五九二
迭 一〇八四
迮 一〇八四
迤 一〇八四
氛 一三六六
垂 四十二
乖 四十四
竺 一七一七
秉 一五九一

〔丿丨〕

佳 一六六
侍 一六七
供 一六八
使 一六八
例 一七〇
侄 一七〇
侶 一七〇
佪 一七一
佩 一七一
侈 一七二
依 一七二

佯 一七二
併 一七三
版 一三八一
的 一六一二
邮 一〇〇二
岳 七四八
岱 七四九
帛 一六一二
（凭） 一四八九
兒 一七四一
卑 七十二
阜 一七四五
迫 一〇八四
臾 一七四一

〔丿丿〕

征 七七一
徂 七七二
往 七七二
瓮 一三〇八
彼 七七三
欣 一三八四
所 一三八二

（役） 七七〇

〔丿丶〕

部 三七九
乳 六十一
舍 二六八
金 二〇一〇
命 二六九
念（念） 二七二
肴 二八〇
斧 一三九六
采 一三八八
受 一三八九
爭 一三九〇

〔丿乛〕

狎 八一四
狐 八一四
狗 八一五
肺 一三九八
肢 一三九八
肱 一三九八
肫 一三九八
肸 一三九八
朋 一三九八
股 一三九九

（肠）一四〇九
肪 一三九九
肥 一三九九
服 一四〇〇
兔 三九五
（角）一八九八
昏 一四一四
忽 一四七七
炙 一四三五
咎 六九四
匐 二八二
周 一二二四
（迩）一二二九
迎 一〇八二
〔丶一〕
放 一四二七
於 一四二八
郊 三七九
効 四〇一
（坚）四五六
刻 一一〇
（剌）一一〇
京 二九九
亨 二九九

享 三〇〇
夜 三〇一
卒 三〇四
兖 三〇五
育 三〇五
妾 一六二五
盲 八七六
（泵）一三一三
店 八四四
（庙）八六二
府 八四四
底 八四六
庚 八四七
（废）八六七
疚 一六一八
（疕）一六二〇
（牀）四二〇
〔丶丨〕
怯 九九七
怙 九九七
怵 九九七
怖 九九七
怏 九九七
性 九九八

怍 九九九
怕 九九九
怪 九九九
怡 一〇〇〇
（闸）二〇三八
（閟）二〇三八
（闲）二〇四二
〔丶丿〕
炬 一四三五
炊 一四三五
炎 一四三五
〔丶丶〕
净 三二九
法 八八八
沽 八九〇
河 八九〇
（汫）九三二
沾 八九三
泪 九三六
沮 八九三
怛 九九七
油 八九四
泱 八九四

泗 八九四
沲 八九五
泊 八九五
泝 八九五
沴（沵）八九五
泠 八九六
沿（沿）八九六
泡 八九六
注 八九六
泣 八九七
沛 八八二
泫 八九七
泮 八九八
沱 八九八
泌 八九八
泳 八九八
（学）一一八六
派 九〇六
泥 八九八
泯 八九八
沸 八九九
泓 八九九
沼（沿）八九九
波 八九九
（泼）九八二
治 九〇一

羌 一七六一
（送）一〇八九
（郑）三九〇
（並）二二二
（单）二〇四八
炘 一四三五
（宝）一〇七八
宗 一〇三八
定 一〇三九
（实）一〇七三
（穽）一〇五六
宕 一〇四〇
（家）一〇五六
宜 一〇四一
宙 一〇四二
官 一〇四三
宛 一〇四四
空 一六三三
穹 一六三四
（窆）一六三五
穸 一六三四
券 一七七四
卷 一七七五
（单）七〇三
〔丶乛〕
（社）一四六二

祉 一四六三
祈 一四六三
祇 一四六三
祋 一四六三
衫 一六四四
郎 三八〇
（冠）三三七
戾 一四五九
肩 一四五九
房 一四六〇
（峃）一〇五八
〔乛一〕
弧 一一五〇
（弥）一一五五
弦 一一五〇
門 二〇二九
刷 一一一一
（录）二〇二一
建（建）四二四
屆 一一三五
居 一一三五
屈 一一三七
（肃）一七八五
隶 二〇四七
泯 九〇一

〔フ丨〕
陋 三五〇
陌 三五〇
(陜) 三五二
(陘) 三五四
降 三五一
陔 三五一
限 三五一
(牀) 八四一
狀 一四九二
戕 一四九三

〔フノ〕
妹 一一六五
姑 一一六五
姐 一一六六
(㚷) 一一六八
姓 一一六六
姗(姍) 一一六六
始 一一六六
弩 一一五一
帑 七三七
孥 一一八四
迢 一〇八四

〔フ丶〕
(关) 一二八四
参(叅) 四一八
(金) 二〇〇四
迨 一〇八四
(司) 一九一一

〔フフ〕
孢 一一八四
孤 一一八三
糾 一七九四
孟 一一八二
沓 一四九七
承 六十
亟 六十一
函 三四二

九画

〔一一〕
珂 一一九四
玳 一一九四
珀 一一九四
玲 一一九五
珍 一一九四
玻 一一九六
珊(珊) 一一九五
(珎) 一一九四
珉 一一九六
珈 一一九六
毒 一二二二
契(契) 六〇八
勢 四〇六
型 四四八
奏 一四九八
春 一四九九
(着) 一三六一
(泰) 一五〇三

〔一丨〕
垣 四四八
城 四四九
埏 四五二
垢 四五二
垠 四五二
垍 四五二
垝 四五三
垓 四五二
柑 一二三八
枯 一二三八
柯 一二三八
柄 一二三八
柘 一二三八
枰 一二三八
柩 一二三八
(栋) 一二五四
相 一二三九
柚 一二四〇
(柟) 一二五七
枳 一二四〇
柞 一二四〇
柂 一二四〇
柏 一二四〇
栅 一二四一
枸 一二四一
柳(栁) 一二四一
柱 一二四二
柿 一二四二
柁 一二四三
政 一三七〇
故 一三七〇
胡 一四〇一
乹 一九六六
封 六六六
(専) 六六七
郝 一八三五
荆 一一一
勃 四〇二
軌 一八三七
執 四八〇
剌 一八四四
勅 一八四四
南 七十三
茸 五〇四
荨 一七二二
(执) 五八四
茦 五〇四
荐 五〇四
荑 五〇四
草 五〇四
莒 五〇七
茵 五〇八
茴 五〇八
茱 五〇〇
荇 五〇八
(茎) 五一七
荃 五〇八
(荦) 四四六
荀 五〇八
茶 五〇八
荅 一七二五
茗 五〇八
(荟) 五六九
(荙) 八六五
荒(荒) 五〇八
荄 五〇八
茫(茫) 五一一
華 五一一
茹 五一二
荔 五一二
茲 二三六
革(革) 二〇四八
(来) 四二一
柰 一二三七
查 一二三八
某 一五一一
要 一六八六
(荣) 二一一六

迺 一〇八五
哉 一六七〇
赴 一八二九
巷 一二一九
甚 二十三
(带) 七三七
〔一丿〕
咸 九五五
殂 一二八九
殃 一二八九
殄(殄) 一二八九
殆 一二八九
(垩) 五三二
研 一五一二
砌 一五一三
(砂) 八八三
(牵) 三一八
剌 一一二
斫 一五一二
(碎) 一五一五
耐 一六九二
耏 一六九二
奎 六〇九
厚 八十

原 八十一
咸 一五二三
威 一五二四
(面) 二〇六一
頁 二〇五一
(虐) 一六九九
奄 六〇九
〔一丶〕
(晋) 一九六三
(昔) 一五四三
〔一乛〕
拭 六二八
挂 六二八
持 六二九
拱 六三〇
(拹) 六五六
(挟) 六三六
挺 六三一
括 六三一
拾 六三一
指(指) 六三二
挑 六三四
振 六三五

(垫) 四六九
(捎) 六三七
拼 六三四
挖 六三四
按 六三四
捕 六三五
拯 六三四
勁 四〇二
皆 一三〇三
(迸) 一一〇七
虐 一六九九
〔丨一〕
貞 一〇五
(点) 二一四五
背 一四〇一
虐 一六九九
〔丨丨〕
韭 二〇六二
〔丨丶〕
(尝) 一五三四

削 一一二
省 一一七九
〔丨乛〕
哂 六九五
咻 六九六
咿 六九六
(响) 二〇九二
哈 六九六
哆 六乙六
(咲) 一七一八
峙 七五〇
(峡) 七五五
峒 七五〇
(崩) 七六一
峋 七五〇
峥 七五〇
昧 一三二六
(晨) 一三三三
(叚) 一九七
映 一三二六
昨 一三二八
昭(昭昭) 一三二九
眄 一五三八
眇 一五三八
(明) 一三二三

盻 一五三八
盼 一五三八
(畊) 一六六二
師 一七四六
虹 一七〇九
虾 一七一二
虵 一七一〇
則 一八五六
郢 三八一
(虽) 二〇〇四
(蚩) 四四〇
品 六九五
咽 六九六
囿 七二四
(圗) 七三三
耑 七五〇
炭 七五〇
是 二〇六二
星 一三二七
曷 一三二八
冒 一三四九
典 二三三
畏 一五五三
(畢) 一五五八
胃 一五五四

(贵) 一三五三
界(畍) 一五五四
思 一五五六
胄 一五六六
骨 二〇六七
幽 七五一
迴(廻) 一〇八五
(恖) 一四八〇
〔丿一〕
拜 一三六〇
部 一三八一
牯 一三五七
牲 一三五七
矩 一五八四
矧 一五八五
秖 一五九三
秭 一五九三
秋 一五九三
科 一五九五
怎 一一三二
香 二〇六九
竿 一七一七
竽 一七一八
(选) 一一二六
氣 一三六六
看 一三六一

乘 一五九五
重 四十四
（亰氖） 二九九

〔丿丨〕

便 一七三
俠 一七三
修 一七四
（倈） 一八五
俚 一七六
保 一七六
促 一七七
俄 一七七
侮 一七七
俗 一七八
俛 一七九
係 一七九
信 一七九
侵 一八〇
侯 一八一
俟 一八二
俊 一八二
（佪） 一七一
俾 一八九
段 一四二〇
（俭） 二一〇
帥 一七四五
峧 一七五〇
（無） 一七五一
皇 一六一三
皈 一六一四
泉 一六一四
皃 二九一
叟 四二一
追 一〇八五
逈 一〇八四
禹 四十六
鬼 二〇七一

〔丿丿〕

逅 一〇八六
待 七七四
（径） 七八二
（佶） 七八二
（徢） 一六六八
徊 七七六
徇 七七六
徉 七七七
衍 七七七
（従） 七九〇
律 七七七
很 七八一
後 七七八
盾 二一六
（御） 七九二

〔丿丶〕

俎 二七三
瓴 一三〇八
叙 四二一
郤 一八九三
俞 二七三
食 二〇七三
盆 二三七
爰 一三九一

〔丿乛〕

胤 四十七
（狹） 八一五
（独） 八二一
狨 八一五
（狯） 八二三
狗 八一五
狡 八一五
狩 八一五
（胆） 一四一一
胙 一四〇二
胞 一四〇二
（脉） 一四〇二
胏 一三九八
胎 一四〇三
胚 一四〇一
負 三九五
急 三九五
矦 一八一
盈 一五七二
怱 一四七七
昝 一三二九
怨 一四七七
匍 二八三
逃 一〇八七
風 二〇八二
勉 四〇三

〔丶一〕

斾 一四三〇
施 一四二九
竗 一六三二
計 一九〇三
訂 一九〇四
訃 一九〇四
哀 三〇六
亭 三〇七
（奇） 六〇六
亮 三〇九
京 二九九
（享） 三〇〇
（亱） 三〇一
音 二〇八六
彥（彦） 一六二五
奕 二一五七
帝 三一〇
（畝畂） 三一二
（庈） 八六五
度 八四八
（康） 八五八
庭 八四九
庭 八四九
庠 八五一
庚 八五四
迹 一〇八六
疩 一六二二
疫 一六一八
庚 八四七

〔丶丨〕

恃 一〇〇〇
恒 一〇〇〇
（恠） 九九九
恢 一〇〇一
恍 一〇〇一
恫 一〇〇一
恬 一〇〇一
恤 一〇〇一
恰 一〇〇一
恉 一〇〇一
恂 一〇〇二
恪 一〇〇二
恨 一〇〇一
（闻） 二〇三八
（闾） 二〇四〇
（阁） 二〇四〇
（闵） 二〇四五

〔丶丿〕
炳 一四三五
炸 一四三六
（炟） 一四三六
炮 一四三六
炷 一四三六
為 一四四七
炤 一四三六

〔丶丶〕
浚 三三一
洼 九〇二
洪 九〇二
洴 九五一
洹 九〇三
（洒） 九九四
流 九二二
洊 九〇四
洌 九〇四
泚 九〇四
洩 九〇四
洞 九〇四
洄 九〇五
洗 九〇五
活 九〇五
涎 九〇六

洎 九〇六
洫 九〇六
派 九〇六
洽 九〇六
洵 九〇七
洛 九〇七
洮 九〇七
（浄） 三二九
洲 九〇八
（泛） 七九〇
洋 九〇九
津 九一〇
洳 九一〇
（浚） 七七八
（恙） 一八九五
淫 九一四
（栄） 二一一六
叛 五十四
（瓶） 一一四
前 二三四
酋 二三六
首 二〇九三
昝 一七二五
兹 二三六
宣 一〇四四

煜 一四三六
宥 一〇四五
宦 一〇四五
室 一〇四五
宮 一〇四六
害 一〇四八
客 一〇四七
染 二四二
突 一六三四
窀 一六三五
（窃） 一六四二
穿 一六三五
窆 一六三五
（美） 一七三〇
美（美） 一七六二
姜 一七六四
（养） 一七七一
咨 六九六
姿 一一六八
送 一〇八七
迸 一〇八七
敉 一七七六
迷 一〇八八
逆（逆） 一〇八九

莛 一七二五
差 一七六二
（举） 四十七
将 一四九三

〔丶フ〕
祛 一四六三
祜 一四六三
祐 一四六四
祓 一四六四
祖 一四六四
神 一四六四
祝 一四六七
祚 一四六八
祇 一四六八
祕 一四六八
祠 一四六九
祋 一六四四
袂 一六四四
衵 一三二九
冠 三三七
（冦） 一〇五四
軍 三三八
扁 一四六〇
扃 一四六一
局 一四六一

〔フ一〕
（昏） 一四一四
既 一三〇五
郡 三八一
屍 一一三七
屋 一一三七
屏 一一三九
（属） 一一四三
退 一〇八九
咫 一四九一
（寻） 一一三二
弭 一一五一

〔フ丨〕
陡 三五二
陣 三五二
陝 三五二
陛 三五三
陵 三五七
陘 三五四
陟 三五四
除 三五四
降 三五一
隆 三六八

院 三五五
韋 二〇九四
胥 一六五〇
眉 一五三九

〔フ丿〕
姥 一一六七
娃 一一六七
姮 一一六七
姨 一一六七
姪 一一六八
姻 一一六八
姚 一一六八
娜 一一六九
姦 一一六九
拏 三六三
怒 四七八
架 二四三
貟 三九五

〔フ丶〕
（叅） 四一八
矜 一六五八
（負） 六九八

勇(勇) 四一〇
(观) 一八七四
怠 四一五
(甾) 一五五八
柔 一六五八
羿 一七八九
癸 一六五四
飛(飛) 六十一

〔乛乛〕

孩 一一八四
紆 一七九五
紅(紅) 一七九五
紃 一七九五
約 一七九五
級 一七九六
紀 一七九六
紈 一七九六
紉 一七九七
象 一一三二

十画

〔一一〕

珪 一一九六
琊 一一九七
珠 一一九六
珮 一一九七
桅 一二四六
(羿) 六〇八
珞 一一九七
班 一一九七
門 二〇九四
耕 一六六二
耘 一六六三
耗 一六六三
素 一二一二
挈 一三六三
蚕 一二一七
秦 一五〇二
泰 一五〇三

〔一丨〕

埔 四五三
埧 四五三
埋 四五三
埃 四五四
桂 一二四三
桓 一二四三
(栖) 一二五四
桎 一二四四
桐 一二四四
株 一二四四
梃 一二四五
栴 一二四五
桁 一二四五
栒 一二四五
栓 一二四五
格 一二四五
桃 一二四五
校 一二四六
核 一二四六
根 一二四六
耻 一六七七
耿 一六七七
耽 一六七八
恥 一六七七
珊 一六七八
軒 一八三七
軌 一八三七
軔 一八三七
酌 一八四八
配 一八四九
(剻) 一一六
帶 七三七
都 三八二
真 七十五
(曺) 一三三二
貢 四三三
袁 四五四
報 四六三
華 五一二
莆 五一六
莽 五一六
葯 五一六
(莱) 五二五
莖 五一七
莫 五一七
(苗) 五〇八
莧 五二〇
莉 五二〇
莠 五二〇
莓 五二〇
荷 五二〇
莅 五二一
荻 五二一
莘 五二三
(苘) 一七三六
莎 五二三
莞 五二三
莨 五二三
茚 一七二八
莊 五二二
(菱) 五二四
菜 五二六
恭 一二一九
索 七十七
盍 一五〇九
哥 二十四
或 一二九九
耆 一六六九
耄 一六七〇
(越) 一八三一
恐(恐) 一四七九
(晋) 一九六三
(恵) 一四八二
栗 一六八八
連 一〇九〇
速 一〇九一
鬲 二〇九五
逗 一〇九二
翅 一二八〇
(赶) 一八三三
起 一八二九
栽 一六七一
(喪喪) 七十八
(畝) 三一二

〔一丿〕

殊 一二九〇
(殄) 一二八九
殉 一二九一
砧 一五一三
砥 一五一三
(砲) 一四三六
破 一五一三
(啓) 七〇二
套 六〇九
盞 一五七三
勞 二一一四
烈 一四五〇
翃 一七八九
辱 一八五四
唇 一八五四
(替) 一五四三
夏 八三六
厝 八十一
原 八十一
厥 八十四
逐 一〇九二
勑 一八四四
戚 九五五

（爲） 一四五二
〔一乛〕
捕 六三五
振 六三五
挾 六三六
捄 六三七
捐 六三七
捎 六三七
捍 六三七
挫（挫） 六三七
捉 六三七
挹 六三七
捋 六三七
採 六四〇
（抄） 一三六三
换 六三七
（揷） 六四九
挽 六三八
捥 六三八
（热） 一四五七
致 一六九八
哲 六九七
匿 一〇一
匪 一〇一
逝 一〇九三
（晉） 一九六三
逕 一〇九三
〔丨一〕
柴 一二四四
虔 一六九九
馬 二〇九九
〔丨丿〕
（帰） 一七四七
〔丨丶〕
（党） 一五三六
逍 一〇九三
〔丨乛〕
哮 六九六
哺 六九六
哦 六九九
唤 六九九
咳 一〇〇
峽 七五五
峭 七五五
峴 七五五
峨 七五五
峪 七五六
峰（峯） 七五六
峻 七五八
哢 七〇〇
哽 六九七
旹 七五八
時 一三二九
晐 一三三二
眠 一五三九
畔 一五六〇
蚌 一七一〇
財 一八五八
剔 一一二二
剛 一一二二
員 六九八
豈 七五二
晃 一三三二
晏 一三三二
盎 一五七三
恩 一四八〇
哭 一二八四
（罢） 一五六九
圃 七二四
（國國） 七二五
（図） 七三三
逞 一〇九四
（逥） 一〇八五
畢 一五五八
〔丿一〕
牲 一五八〇
特 一三五七
（牺） 一三五九
秣 一五九五
（秱） 一六〇二
租 一五九六
秩 一五九六
秖 一五九七
秘 一五九七
缺 一七一五
郵 三八四
笑 一七一八
笏 一七一九
笄 一七二〇
笆 一七二〇
氣 一三六六
氤 一三六六
造 一〇九四
透 一〇九五
乘 一五九五
垂（乑） 四十二
〔丿丨〕
倩 一八三
俸 一八三
倖 一八三
借 一八三
值 一八三
倚 一八四
倒 一八五
俶 一八五
倬 一八六
俳 一八六
條 一八六
（脩） 一七四
倘 一八七
俱 一八七
倡 一八八
個 一八八
倏 一八九
候 一八九
倭 一八九
（脩） 一九八
倪（倪） 一八九
俾 一八九
值 一八三
倫 一九〇
倜 一九一
俯 一九一
倍 一九二
倦 一九二
倥 一九二
（偏） 一九七
健 一九二
們 一九三
倨 一九三
師（師） 一七四六
射 一八九〇
躬 一八九一
郫 三八四
皋 一六一六
臬 一七四四
臭 一七四四
息 一七四四
（衆） 一七五一
隼 二〇〇〇
隽 二〇〇〇

隻 二〇〇〇
烏 一四五一
島 七五五
〔丿丿〕
徒 七八五
徑 七八二
得 七八六
(徊) 七七六
徐 七八三
殷 一四二〇
般 一七五三
舫 一七五四
航 一七五四
〔丿丶〕
殺 一四二二
(看) 一三六一
豺 一八九七
豹 一八九七
針 二〇一一
釗 二〇一一
飢 二〇八一
倉 二七四
釜 一三九六
奚 一三九一
爱 一三九三
衾 一二七四
翁 一二三九
拿(舒) 一二七四
脊 一四〇三
途 一〇九五
〔丿乛〕
卿(卿) 三四五
狹 八一五
狸 八一五
狷 八一五
狼 八一六
(臭) 二一三一
胭 一四〇三
脈 一四〇二
脂 一四〇三
胸 一四〇三
(胠) 一四一〇
朓 一四〇四
留 一五五八
桀 一二四六
盌 一五一六
芻 二八三
(玺) 一五〇六
胷 一四〇三
逛 一〇九六
逢 一〇九六
逸 一一〇二
〔丶一〕
旆 一四三〇
旄 一四三〇
旃 一四三一
(旂) 一四三三
旅 一四三〇
竚 一六二六
效 一三七二
訐 一九〇四
訏 一九〇四
討 一九〇四
訖 一九〇五
託 一九〇五
訓 一九〇五
訊 一九〇六
訉 一九〇六
記 一九〇六
訑 一九〇七
訒 一九〇七
畝 三一二
郭 三八四
衮 三一四
剖 一一三
部 三八五
衰 三一二
衷 三一三
站 一六二六
高 二一一二
(斋) 二一五一
紊 一四二六
畜 一六三二
旁 三一三
(亭) 三〇七
(亮) 三〇九
席 八五一
庫 八五二
座(座) 八五二
唐 八五三
症 一六一八
疴 一六一八
病 一六一八
疾 一六一九
疲 一六一九
(痠) 八六七
這 一〇九七
〔丶丨〕
悖 一〇〇三
悚 一〇〇三
悟 一〇〇三
悄 一〇〇四
悍 一〇〇四
悞 一〇〇四
悃 一〇〇四
悔 一〇〇四
悗 一〇〇四
悦 一〇〇四
悌 一〇〇四
(阆) 二〇四二
(阃) 二〇四一
(阅) 二〇四一
(阎) 二〇四二
(悯) 一〇二二
〔丶丿〕
烜 一四三六
烟 一四三六
剡 一一三
郯 三八六
〔丶丶〕
清 三三〇
凌 三三一
涷 三三二
凄 三三二
(浔) 七八六
准 三三三
凋 三三三
(渊) 九四八
凉 三三三
(将) 一四九三
浦 九一〇
酒 九一一
(涞) 九六八
浙 九一三
(湃) 九四八
涇 九一四
涉 九一四
消 九一五
(涧) 九八〇
(润) 九八〇
涅(涅) 九一六
浥 九一六

湍 九四八
(渔) 九七〇
(深) 九三八
浩 九一六
海 九一七
浴 九二一
染 一二四二
浮 九二二
涣 九二三
流 九二三
浣 九二五
浤 九二五
涕 九二五
浪 九二六
(涨) 九七四
浸 九二七
涌 九二七
浚 九二七
涘 九二七
梁 一二五一
瓶 一三〇八
(断) 一三八七
敉 一七七七
粉 一七七七
(粹) 一七七九

料 一七七七
粔 一七七六
(粇) 一七七九
朔(朔) 一四〇四
益 一二三七
兼 一二三八
害 一〇四八
宸 一〇四九
家 一〇四九
宮 一〇七一
宵 一〇五二
宴 一〇五二
剜 一一一三
窖 一〇五八
宰 一〇五三
(宋) 一〇五六
宭 一〇五四
案 一〇五四
窄 一六三五
宿 一〇五七
容 一六三五
窈(窈) 一六三七
美 一七六二
羔 一七六四
恙 一七六四

拳 一七七五
瓷 一三〇八
恣 一四八〇
娑 一一七〇
羞 一七六四

〔丶乛〕

祥 一四六九
栩 一四六九
桃 一四六九
祖 一六四四
袖 一六四四
衹 一六四四
袍 一六四四
被 一六四四
朗 一四〇四
冢 三四〇
冥 三四〇
冦(冦) 一〇五四
冤 三四一
扇 一四六一
扉 一一三九

〔乛一〕

弱 一一五一
書 一七八一
展 一一三九
屑 一一四〇
屐 一一四〇
(遅) 一一二六

〔乛丨〕

陬 二五九
陸 三五六
陼 三六〇
陵 三五七
陳 三五九
陲 三六〇
陰 三六一
陶 三六二
陷 三六四
陪 三六四
奘(奘) 六〇九

〔乛丿〕

姬 一一六九
娱 一一六九
㛹 一一七三

娉 一一七〇
娖 一一七〇
娟 一一七〇
娥 一一七〇
娘 一一七〇
(娴) 一一七五
娓 一一七〇
婀 一一七〇
挐 一三六三
恕 一四八〇
脅 四〇三

〔乛丶〕

(習) 一七九〇
(翆) 一七九一
務 一六五九
能(能) 四一五
桑 四二一
通 一〇九七
逡 一〇九九

〔乛乛〕

孫 一一八四
鄉 三八七
紘 一七九七

紕 一七九五
純 一七九七
紗 一七九七
納 一七九七
(纲) 一八一一
紛 一七九八
紙 一七九八
紋 一七九九
紡 一七九九
紓 一七九九
邕 一一九〇
(继) 一八二五

十一画

〔一一〕

耜 一六六三
球 一一九七
現 一一九七
理 一一九八
(琍) 一二〇七
琉 一二〇〇
琅 一二〇〇
(無) 一三二
規 一八七〇
責 一二一三
春 一五〇四

〔一丨〕
勘 四〇三
（趨） 一八三四
堵 四五四
域 四五六
埵 四五七
堆 四五七
埠 四五七
培 四五八
（埽） 四五八
埭 四五八
剋 一一二
（棱） 一二五二
場 四六〇
臺 四六九
械 一二四七
彬 一二四八
梵 一二四八
梗 一二四八
梧 一二四八
梢 一二四九
桿 一二四九
梅 一二四九
桴 一二五〇
桷 一二五〇
梓 一二五〇
梳 一二五〇
梯 一二五二
聃 一六七八
聆 一六七八
聊（聊） 一六七九
赧 一八三五
赦 一八三五
教 一三七二
斬 一八三七
軟 一八三八
敕 一八四四
豉 一八四六
執 八四〇
逹 一一〇三
（逺） 一一一五
乾 一九六六
勒 二〇四九
副 一一一三
菁 五二三
著 五二三
菱 五二四
菘 五二五
菴 五二五
（莽） 五一六
萊 五二五
（盖） 五四五
萋 五二五
萇 五二五
菽 五二五
菲 五二五
菓 一五五二
萛 一七三〇
菖 五二六
萌 五二六
萎 五二六
萑 五二六
萵 五二六
萸 三二六
菜 五二六
菟 五二七
菊 五二七
萃 五二八
菸 五二九
（蕭） 五七五
萁 五二九
（菓） 五三〇
菫 一二二〇
菆 五二九
菩 五二九
萍 五三〇
（蔺） 五九二
菹 五三〇
菰 五三〇
菉 五三〇
黄 二一一九
（营） 二一一七
焉 一四五二
梏 一二四九
栀 一二四六
票 一六八八
（醉） 一八五〇
帶 七三七
曹 一三三二
（婁） 一一六五
基 四五五
娶 一一七一
（埜） 一六五二
麥 二一二一
專 六六七
〔一丿〕
戛 一二九九
屑 一八五四
戚 一五二五
厠 八十三
爽 六〇九
（戛） 八三八
研 一五一二
奢 六〇九
匏 六〇九
（覔） 一三九一
盛 一五七三
〔一丶〕
雩 一九七三
雪 一九七三
（毾） 一九九四
（晳） 一五四三
〔一㇇〕
頂 二〇五一
頃 二八四
捧 六三八
掛 六二八
措 六三八
振 六三五
掩 六三八
捷 六三八
捨 六四〇
捭 六四〇
排 六三九
推 六三九
掀 六四〇
採 六四〇
授 六四一
捻 六四二
掬 六四二
掠 六四二
掖 六四二
接 六四二
捲 六四三
控 六四四
探 六四四
捫 六四四
掃 六四四
据 六五九
掘 六四五
（掮） 六五一
掇 六四五
救 一三七三

鄹 三八七
（惑） 一四八三
堅 四五六
區 一〇二
（處虜） 一七〇〇
（虛） 一六九九
（遊） 一一〇七

〔丨一〕

（鹵） 二一五二
呰 一五一四
鹵 一〇四
虛 一六九九
虖 一七〇〇
處（虜） 一七〇〇
虙 一七〇二
彪 一九九四
烈 一四五〇
（與） 二四五
（賢） 一八六四

〔丨丶〕

雀 一一八〇
堂 一五二七

常 一五二九
（當） 一五三一

〔丨乛〕

唪 七〇〇
唶 七〇〇
婁 一一七一
啡 七〇〇
啞 七〇〇
啄 七〇〇
唱 七〇〇
唾 七〇一
唯 七〇一
唫 七〇一
啖 七〇一
啜 七〇三
崎 七五九
崛 七六二
帳 七三九
帽 七四一
帷 七四〇
晡 一三三二
晤 一三三三
晦 一三三四
晚 一三三五
眦（眥） 一五四〇

眺 一五四〇
眼 一五四一
畦 一五六〇
時 一五六〇
略（畧） 一五六二
蛀 一七一〇
蛇 一七一〇
販 一八五九
貶 一八五九
敗 一八五八
野 一八七六
距 一八八〇
趾 一八八〇
跅 一八八〇
勖（勗勗） 四〇三
鄂 三八七
（畱） 一五五八
崧 七五九
崖 七五九
崑（崐） 七六〇
崗 七六〇
崔 七六〇
崙 七六〇
崤 七六一

崩 七六一
崒 七六一
崇（崈） 七六一
晨 一三三三
勗 四〇三
曼 一三三四
冕 一三四九
異 一五六〇
（黑） 二一四三
累 一五六三
罣 一五六六
（眾） 一七五一
患 一四八〇
過 一〇九九
圊 七二四
圉 七二五
國 七二五
（園） 七二九
啍 七六一

〔丿一〕

犓 一三五八
稱 一六〇二

移 一五九七
甜 一七一六
敏 一三七四
動 四〇四
郵 三八四
笻 一七二〇
笛 一七二〇
笙 一七二〇
符 一七二一
笠 一七二一
笥 一七二三
第 一七二三
笳 一七二三
笞 一七二三
（笪） 一八八
梨 一二四九
犁（犂） 一三五八
透 一一〇〇

〔丿丨〕

做 一九三
偪 一九四
傅 二〇二
偃 一九四

偕 一九四
（倄） 一七四四
偵 一九四
側 一九四
偶 一九四
偈 一九五
偎 一九五
偷 一九五
偬 一九六
停 一九六
偽 一九六
偏 一九七
偹 一九八
（備） 一九八
假 一九七
偉 一九八
（來） 二六七
皎 一六一七
躭 一六七八
袋 一七五九
貨 一八五八
悠 一四八一
梟 一二五〇
鳥 二一二一
售 二〇〇一

進 一一〇一
（邉） 一一三一
〔丿丿〕
賃 一八六六
術 七八三
徠 七八五
徙 七八五
徘 七八五
（循） 一七四
徜 七八六
得 七八六
從 七九〇
衒 七九二
舸 一七五四
舴 一七五四
舳 一七五四
舲 一七五四
船（船） 一七五四
舷 一七五五
〔丿丶〕
翎 一七九一
斜 一四四五
敘 四二一
欷 一四一五

欲 一八九三
釣 二〇一二
彩 八〇七
飣 二〇七四
貪 二四七
貧 二四〇
禽 二七五
覓 一三九一
悉 一八九五
〔丿乛〕
猪 八一六
（猿） 八二〇
猜 八一六
猗 八一六
猖 八一七
猝 八一七
猛 八一七
脚 一四〇五
脰 一四〇五
豚 一四〇五
脱 一四〇五
脛 一四〇五
脞 一四〇五
脧 一四〇六
夠 八三三

斛 一八九八
彫 八〇九
魚 二一三一
祭 一五〇六
匐 二八三
（㲋） 二八五
週 一〇一二
凰 二九二
逸 一〇一二
〔丶一〕
旌 一四三一
族 一四三一
旋 一四三二
翊 一六二七
詎 一九〇七
訝 一九〇七
訥 一九〇七
許 一九〇七
訛 一九〇七
訟 一九〇八
設 一九〇八
旆 一四三〇
訪 一九〇九
訣 一九一〇

孰 八四一
郭 三八四
高 二一一二
毫 三一四
烹 三一五
（惪） 一四八二
産（産） 一六二六
商 三一六
商 三一六
率 三一六
牽 三一八
章（章） 二〇八六
竟 二〇八八
瓿 一三〇八
望 一一九九
堃 四四五
（斎） 二一五一
庶 八五四
麻 二一三五
庵 八五五
庚 八五六
廊 八五六
庸 八五七
康 八五八

鹿（麀） 二一三九
（痓） 一六二一
痔 一六二〇
痍 一六二〇
疵 一六二〇
痊 一六二〇
痕 一六二〇
（遒） 一一一四
〔丶丨〕
情 一〇〇五
惜 一〇〇八
恆 一〇〇〇
悽 一〇〇〇
愜 一〇一四
悵 一〇〇〇
悼 一〇〇〇
惘 一〇一一
愧 一〇一五
悸 一〇一一
惟 一〇一一
惆 一〇一三
惇 一〇一三
悴 一〇一三
悰 一〇一三
惋 一〇一三
惙 一〇一三
惨 一〇一九

（悇） 一〇一九
（阉） 二〇四二
（阒） 二〇四二
（阙） 二〇四四
（阐） 二〇四七
（阎） 二〇四二
（闾） 二〇四二
〔丶丿〕
焖 一四三七
焕 一四三七
烽 一四三八
烺 一四三八
〔丶丶〕
凑 三三五
減 九五五
减 三三五
飡 三三五
清 九二七
凄 三三二
添 九三〇
淇 九三〇
（渫） 九四一
（游） 九五一
渚 九三〇

淋 九三一
淅 九三一
淞 九三一
涯 九三一
淹 九三一
涿 九三二
淺 九三二
淑(𣹷) 九三二
淖 九三三
(郫) 三八九
渦 九三三
混 九三三
(渆) 九四八
涅 九一六
淮 九三三
(淂) 七八六
淦 九三三
淪 九三三
淆 九三三
淫 九三四
(淜) 九六二
淘 九三四
(澖) 九九三
(涼) 三三三
淳 九三四
(淯) 九五四
液 九三五
淬 九三四
(済) 九八八
涪 九三五
淡 九三五
淚 九三六
(渕) 九四八
深(㴱) 九三八
(㳽) 九九三
涵 九四〇
滲 九七四
瓶 一七六五
粕 一七七七
粗 一七七七
粒 一七七七
(断) 一三八七
敝 一三七五
(燕) 二三八
剪 二四〇
曾(曽) 二四四
寇(冦) 一〇五四
(㝔) 一三三八
寅 一〇五四
寄 一〇五四
寂 一〇五六
冥 三四〇
宿 一〇五七
(寉) 二一二七
寃 三四一
(寀) 一〇六四
密 一〇五八
窒 一〇四五
窕 一六三七
(窓) 一六三七
着 一七六五
(盖) 五四五
眷 一七七六
(畨) 一八九六
盗 一五七四
挲 一三六三
渠 一二五一
梁 一二五一
婆 一一七一
(巣) 一一九〇

〔丶乛〕

(寫) 一〇七四
(富) 一〇六二
視 一四七〇
袴 一六四五
袵 一六四五
啓 七〇二
扈 一四六一
冢 三四〇

〔乛一〕

(埽) 六四四
欸 一四一五
張 一一五一
(強) 一一五三
敢 一三七五
尉 六六七
(畫) 一七八六
(肅) 一七八五
晝 一七八三
逮 一一〇三
(遍) 一一一三
(帷) 一三一四
屠 一一四〇
(閆) 二〇四二
開 二〇三〇
閉 二〇三〇
問 二〇三一
(弾) 一一五四

〔乛丨〕

隋 三六五
鄖 三八七
随 三七二
階 三六五
隄 三六五
陽 三六五
隅 三六七
陲 三六〇
隍 三六八
隈 三六八
(陰) 三六一
(陥) 三六四
隠 三七四
隆 三六八
隊 三六九
將 一四九三
堕 四七五
(盗) 一五七三

〔乛丿〕

婭 一一七一
婢 一一七一
婚 一一七一
婀 一一七一
婉 一一七二
婦 一一七二
婷 一一七三

〔乛丶〕

習 一七九〇
翌 一七九〇
(畚畚) 七三三
參 四一八
(勛) 四〇八

〔乛乛〕

鄉(鄕鄉) 三八七
絨 一七九九
組 一七九九
紳 一八〇〇
細 一八〇〇
絀 一八〇一
紾 一八〇一
紙 一七九八
終 一八〇一
絇 一八〇五
絃 一八〇二
絆 一八七二

紼 一八〇二
紹 一八〇二
絀 一八〇二
紿 一八〇二
（幾） 一一八九
巢 一一九〇
（帷） 一三一四
貫 一六六一

十二画

〔一〕

琪 一二〇二
瑛 一二〇二
琳 一二〇二
琦 一二〇二
琢 一二〇二
琥 一二〇二
琨 一二〇三
（瑰） 一二〇五
瑀 一二〇三
琬 一二〇三
琚 一二〇三
琱 一二〇三
斑 一二〇三
瑯 一二〇三
琛 一二〇三
絜 一八〇二
琵 一三〇四
琴（琹） 一二〇一
琶 一二〇二
替 一三三七
朁 一二二〇
（貳） 二
（魂） 二〇七一

〔丨〕

蛩 一七一〇
博（愽） 七十七
項 四三三
堪 四五八
堞 四五九
塔 四五九
堤 四五九
場 四六〇
埵 四五七
塊 四六二
堉 四六六
堦 三六五
戟 一二九九
（献） 一二八五
棱 一二五二
棋 一二五二
（棊） 一二五二
椰 一二五三
植 一二五三
棼 一二五四
楝 一二五四
棧 一二五四
棲 一二五四
椒 一二五五
棹 一二五五
椎 一二五五
棉 一二五五
（槐） 一二五九
棚 一二五六
棓 一二五六
（椭） 一二六一
（榈） 一二七九
（椀） 一五一六
椋 一二五六
棣 一二五六
極 一二五六
（联） 一六八三
棘 一六九〇
軻 一八三八
軸 一八三八
軼 一八三八
軫 一八三八
（軨） 一八三八
軺（軺） 一八三八
酣 一八四九
酤 一八四九
酡 一八四九
款 一四一五
報 四六二
斯 一三八五
期（朞） 一四〇六
欺 一四一五
散 一三七六
敬 一三七七
朝 一九六七
彭 八〇九
堯 四五九
喜 四六一
壹 四六四
壺 四六五
葚 五三〇
葩 一七三二
（蓋） 五四五
葉（葉） 五三〇
惹 五三二
葳 五三二
葽 五三二
葬（塟葬） 五三二
募 五三四
葭 五四五
葺 五三四
萬 五三四
葛 五三九
葶 五三九
董 五四〇
葆 五四一
蒐 五四一
葩 五四一
葰 五四一
葱 五四一
蒂 五四一
葥 五四一
落 五四一
萱 五四四
萹 五四四
葦 五四五
葵 五四五
蒃（蒃） 一七三三
（葯） 五八六
森 一二五三
貰 一八五九
（帶） 七三七
辜 七十九
耊 一六七〇
耆 一六六九
覃 一六八八
粟 一六八八
棗 一六九〇
棘 一六九〇
煮（煑） 一六七〇
（晋） 一九六三
惡 一九六四
基 四五五
惑 一四八三
惠 一四八二
焚（焚） 一四三八
皙 一三三九
達 一一〇三
逼 一一〇四

裁 一六七二
越 一八三一
趁 一八三二
趂 一八三二
超（趋） 一八三二
（喪） 七十八
準 七十九

〔一丿〕

殖 一二九一
殘（残） 一二九一
殜 一二九一
（殚） 一二九三
雄 二〇〇三
（硐） 九八〇
硯 一五一四
硫 一五一四
（确） 一五一八
（**碑**） 一五一四
（啓） 七〇二
硒 二十四
榮 二一一六
焱 一二八五
欹 一四一六
裂 一七五九
㝠 二十四
戞 一二九九
戛 八三八
厨（厨） 八十三
厦 八十三
雁 八十三
（遒） 一一二三
厥（厥） 八十四

〔一丶〕

雲 一九七五
（晳） 一五四三

〔一乛〕

提 六四五
揚 六四七
揖 六四八
揑 六三八
揭 六四八
插 六四九
搜 六四九
揄 六四九
援 六四九
揔 一八二〇
撝 六五〇
（揔） 一八二〇
揮 六五〇
（搽） 六六〇
（損） 六五二
揆 六五一
（**揆**） 六五七
握 六五一
搔 六五一
揉 六五一
雅 一三〇六
腎 一四〇七
（堅） 四五六

〔丨一〕

斐 一九九七
覘 一八七一
戟 一二九九
馭 二一〇一
（馳） 二一〇一
紫 一八〇三
（歸） 一七四七

〔丨丨〕

睍（男） 一七四二
悲 一九九七
（**拔**） 一六五六
（與） 二五三
棠 一五三〇
掌 一五三一
當 一五三一

〔丨乛〕

（虒） 一九九四
（喫） 六八〇
喋 七〇三
喇 七〇三
喈 七〇三
喟 七〇三
喌 七〇四
喘 七〇四
啾 七〇四
喻 七〇四
喚 六九九
啼 七〇四
嗟 七〇六
喧 七〇七
嵎 七六二
幅 七四〇
幀 七四一
帽 七四一
幄 七四一
幃 七四一
晴 一三三六
（**暉**） 一五四五
（褭） 三二二
暎 一三二六
（毀） 一四二二
（墅） 一八七六
蛛 一七一〇
蜓 一七一〇
蛟 一七一〇
蜒 一七一〇
蛇 一七一一
睇 一五四二
貯 一八五九
貽 一八六〇
跖 一八八〇
跋 一八八〇
跌 一八八〇
跅 一八八〇
跑 一八八〇
跎 一八八〇
跛 一八八〇
戢 一二九九
骭 二〇六七
（勛） 四〇八
凱 二九二
嵬 七六二
（歲嵗） 一三一三
嵐 七六二
嵊 七六二
嵯 七二六
嵋 七二六
最 一三三八
暑 一三三七
量 一三三九
晶 一三四〇
景 一三四二
鼎 二一四二
買 一五六七
罥 一五六七
詈 一五六七
貴 一三五三
單 七〇三
黑 二一四三
（圍） 七二八
遇 一一〇五
遏 一一〇六
遝 一一〇六
（圓） 七三二
（團） 七三二

〔丿一〕

毯 一三六六
甥 一五八〇
犇 一三五八
稉 一五九八
短 一五八五
嵇 一五九八
稍 一五九九
程 一五九九
稀 一五九九
稅 一六〇〇
（**犁**） 一六〇四
（鉼） 一三〇八
剩 一一四
（槊） 一二六三

喬 一二一七
黍 二一四七
等 一七二二
策 一七二四
筐 一七二四
筒 一七二五
筏 一七二五
筵 一七二五
答 一七二五
筋 一七二六
筍 一七二六
箏 一七三一
筆 一七二七
掣 一三六三
無 一三一二
智 一三四一

〔丿丨〕

傲 一九八
備 一九八
傅 一九九
（傥） 二一五
（儁） 一八二
傖 二〇〇
傑 二〇〇
（傚） 二三七二
傍 二〇一
停 一九六
脩 二〇〇
順 二〇五一
牋 一七三〇
牌 一三八一
皓 一六一七
皖 一六一七
（毁） 一四二〇
貸 一八五九
衆（衆） 一七五一
集 二〇〇一
焦 二〇〇三
奥 六〇九
粤 四十七
鄔 三八九
堡 四六二
遑 一一〇六

〔丿丿〕

街 七九二
御 七九二
復 七九三
（循） 一七四
（盾） 一五三九
循 七九七
徧 七九八
須 八〇九
艇 一七五五
遁 一一〇六

〔丿丶〕

貂 一八九七
（亂） 六十四
舒 二七五
鈍 二〇一二
鉅 二〇一三
鈔 二〇一三
欽 二〇一三
鈞 二〇一三
鈎 二〇一四
鈁 二〇一四
鈕 二〇一四
（鈡） 二〇一五
殽 一四二二
（沓） 一二一八
飫 二〇七四
飪 二〇七四
飭 二〇七四
飯 二〇七四
飲 二〇七五
創 一一四
禽 二七五
舜 一三九二
翕 二七五
畲 二七五
（會會） 二七七
番 一八九六
逾 一一〇六
倉 一五三九

〔丿乛〕

（為） 二二九六
猬 八二一
猥 八一七
猧 八一七
猾 八一七
猶 八一七
腓 一四〇七
（腊） 一四一二
腆 一四〇七
脾 一四〇七
腋 一四〇七
腑 一四〇七
勝 一四〇八
鄒 三八九
觚 一八九九
腔 一四〇九
腕 一四〇九
然 一四五三
象 三九六

〔丶一〕

斌 一四二六
敢 一三〇〇
瓿 一三〇八
竦 一六二七
竢 一八二
竣 一六二七
証 一九四七
詁 一九一〇
訶 一九一〇
評 一九一〇
端 一六二九
詘 一九一〇
詐 一九一一
訴 一九一一
詆 一九一一
詠 六九四
註 一九一一
詞 一九一一
詔（詔） 一九一二
詒 一九一二
詖 一九一二
就 三一八
烹 三一五
亳 三一四
孰 八四一
敦 一三七八
童 一六二七
（蛮） 二一五八
啻 三一九
廋 八六五
（𢉖） 八六二
廁 一〇六三
（廁） 八五九
痤 一六二一
瘦 一六二三
痾 一六二一
痛 一六二一
遊 一一〇七

〔丶丨〕

慌 一〇一三
惰 一〇一三
愜 一〇一四
惻 一〇一四

愓　一〇一四
惺　一〇一四
愒　一〇一四
愕　一〇一四
愀　一〇一五
惶　一〇一五
愧　一〇一五
愉　一〇一六
愔　一〇一六
慨　一〇一六
惱　一〇一六
（闋）　二〇四五
（闋）　二〇四四
（闈）　二〇四三
（闊）　二〇四三
（[illegible]）　二〇四三

〔丶丿〕

焯　一四三八
焯　一四三八
焞　一四三八
焰　一四三八
焜　一四三八
（燗）　一四四四
劳　二一一四
茕　二一一六

〔丶丶〕

滅　九五五
馮　三三五
（戦）　一三〇〇
（叟）　四二二
湛　九四〇
港　九四〇
渫　九四一
湖　九四一
（滞）　九六七
渣　九四三
湘　九四三
敞　一三七七
（湏）　八〇九
源　九五七
減　三三五
湮　九四三
（湎）　九四三
渺　九四四
測　九四四
湯　九四四
温　九四五
渴　九四六
（淌）　九六五
渭　九四六
湍　九四八
滑　九四八
湃　九四八
湫　九四八
淰　九三三
盗　一五七四
淵　九四八
溆　九四九
渝　九四九
（涓）　九三四
涼　三三三
（深）　九三八
（湾）　九九五
湟　九四九
（澓）　七九三
渡　九四九
（淳）　九三四
游　九五一
渼　九五二
（溯）　九六二
滋　九五二
渾　九五二
溉　九五三
渥　九五三
湄　九五三
滁　九五三
湧　九五三
（澗）　二〇四三
（覚）　一八七二
翔　一七六七
割　一一五
曾　二四四
善　一七六五
豢　一七六八
羨　一七六六
普　二四一
奠　二四一
尊　二四二
孳　二四四
準　七十八
（蕪）　二三八
粧　一七七七
煬　一四三九
焙　一四三八
欻　一四一六
（亭）　一〇七〇
寒　一〇五九
富（富）　一〇六二
（寗）　一六四一
寔　一〇六三
寓　一〇六三
（寫）　一〇七四
寃　三四一
（甯）　一〇七〇
寐　一〇六四
（窾）　一三三八
窗（窓）　一六三七
寬　一〇六六
（賓）　一〇六七
遒　一一〇八
道　一一〇八
遂　一一一一

〔丶乛〕

祺　一四七一
禍　一四七一
禄　一四七一
裋　一六四六
補　一六四五
（裡）　三一九
裕　一六四六
裙　一六四六
褚　一六四六
（裸）　一六四六
運　一一一二
遍　一一一三
扉　一四六一
棨　一〇五六
雇　一四六二

〔乛一〕

弼　一一五四
强　一一五三
粥　一一五四
尋（尋）　一一三二
費　一八五九
畫　一七八三
巽　二四五
（選）　一一二六
遐　一一一三
犀　一一四一
（屢）　一一四一
孱　一一四一
属　一一四三
閏　二〇三二
開　二〇三二

閑 二〇三五
閎 二〇三六
間 二〇三六
開 二〇三七
閔 二〇三七
悶 二〇三八

〔乛丨〕

隔 三六九
隕 三七〇
陷 三六四
隘 三七〇
疎 一六五一
疏 一六五一
違 一一一四

〔乛丿〕

媒 一一七三
嫂 一一七三
媿 一一七三
媙 一一七〇
媕 一一七三
嬀 一一七三
媚 一一七三
婿 一一七三

賀 一一六〇
絮 一八〇七

〔乛丶〕

婺 一一七三
（彖） 四一八
彖 四一八
登 一六五五
發 一六五六

〔乛乙〕

結 一八〇三
經 一八〇三
（經） 一八〇八
（網） 一八一一
（紭） 一八二五
絇 一八〇五
（絞） 一八一四
絍 一八〇四
給 一八〇四
絳 一八〇五
絡 一八〇五
絶 一八〇五
統 一八〇六
絲 一八〇七
淼 一四九七

幾 一一八九
彙 一一三三

十三画

〔一一〕

瑇 一一九四
瑚 一二〇五
瑁 一二〇五
瑞 一二〇五
瑰 一二〇五
瑜 一二〇六
瑗 一二〇六
琋 一二〇六
（璁） 一二〇七
瑳 一二〇六
瑙 一二〇六
瑕 一二〇六
頑 二〇五二
魂 二〇七一
瑟 一二〇三
遘 一一一四
遨 一一一四

〔一丨〕

填 四六六

賁 七十九
靖 一九六一
塢 四六六
塘 四六六
塚 三四〇
（赳） 一八三三
椿 一三五七
楠 一二五七
楷 一二五七
楨 一二五七
楊 一二五八
楫 一二五七
楞 一二五九
楩 一二五九
槐 一二五九
榆 一二五九
（啬） 七十九
楓 一二六〇
楹 一二六〇
槎 一二六〇
（楼） 一二六六
楙 一二六一
概（槩） 一二六一
椽 一二六一
嗇 八十
聘 一六七九

軾 一八三八
輈 一八三八
較 一八三九
輊 一八三九
酬 一八四九
（酔） 一八五〇
幹 一九六八
鼓（皷） 二一四七
斟 一四四六
尠 二十五
戡 一二九九
靳 二〇五〇
献 一二八五
甄 一三〇八
鄞 三八九
勤 四〇六
蔦 一七三四
（蕙） 五六八
慕 五六五
蓋 五四五
蓺 五八四
蓮 五四七

蓐 五四八
蒔 五四八
墓 五四八
蔑 五六六
蕨 五六九
蒜 五四五
慈 二四八
幕 五五〇
夢 五五一
蒨 五五四
蓝 五八〇
蒼 五五四
蒗 五五七
蓬 五五七
蓑 五五八
蒿 五五七
蔀 五五八
蓄 五五八
蒲 五五八
蒞 五二一
蔻 五六〇
蓉 五六〇
蓂 五六一
蒻 五六一
蔭 五六一

(塈) 二一三九
蓀 五六一
蒓 五六一
蒸 五六一
蒙 五五九
壺 四六八
(壽) 四七二
(塩) 一五七八
賈 一六八八
禁 一五〇七
楚 一六五二
聖 一二〇四
想 一四八三
楸 一二五九
勢 四〇六
熱 一四五七
(遅) 一一二二
遠 一一一五
(勢) 四〇六
載 一六七二
(軽) 一八三九
報 四六三

〔一ノ〕

碓 一五一四
碑 一五一四
碎 一五一五
碚 一五一六
飧 一二九三
(殞) 一二九二
(磁) 一五一七
碗 一五一六
碌 一五一六
(顧) 二〇六〇
狠 一八五六
雄 二〇〇三
感 一四八四
(勧) 四〇九
(賛) 一八六七

〔一丶〕

鄂 三八九
雷 一九七八
電 一九七八
零 一九七九

〔一乛〕

搆 六五一
摸 六五二
搭 六五一
搏 六五二
損 六五二
携 六五二
搾 一二六二
搗(擣) 六五三
搬 六五四
搖 六五四
搪 六五五
頓 二〇五二
裘 一七五九
(滙) 九五八
竪 一六二八
盞 一二九九
與 二四五
(虞) 一七〇三
(虜) 一七〇三

〔丨一〕

肆 一九九二
馴 二一〇一
馳 二一〇一
貲 一八六二
觜 一八九九
(歳) 一三一三
粲 一七七七
督 一五四三
虞 一七〇三
虜 一七〇三

〔丨丨〕

學 一一八六
業 一五二五
(骙) 一六五六
(興) 二五〇

〔丨丶〕

甞(嘗) 一五三四
當 一五三一

〔丨乛〕

嗜 七〇七
嗔 七〇七
嗎 七〇七
鳴 七〇八
(嚇) 七〇四
嗒 七〇七
嗷 七〇七
嗃 七〇九
嗤 七〇八
嗛 七〇九
嵊 七六二
暘 一三四三
景 一三四二
暈 一三四九
暖 一三四三
暗 一三四三
暄 一三四
暉 一三四四
暇 一三四五
睦 一五四二
睹 一五四二
睡 一五四四
睨 一五四四
(景) 一三四二
睫 一五四四
睢 一五四四
睥 一五四五
號(號) 一九九
四
畸 一五六三
畹 一五六四
蝸 一七一一
蛾 一七一一
蜍 一七一一
蜉 一七一一
蜂 一七一一
蛻 一七一一
跬 一八八一
跨 一八八一
跪 一八八一
跣 一八八一
(跹) 一八八八
路 一八八一
跳 一八八三
(跡) 一〇八六
跰 一八八三
跟 一八八三
賄 一八六二
賊 一八六一
嗣 七〇八
歇 一四一六
鄙 三八九
(歳) 一三一四
幌 七四二
嶓 七四二
嵩 七六三
署 一五六七
置(置) 一五六八
罨 一五六八
罪 一五六八
蜀 一五六九
豊 一八四六
農 一八五五

盟 一五七五
愚 一四八六
照 一四五五
園 七二九
圓 七三二
圍 七二八
遣 一一一八
還 一一一九
黽 二一四九
〔丿一〕
矮 一五八六
雉 一五八六
歃 四一六
稜 一六〇〇
喬 二一一七
稗 一六〇一
稚 一六〇一
（稻） 一六〇四
（稽稽） 一六〇三
（穆） 一六〇七
稠 一六〇一
毲 一三〇八
（辞） 一九五六
筭 一七三〇
筠 一七二七
筋 一七二七
（签） 一七三七
筱 一七二七
（简） 一七三六
節 一七二八
（惣） 一八二〇
愁 一四八六
黎 一六〇四
氲 一三六九
（躭） 三一八
〔丿丨〕
債 二〇一
僅 二〇一
傳 二〇二
傾 二〇四
僂 二〇五
催 二〇五
傷 二〇六
像 二〇八
儘 二一三
傭 二〇八
僧（僧） 二〇九
（牕牎） 一六三七
牒（牒） 一三八一
牏 一三八一
毀 一四二二
賃 一八六二
奥 六〇九
舅 一七四二
鼠 二一四九
臯 一七六〇
魄 一六一七
魁 二〇七二
（楽） 一二六七
僇 二二八
〔丿丿〕
銜 七九八
微 七九八
頎 一三八六
艁 一〇九四
慾 一四八七
遞 一一一九
〔丿丶〕
頒 二〇五三
頌 二〇五三
鈺 二〇一四
鉢 二〇一四
鉞 二〇一四
鉏 二〇一四
鈿 二〇一四
鉛 二〇一四
鉤 二〇一四
飾 二〇七六
飽 二〇七六
飼 二〇七六
飴 二〇七六
亂 六十四
愈 二七六
僉 二七六
會 二七七
愛 一三九三
貇 一八九七
遥（遙） 一一一九
〔丿乙〕
鳩 二一二三
猿 八二〇
獅 八二〇
腰 一四〇九
腸 一四〇九
腥 一四一〇
腹 一四一〇
滕 一四一〇
腦 一四一〇
（膝） 一四一一
象 三九六
（[illegible]） 二八五
肆 一七八五
觥 一八九九
解 一八九九
鮮 一八九九
雊 二〇〇四
〔丶一〕
（奕） 六〇九
歆 一四一六
靖 一六二七
誄 一九一二
試 一九一二
詩 一九一三
詰 一九一六
誇 一九一六
誠 一九一六
誅 一九一八
話 一九一九
誕 一九一九
詬 一九一九
詮 一九一九
詭 一九一九
詣 一九一九
詢 一九一九
該 一九二〇
詳 一九二〇
（説） 一九二五
詫 一九二一
詡 一九二一
新 一三八六
歆 二〇八九
韵 二〇九一
旒 一四三三
鄘 二一三九
郭 三八九
裏 三一九
稟 三二〇
亶 三二〇
（傳） 六一〇
就 三一八
（棄） 三二一
雍 三二二
（褒） 三二五

意 二〇八九
裔 一七六〇
廈 八十三
廓 八五九
廉 八五九
鹿 二一三九
痼 一六二二
瘁 一六二二
〔丶丨〕
慎 一〇一七
慠 一九八
慱 七十七
愷 一〇一八
愾 一〇一八
愴 一〇一八
慊 一〇一八
（憚） 一〇二一
（闔） 二〇四四
（闗） 二〇四五
（闕） 二〇四四
〔丶丿〕
塑 四六七
煤 一四三八
煉 一四三八
煙 一四三六
焞 一四三八
煩 一四三九
煜 一四三九
煌 一四三九
煖 一四四〇
煊 一四四〇
煆 一四三九
（⿰火彖） 一四四二
煆 一四三九
煒 一四四〇
塋 二一一六
煢 二一一六
〔丶丶〕
（巽） 二五〇
溝 九五四
漠 九五五
滇 九五五
漣 九五五
溥 九五五
減 一四九四
滅 九五五
源 九五七
滙 九五八
漌 九六三
溼 九八七
溷 九五八
溦 七九八
渺 九四四
滌 九五八
滛 九三四
滔 九五八
溪 九五九
滄 九六〇
溜 九六一
（渙） 九七〇
滂 九六二
（漓） 九九三
溢 九六二
溯 九六二
溯 九六二
滾 九六二
溶 九六二
滓 九六二
溟 九六二
溺 九六二
涵 九四〇
粮 一七八〇
猷 一二八五
煎 二四五
慈 二四八
（巽） 二五〇
煢 二一一六
寬 一〇六六
塞 一〇六四
寘 一〇六六
寖 一〇六六
窠 一六三八
寧 一〇七〇
窩 一六三八
窨 一六三八
窣 一六三八
窟 一六三八
（窮） 一六三九
（豢） 一七六八
（羡） 一七七四
豢 一七七一
義 一七六八
資 一八六二
塗 四六七
準 七十九
〔丶乛〕
稧 一四七二
褚 一六四六
祺 一四七二
福 一四七二
禎 一四七三
禕 一四七三
禔 一四七三
裱 一六四六
裨 一六四六
裾 一六四六
裰 一六四六
㥁 一〇七六
〔乛一〕
彙 一一三三
辟 一九五四
殿 一四二三
羣（群） 一七七〇
（槩） 一二六一
閨 二〇三二
間 二〇三八
閙 二〇三八
閟 二〇三八
開 二〇三八
肅 一七八五
（彈） 一一五四
（盡） 一七八六
〔乛丨〕
⿰阝區 三七〇
隔 三六九
隙 三七〇
際 三七〇
（随） 三七二
障 三七二
裝 一七六〇
隠 三七四
〔乛丿〕
嫫 一一七三
嫊 一一七三
嫄 一一七三
媽 一一七三
媳 一一七四
媿 一一七四
嫉 一一七四
嫌 一一七四
嫁 一一七四
嫋 一一七四
〔乛丶〕
預 二〇五四
疊 四二二
⿱癶矢 一六五六
〔乛乛〕

綆 一八〇八
經 一八〇八
綽 一八一〇
綃 一八〇九
綱 一八〇九
綑 一八〇九
絺 一八〇九
綏 一八〇九
綈 一八〇九
綵 一八〇七
緗 一八一五
剸（勦勦） 一一一五
遜 一一二〇

十四画

〔一一〕
璉 一二〇六
瑮 一二〇六
瑪 一二〇六
瑣 一二〇六
熬 一四五八
瑤 一二〇七
璃 一二〇七
静 一九六一
斠 一四四七
碧 一五一六
嫠 二二一九

〔一丨〕
（臺） 一二七一
墟（墟） 四六八
（墻） 四七八
（墖） 四五九
墉 四七一
境 四七一
（塲） 四六〇
（增增） 四七七
墋 四七五
趨 一五一〇
榛 一二六一
構 一二六一
楨 一二六一
榼 一二六一
模 一二六一
槺 一二六二
（樹） 一二六九
榻 一二六二
榿 一二六二
榭 一二六二
槍 一二六三
榴 一二六三
榜 一二六三
槁 一二六三
槨 一二六三
榕 一二六三
（槪） 一二七一
榷 一二六三
機 一二七四
赫 一八三五
兢 八十
嘏 八十
截 一六七三
輔 一八三九
輕 一八三九
輓 一八四〇
醒 一八五〇
酷 一八五〇
酺 一八五〇
酸 一八五〇
榦 一九六八
斡 一九六九
歌 一四一六
勩 四〇七
勱 四〇七
嘉 四六八
臺 四六九
墊 四六九
壽（壽） 四七二
（蔵） 五七八
（蓺） 五八四
暮 五六二
（墓） 五四八
摹 五六四
慕（慕） 五六五
蔌 五六六
蔓（蔓） 五六六
蔑 五六六
蔡 五六六
蔗 五六六
（蕭） 五七五
蔽 五六七
（藝） 五八四
蕖 五六七
蔚 五六七
（蔭） 五六一
蔣 五六八
薩 五七六
蓼 五六八
薌 五六八
翥 一六七〇
聚 一六七九
皷 二一四七
塹 四六八
遭 一一二〇
趙 一八三二
（趣） 一八三三
趕 一八三三
綦 一八一〇
輒 一八四〇

〔一丿〕
殞 一二九二
碩 一五一七
碭 一五一七
碣 一五一七
磋 一五一七
磁 一五一七
（慝） 八三八
奩 六一〇
奪 六一〇
斯 八十五
厲 八十五
（歷） 八十六
廠 八六四
厭 八十五
臧 一四九四
豨 一八五六
殢 一二九三

〔一丶〕
（邇） 一一二七
需 一九七九
霆 一九八〇
爾 二十四

〔一乛〕
搏 六五五
（揚） 六五九
（撻） 六六二
摧 六五五
摭 六五五
摘（摘） 六五五
（播） 六五七
鳶 六七四
誓 一九二三
監 一五七六
熙 一四五六
緊 一八一〇
慝 一八四七

匱 一〇二
〔丨一〕
雌 一三一四
駁 二一〇一
歲 一三一三
雌 二〇〇四
睿 一〇六
（髩） 二〇九八
髦 二〇九六
髩 二〇九六
鬅 二〇九七
髮 二〇九六
〔丨丨〕
對（對） 六六八
蜚 一九九九
裴 一九九九
翡 一九九九
舉 四十七
〔丨丶〕
嘗（嘗） 一五三四
裳 一五三五
〔丨乙〕
嘆 七〇九

嘑 七〇九
嘔 七〇九
嘘 七〇九
鳴 七〇九
嘛 七一一
噉 七一一
幘 七四二
嶇 七六三
嶋 七五五
嶂 七六三
睽 一五四五
（盟） 一五七五
暢 一五四八
蜻 七一一
蜺 七一一
蜿 七一一
（蝉） 七一三
蜷 七一一
賑 一八六二
賒 一八六三
踈 一六五一
䟽 一六五一
踆 一八八三
踉 一八八三
跽 一八八三

（歸歸） 一七四七
鄲 三八九
墅 四六八
墨 二一四三
（參） 四一八
嶐 七六三
鼎 二一四二
暠 一三四五
暝 一三四五
（暴） 一三四五
罰 一五六九
（還） 一一二七
團 七三二
嵩 七六三
圖（圖） 七三三
〔丿一〕
種 一六〇一
稱 一六〇二
稳 一六〇九
（黎） 一六〇四
毓 一九五八
箸 一七二九
箕 一七二九

箬 一七三〇
箋 一七三〇
箎 一二三〇
算 一七三〇
箇 一八八
箠 一七三一
管 一七三一
（簫） 一七三八
舞 一三八
製 一七六〇
箏 一七三一
〔丿丨〕
（優） 二一三
僚 二〇八
僕 二〇九
僑 二〇九
僮 二〇九
僧 二〇九
（像） 二一一
魄 一六一七
鼻 二二四九
（邊） 一一三一
〔丿丿〕
禦（禦） 一五〇七

銜 七九九
傷 二〇六
德（德） 八〇〇
（徵） 七九八
（徵） 八〇二
槃 一二六二
艋 一一五五
〔丿丶〕
領 二〇五四
（狮） 一九九六
貌 一八九七
貎 一八九七
銼（鉱） 二〇一五
（銕銭） 二〇二五
銚 二〇一五
銅 二〇一五
銑 二〇一五
銛 二〇一五
鉦 二〇一五
銓 二〇一五
銘 二〇一五
銀 二〇一六
餌 二〇七七
蝕 二〇七七
餉 二〇七七

餅 二〇七七
〔丿乙〕
（雑） 二〇〇六
（觧） 一八九九
獄 八二〇
疑 二八五
遯 一一二一
（滕） 一四〇八
膝 一四一〇
雒 二〇〇四
餗 一九〇〇
貪 八三三
（颭） 一六三〇
鳳 二九二
鼐 二一四三
〔丶一〕
膂 四一〇
旗 四三三
（歆） 四一九
勤 四〇七
竭 一六二九
端 一六二九
颯 一六三〇
誠 一九二一
誌 一九二一
誣 一九二三

語 一九二二
誚 一九二四
誤 一九二四
誥 一九二五
誘 一九二五
（勧） 四〇八
誨 一九二五
説 一九二五
（誼） 一九三四
認 一九二六
誦 一九二六
韶 二〇九一
敲 二一一四
彰 八一二
裵 一九九九
裹 三二二
豪 三二二
齊 二一四九
膏 二一一四
塾 四七一
廣 八六〇
腐 八六二
麽 二一三六
塵 二一三九
廓 八五九

瘦 一六二二
遮 一一二一
勤 四〇七
適 一一二一
（適） 一一二一
（遭） 一二二〇
〔丶丨〕
慚 一〇一八
慢 一〇一八
慟 一〇一九
慷 一〇一九
慘 一〇一九
慣 一〇二〇
〔丶丿〕
榮 二一一六
舉 二一一七
燉 一四四一
燠 一四四一
〔丶丶〕
（凝） 三三六
漬 九六二
漢 九六三
潢 九六五
滿（㴨） 九六五
（潚） 九九一

滯 九六七
漆 九六八
漸 九六八
漱 九六九
漕 九六九
漂 九六九
漚 九六九
滷 九七〇
滹 九七〇
漫（湧） 九七〇
滤 九七〇
漯 九七〇
漁 七九〇
漪 九七一
滸 九七一
漩 九七二
漉 九七二
漳 九七一
滴（滴） 九七二
漾 九七二
滾 九六二
（潘） 九七九
演 九七二

滬 九七二
漏 九七三
漲 九七四
滫 九七四
滲 九七四
精 一七七九
粻 一七七九
粼 一七七九
粹 一七七九
歉 一四一八
鄭 三九〇
（齡） 二一五二
鄰（隣） 三九〇
慵 一〇一九
寨 一〇六六
搴 一〇六六
寬 一〇六六
賓（賔） 一〇六七
寡（寘） 一〇六八
察 一〇六九
（審） 一〇七五
寧 一〇七〇
蜜（蜜） 一〇七〇
寤 一〇七一
寢 一〇七一
寥 一〇七二

實 一〇七三
窪 一六三九
（義） 一七六八
養 一七七一
槊 一二六三
弊（獘） 五九五
幣 七四二
〔丶乛〕
福 一四七二
褐 一六四七
複 一六四七
褊 一六四七
肇 一七八五
繁 一八一四
嗣 七〇八
（寫） 一〇七四
〔乛一〕
劃 一一六
盡 一七八六
暨 二十五
屢（屢） 一一四一
閨 二〇三八

聞 二〇三八
閩 二〇四〇
間 二〇四〇
閥 二〇四〇
閣 二〇四〇
関 二〇四五
〔乛丨〕
隨 三七二
隣 三九〇
隧 三七四
陬 三五九
獎 六一〇
墮 四七五
墜 四七五
〔乛丿〕
臧 一四九四
嫩 一一七五
嫖 一一七五
嫗 一一七五
嫡 一一七五
嫣 一一七五
嫦 一一七五
嫚 一一七五
嫘 一一七五
嫡 一一七五
頗 一六五三

〔乛丶〕
鄧 三九一
翟 一七九一
翠 一七九一
熊 一四五六
態 一四八七
（戦） 一三〇〇
〔乛乙〕
練 一八一五
緒 一八一〇
綺 一八一〇
綫 一八一一
綱 一八一一
網 一八一一
維 一八一一
綿 一八一二
綸 一八一三
綵 八〇七
綬 一八一四
綢 一八一四
綣 一八一四
綜 一八一四
綻 一八一四
綰 一八一四
緑 一八一四
編 一八一六
綴 一八一五
緇 一八一五
（斷） 一三八七

十五画

〔一一〕
瑾 一二〇七
璁 一二〇七
璇 一二〇七
璋 一二〇七
璆 一二〇七
（環） 一二〇八
耦 一六六三
靚 一九六三
慧 一四八七
輦 一八四〇
（賛） 一八六七
奭 六一一
〔一丨〕
赭 一八三五
墝 四七五
墳 四七五
增 四七七
墀 四七八
（塩） 一五七八
横 一二六三
槨 一二六三
槧 一二六五
標 一二六五
槫 一二六五
樞 一二六五
樝 一二六六
樓（樓） 一二六六
樣 一二六八
樟 一二六九
（機） 一二七四
（檣） 一二七六
樑 一二六九
極 一二五六
樊 六一一
（聡） 一六八二
聯（聫） 一六八三
輙（輒） 一八四〇
輪 一八四一
輟 一八四一
輸 一九六八
輜 一八四一
醉 一八五〇
（醜） 一八五二
醅 一八五一
覩 一八五一
鞋 一八七一
鞍 二〇五〇
頡 二〇五〇
毅 二〇五五
歎 一四二三
数 一四一八
甎 二一二一
敷 一三〇八
賣 一三七八
蕘 四七六
蕙 五六八
蕤 五六八
蕨 五六九
蕢 五六九
無 五六九
蕎 五六九
蕉 五六九
蕃 五七〇
蕩 五七〇
蘊 五七〇
（薄） 五七三
蔬 五七一
蕚 五三九
蔾 五八五
賫 一八六七
蕊 五七一
熱 一四五七
摯 一三六三
慤 一四八八
輛 一八四一
槧 一二六五
暫 一三四六
慙 一〇一八
遶 一八二三
邁 一一二三
遷 一一二三
趣（趣） 一八三三
醇 一八五〇
〔一丿〕
殤 一二九三
碼 一五一八
磔 一五一八
碻 一五一八
磅 一五一八
確 一五一八
磊 一五一七
（鴈） 八十三
賚 一八六四
憂 八三八
匳 一〇二
遼 一一二三
〔一丶〕
頼 二〇五五
爾 二十四
震 一九八〇
霄 一九八〇
〔一乙〕
擾 六六四
擷 六六四
撓 六五五
撩 六五五
撲 六五五
撑 六五五
撫 六五六
攜 六五二
播 六五七
擒 六五七
撞 六五七
撤 六五七
撈 六五七
撰 六五七
撥（撥） 六五九
肅 二一四三
慗 一四八八

殦 一三〇七
甌 一三〇八
歐 一四一八
毆 一四二三
豎 一六二八
賢 一八六四
（慮） 一七〇四
（膚） 一七〇四
（戯） 一三〇二

〔一一〕

駛 二一〇一
駟 二一〇一
駞 二一〇一
駙 二一〇二
駒 二一〇二
駐 二一〇三
駘 二一〇四
駝 二一〇二
劇 一一六
髪 二〇九六
髯 二〇九七
髴 二〇九八
髫 二〇九八
齒 二一五二

歔 一四一八
膚 一七〇四
慮 一七〇四

〔一丨〕

（敷） 一四一九
鄴 三九一
輩 一九九九
（輿） 二五三

〔一丶〕

輝 一七〇八
賞 一五三六

〔一乙〕

興 二五〇
嘖 七一一
嘻 七一一
嘶 七一一
嘲 七一一
（嘱） 七一六
（嘆） 七〇九
噢 七一一
嗒 七一一
（器） 七一一

幢 七四二
幗 七四二
幟 七四二
嶠 七六三
嶓 七六三
嶙 七六三
瞑 一五四五
（瞭） 一五四七
蝶 七一二
蝴 七一二
蝘 七一二
蝌 七一二
蝣 七一二
蝦 七一二
賦 一八六三
賤（賎） 一八六五
賬 一八六六
賜 一八六六
賙 一八六六
（睛） 一八六七
踦 一八八三
踐 一八八三
踔 一八八四
踮（踠） 一八八四
踘 一八八四
踣 一八八四
踟 一八八三
踪 一八八四

踞 一八八四
踏 一八八四
髀 二〇六七
骸 二〇六七
數（數） 一三七八
影 八一〇
（歸） 一七四七
嶢（嶤） 七六三
嵚 七六三
暠 一三四五
暴 一三四五
㬥 一三四六
罸 一五六九
罷（罷） 一五六九
（罵） 二一〇四
墨 二一四三
遺 一一二四

〔丿一〕

勲 四〇八
憇 一四八九
靠 二〇〇〇
稺 一六六三
稸 一六〇八
積 一六〇三

稽 一六〇三
稷 一六〇四
稻 一六〇四
稿（稾） 一六〇五
稼 一六〇六
（箸） 一七三一
箱 一七三一
範 一七三二
箴 一七三二
篋 一七三三
篁 一七三三
箭 一七三三
篇 一七三三
篆（篆） 一七三三
黎 一六〇四

〔丿丨〕

儂 二一〇
價 二一〇
（僕） 二〇九
儉 二一〇
儋 二一一
億 二一一
儀 二一一

僻 二二二
牖 一三八一
（邊） 一一三一
繇 一八一二
樂（楽） 二二六七

〔丿丿〕

德 八〇〇
徵 八〇二
衝 八〇二
徹（徹） 八〇三
衛（衞） 八〇三
質 一八六六
磐 一五一八
盤 一五七六

〔丿丶〕

號（猇） 一九九六
舖 二七八
鋕 二〇一七
銹 二〇一七
鋪 二〇一七
銕 二〇二五
銷 二〇一七
鋤 二〇一七
鋒 二〇一七

銳　二〇一八
餓　二〇七八
餘　二〇七八
劍　一一六
麄　二五〇
樊　六一一
〔丿乛〕
腸　一四〇九
膝　一四一〇
滕　一四一〇
膠　一四一〇
頫　二〇五五
頴　二〇五五
隸　二〇四七
劉　一一九
魯　二一三二
邂　二一二五
魴　二一三三
䰾　二一三三
獠　八二〇
〔丶一〕
請　一九二六
諸　一九二七

諏（諏）　一九二九
諾　一九二九
諔　一九二九
課　一九二九
誰　一九二九
諛　一九二九
論　一九三一
調　一九三二
諒　一九三三
諄　一九三三
（諍）　一九四〇
誶　一九三三
談　一九三三
誼　一九三四
毅　一四二四
（龍）　二一五三
敵　一三七九
（離）　二〇〇七
褒　三二四
豪　三二二
（襄）　三二五
熟　一四五七
墊　四七一
（廡）　八五九
廟　八六二
塵　八六五

（厭）　八十五
廠　八六四
廡　八六五
賡　八六五
慶　八六五
廢　八六七
廢　八六七
摩　二一三六
麾　二一三七
瘢　六二三
瘡　六二三
瘵　六二三
瘠　六二三
〔丶丨〕
憤　一〇二〇
懂　一〇二〇
壇　四七五
愓　一〇一八
憯　一〇二〇
憬　一〇二〇
憚　一〇二一
憔　一〇二一
⿰忄谷　一〇〇八
懊　一〇二一
憧　一〇二一
⿰忄隺　一〇二八

憐　一〇二一
憫　一〇二二
〔丶丶〕
凜　三三六
潔　九七四
澆　九七五
澒　九七五
漬　九七五
澍　九七五
澎　九七五
澌　九七五
潮　九七五
潸（潸）　九七六
潭　九七六
澐　九七七
澳　九七九
潦　九七七
潛（潛）　九七七
潰　九七九
（藻）　九六三
（滮）　九七二
澂　九八一
潘　九七九
潼　九七九
澈　九七九
（濱）　九八九

潯　九八一
潺　九八一
潤　九八〇
澗　九八〇
澄　九八一
潑（潑）　九八二
羯　一七七三
槼　一二六三
賓　一〇七四
寫　一〇七四
審　一〇七五
窮　一六三九
（寀）　一〇七二
窳　一六四一
窯　一六四一
（邃）　一一三〇
餈　二〇七七
翦　二四九
導（導）　六六九
遴　一一二六
遵　一一二五
〔丶乛〕
褥　一六四七
翮　一七九二

〔乛一〕
彈　一一五四
憨　一四八八
鴂　二一二三
慰　一四八八
遲　一一二六
選　一一二六
屧　一一四一
履（履）　一一四二
層　一一四二
閫　二〇四一
閱　二〇四一
閬　二〇四二
〔乛丨〕
險　三七四
槳　二六九
漿　四九七
（牆）　四七八
〔乛丿〕
緦　四〇七
嬉　一一七五
嬌　一一七五
嫻　一一七五

（嫿） 一一七五
駑 二二〇二
駕 二二〇三
嬋 一一七五
〔フ丶〕
翫 一七九二
戮（戳） 一三〇〇
蝥 一七一二
〔フ乙〕
縛 一八一八
練 一八一五
緘 一八一五
緾 一八二七
緹 一八一五
緲 一八一五
緝 一八一六
緱 一八一六
縋 一八一六
緩 一八一六
締 一八一六
編 一八一六
（綠） 一八一四
（緑） 一八一七
（總） 一八二〇
（縱） 一八二一
（総） 一八二〇
緡 一八一七
緯 一八一七
畿 一一九〇

十六画

〔一一〕
璞 一二〇七
璠 一二〇八
璣 一二〇八
耨 一六六三
鬩 二〇九五
螯 一七一二
髻 二〇九八
髭 二〇九八
〔一丨〕
墻 四七八
墩 四八〇
壇 四八〇
（壞） 四八四
橈 一二六九
樹 一二六九
蕺 一二七一
橛 一二七一
橒 一二六一
樸 一二七一
橋 一二七一
樵 一二七二
樽 一二七三
（権） 一二七八
橙 一二七三
橘 一二七三
機 一二七四
鴣 二一二三
輯 一八四一
輼 一八四一
轉 一八四二
輸 一八四二
賴 一八四四
頭 一八四六
醎 一八五一
醒 一八五二
醜 一八五二
翰 一九六九
融 二〇九五
翮 二〇九六
瓢 一六一八
憙 四八〇
熹 四八〇
橐（槖） 一二七一
（藝） 五八四
薑 五七一
薔 五七一
薯 五七二
薤 五七二
（薹） 一七一二
薨 五七二
薛 五七二
（舊） 五八〇
薇 五七二
薊 五七二
薦 五七二
薪 五七三
薰 五八〇
（藥） 五八六
薄 五七三
（蔦） 二一一八
蕭 五七五
薜 五七六
薩 五七六
（聯） 一六八三
燕 一二二〇
鞘 二〇五〇
整 一三一五
擎 一三六三
噩 一二〇八
輭 一八四一
遲 一二二三
〔一丿〕
殪 一二九三
殫 一二九三
頰 二〇五五
勵 四〇七
奮 六一一
奮 六一一
磺 一五一九
（碻） 一五一八
歷 八十六
磧 一五一八
（礎） 一五一九
（磻） 一五一九
〔一丶〕
霖 一九八一
霏 一九八二
霍 一九八二
霓 一九八二
霑 一九八二
霈 一九八三
〔一乙〕
撼 六五九
據 六五九
擄 六六〇
撲 六五五
操 六六〇
擇 六六一
擐 六六二
（攜） 六五二
（擯） 六六三
（擊） 六六三
（攘） 六六四
擔 六六二
擅 六六二
擁 六六二
（撥） 六五九
臻 一六九九
頤 二〇五五
（覽） 一八七三
頸 二〇五五
舉 四十七
（盧） 一七〇五
〔丨一〕
頻 二〇五五
駭 二一〇四
駢 二一〇四
駱 二一〇四

冀 二五〇
翺 一七九四
餐 二〇七七
遽 一一二七
盧 一七〇五
〔丨乙〕
嚄 七一一
噪 七一三
噫 七一三
嘯 七一三
嶼 七六四
巘 七六四
（嶷） 七六四
巎 七六四
曉 一三四六
曇 一三四七
瞰 一五四七
鴨 二一二三
蹀（蹀） 一八八五
踏 一八八四
[illegible] 二一五三
踵 一八八五
踰 一八八五
蹄 一八八五
蹉 一八八六
蹁 一八八六
螟 一七一二
螭 一七一二
縣 一五四五
（蟬） 一七一三
（歸歸） 一七四七
瞰 一五四七
戰 一三〇〇
影 八一〇
點 二一四五
默 二一四五
黔 二一四五
鴦 二一二四
罹 一五七〇
器 七一一
（劉） 一一九
罵 二一〇四
興 二五〇
圜 七三五
還 一一二七
〔丿一〕
積 一六〇六
穆（穆） 一六〇七
稿 一六〇五
頹 二〇五五
勳 四〇八
築 一七三五
篠 一七三五
篝 一七三四
篤 一七三四
篷 一七三五
簑 五五八
篙 一七三五
篛 一七三〇
憩 一四八九
〔丿丨〕
盥 一五七八
儔 二一一二
儒 二一一二
儘 二一一三
（儀） 二一一一
邀 一一二八
翱 一七九三
（邉） 一一三一
〔丿丿〕
徼 八〇四
（衡） 八〇四
（盤） 一五七六
〔丿丶〕
（盦） 八五五
鍈 二〇一八
錯 二〇一八
錡 二〇一八
錢（錢） 二〇一八
鋹 二〇一九
錕 二〇一九
錫 二〇一九
錘 二〇二〇
錐 二〇二〇
錦 二〇二〇
錚 二〇二一
録 二〇二一
餖 二〇七七
餞 二〇八一
餧 二〇八一
館 二〇八〇
（舘） 二〇八〇
學 一一八六
（劔） 一一一六
鴿 二一二四
墾 四八〇
〔丿乙〕
獲 八二〇
獨 八二一
獪 八二三
獯 八二三
臈 一四一〇
膴 一四一〇
膳 一四一〇
頴 二〇五六
穎 二〇五六
雕 二〇〇四
鴟 二一二四
（餤） 一四三八
鮑 二一三三
鮐 二一三三
鴛 二一二四
鳳 二九二
〔丶一〕
諶 一九三四
謀 一九三四
諫 一九三五
諧 一九三六
謔 一九三六
謁 一九三六
謂 一九三六
諭 一九三八
諷 一九三八
諳 一九三八
諺 一九三八
諄 一九三三
熟 一四五七
諦 一九三八
諮 一九三九
講（講） 一九四〇
諱（諱） 一九三九
辨 一九五五
辦 一九五六
（雜） 二〇〇六
親 一八七一
（歡） 一四一九

龍(龍) 二一五三
劑 二二五一
羸 八七六
廨 八六八
(麽) 八六七
磨 二一三七
瘰 一六二三
瘴 一六二三
癃 一六二三
廩 八六八

〔丶丨〕
憾 一〇二三
懞 一〇二三
懀 一〇二三
懈(懈) 一〇二三
憶 一〇二三
(懷) 一〇二五
(闠) 二〇四七

〔丶丿〕
燀 一四四一
燒 一四四一
燉 一四四三
熸 一四四一
燎 一四四一
燃 一四四一
熾 一四四一
燉 一四四一
燈 一四四一
歛 一四一九
營 二一一七
縈 二一一八
螢 二一一七

〔丶丶〕
凝 三三六
濛 九八二
澣 九八二
(漆) 九六八
潞 九八二
澧 九八二
濃 九八二
澠 九八二
澤 九八三
凜 三三六
濁 九八四
激 九八四
澮 九八五
(瀑) 九九〇
澶 九八五
澒 九八五
糖 一七七九
甑 一三〇八
甑 一三〇八
憲 一〇七六
褰 一〇七七
(蹇) 一〇七八
豁 一八九五
寰 一〇七七
窺 一六四一
瘷 一六四一
癃 一六四一
寢 一〇七一
羲 一七七四
憑 一四八九
(巢) 六六九

〔丶乛〕
禧 一四七三
禪 一四七三

〔乛一〕
壁 四八一
避 一一二九
(闢闢) 二〇四四
闍 二〇四二
閶 二〇四二
閹 二〇四二
閹 二〇四二
閻 二〇四二
(㬎) 一一三四

〔乛丨〕
隱 三七四
牆 四七八

〔乛丿〕
嬛 一一七五
嬗 一一七五

〔乛丶〕
(雝) 二〇〇四
豫(豫) 四一一

〔乛乛〕
縝 一八一七
縛 一八一八
縟 一八一八
縫 一八一八
縞 一八一八
縗 一八一八
縭 一八一八
縑 一八一八
緣 一八一七
(縱) 一八二一
縮 一八二一
(繼) 一八二五
(彝) 一一三四

十七画

〔一一〕
(璞) 二二〇七
璵 二二〇八
璐 二二〇八
環 二二〇八
贅 一八六七

〔一丨〕
縶 一八一九
壕 四八三
(墻) 四七八
壇 四八〇
檣 一二七六
櫝 一二七五
樸 一二七一
櫛 一二七六
檄 一二七六
橋 一二七一
檢 一二七六
檜 一二七六
檐 一二七六
檀 一二七七
(聽) 一六八四
聰 一六八二
聯 一六八三
轅 一八四二
隸 二〇四七
韓(韓) 一九七〇
韔 二〇五〇
鞠 二〇五〇
鞬 二〇五〇
[illegible] 二〇五〇
艱 一七八八
艱 一七八八
橐 一二七七
轂 一四二四
觳 一四二四
藉 五七七
藁 五七八

藏 五七八
藍 五八〇
蔬 五七一
薰 五八〇
藤 五八六
舊 五八〇
藐 五八三
薺 五八四
蓋 五八四
藜 五八五
懋 一四九〇
蟄 一七一二
聲 一六八〇
盩 一五七八
擊 一三六三
興 二五三
戴 一六七三
融 二〇九五
翻 二〇九六
趨 一八三四
〔一丿〕
殮 一二九三
磽 一五一九
磻 一五一九
磷 一五一九
磴 一五一九
磯 一五一九
壓 八十七
（壓） 一八八六
壓 八六五
殮（殮） 一二九三
邇 一一二九
〔一丶〕
霜 一九八三
霞 一九八四
〔一乙〕
（擣） 六五三
擡 六六二
擩 六六三
擬 六六三
擴 六六三
擲 六六三
擯（擯） 六六三
擱 六六三
擢 六六四
臨 一六九四
（鑒） 二〇二七
歛 一四一九
覺 一八七二
翳 一七九三
緊 一八一九
虧（虧） 一七〇五
〔丨一〕
（頤） 二〇五五
騁 二一〇四
駸 二一〇四
駿 二一〇五
戲 一三〇二
虧 一七〇五
（鬢） 二〇九八
壑 四八二
（殮） 一二九三
〔丨乙〕
嚇 七一四
嶸 七六六
曙 一三四七
曖 一三四七
瞭 一五四七
瞬 一五四七
顆 二〇五六
螻 一七一三
螺 一七一三
螐 一七一三
蟋 一七一三
蟀 一七一三
購 一八六七
賻 一八六七
賺 一八六七
（歸） 一七四七
（蹶） 一八八六
蹋 一八八六
（蹏） 一八八五
蹈 一八八六
蹊 一八八六
顆 二〇五六
（題） 二〇六六
雖 二〇〇四
嶡 一五七〇
髀 二〇六八
點 二一四五
黜 二一四六
幬 七四二
豳 七六四
嶺（嶺） 七六四
嶷 七六四
嶽 七六五
嬰 一一七六
〔丿一〕
鍥 二〇二一
穢 一六〇八
稺 一六〇八
矯 一五八六
黏 二一四七
魏 二〇七二
簣 一七三五
簃 一七三五
篚 一七三五
篸 一七三五
繁 一八一九
（氈） 一三六六
〔丿丨〕
頣 二〇〇四
魋 二〇七三
優（優） 二一一三
償 二一一五
儲 二一一四
黛 二一四六
皤 一六一七
（離） 二〇〇七
〔丿丿〕
徽 八〇六
禦 一五〇七
聳 一六八二
〔丿丶〕
鍪 一一九四
（錄） 二〇二一
鍊 一四三八
鍥 二〇二一
鍼 二〇二一
鍾 二〇二一
鍛 二〇二二
貔 一八九八
繇（繇） 一三九五
谿 一八九五
歛 一四一九
斂 一三八〇
爵 一三九四
懇 一四九〇
邈 一一三〇
〔丿乙〕
獯 八二三
膝 一四一〇
臊 一四一一
臉 一四一一
膽 一四一一
膻 一四一二
臆 一四一二

臏 一四一二
膽 一〇八四
颺 一〇八四
颸 二〇八四
鮭 二一一三三
鮪 二一一三三
鮫 二一一三三
鮮 二一一三三

〔丶一〕

講 一九四〇
譁 一九四一
謨 一九四一
（訶） 一四一六
謝 一九四一
護 一九四七
謠（謡） 一九四二
謗 一九四二
謚 一九四三
謙 一九四三
謐 一九四三
戀 二一五八
頹 二〇五六
氈 一三六六
襄 三三二五
（奮） 六一一
齋 二一五一
稟 三二〇
甕 三二五
膺 八六八
應 八六八
縻 二一三七
麋 二一四〇
療 一六二三
癆 一六二三
癈 八六七
甕 三二五

〔丶丨〕

懦 一〇二五

〔丶丿〕

燦 一四四二
燥 一四四二
燭 一四四二
燬 一四四三
燮 四二三

〔丶丶〕

鴻 九八五
濤 九八六
濫 九八七
（濹） 九九一
濡 九八七
濬 九八七
濕 九八七
濮 九八七
濠 九八八
濟 九八八
濱（濵） 九八九
澤（澤） 九八三
澗 二〇四三
瀡 九九〇
濯 九九〇
糟 一七七九
糠 一七八〇
糝 一七八〇
馘 二〇九四
斃 五十四
豁 一八九五
賽 一〇七七
蹇 一〇七八
糞 一七八〇
（翻） 一七九三
盪 一五七八
邃 一一三〇

〔丶乛〕

禮 一四七四
襁 一六四七

〔乛一〕

彌 一一五五
臂 一四一二
擘 一三六四
屨 一一四三
闌 二〇四二
闉 二〇四二
闃 二〇四二
闔 二〇四二
闇 二〇四三
闊 二〇四三
闈 二〇四三
闋 二〇四四
闋 二一二四
（鶡） 二〇〇六

〔乛丨〕

牆 四七八
隳 三七六
隴 三七六

〔乛丶〕

鍪 二〇二三
[illegible] 一六六〇
豫 四一一

〔乛一〕

翼 一七九二
（嚴） 七一四

〔乛乛〕

孺 一一八八
績 一八一八
縹 一八一九
縷 一八一九
縵 一八一九
總 一八二〇
縯 一八二一
縱 一八二一
縮 一八二一
（繙） 一八二二
繆（繆） 一八二一
鑾 一七一三
嚮 六十五

十八画

〔一一〕

鬪 二〇九四
瓊 一二〇九
鼇 二二一九

〔一丨〕

壕 四八三
檻 一二七七
職 一六八三
轉 一八四二
蹔 一八八六
醪 一八五三
鞭 二〇五〇
覲 一八七二
藕 五八四
藝 五八四
藪 五八五
蠆 五八五
藺 五八五
藜 五八五
藁 五八七
藥 五八六
藤 五八六
藩 五八七
蘇 五八九
蘊 五八七
覆（覆） 一六八九
雛 二一〇六
贅 一八六七
翹 一七九三

蹟 一〇二
〔一丿〕
殯(殯) 二二九三
礎 一五一九
(碬) 一五二〇
(磔) 一五二〇
蹙 一八八六
燹 一四四三
廬(廬) 八七〇
龐 八七二
〔一丶〕
霧 一九八四
〔一乛〕
擷 六六四
擾 六六四
擺 六六四
攜 六五二
攄(攄) 六六四
醫 一八五二
(攘) 六六八
鷔 二〇九六

〔丨一〕
騏 二一〇五
騎 二一〇五
騅 二一〇六
(騐) 二一一〇
鬆 二〇九八
豐 一八四七
(驂) 二一〇七
(殮) 二二九三
〔丨丨〕
叢 一五二七
對 一四九〇
(舊) 五八一
〔丨乛〕
嚚 七一四
嚙 七一四
(疊) 四二三
瞟 一三四八
曠 一三四八
曜 一三四八
瞻 一五四七
贈(贈) 一八六八
蟬 一七一三

蟠 一七一四
(蹯) 一五四四
(蹸) 一八八七
蟻 一七一四
蹟 一〇八六
蹣 一八八六
蹤 一八八六
鵑 二一二四
髓 二〇六八
黠 二一四七
壘 一五六四
蟲 一七〇九
瞿 二〇〇五
題 二〇六六
韙 二〇六七
〔丿一〕
穫 一六〇八
穡 一六〇八
穢 一六〇八
穠 一六〇九
馥 二〇七〇
鵠 二一二四
鵝(鵞) 二一二五
(覩) 一八七四

簟 一七三五
簪(簮) 一七三六
簣 一七三六
(簡) 一七三六
簦 一七三七
〔丿丨〕
軀 一八九二
歸 七四七
翱 一七九三
雙 四二二
邊 一一三一
谿 二一四九
〔丿丿〕
徽 一四八〇
〔丿丶〕
(鏸) 二〇二五
鏵 二〇二二
鎮 二〇二二
鎖(鎻) 二〇二三
鎧 二〇二三
鎸 二〇二三
鎬 二〇二三
鎰 二〇二三
鎌 二〇二三

鎔 二〇二三
雞 二一二六
辭 一九五六
翻 一七九三
〔丿乛〕
臟 一四一三
獵 八二三
觴 一九〇〇
雛 二〇〇六
鯉 二一一三
龜 二一一五
〔丶一〕
謹 一九四三
謳 一九四四
謾 一九四四
謫 一九四四
(譖) 一九四六
謬 一九四四
謖 一九四四
(韻) 二〇九一
顏 二〇五六

雜 二〇〇六
離 二〇〇七
癒 一六二三
癖 一六二三
(瘊) 八六七
麐 二一四一
癖 一六二三
〔丶丿〕
燼 一四四三
燿 一四四三
〔丶丶〕
濠 九八八
瀆 九九〇
濾 九九〇
瀑 九九〇
瀍 九九一
糧 一七八〇
鵜 二一二五
額 二〇五七
竄(窜) 一六四一
竅 一六四二

〔、乛〕
禱 一四七五
襟 一六四七
襝 一六四七
襜 一六四七
〔乛一〕
璧 一五〇五
屬 一一四三
彌 一一五五
闔 二〇四四
闌 二〇四四
闋(闕) 二〇四四
(闗) 二〇四五
〔乛丨〕
隴 三七六
韞 二〇九四
醬 一八五三
〔乛乛〕
(巖) 七一四
繞 一八二二
繖 一八二三
繙 一八二三
繪 一八二四
織 一八二二
繕 一八二三
繒 一八二三
繆 一八二一
斷 一三八七

十九画

〔一一〕
鵡 二一二五
〔一丨〕
壞 四八三
壠(壟) 四八三
櫟 一二七七
櫝 一二七七
櫓(艣) 一二七七
轍 一八四三
鵲 二一二五
鶉 一三〇七
顛 二〇五七
難(難 難) 二〇〇八
(覩) 一八七四
麴 二一二一
勸 四〇八
藿 五八八
蘋 五八八
蘧 五八八
蘆(蘆) 五八八
蘄 五八九
孽 五八九
蘇(蘓) 五八九
藹 五九一
蘢 五九一
藻 五九一
(蘭) 五九二
(藺) 五九一
覇 一九八五
霪 一九八七
霦 一九八七
麓 二一四〇
攀 一三六四
醯 一八五三
麗 二一四〇
警 一九四四
繫 一八二三
櫜 一二七七
轔 一八四四
〔一丿〕
璽 一五〇六
礪 一五二〇
礙 一五二〇
礦 一五二〇
願 二〇五八
〔一乛〕
(攬) 六六五
〔丨一〕
騷 二一〇六
(騘) 二一〇七
(駼) 二一〇七
〔丨、〕
(黨) 一五三六
〔丨乛〕
噸 七一四
曝 一三四八
(疊) 四二二
疇 一五六四
壘 一五六四
蟻 一七一四
蟾 一七一四
贈 一八六八
躕 一八八六
蹶 一八八六
蹩 一八八六
蹴 一八八六
蹭 一八八六
蹬 一八八六
鶡 二一二五
獸 一二八五
羆(羆) 一五七〇
羅 一五七〇
嚴 七一四
〔丿一〕
犢 一三五八
穩 一六〇九
積 一六〇九
籀 一七三七
簽 一七三七
簷 一二七六
簾 一七三七
簿 一七三八
簫 一七三八
贊 一八六七
〔丿丨〕
(繹) 一八二四
牘 一三八二
〔丿丿〕
(艣) 一二七七
〔丿、〕
鏗 二〇二三
鏜 二〇二三
鏤(鏤) 二〇二三
鎌 二〇二四
鏞 二〇二四
鏘 二〇二四
鏃 二〇二四
鏡 二〇二四
鏈 二〇二四
鏁 二〇二五
鏑 二〇二四
簷 一二七六
饉 二〇八一

饑 二〇八一
飄 二〇八四
辭 一九五六

〔丿乙〕

鵬 一四一三
臘 一四一二
鶤 二一二五
鯤 二一三四
獺 八二四
鯢 二一三四
(觴) 一九〇〇
鯨 二一三四
蟹 一七一四

〔丶一〕

譚 一九四五
譙 一九四五
識 一九四五
譜 一九四六
(譕) 一九四三
(謑) 一九四九
譔 一九四七
證 一九四七
譎 一九四七
譏 一九四七
勸 四〇九
瓣 一九五八
鶉 二一二六
韻 二〇九一
(壟) 四八三
旟 一四三四
廬(廬) 八七〇
靡 二一三八
麒 二一四〇
鏖 二一四一
應 八六八
(舊) 五八一
(覩) 一八七四
癡 一六二三
癢 一六二三
(龕) 八七六

〔丶丨〕

懶(懶) 一〇二五
懷 一〇二五

〔丶丿〕

爆 一四四三
燹 四二三

〔丶丶〕

瀟 九九一
瀚 九九一
瀨 九九一
瀕 九九二
瀘(瀘) 九九二
瀾 九九三
潛 九七七
瀛 九九二
瀠 九九一
羶 一七七四
爍 一四四四
鶬 二一二六
類 二〇五九
(釋) 一八九六
寶 一〇七八
寵 一〇七九
羹 一七七四

〔丶乙〕

襪 一六四七
襤 一六四七

〔乛一〕

疆 一一五五
關 二〇四五

〔乛丨〕

韜 二〇九四

〔乛丶〕

顙 二〇六〇

〔乛乙〕

繩 一八二四
繾 一八二四
繰 一八二四
繹 一八二四
繳 一八二四
繪 一八二四
繡 一八二四

二十画

〔一一〕

瓏 一二一〇
壤 四八四
鬪 二〇九五
韓 一九六九
廳 八七二
攖 六六四
攘 六六四
櫪 一二七七
櫨 一二七七
櫬 一二七七
櫳 一二七八
(檥) 一二七八
櫂 一二六一
攙 六六四
礫 一五二〇
(轢) 一八四四
醴 一八五三
醳 一八五三
(釀) 一八五三
飄 二〇八五
麵 二一二一
蘺 五九一
蘚 五九一
蘭 五九二
馨 二〇七〇
鬪 二〇九四
譽 一九四八

〔丨一〕

嚴 七一四
嚶 七一六
嚼 七一六
巉 七六六
耀 一七〇八
蠔 一七一四
贍 一八六八
(贊) 一四一二
躁 一八八七
鶻 二〇六八
驊 二一〇六
騮 二一〇六
齡 二一五二
齣 二一五三
獻 一二八五
巍 七五六
黨 一五三六
懸 一四九〇
夔 四二四
罌 一七一五
鶡 二一二六
鶚 二一二六
蠔 一七一四

〔丿一〕

犧 一三五九
鵚 二一二六
鯿 二一三四
鰕 二一三四
騰 四一二
艦 一七五五
體 二〇六八
釋 一八九六
鰔 一九〇一
觸 一九〇一

鐃 二〇二五
鏸 二〇二五
鐫 二〇二三
鐘 二〇二五
鐙 二〇二五
饒 二〇八一
饋 二〇八一
饌 二〇八一
饑 二〇八一
鰈 二一三四
鯷 二一三四
籍 一七三八
籌 一七三九
籃 一七三九
纂 一七四〇
覺 一八七二

〔丶〕

（奮） 五八一
懽 一〇二八
懺 一〇二八
灌 九九二
灑 九九一
瀲（瀲） 九九三
瀾 九九三
瀰 九九三
灂 九九三
瀺 九九三
爐（爐） 一四四三
護 一九四七
（讃） 一九五三
譯 一九四九
譴 一九四八
（譲） 一九五二
議 一九四九
辮 一九五八
競 一六三〇
騫 一〇八〇
竇 一六四二
竈 一六四二
麡 二一三八
魔 二一三九
譍 八七二
廦 二一四一
贏 八七六

〔乛〕

繽 一八二五
繼 一八二五
鶩 二一二六
饗 二〇八一
響 二〇九二
譬 一九五〇
闥 二〇四七
闡 二〇四七

廿一画

〔一〕

攝 六六四
瓔 一二一〇
權 一二七八
櫺 一二七六
櫻 一二七八
欃 一二七八
欄 一二七九
殲 一二九三
礴 一五二一
（礮） 一四三六
醺 一八五三
歡 一四一九
豐 五九四
夔 二五三
蘺 五九四
齧 二一五三
轟 一八四四
轢 一八四四
霸 一九八五
露 一九八五
霾 一九八八
霹 一九八七
鰲 二一三四
鼙 二一四九
覽 一八七三
（廳） 八七二
趯 一八三四

〔丨〕

囀 七一六
囂 七一六
躊 一八八七
躋 一八八七
躍 一八八七
疊 一五六五
髓 二〇六八
驅 二一〇六
驃 二一〇七
驄 二一〇七
騾 二一〇七
驂 二一〇七
黯 二一四七
顥 二〇六〇
曩 一三四八
（巖） 七六六

〔丿〕

儷 二一五
（儻） 二一五
臟 一四一三
鐵 二〇二五
鑊 二〇二六
鐸 二〇二七
鏽 二〇二七
鷂 二一二六
鷄 二一二六
鶬 二一二七
（鰕） 二一三四
鰥 二一三四
顛 一〇二一
籐 五八六
飇 二〇八六

〔丶〕

懼 一〇二八
灘 九九三
（瀼） 八八八
爝 一四四四
爛 一四四四
襯 一六四七
議 一九四九
鷗 二一二七
辯 一九五八
鵝 二一二七
鶴 二一二七
顫 二〇九三
顧 二〇六〇
劆 一二〇
齎 二一五二
夔 二五三
鶯 二一一八
麝 二一四一
贏 八七六

續 一八二六
纏 一八二七
屬 一一四三
羼 一一四四
闢 二〇四七

廿二画

〔一〕
攢 六六五
轢 一八四四
鞠 二〇五一
聽 一六八四
鷙 二一二九
鷗 二一二九
懿 四八四
（舊） 五八一
蘿 五九四
蘸 五九四
蘼 五九四
囊 二十六
霾 一九八七
霽 一九八七
鷖 二一二九
鷩 二一〇七
鑒 二〇二七
邐 一一三二
邏 一一三二

〔丨〕
贖 一八六八
躚 一八八八
體 二〇六八
體 二〇六八
驍 二一〇七
驕 二一〇九
齪 二一五三
巔 七六六
巖 七六六
巘 七六六
疊 四二二
鬢 二〇九八
鬚 二〇九八

〔丿〕
臞 一四一三
儻 二一一五
穰 一六〇九
鑪（鑪） 一七一五
[illegible] 一六一七
艫（艫） 一七五五
鑄 二〇二七
（鑑） 二〇二七
鑛 一五二〇
鑠 二〇二八
籟 一七四〇
籙 一七四〇
籠 一七四〇
籞 一七四〇
籬 一七四〇
糴 二七八
龕 二七八
饘 二〇八二
蠡 一一三四
邌 一七一四

〔丶〕
灞 九九四
灕（漓） 九九三
灘 九九三
灑 九九四
（瀛） 九九二
灩 九九六
鶴 二一二七
讀 一九五〇
亹 一一三五
鷓 二一三〇
竊 一六四二
龔 二一五五
襲 二一五五
聾 二一五五
巒 二一五八
[illegible] 七一六
彎 二一五八
變 二一五八

〔乛〕
纓 一八二七
鬻 二〇九六

廿三画

〔一〕
趲 一八三四
躉 一八八八
攫 六六五
韈 二〇五一
瓚 一二一〇
欑 一二七九
鷰 一二三〇

〔丨〕
曬 一三四八
鸕 二一三〇
驛 二一一〇
驗 二一一〇
（驤） 二一一一
驥 二一一〇
饜 一〇七
顯 二〇六一
鬟 二〇九八
贇 二一二一

〔丿〕
讎 二〇一〇
鑠 二〇二八
鱖 二一三四
鱗 二一三五
籤 一七四〇
讐 二〇一〇

〔丶〕
讌 一九五二
（灘） 九九三
麟 二一四一
鷲 二一三〇
欒 二一五八
讋 二一五五
攣 二一五八
戀 二一五八
變 二一五七
癯 一六二三
（龕） 八七六

〔乛〕
纓 一八二七
纖 一八二七
纔 一八二八
劚 一二〇

廿四画

〔一〕
攬 六六五
釀 一八五三
觀 一八七四
蠹 二十六
矗 八十
靂 一九八八
靈 一九八八
靄 一九八九
鹽 一五七八

〔丨〕
囑 七一六

躞 一八八八
驟 二一一〇
齷 二一五三
鑿 二〇二八
艷 一七五七
羈 一五七二
鬢 二〇九八
鷺 二一三〇

〔丿〕

衢 八〇六
籮 一七四〇
鑫 二〇二八
（鑪） 一四四三
鱠 二一三五

〔丶〕

灞 九九四
灝 九九五
讓 一九五二
讕 一九五三
贛 二〇九三
鷹 八七二

〔乛〕

鸊 二一二四

廿五画

〔一〕

覊 一六八九

〔丨〕

躡 一八八八
顱 二〇六一
鼉 二二四九
鸎 二一一八
豒 一八四七

〔丿〕

籲 一七四一
鬱 一二七九

〔丶〕

廳 八七二
灣 九九五
蠻 二一五八

〔乛〕

纘 一八二八

廿六画以上

〔一〕

（鬭） 二〇九五
釃 一八五三
釅 一八五三

（鸖） 二一二七
鸛 二一三〇
虋 五九五

〔丨〕

驥 二一一〇
驢（驉） 二一一一
驦 二一一一
驤 二一一一
驪 二一一二
鸝 二一三一
黷 二一四七
鸚 二一三〇
釁 三九七
爨（㸑） 一四四四
鬻 八十
鑿 二〇二八

〔丿〕

鱸 二一三五
鱺 二一三五
籲 一七四一
鬱（鬰） 一二七九
籬 一七四〇
籥 一七四一

鑱 三〇二八

〔丶〕

灤 九九六
灩 九九六
讚 一九五三
讜 一九五四
鑾 二二五九
鸞 二二五九

〔乛〕

纜 一八二八

a

阿 三四八

ai

哀 三〇六
埃 四五四
厓 八十
矮 一五八六
藹 五九一
靄 一九八九
艾 四八四
阸 三五〇
隘 三七〇
愛 一三九三
爱 一三九三
曖 一三四七
礙 一五二〇
碍 一五二〇

an

安 一〇三二
媕 一一七三
菴 五二五
庵 八五五
(盦) 八五五
鞍 二〇五〇
諳 一九三八
岸 七四六
(峎) 七四六
按 六三四
案 一〇五四
暗 一三四三
闇 二〇四三
(闇) 二〇四三
黯 二一四七

ang

昂 一三二五
盎 一五七三
醠 四〇九

ao

凹 二十七
坳 四四八
(垇) 四四八
遨 一一一四
嗷 七〇七
螯 一七一二
翱 一七九三
翶 一七九三
鏖 二一四一
熬 一四五六
爊 一四四一
燉 一四四一
鰲 二一三四
拗 六二八
(抝) 六二八
奡 二十四
傲 一九八
奥 六〇九
奧 六〇九
澳 九十九
懊 一〇二一

ba

八 二一六
巴 五十八
叭 六七五
芭 四九一
笆 一七二〇
鲃 二一三三
茇 四九七
拔 六二二
跋 一八八〇
把 六二一
罷 一五六九
(罷) 一五六九
垻 四五二
(罢) 一五六九
霸 一九八五
(覇) 一九八五
灞 九九四
灞 九九四

bai

白 一六〇九
百 一六一一
伯 一六一
柏 一二四〇
捭 六四〇
稗 一六〇一
擺 六六四
拜 一三六〇
拝 一三六〇
敗 一八五八

ban

班 一一九七
般 一七五三
斑 一二〇三
搬 六五四
頒 二〇五三
瘢 一六二二
阪 三四七
坂 四四〇
板 一二三三
版 一三八一
半 五十
伴 一六四
絆 一八〇二
辦 一九五六
(办) 一九五六
瓣 一九五八

bang

邦 三七七
(邦) 三七七
(邦) 三七七
榜 一二六三
蚌 一七一〇
棓 一二五六
傍 二〇一
磅 一五一八
謗 一九四二

bao

包 二八二
苞 五〇二
孢 一一八四
胞 一四〇二
褒 三二四
薄 五七三
保 一七六
葆 五四一
堡 四六二
飽 二〇七六
寶 一〇七八
(宝) 一〇七八
抱 六二四
(抱) 六二四
豹 一八九七
報 四六二
報 四六二
(報) 四六二
(报) 四六二
暴 一三四五
(暴) 一三四五
鮑 二一三三
瀑 九九〇
(瀑) 九九〇
爆 一四四三
曝 一三四八

bei

陂 三五〇
杯 一二三一
卑 七十二
悲 一九九七
碑 一五一四
(碑) 一五一四
北 二八三
貝 一八五六
背 一四〇一
倍 一九二
悖 一〇〇三
焙 一四三八
被 一六四四
菩 五二九
備 一九八
(俻) 一九八
(備) 一九八
(偹) 一九八
碚 一五一六
輩 一九九九

ben

奔 六〇五
犇 一三五八
本 一二二二
(夲) 一二二二

beng

崩 七六一
(崩) 七六一
(崩) 七六一
迸 一〇八七
蚌 一七一〇

bi

偪 一九四
逼 一一〇四
鼻 二一四九
比 一三〇二
妣 一一六三
彼 七七三
俾 一八九
筆 一七二七
鄙 三八九
賁 七十九
必 五十一
芘 四八六
庇 八四二
畀 一五五二
祕 一四六八
陛 三五三
畢 一五五八
(毕) 一五五八
秘 一五九七
敝 一三七五
閉 二〇三〇
(闭) 二〇三〇
婢 一一七一
皕 二十四
詖 一九一二
弼 一一五四
裨 一六四六
(禆) 一六四六
閟 二〇三八
(閟) 二〇三八
辟 一九五四
碧 一五一六
蔽 五六七
弊 五九五
(獘) 五九五
幣 七四二
斃 五十四
薜 五七六
壁 四八一
避 一一二九
髀 二〇六八
臂 一四一二

蹭 一八八六

cha

差 一七六二
插 六四九
(揷) 六四九
茶 五〇八
查 一二三八
槎 一二六〇
察 一〇六九
詫 一九二一

chai

差 一七六二
柴 一二四四
豺 一八九七
蠆 五八五

chan

覘 一八七一
攙 六六四
單 七〇三
(单) 七〇三
孱 一一四一
廛 八六五
(㕓) 八六五
嬋 一一七五
潺 九八一
澶 九八五
禪 一四七三
蟬 一七一三
(蟺) 一七一三
(蝉) 一七一三
瀍 九九一
(瀍) 九九一
瀍 九九一
襜 一六四七
蟾 一七一四
巉 七六六
瀺 九九三
欃 一二七八
鑱 二〇二八
纏 一八二七
纒 一八二七
(緾) 一八二七
產 一六二六
(産) 一六二六
燀 一四四一
鏟 二〇二四

cang

倉 二七四
傖 二〇〇
蒼 五五四
滄 九六〇
鶬 二一二七
藏 五七八
(蔵) 五七八

cao

操 六六〇
(撡) 六六〇
曹 一三三二
(曺) 一三三二
(𠫤) 一三三二
漕 九六九
草 五〇四
(艸) 五〇四

ce

册 四十
(冊) 四十
茦 五〇四
側 一九四
策 一七二四
(廁) 八五九
測 九四四
惻 一〇一四
厠 八十三

cen

參 四一八
(叅) 四一八
(曑) 四一八
(参) 四一八
(叅) 四一八
(𠫭) 四一八
篸 一七三五
岑 七四五

ceng

曾 二四四
(曽) 二四四
曾 二四四
層 一一四二

埔 四五三
部 三八五
瓿 一三〇八
埠 四五七
蔀 五五八
簿 一七三八

cai

猜 八一六
才 六
材 一二二六
財 一八五八
裁 一六七二
纔 一八二八
采 一三八八
採 六四〇
(埰) 六四〇
彩 八〇七
(綵) 八〇七
菜 五二六
(莱) 五二六
蔡 五六六

can

參 四一八
(叅) 四一八
(曑) 四一八
(参) 四一八
(叅) 四一八
(𠫭) 四一八
湌 三三五
餐 二〇七七
驂 二一〇七
(驂) 二一〇七
蚕 一二一七
殘 一二九一
殘 一二九一
慚 一〇一八
(慙) 一〇一八
塹 一八八六
慘 一〇一九
(慘) 一〇一九
(憏) 一〇一九
憯 一〇二〇
(粲) 一七七七
孱 一一四一
燦 一四四二

玻 一一九六
盋 一五七三
般 一七五三
播 六五七
(播) 六五七
撥 六五九
(拨) 六五九
(撥) 六五九
(撥) 六五九
彴 七六七
嶓 七六三
鉢 二〇一四
伯 一六一
帛 一六一二
泊 八九五
柏 一二四〇
勃 四〇二
博 七十七
(愽) 七十七
(慱) 七十七
搏 六五二
駁 二一〇一
魄 一六一七
踣 一八八四
薄 五七三
(薄) 五七三
礴 一五二一
跛 一八八〇
擘 一三六四

bu

晡 一三三二
卜 一〇二
甫 十六
捕 六三五
(捕) 六三五
哺 六九六
堡 四六二
補 一六四五
(补) 一六四五
不 一二八〇
布 九十一
步 一三一一
佈 一五七
怖 九九七

bin

邠 三七八
彬 一二四八
斌 一四二六
賓 一〇六七
(賔) 一〇六七
(賓) 一〇六七
豳 七六四
濱 九八九
濱 九八九
(濵) 九八九
霦 一九八五
瀕 九九二
繽 一八二五
擯 六六三
擯 六六三
(擯) 六六三
殯 一二九三
(殯) 一二九三
鬢 二〇九八
(鬢) 二〇九八
(髩) 二〇九八
(鬂) 二〇九八

bing

冰 三二七
氷 三二七
兵 二二四
丙 十三
秉 一五九一
柄 一二三八
炳 一四三五
屏 一一三九
屛 一一三九
稟 三二〇
(禀) 三二〇
餅 二〇七七
并 二二二
(並) 二二二
(竝) 二二二
併 一七三
病 一六二八

bo

波 八九九

璧 一五〇五

bian

萹 五四四
編 一八一六
(編) 一八一六
鞭 二〇五〇
鯿 二一三四
邊 一一三一
邊 一一三一
(邉) 一一三一
(邉) 一一三一
(邊) 一一三一
(边) 一一三一
窆 一六三五
窆 一六三五
(扁) 一四六〇
貶 一八五九
褊 一六四七
弁 四一三
汴 八八六
忭 九九六
便 一七三
徧 七九八
遍 一一一三
遍 一一一三
閞 二〇三八
(閞) 二〇三八
辨 一九五五
辮 一九五八
辯 一九五八
變 二一五七

biao

猋 一三八五
彪 一九九四
(髟) 一九九四
標 一二六五
驃 二一〇七
飆 二〇八六
表 一二一〇
褾 一六四六

bie

別 一〇七
蹩 一八八六

觸 一九〇一
矗 八十

chua

欻 一四一九

chuan

川 三十一
穿 一六三五
船 一七五四
(舩)一七五四
椽 一二六一
傳 二〇二
(傳)二〇二
(传)二〇二
喘 七〇四
串 二十七

chuang

創 一一四
(刱)一一四
瘡 一六二二
窗 一六三七
(窓)一六三七
(窻)一六三七
(牕)一六三七
(牎)一六三七
床 八四一
(牀)八四一
幢 七四二
愴 一〇一八

chui

吹 六八六
炊 一四三五
垂 四十二
(埀)四十二
(𡍮)四十二
惙 一〇一三
陲 三六〇
(陲)三六〇
椎 一二五五
箠 一七三一
(箠)一七三一

疇 一五六四
籌 一七三九
躊 一八八七
讎 二〇一〇
(讐)二〇一〇
(仇)二〇一〇
丑 五十八
醜 一八五二
(魗)一八五二
臭 一七四四

chu

出 一一五六
初 一六四二
樗 一二六五
除 三五四
滁 九五三
芻 二八三
厨 八十三
蜍 一七一一
鉏 二〇一四
鋤 二〇一七
幮 七四二
躇 一八八六
蹰 一八八六
雛 二〇〇六
(鶵)二〇〇六
杵 一二三三
處 一七〇〇
(䖏)一七〇〇
(處)一七〇〇
(虜)一七〇〇
楚 一六五二
(椘)一六五二
褚 一六四六
儲 二一四
礎 一五一九
(礎)一五一九
怵 九九七
俶 一八五
(俶)一八五
畜 一六三二
絀 一八〇一
跐 一八八三
諔 一九二九
黜 二一四六

墀 四七八
遲 一一二六
(遅)一一二六
尺 一四九一
侈 一七二
耻 一六七七
(恥)一六七七
豉 一八四六
齒 二一五二
(歯)二一五二
斥 一三八二
赤 一八三四
翅 一二八〇
敕 一八四四
(勅)一八四四
(勑)一八四四
飭 二〇七四
啻 三一九
熾 一四四一

chong

冲 三二五
充 二九八
舂 一五〇四
衝 八〇二
憧 一〇二一
重 四十四
崇 七六一
(崈)七六一
虫 一七〇九
(蟲)一七〇九
寵 一〇七九

chou

抽 六二三
惆 一〇一三
酬 一八四九
稠 一六〇一
愁 一四八六
綢 一八一四
幬 七四二
儔 二一二

稱 一六〇二
(称)一六〇二
櫬 一二七七
襯 一六四七

cheng

稱 一六〇二
撐 六五五
成 一五二一
(𢦩)一五二一
(𢦶)一五二一
丞 五十九
呈 六八一
承 六十
城 四四九
塍 一四一〇
乘 一五九五
(乗)一五九五
盛 一五七三
(盛)一五七三
程 一五九九
誠 一九一六
酲 一八五〇
澄 九八一
澂 九八一
懲 一四九〇
橙 一二七三
逞 一〇九四
騁 二一〇四

chi

吃 六八〇
(喫)六八〇
笞 一七二二
嗤 七〇八
鴟 二一二四
絺 一八〇九
螭 一七一二
癡 一六二三
池 八八〇
(沲)八八〇
弛 一一五〇
坻 四四六
持 六二九
篪 一七三〇
踟 一八八三
馳 二一〇一
(驰)二一〇一

chao

抄 六一八
超 一八三二
(超)一八三二
鈔 二〇一三
焯 一四三八
勦 四〇七
巢 一一九〇
(巣)一一九〇
朝 一九六七
嘲 七一一
潮 九七五

che

車 一八三五
(车)一八三五
坼 四四六
掣 一三六三
撤 六五七
徹 八〇三
(徹)八〇三
澈 九七九

chen

琛 一二〇三
嗔 七〇七
臣 一六九二
辰 一八五三
(辰)一八五三
沉 八八六
忱 九九六
宸 一〇四九
陳 三五九
(陈)三五九
(敶)三五九
晨 一三三三
(曟)一三三三
塵 二一三九
諶 一九三四
墋 四七五
趁 一八三二
(趂)一八三二
稱 一六〇二

闡 二〇四七
(阐)二〇四七
懺 一〇二八
羼 一一四四

chang

昌 一三二二
菖 五二六
猖 八一七
閶 二〇四二
(阊)二〇四二
長 一九八九
(长)一九八九
倘 一八七
萇 五二五
常 一五二九
嫦 一一七五
徜 七八六
場 四六〇
(塲)四六〇
(场)四六〇
塲 四六〇
腸 一四〇九
(膓)一四〇九
(肠)一四〇九
嘗 一五三四
(嘗)一五三四
(嚐)一五三四
(尝)一五三四
(甞)一五三四
裳 一五三五
償 二一五
昶 一三二九
敞 一三七七
廠 八六四
(厰)八六四
鋹 二〇一九
倡 一八八
唱 七〇〇
悵 一〇一〇
韔 二〇五〇
(怅)一〇一〇
暢 一五四八
(畅)一五四八

顀　二〇〇四
鍾　二〇二〇
魋　二〇七三

chun

春　一四九九
椿　一二五七
唇　一八五四
(脣)一八五四
純　一七九七
淳　九三四
(淳)九三四
醇　一八五〇
鶉　二一二六
湻　九三四
蒓　五六一

chuo

啜　七〇三
惙　一〇一三
綽　一八一〇
踔　一八八四
輟　一八四一
齪　二一五三
娖　一一七〇

ci

差　一七六二
疵　一六二〇
(疵)一六二〇
玆　二三六
(茲)二三六
祠　一四六九
瓷　一三〇八
詞　一九一一
(詞)一九一一
慈　二四八
(慈)二四八
磁　一五一七
(磁)一五一七
雌　一三一四
(雌)一三一四
餈　二〇七七
辭　一九五六
(辭)一九五六
(辞)一九五六

此　一三一〇
(此)一三一〇
(𠤎)一三一〇
(𠤎)一三一〇
泚　九〇四
次　三二六
佽　一七二
刺　一六九〇
刾　一一二
(刾)一一二
莿　五〇四
賜　一八六六

cong

匆　二八二
忽　一四七七
葱　五四一
璁　一二〇七
(瑽)一二〇七
聰　一六八二
(聦)一六八二
驄　二一〇七
(騘)二一〇七
從　七九〇
(従)七九〇
(泏)七九〇
悰　一〇一三
賨　一〇七四
藂　一二七一
蘩　五七八
叢　一五二七

cou

凑　三三五

cu

犓　一三五八
粗　一七七七
麤　二五〇
徂　七七二
殂　一二八九
卒　三〇四
(卆)三〇四

促　一七七
(促)一七七
猝　八一七
踀　一八八三
蹙　一八八六
(蹙)一八八六
蹴　一八八六

cuan

菆　五二九
欑　一二七九
竄　一六四一
窜　一六四一
爨　一四四四
爨　一四四四

cui

崔　七六〇
催　二〇五
摧　六五五
縗　一八一八
萃　五二八
(萃)五二八
淬　九三四
悴　一〇一三
(悴)一〇一三
瘁　一六二二
(瘁)一六二二
粹　一七七九
(粋)一七七九
翠　一七九一
(翠)一七九一
顇　二〇五六

cun

邨　三七八
村　一二二六
踆　一八八三
存　九十八
(存)九十八
洊　九〇四
刌　六六六
寸　六六五

cuo

瑳　一二〇六
磋　一五一七
蹉　一八八六
嵯　六七二
脞　一四〇五
厝　八十一
挫　六三七
(挫)六三七
措　六三八
錯　二〇一八

da

畣　六〇九
嗒　七一一
怛　九九七
答　一七二五
(荅)一七二五
荅　一七二五
沓　一四九七
(達)一一〇三
達　一一〇三
打　六一五
大　五九五

dai

逮　一一〇三
代　一四三
岱　七四九
迨　一〇八四
詒　一九一二
玳　一一九四
瑇　一一九四
殆　一二八九
待　七七四
怠　四一五
埭　四五八
帶　七三七
(帯)七三七
(帶)七三七
(帯)七三七
袋　一七五九
紿　一八〇二
貸　一八五九
駘　二一〇四

戴　一六七三
黛　二一四六

dan

丹　三十六
妉　一一六五
耽　一六七八
(躭)一六七八
聃　一六七八
(耼)一六七八
單　七〇三
(单)七〇三
鄲　三八九
(郸)三八九
儋　二一一
殫　一二九三
(殚)一二九三
擔　六六二
(担)六六二
亶　三二〇
澹　九八五
燀　一四四一
膽　一四一一
(胆)一四一一
石　一五一一
旦　一三一七
但　一五八
訑　一九〇七
啗　七〇七
啖　七〇一
淡　九三五
誕　一九一九
窞　一六三八
噉　七一一
憚　一〇二一
(惮)一〇二一
彈　一一五四
(彈)一一五四
(弹)一一五四
澹　九八五
憺　一〇二三

dang

當　一五三一
(當)一五三一
(當)一五三一
黨　一五三六
(黨)一五三六
(党)一五三六
讜　一九五四
宕　一〇四〇
碭　一五一七
蕩　五七〇
盪　一五七八

dao

刀　三九一
叨　六七八
倒　一八五
島　七五五
(嶋)七五五
擣　六五三
(擣)六五三
導　六六九
(導)六六九
(導)六六九
蹈　一八八六
踘　一八八四
禱　一四七五
到　一六九六
盜　一五七四
(盗)一五七四
悼　一〇一〇
道　一一〇八
稻　一六〇四
(稲)一六〇四

de

得　七八六
(得)七八六
(淂)七八六
(淂)七八六
德　八〇〇
(德)八〇〇
(徳)八〇〇

dei

dang

得 七八六

deng

登 一六五五
燈 一四四一
(灯)一四四一
磴 一五一九
簦 一七三七
蹬 一八八六
等 一七二二
(䒭)一七二二
(寸)一七二二
鄧 三九一
鐙 二〇二五

di

氐 一四一四
低 一六二
(仾)一六二
祗 一六四四
羝 一七六五
隄 三六五
提 六四五
滴 九七二
(湥)九七二
鏑 二〇二四
狄 八一四
迪 一〇八三
廸 一〇八三
的 一六一二
荻 五二一
笛 一七二〇
滌 九五八
翟 一七九一
敵 一三七九
嫡 一一七五
鏑 二〇二四
糴 二七八
邸 三七九
坻 四四六
抵 六二四
詆 一九一一
底 八四六
(庢)八四六
(厎)八四六
砥 一五一三
地 四三七
(埊)四三七
弟 二二六
(弚)二二六
(苐)五〇二
帝 三一〇
琋 一二〇六
商 三一六
娣 一一七五
第 一七二二
蒂 五四一
棣 一二五六
睇 一五四二
遞 一一一九
締 一八一六
諦 一九三八

dian

滇 九五五
顛 二〇五七
巔 七六六
典 二三三
(典)二三三
點 二一四五
(點)二一四五
(点)二一四五
甸 二八二
店 八四四
奠 二四一
電 一九七八
殿 一四二三
鈿 二〇一四
墊 四六九
(垫)四六九
簟 一七三五

diao

刁 五十四
凋 三三三
彫 八〇九
琱 一二〇三
貂 一八九七
雕 二〇〇四
鳥 二一二一
弔 一一四八
(吊)一一四八
弔 一一四八
釣 二〇一二
調 一九三二

die

跌 一八八〇
迭 一〇八四
耋 一六七〇
喋 七〇三
堞 四五九
(堞)四五九
渫 九四一
牒 一三八一
(牒)一三八一
蝶 一七一二
蹀 一八八五
(蹀)一八八五
鰈 二一三四
疊 四二二
(疊)四二二
(疊)四二二
絰 一八〇三

ding

丁 三
疔 一六一八
飣 二〇七四
頂 二〇五一
鼎 二一四二
(鼑)二一四二
定 一〇三九
(㝎)一〇三九
訂 一九〇四

dong

冬 八三四
東 一二三二
(东)一二三二
董 五四〇
懂 一〇二〇
峒 七五〇
洞 九〇四
恫 一〇〇一
凍 三三二
(冻)三三二
動 四〇四
棟 一二五四
(栋)一二五四
勭 四〇七

dou

都 三八二
陡 三五二
斗 一四四五
脰 一四〇五
豆 一八四五
逗 一〇九二
鬥 二〇九五
(鬪)二〇九五
(鬭)二〇九五
竇 一六四二
讀 一九五〇

du

都 三八二
督 一五四三
(督)一五四三
(督)一五四三
(督)一五四三
闍 二〇四二
毒 一二一二
頓 二〇五二
獨 八二一
(獨)八二一
(犭)八二一
(独)八二一
瀆 九九〇
櫝 一二七七
犢 一三五八
牘 一三八二
韣 二〇五一
讀 一九五〇
黷 二一四七
堵 四五四
睹 一五四二
覩 一八七一
篤 一七三四
(篤)一七三四
杜 一二二五
度 八四八
渡 九四九
蠹 二十六

duan

耑 七五〇
端 一六二九
(端)一六二九
短 一五八五
段 一四二〇
鍛 二〇二二
斷 一三八七
(斷)一三八七
(断)一三八七
(断)一三八七

dui

堆 四五七
敦 一三七八
隊 三六九
碓 一五一四
對 六六八
(對)六六八
(对)六六八
懟 一四九〇
祋 一四六三

dun

惇 一〇一三
敦 一三七八
盾 二一六
遁 一一〇六
遯 一一二一
鈍 二〇一二
頓 二〇五二
燉 一四四一

duo

多 八三〇
哆 六九六
掇 六四五
裰 一六四六
度 八四八
奪 六一〇
(奪)六一〇
鐸 二〇二七
朵 二八九
(朶)二八九
埵 四五七
(埵)四五七
柂 一二四〇
柁 一二四三
惰 一〇一三
墮 四七五
(堕)四七五
(墯)四七五
隳 三七六

e

婀 一一七三
婀 一一七〇
痾 一六二一
俄 一七七
哦 六九九
峨 七五五
娥 一一七〇
娥 一一七〇
蛾 一七一一
鵝 二一二五
(鵞)二一二五
額 二〇五七
厄 八十
阨 三四七
扼 六一七
阸 三五〇
鄂 三八七
惡 一九六三
萼 五三九
(蕚)五三九
訛 一九〇七
遏 一一〇六
遻 一一〇六
愕 一〇一四
餓 二〇七八
噩 一二〇八
鶚 二一二六

en

恩 一四八〇
(㤙)一四八〇

er

而 一六九〇
兒 一七四一
(児)一七四一
耏 一六九二
耳 一六七四
爾 二十四
(爾)二十四
(尔)二十四
餌 二〇七七
邇 一一二九

ga

伽 一六六

gai

陔 三五一
垓 四五三
荄 五〇八
晐 一三三二
該 一九二〇
改 一一四六
匃 二八二
芥 四八九
杚 一二二七
漑 九五三
蓋 五四五
(盖) 五四五
(葢) 五四五
概 一二六一
(槩) 一二六一

gan

干 四二七
甘 一五一〇
玕 一一九三
肝 一三九八
柑 一二三八
竿 一七一七
乾 一九六六
(乹) 一九六六
桿 一二四九
敢 一三七五
感 一四八四
趕 一八三三
(赶) 一八三三
淦 九三三
骭 二〇六七
幹 一九六八
(榦) 一九六八
(榦) 一九六八
贛 二〇九三
(贑) 二〇九三

gang

岡 一二五

甫 十六
拊 六二四
斧 一三九六
府 八四四
俛 一七九
俯 一九一
釜 一三九六
腑 一四〇七
輔 一八三九
腐 八六二
(腐) 八六二
撫 六五六
(拴) 六五六
頫 二〇五五
父 一三九五
付 一四三
附 三四九
坿 三四九
阜 一七四五
赴 一八二九
負 三九五
(貟) 三九五
訃 一九〇四
(讣) 一九〇四
副 一一三
婦 一一七二
焨 一四三八
傅 一九九
復 七九三
(復) 七九三
富 一〇六二
(富) 一〇六二
(冨) 一〇六二
腹 一四一〇
複 一六四七
駙 二一〇二
賦 一八六三
縛 一八一八
(縛) 一八一八
賻 一八六七
覆 一六八九
(覆) 一六八九
馥 二〇七〇

縫 一八一八
馮 三三五
諷 一九三八
奉 一四九七
俸 一八三
唪 七〇〇
鳳 二九二
(鳯) 二九二

fo

佛 一六五

fou

缶 一七一五
否 一二八三

fu

夫 五九八
鄜 二一三九
麩 二一二一
敷 一三七八
虙 一七〇二
膚 一七〇四
(膚) 一七〇四
弗 一一四九
伏 一四七
芙 四八五
芾 四八六
扶 六一六
孚 一三八八
苻 五〇〇
拂 六二六
服 一四〇〇
鳧 二九一
浮 九二二
袚 一四六四
桴 一二五〇
符 一七二一
匐 二八三
涪 九三五
紱 一七九九
紼 一八〇二
幅 七四〇
蜉 一七一一
福 一四七二
(褔) 一四七二
髴 二〇九八

吠 六八四
沸 八九九
肺 一三九八
(肺) 一三九八
費 一八五九
廢 八六七
(癈) 八六七
(廢) 八六七
(废) 八六七
(癈) 八六七
(癈) 八六七
(痠) 八六七

fen

分 二一八
芬 四九〇
氛 一三六六
紛 一七九八
棻 五三〇
汾 八八五
棼 一二五四
焚 一四三八
(燓) 一四三八
墳 四七五
濆 九七五
粉 一七七七
憤 一〇二〇
奮 六一一
(奮) 六一一
(奮) 六一一
糞 一七八〇

feng

封 六六六
風 二〇八二
峰 七五六
(峯) 七五六
烽 一四三八
楓 一二六〇
蜂 一七一一
鋒 二〇一七
豐 一八四七
(丰) 一八四七
蘴 五九四
蠭 一七一四
逢 一〇九六

泛 八八五
范 五〇二
訉 一九〇六
梵 一二四八
販 一八五九
飯 二〇七四
範 一七三二
(範) 一七三二

fang

方 一四二六
坊 四四二
芳 四九〇
枋 一二三六
鈁 二〇一四
防 三四七
妨 一一六四
肪 一三九九
房 一四六〇
魴 二一三三
仿 一五二
彷 七七一
昉 一三二六
舫 一七五四
紡 一七九九
訪 一九〇九
髣 二〇九六
放 一四二七

fei

妃 一一六〇
非 一九九六
飛 六十一
(飛) 六十一
菲 五二五
啡 七〇〇
扉 一四六一
斐 一九九七
蜚 一九九九
霏 一九八二
肥 一三九九
腓 一四〇七
匪 一〇一
翡 一九九九
芾 四八六

(迩) 一一二九
二 二
(贰) 二
(弍) 二

fa

發 一六五六
(癹) 一六五六
(䟽) 一六五六
(骙) 一六五六
(发) 一六五六
乏 三十六
伐 一四八
筏 一七二五
罰 一五六九
(罸) 一五六九
閥 二〇四〇
法 八八八
(灋) 八八八
髮 二〇九六
(髪) 二〇九六

fan

帆 七三六
(帆) 七三六
番 一八九六
畨 一八九六
蕃 五七〇
藩 五八七
幡 七四二
翻 一七九三
(飜) 一七九三
繙 一八二二
(繙) 一八二二
凡 二八九
(凣) 二八九
(凢) 二八九
煩 一四三九
樊 六一一
璠 一二〇八
繁 一八一九
反 二一五
返 一〇八二
犯 八一三
汎 八七九

桂 一二四三
貴 一三五三
跪 一八八一
檜 一二七六
鱖 二一三四
(鳜) 二一三四

gun

衮 三一四
(袞) 三一四
滚 九六二
(滾) 九六二

guo

郭 三八四
(郭) 三八四
崞 七六一
過 一〇九九
(过) 一〇九九
渦 九三三
國 七二五
(國) 七二五
(國) 七二五
(囯) 七二五
(国) 七二五
虢 一九九六
虢 一九九六
(虢) 一九九六
馘 二〇九四
果 一五五二
菓 一五五二
椁 一二六三
(槨) 一二六三
裹 三二二
(褁) 三二二

ha

哈 六九六
蝦 一七一二
(虾) 一七一二

hai

孩 一一八四
骸 二〇六七
還 一一二七
(還) 一一二七
海 九一七
亥 二九七
垓 四五五

(觀) 一八七四
(観) 一八七四
(覌) 一八七四
(观) 一八七四
莞 五二二
管 一七三一
館 二〇八〇
(舘) 二〇八〇
丱 六十一
貫 一六六一
慣 一〇二〇
盥 一五七八
灌 九九二
鸛 二一三〇

guang

光 一七〇六
銧 二〇一五
廣 八六〇
逛 一〇九六

gui

圭 四三五
珪 一一九六
邽 三七九
規 一八七〇
嬀 一一七三
皈 一六一四
瑰 一二〇五
閨 二〇三八
(闺) 二〇三八
鮭 二一三三
歸 一七四七
(歸) 一七四七
(歸) 一七四七
(歸) 一七四七
(歸) 一七四七
(歸) 一七四七
(歸) 一七四七
(帰) 一七四七
(归) 一七四七
龜 二一五五
軌 一八三七
(轨) 一八三七
庋 八四二
宄 一〇二九
鬼 二〇七一
癸 一六五四
垝 四五三
詭 一九一九

(皷) 二一四七
賈 一六八八
穀 一四二三
嘏 八 〇
轂 一四二四
鴣 二一二四
鶻 二〇六八
固 七二三
梏 一二四九
故 一三七〇
雇 一四六二
痼 一六二二
顧 二〇六〇
(顧) 二〇六〇

gua

瓜 一六一八
呱 六九二
刮 一七一六
寡 一〇六八
(寡) 一〇六八
挂 六二八
卦 四四四
掛 六二八
罣 一五六六

guai

乖 四十四
拐 六二三
怪 九九九
(恠) 九九九

guan

官 一〇四三
冠 三三七
(冠) 三三七
矜 一六五八
綸 一八一三
關 二〇四五
(關) 二〇四五
(闗) 二〇四五
(関) 二〇四五
(関) 二〇四五
(闩) 二〇四五
(关) 二〇四五
鰥 二一三四
觀 一八七四

貢 四三三

gou

勾 二八一
鈎 二〇一四
(鉤) 二〇一四
溝 九五四
(溝) 九五四
緱 一八一六
篝 一七三四
苟 五〇〇
狗 八一五
枸 一二四一
垢 四五二
夠 八三三
遘 一一一四
(遘) 一一一四
搆 六五一
(搆) 六五一
詬 一九一九
構 一二六一
(構) 一二六一
購 一八六七
(購) 一八六七
雊 二〇〇四

gu

估 一五四
呱 六九二
沽 八九〇
姑 一一六五
孤 一一八三
(孤) 一一八三
(孤) 一一八三
骨 二〇六七
菰 五三〇
辜 七十九
酤 一八四九
觚 一八九九
鴣 二一二三
古 六十八
牯 一三五七
谷 一八九二
汩 八八五
股 一三九九
詁 一九一〇
鼓 二一四七
(皷) 二一四七

(箇) 一八八
(个) 一八八
舸 一七五四
蓋 五四五
(盖) 五四五
(葢) 五四五
各 八三五

gei

给 一八〇四

gen

根 一二四六
跟 一八八三
茛 五二二
亘 十 五

geng

更 十 六
庚 八四七
耕 一六六二
(畊) 一六六二
賡 八六五
羹 一七七四
(羮) 一七七四
耿 一六七七
哽 六九七
梗 一二四八
綆 一八〇八
頸 二〇五五

gong

工 四二八
弓 一一四七
公 二二〇
功 四三〇
(㓛) 四三〇
攻 四三二
宮 一〇四六
紅 一七九五
恭 一二一九
肱 一三九八
躬 一八九一
觥 一八九九
龔 二一五五
拱 六三〇
共 一二一八
供 一六八

剛 一一二
崗 七六〇
綱 一八一一
港 九四〇
槓 一二六一

gao

皋 一六一六
槔 一二六二
櫜 一二七七
(櫜) 一二七七
高 二一一二
(髙) 二一一二
羔 一七六四
膏 二一一四
篙 一七三五
暠 一三四五
槁 一二六三
稿 一六〇五
稾 一六〇五
縞 一八一八
藁 五八三
藳 五八七
鎬 二〇二三
告 六八四
誥 一九二五
郜 三八一

ge

戈 一二九四
圪 四三七
格 一二四五
哥 二十四
割 一一五
歌 一四一六
(謌) 一四一六
鴿 二一二四
擱 六六三
革 二〇四八
(革) 二〇四八
(革) 二〇四八
格 一二四五
鬲 二〇九五
葛 五三九
隔 三六九
(隔) 三六九
閣 二〇四〇
(阁) 二〇四〇
合 二六四
個 一八八
(個) 一八八
(箇) 一八八

槐 一二五九
懷 一〇二五
(懷)一〇二五
壞 四八三
huan
懽 一〇二八
(懽)一〇二八
歡 一四一九
(歓)一四一九
(歡)一四一九
洹 九〇三
萑 五二六
桓 一二四三
還 一一二七
(還)一一二七
圜 七三五
寰 一〇七七
嬛 一一七五
環 一二〇八
(環)一二〇八
鬟 二〇九八
緩 一八一六
宦 一〇四五
(宦)一〇四五
幻 一一八八
奐 三九四
換 六三七
喚 六九九
(喚)六九九
渙 九二三
浣 九二五
漶 九七〇
患 一四八〇
煥 一四三七
擐 六六二
澣 九八二
huang
荒 五〇八
(荒)五〇八
慌 一〇一三
皇 一六一三
縠 一四二四
鵠 二一二四
鶘 二〇六八
虎 一九九二
(虎)一九九二
(虎)一九九二
琥 一二〇二
滸 九七一
互 七
沍 八八三
户 一四五八
怙 九九七
祜 一四六三
笏 一七一九
扈 一四六一
鄠 三八九
滬 九七二
護 一九四七
(護)一九四七
hua
花 四八六
華 五一二
猾 八一七
滑 九四八
劃 一一六
(劃)一一六
譁 一九四一
豁 一八九五
(豁)一八九五
鏵 二〇二二
驊 二一〇六
化 一四〇
畫 一七八三
(画)一七八三
話 一九一九
huai
佪 一七一
佪 一七一
徊 七七六
(徊)七七六
淮 九三三
洪 九〇二
紅 一七九五
(紅)一七九五
翃 一七八九
浤 九二五
紘 一七九七
閎 二〇三六
鴻 九八五
澒 九七五
鬨 二〇九五
黌 二一二一
hou
侯 一八一
(矦)一八一
吼 六九一
后 二一六
厚 八十
逅 一〇八六
後 七七八
(後)七七八
候 一八九
hu
乎 三十九
呼 六九二
忽 一四七七
虖 一七〇〇
嘑 七〇九
滹 九七〇
膴 一四一〇
(膴)一四一〇
戲 一三〇二
和 一五八九
狐 八一四
弧 一一五〇
胡 一四〇一
斛 一八九八
壺 四六五
湖 九四一
瑚 一二〇五
蝴 一七一二
(闔)二〇四四
鶡 二一二六
賀 一八六〇
嗃 七〇九
赫 一八三五
褐 一六四七
壑 四八二
嚇 七一四
鶴 二一二七
(鶴)二一二七
(隺)二一二七
(鶴)二一二七
hei
黑 二一四三
(黑)二一四三
hen
痕 一六二〇
很 七八一
恨 一〇〇二
heng
亨 二九九
哼 七六一
享 三〇〇
恒 一〇〇〇
(恆)一〇〇〇
姮 一一六七
桁 一二四五
横 一二六三
衡 八〇四
鑅 二〇二八
hong
薨 五七二
轟 一八四四
弘 一一五〇
(弘)一一五〇
宏 一〇三七
泓 八九九
虹 一七〇九
毫 三一四
(毫)三一四
號 一九九四
(號)一九九四
(號)一九九四
(号)一九九四
豪 三二二
(豪)三二二
嚎 一八八四
(嚎)一八八四
壕 四八三
(壕)四八三
濠 九八八
(濠)九八八
蠔 一七一四
好 一一六〇
郝 一八三五
昊 一三二〇
耗 一六六三
浩 九一六
皓 一六一七
鄗 一三四五
顥 二〇六〇
灝 九九五
he
呵 六九二
訶 一九一〇
禾 一五八六
合 二六四
何 一五四
和 一五八九
郃 三七九
河 八九〇
曷 一三二八
盍 一五〇九
荷 五二〇
核 一二四六
翮 二〇九六
(翮)二〇九六
闔 二〇四四
害 一〇四八
(害)一〇四八
駭 二一〇四
han
酣 一八四九
憨 一四八八
歛 一四一九
邯 一五一一
含 二六七
函 三四二
涵 九四〇
(涵)九四〇
寒 一〇五九
韓 一九七〇
(韓)一九七〇
罕 三三七
(罕)三三七
汗 八七六
旱 一三二〇
捍 六三七
悍 一〇〇四
閈 二〇三〇
(闬)二〇三〇
漢 九六三
(漢)九六三
漢 九六三
翰 一九六九
(翰)一九六九
撼 六五九
憾 一〇二二
瀚 九九一
hang
杭 一二三六
航 一七五四
巷 一二一九
hao
蒿 五五七
鎬 二〇二三

黄 二一一九
(黃) 二一一九
凰 二九二
隍 三六八
遑 一〇一六
湟 九四九
惶 一〇一五
煌 一四三九
潢 九六五
磺 一五一九
篁 一七三三
幌 七四二
恍 一〇〇一
晃 一三三二

hui

灰 九十七
恢 一〇〇一
撝 六五〇
揮 六五〇
暉 一三四四
輝 一七〇八
麾 二一三七
徽 八〇六
隳 三七六
回 七二一
(囬) 七二一
(囘) 七二一
茴 五〇八
(茴) 五〇八
洄 九〇五
徊 七七六
(徊) 七七六
迴 一〇八五
(逥) 一〇八五
(廻) 一〇八五
(廽) 一〇八五
悔 一〇〇四
毀 一四二二
(毁) 一四二二
燬 一四四三
(燬) 一四四三
卉 六十八
晦 一三三四
惠 一四八二
(恵) 一四八二
(惪) 一四八二
會 二七七
(㑹) 二七七
(會) 二七七
(会) 二七七
滙 九五八
(匯) 九五八
賄 一八六二
彙 一一三三
(彚) 一一三三
誨 一九二五
慧 一四八七
蕙 五六八
(蕙) 五六八
諱 一九三九
(諱) 一九三九
穢 一六〇八
(穢) 一六〇八
翽 一七九四
繪 一八二四
(繪) 一八四二
鐬 二〇二五
(鐬) 二〇二五

hun

昏 一四一四
(昬) 一四一四
婚 一一七一
混 九三三
渾 九五二
魂 二〇七一
(䰟) 二〇七一
溷 九五八

huo

嚄 七一一
豁 一八九五
(豁) 一八九五
和 一五八九
活 九〇五
火 一四三四
或 一二九七
(或) 一二九七
(或) 一二九七
貨 一八五八
惑 一四八三
(惑) 一四八三
禍 一四七一
霍 一九八二
獲 八二〇
穫 一六〇八
藿 五八八
鑊 二〇二六

ji

几 二八八
肌 一三九八
迹 一〇八六
(跡) 一〇八六
蹟 一〇八六
屐 一一四〇
姬 一一六九
基 四五五
(基) 四五五
嵇 一五九八
畸 一五六三
箕 一七二九
齊 二一四九
賫 一八六四
緝 一八一六
畿 一一九〇
璣 一二〇八
機 一二七四
(機) 一二七四
(機) 一二七四
(机) 一二七四
積 一六〇六
稽 一六〇三
稽 一六〇三
(稽) 一六〇三
激 九八四
擊 一三六三
磯 一五一九
績 一八一八
譏 一九四七
饑 二〇八一
(饑) 二〇八一
(飢) 二〇八一
躋 一八八七
鷄 二一二六
(雞) 二一二六
齎 二一五二
羈 一五七二
羇 一六八九
及 三十三
伋 一四五
吉 四三六
(吉) 四三六
岌 七四五
汲 八八〇
即 三四四
亟 六十一
革 二〇四八
(革) 二〇四八
(革) 二〇四八
急 三九五
級 一七九六
疾 一六一九
脊 一四〇三
棘 一六九〇
極 一二五六
(極) 一二五六
戢 一二九九
集 二〇〇一
楫 一二五七
嫉 一一七四
瘠 一六二二
輯 一八四一
藉 五七七
鯽 一九〇一
籍 一七三八
己 一一四四
紀 一七九六
戟 一二九九
(戟) 一二九九
給 一八〇四
幾 一一八九
(幾) 一一八九
(几) 一一八九
麂 二一三九
濟 九八八
(済) 九八八
蟣 一七一四
芰 四八六
技 六一七
系 一七九四
忌 一一四七
季 一五九二
垍 四五二
計 一九〇三
(计) 一九〇三
洎 九〇六
既 一三〇五
記 一九〇六
偈 一九五
祭 一五〇六
悸 一〇一一
寄 一〇五四
寂 一〇五六
(寂) 一〇五六
(寂) 一〇五六
(寂) 一〇五六
罽 一五七〇
際 三七一
暨 二十五
稷 一六〇四
薊 五七二
冀 二五〇
(兾) 二五〇
劑 二一五一
薺 五八四
濟 九八八
繫 一八二三
繼 一八二五
(繼) 一八二五
(継) 一八二五
(𢇍) 一八二五
跽 一八八三
霽 一九八七
髻 二〇九八
驥 二一一〇
(驥) 二一一〇

jia

加 三九八
夾 六〇四
(夹) 六〇四
伽 一六六
佳 一六六
挾 六三六
(挟) 六三六
家 一〇四九
珈 一一九六
笳 一七二二
嘉 四六八
葭 五四五
(嘉) 四六八
戛 一二九九
(戞) 一二九九
頰 二〇五五
(頬) 二〇五五
甲 一五五〇
假 一九七
(叚) 一九七
賈 一六八八
嘏 八十
檟 一二七五
架 一二四三
嫁 一一七四
稼 一六〇六
價 二一〇
駕 二一〇三

jian

幵 四二八
奸 一一五八
肩 一四五九
姦 一一六九
兼 二三八
(兼) 二三八
堅 四五六

晋 一九六三
(晉)一九六三
(晋)一九六三
浸 九二七
唫 七〇一
進 一一〇一
靳 二〇五〇
禁 一五〇七
寖 一〇六六
盡 一七八六
(盡)一七八六
(盡)一七八六
(尽)一七八六
藎 五八四
覲 一八七二
燼 一四四三

jing

京 二九九
(京)二九九
(亰)二九九
(亰)二九九
荆 一一一
莖 五一七
(茎)五一七
涇 九一四
(泾)九一四
菁 五二三
旌 一四三一
晶 一三四〇
稉 一五九八
經 一八〇八
(經)一八〇八
兢 八十
精 一七七八
鯨 二一三四
驚 二一〇七
井 七

介 二五七
价 一五一
唶 七〇〇
戒 一二九五
芥 四八九
届 一一三五
界 一五五四
(畍)一五五四
借 一八三
誡 一九二一
藉 五七七

jin

巾 七三五
斤 一三八二
今 二五八
金 二〇一〇
津 九一〇
矜 一六五八
筋 一七二六
禁 一五〇七
襟 一六四七
堇 一二二〇
僅 二〇一
緊 一八一〇
瑾 一二〇七
儘 二一三
(儘)二一三
錦 二〇二〇
謹 一九四三
饉 二〇八一
吟 六八五
(唫)六八五
近 一〇八一
勁 四〇二
(勁)四〇二
(晉)一九六三
(晋)一九六三

覺 一八七二
(覚)一八七二
潏 九九三
爝 一六一七

jie

皆 一三〇三
接 六四二
階 三六五
(堦)三六五
揭 六四八
喈 七〇三
嗟 七〇六
街 七九二
楷 一二五七
孑 一一八一
刦 四〇一
劫 一五〇九
刼 一五〇九
刧 一五〇九
睫 一五四四
捷 六三八
㨗 六三八
偈 一九五
絜 一八〇二
桀 一二四六
傑 二〇〇
杰 二〇〇
結 一八〇三
節 一七二八
莭 一七二八
訐 一九〇四
詰 一九一六
截 一六七三
碣 一五一七
竭 一六二九
頡 二〇五五
羯 一七七三
潔 九七四
姐 一一六六
解 一八九九
觧 一八九九

将 一四九三
(將)一四九三
强 一一五三
(強)一一五三
絳 一八〇五
醬 一八五三

jiao

交 二九六
郊 三七九
教 一三七二
椒 一二五五
蛟 一七一〇
焦 二〇〇三
蕉 五六九
膠 一四一〇
澆 九七五
嬌 一一七五
驕 二一〇九
鮫 二一三三
嚼 七一六
角 一八九八
(角)一八九八
狡 八一五
校 一二四六
皎 一六一七
脚 一四〇五
湫 九四八
剿 一一五
(劋)一一五
(勦)一一五
徼 八〇四
矯 一五八六
繳 一八二四
叫 六七八
較 一八三九
斠 一四四七
嶠 七六三
覺 一八七二

健 一九二
葥 五四一
漸 九六八
賤 一八六五
(賎)一八六五
踐 一八八三
箭 一七三三
劍 一一六
(劒)一一六
澗 九八〇
(涧)九八〇
(磵)九八〇
薦 五七二
餞 二〇八一
諫 一九三五
檻 一二七七
艦 一七五五
鑒 二〇二七
(鑒)二〇二七
鑑 二〇二七

jiang

江 八七七
姜 一七六四
漿 一四九七
薑 五七一
疆 一一五五
蔣 五六八
奬 六一〇
槳 一二六九
講 一九四〇
(講)一九四〇
(諵)一九四〇
(譁)一九四〇
匠 一〇一
降 三五一
(降)三五一
虹 一七〇九
將 一四九三

(堅)四五六
(坚)四五六
(坚)四五六
間 二〇三六
(间)二〇三六
閒 二〇三七
鞬 二〇五〇
煎 二四五
監 一五七六
箋 一七三〇
牋 一七三〇
漸 九六八
緘 一八一五
熸 一四四一
縑 一八一八
艱 一七八八
(艱)一七八八
殲 一二九三
鶼 二一二七
減 三三五
(减)三三五
剪 二四〇
儉 二一〇
(俭)二一〇
翦 二四九
檢 一二七六
蹇 一〇七八
(謇)一〇七八
繭 五八五
(簡)一七三六
(简)一七三六
蕑 一七三六
件 一四九
見 一八六九
建 四二四
(建)四二四
荐 五〇四
(洊)九〇四

(闬)二〇三二
凱 二九二
慨 一〇一六
楷 一二五七
愷 一〇一八
鎧 二〇二三
愒 一〇一四
愾 一〇一八

kan

刊 四二七
(刋)四二七
看 一三六一
(着)一三六一
(看)一三六一
勘 四〇三
堪 四五八
戡 一二九九
龕 二七八
坎 四四二
侃 一七一
檻 一二七七
瞰 一五四七

kang

伉 九九六
康 八五八
(康)八五八
慷 一〇一九
糠 一七八〇
鏮 二〇二四
扛 六一五
抗 六二〇

kao

考 一六六六
(考)一六六六
(攷)一六六六
靠 二〇〇〇

(樜)一二七一
轂 一四二四
爵 一三九四
屩 一一四三
蹷 一八八六
(蹶)一八八六
譎 一九四七
矍 四二四
覺 一八七二
(覺)一八七二
(觉)一八七二
爝 一四四四
攫 六六五

jun

均 四四二
君 六八七
(君)六八七
軍 三三八
鈞 二〇一三
筠 一七二七
俊 一八二
(儁)一八二
郡 三八一
峻 七五八
雋 二〇〇〇
浚 九二七
葰 五四一
竣 一六二七
駿 二一〇五
嶟 七六四
濬 九八七

ka

卡 一〇五

kai

開 二〇三二

juan

捐 六三七
(捐)六三七
娟 一一七〇
朘 一四〇六
鵑 二一二四
鐫 二〇二三
(鎸)二〇二三
卷 一七七五
捲 六四三
狷 八一五
雋 二〇〇〇
倦 一九二
眷 一七七六
罥 一五六七

jue

决 三二七
(決)三二七
角 一八九八
(角)一八九八
玨 一一九四
玦 一一九四
桷 一二五〇
掘 六四五
崛 七六二
脚 一四〇五
訣 一九一〇
厥 八十四
(厥)八十四
(厥)八十四
絶 一八〇五
絕 一八〇五
蕨 五六九
(蕨)五六九
鴂 二一二三
橛 一二七一

局 一一三五
菊 五二七
婅 一一七一
橘 一二七三
沮 八九三
莒 五〇七
矩 一五八四
舉 四十七
(擧)四十七
(举)四十七
(𢍎)四十七
巨 一〇〇
句 二八一
苣 四八六
拒 六一八
具 二三二
炬 一四三五
菹 五三〇
俱 一八七
倨 一九三
粔 一七七六
距 一八八〇
詎 一九〇七
鉅 二〇一三
聚 一六七九
劇 一一六
踞 一八八四
據 六五九
擄 六五九
据 六五九
遽 一一二七
(遽)一一二七
颶 二〇八四
屨 一一四三
瞿 二〇〇五
懼 一〇二八

(阄)二〇四二
九 二十七
久 三十二
玖 一一九四
灸 一四三五
韭 二〇六二
酒 九一一
臼 一七四一
咎 六九四
疚 一六一八
柩 一二三八
捄 六三七
救 一三七三
就 三一八
(就)三一八
(就)三一八
愁 一四八八
舅 一七四二
(舅)一七四二
(甥)一七四二
舊 五八〇
(舊)五八一
(舊)五八一
(旧)五八一
鷲 二一三〇

ju

且 二十六
苴 四九七
拘 六二四
居 一一三五
俱 一八七
掬 六四二
琚 一二〇三
裾 一六四六
駒 二一〇二
鞠 二〇五〇

景 一三四二
(景)一三四二
憬 一〇二〇
頸 二〇五五
警 一九四四
净 三二九
(淨)三二九
逕 一〇九三
徑 七八二
(侄)七八二
脛 一四〇五
竟 二〇八八
敬 一三七七
痙 一六二一
(痓)一六二一
靖 一六二七
静 一九六一
境 四七一
靚 一九六三
鏡 二〇二四
競 一六三〇

jiong

冏 一二四
迥 一〇八四
(逈)一〇八四
炯 一四三七
扃 一四六一
絅 一八〇九

jiu

究 一六三二
糺 一七九四
糾 一七九四
啾 七〇四
愀 一〇一五
鳩 二一二三
鬮 二〇四二

瑯 一二〇三
蓈 五五七
朗 一四〇四
烺 一四三八
莨 五二二
浪 九二六
閬 二〇四二
(阆)二〇四二

lao

撈 六五七
牢 一〇三七
勞 二一一四
(勞)二一一四
(劳)二一一四
(労)二一一四
癆 一六二三
醪 一八五三
老 一六六四
姥 一一六七
潦 九七七
落 五四一
絡 一八〇五

le

泐 八八八
勒 二〇四九
樂 一二六七
(槳)一二六七
(楽)一二六七
(栄)一二六七
(乐)一二六七
了 五十五

lei

勒 二〇四九
雷 一九七八
嫘 一一七五
罍 一五六五

徠 七八五
賴 一八四四
瀨 九九一
籟 一七四〇

lan

嵐 七六二
藍 五八〇
(蓝)五八〇
闌 二〇四二
(闲)二〇四二
蘭 五九二
(蘭)五九二
(蔺)五九二
(兰)五九二
襤 一六四七
籃 一七三九
瀾 九九三
(瀾)九九三
(澜)九九三
欄 一二七九
(栏)一二七九
讕 一九五三
懶 一〇二五
(懶)一〇二五
覽 一八七三
(覧)一八七三
攬 六六五
(攬)六六五
纜 一八二八
濫 九八七
爛 一四四四
(烂)一四四四

lang

郎 三八〇
狼 八一六
琅 一二〇〇
廊 八五六

(崐)七六〇
琨 一二〇三
焜 一四三八
錕 二〇一九
鵾 二一二五
鯤 二一三四
壼 四六八
綑 一八〇九
悃 一〇〇四
閫 二〇四一
(阃)二〇四一
困 七二二

kuo

括 六三一
廓 八五九
(廓)八五九
擴 六六二
闊 二〇四三
(阔)二〇四三
(濶)二〇四三
(润)二〇四三
(洞)二〇四三

la

拉 六二六
喇 七〇三
剌 一八四四
落 五四一
臈 一四一〇
臘 一四一二
(腊)一四一二
蠟 一七一四

lai

來 一二三四
(来)一二三四
萊 五二五
(莱)五二五

(寛)一〇六六
寬 一〇六六
款 一四一五
(欵)一四一五
窾 一六四一

kuang

匡 一〇〇
筐 一七二四
狂 八一三
況 三二八
曠 一三四八
礦 一五二〇
(鑛)一五二〇

kui

窺 一六四一
虧 一七〇五
(虧)一七〇五
奎 六〇九
葵 五四五
楑 六五一
魁 二〇七二
睽 一五四五
夔 二五三
(夒)二五三
跬 一八八一
喟 七〇三
愧 一〇一五
媿 一一七三
匱 一〇二
潰 九七九
簣 一七三六
饋 二〇八一

kun

坤 四四五
(堃)四四五
昆 一三二一
崑 七六〇

叩 六七八
扣 六一五
寇 一〇五四
冦 一〇五四
(冦)一〇五四
(寇)一〇五四
蔻 五六〇
(寇)一〇五四

ku

枯 一二三八
哭 一二八四
(关)一二八四
(吴)一二八四
(关)一二八四
窟 一六三八
苦 四九一
庫 八五二
(库)八五二
袴 一六四五
酷 一八五〇

kua

夸 六〇三
誇 一九一六
跨 一八八一

kuai

快 九九六
塊 四六二
會 二七七
(會)二七七
(會)二七七
(会)二七七
獪 八二三
(狯)八二三
鱠 二一三五

kuan

寬 一〇六六

ke

呵 六九二
珂 一一九四
柯 一二三八
榼 一二六一
疴 一六一八
科 一五九五
軻 一八三八
窠 一六三八
蝌 一七一二
顆 二〇五六
咳 七〇〇
可 十一
渴 九四六
克 七十
剋 一一二
刻 一一〇
(刻)一一〇
恪 一〇〇二
客 一〇四七
課 一九二九

ken

肯 一三一二
狠 一八五六
墾 四八〇
懇 一四九〇

keng

坑 四四二
鏗 二〇二三

kong

空 一六三三
倥 一九二
孔 一一八一
恐 一四七九
(恐)一四七九
控 六四四

kou

口 六七四

麟 二一四一
廩 二一四一
凛 三三六
(凜) 三三六
稟 八六八
吝 一四二六
賃 一八六二
藺 五九一

ling

令 二六二
伶 一六二
苓 五〇一
泠 八九六
玲 一一九五
瓴 一三〇八
凌 三三一
(凌) 三三一
陵 三五七
(陵) 三五七
聆 一六七八
菱 五二四
(菱) 五二四
舲 一七五四
翎 一七九一
棱 一二五二
(棱) 一二五二
櫺 一二七八
零 一九七九
稜 一六〇〇
齡 二一五二
(龄) 二一五二
靈 一九八八
(霊) 一九八八
(灵) 一九八八
領 二〇五四
嶺 七六四
(嶺) 七六四
另 六七八
(聊) 一六七九
僚 二〇八
獠 八二〇
寥 一〇七二
(寮) 一〇七二
遼 一一二三
(辽) 一一二三
撩 六五五
潦 九七七
燎 一四四一
療 一六二三
了 五十五
蓼 五六八
瞭 一五四七
(瞭) 一五四七
料 一七七七

lie

列 一二八六
劣 一一七七
洌 九〇四
烈 一四五〇
(烈) 一四五〇
裂 一七五九
獵 八二三

lin

林 一二二九
淋 九三一
琳 一二〇二
粼 一七七九
鄰 三九〇
(隣) 三九〇
嶙 七六三
遴 一一二六
霖 一九八一
甐 一三〇八
臨 一六九四
磷 一五一九
轔 一八四四
鱗 二一三五
(联) 一六八三
簾 一七三七
鎌 二〇二三
璉 一二〇六
斂 一三八〇
臉 一四一一
襝 一六四七
煉 一四三八
(鍊) 一四三八
練 一八一五
(练) 一八一五
殮 一二九三
(殓) 一二九三
瀲 九九三
(潋) 九九三
戀 二一五八
(戀) 二一五八

liang

良 一七八七
莨 五二二
涼 三三三
(凉) 三三三
梁 一二五一
(梁) 一二五一
樑 一二六九
糧 一七八〇
(粮) 一七八〇
兩 二十二
(两) 二十二
亮 三〇九
(亮) 三〇九
量 一三三九
輛 一八四一
靚 一九六三
諒 一九三三

liao

撩 六五五
聊 一六七九
荔 五一二
莉 五二〇
莅 五二一
(涖) 五二一
鬲 二〇九五
栗 一六八八
笠 一七二一
粒 一七七七
棙 一二五六
瑮 一二〇六
厲 八十五
歷 八十六
趰 一八三四
歷 八十六
勵 四〇七
櫟 一二七七
礪 一五二〇
櫪 一二七七
礫 一五二〇
(礫) 一五二〇
儷 二一五
轢 一八四四
(轢) 一八四四
靂 一九八八

lian

(匳) 六一〇
奩 六一〇
連 一〇九〇
(连) 一〇九〇
蓮 五四七
廉 八五九
(廉) 八五九
漣 九五五
憐 一〇二一
聯 一六八三
(聯) 一六八三
(聯) 一六八三
(联) 一六八三
離 二〇〇七
(離) 二〇〇七
麗 二一四〇
蘺 五九四
灕 九九三
(漓) 九九三
蠡 一一三四
籬 一七四〇
(籬) 一七四〇
驪 二一一二
鸝 二一三一
李 一二二七
里 一八七五
俚 一七六
理 一一九八
豊 一八四六
裏 三一九
裡 三一九
澧 九八二
禮 一四七四
(礼) 一四七四
鯉 二一三三
醴 一八五三
邐 一一三二
力 三九八
詈 一五六七
立 一六二三
(太) 一六二三
吏 十五
利 一五八七
例 一七〇
沴 八九五
(沵) 八九五
戾 一四五九
隶 二〇四七
隸 二〇四七
(隸) 二〇四七
耒 一六六二
絫 四一八
誄 一九一二
磊 一五一七
壘 一五六四
(壘) 一五六四
累 一五六三
淚 九三六
(泪) 九三六
酹 一八五〇
類 二〇五九

leng

棱 一二五二
(棱) 一二五二
楞 一二五九
稜 一六〇〇
冷 三二九

li

狸 八一五
梨 一二四九
犁 一三五八
(犂) 一三五八
璃 一二〇七
(琍) 一二〇七
蔾 二一一九
黎 一六〇四
(黎) 一六〇四
(棃) 一六〇四
罹 一五七〇
縭 一八一八
蠡 二一一九
藜 五八五
(蔾) 五八五
(蔾) 五八五
離 二〇〇七

霾 一九八七
買 一五六七
脉 一四〇二
(脈)一四〇二
麥 二一二一
(麦)二一二一
勱 四〇七
賣 四七六
邁 一一二二

man

悗 一〇〇四
蔓 五六六
(蔄) 五六六
蠻 二一五八
(蛮)二一五八
满 九六五
(滿) 九六五
(満) 九六五
曼 一三三四
漫 九七〇
(澷) 九七〇
慢 一〇一八
(㥼)一〇一八
嫚 一一七五
縵 一八一九
謾 一九四四

mang

尨 二一五五
邙 八七三
芒 四八四
忙 九九六
(忙) 九九六
盲 八七六
茫 五一一
(茫) 五一一
鋩 二〇一五

淪 九三三
綸 一八一三
輪 一八四一
論 一九三一

luo

捋 六三七
瘰 一六二三
螺 一七一三
騾 二一〇七
羅 一五七〇
蘿 五九四
邏 一一三二
籮 一七四一
洛 九〇七
珞 一一九七
落 五四一
絡 一八〇五
雒 二〇〇四
犖 二一一七
漯 九七〇
駱 二一〇四

ma

抹 六二二
媽 一一七三
麻 二一三五
嗎 七〇七
蟆 一七一二
(蟇)一七一二
馬 二〇九九
瑪 一二〇六
碼 一五一八
罵 二一〇四
(駡)二一〇四
嘛 七一一

mai

埋 四五三

僂 二〇五
膂 一四一〇
屢 一一四一
(屢)一一四一
(屡)一一四一
履 一一四二
(履)一一四二
縷 一八一九
率 三一六
緑 一八一四
(綠)一八一四
慮 一七〇四
(慮)一七〇四
濾 九九〇
律 七七七

luan

巒 二一五八
孌 二一五八
欒 二一五八
孿 二一五八
灤 九九六
鑾 二一五九
鸞 二一五九
卵 一九〇一
亂 六十四
(亂) 六十四
(乱) 六十四

lüe

掠 六四二
略 一五六二
(畧)一五六二

lun

倫 一九〇
崙 七六〇

虜 一七〇三
(虜)一七〇三
鹵 一〇六
滷 九七〇
魯 二一三二
擄 六六〇
櫓 一二七七
(艣)一二七七
(艪)一二七七
陸 三五六
僇 二〇八
鹿 二一三九
(𢉖)二一三九
禄 一四七一
碌 一五一六
路 一八八一
璐 一二〇八
漉 九七二
簏 一七三五
綠 一八一四
戮 一三〇〇
(剹)一三〇〇
録 二〇二一
(錄)二〇二一
(录)二〇二一
轆 二〇五〇
潞 九八二
麓 二一四〇
露 一九八五
籙 一七四〇
鷺 二一三〇

lü

閭 二〇四〇
(闾)二〇四〇
驢 二一一一
(驢)二一一一
吕 六七九
侣 一七〇
捋 六三七
旅 一四三〇

(壟) 四八三
弄 一一九三
哢 七〇〇

lou

婁 一一七一
僂 二〇五
樓 一二六六
(樓)一二六六
(楼)一二六六
螻 一七一三
陋 三五〇
漏 九七三
鏤 二〇二三
(鏤)二〇二三

lu

盧 一七〇五
(盧)一七〇五
蘆 五八八
(蘆) 五八八
廬 八七〇
(廬) 八七〇
(廬) 八七〇
(廬) 八七〇
瀘 九九二
(瀘) 九九二
櫨 一二七七
爐 一四四三
(爐爐)一四四三
(鑪)一四四三
罏 一七一五
(罏)一七一五
艫 一七五六
(艫)一七五六
顱 二〇六一
鱸 二一三五
(鱸)二一三五

liu

溜 九六一
留 一五五八
(畱)一五五八
(畄)一五五八
流 九二三
(流) 九二三
琉 一二〇〇
硫 一五一四
旒 一四三三
榴 一二六三
劉 一一九
(劉) 一一九
騮 二一〇六
柳 一二四一
(栁)一二四一
六 二九四
陸 三五六
碌 一五一六

long

隆 三六八
(隆) 三六八
嶐 七六三
癃 一六二三
窿 一六四一
龍 二一五三
(龍)二一五三
(龓)二一五三
蘢 五九一
瓏 一二一〇
櫳 一二七八
籠 一七四〇
聾 二一五五
隴 三七六
(隴) 三七六
壠 四八三

(無) 一三二
摹 五六四
驀 五九一
嫫 一一七三
模 一二六一
麽 二一三六
摩 二一三六
磨 二一三七
謨 一九四一
麿 二一三八
魔 二一三九
劘 一二〇
抹 六二二
末 一二二四
没 八八六
歿 一二八九
陌 三五〇
冒 一三四九
(冐) 一三四九
莫 五一七
秣 一五九五
脉 一四〇二
(脈) 一四〇二
漠 九五五
寞 一〇六六
墨 二一四三
(墨) 二一四三
默 二一四三

mou

謀 一九三四
繆 一八二一
(缪) 一八二一
(缪) 一八二一
鍪 二〇二八
某 一五一一

mu

模 一二六一
母 一六六〇
牡 一三五五
畝 三一二
珉 一一九六
緡 一八一七
泯 八九八
敏 一三七四
閔 二〇三七
黽 二一四九
閩 二〇四〇
憫 一〇二二
(悯) 一〇二二

ming

名 八二七
明 一三二三
(朙) 一三二三
茗 五〇八
冥 三四〇
(寘) 三四〇
蓂 五六一
盟 一五七五
(盟) 一五七五
溟 九六二
暝 一三四五
鳴 七〇九
銘 二〇一五
瞑 一五四五
命 二六九

miu

繆 一八二一
(缪) 一八二一
(缪) 一八二一
謬 一九四四
(謬) 一九四四

mo

摸 六五二
無 一三二
黽 二一四九
澠 九八二
面 二〇六一
麪 二一二一

miao

苗 四九七
眇 一五三九
渺 九四四
(渺) 九四四
淼 一四九七
緲 一八一五
藐 五八三
邈 一一三〇
妙 一一六三
玅 一六三二
廟 八六二
(庙) 八六二
繆 一八二一
(缪) 一八二一
(缪) 一八二一

mie

滅 九五五
(減) 九五五
(威) 九五五
(減) 九五五
(戍) 九五五
蔑 五六六
(蔑) 五六六

min

民 一六四七
(民) 一六四七
(民) 一六四七
(民) 一六四七
岷 七四九

mi

迷 一〇八八
縻 二一三七
麋 二一四〇
彌 一一五五
(彌) 一一五五
(弥) 一一五五
靡 二一三八
麛 二一四一
蘼 五九四
米 一七七六
弭 一一五一
敉 一七七七
糜 二一三七
瀰 九九三
(渳) 九九三
汨 八八五
秘 一五九七
泌 八九八
覓 一三九一
(覔) 一三九一
密 一〇五八
宻 一〇五八
(峦) 一〇五八
蜜 一〇七〇
(蜜) 一〇七〇
謐 一九四三

mian

眠 一五三九
棉 一二五五
綿 一八一二
(緜) 一八一二
免 三九四
眄 一五三八
俛 一七九
勉 四〇三
冕 一三四九
湎 九四三
媒 一一七三
煤 一四三八
禖 一四七二
每 一三一
美 一七六二
(羙) 一七六二
(羑) 一七六二
渼 九五二
妹 一一六五
昧 一三二六
袂 一六四四
寐 一〇六四
(寐) 一〇六四
媚 一一七三

men

悶 二〇三八
(闷) 二〇三八
門 二〇二九
(门) 二〇二九
捫 六四四
虋 五九五
悗 一〇〇四
們 一九三
(们) 一九三
亹 三二五

meng

尨 二一五五
萌 五二六
艋 一一五五
蒙 五五九
盟 一五七五
(盟) 一五七五
黽 二一四九
瞢 五六九
濛 九八二
猛 八一七
孟 一一八二
夢 五五一
(鋂) 二〇一五
莽 五一六
(莾) 五一六

mao

毛 一三六五
矛 一六五八
茆 五〇一
(茆) 五〇一
茅 五〇四
旄 一四三〇
髦 二〇九六
蝥 一七一二
卯 三四三
(夘) 三四三
茂 四九六
冒 一三四九
(冐) 一三四九
耄 一六七〇
帽 七四一
(帽) 七四一
瑁 一二〇五
貌 一八九七
貇 一八九七
(貌) 一八九七
楙 一二六一
懋 一四九〇

mei

没 八八六
枚 一二三三
眉 一五三九
(睂) 一五三九
嵋 七六二
郿 三八七
楣 一二六一
莓 五二〇
梅 一二四九
湄 九五三

(畆) 三一二
(畂) 三一二
(畞) 三一二
木 一二二一
目 一五三八
沐 八八二
苜 四九七
牧 一三五五
募 五三四
墓 五四八
幕 五五〇
睦 一五四二
暮 五六二
慕 五六五
(慕) 五六五
(慕) 五六五
穆 一六〇七
(穆) 一六〇七
(穆) 一六〇七

na

那 三七八
(那) 三七八
拏 一三六三
拿 二七四
(拿) 二七四
挐 一三六三
娜 一一六九
納 一七九七

nai

乃 二十九
奶 一一五八
迺 一〇八五
奈 六〇五
柰 一二三七
耐 一六九二
耏 一六九二

鼐 二一四三

nan

男 一五五一
(男) 一五五一
南 七十三
(南) 七十三
(南) 七十三
楠 一二五七
(柟) 一二四〇
難 二〇〇八
(難) 二〇〇八
(難) 二〇〇八
赧 一八三五

nang

囊 二十六
曩 一三四八

nao

撓 六五五
憹 一〇二三
鐃 二〇二五
惱 一〇一六
瑙 一二〇六
腦 一四一〇
淖 九三三
鬧 二〇三八

ne

訥 一九〇七

nei

内 一二〇

nen

嫩 一一七五

neng

能 四一五
(能) 四一五

ni

尼 一一三四
呢 六九五
兒 一七四一
泥 八九八
倪 一八九
蜺 一七一一
霓 一九八二
鯢 二一三四
你 一六三
擬 六六三
(擬) 六六三
(拟) 六六三
濔 九九三
逆 一〇八九
(逆) 一〇八九
(逆) 一〇八九
匿 一〇一
慝 一四八七
睨 一五四四
溺 九六二

nian

拈 六二三
年 一二八
(秊) 一二八
(年) 一二八
黏 二一四七
捻 六四二
淰 九三三
輦 一八四〇
廿 一二一七
(卄) 一二一七
念 二七二
(念) 二七二
(念) 二七二

niang

娘 一一七〇
釀 一八五三
(醸) 一八五三

niao

鳥 二一二一
裊 一七六〇
嫋 一一七四
溺 九六二

nie

臬 一七四四
涅 九一六
(湼) 九一六
(涅) 九一六
囓 七一四
闑 二〇四四
孽 五八九
齧 二一五三
躡 一八八八

ning

寧 一〇七〇
(寕) 一〇七〇
(寜) 一〇七〇
(寗) 一〇七〇
凝 三三六
(凝) 三三六
佞 一五四

niu

牛 一三五四
忸 九九六

鈕 二〇一四
拗 六二八
(抝) 六二八

nong

農 一八五五
儂 二一〇
濃 九八三
憹 一〇二三
穠 一六〇九
弄 一一九三

nou

耨 一六六三
(耨) 一六六三

nu

奴 一一五八
拏 一一八四
駑 二一〇二
努 四〇一
弩 一一五一
怒 一四七八

nü

女 一一五七
籹 一七七六
衄 一七五〇

nuan

暖 一三四三
(煖) 一四四〇

nue

虐 一六九九
(虐) 一六九九

nuo

娜 一一六九
諾 一九二九
懦 一〇二五

o

噢 七一一
哦 六九九
嚄 七一一

ou

區 三七〇
嘔 七〇九
漚 九六九
甌 一三〇八
歐 一四一八
毆 一四二三
謳 一九四四
鷗 二一二九
偶 一九四
耦 一六六三
藕 五八四

pa

葩 五四一
杷 一二三七
琶 一二〇二
帕 七三七
怕 九九九

pai

拍 六二四
(俳) 一八六
排 六三九
徘 七八五
牌 一三八一
派 九〇六
湃 九四八

湃 九四八

pan

番 一八九六
潘 九七九
(潘) 九七九
攀 一三六四
般 一七五三
槃 一二六二
磐 一五一八
盤 一五七六
(盤)一五七六
磻 一五一九
(磻)一五一九
蟠 一七一四
判 一〇九
拚 六二八
泮 八九八
盼 一五三九
叛 五十四
畔 一五六〇

pang

乓 四十一
滂 九六二
龐 八十七
彷 七七一
旁 三一三
磅 一五一八

pao

抛 六一九
泡 八九六
咆 六九四
袍 一六四四
匏 六〇九
跑 一八八〇
炮 一四三六
(礮)一四三六
(砲)一四三六

pei

胚 一四〇一
醅 一八五一
陪 三六四
培 四五八
裴 一九九九
(裵)一九九九
沛 八八二
(沛) 八八二
佩 一七一
珮 一一九七
配 一八四九
旆 一四三〇
(旆)一四三〇
霈 一九八三
轡 七一六

pen

噴 七一一
濆 九七五
盆 二三七

peng

龙 二一五五
烹 三一五
(亨) 三一五
朋 一三九八
(朋)一三九八
(倗)一三九八
棚 一二五六
彭 八〇九
蓬 五五七
澎 九七五
篷 一七三五
鵬 一四一三
捧 六三八

pi

丕 一二八三
批 六一八
披 六二八
紕 一七九七
霹 一九八七
皮 一六五三
芘 四八六
陂 三五〇
枇 一二三二
郫 三八四
疲 一六一九
琵 一三〇四
脾 一四〇七
裨 一六四六
(裨)一六四六
貔 一八九八
羆 一五七〇
(羆)一五七〇
鼙 二一四九
匹 九十九
庀 八四一
圮 四三七
癖 一六二三
睥 一五四五
(睥)一五四五
辟 一九五四
媲 一一七四
僻 二一二
譬 一九五〇
闢 二〇四七
(闢)二〇四七
鸊 二一三〇

pian

片 一三八〇
扁 一四六〇
偏 一九七
(偏) 一九七
篇 一七三三
翩 一七九二
便 一七三
楩 一二五九
騈 二一〇四
跰 一八八三
蹁 一八八六

piao

票 一六八八
漂 九六九
縹 一八一九
飄 二〇八五
朴 一二二五
嫖 一一七五
瓢 一六一八
驃 二一〇七

pin

拚 六二八
拼 六三四
顰 八十
貧 二四〇
頻 二〇五五
(频)二〇五五
嚬 七一四
品 六九五
聘 一六七九

ping

乒 四十一
娉 一一七〇
平 十三
苹 四九七
坪 四四四
枰 一二三八
屏 一一三九
(屏)一一三九
瓶 一三〇八
(缾)一三〇八
萍 五三〇
評 一九一〇
憑 一四八九
(凭)一四八九
蘋 五八八

po

朴 一二二五
陂 三五〇
坡 四四七
泊 八九五
頗 一六五三
潑 九八二
(潑) 九八二
(泼) 九八二
婆 一一七一
皤 一六一七
繁 一八一九
迫 一〇八四
(廹)一〇八四
珀 一一九四
破 一五一三
粕 一七七七
魄 一六一七

pou

剖 一一三

pu

仆 一四〇
濮 九八七
撲 六五五
(撲) 六五五
鋪 二〇一七
匍 二八三
莆 五一六
菩 五二九
蒲 五五八
僕 二〇九
(僕) 二〇九
璞 一二〇七
(璞)一二〇七
朴 一二二五
埔 四五三
圃 七二四
浦 九一〇
普 二四一
溥 九五五
樸 一二七一
(樸)一二七一
譜 一九四六
(譜)一九四六
堡 四六二
舖 二七八
鋪 二〇一七
瀑 九九〇
曝 一三四八

qi

七 三
妻 一一六五
(妻)一一六五
凄 三三二
淒 三三二
萋 五二五
戚 一五二五
悽 一〇一〇
期 一四〇六
(朞)一四〇六
欺 一四一五
棲 一二五四
(栖)一二五四
欹 一四一六
攲 一四一六
榿 一二六二
漆 九六八

琴 一二〇一
覃 一六八八
禽 二七五
(禽) 二七五
勤 四〇六
擒 六五七
鬵 二〇九六
寑 一〇七一
(寢) 一〇七一
沁 八八八

qing

青 一九五八
(卿) 三四五
(卿) 三四五
頃 二八四
圊 七二四
清 九二七
傾 二〇四
輕 一八三九
(軽) 一八三九
蜻 一七一一
情 一〇〇五
晴 一三三六
擎 一三六三
請 一九二六
凊 三三〇
綮 一八一四
慶 八六五
(慶) 八六五
(庆) 八六五
磬 一五一八

qiong

卬 四三〇
邛 四三〇
蛬 一二三〇
笻 一七二〇

憔 一〇二一
(顦) 一〇二一
橋 一二七一
(槗) 一二七一
趫 一八三四
樵 一二七二
譙 一九四五
翹 一七九三
巧 四二九
愀 一〇一五
峭 七五五
誚 一九二四
鞘 二〇五〇

qie

切 三九二
伽 一六六
且 二十六
妾 一六二五
怯 九九七
砌 一五一三
挈 一三六三
愜 一〇一四
悏 一〇一四
(朅) 一五一〇
篋 一七三三
竊 一六四二
(竊) 一六四二
(窃) 一六四二

qin

侵 一八〇
衾 二七四
欽 二〇一三
嶔 七六三
親 一八七一
駸 二一〇四
芹 四八九
矜 一六五八
秦 一五〇二

塹 四六八
歉 一四一八
槧 一二六五

qiang

羌 一七六一
戕 一四九三
將 一四九三
(将) 一四九八
(将) 一四九三
腔 一四〇九
槍 一二六三
鏘 二〇二四
强 一一五三
(強) 一一五三
墻 四七八
(墻) 四七八
(墙) 四七八
(牆) 四七八
(牆) 四七八
薔 五七一
檣 一二七六
(樯) 一二七六
襁 一六四七

qiao

悄 一〇〇四
雀 一一八〇
敲 二一一四
墝 四七五
墽 四八〇
磽 一五一九
繰 一八二四
喬 一二一七
(喬) 一二一七
僑 二〇九
蕎 五六九
蕉 五六九
嶠 七六三

(牽) 三一八
嗛 七〇九
愆 一四八七
鉛 二〇一四
僉 二七六
搴 一〇六六
遷 一一二二
(遷) 一一二二
遷 一一二二
(迁) 一一二二
褰 一〇七七
慊 一〇一八
謙 一九四三
(謙) 一九四三
簽 一七三七
(签) 一七三七
騫 一〇八〇
籤 一七四〇
忴 九九六
前 二三四
虔 一六九九
乾 一九六六
(乹) 一九六六
葥 五四一
潛 九七七
(潜) 九七七
(濳) 九七七
黔 二一四五
錢 二〇一八
(銭) 二〇一八
鍼 二〇二一
淺 九三二
遣 一一一八
繾 一八二四
譴 一九四八
芡 四九〇
倩 一八三
蒨 五五四

(起) 一八二九
豈 七五二
啓 七〇二
(啓) 七〇二
(启) 七〇二
棨 一二五六
綮 一八一四
綺 一八一〇
稽 一六〇三
(稽) 一六〇三
(稽) 一六〇三
迄 一〇八〇
泣 八九七
契 六〇八
(栔) 六〇八
鍥 二〇二一
砌 一五一三
氣 一三六六
(氣) 一三六六
(气) 一三六六
訖 一九〇五
葺 五三四
棄 三二一
(弃) 三二一
器 七一一
(噐) 七一一
磧 一一五八
憩 一四八九
(憇) 一四八九

qia

恰 一〇〇三
洽 九〇六
疴 一六一八

qian

千 六十六
仟 一四五
阡 三四七
幵 四二八
牽 三一八

漆 九六八
(漆) 九六八
緝 一八一六
蹊 一八八六
祁 一四六二
岐 七四五
其 二二八
奇 六〇六
(竒) 六〇六
祈 一四六三
俟 一八二
耆 一六六九
(耆) 一六六九
萁 五二九
畦 一五六〇
崎 七五九
淇 九三〇
琪 一二〇二
琦 一二〇二
棋 一二五二
(棊) 一二五二
祺 一四七一
頎 一三八六
綦 一八一〇
齊 二一四九
旗 一四三三
(旂) 一四三三
錡 二〇一八
薺 五八四
騏 二一〇五
麒 二一四〇
騎 二一〇五
蘄 五八九
乞 一二六
芑 四八五
企 二六五
杞 一二二七
起 一八二九

蛩　一七一〇
甇　二一一六
（煢）二一一六
（惸）二一一六
穹　一六三四
窮　一六三九
（穷）一六三九
瓊　一二〇九

qiu

丘　三十九
坵　三十九
邱　三七八
秋　一五九三
楸　一二五九
湫　九四八
鶖　二一二六
囚　七一七
求　十　七
虯　一七〇九
虬　一七〇九
茵　五〇〇
球　一一九七
遒　一一〇八
裘　一七五九
璆　一二〇七

qu

曲　一三一九
屈　一一三七
祛　一四六三
區　一〇二
詘　一九一〇
嶇　三七〇
嶇　七六三
趨　一八三四
（趋）一八三四
軀　一八九二
麴　二一二一
驅　二一〇六
劬　四〇一
渠　一二五一
蕖　五六七
瞿　二〇〇五
臞　一四一三
蘧　五八八
癯　一六二三
衢　八〇六
苣　四八六
取　一六七六
（耴）一六七六
娶　一一七一
去　一五〇八
趣　一八三三
（䞭）一八三三
（趍）一八三三
闃　二〇四二
阒　二〇四二
闃　二〇四二

quan

全　二六三
荃　五〇八
泉　一六一四
拳　一七七五
痊　一六二〇
詮　一九一九
蜷　一七一一
銓　二〇一五
權　一二七八
（権）一二七八
犬　一二八四
綣　一八一四
券　一七七四
勸　四〇八
（勧）四〇八
（劝）四〇八

que

缺　一七一五
闕　二〇四四
（阙）二〇四四
（闋）二〇四四
（闟）二〇四四
（闋）二〇四四
（阙）二〇四四
却　一五〇九
雀　一一八〇
慤　一四八八
碻　一五一八
（碻）一五一八
榷　一二六三
確　一五一八
（确）一五一八
㲉　一四二四
闋　二〇四四
（阕）二〇四四
鵲　二一二五

qun

逡　一〇九九
宭　一〇五四
裙　一六四六
群　一七七〇
（羣）一七七〇

ran

然　一四五三
髯　二〇九七
（髥）二〇九七
燃　一四四一
染　一二四二
（柒）一二四二

rang

勷　四〇九
穰　一六〇九
壤　四八四
（壌）四八四
攘　六六四
（攘）六六四
讓　一九五二
（譲）一九五二

rao

蕘　五六八
橈　一二六九
饒　二〇八一
擾　六六四
（擾）六六四
繞　一八二二
（遶）一八二二

re

若　四九三
惹　五三二
熱　一四五七
（熱）一四五七
（热）一四五七

ren

人　二五三
壬　四三五
仁　一三九
任　一四九
鈓　二〇一五
忍　三九四
刃　三九二
仞　一四六
衽　一六四五
紉　一七九七
靭　一八三七
訒　一九〇七
紝　一八〇四
葚　五三〇
飪　二〇七四
認　一九二六

reng

仍　一四一

ri

日　一三一五

rong

戎　一二九四
茸　五〇四
狨　八一五
容　一六三五
蓉　五六〇
溶　九六二
榕　一二六三
榮　二一一六
（榮）二一一六
（荣）二一一六
（栄）二一一六
融　二〇九五
（螎）二〇九五
嶸　七六六
鎔　二〇二三
冗　三三七

rou

柔　一六五八
揉　六五一
肉　一七一四
（月）一七一四

ru

如　一一五八
茹　五一二
儒　二一二
濡　九八七
孺　一一八八
擩　六六三
汝　八八一
乳　六十一
辱　一八五四
入　二五六
洳　九一〇
蓐　五四八
褥　一六四七
縟　一八一八
嬬　一一八八

ruan

阮　三四七
軟　一八三八
輭　一八四一

rui

蕤　五六九
汭　八八五
芮　四八六
蕊　五七一
瑞　一二〇五
睿　一〇六
銳　二〇一八
鋭　二〇一七

run

閏　二〇三二
（閠）二〇三二
潤　九八〇
（润）九八〇

ruo

若　四九三
弱　一一五一
蒻　五六一
箬　一七三〇
篛　一七三〇

sa

挲　一三六三
灑　九九四
（洒）九九四
卅　九

(卅) 九
(丗) 九
(抄)一三六三
颯 一六三〇
(颭)一六三〇
薩 五七六
(薩) 五七六

sai

思 一五五六
塞 一〇六四
賽 一〇七七

san

三 四
散 一三七六
糝 一七八〇
繖 一八二二

sang

桑 四二一
(桒) 四二一
喪 七十八
(丧) 七十八
(丧) 七十八
(丧) 七十八
顙 二〇六〇

sao

搔 六五一
臊 一四一一
(膆)一四一一
騷 二一〇六
繰 一八二四
(埽) 四五八
掃 六四四
(埽)六四四
嫂 一一七三
(嫂)一一七三

se

色 一七五六
(色)一七五六
瑟 一二〇三
嗇 八十
穡 一六〇八
(穑)一六〇八

sen

森 一二五三

seng

僧 二〇九
(僧) 二〇九

sha

沙 八八三
(砂) 八八三
莎 五二二
殺 一四二一
紗 一七九七
挲 一三六三
(抄)一三六三
歃 一四一六
廈 八十三
(廈) 八十三

shai

釃 一八五三
曬 一三四八
籭 一七四〇

shan

山 七四二
芟 四九〇
杉 一二二七
删 一〇八
(刪) 一〇八
衫 一六四四
姍 一一六六
(姗)一一六六
珊 一一九五
栅 一二四一
(珊)一一九五
埏 四五二
扇 一四六一
潸 九七六
(潸) 九七六
羶 一七七四
膻 一四一二
陝 三五二
(陜) 三五二
剡 一一三
單 七〇三
(单) 七〇三
善 一七六五
膳 一四一〇
擅 六六二
禪 一四七三
嬗 一一七五
(嬗)一一七五
繕 一八二三
贍 一八六八

shang

商 三一六
湯 九四四
傷 二〇六
(傷) 二〇六
殤 一二九三
觴 一九〇〇
(觴)一九〇〇
賞 一五三六
鬺 一三四六
上 一〇三
尚 一一七八
裳 一五三五

shao

捎 六三七
梢 一二四九
稍 一五九九
燒 一四四一
芍 四八四
苕 五〇三
韶 二〇九一
少 一一七六
召 三九二
(㐁) 三九二
(㕶) 三九二
邵 三七九
劭 三九九
紹 一八〇二
(綤)一八〇二

she

奢 六〇九
畬 二七五
賒 一八六三
舌 一七一六
蛇 一七一〇
(虵)一七一〇
闍 二〇四二
捨 六四〇
社 一四六二
(袿)一四六二
舍 二六八
射 一八九〇
涉 九一四
赦 一八三五
設 一九〇八
攝 六六四
麝 二一四一

shen

申 一五四八
伸 一五九
身 一八八八
呻 六九二
哂 六九五
莘 五二二
甡 一五八〇
深 九三八
(深) 九三八
(湥) 九三八
(滚) 九三八
參 四一八
(叅) 四一八
(曑) 四一八
(参) 四一八
(叅) 四一八
(叅) 四一八
紳 一八〇〇
糝 一七八〇
什 一四〇
神 一四六四
沈 八八七
(沉)九九一
矧 一五八五
審 一〇七五
(審)一〇七五
瀋 九九一
甚 二十三
葚 五三〇
腎 一四〇七
慎 一〇一七
滲 九七四
(滲) 九七四

sheng

升 三十五
(升) 三十五
生 一五七九
昇 一三二二
牲 一三五七
笙 一七二〇
甥 一五八〇
聲 一六八〇
澠 九八二
繩 一八二四
省 一一七九
乘 一五九五
(乘)一五九五
盛 一五七三
(盛)一五七三
剩 一一四
勝 一四〇八
(勝)一四〇八
聖 一二〇四
嵊 七六二
(嵊) 七六二
賸 一四一二
(賸)一四一二

shi

尸 一一三四
失 三十八
施 一四二九
屍 一一三七
詍 一九〇七
師 一七四六
(師)一七四六
(師)一七四六
(师)一七四六
獅 八二〇
詩 一九一三
濕 九八七
(溼) 九八七
十 六十五
什 一四〇
石 一五一一
拾 六三一

泗 八九四
俟 一八二
竢 一八二
涘 九二七
笥 一七二二
肆 一九九二
嗣 七〇八
(嗣) 七〇八
飼 二〇七六
駟 二一〇一

song

松 一二三五
菘 五二五
崧 七五九
淞 九三一
嵩 七六三
(嵩) 七六三
鬆 二〇九八
悚 一〇〇三
竦 一六二七
聳 一六八二
宋 一〇三七
送 一〇八七
訟 一九〇八
頌 二〇五三
誦 一九二六

sou

叟 四二一
蒐 五四一
搜 六四九
藪 五八五

su

窣 一六三八
蘇 五八九
(蘇) 五八九
(蘓) 五八九
(苏) 五八九
俗 一七八
夙 二九〇
泝 八九五
素 一二一二
睡 一五四四
(䁅) 一五四四

shun

順 二〇五一
舜 一三九二
瞬 一五四七

shuo

説 一九二五
(说) 一九二五
(說) 一九二五
妁 一一六〇
灼 一四三五
朔 一四〇四
(朔) 一四〇四
(朔) 一四〇四
碩 一五一七
槊 一二六三
(槊) 一二六三
數 一三七八
(數) 一三七八
数 一三七八
(叙) 一三七八
爍 一四四四
鑠 二〇二八

si

司 五十九
私 一五八九
思 一五五六
斯 一三八五
絲 一八〇七
(絲) 一八〇七
厮 八十五
嘶 七一一
澌 九七五
死 一二八七
(死) 一二八七
巳 一一四六
四 七一八
寺 四三五
似 一五三
兕 二八八
祀 一四六二
耜 一六六三
戍 一五二一
束 一八四四
述 一〇八三
恕 一四八〇
術 七八三
庶 八五四
(庻) 八五四
裋 一六四六
竪 一六二八
(豎) 一六二八
墅 四六八
漱 九六九
潄 九六九
澍 九七五
樹 一二六九
(樹) 一二六九

shua

刷 一一一

shuai

衰 三一二
帥 一七四五
(帅) 一七四五
率 三一六
蟀 一七一三

shuan

栓 一二四五

shuang

霜 一九八三
驦 二一一一
雙 四二二
(雙) 四二二
(双) 四二二
鸘 二一三〇
爽 六〇九
(爽) 六〇九

shui

誰 一九二九
水 一四九四
税 一六〇〇
殊 一二九〇
書 一七八一
(书) 一七八一
紓 一七九九
菽 五二五
梳 一二五〇
淑 九三二
(淋) 九三二
(汼) 九三二
舒 二七五
疏 一六五一
(疏) 一六五一
(疎) 一六五一
(踈) 一六五一
蔬 五七一
(蔬) 五七一
樞 一二六五
輸 一八四二
攄 六六四
(攄) 六六四
孰 八四一
(孰) 八四一
塾 四七一
(塾) 四七一
熟 一四五七
(熟) 一四五七
贖 一八六八
暑 一三三七
黍 二一四七
署 一五六七
蜀 一五六九
鼠 二一四九
數 一三七八
(數) 一三七八
(叙) 一三七八
薯 五七二
曙 一三四七
屬 一一四三
(属) 一一四三
(屬) 一一四三
术 七十
(勢) 四〇六
軾 一八三八
嗜 七〇七
飾 二〇七六
試 一九一二
誓 一九二三
適 一一二一
(適) 一一二一
奭 六一一
謚 一九四三
醳 一八五三
釋 一八九六
(釋) 一八九六

shou

收 一三六九
(収) 一三六九
熟 一四五七
(熟) 一四五七
手 一三五九
守 一〇三〇
首 二〇九三
受 一三八九
狩 八一五
授 六四一
售 二〇〇一
壽 四七二
(壽) 四七二
(壽) 四七二
瘦 一六二二
(瘦) 一六二二
綬 一八一四
獸 一二八五

shu

殳 一四二〇
倏 一八九
抒 六二二
叔 四二〇
(尗) 四二〇
(尗) 四二〇
(尗) 四二〇
(丬十) 四二〇
食 二〇七三
時 一三二九
(时) 一三二九
寔 一〇六三
蒔 五四八
碩 一五一七
蝕 二〇七七
實 一〇七三
(实) 一〇七三
識 一九四五
史 六七五
矢 一五八一
豕 一八五六
使 一六八
(使) 一六八
始 一一六六
駛 二一〇一
士 四三四
氏 一四一三
示 一五〇六
世 九
(世) 九
(丗) 九
(卋) 九
仕 一四二
市 二九五
式 六七〇
事 二十
(事) 二十
侍 一六七
柿 一二四二
拭 六二八
是 二〇六二
峙 七五〇
恃 一〇〇〇
室 一〇四五
逝 一〇九三
視 一四七〇
貰 一八五九
勢 四〇六
(勢) 四〇六
(勢) 四〇六

tian

天 一二一三
忝 一二一七
添 九三〇
田 一五四九
腆 一四〇七
恬 一〇〇一
甜 一七一六
填 四六六
蚕 一二一七
殄 一二八九
(殄) 一二八九

tiao

挑 六三四
祧 一四六九
岧 七五〇
迢 一〇八四
條 一八六
(条) 一八六
蜩 一七一一
髫 二〇九八
調 一九三二
齠 二一五三
朓 一四〇四
窕 一六三七
眺 一五四〇
跳 一八八三

tie

帖 七三六
鐵 二〇二五
(銕) 二〇二五
(鐡) 二〇二五
(鉄) 二〇二五

ting

汀 八七六
聽 一六八四
(聴) 一六八四
廳 八七二
(廰) 八七二
廷 四二四
亭 三〇七

te

慝 一四八七
特 一三五七

teng

滕 一四一〇
螣 一四一二
藤 五八六
(藤) 五八六
(籐) 五八六
騰 一四一二

ti

剔 一一二
梯 一二五二
荑 五〇二
荑 五〇四
提 六四五
啼 七〇五
(嗁) 七〇五
禔 一四七三
綈 一八〇九
緹 一八一五
蹄 一八八五
蹏 一八八五
題 二〇六六
(題) 二〇六六
鵜 二一二五
鯷 二一三四
鷉 二一三〇
體 二〇六八
(軆) 二〇六八
(体) 二〇六八
(躰) 二〇六八
俶 一八五
(倜) 一八五
倜 一九一
逖 一〇九六
涕 九二五
悌 一〇〇四
惕 一〇一四
殢 一二九三
替 一三三七
趯 一八三四

澹 九八五
檀 一二七七
譚 一九四五
坦 四四四
袒 一六四四
炭 七五〇
探 六四四
嘆 七〇九
(歎) 七〇九
歎 一四一八

tang

湯 九四四
(汤) 九四四
鏜 二〇二三
唐 八五三
堂 一五二七
棠 一五三〇
塘 四六六
搪 六五五
糖 一七七九
帑 七三七
倘 一八七
儻 二一五
(儻) 二一五
(傥) 二一五

tao

叨 六七八
滔 九五八
濤 九六六
韜 二〇九四
匋 二八二
逃 一〇八七
洮 九〇七
桃 一二四五
陶 三六二
淘 九三四
討 一九〇四
(讨) 一九〇四
套 六〇九

拓 六二二
沓 一四九七
嗒 七一一
逻 一一一九
榻 一二六二
漯 九〇七
踏 一八八四
(蹋) 一八八四
蹋 一八八六
闒 二〇四七

tai

邰 三七九
苔 五〇三
胎 一四〇三
臺 四六九
(臺) 四六九
(台) 四六九
駘 二一〇四
鮐 二一三三
擡 六六二
(擡) 六六二
(抬) 六六二
太 五九九
泰 一五〇三
(泰) 一五〇三
態 一四八七

tan

毯 一三六六
貪 二七四
灘 九九三
(灘) 九九三
(滩) 九九三
郯 三八六
覃 一六八八
談 一九三三
潭 九七六
彈 一一五四
(弹) 一一五四
壇 四八〇
(墰) 四八〇
曇 一三四七

(歳) 一三一三
(亲) 一三一三
碎 一五一五
(砕) 一五一五
隧 三七四
誶 一九三三
邃 一一三〇
(邃) 一一三〇

sun

孫 一一八四
(孙) 一一八四
蓀 五六一
飧 一二九三
栒 一二四五
笋 一七二〇
隼 二〇〇〇
筍 一七二六
損 六五二
(损) 六五二

suo

娑 一一七〇
挲 一三六三
(抄) 一三六三
蓑 五五八
(簑) 五五八
縮 一八二一
(缩) 一八二一
所 一三八二
(所) 一三八二
索 七十七
瑣 一二〇六
鎖 二〇二三
(鎻) 二〇二三
鏁 二〇二五

ta

他 一四五
(佗) 一四五
它 一〇二九
塔 四五九
(墖) 四五九
獺 八二四

速 一〇九一
宿 一〇五七
(宿) 一〇五七
粟 一六八八
訴 一九一一
嫊 一一七三
塑 四六七
溯 九六二
(泝) 九六二
(溯) 九六二
(遡) 九六二
肅 一七八五
(粛) 一七八五
(肃) 一七八五
蔌 五六六
餗 一九〇〇

suan

酸 一八五〇
蒜 五四五
算 一七三〇
(筭) 一七三〇
(祘) 一七三〇
(美) 一七三〇

sui

荽 五四一
睢 一五四四
雖 二〇〇四
(錐) 二〇〇四
(虽) 二〇〇四
(虽) 二〇〇四
隋 三六五
遂 一一一一
綏 一八〇九
隨 三七二
(随) 三七二
(隨) 三七二
瀡 九九〇
髓 二〇六八
(髄) 二〇六八
歲 一三一三
(歳) 一三一三
(嵗) 一三一三

(亭)三〇七
庭 八四九
(庭)八四九
停 一九六
(停)一九六
蜓 一七一〇
霆 一九八〇
挺 六三一
梃 一二四五
艇 一七五五

tong

勭 四〇七
恫 一〇〇一
桐 一二四四
通 一〇九七
仝 二六二
同 一二二
佟 一六三
彤 八〇七
峒 七五〇
筒 一七二五
童 一六二七
僮 二一一
銅 二〇一五
潼 九七九
統 一八〇六
痛 一六二一
慟 一〇一九

tou

偷 一九五
投 六一九
頭 一八四六
(头)一八四六
透 一〇九五

tu

凸 二十六
突 一六三四
徒 七八五
(徒)七八二
途 一〇九五
屠 一一四〇
塗 四六七
圖 七三三
(圖)七三三
(圗)七三三
(啚)七三三
(畣)七三三
(櫜)七三三
土 四三四
(圡)四三四
吐 六七九
(吐)六七九
兔 三九五
菟 五二七

tuan

湍 九四八
湍 九四八
摶 六五五
團 七三二
(團)七三二
(囤)七三二
彖 一一三二

tui

推 六三九
頹 二〇五五
魋 二〇七三
穨 一六〇九
退 一〇八九
蛻 一七一一

tun

吞 一二一六
焞 一四三八
(焞)一四三八
屯 九
豚 一四〇五

tuo

托 六一六
託 一九〇五
脱 一四〇五
佗 一六四
陀 三四九
沲 八九五
沱 八九八
柁 一二四三
跅 一八八〇
跎 一八八〇
酡 一八四九
橐 一二七一
(槖)一二七一
駞 二一〇一
駝 二一〇二
鼉 二一四九
妥 一三八八
拓 六二二
唾 七〇一
魄 一六一七

wa

凹 二十七
挖 六三四
洼 九〇一
窪 一六三九
娃 一一六七
瓦 一三〇七
襪 一六四七
韤 二〇五一

wai

外 八二五

wan

彎 二一五八
灣 九九五
(湾)九九五
丸 八四〇
剜 一一三
刓 一〇七
汍 八七九
完 一〇三六
玩 一一九四
捖 六三八
紈 一七九六
頑 二〇五二
㼝 一七九二
夗 八二七
宛 一〇四四
挽 六三八
晚 一三三五
惋 一〇一三
婉 一一七二
琬 一二〇三
皖 一六一七
莞 五二二
碗 一五一六
(盌)一五一六
(椀)一五一六
畹 一五六四
輓 一八四〇
蜿 一七一一
綰 一八一四
忨 九九六
萬 五三四
腕 一四〇九
蔓 五六六
(蔓)五六六

wang

汪 八八二
亡 八七二
(亾)八七二
(𠘰)八七二
王 一一九一
枉 一二二九
罔 一二六
往 七七二
惘 一〇一一
(惘)一〇一一
網 一八一一
(䋄)一八一一
(网)一八一一
妄 八七四
(妄)八七四
忘 八七四
(忘)八七四
望 一一九九

wei

危 三九三
桅 一二四六
委 一五九一
威 一五二四
逶 一一〇〇
偎 一九五
隈 三六八
微 七九八
(微)七九八
(溦)七九八
薇 五七二
巍 七六六
為 一四四七
(为)一四四七
韋 二〇九四
(韦)二〇九四
唯 七〇一
帷 七四〇
惟 一〇一一
嵬 七六二
幃 七四一
圍 七二八
(圍)七二八
違 一一一四
維 一八一一
闈 二〇四三
(闱)二〇四三
尾 一一三四
(尾)一一三四
葦 五一一
娓 一一七〇
萎 五二六
偽 一九六
偉 一九八
葦 五四五
猥 八一七
亹 三二五
煒 一四四〇
緯 一八一七
韙 二〇六七
鮪 二一三三
未 一二二三
位 一六四
味 六九一
畏 一五五三
胃 一五五四
尉 六六七
渭 九四六
蔚 五六七
(苭)五六七
慰 一四八八
衛 八〇三
(衞)八〇三
餧 二〇八一
謂 一九三六
魏 二〇七二

wen

温 九四五
薀 五七〇
轀 一八四一
文 一四二五
紋 一七九九
聞 二〇三八
(闻)二〇三八
刎 一〇七
紊 一四二六
穩 一六〇九
(稳)一六〇九
汶 八八六
問 二〇三一
(问)二〇三一

weng

翁 二三九
瓮 一三〇八
(甕)三二五

wo

倭 一八九
萵 五二六
猧 八一七
渦 九三三
窩 一六三八
蝸 一七一一

xiang

相 一二三九
香 二〇六九
鄉 三八七
薌 五六六
郷 三八七
(鄉) 三八七
湘 九四三
箱 一七三一
緗 一八一五
襄 三二五
(襄) 三二五
(襄) 三二五
驤 二一一一
(驤) 二一一一
降 三五一
(降) 三五一
庠 八五一
祥 一四六九
翔 一七六七
詳 一九二〇
享 三〇〇
(享) 三〇〇
想 一四八三
餉 二〇七七
蠁 一七一二
響 二〇九二
(响) 二〇九二
嚮 六十五
向 四十一
巷 一二一九
象 三九六
(象) 三九六
(爲) 三九六
項 四三三
像 二〇八
曏 一三四六
饗 二〇八一

xiao

肖 一一七八
削 一一二
(跹) 一八八八
纖 一八二七
弦 一一五〇
咸 一五二三
涎 九〇六
舷 一七五五
絃 一八〇二
閑 二〇三五
(闲) 二〇三五
閒 二〇三七
(间) 二〇三七
嫌 一一七四
銜 七九九
賢 一八六四
(賢) 一八六四
𡖖 一八六四
嫺 一一七五
(娴) 一一七五
鹹 一八五一
洗 九〇五
尠 二十五
跣 一八八一
銑 二〇一五
險 三七四
燹 一四四三
蘚 五九一
顯 二〇六一
限 三五一
莧 五二〇
峴 七五五
陷 三六四
(陷) 三六四
(陷) 三六四
現 一一九七
羨 一七六六
綫 一八一一
縣 一五四五
憲 一〇七六
(宪) 一〇七六
獻 一二八五
(献) 一二八五
(献) 一二八五
郤 一八九三
細 一八〇〇
翕 二七五
禊 一四七二
隙 三七〇
戲 一三〇二
(戱) 一三〇二
醯 一八五三
蹊 一八八六
繫 一八二三
鬩 二〇九四

xia

煆 一四三九
蝦 一七一二
(虾) 一七一二
鰕 二一三四
匣 一〇一
狎 八一四
俠 一七三
峽 七五五
(峡) 七五五
狹 八一五
(狭) 八一五
遐 一一一三
瑕 一二〇六
暇 一三四五
霞 一九八四
黠 二一四七
下 一〇三
(丅) 一〇三
夏 八三六
(叐) 八三六
厦 八十三
(廈) 八十三

xian

仙 一四四
先 二八六
掀 六四〇
銛 二〇一五
鮮 二一三三
躚 一八八八
惜 一〇〇八
(㥯) 一〇〇八
棲 一二五四
(栖) 一二五四
晳 一三三九
稀 一五九九
犀 一一四一
溪 九五九
熙 一四五六
豨 一八五六
嘻 七一一
膝 一四一〇
(膝) 一四一〇
(膝) 一四一〇
嬉 一一七五
熹 四八〇
憙 四八〇
錫 二〇一九
羲 一七七四
禧 一四七三
蟋 一七一三
谿 一八九五
橲 一二七八
犧 一三五九
(牺) 一三五九
席 八五一
習 一七九〇
(習) 一七九〇
媳 一一七四
檄 一二七六
襲 二一五五
洗 九〇五
徙 七八五
喜 四六一
銑 二〇一五
璽 一五〇六
(玺) 一五〇六
系 一七九四
盻 一五三九
係 一七九
舞 一三八
廡 八六五
(庑) 八六五
膴 一四一〇
(脍) 一四一〇
鵡 二一二五
兀 六一三
勿 二八〇
戊 一五二一
物 一三五六
悟 一〇〇三
悞 一〇〇四
務 一六五九
晤 一三三三
惡 一九六三
婺 一一七三
塢 四六六
誤 一九二四
寤 一〇七一
(寤) 一〇七一
霧 一九八四
鶩 二一二六

xi

夕 八二四
兮 二一七
(丫) 二一七
西 一六八五
吸 六八〇
汐 八七九
希 二七九
昔 一二一八
(昝) 一二一八
析 一二三三
肸 一三九八
欷 一四一五
盻 一五三九
穸 一六三四
息 一七四四
奚 一三九一
悉 一八九五
(悉) 一八九五
我 一二九五
(豸) 一二九五
沃 八八五
卧 一六九三
(臥) 一六九三
握 六五一
幄 七四一
渥 九五三
斡 一九六九
齷 二一五三
(齷) 二一五三

wu

汙 八七七
污 八七七
(汚) 八七七
巫 四三二
於 一四二八
屋 一一三七
烏 一四五一
鄔 三八九
嗚 七〇八
誣 一九二二
毋 一六六一
吾 六八二
吳 六八一
(吴) 六八一
梧 一二四八
無 一三二
(橆) 一三二
(㷻) 一三二
(无) 一三二
蕪 五六九
(芜) 五六九
五 七
午 一二七
伍 一四七
仵 一四九
武 六七一
忤 九九六
侮 一七七

(选)一一二六
泫 八九七
衒 七九二
絢 一八〇五

xue

削 一一二
薛 五七二
穴 一六三二
學 一一八六
(學)一一八六
(学)一一八六
雪 一九七三
血 一七五〇
謔 一九三六

xun

勳 四〇八
(勲)四〇八
(勛)四〇八
(勋)四〇八
薰 五八〇
(薫)五八〇
獯 八二三
(獯)八二三
曛 一三四八
醺 一八五三
旬 二八二
巡 一〇八〇
荀 五〇八
峋 七五〇
狥 八一五
洵 九〇七
恂 一〇〇二
徇 七七六
栒 一二四五
循 七九七
尋 一一三二
(尋)一一三二
(寻)一一三二
紃 一七九五
詢 一九一九
潯 九八一
迅 一〇八〇
欻 一四一六
歘 一四一九
鬚 二〇九八
徐 七八三
栩 一四六九
許 一九〇七
詡 一九二一
旭 一三二〇
序 八四三
敘 四二一
(敍)四二一
洫 九〇六
恤 一〇〇二
(卹)一〇〇二
畜 一六三二
勖 四〇三
(勗)四〇三
(勗)四〇三
壻 四六六
漵 九四九
絮 一八〇七
婿 一一七三
蓄 五五八
緒 一八一〇
續 一八二六

xuan

宣 一〇四四
軒 一八三七
萱 五四四
喧 七〇七
暄 一三四四
(煖)一四四〇
煊 一四四〇
玄 一六三一
旋 一四三二
漩 九七二
璇 一二〇七
懸 一四九〇
烜 一四三六
選 一一二六
(選)一一二六
凶 三四二
兇 二八八
兄 六七七
匈 二八二
胸 一四〇三
(胷)一四〇三
雄 二〇〇三
(雄)二〇〇三
熊 一四五六

xiu

休 一四六
咻 六九六
修 一七四
(脩)一七四
(侑)一七四
(𢓭)一七四
羞 一七六四
苬 五〇〇
朽 一二二四
宿 一〇五七
(宿)一〇五七
秀 一五八八
岫 七四七
袖 一六四四
鏽 二〇二七
繡 一八二四

xu

戌 一五二一
吁 六七八
盱 一五三八
胥 一六五〇
訏 一九〇四
虛 一六九九
(虚)一六九九
須 八〇九
(湏)八〇九
墟 四六八
歔 一四一八
(墟)四六八
需 一九七九
嘘 七〇九
𩜾 一〇七
躞 一八八八

xin

忻 九九六
心 一四七五
辛 一九五四
欣 一三八四
莘 五二二
新 一三八六
歆 二〇八九
薪 五七三
馨 二〇七〇
鑫 二〇二八
信 一七九
釁 三九七
昕 一三二三
炘 一四三五

xing

星 一三二七
惺 一〇一四
腥 一四一〇
興 二五〇
(興)二五〇
(興)二五〇
(兴)二五〇
刑 一〇七
行 七六七
形 八〇六
型 四四八
陘 三五四
(陉)三五四
省 一一七九
醒 一八五二
杏 一二二七
幸 四四六
(㚔)四四六
性 九九八
姓 一一六六
荇 五〇八
倖 一八三

xiong

(恊)七十三
(协)七十三
挾 六三六
(挟)六三六
脅 四〇三
偕 一九四
斜 一四四五
絜 一八〇二
携 六五二
(擕)六五二
(攜)六五二
(攜)六五二
諧 一九三六
鞋 二〇五〇
勰 四〇七
鮭 二一三三
擷 六六四
血 一七五〇
寫 一〇七四
(寫)一〇七四
(寫)一〇七四
(冩)一〇七四
洩 九〇四
屑 一一四〇
械 一二四七
渫 九四一
(渫)九四一
解 一八九九
(觧)一八九九
榭 一二六二
屧 一一四一
薤 五七二
邂 一一二五
廨 八六八
懈 一〇二三
(懈)一〇二三
韰 一八八八
謝 一九四一
燮 四二二
(爕)四二二
蟹 一七一四
逍 一〇九三
消 九一五
宵 一〇五二
囂 七一六
嚣 七一六
梟 一二五〇
翛 二〇〇
嗃 七〇九
綃 一八〇九
霄 一九八〇
銷 二〇一七
髐 二〇六八
蕭 五七五
(蕭)五七五
(萧)五七五
蟏 一七一三
簫 一七三八
(箫)一七三八
瀟 九九一
(潇)九九一
驍 二一〇七
校 一二四六
崤 七六一
淆 九三三
殽 一四二二
小 一一七六
筱 一七二七
曉 一三四六
篠 一七三五
孝 一六六六
効 四〇一
校 一二四六
哮 六九六
笑 一七一八
(咲)一七一八
效 一三七二
(傚)一三七三
嘯 七一三

xie

些 十九
歇 一四一六
邪 一三〇六
協 七十三

噫 七一三
緊 一八一九
醫 一八五二
(医)一八五二
鷖 二一二九
夷 六〇三
(夷) 六〇三
(夷) 六〇三
(夷) 六〇三
痍 一六二〇
沂 八八五
迤 一〇八四
怡 一〇〇〇
宜 一〇四一
荑 五〇四
(宐)一〇四一
椸 一二四〇
姨 一一六七
訑 一九〇七
異 一五六〇
蛇 一七一〇
移 一五九七
簃 一七三五
貽 一八六〇
飴 二〇七六
疑 二八五
(疑) 二八五
遺 一一二四
儀 二一一
(儀) 二一一
(儀) 二一一
頤 二〇五五
(頤)二〇五五
嶷 七六四
(嶷) 七六四
彝 一一三四
(彞) 一一三四
乙 六十一
已 一一四五
以 二五九
(以) 二五九
矣 四一三
(矣) 四一三
燿 一四四三
耀 一七〇八

ye

耶 一六七五
掖 六四二
椰 一二五三
邪 一三〇六
也 五十五
(乜) 五十五
冶 三二九
野 一八七六
壄 一八七六
曳 一三二〇
(曵)一三二〇
夜 三〇一
(亱) 三〇一
(夜) 三〇一
頁 二〇五一
掖 六四二
液 九三五
葉 五三〇
(葉) 五三〇
(葉) 五三〇
腋 一四〇七
業 一五二五
鄴 三九一
謁 一九三六

yi

一 一
詒 一九一二
伊 一五三
衣 一七五八
依 一七二
咿 六九九
猗 八一六
壹 四六四
揖 六四八
禕 一四七三
漪 九七一
恙 一七六四
漾 九七二
樣 一二六八

yao

么 四一二
夭 一二一六
妖 一一六四
殀 一二八九
玅 一六三二
要 一六八六
腰 一四〇九
邀 一一二八
爻 二七九
肴 二八〇
姚 一一六八
陶 三六二
堯 四五九
軺 一八三八
(軺)一八三八
摇 六五四
遥 一一一九
(遙)一一一九
瑶 一二〇七
嶢 七六三
嶤 七六三
窑 一六四一
繇 一三九五
(䌛)一三九五
謡 一九四二
(謠)一九四二
颻 二〇八四
鷂 二一二六
杳 一二三二
窈 一六三七
窔 一六三七
藥 五八六
(藥) 五八六
(药) 五八六
(葯) 五八六
曜 一三四八
縯 一八二一
彥 一六二五
(彦)一六二五
晏 一三三二
宴 一〇五二
硯 一五一四
雁 八十三
(鴈) 八十三
焰 一四三八
燄 一四三八
厭 八十五
(厭) 八十五
燕 一二二〇
(鷰)一二二〇
諺 一九三八
驗 二一一〇
(騐)二一一〇
讌 一九五二
艷 一七五七
釅 一八五三
灩 九九六
灧 九九六

yang

央 六〇二
泱 八九四
殃 一二八九
鴦 二一二四
羊 一七六〇
佯 一七二
徉 七七七
洋 九〇九
陽 三六五
揚 六四七
楊 一二五八
暘 一三四三
颺 二〇八四
仰 一五一
養 一七七一
(飬)一七七一
(养)一七七一
癢 一六二三
怏 九九七
延 四二四
言 一九〇一
妍 一一六二
嬐 一一七三
岩 七四七
炎 一四三五
沿 八九六
(沿) 八九六
埏 四九二
研 一五一二
蜒 一七一〇
筵 一七二五
(筵)一七二五
閻 二〇四二
(阎)二〇四二
(閰)二〇四二
(閆)二〇四二
檐 一二七六
(簷)一二七六
顏 二〇五六
嚴 七一四
(嚴) 七一四
(嚴)七一四
巖 七六六
(巖) 七六六
巗 七六六
(巘) 七六四
鹽 一五七八
(塩)一五七八
(塩)一五七八
奄 六〇八
兖 三〇五
衍 七七七
剡 一一三
郾 三八七
蝘 一七一二
掩 六三八
琰 一二〇三
罨 一五六八
眼 一五四一
偃 一九四
演 九七二
殉 一二九一
訓 一九〇五
訊 一九〇六
浚 九二七
巽 二四五
馴 二一〇一
遜 一一二〇

ya

鴉 一三〇七
(鵶)一三〇七
鴨 二一二三
壓 八十七
(压) 八十七
牙 一三〇六
芽 四八六
厓 八十
崖 七五九
涯 九三一
衙 七九八
琊 一一九七
啞 七〇〇
雅 一三〇六
迓 一〇八一
訝 一九〇七
亞 一九六三
(亚)一九六三
婭 一一七一

yan

咽 六九六
殷 一四二〇
(殷)一四二〇
胭 一四〇三
烟 一四三六
(烟)一四三六
(煙)一四三六
焉 一四五二
(焉)一四五二
菸 五二九
淹 九三一
湮 九四三
閹 二〇四二

宥 一〇四五
佑 一五七
祐 一四六四
誘 一九二五

yu

迂 一〇八〇
吁 六七八
於 一四二八
(扵)一四二八
紆 一七九五
于 四
予 四〇九
邘 三七七
余 二六五
盂 一五七二
臾 一七四一
竽 一七一八
俞 二七三
娱 一一六九
萸 五二六
雩 一九七三
魚 二一三一
(𩵋)二一三一
(鱼)二一三一
隅 三六七
禺 一五五四
揄 六四九
嵎 七六二
逾 一一〇六
渝 九四九
愉 一〇一六
瑜 一二〇六
榆 一二五九
牏 一三八一
虞 一七〇三
(虞)一七〇三
愚 一四八六
與 二四五
(與)二四五
(与)二四五
漁 九七〇
(漁)九七〇
(渔)九七〇

you

攸 一五八
幽 七五一
悠 一四八一
憂 八三八
(𢝊)八三八
(𢚧)八三八
優 二一三
(㑋)二一三
(優)二一三
尤 六一四
由 一五六五
油 八九四
柚 一二四〇
郵 三八四
(郵)三八四
(邮)三八四
猶 八一七
遊 一一〇七
(遊)一一〇七
(遊)一一〇七
游 九五一
(游)九五一
(游)九五一
猷 一二八五
蝣 一七一二
繇 一三九五
(繇)一三九五
友 八十七
有 九十五
酉 一八四八
酋 二三六
莠 五二〇
牖 一三八一
又 四一九
右 八十九
幼 一一八八
(㓜)一一八八
囿 七二四

盈 一五七二
楹 一二六〇
塋 二一一六
(茔)二一一六
嬴 八七六
(嬴)八七六
嬴 八七六
(嬴)八七六
螢 二一一七
營 二一一七
(营)二一一七
縈 二一一八
瀠 九九一
瀛 九九二
(瀛)九九二
郢 三八一
影 八一〇
(影)八一〇
穎 二〇五五
頴 二〇五五
(穎)二〇五五
映 一三二六
暎 一三二六
譍 八七二

yong

邕 一一九〇
庸 八五七
傭 二〇八
雍 三二二
墉 四七一
慵 一〇一九
擁 六六二
鏞 二〇二四
顒 二〇五六
永 五十二
咏 六九四
(詠)六九四
泳 八九八
勇 四一〇
(勇)四一〇
涌 九二七
湧 九五三
用 一二一

吟 六八五
(吟)六八五
垠 四五三
訔 七五八
唫 七〇一
寅 一〇五四
鄞 三八九
淫 九三四
(滛)九三四
銀 二〇一六
夤 八三三
嚚 七一四
霪 一九八五
尹 五十七
引 一一四七
飲 二〇七五
隱 三七四
(隠)三七四
(隐)三七四
印 三四二
胤 四十七

ying

英 四九八
瑛 一二〇二
鍈 二〇一八
嬰 一一七六
罌 一七一五
膺 八六八
應 八六八
(应)八六八
(譍)八六八
攖 六六四
嚶 七一六
瓔 一二一〇
櫻 一二七八
鶯 二一一八
(鸎)二一一八
(鸎)二一一八
纓 一八二七
鷹 八七二
鸚 二一三〇
迎 一〇八二
(迎)一〇八二

誼 一九三四
(誼)一九三四
嫕 一一七五
毅 一四二四
殪 一二九三
憶 一〇二三
翳 一七九三
臆 一四一二
翼 一七九二
藝 五八四
(藝)五八四
(藝)五八四
(藝)五八四
(蓺)五八四
(埶)五八四
繹 一八二四
繹 一八二四
譯 一九四九
議 一九四九
(議)一九四九
(譺)一九四九
鷁 二一二七
懿 四八四
醳 一八五二
驛 二一一〇

yin

因 七一九
(囙)七一九
茵 五〇八
音 二〇八六
姻 一一六八
(婣)一一六八
闉 二〇四二
氤 一三六六
殷 一四二〇
(殷)一四二〇
烟 一四三六
(烟)一四三六
陰 三六一
(陰)三六一
愔 一〇一六
蔭 五六一
(蔭)五六一

倚 一八四
蛾 一七一一
踦 一八八三
蟻 一七一四
乂 二七九
弋 六七〇
刈 二七九
屹 七四五
亦 二一五六
抑 六一九
邑 六九〇
(邑)六九〇
佚 一五九
役 七七〇
(役)七七〇
易 一三二四
(易)一三二四
蜴 一四三九
疫 一六一八
奕 二一五七
羿 一七八九
挹 六三七
益 二三七
浥 九一六
逸 一一〇二
(逸)一一〇二
翊 一六二七
翌 一七九〇
軼 一八三八
殔 一二九一
肄 一七八五
詣 一九一九
裔 一七六〇
意 二〇八九
義 一七六八
(義)一七六八
(义)一七六八
(义)一七六八
溢 九六二
勩 四〇七
億 二一一

(葬) 五三二
(葬) 五三二
(塟) 五三二
(𡐨) 五三二
藏 五七八
(藏) 五七八
(臟) 一四一三

zao

遭 一一二〇
(遭) 一一二〇
糟 一七七九
(粕) 一七七九
鑿 二〇二八
(鑿) 二〇二八
早 一三一八
棗 一六九〇
(枣) 一六九〇
藻 五九一
皂 一六一二
灶 一四三五
造 一〇九四
(艁) 一〇九四
噪 七一三
燥 一四四二
(烋) 一四四二
躁 一八八七
(跺) 一八八七
竈 一六四二

ze

迮 一〇八四
舴 一一五四
則 一八五六
責 一二一三
簀 一七三五
幘 七四二
擇 六六一
澤 九八三
(澤) 九八三
(澤) 九八三
賾 一〇二

za

雜 二〇〇六
(雜) 二〇〇六
(雑) 二〇〇六

zai

灾 一〇三八
災 一〇三八
哉 一六七〇
𢦏 一六七〇
栽 一六七一
宰 一〇五三
載 一六七二
在 九十二
再 十 五
再 十 五
再 十 五
再 十 五

zan

篸 一七三五
簪 一七三六
(簪) 一七三六
昝 一三二九
攢 六六五
暫 一三四六
贊 一八六七
(賛) 一八六七
(賛) 一八六七
賛 一八六七
趲 一八八六
瓚 一二一〇
讚 一九五三
(讃) 一九五三

zang

臧 一四九四
(臧) 一四九四
奘 六〇九
葬 五三二

岳 七四八
悦 一〇〇四
越 一八三一
(越) 一八三一
粤 四十七
鉞 二〇一四
樂 一二六七
(樂) 一二六七
(楽) 一二六七
(楽) 一二六七
(乐) 一二六七
閱 二〇四一
(阅) 二〇四一
嶽 七六五
躍 一八八七
鑠 二〇二八

yun

暈 一三四九
氳 一三六九
云 四一二
芸 四八五
沄 八八二
橒 一二七一
澐 九七七
耘 一六六三
員 六九八
(負) 六九八
雲 一九七五
筠 一七二七
允 四一三
菂 五一六
隕 三七〇
殞 一二九二
(殞) 一二九二
孕 一一八二
運 一一一二
藴 五八七
韞 二〇九四
韻 二〇九一
(韻) 二〇九一
(韵) 二〇九一

元 六一三
沅 八八二
垣 四四八
爰 一三九一
袁 四五四
(衣) 四五四
原 八十一
(原) 八十一
員 六九八
(負) 六九八
援 六四九
園 七二九
(園) 七二九
(园) 七二九
圓 七三二
(圎) 七三二
猿 八二〇
(猨) 八二〇
源 九五七
(源) 九五七
嫄 一一七三
榞 一二六二
缘 一八一七
(缘) 一八一七
圜 七三五
轅 一八四二
遠 一一一五
(逺) 一一一五
夗 八二七
苑 五〇一
怨 一四七七
院 三五五
瑗 一二〇六
願 二〇五八

yue

曰 一三一七
約 一七九五
月 一三九六
兑 二二六

飫 二〇七四
寓 一〇六三
庽 一〇六三
裕 一六四六
粥 一一五四
鈺 二〇一四
愈 二七六
煜 一四三九
燠 一四四一
預 二〇五四
毓 一九五八
獄 八二〇
豫 四一一
(豫) 四一一
(豫) 四一一
諭 一九三八
澦 九八五
豫 一六六〇
禦 一五〇七
(禦) 一五〇七
(禦) 一五〇七
(禦) 一五〇七
癒 一六二三
譽 一九四八
鬻 二〇九六
籞 一七四〇
鬱 一二七九
(鬱) 一二七九
(欝) 一二七九
籲 一七四一

yuan

冤 三四一
(寃) 三四一
淵 九四八
(渕) 九四八
(渊) 九四八
(渆) 九四八
鳶 六七四
鴛 二一二四
鵷 二一二六

餘 二〇七八
諛 一九二九
踰 一八八五
璵 一二〇八
(玙) 一二〇八
輿 二五三
(輿) 二五三
(輿) 二五三
歟 一四一九
(歟) 一四一九
(欤) 一四一九
旟 一四三四
宇 一〇二九
羽 一七八九
雨 一九七一
(雨) 一九七一
禹 四十六
栩 一四六九
圉 七二五
庾 八五六
(庾) 八五六
瑀 一二〇三
語 一九二二
嫗 一一七五
窳 一六四一
嶼 七六四
玉 一五〇四
聿 一七八一
郁 三七九
育 三〇五
葦 五一一
彧 一二九九
峪 七五六
浴 九二一
域 四五六
欲 一八九三
尉 六六七
馭 二一〇一
遇 一一〇五
喻 七〇四
御 七九二
(御) 七九二

只 六七四
芝 四八五
枝 一二三〇
知 一五八一
肢 一三九八
祗 一四六三
祇 一四六八
隻 二〇〇〇
脂 一四〇三
戠 一三〇〇
搘 六五一
禔 一四七三
擲 六六三
織 一八二二
直 七十一
侄 一七〇
姪 一一六八
值 一八三
(値)一八三
執 八四〇
(執)八四〇
(执)八四〇
梔 一二四六
植 一二五三
殖 一二九一
跖 一八八〇
職 一六八三
止 一三〇八
旨 二八四
址 四三九
芷 四八六
祉 一四六三
枳 一二四〇
指 六三二
(指)六三二
摭 六五五
秖 一五九三
咫 一四九一
恉 一〇〇二
秪 一五九七
紙 一七九八
(紙)一七九八
臻 一六九九
枕 一二三六
稹 一六〇三
縝 一八一七
紾 一八〇一
軫 一八三八
(軫)一八三八
陣 三五二
(阵)三五二
振 六三五
(振)六三五
(振)六三五
賑 一八六二
賬 一八六二
震 一九八〇
鎮 二〇二二

zheng

正 一三〇九
爭 一三九〇
(争)一三九〇
錚 二〇二一
(爭)一三九〇
征 七七一
崢 七五〇
症 一六一八
箏 一七三一
(筝)一七三一
蒸 五六一
徵 八〇二
(徵)八〇二
拯 六三四
整 一三一五
政 一三七〇
幀 七四一
鄭 三九〇
(郑)三九〇
證 一九四七
(証)一九四七

zhi

之 四十八
支 一二八〇
(詔)一九一二
照 一四五五
趙 一八三二
肇 一七八五

zhe

遮 一一二一
折 六一八
哲 六九七
輒 一八四〇
(輙)一八四〇
(輙)一八四〇
磔 一五一八
蟄 一七一二
謫 一九四四
轍 一八四三
讋 二一五五
者 一六六八
赭 一八三五
柘 一二三八
這 一〇九七
浙 九一三
蔗 五六六
鷓 二一三〇

zhen

珍 一一九四
(珎)一一九四
鍂 一一九四
鍼 二〇二一
貞 一〇五
真 七十五
砧 一五一三
針 二〇一一
偵 一九四
斟 一四四六
楨 一二五七
碃 一九六一
甄 一三〇八
禛 一四七三
榛 一二六一
箴 一七三二
粻 一七七九
鄣 三八九
彰 八一二
漳 九七一
璋 一二〇七
樟 一二六九
長 一二八九
(长)一二八九
掌 一五三一
丈 六
仗 一四二
杖 一二二六
帳 七三九
(帐)七三九
障 三七二
嶂 七六三
漲 九七四
(涨)九七四
賬 一八六六
瘴 一六二三

zhao

招 六二六
(招)六二六
(招)六二六
昭 一三二九
(昭)一三二九
(昭)一三二九
釗 二〇一二
着 一七六五
朝 一九六七
嘲 七一一
爪 一三八八
沼 八九九
(沼)八九九
炤 一四三六
召 三九二
(召)三九二
(㕣)三九二
兆 二八八
棹 一二五五
櫂 一二六一
詔 一九一二
摘 六五五
齋 二一五一
斎 二一五一
(斋)二一五一
宅 一〇三一
翟 一七九一
擇 六六一
窄 一六三五
(窄)一六三五
砦 一五一四
祭 一五〇六
債 二〇一
寨 一〇六六
瘵 一六二二

zhan

沾 八九三
栴 一二四五
旃 一四三一
霑 一九八二
氈 一三六六
(氊)一三六六
瞻 一五四七
饘 二〇八二
展 一一三九
斬 一八三七
盞 一二九九
占 一〇五
佔 一五八
站 一六二六
棧 一二五四
湛 九四〇
綻 一八一四
(綻)一八一四
戰 一三〇〇
(戦)一三〇〇
(戦)一三〇〇

zhang

章 二〇八六
(章)二〇八六
張 一一五一
(张)一一五一
仄 八十
昃 一三二〇
(昗)一三二〇
側 一九四

zei

賊 一八六一
(贼)一八六一

zen

怎 一三二

zeng

曾 二四四
(曽)二四四
增 四七七
(增)四七七
(増)四七七
綜 一八一四
甑 一三〇八
繒 一八二三
贈 一八六八
(赠)一八六八
(贈)一八六八
鬵 二〇九六

zha

札 一二二四
吒 六八一
查 一二三八
渣 九四三
樝 一二六六
喋 七〇三
閘 二〇三八
(闸)二〇三八
乍 一二七
乍 一二七
柞 一二四〇
炸 一四三六
詐 一九一一
蛇 一七一一

zhai

摘 六五五

資　一八六二
緇　一八一五
輜　一八四一
諮　一九三九
鼒　二一四三
齋　二一五二
子　一一八〇
姊　一一六四
秭　一五九三
梓　一二五〇
紫　一八〇三
滓　九六二
自　一七四二
字　一〇三五
恣　一四八〇
眦　一五四〇
（眥）一五四〇
眥　一八六二
胔　一八九九
漬　九六二

zong

宗　一〇三八
綜　一八一四
踪　一八八四
嵕　七六四
蹤　一八八六
傯　一九六
總　一八二〇
（総）一八二〇
（捴）一八二〇
（緫）一八二〇
（揔）一八二〇
（摠）一八二〇
縱　一八二一
（縦）一八二一
（緃）一八二一

zou

菆　五二九
鄒　三八九
（邹）三八九

騅　二一〇六
墜　四七五
綴　一八一五
錣　二〇一七
縋　一八一六
贅　一八六七

zhun

屯　九
肫　一三九八
窀　一六三五
諄　一九三三
（諄）一九三三
准　三三三
準　七十九
（凖）七十九

zhuo

拙　六二三
倬　一八六
涿　九三二
彴　七六七
灼　一四三五
卓　一〇五
斫　一五一二
酌　一八四八
啄　七〇〇
着　一七六五
琢　一二〇二
焯　一四三八
濁　九八四
捉　六三七
擢　六六四
濯　九九〇
繳　一八二四
濁　九九三

zi

孜　一一八二
咨　六九六
姿　一一六八
兹　二三六
（茲）二三六
孳　二四四
滋　九五二
髭　二〇九八

zhuan

耑　七五〇
專　六六七
（専）六六七
（专）六六七
甎　一三〇八
轉　一八四二
（轉）一八四二
傳　二〇一
撰　六五七
（撰）六五七
篆　一七三三
（篆）一七三三
（篆）一七三三
（篆）一七三三
賺　一八六七
譔　一九四七
饌　二〇八一
囀　七一六

zhuang

莊　五二二
（庄）五二二
妝　一四九二
粧　一七七七
裝　一七六〇
奘　六〇九
（奘）六〇九
壯　一四九二
（壮）一四九二
狀　一四九二
（状）一四九二
僮　二一一
撞　六五七
幢　七四二

zhui

追　一〇八五
椎　一二五五
錐　二〇二〇

猪　八一六
蛛　一七一〇
茱　五〇〇
誅　一九一八
諸　一九二七
竹　一七一六
竺　一七一七
逐　一〇九二
舳　一七五四
燭　一四四二
劚　一二〇
主　一一九二
拄　六二五
渚　九三〇
陼　三六〇
煮　一六七〇
（煑）一六七〇
屬　一一四三
囑　七一六
（嘱）七一六
助　四〇〇
（助）四〇〇
（助）四〇〇
伫　一六四
住　一六三
杼　一二三七
注　八九六
柱　一二四二
炷　一四三六
祝　一四六七
竚　一六二六
著　五二三
蛀　一七一〇
貯　一八五九
註　一九一一
筯　一七二七
翥　一六七〇
箸　一七二九
駐　二一〇三
築　一七三五
鑄　二〇二七
褚　一六四六

zhuai

曳　一三二〇
（曵）一三二〇

冢　三四〇
（冢）三四〇
（塚）三四〇
種　一六〇一
踵　一八八五
仲　一四八
重　四十四
衆　一七五一
（衆）一七五一
（眾）一七五一
（衆）一七五一
（衆）一七五一
鼨　二一四九

zhou

舟　一七五二
州　五十三
周　一二四
洲　九〇八
週　一一〇二
州　七〇四
粥　一一五四
輈　一八三八
賙　一八六六
盩　一五七八
軸　一八三八
肘　一三九八
咒　二九一
（呪）二九一
宙　一〇四二
胄　一五六六
晝　一七八三
甃　一三〇八
繇　一三九五
（繇）一三九五
籀　一七三七
驟　二一一〇

zhu

朱　四十一
珠　一一九六
株　一二四四
袾　一六四四

（厎）一七九八
趾　一八八〇
至　一六九五
桎　一二四四
志　四四二
銡　二〇一七
郅　一六九七
帙　七三七
制　一〇九
炙　一四三五
治　九〇一
峙　七五〇
痔　一六二〇
陟　三五四
致　一六九八
秩　一五九六
畤　一五六〇
智　一三四一
置　一五六八
（寘）一五六八
雉　一五八六
稚　一六〇一
穉　一六〇八
製　一七六〇
誌　一九二一
滯　九六七
（滞）九六七
摯　一三六三
縶　一八一九
幟　七四二
質　一八六六
（質）一八六六
櫛　一二七六
擲　六六三
贄　一八六七
騺　二一二九
鯯　一八四七

zhong

中　一三四九
忠　一三五二
衷　三一三
終　一八〇一
鍾　二〇二一
鐘　二〇二五
（鈡）二〇二五

諏 一九二九
(諏)一九二九
陬 三五九
走 一八二八
(赱)一八二八
奏 一四九八

zu

租 一五九六
菹 五三〇
足 一八七八
(足)一八七八
卒 三〇四
(卆)三〇四
崒 七六一
族 一四三一
鏃 二〇二四
阻 三四九
俎 二七三
祖 一四六四
組 一七九九

zuan

纂 一七四〇
纘 一八二八

zui

觜 一八九九
朘 一四〇六
最 一三三八
(冣)一三三八
(㝡)一三三八
罪 一五六八
醉 一八五〇
(酔)一八五〇
(醉)一八五〇

zun

尊 二四二
遵 一一二五
樽 一二七三

zuo

昨 一三二八
左 八十八
佐 一五六
作 一五九
坐 四四〇
(坐)四四〇
(坐)四四〇
怍 九九九
柞 一二四〇
胙 一四〇二
祚 一四六八
座 八五二
(座)八五二
做 一九三

*跋

二十世紀末，一九九九年，由夏銘智先生主編的《于右任書法大字典》出版問世，至今已逾整整十年。這十年，從年齡上講，夏銘智先生已從七十歲走到八十歲，但他没有休閑清静頤養天年，而是對這部我以爲已經很完美的《于右任書法大字典》披閲十載，增删多次。其間，此書曾經在二〇〇二年改版爲單册三十二開本《新編于右任書法字典》，并在内容上進行了充實，一大一小兩部字典各擅其美。

今天，《于右任書法大字典》第二版又將付梓，這是在第一版的基礎上再次進行增删修訂而成。由于這十年來編者又見到了更多的于右任先生的書法作品，那些賞心悦目的書法字令夏銘智先生感到遺珠之憾，不補充之，不完善之，怎對得住『大字典』那個『大』字！于是，夏銘智先生不顧年事已高，又埋頭苦幹起來，這一幹又耗時兩年，《于右任書法大字典》第二版終于修訂完畢。

與第一版比較，第二版計增加首字三百五十五個，异體字增加一千一百廿四個，頁碼增加了二百三十七頁，書法字增加了一萬多個，其他增加的内容編者在第二版『編後語』中已一一列出，這裏不再贅述。總之，這一次在量上有了大幅度的提升，這不僅更有利于研習于右任先生的書法藝術，也爲于右任書法的學術研究提供了一部更爲翔實的大型工具書。

編者夏銘智先生曾講，他『確實感到一年比一年吃力了，這件事看來該就此交卷了』。這話讓我無限感慨。我和夏老認識快二十年了，剛認識他時他離休還不久，那時，他每天在家裏濡墨揮毫，認真執着地學習于右任書法，在一個大雪天，他邀請書法界的幾位朋友去家裏作客，屋裏暖融融的，切磋着書藝，展示他的書法作品，他談笑風生，精力充沛，誰也没有感覺到他老，衹是近年相見時才稱他夏老。

今年夏天，他因病住院，躺在病床上，手裏依然拿着筆和《于右任書法大字典》的修訂稿，他的確顯老了。人生有幾個二十年呢！

『莫道桑榆晚，爲霞尚滿天！』夏老的晚年幾乎把全部精力投入到編《于右任書法大字典》中，他完成的這部浩大的文化工程，爲他的一生戎馬增添了异彩，續寫了輝煌。

從歷史的長河看，個人的生命僅僅是稍縱即逝的一朵浪花。然而，當你用每天的勤奮去充實人生時，用每一點業績去演繹生命時，這浪花就會凝聚爲一尊偉大而永恒的雕塑。因此，夏老的這份『交卷』，實則是一部讀不完的啓示録。

鄭幼生

於二〇〇九年重陽

* 此爲第二版跋（根據本文作者意見，此文亦可用作第三版之跋）。

第三版編後語

二〇〇九年十二月，《于右任書法大字典》第二版修訂出版后，曾以爲『此事至此可以交卷了』。但近年來，新的大型于右任書法集陸續問世較多，這些書法集體量大，内容豐富。尤其是《于右任書法全集》隆重出版，其規模宏大，達三十六卷之多。其中收録的于書作品皆爲精品，不少作品前所未見。《于右任書法大字典》不將這些書集納入選字範圍，將遺爲撼事，也是本書的重大缺失。

近年來，于右任書法集的出版和研究論文數量日漸增多，意味着研究于書藝術和學習于書的人在不斷增加。因而，也需要有一部更爲全面的工具書。

基於綜上，考慮再三，筆者終下决心，對《于右任書法大字典》再做一次增補修訂。這次修訂歷時三年，克服體衰多病等諸多困難，終於完成。至此甚爲心安、釋懷、如願矣！

修訂説明：

一、這次修訂側重補充新的首字。原有首字下書法字過少的，盡可能予以增補。經過本次增補，首字達到五千有餘，新增首字五百個，書法字总數達到六万九千三百多個，異體字爲一千四百八十多個。

二、本次增補的書法字，均在原頁碼中編排。本書頁碼總數没有增加。修訂後，頁面因加字而有變化的約占全部頁數的四分之一。

三、本次修訂，引用資料目録不再將于右任書法集逐件列出。將有關項目相對合併，力求減少篇幅。

四、在本次修訂中，發現此前版本中的一些不妥之處，在此均做了糾正。

切望諸位專家和讀者指正。

九十叟　夏銘智

於二〇一九年九月

图书在版编目(CIP)数据

于右任书法大字典:上、下册/夏铭智主编.—3版.—西安:世界图书出版西安有限公司, 2019.9
ISBN 978-7-5192-6255-6

Ⅰ.①于… Ⅱ.①夏… Ⅲ.①汉字—法书—中国—现代—字典 Ⅳ.①J292.28-61

中国版本图书馆CIP数据核字（2019）第190615号

书　　名	于右任书法大字典（第三版） YUYOUREN SHUFA DA ZIDIAN (DISANBAN)
主　　编	夏铭智
策　　划	薛春民
责任编辑	冀彩霞　李江彬
视觉设计	诗风文化
出版发行	世界图书出版西安有限公司
地　　址	西安市锦业路1号都市之门C座
邮　　编	710065
电　　话	029—87214941 029—87233647（市场营销部） 029—87234767
网　　址	http://www.wpcxa.com
邮　　箱	xast@wpcxa.com
经　　销	新华书店
印　　刷	西安牵井印务有限公司
规　　格	889mm × 1194mm　1/16
印　　张	148.5
字　　数	600千字
版次印次	2019年9月第3版　2019年9月第1次印刷
书　　号	ISBN 978-7-5192-6255-6
定　　价	688.00元（全册）